민법의 체계

민사법 전반에 대한
구조적, 체계적 분석

금 동 희

The Structure of
Civil Law

박영사

머리말

편저자는 다소 늦은 나이에 사법시험에 합격하여 위 다짐을 실천에 옮기는 법관을 꿈꾸었습니다. 아쉬운 성적으로 사법연수원을 수료하였음에도 법관이 되고 싶었던 소망은 항상 마음 한편에 남아 있었고, 법조일원화 제도가 시행됨에 따라 2021년 법관임용에 도전하여 필기시험(법률서면작성평가)에 합격하였습니다. 비록 필기시험 합격으로 그치고 말았지만 편저자는 이를 통해 낙인과도 같았던 사법연수원 성적이라는 멍에에서 벗어남을 넘어 법관이 되기 위한 최소한의 실력은 갖추었다는 뿌듯함도 느낄 수 있었습니다.

많은 법조인들이 경력법관임용에 관심을 갖고 있거나 이미 도전하고 계시리라 생각됩니다. 그러나 현행 경력법관임용제도는 2차례에 걸친 시험(필기시험, 구술시험)을 전제로 한다는 점에서 시험이 주는 압박감이나 부담감은 큰 반면, 위 시험에 대비한 서적은 많지 않다고 생각됩니다. 저는 기초부터 다시 시작한다는 마음으로 공부하면서 제 나름의 방식으로 민사법 전반을 정리하였고, 조심스러운 마음으로 박영사에 문의하여 영광스럽게도 출간을 허락받았습니다. 지면을 빌어 출간을 허락해주신 안종만 회장님을 비롯한 박영사 관계자 모든 분들께 깊은 감사의 말씀을 올립니다.

감히 제 책을 경력법관임용시험에 대비한 책이라고 권할 수는 없지만 제가 2021년 법률서면작성평가에 합격하였다는 점에서, 적어도 제 책은 '체험적·실증적인 검증'을 거쳤다고는 말씀드릴 수 있습니다. 또한 제 책은 다음과 같은 점에서, 어느 정도 민법 공부가 이루어진 법학전문대학원생들에게는 판덱텐 체계에 따른 공부 방법과 비교할 때 상대적으로 더 쉽게 민법의 체계에 대한 이해를 도울 수 있고, 실무를 담당하시는 변호사님들에게는 판례와 논점 위주로 민법을 일독하는 데에 도움을 줄 수 있으리라 생각합니다.

우선 대립당사자 구조를 '시각화, 색채화'하였습니다. 법정에서 원고는 왼쪽에, 피고는 오른쪽에 각 좌정하고, 전자소송에서 원고는 빨간색, 피고는 파란색으로 표시되는데, 편저자는 이에 착안하여 원고가 주장할 수 있는 사항은 일반적인 목차나 기호(▣, ■, ▸ 등)로, 피고가 주장할 수 있는 사항은 파란색을 사용하여 일반적인 목차에 대한 가지번호(1-1, 가-1, ㈎-1 등)나 기호(◪, ■. ▸ 등)로 구분하였습니다.

다음으로 민법 공부는 민법에서 끝나는 것이 아니라 민사소송법, 민사집행법까지 유기적으로 연결되어야 비로소 완성되므로, 기판력, 일부청구 등과 같은 중요한 민사소송법 논점도 다루었고, 민사집행법은 보전처분의 효력, 배당절차, 집행법상의 이의방법에 대하여 논점 위주로 다루었습니다.

또한 판례를 인용함에 있어서는 판시사항이 도출되는 핵심적인 이유나 근거까지 인용하였고, 판시사항이나 판결요지가 사실관계에 어떻게 적용되는지까지 알아야 비로소 당해 판례에 대한 완벽한 이해가 가능하다고 생각하여, 편저자가 이해하기 어려웠던 판례나 사례 문제로 출제되기 적합하다고 생각되는 판례는 사실관계를 요약하여 정리하거나 판결이유 부분을 대립당사자 구조로 도표화하여 이해를 도모하였습니다. 판결요지만 인용하는 경우라 하더라도 판결요지에서의 권리자·의무자가 당해 판결이유 부분에서 누구인지를 표시함으로써 판시요지만을 읽더라도 사실관계까지 파악할 수 있는 효과가 나타날 수 있도록 시도해보았습니다.

마지막으로 법관임용시험이나 변호사시험을 대비하여 '사법연수원 기록'이 필수적인 학습 대상이라는 점에서 제가 공부하였던 각종 사법연수원 기록이나 자료에 대한 문제와 해설을 요약·정리하였습니다.

서두에서 소개한 '법관의 다짐'은 편저자가 법관임용시험 2차 관문인 서류전형 자기소개서 중 법관지원동기를 압축적으로 표현한 글입니다. 법관의 다짐을 실천에 옮기는 것은 불가능한 일이 되었지만, 이제는 '학자적 실무가'(이와 같은 표현으로 격려해주신 권영준 교수님께 감사드립니다)로서 '편저자'가 아닌 '저자'가 되기 위하여 노력할 것을 스스로에게 다짐해 봅니다. 제 책에서 발견되는 오류는 편저자에서 저자로 거듭나기 위한 과정에서의 부족함이라 헤아려 주시고, https: //yesunglaw.modoo.at이나 yesunglaw01@naver.com으로 질책하여 주시면 감사하겠습니다.

처음으로 출간하는 책이라 감사의 인사를 올리는 것 역시 감격스럽습니다. 출간의뢰 때부터 친절하게 맞아주신 박영사 임재무 전무님, 박영사의 이름으로 출간해도 손색이 없다면서 내용의 완성도를 인정해주신 이승현 차장님, 정성스러운 편집은 물론 표지까지 세심하게 신경써주신 장유나 과장님께 먼저 감사의 인사를 올립니다. 또한 사법연수원 시절부터 편저자에게 각별한 애정과 관심을 보여주셨고, 지금도 격려와 조언을 아끼지 않으시는 성충용 교수님, 많은 저서를 통해 가르침을 주시고, 저서에 대한 인용을 흔쾌히 허락하여 주신 서울대학교 법학전문대학원 권영준 교수님, 고민스러운 문제에 대하여 항상 친절하게 이론적·실무적인 의견을 제시하여 주는 존경스런 친구 성준규 판사, 대학 시절에는 룸메이트로서, 현재는 선배 변호사로서 편저자에게 등대 같은 존재이신 법무법인 에이치로 김상배 대표변호사님, 함께 해 온 조언자이자 함께 할 동반자인 양정아 변호사, 법조인의 길을 갔더라도 지금처럼 대성하였을 고마운 친구이자 편저자의 사법시험 합격의 은인인 주식회사 하이컨시 오우석 대표에게 감사드립니다. 마지막으로 언제나 저를 신뢰하고, 때로는 제가 가야 할 길을 제시하여 주는 든든한 후원자인 아내 서연과 행복의 원천인 아들 예준, 딸 하윤에게 감사와 사랑의 마음을 전합니다.

2023년 1월

금동희

차례

제 1 편 채권적 청구권

제 2 편 물권적 청구권

제
1
편

채권적 청구권

제1편 / 채권적 청구권

제1장 약정채권 : 계약의 유지(급부청구)사적 자치의 원칙 : 자율과 후견의 원리가 적용[민법학의 기본원리 16]

제1절 매매

제1관 이행청구

Ⅰ. 이전등기청구 : 요건사실 ➡ 매매계약체결사실(매수인, 매매일자, 매도인, 목적물, 대금, 매수사실) ⇔ 대금지급 사실 : 피고가 동시이행항변을 할 경우 재항변으로 주장할 사실

1. 계약당사자 확정

가. 자기명의 법률행위(제115조[1])

(1) 원칙 : 자기를 위한 것으로 간주(제115조 본문)

(2) 예외 : 상대방이 대리인으로서 한 것임을 알았거나 알 수 있었을 때(제115조 단서, 제114조 제1항)

■ 직접 본인에 대하여 효력

■ 예 : 대출위임을 받은 자가 자기명의로 매매계약체결한 경우[2011 제53회 사법시험]

나. 타인명의 법률행위·불분명한 경우 : 자연적 해석 → 규범적 해석[대법원 1995. 9. 29. 선고 94다4912 판결, 대법원 2009. 7. 23. 선고 2008다76426 판결] 계약을 체결하는 행위자가 타인의 이름으로 법률행위를 한 경우에 행위자 또는 명의인 가운데 누구를 계약의 당사자로 볼 것인가에 관하여는, 우선 행위자와 상대방의 의사가 일치한 경우에는 그 일치한 의사대로 행위자 또는 명의인을 계약의 당사자로 확정해야 하고, 행위자와 상대방의 의사가 일치하지 않는 경우에는 그 계약의 성질·내용·목적·체결 경위 등 그 계약 체결 전후의 구체적인 제반 사정을 토대로 상대방이 합리적인 사람이라면 행위자와 명의자 중 누구를 계약 당사자로 이해할 것인가에 의하여 당사자를 결정하여야 한다.

(1) 명의자로 확정 : 신용행위, 계속적 거래행위, 매매계약, 타인명의 전화주문 ➡ 무권대리

---

1) 제1편과 제2편에서 명칭이 생략된 법률은 '민법'을 의미합니다.

[94다4912] 계약당사자 확정 방법 : 도용자소외1가 타인소외2의 명의를 도용하여 보험계약 체결함에 따라 보험자가 피해자소외1과 거래에게 보험금 지급

➡ 원고보험회사 → 피고보험금 수령자(피해자) : 부당이득반환청구

[원심] 계약당사자는 소외1 : 피고는 원고와 소외1 사이에 유효하게 체결된 보험계약에 따라 보험금을
　　지급받은 것 → 부당이득 불성립

[대법원]

■ 자연적 해석 : 원고는 소외1을 소외2로 알고 계약체결 → 도용자에 대한 이해일치가 없음

■ 규범적 해석 : 보험계약은 보험계약자의 신용상태가 중요한 거래 → 원고는 소외1의 신용불량상태를
　　알았더라면 계약을 체결하지 않았을 것 → 원고는 소외2를 보험계약의 상대방인 주채무자로 인식하여
　　보험계약을 체결한 것

■ 보험계약은 효력이 발생하지 않음 → 피고의 부당이득반환의무 성립

   (2) 행위자로 확정 : 임대차, 고용계약, 호텔 숙박계약 ➡ 무권리자 처분행위

   (2) - 1. 피고가 계약당사자가 아니라는 사실, 타인이 계약당사자라는 사실 : 부인'청구구
　　　　원인사실'과 양립 불가능한 사실 ⇔ 법률효과와 무관한 사회적·역사적 사실은 부인이나 항변이 아님[사법연
　　　　수원 요건사실론 사례연구1]

[2008다76426] 양도인이 도급계약의 당사자(수급인)가 아니라 조합체의 구성원 → 공사대금채권
양수금 청구기각

➡ 원고건설회사로부터의 공사대금채권 양수인 → 피고조합체 자금출자자 : 양수금청구

■ 양도인건설회사의 피고조합원에 대한 공사대금채권 존재 : 양도인은 피고자금출자와 소외인노무출자 : 건설
　회사의 대표이사이 결성한 조합체로부터의 수급인

⬅ 피고 : 양도대상 채권의 부존재 주장

■ 양도인과 채무자의 법률관계(계약당사자·법률행위 해석) : 양도인은 채권자수급인가 아니라 조합원

① 노무출자자인 소외인이 피고와 차용증을 작성하면서 개인의 지위와 양도인 건설회사의 대표이사 지위 혼
　용 → 차용증만으로는 동업계약의 당사자가 소외인 개인이라고 단정하기 어려움

② 소외인이 대출받은 별개의 금원에 대하여 건설회사가 지급 → 건설회사가 수급인에 불과하다면 소외인 명
　의 대출금을 변제할 이유가 없음

③ 피고가 건설회사에 공사대금으로 지급한 금원에 대하여 일부를 변제받고, 일부에 대한 이자를 지급받음
　→ 피고가 도급인의 지위에 있었다면 건설회사의 공사대금채권과 피고의 대여금채권을 상계처리하거나
　소외인과 정산문제를 논의하는 것이 상식에 부합하나 이에 대한 언급이 없음

■ 원고는 건설회사로부터 공사대금채권 양수

**⬅ 양도인은 수급인✕ : 소외인과 경제적 이해관계를 같이하는 지위에서 소외인과 함께 피고와 동업관계 ➡ 피고
에 대하여 공사대금이 아니라 조합해산에 따른 정산금을 구하여야 함**

2. 목적물의 확정

가. 자연적 해석(오표시무해) : 착오취소 항변 불가[대법원 1996. 8. 20. 선고 96다19581, 19598 판결]

나. 처분문서의 해석과 목적물의 확정 : 처분문서인 매매계약서에 기재된 문언의 내용에 따라 결정하는 것이 원칙[대법원 2021. 6. 24. 선고 2021다220666 판결] 처분문서는 그 진정성립이 인정되면 특별한 사정이 없는 한 그 처분문서에 기재되어 있는 문언의 내용에 따라 당사자의 의사표시가 있었던 것으로 객관적으로 해석하여야 하고, 당사자 사이에 계약의 해석을 둘러싸고 이견이 있어 처분문서에 나타난 당사자의 의사해석이 문제되는 경우에는 문언의 내용, 그와 같은 약정이 이루어진 동기와 경위, 약정에 의하여 달성하려는 목적, 당사자의 진정한 의사 등을 종합적으로 고찰하여 논리와 경험칙에 따라 합리적으로 해석하여야 한다. ➡ 원고와 피고 사이에 작성된 처분문서인 매매계약서에는 이 사건 상가건물 중 특정 부분인 이 사건 부동산이 매매목적물로 기재되어 있을 뿐만 아니라 그 목적물의 구체적인 인도 시점까지 특정되어 있으므로, 특별한 사정이 없는 한 거기에 기재된 문언대로 원고와 피고 사이에 위 매매목적물을 대상으로 한 매매계약이 체결되었다고 보아야 한다. [원심] 이 사건 상가건물의 공유자 중 1인에 불과한 피고가 다른 공유자들의 동의 없이 위 상가건물 중 특정한 부분을 처분할 수는 없으므로, 설령 피고가 원고와 사이에 이 사건 매매계약의 목적물로 이 사건 상가건물 중 특정 부분을 정하였다고 해도 그 매매계약의 효력을 그대로 인정할 수는 없음을 이유로 매매목적물은 공유지분이라고 판단 ⇔ [대법원] 매매의 목적이 된 권리가 매도인이 아닌 타인에게 속한 경우에도 매도인은 매매계약을 체결할 수 있고, 이때 매도인은 그 권리를 취득하여 매수인에게 이전하여야 할 의무를 부담한다(민법 제569조). 이와 같은 법리는 매매의 목적이 된 권리가 매도인과 타인의 공유라고 해도 마찬가지이다. 원고와 피고 사이에 체결된 이 사건 매매계약에서 그 매매목적물을 피고의 단독소유라고 볼 수 없는 이 사건 상가건물의 특정 부분으로 정하였다고 하더라도 이를 이유로 매매계약의 효력을 부인하거나 원래와는 다르게 매매계약의 내용을 해석할 이유는 없다.

다. 사례

(1) 양도담보 목적물의 확정 ➡ 양도담보설정계약의 해석의 문제 : 특정된 동산들을 목적물로 한 양도담보 vs 유동집합동산 양도담보

(2) 소유권이전등기의무의 상속[대법원 1979. 2. 27. 선고 78다2281 판결]

㈎ 원칙 : 상속지분별 고유지분에 대하여만 이전등기의무

㈏ 예외 : 상속인 간 이전등기의무승계 특약/상속재산분할에 의한 단독상속 → 1인에게 이전등기의무

(3) 상가집합건물의 구분점포에 대한 매매목적물[대법원 2021. 6. 24. 선고 2021다220666 판결] 상가집합건물의 구분점포에 대한 매매는 원칙적으로 실제 이용현황과 관계없이 집합건축물대장 등 공부에 따라 구조, 위치, 면적이 확정된 구분점포를 매매의 대상으로 삼았다고 보아야 할 것이다. 그러나 1동의 상가집합건물의 점포들이 구분소유 등기가 되어 있기는 하나 실제로는 위 상가건물의 각 점포들에 관한 집합건축물대장 등 공부상 호수와 구조, 위치 및 면적이 실제 이용현황과 일치하지 아니할 뿐만 아니라 그 복원조차 용이하지 아니하여 단지 공부가 위 상가건물에서 각 점포들이 차지하는 면적비율에 관하여 공유지분을 표시하는 정도의 역할만을 하고

있고, 위 점포들이 전전매도되면서 매매당사자들이 실제 이용현황대로의 점포를 매매할 의사를 가지고 거래한 경우 등과 같이 특별한 사정이 있는 경우에는 그 점포의 구조, 위치, 면적은 실제 이용현황에 의할 수밖에 없을 것이다. ➡ 이 사건 상가건물의 점포들은 그에 관한 건축물관리대장이나 부동산등기부에 의하여 그 번호, 종류, 구조, 위치, 면적들이 전혀 특정되지 아니하는 것으로 보인다. 따라서 원심으로서는 원고와 피고가 이 사건 매매계약의 목적물을 집합건축물대장 등 공부상에 의한 것과 실제 이용현황 중 어느 것으로 특정하였는지, 공부상의 목적물에 관하여 권리를 이전하되, 인도는 실제 이용하고 있는 목적물을 대상으로 하기로 한 것인지, 이 사건 상가건물에 속한 점포들의 거래관행은 어떠한지에 대해 추가로 심리를 하였어야 한다.

3. 예약완결(일방예약) : 가등기에 기한 본등기 청구

가. 요건사실 : 매매예약체결 + 완결의 의사표시를 한 사실

나. 대항방법

(1) 본계약의 요소인 내용이 확정되지 않음[대법원 1993. 5. 27. 선고 93다4908, 4915, 4922 판결] 본계약의 구성요소들이 확정되지 않고, 약정의 당사자도 다른 경우 : 매매예약이라고 할 수 없음

(2) 재매매예약 성립 후 재매매예약 완결의 의사표시 이전에 이행불능[대법원 2015. 8. 27. 선고 2013다28247 판결] 매매예약이 성립한 이후 상대방의 매매예약 완결의 의사표시 전에 목적물이 멸실 기타의 사유로 이전할 수 없게 되어 예약 완결권의 행사가 이행불능이 된 경우에는 예약 완결권을 행사할 수 없고, 이행불능 이후에 상대방이 매매예약 완결의 의사표시를 하여도 매매의 효력이 생기지 아니한다. 그리고 채무의 이행이 불능이라는 것은 단순히 절대적·물리적으로 불능인 경우가 아니라 사회생활의 경험법칙 또는 거래상의 관념에 비추어 볼 때 채권자가 채무자의 이행의 실현을 기대할 수 없는 경우를 말한다.

(3) 행사방법 항변 : 수인의 채권자 → 전원이 예약완결권 행사[대법원 1984. 6. 12. 선고 83다카2282 판결]

▶ 매매예약의 의사해석에 따라 결정계약자유의 원칙[민법판례연구Ⅱ 403] ➡ 지분별로 별개의 매매예약완결권, 지분에 기하여 본등기 이행청구 가능(판례 변경)[대법원 2012. 2. 16. 선고 2010다82530 전원합의체 판결] 수인의 채권자가 각기 그 채권을 담보하기 위하여 채무자와 채무자 소유의 부동산에 관하여 수인의 채권자를 공동매수인으로 하는 1개의 매매예약을 체결하고 그에 따라 수인의 채권자 공동명의로 그 부동산에 가등기를 마친 경우, 수인의 채권자가 공동으로 매매예약완결권을 가지는 관계인지 아니면 채권자 각자의 지분별로 별개의 독립적인 매매예약완결권을 가지는 관계인지는 매매예약의 내용에 따라야 하고, 매매예약에서 그러한 내용을 명시적으로 정하지 않은 경우에는 수인의 채권자가 공동으로 매매예약을 체결하게 된 동기 및 경위, 그 매매예약에 의하여 달성하려는 담보의 목적, 담보 관련 권리를 공동 행사하려는 의사의 유무, 채권자별 구체적인 지분권의 표시 여부 및 그 지분권 비율과 피담보채권 비율의 일치 여부, 가등기담보권 설정의 관행 등을 종합적으로 고려하여 판단하여야 한다. ➡ 가등기로 공시된 내용이 무엇인지(가등기를 채권자 각자의 지분별로 vs 지분의 구분 없이 공동 명의로)가 중요한 고려 요소[민법판례연구Ⅱ 404]

▶ 공유자도 지분에 관하여 단독으로 본등기 청구 가능[대법원 2002. 7. 9. 선고 2001다43922, 43939 판결] 공유자가 다른 공유자의 동의 없이 공유물을 처분할 수는 없으나 그 지분은 단독으로 처분할 수 있으므로, 복

수의 권리자가 소유권이전청구권을 보존하기 위하여 가등기를 마쳐 둔 경우 특별한 사정이 없는 한 그 권리자 중 한 사람은 자신의 지분에 관하여 단독으로 그 가등기에 기한 본등기를 청구할 수 있고, 이는 명의신탁해지에 따라 발생한 소유권이전청구권을 보존하기 위하여 복수의 권리자 명의로 가등기를 마쳐 둔 경우에도 마찬가지이며, 이때 그 가등기 원인을 매매예약으로 하였다는 이유만으로 가등기 권리자 전원이 동시에 본등기절차의 이행을 청구하여야 한다고 볼 수 없다.

(4) 제108조 위반 여부 : 명의신탁자의 이전등기청구권 보전을 위한 가등기는 무효가 아님[대법원 1995. 12. 26. 선고 95다29888 판결] 이유는 아래 (5)⑷ 참조

(5) 혼동에 의한 소멸 주장

⑺ 별도의 소유권이전등기 : 가등기에 기한 본등기청구권 → 혼동에 의한 소멸 부정95다29888 어느 특정의 물건에 관한 채권을 가지는 자가 그 물건의 소유자가 되었다는 사정만으로는 채권과 채무가 동일한 주체에 귀속한 경우에 해당한다고 할 수 없어 그 물건에 관한 채권이 혼동으로 소멸하는 것은 아닌바, 토지를 을에게 명의신탁하고 장차의 소유권이전의 청구권 보전을 위하여 자신의 명의로 가등기를 경료한 갑이, 을에 대하여 가지는 가등기에 기한 본등기청구권은 채권으로서, 갑이 을을 상속하거나 을의 가등기에 기한 본등기 절차 이행의 의무를 인수하지 아니하는 이상, 갑이 가등기에 기한 본등기 절차에 의하지 아니하고 을로부터 별도의 소유권이전등기를 경료받았다고 하여 혼동의 법리에 의하여 갑의 가등기에 기한 본등기청구권이 소멸하는 것은 아니다.

⑷ 별도의 이전등기경료에 의하여 (가등기에 의하여 보전될) 이전등기청구권 소멸 : 본등기 전에 중간처분등기가 없는 경우[대법원 2007. 2. 22. 선고 2004다59546 판결] 가등기권자가 별도의 소유권이전등기를 경료받았다 하더라도, 가등기 경료 이후에 가등기된 목적물에 관하여 제3자 앞으로 처분제한의 등기가 되어 있거나 중간처분의 등기가 되어 있지 않고 가등기와 소유권이전등기의 등기원인도 실질상 동일하다면, 가등기의 원인이 된 가등기의무자의 소유권이전등기의무는 그 내용에 좇은 의무이행이 완료되었다 할 것이어서 가등기에 의하여 보전될 소유권이전등기청구권은 소멸되었다고 보아야 하므로, 가등기권자는 가등기의무자에 대하여 더 이상 그 가등기에 기한 본등기절차의 이행을 구할 수 없는 것이다.

▸ 본등기 전 중간처분등기가 존재 : 본등기절차 이행청구 가능95다29888 원고가 피고에게 이 사건 토지를 명의신탁하되, 장래에 그 명의신탁 관계가 해소되었을 때 가등기에 기한 본등기를 경료함으로써 장차 가등기 경료 이후에 이 사건 토지에 관하여 발생할지도 모르는 등기상의 부담에 대비하여 원고가 완전한 소유권을 취득하기 위하여, 원·피고 사이의 별도의 약정에 의하여 이 사건 가등기가 경료(⟶ 원·피고 사이의 별도의 약정에 의하여 경료된 것이라고 할 것이므로, 위 가등기를 경료하기로 하는 원·피고 사이의 약정이 통정허위표시로서 무효라고 할 수는 없고, 나아가 원·피고 사이에 실제로 매매예약의 사실이 없었다고 하여 위 가등기가 무효가 되는 것도 아니다.)된 것이므로, 실제로 이 사건 가등기 경료 이후에 4건의 가압류 등기가 경료되었다면, 위 가등기에 기한 본등기 절차에 의하지 아니하고 별도로 원고 명의의 소유권이전등기가 경료되었다고 하여, 원·피고 사이의 약정상의 피고의 채무의 본지에 따른 이행이 완료되었다고 할 수는 없으니, 특별한 사정이 없는 한, 원고로서는 피고에 대하여 위 가등기에 기한 본등기절차의 이행을 구할 수도 있다.

(6) 제척기간

⑺ 행사기간 : 약정이 있으면 약정 기간 내, 약정이 없으면 예약이 성립한 때로부터 10년[대법원 1995. 11. 10. 선고 94다22682,22699(반소) 판결] 매매예약의 완결권은 일종의 형성권으로서 당사자 사이에 그 행사기간을 약정한 때에는 그 기간 내에, 그러한 약정이 없는 때에는 그 예약이 성립한 때로부터 10년 내에 이를 행

사하여야 하고 그 기간을 지난 때에는 예약완결권은 제척기간의 경과로 인하여 소멸하는 것이다.

(나) **제척기간 기산점 : 행사시기 약정이 있어도 당초 예약일로부터 진행**94다22682 예약완결권자의 점유와 무관, 채무자 → 가등기말소청구 가능, 제척기간은 권리자로 하여금 당해 권리를 신속하게 행사하도록 함으로써 법률관계를 조속히 확정시키려는 데 그 제도의 취지가 있는 것으로서, 소멸시효가 일정한 기간의 경과와 권리의 불행사라는 사정에 의하여 권리소멸의 효과를 가져오는 것과는 달리 그 기간의 경과 자체만으로 곧 권리소멸의 효과 발생→ 원·피고 사이에 위와 같은 매매예약 완결권의 행사시기에 관한 합의가 있었다 하여, 그 제척기간이 그 약정 시기인 1985. 3. 26.부터 10년이 경과되어야 만료된다고 할 수 없으므로, 이 사건 매매예약 완결권은 매매예약 성립일인 1980. 5. 1.로부터 10년이 경과함으로써 소멸한다.

▶ **[비교] 대물변제 : 예약완결권의 문제가 발생하지 않음**[대법원 2008. 2. 14. 선고 2007다17222 판결] 대물변제 예약완결권은 일종의 형성권으로서 당사자 사이에 그 행사기간을 약정한 때에는 그 기간 내에, 그러한 약정이 없는 때에는 그 권리가 발생한 때부터 10년 내에 이를 행사하여야 하고, 그 기간을 도과한 때에는 예약완결권은 제척기간의 경과로 인하여 소멸하지만, 이 사건과 같이 채무의 이행기 후에 채무에 갈음하여 상대방에게 완전히 그 재산권을 이전하기로 하는 경우에는 대물변제 예약완결권문제가 발생하지 아니한다.

(7) **소멸시효 : 10년**[대법원 1976. 11. 6. 선고 76다148 전원합의체 판결]

▶ **미등기매수인 + 인도받아 점유**(➡ 채권자대위의 피보전채권) : **소멸시효 진행 부정**[76다148, 대법원 2010. 1. 28. 선고 2009다73011 판결]

▶ **매도인으로부터 인도받아 점유하다가 처분**(➡ 채권자대위의 피대위채권) : **소멸시효 진행 부정**[대법원 1999. 3. 18. 선고 98다32175 전원합의체 판결] 스스로 그 부동산을 계속 사용·수익하는 경우와 특별히 다를 것이 없으므로

■[비교]

① 매수인이 인도받아 점유하지 않은 경우 : 10년의 소멸시효 적용[대법원 1980. 1. 15. 선고 79다1799 판결]

② 점유취득시효 완성자의 이전등기청구권 : 점유 상실시부터 10년[대법원 1996. 3. 8. 선고 95다34866, 34873 판결]

③ 담보가등기를 경료한 토지를 인도받아 점유하더라도 피담보채권의 소멸시효는 중단되지 않음[대법원 2007. 3. 15. 선고 2006다12701 판결] 담보가등기를 경료한 토지를 인도받아 점유할 경우 담보가등기의 피담보채권의 소멸시효가 중단되는 것은 아니고, 담보가등기에 기한 소유권이전등기청구권의 소멸시효가 완성되기 전에 그 대상 토지를 인도받아 점유함으로써 소유권이전등기청구권의 소멸시효가 중단된다 하더라도 위 담보가등기의 피담보채권이 시효로 소멸한 이상 위 담보가등기 및 그에 기한 소유권이전등기는 결국 말소되어야 할 운명의 것이다.

다. 제3자를 가등기권자로 등기한 경우 제3자의 이전등기청구 ➡ 저당권의 성립상의 부종성존속중의 부종성(제361조), 소멸상의 부종성(제369조) ⇔ 근저당권 : 존속, 소멸상의 부종성은 요구되지 않으나 성립상의 부종성은 요구됨

(1) 채권자, 채무자, 제3자 합의

(2) 채권이 제3자에게 실질적으로 귀속 : 채권양도, 제3자를 위한 계약, 불가분채권 등

[대법원 2011. 1. 13. 선고 2010다69940 판결] 근저당권자가 아닌 양도인에 대한 채무변제가 채권양수인에게 미치지 않는다고 본 원심 판결에 대해 불가분적 채권관계를 형성[근저당권자(피고)와 원채권자(소외인) 사이의 사실혼 관계, 근저당권자는 원채권자에 대한 채권 회수 목적으로 3자 합의에 의해 근저당권설정자가 됨, 근저당권의 피담보채권에 피고의 채권과 소외인의 채권이 혼재, 원고(근저당권 피담보채권 부존재확인 청구)는 매매대금을 지급하면서 소외인에게 지급하거나 피고 명의 계좌에 송금]한 것이라고 보아 파기, [대법원 2011. 5. 13. 선고 2010다54924 판결] 불가분채권 : 채권자(소외인)와 피고(근저당권자)가 시어머니, 며느리 관계, 원고가 피고를 채권자로 한 차용증을 작성해 주고 피고 명의 통장으로 이자를 송금 → 묵시적으로 불가분적 채권자의 관계

라. 대항방법

(1) 명의신탁등기로 무효 주장(부동산 실권리자명의 등기에 관한 법률[2] 제4조) : 불가

[대법원 2000. 12. 12. 선고 2000다49879 판결]

▶ 제3자 명의 가등기가 유효하게 될 수 있는 특별한 사정의 존재2000다49879 이러한 법리는 저당권의 경우뿐 아니라 채권 담보를 목적으로 가등기를 하는 경우에도 마찬가지로 적용된다고 보아야 할 것이고, 이러한 법리가 부동산실명법에 규정된 명의신탁약정의 금지에 위반된다고 할 것은 아니다.

(2) 청산절차 종료시까지 동시이행항변 : 매매대금 지급을 담보하기 위한 가등기가등기피담보채권액 48억 중 매매대금채권이 42억 → 가등기담보 등에 관한 법률 부적용 → 동시이행항변 불가[대법원 2002. 12. 24. 선고 2002다50484 판결][3]

---

2) 이하에서는 '부동산실명법'으로 표기합니다.

3) 가등기담보등에관한법률은 차용물의 반환에 관하여 다른 재산권을 이전할 것을 예약한 경우에 적용되므로 매매대금채권을 담보하기 위하여 가등기를 한 경우에는 위 법률은 적용되지 아니한다. 원심은, 피고의 항변 즉, 이 사건 가등기의 피담보채권에 대여금채권이 포함되어 있는 이상 가등기담보법 소정의 청산절차가 그 피담보채권의 전액에 대하여 종료될 때까지, 또는 적어도 그 피담보채권 중 대여금채권이 차지하는 비율에 상응하는 이 사건 건물의 일부 또는 그 각 지분에 한하여 위 청산절차가 종료될 때까지는 원고의 이 사건 청구에 응할 수 없다는 항변에 대하여 원고가 이 사건 가등기에 기하여 담보권을 실행하고자 하는 피담보채권 중에는 가등기담보법 소정의 청산절차를 요하지 아니하는 매매대금 채권이 포함되어 있고, 그 피담보채권 중 매매대금 채권의 비율이 훨씬 높으며, 원고의 담보권 실행에 따른 이 사건 건물의 일부 또는 그 각 일정 지분의 환가대금만으로 이 사건 토지의 매매대금 채권 전액의 만족에 이르러 향후 위 대여금 채권에 터잡아 이 사건 건물의 그 나머지 부분에 관하여 가등기담보법 소정의 청산절차를 거쳐야 하는 것은 별론으로 하되, 일반적인 담보물권의 불가분성에 비추어 이 사건 매매대금 채권 전액의 만족에 이를 때까지 이 사건 건물의 전부에 관한 원고의 담보권 실행을 부정할 수는 없고, 그 피담보채권 중 대여금 채권이 일부 포함되어 있다고 하더라도 매매대금 채권을 위한 원고의 담보권 실행에는 지장이 없다는 이유로 위 항변을 배척하였다. 앞서 본 법리와 이 사건 가등기의 주된 목적이 매매대금채권의 확보에 있었고, 대여금채권의 확보는 부수적 목적이었으며, 이 사건 가등기의 피담보채권액 47억 9,000만 원 중 매매대금 채권이 42억 원으로서 대부분을 차지하고 있는 사정을 고려하여 보면, 원심에 상고이유의 주장과 같은 법리오해 등의 위법이 있다고 할 수 없다.

4. 멸실 · 훼손시 법률관계

가. 물건의 위험부담

(1) 특정물 : 계약시 특정

(2) 불특정물 : 지참제467조 제2항, 추심제460조 단서, 송부(원칙 : 지참채무, 예외 : 위탁시)

나. 손해배상청구권

(1) 제392조(이행지체)

⑺ 이행지체

⑺-1. 동시이행항변권 존재 : 이행지체 불성립

⒝ 손해 : 채무자의 과실이 없는 경우에도

⒝-1. 제392조 단서 : 이행기에 이행하여도 면할 수 없는 손해, 채무자가 주장 · 입증[대법원 1959. 10. 15. 선고 4291민상803 판결]

(2) 제401조(수령지체)

⑺ 요건

① 채무의 성질상 채권자의 협력 필요

② 채무내용에 좇은 이행제공

③ 채권자의 수령거절 · 수령불능

⒝ 효과

① 소극적 효과 : 채무불이행 책임 불성립, 구두제공 불요

② 적극적 효과 : 제401조 ~ 제403조, 구두제공 필요

(3) 제390조

⑺ 본문(귀책사유) : 손해배상책임 인정

(3)−1 제390조 단서 : 고의 · 과실 없는 경우수용

⒝ 이행보조자의 고의 · 과실(제391조)

다. 반대급부의무 : 대가위험부담

(1) 제538조 제1항 제1호 : 채권자 귀책 → 반대급부청구 가능

(2) 제538조 제1항 제2호 : 채권자지체 중 경과실 면책 → 반대급부청구 가능, 다만 구두제공은 필요[대법원 2004. 3. 12. 선고 2001다79013 판결] 민법 제400조 소정의 채권자지체가 성립하기 위해서는 민법 제460조 소정의 채무자의 변제 제공이 있어야 하고, 변제 제공은 원칙적으로 현실 제공으로 하여야 하며 다만 채권자가 미리 변제받기를 거절하거나 채무의 이행에 채권자의 행위를 요하는 경우에는 구두의 제공으로 하더라도 무방하고, 채권자가 변제를 받지 아니할 의사가 확고한 경우(채권자의 영구적 불수령)에는 구두의 제공을 한다는 것조차 무의미하므로 그러한 경우에는 구두의 제공조차 필요 없다고 할 것이지만, 그러한 구두

의 제공조차 필요 없는 경우라고 하더라도, 이는 그로써 채무자가 채무불이행책임을 면한다는 것에 불과하고, 민법 제538조 제1항 제2문 소정의 '채권자의 수령지체 중에 당사자 쌍방의 책임 없는 사유로 이행할 수 없게 된 때'에 해당하기 위해서는 현실 제공이나 구두 제공이 필요하다(다만, 그 제공의 정도는 그 시기와 구체적인 상황에 따라 신의성실의 원칙에 어긋나지 않게 합리적으로 정하여야 한다). → 원고의 수령거절의 의사가 확고하여 이른바, 채권자의 영구적 불수령에 해당한다고 하더라도, 채무자인 피고는 원고를 수령지체에 빠지게 하기 위하여 소유권이전등기에 필요한 서류 등을 준비하여 두고 원고에게 그 서류들을 수령하여 갈 것을 최고하는 구두 제공을 하였어야 한다.

다-1. 제538조 제2항 : 채무자가 의무를 면함으로써 얻은 이익 공제

(3) 제537조 : 채무자위험부담 → 반대급부청구 불가

Ⅱ. 중간생략등기 경료 전 직접청구

1. 관계당사자 전원의 의사합치

1-1. 합의 부존재[대법원 1991. 4. 23. 선고 91다5761 판결] 최초 양도인이 중간생략등기를 거부하여 매수인란이 공란인 백지매도증서 교부 : 중간생략등기 합의 부정

가. 묵시적, 순차적 합의 가능[대법원 1982. 7. 13. 선고 81다254 판결] 소유권이전등기 소요 서류 등에 매수인란을 백지로 하여 교부한 경우에는 소유권이전등기에 있어 묵시적 그리고 순차적으로 중간등기 생략의 합의가 있었다고 봄이 상당하다.

나. 최종 양수인의 매도인에 대한 직접청구

(1) 불가 : 관계당사자 전원의 의사의 합치 필요[대법원 1995. 8. 22. 선고 95다15575 판결] 최종 양수인이 중간생략등기의 합의를 이유로 최초 양도인에게 직접 그 소유권이전등기 청구권을 행사하기 위하여는 관계당사자 전원의 의사합치, 즉 중간생략등기에 대한 최초 양도인과 중간자의 동의가 있는 외에 최초 양도인과 최종 양수인 사이에도 그 중간등기 생략의 합의가 있었음이 요구되므로 ➡ 채권자대위에 의한 청구 : 중간자 대위 + 중간자에게 이전등기청구[대법원 1969. 10. 28. 선고 69다1351 판결]

(2) 유효한 명의신탁약정의 신탁자가 명의신탁약정을 해지한 후 수탁자에 대한 소유권이전등기청구권을 양도한 경우에도 동일 : 수탁자의 동의 필요[대법원 2021. 6. 3. 선고 2018다280316 판결]

다. 소유권이전등기청구권의 양도에 의한 청구 : 불가[대법원 2001. 10. 9. 선고 2000다51216 판결, 대법원 2005. 3. 10. 선고 2004다67653, 67660 판결] 부동산의 매매로 인한 소유권이전등기청구권은 물권의 이전을 목적으로 하는 매매의 효과로서 매도인이 부담하는 재산권이전의무의 한 내용을 이루는 것이고, 매도인이 물권행위의 성립요건을 갖추도록 의무를 부담하는 경우에 발생하는 채권적 청구권으로 그 이행과정에 신뢰관계가 따르므로 권리의 성질상 양도가 제한된다.

라. [비교] 점유취득시효완성에 의한 소유권이전등기청구권 양도에 의한 청구 : 가능

[대법원 2018. 7. 12. 선고 2015다36167 판결] 취득시효완성으로 인한 소유권이전등기청구권은 채권자와 채무자 사이에 아무런 계약관계나 신뢰관계가 없고, 그에 따라 채권자가 채무자에게 반대급부로 부담하여야 하는 의무도 없다. 따라서 취득시효완성으로 인한 소유권이전등기청구권의 양도의 경우에는 매매로 인한 소유권이전등기청구권에 관한 양도제한의 법리가 적용되지 않는다고 보아야 한다. 그렇다면 원고가 채권양도에 관한 모든 요건사실을 주장하였고, 이에 관하여 민사소송법 제150조에 따른 자백간주의 효력이 발생한 이상 소유권이전등기청구권의 양수라는 법률효과가 인정된다.

마. 등기청구권자의 이전등기청구권원고의 망부 → 피고들의 피상속인의 증여원고의 부 → 원고만으로는 등기의무자의 이전등기의무피고 부정[대법원 1983. 12. 13. 선고 83다카881 판결] 교환계약이 원고의 망부와 피고들의 피상속인 사이에 체결된 것이라면 원고가 망부 생전에 위 교환계약에 따른 소유권이전등기청구권 등 일체의 권리를 증여받았더라도 그와 같은 증여는 원고와 망부 간의 법률관계에 지나지 않는 것이므로 중간생략등기에 관한 합의가 없는 이상, 피고들이 그 피상속인과 원고의 망부와의 교환계약에 따른 이 사건 부동산의 소유권이전등기를 계약당사자도 아닌 원고에게 직접 이행하여야 할 의무는 없다. 원심은 원고가 피고들에게 직접 소유권이전등기절차이행을 구할 수 있는 이유로 망 소외1이 그 생전에 판시 교환계약에 따른 소유권이전등기청구권 등 일체의 권리를 원고에게 증여하였다는 사실을 확정하고 교환계약상의 권리를 원고가 승계한 것이라고 판시하고 있으나 그와 같은 증여는 원고와 망 소외1 간의 법률관계에 지나지 않는 것이고 그로 인하여 원고가 피고들에게 교환목적물에 대한 소유권이전등기를 직접 자기 앞으로 이행하라는 청구권을 행사할 수 있는 법률관계가 형성될 수는 없을 것이니 원심으로서는 마땅히 판시 교환계약의 당사자도 아닌 원고가 피고들에게 교환계약에 따른 소유권이전등기를 직접 자기에게 이행하라고 청구하는 이유가 무엇인지에 대하여 중간생략등기의 합의가 있었는가의 여부 등을 석명하여 심리판단하였어야만 할 것이다.

2. 각 매매계약이 유효하게 성립 + 각각의 매매계약에 관하여 토지거래허가

2-1. 토지거래 허가 부존재 : 최종매수인이 자신과 최초 매도인을 당사자로 하는 토지거래허가를 받아 자신 앞으로 소유권이전등기를 경료 → 적법한 토지거래허가 없이 경료된 등기로서 무효[대법원 1997. 11. 11. 선고 97다33218 판결] 최초의 매도인이 최종 매수인 앞으로 직접 소유권이전등기를 경료하기로 하는 중간생략등기의 합의가 있었다고 하더라도 이러한 중간생략등기의 합의란 부동산이 전전 매도된 경우 각 매매계약이 유효하게 성립함을 전제로 그 이행의 편의상 최초의 매도인으로부터 최종의 매수인 앞으로 소유권이전등기를 경료하기로 한다는 당사자 사이의 합의에 불과할 뿐, 그러한 합의가 있었다고 하여 최초의 매도인과 최종의 매수인 사이에 매매계약이 체결되었다는 것을 의미하는 것은 아니므로 최초의 매도인과 최종 매수인 사이에 매매계약이 체결되었다고 볼 수 없고, 설사 최종 매수인이 자신과 최초 매도인을 매매 당사자로 하는 토지거래허가를 받아 자신 앞으로 소유권이전등기를 경료하였다고 하더라도 이는 적법한 토지거래허가 없이 경료된 등기로서 무효이다.

2-2. 중간자에 대한 항변권으로 최종매수인에게 대항[대법원 2005. 4. 29. 선고 2003다66431 판결] 중간자에 대한 매매대금인상 동시이행항변으로 최종매수인에 대한 이전등기이행 거절 가능

Ⅲ. 매매대금지급청구

1. 요건사실 : 매매계약체결사실(매도인, 매매일자, 매수인, 목적물, 대금, 매도사실)

⇔ 매도인이 자신의 채무를 이행한 사실 : 매수인의 동시이행항변에 대한 재항변의 요건사실

2. 일부를 지급받고 나머지를 청구하는 경우

가. 요건사실은 동일

나. 기재례 : "원고는 피고로부터 계약금 80,000,000원을 지급받았음을 자인하고 있다." ⇔ ...지급받은 사실은 당사자 사이에 다툼이 없다(✕) 이유 : 자백의 범위에 관한 패소가능성설 [대법원 1993. 9. 14. 선고 92다24899 판결] 원고들이 소유권확인을 구하고 있는 이 사건에서 원고들의 피상속인인 위 소외 3 명으로 소유권이전등기가 마쳐진 것이라는 점은 원래 원고들이 입증책임을 부담할 사항이지만 위 소유권이전등기를 마치지 않았다는 사실을 원고들 스스로 자인한 바 있고 이를 피고가 원용한 이상 이 점에 관하여는 자백이 성립한 결과가 되었다고 할 것이고 따라서 원고들로서는 그 자백이 진실에 반하고 착오로 인한 것임을 입증하지 않은 이상 함부로 이를 취소할 수 없다고 보아야 할 것이다.

Ⅳ. 매매대금 및 지연손해금 청구

1. 매매계약체결 원고가 2020. 1. 7. 피고에게 X토지를 대금 ○원에 매도하면서 중도금 ○원은 2015. 2. 7., 잔금 ○원은 2020. 3. 7.에 각 지급받고, 소유권이전등기에 필요한 일체의 서류는 2020. 3. 7. 14:00경 ○법무사사무소에서 교부하기로 약정한 사실 + 소유권이전의무의 이행·이행의 제공 공격방법의 불가피한 불이익진술 : 동시이행항변권의 존재만으로 이행지체책임을 저지하는 효력 → 원고로서는 자신의 채무인 소유권이전의무의 이행 또는 이행의 제공사실을 주장·증명하여야만 매수인의 매매대금지급채무가 이행지체에 빠지게 됨

2. 대금지급기한 도래

가. 동일기한의 추정(제585조) : 매도인이 먼저 인도한 경우 매수인의 대금지급기일은 그 인도기일과 동일한 날로 추정

나. 지급시기, 지급방법

(1) 이행지체를 이유로 한 손해배상청구 : 계속적 이행제공 필요 [대법원 1995. 3. 14. 선고 94다26646 판결] 쌍무계약의 당사자 일방이 먼저 한번 현실의 제공을 하고, 상대방을 수령지체에 빠지게 하였다고 하더라도 그 이행의 제공이 계속되지 않는 경우는 과거에 이행의 제공이 있었다는 사실만으로 상대방이 가지는 동시이행의 항변권이 소멸하는 것은 아니므로, 일시적으로 당사자 일방의 의무의 이행 제공이 있었으나 곧 그 이행의 제공이 중지되어 더 이상 그 제공이 계속되지 아니하는 기간 동안에는 상대방의 의무가 이행지체 상태에 빠졌다고 할 수는 없다고 할 것이고, 따라서 그 이행의 제공이 중지된 이후에 상대방의 의무가 이행지체되었음을 전제로 하는 손해배상청구도 할 수 없는 것인바, 피고가 원고의 이행제공이 중지된 1991.8.6. 이후에도 계속하여 이

행지체에 빠졌음을 이유로 손해배상을 구하는 것임이 명백한 원고의 이 사건 청구는 더 이상 나아가 판단할 필요 없이 이유 없는 것이다. [기재례] : 원고가 2020. 3. 7. 14:00경 ○법무사에게 피고가 미지급 매매대금을 가져오는 대로 피고 앞으로 소유권이전등기신청절차를 진행하여 달라고 부탁하면서 X토지의 소유권이전등기에 필요한 일체의 서류를 위 법무사사무소에 맡겨두고, 같은 날 피고에게 그와 같은 사정을 알린 사실

(2) 이행지체에 빠지게 한 경우 해제권 행사 : 계속적 제공 불필요, 상대방의 이행을 수령하고 자신의 채무를 이행할 수 있는 정도의 준비 필요[대법원 1982. 6. 22. 선고 81다카 1283,1284 판결, 대법원 1996. 11. 26. 선고 96다35590, 35606 판결]

3. 소유권 이전의무 이행 · 제공(인도 외에 다른 반대채무가 있는 경우)동시이행항변 존재효과

4. 목적물 인도

가. 지연손해금 청구를 위해서는 제587조의 특칙에 따라 목적물을 매수인에게 현실적으로 인도하였다는 점까지 주장 · 증명 필요[대법원 1995. 6. 30. 선고 95다14190 판결] 특정물의 매매에 있어서 매수인의 대금지급채무가 이행지체에 빠졌다 하더라도 그 목적물이 매수인에게 인도될 때까지는 매수인은 매매대금의 이자를 지급할 필요가 없는 것이므로, 그 목적물의 인도가 이루어지지 아니하는 한 매도인은 매수인의 대금지급의무 이행의 지체를 이유로 매매대금의 이자 상당액의 손해배상청구를 할 수 없다.

나. 인도 · 대금납부와 과실수취권

유형		과실수취권
매도인	매수인	
미인도	대금 미납	매도인[대법원 1992. 4. 28. 선고 91다32527 판결] 부동산매매에 있어 목적부동산을 제3자가 점유하고 있어 인도받지 아니한 매수인이 명도소송제기의 방편으로 미리 소유권이전등기를 경료받았다고 하여도 아직 매매대금을 완급하지 않은 이상 부동산으로부터 발생하는 과실은 매수인이 아니라 매도인에게 귀속되어야 한다. ➡ 매도인 : 이자 상당액의 손해배상청구 불가[대법원 1995. 6. 30. 선고 95다14190 판결] 특정물의 매매에 있어서 매수인의 대금지급채무가 이행지체에 빠졌다 하더라도 그 목적물이 매수인에게 인도될 때까지는 매수인은 매매대금의 이자를 지급할 필요가 없는 것이므로, 그 목적물의 인도가 이루어지지 아니하는 한 매도인은 매수인의 대금지급의무 이행의 지체를 이유로 매매대금의 이자 상당액의 손해배상청구를 할 수 없다. ➡ 매수인 : 인도의무 이행지체로 인한 손해배상청구 불가[대법원 2004. 4. 23. 선고 2004다8210 판결] 민법 제587조는 매매당사자 사이의 형평을 꾀하기 위하여 매매목적물이 인도되지 아니하더라도 매수인이 대금을 완제한 때에는 그 시점 이후의 과실은 매수인에게 귀속되지만, 매매목적물이 인도되지 아니하고 또한 매수인이 대금을 완제하지 아니한 때에는 매도인의 이행지체가 있더라도 과실은 매도인에게 귀속되는 것이므로 매수인은 인도의무의 지체로 인한 손해배상금의 지급을 구할 수 없다.

미인도	대금 완납	매수인[대법원 2021. 6. 24. 선고 2021다220666 판결] 특별한 사정이 없는 한 매매계약이 있은 후에도 인도하지 아니한 목적물로부터 생긴 과실은 매도인에게 속하지만(민법 제587조), 매매목적물의 인도 전이라도 매수인이 매매대금을 완납한 때에는 그 이후의 과실수취권은 매수인에게 귀속된다고 보아야 할 것이다.
인도	대금 미납	매수인, 이자지급의무 발생(민법 제587조)
인도	대금 완납	매수인, 이자지급의무 불발생(민법 제587조)

5. 손해발생, 범위

가. 민사법정이율에 의한 지연손해금 : 제397조에 따라 별도의 증명 불필요

나. 상사법정이율에 의한 지연손해금 : 매매계약 당사자 일방이 상인인 사실을 주장 · 증명스포츠의류 제조업을 하는 원고(또는 피고)

다. 약정비율에 의한 지연손해금 : 지연손해금 비율에 관한 약정사실을 주장 · 증명 ➡ 손해배상예정의 성격

5-1. 원고 반대채무 불이행

■ 도급계약 : 원고수급인의 인도의무 이행없이 대금지급 청구 → 피고도급인 공사대금지급의무 이행지체 불성립 ➡ 장래이행판결(인도받는 날부터 완제일까지 연 5%)[대법원 2002. 10. 25. 선고 2002다43370 판결] 대금지급채무에 대해 이행지체 책임 불성립 → 인도일 이후 지연손해금에 대하여 소송촉진 등에 관한 특례법 제3조 제1항 본문 부적용

■ [비교] 계약해제에 의한 대금반환청구 : 이자 지급도 원상회복의무, 동시이행관계 → 이행지체 불성립 → 소송촉진 등에 관한 특례법 제3조 제1항 부적용(다 갚는 날까지 연 5/6%)[사법연수원 판결 주문 사례연습 5]

Ⅴ. 취소에 의한 매매대금 및 지연손해금 청구매수인

Ⅴ-1. 동시이행매도인 : 이행지체 불성립말소등기와 동시이행

▶ 말소등기 서류제공 + 수령 최고[대법원 2001. 7. 10. 선고 2001다3764 판결] 원고 등이 피고와 사이의 이 사건 토지에 관한 매매계약을 착오를 이유로 취소함으로써 그 원상회복으로서 원고들은 피고에게 이 사건 토지에 관하여 소유권이전등기의 말소등기절차를 이행할 의무가 있고, 또한 피고는 원고들에게 수령한 매매대금을 반환할 의무가 있는바, 원고들과 피고 사이의 이러한 각 의무는 동시이행의 관계에 있는 것이므로, 피고는 원고들로부터 이 사건 토지에 관한 소유권이전등기의 말소등기절차를 이행받음과 동시에 위 매매대금을 반환할 의무가 있다 할 것이

어서 원고들이 피고를 이행지체에 빠뜨리기 위해서는 소유권이전등기의 말소등기에 필요한 서류 등을 현실적으로 제공할 필요까지는 없으나, 최소한 위 서류 등을 준비하여 두고 그 뜻을 피고에게 통지하여 매매대금의 반환과 아울러 이를 수령하여 갈 것을 최고함을 요한다고 할 것이다. 사정이 이러하다면 원심으로서는 원고들이 피고에게 이 사건 토지에 관한 소유권이전등기의 말소등기에 필요한 서류를 준비하여 이를 피고에게 통지하여 수령을 최고하였는지 여부를 심리하여 확정하기 전에는 피고에게 매매대금의 반환에 대한 이행지체의 책임이 있다고 단정할 수 없다.

Ⅵ. 양도담보권 약정을 원인으로 하는 이전등기청구

1. 성질 : 정산절차를 예정하고 있는 약한 의미의 양도담보[대법원 1967. 3. 28. 선고 67다61 판결]

] 대외적 : 소유권이전, 대내적 : 채무담보의 효력만 ⇔ 강한 의미의 양도담보 : 대내외적으로 이전

2. 요건사실 : 양도담보계약체결 사실양도담보 : 소유권이전등기를 경료함으로써 담보권발생

2-1. 이전등기 미경료 → 가담법 위반(청산절차 미경료 : 동시이행) 항변 불가[대법원 1999.

2. 9. 선고 98다51220 판결] 민법 제607조, 제608조에 위반된 대물변제의 약정은 대물변제의 예약으로서는 무효가 되지만 약한 의미의 양도담보를 설정하기로 하는 약정으로서는 유효하되, 다만 그에 기한 소유권이전등기를 미처 경료하지 아니한 경우에는 아직 양도담보가 설정되기 이전의 단계이므로 가등기담보등에관한법률 제3조 소정의 담보권 실행에 관한 규정이 적용될 여지가 없는 한편, 채권자는 양도담보의 약정을 원인으로 하여 담보목적물에 관하여 소유권이전등기절차의 이행을 청구할 수 있다. [대법원 2013. 9. 27. 선고 2011다106778 판결] 채권자가 채무자와 담보계약을 체결하였지만, 담보목적부동산에 관하여 가등기나 소유권이전등기를 마치지 아니한 경우에는 '담보권'을 취득하였다고 할 수 없으므로, 이러한 경우에는 가등기담보법 제3조, 제4조는 원칙적으로 적용될 수 없다. 따라서 채권자와 채무자가 담보계약을 체결하였지만, 담보목적부동산에 관하여 가등기나 소유권이전등기를 마치지 아니한 상태에서 채권자로 하여금 귀속정산 절차에 의하지 않고 담보목적부동산을 타에 처분하여 채권을 회수할 수 있도록 약정하였다 하더라도, 그러한 약정이 가등기담보법의 규제를 잠탈하기 위한 탈법행위에 해당한다는 등의 특별한 사정이 없는 한 가등기담보법을 위반한 것으로 보아 무효라고 할 수는 없다.

제2관 손해배상청구

Ⅰ. 담보책임에 의한 손해배상

1. 제570조(타인권리매매)

가. 요건 : 타인권리 매매[① 권리의 타인귀속, ② 자기명의 매매, ③ 취득·이전 불가 (취득불능[대법원 1982. 12. 28. 선고 80다2750 판결], 권리추탈)] → 매수인이 매도인의 귀책사유 입증

나. 미등기전매 : 타인권리 매매를 긍정한 판례[대법원 1982. 1. 26. 선고 81다528 판결] vs 부정한 판례[대법원 1972. 11. 28. 선고 72다982 판결] 매도인에게 사실상·법률상 처분권한 있는 경우, [대법원 1996.

4. 12. 선고 95다55245 판결] 분양받은 후 이전등기 하지 않고 원고에게 매매한 경우

1-1. 매수인 악의(제570조 단서)81다528 피고가 매수부동산을 이전등기 아니한 채 원고에게 전매한 경우는 타인의 권리의 매매라고 할 것이고, 원고가 피고의 위 전매사실을 알고, 매매계약을 체결하였다면 원고는 이건 부동산의 소유권이 피고에게 속하지 아니함을 알고 있었다고 할 것이다.

▶ 타인권리 매매 악의매수인 → 일반 손해배상청구 가능[대법원 1993. 11. 23. 선고 93다37328 판결] 타인의 권리를 매매의 목적으로 한 경우에 있어서 그 권리를 취득하여 매수인에게 이전하여야 할 매도인의 의무가 매도인의 귀책사유로 인하여 이행불능이 되었다면 매수인이 매도인의 담보책임에 관한 민법 제570조 단서의 규정에 의해 손해배상을 청구할 수 없다 하더라도 채무불이행 일반의 규정(민법 제546조, 제390조)에 좇아서 계약을 해제하고 손해배상을 청구할 수 있다.

다. 효과

(1) 이행이익 배상 : 불능당시의 시가 기준[대법원 1993. 4. 9. 선고 92다25946 판결]

(1)－1. 과실상계 : 형평의 원칙[대법원 1971. 12. 21. 선고 71다218 판결] 타인의 물건 매매에 있어서, 매수인이 그 물건의 소유권이 매도인에게 속하지 아니함을 알지 못한 것이 매수인의 과실에 기인한 경우에는 매도인의 배상액을 산정함에 있어서 이를 참작하여야 한다.

(2) 제390조 경합 : 매수인채권자이 매도인채무자의 귀책사유 입증[대법원 1970. 12. 29. 선고 70다2449 판결] 매매계약당시 그 토지의 소유권이 매도인에 속하지 아니함을 알고 있던 매수인은 매도인에 대하여 그 이행불능을 원인으로 손해배상을 청구할 수 없고 다만 그 이행불능이 매도인의 귀속사유로 인하여 이루어진 것인 때에 한하여 그 손해배상을 청구할 수 있는 것이므로 그 이행불능이 매도인의 귀속사유로 인한 것인가는 매수인이 입증해야 한다. ⇔ 타인권리 매매가 아닌 경우 : 매도인이 자신의 귀책사유 없음을 입증

(3) 취소

(가) 사기취소[대법원 1973. 10. 23. 선고 73다268 판결] 민법 569조가 타인의 권리의 매매를 유효로 규정한 것은 선의의 매수인의 신뢰이익을 보호하기 위한 것이므로, 매수인이 매도인의 기망에 의하여 타인의 물건을 매도인의 것으로 알고 매수한다는 의사표시를 한 것은 만일 타인의 물건인줄 알았더라면 매수하지 아니하였을 사정이 있는 경우에는 매수인은 민법 110조에 의하여 매수의 의사표시를 취소할 수 있다.

(나) 착오취소[대법원 2018. 9. 13. 선고 2015다78703 판결] 착오로 인한 취소 제도와 매도인의 하자담보책임 제도는 취지가 서로 다르고, 요건과 효과도 구별된다. 따라서 매매계약 내용의 중요 부분에 착오가 있는 경우 매수인은 매도인의 하자담보책임이 성립하는지와 상관없이 착오를 이유로 매매계약을 취소할 수 있다.

(4) 불법행위 손해배상청구 : 매매대금 상당액 ⇔ 불능 당시원소유자에 대한 패소판결 확정시[이때가 손해배상청구권 소멸시효 기산일(대법원 1973. 3. 13. 선고 72다2207 판결)]의 시가가 아님[대법원 1992. 6. 23. 선고 91다33070 전원합의체 판결] 불법행위로 인한 재산상 손해 : 위법행위가 없었더라면 존재하였을 재산상태 − 위법행위가 가해진 현재 재산상태, 최종 매수인 : 말소등기 판결의 확정으로 소유권을 상실한 것이 아니라 처음부터 토지 소유권을 취득하지 못한 것(위조에 의한 원인무효의 이전등기) → 토지 소유권 상실을 손해라고 볼 수 없음

2. 제572조(일부타인권리매매)

2-1. 제척기간

- 안 날로부터 1년(선의)[대법원 1991. 12. 10. 선고 91다27396 판결] 매도인이 취득하여 이전할 수 없게 됨을 확실히 안 날(타인에게 속한 사실을 안 날이 아님)
- 계약일로부터 1년(악의)

가. 요건 : ① 일부 타인권리, ② 매수인 선의

나. 적용범위

(1) 수개의 권리를 일괄하여 매매목적으로 한 경우 : 제572조 적용[대법원 1989. 11. 14. 선고 88다카13547 판결] 매매의 목적이 된 권리의 일부가 타인에게 속한 경우의 매도인의 담보책임에 관한 민법 제572조의 규정은 단일한 권리의 일부가 타인에 속하는 경우에만 한정하여 적용되는 것이 아니라 수개의 권리를 일괄하여 매매의 목적으로 정한 경우에도 그 가운데 이전할 수 없게 된 권리부분이 차지하는 비율에 따른 대금산출이 불가능한 경우 등 특별한 사정이 없는 한 역시 적용된다.

(2) 건물의 일부가 타인 토지 위에 건립된 경우 : 제572조 유추[대법원 2009. 7. 23. 선고 2009다33570 판결] 매매계약에서 건물과 그 대지가 계약의 목적물인데 건물의 일부가 경계를 침범하여 이웃 토지 위에 건립되어 있는 경우에 매도인이 그 경계 침범의 건물부분에 관한 대지부분을 취득하여 매수인에게 이전하지 못하는 때에는 매수인은 매도인에 대하여 민법 제572조를 유추적용하여 담보책임을 물을 수 있다고 할 것이다. 그리고 그 경우에 이웃 토지의 소유자가 소유권에 기하여 그와 같은 방해상태의 배제를 구하는 소를 제기하여 승소의 확정판결을 받았으면, 이제 다른 특별한 사정이 없는 한 매도인은 그 대지부분을 취득하여 매수인에게 이전할 수 없게 되었다고 봄이 상당하다. 민법 제575조 제2항은 매매의 목적인 부동산을 위하여 존재할 지역권이 없는 경우 매도인의 담보책임에 대하여 규정하나, 이는 목적물 용익의 편의에 관한 권리가 없는 경우에 관한 것으로서 위와 같이 건물의 존립을 위한 권리가 없는 경우에 유추적용할 것이 못 된다. 또한 원심이 이 사건에 적용한 민법 제580조는 매매목적물의 물질적 성상에 흠이 있는 경우에 관한 것으로서 이 사건에서와 같이 매매목적물의 권리상태에 흠이 있는 경우에 쉽사리 적용될 수 없다.

다. 효과 : 이행이익 배상[대법원 1993. 1. 19. 선고 92다37727 판결] 매매의 목적이 된 권리의 일부가 타인에게 속함으로 인하여 매도인이 그 권리를 취득하여 매수인에게 이전할 수 없게 된 때에는 선의의 매수인은 매도인에게 담보책임을 물어 이로 인한 손해배상을 청구할 수 있는바, 이 경우에 매도인이 매수인에 대하여 배상하여야 할 손해액은 원칙적으로 매도인이 매매의 목적이 된 권리의 일부를 취득하여 매수인에게 이전할 수 없게 된 때의 이행불능이 된 권리의 시가, 즉 이행이익 상당액이라고 할 것이어서, 불법등기에 대한 불법행위책임을 물어 손해배상청구를 할 경우의 손해의 범위와 같이 볼 수 없는 것이다. 이 사건에서 원심이 인정한 위 사실관계에 의하면 위 소외인이 원·피고를 상대로 제기한 위 소유권이전등기말소청구소송에서 위 소외인의 승소판결이 확정된 때에 피고는 더 이상 매매의 목적이 된 이 사건 토지중 43분의 35지분을 취득하여 원고에게 이전할 수 없게 되었다고 할 것이므로, 피고는 원고에게 위 패소확정당시의 위 지분의 시가 상당액을 배상하여야 할 의무가 있는 것이다.

3. 제574조(수량지정매매)

3-1. 제척기간

- 선의 : 안 날로부터 1년
- 악의 : 계약일로부터 1년

가. 수량지정·일부멸실 : 특정 수량·면적에 주안, 특정물의 원시적 일부불능[대법원 2002. 4. 9. 선고 99다47396 판결] 부동산매매계약에 있어서 실제면적이 계약면적에 미달하는 경우에는 그 매매가 수량지정매매에 해당할 때에 한하여 민법 제574조, 제572조에 의한 대금감액청구권을 행사함은 별론으로 하고, 그 매매계약이 그 미달 부분만큼 일부 무효임을 들어 이와 별도로 일반 부당이득반환청구를 하거나 그 부분의 원시적 불능을 이유로 민법 제535조가 규정하는 계약체결상의 과실에 따른 책임의 이행을 구할 수 없다. [대법원 1992. 12. 22. 선고 92다30580 판결] 매매계약을 체결함에 있어 토지의 면적을 기초로 하여 평수에 따라 대금을 산정하였는데 토지의 일부가 매매계약 당시에 이미 도로의 부지로 편입되어 있었고, 매수인이 그와 같은 사실을 알지 못하고 매매계약을 체결한 경우 매수인은 민법 제574조에 따라 매도인에 대하여 토지 중 도로의 부지로 편입된 부분의 비율로 대금의 감액을 청구할 수 있다.

인정	부정
■매수인 일정한 면적·수량을 믿고 계약특정 평수에 주안 + 매도인 면적·수량 명시적·묵시적 표시 + 매매대금도 그 수량을 기준 ➡ 평당 기준가액을 정하지 않거나 목적물별로 대금을 정하지 않고 포괄하여 매매대금을 정하였어도 수량지정 매매[대법원 1986. 12. 23. 선고 86다카1380 판결] ■현장답사와 공부상의 기재로 현황을 확인한 후 공부상 면적대로 계약[대법원 1996. 4. 9. 선고 95다48780 판결] 평당 가격을 기재하지 않았더라도 수량지정 매매 ■목적토지의 면적이 공부상 표시와 같음을 전제로 면적을 가장 중요한 요소로 하여 가격 결정[대법원 2001. 4. 10. 선고 2001다12256 판결] ■아파트 분양계약[대법원 2002. 11. 8. 선고 99다58136 판결] 목적물이 일정한 면적(수량)을 가지고 있다는 데 주안을 두고 대금도 면적을 기준으로 하여 정하여지는 아파트분양계약은 이른바 수량을 지정한 매매라 할 것이다. ■토지 2필지의 면적 합계 66평을 평당 350만	■매매대상을 전체로 평가특정 토지에 주안 + 평수에 의한 계산이 대금을 결정하기 위한 방편에 불과한 경우[대법원 1993. 6. 25. 선고 92다56674 판결] 매매대금을 산정함에 있어 평당가격을 정하여 매매대금을 산출하였다고 해서 바로 수량을 지정한 매매로 되는 것은 아니다. 민법 제574조에서 규정하는 "수량을 지정한 매매"라 함은 당사자가 매매의 목적인 특정물이 일정한 수량을 가지고 있다는 데 주안을 두고 대금도 그 수량을 기준으로 하여 정한 경우를 말하는 것이므로, 토지의 매매에 있어 목적물을 등기부상의 평수에 따라 특정한 경우라도 당사자가 그 지정된 구획을 전체로서 평가하였고, 평수에 의한 계산이 하나의 표준에 지나지 아니하여 그것이 당사자들 사이에 대상토지를 특정하고 그 대금을 결정하기 위한 방편이었다고 보일 때에는 이를 가리켜 수량을 지정한 매매라 할 수 없는 것이다. 지적공부상 원심판결첨부 별지목록기재 토지 14필지의 지목은 대지가 2필지 1,701㎡, 답이 2필지 2,464㎡, 전이 10필지 7,168㎡로서 각 지목별로 그 가격이 균등하다고 보기는 어렵고, 이와 같이 가격이 균등하지 아니한 여러 필지의 토지를 수량을 지정하여 거래한다는 것은 기대하기 어려울 뿐 아니라, 매매대금 총액만이 금 1억 6백만원으로 기재되어 있을 뿐이고 수량을

원으로 계산92다30580
- 등기부상 기재에 따라 면적을 기재하고 평당 가격을 곱하여 대금을 결정하였으나 대상토지가 도로, 잡목 등으로 인근 토지와 경계가 구분되어 있고, 매수인이 계약체결 전 현장 확인 → 구획된 경계에 따라 특정하여 매매한 것[대법원 1998. 6. 26. 선고 98다13914 판결]
- 경매법원의 경매대상 토지 특정[대법원 2003. 1. 24. 선고 2002다65189 판결]

지정한 매매로 인정할 경우에 있어 기준이 될 평당가격은 기재되어 있지도 않다. 나아가 부동산거래에 있어 그 평수를 지정하여 거래할 경우에 있어서는 거래대상 부동산의 평수와 평당가격의 산정이 중요한 요소가 된다 할 것인데, 원고가 지적공부에 의하여 매매대상이 되는 부동산의 평수도 확인하지 아니한 채 매도인인 피고들의 주장에 따라 그대로 인정하였다는 것 또한 이례적이어서 경험칙상 쉽게 용납되지 아니한다. 따라서 원고와 피고들은 이 사건 매매계약을 체결함에 있어 그 대상 토지의 매매대금을 정하는 방편으로 평당가격을 금 2만원으로 정한 것에 불과하고 이 사건 매매계약이 수량을 지정한 매매라고는 할 수 없는 것이다.
- 매매대금을 평당가액으로 정하였으나 등기부상 면적과 지적공부가 일치하지 않아 사후정산 특약을 한 경우[대법원 1992. 9. 14. 선고 92다9463 판결]

나. 매수인 선의

4. 제575조(제한물권 존재)

4-1. 제척기간 : 안 날로부터 1년

가. 요건

(1) 제한물권, 질권, 유치권, 등기된 임차권, 대항력 있는 임대차(주택임대차보호법 제3조 제5항)의 존재, 존재할 지역권의 부존재
(2) 매수인 선·악 불문(해제 : 선의 + 목적달성 불능 필요)

나. 다른 규정과의 비교

(1) 제572조와의 비교 : 제572조는 건물의 존립을 위한 권리가 없는 경우 적용[대법원 2009. 7. 23. 선고 2009다33570 판결] 민법 제575조 제2항은 매매의 목적인 부동산을 위하여 존재할 지역권이 없는 경우 매도인의 담보책임에 대하여 규정하나, 이는 목적물 용익의 편의에 관한 권리가 없는 경우에 관한 것으로서 위와 같이 건물의 존립을 위한 권리가 없는 경우에 유추적용할 것이 못 된다.
(2) 제580조와의 비교 : 제580조는 매매목적물의 물질적 성상에 흠이 있는 경우에 관한 것2009다33570 매매목적물의 권리상태에 흠이 있는 경우에 쉽사리 적용될 수 없다.

5. 제576조(저당권, 전세권 행사), 제577조(저당권의 목적이 된 지상권, 전세권의 매매)

가. 요건

(1) 저당권·전세권 실행 및 이와 유사한 경우

(개) 가등기에 기한 본등기실행[대법원 1992. 10. 27. 선고 92다21784 판결] 가등기의 목적이 된 부동산을 매수한 사람이 그 뒤 가등기에 기한 본등기가 경료됨으로써 그 부동산의 소유권을 상실하게 된 때에는 매매의 목적 부동산에 설정된 저당권 또는 전세권의 행사로 인하여 매수인이 취득한 소유권을 상실한 경우와 유사하므로, 이와 같은 경우 민법 제576조의 규정이 준용된다고 보아 같은 조 소정의 담보책임을 진다고 보는 것이 상당하고 민법 제570조에 의한 담보책임을 진다고 할 수 없다.

(나) 이전등기 이전의 가압류에 기한 강제집행[대법원 2011. 5. 13. 선고 2011다1941 판결]

(다) 사해행위취소에 의한 추탈[서울남부지방법원 2018가합113189 판결]

(라) 임차권 매도인에 대하여는 제576조 부적용[대법원 2007. 4. 26. 선고 2005다34018,34025 판결] 임대차계약에 기한 임차권(임대차보증금반환청구권을 포함)을 그 목적물로 한 매매계약이 성립한 경우, 매도인이 임대인의 임대차계약상의 의무이행을 담보한다는 특별한 약정(민법 제579조 참조)을 하지 아니한 이상, 임차권 매매계약당시 임대차 목적물에 이미 설정되어 있던 근저당권이 임차권 매매계약 이후에 실행되어 낙찰인이 임대차 목적물의 소유권을 취득함으로써 임대인의 목적물을 사용·수익하게 할 의무가 이행불능으로 되었다거나, 임대인의 무자력으로 인하여 임대차보증금반환의무가 사실상 이행되지 않고 있다고 하더라도, 임차권 매도인에게 민법 제576조에 따른 담보책임이 있다고 할 수 없다. 이러한 법리는 임차권을 교환계약의 목적물로 한 경우에도 마찬가지라 할 것이다.

(2) 매수인 소유권취득 불가·소유권 상실

(3) 매수인 선악불문(↔ 제570조 : 악의 매수인은 손해배상청구 불가)

나. 효과

(1) 신뢰이익 배상 : 매매대금 및 그에 대한 법정이자 상당액(↔ 제570조)[대법원 1992. 10. 27. 선고 92다21784 판결] 매매대금 및 법정이자 상당액이라고 본 원심판결 인정

(2) [비교] 경매로 인한 이행불능에 대하여 해제 + 손해배상저당권의 부담이 없는 완전한 소유권을 이전할 의무 위반을 청구하는 경우 : 이행이익 배상[지원림 민법강의 13판, 1456]

6. 제578조(경매) ➡ 경락인(매수인) 보호[대법원 1993. 5. 25. 선고 92다15574 판결]

가. 공경매의 유효

(1) 국가기관·대행기관이 법률에 기하여 목적물 권리자의 의사와 무관하게 매도하는 행위만[대법원 2016. 8. 24. 선고 2014다80839 판결] 위탁매매인의 매매방법의 일환인 경우는 제외

(2) 경매무효 : 경락인 → 부당이득청구[대법원 1993. 5. 25. 선고 92다15574 판결] 구건물과 동일성 없는 신건물에 대한 경매, [대법원 2004. 6. 24. 선고 2003다59259 판결] 경락인이 강제경매절차를 통하여 부동산을 경

락받아 대금을 완납하고 그 앞으로 소유권이전등기까지 마쳤으나, 그 후 강제경매절차의 기초가 된 채무자 명의의 소유권이전등기가 원인무효의 등기이어서 경매 부동산에 대한 소유권을 취득하지 못하게 된 경우, 이와 같은 강제경매는 무효라고 할 것이므로 경락인은 경매 채권자에게 경매대금 중 그가 배당받은 금액에 대하여 일반 부당이득의 법리에 따라 반환을 청구할 수 있고, 민법 제578조 제1항, 제2항에 따른 경매의 채무자나 채권자의 담보책임은 인정될 여지가 없다.

▸ 배당채권자피고 : 경락인원고은 매도인에게 담보책임청구(해제, 대금감액)로 대금반환이 가능하다는 항변 불가92다15574 경매절차가 무효인 경우에는 담보책임 규정 부적용

나. 권리의 하자 : 대항력 있는 임차권[임대차 목적이 된 주택이 경매의 목적물 + 대항력 있는 임대차의 존재 + 경락인 선의(주택임대차보호법 제3조 제5항)][대법원 1996. 7. 12. 선고 96다7106 판결] 경락인은 계약의 목적을 달성할 수 없는 경우에 한하여 계약을 해제하고 채무자 또는 채무자에게 자력이 없는 때에는 배당을 받은 채권자에게 그 대금의 전부나 일부의 반환을 구하거나, 그 계약해제와 함께 또는 그와 별도로 경매목적물에 위와 같은 흠결이 있음을 알고 고지하지 아니한 채무자나 이를 알고 경매를 신청한 채권자에게 손해배상을 청구할 수 있을 뿐, 계약을 해제함이 없이 채무자나 경락대금을 배당받은 채권자들을 상대로 경매목적물상의 대항력 있는 임차인에 대한 임대차보증금에 상당하는 경락대금의 전부나 일부를 부당이득하였다고 하여 바로 그 반환을 구할 수 있는 것은 아니다.

▸ 채무자, 배당채권자 선의(제578조 제3항)

▸ 가등기된 부동산을 경락받았으나 본등기가 실행되지 않은 경우 : 제578조 손해배상책임 부정[대법원 1999. 9. 17. 선고 97다54024 판결] 민법 제578조에 의하여 경매신청 채권자가 경락인에게 부담하는 손해배상책임은 반드시 신청채권자의 경매신청행위가 위법한 것임을 전제로 하는 것은 아니지만, 경매절차에서 소유권이전청구권 가등기가 경료된 부동산을 경락받았으나 가등기에 기한 본등기가 경료되지 않은 경우에는 아직 경락인이 그 부동산의 소유권을 상실한 것이 아니므로 민법 제578조에 의한 손해배상책임이 성립되었다고 볼 여지가 없다.

▸ 가등기 → 경락 + 대금완납 → 본등기[대법원 1997. 11. 11.자 96그64 결정]

• 배당 전 : 제578조, 제576조 유추 → 집행법원에 경매에 의한 매매계약 해제 + 낙찰대금 반환청구

• 배당 후 : 별소에 의하여 채무자 또는 채권자를 상대로 추급

다. 물건 · 권리 흠결에 대한 채무자의 불고지, 채권자의 악의 경매청구(제578조 제3항)[대법원 2003. 4. 25. 선고 2002다70075 판결][4]

---

4) 부동산의 경매절차에 있어서 주택임대차보호법 제3조에 정한 대항요건을 갖춘 임차권보다 선순위의 근저당권이 있는 경우에는, 낙찰로 인하여 선순위 근저당권이 소멸하면 그보다 후순위의 임차권도 선순위 근저당권이 확보한 담보가치의 보장을 위하여 그 대항력을 상실하는 것이지만, 낙찰로 인하여 근저당권이 소멸하고 낙찰인이 소유권을 취득하게 되는 시점인 낙찰대금지급기일 이전에 선순위 근저당권이 다른 사유로 소멸한 경우에는, 대항력이 있는 임차권의 존재로 인하여 담보가치의 손상을 받을 선순위 근저당권이 없게 되

7. **제579조(채권매도인)**[대법원 2007. 4. 26. 선고 2005다34018,34025 판결] 임차권 매도인 : 임대인의 임대차 계약상의 의무이행을 담보한다는 특별한 약정(579)을 한 경우 담보책임

8. **제580조 : 매매목적물의 물질적 성상에 흠 ⇔ 제572조 : 매매목적물의 권리상태에 흠**[대법원 2009. 7. 23. 선고 2009다33570 판결]

가. 요건

(1) 특정물의 하자

(개) **객관적 하자 : 거래통념상 기대되는 객관적 성질 · 성능 결여**[대법원 2001. 4. 10. 선고 99다70945 판결] 정상적인 생육과정을 통하여 적정한 수확량을 거둘 수 있는 품질, [대법원 1985. 4. 9. 선고 84다카2525 판결] 매도한 차량이 장기간 운행정지처분을 받은 경우

(나) **주관적 하자 : 당사자가 예정 · 보증한 성질 결여**[대법원 2000. 10. 27. 선고 2000다30554,30561 판결] 카탈로그와 검사성적서 제시

(다) **계약 성립시 기준**[대법원 2000. 1. 18. 선고 98다18506 판결] 매매의 목적물이 거래통념상 기대되는 객관적 성질 · 성능을 결여하거나, 당사자가 예정 또는 보증한 성질을 결여한 경우에 매도인은 매수인에 대하여 그 하자로 인한 담보책임을 부담한다 할 것이고, 한편 건축을 목적으로 매매된 토지에 대하여 건축허가를 받을 수 없어 건축이 불가능한 경우, 위와 같은 법률적 제한 내지 장애 역시 매매목적물의 하자에 해당한다 할 것이나, 다만 위와 같은 하자의 존부는 매매계약 성립시를 기준으로 판단하여야 할 것이다.

(라) **목적물에 대한 법률적 장애 : 물건(매매목적물)의 하자**98다18506, 경매목적물의 법률적 장애에 대하여는 적용 배제(제580조 제2항)

(2) **매수인의 선의 · 무과실(매도인에게 표시 + 관계 공무원 확인) ↔ 권리의 하자(제575조) : 선악 불문**

가-1. **제척기간 : 안 날로부터 6월 ↔ 권리의 하자(575) : 안 날 ~ 1년**

가-2. **소멸시효**제척기간 규정으로 인하여 소멸시효 규정의 적용이 배제된 다고 볼 수 없음 : **인도받은 날로부터 10년**[대법원 2011. 10. 13. 선고 2011다10266 판결] 전매수인에게 손해배상금을 지급한 후 매도인을 상대로 손해배상청구 : 인도받았을 것으로 보이는 이전등기일로부터 10년 경과시 소멸시효 완성

므로 임차권의 대항력이 소멸하지 아니하고, 선순위 근저당권의 존재로 후순위 임차권이 소멸하는 것으로 알고 부동산을 낙찰받았으나, 그 후 채무자가 후순위 임차권의 대항력을 존속시킬 목적으로 선순위 근저당권의 피담보채무를 모두 변제하고 그 근저당권을 소멸시키고도 이 점에 대하여 낙찰자(원고)에게 아무런 고지도 하지 않아 낙찰자가 대항력 있는 임차권이 존속하게 된다는 사정을 알지 못한 채 대금지급기일에 낙찰대금을 지급하였다면, 채무자(피고)는 민법 제578조 제3항의 규정에 의하여 낙찰자가 입게 된 손해를 배상할 책임이 있다 할 것이다. 한편, 경매에 참가하고자 하는 자는 자기의 책임과 위험부담하에 경매공고, 경매물건명세서 및 집행기록 등을 토대로 경매목적물에 관한 권리관계를 분석하여 경매참가 여부 및 매수신고가격 등을 결정하여야 하나, 경매기일이 지난 후에 발생한 위에서 본 바와 같은 사정변경에 대하여는 그로 인한 부담을 최고가매수신고인 또는 경락인에게 귀속시킬 수는 없다.

나. 효과

(1) 신뢰이익 배상 : 하자가 없었다면 정상적으로 얻었을 평균 수입금액 – 원고가 실제로 소득한 금액[대법원 1989. 11. 14. 선고 89다카15298 판결] '실제 비용 – 실제 소득'이 아님, 공장을 지어 사용하였더라면 얻었을 이익은 이행이익

(2) 불완전이행(제390조)과의 경합[대법원 2004. 7. 22. 선고 2002다51586 판결]

■확대손해 : 매수인이 특정 품질·성능 요구 + 매도인의 명시적·묵시적 보증 + 의무위반 + 매도인의 귀책사유[대법원 1993. 11. 23. 선고 92다38980 판결] 신축건물의 매도인이 하자보수 약정 : 당초 하자에서 확대된 하자에 대해서도 책임, [2017다202050] 이 사건 토지는 밭인 상태에서도 식물을 재배하기 위해 굴착이 이루어질 수 있다. 매립된 폐기물의 위치나 수량에 비추어 볼 때 원고가 토지를 밭으로 이용할 경우에도 폐기물이 식물의 재배에 상당한 영향을 미칠 것으로 보인다. 원고가 이 사건 토지의 지목을 '전'에서 '대지'로 변경하였다는 사정으로 폐기물이 매립되어 있는 객관적 상태를 달리 평가할 수 없다. 하자담보책임으로 인한 손해배상청구권은 매수인이 매매 목적물을 인도받은 때 발생한다. 원고의 손해배상청구권은 피고로부터 이 사건 토지를 인도받은 때 발생하였고 이후 원고가 소외인에게 이 사건 토지를 증여하였다는 사정만으로 손해배상청구권이 소멸하거나 수증자에게 양도되지 않는다.

▶ 매수인이 특정 품질·성능을 요구하지 않은 경우[대법원 1997. 5. 7. 선고 96다39455 판결] 원고가 부품의 품질과 성능에 대해 언급하지 않은 채 거래관행에 따라 구두로 발주하고 부품을 공급받아 사용

나-1. 과실상계[대법원 1995. 6. 30. 선고 94다23920 판결] 민법 제581조, 제580조에 기한 매도인의 하자담보책임은 법이 특별히 인정한 무과실책임으로서 여기에 민법 제396조의 과실상계 규정이 준용될 수는 없다 하더라도, 담보책임이 민법의 지도이념인 공평의 원칙에 입각한 것인 이상 하자 발생 및 그 확대에 가공한 매수인의 잘못을 참작하여 손해배상의 범위를 정함이 상당하다.

9. 제581조(종류매매)

가. 요건

(1) 특정된 목적물에 하자

▶ 채권자가 통상적인 사용방법을 위배하여 비정상적으로 사용[대법원 2000. 10. 27. 선고 2000다30554,30561 판결]

(2) 매수인의 선의·무과실

나. 효과 : 신뢰이익 배상[대법원 1989. 11. 14. 선고 89다카15298 판결]

9-1. 제척기간 : 안 날로부터 6월[대법원 2003. 6. 27. 선고 2003다20190 판결] 종균의 하자 : 종균의 비정상적 발아 + 그 원인이 종균에 존재하는 하자로 인한 것임을 안 때, 행사방법 : 물건의 하자 통지 + 계약의 해제나 하자보수, 손해배상을 구하는 뜻을 표시

Ⅱ. 채무불이행에 의한 손해배상 ➡ 물건의 위험부담 후의 논점

1. 채무내용에 좇은 이행이 없을 것(이행지체, 이행거절, 이행불능, 불완전이행)

가. 이행지체 : 강제이행, 전보배상, 지연배상, 책임가중, 해제

(1) 이행기

㈎ 확정기한 : 도래 다음날(이행청구 불필요) [= 비교] 소멸시효 : 확정기한이 도래한 때

▶ 기한유예시 : 연장(어음지급 : 지급기일 전에 지급거절되더라도)[대법원 2000. 9. 5. 선고 2000 다26333 판결]

▶ 이행지체 후 채권자 일부수령 → 기한 없는 채무로 되는 것은 아님[대법원 1992. 10. 27. 선고 91다483 판결] 민법 제387조 제1항 전문은 채무이행의 확정한 기한이 있는 경우에는 채무자는 기한이 도래한 때로 부터 지체책임이 있다고 규정하고 있는바, 채무자가 선이행의무의 확정기한인 이행기를 지나면 바로 이행지체에 빠 진다 할 것이고, 이처럼 일단 이행지체에 빠진 이상 그 후 채권자가 채무의 일부를 수령하였다고 하여 이행지체의 효과가 없어지고 기한의 정함이 없는 채무로 된다고 볼 수 없다.

▶ 기존 채무불이행 후 지급을 위하여 어음발행 : 연장 부정[대법원 2001. 3. 23. 선고 2000다11560 판결]

㈏ 불확정기한 : 안 날·이행청구 다음날 [⟺ 비교] 소멸시효 : 그 기한이 객관적으로 도래한 때

① 불확정 사실30억 부담 이행시기:협의가 성립한 때 발생이 불가능파산한 경우[대법원 2002. 3. 29. 선고 2001다41766 판결] 당사자가 불확정한 사실이 발생한 때를 이행기한으로 정한 경우에는 그 사실이 발생한 때는 물론 그 사실의 발생이 불가능하게 된 때에도 이행기한은 도래한 것으로 보아야 한다.

② 매매대금 지급기일이 '소유권이전등기 후' : 불확정기한 → 이행지체를 위해서는 피고가 안 사실에 대하여 원고의 증명 필요[대법원 2011. 2. 24. 선고 2010다83755 판결]

㈐ 기한 없는 채무 : 청구를 받은 다음날(반환시기의 정함이 없는 소비대차 : 이행청구시로부 터 상당한 기간이 경과한 때) ➡ 언제든지 이행기 → 자동채권 이행기 도래 [⟺ 비교] 소멸 시효 : 채권이 성립한 때

① 금전채무 지연손해금[대법원 2004. 7. 9. 선고 2004다11582 판결]

② 동시이행채무[대법원 1980. 8. 26. 선고 80다1037 판결] 매도인이 매매계약의 목적물상에 설정되어 있는 담보권 설정등기를 말소해야 할 의무와 매수인의 잔대금 지급의무는 특별한 사정이 없는 한 동시이행 관계에 있는 것이고 쌍방이 그 이행기에 채무를 이행하지 아니하였다면 그 이후 쌍방의 채무는 기한의 정함이 없는 동시이행 관계에 있게 된다.

③ 부당이득반환채무[대법원 2008. 2. 1. 선고 2007다8914 판결]

④ 압류채권액 지급의무 : 추심금 청구를 받은 다음 날[대법원 2012. 10. 25. 선고 2010다47117 판결] 추 심명령은 압류채권자에게 채무자의 제3채무자에 대한 채권을 추심할 권능을 수여함에 그치고, 제3채무자로 하여금 압류채권자에게 압류된 채권액 상당을 지급할 것을 명하거나 그 지급 기한을 정하는 것이 아니므로, 제3채무자가 압류채권자에게 압류된 채권액 상당에 관하여 지체책임을 지는 것은 집행법원으로부터 추심명령을 송달받은 때부

터가 아니라 추심명령이 발령된 후 압류채권자로부터 추심금 청구를 받은 다음날부터라고 하여야 한다.

⑤ 이행기 정함 없는 채권의 양수인이 이행청구 + 소송 중 채권양도통지 : 통지가 도달한 다음날부터 지체책임[대법원 2014. 4. 10. 선고 2012다29557 판결] 지명채권이 양도된 경우 채무자에 대한 대항요건이 갖추어질 때까지 채권양수인은 채무자에게 대항할 수 없으므로

㈔ 기한이익 상실채무

		소멸시효	이행지체
법정 기한이익		사유 발생시	청구시(다음날)
약정 기한이익	정지조건부 상실약정	사유 발생시	사유 발생시 [대법원 1999. 7. 9. 선고 99다15184 판결]
	형성권적 상실약정	이행청구시/각 변제기 도래시	청구시(다음날)

(2) 가능

(3) 귀책사유 : 이행보조자 포함

(4) 위법성

■ 유치권, 동시이행항변권

■ 가압류·가처분은 제외(지체책임 인정)

■ 매도인의 채권자가 매매계약에 대해 사해행위취소청구, 부동산 처분금지가처분, 잔금채권 가압류 : 제588조 적용 → 매수인은 대금지급거절 가능, 이행지체책임 불성립[대법원 2009. 5. 28. 선고 2008다98655,98662 판결] 매수인인 피고로서는 자신이 매수한 권리를 잃을 염려가 없어질 때까지 중도금지급에 갈음한 중소기업은행에 대한 근저당권의 피담보채무인수 및 잔금지급의무의 이행을 거절할 수 있고, 피고가 위와 같은 자기의 의무를 이행하지 아니하였다고 하더라도 그 지체책임을 지지 않는다.

나. 이행불능 : 전보배상, 해제, 대상청구권

(1) 채권성립 후 불능(후발적 불능)

㈎ 기준시점 : 이행기 → 계약체결 당시부터 이행불능 : 계약체결상의 과실책임일 뿐 이행불능을 이유로 하는 손해배상청구 불가[대법원 1971. 6. 22. 선고 71다792 판결] 원고와 피고의 입목매매계약 체결 후 피고들 사이의 소송에 의해 임야·입목 관한 증여계약이 무효인 것으로 확정되어 원고의 입목소유권취득이 불가능한 경우, [대법원 1975. 2. 10. 선고 74다584 판결] 공사비에 갈음하여 사용권을 부여하기로 한 임야가 계약체결당시부터 국가 소유

㈏ 이행불능 여부의 판단 : 규범적 개념 ➡ 계약체결 경위·경과, 제3자와의 관계채무자와 가족관계 등 밀접한 관계에 있는 경우에는 그 소유권을 회복할 가능성이 있으므로 이행불능 부정, 처(대법원 1991. 7. 26. 선고 91다8104 판결), 아들(대법원 1995. 10. 13. 선고 95다25497 판결) 앞으로의 이전등기, 아들이 경락받아 소유

권 취득(대법원 1994. 12. 22. 선고 94다40789 판결) → 등기회복의 가능성이 있으므로 이행불능 부정, **권리취득의 불가능 여부**타인권리 증여도 가능, 매도인이 타인 물건을 취득할 가능성이 있다면 현재 타인 소유라 하여 이행불능이라고 평가할 수 없음, **법령상 제한 여부**[대법원 2017. 10. 12. 선고 2016다9643 판결] 채무를 이행하는 행위가 법률로 금지되어 그 행위의 실현이 법률상 불가능한 경우도 이행불능에 해당, **채권자의 의사**채권자가 본래 내용대로의 이행을 구하는 경우 쉽사리 이행불능이라고 보아서는 안 됨 → 채권자가 강제이행과 손해배상 중 무엇을 구하는지에 따라 이행불능 판단의 엄격함이 달라질 수 있다. [민법판례연구 146] **등 고려**[대법원 2016. 5. 12. 선고 2016다200729 판결]

이행불능 인정	부정
■ 이전등기의무자가 제3자에게 담보목적이전등기·가압류·근저당등기 + 변제자력이 없는 경우[대법원 1991. 7. 26. 선고 91다8104 판결, 대법원 1996. 6. 14. 선고 95다54693 판결, 대법원 2003. 5. 13. 선고 2000다50688 판결, 대법원 2003. 1. 24. 선고 2000다22850 판결] ■ 제3자에게 처분금지가처분등기 + 제3자에게 소유권이전등기경료[대법원 2002. 12. 27. 선고 2000다47361 판결] ■ 제3자에게 명의신탁 + 회복 불가[대법원 1982. 12. 28. 선고 82다카984 판결, 대법원 1984. 4. 10. 선고 83다카1222 판결] ■ 취득하여 반환할 수 없는 특별한 사정이 있는 경우[대법원 2015. 2. 26. 선고 2014다37040 판결] ■ 채무이행 장애사유(문화재 발굴로 건설사업 불가능·현저한 지장) 불고지 : 채무불이행 자체에 귀책사유가 없어도유적지의 존재 : 피고의 귀책사유× 이행불능 귀책사유 인정[대법원 2011. 8. 25. 선고 2011다43778 판결][5]	■ 소유권을 회복하여 이행할 수 있는 사정[대법원 1989. 9. 12. 선고 88다카33176 판결] ■ 이전등기의무자의 제3자에 대한 양도 후 이전등기 미경료, 이전등기의무자 상속인의 이전등기[대법원 1984. 4. 10. 선고 83다카1222 판결] ■ 주식명의신탁 + 수탁자가 제3자에게 매도[대법원 2015. 2. 26. 선고 2014다37040 판결] ■ 물권적청구권[대법원 2012. 5. 17. 선고 2010다28604 전원합의체 판결] 소유권 상실 → 물권적청구권 소멸 ■ 채권자 인식, 채권자 귀책[대법원 2011. 8. 25. 선고 2011다43778 판결]

(2) 귀책사유 : 임차인이 귀책사유 없음·주의의무 다함을 입증[대법원 1994. 10. 14. 선고 94다38182 판결]

---

5) 계약당사자 일방이 자신이 부담하는 계약상 채무를 이행하는 데 장애가 될 수 있는 사유를 계약을 체결할 당시에 알았거나 예견할 수 있었음에도 이를 상대방에게 고지하지 아니한 경우에는, 비록 그 사유로 말미암아 후에 채무불이행이 되는 것 자체에 대하여는 그에게 어떠한 잘못이 없다고 하더라도, 상대방이 그 장애사유를 인식하고 이에 관한 위험을 인수하여 계약을 체결하였다거나 채무불이행이 상대방의 책임 있는 사유로 인한 것으로 평가되어야 하는 등의 특별한 사정이 없는 한, 그 채무가 불이행된 것에 대하여 귀책사유가 없다고 할 수 없다. 그것이 계약의 원만한 실현과 관련하여 각각의 당사자가 부담하여야 할 위험을 적절하게 분배한다는 계약법의 기본적 요구에 부합한다.

(3) 위법성 : 채권자의 이행제공 불필요

다. 불완전이행

(1) 요건

(가) 이행행위의 존재 + 불완전

① 급부의무 : 제580조 담보책임과 경합[대법원 2004. 7. 22. 선고 2002다51586 판결]

② 신의칙상 부수적 주의의무(안전, 정보, 설명, 비밀) : 추완청구, 손해배상청구 가능, 해제 불가

③ 계약에 의한 보호의무 : 원칙적으로 부정(자기책임의 원칙) → 손해배상청구 불가(예외 : 신
   의성실, 사회질서)[대법원 2014. 8. 21. 선고 2010다92438 전원합의체 판결]

(나) 귀책사유

(다) 위법성

(2) 효과 : 완전이행청구권 · 추완청구권, 손해배상, 해제

라. 이행거절

(1) 요건

(가) 이행 가능

(나) 이행기 전 진지하고 종국적인 거절의사표시[대법원 2011. 2. 10. 선고 2010다77385 판결] 채무불이행에
   의한 계약해제에 있어 미리 이행하지 아니할 의사를 표시한 경우로서 이른바 '이행거절'로 인한 계약해제의 경우에
   는 상대방의 최고 및 동시이행관계에 있는 자기 채무의 이행제공을 요하지 아니하여 이행지체 시의 계약해제와 비
   교할 때 계약해제의 요건이 완화되어 있는바, 명시적으로 이행거절의사를 표명하는 경우 외에 계약 당시나 계약
   후의 여러 사정을 종합하여 묵시적 이행거절의사를 인정하기 위하여는 그 거절의사가 정황상 분명하게 인정되어야
   한다.

이행거절 인정	부정
■ 이행기 후 동시이행관계 + 과다채무 이행요구[대법원 1982. 4. 27. 선고 81다968, 81다카476 판결, 대법원 1992. 9. 14. 선고 92다9463 판결] ■ 부적법한 해제[대법원 1990. 3. 9. 선고 89다카29 판결] ■ 목적물 처분[대법원 1980. 3. 25. 선고 80다66 판결]	■ 피고 : 제3자에 대한 가등기 → 원고 : 부동산가압류가압류신청서에 이행거절을 이유로 해제통지를 한 사정 부존재 → 원고 이전등기청구본안소송이 금원청구소송이 아닌 소유권이전등기소송 ➡ 매매계약 합의해제×, 이행거절×[대법원 2011. 2. 10. 선고 2010다77385 판결] ■ 수사기관의 진술에서 매도인에게 지급하여야 할 금액이 실제 매매잔금에 미달하는 금액이라고 주장 : 매매대금을 지급할 의사가 없음을 확정적, 종국적으로 명백히 한 것으로 인정할 수 없음[대법원 2007. 5. 10. 선고 2005다52283, 2005다52290 판결]

■ 특약사항인 난방공사 방식에 대하여 임대인
피고이 다른 제안을 하자 임차인원고이 원래
특약사항대로 이행할 의사가 있는지를 묻는
문자메시지를 보냈는데 임대인이 그에 대한
답이 없었던 경우[대법원 2021. 7. 15. 선고 2018다
214210 판결]

(다) 객관적으로 임의이행 기대 불가

(라) 귀책사유

(마) 위법성 : 이행거절에 정당한 사유가 있는지 여부로 판단[대법원 2015. 2. 12. 선고 2014다227225 판
결] 원고에 대하여 이 사건 매매계약에 따른 잔금지급의무의 지체를 이유로 한 피고의 계약 해제는 적법하고, 이러
한 피고의 해제로 이 사건 매매계약이 해소된 것을 두고 채무불이행인 이행거절이라고 볼 수는 없다.

(2) 효과

(가) 강제이행청구(이전등기청구) : 이행기 도래 필요

(나) 해제 : 이행제공·최고 불필요, 이행기 전에도 가능[대법원 2005. 8. 19. 선고 2004다53173 판결]

(다) 전보배상청구 : 이행기 전에도 가능2004다53713, 이행거절 당시의 시가 - 반대급부

마. 채권자지체

(1) 이념 : 채권자 측 사정으로 발생한 불이익은 채무자에게 전가 불가[민법판례연구 269]

(2) 요건

(가) 채무이행에 채권자의 수령·협력 필요

(나) 채무내용에 좇은 이행제공 : 현실(제460조 본문) → 구두제공(제460조 단서) → 구두제공 불
필요[대법원 1976. 11. 9. 선고 76다2218 판결] 민법 제460조 단서는 전에 수령을 거절한 채권자라도 그 후 번의하
여 수령을 하는 경우도 있을 것이므로 그 경우에는 신의칙상 채무자는 변제준비의 완료를 통지하고 그 수령을 최
고하는 소위 언어상의 변제제공방법을 하여야 할 의무 있음을 규정한 취지이고 변제를 수령하지 않을 의사가 명백
하여 전의 수령거절의사를 번의할 가능성이 보이지 않는 경우에까지 구두의 변제제공을 하여야 한다는 취지는 아
니라 할 것이므로 이러한 경우에는 채무자는 위의 소위 언어상의 변제제공을 아니 하더라도 채권자에게 채무불이
행의 책임이 없다고 해석함이 타당하다.

(다) 채권자의 수령거절·불능

(3) 효과

(가) 소극적 효과(변제제공의 효과) : 구두제공 불요

① 채무불이행 책임 불성립(제461조)[대법원 1976. 11. 9. 선고 76다2218 판결]

② 상대방 수령지체(제400조, 제422조), 공탁가능(제487조)

(나) 적극적 효과(채권자지체 책임) : 구두제공 필요

① 경과실 면책(제401조)[대법원 1983. 11. 8. 선고 83다카1476 판결] : 대가위험 이전(제538조 제1항 2
문) → 반대급부 청구 가능(구두제공은 필요)[대법원 2004. 3. 12. 선고 2001다79013 판결]

[2001다79013] 부당이득반환청구와 위험부담피고 상고기각

▸ 원고매수인, 채권자 부당이득청구(계약금, 1차 중　　▸ 정지조건부 해제 : ✕(∵ 상고심 주장에서 비로
　도금)　　　　　　　　　　　　　　　　　　　　　　소 주장)
　(제537조 : 수용 → 피고매도인 이전등기의무 이　▸ 제538조 제1항 1문 : ✕(∵ 원고 잔금지급 거절
　행불능)　　　　　　　　　　　　　　　　　　　　　→ 채권자의 책임있는 사유✕∵ **수용으로 이행불능**)
　　　　　　　　　　　　　　　　　　　　　　　　　▸ 제538조 제1항 2문 : ✕(∵ 구두제공✕ → 수령
　　　　　　　　　　　　　　　　　　　　　　　　　　지체✕)

---

② 이자지급의무 불성립(제402조)
③ 증가비용 채권자 부담(제403조, 제473조)
④ 손해배상·해제 : 원칙적으로 불가민법 제401조~403조, 제538조 제1항, 예외적으로 인정[대법원
2021. 10. 28. 선고 2019다293036 판결 : 원고(매수인) 이전등기청구, 피고(매도인) 채권자지체(피고가 원고에게 소유권
이전등기에 필요한 서류를 제공하였으나 원고는 피고가 농지보전부담금을 부담해야 함을 이유로 수령거절)를 이유로 해
제] 계약 당사자가 명시적·묵시적으로 채권자에게 급부를 수령할 의무 또는 채무자의 급부 이행에 협력할 의무가
있다고 약정한 경우, 또는 구체적 사안에서 신의칙상 채권자에게 위와 같은 수령의무나 협력의무가 있다고 볼 특
별한 사정이 있다고 인정되는 경우에는 그러한 의무 위반에 대한 책임이 발생할 수 있다. 그중 신의칙상 채권자에
게 급부를 수령할 의무나 급부 이행에 협력할 의무가 있다고 볼 특별한 사정이 있는지는 추상적·일반적으로 판단
할 것이 아니라 구체적 사안에서 계약의 목적과 내용, 급부의 성질, 거래 관행, 객관적·외부적으로 표명된 계약
당사자의 의사, 계약 체결의 경위와 이행 상황, 급부의 이행 과정에서 채권자의 수령이나 협력이 차지하는 비중 등
을 종합적으로 고려해서 개별적으로 판단해야 한다. 이와 같이 채권자에게 계약상 의무로서 수령의무나 협력의무
가 인정되는 경우, 그 수령의무나 협력의무가 이행되지 않으면 계약 목적을 달성할 수 없거나 채무자에게 계약의
유지를 더 이상 기대할 수 없다고 볼 수 있는 때에는 채무자는 수령의무나 협력의무 위반을 이유로 계약을 해제할
수 있다.

2. 손해발생[대법원 2020. 6. 11. 선고 2020다201156 판결] 채무불이행으로 인한 손해배상청구권은 현실적으로 손
해가 발생한 때에 성립하고, 현실적으로 손해가 발생하였는지 여부는 사회통념에 비추어 객관적이고 합리적으로
판단하여야 한다. → 이상 소음이 처음 발생한 때 또는 고장 원인에 대한 보고서가 작성되어 제출된 때 **+ 손해
액(모두 주장·입증)**[대법원 2000. 2. 11. 선고 99다49644 판결]

가. 손해의 유형

	통상손해(제393조 제1항) : 당연히 예견가능성 인정 → 언제나 배상	특별손해(제393조 제2항) : 구체적 사안에서 비로소 예견가능성이 인정될 때 배상, 이행기 기준[6][대법원 1985. 9. 10. 선고 84다카1532 판결], 입증책임 : 원고[대법원 1992. 8. 14. 선고 92다2028 판결]
신뢰이익 손해	■계약체결·이행을 위해 통상적으로 지출되는 비용	■초과하여 지출하는 비용 < 이행이익
이행이익 손해	■제390조, 제570조 ■이행불능 당시 시가(계약시보다 급증해도)[대법원 1967. 5. 30. 선고 67다466 판결, 대법원 1993. 5. 27. 선고 92다20163 판결] ■휴업손해(수리기간, 대체구매기간) ↔ 임대차종료시까지×[대법원 2006. 1. 27. 선고 2005다16591, 16607 판결] ■수리비 외의 자동차 가격 하락 손해(중대한 손상이 있는 사고가 발생한 경우) : 수리를 마친 후에도 가치 감소분이 객관적으로 존재자동차 가격 하락이 가치감소분을 표상하면 통상손해[대법원 2017. 5. 17. 선고 2016다248806 판결] 중대한 손상이라고 주장하는 자가 주장·증명	■불능시 이후 급증[대법원 1967. 5. 30. 선고 67다466 판결] ■전매차익 ■토지 부당가압류에 의한 건물공사계약 해제[대법원 2008. 6. 26. 선고 2006다84874 판결] 토지에 대한 부당한 가압류의 집행으로 그 지상에 건물을 신축하는 내용의 공사도급계약이 해제됨으로 인한 손해는 특별손해이므로, 가압류채권자가 토지에 대한 가압류 집행이 그 지상 건물 공사도급계약의 해제사유가 된다는 특별한 사정을 알았거나 알 수 있었을 때에 한하여 배상의 책임이 있다. ■매수인의 건물신축 사정 인식 + 매수인의 토지재매수 → min[① 건물교환가격, ② 토지 재차매수대금 − 판결확정 당시 시가][대법원 1992. 8. 14. 선고 92다2028 판결]

나. 손해배상액 산정시기

(1) 이행불능 : 불능 당시 시가[대법원 1995. 10. 13. 선고 95다22337 판결]

(2) 이행지체 : 최고 후 상당기간 경과 당시[대법원 1997. 12. 26. 선고 97다24542 판결]

(3) 이행지체 중 이행불능 : 사실심변론종결 당시 시가[대법원 1969. 5. 13. 선고 68다1726 판결] 이행지체 중에 있는 본래의 급부 대신 명하는 전보배상은 본래의 목적물을 받은 것과 동일한 경제적 이익을 받아야

---

6) 자신의 채무불이행으로 인하여 상대방이 손해를 입게 되리라는 사정을 알거나 알 수 있었으면서도 불이행을 감행한 자에게 불이익을 안겨야 한다는 입장으로 이미 일어난 채무 불이행 상황에 관하여 두 당사자 사이에 누구에게 위험을 귀속시키고 누구에게 손해배상청구권을 부여할 것인가의 사후적 관점의 문제[민법학의 기본원리 412]

될 것이므로 그 통상 배상액은 사실심변론종결시의 시가에 따라 산정하여야 할 것이다.

(4) 이행거절 : 이행거절 당시 시가

Ⅱ-1. 상당인과관계의 부존재

■가압류채권자피고1의 매매대상토지에 대한 부당가압류와 가압류채무자매도인, 집행채무자, 원고의 매수인에 대한 위약금지급[대법원 2008. 6. 26. 선고 2006다84874 판결] 매매목적물인 부동산에 대하여 가압류집행이 되어 있다고 해서 매매에 따른 소유권이전등기가 불가능한 것도 아니고, 다만 가압류채권자가 본안 소송에서 승소하여 매매목적물에 대하여 경매가 개시되는 경우에는 매매목적물의 매각으로 인하여 매수인이 소유권을 상실할 수 있으나 이는 담보책임 등으로 해결할 수 있고, 경우에 따라서는 신의칙 등에 의해 대금지급채무의 이행을 거절할 수 있음에 그치므로, 매매목적물이 가압류되는 것을 매매계약 해제 및 위약금 지급 사유로 삼기로 약정하지 아니한 이상, 매수인으로서는 위 가압류집행을 이유로 매도인이 계약을 위반하였다고 하여 위 매매계약을 해제할 수는 없는 노릇이어서, 매도인이 받은 계약금의 배액을 매수인에게 지급하였다고 하더라도 그것은 매매계약에 의거한 의무에 의한 것이라고는 볼 수 없고, 호의적인 지급이거나 지급의무가 없는데도 있는 것으로 착각하고 지급한 것이라고 보일 뿐이어서 위 위약금 지급과 위 가압류집행 사이에는 법률적으로 상당인과관계가 없다.

▶ 가압류를 매매계약 해제·위약금지급 사유로 약정

▶ 가압류 후 약정 + 지급 : 호의·임의지급에 불과

■도급인이 구분소유자들에게 지급한 지연손해금 : 수급인의 채무불이행에 대하여는 상당인과관계 부정[대법원 2013. 11. 28. 선고 2011다67323 판결] 도급인이 그가 분양한 아파트의 하자와 관련하여 구분소유자들로부터 손해배상청구를 당하여 그 하자에 대한 손해배상금 및 이에 대한 지연손해금을 지급한 경우, 그 지연손해금은 도급인이 자신의 채무의 이행을 지체함에 따라 발생한 것에 불과하므로 특별한 사정이 없는 한 수급인의 도급계약상의 채무불이행과 상당인과관계가 있는 손해라고 볼 수는 없다. 이러한 경우 도급인으로서는 구분소유자들의 손해배상청구와 상관없이 수급인을 상대로 위 하자에 대한 손해배상금(원금)의 지급을 청구하여 그 이행지체에 따른 지연손해금을 청구할 수 있을 뿐이다.

Ⅱ-2. 과실상계 부당이득반환청구에서는 주장 불가

가. 요건

(1) 손해배상청구권의 존재 : 손해배상책임에 대하여만 적용

▶ 채무내용에 따른 본래의 급부이행[대법원 2001. 2. 9. 선고 99다48801 판결], 표현대리[대법원 1996. 7. 12. 선고 95다49554 판결], 보증책임[대법원 2000. 4. 7. 선고 99다53742 판결]

▶ 손해배상예정 : 채권자 과실 → 배상액 감경사유로 참작[대법원 2002. 1. 25. 선고 99다57126 판결]

▶ 계약의 무효·취소·기타 효력 불발생 : 부당이득, 해제[대법원 2014. 3. 13. 선고 2013다34143 판결] 과실상계는 본래 채무불이행 또는 불법행위로 인한 손해배상책임에 대하여 인정되는 것이고, 이 사건과 같이 매

매계약이 해제되어 소급적으로 효력을 잃은 결과 매매당사자에게 당해 계약에 기한 급부가 없었던 것과 동일한 재산상태를 회복시키기 위한 원상회복의무의 이행으로서 이미 지급한 매매대금 기타의 급부의 반환을 구하는 경우에는 적용되지 아니한다. 그리고 계약의 해제로 인한 원상회복청구권에 대하여 해제자가 그 해제의 원인이 된 채무불이행에 관하여 '원인'의 일부를 제공하였다는 등의 사유를 내세워 신의칙 또는 공평의 원칙에 기하여 일반적으로 손해배상에 있어서의 과실상계에 준하여 그 권리의 내용이 제한될 수 있다고 하는 것은 허용되어서는 아니 된다. 도급해제(제673조 : 손해배상예정 감액도 불가)[대법원 2002. 5. 10. 선고 2000다37296, 37302 판결]

▶ 이행인수인매수인의 채무불이행에 의한 매도인의 소유권 상실 : 매도인 과실 부정[대법원 2008. 8. 21. 선고 2007다8464,8471 판결] 부동산 매수인이 매매목적물에 설정된 근저당권의 피담보채무에 관하여 그 이행을 인수한 경우, 채권자에 대한 관계에서는 매도인이 여전히 채무를 부담한다고 하더라도, 매도인과 매수인 사이에서는 매수인에게 위 피담보채무를 변제할 책임이 있으므로, 매수인이 그 변제를 게을리하여 근저당권이 실행됨으로써 매도인이 매매목적물에 관한 소유권을 상실하였다면, 특별한 사정이 없는 한, 이는 매수인에게 책임 있는 사유로 인하여 소유권이전등기의무가 이행불능으로 된 경우에 해당하고, 거기에 매도인의 과실이 있다고 할 수는 없다.

(2) 채권자 · 피해자 과실

(가) 고의 불법행위

▶ 피해자의 부주의를 이용하지 않은 다른 공동불법행위자 : 과실상계 주장 가능[대법원 2009. 8. 20. 선고 2008다51120,51137,51144,51151 판결, 대법원 2016. 4. 12. 선고 2013다31137 판결]

(나) 고의 채무불이행 : 채권자의 착오를 알면서 이용 · 편승하여 계약체결 + 채무자 부당한 이익
[대법원 2011. 5. 26. 선고 2007다83991 판결, 대법원 2008. 5. 15. 선고 2007다88644 판결]

(다) 피해자측 과실 : 신분상 · 생활관계상 일체(감독의무자[대법원 1968. 4. 16. 선고 67다2653 제3부 판결], 피용자[대법원 1981. 6. 23. 선고 80다2005 판결], 가족관계[대법원 1996. 11. 12. 선고 96다26183 판결]) → 제3자의 과실을 피해자의 과실로

▶ 운전자(사장)소외2 : 피해자(동승자)인 종업원망 소외1에 대한 피해자측으로 볼 수 없음[대법원 1998. 8. 21. 선고 98다23232 판결] 망 소외1이 이 사건 사고 당시 소외2가 운영하는 다방의 종업원으로 근무하고 있었고 차배달 목적으로 동승하였다 하더라도 이 점만 가지고는 위 망 소외1과 위 소외2가 신분상 또는 생활관계상 일체를 이루는 밀접한 관계에 있다고 볼 수 없고, 또한 기록에 의하면 위 망 소외1이 이 사건 티코승용차에 대하여 직접적 또는 간접적으로 운행지배와 운행이익을 갖고 있었다고 볼 만한 다른 사정도 엿보이지 않고 위 망 소외1이 이 사건 사고 당시 원심 판시와 같은 사정으로 위 소외2에 대하여 안전운행을 촉구할 만한 입장에 있었다고도 볼 수 없으므로 논지는 모두 이유 없다.

(라) 피해자의 각 공동불법행위자에 대한 과실이 달라도 전원에 대한 과실을 전체적으로 평가[대법원 1997. 4. 11. 선고 97다3118 판결]

(3) 과실상계능력

(4) 과실과 손해 사이의 인과관계

(5) 일부청구 : min[① 전액에 대한 과실상계 후 잔액, ② 청구액][대법원 1977. 2. 8. 선고 76다2113 판결, 대법원 2008. 12. 24. 선고 2008다51649 판결]

나. 판단 : 직권조사사항[대법원 2016. 4. 12. 선고 2013다31137 판결] 불법행위로 인한 손해의 발생 또는 확대에 관하여 피해자에게도 과실이 있는 때에는 가해자의 손해배상의 범위를 정할 때 당연히 이를 참작하여야 하고, 배상의무자가 피해자의 과실에 관하여 주장을 하지 아니한 경우에도 소송자료에 따라 과실이 인정되는 경우에는 이를 법원이 직권으로 심리·판단하여야 한다.

Ⅱ-3. 손익상계 : 손해배상 원인행위로 이득 + 이득과 원인행위 인과관계

▸ 타에 사용하여 얻을 수 있는 소득(인건비)·대가(재료비) : 손익상계가능[대법원 2002. 5. 10. 선고 2000다37296, 37302 판결]

▸ 불법행위 피해자가 잔존물을 처분하여 회수한 금액(교환가치감소 산정시 잔존물시가를 미리 공제 → 다시 손익상계 불가)[대법원 1991. 8. 27. 선고 91다17894 판결]

▸ 수익(원고 기업운영 노력)과 손해배상책임 원인행위(공갈) 사이 상당인과관계 부정[대법원 2012. 11. 29. 선고 2010다93790 판결]

▸ 채무불이행 외의 원인에 의한 채권자의 이익(보험료) : 손익상계 불가

3. 고의·과실[대법원 2013. 12. 26. 선고 2011다85352 판결] 채무자가 자신에게 채무가 없다고 믿었고 그렇게 믿은 데 정당한 사유가 있는 경우에는 채무불이행에 고의나 과실이 없는 때에 해당한다고 할 수 있다. 그러나 채무자가 채무의 발생원인 내지 존재에 관한 법률적인 판단을 통하여 자신의 채무가 없다고 믿고 채무의 이행을 거부한 채 소송을 통하여 이를 다투었다고 하더라도, 채무자의 그러한 법률적 판단이 잘못된 것이라면 특별한 사정이 없는 한 채무불이행에 관하여 채무자에게 고의나 과실이 없다고는 할 수 없다.

가. 이행보조자와 채무자의 채무불이행 책임 : 이행보조자의 고의·과실은 채무자의 고의나 과실로 간주

(1) 이행보조자(제391조)

㈎ 채무자의 의사관여

㈏ 채무이행 관련행위(객관적·외형적 관련성)[대법원 2008. 2. 15. 선고 2005다69458 판결] 민법 제391조의 이행보조자로서의 피용자라 함은 일반적으로 채무자의 의사관여 아래 그 채무의 이행행위에 속하는 활동을 하는 사람이면 족하고, 반드시 채무자의 지시 또는 감독을 받는 관계에 있어야 하는 것은 아니므로 채무자에 대하여 종속적인가 또는 독립적인 지위에 있는가는 문제되지 않는다. 다만, 이행보조자의 행위가 채무자에 의하여 그에게 맡겨진 이행업무와 객관적, 외형적으로 관련을 가지는 경우에는 채무자는 그 행위에 대하여 책임을 저야 하고, 채무의 이행에 관련된 행위이면 가사 이행보조자의 행위가 채권자에 대한 불법행위가 된다고 하더라도 채무자가 면책될 수는 없다.

⒟ 이행보조자의 고의·과실(채무자 기준)

(1)－1. 지시·감독 관계 부존재, 간섭가능성 부존재, 사용관계 부존재, 종속적 지위
 부존재 항변 : 불가[대법원 2002. 7. 12. 선고 2001다44338 판결]

(1)－2. 이행관련성이 없다는 항변 : 가능[대법원 2013. 8. 23. 선고 2011다2142 판결] 제3자(국립오페라
 단)가 별도의 독립한 계약으로 피고에 대한 보존의무 → 원고(주식회사 엔조이더쇼)에 대한 관계에서 피고
 의 이행보조자가 아님 : 국립오페라단은 오페라극장의 관리·운영자인 피고와 사이에 이 사건 대관계약과는
 별도의 독립한 대관계약을 체결하고 그에 따라 점유·사용의 이익을 향유한 것이므로, 이 사건 화재 당시
 국립오페라단의 오페라극장 점유·사용 행위는 이 사건 대관계약에 의한 피고의 원고에 대한 채무 이행 활
 동과는 아무런 관계가 없다고 할 것이고, 따라서 국립오페라단이 피고와의 대관계약에 따라 공연 기간 중
 선량한 관리자로서 오페라극장을 보존할 의무가 있다고 하여, 원고에 대한 관계에서 국립오페라단을 이 사
 건 대관계약에 관한 피고의 이행보조자라고 볼 수는 없다.

(2) 이행대행자

㉮ 요건

① 채무자에 갈음하여 독립적으로 채무이행

② 종속적·독립적 지위 불문2001다44338

㉯ 유형

① 제한 규정[고용(제657조 제2항), 위임(제682조 제1항), 무단전대(제629조 제1항), 조합(제701조)]·특
 약 위반 : 그 자체로 채무불이행(제390조)

② 채권자의 승낙을 조건으로 허용되는 경우(제121조, 제682조 제2항, 제701조, 제1103조 제2항) : 선임·
 감독에 고의·과실 있는 경우 채무불이행(제390조)

③ 특약이 없는 경우, 성질상 사용가능[타인이용 도급이행, 타인이용 수선의무이행, 동의 있
 는 전대(이용보조자)] : 이행보조자, 제391조 적용   └•이행대행자에 의한 채무이행 → 그
 자체로 채무불이행은 아님, 제110조 사기 불성립[대법원 2002. 4. 12. 선고 2001다82545, 82552 판결]
 공사도급계약에 있어서 당사자 사이에 특약이 있거나 일의 성질상 수급인 자신이 하지 않으면 채무의 본지에 따른
 이행이 될 수 없다는 등의 특별한 사정이 없는 한 반드시 수급인 자신이 직접 일을 완성하여야 하는 것은 아니고,
 이행보조자 또는 이행대행자를 사용하더라도 공사도급계약에서 정한 대로 공사를 이행하는 한 계약을 불이행하였
 다고 볼 수 없다 할 것인바, 피고가 삼성중공업을 이용하여 평탄화작업을 하더라도 이 사건 공사약정에서 정한 내
 용대로 그 공사를 이행하는 한 공사약정을 불이행한 것이라고 볼 수 없으므로, 피고가 그의 노력으로 삼성중공업
 과의 사이에 토석채취에 관한 약속을 한 후 원고에게 그 약속 사실을 알려주지 않았다고 하더라도 이를 원고에 대
 한 기망행위라고 할 수 없다.

(3) 복이행보조자 : 이행보조자현지 여행업자/티센크루프의 이행보조자현지 여행업자의 직원/지멘스
 → 채무자하나투어/현대중공업의 승낙, 묵시적 동의시 제391조 책임[대법원 2011. 5. 26. 선고
 2011다1330 판결, 대법원 2020. 6. 11. 선고 2020다201156 판결] 이행보조자는 채무자의 의사 관여 아래 채무의
 이행행위에 속하는 활동을 하는 사람이면 충분하고 반드시 채무자의 지시 또는 감독을 받는 관계에 있어야 하는
 것은 아니므로, 그가 채무자에 대하여 종속적인 지위에 있는지, 독립적인 지위에 있는지는 상관없다. 이행보조자

가 채무의 이행을 위하여 제3자를 복이행보조자로 사용하는 경우에도 채무자가 이를 승낙하였거나 적어도 묵시적으로 동의한 경우 채무자는 복이행보조자의 고의·과실에 관하여 민법 제391조에 따라 책임을 부담한다고 보아야 한다.

나. 이행보조자에 의한 채무자의 불법행위책임

(1) 제750조 손해배상청구 불가 : 채무자의 직접적인 가해행위 부존재
(2) 제756조 손해배상청구 : 사실상의 선임·감독관계실제로 지휘·감독, 객관적으로 지휘·감독해야 할 관계 필요

4. 위법성

가. 판단기준 : 채무불이행은 특별결합관계인 채권관계로부터 발생하는 특별한 의무위반 → 의무위반이 인정되는 이상 따로 위법성 검토 불요[지원림 민법강의 1088], [대법원 2002. 12. 27. 선고 2000다47361 판결] 채무불이행에 있어서 확정된 채무의 내용에 좇은 이행이 행하여지지 아니하였다면 그 자체가 바로 위법한 것으로 평가되는 것이고, 다만 그 이행하지 아니한 것이 위법성을 조각할 만한 행위에 해당하게 되는 특별한 사정이 있는 때에는 채무불이행이 성립하지 않는 경우도 있을 수 있다.

나. 고의 불법행위와의 관계

(1) 고의 채무불이행이 동시에 고의 불법행위가 되는 경우 : 제496조 유추적용[대법원 2017. 2. 15. 선고 2014다19776, 19783 판결] 고의에 의한 행위가 불법행위를 구성함과 동시에 채무불이행을 구성하여 불법행위로 인한 손해배상채권과 채무불이행으로 인한 손해배상채권이 경합하는 경우에는 이 규정을 유추적용할 필요가 있다. 이러한 경우에 고의의 채무불이행으로 인한 손해배상채권을 수동채권으로 한 상계를 허용하면 이로써 고의의 불법행위로 인한 손해배상채권까지 소멸하게 되어 고의의 불법행위에 의한 손해배상채권은 현실적으로 만족을 받아야 한다는 이 규정의 입법 취지가 몰각될 우려가 있기 때문이다.

(2) 채무불이행이 불법행위의 위법성을 충족하는가의 문제는 결과불법침해되는 이익의 중대성과 행위불법침해행위의 성질, 행위 자체의 악성을 상관적으로 고려하여 사안별로 판단[민법판례연구 22], [민법판례연구 328] : 행위불법은 불법행위의 예방 또는 제재에 대응, 결과불법은 불법행위로 인한 피해 회복에 대응

4-1. 위법성 조각 특별사정 : 정당방위, 긴급피난, 자구행위, 사회상규에 위배되지 않는 정당행위2000다47361 피고들이 원고의 강박에 의하여 행한 이 사건 증여약정의 효력발생을 방지하거나 그 증여의 결과를 회피하기 위하여 이 사건 각 부동산을 제3자에게 매도하고 소유권이전등기를 경료해 주는 것 외에 달리 방법이 없었던 것으로 인정되지 아니하므로(위 피고들로서는 강박의 상태가 끝난 후 원고에 대하여 증여의 의사표시를 취소하는 것만으로 위 증여약정의 효력을 소멸시킬 수 있었을 뿐만 아니라, 원고를 상대로 증여약정의 무효확인을 구하는 등 각종 쟁송의 방법으로 자신들의 법적 지위를 보전할 수 있었다.) 위 피고들의 양도행위가 정당방위 등에 해당한다고 할 수 없다.

5. 책임능력

가. 자연채무(소구 불가, 집행 불가) : 부제소합의[대법원 2013. 11. 28. 선고 2011다80449 판결] 권
리보호이익이 없거나 신의성실 원칙 위반, 기판력, 파산면책

나. 책임없는채무 강제집행 불가 특약 → 청구이의의소

다. 책임한정채무 : 한정승인, 주주

라. 채무없는 책임 : 물상보증인, 제3취득자

Ⅲ. 손해배상예정(제398조)

1. 취지[대법원 1993. 4. 23. 선고 92다41719 판결]

가. 손해배상예정 : 손해의 발생사실과 손해액에 대한 입증의 곤란을 덜고 분쟁의 발
생을 미리 방지하여 법률관계를 쉽게 해결할 뿐 아니라 채무자에게 심리적 경고
를 함으로써 채무의 이행을 확보

나. 손해배상예정액의 감액제도 : 국가가 계약 당사자들 사이의 실질적 불평등을 제
거하고 공정을 보장하기 위하여 계약의 내용에 간섭

다. 손해배상예정의 예 : 지체상금약정, 지연손해금비율 약정[대법원 2000. 7. 28. 선고 99다
38637 판결], 계약해제시 중도금 반환청구포기 약정[대법원 1995. 12. 12. 선고 95다40076 판결],
위약금 약정(매수인 위약시 계약금 포기, 매도인 위약시 계약금의 배액 상환)

2. 위약금 약정의 해석 : 손해배상예정과 위약벌의 구별 ⮕ 계약해석의 문제계약해석 : 당
사자가 원하는 법률효과(효과의사)를 밝히는 것, 당사자가 사용한 용어나 표현은 결정적인 기준이 될 수 없음[민법
판례연구 161, 164]

	손해배상예정	위약벌
취지	■손해배상 문제에 대한 사전규율 : 원칙적으로 별도의 손해배상청구 불가[대법원 2016. 7. 14. 선고 2012다65973 판결] 양해각서에 '위약벌'이라고 기재했더라도 금전적인 문제를 이행보증금의 몰취로 해결하고 기타의 손해배상이나 원상회복청구는 명시적으로 배제 → 손해배상예정	■손해배상과 무관한 별도의 사적 제재 : 채권자는 별도로 손해배상청구 가능

감액	■ 법원의 감액 가능(제398조 제4항) ■ 위약금 약정이 손해배상액의 예정과 위약벌의 성격을 함께 가지는 경우 : 위약금 전체 금액을 기준으로 감액 가능[대법원 2020. 11. 12. 선고 2017다275270 판결] 위약금 약정이 손해배상액의 예정과 위약벌의 성격을 함께 가지는 경우 특별한 사정이 없는 한 법원은 당사자의 주장이 없더라도 직권으로 민법 제398조 제2항에 따라 위약금 전체 금액을 기준으로 감액할 수 있다. 이때 그 금액이 부당하게 과다한지는 채권자와 채무자의 각 지위, 계약의 목적과 내용, 위약금 약정을 한 동기와 경위, 계약 위반 과정, 채무액에 대한 위약금의 비율, 예상 손해액의 크기, 의무의 강제를 통해 얻는 채권자의 이익, 그 당시의 거래관행 등 모든 사정을 참작하여 일반 사회관념에 비추어 위약금의 지급이 채무자에게 부당한 압박을 가하여 공정성을 잃는 결과를 초래한다고 볼 수 있는지를 고려해서 판단해야 한다.	■ 제398조 유추 감액 불가[대법원 2016. 1. 28. 선고 2015다239324 판결] 위약벌의 약정은 채무의 이행을 확보하기 위하여 정하는 것으로서 손해배상의 예정과 다르므로 손해배상의 예정에 관한 민법 제398조 제2항을 유추 적용하여 그 액을 감액할 수 없고, 다만 의무의 강제로 얻는 채권자의 이익에 비하여 약정된 벌이 과도하게 무거울 때에는 일부 또는 전부가 공서양속에 반하여 무효로 된다. 그런데 당사자가 약정한 위약벌의 액수가 과다하다는 이유로 법원이 계약의 구체적 내용에 개입하여 약정의 전부 또는 일부를 무효로 하는 것은, 사적 자치의 원칙에 대한 중대한 제약이 될 수 있고, 스스로가 한 약정을 이행하지 않겠다며 계약의 구속력에서 이탈하고자 하는 당사자를 보호하는 결과가 될 수 있으므로, 가급적 자제하여야 한다. 이러한 견지에서, 위약벌 약정이 공서양속에 반하는지를 판단할 때에는, 당사자 일방이 독점적 지위 내지 우월한 지위를 이용하여 체결한 것인지 등 당사자의 지위, 계약의 체결 경위와 내용, 위약벌 약정을 하게 된 동기와 경위, 계약 위반 과정 등을 고려하는 등 신중을 기하여야 하고, 단순히 위약벌 액수가 많다는 이유만으로 섣불리 무효라고 판단할 일은 아니다. [대법원 2022. 7. 21. 선고 2018다248855, 248862 전원합의체 판결] 위약벌 약정은 손해배상과 관계없이 의무 위반에 대한 제재벌로서 위반자가 그 상대방에게 지급하기로 자율적으로 약정한 것이므로 사적 자치의 원칙에 따라 계약당사자의 의사가 최대한 존중되어야 하고, 이에 대한 법원의 개입을 쉽게 허용할 것은 아니다.

3. 요건

가. 기본채권의 성립 : 기본계약에 종된 계약

▸ 기본채권의 무효 · 취소 : 손해배상예정도 무효 · 취소

▸ 손해배상예정 청구의 기초인 채권이 경개로 소멸

▸ 해제조건부 경개계약 + 해제조건 성취 : 구채무 불소멸, 손해배상예정청구 가능[대법원 2007. 11. 15. 선고 2005다31316 판결]

나. 손해배상예정 합의 : 채무불이행 전[대법원 2008. 10. 23. 선고 2006다37274 판결]

▸ 채무불이행 후 합의 : 화해 → 제398조 부적용-2006다37274

(1) 위약금 특약[대법원 1996. 6. 14. 선고 95다11429 판결]

(2) 계약금을 위약금으로 하는 특약이 없는 경우

■계약금은 손배예정으로 볼 수 없음→ 해약금해제 가능95다11429 유상계약을 체결함에 있어서 계약금 등 금원이 수수되었다고 하더라도 이를 위약금으로 하기로 하는 특약이 있는 경우에 한하여 민법 제398조 제4항에 의하여 손해배상액의 예정으로서의 성질을 가진 것으로 볼 수 있을 뿐이고, 그와 같은 특약이 없는 경우에는 그 계약금 등을 손해배상액의 예정으로 볼 수 없다.

■계약금이 위약금으로 당연귀속되지 않음 : 실제손해만 배상[95다11429, 대법원 2006. 1. 27. 선고 2005다52078,52085 판결] 유상계약을 체결함에 있어서 계약금이 수수된 경우 계약금은 해약금의 성질을 가지고 있어서, 이를 위약금으로 하기로 하는 특약이 없는 이상 계약이 당사자 일방의 귀책사유로 인하여 해제되었다 하더라도 상대방은 계약불이행으로 입은 실제 손해만을 배상받을 수 있을 뿐 계약금이 위약금으로서 상대방에게 당연히 귀속되는 것은 아니다. → "본 계약에 기재되지 않은 사항은 관련법과 관례에 의한다."고 되어 있을 뿐 계약금을 위약금으로 하기로 하는 특약이 없고, 또한 매매당사자 사이에 수수된 계약금을 위약금으로 본다는 관련법이나 관례가 있다고 단정할 수도 없으므로, 이 사건 계약이 피고의 귀책사유로 인하여 해제되었다고 하더라도 그 계약금이 당연히 원고에게 귀속된다고 볼 수 없다.

(3) 연기된 잔금기일 위반시 계약금·중도금 포기약정[대법원 1995. 12. 12. 선고 95다40076 판결] 원고가 만일 연기된 기일까지 잔금을 지급하지 못함으로써 위약하게 되면 피고에게 이미 지급한 계약금 및 중도금에 대한 반환청구권을 포기 내지 상실키로 하는 약정임과 동시에 계약 당시 약정한 계약금 상당의 위약금과 더불어 중도금 또한 손해배상액으로 예정하는 이른바 손해배상액의 예정 약정으로 봄이 상당한데, 위 약정에 이르게 된 경위, 계약 체결시부터 계약 해제시까지의 시간적 간격, 위 계약금 및 위 중도금이 전체 대금에서 차지하는 비율, 피고가 위의 해제 이후 1993. 3. 20. 다시 소외1 등에게 위 매매대금보다 무려 금 45,000,000원이나 많은 금 190,000,000원에 매도함으로써 오히려 적지 않은 이득을 얻은 점, 부동산 매매의 경우 매매대금의 10%정도를 계약금으로 정하는 한편 이를 손해배상액의 예약액으로 정함이 당시의 일반적인 거래관행인 점 등 변론의 전과정에서 나타난 모든 사정을 참작하여 보면 위 약정에서 예정된 손해배상액은 부당히 과다하다고 보여지므로 이를 금 25,000,000원으로 감액함이 상당하다.

(4) 일방적 손해배상예정 : 상대방에 대해서는 부적용, 95다11429, [대법원 2007. 10. 25. 선고 2007다40765 판결]

다. 채무불이행 : 정지조건, 손해발생·액수 증명 불필요[대법원 2010. 2. 25. 선고 2009다83797 판결]

다-1. 항변

(1) 현실적 손해 없음 항변 : 불가

(2) 채무불이행이 없었다는 항변 : 반대채무 이행제공 없이 해제[대법원 2009. 1. 30. 선고 2007다10337 판결] 부동산 매매계약에 있어서 매수인이 매도인에게 중도금 또는 잔금을 정해진 기한까지 이행하지 않으면 이미 지급한 중도금 또는 잔금의 전부 내지 일부를 포기한 것으로 본다는 내용의 위약금 약정을 한 경우라도 매수인이 중도금 또는 잔금의 지급을 매도인의 반대의무보다 선이행하기로 약정하는 등의 특별한 사정이 없

는 이상 매수인이 중도금 또는 잔금지급의무를 다하지 않는 것 외에 매도인으로서도 소유권이전등기에 필요한 서류 등을 매수인에게 이행제공하여 매수인으로 하여금 이행지체 상태에 이르게 하여야 비로소 그 위약금 약정의 효력이 발생한다고 보아야 할 것이다.

라. 채무자 귀책사유

라-1. 귀책사유 없음 항변 : 귀책사유 없는 공사지연[대법원 1989. 7. 25. 선고 88다카6273, 88다카6280(반소) 판결], 천재지변·불가항력

▶ 귀책사유 불문 약정[대법원 2007. 12. 27. 선고 2006다9408 판결, 대법원 2010. 2. 25. 선고 2009다83797 판결] 채무불이행으로 인한 손해배상액이 예정되어 있는 경우 채권자는 채무불이행 사실만 증명하면 손해의 발생 및 그 액수를 증명하지 아니하고 예정배상액을 청구할 수 있으나, 반면 채무자는 채권자와 채무불이행에 있어 채무자의 귀책사유를 묻지 아니한다는 약정을 하지 아니한 이상 자신의 귀책사유가 없음을 주장·증명함으로써 위 예정배상액의 지급책임을 면할 수 있다.

4. 적용범위 : 불법행위에는 적용 배제(매매계약 해제 + 승소판결 후의 차임상당액 청구 → 계약 당시의 예정액으로 전보되지 않음 → 부당이득청구 가능)[대법원 1999. 1. 15. 선고 98다48033 판결] 계약 당시 당사자 사이에 손해배상액을 예정하는 내용의 약정이 있는 경우에는 그것은 계약상의 채무불이행으로 인한 손해액에 관한 것이고 이를 그 계약과 관련된 불법행위상의 손해까지 예정한 것이라고는 볼 수 없다. 토지매매계약이 매수인의 잔대금지급채무의 불이행을 이유로 해제된 다음 매도인이 매수인 등을 상대로 위 토지 상의 건물철거 및 대지인도의 소를 제기하여 승소판결을 받고 그 판결이 확정되었음에도 매수인 등이 이를 이행하지 아니하여 매도인이 위 토지를 사용·수익하지 못하게 됨으로써 입은 차임 상당의 손해는 위 매매계약이 해제된 후의 별도의 불법행위를 원인으로 하는 것으로서 계약 당시 수수된 손해배상예정액으로 전보되는 것이 아니다.

5. 효과

가. 예정액만 청구 : 도급계약보증금[대법원 2000. 12. 8. 선고 2000다35771 판결]

▶ 실손해 청구 불가(↔ 위약벌) : 특별손해도 예정액에 포함[대법원 1988. 9. 27. 선고 86다카2375(본소),2376(반소) 판결, 대법원 1993. 4. 23. 선고 92다41719 판결, 대법원 2007. 7. 27. 선고 2007다18478 판결] 계약 당시 손해배상액을 예정한 경우에는 다른 특약이 없는 한 채무불이행으로 인하여 입은 통상손해는 물론 특별손해까지도 예정액에 포함되고 채권자의 손해가 예정액을 초과한다 하더라도 초과부분을 따로 청구할 수 없다.

나. 예외

■ 하자보수보증금 : 실손해 청구 가능[대법원 2002. 7. 12. 선고 2000다17810 판결]
■ 위약벌 : 실손해 청구 가능[대법원 2016. 1. 28. 선고 2015다239324 판결]
▶ 제398조 제2항 유추 불가[대법원 2015. 12. 10. 선고 2014다14511 판결, 대법원 2016. 1. 28. 선고 2015다

239324 판결, 대법원 2022. 7. 21. 선고 2018다248855, 248862 전원합의체 판결] ⇔ [비판] : 손해배상의 예정에 대하여 그 불공정성의 위험에 착안하여 후견적 개입이 가능하다면 손해배상의 예정보다 더 강력한 위약금에 대하여도 같은 논리가 적용되는 것이 타당[민법학의 기본원리 132], [대법원 2022. 7. 21. 선고 2018다248855, 248862 전원합의체 판결의 반대의견]

▸ 제103조, 제104조 적용 가능2014다14511, 2015다239324 당사자가 약정한 위약벌의 액수가 과다하다는 이유로 법원이 계약의 구체적 내용에 개입하여 약정의 전부 또는 일부를 무효로 하는 것은, 사적 자치의 원칙에 대한 중대한 제약이 될 수 있고, 스스로가 한 약정을 이행하지 않겠다며 계약의 구속력에서 이탈하고자 하는 당사자를 보호하는 결과가 될 수 있으므로, 가급적 자제하여야 한다. 이러한 견지에서, 위약벌 약정이 공서양속에 반하는지를 판단할 때에는, 당사자 일방이 독점적 지위 내지 우월한 지위를 이용하여 체결한 것인지 등 당사자의 지위, 계약의 체결 경위와 내용, 위약벌 약정을 하게 된 동기와 경위, 계약 위반 과정 등을 고려하는 등 신중을 기하여야 하고, 단순히 위약벌 액수가 많다는 이유만으로 섣불리 무효라고 판단할 일은 아니다.

5-1. 부당과다 항변

가. 사실심 변론종결시 기준[대법원 1993. 1. 15. 선고 92다36212 판결]

나. 예정배상액의 총액 기준[대법원 1996. 4. 26. 선고 95다11436 판결]

(1) 위약금 지체에 대한 지연손해금까지 전체금액을 고려[대법원 2000. 7. 28. 선고 99다38637 판결]

(2) 감액부분은 처음부터 무효 → 부당이득청구[대법원 2007. 7. 27. 선고 2007다18478 판결]

다. 보증채무 : 주채무자를 기준[대법원 2005. 8. 19. 선고 2002다59764 판결] 연대보증인에 대한 사유는 감액 사유가 아님

라. 과실상계 : 불가[대법원 2016. 6. 10. 선고 2014다200763,200770 판결] 감액을 통해 과실상계가 추구하는 공평한 손해분담의 이념을 충분히 실현할 수 있기 때문[민법판례연구II 324]

제3관 대금감액청구

Ⅰ. 제572조(일부타인권리매매 : 선악 불문)

Ⅱ. 제574조(수량지정매매 : 선의 매수인)

1. 감액청구권 인정 취지 : 원시적 불능의 경우 대가적인 계약관계를 조정하여 등가성을 유지[대법원 1992. 12. 22. 선고 92다30580 판결]

2. 특정물의 원시적 일부불능 : 수량지정매매일 경우 대금감액청구만 가능[대법원 2002. 4. 9. 선고 99다47396 판결] 부동산매매계약에 있어서 실제면적이 계약면적에 미달하는 경우에는 그 매매가 수량지정 매매에 해당할 때에 한하여 민법 제574조, 제572조에 의한 대금감액청구권을 행사함은 별론으로 하고, 그 매매계약이 그 미달 부분만큼 일부 무효임을 들어 이와 별도로 일반 부당이득반환청구를 하거나 그 부분의 원시적 불능

을 이유로 민법 제535조가 규정하는 계약체결상의 과실에 따른 책임의 이행을 구할 수 없다.

▸ 수량부족의 원인이 원시적 사유가 아니라 후발적 사유[대법원 1996. 12. 10. 선고 94다56098 판결] 피고가 분양계약 후 목적물 일부를 기부채납

▸ 이행불능에 의한 해제로 원상회복(대금반환) 청구94다56098 이 사건 각 아파트 분양계약이 수량을 지정한 매매에 해당된다 하더라도, 원고들에게 이전등기된 각 공유지분이 부족하게 된 원인이 분양계약 당시 분양계약자들과 피고가 공유지분 산정의 기초가 되는 아파트 대지를 실제와 다르게 잘못 알고 있었기 때문이 아니라, 원심이 확정한 바와 같이 피고가 분양계약 당시 공유지분 산정의 기초가 된 아파트 대지 중 일부를 분양계약 후에 비로소 공용시설용 대지에 편입하여 서울특별시에 기부채납하였기 때문이라면, 피고에 대하여 민법 제574조에 의한 담보책임을 물을 수는 없다 할 것이므로, 원심판결에는 위 담보책임에 관한 법리를 오해한 위법이 있다 할 것이다. 다만, 사실관계가 원심이 적법하게 확정한 바와 같다면, 이 사건 각 아파트 분양계약에 따른 피고의 각 대지공유지분 이전의무는 위와 같이 감소된 지분 범위 내에서는 이행불능이 된 것으로 보아야 할 것이므로, 위 각 아파트 분양계약은 해제의 의사표시를 담은 원고들의 1994. 6. 16.자 청구취지확장및청구원인보정신청서가 피고에게 송달됨으로써 위 감소된 공유지분 범위 내에서는 적법하게 해제되었다 할 것이고, 따라서 피고는 원상회복으로써 원고들에게 위 감소된 각 공유지분에 상당하는 대금을 반환할 의무가 있다.

Ⅲ. 제578조(경매)

제4관 구상금 청구(제576조 제2항)

Ⅰ. 취지 : 원인 제공자가 궁극적으로 책임을 부담하여야 한다는 기본적인 정의 관념에 기초한 제도[민법판례연구Ⅱ 126, 348]

Ⅱ. 요건

1. 출재에 의한 소유권 보존

2. 매매시 저당권 존재에 대한 매수인의 선·악 불문[대법원 1996. 4. 12. 선고 95다55245 판결] 부동산의 매수인이 소유권을 보존하기 위하여 자신의 출재로 피담보채권을 변제함으로써 그 부동산에 설정된 저당권을 소멸시킨 경우에는, 매수인이 그 부동산 매수시 저당권이 설정되었는지 여부를 알았든 몰랐든 간에 이와 관계없이 민법 제576조 제2항에 의하여 매도인에게 그 출재의 상환을 청구할 수 있다.

제5관 완전물급부청구(제581조)

■ 해제권, 손해배상청구권과 선택채권 관계

▸ 제한 : 하자가 경미하여 수선이 가능계기판 수선한 경우[대법원 2014. 5. 16. 선고 2012다72582 판결] 하자담보의무의 이행(신차 교환)이 오히려 공평의 원칙에 반하는 경우

제6관 대상청구

I. 요건

1. 채권적 청구권의 존재

▶ **물권적 청구권** : 소유권 상실시 소멸, 이행불능으로 인한 대상청구 불가[대법원 2012. 5. 17. 선고 2010다28604 전원합의체 판결][7]

▶ **집행불능으로 인한 대상청구**[대법원 2006. 3. 10. 선고 2005다55411 판결] 채권자가 본래적 급부청구인 부동산소유권 이전등기청구에다가 이에 대신할 전보배상을 부가하여 대상청구를 병합하여 소구한 경우의 대상청구는 본래적 급부청구의 현존함을 전제로 하여 이것이 판결확정 전에 이행불능되거나 또는 판결확정 후에 집행불능이 되는 경우에 대비하여 전보배상을 미리 청구하는 경우로서 양자의 병합은 현재의 급부청구와 장래의 급부청구와의 단순병합에 속하는 것으로 허용되고, 또 부동산소유권 이전등기청구의 판결확정 후 그 소유권이전등기의무가 집행불능이 된 뒤에 별소로 그 전보배상을 구하는 것도 당연히 허용되며, 이는 부동산소유권이전등기 말소청구권의 경우에도 마찬가지이다. 한편, 부동산소유권이전등기 말소등기의무가 이행불능이 됨으로 말미암아 그 권리자가 입는 손해액은 원칙적으로 그 이행불능이 될 당시의 목적물의 시가 상당액이고, 또 위와 같이 현재의 급부청구와 장래의 집행불능이 되는 경우에 대비한 대상청구가 병합된 경우가 아니라 그 현재의 급부청구의 이행을 명하는 판결이 확정된 뒤에 그 급부의무가 집행불능이 되는 경우의 전보배상액도 그 집행불능이 된 당시의 목적물의 시가 상당액으로 보아야 한다. 원고들이 그 부동산의 전득자들인 원심 공동피고1과 원심 공동피고2,3,4를 상대로 제기한 소유권이전등기 말소청구소송이 패소확정된 때에 피고의 원고들에 대한 소유권이전등기 말소등기의무가 집행불능 상태에 이른다고 할 것이고, 위 등기말소청구소송에서 등기명의인들의 등기부취득시효가 인정되어 원고들이 패소하였다고 하더라도 등기부취득시효 완성 당시에 이미 이행불능 상태에 이르렀다고 볼 것은 아니다. 따라서 피고는 원고들에게 그 소유권이전등기 말소등기의무의 집행불능에 따른 전보배상으로서 그 집행불능이 된 당시의 이 사건 각 부동산의

---

7) 소유자가 자신의 소유권에 기하여 실체관계에 부합하지 아니하는 등기의 명의인을 상대로 그 등기말소나 진정명의회복 등을 청구하는 경우에, 그 권리는 물권적 청구권으로서의 방해배제청구권(민법 제214조)의 성질을 가진다. 그러므로 소유자가 그 후에 소유권을 상실함으로써 이제 등기말소 등을 청구할 수 없게 되었다면, 이를 위와 같은 청구권의 실현이 객관적으로 불능이 되었다고 파악하여 등기말소 등 의무자에 대하여 그 권리의 이행불능을 이유로 민법 제390조상의 손해배상청구권을 가진다고 말할 수 없다. 위 법규정에서 정하는 채무불이행을 이유로 하는 손해배상청구권은 계약 또는 법률에 기하여 이미 성립하여 있는 채권관계에서 본래의 채권이 동일성을 유지하면서 그 내용이 확장되거나 변경된 것으로서 발생한다. 그러나 위와 같은 등기말소청구권 등의 물권적 청구권은 그 권리자인 소유자가 소유권을 상실하면 이제 그 발생의 기반이 아예 없게 되어 더 이상 그 존재 자체가 인정되지 아니하는 것이다. 이러한 법리는 이 사건 선행소송에서 이 사건 소유권보존등기의 말소등기청구가 확정되었다고 하더라도 그 청구권의 법적 성질이 채권적 청구권으로 바뀌지 아니하므로 마찬가지이다. 그렇게 보면, 비록 이 사건 선행소송에서 법원이 피고가 원고에 대하여 그 소유권보존등기를 말소할 의무를 부담한다고 판단하고 원고의 등기말소청구를 인용한 것이 변론주의 원칙에 비추어 부득이한 일이라고 하더라도, 원고가 이미 소외1 등의 등기부취득시효 완성으로 이 사건 토지에 관한 소유권을 상실한 사실에는 변함이 없으므로, 원고가 불법행위를 이유로 소유권 상실로 인한 손해배상을 청구할 수 있음은 별론으로 하고, 애초 피고의 등기말소의무의 이행불능으로 인한 채무불이행책임을 논할 여지는 없다고 할 것이다.

각 시가 상당액을 배상할 의무가 있다고 할 것이다. 나아가 원고들의 청구원인에 관한 주장을 살펴보면, 원고들이 원심 공동피고1 등 명의의 소유권이전등기 말소의무를 포함한 소유권회복의무의 이행불능을 원인으로 한 전보배상을 청구하고 있는 데에는 피고의 원고들에 대한 소유권이전등기말소의무의 장래의 집행불능을 원인으로 한 전보배상을 청구하는 취지도 포함되어 있었던 것으로 볼 여지가 충분히 있다.

2. 급부의 후발적 불능 : 귀책사유 불문

가. 귀책사유 없는 경우 : 수용[대법원 1994. 12. 9. 선고 94다25025 판결] → 위험부담과 선택

나. 귀책사유 있는 경우 : 교환계약[대법원 1996. 6. 25. 선고 95다6601 판결], 경매[대법원 2002. 2. 8. 선고 99다23901 판결] → 채무불이행과 선택

3. 대상의 취득

가. 의미 : 원래의 급부에 갈음하는 이익(수용보상금, 손해배상청구권, 보험금청구권, 매매대금청구권피고의 제3자에 대한 매매대금채권)

나. 청구범위 : 이행불능으로 인한 손해를 한도, 매매대금 상당액의 한도로 제한되지 않음[대법원 2016. 10. 27. 선고 2013다7769 판결], 초과수익(대상 – 손해) 청구는 불가[대법원 1992. 5. 12. 선고 92다4581, 92다4598 판결]

➠ 대상이익 > 손해(불능당시 시가) > 반대급부
  ↳초과수익의 문제   ↳대상청구 범위 : [대법원 2016. 10. 27. 선고 2013다7769 판결] 매매대금 상당액의 한도 내로 범위가 제한된다고 볼 수 없다.

4. 인과관계 : 급부 불능 → 대상

4-1. 인과관계 부정[대법원 2003. 11. 14. 선고 2003다35482 판결]

가. 대상청구 불가

(1) 급부불능 : 제3자천주교회 시효취득
(2) 대상 : 매매대금피고(매도인)가 천주교회의 시효취득 전에 자신의 지분을 천주교회에 매도한 대가

나. 부당이득 불가 : 손해(시효취득) → 이익(매매) 인과관계 부정

5. 반대급부의 이행가능성

▸ 반대급부 이행불능 → 대상청구 불가, 차액 부당이득청구 불가[대법원 1996. 6. 25. 선고 95다6601 판결]
▸ 동시이행관계, 대상가액에 비례하여 반대급부 감축

6. 권리주장(점유취득시효 완성 후 제3자에 대한 소유권이전시)[대법원 1996. 12. 10. 선고 94다43825 판결]

가. 수용보상금의 반환, 보상금청구권의 양도 청구

나. 채권자의 직접 수령 : 부당이득 부정[대법원 2002. 2. 8. 선고 99다23901 판결] 채무자가 수령하게 되는 보상금이나 그 청구권에 대하여 채권자가 대상청구권을 가지는 경우에도 채권자는 채무자에 대하여 그가 지급받은 보상금의 반환을 청구하거나 채무자로부터 보상청구권을 양도받아 보상금을 지급받아야 할 것이나, 어떤 사유로 채권자가 직접 자신의 명의로 대상청구의 대상이 되는 보상금을 지급받았다고 하더라도 이로써 채무자에 대한 관계에서 바로 부당이득이 되는 것은 아니라고 보아야 할 것이다.

다. 수용보상금청구권 자체의 귀속 주장 불가[대법원 1996. 10. 29. 선고 95다56910 판결] 등기청구권자라고 주장하는 자가 소유권이전등기의무의 목적 부동산이 수용되었음을 이유로 수용 당시의 소유명의자를 상대로 수용보상금청구권이 자기에게 속한다는 채권의 귀속에 관한 확인을 구하는 경우, 그 주장사실이 인정되더라도 수용보상금청구권 자체가 등기청구권자라고 주장하는 자에게 귀속되는 것은 아니므로 그 확인청구는 주장 자체로 이유 없음이 명백하여 허용될 수 없다.

Ⅱ. 대상청구의 민사소송법상 쟁점

본청구 변론종결 전 이행기 도래 : 현재이행의 소	대상청구		심판	
	(변론종결 후) 집행불능 대비	(변론종결 전) 이행불능 대비		
종류물 인도청구	장래이행의 소(단순병합)	×(종류물은 이행불능×)	주위○예비○/주위×예비×	
특정물 인도청구	장래이행의 소(단순병합) ■불분명시 집행불능 대비로 추정(대법원 1975. 5. 13. 선고 75다308 판결) ■집행불능을 대비한 대상청구에 이행불능을 대비한 대상청구는 불포함(대법원 1962. 12. 16. 선고 67다1525 판결)	현재이행의 소 (진정 예비적 병합) ∵ 양립 불가	집행불능 대비 ○인용○인용 (심판필요)/ ×기각×기각 (심판필요)	이행불능 대비 ○인용×심판 불요 (⇔예비적 공동소송) ×기각○심판 필요
등기청구 [대법원 1975. 7. 22. 선고 75다450 판결, 대법원 2011. 1. 27.	단순병합 (부진정 예비적 병합)	단순병합[2011다306 66, 30673 판결]	○인용○인용(심판필요)/×기각 ×기각(심판필요)	
	■ 채권자가 본래적 급부청구에 이를 대신할 전보배상을 부가하여 대상청구를 병합하여			

소구한 경우 대상청구는 본래적 급부청구권이 현존함을 전제로 하여 이것이 판결확정 전에 이행불능되거나 또는 판결확정 후에 집행불능이 되는 경우에 대비하여 전보배상을 미리 청구하는 경우로서 양자의 병합은 현재 급부청구와 장래 급부청구의 단순병합에 속하는 것으로 허용된다. 이러한 대상청구를 본래의 급부청구에 예비적으로 병합한 경우에도 본래의 급부청구가 인용된다는 이유만으로 예비적 청구에 대한 판단을 생략할 수는 없다.

선고 2010다77781 판결, 대법원 2006. 1. 27. 선고 2005다39013 판결, 대법원 2011. 8. 18. 선고 2011다30666, 30673 판결]

■ 원고가 피고1에 대하여 주위적으로 이 사건 근저당권설정등기의 회복등기절차의 이행을 구하고, 예비적으로 피고1이 피고2와 공모하여 이 사건 근저당권설정등기를 불법말소하였다는 이유로 손해배상금 1억 원 및 이에 대한 지연손해금의 지급을 구한데 대하여 제1심법원은 주위적 청구를 인용하되, 예비적 청구를 기각하는 판결을 선고한 사실, 원고가 위 기각된 부분에 대하여 항소를 제기하였으나, 원심법원은 주위적 청구를 인용하는 판결은 전부판결이라 할 것이므로 주위적 청구를 인용한 이상 예비적 청구에 나아가 판단할 필요가 없다고 보아 제1심판결에서 원고의 피고1에 대한 주위적 청구가 인용되어 전부 승소한 원고로서는 피고1에 대하여 항소를 제기할 이익이 없다는 이유로 이 부분 항소를 각하한 사실을 알 수 있다. 원고의 위 예비적 청구는 주위적 청구인 이 사건 근저당권설정등기의 회복의무가 이행불능 또는 집행불능이 될 경우를 대비한 전보배상으로서 대상청구라고 봄이 상당하다고 할 것이므로, 이러한 주위적 · 예비적 병합은 현재의 급부청구와 장래의 급부청구와의 단순병합에 속한다. 따라서 원심법원으로서는 원고가 항소한 부분인 위 예비적 청구의 당부를 판단하여야 할 것임에도 원고의 이 부분 항소를 각하한 것에는 대상청구 또는 예비적 병합에 관한 법리를 오해한 나머지 필요한 심리를 다하지 아니한 위법이 있다.

제7관 소유권유보부매매

1. 요건 · 효과

가. 동산 매매계약 + 대금지급 전 인도 + 소유권유보 특약대금이 모두 지급되는 것을 정지조건으로

나. 대금이 모두 지급되면 별도 의사표시 없이 소유권이전[대법원 1996. 6. 28. 선고 96다14807 판결]

2. 대금 지급 전 매수인의 처분 : 무권리자 처분행위매도인의 제3자이의에 대하여 전매수인은 선의취득, 매도인 추인, 처분권한 수여 항변으로 대항 가능

[96다14807] 무권리자 처분행위에 대한 선의취득항변 가부

▣매도인의 제3자이의　　　　　▣전매수인 선의취득 항변
▶ 점유개정에 의한 점유취득 : 선의취득 인정×

➡️ 원고전매수인 : 소유권 취득을 전제로 손해배상청구

⬅️ 피고원매도인의 사위 : 선의취득 불가 주장 ➡️ 원고가 매수인으로부터 인도받을 당시 대금 미지급 사실을 알았던 경우 → 소유권유보부 매매인지 조사·탐문 없이 양수 → 과실○

3. 자동차손해배상 보장법상 책임

가. 매도인이 자동차판매업자인 경우 : 매수인이 운행자[대법원 1990. 11. 13. 선고 90다카25413 판결]

나. 일반 매도인과 매수인 사이 : 매도인이 매수인의 차량 운행에 대한 간섭가능성, 지배관리 책무 존재 여부 고려[대법원 1994. 9. 23. 선고 94다21672 판결]

제2절 대차형 계약

제1관 대여금반환청구

I. 당사자적격

1. 대여금채권에 대한 압류·추심명령이 있는 경우 제3채무자에 대한 이행의 소는 추심채권자만 제기 가능, 집행채무자는 당사자적격 상실(갈음형)

2. 당사자적격의 회복 : 채무자의 이행소송 계속 중 추심채권자가 압류 및 추심명령 신청 취하 등 추심권능 상실[대법원 2010. 11. 25. 선고 2010다64877 판결]

3. 상고심에서도 하자치유 인정[대법원 2007. 11. 29. 선고 2007다63362 판결]

II. 소송물 : 소비대차계약에 기한 대여금반환청구권

III. 요건사실

1. 소비대차 계약체결 : 피고가 대여금에 대한 변제라고 다투는 경우 증명책임은 원고
   [대법원 1972. 12. 12. 선고 72다221 판결] 당사자간에 금원의 수수가 있다는 사실에 관하여 다툼이 없다고 하여도 원고가 이를 수수한 원인은 소비임차라 하고 피고는 그 수수의 원인을 다툴 때에는 그것이 소비임차로 인하여 수수되었다는 것은 이를 주장하는 원고가 입증할 책임이 있다.

2. 목적물 인도 : 다만 낙성계약이므로 차주의 현실적 수수와 같은 경제적 이익 취득은 불필요[대법원 1991. 4. 9. 선고 90다14652 판결]

3. 반환시기 도래

가. 확정기한 : 별도의 주장·증명 불요(묵시적 주장)

나. 확정기한 미도래 + 기한이익 상실 : 기한이익 상실특약 + 특약상 상실요건 해당 사실 발생

다. 불확정기한 : 기한을 정하는 사실(분양·임대)의 발생사실/기한을 정하는 사실이 발생하지 않는 것이 확정(분양·임대 불능)된 사실 : 표시된 사실이 발생한 때는 물론 발생하지 아니하는 것이 확정된 때에도 채무를 이행[대법원 1989. 6. 27. 선고 88다카 10579 판결]

라. 반환시기 정함이 없는 경우 : 반환시기 정함 없이 대여한 사실

제2관 이자청구

I. 소송물 : 이자계약에 기한 이자지급청구권

II. 요건사실

1. 원금채권 발생

2. 이자약정 : 이자·약정이율에 의한 지연손해금의 지급을 구하는 경우에만 요건사실

가. 받은 날로부터 이자를 계산하는 경우 : 이자있는 소비대차(제600조 : 대여한 날부터 이자 발생), 해제(제548조 제2항)

나. 구상금 : 면책일부터(제425조 제2항, 제441조 제2항) < 약정(변제일부터)

다. 어음금 : 만기 이후 6%(어음법 제48조 제2호)

3. 목적물 인도 및 인도시기

가. 대여금 인도 사실 + 인도시기/이행제공사실 + 피고 귀책사유에 의한 수령지체 사실(제600조)

나. 이미 발생한 이자에 대한 이행지체 : 지연손해금 청구 가능[대법원 1996. 9. 20. 선고 96다 25302 판결] 원고는 위 1991. 11. 8. 원심 판시와 같은 준소비대차계약이 체결되었다고 주장하여, 위 합산 원본 및 이에 대한 1995. 7. 25.까지의 이자를 합한 금액과 이에 대한 소장송달 다음날부터 완제일까지 연 2할5푼의 비율에 의한 지연손해금의 지급을 구하고 있는바, 이미 발생한 이자에 관하여 채무자가 이행을 지체한 경우에는 그 이자에 대한 지연손해금을 청구할 수 있는 것이므로, 원심으로서는 원고 주장과 같은 준소비대차계약이 체결

된 사실을 인정할 수 없다고 하더라도, 원고의 위 청구에 당초의 대여원금에 대한 1995. 7. 25.까지의 이자에 대하여 법정이율에 의한 지연손해금의 지급을 구하는 취지가 포함되어 있는 것인지 여부를 밝혀, 위와 같은 취지의 청구가 포함되어 있는 것으로 밝혀지면 이에 대하여도 판단하여야 할 것이다.

Ⅲ. 이자제한법과의 관계

1. 적용이율

이자제한법상 제한이율의 변천 : 법 시행 전에 성립한 대차관계에 관하여도 법 시행일 이후부터는 제한이율 적용(부칙 ②)

무제한	2007.6.30. 연 30%	2014.7.15. 연 25%	2018.2.8. 연 24%	2021.7.7. ~ 현재 연 20%

2. 최고이자율을 초과하는 금액의 임의 지급

가. 충당관계 : 원본에 충당[대법원 2021. 3. 25. 선고 2020다289989 판결] 구 이자제한법(2014. 1. 14. 법률 제12227호로 개정되기 전의 것) 제2조 제1항, 제3항, 제4항, 제3조, 구 이자제한법 제2조 제1항의 최고이자율에 관한 규정(2014. 6. 11. 대통령령 제25376호로 개정되기 전의 것)에 따르면, 금전대차에 관한 계약상의 최고이자율은 연 30%이고, 계약상의 이자로서 위 최고이자율을 초과하는 부분은 무효이며, 채무자가 위 최고이자율을 초과하는 이자를 임의로 지급한 경우에는 초과 지급된 이자 상당 금액은 원본에 충당되고, 선이자를 사전공제한 경우 그 공제액이 채무자가 실제 수령한 금액을 원본으로 하여 위 최고이자율에 따라 계산한 금액을 초과하는 때에는 그 초과 부분은 원본에 충당한 것으로 본다.

나. 불법행위책임[대법원 2021. 2. 25. 선고 2020다230239 판결]

(1) 손해 : 최고이자율을 초과하여 지급된 이자는 이자제한법 제2조 제4항에 따라 원본에 충당되므로, 이와 같이 충당하여 원본이 소멸하고도 남아 있는 초과 지급액 금전을 대여한 채권자가 고의 또는 과실로 이자제한법을 위반하여 최고이자율을 초과하는 이자를 받아 채무자에게 손해를 입힌 경우에는 특별한 사정이 없는 한 민법 제750조에 따라 불법행위가 성립한다고 보아야 한다. 최고이자율을 초과하여 지급된 이자는 이자제한법 제2조 제4항에 따라 원본에 충당되므로, 이와 같이 충당하여 원본이 소멸하고도 남아 있는 초과 지급액은 이자제한법 위반 행위로 인한 손해라고 볼 수 있다. ➡ 원고가 변제한 돈을 이자제한법이 정한 최고이자율에 따라 산정한 이자, 지연손해금, 원본 순서로 법정 변제충당하여 그 손해액을 산정

(2) 부당이득반환청구권과의 관계 : 별개로 인정부당이득반환청구권과 불법행위로 인한 손해배상청구권은 서로 별개의 청구권으로서, 제한 초과이자에 대하여 부당이득반환청구권이 있다고 해서 그것만으로 불법행위의 성립이 방해되지 않는다. 나아가 채권자와 공동으로 위와 같은 이자제한법 위반 행위를 하였거나 이에 가담한 사람도 민법 제760조에 따라 연대하여 손해를 배상할 책임이 있다.

Ⅳ. 소송촉진 등에 관한 특례법과의 관계 : 이자제한법 내의 약정이율이 적용될 경우 소송촉진 등에 관한 특례법 이율 적용 배제[사법연수원 주문연습1]

소송촉진 등에 관한 특례법

1998.1.12.		2003.6.1.	20115.10.1.	2019.6.1.
연 25%	연 5/6%	연 20%	연 15%	연 12%

○시행일 이후 제1심 변론종결(2019.6.2.)되는 사건에 대하여 개정 시행령 적용

■전부인용시 : 소장부본 송달시까지 연5%, 그 다음날부터 2019. 5. 30.까지는 연15%, 그 다음날부터 다 갚는 날까지는 연12%

■일부인용시 : 판결선고일까지는 연5%, 그 다음날부터 다 갚는 날까지는 연12%

○제1심 판결선고 후의 사건(상소기간 중, 상소심 계속 중 사건) : 종전 법정이율 적용

○시효중단을 위한 후소 : 전소의 이율과 동일[대법원 2019. 8. 29. 선고 2019다215272 판결] 승소판결이 확정된 후 소송촉진 등에 관한 특례법의 변경으로 소송촉진법에서 정한 지연손해금 이율이 달라졌다고 하더라도 그로 인하여 선행 승소확정판결의 효력이 달라지는 것은 아니고, 확정된 선행판결과 달리 변경된 소송촉진법상의 이율을 적용하여 선행판결과 다른 금액을 원고의 채권액으로 인정할 수 있는 것도 아니다.

제3관 지연손해금청구

Ⅰ. 소송물 : 변제기 후의 지연손해금 → 이행지체로 인한 손해배상청구권, 이자가 아님

Ⅱ. 요건사실

1. 원금채권 발생

2. 반환시기 도과

가. 불확정기한 : 불확정기한을 확정하는 사실이 발생한 사실 + 확정된 기한이 도래한 사실 + 피고가 안 사실(지체책임)

나. 반환시기의 정함이 없는 경우 : 최고사실 + 상당기간 도과사실차주의 제603조 제2항 항변권을 소멸시키기 위한 사실

3. 손해발생·범위 : 금전채무 제397조 제1항(채무불이행 사실 : 주장 + 입증, 손해발생 주장은 필요)[대법원 2000. 2. 11. 선고 99다49644 판결], **특약 존재시 약정이율 증명 필요**

이자 약정 (약정이율)	지연손해금 약정 (지연손해금률)	적용 이율
×	×	법정이율(5%, 6%)[대법원 2009. 12. 24. 선고 2009다85342 판결]
○	×	max[법정이율, 약정이율][대법원 1981. 9. 8. 선고 80다2649 판결] 약정 > 법정 : 약정이율, [대법원 2009. 12. 24. 선고 2009다85342 판결] 법정 > 약정 : 법정이율, 이자약정이 없는 경우에도 이행지체로 인한 지연손해금은 법정이율에 의하여 청구 가능 → 약정 이율이 법정이율보다 낮은 경우에는 더 높은 법정이율에 의한 청구 가능
	○	지연손해금률 : 법정이율과 무관[대법원 2000. 7. 28. 선고 99다38637 판결] 지연손해금률에 관하여도 당사자 사이에 별도의 약정이 있으면 그에 따라야 할 것이고, 설사 그것이 법정이율보다 낮다 하더라도 마찬가지이다. [대법원 2013. 4. 26. 선고 2011다50509 판결] 계약해제에도 적용

Ⅱ-1. 소멸시효

1. 소멸시효기간 : 원본채권 소멸시효기간과 동일[대법원 2010. 9. 9. 선고 2010다28031 판결] 원금 변제기까지의 미지급 이자채권만 단기시효로 소멸하고 그 후의 지연손해금은 원본채권과 같은 시효기간 적용 ➡ 상사채권이면 5년임에 주의

2. 3년(제163조 제1호) 항변 불가 : 제163조 제1호 → 1년 이내 정기지급 + 변제기까지의 이자채권에 대해서만 적용[대법원 1987. 10. 28. 선고 87다카1409 판결, 대법원 1995. 10. 13. 선고 94다57800 판결] 지연손해금은 손해배상금이지 이자가 아니고, 1년 이내의 기간으로 정한 채권도 아님

Ⅱ-2. 일부 기각 : 판결선고일까지 5/6% 일부기각 → 항쟁하는 것이 타당하므로, 그 다음 날부터 소송촉진 등에 관한 특례법상 법정이율판결선고일까지 연 12% 적용되는 것이 아님 [사법연수원 주문연습1]

▶ 공시송달, 자백간주 사건 : 특례법 제3조 제1항 적용

▶ 소송촉진 등에 관한 특례법 이율보다 낮은 지연손해금 약정이 있는 경우 : 소장 부본 송달일 다음 날부터는 소송촉진 등에 관한 특례법 제3조 제1항 이율 적용[대법원 1992. 12. 22. 선고 92다4307 판결, 대법원 2002. 10. 11. 선고 2002다39807 판결]

제4관 준소비대차(제605조) : 기존채무와 동일성 인정

I. 대환 : 준소비대차, 기존채무의 변제기 연장, 기존채무에 대한 보증책임 존속[대법원 2012. 2. 23. 선고 2011다76426 판결] 현실적인 자금의 수수 없이 형식적으로만 신규 대출을 하여 기존 채무를 변제하는 이른바 대환은 특별한 사정이 없는 한 형식적으로는 별도의 대출에 해당하나 실질적으로는 기존 채무의 변제기 연장에 불과하므로, 그 법률적 성질은 기존 채무가 여전히 동일성을 유지한 채 존속하는 준소비대차로 보아야 하고, 이러한 경우 채권자와 보증인 사이에 사전에 신규 대출 형식에 의한 대환을 하는 경우 보증책임을 면하기로 약정하는 등의 특별한 사정이 없는 한 기존 채무에 대한 보증책임이 존속된다.

II. 요건

1. 기존채무의 존재 : 금전 기타 대체물의 급부를 목적

2. 기존채무의 목적물을 소비대차의 목적으로 할 것을 약정

II-1. 불성립[대법원 2002. 12. 6. 선고 2001다2846 판결] 임대차보증금반환채무의 당사자(소외1 + 참가인) ≠ 준소비대차계약의 당사자(소외1) + 참가인 : 연대보증인, [대법원 1996. 9. 20. 선고 96다25302 판결] 연체이자, 등기비용을 원본에 가산하여 지급하겠다는 기재가 없는 경우

II-2. 소멸시효 : 신채무를 기준[대법원 1981. 12. 22. 선고 80다1363 판결] 노임채권 → 준소비대차 : 5년(피고회사의 준소비대차계약 → 상행위 추정), [대법원 1989. 6. 27. 선고 89다카2957 판결] 골재채취업 동업 후 정산금을 대여금으로 : 준소비대차, 5년(피고 : 상인 → 상행위 추정)

II-3. 소멸시효 3년(제163조 제1호) 항변 : 불가[96다25302, 대법원 1995. 10. 13. 선고 94다57800 판결, 대법원 1987. 10. 28. 선고 87다카1409 판결] 변제기에 원금과 함께 이자를 지급하기로 한 경우 → 1년 이내 정기지급에 해당하지 않음

제5관 담보계약에 따른 소유권이전등기청구(가등기담보)

I. 요건사실

1. 소비대차계약 + 가등기담보계약 : 다른 재산부동산 + 대물변제 예약 + 예약당시 시가 〉 차용원리금 + 가등기 · 이전등기

2. 담보권실행 통지 + 청산기간 경과(통지 ~ 2개월)

II. 대항방법

1. 동시이행 : 정당한 청산금 수령시까지 이전등기 · 인도 거절

2. 청산금 청구

▶ 통지된 청산금에 대한 명시적·묵시적 동의

3. 피담보채무 변제 + 가등기말소 청구

	가등기담보	양도담보
적용범위	차용/재산(부동산)/예약/초과/(가)등기	가등기담보법 적용 안되는 경우
성질	담보물권	신탁적 양도
절차	선청산, 후인도 → 제536조 ○ 귀속청산 ○, 처분정산 ×, 경매 ○	선인도, 후청산 → 제536조 × 귀속 ○, 처분 ○, 경매 ×
청산절차 없는 본등기	무효 < 실체관계 부합(청산금 지급 등)	■특약 ○ : 유효 ■특약 × : 청산금지급시까지 변제 + 말소등기청구
제3자 보호	선의자만 보호	선악 불문 보호

제6관 판결 주문 사례연습[민사실무Ⅱ 72 이하]

Ⅰ. 중첩관계의 표시

1. 불가분채무, 부진정연대채무, 주채무자와 단순보증인 1인 ➡ 각자

2. 연대채무 : 연대채무자(제413조), 주채무자와 연대보증인(제437조 단서), 사용대차
· 임대차에서 공동차주의 채무(제616조, 제654조), 일상가사로 인한 부부간 채무
(제832조), 다수채무자의 상행위 채무(상법 제57조) ➡ 연대하여

3. 합동채무 : 여러 사람의 어음 · 수표채무자의 채무(어음법 제47조, 수표법 제43조)
➡ 합동하여

Ⅱ. 금전의 지급을 명하는 판결의 특수한 사례

1. 금액이 피고별로 달라 중첩관계가 인정되지 않는 경우 : 일부 채무에 대한 연대보
증인, 보증한도가 정하여진 근보증인, 사용자의 상계항변이 인용되거나 과실상계
가 인정된 경우

➡ 원고에게, 피고 갑은 10,000,000원을, 피고 을은 피고 갑과 연대하여(또는 각자) 위
금원 중 8,000,000원을 각 지급하라.

2. 주채무자와 2인의 단순보증인

➡ 원고에게 피고 갑은 10,000,000원을, 피고 을, 병은 각 피고 갑과 각자 위 금원 중 5,000,000원을 각 지급하라.

3. 사망자1990.12.31. 이전 사망의 **차용금채무 2,400만 원에 대한 연대보증인**갑, 을이 있는 상태에서 상속갑(장남), 병(차남), 정(출가녀), 무(출가녀)이 이루어진 경우

➡ 원고에게, 피고 갑연대보증인이자 상속인(장남 : 6), 을연대보증인은 연대하여 24,000,000원을, 위 피고들과 연대하여연대보증 위 금원 중 피고 병차남(4)은 8,000,000원을, 피고 정, 무출가녀(1)는 각 2,000,000원을 각 지급하라.

Ⅲ. 연습문제

2016 사법연수원 판결 주문 사례연습 1 [소비대차, 연대보증, 공동불법행위, 소멸시효]2016년 당시의 법률을 기준으로 합니다.

Ⅰ. 사실관계 요약

■ 원고 김일석은 주류도매상인 친구 갑에게 영업자금 9,000만 원을, 이자 월 2%, 변제기 2012. 6. 30.로 정하여 대여하였는데, 당시 갑의 아들 을과 그 사촌 병이 갑의 차용금채무에 대하여 연대보증

■ 갑은 2012. 1. 31.까지의 이자만 지급하여 원고가 2015. 8. 1. 갑, 을, 병을 상대로 "갑, 을, 병은 연대하여 김일석에게 차용원금 9,000만 원 및 이에 대하여 2012. 2. 1.부터 다 갚는 날까지 월 2%의 비율로 계산한 이자와 지연손해금을 지급하라."는 소를 제기

■ 을, 병은 2015. 9. 15. 원고에게 공동폭행을 하였고, 원고가 청구취지 및 원인을 변경하여 손해배상 청구(치료비 500만 원)를 추가

■ 병은 공동폭행을 부인하면서 채무부존재확인을 구하는 반소제기

■ 소송계속 중 갑의 사망으로 처(정), 자(을, 무, 기)가 갑을 상속하였고, 원고는 수계절차를 마침

■ 심리 결과, 치료비는 300만 원으로 밝혀졌고, 갑, 을, 병은 변론과정에서 대여금원금채권은 5년의 소멸시효완성을, 이자 및 지연손해금 채권은 소제기일(2015. 8. 1.)로부터 역산하여 3년 전에 발생한 것은 단기소멸시효가 완성되었음을 항변

■ 변론종결일 2016. 4. 25., 판결선고일 2016. 4. 29.

➡ [사실관계 요약]

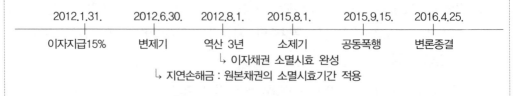

Ⅱ. 주문

1. 피고(반소원고) 병의 반소를 각하한다. [또는 이 사건 반소를 각하한다.]

2. 원고(반소피고) 에게, ➡ 일부 피고만 반소를 제기하였어도 반소를 제기하지 않은 피고와의 사이에서도 원고(반소피고)로 표시

   가. 피고 을, 피고(반소원고) 병은 연대하여 90,000,000원, 피고 을, 피고(반소원고) 병과 연대하여 위 돈 중 피고 정은 30,000,000원, 피고 무, 기는 각 20,000,000원 및 위 각 돈에 대한 2012. 7. 1.부터 다 갚는 날까지 월 2%의 비율로 계산한 돈을,

➡ 변제기 후에 지급하는 지연손해금은 이자가 아니고 민법 제163조 제1호가 정하는 채권도 아니므로 3년의 단기소멸시효 적용×, 변제기 후의 지연손해금 채권의 소멸시효 기간은 원본채권과 동일→ 2012. 2. 1. ~ 2012. 6. 30.까지의 미지급 이자채권이 163조 1호 단기시효로 소멸하고, 그 후의 지연손해금 채권은 원본채권과 같이 5년의 상사시효기간이 적용되어 소멸×

➡ 이자제한법과의 관계 : 이자제한법상 제한이율은 2014.7.14.까지는 연 30%, 그 다음 날부터는 연 25%이므로 이 사건 대여금 청구부분은 월 2%(연 24%)로 제한이율 범위 내

➡ 소송촉진 등에 관한 특례법과의 관계 : 소송촉진 등에 관한 특례법이 정한 이율보다 높으므로 소송촉진 등에 관한 특례법 적용×

   나. 피고 을, 피고(반소원고) 병은 공동하여 3,000,000원 및 이에 대한 2015. 9. 15.부터 2016. 4. 29.까지는 연 5%의, 그 다음 날부터 다 갚는 날까지는 연 15%의 각 비율로 계산한 돈을 각 지급하라.

3. 원고(반소피고)의 피고 을, 정, 무, 기에 대한 각 나머지 청구 및 피고(반소원고) 병에 대한 나머지 **본소청구**를 각 기각한다.

제3절 연대채무

Ⅰ. 대외적 효력 : 담보적 기능과 밀접한 관련성[민사판례연구Ⅲ 348]

■ 1인에 대하여 또는 동시·순차로 모든 연대채무자에 대하여 전부·일부 이행청구(제413조)

■ 상행위로 인한 채무(상법 제57조 제1항) + 보증이 상행위이거나 주채무가 상행위(상법 제57조 제2항) : 주채무자와 보증인은 연대채무[2019 변호사시험]

1. 절대효 : 전액에 대하여 전원에게 효력

가. 일체형 : 변제·대물변제·공탁, 이행청구, 경개, 상계(제418조 제1항 : 상계권 있는 연대채무자의 상계), 채권자지체, 일부변제(공동 부담하지 않는 부분에 우선 충당)[대법원 2013. 3. 14. 선고 2012다85281 판결] 여러 명의 연대채무자 또는 연대보증인에 대하여 따로따로 소송이 제기되는 등으로 그 판결에 의하여 확정된 채무원본이나 지연손해금의 금액과 이율 등이 서로 달라지게 되어 원금이나 지연손해금에 채무자들이 공동으로 부담하는 부분과 공동으로 부담하지 않는 부분이 생긴 경우에

어느 채무자가 채무 일부를 변제한 때에는 그 변제자가 부담하는 채무 중 공동으로 부담하지 않는 부분의 채무 변제에 우선 충당되고 그 다음 공동 부담 부분의 채무 변제에 충당된다.

나. 부담부분형 : 상계, 면제, 혼동, 소멸시효완성 → 부담부분에 한하여 전원에게 효력

(1) 상계(제418조 제2항) : 상계권 없는 연대채무자의 상계 : 상계권 있는 연대채무자의 부담부분에 한하여 전원에게 효력

(2) 연대채무와 면제

㈎ 연대채무의 '일부' 면제 : 면제된 부담부분에 한하여 절대적 효력[대법원 2019. 8. 14. 선고 2019다216435 판결]

① 면제2.34억받은 채무자의 잔존 채무액1.52억 > 부담부분1.16억 : 면제받은 연대채무자의 부담부분이 감소되지 않음 → 다른 연대채무자는 채무 전액 부담[8]

② 면제받은 채무자의 잔존 채무액 < 부담부분 : (부담부분 - 잔존 채무액)만큼 부담부분 감소 → 다른 연대채무자의 채무도 차액만큼 감소

㈏ 연대보증인 1인에 대한 면제 : 다른 연대보증인, 주채무자에게는 효력 부정[대법원 1992. 9. 25. 선고 91다37553 판결] 연대보증인이라고 할지라도 주채무자에 대하여는 보증인에 불과하므로 연대채무에 관한 면제의 절대적 효력을 규정한 민법 제419조의 규정은 주채무자와 보증인 사이에는 적용되지 아니하는 것이니, 채권자가 연대보증인에 대하여 그 채무의 일부 또는 전부를 면제하였다 하더라도 그 면제의 효력은 주채무자에 대하여 미치지 아니한다 할 것이고, 수인의 연대보증인이 있는 경우, 연대보증인들 사이에 연대관계의 특약이 있는 경우가 아니면 채권자가 연대보증인의 1인에 대하여 채무의 전부 또는 일부를 면제하더라도 다른 연대보증인에 대하여는 그 효력이 미치지 아니한다 할 것이다.

(3) 소멸시효 완성 : 1인에 대한 시효완성 → 부담부분에 한하여 시효소멸, 시효이익의 포기가 있어도 영향없음[2019 변호사시험]

2. 상대효 : 나머지 연대채무자에 대한 효력 부정, 전액 부담

가. 이행청구 외 시효중단 사유 : 압류, 가압류, 승인

---

8) [서울중앙지방법원 2018. 10. 18. 선고 2018가합528020 판결] 피고는 이 사건 합의를 통해 한국토지주택공사에게 152,122,733원을 지급하고 나머지 채무를 면제받았고, 위 변제부분을 고려하지 않은 피고 및 동부건설의 한국토지주택공사에 대한 총 채무액은 386,743,198원[= 379,325,357원(555,275,407원 − 175,950,050원) + 7,417,841원] 상당이므로, 피고가 면제받은 금액은 234,620,465원(= 386,743,198원 − 152,122,733원)으로 볼 수 있는데, 위와 같이 면제되고 남은 피고의 채무, 즉 피고가 대한토지주택공사에게 지급한 152,122,733원은 피고의 부담부분 116,022,959원(= 386,743,198원 × 공동수급협정상 피고의 출자비율 30%, 원 미만 버림)을 초과하므로, 위 일부 채무면제는 다른 연대채무자인 동부건설의 채무에 영향을 미치지 아니한다(피고가 자신의 부담부분을 초과하여 변제한 부분에 대하여 동부건설에 구상권을 행사할 여지가 있을 뿐이다). 따라서 위 일부 채무면제는 보증인인 원고의 한국토지주택공사에 대한 보증채무의 범위 및 그 보증채무를 이행한 원고의 구상권의 범위에도 영향을 미칠 수 없다.

나. 기판력

다. 무효·취소 사유

라. 이행청구에 의한 이행지체 외 채무불이행

마. 연대채무 상속 : 각자의 상속분에 따라 분할된 채무를 승계하여 연대채무 부담

⇔ 상속채무분할협의 : 가분채무는 분할협의 대상이 아님 → 1인의 초과 채무부담은 면책적 채무인수(채권자 동의 필요)[대법원 1997. 6. 24. 선고 97다8809 판결] 금전채무와 같이 급부의 내용이 가분인 채무가 공동상속된 경우, 이는 상속 개시와 동시에 당연히 법정상속분에 따라 공동상속인에게 분할되어 귀속되는 것이므로, 상속재산 분할의 대상이 될 여지가 없다고 할 것이다. 따라서 위와 같이 상속재산 분할의 대상이 될 수 없는 상속채무에 관하여 공동상속인들 사이에 분할의 협의가 있는 경우라면 이러한 협의는 민법 제1013조에서 말하는 상속재산의 협의분할에 해당하는 것은 아니지만, 위 분할의 협의에 따라 공동상속인 중의 1인이 법정상속분을 초과하여 채무를 부담하기로 하는 약정은 면책적 채무인수의 실질을 가진다고 할 것이어서, 채권자에 대한 관계에서 위 약정에 의하여 다른 공동상속인이 법정상속분에 따른 채무의 일부 또는 전부를 면하기 위하여는 민법 제454조의 규정에 따른 채권자의 승낙을 필요로 한다고 할 것이다. 여기에 상속재산 분할의 소급효를 규정하고 있는 민법 제1015조가 적용될 여지는 전혀 없다.

Ⅱ. 구상관계(대내적 효력) : 형평의 이념과 밀접한 관련성[민사판례연구Ⅱ 348]
1 요건
가. 변제 기타 출재 : 초과 출재 불필요[대법원 2013. 11. 14. 선고 2013다46023 판결]

나. 공동면책

2. 구상권의 범위 : min[① 출재액, ② 공동면책액] → 다른 연대채무자의 부담부분에 대하여 구상권[대법원 2020. 7. 9. 선고 2020다208195 판결] 부담부분을 결정하는 기준 : 연대채무자가 변제 기타 자기의 출재로 공동면책을 얻은 때에는 다른 연대채무자의 부담부분에 대하여 구상권을 행사할 수 있고 이 때 부담부분은 균등한 것으로 추정된다(민법 제425조 제1항, 제424조). 그러나 연대채무자 사이에 부담부분에 관한 특약이 있거나 특약이 없더라도 채무의 부담과 관련하여 각 채무자의 수익비율이 다르다면 그 특약 또는 비율에 따라 부담부분이 결정된다. 이러한 법리는 민법 제411조에 따라 연대채무자의 부담부분과 구상권에 관한 규정이 준용되는 불가분채무자가 변제 기타 자기의 출재로 공동면책을 얻은 때 다른 불가분채무자를 상대로 구상권을 행사하는 경우에도 마찬가지로 적용된다. 불가분채무자 사이에 부담부분에 관한 특약이 있거나 특약이 없더라도 채무자의 수익비율이 다르다면 그 특약 또는 비율에 따라 부담부분이 결정된다. 따라서 불가분채무자가 변제 등으로 공동면책을 얻은 때에는 다른 채무자의 부담부분에 대하여 구상할 수 있다.

▸ 구상권 제한(제426조)

제4절 부진정 연대채무

Ⅰ. 성질

1. 별개원인, 독립채무 + 동일한 경제적 목적 ➡ 주관적 공동관계 부존재, 내부적 부담부분 부존재

2. 예비적 공동소송민사소송법 제70조 제1항 불가[대법원 2012. 9. 27. 선고 2011다76747 판결] 부진정연대채무의 관계에 있는 채무자들을 공동피고로 하여 이행의 소가 제기된 경우 공동피고에 대한 각 청구는 법률상 양립할 수 없는 것이 아니므로

Ⅱ. 대외적 효력

- ■1인에 대해 전부 · 일부 이행청구
- ■모든 채무자에 대하여 동시 · 순차로 전부 · 일부 이행청구

1. 절대효 : 변제, 대물변제, 공탁

가. 다액 채무 부담자의 일부변제

(1) 채무가 서로 달라지는 원인[민법판례연구ⅰ 177]

(가) 개별적 과실상계[대법원 2011. 7. 14. 선고 2011다21143 판결] 피해자의 부주의를 이용하여 고의로 불법행위를 저지른 자가 바로 그 피해자의 부주의를 이유로 자신의 책임을 감하여 달라고 주장하는 것은 허용될 수 없으나, 이는 그러한 사유가 있는 자에게 과실상계의 주장을 허용하는 것이 신의칙에 반하기 때문이므로, 중개보조원이 고의로 불법행위를 저지른 경우라 하더라도 불법행위에 가담하지 아니한 중개업자는 과실상계 주장 가능

(나) 개별적 책임제한[대법원 2004. 12. 10. 선고 2002다60467, 60474 판결, 대법원 2005. 10. 28. 선고 2003다69638 판결]

(다) 일부 채무자에 대한 소멸시효 완성, 권리포기 · 면제[대법원 1997. 12. 12. 선고 96다50896 판결, 대법원 1997. 12. 23. 선고 97다42830 판결]

(라) 개별적 소제기로 인한 배상액 차이[대법원 2001. 2. 9. 선고 2000다60227 판결]

(2) 다액 채무 부담자의 일부변제의 효력 : 일부보증[대법원 2000. 3. 14. 선고 99다67376 판결], 고의불법행위[대법원 2018. 3. 22. 선고 2012다74236 전원합의체 판결] 모두 외측설부진정연대채무의 법리는 기본적으로 채권자를 두텁게 보호하기 위한 정신 아래 형성 → 외측설은 채권자 보호에 가장 유리

나. 상계 : 제418조 제1항 유추, 절대효 인정[대법원 2010. 9. 16. 선고 2008다97218 전원합의체 판결] 재산상 출연을 통해 채권 만족 또는 채무 소멸을 가져오는 원인이라는 점에서 변제, 대물변제 또는 공탁과 유사, 책임보험(병존적 채무인수 : 보험자와 피보험자는 객관적으로 밀접한 관련공동

성)[대법원 1999. 11. 26. 선고 99다34499 판결]

2. 나머지 사유 : 상대효

가. 제418조 제2항 유추 부정∵제418조 제2항 → 부담부분의 존재를 전제

나. 부진정연대채무자 1인에 대한 권리포기, 면제 : 다른 채무자에 대하여 효력 부정 → 피해자에게 변제한 구상권자원고에 대하여 다른 부진정연대채무자피고는 피해자의 다른 채무자에 대한 면제효력 주장 불가[대법원 2006. 1. 27. 선고 2005다19378 판결]

다. 부진정연대채무자 1인명의차용자, 소외인에 대한 이행청구, 승인 등 소멸시효 중단사유나 시효이익 포기 : 다른 채무자명의대여자, 피고에게 효력 부정[대법원 2011. 4. 14. 선고 2010다91886 판결]

Ⅲ. 구상채권(대내적 효력)

1. 원칙 : 부정∵ 주관적 공동관계 부존재 → 부담부분 부존재 → 구상관계 부존재

2. 예외

가. 요건

(1) 특별한 내부적 법률관계의 존재

(2) 내부적 부담부분 초과 출재 + 공동면책 → 부담부분에 대하여 구상권 행사

나. 유형

(1) 부진정연대채무자고합엔지니어링(수급인)를 위한 보증인원고 [대법원 2010. 5. 27. 선고 2009다85861 판결]

㈎ 다른 부진정연대채무자피고(하수급인)에 대하여 직접 구상권 행사 수급인이 도급인에게 건물신축공사 전체에 대하여 시공상 잘못으로 말미암아 발생한 하자의 보수에 갈음하는 손해배상채무를 부담하는 경우, 이는 공사도급계약에 따른 계약책임이며, 하수급인은 구 건설업법 제25조 제1항 및 건설산업기본법 제32조 제1항에 따라 하도급받은 공사에 대하여 도급인에게 수급인과 동일한 채무를 부담하는데, 이는 법률에 의하여 특별히 인정되는 책임이므로, 수급인과 하수급인의 채무는 서로 별개의 원인으로 발생한 독립된 채무이기는 하지만, 어느 것이나 도급인에 대하여 시공상 잘못으로 말미암아 발생한 하자의 보수에 갈음하는 손해를 배상하려는 것으로서 서로 동일한 경제적 목적을 가지고 있어, 수급인이 도급인에게 위 하자보수에 갈음하는 손해배상채무를 이행함으로써 그와 중첩되는 부분인, 하수급인의 도급인에 대한 하자보수에 갈음하는 손해배상채무도 함께 소멸되는 관계에 있으므로, 양 채무는 서로 중첩되는 부분에 관하여 부진정연대채무 관계에 있다.

㈏ 구상권 범위 내에서 변제자대위 변제자대위는 제3자 또는 공동채무자의 한 사람이 채무자 또는 다른 공동

채무자에 대하여 가지는 구상권의 실현을 목적으로 하는 제도이다. 이때 대위에 의한 원채권 및 담보권 행사의 범위는 구상권의 범위로 한정되는데 이는 위와 같은 제도적 취지를 반영한 것이다. 따라서 어느 부진정연대채무자를 위하여 보증인이 된 자(원고, 고합엔지니어링에 대한 연대보증인)가 채무를 이행한 경우에는 다른 부진정연대채무자(피고)에 대하여도 직접 구상권을 취득하게 되고, 그와 같은 구상권을 확보하기 위하여 채권자를 대위하여 채권자(조합)의 다른 부진정연대채무자에 대한 채권 및 그 담보에 관한 권리를 구상권의 범위 내에서 행사할 수 있다.

(2) 공동불법행위 : 과실비율에 따른 부담부분 존재, 통지의무 없음[대법원 1998. 6. 26. 선고 98다5777 판결]∵주관적 공동관계 부존재 → 선행변제가 유효한 변제

(개) 소멸시효

① 구상권 발생시(공동면책행위)로부터 10년[대법원 1996. 3. 26. 선고 96다3791 판결]

② 다른 채무자피고 : 자신의 채무 시효완성 항변 불가[96다3791, 대법원 1997. 12. 23. 선고 97다42830 판결]

(내) 다른 채무자들의 구상채무

① 원칙

■분할채무 : 각자의 과실비율에 의한 책임부담

■범위 : min[전체 손해액 중 피고구미시의 부담부분, 구상권자원고의 과실 비율70%을 제외한 손해전체 손해액의 30% - 다른 공동불법행위자소외1가 구상권자에게 변제한 금액]

■공동불법행위자피고 구미시 : 구상권자원고에게 다른 불법행위자불법주차자 소외1의 구상권자원고에 대한 변제2,000만 원에 의한 공동면책피고의 원고에 대한 구상금채무 공동면책 주장 불가[대법원 2002. 9. 27. 선고 2002다15917 판결] 공동불법행위자는 채권자에 대한 관계에서는 부진정연대책임을 지되, 공동불법행위자들 내부관계에서는 일정한 부담 부분이 있고, 이 부담 부분은 공동불법행위자의 과실의 정도에 따라 정하여지는 것으로서 공동불법행위자 중 1인이 자기의 부담 부분 이상을 변제하여 공동의 면책을 얻게 하였을 때에는 다른 공동불법행위자에게 그 부담 부분의 비율에 따라 구상권을 행사할 수 있고, 공동불법행위자 중 1인에 대하여 구상의무를 부담하는 다른 공동불법행위자가 수인인 경우에는 특별한 사정이 없는 이상 그들의 구상권자에 대한 채무는 이를 부진정연대채무로 보아야 할 근거는 없으며, 오히려 다수 당사자 사이의 분할채무의 원칙이 적용되어 각자의 부담 부분에 따른 분할채무로 봄이 상당하다. → 소외1의 불법주차로 인한 불법행위책임과 피고의 도로 관리상의 하자로 인한 국가배상책임은 그 책임의 발생근거가 다르고, 피고가 소외1에 대하여 국가배상법 제5조 제2항에 의하여 구상할 수 있다고 하여도 이를 가지고 구상권자인 원고에게 대항할 수는 없는 것이므로, 원고에 대한 관계에서 소외1과 피고는 각자의 고유한 책임을 지는 공동불법행위자들로서 구상권자인 원고에 대하여 각자의 부담 부분에 따른 분할채무를 부담한다.

② 예외 : 부진정연대채무

■구상권자인 공동불법행위자에게 과실이 없는 경우[대법원 2005. 10. 13. 선고 2003다24147 판결] 공동불법행위자 중 1인에 대하여 구상의무를 부담하는 다른 공동불법행위자가 수인인 경우에는 특별한 사정이 없는 이상 그들의 구상권자에 대한 채무는 각자의 부담 부분에 따른 분할채무로 봄이 상당하지만, 구상권자인 공동불법행위자측에 과실이 없는 경우, 즉 내부적인 부담 부분이 전혀 없는 경우에는 이와 달리 그에 대한 수인의 구상의무 사이의 관계를 부진정연대관계로 봄이 상당하다. [해설 : 권영준 교수님] 공동불법행위의 구상권에 있어서 공동불법행위는 협의의 불법행위뿐만 아니라 불법행위책임을 부담하는 모든 경우(가령 자배법과 같이 사실상 무과실책임에

가까운 책임을 부담하는 경우)도 포함하는 넓은 의미로 이해할 수 있고, 또 그렇게 해야 공평한 책임분담의 이념이 실현될 수도 있다. 협의의 불법행위가 성립해야 한다는 것은 일반적으로 맞는 말이지만, 꼭 그 경우에 한하여 구상권 문제가 발생한다고 좁게 해석할 이유는 없다.

■ 사무귀속주체와 비용부담자가 다른 경우[대법원 2002. 9. 27. 선고 2002다15917 판결]

(3) 사용자책임

⑺ 피용자에 대한 구상권 : 사용자 출재 + 피용자 면책

⑺-1. 신의칙에 의한 제한[대법원 1992. 9. 25. 선고 92다25595 판결]

⑷ 제3자에 대한 구상권[대법원 1992. 6. 23. 선고 91다33070 전원합의체 판결]

① 요건 : 피용자의 부담부분$_{1,200}$ 초과배상$_{2,000}$

② 범위 : 제3자의 부담부분$_{1,800}$ 범위 내에서 구상피용자와 제3자가 공동불법행위로 피해자에게 손해를 가하여 그 손해배상채무를 부담하는 경우에 피용자와 제3자는 공동불법행위자로서 서로 부진정연대관계에 있고, 한편 사용자의 손해배상책임은 피용자의 배상책임에 대한 대체적 책임이어서 사용자도 제3자와 부진정연대관계에 있다고 보아야 할 것이므로, 사용자가 피용자와 제3자의 책임비율에 의하여 정해진 피용자의 부담부분을 초과하여 피해자에게 손해를 배상한 경우에는 사용자는 제3자에 대하여도 구상권을 행사할 수 있으며, 그 구상의 범위는 제3자의 부담부분에 국한된다.

제5절 보증채무(소송물 : 보증채무이행청구권)

Ⅰ. 대외적 효력 : 독립성, 내용의 동일성, 부종성(성립·존속, 내용, 이전), 보충성

1. 요건

가. 주채무의 발생(대여금, 이자, 지연손해금)

나. 보증계약의 체결피고가 2020. 9. 10. 원고에 대하여 을의 위 매매대금 채무를 연대보증한 사실

(1) 당사자 : 채권자와 보증인(행위능력만 필요)

(2) 시기 : 기본계약 체결 전에도 가능[대법원 2006. 6. 27. 선고 2005다50041 판결] 주채무 발생의 원인이 되는 기본계약이 반드시 보증계약보다 먼저 체결되어야만 하는 것은 아니고, 보증계약 체결 당시 보증의 대상이 될 주채무의 발생원인과 그 내용이 어느 정도 확정되어 있다면 장래의 채무에 대해서도 유효하게 보증계약을 체결할 수 있다 할 것이다.

(3) 성질 : 주채무와는 별개의 독립한 채무 → 소멸시효 기간은 따로 결정

(4) 방식

⑺ 서면 : 보증의 의사를 표시한 것이면 '보증인', '보증한다'는 문언 불요, 원본채무의 금액이 명확하게 기재되었다면 이자 또는 지연손해금 특정 불요[대법원 2013. 6. 27. 선고 2013다23372 판결] '보증인 보호를 위한 특별법' 제3조 제1항이 보증의 의사표시에 보증인의 기명날인 또는 서명이 있는 서면을

요구하는 것은, 한편으로 그 의사가 명확하게 표시되어서 보증의 존부 및 내용에 관하여 보다 분명한 확인수단이 보장되고, 다른 한편으로 보증인으로 하여금 가능한 한 경솔하게 보증에 이르지 아니하고 숙고의 결과로 보증을 하도록 하려는 취지에서 나온 것이고, 위 법률 제4조 전단은 보증인이 보증을 함에 있어서 자신이 지게 되는 법적 부담의 주요한 내용을 미리 예측할 수 있도록 하려는 것이므로

⒩ 서명 : 보증인이 직접 자신의 이름을 기재하여야 하고, 타인이 보증인의 이름을 대신 쓰는 것은 불가[대법원 2017. 12. 13. 선고 2016다233576 판결] 보증행위로부터 보증인을 보호하고자 하는 입법취지

⒟ 보증인의 기명날인(제428조의2 제1항) : 타인의 대행 가능[대법원 2019. 3. 14. 선고 2018다282473 판결] 서명은 보증인이 직접 자신의 이름을 쓰는 것을 의미하므로 불가능하지만 기명날인은 타인이 대행하는 방법으로도 가능하다.

⒭ 근보증 : 최고액의 특정 필요(제428조의3) 민법의 규정 및 그 입법 취지에 비추어 볼 때 최고액의 특정이나 보증채무의 최고액이 명시적으로 기재되어 있는 경우와 동일시할 수 있을 정도의 구체적인 기재가 필요

⒨ 보증기간(보증인 보호를 위한 특별법 제7조)[대법원 2020. 7. 23. 선고 2018다42231 판결]
- 보증채무의 존속기간이 아니라 보증인이 보증책임을 부담하는 주채무의 발생기간
- 보증기간을 정하지 않은 경우 보증인은 3년 동안 발생한 주채무에 대하여만 보증책임을 부담하고, 그와 같이 발생한 3년분의 보증책임은 달리 소멸원인이 있는 것이 아니라면 3년 이후에도 존속 보증인보호법 제7조 제1항의 취지는 보증채무의 범위를 특정하여 보증인을 보호하는 것이다. 따라서 이 규정에서 정한 '보증기간'은 특별한 사정이 없는 한 보증인이 보증책임을 부담하는 주채무의 발생기간이라고 해석함이 타당하고, 보증채무의 존속기간을 의미한다고 볼 수 없다.

1-1. 부종성 항변 ➡ 보증채무, 저당권의 필수적 논점

가. 주채무 무효, 취소

나. 주채무자의 항변권(제433조 제1항), 주채무자의 채권으로 상계(제434조), 이행거절(제435조)

(1) 주채무 시효소멸(부종성)[대법원 2002. 5. 14. 선고 2000다62476 판결], 보증채무 이행·승인 후에도 부종성에 의한 보증채무 소멸 주장 가능[대법원 2012. 7. 12. 선고 2010다51192 판결]

▸ 주채무 시효중단(제440조) : 중단 사유가 압류·가압류, 가처분이더라도 통지 불요[대법원 2005. 10. 27. 선고 2005다35554, 35561 판결] ∵부종성이 아니라 채권의 담보적 효력 강화

▸ 보증채무 자체에 대한 시효중단사유 주장 : 주장 자체로 이유 없음[대법원 2002. 5. 14. 선고 2000다62476 판결] 주채무의 시효소멸을 막을 수 없으므로

▸ 보증인에 대하여는 종전의 시효기간 적용[대법원 2006. 8. 24. 선고 2004다26287, 26294 판결] 민법 제165조에 의한 판결의 효력은 당사자가 아닌 보증인에게는 미치지 않음, 440조는 보증채무의 부종성을 규정한 것이라기보다는 시효중단의 절대적 효력을 규정한 것, 주채무와 보증채무는 독립·별개의 채무

▸ 주채무자 시효이익 포기 + 보증채무자 보증채무에 대한 시효이익 포기보증인의 의사는 주
채무의 존속이 확정적인 한 보증책임도 종전과 다름없이 부담하겠다는 취지 → 피고는 주채무의 시효소멸 원용 불가

(2) 주채무자의 상계권(제434조) : 직접 행사가능

(3) 이행거절권(제435조) : 취소권·해제권 직접 행사는 불가

다. 주채무와 분리하여 보증채권 양도 : 보증채권에 대한 양도통지 여부와 관계없이 무효[대법원 2002. 9. 10. 선고 2002다21509 판결]

▸ 주채무자에 대한 채권도 함께 양도하고 대항요건을 갖춘 경우[2002다21509] 주채권과 보증인
에 대한 채권의 귀속주체를 달리하는 것은, 주채무자의 항변권으로 채권자에게 대항할 수 있는 보증인의 권리가 침
해되는 등 보증채무의 부종성에 반하고, 주채권을 가지지 않는 자에게 보증채권만을 인정할 실익도 없기 때문에 주
채권과 분리하여 보증채권만을 양도하기로 하는 약정은 그 효력이 없다. 원심이 피고와 소외 회사 사이에 피고의
원고에 대한 보증채권에 관한 채권양도계약서가 작성된 사실을 인정하면서도 원고에 대한 채권양도통지를 하지 아
니하였다는 이유로 그 채권양도의 효력이 없다고 판단한 것은 앞서 본 법리에 비추어 잘못이라고 할 것이나, 피고가
주채무자인 소외1에 대한 채권도 함께 소외 회사에게 양도하고, 그 대항요건을 갖추었는지 여부에 관하여 이를 인
정할 아무런 자료가 없는 이 사건에 있어서 피고와 소외 회사 사이에 있었던 피고의 원고에 대한 보증채권만에 대
한 채권양도계약은 그 효력이 없다고 할 것이므로 원심의 위와 같은 잘못은 판결의 결과에 영향이 없다.

라. 책임범위(제430조)

(1) 주채무에 대한 손해배상예정 : 보증인은 주채무자의 손해배상액을 한도로 책임[대법
원 1996. 2. 9. 선고 94다38250 판결]

(2) 보증채무 지연손해금 : 주채무 약정 연체이율 부존재 → 보증채무의 연체이율 약정
> 민법·상법[대법원 2003. 6. 13. 선고 2001다29803 판결] 보증채무는 주채무와는 별개의 채무이기 때문에
보증채무 자체의 이행지체로 인한 지연손해금은 보증한도액과는 별도로 부담하고, 이 경우 보증채무의 연체이율
에 관하여 특별한 약정이 있으면 그에 따르고, 특별한 약정이 없는 경우라면 그 거래행위의 성질에 따라 상법 또
는 민법에서 정한 법정이율에 따라야 할 것이고, 주채무에 관하여 약정된 연체이율이 당연히 여기에 적용되는 것
은 아니다.

(3) 주채무 변경

⑺ 실질적 동일성 상실 : 주채무는 경개로 소멸, 부증채무 소멸

▸ 실질적 동일성 유지(채무 발생원인, 당사자, 채권의 목적)

⑷ 축소·감경 : 변경된 내용에 따라 보증책임[대법원 2000. 1. 21. 선고 97다1013 판결]

⑸ 확장·가중 : 변경 전의 주채무에 의한 책임[97다1013, 대법원 2001. 3. 23. 선고 2001다628 판결]

⑹ 목적물 변경으로 변제자대위의 목적 변경 + 보증인에게 불리 : 효력 부정97다1013

⑺ 채권자는 보증인의 승낙없이 주채무 변제기 연장 가능[대법원 1996. 2. 23. 선고 95다49141 판결] 보
증계약 체결 후 채권자가 보증인의 승낙 없이 주채무자에 대하여 변제기를 연장하여 준 경우, 그것이 반드시 보증

인의 책임을 가중하는 것이라고는 할 수 없으므로 원칙적으로 보증채무에 대하여도 그 효력이 미친다. ↔ 수탁보증인이 채무자에게 변제통지한 후 변제기 연장 불가[대법원 2007. 4. 26. 선고 2006다22715 판결]

⑷ 확정채무 + 주채무 이행기 연장 : 보증인 동의 없어도 보증채무 부담 ↔ 보증인 동의 특약이 있는 경우[대법원 2012. 8. 30. 선고 2009다90924 판결] 채무가 특정된 확정채무에 대하여 보증한 보증인으로서는 자신의 동의 없이 피보증채무의 이행기를 연장해 주었는지에 상관없이 보증채무를 부담하는 것이 원칙이다. 그렇지만 당사자 사이에 보증인의 동의를 얻어 피보증채무의 이행기가 연장된 경우에 한하여 피보증채무를 계속하여 보증하겠다는 취지의 특별한 약정이 있다면 약정에 따라야 한다. 이 경우에 보증채무를 존속시키기 위하여 필요한 이행기 연장에 대한 보증인의 동의는 이행기가 연장된 주채무에 대하여 보증채무를 변제하겠다는 의사를 의미하며, 위와 같은 의사가 담겨 있는 이상 동의는 이행기가 연장되기 전뿐 아니라 이행기가 연장된 후에도 가능하고, 묵시적 의사표시의 방법으로도 할 수 있다고 보아야 한다.

⑸ 주계약 연장 + 구상보증인의 보증기간 연장 없이 구상보증계약 종료 → 구상보증인은 면책 [대법원 2014. 4. 10. 선고 2011다53171 판결]

(4) 보증인이 임대인의 임대차보증금반환채무를 보증한 후임대인과 임차인 간에 임대차계약과 관계없는 다른 채권으로써 연체차임을 상계 : 불가[대법원 1999. 3. 26. 선고 98다22918, 22925 판결] 임대차보증금은 임대차 존속 중의 차임뿐만 아니라 임대차 종료 후 건물 명도에 이르기까지 발생한 손해배상채권 등 임대차계약에 의하여 임대인이 임차인에 대하여 갖는 일체의 채권을 담보하는 것으로서 임대차 종료 후에 임차건물을 임대인에게 명도할 때 연체차임 등 모든 피담보채무를 공제한 잔액이 있을 것을 조건으로 하여 그 잔액에 대하여서만 임차인의 보증금반환청구권이 발생하는데 위와 같은 상계는 보증채무의 감소 가능성을 차단하여 보증채무를 가중시키므로

(5) 보증인에 관하여 생긴 사유 : 채권 소멸사유만 절대적 효력

▸ 주채무자에 대한 판결확정 + 보증인만 항소 : 보증인에 대하여는 실제 채무액을 기준으로 보증채무 이행청구 가능[대법원 2013. 3. 14. 선고 2012다85281 판결]

1-1-1. 부종성의 예외

가. 소멸시효 완성 전 : 소멸상 부종성 배제[대법원 2018. 5. 15. 선고 2016다211620 판결]

(1) 주채무의 시효소멸에도 불구하고 보증채무를 이행하겠다는 의사표시 : 모순행위 금지

(2) 주채무의 시효소멸에도 불구하고 보증채무를 이행하겠다는 약정 : 채무변환(준소비대차, 경개, 채무인수, 이행인수)

나. 특별규정의 존재(채무자 회생 및 파산에 관한 법률9) 제250조 제2항 제1호) : 채권자 → 회생채무자의 보증인에 대한 청구 가능

다. 예외의 제한(부종성 인정) : 기술보증기금법 제37조의3, 신용보증기금법 제30조의3

---

9) 이하 '채무자회생법'이라 합니다.

▸ 지역신용보증재단 : 채무자회생법 제250조 2항에 대한 예외규정 부존재 : 보증인에 대한 청구 가능[대법원 2020. 4. 29. 선고 2019다226135 판결] 기술보증기금이나 신용보증기금과 지역신용보증재단 사이에는 설립목적과 재원, 신용보증을 제공하는 경우의 보증한도액 등에서 차이가 있으므로 지역신용보증재단이 채권자인 경우에 기술보증기금법 제37조의3과 신용보증기금법 제30조의3을 유추적용하는 것이 정당하다고 볼 수 없다.

1-2. 보충성 : 최고 · 검색(제437조)

▸ 주채무자에 대한 권리행사 사실, 연대보증 사실

1-3. 법정대위권자의 면책항변(제485조)

가. 법정대위 가능성 : 공동면책시킨 연대보증인원고 외의 다른 연대보증인피고도 포함

▸ 연대보증인원고 구상금청구[대법원 2012. 6. 14. 선고 2010다11651 판결]

▸ 원고의 과실로 기중기 담보가치 소멸 항변 : 피고가 주채무자로부터 상환받을 수 없는 금액만큼 원고에 대한 구상의무를 면함

▸ 원고가 전액 면책시켰으므로 다른 연대보증인피고의 변제로 구상권이 발생할 수 없다는 주장 불가2010다11651 민법 제485조는 보증인 기타 법정대위권자를 보호하여 주채무자에 대한 구상권을 확보할 수 있도록 채권자에게 담보보존의 의무를 부담시키는 것으로서, 그 채권자가 당초의 채권자이거나 장래 대위로 인하여 채권자로 되는 자이거나를 구별할 이유가 없다. 연대보증인 중 1인이 변제 기타 자기의 출재로 공동면책이 된 때에는 민법 제448조 제2항, 제425조에 의하여 다른 연대보증인의 부담부분에 대하여 구상권을 행사할 수 있는 것과는 별개로 민법 제481조에 의하여 당연히 채권자를 대위하여 주채무자에 대하여 구상권의 범위 내에서 채권자로 되고, 위 연대보증인에 대하여 자기의 부담부분에 대하여 상환을 하는 다른 연대보증인은 그의 상환액을 다시 주채무자에 대하여 구상할 수 있고 이 구상권의 범위 내에서는 그 자는 공동면책시킨 위 연대보증인이 당초 채권자를 대위하여 가지는 권리를 다시 대위취득할 수 있기 때문에, 변제로 당초의 채권을 대위 행사하는 연대보증인과 다른 연대보증인과의 관계는 바로 민법 제485조에서 정한 "채권자"와 "제481조의 규정에 의하여 대위할 자"의 관계가 되는 것이다. 따라서 변제로 공동면책시켜 구상권을 가지는 연대보증인이 주채무자에 대한 채권의 담보를 상실 또는 감소시킨 때에는 민법 제485조의 "채권자의 고의나 과실로 담보가 상실되거나 감소된 때"에 해당하여, 다른 연대보증인은 구상의무를 이행하였을 경우에 그 담보의 소멸로 인하여 주채무자로부터 상환을 받을 수 없는 한도에서 그 책임을 면한다고 보아야 한다.

나. 담보의 상실 · 감소

(1) 담보 : 주된 채무를 담보하기 위한 인적 · 물적 담보 ↔ 어음할인거래(어음매매)에서의 어음 자체는 제외[대법원 2000. 12. 12. 선고 99다13669 판결] 거래의 목적물이므로

(2) 상실·감소

㈎ 채무면제, 담보물권포기·순위변경, 담보물 훼손·반환[대법원 2000. 12. 12. 선고 99다13669 판결]

　　어음할인거래에서의 부적법한 지급제시 : 담보상실·감소가 아님

㈏ 일부대위변제자에게 담보권을 전부 이전한 경우 : **배당금 × 법정대위비율(피고보증 원금/총
채무원금)로 면책**[대법원 1996. 12. 6. 선고 96다35774 판결]

㈐ 주채무 변제기 경과 후에도 담보권자로서의 지위를 보전·실행·집행하기 위한 조치를 하
지 않은 경우[대법원 2009. 10. 29. 선고 2009다60527 판결]

㈑ 어음채권자인 소지인의 배서인에 대한 소구권 상실(시효완성)[대법원 2003. 1. 24. 선고 2000다
37937 판결]

(3) 면책여부 판단 기준시점 : 담보 상실·감소 시점[대법원 2001. 12. 24. 선고 2001다42677 판결]

　　피고가 제2근저당권을 말소하여 준 것이 민법 제485조 소정의 "담보가 상실되거나 감소된 때"에 해당하는지 여
부는 피고가 제2근저당권을 말소하여 준 시점을 표준시점으로 하여 판단하여야 하고, 그 이후 피고의 제2근저당
권 말소행위와 무관한 사정에 의하여 선순위의 근저당권이 말소된 사정을 참작하여야 하는 것은 아니다.

[2001다42677] 면책여부 판단의 기준시점

95.7.19.	96.5.28.	96.7.25.	97.4.22.
1,2근 저당 설정	피고2근저당 말소 말소 당시 2부동산 시가 1.2억 〈선순위 근저당권 피담보채무 1.79억 ➡ 2저당권 담보가치× ➡ 2저당권말소 : 담보상실×[대법원 : 담보상실·감소시 기준]	2부동산 선순위 근저당권 말소 ➡2근저당권 담보가치○ ➡2근저당권 말소 : 담보상실○[원심 : 담보권 실행·실행가능 　시 기준]	1부동산 경매+원고 대위변제

---

(4) 면책 범위

㈎ 담보가치 상실 당시 교환가치 상당액[대법원 2001. 10. 9. 선고 2001다36283 판결]

㈏ 채권자가 채권계산서를 잘못 제출하여 배당받지 못한 금액 중 연대보증 채무에 충당되었어
야 할 금액 : **면책(제485조 유추)**[대법원 2000. 12. 8. 선고 2000다51339 판결]

[2000다51339] 제485조에 의한 면책범위[원고 : 저당채무, 증서대출채무(대출일자,이율 동일) 연대보증, 채무부
존재확인청구]

- 채권자 실제채권 : 132,388,216원(부동산저당대출 원금80,000,000원 + 지연이자26,838,355원,
증서대출 원금20,000,000원 + 지연이자5,549,861원)
- 채권자 실제 배당가능액 : 111,764,505원(배당가능액 117,936,585원 − 선순위6,172,080원)
- 채권자 채권계산서 74,121,166원(부동산저당대출 원금 25,789,622원 + 지연이자 22,781,683원,
증서대출 원금 20,000,000원 + 지연이자 5,549,861원) → 전액 배당
- 변제충당 방법 : 실제 피담보채무액 전부를 제477조, 제479조에 의해 충당

- 채권자가 채권계산서를 제대로 작성하였다면 배당받을 수 있었는데 잘못 작성하는 바람에 배당받지 못한 금액 : 111,764,505원 − 74,121,166원 = 43,643,339원
- 연대보증인의 채무액 : 채권계산서를 제대로 작성하였다면 배당받았을 금액 111,764,505원을 법정충당으로 각 대출금에 충당
➡ ① 저당대출 지연이자 26,838,355원 + 증서대출 지연이자 5,549,861원 = 32,388,216원, 충당 후 잔액 : 79,376,289원
➡ ② 잔액 79,376,289원을 각 원본에 비례(저당대출 원본 0.8 : 67,557,703원, 증서대출원본 0.2 : 15,875,258원)
- 연대보증한 증서대출금 중 회수되지 못한 잔액 :
➡ 원금 20,000,000원 + 지연이자 5,549,861원 − 법정충당 5,549,861원(지연이자) − 법정충당 15,875,258원(원금) = 4,124,742원 → 연대보증인의 채무
➡ 원고가 연대보증한 증서대출금 채무에 충당되어야 할 금액 : 지연이자 5,549,861원 〉 원금 15,875,258원 ➡ 면책(제485조 유추)

다. 채권자의 고의·과실

▶ 채권자의 고의·과실 부존재, 소구권 상실위험을 채무자·보증인이 부담하는 특약[대법원 2003. 1. 24. 선고 2000다37937 판결]

라. 담보의 상실·감소와 상환불능의 인과관계

▶ 법정대위권자의 면책이익 포기·제한[대법원 1987. 4. 14. 선고 86다카520 판결] 약관개정으로 보증사고 발생 후의 담보해지만 면책사유로 규정 → 보증사고 전 해지 : 면책 불가

▶ 채권자의 담보보존의무 면책특약 : 연대보증인은 채권자가 담보·다른 보증을 변경·해제·면제하여도 이의 없다는 특약[대법원 2003. 1. 24. 선고 2000다37937 판결]

▶ 채권자의 담보 소멸채권자 통지 없는 사이에 제3자 압류 후 법정대위의 전제가 되는 보증 등 체결 : 제485조 부적용[대법원 2014. 10. 15. 선고 2013다91788 판결]

Ⅱ. 대내적 효력(구상권)

1. 수탁보증인의 위임인에 대한 구상권

가. 사후구상권(제441조)

(1) 요건

㈎ 주채무자 부탁

㈏ 과실 없이

(나)-1. 과실 존재
- ■주채무자의 항변권 불행사
- ■주채무자 취소권이 존재함에도 변제
- ■주채무가 통정허위표시임을 알 수 있었음에도 변제

(다) 변제 기타 출재

(라) 주채무 소멸

(라)-1. 출연 당시 이미 주채무 불성립[대법원 2012. 2. 23. 선고 2011다62144 판결] 손해배상채권을 인정한 1
심판결에 대해 추완항소 + 채권자 청구기각 확정 → 소급하여 처음부터 채권 부존재, [대법원 2004. 2. 13. 선고
2003다43858 판결] 타인의 면책행위로 소멸

▸ 주채무가 통정허위표시로 무효 + 선의 변제
▸ 보증인이 선의의 이중 변제 + 사전·사후 통지(제445조, 제446조)
▸ 통지하지 않은 경우 : 먼저 이루어진 주채무자의 변제가 유효[대법원 1997. 10. 10. 선고 95다
46265 판결]

(2) 구상범위 : min[① 주채무, ② 출재액 + 면책일 이후의 법정이자 + 피할 수 없는
손해 기타 손해배상](제441조 제2항, 제425조 제2항)

나. 사전구상권(제442조)

(1) 요건

(가) 주채무자 부탁

(나) 사유

- ■변제기 도래(기한이익 상실)[대법원 2005. 11. 25. 선고 2004다66834, 66841 판결]
- ■원래의 변제기 기준(제442조 제2항)

(2) 범위 : min[① 구상 당시 보증인 부담이 확정된 채무 전액 : 주채무인 원금 + 사전
구상에 응할 때까지의 이자 + 기한 후의 지연손해금 + 피할 수 없는 비용 기타의
손해[대법원 2004. 7. 9. 선고 2003다46758 판결] 면책비용의 법정이자 제외, 채무 원본에 대한 장래 이행기까지
의 이자 제외, 완제일까지의 지연손해금 제외, 아직 지출하지 않은 금원에 대한 지연손해금도 청구 불가, ② 보
증인의 보증 한도액(구상채무 보증인 : 근보증 한도액이 아니라 보증인의 보증한도
액)]2004다66834

나-1. 사전구상권에 대한 대항방법

(1) 담보제공청구권(제443조)취지 : 보증인이 사전구상금을 다른 용도에 임의로 소비하는 등으로 그 의무를
위반할 경우, 주채무자는 채권자에게 다시 변제하게 될 위험에 놓이게 되므로, 보증인에 대한 담보제공을 청구할

수 있도록 하여 주채무자를 보호[대전지방법원 2017. 9. 22. 선고 2017나103496 판결] : **자동채권에 대한 항변권** → ∴ **사전구상권을 자동채권으로 상계 불가**[대법원 2001. 11. 13. 선고 2001다55222, 55239 판결], [대전지방법원 2017. 9. 22. 선고 2017나103496 판결] **상계가 허용되지 않는지를 판단하는 기준시점** : 상계를 불허하는 취지가 상대방의 항변권 행사의 기회 보장에 있다는 점에서 원칙적으로 상계자의 상계 의사표시가 있은 때로 보아야 한다.

(2) **압류채무자에 대한 사전구상권을 자동채권으로 하여 압류채권자에게 상계로써 대항하기 위한 요건**[대법원 2019. 2. 14. 선고 2017다274703 판결]

㈎ 압류의 효력 발생 당시 사전구상권에 부착된 담보제공청구의 항변권이 소멸하여 사전구상권과 피압류채권이 상계적상

㈏ 압류 당시 여전히 사전구상권에 담보제공청구의 항변권이 부착되어 있는 경우 : 제3채무자피고의 **면책행위**위 2016. 9. 29. 1억 1,000만 원 변제 등으로 인해 위 항변권을 소멸2016. 9. 29시켜 **사전구상권을 통한 상계가 가능하게 된 때**2016. 9. 29가 피압류채권수동채권 : 부당이득반환채권의 변제기늦어도 2013. 12. 27.보다 먼저 도래제3채무자의 상계에 대한 기대이익과 압류채권자의 이익을 조화[10]

[대법원 2019. 2. 14. 선고 2017다274703 판결] 추심금청구와 제3채무자의 상계항변 가부

▶원고 : 집행채무자충남우리쌀조합의 제3채무자피고에 대한 부당이득반환채권충남우리쌀조합은 피고 명의로 2012.6.8.경 부동산취득➡ 명의신탁에 의한 매수대금 상당액 2억 7,000만 원 **압류 후 추심금 청구**

◀피고 : 상계항변

○면책적 채무인수에 기한 구상권을 자동채권으로피고는 2009. 8. 4. 물상보증 후 2015. 5. 6. 면책적 채무인수를

---

10) [대전지방법원 2017. 9. 22. 선고 2017나103496 판결] 제3채무자가 압류 이전에 이미 사전구상권을 취득하였다고 하더라도 압류의 효력 발생 당시 여전히 제3채무자의 압류채무자에 대한 사전구상권에 담보제공청구의 항변권이 부착되어 있어 상계를 할 수 없고, 나아가 피압류채권의 변제기가 도래한 이후 제3채무자의 면책행위로 인하여 담보제공청구의 항변권이 소멸하여 비로소 사전구상권을 통한 상계 항변이 가능하게 된 경우에는 제3채무자의 상계에 대한 기대이익을 압류채권자의 이익보다 우선하여 보호할 필요가 없다. 피압류채권(수동채권)의 변제기가 먼저 도래한 이상 그 채무는 이행되어야 하고, 위와 같이 아무런 법적 장애 없이 행사될 수 있게 되는 피압류채권에 대하여 이미 압류가 행하여지는 등으로 사전구상권을 가진 사람과 정면으로 이익이 대립하는 이해관계인이 등장한 이상, 압류 및 피압류채권의 변제기까지 담보제공청구의 항변권이 부착되어 있어 성질상 상계가 허용되지 않았던 사전구상권의 만족을 상계를 통하여 얻을 수 있다고 믿은 것은 정당한 신뢰라고 할 수 없기 때문이다. 압류채무자의 연대보증인이기도 한 제3채무자는 특별한 사정이 없는 한 자신의 연대보증채무를 압류 이전 또는 피압류채무의 변제기 도래 이전에 이행함으로써 사전구상권에 부착된 담보제공청구의 항변권을 소멸시킬 수 있었으므로 위와 같은 상계권의 제한이 제3채무자에게 부당하다고 보이지도 않는다. 결국 제3채무자가 압류채무자에 대한 사전구상권을 가지고 있는 경우에 상계로써 압류채권자에게 대항하기 위해서는 ① 압류의 효력 발생 당시 이미 압류채권자의 면책으로 담보제공청구의 항변권이 소멸하여 사전구상권과 피압류채권이 상계적상에 있거나, ② 압류 당시 여전히 사전구상권에 담보제공청구의 항변권이 부착되어 있는 경우에는 제3채무자의 면책행위로 인해 위 항변권을 소멸시켜 사전청구권을 통한 상계가 가능하게 된 때가 피압류채권의 변제기보다 먼저 도래하였다는 점을 주장·증명하여야 한다.

통하여 사후구상권 취득 : 불가면책적 채무인수는 채무 이전의 효과가 있을 뿐, 현실적으로 채무를 소멸시키는 효과는 없으므로 면책적 채무인수를 민법 제341조에서 규정한 물상보증인의 구상권 발생 요건인 채무 변제와 동일시할 수 없다. 한편, 물상보증인의 면책적 채무인수가 채무자의 책임을 소멸시키는 측면이 있기는 하나, 그로 인해 물상보증인인 인수인이 민법 제370조, 제341조 또는 수탁보증인의 구상권을 규정한 민법 제441조를 유추적용에 따라 채무자에 대한 구상권을 취득한다고 볼 수는 없다. 면책적 채무인수의 효과로서 기존 채무자는 더 이상 채권자에게 채무를 부담하지 않게 되는데, 이때 채무자가 채무를 면하는 것은 어디까지나 면책적 채무인수계약에 의한 것이지, 위 민법 규정이 공통적으로 규정한 구상권의 발생근거인 보증인의 현실적인 재산 출연에 의한 주채무의 변제에 기인한 것이 아니다. 비록 인수인이 면책적 채무인수를 통해 소극재산이 증가하는 손해를 입는 측면은 있으나, 이 역시 채권자, 채무자, 인수인 사이의 면책적 채무인수계약에 의한 것으로, 인수인으로서는 위 인수계약을 체결하는 과정에서 채무자에 대한 반대급부를 설정함으로써 채무인수에 따른 손해를 상쇄할 수 있다. 이처럼 면책적 채무인수에 따른 채무자와 인수인 간의 이익조정은 채무자와 인수인 간 내부적 법률관계에 따라 결정되는 것이지(즉, 인수인은 위 약정에 따른 반대급부의 정함이 있으면 그 반대급부를 구할 수 있을 뿐이고, 반대급부의 정함이 없는 경우 당사자의 의사는 인수인이 무상으로 채무를 인수하는 것으로 보아야 한다), 앞서 본 수탁보증인 또는 물상보증인의 구상권 규정을 유추적용함으로써 해결할 것이 아니다.

○ 대여금 채권을 자동채권으로 : 일부인정2013. 12. 27.까지의 대여금 합계 1억 7,000만 원 중 충남우리쌀조합이 피고에게 변제한 3,700만 원을 공제한 7,000만 원을 부당이득반환채권과 상계 ➡ 충남우리쌀조합의 이 사건 부당이득금반환채권과 피고의 대여금 채권은 모두 변제기의 정함이 없는 채권이므로, 위 두 채권은 늦어도 2013. 12. 27.에는 모두 성립함과 동시에 변제기에 도달하여 상계적상에 있었으므로 충남우리쌀조합의 이 사건 부당이득금반환채권 2억 7,000만 원 중 7,000만 원은 위 상계적상일에 소급하여 소멸

○ 연대보증인의 사전구상권을 자동채권으로 : 가능하나 사안에서는 불인정피고가 소외 2에게 1억 1,000만 원을 변제하여 그 범위에서 이 사건 사전구상권에 부착된 담보제공청구권을 소멸시킨 시점은 2016. 9. 29.로서 이 사건 압류·추심명령의 효력이 발생한 2015. 11. 23.보다 이후임이 기록상 분명하다. 또한 피고가 이 사건 사전구상권으로 상계하려는 반대채권인 이 사건 부당이득반환채권의 변제기가 늦어도 이 사건 압류·추심명령의 효력발생일 이전인 2013. 12. 27.에 도달하였음은 앞서 본 바와 같다. 그렇다면 앞서 본 법리에 비추어 볼 때, 이 사건 압류·추심명령 이후에 비로소 담보제공청구의 항변권이 일부 소멸한 이 사건 사전구상권으로, 이 사건 추심명령 이전에 성립하고 변제기가 도래한 이 사건 부당이득반환청구권과 상계하는 것은 허용되지 않는다고 보아야 한다.

(3) 사전구상금을 지급해도 주채무의 면책을 기대하기 어려운 사정(보증인의 파산) : 제536조 제2항 유추[대법원 2002. 11. 26. 선고 2001다833 판결, 2004다66834]

2. 부탁 없는 보증인(제444조 제1항➡사무관리) : 당시 이익(면책행위를 한 때)

3. 주채무자의 의사에 반하는 경우(제444조 제2항 ➡ 부당이득) : 현존 이익(구상권 행사시)

4. 복수의 주채무자가 있는 경우의 구상권(채권자 A → 채무자 갑, 을, 병)

가. 주채무자 전원을 위한 보증인(B) → 주채무의 성질에 따라 결정, 주채무자(갑) 변제시 → 보증인(B)에게 구상권 행사 불가, 변제자대위 불가91다3062

나. 주채무자 1인을 위한 보증인(B : 병만 보증)

(1) 분할채무 : 자기가 보증한 채무자(병)의 부담부분에 한하여 구상, 초과변제 → 사무관리, 부당이득

(2) 불가분채무, 연대채무 : 보증한 채무자(병)에 대하여는 전액 구상, 다른 채무자에 대하여는 부담부분에 한하여 구상, 보증인 없는 주채무자(갑) 변제시 → 나머지 채무자들에 대하여는 구상 가능, 보증인에 대하여는 구상 불가, 변제자대위 가능(B에게 이행청구 가능)

(3) 공동불법행위자 1인소외1을 위한 보증인대한곡물협회에 대한 구상채무 보증인원고 대위변제 : 주채무자소외1에 대하여는 전액 구상, 다른 공동불법행위자들피고에 대하여는 부담부분에 한하여 구상권, 보증인의 피고들에 대한 구상금채권은 변제자대위에 의하여 원고들에게 이전[대법원 2008. 7. 24. 선고 2007다37530 판결] 어느 공동불법행위자를 위하여 보증인이 된 자가 피보증인을 위하여 손해배상채무를 변제한 경우, 그 보증인은 피보증인이 아닌 다른 공동불법행위자에 대하여 그 부담 부분에 한하여 구상권을 행사할 수 있고, 이러한 법리는 어느 공동불법행위자를 위하여 그가 위 손해배상채무를 변제한 보증인에 대하여 부담하는 구상채무를 보증한 구상보증인이 피보증인을 위하여 그 구상채무를 변제한 경우에도 마찬가지라고 할 것이어서 그 구상보증인은 피보증인이 아닌 다른 공동불법행위자에 대하여 그 부담 부분에 한하여 구상권을 행사할 수 있다고 할 것이다.

Ⅲ. 물상보증인의 구상권

1. 부탁 있는 경우

가. 수탁보증인과 동일한 구상권(제341조, 제441조 제2항, 제425조 제2항) : 채무의 변제 → 채무의 내용인 급부가 실현되고 이로써 채권이 그 목적을 달성하여 소멸하는 것 ⇔ 면책적 채무인수는 채무의 변제에 해당하지 않으므로 구상권이 발생하지 않음[대법원 2019. 2. 14. 선고 2017다274703 판결] 민법 제340조의 '채무의 변제'라 함은 채무의 내용인 급부가 실현되고 이로써 채권이 그 목적을 달성하여 소멸하는 것을 의미하므로, 기존 채무가 동일성을 유지하면서 인수 당시의 상태로 종래의 채무자로부터 인수인에게 이전할 뿐 기존 채무를 소멸시키는 효력이 없는 면책적 채무인수는 설령 이로 인하여 기존 채무자가 채무를 면한다고 하더라도 이를 가리켜 채무가 변제된 경우에 해당한다고 할 수 없다. 따라서 채무인수의 대가로 기존 채무자가 물상보증인에게 어떤 급부를 하기로 약정하였다는 등의 사정이 없는 한 물상보증인이 기존 채무자의 채무를 면책적으로 인수하였다는 것만으로 물상보증인이 기존 채무자에 대하여 구상권 등의 권리를 가진다고 할 수 없다.

나. 사전구상권 행사 불가[대법원 2009. 7. 23. 선고 2009다19802,19819 판결] 물상보증인의 구상권 요건은 보증인의 구상권과 달리 규정, 물상보증인은 사무의 처리를 위탁받은 것이 아니므로 물적 유한책임만 부담할 뿐

채무를 부담하는 것은 아닌 점, 물상보증인의 구상권 범위는 소유권을 상실한 시점에 확정되는 점을 고려할 때 원칙적으로 수탁보증인의 사전구상권에 관한 민법 제442조는 물상보증인에게 적용되지 아니하고 물상보증인은 사전구상권을 행사할 수 없다.

2. 부탁 없는 경우 : 연대채무자 '모두'를 위한 물상보증인

■ 당시 이익을 받은 한도(제444조 제1항)[대법원 1990. 11. 13. 선고 90다카26065 판결] 연대채무자 갑, 을의 채권자에 대한 채무를 담보할 목적으로 자기 소유의 부동산에 관하여 근저당권을 설정하였다가 그 실행으로 인하여 위 부동산의 소유권을 상실하게 된 물상보증인은 채무자들에 대한 구상권이 있다할 것이고, 다만 연대채무자 갑의 부탁 없이 물상보증인이 되었다면 갑은 그 당시에 이익을 받은 한도 내에서 물상보증인에게 이를 구상하여 줄 의무가 있다.

■ 제447조('어느 채무자'를 위한 보증인) 부적용-90다카26065

▸ 소멸시효 : 물상보증위탁계약의 성질과 관계없이 10년(사무관리와 유사한 일반 채권) [대법원 2001. 4. 24. 선고 2001다6237 판결] 물상보증인이 변제 등에 의하여 채무자를 면책시키는 것은 위임사무의 처리가 아니라 의무 없이 채무자를 위하여 사무를 관리한 것에 유사

제6절 연대보증

I. 대외적 효력

1. 의미 : 부종성만 인정, 보충성 부정↔보증연대, 부담부분 부존재, 수인의 연대보증인 사이에는 분별의 이익 부존재(대외적)[대법원 1993. 5. 27. 선고 93다4656 판결]

2. 연대보증인 일부보증 + 주채무자 일부변제 : 주채무자 채무 전체에 변제충당 후 남은 채무 중 보증한 범위 내에서 보증책임[대법원 2016. 8. 25. 선고 2016다2840 판결] 제1심 공동 피고1이 2011. 8. 18.부터 2013. 11. 14.까지 원고에게 22차례에 걸쳐 변제한 합계 248,500,000원은 연 18%의 비율에 의한 각 변제일까지의 이자 또는 지연손해금(➡1심 공동피고1의 차용원리금)에 우선 충당되고 나머지가 원금에 충당되는 것이지, 피고에 대한 관계에서라도 연 4% 또는 연 8%의 비율에 의한 각 변제일까지의 이자 또는 지연손해금(➡피고의 연대보증 범위)에만 우선 충당되고 나머지는 원금에 충당되는 것이 아닌데, 앞에서와 같은 방식으로 변제충당하면 2013. 11. 14. 현재 원금 162,781,434원이 남게 되므로, 결국 피고는 보증한 범위 내에서 위 변제충당 후의 남은 원금 전부와 이에 대한 연 8%의 비율에 의한 2013. 11. 15. 이후의 지연손해금에 대하여 연대 보증책임을 부담한다.

3. 연대보증인 1인에 대하여만 면제 : 주채무자에 효력 부정제419조 : 주채무자와 연대보증인 사이에는 부적용, 다른 연대보증인에 대한 효력 부정

3-1. 보증연대 특약 : 다른 보증인에 대하여도 효력

▸ 특정 연대채무자만 면제(제419조) : 임의규정[대법원 1992. 9. 25. 선고 91다37553 판결]

Ⅰ-1. 책임범위 제한

1. 원칙 : 불가[대법원 2022. 3. 17. 선고 2021다296120 판결] 물상보증으로서 근저당권설정계약과 인적보증으로서 연대보증계약은 별개의 계약], **물상보증계약의 해제 → 연대보증계약 해제**[대법원 1984. 12. 26. 선고 84다카1655 판결] 이 사건 연대보증계약이나 물상보증계약이 비록 위 소외인의 보험사고에 대한 것이고 원심 설시와 같은 경위와 사정이 있다고 하더라도 연대보증계약과 물상보증계약은 엄연히 별개의 계약으로서 법률상 부종성이 있다거나 이 두 개의 계약 사이에 그와 같은 취지의 특약이 있다면 모르되 연대보증계약과 물상보증계약 이 동일한 계약으로서 그 운명을 같이한다는 근거가 없다., [대법원 1988. 12. 6. 선고 87다카2787 판결, 대법원 1993. 7. 13. 선고 93다17980 판결]

2. 예외

가. 요건

■근저당권과 근보증이 동일한 채무를 담보 + 동시에 체결
■부종성에 관한 특약의 존재84다카1655

나. 효과

■보증책임의 범위는 근저당권의 채권최고액 또는 담보부동산의 가액범위로 제한
■근저당권 소멸시 연대보증계약도 해지[대법원 2004. 7. 9. 선고 2003다27160 판결]
■근보증의 액수 : 근저당권 채권최고액 겸 근보증의 보증한도액으로 한정[대법원 2005. 4. 29. 선고 2005다3137 판결]

Ⅱ. 대내적 효력(구상권)

1. 주채무자에 대한 구상권

가. 원칙 제441조, 일부 변제시에도 가능, 근저당권의 일부대위는 불가ᆢ 확정 필요, 특정 채권에 대한 근저당권은 대위 가능[2012 제54회 사법시험]

나. 예외 : 자신의 연대보증인도 겸한 다른 연대채무자의 연대보증인에 대해서는 불가[대법원 1992. 5. 12. 선고 91다3062 판결] 연대채무자가 수인이 있는 경우에 이들 모두를 위한 연대보증인은 보증채무의 이행으로 한 출연액 전부에 대하여 어느 연대채무자에게나 구상권을 가지는 것이므로(민법 제447조 참조), 이와 반대로 연대채무자들 중 어느 1인이 자신의 내부부담부분을 넘어 채무를 변제함으로써 채권자의 그 다른 연대채무자에 대한 원채권을 행사하는 경우에도 그 자신의 연대보증인도 겸한 다른 연대채무자의 연대보증 인에 대하여는 대위할 수 없다.

2. 연대보증인 상호간 : 내부관계에 있어서는 부담부분 존재(특약이 없으면 평등비율)

[대법원 1993. 5. 27. 선고 93다4656 판결, 대법원 2009. 6. 25. 선고 2007다70155 판결]

가. 부담부분 초과 + 공동면책 : 부담부분을 초과한 변제인지 여부는 당해 변제시를 기준2007다70155

나. 부담부분을 넘는 변제가 아닌 경우 구상 불가 → 변제자대위 불가2007다70155[11]

3. 일부보증

가. 공동면책 부분이 있는 경우 : 부담부분(특약·보증한도액의 비율) 초과 + 공동면책 → 구상 가능[대법원 2005. 3. 11. 선고 2004다42104 판결] 채무자의 채권자에 대한 별개의 각 대출금을 각각 보증한 두 개의 보증회사 중 하나인 신용보증기금이 채무자의 잔존채무를 모두 변제함으로써 채무자의 다른 보증회사에 대한 구상금채무를 보증한 연대보증인이 공동으로 면책된 경우, 신용보증기금은 연대보증인에 대하여 부기등기금액에 의한 배당금의 안분비율에 따른 자기의 부담부분을 초과하는 부분에 대하여 구상할 수 있다.

나. 공동면책 부분이 없는 경우 : 주채무 남은 한도 > 연대보증인 책임한도 → 구상 불가[대법원 2002. 3. 15. 선고 2001다59071 판결] 연대보증인 중 1인이 변제로써 주채무를 감소시켰다고 하더라도 주채무의 남은 금액이 다른 연대보증인의 책임한도를 초과하고 있다면 그 다른 연대보증인으로서는 그 한도금액 전부에 대한 보증책임이 그대로 남아 있어 위의 채무변제로써 면책된 부분이 전혀 없다고 볼 수밖에 없

---

11) 수인의 보증인이 있는 경우에는 그 사이에 분별의 이익이 있는 것이 원칙이지만, 그 수인이 연대보증인일 때에는 각자가 별개의 법률행위로 보증인이 되었고 또한 보증인 상호간에 연대의 특약(보증연대)이 없었더라도 채권자에 대하여는 분별의 이익을 갖지 못하고 각자의 채무의 전액을 변제하여야 하나, 연대보증인들 상호간의 내부관계에 있어서는 주채무에 대하여 출재를 분담하는 일정한 금액을 의미하는 부담부분이 있고, 그 부담부분의 비율, 즉 분담비율에 관하여는 그들 사이에 특약이 있으면 당연히 그에 따르되 그 특약이 없는 한 각자 평등한 비율로 부담을 지게 된다. 그러므로 연대보증인 가운데 한 사람이 자기의 부담부분을 초과하여 변제하였을 때에는 다른 연대보증인에 대하여 구상을 할 수 있는데, 다만 다른 연대보증인 가운데 이미 자기의 부담부분을 변제한 사람에 대하여는 구상을 할 수 없으므로 그를 제외하고 아직 자기의 부담부분을 변제하지 아니한 사람에 대하여만 구상권을 행사하여야 한다. 그리고 이러한 부담부분은 수인의 연대보증이 성립할 당시 주채무액에 분담비율을 적용하여 산출된 금액으로 일단 정하여지지만 그 후 주채무자의 변제 등으로 주채무가 소멸하면 부종성에 따라 각 연대보증인의 부담부분이 그 소멸액만큼 분담비율에 따라 감소하고 또한 연대보증인의 변제가 있으면 당해 연대보증인의 부담부분이 그 변제액만큼 감소하게 되므로, 자기의 부담부분을 초과한 변제를 함으로써 그 초과 변제액에 대하여 다른 연대보증인을 상대로 구상권을 행사할 수 있는 연대보증인인지 여부는 당해 변제시를 기준으로 판단하되, 구체적으로는 우선 그때까지 발생·증가하였던 주채무의 총액에 분담비율을 적용하여 당해 연대보증인의 부담부분 총액을 산출하고 그 전에 앞서 본 바와 같은 사유 등으로 감소한 그의 부담부분이 있다면 이를 위 부담부분 총액에서 공제하는 방법으로 당해 연대보증인의 부담부분을 확정한 다음 당해 변제액이 위 확정된 부담부분을 초과하는지 여부에 따라 판단하여야 하며, 한편 이미 자기의 부담부분을 변제함으로써 위와 같은 구상권 행사의 대상에서 제외되는 다른 연대보증인인지 여부도 원칙적으로 구상의 기초가 되는 변제 당시에 위와 같은 방법에 의하여 확정되는 그 연대보증인의 부담부분을 기준으로 판단하여야 한다.

고, 따라서 이러한 경우에는 채무를 변제한 위 연대보증인이 그 채무의 변제를 내세워 보증책임이 그대로 남아 있는 다른 연대보증인에게 구상권을 행사할 수는 없다.

4. 주채무자의 구상금 일부변제와 구상권

가. 주채무자의 구상채무 먼저 감소(이 부분 소멸 전 : 다른 연대보증인 구상채무 불 소멸)

나. 일부변제금액이 대위변제한 연대보증인의 부담범위를 넘는 경우 : 다른 연대보증 인의 구상채무 범위도 부담비율에 상응하여 소멸[대법원 2010. 9. 30. 선고 2009다46873 판결]

공동연대보증 중 1인이 채무 전액을 대위변제한 후 주채무자로부터 구상금의 일부를 변제받은 경우, 대위변제를 한 연대보증인은 자기의 부담 부분에 관하여는 다른 연대보증인들로부터는 구상을 받을 수 없고 오로지 주채무자로부터만 구상을 받아야 하므로 주채무자의 변제액을 자기의 부담 부분에 상응하는 주채무자의 구상채무에 먼저 충당할 정당한 이익이 있는 점, 대위변제를 한 연대보증인이 다른 연대보증인들에 대하여 각자의 부담 부분을 한도로 갖는 구상권은 주채무자의 무자력 위험을 감수하고 먼저 대위변제를 한 연대보증인의 구상권 실현을 확보하고 공동연대보증인들 간의 공평을 기하기 위하여 민법 제448조 제2항에 의하여 인정된 권리이므로, 다른 연대보증인들로서는 주채무자의 무자력시 주채무자에 대한 재구상권 행사가 곤란해질 위험이 있다는 사정을 내세워 대위변제를 한 연대보증인에 대한 구상채무의 감면을 주장하거나 이행을 거절할 수 없는 점 등을 고려하면, 주채무자의 구상금 일부 변제는 특별한 사정이 없는 한 대위변제를 한 연대보증인의 부담 부분에 상응하는 주채무자의 구상채무를 먼저 감소시키고 이 부분 구상채무가 전부 소멸되기 전까지는 다른 연대보증인들이 부담하는 구상채무의 범위에는 아무런 영향을 미치지 않는다고 보아야 한다. 그러나 주채무자의 구상금 일부 변제 금액이 대위변제를 한 연대보증인의 부담 부분을 넘는 경우에는 그 넘는 변제 금액은 주채무자의 구상채무를 감소시킴과 동시에 다른 연대보증인들의 구상채무도 각자의 부담비율에 상응하여 감소시킨다.

[2009다46873] 사례의 부담부분 판정

7,200	원고변제	[원고(신용보증), 피고1,2(연대보증) ➡ 공동연대보증 7,200] 원고 7,200 전액 변제 후 주채무자가 원고에게 구상채무 2,600 변제

2,600	주채무자
	구상채무
	일부변제
		▸ 주채무자의 구상채무 먼저 감소(2,400)
		▸ 원고 부담부분을 넘는 변제 부분(2,600 − 2,400) : 주채무자 구상채무 감소
		  와 동시에 다른 연대보증인들의 구상채무도 각자 부담비율에 상응하여 감소
		  (200 × 1/2)

2,400	연대보증 부담부분	→ 원고 구상권 : 피고들 각자에 대해 각 100씩 ⇔ [원심] : 2,400 전액에 대한 구상권 인정

5. 형식상의 주채무자에 대한 구상권 행사 : 연대보증인 · 물상보증인이 형식상의 주 채무자를 실질적 채무자로 믿고 보증 · 이행하거나 제3자에게 귀책사유가 있는 경 우[대법원 2014. 4. 30. 선고 2013다80429,80436 판결]

제7절 공동보증

Ⅰ. 대외적 효력 : 분별의 이익_{채권자에 대하여 분할채무 부담}⇔ 주채무 불가분, 연대보증, 보증연대

Ⅱ. 공동보증인 사이의 구상권

1. 분별의 이익이 있는 경우[제448조 제1항 → 제444조(부탁없는 보증인)] : 건설공제조합과 주계약 보증인[대법원 2008. 6. 19. 선고 2005다37154 전원합의체 판결]

가. 사무관리 : 부담부분₁억을 넘어 변제₁억 5천한 부분에 대하여 다른 보증인에게 구상권

나. 부담부분₁억을 초과한 금액₅천을 한도로 변제자대위(청구권 경합)

2. 분별의 이익이 없는 경우(제448조 제2항 부담부분 초과변제 필요 → 제425조 ~ 제427조) : 보증보험자와 수급인의 보증인[대법원 2012. 5. 24. 선고 2011다109586 판결]

3. 주채무자와 다른 공동보증인에 대한 구상권 : 부진정연대

4. 구상채무 연대보증인이 내부관계에서는 실질적 주채무자인 경우 : 다른 연대보증인에 대해 **구상권행사불가**[대법원 2004. 9. 24. 선고 2004다27440, 28504 판결]

차명대출에 대한 변제 후 명의대여자(형식상 채무자)에 대한 구상청구 사례

▶차명대출 + 다른 연대 · 물상보증인의 변제 + 구상금청구
◀형식상 채무자(명의대여자)

　가. 주채무자로서의 구상의무

■원칙 : ×[대법원 1999. 10. 22. 선고 98다22451 판결]

■예외 : 귀책사유 있는 경우

　나. 공동보증인으로서의 구상의무

■원칙 : ○(연대보증의사)[대법원 2002. 12. 10. 선고 2002다47631 판결]

■예외 : ×(특약, 묵시적 양해)[대법원 2008. 4. 24. 선고 2007다75648 판결]

제8절 계속적 보증

1. 요건사실 : 주채무 발생 + 보증계약 체결

2. 대항방법

가. 유효성 : 포괄근보증

나. 해지권

(1) 계속적 보증 + 부득이하게 연대보증 + 현저한 사정변경 → 보증기간이 존재해도 해지 가능[대법원 2002. 5. 31. 선고 2002다1673 판결]

▶ 퇴사 후에도 보증채무를 부담하는 특약 존재 : 해지권 부정[대법원 1990. 2. 27. 선고 89다카 1381 판결]

▶ 보증계약 해지 전 주채무 확정[계속적 거래 종료, 사전구상채무 확정(신용상태 악화)] : 해지 불가[대법원 2002. 5. 31. 선고 2002다1673 판결]

[2002다1673] 보증계약 해지 전 주채무 확정과 해지 가부

신용악화	1차부도 발생+변제	해지	2차부도 발생
사전구상권 약정사유	연대보증채무 확정 [대법원] 주채무확정〉해지	[원심] 해지〉2차부도 : 해지 적법	

▶ 확정채무 보증 : 해지권 부정[대법원 2006. 7. 4. 선고 2004다30675 판결]

▶ 해지 이전에 발생한 보증채무[대법원 1997. 11. 14. 선고 97다34808 판결]

(2) 해지 의사표시 : 서면 불필요

▶ 채권자가 퇴사사실을 인식하였다는 것만으로는 해지 불가[대법원 1996. 10. 29. 선고 95다17533 판결]

다. 책임 제한

(1) 주채무의 확정(근보증관계 종료시) · 제한

▶ 보증계약일 현재 이미 발생한 채무도 보증

▶ 합리적범위 초과, 새로운 채무가 전혀 상이한 거래에서 발생 : 보증책임 제한[대법원 1995. 9. 15. 선고 94다41485 판결]

(2) 보증기간

■ 이사의 지위로 부득이하게 + 거래시마다 : 재직 중 채무로 제한[대법원 2000. 3. 10. 선고 99다 61750 판결]

■ 채권자 + 주채무자의 거래기간 연장 : 보증기간 경과 후 채무는 책임 제한[대법원 1989. 4. 11. 선고 87다카22 판결]

▶ 자동갱신조항을 알면서도 유보없이 보증계약체결87다카22

(3) 보증한도

㈎ 주채무 거래한도액 존재 → 보증채무 한도액[대법원 2005. 4. 29. 선고 2005다3137 판결]

▶ 주채무자가 보증한도를 넘는 주채무 일부변제 : 보증한도 내에서 책임[대법원 1995. 6. 30.

선고 94다40444 판결]

(나) 연대보증 + 근저당권설정 : 원칙 → 별개

▸ 동일채무 담보 + 동시에 체결 : 보증책임의 범위 → 근저당 채권최고액/담보부동산가액 범위 내로 제한2005다3137

▸ 물상보증과 연대보증의 피담보채무 중첩성 인정·주채무 동일 : 근저당권 소멸시 연대보증계약도 해지(소급효 부정)[대법원 1997. 11. 14. 선고 97다34808 판결]

▸ 해지 이전에 발생한 보증채무97다34808 물상보증과 연대보증의 피담보채무의 중첩성이 인정될 경우, 특히 근저당권이 담보하는 피담보채무와 연대보증계약상의 주채무가 동일한 것으로 보아야 할 경우에 달리 특별한 사정이 없는 한 근저당권의 소멸과 동시에 연대보증계약도 해지되어 장래에 향하여 그 효력을 상실한다고 봄이 상당하므로 연대보증인은 위 해지 이전에 발생한 보증채무에 대하여는 연대보증계약을 해지하였다고 하더라도 면제 등의 특별한 사정이 없는 한 그 책임을 면할 수는 없다.

(4) 신의칙상 제한

■ 채권자 악의·중과실 + 보증인에게 통지 누락 + 고의로 거래 확대[대법원 2005. 10. 27. 선고 2005다35554, 35561 판결]

▸ 보증한도액이 존재하는 계속적 보증94다40444

■ 특정채무에 대해서도 책임제한[대법원 1991. 12. 24. 선고 91다9091 제1부 판결, 대법원 2004. 1. 27. 선고 2003다45410 판결]

(5) 상속성 제한

■ 보증기간, 한도액 부존재 : 상속개시 당시까지 발생된 채무만 상속[대법원 2003. 12. 26. 선고 2003다30784 판결]

■ 한도액 존재 : 상속인들이 보증인 지위 승계[대법원 1999. 6. 22. 선고 99다19322, 19339 판결, 대법원 2001. 6. 12. 선고 2000다47187 판결]

제9절 채권양도

Ⅰ. 양도대상 채권의 존재기재례 : 소외 갑이 2009. 5. 1. 피고에게 ○원을 변제기 2009. 5. 31., 이자 연 12%(약정이율 상당의 지연손해금을 구하는 경우 약정이율의 존재도 요건사실)로 정하여 대여한 사실

Ⅰ-1. 양도인건설회사의 채권도급인(피고 : 자금출자자)에 대한 공사대금채권 부존재[대법원 2009. 7. 23. 선고 2008다76426 판결]

Ⅱ. 채권양도 약정사실(선의전득자, 선의양수인 + 악의전득자)

Ⅰ-2. 양도제한

1. 성질상 제한(제449조 제1항)

▶ 이미 변제기에 도달한 이자채권 : 양도 의사표시 필요[대법원 1989. 3. 28. 선고 88다카12803 판결] 이자채권은 원본채권에 대하여 종속성을 갖고 있으나 이미 변제기에 도달한 이자채권은 원본채권과 분리하여 양도할 수 있고 원본채권과 별도로 변제할 수 있으며 시효로 인하여 소멸되기도 하는 등 어느 정도 독립성을 갖게 되는 것이므로, 원본채권이 양도된 경우 이미 변제기에 도달한 이자채권은 당연히 양도된다고 볼 수 없고 원본채권의 양도당시 이자채권에 대하여 양도한다는 의사표시가 없는 한 이자채권은 양도되지 않는다고 보아야 할 것이다.

가. 장래채권 : 특정가능성, 장래 발생가능성[대법원 2002. 11. 8. 선고 2002다7527 판결]

▶ 매매대금 반환채권 : 단기간 내 대금지급 + 계약완료 → 발생가능성이 낮음
▶ 장기간에 걸친 매매계약의 매매대금 반환채권[대법원 1997. 7. 25. 선고 95다21624 판결] 단기간 내에 대금이 지급되고 계약관계가 종료되는 통상의 매매계약과는 달리, 이 사건과 같은 공장용지 매매계약의 경우 매매대금이 다액에 이르고 그 대금 또한 주로 은행 등 금융기관의 대출에 의존하여 장기간에 걸쳐 지급되는 관계로, 매매계약 후 공장용지를 취득하기까지의 사이에 자금사정의 악화로 기업이 도산하는 등으로 인하여 계약이 중도에 해제되는 사례가 적지 아니한 점 등에 비추어 볼 때, 소외 회사의 거래 은행인 소외 은행으로서는 위 채권양도 당시 이미 자금사정이 악화된 소외 회사의 부도 가능성과 아울러 소외 회사가 더 이상 매매대금을 지급할 수 없게 됨으로써 피고가 소외 회사와의 매매계약을 해제하고 그로 인하여 멀지 아니한 장래에 소외 회사의 피고에 대한 매매대금 반환채권이 발생할 것임을 상당 정도 예상할 수 있었던 것으로 볼 여지가 있다.

나. 전세금반환채권의 분리양도

(1) 전세권 존속 중 ➡ 전세권 : 용익물권 + 담보물권

(가) 원칙

① 분리양도 불가 : 전세금은 전세권 성립요소이므로 전세권과 분리 불가 → 묵시적 갱신으로 전세권이 소멸되지 않은 경우 전세금반환채권의 양도는 무효[대법원 2002. 8. 23. 선고 2001다69122 판결]

② 임차보증금반환채권 담보를 위한 전세권에도 적용 : 전세권이 설정된 사실을 알면서도 임차보증금반환채권을 전세권과 분리하여 확정적으로 양도받은 경우 채권양도는 무효[대법원 2018. 7. 20. 선고 2014다83937 판결] 전세권은 전세금을 지급하고 타인의 부동산을 그 용도에 따라 사용·수익하는 권리로서 전세금의 지급이 없으면 전세권은 성립하지 아니하는 등으로 전세금은 전세권과 분리될 수 없는 요소일 뿐 아니라 전세권에서는 그 설정행위에서 금지하지 아니하는 한 전세권자는 전세권 자체를 처분하여 전세금으로 지출한 자본을 회수할 수 있으므로, 전세권이 존속하는 동안은 전세권을 존속시키기로 하면서 전세금반환채권만을 전세권과 분리하여 확정적으로 양도하는 것은 허용되지 아니한다. 한편 임대인과 임차인이 임대차계약을 체결하면서 임차보증금을 전세금으로 하는 전세권설정등기를 경료한 경우 임차보증금은 전세금의 성질을 겸하게 되므로, 앞서 본 법리는 임차보증금반환채권을 담보하기 위하여 설정된 전세권에 관하여도 그대로 적용된다.

(나) 예외

① 장래 전세권 소멸시 발생하는 조건부 채권으로 양도[대법원 2002. 8. 23. 선고 2001다69122 판결]

② 전세권을 소멸시키기로 합의하고 임차보증금반환채권 양수[대법원 2018. 7. 20. 선고 2014다83937 판결]

(2) 존속기간 만료, 전세계약 합의해지 ➡ 전세권 : 담보물권

(가) 원칙 : 분리양도 불가[대법원 1997. 11. 25. 선고 97다29790 판결] 담보물권의 부종성, 수반성 위반

(나) 예외 : 담보물권의 처분이 따르지 않는 특별한 사정(당사자의 약정에 의하여 전세권의 처분이 따르지 않는 전세금반환채권만의 분리양도) → 무담보의 채권양도, 담보물권(전세권)은 소멸[대법원 1999. 2. 5. 선고 97다33997 판결] 전세권설정계약 합의해지 후 근로자 대표자에게 전세금반환채권 양도 + 통지 → 전세권 소멸, 전세권에 대한 가압류는 효력 부정, 전세권의 가압류권자는 말소등기절차에 대한 승낙의무, [97다29790] 전세권이 담보물권적 성격도 가지는 이상 부종성과 수반성이 있는 것이므로 전세권을 그 담보하는 전세금반환채권과 분리하여 양도하는 것은 허용되지 않는다고 할 것이나, 한편 담보물권의 수반성이란 피담보채권의 처분이 있으면 언제나 담보물권도 함께 처분된다는 것이 아니라, 채권 담보라고 하는 담보물권 제도의 존재 목적에 비추어 볼 때 특별한 사정이 없는 한 피담보채권의 처분에는 담보물권의 처분도 포함된다고 보는 것이 합리적이라는 것일 뿐이므로, 전세권이 존속기간의 만료로 소멸한 경우이거나 전세계약의 합의해지 또는 당사자 간의 특약에 의하여 전세권반환채권의 처분에도 불구하고, 전세권의 처분이 따르지 않는 경우 등의 특별한 사정이 있는 때에는 채권양수인은 담보물권이 없는 무담보의 채권을 양수한 것이 된다.

다. 전세권 양도

(1) 존속기간 중

(가) 전세금은 전세권의 성립요소(제302조) → 전세권 양수인에게 전세금반환채권 귀속

(나) 용익물권적 성격 : 존속기간 중 전세권에 대한 저당권은 용익물권을 목적으로 하는 저당권 → 피담보채권의 변제기 도래시 전세권 자체를 경매

(2) 존속기간 경과

(가) 담보물권적 권능만 → 피담보채권과 함께 양도 : 부기등기 + 채권양도 대항요건 필요[대법원 2005. 3. 25. 선고 2003다35659 판결]

(나) 전세권의 용익물권적 권능 소멸, 말소등기 없이도 당연 소멸, 전세권을 목적으로 하는 저당권도 당연 소멸[대법원 1999. 9. 17. 선고 98다31301 판결] 전세권이 기간만료로 종료된 경우 전세권은 전세권설정등기의 말소등기 없이도 당연히 소멸하고, 저당권의 목적인 전세권이 소멸하면 저당권도 당연히 소멸하는 것이므로 전세권을 목적으로 한 저당권자는 전세권의 목적물인 부동산의 소유자에게 더 이상 저당권을 주장할 수 없다.

(다) 전세권 자체에 대한 저당권 실행 불가 → 전세금반환채권에 대하여 압류·추심 또는 전부명령 ➡ 담보권의 존재를 증명하는 서류를 집행법원에 제출을 받거나 제3자가 실시한 강제집행절차에서 배당요구[대법원 1995. 9. 18.자 95마684 결정, 대법원 1994. 11. 22. 선고 94다25728 판결, 98다31301]

라. 임대차보증금반환채권 : 반환채권의 존재, 양수사실, 대항요건 구비사실

(1) 발생의 기초 특정(기한부 채권), 임차인의 투하자본 활용, 임차보증금 액수의 불확정은 양수인 감수 : 양도 가능[대법원 1998. 7. 14. 선고 96다17202 판결]

(2) 임차권 양도가 금지되어도 임대차보증금반환채권은 양도 가능[대법원 1993. 6. 25. 선고 93다13131 판결] 통지·승낙 의무 존재

[93다13131] 임대차보증금반환채권의 양도에 제567조가 적용되어 양도인의 과실이 없어도 손해배상책임 인정

‣ 양수인 → 양도인 : 손해배상청구(임대차보증금 상당액)
‣ 임차권 양도금지 규정의 존재(보증금반환채권도 양도금지) 주장
‣ 임차권 양도금지로 임차보증금반환채권 양도까지 금지되지는 않음, 양도인은 임대인에게 통지하거나 승낙을 받아줄 의무○
‣ 이행불능에 귀책사유 없음최초 임차인의 채권자들의 가압류가 이행불능의 원인 항변 : 불가(담보책임 : 무과실책임)

마. 가압류된 채권

(1) 대항요건을 갖추지 않은 채권양도 후 가압류가 이루어진 경우[대법원 2002. 4. 26. 선고 2001다59033 판결]

(가) **양수인 : 가압류에 의하여 제한받은 채권양수**채권양도는 구 채권자인 양도인과 신 채권자인 양수인 사이에 채권을 그 동일성을 유지하면서 전자로부터 후자에게로 이전시킬 것을 목적으로 하는 계약을 말한다 할 것이고, 채권양도에 의하여 채권은 그 동일성을 잃지 않고 양도인으로부터 양수인에게 이전된다 할 것이며, 가압류된 채권도 이를 양도하는데 아무런 제한이 없다 할 것이나, 다만 가압류된 채권을 양수받은 양수인은 그러한 가압류에 의하여 권리가 제한된 상태의 채권을 양수받는다고 보아야 할 것이고, 이는 채권을 양도받았으나 확정일자 있는 양도통지나 승낙에 의한 대항요건을 갖추지 아니하는 사이에 양도된 채권이 가압류된 경우에도 동일하다.

(나) **채무자 : 집행공탁 가능**

(다) **가압류채권자 본안승소시 : 채권양도 무효, 집행공탁 채무자는 양수인 강제집행시 청구이의 가능**피고가 소외1의 원고에 대한 보증금채권의 일부를 양도받았으나 확정일자 있는 양도통지 또는 승낙에 의한 대항요건을 갖추지 아니하는 사이에 인동금고 등이 위 보증금채권 전부를 가압류하였으므로 피고는 위 가압류에 의하여 제한받은 상태의 채권을 양도받게 되었다 할 것이고, 이는 피고가 원고를 상대로 위 양수금의 지급을 명하는 판결을 받았다고 하여 달리 볼 수 없다 할 것이며, 그 후 인동금고가 소외1에 대한 채무명의에 기하여 가압류를 본압류로 전이하는 압류 및 추심명령을 받았고, 나아가 원고가 채권가압류의 중복 등을 이유로 하는 집행공탁을 한 결과 그 공탁금이 가압류채권자들에게 배당되기까지 하였으므로 이로써 피고에 대한 채권양도는 확정적으로 효력을 잃게 되었다 할 것이고, 따라서 원고는 이를 이유로 피고에 대하여 위 확정판결에 의한 강제집행의 배제를 구할 수 있다.

(2) 가압류 후 채권양도 + 통지

⑺ 양수인 : 가압류에 의하여 권리가 제한된 상태의 채권을 양수[대법원 2000. 4. 11. 선고 99다23888 판결] 일반적으로 채권에 대한 가압류가 있더라도 이는 가압류채무자가 제3채무자로부터 현실로 급부를 추심하는 것만을 금지하는 것이므로 가압류채무자는 제3채무자를 상대로 그 이행을 구하는 소송을 제기 가능. [2001다 59033] 채무자로서는 제3채무자에 대한 그의 채권이 가압류되어 있다 하더라도 채무명의를 취득할 필요가 있고, 시효를 중단할 필요도 있는 경우도 있을 것이며 또한 소송 계속 중에 가압류가 행하여진 경우에 이를 이유로 청구 가 배척된다면 장차 가압류가 취소된 후 다시 소를 제기하여야 하는 불편함이 있는데 반하여 제3채무자로서는 이 행을 명하는 판결이 있더라도 집행단계에서 이를 저지하면 될 것이기 때문

⑼ 제3채무자 : 집행공탁 가능(민사집행법 제248조 제1항)

바. 매매에 기한 소유권이전등기청구권 : 이행에 신뢰관계 → 채무자 동의 필요(성질 상 양도 제한)[대법원 2001. 10. 9. 선고 2000다51216 판결]

사. 재산분할청구권의 양도 : 장래채권양도법리 부적용 → 이혼 + 재산분할에 의한 금 전지급 판결확정 이후 양도 가능[대법원 2017. 9. 21. 선고 2015다61286 판결] 이혼으로 인한 재산분 할청구권은 이혼을 한 당사자의 일방이 다른 일방에 대하여 재산분할을 청구할 수 있는 권리로서, 이혼이 성립한 때에 법적 효과로서 비로소 발생하며, 또한 협의 또는 심판에 의하여 구체적 내용이 형성되기 전까지는 범위 및 내용이 불명확·불확정하기 때문

2. 양도금지 특약(제449조 제2항 본문) : 의사표시에 의한 제한

가. 양도금지 특약의 존재

나. 양수인인 원고의 악의·중과실은행거래 경험 있는 자의 예금채권 양수

▶ 선의(제449조 제2항 단서)[대법원 2003. 12. 12. 선고 2003다44370 판결] : 재항변이 아니라 부인, 피고가 원고의 악의·중과실까지 입증하여야 함[대법원 2019. 12. 19. 선고 2016다24284 전원합의체 판결], [사법연수원 요건사실론 사례연구 4] 원고가 위 양도금지특약의 존재를 알았거나 이를 알지 못한 데 대하여 중 과실이 있었다는 점에 대한 아무런 주장, 증명이 없는 이상 위 양도금지특약의 존재가 인정된다 하더라도 이를 들어 원고에게 대항할 수 없으므로, 위 항변은 이유 없다.

▶ 양도금지 특약이 기재된 채권증서의 존재만으로 곧바로 특약의 존재에 관한 양수인의 악의·중과실 추단 불가[대법원 2000. 4. 25. 선고 99다67482 판결] 양도금지 특약이 기재된 채권증서가 양 수인에게 수수되어 양수인이 그 특약의 존재를 알 수 있는 상태 + 특약이 쉽게 눈에 띄는 곳에 알아보기 좋은 형태 로 기재되어 간단한 검토만으로 쉽게 그 존재와 내용을 알아차릴 수 있었다는 사정이 있으면 중과실 인정

▶ 악의 양수인으로부터의 선의 전득자[대법원 2015. 4. 9. 선고 2012다118020 판결] 민법 제449조 제2항 단서는 채권양도금지 특약으로써 대항할 수 없는 자를 '선의의 제3자'라고만 규정하고 있어 채권자로부터 직접 양수 한 자만을 가리키는 것으로 해석할 이유는 없으므로, 악의의 양수인으로부터 다시 선의로 양수한 전득자도 위 조항

에서의 선의의 제3자에 해당한다.

▶ 선의 양수인으로부터의 전득자 : 선·악 불문[대법원 2015. 4. 9. 선고 2012다118020 판결] 선의의 양수인을 보호하고자 하는 위 조항의 입법 취지에 비추어 볼 때, 이러한 선의의 양수인으로부터 다시 채권을 양수한 전득자는 선의·악의를 불문하고 채권을 유효하게 취득한다.

▶ 채무자의 승낙 : 무효인 채권양도의 추인 → 승낙시부터 양도의 효과[대법원 2000. 4. 7. 선고 99다52817 판결] 당사자의 양도금지의 의사표시로써 채권은 양도성을 상실하며 양도금지의 특약에 위반해서 채권을 제3자에게 양도한 경우에 악의 또는 중과실의 채권양수인에 대하여는 채권 이전의 효과가 생기지 아니하나, 악의 또는 중과실로 채권양수를 받은 후 채무자가 그 양도에 대하여 승낙을 한 때에는 채무자의 사후승낙에 의하여 무효인 채권양도행위가 추인되어 유효하게 되며 이 경우 다른 약정이 없는 한 소급효가 인정되지 않고 양도의 효과는 승낙시부터 발생한다.

▶ 압류·전부채권자(선·악 불문 전부명령 유효[대법원 1976. 10. 29. 선고 76다1623 판결])로부터의 양수인 : 선·악 불문[대법원 2003. 12. 11. 선고 2001다3771 판결]

3. 법률에 의한 양도금지

가. 양도금지 ↔ 압류금지 ⇔ 압류금지 → 양도금지

▶ 압류금지 채권 → 양도·대위 가능근로복지공단 : 피고동부화재 → 압류금지 채권을 수동채권으로 하는 상계 불가[대법원 2009. 12. 10. 선고 2007다30171 판결] 양도 또는 대위되는 채권이 원래 압류가 금지되는 것이었던 경우에는, 처음부터 이를 수동채권으로 한 상계로 채권자에게 대항하지 못하던 것이어서 그 채권의 존재가 채무자의 자동채권에 대한 담보로서 기능할 여지가 없고 따라서 그 담보적 기능에 대한 채무자의 합리적 기대가 있다고도 할 수 없으므로, 그 채권이 양도되거나 대위의 요건이 구비된 이후에 있어서도 여전히 이를 수동채권으로 한 상계로써 채권양수인 또는 대위채권자에게 대항할 수 없다.

나. 임차권 양도금지(법률) ↔ 보증금 반환채권양도는 가능93다13131

다. 임금채권 : 양도는 가능하나, 임금직접지급의 원칙이 적용되어 양수인의 사용자에 대한 임금청구는 불가[대법원 1988. 12. 13. 선고 87다카2803 전원합의체 판결]

라. 조합원 전원의 동의 없는 조합채권 양도(제272조 vs 제706조 제2항) : 불가

▶ 조합재산의 처분·변경 : 조합의 특별사무에 대한 업무집행 → 제706조 제2항 적용[대법원 1998. 3. 13. 선고 95다30345 판결, 대법원 2000. 10. 10. 선고 2000다28506,28513 판결] 과반수 동의는 있으나 전원 동의는 없는 경우 : 유효

▶ 특약 : 전원동의 약정, 조합원총회 결의 필요[대법원 2000. 10. 10. 선고 2000다28506,28513 판결]

▶ 청산절차를 마치지 않은 조합채권을 동의 없이 양도[대법원 1992. 10. 9. 선고 92다28075 판결]

마. 채권양도 대항요건 + 저당권 이전의 부기등기(양도인 + 양수인) : 물상보증인의

동의 불필요[대법원 2005. 6. 10. 선고 2002다15412, 15429 판결] 저당권은 피담보채권과 분리하여 양도하지 못하는 것이어서 저당권부 채권의 양도는 언제나 저당권의 양도와 채권양도가 결합되어 행해지므로 저당권부 채권의 양도는 민법 제186조의 부동산물권변동에 관한 규정과 민법 제449조 내지 제452조의 채권양도에 관한 규정에 의해 규율되므로 저당권의 양도에 있어서도 물권변동의 일반원칙에 따라 저당권을 이전할 것을 목적으로 하는 물권적 합의와 등기가 있어야 저당권이 이전된다고 할 것이나, 이때의 물권적 합의는 저당권의 양도·양수받는 당사자 사이에 있으면 족하고 그 외에 그 채무자나 물상보증인 사이에까지 있어야 하는 것은 아니라 할 것이고, 단지 채무자에게 채권양도의 통지나 이에 대한 채무자의 승낙이 있으면 채권양도를 가지고 채무자에게 대항할 수 있게 되는 것이다.

Ⅲ. 대항요건

1. 채무자에 대한 통지·승낙(제450조 제1항)

■ 임의규정 : 통지·승낙 이의를 미리 포기 → 통지·승낙 항변 불가[대법원 1987. 3. 24. 선고 86다카908 판결]

■ 확정일자 있는 문서에 의하였다는 것은 채무자에 대한 양수금청구의 요건사실이 아님
   채무자에 대한 대항요건은 통지 또는 승낙으로 충분하므로(제450조 제1항)

가. 통지[대법원 2012. 3. 22. 선고 2010다28840 전원합의체 판결] 채권양도의 통지는 그 양도인이 채권이 양도되었다는 사실을 채무자에게 알리는 것에 그치는 행위이므로, 그것만으로 제척기간의 준수에 필요한 권리의 재판외 행사에 해당한다고 할 수 없다. 따라서 집합건물인 아파트의 입주자대표회의가 스스로 하자담보추급에 의한 손해배상청구권을 가짐을 전제로 하여 직접 아파트의 분양자를 상대로 손해배상청구 소송을 제기하였다가, 그 소송 계속 중에 정당한 권리자인 구분소유자들로부터 그 손해배상채권을 양도받고 분양자에게 그 통지가 마쳐진 후 그에 따라 소를 변경한 경우에는, 그 채권양도통지에 채권양도의 사실을 알리는 것 외에 그 이행을 청구하는 뜻이 별도로 덧붙여지거나 그 밖에 구분소유자들이 재판 외에서 그 권리를 행사하였다는 등의 특별한 사정이 없는 한, 위 손해배상청구권은 입주자대표회의가 위와 같이 소를 변경한 시점에 비로소 행사된 것으로 보아야 할 것이다.

(1) 주체 : 대위 불가양도인의 권리가 아니므로(사법연수원 기록 62-9 해설), 사자·대리는 가능(제115조 단서)[대법원 2004. 2. 13. 선고 2003다43490 판결]

▶ 통지권한의 위임 불가 : 대리통지 불가[대법원 2008. 2. 14. 선고 2007다77569 판결]

▶ 양수인이 발신 : 양수인이 당사자로서 통지 → 대리의사 추단 불가[대법원 2011. 2. 24. 선고 2010다96911 판결] 채권양도의 합의가 포함된 문서를 작성하여 양수인에게 교부하였다는 것만으로 채권양도의 통지까지 대리할 권한을 수여하였다고 볼 수 없음

▶ 제115조 단서 : 채무자의 입장에서 양수인이 양도인으로부터 양도통지의 권한을 위임받았음을 알 수 있는 사정의 존재[대법원 2004. 2. 13. 선고 2003다43490 판결]

(2) 시기

㈎ 원칙 : 사전통지 불가[대법원 2000. 4. 11. 선고 2000다2627 판결]

① 임대차보증금반환채권 담보제공 동의 요청 : 채권양도통지로 볼 수 없음

② 대출전 담보목적으로 보증금반환채권 양도 통지 : 사전통지2000다2627

㈏ 예외 : 채무자의 지위를 불안정하게 하지 않는 경우(확정일자 있는 통지 + 승낙 후 양도계약 : 양도계약일에 대항력 발생)[대법원 2010. 2. 11. 선고 2009다90740 판결] 채권양도가 있기 전에 미리 하는 채권양도통지는 채무자로 하여금 양도의 시기를 확정할 수 없는 불안한 상태에 있게 하는 결과가 되어 원칙으로 허용될 수 없다 할 것이지만 이는 채무자를 보호하기 위하여 요구되는 것이므로 사전통지가 있더라도 채무자에게 법적으로 아무런 불안정한 상황이 발생하지 않는 경우에까지 그 효력을 부인할 것은 아니라 할 것이다.→ 채권양도인인 (주)삼영기공의 2003. 4. 22.자 확정일자부 채권양도통지와 채무자인 롯데건설(주)의 2003. 4. 22.자 확정일자부 채권양도승낙이 모두 있었고 그 직후인 2003. 5. 6. (주)삼영기공이 피고에게 이 사건 공사대금채권을 양도하였으므로, 채무자인 롯데건설(주)로 하여금 양도의 시기를 확정할 수 없는 불안한 상태에 있게 하는 결과가 발생할 우려가 없었고, 따라서 실제로 채권양도계약이 체결된 2003. 5. 6. 이 사건 공사대금채권 양도의 제3자에 대한 대항력이 발생하였다.

1-1. 통지받은 때 · 승낙시(이의를 보류한 경우, 보류하지 않았어도 양수인에게 악의 · 중과실 있는 경우)까지 생긴 사유(제451조 제2항)

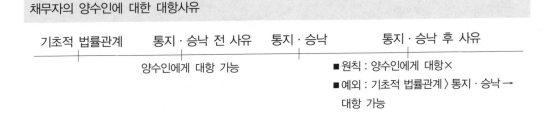

채무자의 양수인에 대한 대항사유

기초적 법률관계	통지 · 승낙 전 사유	통지 · 승낙	통지 · 승낙 후 사유
	양수인에게 대항 가능		■원칙 : 양수인에게 대항× ■예외 : 기초적 법률관계〉통지 · 승낙 → 대항 가능

가. 양도 통지 전 변제충당 : 변제 사실 + 변제시점이 채권양도 통지를 받기 전인 사실[사법연수원 요건사실론 사례연습4]

▶이자와 지연손해금에 충당하기로 합의한 사실 : 재항변이 아니라 합의충당에 대한 부인

▶통지 후 사유 : 양수인에게 대항 불가(보증금반환채권 양도통지 후 임대차 갱신 · 묵시적 갱신)[대법원 1989. 4. 25. 선고 88다카4253,4260 판결]

▶기초적 법률관계가 채권양도 통지 전에 발생(임대차계약 → 보증금반환채권양도 → 기간만료 → 양수인 보증금청구) : 임대인의 목적물반환 동시이행항변(양수인에 대하여) 가능[대법원 1989. 4. 25. 선고 88다카4253,4260 판결] ➡상환이행판결 : 채무자임대인는 임차인으로부터 건물을 인도받음과 동시에 양수인에게 보증금을 지급하라.

나. 통지 후 해제 가능[대법원 1996. 4. 12. 선고 95다49882 판결] 양수인 : 해제의 제3자 부정, 계약 자체에 내재하는 고유한 위험

다. 통지 후 합의해제

■ 제548조 제2항 제3자 부정[대법원 1996. 4. 12. 선고 95다49882 판결] 아파트 분양신청권이 전전매매된 후 최초의 매매 당사자가 계약을 합의해제한 경우, 그 분양신청권을 전전매수한 자는 설사 그가 백지 매도증서, 위임장 등 제반 서류를 소지하고 있다 하더라도 완전한 권리를 취득한 것이라고 할 수 없고, 또한 매매계약을 합의해제한 다음 이를 회수하지 아니하였다고 하여 그에 대하여 매매계약의 해제를 주장할 수 없는 것은 아니다.

■ 제451조 제2항 관련 판례는 없음

라. 상계 : 통지 전 자동채권 발생 + 변제기, 통지 전 기초관계 필요

▶ 통지 후 발생 : 변제기가 앞서도 불가(자동채권 변제기 > 전부명령)

자동채권 발생 시기	변제기		양수인에 대항(상계)	예외
	통지·승낙 전	통지·승낙 후		
통지·승낙 전 발생 (자동채권 발생 > 양도 통지)	상계 가능 (통지 전 사유)	자동채권 > 수동채권	○[대법원 2019. 6. 27. 선고 2017다222962 판결]	
		수동채권 > 자동채권	○ [대법원 1999. 8. 20. 선고 99다18039 판결] 채권양도에 있어서 채무자가 양도인에게 이의를 보류하지 아니하고 승낙을 하였다는 사정이 없거나 또는 이의를 보류하지 아니하고 승낙을 하였더라도 양수인이 악의 또는 중과실의 경우에 해당하는 한, 채무자의 승낙 당시까지 양도인에 대하여 생긴 사유로써 양수인에게 대항할 수 있다고 할 것인데, 승낙 당시 이미 상계를 할 수 있는 원인이 있었던 경우에는 아직 상계적상에 있지 아니하였다 하더라도 그 후에 상계적상이 생기면 채무자는 양수인에 대하여 상계로 대항할 수 있다.	
통지·승낙 후 발생 (양도통지 >		자동채권 > 수동채권	×(통지 후 사유) [대법원 1984. 9. 11. 선고 83다카2288 판결]	○(자동채권 성립의 기초가 통지 전)

| 자동채권
발생) | | 수동채권>
자동채권 | ×(통지 후 사유) | ○(성립의 기초가
통지 전 + 동시이
행관계)[12] |

[대법원 1999. 8. 20. 선고 99다18039 판결] 이의보류 없는 승낙이라도 악의의 양수인에게 대항 가능

임대차계약	임대차 해지 + 원고 : 목적물 인도 이행		원고 보증금반환청구
계약당사자(임차인) : 원고+소외1	피고 : 보증의무 이행		피고 상계항변 : 소외1에 대한
원고 : 소외1로부터 보증금반환채권양수	소외1에 대한 구상권		채권으로 원고에 대항
피고 : 이의보류 승낙 또는 양수인(원고) 악의			

1-2. 양도통지와 금반언(제452조 제1항)

	채권자	양수인 : 통지의무	채무자 : 양수인에 대한 이행거절	채무자 : 양수인에 대한 변제
무효	양도인	×	가능	선의변제시 양도인에 대항(제452 조 제1항)

---

12) [대법원 2015. 4. 9. 선고 2014다80945 판결] 채권양도에 의하여 채권은 그 동일성을 유지하면서 양수인에게 이전되고, 채무자는 양도통지를 받은 때까지 양도인에 대하여 생긴 사유로써 양수인에게 대항할 수 있다(민법 제451조 제2항). 따라서 채무자의 채권양도인에 대한 자동채권이 발생하는 기초가 되는 원인이 양도 전에 이미 성립하여 존재하고 그 자동채권이 수동채권인 양도채권과 동시이행의 관계에 있는 경우에는, 양도통지가 채무자에게 도달하여 채권양도의 대항요건이 갖추어진 후에 자동채권이 발생하였다고 하더라도 채무자는 동시이행의 항변권을 주장할 수 있고, 따라서 그 채권에 의한 상계로 양수인에게 대항할 수 있다. 원심은 판시와 같은 이유로, (1) 이 사건 하도급계약 제11조 및 제19조에서 하자보수보증금을 준공 시 등이나 계약 해지 시의 기성 공사대금과 공제·상계할 수 있도록 정한 사실 등에 의하여, 아이엠콘스 주식회사의 피고에 대한 하자보수보증금 지급의무와 피고의 아이엠콘스 주식회사에 대한 공사대금 지급의무는 동시이행의 관계에 있다고 인정하고, 나아가 (2) 아이엠콘스 주식회사가 원고에게 공사대금 채권을 양도하고 그 양도통지를 한 후에 비로소 피고의 아이엠콘스 주식회사에 대한 하자보수보증금 채권이 발생하였다 하더라도, 채무자인 피고로서는 위 하자보수보증금 채권을 들어 양수인인 원고의 공사대금 지급 청구에 대하여 동시이행의 항변권을 행사할 수 있고 이를 자동채권으로 하여 원고의 공사대금 지급 청구에 대하여 상계로 대항할 수 있다고 판단하였다. 원심판결 이유를 적법하게 채택된 증거들에 비추어 살펴보면, 원심의 판단은 앞서 본 법리에 기초한 것으로서, 거기에 상고이유 주장과 같이 상계적상, 채권양도 통지 후에 발생한 자동채권과 동시이행관계에 있는 수동채권과의 상계, 처분문서의 해석 등에 관한 법리를 오해하거나 이유를 제대로 밝히지 아니하는 등의 사유로 판결에 영향을 미친 위법이 없다.

| 취소
해제
합의해제 | 양수인 | ○ | ■ 양수인 통지 전 : 불가∵
　채권자 : 양수인
■ 양도인의 양도통지 철회
　: 양수인 동의 필요(제
　452조 제2항)
■ 양수인 부동의 → 양수인
　: 채무자에게 이행청구
　가능, 채무자 : 양도인에
　대한 변제로 대항 불가
　[대법원 1978. 6. 13. 선고 78
　다468 판결], 양도인은 채
　무자에게 대항 불가[대법
　원 1993. 7. 13. 선고 92다
　4178 판결] | ■ 양수인 통지 전 : 유효(선악 불
　문, 제451조 제2항)
■ 양수인 통지 전 양수인에 대한
　반대채권을 가진 선의채무자 →
　통지 후에도 상계, 양도인에 대
　항 가능[대법원 2012. 11. 29. 선고
　2011다17953 판결] 민법 제452조는 채
　권양도가 해제 또는 합의해제되어 소급
　적으로 무효가 되는 경우에도 유추적용
　할 수 있다고 할 것이므로, 지명채권의
　양도통지를 한 후 양도계약이 해제 또
　는 합의해제된 경우에 채권양도인이 해
　제 등을 이유로 다시 원래의 채무자에
　대하여 양도채권으로 대항하려면 채권
　양도인이 채권양수인의 동의를 받거나
　채권양수인이 채무자에게 위와 같은 해
　제 등 사실을 통지하여야 한다. 이 경우
　위와 같은 대항요건이 갖추어질 때까지
　양도계약의 해제 등을 알지 못한 선의
　인 채무자는 해제 등의 통지가 있은 다
　음에도 채권양수인에 대한 반대채권에
　의한 상계로써 채권양도인에게 대항할
　수 있다. |
| | | | ■ 양수인 통지 후 : 이행거
　절 가능∵ 채권자 : 양도인 | 양수인 통지 후 : 무효 |

나. 승낙

(1) 성질 : 채권양도 사실을 인식하였다는 관념의 통지 → 채권압류 확인서라는 형식의 확인서 발급행위도 채권양도에 대한 인식을 표명하고 있으므로 승낙에 해당[대법원 2019. 6. 27. 선고 2017다222962 판결]

(2) 상대방 : 양도인, 양수인[대법원 2011. 6. 30. 선고 2011다8614 판결]

(3) 이의보류 승낙, 조건부 승낙 가능[대법원 1989. 7. 11. 선고 88다카20866 판결]

(3)-1. 채무자 : 해제조건의 성취[대법원 2011. 6. 30. 선고 2011다8614 판결], 정지조건의 불성취 사실로 대항 가능[대법원 2014. 11. 13. 선고 2012다52526 판결]

(4) 사전승낙 가능[대법원 1987. 3. 24. 선고 86다카908 판결]

(4)-1. 승낙 대상 채권의 불특정 항변[대법원 1999. 3. 26. 선고 97다30622 판결]

(5) 사후승낙 : 무효인 채권양도양수인 악의·중과실 추인 → 양도의 효과는 승낙시부터 발생

　⇔ [비교] 무권대리행위에 대한 추인 : 소급효(제133조 본문)

나−1. 이의보류[2017다222962] 양수인으로 하여금 양도된 채권에 대하여 대항사유가 없을 것을 신뢰하게 할 정도에 이르렀는지를 감안하여 판단(∵ 이의를 보류하지 않은 승낙으로 인하여 채무자가 양도인에 대하여 갖는 대항사유가 단절되므로), [대법원 1997. 5. 30. 선고 96다22648 판결] 은행 지점장 대리가 승낙서를 교부한 경우 은행은 질권자에게 대항 불가

나−1−1. 이의 무보류양수인 증명[+ 양수인 선의·무중과실채무자가 양수인의 악의·중과실 증명 (4294민상1296)] → 항변 상실(제451조) → 양수인에게 주장 불가[대법원 2002. 3. 29. 선고 2000다13887 판결]

(1) 취지 : 양수인의 신뢰보호, 양도인에 대한 항변 단절효 수반 → 통지에 의한 대항요건 발생 후에도 이의무보류 승낙이 있었는지는 독자적 의미 존재[민법판례연구Ⅲ 148, 149]

(2) 통지와의 관계 : 양도인의 통지에 의한 대항요건을 갖춘 후에도 이의 무보류 승낙이 있었는지는 독자적인 법적의미 존재 ∵ 이의 무보류 승낙은 양도인에 대한 항변을 단절시키는 법적 효과를 야기하므로

(3) 증명책임 : 이의를 보류하지 않은 승낙이라는 점에 대하여는 양수인이 증명책임

(4) 상실의 효과

㈎ 채권의 성립, 존속, 행사를 저지·배척하는 사유, 채권 소멸(변제, 상계 등) 항변사유 : 양수인에게 주장 불가 ⇔ 제3자에 대한 대항요건이 채권의 존재를 전제로 하는 것과는 다름에 주의

㈏ 채권귀속이미 타인에게 양도의 항변 : 가능

① 이유 : 채권의 귀속은 오로지 확정일자 있는 증서에 의한 통지 또는 승낙의 유무와 그 선후로써만 그 우열이 결정되기 때문에, 채권의 귀속사실채권이 이미 타인에게 양도되었다는 사실은 항변권이 상실되는 '채권의 성립, 존속, 행사를 저지·배척하는 사유'에 포함되지 않음[대법원 1994. 4. 29. 선고 93다35551 판결] 민법은 채권의 귀속에 관한 우열을 오로지 확정일자 있는 증서에 의한 통지 또는 승낙의 유무와 그 선후로써만 결정하도록 규정하고 있는 데다가, 채무자의 "이의를 보류하지 아니한 승낙"은 위 규정 자체로 보더라도 그의 양도인에 대한 항변을 상실시키는 효과밖에 없고, 채권에 관하여 권리를 주장하는 자가 여럿인 경우 그들 사이의 우열은 채무자에게도 효력이 미치므로, 위 "양도인에게 대항할 수 있는 사유"란 채권의 성립, 존속, 행사를 저지·배척하는 사유를 가리킬 뿐이고, 채권의 귀속은 이에 포함되지 아니한다.

② 요건사실

㉠ 채권양도인이 제3자에게 채권을 양도한 사실

㉡ 채권양도인이 채무자에게 확정일자 있는 증서에 의한 양도통지를 한 사실

㉢ 그 양도통지가 채권양수인의 양수금 청구의 전제가 된 확정일자 있는 증서에 의한 채권양도통지의 도달이나 채무자의 승낙 이전에 채무자에게 도달한 사실

1. 양도인(소외1) → 피고 : 임대차보증금 2,500
2. 다른 채권

　① 소외2 : 90.3.31. 채권양도 1,000 확정일자○ ➡피고 : 채권귀속 항변 가능

　⇔ 원고 : 피고가 이의보류 없이 승낙하였다는 주장 불가 이의를 보류하지 않은 승낙이 있었다는 사실이 주장·증명되더라도 채무자는 선행 채권양도의 항변권을 상실하지 않으므로 원고의 위 주장은 재항변이 아닌 법률상의 주장에 해당 : 이의를 보류하지 않은 승낙에 의하여 항변권이 상실되는 '양도인에게 대항할 수 없는 사유'라 함은 채권의 성립, 존속, 행사를 저지·배척하는 사유를 가리킬 뿐이고, 채권의 귀속, 즉 채권이 이미 타에 양도되었다는 사실은 이에 포함되지 아니한다고 할 것이므로, 원고의 위 주장은 이유 없다.

　② 소외3 : 91.2.8. 채권양도 2,500 확정일자×, 피고 이의 무보류 승낙

　→ 원고 : 91.12.28. 채권양도 2,000 확정일자○

　③ 소외4 : 91.6.25. 압류, 전부 720

3. 원고에게 귀속되는 부분

　= 2,500 - ① 소외2 1,000(이미 소외2에게 귀속 : 피고 항변 가능) - ③ 소외4(압류일자 > 원고 양도일자) 720 = 780

㈐ 연체차임, 원상복구비용 : 이의를 보류하지 않았더라도 공제항변 가능[대법원 2002. 12. 10. 선고 2002다52657 판결]

▸ 원상복구비용의 보증금 명목 지급약정 : 임대인이 이의보류하지 않은 경우 항변 불가
2002다52657 부동산임대차에 있어서 임차인이 임대인에게 지급하는 임대차보증금은 임대차관계가 종료되어 목적물을 반환하는 때까지 그 임대차관계에서 발생하는 임차인의 모든 채무를 담보하는 것으로서, 임대인의 임대차보증금 반환의무는 임대차관계가 종료되는 경우에 그 임대차보증금 중에서 목적물을 반환받을 때까지 생긴 연체차임 등 임차인의 모든 채무를 공제한 나머지 금액에 관하여서만 비로소 이행기에 도달하는 것이므로, 그 임대차보증금 반환 채권을 양도함에 있어서 임대인이 아무런 이의를 보류하지 아니한 채 채권양도를 승낙하였어도 임차 목적물을 개축하는 등 하여 임차인이 부담할 원상복구비용 상당의 손해배상액은 반환할 임대차보증금에서 당연히 공제할 수 있다 할 것이나, 임대인과 임차인 사이에서 장래 임대목적물 반환시 위 원상복구비용의 보증금 명목으로 지급하기로 약정한 금액은, 임대차관계에서 당연히 발생하는 임차인의 채무가 아니라 임대인과 임차인 사이의 약정에 기하여 비로소 발생하는 채무에 불과하므로, 반환할 임대차보증금에서 당연히 공제할 수 있는 것은 아니라 할 것이어서, 임대차보증금 반환 채권을 양도하기 전에 임차인과 사이에 이와 같은 약정을 한 임대인이 이와 같은 약정에 기한 원상복구비용의 보증금 청구 채권이 존재한다는 이의를 보류하지 아니한 채 채권양도를 승낙하였다면 민법 제451조 제1항이 적용되어 그 원상복구비용의 보증금 청구 채권으로 채권양수인에게 대항할 수 없다.

▸ 원상복구비용 공제 약정이 있었더라도 임차인이 설치한 시설을 그대로 이용하여 다시 임대하려는 경우 : 원상복구 비용 공제 불가2002다52657 임대차계약서에 임차인의 원상복구의무를 규정하고 원상복구비용을 임대차보증금에서 공제할 수 있는 것으로 약정하였다 하더라도 임대인이 원상복구할 의사 없이 임차인이 설치한 시설을 그대로 이용하여 타에 다시 임대하려 하는 경우에는 원상복구비용을 임대차보증금에

서 공제할 수 없다고 보아야 한다.

(5) 항변소멸의 범위

⑺ 채무자와 선의 양수인 사이에서만 발생 → (부종성에 의하여) 소멸한 저당권도 부활

⑼ 채무자의 연대보증인, 물상보증인 : 채무자의 항변상실 효력 부정 → 채무 소멸(보증채무, 근저당권 소멸) 주장 가능

⑼ 이의 무보류 + 양수인 악의·중과실[채무자 증명, 재재항변] : 제451조 제2항 적용

2. 제3자에 대한 대항요건(제450조 제2항) : 강행규정

가. 확정일자 : 확정일자 없는 채권양도에 기한 승소확정판결도 확정일자에 해당[대법원 1999. 3. 26. 선고 97다30622 판결]

나. 제3자

(1) 의미 : 양도된 채권 자체에 대하여 양수인과 양립할 수 없는 지위를 취득한 자

(2) 대항요건 없는 선순위 근저당권자 → 후순위 근저당권자제451조 제2항의 제3자에 해당하지 않음에 대하여 배당이의 가능[대법원 2005. 6. 23. 선고 2004다29279 판결] 채권양도의 대항요건의 흠결의 경우 채권을 주장할 수 없는 채무자 이외의 제3자는 양도된 채권 자체에 관하여 양수인의 지위와 양립할 수 없는 법률상 지위를 취득한 자에 한하므로, 선순위의 근저당권부채권을 양수한 채권자보다 후순위의 근저당권자는 채권양도의 대항요건을 갖추지 아니한 경우 대항할 수 없는 제3자에 포함되지 않는다고 할 것이니, 원고가 피고보다 우선하여 양수채권의 변제를 받는 데 이 사건 채권양도의 대항요건을 갖추지 아니한 것이 장애가 된다고 할 수도 없다.

(3) 채권의 부존재, 소멸 : 이미 변제, 혼동 등으로 소멸한 후의 압류·추심명령 → 무효, 대항요건문제 불발생(제450조 제2항 대항요건 : 양도된 채권이 존속 + 그 채권에 관하여 양수인의 지위와 양립할 수 없는 법률상 지위를 취득한 제3자가 있는 경우 적용)[대법원 2003. 10. 24. 선고 2003다37426 판결, 대법원 2022. 1. 13. 선고 2019다272855 판결]

[혼동에 의하여 소멸한 채권에 대한 가압류 사례][대법원 2022. 1. 13. 선고 2019다272855 판결, 서울고등법원 2019. 8. 28. 선고 2018나2057736 판결]

2012.3.23.	2012.6.29.	2012.6.29.	2013.9.13.	2014.5.19.	2014.10.	2017.10.18.
1차 대물변제 계약 소외1 → 나래 이전등기청구권	토지신탁계약 나래 → 피고	대출 원고 → 소외1	2차 대물변제 계약 나래(103호, 104호) → 소외1 소외2(104호) → 소외1	원고 가압류	상가 소유권이전 등기 ┌(103호, 104호) 피고가 상가보존등기 경료 후 소외5, 3에게 각 이전 등기	원고 이 사건 소제기

▶원고 : 가압류 후의 처분을 이유로 손해배상청구

○불법행위의 성립

■피고는 나래엔터프라이즈(이하 '나래'라고 표기)와의 신탁계약에 따라 나래의 사업시행자 지위를 포괄적으로 승계함으로써 제1차 대물변제계약에 따른 나래의 소외1에 대한 소유권이전등기의무도 병존적으로 인수(승계)하였음에도 가압류 결정에 반하는 이전등기 경료 : 부정등기의 일부로 인정되는 신탁원부에 신탁자와 수탁자의 권리의무에 대한 내용이 기재되어 있다면 수탁자는 이를 제3자에게 대항할 수 있는데(신탁법 제4조, 대법원 2012. 5. 9. 선고 2012다13590 판결), 이 사건 신탁계약 제16조에 의하면 신탁계약 전에 나래가 신탁부동산에 대한 분양계약을 체결한 경우 피고는 그 분양계약상 지위를 당연히 승계하는 것이 아니라 나래가 승계조치를 한 범위 내에서 분양계약상의 지위를 승계

■피고가 나래의 소외1에 대한 이전등기의무를 승계하지 않았더라도 피고는 가압류결정을 송달받아 소외1의 나래에 대한 채권이 가압류된 사실을 알고 있었음에도 소외3, 5에게 이전등기를 경료 : 인정채권에 대한 가압류는 부동산에 대한 처분을 금지하는 효력은 없어서 제3자가 취득한 등기가 원인무효라고 주장하여 말소를 구할 수는 없으나, 제3채무자가 가압류 결정을 무시하고 이전등기를 이행하고 채무자가 다시 제3자에게 이전등기를 경료한 결과 채권자에게 손해를 입힌 때에는 불법행위 성립, 공동불법행위는 공동불법행위자 상호간에 의사의 공통이나 공동의 인식이 필요하지 않고, 객관적으로 각 행위의 관련 공동성만 있으면 성립

○손해배상의 범위 : 압류채권액 범위 내에서 압류채권자가 배당받을 금액구체적인 계산방법은 항소심 판결 참조

◀피고

■제2차 대물변제계약으로 인한 채무소멸 항변소외1의 분양권은 제2차 대물변제계약으로 인하여 가압류결정 이전에 나래 및 소외2에게 이전되었으므로 가압류결정은 존재하지 않는 채권에 대한 것으로서 무효 : 배척대물변제는 다른 급여가 부동산의 소유권이전인 때에는 등기를 완료하여야 대물변제가 성립되어 기존채무가 소멸 ➡ 제2차 대물변제계약의 체결 사실만으로는 제1차 대물변제계약에 기한 기존 채무인 나래의 소외1에 대한 소유권이전등기의무가 소멸하였다고 볼 수 없음

■합의해제 항변제2차 대물변제계약은 그 실질이 제1차 대물변제계약 중 이 사건 각 상가에 관한 부분을 해제하는 취지이므로 피고는 해제를 이유로 가압류채권자에게 대항 가능 : 배척당사자가 동일하지도 않고, 소외2가 추가 ➡ 소외1이 제1차 대물변제계약의 유효를 전제로 나래와 소외2에 대한 채무 변제에 갈음하여 소외1이 제1차 대물변제계약으로 취득한 상가 분양권을 이전하기로 합의하고, 나래와 소외2는 제2차 대물변제계약서를 작성함으로써 승낙한 것

■혼동에 의한 채무소멸 항변합의해제로 볼 수 없더라도 제2차 대물변제계약으로 인해 이 사건 각 상가에 관한 분양권과 그에 대응하는 분양의무가 동일한 주체인 나래에 귀속되므로 이 사건 가압류 결정 이전에 혼동으로 모두 소멸 : 일부 인정103호 부분은 채권자와 채무자가 나래로서 동일하여 혼동으로 소멸, 104호 부분의 양수인은 나래와 소외2이므로 채권과 채무가 모두 동일한 주체에게 귀속되었다고 할 수 없으므로 혼동에 의한 소멸 부정

---

(3) − 1. 이의 무보류 승낙 : 채권소멸 항변 불가

다. 채권의 이중양도

유형	우선권	양수인 상호간	채무자
단순통지·승낙 vs 단순통지·승낙	먼저 대항요건을 갖춘 자(확정일자 : 제3자에 대한 대항요건)[대법원 1972. 12. 28. 선고 71다2048 판결]		
단순통지 vs 확정일자 통지	확정일자 양수인[대법원 1972. 1. 31. 선고 71다2697 판결]		
모두 확정일자 + 이시도달	도달시설[대법원 1994. 4. 26. 선고 93다24223 전원합의체 판결]		
모두 확정일자 + 동시도달	채권양수인, (가)압류 채권자 모두 완전한 대항력93다24223	■ 채권액에 안분한 정산의무 ■ 양수인과 선행가압류권자 사이에서만 ■ 후행 양도·가압류권자는 집행절차 참가 불가[대법원 2004. 9. 3. 선고 2003다22561 판결]	■ 누구에게나 전액 변제 가능 ■ 변제공탁 가능

라. 담보부 채권의 양도 : 채권양도 대항요건 + 저당권·전세권 이전 부기등기

통상의 저당권, 피담보채무 확정 근저당권		효력
채권양도 대항요건 ○	저당권이전 부기등기 ○ (양도인 + 양수인)	채무자, 물상보증인 동의 불요[대법원 2005. 6. 10. 선고 2002다15412, 15429 판결]
○	×	■ 양수인 : 채권양도의 효력 발생, 근저당권 무효 아님 ■ 양도인(근저당권 명의인) : 피담보채권 상실, 배당이의 불가[대법원 2003. 10. 10. 선고 2001다77888 판결] 피담보채권과 근저당권을 함께 양도하는 경우에 채권양도는 당사자 사이의 의사표시만으로 양도의 효력이 발생하지만 근저당권이전은 이전등기를 하여야 하므로 채권양도와 근저당권이전등기 사이에 어느 정도 시차가 불가피한 이상 피담보채권이 먼저 양도되어 일시적으로 피담보채권과 근저당권의 귀속이 달라진다고 하여 근저당권이 무효로 된다고 볼 수는 없으나, 위 근저당권은 그 피담보채권의 양수인에게 이전되어야 할 것에 불과하고, 근저당권의 명의인은 피담보채권을 양도하여 결국 피담보채권을 상실한 셈이므로 집행채무자로부터 변제를 받기 위하여 배당표에 자신에게 배당하는 것으로 배당표의 경정을 구할 수 있는 지위에 있다고 볼 수 없다.

×	○	■양수인 ▸경매신청 가능[대법원 2005. 6. 23. 선고 2004다29279 판결] 피담보채권을 저당권과 함께 양수한 자는 저당권이전의 부기등기를 마치고 저당권실행의 요건을 갖추고 있는 한 채권양도의 대항요건을 갖추고 있지 아니하더라도 경매신청을 할 수 있으며, 채무자는 경매절차의 이해관계인으로서 채권양도의 대항요건을 갖추지 못하였다는 사유를 들어 경매개시결정에 대한 이의나 즉시항고절차에서 다툴 수 있고, 이 경우는 신청채권자가 대항요건을 갖추었다는 사실을 증명하여야 할 것이나, 이러한 절차를 통하여 채권 및 근저당권의 양수인의 신청에 의하여 개시된 경매절차가 실효되지 아니한 이상 그 경매절차는 적법한 것이고, 또한 그 경매신청인은 양수채권의 변제를 받을 수도 있다. ▸대항요건 없는 후순위 근저당권자에게 대항 가능 채권양도의 대항요건의 흠결의 경우 채권을 주장할 수 없는 채무자 이외의 제3자는 양도된 채권 자체에 관하여 양수인의 지위와 양립할 수 없는 법률상 지위를 취득한 자에 한하므로, 선순위의 근저당권부채권을 양수한 채권자보다 후순위의 근저당권자는 채권양도의 대항요건을 갖추지 아니한 경우 대항할 수 없는 제3자에 포함되지 않는다. ■존속기간 만료 후의 전세권 : 담보물권적 권능만 → 전세금반환채권과 함께 양도 ■부기등기만으로는 전세금반환채권 양도의 대항요건 구비 부정 → 압류·전부채권자에게 대항 불가[대법원 2005. 3. 25. 선고 2003다35659 판결] 전세기간 만료 후 전세권양도계약 및 전세권이전의 부기등기만으로는 전세금반환채권의 양도에 관하여 확정일자 있는 통지나 승낙이 있었다고 볼 수 없어 제3자인 압류·전부채권자에게 대항할 수 없다. ■먼저 대항요건을 갖춘 자가 전세금반환채권 우선취득
저당권부 채권만 양도합의	무담보채권으로 양수	양수인은 저당권 없는 무담보 채권 양수, 저당권은 소멸 [대법원 2004. 4. 28. 선고 2003다61542 판결]
근저당권 피담보채무 확정 여부와 변제자대위		■확정 전 일부 양도·대위변제 : 양수인이나 대위변제자에게의 이전 부정[대법원 1996. 6. 14. 선고 95다53812 판결, 대법원 2002. 7. 26. 선고 2001다53929 판결] ■일부 대위변제 후 확정 : 피담보채무액을 담보하고 남은 부분은 대위변제자에게 법률상 당연히 이전2001다53929 ■확정 후 일부 대위변제 : 부기등기 경료 여부와 관계없이 법률상 당연히 이전2001다53929

제10절 채무인수

Ⅰ. 면책적 채무인수

1. 요건

가. 채무의 이전성

(1) 상속채무분할협의 : 가분채무는 분할협의 대상 아님 → 1인의 초과채무 부담은 면책적 채무인수(채권자 동의 필요)[대법원 1997. 6. 24. 선고 97다8809 판결]

(2) 연대채무 상속 : 각자의 상속분에 따라 분할된 채무를 승계하여 연대채무 부담

가-1. 채무의 성질(제453조 제1항 단서), 의사표시(제449조 제2항)

나. 채권자의 동의 요부

(1) 채권자 + 인수인 : 채무자 동의·수익의사표시 불필요

▸ 이해관계 없는 제3자 : 채무자의 의사에 반한 인수 불가(제453조 제2항)

(2) 채무자 + 인수인 : 채권자 승낙 필요준물권행위, 승낙 거절시 다시 승낙해도 효력 부정[대법원 1998. 11. 24. 선고 98다33765 판결]

■채권자의 인수인에 대한 이행청구 : 묵시적 승낙[대법원 1989. 11. 14. 선고 88다카29962 판결]

■묵시적 승낙에 대한 엄격해석 : 채권회수가능성에 의문이 있는 경우 → 묵시적 승낙 부정[대법원 2015. 5. 29. 선고 2012다84370 판결] 임차인의 승낙은 반드시 명시적 의사표시에 의하여야 하는 것은 아니고 묵시적 의사표시에 의하여서도 가능하다. 그러나 임차인이 채무자인 임대인을 면책시키는 것은 그의 채권을 처분하는 행위이므로, 만약 임대보증금 반환채권의 회수가능성 등이 의문시되는 상황이라면 임차인의 어떠한 행위를 임대차보증금 반환채무의 면책적 인수에 대한 묵시적 승낙의 의사표시에 해당한다고 쉽게 단정하여서는 아니 된다.

➠임차인원고 : 임대인피고에게 보증금청구

▸피고 : 원고의 묵시적 승낙에 의한 면책적 채무인수 항변 불가[대법원 2015. 5. 29. 선고 2012다84370 판결]

■채권자의 승낙은 조례로 대체 불가[대법원 2012. 5. 24. 선고 2009다88303 판결], [민법판례연구Ⅱ 370 : 조례는 가급적 법률의 규정에 부합하게 해석하여야 하므로 수분양자의 승낙 요건을 배제하지 않는 방향으로 해석하는 것이 타당]

(2)-1. 채무인수 계약의 무효, 취소[대법원 1962. 5. 17. 선고 62다161 판결], 해제 등 항변

▸ 채권자 승낙 후의 인수계약 취소 : 채권자 승낙 또는 채무인수인의 취소권유보에 대한 채권자의 승낙 필요62다161 채무자와 제3자와 채무인수계약을 채권자가 승낙한 바 있다면 그 뒤 채무인수인이 위 채무인수계약을 적법하게 취소하려면 채권자의 승낙이 있다든가 채권자가 위 인도계약을 승낙할 때에 채무인

수인의 취소권유보를 승낙하였다든가의 특수한 사정이 있어야 한다.

1-1. 전채무자의 채권자에 대한 사유 항변

- 전채무자의 항변사유로 채권자에게 대항(제458조)
- 계약 자체에 대한 취소권·해제권 부정인수인은 계약당사자가 아니므로

1-2. 인수인의 구채무자에 대한 사유

- 구채무자에 대한 동시이행항변으로 원고에게 대항불가[대법원 1966. 11. 29. 선고 66다1861 판결]
  채무인수계약은 구 채무자의 채무 동일성을 유지하면서 신 채무자가 이를 부담하는 것이므로
- 구채무자에 대한 채권으로 채권자에게 상계 불가[지원림 민법강의 1295]

2. 효과

가. 채무자 변경

(1) 채무이전 : 인수인은 구채무자와 동일한 채무 부담, 종래 채무자는 채무관계 탈퇴·면책

(2) 소멸시효[대법원 1999. 7. 9. 선고 99다12376 판결]

(개) 기간 : 원래 채무의 소멸시효기간 적용상사시효의 적용을 받던 채무이면 채무인수가 상행위나 보조적 상행위에 해당하지 않더라도 상사시효 적용

(내) 기산일 : 승인에 의하여 인수일부터 새로 진행

나. 종래 채무 불소멸 → ∴ 부종성에 의한 저당권 소멸 주장 불가[대법원 1996. 10. 11. 선고 96다27476 판결] 면책적 채무인수라 함은 채무의 동일성을 유지하면서 이를 종래의 채무자로부터 제3자인 인수인에게 이전하는 것을 목적으로 하는 계약을 말하는바, 채무인수로 인하여 인수인은 종래의 채무자와 지위를 교체하여 새로이 당사자로서 채무관계에 들어서서 종래의 채무자와 동일한 채무를 부담하고 동시에 종래의 채무자는 채무관계에서 탈퇴하여 면책되는 것일 뿐 종래의 채무가 소멸하는 것이 아니므로, 채무인수로 종래의 채무가 소멸하였으니 저당권의 부종성으로 인하여 당연히 소멸한 채무를 담보하는 저당권도 소멸한다는 법리는 성립하지 않는다.

다. 보증채무, 물상보증

(1) 원칙 : 소멸(제459조 본문)

(2) 예외 : 보증인·물상보증인의 동의(제459조 단서), 물상보증인의 채무인수 → 기존 저당권자는 기존담보와 동일한 내용, 종전 저당권 순위 등 효력을 제3자에게 주장 가능, 부기등기 경료시기 불문 → 저당권변경 부기등기 경료 전 근저당권설정등기를 마친 후순위근저당권자에게 대항 가능96다27476 민법 제459조 단서에 규정된 채무인수에 대

한 동의는 인수인을 위하여 새로운 담보를 설정하도록 하는 의사표시를 의미하는 것이 아니라 기존의 담보를 인수인을 위하여 계속시키는데 대한 의사표시를 의미한다 할 것이므로, 물상보증인이 채무인수에 동의함으로써 소멸하지 아니하는 담보는 당연히 기존의 담보와 동일한 내용을 갖는 것이라 할 것이고, 채무인수로 물상보증인이 설정한 저당권의 채무자가 변경되는 경우 부동산등기법 제63조에 의하여 물상보증인의 승낙서를 첨부한 때에 한하여 저당권변경의 부기등기를 하게 되는바, 저당권변경의 부기등기는 기존의 저당권설정등기에 종속되어 그 등기와 일체를 이루는 것으로서 기존의 저당권설정등기에 의한 저당권의 채무자의 변경을 등기부상 명시하는 것일 뿐 그 등기에 의하여 비로소 새로운 권리가 생기는 것이 아닌 만큼 그 저당권자는 종전의 저당권의 순위 등 효력을 후순위 저당권자 등 제3자에게 주장할 수 있다 할 것이다.

(3) 물상보증인의 채무인수 + 근저당권 변경 부기등기의 효력 : 인수한 채무채무자의 채권자에 대한 채무만을 대상

→ 다른 원인에 의한 새로운 채무물상보증인의 다른 채권자에 대한 채무는 근저당권의 피담보채무가 아님[대법원 2002. 11. 26. 선고 2001다73022 판결]

Ⅱ. 병존적 채무인수

1. 요건

가. 채무의 이전성 불필요

▶ 부대체적, 전속적 채무 : 병존적 채무인수 불가

나. 유형

(1) 채권자 + 인수인 : 채무자의 의사에 반해서도 가능[대법원 1988. 11. 22. 선고 87다카1836 판결]

(2) 채무자 + 인수인 : 제3자를 위한 계약, 채권자의 승낙은 인수인에 대한 채권취득
요건성립요건이나 효력발생요건이 아님

▶ 수익의사표시 거절 : 사후 번복 불가

▶ 면책적 채무인수로 알고 거절 후 수익의사표시 : 가능

▶ 중첩적 채무인수계약 종료[대법원 2013. 9. 13. 선고 2011다56033 판결]

(개) 채무자 부탁이 있는 경우 : 연대채무관계 → 채무자에 대한 재판상 청구 : 인수인들에 대하여도 시효중단 효력

(내) 채무자 부탁이 없는 경우 : 부진정 연대채무관계 → 인수인들에 대하여 시효중단 부정[대법원 2009. 8. 20. 선고 2009다32409 판결]

2. 효과

가. 제3자의 차용증서, 수표 또는 어음 작성 및 교부행위 : 면책적 또는 중첩적 인수

[대법원 1988. 10. 25. 선고 88다1455 판결] 금전소비대차계약으로 인한 채무에 관하여 제3자가 채무자를 위하여 차용증서, 수표 또는 약속어음을 작성하여 이를 채권자에게 교부하는 경우에는 특별한 사정이 없는 한 그 제3자는 동일한 채무를 면책적 또는 중첩적으로 인수한 것으로 보는 것이 타당하다.

나. 인수인의 대항방법

(1) 원채무자의 항변사유로 대항
(2) 인수인의 채권자에 대한 손해배상채권으로 상계 : 원채무자의 채무도 상계에 의하여 소멸(제418조 제1항 적용)[대법원 1997. 4. 22. 선고 96다56443 판결]

Ⅲ. 계약인수

1. 요건 : 계약인수 방법

가. 3면 계약

나. 관계 당사자 중 2인의 합의 + 나머지 당사자 동의 내지 승낙[대법원 1998. 1. 23. 선고 96다53192 판결]

다. 개별 채권양도에서 요구되는 대항요건 불요[대법원 2020. 12. 10. 선고 2020다245958 판결] 계약인수는 개별 채권·채무의 이전을 목적으로 하는 것이 아니라 다수의 채권·채무를 포함한 계약당사자로서의 지위의 포괄적 이전을 목적으로 하는 것으로서 계약당사자 3인의 관여에 의해 비로소 효력을 발생하는 반면, 개별 채권의 양도는 채권양도인과 양수인 2인만의 관여로 성립하고 효력을 발생하는 등 양자가 그 법적인 성질과 요건을 달리하므로, 채무자 보호를 위해 개별 채권양도에서 요구되는 대항요건은 계약인수에서는 별도로 요구되지 않는다. 그리고 이러한 법리는 상법상 영업양도에 수반된 계약인수에 대해서도 마찬가지로 적용된다.

2. 효과

가. 양도인과 상대방 당사자 사이의 계약관계 : 소멸[대법원 1996. 2. 27. 선고 95다21662 판결, 대법원 1998. 1. 23. 선고 96다53192 판결, 대법원 2015. 5. 14. 선고 2012다41359 판결]

나. 양수인 : 양도인이 계약관계에 기하여 가지던 권리의무가 동일성을 유지한 채 승계[대법원 2020. 12. 10. 선고 2020다245958 판결] 계약인수가 이루어지면 그 계약관계에서 이미 발생한 채권·채무도 이를 인수 대상에서 배제하기로 하는 특약이 있는 등 특별한 사정이 없는 한 인수인에게 이전된다. → 인수인 원고에게 사용자지위가 이전될 뿐만 아니라 그 근로계약관계를 기초로 하여 이미 발생한 이 사건 손해배상채권도 이를 인수 대상에서 배제하기로 하는 특약이 있는 등 특별한 사정이 없는 한 원고에게 이전되고, 개별 채권양도에 관한 대항요건을 별도로 갖출 필요는 없다.

다. 양도인 : 계약관계에서 탈퇴, 채권·채무 소멸

[95다21662] 계약인수인은 인수 당시 이중분양 사실을 몰랐더라도 매수인에 대한 손해배상책임 부담

➡️ **원고채권자 : 이전등기 이행불능 손해배상청구**

- ▸ 피고회사인수인 : 이행인수 항변이행인수 : 원고에게 효력×
- ▸ 이행인수가 아니라 계약인수 : 채무(이전등기의무)뿐만 아니라 채권(잔대금채권)도 함께 인수하는 약정
- ▸ 피고가 인수 당시 이중분양 사실을 몰랐다고 하더라도 제3자에 이전등기되어 원고들이 입게 된 손해를 배상할 책임95다21662 피고 회사는 소외 회사로부터 각 건물에 관한 권리를 양도받음에 있어 적어도 소외 회사와 분양계약을 체결하고 실제로 입주하고 있는 피분양자들에 대한 관계에서는 소외 회사의 피분양자들에 대한 소유권이전등기 채무의 이행만을 인수한 것이 아니라 소외 회사가 피분양자들에 대해 가지는 잔대금채권도 함께 양수하기로 약정한 것이 분명하다 할 것인바, 위 합의각서 중 제2항은 채무 부분을, 제3항은 채권 부분을 각 표시한 것으로 이해된다. 이와 같이 피고 회사가 소외 회사로부터 분양계약에 따르는 채무뿐만 아니라 채권까지도 함께 인수하기로 하는 약정을 하였다면, 이는 분양계약의 분양자로서의 지위의 승계를 목적으로 하는 이른바 계약인수 약정을 한 것으로 보는 것이 경험칙상 상당하다 할 것이고(이 점에서 피고 회사가 소외 회사의 원고들에 대한 소유권이전등기 채무의 이행만을 인수하였다고 본 원심의 판단은 잘못되었다 할 것이다.), 이러한 계약인수는 3면계약으로 이루어지는 것이 통상적이나 관계 당사자 중 2인의 합의와 나머지 당사자가 이를 동의 내지 승낙하는 방법으로도 가능하다 할 것인데, 피고 회사가 원고들을 비롯한 피분양자들에게 이 사건 공사를 인수하였다면서 준공검사가 나면 소유권이전등기를 해주겠으니 준공검사 동의서에 날인해 달라고 요청하여 원고들이 이에 응한 행위는 바로 소외 회사의 피고 회사 사이의 계약인수에 동의한 것으로 볼 수 있으므로, 소외 회사가 원고들과 사이에 체결한 각 해당 입주주택에 관한 분양계약상의 지위는 피고 회사에 의해 유효하게 인수되었다 할 것이다. 그렇다면 피고 회사는 원고들에 대한 관계에서 각 해당 주택에 관한 매도인의 지위에 서게 된다 할 것이므로, 설령 피고 회사가 인수 당시 원고들이 분양받아 입주 중인 각 주택이 이중으로 분양 또는 매도된 사실을 몰랐다 하더라도, 위 각 주택이 제3자 앞으로 이전됨으로써 원고들이 입게 된 손해를 배상할 책임이 있다고 할 것이다.

[2012다41359] 계약인수인은 압류에 의하여 제한된 권리의무를 승계 → 채무자피고는 계약인수에 의한 소멸을 이유로 압류채권자원고에게 대항 불가

➡️ **원고계약인수 양도인(유니버스하우징)에 대한 압류·추심채권자 매매대금채권계약인수 양도인 → 채무자(피고 : 매수인) 압류 + 추심금 청구**

- ▸ 피고채무자 : 계약인수유니버스 vs 생보신탁에 의하여 원채권자와의 계약관계가 소멸하였다는 항변 불가
- ▸ 계약인수인생보신탁 : 원고의 압류에 의해 제한된 채권 양수이 사건 분양계약에 의하여 유니버스하우징과 생보부동산신탁이 이 사건 매매계약상 매도인 지위를 유니버스하우징에서 생보부동산신탁으로 이전하기로 합의하고 피고가 이에 동의함으로써 계약인수가 성립하고, 그에 따라 유니버스하우징은 계약관계에서 탈퇴하고 유니버스하우징과 피고 사이의 계약관계는 소멸하지만, 유니버스하우징이 이 사건 매매계약에 기하여 가지고 있던 권리의무가 동일성을 유지한 채 생보부동산신탁에 그대로 승계되므로 생보부동산신탁은 이 사건 압류명령에 의하여 권리가 제한된 상태의 매매대금채권을 이전받는다고 할 것이다. 따라서 피고는 위 계약인수에 의하여 그와 유니버스하우징 사이의 채권 발생원인인 계약관계가 소멸하였음을 내세워 압류채권자인 원고에 대항할 수 없다.

➡️원고가압류채권자 → 피고가압류채무자 : **불법행위 손해배상청구**피고가 가압류에 위배하여 소외인들 명의로 이전등기를 경료하여 가압류의 효력을 상실하게 하였음을 이유로 불법행위를 원인으로 하는 손해배상청구

▸ 피고매도인 : 집행채무자소외회사, 매수인으로부터 계약인수분양자지위승계+피분양자 동의

▸ 집행채무자와 제3채무자 사이의 매매계약에 따른 채권·채무관계를 소멸시키는 것까지 구속하는 것은 아님 피고와 소외 회사는 소외 회사가 피고로부터 매수한 이 사건 상가의 점포들을 타에 분양함에 따른 분양계약상의 분양자 지위를 피고가 승계하기로 약정하고, 피분양자들이 이에 동의함으로써 계약인수가 성립하였고, 이에 기하여 이 사건 상가의 판시 점포들에 관하여 피고로부터 피분양자 또는 피분양자가 지정하는 소외인들 앞으로 소유권이전등기가 경료되었음을 알 수 있는바, 위와 같이 계약인수가 적법하게 이루어진 이상 소외 회사는 계약관계에서 탈퇴하고 계약인수 후에는 특별한 사정이 없는 한 피고나 피분양자들과 소외 회사 사이에는 계약관계가 존재하지 않게 되며 그에 따른 채권·채무관계도 소멸하는 것이고, 그 가압류의 효력은 위와 같이 계약인수에 의하여 소유권이전등기청구권의 발생 원인인 소외 회사와 피고 사이의 매매계약에 따른 채권·채무관계를 소멸시키는 것까지 구속하는 것은 아니므로, 피고가 계약인수에 따라 이 사건 상가의 점포들에 관하여 소외인들 앞으로 소유권이전등기를 경료하였다고 하여 그러한 사실만으로 가압류채권자인 원고들에 대하여 불법행위가 성립한다고 볼 수는 없다.

제11절 이행인수[매수인이 매도인의 채무를 인수한 경우(피담보채무액·임대차보증금을 매매대금에서 공제)]

Ⅰ. 의의

1. 인수인이 채무자에 대하여 채무이행을 약정하는 채무자와 인수인의 계약[대법원 1993. 2. 12. 선고 92다23193 판결, 대법원 1997. 10. 24. 선고 97다28698 판결]

2. 채무자(매도인)와 인수인(매수인)의 계약, 채권자 승낙 불필요

Ⅱ. 유형별 논점

	이행인수	면책적 채무인수	병존적 채무인수 (제3자를 위한 계약)
성질	■ 채권자 승낙 불요	■ 채권자 승낙 필요 ■ 묵시적 승낙 가능[대법원 1989. 11. 14. 선고 88다카29962 판결] 인수인에 대한 이행청구 ■ 회수가능성이 의문시되는 상황 → 묵시적 승낙·추인 부정	■ 채권자 승낙·채무자 변경 절차 불필요 ■ 계약당사자나 인수인에 대하여 직접 채권을 취득케 할 의사[대법원 2008. 3. 13. 선고 2007다54627 판결], 매수

		[대법원 2008. 9. 11. 선고 2008다39663 판결] 근저당권 설정 후 대항력 취득한 임차인[13] ■ 불명시 중첩적 인수 [대법원 2002. 9. 24. 선고 2002다36228 판결]	인이 매매대금을 매도인의 채권자에게 직접 지급하기로 약정 [대법원 1997. 10. 24. 선고 97다28698 판결] ■ 권리관계도 함께 양도, 인수인이 채무부담에 상응하는 대가를 얻은 경우[대법원 2010. 5. 13. 선고 2009다105222 판결] ▶ 채권자에게 사업주체 변경동의서 발급 요청 + 수령2007다54627 ▶ 매도인의 임대사업자 지위 승계2009다105222
쟁점	■ 매도인의 해제권, 손해배상청구권, 구상권 ■ 매수인의 동시이행항변권	■ 매도인 면책 여부	■ 채권자가 인수인에게 직접 청구할 수 있는지 여부2009다105222
채권자	■ 인수인에게 직접 청구 불가 ■ 채권자대위 가능[대법원 2009. 6. 11. 선고 2008다75072 판결]	■ 인수인에게 청구	■ 모두에게 청구 가능
매도인 · 채무자 (해제권)	■ [원칙] : 매수인의 현실적 변제가 없었다는 것만으로 해제 불가[대법원 1993. 6. 29. 선고 93다19108 판결] 매수인은 매매대금에서 채무액을 공제한 나머지를 지급함으로써 잔금지급의무를	■ 면책	■ 채무소멸 부정

---

13) 이 사건 오피스텔의 소유권이 소외1에게 이전된 후 근저당권이 설정된 상태에서 원고가 이 사건 오피스텔에 주민등록을 하고 임대차계약서(임대인은 피고로 되어 있다)에 확정일자를 받고 2006. 11. 7.까지 거주하였다고 하더라도 이는 주택임차인으로서 통상 취하는 조치에 불과하다고 보여지고 이 사건 오피스텔의 매매대금과 근저당권 채권최고액을 비교해 볼 때 임대차보증금 반환채권의 객관적 회수가능성이 의문시되는 상황이었으므로 이를 매도인인 피고를 면책시키는 임대차보증금 반환채무의 면책적 인수에 대한 승낙이나 추인으로 볼 수는 없고, 또한 소외1이 이 사건 오피스텔을 매수한 후 설정한 근저당권 피담보채무의 불이행으로 인해 이 사건 오피스텔에 대해 임의경매절차가 개시됨으로써 위 근저당권 설정 이후에 대항력을 취득하고 임대차계약서에 확정일자를 받은 원고의 임대차보증금 반환채권의 경매절차에서의 회수가능성이 의문시되는 상황이라면 원고가 임차인으로서 그 경매절차에서 배당요구를 하였다고 하더라도 이를 보증금 반환채무의 면책적 인수에 대한 묵시적 승낙이나 추인으로 볼 수는 없다.

	다한 것이므로 ■ [예외] : 매매대금 일부를 지급하지 않은 것과 동일한 사정이 있는 경우(임의경매 개시 + 매도인이 피담보채무를 변제할 필요성피담보채무 > 매각대금) : 해제 가능[대법원 1993. 2. 12. 선고 92다23193 판결] ■ [제한] : 매도인 해제를 위해서는 이전등기의무 이행·이행제공 필요[대법원 1993. 2. 12. 선고 92다23193 판결]		
매수인·인수인	■ 매매대금에서 공제된 채무액 지급으로 잔금지급의무 이행완료(인수한 채무의 현실적 변제의무 부정)[대법원 1995. 8. 11. 선고 94다58599 판결] ■ 자기채무이행이므로 구상 불가, 변제자대위 불가 ■ 피담보채무인수시 물상보증인의 지위 : 제364조 변제 + 저당권소멸청구 가능	■ 저당권 소멸청구불가 (채무자 지위)	
동시 이행	■ [원칙] : 매도인은 동시이행항변 불가94다58599 매수인은 매매대금에서 채무액을 공제한 나머지를 지급함으로써 잔금지급의무를 다한 것이므로 ■ [예외] : 매도인의 인수채무 변제시, 손해배상채무·구상채무 vs 이전등기의무 동시이행관계[대법원 1993. 2. 12. 선고 92다23193 판결] 손해배상채무 또는 구상채무는 인수채무의 변형으로서 매매대금지급채무에 갈음한 것의 변형이므로 매수인의 손해배상채무 또는 구상채무와 매도인의 소유권이전등기 의무는 대가적 의미가 있어 이행상 견련관계에 있다고 인정되고, 따라서 양자는 동시이행의 관계에 있다.	■ 채무인수자의 구채무자에 대한 항변사유로는 채권자에게 대항 불가[대법원 1966. 11. 29. 선고 66다1861 판결] 채무인수계약은 구 채무자의 채무의 동일성을 유지하면서 신 채무자가 이를 부담하는 것이므로	

저당권 실행	■ 매도인 의무이행 + 매수인 불이 행으로 근저당권 실행 + 소유권 상실시 : 매수인 → 담보책임 해제 불가[대법원 2002. 9. 4. 선고 2002다 11151 판결] ∵ 포기 · 면제 ■ 매도인 : 이행불능 채무불이행 부 정과실 부정 ■ 매수인 : 매매대금 지급의무[대법원 2009. 5. 14. 선고 2009다5193 판결]		

Ⅲ. 이행인수의 법률관계

1. 매수인(원고)의 이전등기청구

1-1. 매도인(피고)의 해제 항변 : 경매절차 개시 · 염려 + 매도인이 피담보채무를 변제할 필요성(근저당권 피담보채무 〉 매각대금)

▶ 매도인 이전등기의무 이행제공 없는 경우 해제 불가[대법원 1993. 2. 12. 선고 92다23193 판결]

1-2. 매도인의 동시이행항변

■ 원칙 : 불가

■ 예외 : 매도인의 인수채무 변제시 가능(매수인의 손배채무 · 구상채무 이행제공이 없다는 항변)

▶ 매도인이 자기의 출연으로 변제한 것이 아니라 다른 채권자에게 근저당권을 설정하여 차용금으로 변제 → 원고 : 인수채무 여전히 부담, 피고 : 인수채무 변제하지 않은 결과 ∴ 매도인 동시이행항변 불가92다23193

2. 근저당권실행시매수인 불이행, 매도인도 변제 미이행 : 매도인의 이전등기의무 이행불능은 매수인의 책임 있는 사유에 기인[대법원 2008. 8. 21. 선고 2007다8464,8471 판결, 대법원 2009. 5. 14. 선고 2009다5193 판결]

가. 매수인 → 매도인

(1) 채무불이행 해제 불가 : 매도인의 과실 부정

(2) 담보책임 해제 불가(포기 · 면제)[대법원 2002. 9. 4. 선고 2002다11151 판결] 매매의 목적이 된 부동산에 설정된 저당권의 행사로 인하여 매수인이 취득한 소유권을 잃은 때에는 매수인은 민법 제576조 제1항의 규정에 의하여 매매계약을 해제할 수 있지만, 매수인이 매매목적물에 관한 근저당권의 피담보채무를 인수하는 것으로

매매대금의 지급에 갈음하기로 약정한 경우에는 특별한 사정이 없는 한, 매수인으로서는 매도인에 대하여 민법 제576조 제1항의 담보책임을 면제하여 주었거나 이를 포기한 것으로 봄이 상당하므로, 매수인이 매매목적물에 관한 근저당권의 피담보채무 중 일부만을 인수한 경우 매도인으로서는 자신이 부담하는 피담보채무를 모두 이행한 이상 매수인이 인수한 부분을 이행하지 않음으로써 근저당권이 실행되어 매수인이 취득한 소유권을 잃게 되더라도 민법 제576조 소정의 담보책임을 부담하게 되는 것은 아니다.

나. 매도인 → 매수인

(1) 대가위험부담(제538조 제1항 1문 대금지급의무)

(2) 반대급부 청구액 : 매매대금2억 – 근저당권자 배당액1억(이행인수액) – 매도인의 배당이익(제538조 제2항)0.8억[= 경매 매각대금(1.8) – 근저당권자 배당액(1)] : 채무자가 의무를 면함으로써 얻은 이익 공제

제12절 증여계약 ☞ '제5장 제2절 제5관 V. 증여계약의 해제' 참조

제13절 임대차계약

Ⅰ. 임대인 → 임차인

1. 차임지급청구

가. 임대인의 임차인에 대한 차임지급청구

(1) 요건사실 : 임대차계약체결(목적물 + 차임 + 임대기간)

(2) 대항방법

㈎ 임대인의 의무 이행불능 : 진실한 소유자가 임차인에게 목적물반환청구, 임료 지급요구[대법원 1996. 9. 6. 선고 94다54641 판결, 대법원 2005. 5. 26. 선고 2005다4048, 4055 판결]

▸ 임차인이 진실한 소유자로부터 반환청구 또는 변상금 청구를 받지 않은 경우 : 임대인에게 부당이득반환의무94다54641

㈏ 임대인의 수선의무(목적물을 사용수익케 할 의무) 위반 : 전혀 사용하지 못한 경우 전부 지급거절 가능[대법원 2009. 9. 24. 선고 2009다41069 판결]

▸ 부분적으로만 지장이 있는 경우 : 지장이 있는 한도 내에서만 차임지급 거절 가능[대법원 1989. 6. 13. 선고 88다카13332, 13349 판결]

나. 임대인승낙한 경우의 전차인직접 의무부담에 대한 차임청구

■ 제630조 제1항 2문 : 전차인의 차임지급시기 전에 임차인에게 지급한 부분 → 임대인에게 대항 불가[대법원 2008. 3. 27. 선고 2006다45459 판결]

▶ 전차인의 차임지급시기 후에 임차인에게 지급한 부분 : 임대인에게 대항 가능2006다 45459

▶ 전대차 종료와 전차목적물 반환 당시 연체차임 → 전대차 보증금에서 공제 : 차임지급 시기 후 발생 사유 → 임대인에게 대항 가능2006다45459

2. 차임증감청구

가. 민법(제628조)

(1) 불증액 특약이 있더라도 사정변경으로 인한 차임증액청구권은 인정[대법원 1996. 11. 12. 선고 96다34061 판결]

(2) 임대인이 일방적으로 차임을 인상할 수 있다는 특약 : 제652조 위반 무효[대법원 1992. 11. 24. 선고 92다31163, 31170 판결]

나. 주택임대차보호법(제7조) : 임대차 존속 중 + 일방이 청구한 경우 적용 ⇔ 종료 후 재계약, 존속 중 당사자 합의로 증액한 경우에는 부적용[대법원 2002. 6. 28. 선고 2002다23482 판결]

3. 목적물반환청구 + 부당이득반환청구

가. 요건

(1) 계약체결 + 임차인이 임대인의 동의를 얻어 전대차·사용대차 계약체결전차인에 대하여 직접 목적물의 반환을 청구하는 경우

(1)-1. 대항력 없는 임대차의 신소유자 : 임대인지위 불승계 → 임대차계약 종료를 원인으로 반환청구 불가

(2) 목적물 인도 + 임차인이 전차인에게 인도전차인에 대하여 직접 목적물의 반환을 청구하는 경우

(3) 임대차 종료(전차인에 대한 효력 : 제631조, 제635조, 제638조)전차인의 권리를 임대인과 임차인의 의사만으로 해하는 것은 허용되지 않으므로(제631조), 임대차 종료원인으로 합의해지는 주장 자체로 이유 없음, 임차인이 임차권을 포기하였다는 주장도 전차인의 권리를 소멸케 하는 사유가 되지 못하므로 주장 자체로 이유 없음

(3)-1. 묵시의 갱신(제639조) : 기간만료 후에도 사용·수익 + 원고가 이의하지 않은 사실

(가) 기간만료 : 임대인은 주택임대차기간 1년 주장 불가주택임대차보호법 제4조 제1항은 강행규정

▶ 1년의 임차기간 경과 후 임차인은 다시 묵시의 갱신을 주장하면서 2년의 임차기간 주장 불가 : 2년 미만 기간 주장은 임차인 스스로 약정기간의 만료를 이유로 보증금반환

을 구하는 경우에 한정[대법원 1996. 4. 26. 선고 96다5551, 5568 판결] 임차인이 주택임대차보호법 제4조 제1항의 적용을 배제하고 2년 미만으로 정한 임대차기간의 만료를 주장할 수 있는 것은 임차인 스스로 그 약정 임대차기간이 만료되어 임대차가 종료되었음을 이유로 그 종료에 터잡은 임차보증금 반환채권 등의 권리를 행사하는 경우에 한정되고, 임차인이 2년 미만의 약정 임대차기간이 만료되고 다시 임대차가 묵시적으로 갱신되었다는 이유로 같은 법 제6조 제1항, 제4조 제1항에 따른 새로운 2년간의 임대차의 존속을 주장하는 경우까지 같은 법이 보장하고 있는 기간보다 짧은 약정 임대차기간을 주장할 수는 없다.

▸ 민법상 묵시의 갱신 후 임대인의 해지통고 : 가능(제639조 제1항)

▸ 주택임대차보호법상 묵시의 갱신 후 주택임대인의 해지통고 : 효력 부정∵ 주택임대차보호법에 의한 묵시적 갱신→ 2년 의제 [대법원 1992. 1. 17. 선고 91다25017 판결, 대법원 2002. 9. 24. 선고 2002다41633 판결]

▸ 묵시의 갱신 후 2기 차임연체시 즉시해지 가능(건물철거청구 + 토지인도청구 : 차임연체로 인한 임대차계약 해지를 원인으로 한 것)[2013 제55회 사법시험] 묵시의 갱신에 의하여 임차인의 토지점유는 법률상 원인이 존재하나 차임연체로 인한 해지 후부터는 법률상 원인 부존재

(나) 즉시해지(임대인)

① 2기 차임액 연체(제640조)

■ 연체차임채권을 양수받지 않은 이상 승계받은 이후 통산하여 2기[대법원 2008. 10. 9. 선고 2008다3022 판결] 임대인 지위가 양수인에게 승계된 경우 이미 발생한 연체차임채권은 따로 채권양도의 요건을 갖추지 않는 한 승계되지 않고, 따라서 양수인이 연체차임채권을 양수받지 않은 이상 승계 이후의 연체차임액이 3기 이상의 차임액에 달하여야만 비로소 임대차계약을 해지할 수 있는 것

▸ 필요비의 한도에서 차임지급 거절 가능[대법원 2019. 11. 14. 선고 2016다227694 판결] 임대인은 목적물을 계약존속 중 사용·수익에 필요한 상태를 유지하게 할 의무를 부담하고, 이러한 의무와 관련한 임차물의 보존을 위한 비용도 임대인이 부담해야 하므로, 임차인이 필요비를 지출하면, 임대인은 이를 상환할 의무가 있다. 임대인의 필요비상환의무는 특별한 사정이 없는 한 임차인의 차임지급의무와 서로 대응하는 관계에 있으므로, 임차인은 지출한 필요비 금액의 한도에서 차임의 지급을 거절할 수 있다. → 연체차임액(2,700만 원) − 필요비(1,500만 원) < 2기 차임액(1,600만 원) : 해지 불가

■ [비교] 임대인의 지위를 승계한 임차건물 양수인 : 임대인의 지위를 승계하기 전까지 발생한 연체차임이나 관리비 등에 대한 공제 가능[대법원 2017. 3. 22. 선고 2016다218874 판결] : 구 임대인 : 연체차임·관리비 채권의 귀속주체 ⇔ 신 임대인 : 보증금반환채무 감축혜택의 주체) → 당연공제의 인정근거? 당사자의 의사 : 임차인 → 공제를 반대할 합리적 이유가 없고, 보증금에서 공제하는 것이 간편하고 수월한 결제방법, 신 임대인 : 임대인의 계약상 지위를 인수하면서 임대차보증금계약에 내재한 당연 공제의 가능성도 함께 인수, 구 임대인 : 당연 공제 가능성의 이전으로 불이익을 받게 되나 이는 연체차임 채권에 관한 처리를 계약 내용에 반영함으로써 불이익 방지 가능(연체차임 채권을 함께 양도하면 양도대가를 받으므로 신 임대인의 당연공제로 불이익이 없음, 연체차임 채권을 양도하지 않는 경우에는 보증금의 당연 공제 가능성이 함께 이전된다는 점을 스스로 감수한 것) [민법판례연구 257, 258]

▶ 개정(상가임대차보호법 제10조의8) : 3기 차임액 연체 필요2015.5.13. 이후부터 적용, [대법원 2021. 5. 13. 선고 2020다255429 판결] 임대차계약 관계는 당사자 사이의 신뢰를 기초로 하므로, 종전 임대차기간에 차임을 3기분에 달하도록 연체한 사실이 있는 경우에까지 임차인의 일방적 의사에 의하여 계약관계가 연장되는 것을 허용하지 아니한다는 것이다. 위 규정들의 문언과 취지에 비추어 보면, 임대차기간 중 어느 때라도 차임이 3기분에 달하도록 연체된 사실이 있다면 그 임차인과의 계약관계 연장을 받아들여야 할 만큼의 신뢰가 깨어졌으므로 임대인은 계약갱신 요구를 거절할 수 있고, 반드시 임차인이 계약갱신요구권을 행사할 당시에 3기분에 이르는 차임이 연체되어 있어야 하는 것은 아니다.

▶ 상가건물에도 민법상 해지권 적용[대법원 2014. 7. 24. 선고 2012다28486 판결] 상가임대차보호법은 해지에 관하여 별도 규정 부존재, 상가임대차보호법 제10조 제1항이 민법 제640조의 특칙이라고 할 수 없음, 민법 제640조 해지권과는 행사시기, 효과 등이 다른 별개의 권리, [민법판례연구II 417] 상가임대차의 갱신거절사유와 상가임대차 해지사유는 다른 차원의 문제

■ 임대인의 최고절차 불필요[대법원 1962. 10. 11. 선고 62다496 판결]

■ 전차인에 대한 통지 불필요[대법원 2012. 10. 11. 선고 2012다55860 판결] 민법 제640조에 따라 임대차계약을 해지하는 경우에는 전차인에 대하여 그 사유를 통지하지 않더라도 해지로써 전차인에게 대항할 수 있고, 그 해지의 의사표시가 임차인에게 도달하는 즉시 임대차관계는 해지로 종료

② 무단양도 · 전대(제629조 제2항)

▶ 해지권 제한(배신행위이론) : 양수인이 배신행위라고 할 수 없는 특별한 사정 주장 · 증명[대법원 1993. 4. 27. 선고 92다45308 판결] 양수인이 임차인과 부부로 가구점 운영, [대법원 2007. 11. 29. 선고 2005다64255 판결] 임대인 부도로 연락두절 상태에서 보증금회수를 위해 전대, [대법원 2010. 6. 10. 선고 2009다101275 판결] 구 임대주택법 제13조 : 다른 시 · 군 · 구로 퇴거 + 임대인 승낙(묵시적 승낙 가능) : 태영산업은 부도로 인하여 소재가 명확하지 않았을 뿐만 아니라 판시 원고들의 임차권 양도나 전대차를 문제 삼아 임대차계약을 해지하고자 하였다는 등의 사정은 전혀 찾아볼 수 없고, 오히려 태영산업은 이후 판시 원고들에 대한 차임 채권을 제3자에게 양도하고 통지하기까지 하였던 점 등에 비추어 볼 때, 임차권 양도나 전대차가 임대인인 태영산업에 대하여 배신행위 내지 신뢰관계의 파괴에 해당한다고 할 수 없고, 오히려 태영산업이 제3자에게 판시 원고들에 대한 차임 채권을 양도함으로써 묵시적으로 적법한 임차인 내지 전차인으로 인정하고 임차권 양도나 전대차에 동의하였다고 봄이 상당하므로 판시 원고들은 임대주택법 제13조에 따른 적법한 임차권 양수인 내지 전차인들이라 할 것이다.

■ 해지하지 않은 경우 : 임차인에게 반환할 것을 청구

■ 해지한 경우 : 임대인에게 반환할 것을 청구(손해배상청구 불가)

건물양수인에 대한 철거청구와 대항방법

▶ 건물 양수인에 대한 철거청구

▶ 제622조 제1항 : 경락으로 임차권까지 취득(제358조 본문)[대법원 1993. 4. 13. 선고 92다24950 판결]

▶ 제629조 제1항 적용(무단 양도)92다24950 건물의 소유를 목적으로 하여 토지를 임차한 사람이 그 토지 위에 소유하는 건물에 저당권을 설정한 때에는 민법 제358조 본문에 따라서 저당권의 효력이 건물뿐만 아니라 건물의 소유를

목적으로 한 토지의 임차권에도 미친다고 보아야 할 것이므로, 건물에 대한 저당권이 실행되어 경락인이 건물의 소유권을 취득한 때에는 특별한 다른 사정이 없는 한 건물의 소유를 목적으로 한 토지의 임차권도 건물의 소유권과 함께 경락인에게 이전된다. 이 경우에도 민법 제629조가 적용되기 때문에 토지의 임대인에 대한 관계에서는 그의 동의가 없는 한 경락인은 그 임차권의 취득을 대항할 수 없다고 할 것인바, 민법 제622조 제1항은 건물의 소유를 목적으로 한 토지임대차는 이를 등기하지 아니한 경우에도 임차인이 그 지상건물을 등기한 때에는 토지에 관하여 권리를 취득한 제3자에 대하여 임대차의 효력을 주장할 수 있음을 규정한 취지임에 불과할 뿐, 건물의 소유권과 함께 건물의 소유를 목적으로 한 토지의 임차권을 취득한 사람이 토지의 임대인에 대한 관계에서 그의 동의가 없이도 임차권의 취득을 대항할 수 있는 것까지 규정한 것이라고는 볼 수 없다.

▶ 해지권 제한 : 배신행위라고 볼 수 없는 특별한 사정, 양수인이 주장·증명92다24950 임차인의 변경이 당사자의 개인적인 신뢰를 기초로 하는 계속적 법률관계인 임대차를 더 이상 지속시키기 어려울 정도로 당사자간의 신뢰관계를 파괴하는 임대인에 대한 배신행위가 아니라고 인정되는 특별한 사정이 있는 때에는 임대인은 자신의 동의 없이 임차권이 이전되었다는 것만을 이유로 민법 제629조 제2항에 따라서 임대차계약을 해지할 수 없고, 그와 같은 특별한 사정이 있는 때에 한하여 경락인은 임대인의 동의가 없더라도 임차권의 이전을 임대인에게 대항할 수 있다고 봄이 상당한바, 위와 같은 특별한 사정이 있는 점은 경락인이 주장·입증하여야 한다.

▶ 건물에 대한 양보담보설정 : 제629조 제1항의 무단양도에 해당하지 않음[대법원 1995. 7. 25. 선고 94다46428 판결]

3-1. 부속물매수청구권 : 건물인도청구 행사저지부속물매수대금의 지급과 동시이행 + 부속물철거청구권 소멸[대법원 1981. 11. 10. 선고 81다378 판결]

가. 요건

(1) 건물 기타 공작물의 임대차 : 청구원인사실에서 판단

▶ 대항력 부존재, 선순위 근저당권에 기한 경락인 : 임대인 지위 불승계 → 임차인은 동시이행항변, 유치권 주장 불가[사법연수원 임대차사례연습 1]

■ 최초 임차인의 부속행위 후 임차인 지위가 전전승계 : 현 임차인은 임대인에게 행사 가능[대법원 1995. 6. 30. 선고 95다12927 판결] 그 시설 대금이 이미 임차인측에 지급되었다거나 임차인의 지위가 승계될 당시 유리 출입문 등의 시설은 양도대상에서 특히 제외하기로 약정하였다는 등의 특별한 사정이 인정되지 않는 한, 종전 임차인의 지위를 승계한 현 임차인으로서는 임차기간의 만료로 임대차가 종료됨에 있어 임대인에 대하여 부속물매수청구권을 행사할 수 있다.

(2) 동의에 의한 부속물 설치, 임대인으로부터 매수매수한 경우에는 임차목적물 사용의 편익에 이바지함으로써 객관적 이용가치를 증대시켰는지 여부 불문[사법연수원 임대차사례연구 해설]

(3) 부속물 현존

㈎ 부속물 : 건물에 부속된 물건으로 임차인의 소유에 속하고, 건물의 구성부분이 되지 아니한 것으로서 건물의 사용에 객관적인 편익을 가져오게 하는 물건[대법원 1993. 10. 8. 선고 93다25738, 93다25745(반소) 판결]

▶ 임차인의 주관적이고 특수한 목적 : 제외[대법원 1993. 2. 26. 선고 92다41627 판결]

(내) 판단기준 : **분리가능하나 분리시 경제적 가치 손상**

(다) 유리문, 샤시, 수도·전기·가스시설, 주방시설건물의 공부상 용도에 따라 판단, 난방시설 ↔ 원래부터 있는 시설의 개량이면 유익비

(라) 구조상·이용상 독립성 있는 증개축 부분[대법원 1995. 6. 30. 선고 95다12927 판결]

▶ 구성부분 : 건물 자체의 수선 내지 증·개축 부분은 특별한 사정이 없는 한 건물의 구성부분부속물매수청구권의 대상이 아님 + 포기특약[대법원 1983. 2. 22. 선고 80다589 판결] "임차인이 임차건물을 증·개축하였을 시는 임대인의 승낙유무를 불구하고 그 부분이 무조건 임대인의 소유로 귀속된다"고 하는 약정은 임차인이 원상회복의무를 면하는 대신 투입비용의 변상이나 권리주장을 포기하는 내용이 포함되었다고 봄이 상당하다 할 것이고 이러한 약정의 특별한 사정이 없는 한 유효하다.

▶ 객관적 가치 증가 부정 : 바닥타일 시공, 벽체 도배·도색 등 실내공사, 신발장·다용도장, 주방내부시설공부상 용도가 근린생활시설인 경우 [사법연수원 임대차 사례연습 1]

(4) 임대차 종료청구원인사실의 인정단계에서 판단되었을 것이므로 따로 주장·증명할 필요 없음

(가) 전대차의 경우 전대차 종료시(제647조 제1항)

(나) 지상물매수청구의 경우 전대차와 임대차 기간이 동시에 만료 필요(제644조 제1항)

(다) **임차인의 채무불이행에 의한 해지**[대법원 1990. 1. 23. 선고 88다카7245, 88다카7252 판결]

(라) **포기특약**

① 원칙 : 무효부속물을 대가 없이 임대인 소유로 귀속

② 예외 : 전체적으로 보아 임차인에게 불리하지 않은 경우 유효[대법원 1982. 1. 19. 선고 81다1001 판결, 대법원 1992. 9. 8. 선고 92다24998, 92다25007 판결] 보증금 및 임차료를 파격적으로 저렴한 가격으로, 94다44705 원상회복의무를 면하는 대신 비용상환이나 권리주장을 포기하는 임대인 소유 귀속 약정 : 유익비 청구도 불가, 원상회복이 불가능한 경우 임차인은 원상회복의무를 면함으로써 족하고 원상회복이 불가능하다고 하여 유익비의 상환을 청구할 수 있는 것은 아님

(마) **임대차 종료 후 부속물매수청구권 포기 : 임대인으로부터 압박을 받을 염려가 없으므로 무방**[사법연수원 임대차 사례연습 해설]

(바) **일시사용을 위한 임대차에는 부속물매수청구권 부적용(제653조)**

(5) 매수청구권을 행사한 사실

(6) 매수청구권 행사 당시 부속물의 시가동시이행의 범위를 정하기 위한 요건사실

나. 효과

(1) 건물인도청구 행사저지 + 부속물철거청구권 소멸[대법원 1981. 11. 10. 선고 81다378 판결], 유치권은 불성립임차목적물에 관하여 생긴 채권이 아니므로

(2) 동시이행의 범위 : 매수청구권 행사 당시 부속물 시가[대법원 1972. 7. 25. 선고 72다653 판결],

임차목적물의 인도에 대해서도 동시이행관계[대법원 1981. 11. 10. 선고 81다378 판결] 임차인이 임대인의 동의를 얻어 전대한 경우에 전차인은 임대인에 대하여 그 사용의 편익을 위하여 임대인의 동의를 얻어 시설한 부속물의 매수청구권을 행사할 수 있고, 임대인을 대위하여 명도청구를 하는 원고에 대하여도 부속물 매수대금 지급시까지의 연기적 항변권을 주장할 수 있다.

3-2. 지상물매수청구권 : 건물철거청구, 대지인도청구 모두 기각_{토지인도청구 + 지상물철거}

청구 소멸 사유

가. 요건

(1) 지상물 소유 목적 토지임대차계약 체결

(2) 임차인이 지상물 건축 + 현존

■ 경제적 가치 불요[대법원 2002. 5. 31. 선고 2001다42080 판결]

■ 임차인 소유건물이 임대인 토지 외 제3자 토지 지상에도 걸쳐있는 경우 : 구분소유권의 객체가 될 수 있는 부분만 허용[대법원 1996. 3. 21. 선고 93다42634 전원합의체 판결]

▶ 임대인의 재산권 행사에 지나친 제약이 되는 경우[대법원 2021. 12. 10. 선고 2021다260671 판결] 민법은 임대차계약 종료 시에 계약 목적 대지 위에 존재하는 지상물의 잔존가치를 보존하자는 국민경제적 요청과 아울러 토지 소유자의 배타적 소유권 행사로 인해 희생당하기 쉬운 임차인을 보호하기 위해서 임대차계약을 위반하지 않고, 계약을 성실하게 지켜온 임차인에게는 임대차계약 종료 시에 계약갱신요구권을 부여하고, 임대인이 굳이 위 요구를 벗어나 자신의 뜻대로 토지를 사용하고자 할 때에는 계약 목적 토지 위에 임차인이 설치한 건물 등 지상물을 매수하도록 강제함으로써 비로소 위와 같은 제한으로부터 벗어날 수 있게 하는 지상물매수청구권을 두었다. 그렇다면 임대인에게는 지상물을 매수한 후 이와 같은 제한으로부터 완전히 벗어나 그가 매수한 지상건물과 대지를 그의 뜻대로 자유롭게 사용 처분할 수 있는 권리가 보장되어야 한다. 또 임대인의 재산권 행사를 제한하는 위와 같은 예외적 강행규정은 그 해석을 엄격하게 하여야 한다. ➡ 피고가 임대차계약 토지상에 건립한 건물을 불법으로 증축하여 그 절반 이상이 임대차계약의 목적 토지가 아닌 토지를 무단으로 침범한 경우 건물에 대한 매수청구가 허용된다면 원고로서는 이 사건 건물로 인해 이 사건 토지 외에 임대하지 않았던 3필지의 토지에 대해서도 소유권 행사에 상당한 제한을 받게 된다. 나아가 매수에 따른 소유권이전등기를 마칠 수 있는지 여부도 불확실하며, 특히 이 사건 건물의 절반에 가까운 부분이 지목이 '전'인 필지 위에 걸쳐 있어 사실상 건물 전체에 대한 철거가 불가피할 것으로 보인다. 게다가 이 사건 건물 중 공부상 등재된 사항을 제외한 나머지 불법으로 증개축된 부분에 대해서는 원고가 철거 등 원상회복 의무를 부담하게 되고, 이행강제금 부과의 위험 역시 이전되는 결과가 된다(원고상고 인용).

■ 임대차 존속 중에 축조되어도 가능, 임대차계약 당시 기존건물이거나 임대인 동의를 얻어 신축한 것에 한정되지 않음[대법원 1993. 11. 12. 선고 93다34589 판결], 임차인 자신이 설치한 것에 한정되지 않음, 이미 설치되어 있는 시설을 양수하였어도 무방[사법연수원 임대차사례연습 해설]

▶ 임대목적에 반하여 축조, 예상 불가능할 정도의 고가_{93다34589}

▶ 시설물이 임대차의 주된 목적이 아니고, 쉽게 분리 철거 가능하며 사회경제적 손실을 초래하지 않는 경우[대법원 1997. 2. 14. 선고 96다46668 판결] 임대토지에 설치한 화훼판매용 비닐하우스

▶ 임차인의 특수한 용도나 사업을 위하여 설치한 물건, 시설 : 지상물 부정[대법원 2002. 11. 13. 선고 2002다46003, 46027, 46010 판결], [사법연수원 임대차 사례연습2] 찜질방 영업을 위해 비치한 제반 시설물

▶ 임차권 소멸 후 설치한 지상시설 : 지상물 부정[사법연수원 임대차사례연습 해설]

(3) 기간만료, 갱신청구 + 임대인거절[대법원 1995. 12. 26. 선고 95다42195 판결], 기한 없는 임대차 + 임대인 해지통고[대법원 1995. 7. 11. 선고 94다34265 전원합의체 판결] 갱신청구권 행사 불필요

▶ 채무불이행(무단전대, 차임연체)에 의한 해지 → 지상물매수청구권 행사 항변은 주장 자체로 이유 없음[대법원 1972. 12. 26. 선고 72다2013 판결, 대법원 2003. 4. 22. 선고 2003다7685 판결]

(4) 매수청구권 행사

(가) 행사시기

① 행사시 매매계약 성립 + 이행기[대법원 2002. 5. 31. 선고 2001다42080 판결] 1심에서 행사 후 철회했다가 2심에서 다시 행사 가능

② 기판력 실권효 부적용 : 임대인의 토지인도 및 건물철거 소송에서 패소 후 철거가 집행되지 않은 이상 매수청구권을 행사하여 별소로 대금지급청구 가능[대법원 1995. 12. 26. 선고 95다42195 판결] 소송물을 달리하여 기판력에 의해 차단되지 않음

(나) 매매대금 : 원고가 피고의 지상물매수청구권 행사의 항변이 받아들여질 것에 대비하여 예비적으로 지상물의 인도 및 소유권이전등기청구를 하고 있는 경우

① 매수청구권 행사 당시의 시가[대법원 1997. 12. 23. 선고 97다37753 판결] 임차인의 영업수익은 고려하지 않음

② 근저당권의 피담보채무 불공제[대법원 2008. 5. 29. 선고 2007다4356 판결] 건물의 소유를 목적으로 한 토지임대차계약의 기간이 만료함에 따라 지상건물 소유자가 임대인에 대하여 행사하는 민법 제643조 소정의 매수청구권은 매수청구의 대상이 되는 건물에 근저당권이 설정되어 있는 경우에도 인정된다. 이 경우에 그 건물의 매수가격은 건물 자체의 가격 외에 건물의 위치, 주변 토지의 여러 사정 등을 종합적으로 고려하여 매수청구권 행사 당시 건물이 현존하는 대로의 상태에서 평가된 시가 상당액을 의미하고, 여기에서 근저당권의 채권최고액이나 피담보채무액을 공제한 금액을 매수가격으로 정할 것은 아니다. 다만, 매수청구권을 행사한 지상건물 소유자가 위와 같은 근저당권을 말소하지 않는 경우 토지소유자는 민법 제588조에 의하여 위 근저당권의 말소등기가 될 때까지 그 채권최고액에 상당한 대금의 지급을 거절할 수 있다.

(4)-1. 매수청구권자에 해당하지 않음

■ 임대차기간 만료 전 지상물을 양도한 임차인[대법원 1993. 7. 27. 선고 93다6386 판결] 양수인의 임차인 대위도 불가(임차인이 지상건물을 양도하였다면 이미 건물의 소유자가 아니어서 매수청구권을 행사할 수 없음 → 피대위채권 부정), 소외1이 위 토지에 관한 임대차기간이 만료하기 전 토지 위에 건립된 이 사건 건물을 피고1에게 양도하였다면 소외1은 위 건물에 대한 소유자가 아니어서 위 건물에 대한 매수청구권을 행사할 수 없다.

■ 무단 양도 · 전대의 양수인 · 전차인[대법원 1993. 7. 27. 선고 93다6386 판결] 민법 제644조 소정의 전차인의 임대청구권과 매수청구권은 토지임차인이 토지임대인의 승낙하에 적법하게 그 토지를 전대한 경우에만 인정되는 권리이므로, 소외 1이 원고의 승낙을 얻지 않은 채 피고 1에게 이 사건 토지를 전대하였다면 위 피고는 원고에 대하여 이 사건 건물을 매수할 것을 청구할 수 없으므로(이러한 법리는 임차인이 임대차목적물을 무단 전대하였다는 이유로 임대인이 임대차계약을 해지한 경우는 물론 임대인이 임대차계약을 해지하지 아니한 채 임대차기간이 만료된 경우에도 동일하게 적용된다 할 것이다) 같은 취지로 판단한 원심은 정당하다.

▶ 종전 임차인으로부터 미등기 무허가건물을 매수하여 점유하고 있는 임차인[대법원 2013. 11. 28. 선고 2013다48364,48371 판결] 건물을 매수하여 점유하고 있는 사람은 소유자로서의 등기명의가 없다 하더라도 그 권리의 범위 내에서는 그 점유 중인 건물에 대하여 법률상 또는 사실상의 처분권을 가지고 있으므로

▶ 무허가이기 때문에 곧 철거될 운명에 놓여 있다는 사정[대법원 2013. 11. 28. 선고 2013다48364,48371 판결]

(4) − 2. 매수청구권의 상대방에 해당하지 않음 : 임대인 아닌 토지소유자

■ 매수청구권의 상대방 : 임차권 소멸 당시의 토지소유자인 임대인[대법원 1994. 7. 29. 선고 93다59717, 93다59724 판결]

■ 임차권 소멸 당시에 임대인이 이미 토지소유권 상실[대법원 1994. 7. 28. 선고 93다59717 판결] 건물의 소유를 목적으로 하는 토지 임차인의 건물매수청구권 행사의 상대방은 원칙적으로 임차권 소멸 당시의 토지소유자인 임대인이라 할 것이고, 임대인이 임차권 소멸 당시에 이미 토지소유권을 상실한 경우에는 그에게 지상건물의 매수청구권을 행사할 수는 없으며, 이와 같은 이치는 임대인이 임대차계약의 종료 전에 토지를 임의로 처분하였다 하여 달라지는 것은 아니라 할 것인바, 원심이 인정한 사실에 의하면 원고(반소피고, 이하 원고라고만 한다)가 1992.5.16. 이 사건 건물철거의 소를 제기하면서 피고(반소원고)에 대하여 이 사건 임대차계약의 해지를 통고함에 따라 그 소장 부본이 피고에게 송달된 1992.6.4.부터 6개월이 지난 1992.12.4. 이 사건 임대차계약의 해지효력이 발생하였고, 한편 피고는 제1심 1회 변론기일인 1992.6.12. 원고에 대하여 이 사건 토지상의 건물에 대한 매수청구권을 행사하였으나 이 사건 토지는 이미 1992.6.4.자로 승계참가인들에게 1992.5.27. 증여를 원인으로 하여 소유권이전등기가 마쳐진 상태에 있었다는 것이므로, 위 건물매수청구권 행사 당시는 물론 임대차계약 해지의 효력이 발생할 당시에도 원고는 이미 토지소유권을 상실한 상태에 있었음이 명백하여 원심이 같은 취지에서 피고의 건물매수청구권을 배척하였음은 옳고, 거기에 소론과 같이 매수청구권의 법리를 오해한 위법이 있다고 할 수 없다. 대법원 2022. 4. 14. 선고 2020다254228, 254235 판결도 같은 취지

■ 토지 소유자가 아닌 제3자가 임대차계약의 당사자로서 토지를 임대[대법원 2017. 4. 26. 선고 2014다72449, 72456 판결] 무효인 명의신탁에 기한 임대인(소외2)과 임차인(피고)의 임대차계약은 토지소유자(원고)에게 효력 부정 → 임대인지위 불승계

▶ 임대인지위 승계, 대항력 구비 : 양수인에게 청구 가능2014다72449

▶ 대리권의 존재, 추인2014다72449

▶ 건물소유를 위한 토지임대차 + 건물등기 : 토지양수인에게 행사 가능[대법원 1996. 6. 14. 선고 96다14517 판결] 원고가 이 사건 토지를 취득할 당시에는 위 피고들과 소외 회사 사이에 임대차계약이 존재하지

않고 있었다고 하더라도, 그 이전에 위 피고들이 소외 회사와 건물의 소유를 목적으로 하는 임대차계약을 체결하였다가 그 계약이 종료되어 위 피고들이 소외 회사에 대하여 위 각 건물에 관한 매수청구권을 행사할 수 있었을 때에는, 위 피고들은 이 사건 토지의 취득자인 원고에 대하여도 매수청구권을 행사할 수 있는 것이다.

나. 효과

(1) 토지인도청구 + 지상물철거청구 소멸 사유 ➡ 원고가 청구를 변경하지 않는 한 건물철거청구와 대지인도청구 모두 기각[대법원 1995. 2. 3. 선고 94다51178, 51185(병합) 판결]

(2) 건물인도 및 이전등기의무와 건물대금지급의무는 동시이행관계

(3) 유치권 불성립토지에 관하여 생긴 채권이 아니고므로

(4) 상환이행판결 불가, 석명의무(청구변경시건물철거 + 토지인도 → 건물소유권 이전등기 + 건물인도청구 상환이행판결)대법원 1995. 7. 11. 선고 94다34265 전원합의체 판결 ⇔ [비교] 부속물매수청구권(대법원 1981. 11. 10. 선고 81다378 판결)

(5) 부당이득반환청구 : 매수대금을 지급받기 전까지의 '부지' 사용에 대한 부당이득[대법원 2001. 6. 1. 선고 99다60535 판결] ⇔ 건물에 대한 부당이득은 불성립매수청구권의 행사로 인도거부 가능, 원래 임차인 소유 [사법연수원 임대차사례연습 해설]

(6) 포기특약

(가) 원칙 : 무효(제652조)[대법원 1998. 5. 8. 선고 98다2389 판결] 임대차 기간만료시 임차인이 지상건물을 양도하거나 철거하기로 하는 특약, [대법원 1991. 4. 23. 선고 90다19695 판결] 기간만료 후 지상건물을 철거하여 인도하고, 철거하지 않을 경우 임대인에게 소유권 귀속, [대법원 2000. 4. 7. 선고 99다47686 판결] 이 사건 임대차계약은 나대지 상태이던 원고 소유의 이 사건 토지를 피고가 원고로부터 임차하여 그 지상에 주택 및 점포를 신축하고 이를 소유하면서 타에 임대하거나 직접 사용하기 위하여 이루어진 것인데, 그 임대차기간은 3년, 임차보증금은 없이 차임을 연간 금 2,500,000원으로 정하고 임대차기간 만료시에 피고는 그 지상 건물을 철거하기로 약정한 사실, 그 후 피고는 원고의 동의를 얻어 이 사건 토지 상에 이 사건 주택 및 원심판시의 그 증축건물을 건축하였는데, 거기에는 금 1억 원에 가까운 공사비가 투입되었고 그 건물들은 매수청구권 행사 당시 그 투입공사비 이상의 가치가 잔존하고 있는 사실을 알 수 있다. 위의 사실관계에 나타난 이 사건 토지의 임대목적, 이 사건 주택 등의 건축 경위, 공사비 및 경제적 가치 등 제반 사정에 비추어 보니, 가령 원고가 이 사건 토지를 임대할 때 그 임대차기간이 만료되면 이 사건 토지 상에 피고의 건물을 철거하여 새로운 건물을 신축할 계획이었기 때문에 위와 같은 철거약정을 하게 되었고 이를 감안하여 그 차임을 저렴하게 해주었다는 원고의 주장을 그대로 받아들이더라도 이 사건 임대차계약에 있어 그 철거약정이 실질적으로 임차인인 피고에게 불리하다고 볼 수 없는 특별한 사정이 있는 경우라고 보기는 어렵다.

(나) 예외

① 실질적으로 임차인에게 불리하다고 볼 수 없는 특별한 사정[대법원 1980. 12. 23. 선고 80다2312 판결] 임차인 소유였다가 임대인 앞으로 소유권 이전된 토지를 임차인이 1년 동안 임차하여 사용하되 기간 만료일까지 약정대금을 지급하지 못하면 종전부터 건립되어 있던 임차인 소유 건물을 철거하여 토지를 임대인에게 인도하여 주기로 하는 약정, [대법원 1992. 4. 14. 선고 91다36130 판결] 무단양수인이 종전과 같은 조건으로 3년간 토

지를 사용하는 임대차계약을 체결하면서 임대차 종료시 지상건물 철거 특약을 한 경우

② 기간 만료 후 권리행사 포기는 무방건물매수청구권을 자유롭게 행사할 수 있는 상태에서의 포기[사법연수원 임대차사례연습 해설]

다. 지상물 매수청구권 판결 주문 사례연습

2016 사법연수원 판결 주문 사례연습 3

I. 사실관계

■ 김삼철은 2000. 4. 1. 김삼석 소유의 토지(고양시 가상구 연습동 548-2 공장용지 400㎡)를 보증금 1,000만 원, 월 차임 200만 원, 임대차기간 5년으로 정하여 임차한 후, 그 지상에 철근콘크리트 슬래브지붕 단층 공장 180㎡를 신축하여 자기명의로 보존등기경료하였고, 2005. 3.경 김삼석의 동의하에 철근콘크리트 슬래브지붕 180㎡를 신축하였으나 증축부분과 관련된 표시변경등기는 하지 못함

■ 임대기간이 2015. 3. 31. 만료되자 김삼철은 갱신을 요구하였으나 김삼석은 거절하고 건물의 철거를 요구

■ 김삼철은 철거를 거부하고 2015. 4월분부터 8월분까지의 5개월분 차임 상당 부당이득 합계 1,000만 원을 지급하지 않아 임대차보증금과 동일한 액수에 이르자, 김삼석은 2015. 9. 10. 김삼철에게 이 사건 건물을 철거하라는 소를 제기하였고, 보증금은 차임 상당 부당이득과 공제되어 소멸하였다고 주장

■ 김삼철은 2015. 12. 12. 변론기일에서 지상물매수청구권을 행사하고, 2015. 12. 31. 공장 열쇠를 건네주고, 2016. 1. 6. 매매대금 8,000만 원과 이에 대하여 공장건물 인도 다음날인 2016. 1. 1.부터 다 갚는 날까지 연 15%의 비율로 계산한 지연손해금을 지급하라는 반소제기

■ 김삼석은 2016. 1. 21. 청구취지 및 청구원인 변경신청서를 통하여, 공장건물의 현황과 등기기록상 표시가 다른 점, 증축된 2층 부분은 무허가 건물인 점을 주장하며 매수청구권을 부정하고 종전 청구를 주위적 청구로 유지하면서, 예비적으로 이 사건 건물에 대한 이전등기절차를 이행하라는 예비적 청구를 추가하고, 매매대금에 대하여는 2015. 9. 1.부터 2015. 12. 31.까지의 채권으로 상계한다는 예비적 상계항변도 함께 기재

■ 감정결과 2015. 12. 현재 이 사건 건물의 시가는 5,000만 원

■ 변론종결 2016. 1. 29., 판결선고 2016. 4. 24.

➡ [사실관계 요약]

2000.4.1.	2005.3.	2015.3.31.	2015.9.10.	2015.12.12.	2016.1.6.	2016.1.21.
토지임대차	공장신축	임대기간만료	철거청구	지상물매수청구권행사	반소	예비적청구/상계

II. 주문

1. 피고(반소원고)는 원고(반소피고)로부터 42,000,000원을 지급받음과 동시에 원고(반소피고)에게 고양시 가상구 연습동 548-2(연습로 25번길21) 지상 철근콘크리트조 슬래브지붕 단층 공장 180㎡에 관하여 2015. 12. 12. 매매를 원인으로 한 소유권이전등기절차를 이행하라.

➡ 토지에 대한 인도청구는 없으므로 이에 대하여는 판단하지 않음, 토지에 대한 청구도 인용되거나

토지에 대한 청구만 인용되는 경우에는 '공장용지 400㎡'도 함께 기재
- ➡ 인도청구 : 토지는 토지대장, 건물은 현황을 기준으로 표시
- ➡ 등기청구 없이 건물인도만 구하는 청구 또는 건물의 철거를 구하는 청구 : 현황에 따라 표시+(등기기록) 병기
- ➡ 등기청구만 인용 : 등기기록상 표시 외에 현황 기재 불요
- ➡ 등기청구와 인도청구 병합 : 등기기록상 표시 + (현황 : 철근콘크리트조 슬래브지붕 2층 공장 1, 2층 각 180㎡) 병기
- ➡ 매매계약상의 채무와 같이 쌍방의 채무가 동시이행관계에 있는 경우 각 당사자는 상대방 채무의 이행제공이 있을 때까지는 자기 채무를 이행하지 않아도 지체책임 부담× : 김삼철이 건물의 이전등기의무에 관하여 이행 또는 이행의 제공을 하지 않았고, 이행의 제공을 하였더라도 정당한 매매대금액보다 3,000만 원이나 더 많은 매매대금과 상환으로 그 이전등기의 수령을 최고하였다면 이는 '정당한 상환이행의 조건을 붙인' 제대로 된 이행의 제공이라고 볼 수 없으므로 김삼석은 5,000만 원의 매매대금채무에 관하여 이행지체 책임을 부담하지 않음
- ➡ 자동채권(2015.9.1.부터 2015.12.31.까지 토지 점유에 따른 차임 상당 부당이득금 합계 800만 원)은 전액에 관하여 이행기에 있고, 수동채권은 2015.12.12. 이행기가 도래하였으나 김삼석은 동시이행항변권을 포기하고 상계 가능
2. 원고(반소피고)는 피고(반소원고)로부터 제2항 기재 건물에 관하여 2015. 12. 12. 매매를 원인으로 한 소유권이전등기절차를 이행받음과 동시에 피고(반소원고)에게 42,000,000원을 지급하라.
3. 원고(반소피고)의 주위적 본소청구와 나머지 예비적 본소청구 및 피고(반소원고)의 나머지 반소청구를 각 기각한다.
- ➡ 본소청구기각 이상의 의미(매매대금 청구)가 있으므로 본소 이익이 인정됨
- ➡ 주위적 본소청구는 지상물매수청구권이 인정되지 않음을 전제로 한 것이므로 지상물매수청구권이 인정되는 이상 청구기각

3-3. 임대차보증금반환(동시이행) : 보증금 지급사실[대법원 1977. 9. 28. 선고 77다1241,1242 전원합의체 판결]

- ■ 대항력 있는 임차인으로부터의 전차인도 임차인의 동시이행항변 원용 가능 : 전차인의 인도의무 vs 임차인의 보증금반환청구권[대법원 1988. 4. 25. 선고 87다카2509 판결] 주택의 임차인이 제3자에게 전대한 이후에도 그의 임차권의 대항력이 소멸되지 아니하고 그대로 존속하고 있다면 임차인은 그의 임차권의 대항력을 취득한 후에 경료된 근저당권의 실행으로 소유권을 취득하게 된 자에 대하여 임대보증금반환청구권에 기한 동시이행항변권을 행사하여 그 반환을 받을 때까지는 위 주택을 적법하게 점유할 권리를 갖게 되는 것이고 따라서 그로부터 위 주택을 전차한 제3자 또한 그의 동시이행항변권을 원용하여 위 임차인이 보증금의 반환을 받을 때까지 위 주택을 적법하게 점유, 사용할 권리를 갖게 된다.
- ■ 유치권 불성립[대법원 1976. 5. 11. 선고 75다1305 판결] 보증금반환청구권, 건물을 임차목적대로 사용하지 못한 것을 이유로 하는 손해배상청구권은 그 물건에 관한 채권이 아니므로

3-3-1. 보증금반환채무의 이행 · 이행제공으로 동시이행항변권 상실 : 임차인의 점유는 불법행위[대법원 2020. 5. 14. 선고 2019다252042 판결] 원고가 이 사건 임대차계약이 종료한 다음 연체차임 등을 공제한 임대차보증금을 적법하게 변제공탁하였다면 피고가 이 사건 각 식당을 인도할 의무에 대해 임대차보증금의 반환과 동시이행을 주장할 수 없다. 피고는 선행 소송에서 이 사건 각 식당에 지출한 비용의 상환을 청구하였으나 청구를 기각하는 판결이 확정되었고, 달리 피고가 이 사건 각 식당을 점유할 적법한 권원이 없는 한 피고가 위 변제공탁의 통지를 받은 다음부터 이 사건 각 식당을 원고에게 인도할 때까지 적어도 과실에 의한 불법점유를 한 것으로 볼 수 있다. 원심은 원고의 적법한 변제공탁으로 피고가 동시이행항변권을 상실하였는지, 변제공탁이 피고에게 통지된 때가 언제인지, 피고가 이 사건 각 식당을 점유할 적법한 권원이 있는지 등을 심리하여 피고의 불법점유 여부를 판단했어야 한다.

3-3-2. 공제 재항변 : 공제대상채권 발생사실

■ 임차인의 목적물 보존의무 위반[대법원 1991. 10. 25. 선고 91다22605, 22612(반소) 판결] 임대차 개시 당시에 없었던 하자(건물내부 시설물과 비품 및 보일러 등의 망실, 훼손) 발생, 임차인이 임대인 명의로 사용한 전기, 전화요금을 납부하지 않아 전기의 동력선이 끊기고, 임대인 명의의 전화가입권이 말소됨으로써 임대인이 그 전화 및 전기동력선 등의 재설치에 상당한 비용이 소요되는 등 손해) → 임차인에게 증명책임 임차인은 임차목적물을 명도할 때까지는 선량한 관리자의 주의로 이를 보존할 의무가 있어, 이러한 주의의무를 위반하여 임대목적물이 멸실, 훼손된 경우에는 그에 대한 손해를 배상할 채무가 발생하며, 임대목적물이 멸실, 훼손된 경우 임차인이 그 책임을 면하려면 그 임차건물의 보존에 관하여 선량한 관리자의 주의의무를 다하였음을 입증하여야 할 것이다.

■ 임차권 양도에 대한 승낙승낙시 구 임대차관계 종료, 임대인의 구 임대인에 대한 보증금반환의무 이행기 도래 + 구 임차인의 임대차보증금을 신 임차인의 채무의 담보로 하거나 신 임차인에 대하여 임대차보증금반환채권을 양도 : 신 임차인의 새로운 채무를 구 임차인에게 반환할 보증금에서 공제[대법원 1998. 7. 14. 선고 96다17202 판결]

▶ 공제대상 채권의 소멸사실

▶ 임대차보증금반환채권이 압류 · 가압류된 후 임대인의 승낙에 의한 임차권 양도시 신 임차인의 연체차임 등 새로운 채무는 구 임차인에게 반환할 보증금에서 공제 불가[96다17202] 구 임차인이 임대인과 사이에 임대차보증금을 신 임차인의 채무의 담보로 하기로 약정하거나 신 임차인에 대하여 임대차보증금반환채권을 양도하기로 한 때에도 그 이전에 임대차보증금반환채권이 제3자에 의하여 가압류 또는 압류되어 있는 경우에는 위와 같은 합의나 양도의 효력은 압류권자 등에게 대항할 수 없으므로, 신 임차인이 차임지급을 연체하는 등 새로운 채무를 부담하게 되었다고 하여 그 연체차임 등을 구 임차인에게 반환할 임대차보증금에서 공제할 수는 없다.

3-4. 필요비(즉시, 전액 청구 가능)

가. 요건사실

(1) 임차목적물 구성부분에 비용을 지출한 사실

▸ 지출한 비용이 통상적인 액수를 초과 : 임대인이 주장·증명

(2) 가치보존에 필요한 사실

㈎ 천장 보수비용 : 인정

㈏ 이미 사용·수익에 적합한 상태에서 사용·수익 자체에 필요한 비용(관리비, 수도·전기료) : 부정

(3) 상대방

㈎ 대항력 있는 임차인 : 신소유자에게

㈏ 대항력 없는 임차인

① 종전 소유자에 대하여 : 제626조(신소유자의 인도청구시 임대차 종료 : 이행불능)

② 신소유자에 대하여

■ 제626조, 제203조 주장 불가[대법원 2003. 7. 25. 선고 2001다64752 판결] 점유자가 유익비를 지출할 당시 계약관계 등 적법한 점유의 권원을 가진 경우에 그 지출비용의 상환에 관하여는 그 계약관계를 규율하는 법조항이나 법리 등이 적용되는 것이어서, 점유자는 그 계약관계 등의 상대방에 대하여 해당 법조항이나 법리에 따른 비용상환청구권을 행사할 수 있을 뿐 계약관계 등의 상대방이 아닌 점유회복 당시의 소유자에 대하여 민법 제203조 제2항에 따른 지출비용의 상환을 구할 수는 없다.

■ 유치권 가능, 동시이행항변 불가

나. 유치권 : 대항력 없는 임차인도 신소유자에게 주장 가능

(1) [비교] 상환청구는 구 소유자에게만 가능[사법연수원 임대차사례연습 1-3]

(2) 신소유자(매수인) → 구소유자(매도인) : 원시적 하자[2010 제52회 사법시험]

㈎ 담보책임(제575조)

㈏ 채무불이행(불완전이행)

㈐ 착오취소[대법원 2018. 9. 13. 선고 2015다78703 판결], 사기취소[대법원 2006. 10. 12. 선고 2004다48515 판결]

㈑ 불법행위

㈒ 채권자대위

① 피보전채권 : 신소유자의 임차인에 대한 반환청구권

② 피대위채권 : 임차인의 구소유자에 대한 상환청구권

(3) 신소유자가 임차인에게 임의로 필요비를 변제한 경우의 법률관계[2010 제52회 사법시험]

㈎ 신소유자 → 임차권자

① 제3자 변제(제469조) : 유효신소유자 : 이해관계 있는 제3취득자

② 인도청구 가능(제213조)

㈏ 신소유자 → 구소유자

① 제575조 담보책임

② 제390조 채무불이행책임

③ 제750조 손해배상책임

④ 제741조 부당이득

⑤ 구상권, 변제자대위(제480조)

다. 동시이행항변 : 차기의 차임지급 vs 비용상환(수선의무) 주문 : 임차인은 임대인으로부터 필요비 200만 원을, 신소유자로부터 유익비 250만 원을 각 지급받음과 상환으로 신소유자에게 이 사건 건물을 인도하라.

▶ 계약취소 · 소급무효 : 임대차계약이 유효함을 전제로 한 필요비상환청구 불가

▶ 대항력 없는 임차권 : 신소유자에게 동시이행항변 불가

▶ 포기특약 : 통상 생길 수 있는 소규모 수선에 한정[대법원 2008. 3. 27. 선고 2007다91336,91343 판결]

3-5. 유익비 : 종료시, 종료원인 불문, 반환 후 6개월 내

가. 요건

(1) 구성부분 ↔ 독립성 : 부속물

(2) 객관적 가치증가 : 공부상 용도 기준

인정	부정
■ 답을 대지로 조성하여 토지가치 증가[대법원 1998. 10. 20. 선고 98다31462 판결] 비용상환청구권의 포기 약정은 대지조성 후 새로 투입한 비용에 한정하여 포기한 것이고, 대지조성비는 상환청구권 포기 대상으로 삼지 않은 것이라고 봄이 합리적 ■ 화장실 개량 : 인정[사법연수원 임대차사례연습] ■ 임차물주택에 대한 간접적 지출로도 포장비용도 임차물의 가치를 증가시킨 한도에서 유익비 가능[사법연수원 임대차사례연습 2]	■ 임차인의 이용실태 : 사무실로 이용되어 온 건물 2층을 삼계탕집으로 운영하기 위해 공사 → 유익비 부정[대법원 1993. 10. 8. 선고 93다25738, 93다25745(반소) 판결] ■ 간판설치비 : 부정[대법원 1994. 9. 30. 선고 94다20389, 20396 판결] ■ 신발장, 다용도장, 칸막이, 주방 인테리어 공사비 : 부정[대법원 1991. 8. 27. 선고 91다15591, 15607 (반소) 판결] 민법 제626조에서 임대인의 상환의무를 규정한 유익비란 임차인이 임차물의 객관적 가치를 증가시키기 위하여 투입한 비용을 말하는 것이고, 피고(음식점 영업을 위한 임대차)가 지출한 위 공사비용 중에는 1

층 내부공사에 있어 신발장 및 다용도장 공사비, 기존 칸막이 철거비용, 새로운 칸막이 공사비용, 주방 인테리어 공사비용 등이 포함되는데, 이와 같은 비용은 임차물의 객관적 가치를 증대시키기 위하여 투입한 유익비라고는 보여지지 아니한다.

(3) 가치 현존 : 실제로 지출한 비용, 현존하는 증가액 모두 임차인이 주장·증명[대법원 2002. 11. 22. 선고 2001다40381 판결]

나. 효과

(1) 차기 차임지급과 동시이행항변 불가∵ 종료시 발생

(2) 목적물 인도청구에 대하여는 동시이행항변 가능

(3) 제203조 제2항 부적용 : 권원 없이 점유하는 자에게 적용[대법원 2003. 7. 25. 선고 2001다64752 판결] 임차인은 임대인에게 비용상환청구를 할 수 있을 뿐 낙찰자에게 제203조 제2항 유익비상환청구 불가. 다만 낙찰자의 인도청구에 대하여 임대인에 대한 유익비상환청구권에 기한 유치권으로 대항 가능

(4) 포기특약 : 원상회복의무를 면하는 대신 투입비용의 변상이나 권리주장을 포기[대법원 1996. 8. 20. 선고 94다44705, 44712 판결]

포기 인정	포기 부정
■ 임차인 부담으로 원상복구약정[대법원 1995. 6. 30. 선고 95다12927 판결] 개축·변조할 수 있으나 임차인의 부담으로 원상복구 ■ 시설비용·보수비용의 상환청구권 포기[대법원 1998. 5. 29. 선고 98다6497 판결] 임대차계약서에 "임차인은 임대인의 승인하에 개축 또는 변조할 수 있으나 계약대상물을 명도시에는 임차인이 일체 비용을 부담하여 원상복구하여야 함."이라는 내용이 인쇄되어 있기는 하나, 한편 계약체결 당시 특약사항으로 "보수 및 시설은 임차인이 해야 하며 앞으로도 임대인은 해주지 않는다. 임차인은 설치한 모든 시설물에 대하여 임대인에게 시설비를 요구하지 않기로 한다." 등의 약정을 한 경우, 임차인은 시설비용이나 보수비용의 상환청구권을 포기하는 대신 원상복구의무도 부담하지 않기로 하는 합의가 있었다고 보아, 임차인이 계약서의 조항에 의한 원상복구의무를 부담하지 않는다. ■ 임차인의 비용으로 증축한 부분을 임대인에게 귀속시키는 약정[대법원 1983. 2. 22. 선고 80다	■ 특약의 효력 제한 : 사회통념상 원상회복이 불가능한 경우에는 원상회복의무를 면하고 유익비 상환청구는 불가94다44705 ■ 효력 범위 제한 : 기본공사대지조성, 건물 용도변경에 의한 가치증가 부분은 포기 대상이 아님[대법원 1998. 10. 20. 선고 98다31462 판결] 비용상환청구권의 포기 약정은 대지조성 후 새로 투입한 비용에 한정하여 포기한 것이고, 대지조성비는 상환청구권 포기 대상으로 삼지 않은 것, [대법원 2000. 11. 14 선고 2000다17384 판결] 병원시설의 전제가 되는 기본공사인 건물의 용도변경을 위하여 비용을 지출함으로써 가치가 증가된 부분은 상환청구권 포기의 대상이 아님 ■ 점유이전금지가처분에 위반한 현상변경 : 유치권, 매수청구권 성립 자체는 인정, 주장 불가[민사집행실무제요IV 331]

589 판결] 임차인이 증개축한 부분은 승낙 유무를 불문하고 임대인 소유로 귀속하기로 약정, [대법원 1983. 5. 10. 선고 81다187 판결] 시설물 및 가건물을 임대인에게 증여하기로 약정

(5) 적법하게 지출한 필요비 상환청구권에 기하여 적법하게 유치하는 동안 지출한 유익비 : 유익비 지출 전 소유자가 변경되었어도 주장 가능, 상환청구 가능(제325조 제2항)[대법원 1972. 1. 31. 선고 71다2414 판결], [사법연수원 임대차 사례연습], [주문] : 임차인은 임대인으로부터 필요비 200만 원을, 신소유자로부터 유익비 250만 원을 각 지급받음과 상환으로 신소유자에게 이 사건 건물을 인도하라

▸ 대항력 없는 임차인의 유익비 지출 후 소유자 변경 : 신 소유자에 대하여 임대차 관계 주장 불가, 비용상환청구 불가[대법원 2006. 5. 11 선고 2005다52719(본소), 2005다52726(반소) 판결] 임차인이 지출한 유익비는 전 소유자와 신 소유자 사이의 매매대금 결정에 반영 → 전 소유자에게 반환청구

▸ 기존의 유치권이 인정되지 않는 상태에서 차임연체를 이유로 임대차계약이 해지되거나 임대차 종료 후 임차인이 권원 없이 점유하는 동안 지출한 비용 : 유치권 불성립 (제320조 제2항)

4. 부당이득 : 불법점유가 아니라 해도 부당이득은 성립

가. 임대차 종료 후 건물 사용·수익 중지시까지

가-1. 실질적 이익 부정(계약의 목적대로 건물 사용·수익하지 않음 : 폐쇄·영업중단)[대법원 1992. 4. 14. 선고 91다45202, 45219(반소) 판결] 집기를 그대로 둔 경우에도

나. 일부 배당과 부당이득

(1) [법 개정 전] 임차인이 경매절차에서 일부 배당받아 임대차 존속을 주장할 수 없는 보증금 부분 : 실질적 이익 인정[대법원 1998. 7. 10. 선고 98다15545 판결] 임차보증금 중 금 2,000만 원을 반환받을 때까지 그 부분에 관하여는 임대차관계의 존속을 주장할 수 있다고 할 것이나 그 나머지 보증금 부분에 대하여는 그 존속을 주장할 수 없는 것이므로 피고가 이 사건 임대차계약이 해지되어 종료된 다음에도 계쟁 임대 부분 전부를 사용·수익하고 있어 그로 인한 실질적 이익을 얻고 있다면 이 사건 계쟁 임대 부분의 적정한 임료 상당액 중 임대차관계가 존속되는 것으로 보는 금 2,000만 원에 해당하는 부분을 제외한 나머지 보증금에 해당하는 부분에 대하여는 부당이득을 얻고 있다고 할 것이어서 이를 반환하여야 할 것이다.

▸ 배당표가 확정될 때까지의 사용·수익 : 부당이득 부정[대법원 2004. 8. 30. 선고 2003다23885 판결] 임차인이 우선변제권을 선택하여 임차주택에 대하여 진행되고 있는 경매절차에서 보증금에 대한 배당요구를 하여 보증금 전액을 배당받을 수 있는 경우에는, 특별한 사정이 없는 한 임차인이 그 배당금을 지급받을 수 있는 때,

즉 임차인에 대한 배당표가 확정될 때까지는 임차권이 소멸하지 않는다고 해석함이 상당하다 할 것이므로, 경락인이 낙찰대금을 납부하여 임차주택에 대한 소유권을 취득한 이후에 임차인이 임차주택을 계속 점유하여 사용·수익하였다고 하더라도 임차인에 대한 배당표가 확정될 때까지의 사용·수익은 소멸하지 아니한 임차권에 기한 것이어서 경락인에 대한 관계에서 부당이득이 성립되지 아니한다.

(2) [법 개정 이후] 임대차관계 존속 중 보증금 일부를 배당받은 경우 : 매수인은 임차인에 대하여 배당받은 보증금에 해당하는 임료 상당의 부당이득이 아니라 임대차계약에 기한 부족 임료로 청구[사법연수원 주택임대차보호법 143] ∵ 법정임대차관계(주택임대차보호법 제4조 제2항)이므로 임차인이 계속 거주하는 경우에만 차임지급의무 인정거주하지 않고 이사한 경우에는 차임지급의무 부담하지 않음[같은 책 193]

⇔ 본래의 임대차 : 계약기간 중이면 거주 여부 불문 차임지급[같은 책 193]

5. 손해배상청구 : 목적물 반환의무 불능

가. 요건

(1) 임대차계약 성립 후의 이행불능 : 불능 발생시 임대차계약 종료

(2) 이행불능으로 인한 손해발생

(2) - 1. 귀책사유 부존재 항변 : 임차인이 증명

(가) 정확한 발화지점이나 발화원인을 알 수 없었던 경우라도[대법원 1999. 9. 21. 선고 99다36273 판결, 대법원 2001. 1. 19. 선고 2000다57351 판결]

(나) 화재가 임차한 부분에서 발생하였는지 자체를 알 수 없는 경우에도2000다57351 임차건물이 화재로 소훼된 경우에 있어서 그 화재의 발생원인이 불명인 때에도 임차인이 그 책임을 면하려면 그 임차건물의 보존에 관하여 선량한 관리자의 주의의무를 다하였음을 입증하여야 한다.

(다) 임대인이 훼손된 목적물에 관하여 수선의무를 부담하더라도 동일[대법원 2019. 4. 11. 선고 2018다291347 판결] [원심] 임대인(원고)이 수선의무를 부담 → 임대인이 임차인의 사용 중 과실로 목적물이 고장났다는 점에 관한 증명책임이 있다고 판시, [대법원] 원심은 이 사건 장비의 고장이 피고가 책임질 수 없는 사유(임차인 증명)로 발생한 것인지 또는 이 사건 장비의 고장이 원고가 지배·관리하는 영역에 존재하는 하자로 발생한 것인지에 관해서 구체적으로 심리·판단하였어야 한다.

(2) - 2. 임대인의 의무위반으로 인한 이행불능사용수익에 적합한 상태로 유지하지 않은 경우, 임대인의 지배·관리영역의 하자로 인한 화재[대법원 2009. 5. 28. 선고 2009다13170 판결] 전기배선의 하자를 알 수 없었던 경우

▶ 임차인의 지배관리 영역 내[대법원 2006. 1. 13. 선고 2005다51013, 51020 판결] 임차인이 직접 배선

▶ 임대인의 지배관리 영역 외[2017 제59회 사법시험] 임차인이 실질적으로 사용·수익하던 부분에서 화재 발생

나. 손해배상책임의 범위·제한[대법원 2018. 10. 25. 선고 2015다219030 판결, 대법원 2017. 5. 18. 선고 2012다86895, 86901 전원합의체 판결] : 임차 외 건물 부분에 대한 통상·특별손해 → 임대인이 주장·증명임차 외 건물 부분이 구조상 불가분의 일체를 이루는 관계에 있는 부분이라 하더라도

2012다86895	임차 건물 부분	임차 외 건물 부분
책임의 성격	채무불이행	채무불이행
불이행한 채무	임차 건물 반환의무결과채무	선관보존의무(제374조)수단채무의 성격
증명책임	■ 채무불이행, 손해, 인과관계 : 임대인 ■ 귀책사유 : 임차인이 귀책사유 없음을 증명결과채무는 채무불이행과 귀책사유의 증명이 분리되어 독자적 의미[민법판례연구 248], 원인불명의 화재에 대하여도 임차인에게 증명책임화재 등의 구체적인 발생 원인이 밝혀지지 않았다면 임차인은 자기의 귀책사유 없음을 증명하지 못한 것	■ 임대인수단채무에서는 채무불이행과 귀책사유 증명이 합일[민법판례연구I 248] ① 임차인의 보존관리의무 위반 ② 임차 외 건물 부분의 손해 ③ 의무 위반과 손해 발생 사이의 인과관계 ④ 건물 외 부분의 손해가 의무위반에 따른 통상의 손해·임차인이 그 사정을 알았거나 알 수 있었을 특별한 사정2015다219030
책임 범위		제393조에 따라 결정
책임 제한		언급 없음다수의견은 증명책임의 전환에 의하여 화재의 위험 배분, 별개의견2는 신의칙에 기한 책임제한

II. 임차인 → 임대인

1. 권리금반환청구

가. 원칙 : 불가

나. 예외 : 가능[대법원 2002. 7. 26. 선고 2002다25013 판결] 약정기간 동안 재산적 가치를 이용하게 해주지 못한 특별한 사정 필요

나-1. 반환범위 : 잔존기간에 대응하는 부분만 반환할 의무2002다25013

2. 임대차보증금반환 : 임대차종료시 발생 + 이행기, 반환액수는 인도시조건성취시에 확정정지조건부 권리

[비교] 전세목적물의 소유자변경과 전세권자의 전세금반환청구

■ 신소유자 : 전세권설정자의 지위에서 반환의무[대법원 2006. 5. 11. 선고 2006다6072 판결] 전세권이 성립한 후 전세목적물의 소유권이 이전된 경우 민법이 전세권 관계로부터 생기는 상환청구, 소멸청구, 갱신청구, 전세금증감청구, 원상회복, 매수청구 등의 법률관계의 당사자로 규정하고 있는 전세권설정자 또는 소유자는 모두 목적물의 소유권을 취득한 신 소유자로 새길 수밖에 없다고 할 것이므로, 전세권은 전세권자와 목적물의 소유권을 취득한 신 소유자 사이에서 계속 동일한 내용으로 존속하게 된다고 보아야 할 것이고, 따라서 목적물의 신 소유자는 구소유자와 전세권자 사이에 성립한 전세권의 내용에 따른 권리의무의 직접적인 당사자가 되어 전세권이 소멸하는 때에 전세권자에 대하여 전세권설정자의 지위에서 전세금 반환의무를 부담하게 된다.

■ 구소유자에 대한 청구기각[대법원 2000. 6. 9. 선고 99다15122 판결] 전세권은 전세금이 존재하지 않으면 독립하여 존재할 수 없는 용익물권으로서 전세금은 전세권과 분리될 수 없는 요소이므로 전세권 관계로 생기는 위와 같은 법률관계가 신 소유자에게 이전되었다고 보는 이상, 전세금 채권 관계만이 따로 분리되어 전 소유자와 사이에 남아 있다고 할 수는 없을 것이고, 당연히 신 소유자에게 이전되었다고 보는 것이 옳다.

가. 계약당사자[대법원 1999. 8. 20. 선고 99다18039 판결] 원고와 소외 1이 임대차보증금 중 각 일부를 부담하기로 하되 원고가 소외 1로부터 지급받아야 할 채권이 많았기 때문에 그 임대차기간 종료시 임대차보증금 전액을 원고가 반환받기로 하고, 이에 따라 원고와 피고, 소외 1 등 3자 합의에 의하여 임대차계약서를 작성하면서 그 임대차보증금 전액을 원고가 반환받는다는 의미에서 임차인 명의를 원고 단독으로 하였다면, 특별한 사정이 없는 한 그 임대차계약서상의 임차인 명의에 불구하고 원고와 소외 1이 공동임차인으로서 피고와 임대차계약을 체결한 것이고, 다만 소외 1이 피고에게 지급한 임대차보증금의 반환채권을 원고의 소외 1에 대한 채권의 지급을 담보할 목적으로 원고에게 양도하고 피고가 이를 승낙하는 의미에서 임차인 명의를 원고 단독으로 하였다고 보아야 할 것이다.

가-1. 계약당사자 부정 : 제3자가 원고행세 + 계약체결 → 원고를 위하는 의사가 있더라도 원고에게 계약의 효력이 미치지 않음[대법원 1974. 6. 11. 선고 74다165 판결]

나. 요건

(1) 임대차계약체결 : 목적물 + 차임 + 임대기간(반환시기)

(2) 보증금 지급

■ 임차인 증명[대법원 2005. 1. 13. 선고 2004다19647 판결]

■ 기존채권대여금채권의 전환 가능[대법원 2002. 1. 8. 선고 2001다47535 판결] 주택임차인이 대항력을 갖는지 여부는 법 제3조 제1항에서 정한 요건, 즉 임대차계약의 성립, 주택의 인도, 주민등록의 요건을 갖추었는지 여부에 의하여 결정되는 것이므로, 당해 임대차계약이 통정허위표시에 의한 계약이어서 무효라는 등의 특별한 사정이 있는 경우는 별론으로 하고 임대차계약 당사자가 기존 채권을 임대차보증금으로 전환하여 임대차계약을 체결하였다는 사정만으로 임차인이 법 제3조 제1항 소정의 대항력을 갖지 못한다고 볼 수는 없다.

▶ 통정허위표시[대법원 2002. 3. 12. 선고 2000다24184, 24191 판결], 채권의 우선회수 목적에서 전환

[대법원 2003. 7. 22. 선고 2003다21445 판결, 대법원 2007. 12. 13. 선고 2007다55088 판결]

(3) 임대차 종료

⑺ **기간만료 : 임대차기간 중 해제·해지 관련 절차·제한 → 기간 만료에 의한 종료에는 부적 용**[대법원 2014. 6. 26. 선고 2014다14115 판결] 소유자의 민법 제211조와 같은 소유권 행사에는 다양한 공법상 또는 사법상 제한이 따를 수 있고, 소유자 스스로의 의사에 기한 임차권 등 용익권의 설정에 의하여 소유권 행사가 제한될 수도 있다. 그러나 임대차기간 등 용익권 설정계약의 기간이 경과한 후에는 소유자가 용익권 설정으로 인한 제한으로부터 벗어나 자유롭게 소유권을 행사할 수 있는 권리가 보장되어야 하므로, 임대차기간 중의 해제·해지 의사표시에 어떠한 절차가 요구되거나 제한이 따른다고 하여 임대차기간 만료에 의한 임대차계약의 종료 시에도 당연히 그와 같은 제한이 적용된다고 확대해석하여서는 안 되고, 기간만료로 인한 임대차계약의 종료에 어떠한 제한이 따른다고 하기 위해서는 그러한 내용의 법률 규정이나 당사자 사이의 별도의 명시적 또는 묵시적 약정이 있어야 한다.

⑻ **해지통고(제635조 제1항, 제636조)**

⑻-1. **해지 부적법 : 관리권한 부존재**[대법원 2010. 9. 9. 선고 2010다37905 판결] 상가임대차의 해지 → 공유 물의 관리행위, 공유지분권자의 과반수 찬성 필요

⑼ **즉시해지**

① 의사에 반한 보존행위(제625조)

② 일부멸실 + 목적달성 불능(제627조 제2항)

③ 수선의무 위반 + 사용수익 불능

④ **임대인지위 양도**[대법원 1998. 9. 2.자 98마100 결정] 대항력 있는 임대차의 경우에도 적용 : 양도사실을 안 날 로부터 상당한 기간 내에 이의제기 ⇔ [대법원 2002. 9. 4. 선고 2001다64615 판결] 양수인의 보증금반환 의사표시에 대하여 수령거절의 의사표시를 하지 아니한 채 임의경매절차에서 임차인으로서 권리신고 및 배당요구 : 임대인 지위 승계를 전제한 것, 임대인 지위승계에 이의한 것으로 볼 수 없음

⑽ **사용수익케 할 의무 이행불능 : 제3자의 인도청구에 의한 인도시**해지의 의사표시 없이 당연 종료, 손해배상 채무로 변환되어 존속한다고 볼 수 없음

⑾ **수선의무 위반**

▶ 불가항력 항변 불가수선의무는 임대인의 귀책사유로 수선이 필요하게 되었을 것을 요구하지 아니하므로

⑿ **대항력과 우선변제권을 모두 가진 임차인이 보증금반환청구소송의 확정판결에 기하여 강 제경매 신청 → 우선변제권 행사, 별도의 배당요구 불필요**[대법원 2013. 11. 14. 선고 2013다27831 판결] 주택임대차보호법상의 대항력과 우선변제권을 모두 가지고 있는 임차인이 보증금을 반환받기 위하여 보증금 반환청구 소송의 확정판결 등 집행권원을 얻어 임차주택에 대하여 스스로 강제경매를 신청하였다면 특별한 사정이 없는 한 대항력과 우선변제권 중 우선변제권을 선택하여 행사한 것으로 보아야 하고, 이 경우 우선변제권을 인정 받기 위하여 배당요구의 종기까지 별도로 배당요구를 하여야 하는 것은 아니다. 그리고 이와 같이 우선변제권이 있는 임차인이 집행권원을 얻어 스스로 강제경매를 신청하는 방법으로 우선변제권을 행사하고, 그 경매절차에서 집행관의 현황조사 등을 통하여 경매신청채권자인 임차인의 우선변제권이 확인되고 그러한 내용이 현황조사보고

서, 매각물건명세서 등에 기재된 상태에서 경매절차가 진행되어 매각이 이루어졌다면, 특별한 사정이 없는 한 경매신청채권자인 임차인은 배당절차에서 후순위권리자나 일반채권자보다 우선하여 배당받을 수 있다고 보아야 할 것이다.

(3)-1. 묵시의 갱신(제639조 제1항) : 임대차 미종료, 보증금반환청구권 불발생

(개) 요건사실

① 임차인인 원고가 기간만료 후에도 목적물을 계속 사용·수익한 사실

② 피고가 상당한 기간 내에 이의하지 않은 사실

(나) 적용범위 : **주택임대차보호법 임대인도 묵시의 갱신**(주택임대차보호법 제6조) **주장 가능**

(다) 재항변

① 계약해지 통고[대법원 1992. 1. 17. 선고 91다25017 판결]

■제635조 : 당사자 모두에게 해지권주택임대차에는 부적용

■주택임대차보호법 제6조의2 : 임차인에게만 해지권, 3개월 후 해지효력 발생

■상가임대차보호법 제10조 제5항 : 임차인에게만 해지권, 3개월 후 해지효력 발생

② 반환청구권 양도통지 후 임대차 갱신 : 반환채권 양수인에 대해 효력 부정[대법원 1989. 4. 25. 선고 88다카4253, 4260 판결] 양도통지 후의 사유이므로 제451조 제1항 위반

③ 제3자에 대한 청구

■연대보증 청구 : 불가제3자 제공 담보 소멸 제639조 제2항 ↔ 합의에 의한 연장에는 부적용[대법원 2005. 4. 14. 선고 2004다63293 판결] 연대보증 청구 가능

■제3자가 제공한 '임대차보증금' : 존속[대법원 1977. 6. 7. 선고 76다951 판결] 제639조 제2항의 소멸되는 담보에 포함되지 않으므로

다. 목적물이 양도된 경우

(1) 양수인에게 청구 : 대항력을 갖춘 사실[대법원 2013. 1. 17. 선고 2011다49523 전원합의체 판결] 양수인이 제3채무자의 지위 승계, 가압류권자는 양수인에 대하여만 가압류의 효력 주장 가능, [대법원 2021. 11. 11. 선고 2021다251929 판결] 법률상 당연승계 규정

(개) **계약해제로 소유권을 회복한 제3자**[대법원 2003. 8. 22. 선고 2003다12717 판결]

(나) **미등기주택의 사실상 양수인**[대법원 1987. 3. 24. 선고 86다카164 판결] 주택임대차보호법의 목적과 동법 제3조 제2항의 규정에 비추어 볼 때, 건물이 미등기인 관계로 그 건물에 대하여 아직 소유권이전등기를 경료하지는 못하였지만 그 건물에 대하여 사실상 소유자로서의 권리를 행사하고 있는 자는 전소유자로부터 위 건물의 일부를 임차한 자에 대한 관계에서는 위 사실상 소유자가 동법 제3조 제2항 소정의 주택의 양수인으로서 임대인의 지위를 승계하였다고 볼 수 있다.

(다) **신탁법상 수탁자**[대법원 2002. 4. 12. 선고 2000다70460 판결] 신탁등기의 목적 불문

(라) **임차인**원고 : 이미 수탁자에 대한 승소판결 후 피고(신탁자)에 대하여 소제기이 **무효인 계약명의신탁**매도인

악의의 수탁자소외인로부터 명의신탁의 목적물인 주택을 임차하여 대항력을 갖춘 후 등기명의를 회복하게 된 매도인이 사건 조합 및 매도인으로부터 다시 소유권이전등기를 마친 명의신탁자피고 [대법원 2022. 3. 17. 선고 2021다210720 판결] 1. 제3자 해당여부 : 매도인이 악의인 계약명의신탁에서 명의수탁자로부터 명의신탁의 목적물인 주택을 임차하여 주택 인도와 주민등록을 마침으로써 주택임대차보호법 제3조 제1항에 의한 대항요건을 갖춘 임차인은 「부동산 실권리자명의 등기에 관한 법률」 제4조 제3항의 규정에 따라 명의신탁약정 및 그에 따른 물권변동의 무효를 대항할 수 없는 제3자에 해당, 2. 기판력과 권리보호이익 : 피고는 변론종결 후의 승계인에 해당하므로 원고는 피고를 상대로 승계집행문 부여의 소를 제기하여야 하나, 이미 피고에 대한 소가 진행되어 심리가 충분히 이루어진 경우에는 당사자보호, 소송경제 등을 고려할 때 권리보호이익을 부정할 수 없음

⒨ 명의신탁자로부터 처분권한을 종국적으로 이전받은 수탁자[대법원 1999. 4. 23. 선고 98다49753 판결] 소유자임을 내세워 명도를 구할 수 없음, 임대인지위 승계

⒝ 주택임대차보호법상 대항력을 갖춘 임차인의 임대차보증금반환채권에 대한 가압류 후 임대목적물이 양도된 경우 : 양수인이 제3채무자 지위 승계, 가압류채권자도 양수인에 대하여만 가압류의 효력 주장 가능2011다49523 주택임대차보호법 제3조 제3항은 법률상의 당연승계 규정으로 보아야 하므로, 임대주택이 양도된 경우에 양수인은 주택의 소유권과 결합하여 임대인의 임대차 계약상의 권리·의무 일체를 그대로 승계하며, 그 결과 양수인이 임대차보증금반환채무를 면책적으로 인수하고, 양도인은 임대차 관계에서 탈퇴하여 임차인에 대한 임대차보증금반환채무를 면하게 된다. 나아가 임차인에 대하여 임대차보증금반환채무를 부담하는 임대인임을 당연한 전제로 하여 임대차보증금반환채무의 지급금지를 명령받은 제3채무자의 지위는 임대인의 지위와 분리될 수 있는 것이 아니므로, 임대주택의 양도로 임대인의 지위가 일체로 양수인에게 이전된다면 채권가압류의 제3채무자의 지위도 임대인의 지위와 함께 이전된다고 볼 수밖에 없다. 한편 주택임대차보호법상 임대주택의 양도에 양수인의 임대차보증금반환채무의 면책적 인수를 인정하는 이유는 임대주택에 관한 임대인의 의무 대부분이 그 주택의 소유자이기만 하면 이행가능하고 임차인이 같은 법에서 규정하는 대항요건을 구비하면 임대주택의 매각대금에서 임대차보증금을 우선변제받을 수 있기 때문인데, 임대주택이 양도되었음에도 양수인이 채권가압류의 제3채무자의 지위를 승계하지 않는다면 가압류권자는 장차 본집행절차에서 주택의 매각대금으로부터 우선변제를 받을 수 있는 권리를 상실하는 중대한 불이익을 입게 된다. 이러한 사정들을 고려하면, 임차인의 임대차보증금반환채권이 가압류된 상태에서 임대주택이 양도되면 양수인이 채권가압류의 제3채무자의 지위도 승계하고, 가압류권자 또한 임대주택의 양도인이 아니라 양수인에 대하여만 위 가압류의 효력을 주장할 수 있다고 보아야 한다.

⒲ 계약당사자 사이에 공동임차인의 임대차보증금 지분을 별도로 정한 경우에도 동일[대법원 2021. 10. 28. 선고 2021다238650 판결] 계약당사자 사이에 공동임차인의 임대차보증금 지분을 별도로 정한 경우에도 마찬가지이다. 공동임차인으로서 임대차계약을 체결한 것은 기본적으로 임대차계약에 따른 권리·의무를 함께하겠다는 것이고, 임대차보증금에 관한 지분을 정하여 그 지분에 따라 임대차보증금을 지급하거나 반환받기로 약정하였다고 하더라도 임대차계약 자체를 지분에 따라 분리하겠다는 것이라고 볼 수는 없다. 공동임차인 중 1인이 취득한 대항력이 임대차 전체에 미친다고 보더라도 주택임대차보호법에 따른 공시의 목적, 거래관행 등에 비추어 임대차계약을 전제로 법률행위를 하고자 하는 제3자의 권리가 침해된다고 볼 수도 없다.

(1) - 1. 양수인 부정

㈎ 임차주택의 대지만을 매각받은 자[대법원 1998. 4. 10. 선고 98다3276 판결]

㈏ 주택의 양도담보권자[대법원 1993. 11. 23. 선고 93다4083 판결] 주택을 임대할 권리나 이에 수반하는 권리를 종국적·확정적으로 이전되지 않음

㈐ 법인이 임차인인 경우 양수인이 임대인 지위 불승계[대법원 2003. 7. 25. 선고 2003다2918 판결] 법인은 주민등록 불가 → 대항력 부정 → 양수인의 임대인지위 불승계 : 임대인의 법인에 대한 반환의무 불소멸

(2) 양도인에게 청구 : 임대인에게 상당기간 내에 이의를 제기한 사실[대법원 1989. 10. 24. 선고 88다카13172 판결] 공유자들의 임대 → 공유물분할에 의하여 전부의 소유권을 취득(임대인 지위 승계)한 후 보증금 변제 → 다른 공유자인 양도인에 대한 부당이득반환청구 : 기각(∵ 자기의무의 이행)

(2) - 1. 이의제기로 볼 수 없음[대법원 2021. 11. 11. 선고 2021다251929 판결] 임차인인 원고가 주위적 피고(양도인)와 예비적 피고(경락인)를 상대로 임대차보증금 반환을 청구, [원심] 원고가 예비적 피고가 이 사건 부동산에 관한 소유권을 취득한 이후에도 주위적 피고에게 임대차보증금의 반환을 요구하였음을 이유로 주위적 피고의 반환의무를 인정 ⇔ [대법원] 이의제기 부정(피고 상고 인용) : ① 원고가 주위적 피고에게 해지의 의사표시를 한 것은 경매절차에서 매각이 이루어지기 전이므로 그 사정만으로 원고가 임대인의 지위승계를 원하지 않았다고 볼 수 없음, ② 원고는 경매절차에서 배당요구를 하지 않았는데, 이는 최고가 매수인에게 임대차관계의 존속을 주장하기 위한 것, ③ 원고는 예비적 피고를 상대로 주택임차권등기명령을 신청한 점도 참작

2-1. 혼동에 의한 소멸

가. 대항력 없는 임대차 : 임차권은 혼동에 의하여 소멸되지 않음채권과 물권은 혼동되지 않으므로

나. 대항력 있는 임대차 : 채권채무 혼동으로 차임채권, 사용수익권, 보증금반환채무 소멸[대법원 1996. 11. 22. 선고 96다38216 판결] 주택의 임차인이 제3자에 대한 대항력을 갖춘 후 임차주택의 소유권이 양도되어 그 양수인이 임대인의 지위를 승계하는 경우에는, 임대차보증금의 반환채무도 부동산의 소유권과 결합하여 일체로서 이전하는 것이므로 양도인의 임대인으로서의 지위나 보증금반환채무는 소멸하는 것이고, 대항력을 갖춘 임차인이 양수인이 된 경우라고 하여 달리 볼 이유가 없으므로 대항력을 갖춘 임차인이 당해 주택을 양수한 때에도 임대인의 보증금반환채무는 소멸하고 양수인인 임차인이 임대인의 자신에 대한 보증금반환채무를 인수하게 되어, 결국 임차인의 보증금반환채권은 혼동으로 인하여 소멸하게 된다.

다. 대항요건을 갖춘 후 저당권➡임차권보다 후순위이 설정된 경우

(1) 차임채권은 소멸

(2) 임차권(사용수익권)·보증금반환채권은 불소멸[대법원 2001. 5. 15. 선고 2000다12693 판결] 제191조 단서 준용 : 부동산에 대한 소유권과 임차권이 동일인에게 귀속하게 되는 경우 임차권은 혼동에 의하여 소멸하는 것이 원칙이지만, 그 임차권이 대항요건을 갖추고 있고 또한 그 대항요건을 갖춘 후에 저당권이 설정된

때에는 혼동으로 인한 물권소멸 원칙의 예외 규정인 민법 제191조 제1항 단서를 준용하여 임차권은 소멸하지 않는다고 보아야 할 것인바, 이 사건 아파트의 임차인으로서 그 보증금에 관하여 우선변제권을 가지고 있던 원고가 아파트의 소유권을 취득하였어도 후순위 근저당권자인 피고 은행이 있는 이상 원고의 임차보증금반환채권이 혼동으로 인하여 소멸하게 되는 것은 아니다.

라. 대항요건, 우선변제권을 갖춘 임차인에게 경락된 경우

(1) 차임채권·임차권 소멸낙찰에 의하여 임대차 종료, 사용수익권을 인정할 합리적 필요성 부정, [대법원 1998. 9. 25. 선고 97다28650 판결] 임차주택의 양수인에게 대항할 수 있는 주택임차인이 당해 임차주택을 경락받아 그 대금을 납부함으로써 임차주택의 소유권을 취득한 때에는, 그 주택임차인은 임대인의 지위를 승계하는 결과, 그 임대차계약에 기한 채권이 혼동으로 인하여 소멸하게 되므로 그 임대차는 종료된 상태가 된다.

(2) 보증금반환채권은 불소멸배당요구하였으므로 존속을 인정할 합리적 필요성 인정

2-2. 공제 항변

가. 성격 : 임차보증금은 임대차관계에 따른 임차인의 모든 채무를 담보하는 담보적 성격 → 임대인은 임대차와 관련된 자신의 채권을 우선변제받을 수 있음임차인의 다른 채권자는 임차인의 보증금반환채권에 관하여 임대인에 우선하여 변제받을 방법이 없음[사법연수원 요건사실론 114]

나. 요건사실 : 공제대상 채권의 발생사실[대법원 2005. 9. 28. 선고 2005다8323, 8330 판결]

■ 임대인 주장입증

■ 보증금지급 확정 판결 후에도 청구이의의 소를 제기하면서 차임공제 주장 가능 : 전소의 기판력은 연체차임의 부존재에 대하여 작용하지 않음[대법원 2001. 2. 9. 선고 2000다61398 판결]

▸ 공제대상 채권의 소멸 : 임료지급(재항변)[대법원 2005. 1. 13. 선고 2004다19647 판결, 대법원 2005. 9. 28. 선고 2005다8323, 8330 판결] 임차인 입증

다. 공제 사유

(1) 임대차 존속 중 : 연체차임 → 차임약정 사실 + 공제 의사표시(차임청구와 선택 가능)[대법원 2013. 2. 28. 선고 2011다49608,49615 판결] 차임채권의 양도인 : 공제 의사표시 권한 부정

(2) 임대차 종료 후 반환시까지 : 부당이득[대법원 1999. 12. 7. 선고 99다50729 판결, 대법원 2015. 3. 26. 선고 2013다77225 판결]

㈎ 동시이행항변권을 행사하면서 점유 : 원고가 목적물을 점유하고 있다는 사실 + 목적물을 본래의 용법대로 사용·수익하고 있는 사실

▸ 실질적 사용·수익 부정(폐쇄) : 부당이득 불성립91다45202 집기는 그대로 둔 채 점포의 문을 폐쇄

: 점유가 계속되더라도 실질적 이익 부정 → 부당이득 불성립

(나) 공제 의사표시 불필요99다50729 : 보증금이 존재하는 경우 보증금이 없는 경우의 임료를 기준으로 산정할 수 없으나(약정에 의한 임차료가 부당이득 금액), 임대차 종료 후(임차보증금이 연체차임 및 부당이득의 공제로 인하여 모두 소멸할 때까지의 기간)에는 부당이득 당시 실제 임료 기준[대법원 2002. 11. 13. 선고 2002다46003, 46027, 46010 판결]

(3) 불법점유로 인한 손해배상채권 : 보증금반환채무 이행제공 계속 사실 주장·증명 필요원고는 임차보증금반환채무와 동시이행을 주장하며 목적물의 반환을 거절할 권능을 가지고 있으므로

(4) 목적물 멸실·훼손에 의한 손해배상채무 공제 : 목적물의 멸실·훼손사실 + 손해액

▶ 임차인의 이행불능에 귀책사유 부존재(임차인 증명 : 재항변)[대법원 2001. 1. 19. 선고 2000다 57351 판결, 대법원 2006. 1. 13. 선고 2005다51013, 51020 판결]

▶ 임대인 지배·관리 영역의 하자로 이행불능[대법원 2009. 5. 28. 선고 2009다13170 판결]

(5) 양수인의 차임임대인→임차인청구양수인→임차인에 대해 임차인은 연체차임이 보증금에서 공제되었다는 항변 가능[대법원 2015. 3. 26. 선고 2013다77225 판결] 부동산 임대차에서 수수된 보증금은 차임채무, 목적물의 멸실·훼손 등으로 인한 손해배상채무 등 임대차에 따른 임차인의 모든 채무를 담보하는 것으로서 피담보채무 상당액은 임대차관계의 종료 후 목적물이 반환될 때에 특별한 사정이 없는 한 별도의 의사표시 없이 보증금에서 당연히 공제되므로, 보증금이 수수된 임대차계약에서 차임채권이 양도되었다고 하더라도, 임차인은 임대차계약이 종료되어 목적물을 반환할 때까지 연체한 차임 상당액을 보증금에서 공제할 것을 주장할 수 있다.

(6) 임대목적물에 대한 경매개시결정 등기 후 매각대금 납부 전까지의 차임·부당이득 : 별개의 채권집행절차에서 임차인이 지급·공탁하지 않은 이상 임차인이 배당받을 보증금에서 당연 공제[대법원 2016. 7. 27. 선고 2015다230020 판결] 보증금이 수수된 저당부동산에 관한 임대차계약이 저당부동산에 대한 경매로 종료되었는데, 저당권자가 차임채권 등에 대하여는 민사집행법 제273조에 따른 채권집행의 방법으로 별개로 저당권을 실행하지 아니한 경우에 저당부동산에 대한 압류의 전후와 관계없이 임차인이 연체한 차임 등의 상당액이 임차인이 배당받을 보증금에서 당연히 공제됨은 물론, 저당권자가 차임채권 등에 대하여 위와 같은 방법으로 별개로 저당권을 실행한 경우에도 채권집행 절차에서 임차인이 실제로 차임 등을 지급하거나 공탁하지 아니하였다면 잔존하는 차임채권 등의 상당액은 임차인이 배당받을 보증금에서 당연히 공제된다.

라. 공제 범위

(1) 보증금채권 양도통지 후 발생한 채무∵ 성립의 기초는 계약체결시에 존재

(2) 전부명령 송달 후 발생한 임차인채무 : 전부명령 송달시까지 상계적상에 있었던 연체차임 등 채권에 한정되지 않음, 그 이후 변제기가 도래한 채권으로도 상계 가능 [대법원 1988. 1. 19. 선고 87다카1315 판결] 건물임대차에 있어서의 임차보증금은 임대차존속 중의 임료뿐만 아

니라 건물명도 의무이행에 이르기까지 발생한 손해배상채권 등 임대차계약에 의하여 임대인이 임차인에 대하여 갖는 일체의 채권을 담보하는 것으로서 임대차 종료후에 임차건물을 임대인에게 명도할 때 체불임료 등 모든 피담보채무를 공제한 잔액이 있을 것을 조건으로 하여 그 잔액에 관한 임차인의 보증금반환청구권이 발생하고 이와 같은 임차보증금을 피전부채권으로하여 전부명령이 있은 경우에도 제3채무자인 임대인은 임차인에게 대항할 수 있는 사유로써 전부채권자에게 대항할 수 있는 것이다. 따라서 건물임대차보증금의 반환채권에 대한 전부명령의 효력이 그 송달에 의하여 발생한다고 하여도 위 보증금반환채권은 임대인의 채권이 발생하는 것을 해제조건으로 하는 것이며 임대인의 채권을 공제한 잔액에 관하여서만 전부명령이 유효하다고 할 것이다. 그럼에도 불구하고 원심이 위 임대차보증금 반환채권과 상계할 수 있는 범위는 전부명령송달시까지 상계적상에 있었던 연체차임 등 채권에 한하고 그 이후에 변제기가 도래한 채권으로서는 상계할 수 없다고 판단하였음은 임대차보증금 반환채권이 전부채권인 전부명령에 있어서 제3채무자가 전부채권자에게 대항할 수 있는 범위에 관한 법리를 오해하였다고 아니할 수 없고, 이 점을 지적하는 논지는 이유 있다.

(3) 대항력 있는 임대차의 양수인은 임대인의 지위를 승계하기 전까지 발생한 연체차임이나 관리비 등에 대하여도 임대차보증금에서 공제 가능[대법원 2017. 3. 22. 선고 2016다218874 판결]

(4) 압류·추심 명령 후 목적물이 반환될 때까지 추심되지 않은 잔존 차임채권추심채권자에게 추심할 권능만 부여할 뿐 채권이 추심채권자에게 이전되거나 귀속되는 것이 아니므로 [대법원 2015. 3. 26. 선고 2013다77225 판결, 대법원 2004. 12. 23. 선고 2004다56554, 56561, 56578, 56585, 56592, 56608, 56615, 56622, 56639, 56646, 56653, 56660 판결]

[2004다56554] 현실적으로 추심되지 않은 부분에 대하여는 임대인의 공제항변 가능

➡️임대인 : 건물명도청구   ⬅️임차인 : 동시이행항변(보증금반환)

▸ 공제항변 : 차임채권   ▸ 공제항변 불가 : 임대차계약 해지 후 차임채권 압류·추심

▸ 임차인의 목적물 반환 전까지 추심채권자에 의해 추심되지 않은 잔존 차임채권 : 공제 가능부동산

임대차에 있어서 수수된 보증금은 차임채무, 목적물의 멸실·훼손 등으로 인한 손해배상채무 등 임대차에 따른 임차인의 모든 채무를 담보하는 것으로서 그 피담보채무 상당액은 임대차관계의 종료 후 목적물이 반환될 때에 특별한 사정이 없는 한 별도의 의사표시 없이 보증금에서 당연히 공제되는 것이므로, 임대보증금이 수수된 임대차계약에서 차임채권에 관하여 압류 및 추심명령이 있었다 하더라도, 당해 임대차계약이 종료되어 목적물이 반환될 때에는 그때까지 추심되지 아니한 채 잔존하는 차임채권 상당액도 임대보증금에서 당연히 공제된다고 할 것이다.

▸ 임대차보증금반환채권 (가)압류 후 임차권 양도 승낙시구 임대차 종료구 임대인에게 반환할 보증금에서 신임차인의 연체차임채무 : 공제 불가[대법원 1998. 7. 14. 선고 96다17202 판결]

구 임차인이 임대인과 사이에 임대차보증금을 신 임차인의 채무의 담보로 하기로 약정하거나 신 임차인에 대하여 임대차보증금반환채권을 양도하기로 한 때에도 그 이전에 임대차보증금반환채권이 제3자에 의하여 가압류 또는 압류되어 있는 경우에는 위와 같은 합의나 양도의 효력은 압류권자 등에게 대항할 수 없으므로, 신 임차인이 차임지급을 연체하는 등 새로운 채무를 부담하게 되었다고 하여 그 연체차임 등을 구 임차인에게 반환할 임대차보증금에서 공제할 수는 없다.

(5) 임대차보증금 반환청구권에 대한 전부명령은 부속물매수대금에는 미치지 않음 : 연체차임은 임대차보증금에 대하여만 공제[대법원 1981. 11. 10. 선고 81다378 판결] 임차인의 채권자가 임차인의 임대인에 대한 임대보증금반환채권 중 일부에 대한 전부명령을 받았다면 임차인이 임대인으로부터 받을 수 있는 임대차보증금 잔액(연체차임과 기타 손해 등을 공제한 잔액)을 확정하여 전부 채권자에게 전부된 채권자액을 특정하여야 하고, 위 잔액이 전부 채권자의 청구금액에 미달된다고 하여도 그 전부명령은 임대차보증금에 대한 것이므로 임차인의 임대인에 대한 부속물매수대금채권에는 미치지 아니한다.

2-3. 목적물인도와 동시이행[대법원 1998. 5. 29. 선고 98다6497 판결] 임대차계약의 종료에 의하여 발생된 임차인의 목적물반환의무와 임대인의 연체차임을 공제한 나머지 보증금의 반환의무는 동시이행의 관계에 있으므로, 임대차계약 종료 후에도 임차인이 동시이행의 항변권을 행사하여 임차건물을 계속 점유하여 온 것이라면, 임대인이 임차인에게 보증금반환의무를 이행하였다거나 현실적인 이행의 제공을 하여 임차인의 건물명도의무가 지체에 빠지는 등의 사유로 동시이행의 항변권을 상실하지 않는 이상, 임차인의 건물에 대한 점유는 불법점유라고 할 수 없으며, 따라서 임차인으로서는 이에 대한 손해배상의무도 없다.

▶ 인도의무 이행·이행제공 : 임대인의 동의에 따라 새로운 임차인에게 인도한 경우 포함96다17202

3. 손해배상청구(제393조) : 임차인 → 임대인

가. 요건

(1) 임대인의 귀책사유로 목적물 멸실 선순위 근저당권의 실행으로 인한 경락

(2) 방해행위로 사용·수익 불능 → 임대차 기간 중이라도 임대차 종료

(3) 임차목적물 사용·수익상태 유지의무(제623조) 위반[대법원 2021. 4. 29. 선고 2021다202309 판결] 임대인은 임차인이 목적물을 사용·수익할 수 있도록 목적물을 임차인에게 인도하여야 한다(민법 제623조 전단). 임차인이 계약에 의하여 정하여진 목적에 따라 사용·수익하는 데 하자가 있는 목적물인 경우 임대인은 하자를 제거한 다음 임차인에게 하자 없는 목적물을 인도할 의무가 있다. 임대인이 임차인에게 그와 같은 하자를 제거하지 아니하고 목적물을 인도하였다면 사후에라도 위 하자를 제거하여 임차인이 목적물을 사용·수익하는 데 아무런 장해가 없도록 해야만 한다. 임대인의 임차목적물의 사용·수익상태 유지의무는 임대인 자신에게 귀책사유가 있어 하자가 발생한 경우는 물론, 자신에게 귀책사유가 없이 하자가 발생한 경우에도 면해지지 아니한다. 또한 임대인이 그와 같은 하자 발생 사실을 몰랐다거나 반대로 임차인이 이를 알거나 알 수 있었다고 하더라도 마찬가지이다. → 원고가 이 사건 임대차계약에 의하여 정하여진 바에 따라 이 사건 점포를 편의점으로 사용·수익하는 데 장해가 발생한 상황이었으므로 임대인인 피고 회사로서는 그와 같은 장해의 발생에 책임이 있는지 여부나 사전에 그 장해의 발생을 인지하였는지 여부를 떠나 이를 제거할 의무를 부담한다고 봄이 타당하다. 피고 회사가 당사자가 아닌 위 가맹계약 및 그 양도·양수계약상 원고가 부담하는 의무의 내용에 따라 피고 회사의 의무 내용이 달라지지 않는다.

나. 손해배상의 범위

(1) 휴업손해(다른 목적물을 마련하기 위하여 합리적으로 필요한 기간동안 그 목적물을 이용하여 영업을 계속하였더라면 얻을 수 있었던 이익)를 통상손해로 배상

(2) 임대차기간 만료시까지의 일실수입 손해는 청구 불가(∵ 임대차 존속을 전제)[대법원 2006. 1. 27. 선고 2005다16591,16607 판결] 임대차 종료에 의한 보증금반환청구 가능, 그 이후의 차임지급의무 부정

Ⅲ. 질권자의 임대차보증금반환청구

Ⅲ-1. 질권자가 임대차계약서를 교부받지 못하였다는 항변(제347조) : 불가[대법원 2013. 8. 22. 선고 2013다32574 판결] 질권자가 임대차계약서를 교부받지 못하였어도 질권설정 효력에 영향 없음

Ⅲ-2. 대항력 있는 임차인이 임대목적물을 매수 + 보증금은 매매대금과 상계 합의 : 불가[대법원 2018. 12. 27. 선고 2016다265689 판결]

[2016다265689] 질권자의 임대차보증금반환청구에 대하여 질권설정을 승낙했던 임대인이 대항력 있는 임차인에 대한 목적물매매 및 임대인 지위 상실 주장

➡️질권자의 임대인에 대한 임대차보증금반환청구

▸ 대항력 있는 임차인에게 목적물 매매 + 보증금은 매매대금과 상계하기로 합의 : **임대인 지위 상실**

▸ 질권자의 동의 없는 상계합의는 질권자에게 대항 불가(제352조)

■[원심] 혼동으로 임차권은 소멸하나 제191조 단서에 의하여 임차권 불소멸, 원고의 이익을 변경하는 행위 아님

■[대법원] 매매와 동시에 임대차계약 해지+보증금을 매매대금과 상계하기로 하였으므로 임대인지위 불승계, 임대차보증금반환채권의 소멸은 원고에게 대항 불가타인에 대한 채무의 담보로 제3채무자에 대한 채권에 대하여 권리질권을 설정한 경우 질권설정자는 질권자의 동의 없이 질권의 목적된 권리를 소멸하게 하거나 질권자의 이익을 해하는 변경을 할 수 없다(민법 제352조). 이는 질권자가 질권의 목적인 채권의 교환가치에 대하여 가지는 배타적 지배권능을 보호하기 위한 것이다. 따라서 질권설정자가 제3채무자에게 질권설정의 사실을 통지하거나 제3채무자가 이를 승낙한 때에는 제3채무자가 질권자의 동의 없이 질권의 목적인 채무를 변제하더라도 이로써 질권자에게 대항할 수 없고, 질권자는 민법 제353조 제2항에 따라 여전히 제3채무자에 대하여 직접 채무의 변제를 청구할 수 있다. 제3채무자가 질권자의 동의 없이 질권설정자와 상계합의를 함으로써 질권의 목적인 채무를 소멸하게 한 경우에도 마찬가지로 질권자에게 대항할 수 없고, 질권자는 여전히 제3채무자에 대하여 직접 채무의 변제를 청구할 수 있다.

Ⅲ-3. 지급 범위 항변 : 질권설정금액을 한도로 하여 피담보채권 및 그에 대한 약정연체이율에 의한 지연손해금[대법원 2005. 2. 25. 선고 2003다40668 판결]

Ⅳ. 제3자에 대한 자배법상 책임

1. 원칙 : 임차인이 운행자[대법원 2001. 1. 19. 선고 2000다33607 판결]

2. 예외 : 대주의 운행자성이 상실되지 않은 경우 대주가 운행자[대법원 1991. 5. 10. 선고 91다3918 판결], 렌터카업자[대법원 1993. 8. 13. 선고 93다10675 판결]

제14절 도급

Ⅰ. 도급인 → 수급인

1. 목적물 인도청구 : 도급계약체결 사실

1-1. 유치권

1-2. 동시이행항변권

2. 지체상금(도급인) : 손해배상예정

2-1. 공사대금과 동시이행항변 : 불가[대법원 2015. 8. 27. 선고 2013다81224,81231 판결] 공사도급계약상 도급인의 지체상금채권과 수급인의 공사대금채권은 특별한 사정이 없는 한 동시이행의 관계에 있다고 할 수 없다.

가. 지체상금약정

나. 약정기일 도과

나-1. 약정 기일 이전에 공사도중 해제 : 지체상금 부적용[대법원 1989. 9. 12. 선고 88다카15901, 15918(반소) 판결]

▶ 약정 기일 이후 해제, 약정기일 전 일부 완성 + 약정 기일 후 해제 : 적용[대법원 1995. 9. 5. 선고 95다18376 판결]

2-2. 감액청구

가. 손해배상예정에 의한 감액

▶ 지체상금약정과 별도의 손해배상약정[대법원 2010. 1. 28. 선고 2009다41137,41144 판결] 지체상금약정 : 약정기한 내의 완공지체 ↔ 부실공사와 같은 불완전급부에 의한 손해는 별도로 손해배상청구 가능

나. 액수산정의 위법[대법원 2010. 1. 28. 선고 2009다41137,41144 판결]

> [2009다41137] 지체상금 기간 : 약정준공일 다음 날 ~ [해제가능일 + (실제 해제일 ~ 실제 완공일)
> – 귀책사유 없는 기간]까지

약정준공일 다음 날	해제가능일	실제 해제일		다른 수급인의 완공가능시점	실제 완공일
	2003.8.16.			2003.8.16.+224일	실제 해제일~224일 경과
➡시기				➡종기	

다. 미완성

다-1. 면책사유 : 천재지변, 이에 준하는 경제사정의 변동[대법원 2002. 9. 4. 선고 2001다1386 판결]

3. 담보책임 : 하자보수

3-1. 담보책임 청구의 주체 부정[대법원 2011. 3. 24. 선고 2009다34405 판결] (구분소유자 ↔ 입주자대표회의) 입주자대표회의가 공동주택을 건축·분양한 사업주체에 대하여 하자보수청구를 하였다고 하여 이를 입주자대표회의가 구분소유자들을 대신하여 하자담보추급권, 즉 하자보수에 갈음한 손해배상청구권을 행사한 것으로 볼 수는 없다. 또한 사업주체가 입주자대표회의에 대하여 구 주택건설촉진법 및 구 공동주택관리령에 의한 하자보수책임을 승인하였다고 하더라도, 이로써 사업주체가 구분소유자들에 대하여 구 집합건물의 소유 및 관리에 관한 법률에 의한 하자담보책임까지 승인하였다고 볼 수도 없다.

■ 하자가 중요, 하자 중요하지 않고 보수에 과다비용 불요

3-2. 하자가 중요하지 않고 보수비용 과다 : 손해배상만(제667조 제1항 단서)

■ 변제기 : 도급인이 권리를 행사한 때[대법원 1989. 12. 12. 선고 88다카18788 판결] 원고의 공사비채권의 변제기는 이 사건 건물의 준공, 인도일이라고 할 것이나 피고의 하자보수채권의 변제기는 피고가 그 권리를 행사한 때라고 보아야 할 것이고, 피고가 이 하자보수나 손해배상청구권을 보유하고 이를 행사하는 한에 있어서는 도급인의 공사비지급채무는 이행지체에 빠지지 아니하며, 피고가 이 손해배상채권을 자동채권으로 하고 원고의 공사비잔대금채권을 수동채권으로 하여 상계의 의사표시를 한 다음날 비로소 지체에 빠진다고 보아야 할 것이다.

3-3. 동시이행(공사대금)[대법원 1989. 12. 12. 선고 88다카18788 판결]

3-4. 도급인 지시에 의한 면책(제669조) : 설계도면 기재대로 시공 → 도급인의 지시에 따른 것과 동일95다24975

▸ 수급인이 설계도면의 부적당함을 알면서 도급인에게 불고지[대법원 1996. 5. 14. 선고 95다24975 판결]

3-5. 제척기간 : 1년, 5년, 10년, 출소기간 부정[대법원 2004. 1. 27. 선고 2001다24891 판결]

3-6. 담보책임 면제 약정

▶ 수급인이 하자를 알고 고지하지 않은 경우 면제 불가(제672조) → 담보책임 감경 약
  정에도 유추적용[대법원 1999. 9. 21. 선고 99다19032 판결] : 제671조 제1항에 의한 10년의 기간을 2년으로 단
  축 + 피고는 하자를 알고도 불고지 + 2년 후 하자 발생

4. 담보책임 : 손해배상(하자보수에 갈음, 함께 제667조 제2항)

4-1. 부대체물(도급) → 제580조 제1항 단서 항변 : 불가[대법원 1990. 3. 9. 선고 88다카31866 판결]

가. 하자가 중요하지 않고 비용 과다(제667조 제1항 단서)

(1) 하자로 인하여 입은 손해배상만 청구

(가) 하자 없는 경우와 현재 상태의 교환가치의 차액[대법원 1997. 2. 25. 선고 96다45436 판결], 시공비
  용의 차액[대법원 1998. 3. 13. 선고 97다54376 판결] 하자로 인하여 입은 통상의 손해는 특별한 사정이 없는 한
  도급인이 하자 없이 시공하였을 경우의 목적물의 교환가치와 하자가 있는 현재의 상태대로의 교환가치와의 차액이
  된다 할 것이므로, 교환가치의 차액을 산출하기가 현실적으로 불가능한 경우의 통상의 손해는 하자 없이 시공하였
  을 경우의 시공비용과 하자 있는 상태대로의 시공비용의 차액이라고 봄이 상당하다.

(나) 손해배상과 보수(대금)지급은 동시이행관계(제667조 제3항)

(2) 손해액 산정 기준시 : 재조달원가에 감가수정을 하는 복성식평가법, 감가수정하지
  않는 것이 적당한 경우에는 건물 완공시의 재조달원가를 산정 비교[대법원 2016. 8. 18.
  선고 2014다31691, 31707 판결] 하자가 중요한 경우의 그 손해배상의 액수, 즉 하자보수비는 목적물의 완성시가
  아니라 하자보수 청구시 또는 손해배상 청구시를 기준으로 산정함이 상당하나, 하자가 중요하지 아니하면서 그
  보수에 과다한 비용을 요하는 경우의 그 하자로 인한 손해인 교환가치의 평가는 재조달원가에 감가수정을 하는
  복성식평가법에 의하는 것이 합리적이고, 감가수정을 하는 것이 적당하지 않은 경우에는 건물 완공시의 재조달원
  가를 산정 비교하는 방법에 의하여 평가하는 것이 합리이다.

나. 하자가 중요한 경우

(1) 담보책임에 의한 손해배상

(가) 하자보수에 갈음하는 손해배상 → 실제 보수에 필요한 비용[대법원 2016. 8. 18. 선고 2014다31691,
  31707 판결] 보수가 불가능하여 재건축해야 하는 경우 철거 및 재건축 비용

(나) 손해액 산정의 기준시 : 하자보수 청구시 또는 손해배상 청구시95다30345 목적물 완성시가 아님

(1) - 1. 공평의 원칙에 의한 과실참작2014다31691

(1) - 2. 면제특약88다카31866

(1) - 3. 제척기간 : 1년, 5년, 10년, 출소기간 부정[대법원 2004. 1. 27. 선고 2001다24891 판결, 대법

원 2010. 1. 14. 선고 2008다88368 판결]

(1)-4. 소멸시효 : 기산점 → 인도받은 때[대법원 2012. 5. 10. 선고 2011다66610 판결] 임대 후 분양전
환된 경우에도 임대에 의한 인도시 기준, 도급계약이 상행위인 경우 소멸시효기간은 5년
[대법원 2013. 11. 28. 선고 2011다67323 판결]

(1)-5. 동시이행 : 손해배상액 상응 부분[대법원 1991. 12. 10. 선고 91다33056 판결] 도급인이 하자의
보수를 청구하려면 그 하자가 중요한 경우이거나 중요하지 아니한 것이라고 하더라도 그 보수에 과다한 비
용을 요하지 아니할 경우이어야 하고, 도급인이 하자의 보수에 갈음하여 손해배상을 청구하는 경우에는 수
급인이 그 손해배상청구에 관하여 채무이행을 제공할 때까지 그 손해배상의 액에 상응하는 보수의 액에 관
하여만 자기의 채무이행을 거절할 수 있을 뿐, 그 나머지 액의 보수에 관하여는 지급을 거절할 수 없다.

(2) 완성된 목적물에 하자가 발생한 경우 : 경합적 인정, 도급인이 하자보수비용을 하
자보수를 갈음하는 손해배상(제667조 제2항)으로 구하는 경우에도 동일[대법원 2020.
6. 11. 선고 2020다201156 판결]

(가) 담보책임에 의한 손해배상 : 보수비용(제667조 제2항)저당탱크 균열

(나) 확대손해신체·재산에 발생한 손해 : 액젓 변질로 인한 손해, 수출대금 : 제390조 경합적 인정[대법원
2004. 8. 20. 선고 2001다70337 판결, 대법원 2007. 8. 23. 선고 2007다26455,26462 판결]

▶ 수급인 : 확대손해에 귀책사유 없음을 증명2007다26455, [대법원 2005. 11. 10. 선고 2004다37676 판결]

▶ 확대손해 부분에 대해서도 보수지급 동시이행항변 가능2004다37676, 2007다26455[14]

▶ 채무불이행에 의한 손해배상청구(제390조) : 제669조에 의한 항변 불가[대법원 2020. 1. 30.

---

14) 도급계약에 있어서 완성된 목적물에 하자가 있는 때에 민법 제667조 제2항에 의하여 도급인이 수급인에 대
하여 그 하자의 보수에 갈음하여 또는 보수와 함께 손해배상을 청구할 수 있는 권리는 민법 제667조 제3항
에 의하여 민법 제536조가 준용되는 결과 특별한 사정이 없는 한 수급인이 가지는 보수채권과 동시이행관
계에 있는 것이고, 나아가 동시이행항변권 제도의 취지로 볼 때 비록 당사자가 부담하는 각 채무가 쌍무계
약관계에서 고유의 대가관계가 있는 채무가 아니라고 하더라도 구체적인 계약관계에서 각 당사자가 부담하
는 채무에 관한 약정내용에 따라 그것이 대가적 의미가 있어 이행상의 견련관계를 인정하여야 할 사정이
있는 경우에는 동시이행의 항변권이 인정되어야 하는 점에 비추어 보면, 수급인이 도급계약에 따른 의무를
제대로 이행하지 못함으로 말미암아 도급인에게 손해가 발생한 경우 그와 같은 하자확대손해로 인한 수급
인의 손해배상채무와 도급인의 보수지급채무 역시 동시이행관계에 있는 것으로 보아야 한다. 그리고 이와
같이 도급인이 하자로 인한 손해배상청구권을 보유하고 이를 행사하는 한에 있어서는, 그와 동시이행관계
에 있는 보수지급채무에 대한 이행거절의사를 밝히지 않더라도 수급인이 그 손해배상청구에 관하여 채무이
행을 제공할 때까지 그러한 이행거절권능의 존재 자체로 도급인의 이행지체책임은 발생하지 아니하고, 이
와 같은 관계는 동일한 도급계약에서 보수채권을 보유하고 행사하는 수급인이 도급인에게 부담하는 손해배
상채무에 대한 이행지체책임의 발생 여부에 관하여도 마찬가지로 적용되나, 다만 그와 같이 도급계약에 기
하여 동시이행관계에 있는 반대채권의 존재로 인하여 상대방에 대한 채무의 이행을 거절할 권능을 가지고
이행지체책임을 지지 않는 것은 서로 자신과 상대방의 채무액 중 대등액의 범위에 한하여 인정될 뿐이므로,
당사자 쌍방의 채무액을 비교하여 일방의 채무액이 상대방의 채무액을 초과하는 부분이 있다면 그 일방의
나머지 채무액에 대하여는 동시이행관계 및 이로 인한 이행거절권능이 허용되지 아니한다.

선고 2019다268252 판결] 피고들은 설계의 하자는 원고들의 지시에 따라 발생한 결과라서 민법 제669조에 따라 손해배상책임을 지지 않는다고 주장한다. 그러나 원고들이 손해배상을 구하는 근거는 수급인의 하자담보책임이 아니라 채무불이행책임이므로 민법 제669조는 적용될 여지가 없다.

5. 담보책임 : 해제(제668조)

가. 요건

■ 완성된 목적물 하자

■ 계약목적 달성 불가능

가-1. 완성된 목적물이 건물 기타 공작물 : 해제 제한(제668조 단서) 하자로 인하여 계약의 목적을 달성할 수 없는 경우에도 불가 → 하자보수청구나 손해배상청구만 가능

▸ 완공된 집합건물의 하자로 목적달성 불가 : 제668조 단서 부준용, 수분양자 해제 가능
[대법원 2003. 11. 14. 선고 2002다2485 판결] 집합건물법 제9조는 분양자가 부담하는 책임의 내용이 민법상 수급인의 담보책임이라는 것이지 그 책임이 분양계약에 기한 것이라거나 아니면 분양계약의 법률적 성격이 도급이라는 취지는 아니다. 한편, 통상 대단위 집합건물의 경우 분양자는 대규모 건설업체임에 비하여 수분양자는 경제적 약자로서 수분양자를 보호할 필요성이 높다는 점, 집합건물이 완공된 후 개별 분양계약이 해제되더라도 분양자가 집합건물의 부지사용권을 보유하고 있으므로 계약해제에 의하여 건물을 철거하여야 하는 문제가 발생하지 않을 뿐만 아니라 분양자는 제3자와 새로 분양계약을 체결함으로써 그 집합건물 건축의 목적을 충분히 달성할 수 있는 점 등에 비추어 볼 때, 집합건물법 제9조 제1항이 적용되는 집합건물의 분양계약에 있어서는 민법 제668조 단서가 준용되지 않고 따라서 수분양자는 집합건물의 완공 후에도 분양 목적물의 하자로 인하여 계약의 목적을 달성할 수 없는 때에는 분양계약을 해제할 수 있다.

▸ 건물 등이 완성되기 전 채무불이행에 의한 해제(제673조)

가-2. 소급효 제한

(1) 요건

㈎ 상당한 정도로 진척되어 원상회복하는 것이 사회경제적 손실

㈏ 완성된 부분이 도급인에게 이익

(2) 효과

㈎ 미완성 부분에 대해서만 실효

㈏ 해제된 상태로 인도

㈐ 미완성 건물에 대한 보수지급 : 도급금액 × 기성고 비율[완성부분 공사비/전체 공사비(완성부분 공사비 + 미시공 부분 완성 공사비)][대법원 1995. 6. 9. 선고 94다29300, 94다29317 판결] 총 공사대금 − 미시공 부분 완성에 실제로 소요된 비용이 아님

⒞ 중단 당시 미완성 건물에 대한 미시공 공사비를 예정한 경우 : 약정 총공사비 - 미시공 공사비[대법원 1993. 11. 23. 선고 93다25080 판결]

나. 담보책임 해제의 효과

(1) 원물반환 원칙

(2) 멸실 등으로 반환불가시 가액배상

나-1. 회복에 시가보다 많이 비용이 소요된다는 항변 불가88다카31866

나-2. 제척기간 : 1년, 5년, 10년, 출소기간 부정2001다24891

6. 집합건물법상 담보책임

가. 하자보수청구권 : 현재의 집합건물 구분소유자[대법원 2003. 2. 11. 선고 2001다47733 판결] 분양자의 책임내용이 민법상 수급인의 담보책임이지 그 책임이 분양계약에 기한 책임이 아니므로

나. 손해배상청구권 : 수분양자, 잔대금을 지급하지 않은 입주자 포함[대법원 2004. 12. 9. 선고 2004다37461 판결]

6-1. 제척기간 : 10년, 5년(집 9-2)

6-2. 청구권자 : 입주자대표회의가 아님[대법원 2011. 4. 14. 선고 2009다82060 판결] 입주자대표회의가 구분소유자들의 손해배상채권을 양도받았음을 이유로 양수금을 청구하였으나 피고의 인도일로부터 10년이 경과

Ⅱ. 수급인 → 도급인

1. 공사대금청구(수급인)

가. 도급계약체결

나. 완성 : 선이행의무, 수급인 주장 · 입증[대법원 1994. 11. 22. 선고 94다26684, 94다26691 판결]

(1) 최후의 공정 종료[대법원 2008. 6. 25. 선고 2008다18932, 18949 판결], 제작물공급계약에서는 사회통념상 일반적으로 요구되는 성능까지[대법원 2006. 10. 13. 선고 2004다21862 판결], 완성된 경우 목적물의 하자는 하자담보책임에 관한 민법 규정에 따라 처리[대법원 2019. 9. 10. 선고 2017다272486, 272493 판결]

(2) 인도의무

⑦ 도급인의 목적물 검수 포함

(나) 검사합격을 조건으로 한 경우 조건이 아니라 불확정기한 : 검사에 합격한 때 또는 검사 합격이 불가능한 것으로 확정된 때최후 공정 완료 + 도급인의 검사 거부 + 해제통보 보수지급청구권의 기한 도래[대법원 2006. 10. 13. 선고 2004다21862 판결] 도급인의 채권자지체나 제538조 제1항과 관계없이 청구 가능

(3) 소유권이전의무

1-1. 선급금으로 충당 : 별도의 의사표시 불필요, 나머지 공사대금에 대하여만 지급의무[대법원 2014. 1. 23. 선고 2013다214437 판결], [대법원 2021. 7. 8. 선고 2016다267067 판결] 공사도급계약에 있어서 수수되는 이른바 선급금은 자금 사정이 좋지 않은 수급인이 자재 확보·노임 지급 등의 어려움 없이 공사를 원활하게 진행할 수 있도록 도급인이 수급인에게 장차 지급할 공사대금을 미리 지급하는 것으로서 구체적인 기성고에 대한 공사대금이 아니라 전체 공사에 대한 공사대금이다. 따라서 선급금이 지급된 후 계약의 해제 또는 해지 등의 사유로 수급인이 도중에 선급금을 반환하게 되었다면 특별한 사정이 없는 한 별도의 상계 의사표시 없이 선급금이 그때까지 기성고에 해당하는 공사대금 중 미지급액에 충당된다. 도급인은 나머지 공사대금이 있는 경우 그 금액에 한하여 지급할 의무를 부담한다

1-2. 목적물 인도청구(동시이행) ⇔ 일의 완성은 보수지급에 대한 선이행의무

▸ 선이행의무 이행(인도) : 인도일 다음 날부터 지연손해금 지급의무

1-3. 하자보수(동시이행)

가. 하자보수 청구의 범위 : 완성된 목적물, 완성전 성취부분 하자(제667조 제1항 본문)

▸ 중요하지 않고 보수비용 과다 → 손해배상책임만(제667조 제1항 단서)

나. 동시이행의 범위하자보수를 주장하면서 공사대금 지급 거절

■ 원칙 : 전액[대법원 2001. 9. 18. 선고 2001다9304 판결] 기성고에 따라 공사대금을 분할하여 지급하기로 약정한 경우라도 특별한 사정이 없는 한 하자보수의무와 동시이행관계에 있는 공사대금지급채무는 당해 하자가 발생한 부분의 기성공사대금에 한정되는 것은 아니라고 할 것이다. 왜냐하면, 이와 달리 본다면 도급인이 하자발생사실을 모른 채 하자가 발생한 부분에 해당하는 기성공사의 대금을 지급하고 난 후 뒤늦게 하자를 발견한 경우에는 동시이행의 항변권을 행사하지 못하게 되어 공평에 반하기 때문이다. [88다카18788] 하자보수나 손해배상청구권을 보유하고 행사하는 한에 있어서는 공사비지급채무는 이행지체 불성립

■ 예외 : 하자 상응 부분2001다9304 미지급 공사대금에 비해 하자보수비 등이 매우 적은 편이고 하자보수공사가 완성되어도 공사대금이 지급될지 여부가 불확실한 경우, 도급인이 하자보수청구권을 행사하여 동시이행의 항변을 할 수 있는 기성공사대금의 범위는 하자 및 손해에 상응하는 금액으로 한정하는 것이 공평과 신의칙에 부합한다.

▸ 동시이행항변권 행사의 남용2001다9304

▸ 공평과 신의칙 : 미지급 공사대금54억에 비해 하자보수비6억가 매우 적고, 도급인의 공

사대금 지급 여부가 불확실한 경우 → 공사대금청구에 대한 동시이행 범위는 하자 · 손해배상 상응 금액으로 한정2001다9304 피고(도급인)가 미지급한 기성공사대금은 5,402,595,000원인데 비하여 이 사건 건물의 하자보수비용은 676,401,000원에 불과하고, 피고는 선급금을 지급한 이래 약정에 따른 기성공사대금을 전혀 지급하지 않고 있을 뿐만 아니라 현재 자력이 없고 앞으로 하자보수공사가 완성되어도 공사대금을 지급할지 여부가 불확실한 상태임이 인정되므로, 피고(도급인)가 하자보수청구권을 행사하여 동시이행의 항변을 할 수 있는 기성공사대금의 범위는 하자 및 손해에 상응하는 금액으로 한정하는 것이 공평과 신의칙에 부합한다고 볼 것이다.

다. 상계와 이행지체 : 상계 의사표시 다음 날 이행지체[대법원 1996. 7. 12. 선고 96다7250,7267 판결, 대법원 1989. 12. 12. 선고 88다카18788 판결]

1-4. 손해배상(상계, 동시이행) : 손해배상에 상응하는 보수 ↔ 확대손해에 대해서는 채무불이행책임

▸ 과실상계
▸ 손해액 산정의 위법95다30345 감정평가 결과의 합리성 내지 신빙성에 의문이 있는 경우

2. 공사잔대금조 이전등기청구

2-1. 하자보수비용 + 손해배상 〉 공사대금 : 이전등기청구불가[대법원 2001. 6. 15. 선고 2001다21632, 21649 판결]

3. 공사대금청구(하수급인 : 하도급대금 직불청구)[대법원 2011. 4. 28. 선고 2011다2029 판결] 발주자는 원사업자에 대한 대금지급의무를 한도로 하도급대금의 직접지급의무 부담

■하도급대금 직접 지급사유 존재하도급거래 공정화에 관한 법률 제14조 제1항
■예외적 정산약정(직접 지급사유 존재)

3-1. 하수급인의 직접 지급청구 전 원계약발주자(도급인) vs 원사업자(수급인) 해지 + 선급금이 미지급 기성공사대금에 모두 충당 : 하수급인에 대한 직접 지급의무 부정[대법원 2014. 1. 23. 선고 2013다214437 판결]

■공사대금청구와 위험부담

[대법원 1993. 3. 26. 선고 91다14116 판결] 제3자 채권침해와 위험부담

➡제3자 채권침해로 인한 손해배상청구 : 피고의 무단철거(물건 소멸)로 원고의 도급인에 대한 공사대금채권 소멸 주장
⬅손해× : 원고의 채무자(도급인)에 대한 채권 소멸×

- 제538조 제1항전단 : 도급인에게 신의칙상 고의·과실과 동일한 사유 존재
- 제538조 제1항후단 : 원고의 이행제공 + 도급인의 수령지체 중 쌍방이 책임질 수 없는 피고의 불법철거로 원고의 의무 이행불능

4. 손해배상청구(수급인) : 도급인의 제673조에 의한 해제시

4-1. 과실상계, 손해배상예정액 감액 주장 : 불가

4-2. 손익상계 : 가능[대법원 2002. 5. 10. 선고 2000다37296, 37302 판결] 수급인의 노동력을 타에 사용하여 얻을 수 있는 소득, 재료를 타에 사용하거나 처분하면 얻을 수 있는 대가

Ⅲ. 제3자에 대한 자배법상 책임

1. 세차업, 엔진오일교환업 → 도급계약, 세차업자, 엔진오일교환업자에게 운행자책임
[대법원 1976. 10. 26. 선고 76다517 판결, 대법원 1979. 9. 11. 선고 79다1279 판결, 대법원 1987. 7. 7. 선고 87다카449 판결]

2. 수리업

가. 원칙 : 수리업자

나. 예외 : 소유자가 사고당시 운행지배와 운행이익을 상실하지 않은 경우 → 공동지배[대법원 1996. 6. 28. 선고 96다12887 판결]

제15절 위임

1. 수임인 → 위임인

가. 보수지급청구(인건비) : 특약 필요(제686조 제1항)[대법원 2016. 2. 18. 선고 2015다35560 판결]
위임계약에서 보수액에 관하여 약정한 경우에 수임인은 원칙적으로 약정보수액을 전부 청구할 수 있는 것이 원칙

가-1. 위임계약의 무효[대법원 2016. 2. 18. 선고 2015다35560 판결] 뇌물공여 자금이 보수액에 포함

가-2. 위임사무 미완료[대법원 2016. 7. 7. 선고 2014다1447 판결] 항소심 대리인 : 환송 후 사건을 위임사무 범위에서 제외하기로 약정하지 않는 한 파기환송 후의 소송사무까지 처리 완료해야 보수 청구 가능

가-3. 신의성실 원칙, 형평의 원칙에 의한 제한[대법원 2016. 2. 18. 선고 2015다35560 판결] 위임의 경위, 위임업무 처리의 경과와 난이도, 투입한 노력의 정도, 위임인이 업무 처리로 인하여 얻게 되는 구체

적 이익, 기타 변론에 나타난 제반 사정을 고려할 때 약정보수액이 부당하게 과다하여 신의성실의 원칙이나 형평의 원칙에 반한다고 볼 만한 특별한 사정이 있는 때에는 예외적으로 상당하다고 인정되는 범위 내의 보수액만을 청구할 수 있다.

나. 비용선급청구(제687조)

다. 필요비 상환청구(제688조 제1항)

라. 채무대변제 · 담보제공청구(제688조 제2항) : 대변제청구권을 피보전권리로 하여 위임인의 상계권 대위행사 가능[대법원 2002. 1. 25. 선고 2001다52506 판결] 위임인의 무자력 불필요

마. 무과실 손해배상청구(제688조 제3항)

마-1. 과실 존재

바. 손해배상청구(제689조 제2항)

■ 위임인이 부득이한 사유 없이 + 불리한 시기에 해지

바-1. 불리한 시기 부정 : 수임인의 사무처리 완료 전 해지[대법원 2000. 6. 9. 선고 98다64202 판결] 수임인의 보수청구권 상실이 계약 당시 예정

■ 수임인의 이익도 목적으로 하는 위임계약 + 정당한 이유 없는 해지[대법원 2000. 4. 25. 선고 98다47108 판결] 계약기간 중 처음 2년간 해지권 불행사 특약 → 무효(정당한 이유 없어도 해지 가능), 2년의 임기보장 자체는 유효 → 잔여 임기 동안 기본급, 수당, 퇴직금 상당의 손해 인정

2. 위임인 → 수임인

가. 수임인의 채무불이행 : 선관주의의무(제681조)[대법원 2010. 5. 27. 선고 2010다4561 판결] 위임의 본지 : 위임계약의 목적과 그 사무의 성질에 따라 가장 합리적으로 처리하는 것, 복임권 제한(제682조), 보고의무(제683조) → 해지, 손해배상

가-1. 해지 위법 : 이행 가능시 최고 필요[대법원 1996. 11. 26. 선고 96다27148 판결] 수임인이 자기 명의로 임대차계약 체결 → 위임인 명의 재계약이나 임차인 명의 변경이 가능할 경우 최고 필요 → 최고 없는 해지 위법

나. 취득물 인도 및 취득권리 이전청구(제684조)

(1) 인도시기, 반환 범위 산정 기준시점 : 위임종료시[대법원 2007. 2. 8. 선고 2004다64432 판결] 특약이 있거나 위임의 본지에 반하는 경우는 예외

(2) 대체물이라도 당사자간에 있어서는 특정된 물건과 같은 것[대법원 1962. 12. 16. 선고 67다

(3) 수임인에게 그대로 보유하게 하는 것이 신임관계를 해하는 것도 포함2010다4561 추가

매매대금 중 '정당한 시가'에 상응하는 금원 반환의무

나-1. 귀책사유 없는 이행불능[대법원 2015. 12. 23. 선고 2012다71411 판결] 양도금지 특약의 존재 + 원고 악의 → 양도인인 피고에게 귀책사유 부정

나-2. 위임계약의 적법 해지(제689조 제1항)[2012다71411] 수임인이 자신의 출연으로 취득하여 이전할 의무 부정, 채무불이행을 이유로 해지하였으나 채무불이행 요건을 갖추지 못하여도 임의해지 가능

나-3. 반환범위 : 총수익 - 총비용 → 위임계약의 취지에 따른 비용지출·액수에 대한 증명은 수임인[대법원 2016. 6. 28. 선고 2016다11295 판결] 민법 제684조 제1항의 인도 시기는 당사자 간에 특약이 있거나 위임의 본뜻에 반하는 경우 등과 같은 특별한 사정이 없는 한 위임계약이 종료된 때이므로, 수임인이 반환할 금전의 범위도 위임 종료 시를 기준으로 정해진다. 한편 수임인의 위임인에 대한 취득물 인도의무나 수임인의 위임사무처리비용 상환방법 등에 관하여 위임계약에서 특별히 약정하였다는 등의 특별한 사정이 없는 한, 위임계약이 종료된 때에 수임인이 위임사무의 처리로 인하여 얻은 총 수익에서 위임계약의 취지에 따라 위임사무의 처리를 위하여 지출한 총 비용 등을 공제하고 남아 있는 수익이 있는 경우, 수임인은 위임인에게 이를 반환할 의무가 있다고 봄이 타당하다. 이 경우 위임사무의 처리를 위하여 지출한 비용 등의 액수와 그 비용 등을 위임계약의 취지에 따라 정당한 용도로 지출하였다는 점에 대한 증명책임은 수임인에게 있다고 보아야 한다.

다. 손해배상청구(제689조 제2항) : 수임인이 부득이한 사유 없이 + 불리한 시기에 해지

(1) 별개 약정에 의한 해지 : 제689조 제1항, 제2항과 다른 내용으로 해지사유 및 절차, 손해배상책임 등을 정한 경우[대법원 2019. 5. 30. 선고 2017다53265 판결] 민법 제689조 제1항, 제2항은 임의규정에 불과하므로 당사자의 약정에 의하여 위 규정의 적용을 배제하거나 내용을 달리 정할 수 있다. 그리고 당사자가 위임계약의 해지사유 및 절차, 손해배상책임 등에 관하여 민법 제689조 제1항, 제2항과 다른 내용으로 약정을 체결한 경우, 이러한 약정은 당사자에게 효력을 미치면서 당사자 간의 법률관계를 명확히 함과 동시에 거래의 안전과 이에 대한 각자의 신뢰를 보호하기 위한 취지라고 볼 수 있으므로, 이를 단순히 주의적인 성격의 것이라고 쉽게 단정해서는 아니 된다. 따라서 당사자가 위임계약을 체결하면서 민법 제689조 제1항, 제2항에 규정된 바와 다른 내용으로 해지사유 및 절차, 손해배상책임 등을 정하였다면, 민법 제689조 제1항, 제2항이 이러한 약정과는 별개 독립적으로 적용된다고 볼 만한 특별한 사정이 없는 한, 약정에서 정한 해지사유 및 절차에 의하지 않고는 계약을 해지할 수 없고, 손해배상책임에 관한 당사자 간 법률관계도 약정이 정한 바에 의하여 규율된다고 봄이 타당하다.15)

---

15) 피고 조합이 한 이 사건 해지통보에 관하여 이 사건 용역계약 제9조 제1항 각호의 사유가 충족되지 않았다면 이 사건 해지통보는 효력이 없게 된다. 그럼에도 피고 조합이 이 사건 해지통보 이후 원고를 용역 업무

(2) 제689조 제2항에 의한 해지에 대한 항변

㈎ 불리한 시기 부정 : 수임인이 사무처리 완료 전에 해지는 불리한 시기 아님[2012다71411] 위임인이 그 성과를 이전받거나 이익을 받지 못하는 것으로 계약 당시 예정

㈏ 부득이한 사유의 존재 : 위임계약에 의한 사무처리의 계속이 곤란하거나 위임인이 요구하는 사무처리 내용이 사회통념상 상당하지 않은 경우 ⇔ 위임계약 체결에 의한 위험은 부득이한 사정 아님[2012다71411]

㈐ 배상의 범위 : 적당한 시기에 해지되었더라면 입지 아니하였을 손해 ⇔ 위임계약이 해지됨으로 인하여 생긴 손해쌍용주식을 이전받지 못한 손해가 아님[2012다71411]

라. 금전소비책임(제685조) : 수임인이 자기를 위하여 소비 ➡ 사무관리에도 준용

제16절 임치

Ⅰ. 인도청구 : 임치물이 대체물이라도 멸실된 경우에는 멸실 당시 시가 상당의 손해배상[대법원 1976. 11. 9. 선고 76다1932 판결]

Ⅰ-1. 소멸시효 : 임치계약이 성립하여 임치물이 수치인피고에게 인도된 때[대법원 2022. 8. 19. 선고 2020다220140 판결] 임치계약 해지에 따른 임치물 반환청구는 임치계약 성립 시부터 당연히 예정된 것이고, 임치계약에서 임치인(원고)은 언제든지 계약을 해지하고 임치물의 반환을 구할 수 있는 것이므로, 특별한 사정이 없는 한 임치물 반환청구권의 소멸시효는 임치계약이 성립하여 임치물이 수치인에게 인도된 때부터 진행하는 것이지, 임치인이 임치계약을 해지한 때부터 진행한다고 볼 수 없다.

Ⅱ. 손해배상청구

[대법원 1983. 11. 8. 선고 83다카1476 판결] 임치와 수령지체

➡️임치인 → 수치인 : 손해배상청구선관주의의무 위반(고추 변질)

⬅️수치인 : 무상임치 해지변질 전 보관물의 처분·인수 요구 → 해지 → 원고거절 : 수령지체

▶ 수치인 고의·중과실원고와 피고 사이의 위 건고추 보관약정은 기간의 약정이 없는 임치라고 할 것이므로 수치인인 피고는 언제든지 그 계약을 해지할 수 있다고 할 것인바, 위 건고추가 변질되고 벌레먹기 전인 1981.5.경 피고가 원고에게 보관물의 처분과 인수를 요구하였다면 이는 임치계약을 해지하고 임치물의 회수를 최고한 의사표시라고 볼

에서 일방적으로 배제시킨 채 다른 업체와 계약을 체결한 것은, 피고 조합이 원고에 대하여 손해배상책임을 지도록 정한 이 사건 용역계약 제11조 제1항 제2호의 사유에 해당될 여지가 많다. 그런데도 원심은 이 사건 용역계약에 포함된 당사자의 명시적 또는 묵시적 약정에 의하여 임의규정인 민법 제689조 제1항, 제2항의 적용이 배제되었는지에 관하여 아무런 심리를 하지 않은 채 그 판시와 같은 이유를 들어 이러한 민법규정이 이 사건 용역계약에 그대로 적용됨을 전제로 판단하였다. 이러한 원심의 판단에는 임의규정의 적용을 배제하기로 하는 당사자의 의사표시 해석 등에 관한 법리를 오해하여 필요한 심리를 다하지 아니함으로써 판결에 영향을 미친 잘못이 있다. 이 점을 지적하는 원고의 상고이유 주장은 이유 있다.

여지가 있고, 그와 같이 본다면 원고가 시세가 싸다는 등 이유로 그 회수를 거절한 이상 이때부터 수령지체에 빠진 것이라 하겠으므로 그 후 피고 보관중인 위 건고추가 변질되고 벌레가 먹음으로써 상품가치가 상실되었다고 하여도 그것이 피고의 고의 또는 중대한 과실로 인한 것이 아닌 한 피고에게 그 배상책임을 물을 수 없을 것이다.

Ⅲ. 사례 유형

1. 대리인의 예금반환청구 : 금전의 소비임치계약[대법원 1985. 12. 24. 선고 85다카880 판결]

가. 성립시기 : 예금확인시[대법원 1996. 1. 26. 선고 95다26919 판결] 금융기관 직원이 입금 없이 횡령하였더라도

나. 계약당사자 : 예금명의자[대법원 2001. 6. 12. 선고 2000다70989 판결] 일부만이 출연하였어도 명의자 전원이 예금주, 금융기관이 내부적 법률관계를 알았는지 여부와 무관[대법원 2013. 9. 26. 선고 2013다2504 판결] ⇔ [비교 : 예금주 명의신탁과 부당이득(대법원 2012. 2. 23. 선고 2011다86720 판결)] 아래 '7.' 항 참조

1-1. 변제 : 유권대표 · 유권대리

1-2. 채권의 준점유자에 대한 변제 : 선의, 무과실[대법원 1985. 12. 24. 선고 85다카880 판결] 예금통장과 그에 찍힌 인영과 같은 인장을 소지하지 않은 경우 무과실 부정

2. 실질적 출연자의 손해배상청구[대법원 2013. 9. 26. 선고 2013다2504 판결]

2-1. 명의인 아닌 자의 지급정지 요청에 응할 의무 부정2013다2504 내부적 법률관계를 알았는지에 관계없이 예금명의자를 예금주로 전제하여 처리하면 적법

3. 수취인에 대한 채권자원고의 수취인 거래은행에 대한 청구[대법원 2002. 1. 25. 선고 99다53902 판결]

가. (주위적) 전부금청구기각 : 해외로부터 국내 수취인의 예금계좌를 지정계좌로 한 송금이 이루어진 경우 이로 인한 법률관계는 송금의뢰인과 송금은행 사이 및 송금은행과 수취은행 사이의 위임관계이고, 수취인은 그 송금관계의 직접 당사자가 아니라 다만 수취은행에 대한 예금자로서의 지위를 갖는 데 불과하고, 따라서 수취은행으로서는 송금은행에 대하여는 그 위임의 본지에 따라 송금통지에서 지정한 수취인의 예금계좌에 송금액을 입금시킬 조치를 할 의무를 부담하나, 수취인에 대하여는 그러한 절차 없이는 바로 송금액을 지급할 의무를 부담한다고 볼 수 없으므로, 수취은행이 송금사실을 확인하여 지정 예금계좌에 송금액을 입금하기 전까지는 그 송금액에 대한 수취인의 예금채권이 성립한다고 할 수 없다. 원심이 인정한 사실관계에 따를 때, 그 피고 지점이 이 사건 송금액을 이 사건 계좌에 입금한 것으로 볼 수는 없으니 이 사건 전부명령의 효력이 위 송금액에 대하여는 미칠 수 없다 할 것이므로, 같은 취지의 원심 판단은 정당하고 거기에 해외송금액에 대한 예금채권의 성립에 관한 법리를 오해하여 판결에 영향을 미친 위법이 없다.

나. (예비적) 손해배상청구인용 **: 수취인과 공동·방조하여 원고의 강제집행 방해** 금전채권에 대한 집행의 한 방법인 압류·전부명령은 실질적으로 채권자평등주의 원칙의 예외를 이루는 집행방법으로서, 조건부채권이나 기한부채권 등 장래의 채권에 대한 전부명령의 경우 전부명령이 채무자와 제3채무자에게 송달되어 확정되면 전부의 효력이 생기고 조건의 성취나 기한의 도래에 따라 그 채권이 구체화되는 데에 따라 그의 효력 범위가 특정되는 것이기에, 채무초과 상태에 빠진 채무자가 그 전부명령에 의한 강제집행개시 사실을 알고서 그 조건성취나 기한의 도래를 방해하는 행위를 하였다면 그 행위는 전부명령에 의한 채권에 대한 강제집행을 방해한 것이 된다. 소외 회사는 이미 지급불능 상태였기 때문에 위의 계좌로 미국에서 물품대금이 송금입금되면 원고 등 많은 채권자로부터 강제집행 당할 것을 염려한 나머지 그 압류·전부명령이 나서 집행이 개시된 후에 그 피고 지점의 담당직원에게 거듭 간청을 하였고 그 간청을 들어준 그 담당직원은 외국으로부터 송금받은 돈 409,594,368원을 당초 예정된 그 계좌에 입금시키지 아니한 채 임의로 그 피고 지점 내부에 가수금계정을 설정·입금시켰다가 소외 회사가 지정한 채권자들에게 일부 지급한 다음, 그 압류·전부명령의 송달이 이루어진 시점을 지나서 남은 돈 50,015,349원을 그 계좌에 입금시키지 않은 채 소외 회사에게 반환하였다는 사정이 드러난다. 이미 드러난 사정이 그와 같아서 관련 사항이 모두 밝혀진다면 채무자인 소외 회사가 그 예금계좌에로의 입금이라는 조건의 성취를 저지함으로써 그 예금채권 압류·전부의 강제집행을 방해하였다는 것과 그 피고 지점의 담당직원이 그에 가담하였다는 것으로 판단될 여지가 많다.

4. 공동명의예금 1인의 예금전액청구

가. 동업자금 : 채권의 준합유, 은행은 공동명의자 1인에 대한 채권으로 상계 불가

나. 동업 이외 특정 목적(단독 인출 방지·감시) : 조합관계 부정[대법원 2008. 10. 9. 선고 2005다72430 판결] 분양수입금의 수령과 공사대금의 지급을 위하여 공동명의 예금계좌 개설

(1) 각자의 지분에 대한 관리처분권은 각자에게 분할귀속, 은행에 대한 지급청구만 공동으로[대법원 2005. 9. 9. 선고 2003다7319 판결] 공동명의자 1인에 대한 채권자는 1인의 지분에 상응하는 예금채권에 대한 압류·추심명령으로 집행 가능, 은행은 공동반환의 특약을 이유로 항변 불가

(2) 다른 공동명의자 전원의 동의가 있으면 전액 청구 가능[대법원 2001. 6. 12. 선고 2000다70989 판결] 전원의 인감증명이 날인된 예금청구서로 1인이 청구, 다른 공동명의자의 동의를 얻어 단독으로 예금청구, 다른 공동명의자에 대하여 단독 예금청구에 대한 동의를, 금융기관에 대하여는 다른 공동명의자에 대한 승소를 전제로 예금청구

4-1. (1인 청구의 요건을 갖춘 청구에 대하여) 공동반환 특약을 이유로 반환거절 : 불가[대법원 2005. 9. 9. 선고 2003다7319 판결] 1인 지분에 대한 압류채권자의 추심 가능, 불가능하다고 볼 경우 공동반환특약을 체결하는 방법으로 예금채권에 대한 강제집행 가능성 박탈·제한함으로써 압류채권자의 권리행사를 부당하게 제한

4-2. 내부적 지분을 이유로 예금청구 거절 : 불가[대법원 2001. 6. 12. 선고 2000다70989 판결]

4-3. 동업 이외 목적인 경우 다른 명의자고려산업개발에 대한 채권으로 상계원고(펜다하우스)가 다른 명의자(고려산업개발)의 채권을 양수 : **은행과 예금반환채권의 귀속에 관한 별도 합의가 있거나 채권양도의 대항요건 필요**[대법원 2004. 10. 14. 선고 2002다55908 판결] 공동명의 예금채권자 중 1인에 대한 별개의 대출금채권을 가지는 은행으로서는 그 대출금채권을 자동채권으로 하여 그의 지분에 상응하는 예금반환채권에 대하여 상계할 수 있다 할 것이고, 다만 공동명의 예금채권자 중 1인이 다른 공동명의 예금채권자의 지분을 양수하였음을 이유로 그 지분에 대한 은행의 상계주장에 대항하기 위해서는 공동명의 예금채권자들과 은행 사이에 예금반환채권의 귀속에 관한 별도의 합의가 있거나 채권양도의 대항요건을 갖추어야 한다.

▸ 자동채권 부존재 주장으로 대항2002다55908 피고의 고려산업개발에 대한 채권은 고려산업개발이 예금반환채권을 상실한 후에 이행기 도래 → 존재하지 않는 채권으로 상계

5. 송금의뢰인원고의 착오송금 → 수취은행에 부당이득반환청구, 수취인에 대한 부당이득반환채권을 보전하기 위하여 수취인을 대위하여 수취은행에 예금반환청구

가. 수취은행 : 부당이득 불성립

(1) 부당이득 : 수취인[대법원 2007. 11. 29. 선고 2007다51239 판결] 송금의뢰인은 수취인에 대하여 부당이득반환청구권, 수취은행은 이익취득 부정[16], [대법원 2022. 6. 30. 선고 2016다237974 판결] 종합통장자동대출에서도 동일 : 약정계좌의 잔고가 마이너스로 유지되는 상태, 즉 대출채무가 있는 상태에서 약정계좌로 자금이 이체되면, 그 금원에 대해 수취인의 예금채권이 성립됨과 동시에 수취인과 수취은행 사이의 대출약정에 따라 수취은행의 대출채권과 상계가 이루어지게 된다. 그 결과 수취인은 대출채무가 감소하는 이익을 얻게 되므로, 설령 송금의뢰인과 수취인 사이에 자금이체의 원인인 법률관계가 없더라도, 송금의뢰인은 수취인에 대하여 이체금액 상당의 부당이득반환청구권을 가지게 될 뿐이고, 수취인과의 적법한 대출거래약정에 따라 대출채권의 만족을 얻은 수취은행에 대하여는 부당이득반환청구권을 취득한다고 할 수 없다.

---

16) 계좌이체는 은행 간 및 은행점포 간의 송금절차를 통하여 저렴한 비용으로 안전하고 신속하게 자금을 이동시키는 수단이고, 다수인 사이에 다액의 자금이동을 원활하게 처리하기 위하여, 그 중개 역할을 하는 은행이 각 자금이동의 원인인 법률관계의 존부, 내용 등에 관여함이 없이 이를 수행하는 체제로 되어 있다. 따라서 현금으로 계좌송금 또는 계좌이체가 된 경우에는 예금원장에 입금의 기록이 된 때에 예금이 된다고 예금거래기본약관에 정하여져 있을 뿐이고, 수취인과 은행 사이의 예금계약의 성립 여부를 송금의뢰인과 수취인 사이에 계좌이체의 원인인 법률관계가 존재하는지 여부에 의하여 좌우되도록 한다고 별도로 약정하였다는 등의 특별한 사정이 없는 경우에는, 송금의뢰인이 수취인의 예금구좌에 계좌이체를 한 때에는, 송금의뢰인과 수취인 사이에 계좌이체의 원인인 법률관계가 존재하는지 여부에 관계없이 수취인과 수취은행 사이에는 계좌이체금액 상당의 예금계약이 성립하고, 수취인이 수취은행에 대하여 위 금액 상당의 예금채권을 취득한다. 이때, 송금의뢰인과 수취인 사이에 계좌이체의 원인이 되는 법률관계가 존재하지 않음에도 불구하고, 계좌이체에 의하여 수취인이 계좌이체금액 상당의 예금채권을 취득한 경우에는, 송금의뢰인은 수취인에 대하여 위 금액 상당의 부당이득반환청구권을 가지게 되지만, 수취은행은 이익을 얻은 것이 없으므로 수취은행에 대하여는 부당이득반환청구권을 취득하지 아니한다.

(2) 수취인의 인출은 수취은행에 대한 사기죄 : 불성립[17]수취인은 예금주로서 은행에 대하여 예금 반환을 청구할 수 있는 권한을 가진 자

나. 수취은행의 수취인에 대한 대출채권으로 상계

(1) 원칙 : 가능[대법원 2010. 5. 27. 선고 2007다66088 판결] 예금거래기본약관에 따라 송금의뢰인이 수취인의 예금계좌에 자금이체를 하여 예금원장에 입금의 기록이 된 때에는 특별한 사정이 없는 한 송금의뢰인과 수취인 사이에 자금이체의 원인인 법률관계가 존재하는지 여부에 관계없이 수취인과 수취은행 사이에는 위 입금액 상당의 예금계약이 성립하고, 수취인이 수취은행에 대하여 위 입금액 상당의 예금채권을 취득한다. 그리고 수취은행은 원칙적으로 수취인의 계좌에 입금된 금원이 송금의뢰인의 착오로 자금이체의 원인관계 없이 입금된 것인지 여부에 관하여 조사할 의무가 없으며, 수취은행이 수취인에 대한 대출채권 등을 자동채권으로 하여 수취인의 계좌에 입금된 금원 상당의 예금채권과 상계하는 것은 신의칙 위반이나 권리남용에 해당한다는 등의 특별한 사정이 없는 한 유효하다.

(2) 상계권 남용 : 수취은행에 반환요청 + 수취인도 인정하고 수취은행에 반환을 승낙하였음에도 상계[대법원 2010. 5. 27. 선고 2007다66088 판결] 공공성을 지닌 자금이체시스템의 운영자가 그 이용자인 송금의뢰인의 실수를 기화로 그의 희생하에 당초 기대하지 않았던 채권회수의 이익을 취하는 행위

---

17) 대법원 2010. 5. 27. 선고 2010도3498 판결(계좌이체 또는 현금으로 계좌송금이 되었지만 예금원장에 입금의 기록이 된 때에 예금이 된다고 예금거래기본약관에 정하여져 있을 뿐이고, 수취인과 은행 사이의 예금계약의 성립 여부를 송금의뢰인과 수취인 사이에 계좌이체 등의 원인인 법률관계가 존재하는지 여부에 의하여 좌우되도록 별도로 약정하였다는 등의 특별한 사정이 없다면, 송금의뢰인과 수취인 사이에 계좌이체 등의 원인인 법률관계가 존재하는지 여부에 관계없이 수취인과 수취은행 사이에는 계좌이체금액 상당의 예금계약이 성립하고, 수취인은 은행에 대하여 위 금액 상당의 예금채권을 취득한다. 그리고 위와 같이 송금의뢰인과 수취인 사이에 계좌이체 등의 원인이 되는 법률관계가 존재하지 않음에도 불구하고, 계좌이체에 의하여 수취인이 계좌이체금액 상당의 예금채권을 취득한 경우에, 송금의뢰인은 수취인에 대하여 위 금액 상당의 부당이득반환청구권을 가지게 되지만, 은행은 이익을 얻은 것이 없으므로 은행에 대하여는 부당이득반환청구권을 가지지 않는다. 그렇다면 위와 같이 송금의뢰인이 수취인의 예금계좌에 계좌이체 등을 한 이후, 수취인이 은행에 대하여 예금반환을 청구함에 따라 은행이 수취인에게 그 예금을 지급하는 행위는 계좌이체금액 상당의 예금계약의 성립 및 그 예금채권 취득에 따른 것으로서 은행이 착오에 빠져 처분행위를 한 것이라고 볼 수 없으므로, 결국 이러한 행위는 은행을 피해자로 한 형법 제347조의 사기죄에 해당하지 않는다고 봄이 상당하다. 위 법리에 비추어 보면, 이 사건 은행계좌의 예금주는 피고인이고, 피고인은 예금주로서 은행에 대하여 예금반환을 청구할 수 있는 권한을 가진 자이므로, 피고인의 예금반환청구를 권한 없는 자의 예금반환청구로 볼 수는 없다는 전제 하에 은행을 피해자로 한 사기죄가 성립하지 않는다는 원심의 이 부분 결론은 정당하다.) ➡ [원심 : 인천지방법원 2010. 2. 18. 선고 2010노90 판결] 피고인이 수취은행을 기망한 것으로 기소, [원심] 은행에 대하여 예금의 반환청구를 할 수 있는 권한을 가진 자는 은행과 예금계약을 체결한 명의자(예금주)이고, 예금주가 은행에 대하여 예금의 반환을 청구하면 은행으로서는 예금계좌에 있던 돈의 출처를 묻지 아니하고 그 청구에 따라 예금을 지급할 수밖에 없다고 할 것인데, 이 사건 은행 계좌의 예금주는 피고인이고, 피고인은 예금주로서 은행에 대하여 예금반환을 청구할 수 있는 권한을 가진 자이므로, 피고인의 예금반환청구를 권한 없는 자의 예금반환청구로 볼 수는 없다. 따라서 피고인이 은행에 대하여 예금반환청구를 한 행위는 은행에 대한 기망행위에 해당하지 않는다고 봄이 상당하다.

로서 상계제도의 목적이나 기능을 일탈하고 법적으로 보호받을 만한 가치가 없으므로

(2)-1. 상계권 남용 부정

㈎ 요건 : 수취은행이 선의인 상태에서 예금채권을 담보로 대출하여 그 자동채권 취득, 그 예
금채권이 이미 제3자에 의하여 압류[대법원 2010. 5. 27. 선고 2007다66088 판결], [서울중앙지방법원
2020. 1. 15. 선고 2019나9209 판결] 압류의 경우에도 상계가 가능한 이유 : 수취인의 예금채권이 제3자에 의하여
이미 압류된 경우에는 그 예금이 송금의뢰인에게 반환될 가능성이 없고, 이 경우 은행은 위 제3자와 사이에 채권
회수를 위하여 경합하는 채권자의 지위가 전면에 부각되므로

㈏ 상계 범위 : 피압류채권액의 범위에서만 상계 가능[대법원 2022. 7. 14. 선고 2020다212958 판결] 피고
의 상계항변을 전부인용한 원심판결 파기

6. 예금주 명의신탁해지 + 명의자_{수탁자,} 피고에 대한 예금반환청구 : 수탁자 → 예탁된 주식을 찾아 반환할 의무, 주식매도 후 예수금을 인출하여 반환할 의무, 예금반환 채권을 양도하고 금융기관에 통지할 의무[대법원 2001. 1. 5. 선고 2000다49091 판결] 금융실명거
래및비밀보장에관한긴급재정명령(1993. 8. 12. 대통령긴급재정경제명령 제16호, 1997. 12. 31. 법률 제5493호 금
융실명거래및비밀보장에관한법률로 대체) 시행 이후 예금주 명의를 신탁한 경우, 명의수탁자는 명의신탁자와의
관계에 있어서 상대방과의 계약에 의하여 취득한 권리를 명의신탁자에게 이전하여 줄 의무를 지는 것이고, 위 명
령 제3조 제3항은 단속규정일 뿐 효력규정이 아니라는 점에 비추어 볼 때, 출연자와 예금주인 명의인 사이의 명
의신탁약정상 명의인은 출연자의 요구가 있을 경우에는 금융기관에 대한 예금반환채권을 출연자에게 양도할 의무
가 있다고 보아야 할 것이어서 출연자는 명의신탁을 해지하면서 명의인에 대하여 금융기관에 대한 예금채권의 양
도를 청구하고 아울러 금융기관에 대한 양도통지를 할 것을 청구할 수 있다.

7. 예금주 명의신탁 명의자_{원고} → 출연자_{신탁자}의 상속인_{피고}에 대한 부당이득청구_{금융기}
관이 출연자의 상속인에게 변제한 사안

7-1. 타인명의 투자신탁계약 : 출연자와 예금명의자 사이의 내부적 법률관계 고려 → 상속재산의 귀속자는 출연자의 상속인[대법원 2012. 2. 23. 선고 2011다86720 판결] [원심] 투
자신탁계약의 당사자만 살펴 원고 청구 인용, [대법원] 파기 환송 : 금융실명거래 및 비밀보장에 관한 법률 시
행 이후 예금주 명의의 신탁이 이루어진 다음 출연자가 사망함에 따라 금융기관이 출연자의 공동상속인들 중
전부 또는 일부에게 예금채권을 유효하게 변제하였다면, 변제된 예금은 출연자와 예금명의자의 명의신탁약정상
예금명의자에 대한 관계에서는 출연자의 공동상속인들에게 귀속되었다고 보아야 하므로, 이러한 경우 예금명의
자는 예금을 수령한 공동상속인들의 전부 또는 일부를 상대로 예금 상당액의 부당이득반환을 구할 수 없다.

▸ 출연자의 출연이 예금주 명의신탁이 아니라 원고에 대한 증여 : 원고에게 권리귀속2011
다86720 주장은 가능하나 사안의 사실관계에서는 부정됨

제17절 조합

I. 조합채권자 → 조합, 조합원에 대한 청구(제712조, 제713조)

1. 조합채권자의 조합채권에 대한 강제집행, 보전처분 : 조합원 전원에 대한 집행권원

필요[대법원 2015. 10. 29. 선고 2012다21560 판결] 민법상 조합에서 조합의 채권자가 조합재산에 대하여 강제집행을 하려면 조합원 전원에 대한 집행권원을 필요로 하고, 조합재산에 대한 강제집행의 보전을 위한 가압류의 경우에도 마찬가지로 조합원 전원에 대한 가압류명령이 있어야 하므로, 조합원 중 1인만을 가압류채무자로 한 가압류명령으로써 조합재산에 가압류집행을 할 수는 없다.

2. 조합채권자의 일부 조합원에 대한 전부청구, 조합채권자가 조합을 대위하여 조합원에게 청구

가. 원칙 : 조합원은 지분비율, 균분책임(제712조)[대법원 1991. 11. 22. 선고 91다30705 판결] 조합의 채권자가 조합원에 대하여 조합재산에 의한 공동책임을 묻는 것이 아니라 각 조합원의 개인적 책임에 기하여 당해 채권을 행사하는 경우에는 조합원 각자를 상대로 하여 그 이행의 소를 제기할 수 있다.

(1) 조합이 아니라 비법인 사단[대법원 2021. 12. 30. 선고 2017다203299 판결] 구 주택건설촉진법에 의하여 설립된 주택조합은 민법상 조합이 아니라 비법인 사단에 해당하므로, 민법의 법인에 관한 규정 중 법인격을 전제로 하는 조항을 제외한 나머지 조항들이 원칙적으로 준용된다. 따라서 그 조합이 사업을 수행하면서 부담하게 된 채무를 조합의 재산으로 변제할 수 없게 되었다고 하더라도 그 채무는 조합에 귀속되고, 정관 기타 규약에 따라 조합원총회 등에서 조합의 자산과 부채를 정산하여 그 채무초과분을 조합원들에게 분담시키는 결의를 하지 않는 한, 조합원이 곧바로 조합에 대하여 그 지분 비율에 따른 분담금 채무를 부담하지 않는다.

(2) 손실비율 상이 + 원고 악의 : 조합원에게 증명책임[대법원 1975. 5. 27. 선고 75다169 판결]

나. 예외 : 불가분채무, 연대의 특약[대법원 1985. 11. 12. 선고 85다카1499 판결]**, 상법상 연대채무(상법 제57조 제1항)**[대법원 1992. 11. 27. 선고 92다30405 판결] 조합의 채무는 조합원의 채무로서 특별한 사정이 없는 한 조합채권자는 각 조합원에 대하여 지분의 비율에 따라 또는 균일적으로 변제의 청구를 할 수 있을 뿐이나 조합채무가 조합원 전원을 위하여 상행위가 되는 행위로 인하여 부담하게 된 것이라면 그 채무에 관하여 조합원들에 대하여 상법 제57조 제1항을 적용하여 연대책임을 인정함이 상당하다.

3. 내적조합내부관계는 민법상 조합(쌍방 출자 ↔ 익명조합), 대외적으로는 명의자 단독명의 법률행위+명의자에게 권리귀속의 내부 조합원에게 이행청구 ➡ 제713조 유추적용 여부

▸ 내부 조합원은 대외적(거래당사자) 책임 부정[대법원 1988. 10. 25. 선고 86다카175 판결]

▸ 내적조합에 해당하지 않음[대법원 2000. 7. 7. 선고 98다44666 판결] 이익분배 부존재 → 조합관계 부정, [대법원 1983. 5. 10. 선고 81다650 판결] 이익 여부와 관계없이 이익분배 → 익명조합 부정

4. 하수급인의 공동수급체에 대한 공사대금청구

가. 공동수급체 : 민법상 조합의 성질[대법원 2013. 2. 28. 선고 2012다107532 판결]

(1) 원칙 : 연대채무(상법 제57조 제1항)

(2) 예외 : 개별 지분비율에 따라 직접 하수급인에게 부담하기로 약정 → 상법 제57조 제1항 부적용[대법원 2013. 3. 28. 선고 2011다97898 판결]

가-1. 업무집행조합원에 대한 대리권 제한 약정의 존재 : 조합 구성원이 주장·입증

[대법원 2002. 1. 25. 선고 99다62838 판결] 민법 제709조는 임의규정이라고 할 것이므로 당사자 사이의 약정에 의하여 조합의 업무집행에 관하여 조합원 전원의 동의를 요하도록 하는 등 그 내용을 달리 정할 수 있고, 그와 같은 약정이 있는 경우에는 조합의 업무집행은 조합원 전원의 동의가 있는 때에만 유효하다 할 것이어서, 조합의 구성원이 위와 같은 약정의 존재를 주장·입증하면 조합의 업무집행자가 조합원을 대리할 권한이 있다는 추정은 깨어지고 업무집행자와 사이에 법률행위를 한 상대방이 나머지 조합원에게 그 법률행위의 효력을 주장하기 위하여는 그와 같은 약정에 따른 조합원 전원의 동의가 있었다는 점을 주장·입증할 필요가 있다.

5. 제3자 → 조합원 일부의 불법행위에 대하여 다른 조합원에게 손해배상청구

5-1. 조합관계 부존재 주장[대법원 2010. 2. 11. 선고 2009다79729 판결] 민법상의 조합계약은 2인 이상이 상호 출자하여 공동으로 사업을 경영할 것을 약정하는 계약으로서 특정한 사업을 공동 경영하는 약정에 한하여 이를 조합계약이라고 할 수 있고, 공동의 목적달성이라는 정도만으로는 조합의 성립요건을 갖추었다고 할 수 없다.[18)

6. 2인 조합의 1인 탈퇴시 조합채권자 → 잔존 조합원에게 전부 청구 : 가능[대법원 1999. 5. 11. 선고 99다1284 판결] 탈퇴자와의 사이에 조합관계는 종료된다 할 것이나 특별한 사정이 없는 한 조합은 해산되지 아니하고, 조합원들의 합유에 속한 조합재산은 남은 조합원에게 귀속하게 되므로

Ⅱ. 조합원 → 조합채무자에 대한 청구

1. 공동수급체의 공사대금청구[대법원 2012. 5. 17. 선고 2009다105406 전원합의체 판결, 대법원 2013. 2. 28. 선고 2012다107532 판결]

---

18) 아포리건설이 피고가 시행하는 재개발사업의 아파트 등 신축을 위한 시공자로 간여함에 있어서 재개발조합의 전문성 및 재정적 능력 부족을 보완하기 위해 지분도급제 방식의 참여조합원으로 가입하고 그에 관한 각종 내용의 약정을 조합과 체결한 사실만으로는 공동의 목적달성이라는 정도를 넘어서 민법상 특정한 사업을 공동 경영하는 내용의 조합의 성립요건을 갖추었다고 할 수도 없으므로, 시공사인 아포리건설 혹은 그의 보증사 등이 책임져야 할 시공상 불법행위에 대해 피고가 동업자로서 공동책임을 진다고 할 수도 없다.

가. 원칙 : 합유적 귀속, 1인이 임의로 지분 비율에 따른 급부청구 불가, 필수적 공동

소송[대법원 2012. 11. 29. 선고 2012다44471 판결]

나. 예외 : 개별 구성원이 지분비율에 따라 취득하기로 약정 → 실제 공사 수행과 무

관실제 비율은 내부적 정산의 문제

다. 특별한 사정 : 실제 공사비율에 따라 귀속실제 공사 수행 여부·정도를 지분비율에 의한 공사대금

취득의 조건으로, 공사 미이행시 공동수급체 탈퇴·제명 약정

2. 2인 조합 1인 탈퇴시 잔존 조합원 → 조합채무자에 대해 전액 청구 : 가능[대법원

2013. 5. 23. 선고 2010다102816,102823 판결] 합유재산은 남은 조합원의 단독소유 ⇔ [원심] : 조합채권임을 이유

로 지분비율에 따른 급부청구가 불가능하다고 판단

3. 공동수급체 1인의 무효확인소송[대법원 2013. 11. 28. 선고 2011다80449 판결] 낙찰자지위무효확인

3-1. 피고도급인

▸ 제3자를 낙찰자로 선정한 결의 무효확인 : 보존행위

▸ 부적법 항변(고유필수적 공동소송) : 불가

▸ 확인의 이익 결여 항변 : 불가원고가 낙찰자로 선정될 개연성 요건 불필요

4. 조합피고1의 잔금지급청구동시이행항변

4-1. 조합채무자원고 : 조합원 중 1인소외5에 대한 채권으로 상계 불가[대법원 1998. 3. 13. 선

고 97다6919 판결] 조합에 대한 채무자는 그 채무와 조합원에 대한 채권으로 상계할 수는 없는 것이므로(민법

제715조), 원고가 위 동업체의 조합원 중의 1인인 위 소외 5에 대하여 개인 채권을 가지고 있었다고 하더라도

그 채권과 동업체와의 위 매매계약으로 인한 잔대금채무를 서로 대등액에서 상계할 수는 없는 법리라고 할 것

이므로, 위 주장과 같은 상계로써 피고 1에 대하여 잔금이 지급되었음을 주장할 수 없고, 원고는 여전히 위 동

업체인 피고 1 및 위 정동철에게 위 제104호 및 제105호에 대한 잔대금채무를 부담하고 있다고 보아야 할 것

이다.

Ⅲ. 조합, 조합원 → 제3자에 대한 청구

1. 조합원원고:임의적 소송신탁 → 피고(대한민국)의 부당이득반환청구

1-1. 피고 : 일부 조합원경성건설에 대한 채권자경성건설의 체납을 이유로 경성건설의 지분비율에 의한

공사대금채권 압류 + 체납세액에 충당

▸ 제3자조합의 재산을 대상으로 한 압류 : 무효[대법원 2001. 2. 23. 선고 2000다68924 판결] 원고 등 6

개 회사가 공동협정서에 터잡아 그들 상호간에 금전 기타 재산 및 노무를 출자하여 이 사건 신축공사 관련사업을 공동으로 시행하기로 하는 내용의 약정을 함으로써 그들 사이에는 민법상 조합이 성립되었고, 그 후 피고 산하 동대전세무서장이 그 조합의 구성원인 경성건설의 부가가치세 체납을 이유로 원고 등 6개 회사의 조합재산인 253,541,700원의 공사대금채권에 대하여 압류처분을 한 것은 체납자 아닌 제3자 소유의 재산을 대상으로 한 것으로서 그 처분의 내용이 법률상 실현될 수 없는 것이어서 당연무효이고, 따라서 피고가 무효인 이 사건 압류처분에 기하여 253,541,700원을 체납세액에 충당한 것은 법률상 원인 없이 그 금액 상당의 이익을 얻고 그로 인하여 원고 등 6개 회사에 그 상당의 손해를 입힌 것으로서 부당이득이 된다.

2. 조합원 1인_{풍국건설}에 대한 채권자_{피고}의 조합채권_{풍국건설 → 제3채무자(대한민국)} : 준합유**가압류**[대법원 1997. 8. 26. 선고 97다4401 판결] 조합의 채권(피압류채권)은 조합원 전원에게 합유적으로 귀속하는 것이어서, 특별한 사정이 없는 한 조합원 중 1인이 임의로 조합의 채무자에 대하여 출자지분의 비율에 따른 급부를 청구할 수 없는 것이므로, 조합원 중 1인의 채권자가 그 조합원 개인을 집행채무자로 하여 조합의 채권에 대하여 강제집행하는 경우, 다른 조합원으로서는 보존행위로서 제3자이의의 소를 제기하여 그 강제집행의 불허를 구할 수 있다.

Ⅳ. 조합원 → 다른 조합원에 대한 청구

1. 조합원지위 확인청구

1-1. 제명결의 : 정당한 사유[대법원 2021. 10. 28. 선고 2017다200702 판결] 민법 제718조 제1항의 '정당한 사유가 있는 때'란 특정 조합원이 동업계약에서 정한 의무를 이행하지 않거나 조합업무를 집행하면서 부정행위를 한 경우와 같이 특정 조합원에게 명백한 귀책사유가 있는 경우는 물론이고, 이에 이르지 않더라도 특정 조합원으로 말미암아 조합원들 사이에 반목·불화로 대립이 발생하고 신뢰관계가 근본적으로 훼손되어 특정 조합원이 계속 조합원의 지위를 유지하도록 한다면 조합의 원만한 공동운영을 기대할 수 없는 경우도 포함한다. 신뢰관계 파탄을 이유로 조합원을 제명한 것에 정당한 사유가 있는지를 판단할 때에는 특정 조합원으로 말미암아 조합의 목적 달성에 방해가 계속되었는지 여부와 그 정도, 제명 이외에 다른 방해제거 수단이 있었는지 여부, 조합계약의 내용, 그 존속기간과 만료 여부, 제명에 이르게 된 경위 등을 종합적으로 고려해야 한다.

2. 약정 지분비율 이익배분청구_{청구조합원 → 공동수급체 대표} [대법원 1993. 5. 25. 선고 92다5744, 92다5751 판결]

2-1. 출자의무 불이행 항변[대법원 2006. 8. 25. 선고 2005다16959 판결], 이득분배비율의 변경[대법원 1993. 5. 25. 선고 92다5744, 92다5751 판결]

가. 원칙 : 불가92다5744 다른 출자자가 대신 출자하였더라도 약정에 의한 이익분배비율이 아닌 실제 출자가액비율로 변경되지 않음

나. 예외(특약) : 가능92다5744 불이행자에게 배분하지 않기로 특약, 실제 출자가액비율 등으로 변경하는 특약

2-2. 상계 : 출자금채권과 그 연체이자채권, 그 밖의 손해배상채권

3. 보존행위

[대법원 2009. 4. 23. 선고 2008다4247 판결] 당초 조합원(4명) : 소외1, 2, 3, 피고1 → 변경 조합원
(3명) : 원고1, 원고2, 피고2 → 피고2가 피고1에게 1/2지분 양도

➡️조합원의 다른 조합원에 대한 인도청구

▸ 제706조 제2항 : 인원수를 의미 → 3명 중 2명
  찬성 → 적법
▸ 일부 양도 무효

➡️원고 : 합유물 지분권자 → 보존행위로서 1인
의 청구 가능

⬅️결의 하자 항변 : 4명 중 2명 찬성 → 부적법
  (원심)

▸ 일부 양도에 대한 전원 동의(사안 : 부정)
▸ 임의규정 : 출자가액·지분 과반수 비율에 의하
  기로 한 약정(사안 : 부정)

4. 취득 재산 이전청구(제707조, 제684조)

[대법원 1997. 5. 30. 선고 95다4957 판결] 2인 조합의 업무집행조합원이 자기 명의로 조합재산(건
물 공유지분) 이전등기(→조합의 명의신탁) 후 처분

➡️조합원원고 : 조합재산인 부동산에 대한 합유등기청구   ⬅️업무집행 조합원피고

▸ 명의신탁 해지에 의한 이전등기청구 : ✕명의신탁 해지는 조합재산의 관리방법 변경으로 보존행위가 아니므로
  1인 불가
▸ 취득권리 이전의무에 의한 조합 앞으로의 이전등기청구 조합에 대하여 조합재산인 공유지분에 관하여 합유자
  원·피고로 한 이전등기 이행의무
                                        ▸ 재산처분 항변
▸ 원고 동의✕→업무집행조합원인 피고가 처분하였더라도 원고는 건물 공유지분에 관하여 원·피고 합
  유로 이전등기할 것을 요구할 수 있음 ↔ [비교] 2007다18911
                                        ▸ 재산처분으로 조합관계 종료
▸ 조합 존속원고 재산처분 동의✕ → 목적사업 성공으로 조합관계 종료✕, 원고 탈퇴나 부득이한 사유로 해산청구✕

5. 탈퇴 관련 청구(제716조 ~ 제719조)

가. 공동수급체 탈퇴조합원의 지분환급청구

가-1. 다른 조합원 : 연대채무(상법 제57조 제1항)[대법원 2013. 3. 28. 선고 2011다97898 판결]
    → 1인의 채권으로 상계 가능[대법원 2016. 7. 14. 선고 2015다233098 판결]

가-2. 탈퇴 의사표시의 부적법 : 전원에 대한 의사표시 필요, 탈퇴 주장자에게 증명
    책임[대법원 1959. 7. 9. 선고 4291민상668 판결]

가-3. 탈퇴사유(제716조) 불해당 : 잔존 조합원의 사업 계속 유지 · 존속을 전제[대법원 2007. 11. 15. 선고 2007다48370, 48387 판결] 영업중단, 사업자등록취소 요구는 동업사업의 유지 · 계속 전 제하지 않음→ 탈퇴에 해당하지 않음

나. 부득이한 사유에 의한 해산청구[2007다48370] 영업중단만으로는 부득이한 사유 부정, 신뢰관계가 깨 어진 상태에서 출자금반환을 구하는 소장 부본 송달시 조합종료

나-1. 분배범위 · 가액 : 청산절차 종료시 기준2007다48370

다. 제명출자의무 불이행 + 부당이득반환청구수령한 이익(분양대금)

다-1. 최고 없었다는 항변 불가상당기간을 정한 출자의무 이행 최고 불요

다-2. 반환범위 항변 : 통지시 악의의 수익자[대법원 1997. 7. 25. 선고 96다29816 판결]

6. 2인 조합의 1인 탈퇴

가. 지분반환청구, 정산금 청구[대법원 2021. 7. 29. 선고 2019다207851 판결] 탈퇴한 조합원은 탈퇴 당시 의 조합재산을 계산한 결과 조합의 재산상태가 적자가 아닌 경우에 지분을 환급받을 수 있다. 따라서 탈퇴 조합 원의 지분을 계산할 때 지분을 계산하는 방법에 관해서 별도 약정이 있다는 등 특별한 사정이 없는 한 지분의 환 급을 주장하는 사람에게 조합재산의 상태를 증명할 책임이 있다.

　　반환범위 : 탈퇴 당시의 조합재산 기준, 영업권의 가치를 포함하는 영업가격으 로 평가, 조합내부의 손익분배 비율 기준[대법원 2006. 3. 9. 선고 2004다49693, 49709 판결], 없으면 출자가액에 비례[대법원 2008. 9. 25. 선고 2008다41529 판결] ⇔ 조합청산 : 실제 출 자한 자산가액 비율 기준2004다49693, 49709 판결

가-2. 상계 : 조합의 탈퇴자에 대한 채권이 잔존 조합원의 탈퇴자에 대한 채권으로 귀속 → 지분상당 반환채무와 상계 가능[대법원 2006. 3. 9. 선고 2004다49693,49709 판결]

나. 조합원 1인의 등기명의 조합원에 대한 토지분할 청구 → 탈퇴 + 해산청구 : 해산 사유에 해당[대법원 1978. 11. 28. 선고 78다1827 판결]

7. 해산 관련 청구(제720조)

가. 조합원의 다른 조합원에 대한 해제 + 원상회복청구 : 불가[대법원 1994. 5. 13. 선고 94다 7157 판결] ➠ 해산청구 + 출자금 반환청구 : 가능[대법원 2007. 4. 26. 선고 2005다62006 판결]

가-1. 청산절차 관련 항변 : ① 청산절차 미종료[대법원 2005. 12. 8. 선고 2004다30682 판결, 대법 원 1993. 3. 23. 선고 92다42620 판결] 일부 청산인들의 비협력으로 청산절차가 진행되지 않고 있더라도 청

산절차 종료 필요, ② 조합 사무의 존재[대법원 2009. 7. 23. 선고 2008다79234 판결]

③ 조합 잔무가 없고 잔여재산 분배만 남은 경우[대법원 1998. 12. 8. 선고 97다31472 판결], [대법원 2022. 2. 17. 선고 2016다278579, 278586 판결] 이때 잔여재산은 특별한 사정이 없는 한 각 조합원이 실제로 출자한 가액에 비례하여 이를 분배하여야 할 것인데, 일부 이행되지 아니한 출자금이 있더라도 이를 고려하지 않고 잔여재산의 범위를 확정한 다음 각 조합원이 실제로 출자한 가액에 비례하여 이를 분배함이 타당하다. 그리고 이러한 기준에 따라 잔여재산분배 절차를 진행하는 이상 다른 조합원들은 출자의무를 이행하지 아니한 조합원에게 더 이상 출자 의무의 이행을 청구할 수 없다고 보아야 한다. ⇔ [원심] 미이행 출자 부분 상당액을 손해배상채권으로 인정하여 잔여재산에 포함시킴

④ 조합 전체 잔여재산의 내역과 정당한 분배비율 및 조합원 각자의 현재 잔여재산 보유내역 등이 미확정2004다30682

⑤ 잔여재산 분배를 허용하더라도 조합원 사이의 공평에 반하지 않는 경우2008다79234

⑥ 특약 : 청산절차 없이 동업관계를 종료하고 원고 단독소유로 하기로 한 경우[대법원 1985. 2. 26. 선고 84다카1921 판결] 민법상 해산사유, 청산규정과 다른 내용의 특약 가능

가-2. 출자의무 불이행 조합원들의 반환범위 : 조합계약의 손실부담 비율 > 특약 없으면 균등한 것으로 추정[대법원 1996. 10. 25. 선고 96다32201 판결]

가-3. 신의칙 항변 : 불가[대법원 1993. 2. 9. 선고 92다21098 판결] 유책사유자의 해산청구도 가능

나. 출자 조합원원고→ 동업계약 해지다른 조합원(소외1) 출자의무 불이행 + 조합 명의수탁자피고를 상대로 진정명의회복 소유권이전등기청구[대법원 2011. 1. 27. 선고 2008다2807 판결]

나-1. 원고 소유권 부존재[원심] : 소유권 인정, [대법원] : 부정(∵ 등기 미경료, 법률에 의한 소유권 취득 부정)

나-2. 잔여재산 분배 청구권만 가질 뿐 원고에게 소유권이 곧바로 귀속되지 않음
∵ 원고와 소외1의 합유, 단독소유 등기를 해야 잔존 조합원의 단독소유(탈퇴 : 법률행위에 의한 물권변동)

다. 잔여재산분배청구(제724조) : 분배비율 초과 보유 조합원을 상대로 개별적으로 행사, 공동행사·전원을 상대로 불필요[대법원 2000. 4. 21. 선고 99다35713 판결], 재판상 청구시 사실심 변론종결 당시 기준[대법원 1981. 1. 13. 선고 80다1672 판결]

V. 제3자 → 제3채무자에 대한 조합채권 청구조합채권 양수금 청구(원고)와 채권양도 무효 주장(피고) 가부 : 조합원 전원 동의가 없는 경우 제272조와 제706조 제2항의 적용 문제

■ 조합재산의 처분·변경 : 조합의 특별사무에 대한 업무집행 → 제706조 제2항 적용, 조합원 전원 동의 없음을 이유로 무효 주장 불가[대법원 1998. 3. 13. 선고 95다30345 판결], [대법원 2000. 10. 10. 선고 2000다28506, 28513 판결] 과반수 동의는 있으나 전원동의는 없는 경우 : 유효, [대법원 2010. 4.

29. 선고 2007다18911 판결] 합유물이 조합재산인 경우 제706조 제2항이 제272조에 우선 적용 : 업무집행 조합원 無 → 조합원 과반수, 有 → 업무집행자의 과반수, 업무집행자가 1인 → 단독으로 결정

■ [비교] 채무부담행위(금전차용) : 조합재산의 처분·변경이 아님 → 제706조 제2항 적용
제272조 부적용

▶ 특약 : 전원동의 약정, 조합원총회 결의 필요2000다28506

[95다30345] 조합의 대내관계 : 조합재산의 처분·변경과 조합원 전원 동의 요부

⬛ 공사대금 청구 : 증액합의
▶ 조합재산의 처분·변경 : 특별사무에 속하는 조합의 업무집행 → 조합원 과반수 : 과반수 동의 O, 전원 동의 불필요

⬛ 조합원 전원의 동의 없음 항변(피고1 제외 증액합의)
▶ 임의규정 : 조합원 전원의 동의를 요하는 합의, 피고1 제외 → 증액합의 효력×(원고 상고 이유 없음)

Ⅵ. 조합재산과 명의신탁 ➡ 공동매수인의 법률관계 문제

[대법원 2007. 6. 14. 선고 2005다5140 판결, 대법원 2012. 8. 30. 선고 2010다39918 판결, 대법원 2006. 4. 13. 선고 2003다25256 판결] 조합재산과 명의신탁 관계

⬛ 공동매수인의 말소등기대위청구명의신탁 무효
▶ 계약당사자인 공동매수인피고6, 매도인피고1을 순차대위하여 수탁자피고2~5에 대하여 말소등기 청구원고 : 3자간 명의신탁의 공동매수인

⬛ 명의수탁자피고2~5 : 3자간 명의신탁 명의수탁자
▶ 피보전채권 부존재원고와 피고6은 조합관계, 원고의 피고6에 대한 지분이전채권 부존재

▶ 피보전채권 존재 : 조합관계동업체의 재산으로 귀속 + 공동매수인 전원의 의사에 기하여 전원의 계산으로 처분 + 이익분배, 매도인은 조합체에 대하여 전부 이전의무가 아니라 단순한 공동매수인[2005다5140] 공동매수인의 법률관계가 공유관계인지 조합관계인지는 당사자의 의사해석 차원에서 결정, [2010다39918] 공유 지분권 존재 + 각자 지분권을 처분하여 대가를 취득할 수 있는 관계(명의신탁 직후 원고에게 가등기설정, 수익분배비율이 아니라 각자를 소유자로 표기 → 조합관계가 아니라 전매차익을 얻으려는 공동목적 달성을 위한 관계), [2003다25256] 매도인은 매수인 각자에게 지분이전등기의무

제18절 화해

Ⅰ. 후발손해 청구 : 별도의 손해

Ⅰ-1. 소멸시효 완성

▶ 후발손해 판명시부터 진행[대법원 1992. 12. 8. 선고 92다42583 판결] 당초 손해는 상해를 입었을 때, [대법원 2001. 9. 4. 선고 2001다9496 판결] 종전 예측 여명기간으로부터 3년 내 제기 → 소멸시효 완성 부정

Ⅰ-2. 과실상계

II. 피해자 부모원고2,3의 고유의 손해배상청구(위자료)

II-1. 피해자원고1와의 화해로 소멸

▸ 피해자와의 합의 → 부모들에게 효력 부정

▸ 묵시적 추인, 특약[대법원 1993. 9. 28. 선고 92다42606 판결] 사안에서는 부정됨

III. 합의금 반환청구(부당이득)

1. 착오취소

1-1. 분쟁의 대상(제733조 본문)근로자들의 동의 여부 : **착오 취소 불가**[대법원 2020. 10. 15. 선고 2020다227523, 227530 판결] 반소청구의 내용인 근저당채무의 대위변제와 그론 인한 피고의 손해 여부 → 분쟁의 대상이자 다툼이 계속되고 있는 사항

▸ 합의의 전제 또는 기초(제733조 단서) : 상호 양보의 대상으로 되지 않고 다툼이 없는 사실로 양해된 사항[대법원 1995. 12. 12. 선고 94다22453 판결] 근로자들의 동의 여부 → 분쟁의 대상인 법률 관계 자체 : 청구기각, [대법원 2001. 10. 12. 선고 2001다49326 판결] 합의금 지급의 원인이었던 의료상 과실이 존재 하지 않은 경우 → 치료상의 과실은 합의의 전제이지 분쟁의 대상이 아님 : 청구인용

2. 사기취소 : 화해의 목적인 분쟁에 관한 사항에 착오가 있더라도 취소 가능[대법원 2008. 9. 11. 선고 2008다15278 판결]

제19절 제3자를 위한 계약 ➡ 단축급부(제3자를 위한 계약형 vs 중간생략등기형)

제3자를 위한 계약의 기본구조

대가관계(원인관계) : 기본계약에 영향 없음

수익자채권자, 전매수인(등기관계),   →   요약자수익자에 대한 당초 의무부담자, 매수인(등기관계), 매수
매도인(금전관계)   인(금전관계)

             수익관계 ↘   ↓ ↑ 기본관계(보상관계)

                                    낙약자수익자에 대한 새로운 의무부담자 : 중첩적 채무인수인, 매도인(등기관계), 전매수인(금전관계)

Ⅰ. 요건

1. 요약자와 낙약자 사이의 계약(기본계약) 성립

2. 제3자 약관의 존재 : 제3자에게 직접 권리를 취득시키는 약관

가. 병존적 채무인수[대법원 1997. 10. 24. 선고 97다28698 판결] 매매대금을 매도인의 채권자에게 직접 지급

나. 채무면제계약[대법원 2004. 9. 3. 선고 2002다37405 판결] 제3자를 위한 계약이 성립하기 위하여는 일반적으로 그 계약의 당사자가 아닌 제3자로 하여금 직접 권리를 취득하게 하는 조항이 있어야 할 것이지만, 계약의 당사자가 제3자에 대하여 가진 채권에 관하여 그 채무를 면제하는 계약도 제3자를 위한 계약에 준하는 것으로서 유효하다.

다. 임대차보증금을 제3자에게 반환하기로 하는 특약[대법원 2002. 1. 25. 선고 2001다30285 판결]

3. 제3자의 수익의 의사표시 : 제3자를 위한 계약의 요건이 아니라 권리취득의 요건, 수익의 의사표시를 할 때 제3자의 현존·특정 필요

Ⅱ. 단축급부의 유형

1. 소유권의 단축급부

제3자 합의형	낙약자매도인 vs 요약자매수인 기본관계선행 매매계약	수익자전매수인 vs 요약자매수인 대가관계(원인관계)전매계약	낙약자매도인 vs 수익자전매수인 수익관계
정상적인 경우	■ 낙약자의 수익자에 대한 이행 : 요약자의 청구에 대한 항변 가능 ■ 수익의사표시 후 합의에 의한 변경, 소멸 불가 < 변경·소멸 유보합의·제3자동의[대법원 2002. 1. 25. 선고 2001다30285 판결], 법정해제[대법원 1994. 8. 12. 선고 92다41559 판결]	■ 대가관계(원인관계) ➡ 기본계약에 영향×	■ 수익자 : 낙약자에게 청구 가능, 요약자 해제시 손해배상청구도 가능92다41559 ■ 낙약자 : 기본관계에 기한 항변 가능, 대가관계에 기한 항변 불가
기본계약 의 하자	■ 낙약자 불이행 : 요약자도 손해배상청구 가능 ■ 요약자, 낙약자 : 해제 가	■ 채무불이행(제390조), 담보책임(제570조) → 해제, 손해배상	■ 기본계약 하자 → 제3자를 위한 계약 하자, 수익자는 해제권× 92다41559

능, 제3자 동의 불필요[대법원 1970. 2. 24. 선고 69다1410, 1411 판결] [등기] 수익자에게 말소청구 [금전] 요약자(수익자×)에게 청구 : 반환범위 → 제748조		[등기] 낙약자 → 수익자 : 제214조 수익의 의사표시만으로는 선의 제3자× [금전] 수익자에게 청구× [대법원 2005. 7. 22. 선고 2005다7566, 7573 판결]
대가관계의 하자	■기본계약 유효, 요약자 : 낙약자에게 이행거부×(∵ 대가관계 하자 → 제3자를 위한 계약에 영향×) ■수익자 명의 등기 : 유효 ➡ 요약자 → 수익자를 상대로 부당이득반환청구(이전등기청구권 양도, 이전등기청구)	부당이득 : 당사자 사이에서만 [등기] ■수익자 미경료시 : 요약자는 수익자로부터 소유권 이전등기청구권을 양도받은 후 낙약자에게 직접 청구 ■수익자 경료시 : 수익자에게 이전등기청구 [금전] 대금관계 청산도 수익자, 요약자 사이에서만	■대가관계 하자[대법원 2003. 12. 11. 선고 2003다49771 판결](요약자의 수익자에 대한 해제) → 제3자를 위한 계약 성립·효력 영향× ■수익자의 낙약자에 대한 권리 당연 소멸×, 낙약자의 요약자에 대한 의무 부활× 2003다49771 ■수익자등기 유효, 제214조×

중간생략등기형	낙약자매도인 VS 요약자매수인 기본관계선행 매매계약	수익자전매수인 VS 요약자매수인 대가관계전매계약	낙약자매도인 VS 수익자전매수인 수익관계
기본계약의 하자	3자합의 무효 매수인 : 무권리자	매수인 : 무권리자 처분행위, 무효	매도인 : 제214조 ⇔ 실체관계부합 항변 가능(제3자 보호규정)
대가관계의 하자	3자합의 무효 전매수인등기 무효	매수인 : 매도인을 대위하여 말소등기 청구 + 이전등기청구	매도인 : 제214조 ⇔ 실체관계부합 항변 : 불가

2. 금전의 단축급부[대법원 2008. 9. 11. 선고 2006다46278 판결] 매수인(요)의 지시에 의하여 전매수인(낙)이 매도인(수)에게 지급, [대법원 2015. 5. 29. 선고 2012다92258 판결] 조합(요)의 지시에 의하여 조합원(낙)이 건설사(수)에 지급, 질권자(수)가 제3채무자(낙)에 대하여 직접 청구

➡ 유형 구별 불요 ∵ 금전의 소유권은 금전을 받은 자에게 귀속 → 금전을 지급받은 자의 부당이득 반환만 문제

➡ 단축급부의 이득자 : 제3자가 아니라 단축급부를 지시한 자(요약자)[대법원 2003. 12. 26. 선고 2001다46730 판결, 대법원 2008. 9. 11. 선고 2006다46278 판결]

금전지급관계	요약자매수인 vs 낙약자전매수인 기본계약전매계약	요약자매수인 vs 제3자매도인 대가관계(원인관계)최초 매매계약	낙약자전매수인 vs 제3자매도인
기본계약의 하자	낙약자 → 요약자에게 전액 부당이득반환청구(기본관계가 해제되었더라도) [대법원 2003. 12. 26. 선고 2001다46730 판결, 대법원 2018. 7. 12. 선고 2018다204992 판결]	■ 제3자건설사는 요약자조합와의 계약관계법률상원인에 의하여 정당하게 수령2006다46278 ■ 제3자가 기본관계의 하자를 알고 있더라도 부당이득×(∵ 급부부당이득에는 악의·중과실 법리 적용×)2006다46278[19], 2018다204992	제3자에게 부당이득반환청구× 2005다7566(제3자를 위한 계약형), 2010다31860, 2012다92258(원인관계의 흠을 이유로 제3자에게 직접 부당이득반환청구를 할 수 있다고 보면 자기 책임하에 체결된 계약에 따른 위험부담을 제3자에게 전가하여 계약법의 원리에 반하고, 수익자인 제3자가 상대방(요)에 대하여 가지는 항변권을 침해하여 부당)
대가관계의 하자	요약자 → 낙약자에게 부당이득반환청구전매수인의 최초 매도인에 대한 급부로 전매수인의 매수인에 대한 급부, 매수인의 매도인에 대한 급부가 각 이루어진 것으로 볼 수 있으므로	요약자 → 낙약자에게 부당이득반환청구	요약자 → 낙약자에게 부당이득반환청구

---

19) 삼각관계에서의 급부가 이루어진 경우에, 제3자가 급부를 수령함에 있어 계약의 일방당사자가 계약상대방에 대하여 급부를 한 원인관계인 법률관계에 무효 등의 흠이 있었다는 사실을 알고 있었다 할지라도 계약의 일방당사자는 제3자를 상대로 법률상 원인 없이 급부를 수령하였다는 이유로 부당이득반환청구를 할 수 없다. 이득자가 손실자의 부당한 출연 과정을 알고 있었거나 잘 알 수 있었을 경우에는 그 이득이 손실자에 대한 관계에서 법률상 원인이 없는 것으로 보아야 한다는 취지로 원심에서 들고 있는 대법원 2003. 6. 13. 선고 2003다8862 판결은 손실자의 권리가 객관적으로 침해당하였을 때 그 대가의 반환을 구하는 경우(이른바 침해부당이득관계)에 관하여 적용되는 것으로서, 손실자가 스스로 이행한 급부의 청산을 구하는 경우(이른바 급부부당이득관계)에 관련된 이 사건과는 사안을 달리하는 것이므로 이 사건에 원용하기에 적절하지 않다.

➡원고제3채무자(보험회사) : **부당이득 · 손해배상청구**

⬅피고 : **질권설정자채무자(피고회사) + 질권자(피고은행)**

1. **부당이득반환청구**

○ 피담보채권 범위 내 지급 부분 : 질권자 부당이득×

■ 원고의 보험금 지급 → 채무자(질권설정자)에 대한 보험금 지급 & 채무자의 채권자에 대한 대출금채무 변제

■ 채무자가 제3채무자에 대한 보험금지급청구권을 상실(허위의 손해자료 산정)하였더라도

■ 제3채무자는 계약당사자인 질권설정자에게 부당이득반환청구할 수 있을 뿐 제3자에게 부당이득반환청구 불가

○ 피담보채권 범위 초과 부분 : 채권자 부당이득○ ∵ 제3채무자의 질권설정자에 대한 급부와 질권설정자의 질권자에 대한 급부가 있다고 볼 수 없으므로 채권자의 부당이득 성립

▸ 실질적 이익× : 피고은행채권자이 이미 피고회사설정자에게 반환

2. **손해배상청구: 손해액**

■ 원심: 불법행위가 없었을 경우 지급되어야 할 보험금까지 포함하여 손해액 산정

■ 대법원 : 원고가 윤전기에 대하여 지급한 실제 보험금 − 기망행위가 없었더라면 윤전기에 대하여 지급되었을 보험금 ↳면책약관에 의한 면책사유에 해당하여 부당이득으로 반환청구 가능

제20절 어음금 · 수표금 청구

Ⅰ. 발행인에 대한 청구

1. 요건사실

가. 피고의 어음발행

(1) 어음요건이 구비된 어음을 발행한 사실 : 피고의 어음요건 흠결 주장은 항변이 아니라 부인

㈎ **국내어음의 발행지** : 필요적 어음요건이 아님[대법원 1998. 4. 23. 선고 95다36466 전원합의체 판결, 대법원 1999. 8. 19. 선고 99다23383 전원합의체 판결]

㈏ **지급장소** : 어음요건이 아니라 유익적 기재사항

㈐ **지급지가 기재되지 않은 경우** : 발행지, 발행인의 명칭에 부기한 지(어음법 제76조 제2, 3호)

㈑ **백지어음** : 발행일[대법원 1994. 9. 9. 선고 94다12098, 94다12104 판결], **수취인**[대법원 1992. 3. 10. 선고 91다28313 판결] **기재가 없는 경우**

① 변론종결시까지 어음요건을 보충하여 어음을 완성한 사실94다12098

② 백지보충시부터 장래를 향하여 효력 : 불소급75다1751, 지급제시기간 후 보충을 한 경우 보충된 어음을 지급제시한 다음날부터 지연손해금 발생[94다12098] 약속어음의 발행일은 어음요건의 하나이므로 그 기재가 없는 상태에서는 어음상의 권리가 적법하게 성립할 수 없고, 따라서 이러한 미완성 어음으로 지급을 위한 제시를 하였다 하여도 적법한 지급제시가 될 수 없으며 사실심 변론종결일까지도 그 백지부분이 보충되지 아니한 경우에는 그 어음소지인은 발행인에 대하여 이행기에 도달된 약속어음금 채권을 가지고 있다고 볼 수 없다. ➡ 청구기각

(라)-1. 백지어음이 아니고 불완전어음으로서 무효 : 피고에게 증명책임[대법원 1984. 5. 22. 선고 83다카1585 판결] 백지약속어음의 경우 발행인이 수취인 또는 그 소지인으로 하여금 백지부분을 보충케 하려는 보충권을 줄 의사로서 발행하였는가 여부의 점에 대하여는 발행인에게 보충권을 줄 의사로 발행한 것이 아니라는 점 즉 백지어음이 아니고 불완전어음으로서 무효라는 점에 관한 입증책임이 있다.

(2) 피고가 발행인으로서 기명 · 날인 또는 서명 또는 대리인에 의하여 발행행위를 한 사실

(가) 피고의 발행사실 증명방법

① 어음을 서증으로 제출하고, 그 서증의 진정성립을 증명

② 사실상 추정 : 어음면상 발행인의 인영이 피고의 것 → 그 인영이 피고의 의사에 의하여 날인된 것[대법원 1997. 3. 11. 선고 96다50209 판결]

③ 날인행위가 피고 이외의 자에 의하여 이루어진 사실 증명

④ 실제 날인한 자가 적법한 대리권을 가지고 있었는지에 관하여 증명

(나) 대리인에 의한 발행 · 대행의 방식에 의한 기명날인

① 대리인이 본인인 피고를 위한 것임을 표시하고 대리인의 이름을 기명날인한 사실

② 피고가 대리인에게 당해 어음의 발행에 관한 대리권을 수여한 사실 ➡ 증명불가능시 표현대리의 각 요건사실을 주장 · 증명하거나 피고가 무권대리행위를 추인한 사실을 주장 · 증명

(다) 위조 주장 : 항변이 아니라 부인

① 피위조자의 추인시 본인으로서 책임

② 표현대리 유추적용[대법원 1991. 6. 11. 선고 91다3994 판결] 대행의 경우에도 표현대리의 법리 유추적용

㉠ 표현대리 성립여부의 기준 : 직접상대방으로 제한(제한설) → 선의 · 정당한 이유는 직접상대방을 기준으로 판단

㉡ 제3자의 보호범위

■ 직접상대방이 요건을 못 갖출 경우 : 제3취득자에게 정당한 사유가 있어도 본인의 책임은 없음

■ 직접상대방에 대해 표현대리 성립하는 경우 : 그 후의 취득자가 악의더라도 본인은 책임 부담91다3994 수표발행의 직접 상대방에게 표현대리의 요건이 갖추어져 있는 이상 그로부터 수표를 전전양수한 소지인으로서는 표현대리에 의한 위 수표행위의 효력을 주장할 수 있으므로 본인은 표현대리의 법리에 따라 그

책임을 부담한다.

③ 사용자책임 : 위조자가 피용자일 경우

㉠ 손해액은 실출연금액 기준[사법연수원 62-9 약속어음금 기록 해설]

㉡ 과실상계 가능

㉢ 지급제시 불필요

㈑ 변조

① 69조에 의하여 책임

② 어음행위 당시의 어음상의 문언에 대한 증명책임[대법원 1990. 2. 9. 선고 89다카14165 판결]

㉠ 어음면상 변조사실이 명백하지 않은 경우 : 변조사실 자체를 주장하는 어음채무자

㉡ 변조사실이 어음면상 명백 : 소지인이 어음채무자가 변조에 동의하였거나 그의 어음행위가 변조 후에 행하여졌다는 것을 증명

㈒ 어음교부행위 요부

① 피고의 어음교부사실 주장·증명은 필요(발행설 : 어음의 작성 + 교부점유이전) 어음행위 자체는 수취인의 기명·날인이 없이 일방적으로 성립한다는 측면에서 단독행위이므로 피고의 어음교부사실은 주장·증명 필요 → 88다카24776 약속어음의 작성자가 어음요건을 갖추어 유통시킬 의사로 그 어음에 자기의 이름을 서명날인하여 상대방에게 교부하는 단독행위를 발행이라 일컫는 것(발행설) ➡ 기재례 : "피고 김범준이 …에게 …어음을 발행한 사실"

② 어음을 작성할 당시 피고에게 어음을 유통시킬 의사가 있었던 사실의 증명으로도 가능(권리외관설)[대법원 1999. 11. 26. 선고 99다34307 판결] 어음을 유통시킬 의사로 어음상에 발행인으로 기명날인하여 외관을 갖춘 어음을 작성한 자는 그 어음이 도난·분실 등으로 인하여 그의 의사에 의하지 아니하고 유통되었다고 하더라도, 배서가 연속되어 있는 그 어음을 외관을 신뢰하고 취득한 소지인에 대하여는 그 소지인이 악의 내지 중과실에 의하여 그 어음을 취득하였음을 주장·입증하지 아니하는 한 발행인으로서의 어음상의 채무를 부담한다고 할 것이다. 피고는 물품대금의 지급에 사용할 목적으로 이 사건 약속어음에 금액은 백지로 하여 발행인으로서 서명날인하여 두었음을 인정하고 있고, 한편 원고는 그 후 백지가 보충되어 완성된 이 사건 약속어음을 소외인으로부터 할인취득하였음을 알 수 있으므로, 원고가 이 사건 약속어음을 취득함에 있어서 악의 또는 중과실이 있음을 피고가 주장·입증하지 아니하는 한, 이 사건 약속어음을 유통시킬 목적으로 작성하여 발행인으로 기명날인한 피고는 이 사건 어음의 적법한 소지인인 원고에 대하여 발행인으로서의 어음상의 채무를 부담한다고 보아야 할 것이다.

②-1. 원고가 어음을 취득할 당시 악의·중과실 : 항변99다34307

나. 어음상 권리의 원고 귀속

(1) 형식상 배서가 연속된 어음의 소지인(어음법 제16조 제1항) 통상 배서가 여러 단계를 거친 경우에는 각 단계의 실질적 권리이전을 모두 주장·증명하는 것이 번거로우므로 이 방법을 사용하는 것이 간편

㈎ 배서연속사실의 증명시 적접한 소지인으로 법률상 추정

⒩ 배서의 연속이 흠결되어 있다는 주장은 단순 부인

⒟ 배서연속의 증명

① 외관상 배서 연속이 있으면 인정

㉠ 기재례 : 갑 제1호증의2(약속어음 이면)의 기재어음행위 여부를 증명하기 위하여 제출된 어음은 서증
및 형상형식상 배서가 연속되어 있다는 것을 증명하기 위하여 제출된 어음은 검증의 목적물에 의하면, 위
어음의 이면 중 제1배서인란에는 A가 B에게, 제2배서인란에는 B가 C에게, 제3배서인란에
는 C가 원고에게 각 배선한다는 기재가 되어있는 사실'배서가 형식상 연속되어 있는 사실'이 아님
(∵ 배서의 형식상 연속은 법률판단 사항)을 인정할 수 있는바, 수취인인 A로부터 최종 소지인인
원고에 이르기까지 형식상 배서가 연속법률판단 사항되어 원고는 위 어음의 적법한 소지인으
로 추정되므로

㉡ 발행인 A + 수취인 B → 제1배서인 B + 피배서인(백지) → 제2배서인 C + 피배서인 D → 소
지인 D : 배서연속된 어음의 소지인은 적법한 소지인으로 법률상 추정

② 백지식 배서B + 백지 : 소지인은 보충 없이 권리행사 가능[대법원 1968. 12. 24. 선고 68다2050 판결]
약속어음을 배서하면서 피배서인을 백지로 한 경우에 그 어음의 소지인이 어음상의 권리를 행사하려면 반드시 자
기를 피배서인으로 기재할 필요는 없고 이를 보충하지 아니한 채로 청구한다 할지라도 적법하다.

③ 중간에 위조된 배서 또는 허무인의 배서B, C가 있어도 배서의 연속 인정[대법원 1973. 6. 22. 선
고 72다2026 판결]

(1) – 1. 추정의 번복

■ 실질적인 권리승계가 없음을 증명하는 것으로는 부족

■ 모든 권리취득원인사실(승계취득, 선의취득)의 부존재나 장애 또는 소멸사실을 주장 ·
증명

(2) 배서 등에 의한 실질적인 권리이전 : 형식상 배서의 연속이 끊어진 경우, 중단된 부
분의 실질적인 권리이전관계만 주장 · 증명하면 나머지 부분은 계속 권리귀속 추정
인정[대법원 1995. 9. 15. 선고 95다7024 판결]

⒢ 승계취득

① 배서

② 교부 : 수취인란이 백지인 어음, 기명식 또는 지시식으로 발행되었으나 최후의 배서가 백지
식 또는 소지인출급식으로 배서된 어음에 한하여 인정

③ 지명채권양도 : 대항요건과 어음의 인도 필요[대법원 1996. 4. 26. 선고 94다9764 판결]

⒩ 선의취득

① 원고 스스로 선의취득의 요건을 갖춘 경우 : 자신의 전자까지의 승계취득원인에 대하여는
주장 · 증명 불요∵ 원시취득

㉮ 무권리자로부터 취득한 사실

㉯ 어음법적 유통방법에 의하여 취득한 사실

■배서, 최종배서가 백지식이면 교부

■상속, 합병, 전부명령 : 제외

㉰ 양도인에 대하여 배서연속에 의한 권리외관이 있는 사실

(나)-1. 악의 · 중과실 : 선의취득의 효력발생에 대한 장애사유(항변)

② 전자 중 1인이 선의취득의 요건을 갖춘 경우 : 원고가 그 사람으로부터 자신까지의 승계취득원인을 주장 · 증명

다. 원고의 어음 소지

(1) 원칙 : 필요

㉮ 취지 : 채권자 확지, 이중지급위험 회피[사법연수원 62-9 약속어음금 기록 해설], 제시증권성 · 상환증권성(어음법 제38조, 제39조)

㉯ 당사자가 변론기일에 어음을 증거로 제출하고 상대방이 이를 확인하고 인정하면 족함[90다카28405]

㉰ 다른 사건의 쟁송에서 위 어음이 증거로 현출된 바 있다 하여도 당사자가 위 어음의 소지를 잃은 것이라 할 수 없음[대법원 1991. 12. 24. 선고 90다카28405 판결]

(2) 예외 : 어떤 이유로 이미 어음채무자의 점유로 귀속한 경우에는 어음의 소지는 권리행사의 요건이 되지 아니하고, 어음채무자는 상환이행의 항변 불가[대법원 2001. 6. 1. 선고 99다60948 판결]

라. 지급제시사실

(1) 필요성

㉮ 발행인에 대하여 액면금만 청구하는 경우에는 어음의 제시는 요건사실이 아님

① 발행인

㉠ 소지인이 지급제시기간 경과 후에 지급제시하였어도 어음상 책임 부담[대법원 1988. 8. 9. 선고 86다카1858 판결] 약속어음의 발행인은 어음금을 절대적으로 지급할 의무를 부담하는 것이므로 어음소지인이 발행인에 대하여 지급을 위한 제시를 하지 아니하였다 해도 발행인에게 어음금액을 청구할 수 있는 것이며 발행인을 위한 어음보증인은 보증된 자와 동일한 책임을 지는 것이므로 이러한 어음보증인에게도 소지인은 지급을 위한 제시 없이도 어음금청구권을 행사할 수 있다.

㉡ 변론종결시까지 보충 필요[대법원 1994. 9. 9. 선고 94다12098, 94다12104 판결]

㉢ 발행지[대법원 1998. 4. 23. 선고 95다36466 전원합의체 판결] 국내어음(국내에서 발행되고 지급되는 어음)이 명백한 경우, 지급지[대법원 2001. 11. 30. 선고 2000다7387 판결] 지급장소에 지의 기재가 포함된 경우(지급장소 중

중소기업은행 능곡지점 : 보충 불필요

② 배서인

㉠ 지급제시기간 경과 후의 지급제시로 대항 가능상환청구요건(지급제시기간 내의 적법한 지급제시)를 갖추지 못하였으므로

㉡ 백지어음의 경우 지급제시기간 내의 보충 및 지급제시 필요[대법원 1992. 10. 27. 선고 91다24724 판결]

(내) **발행인에 대하여 만기 당일부터의 법정이자(어음법 제48조 제1항) 또는 지연손해금**지급제시 다음날부터 지연손해금 발생**을 청구하는 경우 요건사실이 됨**

① 법정이자

㉠ 6% : 어음법 제48조 제1항

㉡ 지급제시 기간 내지급을 할 날 및 이에 이은 2거래일 내에 적법한 지급제시가 있을 때에만 청구 가능

㉢ 만기 ~ 지급제시일까지 발생

② 지연손해금

㉠ 6% : 어음법에 의하여 발생[대법원 2003. 6. 10. 선고 2001다46273 판결]

㉡ 지급제시 기간 경과 후에 발행인에게 지급제시가 된 경우에는 지연손해금만 인정

㉢ 지급제시일 다음날부터는 법정이자와 청구권경합 관계[사법연수원 기록 62-9 해설]이나 소송 촉진 등에 관한 특례법에 따른 이율이 적용되기 위해서는 그 금원의 성격이 지연손해금이어야 하므로 적어도 그 적용시점(소장 송달 다음날 등)부터는 지연손해금

(2) 주장·증명 방법

(개) **지급제시기간 내에 적법하게 지급제시한 사실을 주장·증명**

① 지급제시한 날짜, 지급거절 등의 사실은 요건사실이 아님

② 지급장소가 기재된 어음 : 반드시 지급장소에서 제시하여야 하고, 발행인에게 제시하는 것은 부적법

③ 발행인배서인에 대하여는 지급제시기간 경과 후에는 상환청구권 상실에 대한 지급제시기간 경과 후 지급제시의 경우 지급장소 기재의 효력 부정 : 보증인에게 어음금 지급을 구하는 소장 부본 송달[대법원 1964. 11. 24. 선고 64다1026 판결] 지급담당자가 제3자인 약속어음이나 백지보충 후 변론기일에서의 제시[86다카1858] 지급장소가 은행지점인 약속어음에 대하여 지급제시의 효력 인정

(내) **소장 부본·준비서면 부본의 송달로써도 지급제시 가능 : 소장 부본·준비서면 부본 송달 다음날부터의 지연손해금을 구하는 경우라면 별도의 지급제시 사실을 주장·증명할 필요 없음**

(대) **미완성 어음에 의한 지급제시 : 백지부분을 보충한 어음을 지급제시하거나 지급제시의 효**

과가 발생한 다음날부터 지연손해금 기산[대법원 1992. 3. 10. 선고 91다28313 판결] 수취인은 어음요건의 하나로서 그 기재를 결한 어음은 완성된 어음으로서의 효력이 없어 어음상의 권리가 적법하게 성립되지 않으므로, 이러한 미완성어음으로 지급제시를 하였다고 하여도 적법한 지급제시의 효력이 없어 발행인을 이행지체에 빠뜨릴 수 없다.

2. 가능한 방어방법

가. 어음항변 : 소송상의 항변 외에 청구권의 부인까지도 포함하여 원고의 어음상 권리행사를 거절할 수 있는 모든 사유

(1) 인적 항변 : 어음 수수 당사자 간의 어음 외의 원인관계에 기한 항변

(개) 유형

① 원인관계의 부존재, 무효, 취소, 해제의 항변

② 어음행위를 이루는 의사표시의 하자 항변 : 취소의 의사표시는 어음발행행위의 직접 상대방뿐만 아니라 소지인에 대하여도 가능[대법원 1997. 5. 16. 선고 96다49513 판결]

③ 어음 문면상 나타나지 않는 특약에 기한 항변

④ 어음에 기재하지 아니한 어음상 권리소멸의 항변

(내) 원칙 : 직접 거래당사자 사이에서만 주장 가능

(대) 예외

① 해의의 사실

■ 원고가 피고를 해할 것을 알고 어음을 취득한 사실 : 이에 관한 주장·증명이 없는 경우 사실판단[피고가 속아서 어음을 발행하였는지 여부]을 할 필요 없이 법률판단만으로 항변 배척

[사법연수원 제46기 62-9 약속어음금]

■ 자기가 어음을 취득함으로써 항변이 절단되고 채무자가 손해를 입게 될 사정이 객관적으로 존재하는 사실까지 안 경우[대법원 1996. 5. 28. 선고 96다7120 판결] 어음법 제17조 단서에서 규정하는 채무자를 해할 것을 알고 어음을 취득하였을 때라 함은, 단지 항변사유의 존재를 아는 것만으로는 부족하고 자기가 어음을 취득함으로써 항변이 절단되고 채무자가 손해를 입게 될 사정이 객관적으로 존재한다는 사실까지도 충분히 알아야 한다 갑 회사가 수입대금의 결제를 목적으로 을 회사에게 발행한 어음을 을 회사의 대표이사가 은행으로부터 할인받은 다음 그 대금을 을 회사 발행의 수표금 결제에 사용한 경우, 수입조건의 결제를 조건으로 발행되었다는 점에 대한 갑 회사의 통지사실이 인정되지 않으며 나아가 은행이 그 어음을 할인하여 대금을 을 회사의 당좌구좌에 입금하여 준 이후에도 을 회사와의 어음할인 거래가 계속된 점에 비추어, 을 회사가 그 어음할인 대금을 임의로 사용하였다고 하더라도 그러한 점만으로는 은행이 갑 회사를 해할 것을 알고 어음을 취득하였다고 보기는 어렵다고 한 사례.

▸ 소지인이 단순히 중과실로 인적 항변의 존재를 알지 못한 경우 : 원고에 대항 불가[대법원 1996. 3. 22. 선고 95다56033 판결] 채무자를 해할 것을 알고 어음을 취득한 경우가 아닌 한 소지인이 중대한 과

실로 그러한 사실을 몰랐다고 하더라도 종전 소지인에 대한 인적항변으로써 소지인에게 대항할 수 없는 것이므로, 설사 원고가 위 소외1로부터 이 사건 어음을 배서양도받았을 당시 중대한 과실로 이 사건 어음이 피고에게 돌려주어야 하는 어음인 사정을 몰랐다고 하더라도, 피고로서는 이러한 사정을 들어 원고의 이 사건 어음금 청구를 거부할 수는 없는 것이다.

▶ 소지인 해의, 전자 선의 : 엄폐물의 법칙, 항변 영구 차단[대법원 2001. 4. 24. 선고 2001다5272 판결] 백지식 배서에 의하여 어음을 양수한 사람은 백지를 보충하지 아니하고 인도에 의하여 어음을 양도하면 배서인으로서의 소구의무를 부담하지 아니하지만 현재의 어음소지인의 앞사람으로서 권리를 양도한 어음상의 권리자였다는 지위에는 변함이 없으므로, 어음상 배서인으로 나타나 있지는 않지만 현재의 어음소지인에게 어음을 양도한 사람이 어음취득 당시 선의였기 때문에 그에게 대항할 수 없었던 사유에 대하여는 현재의 어음소지인이 비록 어음취득 당시 그 사유를 알고 있었다고 하여 그것으로써 현재의 어음소지인에게 대항할 수 없고, 현재의 어음소지인이 지급거절증서 작성 후 또는 지급거절증서작성기간 경과 후에 어음을 양도받았다고 하더라도 마찬가지이다.

▶ 전자의 전자 해의, 전자 선의, 소지인 해의 : 소지인의 전자가 선의이면 전자의 전자에 대한 항변은 절단, 소지인이 전자의 전자에 대한 항변의 존재를 알고 있더라도 항변이 절단된 권리를 승계[요건사실론 150]

② 원고가 추심위임의 목적으로 하는 통상의 양도배서(숨은 추심위임배서)에 의하여 어음을 취득한 사실 : 양도인에 대한 항변으로 원고에 대하여 주장 가능[대법원 1990. 4. 13. 선고 89다카1084 판결] 추심위임의 목적으로 하는 통상의 양도배서, 즉 숨은 추심위임배서도 유효하고 이 경우 어음법 제18조의 규정에 의하여 인적항변이 절단되지 아니한다.

(2) 물적 항변

㈎ 유형

① 어음상의 기재에 의한 항변(증권상의 항변)

■ 어음요건의 흠결 : 부인

■ 만기의 미도래

■ 어음 문면에 기재된 지급·상계·면제, 무담보배서

■ 소멸시효 : 발행인 3년, 소지인 1년, 재상환청구권 6개월

▶ 어음채권의 행사 : 원인채권 시효중단[대법원 2002. 2. 26. 선고 2000다25484 판결] 1. 시효중단 : 원인채권의 지급을 확보하기 위하여 어음이 수수된 당사자 사이에서 채권자가 어음채권을 피보전권리로 하여 채무자의 재산을 가압류함으로써 그 권리를 행사한 경우에는 그 원인채권의 소멸시효를 중단시키는 효력이 있고, 이러한 법리는 채권자가 어음채권을 청구채권으로 하여 채무자의 재산을 압류함으로써 그 권리를 행사한 경우에도 마찬가지이며, 한편 집행력 있는 채무명의 정본을 가진 채권자는 이에 기하여 강제경매를 신청할 수 있으며, 다른 채권자의 신청에 의하여 개시된 경매절차를 이용하여 배당요구를 신청하는 행위도 채무명의에 기하여 능동적으로 그 권리를 실현하려고 하는 점에서는 강제경매의 신청과 동일하다고 할 수 있으므로, 부동산경매절차에서 집행력 있는 채무명의 정본을 가진 채권자가 하는 배당요구는 민법 제168조 제2호의 압류에 준하는 것으로서 배당요구에 관련된 채권에 관하여 소멸시효를 중단하는 효력이 생긴다고 할 것이고, 따라서 원인채권의 지급을 확보하기 위하여 어음이 수수

된 당사자 사이에 채권자가 어음채권에 관한 집행력 있는 채무명의 정본에 기하여 한 배당요구는 그 원인채권의 소멸시효를 중단시키는 효력이 있다. 2. 시효이익 포기 : 다른 채권자가 신청한 부동산경매절차에서 이미 소멸시효가 완성된 어음채권을 원인으로 하여 집행력 있는 채무명의를 가진 채권자가 배당요구를 신청하고, 그 경매절차에서 부동산의 경락대금이 배당요구채권자에게 배당되어 그 채무의 일부변제에 충당될 때까지 채무자가 아무런 이의를 진술하지 아니하였다면, 경매절차의 진행을 채무자가 알지 못하였다는 등 다른 특별한 사정이 없는 한 채무자는 어음채권에 대한 소멸시효 이익을 포기한 것으로 볼 수 있고, 그 때부터 그 원인채권의 소멸시효기간도 다시 진행한다고 봄이 상당하다.

▸ 원인채권의 행사 : 어음채권 시효중단 부정[대법원 1994. 12. 2. 선고 93다59922 판결] 어음할인의 원인채권에 관하여 소를 제기한 것만으로는 그 할인된 어음상의 채권 그 자체를 행사한 것으로 볼 수 없어 이는 어음채권에 관한 소멸시효 중단사유인 재판상 청구에 해당하지 않는다.

▸ 시효로 소멸한 어음채권을 청구채권으로 하여 채무자의 재산을 압류 : 원인채권 시효중단 부정[대법원 2010. 5. 13. 선고 2010다6345 판결] 이미 어음채권의 소멸시효가 완성된 후에는 그 채권이 소멸되고 시효중단을 인정할 여지가 없으므로

② 어음행위의 효력에 관한 항변(비증권상의 항변)

■ 의사 무능력

■ 무권대리

■ 어음의 위조(부인), 변조(문면상 변개사실이 명백할 경우에는 항변으로 취급되지 않음)

▸ 발행인의 서명이 위조되었더라도, 최종소지인은 그 뒤에 유효하게 배서한 배서인에 대하여 어음상의 권리행사 가능 : 어음채무의 독립성(어음법 제7조)[사법연수원 기록 62-9 해설] 어음채무의 독립성은 어음형식의 흠결로 인한 무효인 경우에는 적용되지 아니함

▸ 최종소지인이 어음 분실자에 대한 손해배상청구를 통해 교부받은 돈은 그 어음의 발행행위가 위조되었더라도 부당이득 불성립[대법원 1977. 12. 13. 선고 77다1753 판결] 유통된 어음의 최후소지인이 된 피고는 비록 최초의 발행행위가 위조되었다 하더라도 어음행위독립의 원칙상 그 뒤에 유효하게 배서한 배서인에 대하여는 소구권을 행사할 수 있다.

■ 공시최고에 의한 제권판결

■ 어음금액의 공탁에 의한 어음채무의 소멸

■ 강행법규 위반

㈜ 적용범위 : 모든 어음채권자에 대하여 선악을 불문하고 대항 가능

나. 교부흠결의 항변

■ 어음행위자의 의사에 기하지 않고 어음이 유통된 경우

■ 소지인에게 악의, 중과실이 있을 때 대항 가능 : 어음법 제16조 제2항 유추[대법원 1999. 11. 26. 선고 99다34307 판결]

다. 백지어음에 관한 항변

(1) 백지보충권의 남용

㈎ 주장 · 증명 사실

① 부당 보충된 사실

② 원고가 악의 또는 중과실로 인하여 그 어음을 취득한 사실[대법원 1978. 3. 14. 선고 77다2020 판결] 어음금액란을 백지로 하는 어음을 발행하는 경우 발행인은 통상적으로 보충권의 범위를 한정 → 어음금액이 백지인 경우 어음취득자가 발행인에게 조회하지 않으면 중과실이 있는 것으로 추정, [95다10945] 백지어음의 백지부분을 두 가지 유형으로 나누어 보면 하나는 어음금액이 백지로 된 경우와 같이 가장 중요한 사항인 어음금액에 관하여 또 그 범위가 한정되는 것이 통상적인 사항이 백지로 된 경우이고, 또 하나는 그다지 중요하지 아니한 사항으로서 한정되지 않는 것이 통상적인 그 밖의 사항 특히 수취인이 백지로 된 경우 등인바, 어음금액이 백지로 된 전자의 백지어음을 본건의 경우처럼 원고가 그를 취득할 당시에 위 소외인의 지시에 의하여 원고자신이 본건 어음금액란을 보충한 경우에 있어서 원고가 보충권의 내용에 관하여 본건 어음의 기명날인자(피고)에게 직접 조회하지 않았다면 특별한 사정이 없는 한 취득자인 원고에게 중대한 과실이 있는 것

㈏ 적용범위

① 원고가 백지어음을 취득하여 스스로 보충한 경우도 포함

② 백지보충권이 수여된 사실이 없음에도 미완성 부분을 보충한 경우까지 포함

㈐ 기각 범위 : **발행인이 스스로 유효하게 보충권을 수여한 범위 안에서는 어음상의 책임을 부담**[대법원 1999. 2. 9. 선고 98다37736 판결] → **전부기각 불가**

(2) 백지보충권의 시효소멸

㈎ 만기가 백지인 어음 : 원고가 백지보충권의 소멸시효기간 경과 후 백지어음을 보충한 사실

① 소멸시효 기간

■ 어음발행의 원인관계에 비추어 어음상의 권리를 행사하는 것이 법률적으로 가능하게 된 때[합의가 있는 경우 그 합의가 된 때]로부터 **3년**[대법원 2003. 5. 30. 선고 2003다16214 판결] 만기를 백지로 한 약속어음을 발행한 경우, 그 보충권의 소멸시효는 다른 특별한 사정이 없는 한 그 어음발행의 원인관계에 비추어 어음상의 권리를 행사하는 것이 법률적으로 가능하게 된 때부터 진행하고, 백지약속어음의 보충권 행사에 의하여 생기는 채권은 어음금 채권이며 어음법 제77조 제1항 제8호, 제70조 제1항, 제78조 제1항에 의하면 약속어음의 발행인에 대한 어음금 채권은 만기의 날로부터 3년간 행사하지 아니하면 소멸시효가 완성되는 점 등을 고려하면, 만기를 백지로 하여 발행된 약속어음의 백지보충권의 소멸시효기간은 백지보충권을 행사할 수 있는 때로부터 **3년**으로 보아야 한다.

■ 발행일을 백지로 하여 발행된 수표 : 백지보충권을 행사할 수 있는 때로부터 **6개월**[대법원 2001. 10. 23. 선고 99다64018 판결] 발행일을 백지로 하여 발행된 수표의 백지보충권의 소멸시효는 다른 특별한 사정이 없는 한 그 수표발행의 원인관계에 비추어 발행 당사자 사이에 수표상의 권리를 행사할 수 있는 것이 법률적으로 가능하게 된 때부터 진행한다 할 것이다. 그리고 백지수표의 보충권 행사에 의하여 생기는 채권은 수표금 채권이고, 수표법 제51조에 의하면 수표의 발행인에 대한 소구권은 제시기간 경과 후 6개월간 행사하지 아니하면

소멸시효가 완성되는 점 등을 고려하면 발행일을 백지로 하여 발행된 수표의 백지보충권의 소멸시효기간은 백지보충권을 행사할 수 있는 때로부터 6개월로 봄이 상당하다 할 것이다. 한편, 발행일 백지인 수표의 취득자가 백지보충권의 소멸시효기간 경과 후에 백지를 보충한 경우에 있어서도 수표법 제13조가 유추적용되어 악의 또는 중대한 과실이 없는 한 백지보충권의 소멸시효 경과 후의 백지보충의 항변으로써 대항받지 아니한다고 해석함이 상당하다고 할 것이나, 이 경우에도 그 수표취득자가 스스로 수표상의 권리를 행사하는 것이 법률적으로 가능하게 된 때로부터 새로이 6개월이 경과할 때까지 발행일을 보충하지 않았다면 그 보충권의 소멸시효는 완성되었다고 보아야 할 것이다.

② 성질

■ 인적항변

■ 원고가 어음을 취득한 후 원고 스스로 어음상 권리를 행사할 수 있는 때로부터 새로이 소멸시효기간이 경과하기 전에 보충한 경우 : 원고가 보충하기 전에 이미 백지보충권의 소멸시효기간이 도과한 사실 + 취득 당시 원고에게 악의·중과실이 있는 사실 주장·증명

(나) 만기가 기재된 백지어음[대법원 2010. 5. 20. 선고 2009다48312 전원합의체 판결] 만기는 기재되어 있으나 지급지, 지급을 받을 자 등과 같은 어음요건이 백지인 약속어음의 소지인이 그 백지 부분을 보충하지 않은 상태에서 어음금을 청구하는 것은 어음상의 청구권에 관하여 잠자는 자가 아님을 객관적으로 표명한 것이고 그 청구로써 어음상의 청구권에 관한 소멸시효는 중단된다. 이 경우 백지에 대한 보충권은 그 행사에 의하여 어음상의 청구권을 완성시키는 것에 불과하여 그 보충권이 어음상의 청구권과 별개로 독립하여 시효에 의하여 소멸한다고 볼 것은 아니므로 어음상의 청구권이 시효중단에 의하여 소멸하지 않고 존속하고 있는 한 이를 행사할 수 있다.

① 백지보충권을 행사할 수 있는 시기 : 다른 특별한 사정이 없는 한 만기를 기준

② 백지보충권 : 어음상의 청구권이 시효중단에 의하여 소멸하지 않고 존속하고 있는 한 행사 가능[2009다48312] 만기가 기재된 백지어음의 경우 그 백지보충권은 어음상의 청구권과 별개로 독립하여 시효에 의하여 소멸한다고 볼 것은 아니므로

라. 융통어음 항변

(1) 의미 : 발행이나 수수의 원인관계가 없이 단지 타인으로 하여금 그 어음을 가지고 제3자로부터 금융을 얻게 할 목적으로 수수되는 어음

▸ 어음의 발행인이 할인을 의뢰하면서 어음을 교부한 경우 : 융통어음이 아님[대법원 1996. 5. 14. 선고 96다3449 판결] 융통어음이라 함은 타인으로 하여금 어음에 의하여 제3자로부터 금융을 얻게 할 목적으로 수수되는 어음을 말하는 것이고, 이러한 융통어음에 관한 항변은 그 어음을 양수한 제3자에 대하여는 선의·악의를 불문하고 대항할 수 없는 것이므로 어떠한 어음이 위에서 말하는 융통어음에 해당하는지 여부는 당사자의 주장만에 의할 것은 아니고 구체적 사실관계에 따라 판단하여야 하는데, 어음의 발행인이 할인을 의뢰하면서 어음을 교부한 경우, 이는 원인관계 없이 교부된 어음에 불과할 뿐이고, 악의의 항변에 의한 대항을 인정하지 아니하는 이른바 융통어음이라고 할 수는 없다.

▸ 융통어음이 아닌 경우 : 악의의 항변으로 대항 가능 악의의 항변이라 함은 항변사유의 존재를 인식

하는 것만으로는 부족하고 자기가 어음을 취득함으로써 항변이 절단되고 채무자가 해를 입는다는 사실까지도 알아야 한다고 할 것이므로, 원심이 인정한 사실관계하에서는 원고가 피고를 해할 것을 알고 이 건 어음을 취득하였다고 볼 수 없다고 할 것이어서 원심이 위와 같은 사실만으로 피고의 항변을 받아들여 원고의 청구를 배척한 것은 잘못이라고 할 것이다. 그러나 이 건 어음이 융통어음이 아님은 앞서 본 바와 같으며, 원심이 채택한 증거에 의하면 피고의 주장과 같이 위 소외2가 위 소외1로부터 할인을 부탁받으면서 이 건 어음을 교부받아 소지하고 있다가 이를 소외1에 대한 대출금채무에 대한 담보로 처리한 것으로 보여지는 이상 이 건 어음은 아무런 원인관계 없이 원고에게 교부된 것이라고 할 것이므로 소외 봉명산업으로서는 이러한 원인관계에 대한 인적항변으로서 원고에게 대항 가능하다고 할 것이어서, 원심의 앞서 본바와 같은 잘못은 결과에 아무런 영향이 없다.

(2) 대항범위

㈎ 피융통자에 대하여

① 어음상의 책임을 부담하지 않음

② 융통어음이라는 사실에 대한 증명책임 : 발행인[대법원 2001. 8. 24. 선고 2001다28176 판결]

[2001다28176] 융통어음이라는 사실에 대한 증명책임은 발행인이 부담 ➡ 원고 상고인용

▶원고(피융통자) → 피고(융통인) : 약속어음금 청구
◀피고 : 융통어음 항변으로 피융통자에게 대항 주장

[원심] 이 사건 약속어음은 원고가 주장하는 바와 같이 피고의 원고에 대한 판시 금 1,000만 원의 대여금 채무의 변제를 위하여 발행되었다고 볼 수 없고, 다른 원인관계가 있었다는 점에 대한 원고의 주장·입증도 없으며, 원고가 이 사건 약속어음을 교부받을 때 별도의 금전의 수수가 없었던 사실은 당사자 사이에 다툼이 없는 이상 이 사건 약속어음은 융통어음이라고 볼 수밖에 없다.

[대법원]

가. 융통어음의 법률관계 : 융통어음의 발행자는 피융통자로부터 그 어음을 양수한 제3자에 대하여는 선의거나 악의거나, 또한 그 취득이 기한 후 배서에 의한 것이라 하더라도 대가 없이 발행된 융통어음이라는 항변으로 대항할 수 없으나, 피융통자에 대하여는 어음상의 책임을 부담하지 아니한다 할 것이고, 약속어음금 청구에 있어 어음의 발행인이 그 어음이 융통어음이므로 피융통자에 대하여 어음상의 책임을 부담하지 아니한다고 항변하는 경우 융통어음이라는 점에 대한 입증책임은 어음의 발행자가 부담한다고 할 것이다.

나. 사안 : 원고는 1994. 7. 28.이 발행일자로 되어 있는 액면금 1,000만 원의 피고 발행의 약속어음을 그 발행일자로 되어 있는 1994. 7. 28. 국민은행 영도지점에 추심을 의뢰하면서 보관하였고, 위 약속어음은 중간에 반환됨이 없이 그 지급기일인 1994. 10. 30. 결제가 되었음을 알 수 있는바, 위 약속어음이 선일자로 발행되었다는 등의 특별한 사정이 없이 그 발행일자에 실제로 발행되어 원고에게 교부되고 당일 원고가 거래은행에 보관을 시킨 것이라면 원고가 위 어음을 이용할 시간적 여유가 없는 것이 되므로 피고(융통자)가 원고(피융통자)에게 위 약속어음을 융통하여 주어 원고가 그 어음을 이용하였는데 그 지급기일 다음날인 1994. 10. 31. 위 약속어음의 결제를 위하여 원심 판시의 금 1,000만 원권 자기앞수표를 피고에게 교부하여 준 것이라는 피고의 주장과 그에 부합하는 증거는 그 설득력이 없다고 할 수밖에 없고, 오히려 원고가 피고에게 1994. 7. 28. 위 약속어음을 할인하여 주면서 이를 교부받아 자신의 거래은행에 추심을 위하여 보관시켜 놓은 것인데, 1994. 10. 31.에 이르러 피고가 위 어음을 결제하지 못한다고 하면서 돈을 빌려달라고 하여 원고가 원심 판시의

금 1,000만 원권 자기앞수표(수표번호 생략)를 교부하여 줌으로써 금 1,000만 원을 대여하여 주었다는 원고의 주장이 더 신빙성이 있다고 할 것이다. 원심은 이 사건 약속어음이 융통어음이라는 점의 입증책임이 피고에게 있다는 전제하에 위에서 본 의문 사항과 기타 이 사건 약속어음의 발행과 관련이 있는 사정들을 좀더 자세히 심리하여 본 다음 이 사건 약속어음이 융통어음인지 여부를 판단하여야 할 것이다.

(나) **융통어음 양수인(제3자)에 대하여**

① 원칙 : 선·악 불문 대항 불가, 기한후배서에 의하였더라도 대항 불가[대법원 1969. 9. 30. 선고 69다975, 976 판결] 어음을 양수한 제3자에 대하여는 어음상의 채무를 부담할 의사로서 발행한 것이므로 그 제3자가 선의이건 또는 악의이던 간에 또 그 취득이 기한후 배서에 의한 것이었다 하더라도 대가관계 없이 발행된 융통어음이었었다는 항변(인적항변)으로 대항할 수 없다. 융통어음이라는 사정을 알고 어음을 취득하였더라도 그것만으로는 어음법 제17조의 "어음채무자를 해할 것을 알고" 취득한 것이라고 볼 수 없기 때문

② 예외

㉮ 융통어음과 교환으로 교부된 담보 어음의 지급거절 : 제3자가 알고 있는 경우 제3자에 대하여 융통어음의 항변으로 대항 가능[대법원 1994. 5. 10. 선고 93다58721 판결, 대법원 1995. 1. 20. 선고 94다50489 판결]

㉯ 융통어음의 재도사용 : 원고가 안 사실을 주장·증명하여 원고에게 대항 가능[대법원 2001. 12. 11. 선고 2000다38596 판결]

마. **후자의 항변 : 자신의 후자가 소지인에 대하여 가지는 항변으로 소지인에 대항**

(1) 원인관계가 전부소멸된 경우 : 권리남용설에 입각하여 항변 긍정[대법원 1987. 12. 22. 선고 86다카2769 판결] 특정채권담보용으로만 사용한다는 조건으로 갑이 을에게 약속어음을 발행하고 어음소지인인 병 역시 그러한 사정을 알면서 특정채무의 담보용으로만 사용한다는 조건으로 수취인인 을로부터 위 약속어음을 배서양도 받았다가 위 약속어음으로 담보된 채무가 모두 이행되어 피담보채권이 모두 소멸되었다면 병은 특단의 사정이 없는 한 을에게 그 어음을 반환할 의무가 있을 뿐, 갑에게 어음상의 권리를 행사할 수 없다 할 것이므로 이러한 사유는 갑도 병에게 대항할 수 있는 항변사유가 된다고 할 것이다.

(2) 후자의 원인관계가 일부만 소멸한 경우 : 권리남용에 해당하지 않음[대법원 1997. 7. 25. 선고 96다52649 판결]

바. **이중무권의 항변**갑을 사이 원인관계 무효·취소·소멸, 을병 사이 원인관계 무효·취소·소멸 : **어음채무자가 자신의 항변을 소지인에게 주장**

(1) 주장·증명의 대상 : 어음소지인이 어음금의 지급을 구할 경제적 이익이 없어 인적항변 절단의 이익을 향유할 지위에 있지 아니한 사실 ⇔ 악의의 항변 : 어음소지인에게 해의가 있었다는 사실을 주장·증명

(2) 어음 배서인이 발행인으로부터 지급받은 어음금 중 일부를 어음소지인에게 지급한 경우 : 발행인은 그 범위 내에서 배서인에 대한 인적 항변으로써 소지인에게 대항 가능[대법원 2003. 1. 10. 선고 2002다46508 판결] 어음에 의하여 청구를 받은 자는 종전의 소지인에 대한 인적 관계로 인한 항변으로써 소지인에게 대항하지 못하는 것이 원칙이지만, 이와 같이 인적항변을 제한하는 법의 취지는 어음거래의 안전을 위하여 어음취득자의 이익을 보호하기 위한 것이므로 자기에 대한 배서의 원인관계가 흠결됨으로써 어음소지인이 그 어음을 소지할 정당한 권원이 없어지고 어음금의 지급을 구할 경제적 이익이 없게 된 경우에는 인적항변 절단의 이익을 향유할 지위에 있지 아니하다고 보아야 할 것이다.

Ⅱ. 배서인에 대한 청구

1. 요건사실

가. 피고의 어음배서

나. 어음상 권리의 원고 귀속

다. 원고의 어음 소지

라. 상환청구의 요건 : 적법한 지급제시 및 지급거절(실질적 요건), 지급거절증서의 작성·작성면제 특약(형식적 요건)

(1) 적법한 지급제시 및 지급거절(실질적 요건)

㈎ 원고의 주장·증명

① 제시기간 내에 어음을 지급제시하여 지급거절당한 사실 : 백지어음인 경우 제시기간 내의 보충 및 지급제시 필요[대법원 1992. 10. 27. 선고 91다24724 판결]

② 지급거절증서의 작성이 면제된 경우 : 제시기간 내에 지급제시한 것으로 추정(어음법 제46조 제2항, 제77조 제1항) → 지급거절증서 작성면제의 특약이 어음면에 기재된 사실만 주장·증명 ➡ 배서인인 피고가 항변으로 제시기간 내에 지급제시가 없었다는 사실을 주장·증명[대법원 1984. 4. 10. 선고 83다카1411 판결] 약속어음의 소지인은 특단의 사정이 없는 한 법정기간내에 발행인에게 지급제시를 하는 등 적법한 지급제시를 한 경우에만 그 배서인에 대한 소구권을 행사할 수 있으되 그 어음배서인이 지급거절증서작성을 면제한 경우에는 그 어음소지인은 적법한 지급제시를 한 것으로 추정되고 그러한 적법한 지급제시가 없었다는 사실은 이를 원용하는 자에게 그 주장 및 입증책임이 있다 할 것이고 어음배서인에 대한 지급제시는 적법한 지급제시의 요건이 아니므로 어음소지인이 그 배서인에게 지급제시를 하지 아니하였다고 자인하더라도 이로써 적법한 지급제시가 없었던 것으로 판단되어 소구권이 상실된 것이라고는 할 수 없다. [대법원 1985. 5. 28. 선고 84다카2425 판결] 약속어음의 배서인이 지급거절증서작성을 면제한 경우에는 그 소지인은 소구권을 행사하기 위하여 법정기간내에 발행인에 대하여 지급제시를 한 것으로 추정을 받는 것이므로 위와 같은 적법한 지급제시가 없었다는 사실은 이를 원용하는 자에게 그 주장 및 입증책임이 있는 것이다. 피고는 위 어음을 배서양도함에 있어 지급거절증서작성을 면제하고 있음이 명백하므로 그 어음의 소지인인 원고는 소구권을 행사하기 위

하여 법정기간내에 발행인인 소외1에 대하여 적법한 지급제시가 있는 것으로 추정을 받는다 할 것이다. 원심이 원고가 법정기간내에 지급제시한 사실을 입증할 책임이 있는 것을 전제로 하여 이를 인정할 증거가 없다는 이유로 소구요건을 갖추지 못하였다고 판시한 것은 입증책임을 전도한 위법이 있다.

③ 변개되기 전의 원래 문구에 따른 책임을 구하는 경우 : 변개 전의 원래 문구에 따른 적법한 지급제시를 한 사실을 증명[대법원 1996. 2. 23. 선고 95다49936 판결]

(내) **증명방법**

① 지급거절증서 : 실질적 상환청구요건 구비에 관한 유일한 증명방법어음법 제44조 제1항, 제77조 제1항

② 지급거절증서의 작성이 면제된 경우 : 제출하지 않아도 제출된 것과 동일한 효력

(2) 지급거절증서의 작성·작성면제 특약(형식적 요건)

(개) **원고의 주장·증명**

① 지급거절증서작성기간 내에 지급거절증서를 작성한 사실

② 실무상 어음용지 배서란에 이미 지급거절증서 작성면제의 특약이 부동문자로 인쇄

(내) **발행인 또는 피고로 된 배서인이 지급거절증서의 작성을 면제한 사실**[대법원 1962. 6. 14. 선고 62다171 판결] 「무비용상환」의 문구에는 기재자의 서명을 요하나 위 서명은 반드시 무비용상환문구 자체에 서명을 하여야 한다는 의미가 아니고 배서인이 배서를 하는 문구 중에 무비용상환의 문구를 기재하고 배서서명만을 하였을 경우에도 적법한 무비용상환문구의 기재가 있는 것으로 볼 수 있고 반드시 배서서명 외에 별도로 무비용상환문구에 배서인의 서명을 필요로 하는 것은 아니다.

① 발행인의 작성면제 : 모든 상환의무자에 대하여 효력

② 그 외의 자가 한 면제 : 그자에 대하여만 효력[대법원 1990. 10. 26. 선고 90다카9435 판결] 피고가 원고에게 지급거절증서 작성의무를 면제하고 배서 양도한 것이라면 피고로서는 어음소지인의 소구에 대하여 거절증서 작성이 없다는 이유로 청구를 거절할 수 없을 것이며 위 원심인정의 사실관계에서 원고가 어음의 최후 소지인 삼성물산(주)에 대하여 거절증서 작성유무를 확인하지 아니하고 그 소구청구에 응하였다고 하더라도 거절증서 작성의무를 면제하고 배서한 피고로서는 그 점을 탓할 수 없다. 만일 그 어음의 최종소지인인 소외 삼성물산(주)이 거절증서를 작성함이 없이 직접 피고에게 소구하여 올 경우 피고는 거절증서 작성의무를 면제한 배서인이므로 거절증서작성이 없다는 이유로 그 소구를 거절할 수 없다고 보아야 할 것이고 어음의 배서인은 어음소지인의 소구에 응하였거나 기타의 사유로 어음을 회수한 경우에 자기의 배서를 말소할 수 있고 그렇게 되면 그 배서는 배서의 연속에 관한 한 없는 것으로 보게 되어 있으므로 삼성물산(주)이 적기에 거절증서를 작성하지 아니하였다 하여 피고의 원고에 대한 소구의 무에 어떠한 영향이 미친다고 할 수 없다.

2. 방어방법

가. 발행인에 대한 청구와 동일

나. 지급거절증서의 작성이 면제된 경우 : 피고가 항변으로 지급제시기간 내에 지급제시 하지 않은 사실을 주장·증명

제2장 대가의 위험부담 ➡ 물건채무자(매도인, 수급인)의 반대급부청구 가능성

I. 위험배분의 원칙 : 위험은 그 위험에 가장 가까운 자, 또는 최소위험회피자에게 부담시키는 것이 타당[민법판례연구 322, 323], [대법원 2016. 3. 10. 선고 2012다105482 판결] 전기통신사업자에게는 실질적 심사 의무가 없으므로 수사기관의 요청에 의한 개인정보제공은 위법하지 않음, 통신자료 제공의 당부 판단에 관한 위험을 사업자에게 전가하는 것은 부당

II. 민법 규정

1. 제538조 제1항 1문(채권자의 책임 있는 사유)

➡ 매도인 : 매수인의 청구에 대하여 매수인의 귀책사유 주장 가능, 반대급부 청구 가능

① 원고(매수인) 부당이득(계약금·중도금) 청구(제537조)

▶ 피고(매도인) : 원고 책임 있는 사유로 이행불능(제538조 제1항 1문)주장

▶ 원고의 잔금지급 거절이 아니라 토지수용으로 이행불능 → 채권자(원고, 매수인)에게 책임 있는 사유 부정[대법원 2004. 3. 12. 선고 2001다79013 판결]

② 도급인(채권자)의 영상물 제작 협력거부 : 영상물 제작의무가 이행불능인 수급인의 약정금 청구 가능[대법원 1996. 7. 9. 선고 96다14364,14371 판결]

③ 채권자인 수분양자들의 대출금 이자지급지연 및 담보약정 불이행 : 이전등기의무가 이행불능인 분양회사의 대금청구 가능[대법원 2011. 1. 27. 선고 2010다42495 판결]

④ 원고(매수인) : 교환계약 이행불능 손해배상청구

▶ 피고(매도인) : 매수인이 이행인수의무의 이행을 게을리하였다는 항변 가능(매도인과 매수인 사이에서는 매수인의 변제책임 → 매도인 귀책 부정)[대법원 2009. 5. 14. 선고 2009다5193 판결] 부동산의 매수인이 매매목적물에 관한 근저당권의 피담보채무를 인수하는 한편, 그 채무액을 매매대금에서 공제하기로 약정한 경우, 다른 특별한 사정이 없는 이상, 이는 매도인을 면책시키는 채무인수가 아니라 이행인수로 보아야 하고, 매수인이 그 채무를 현실적으로 변제할 의무를 부담한다고도 해석할 수 없으며, 이 약정의 내용은 매도인과 매수인과의 계약으로 매수인이 매도인의 채무를 변제하기로 하는 것으로서 매수인은 제3자의 지위에서 매도인에 대하여만 그의 채무를 변제할 의무를 부담함에 그치는 것이다. 그리고 위와 같이 매수인이 매매목적물에 관한 근저당권의 피담보채무에 관하여 그 이행을 인수한 경우, 채권자에 대한 관계에서는 매도인이 여전히 채무를 부담한다고 하더라도, 매도인과 매수인 사이에서는 매수인에게 위 피담보채무를 변제할 책임이 있다고 할 것이므로, 매수인이 그 변제를 게을리 하여 근저당권이 실행됨으로써 매도인이 매매목적물에 관한 소유권을 상실하였다면, 특별한 사정이 없는 한, 이는 매수인에게 책임 있는 사유로 인하여 소유권이전등기의무가 이행불능으로 된 경우에 해당하고, 거기에 매도인의 과실이 있다고 할 수는 없다. 이러한 법리는 교환계약에 있어서도 마찬가지라고 할 것이다.

⑤ 위장폐업으로 인한 부당해고 : 제538조 제1항에 의해 임금지급 청구/불법행위 손해배상[대법

원 2011. 3. 10. 선고 2010다13282 판결]

‣ 해고가 없어도 취업 불가(구속), 정당한 사유에 의한 폐지 → 그 기간 동안은 청구 불가[대법원 1994. 10. 25. 선고 94다25889 판결]

‣ 이익상환(중간수입공제, 제538조 제2항) : 해고기간 중 다른 직장 수입, 휴업수당 초과 부분[대법원 1996. 4. 23. 선고 94다446 판결, 대법원 1993. 11. 9. 선고 93다37915 판결]

‣ 중간수입공제 부정 : 휴업수당 범위 내 부분[대법원 1993. 11. 9. 선고 93다37915 판결]

‣ 채무를 면한 것과 상당인과관계 부정 : 노동조합기금이익, 해고 전부터의 부업[대법원 1993. 5. 25. 선고 92다31125 판결] 해고가 없었더라도 취득할 수 있었던 이익

2. 제538조 제1항 2문(수령지체 중 쌍방의 책임 없는 사유)

➡ 매도인 : 매수인의 청구에 대하여 귀책사유 없음 항변 가능, 반대급부 청구 가능

가. 제401조 채권자지체(영구적 불수령) : 채무자(매도인) 구두제공 불필요

나. 제538조 제1항 2문 : 매도인의 현실·구두제공 필요[대법원 2004. 3. 12. 선고 2001다79013 판결] 매수인의 부당이득반환청구 인용

3. 제537조(쌍방의 책임 없는 사유)

➡ 쌍방 : 미이행급부 → 이행의무 부정, 기이행 급부 → 부당이득반환청구 가능[대법원 2009. 5. 28. 선고 2008다98655 판결] 민법 제537조는 채무자위험부담주의를 채택하고 있는바, 쌍무계약에서 당사자 쌍방의 귀책사유 없이 채무가 이행불능된 경우 채무자는 급부의무를 면함과 더불어 반대급부도 청구하지 못한다고 할 것이므로, 쌍방 급부가 없었던 경우에는 계약관계는 소멸하고 이미 이행한 급부는 법률상 원인 없는 급부가 되어 부당이득의 법리에 따라 반환청구할 수 있다.

가. 요건 : 쌍무계약 + 채무자의 채무 후발적 불능 + 양당사자의 귀책사유 부존재

나. 효과

(1) 반대급부청구권 소멸
(2) 대상청구권 : 채권자의 반대급부 이행 필요

(3) 일부 불능시 감액

[2008다98655(이미 이행한 사례)] 반대급부 청구 불가 (채무자 위험부담주의)	원고 : 매도인, 물건 채무자 → 잔금청구 불가(제537조)	피고 : 매수인, 물건 채권자 → 이전등기 · 인도청구 불가 (특정물의 위험이전)
미이행 급부 : 계약관계 소멸 → 이행의무 ×	이전등기의무 · 인도의무×	대금지급의무×
이행한 급부 : 부당이득 반환청구	■ 이전등기, 이행불능 손해배상 : 피고 귀책×(중도금 · 잔금 미지급하였으나 제588조 이행거절권 존재) ■ 임료상당 사용이익 부당이득청구 : 해제가 아니라 부당이득으로 반환청구 가능	계약금 반환청구 이 사건 매매계약은 이 사건 각 부동산이 경매절차에서 매각됨으로써 이행불능에 이르러 종료되었다고 할 것인데 그 이행불능에 원고와 피고의 귀책사유가 없으므로 채무자위험부담 원칙에 의하여 피고의 채무도 소멸하므로 피고가 이미 이행한 급부는 법률상 원인 없는 급부가 되고 원고는 부당이득의 법리에 따라 수령한 급부를 피고에게 반환하여야 한다.

[2008다98655] 매도인 : 인도 · 이전등기의무 이행, 매수인 : 계약금만 지급, 중도금 지급에 갈음하여 매도인의 채무를 이행인수하였으나 매도인에 대한 다른 채권자들이 존재하여 인수채무 이행지체 중 근저당권 실행으로 매매대상 토지가 매수인에게 경락

▶원고(매도인) → 피고(매수인)

1. 인도 · 이전등기청구 → 이행불능 손해배상청구(교환적 변경)

   가. 해제를 원인으로 : × ∵ 피고 귀책×, 제588조 거절권 존재

   나. 대상청구(위험부담) : 손해(시가 − 근저당권자들에 대한 배당액) − 반대급부(매매대금쌍무계약의 등가성에 따라)

2. 임료 상당 부당이득

   가. 해제를 원인으로 : × ∵ 피고 귀책×, 제588조 거절권 존재 : 매도인에 대한 다른 채권자들의 가압류, 가처분, 사해행위취소

   나. 부당이득을 원인으로(제537조 위험부담) : ○ [원심] 해제를 전제한 원고청구 기각, [대법원] 위험부담에 따라 인정

◀피고(매수인) → 매도인: 반소청구

1. 계약금 반환

   가. 해제를 원인으로 : × ∵ 피고의 이행인수가 있었더라도 원고와의 내부적 관계에서는 피고가 변제할 책임 → 원고의 귀책사유× 대전고등법원 2008나2379, 5439

   나. 부당이득을 원인으로(제537조) : ○

2. 필요비, 유익비 : 피고 물건반환의무×→ 상환청구×[원심] 피고의 귀책사유에 의한 해제를 전제로 하는 원고의 본소청구가 이유 없으므로 이를 전제로 하는 피고의 주장도 판단할 필요 없이 이유 없다고 판단

제3장 약정채권 : 계약관계의 청산에 근거한 청구

제1절 무효 : 부당이득(급부부당이득) → 원고가 급부행위의 무효 · 취소 · 해제 사유 주장 · 증명

1. 급부관계별 반환범위

		매도인 → 매수인	매수인 → 매도인
주된 급부		토지반환, 이전등기청구 (물권적 청구권, 부당이득반환청구권)	■매매대금(부당이득) : 금전은 점유가 있는 곳에 소유권 ■제한능력자 : 선악불문 현존이익(제141조 단서), 현존이익은 추정[대법원 2009. 5. 28. 선고 2007다20440,20457 판결]
부수적 급부	급부유형	사용이익 반환청구	이자
	선의	매수인 ■취소, 해제시까지 : 제201조 제1항 ■취소, 해제 후 : 실질적 이득 검토	매도인 : 제587조 유추[대법원 1993. 5. 14. 선고 92다45025 판결]
	악의	매수인 : 제201조 제2항, 제748조 제2항→이익 + 이자 + 이자에 대한 지연손해금	매도인 : 제748조 제2항
	해제	해제에는 적용×(사용이익 반환)	해제에는 적용× (받은날로부터 이자, 제548조 제2항)

2. 부동산의 사용수익과 부당이득 여부

권리	사용수익권	법률상 원인	부당이득
처분권한을 위임받은 자로부터의 매수인 [대법원 2016. 7. 7. 선고	○[과실수취권자 : 선의점유자(제201조 제1항), 소유권자(제211	○	1. 법정지상권 등기를 경료한 경우, 전세권 : 지료청구 2. 등기경료 전

2014다2662 판결], 지상권, 전세권, 미등기매수인, 임차권, 점유취득시효완성자	조), 지상권자(제279조), 전세권자(제303조), 매도인(제587조), 사용차주(제609조), 임차인(제618조), 친권자(제923조 제2항), 유증수증자(제1079조)]		가. 원칙: 부당이득○[대법원 1995. 9. 15. 선고 94다61144 판결] 법정지상권이 있는 건물의 양수인으로서 장차 법정지상권을 취득할 지위에 있어 대지소유자의 건물철거나 대지인도 청구를 거부할 수 있는 지위에 있는 자라고 할지라도, 그 대지의 점거사용으로 얻은 실질적 이득은 부당이득으로서 이를 대지소유자에게 반환할 의무 나. 예외: ×(실질적 이득×)
동시이행, 채권자대위94다61144 법정지상권 있는 건물의 양수인, 신의칙	×	×	■원칙: ○(실질적 이득○) ■예외: ×(실질적 이득×)
유치권	■보존에 필요한 사용×→사용수익권× ■보존에 필요한 사용→사용수익권○	×(사용수익 정당화×, 보존에 필요한 사용이더라도)	1. 원칙: 부당이득○ ■유익비상환청구권에 기한 유치권행사로 사용: 차임상당액[대법원 1963. 7. 11. 선고 63다235 판결] ■전세계약체결: 전세금 법정이자 상당액[대법원 2009. 12. 24. 선고 2009다32324 판결] ■직접 거주, 건물사용(보존에 필요한 사용): 차임상당액[대법원 2009. 9. 10. 선고 2009다28462 판결] 건물의 유치권자가 건물을 사용하였을 경우에는 특별한 사정이 없는 한 그 차임 상당액을 건물소유자에게 부당이득으로 반환할 의무가 있다. 2. 실질적 이득×: 부당이득×수리비 지출 후 수리기간 동안 근처 호텔이용[2017 제59회 사법시험]

지상물매수청구권	×	×	○행사시 건물에 대한 매매계약이 성립할 뿐 토지사용에 대한 부당이득반환의무는 존재

제2절 취소 : 부당이득(급부부당이득)

1. 취소요건

가. 제한능력자

나. 제한능력자의 재산상 법률행위

1-1. 취소불가

가. 권리만을 얻거나 의무만을 면하는 행위(제5조 제1항 단서)

나. 범위를 정하여 처분이 허락된 재산의 처분(제6조)[대법원 2007. 11. 16. 선고 2005다 71659,71666,71673 판결] 원고는 각 신용구매계약 당시 성년에 거의 근접한 만 19세 2개월 내지 4개월에 이르는 나이였고, 당시 경제활동을 통해 월 60만 원 이상의 소득을 얻고 있었으며, 각 신용구매계약은 대부분 식료품·의류·화장품·문구 등 비교적 소규모의 일상적인 거래행위였을 뿐만 아니라, 그 대부분이 할부구매라는 점을 감안하면 월 사용액이 원고의 소득범위를 벗어나지 않는 것으로 볼 수 있는바, 이러한 제반 사정을 종합하면, 원고가 당시 스스로 얻고 있던 소득에 대하여는 법정대리인의 묵시적 처분허락이 있었고, 이 사건 각 신용구매계약은 위와 같이 처분허락을 받은 재산범위 내의 처분행위에 해당한다고 볼 수 있다.

다. 허락된 영업에 관한 행위(제8조 제1항)

라. 대리행위(제117조)

마. 유언행위(제1061조)

바. 임금청구 및 근로계약(근로기준법 제67조 제1항, 제68조)

다. 취소의 의사표시와 도달

1-2. 상대방 보호

가. 고유의 보호방법

(1) 최고권(제15조)

(2) 철회권(제16조 제1항)

■ 제한능력자와 계약을 체결한 상대방

■ 추인이 있을 때까지

▸ 상대방 악의 : 철회 불가

(3) 거절권(제16조 제2항)

■ 제한능력자의 단독행위의 상대방

■ 추인이 있을 때까지

(4) 취소권의 배제(제17조) : **확정적 유효**

▸ 단순히 능력자라고 칭한 것은 속임수에 해당하지 않음[대법원 1971. 12. 14. 선고 71다2045 판결]

나. 일반적 보호방법

(1) 취소할 수 있는 법률행위의 추인(제143조)

(2) 법정추인(제145조)

(3) 제척기간(제146조)

2. 효과

가. 소급적 무효 : 선의의 제3자에게도 대항 가능

나. 급부청산

3. 유형

가. 가맹점에 대하여 구매계약취소

가-1. 신의칙 위반

▸ 강행규정 : 제한능력자 보호[대법원 2007. 11. 16. 선고 2005다71659,71666,71673 판결]

가-2. 법정대리인의 허락(제6조)2005다71659

나. 신용카드 이용계약 취소

나-1. 신의칙 위반

▸ 강행규정 : 제한능력자 보호2005다71659

나-2. 부당이득반환청구 : 가맹점에 대한 매매대금 지급채무를 면하는 이익[대법원 2005. 4. 15. 선고 2003다60297, 60303, 60310, 60327 판결] 미성년자가 신용카드발행인과 사이에 신용카드 이용계약을 체결하여 신용카드거래를 하다가 신용카드 이용계약을 취소하는 경우 미성년자는 그 행위로 인하여 받은 이익이 현존하는 한도에서 상환할 책임이 있는바, 신용카드 이용계약이 취소됨에도 불구하고 신용카드회원과 해당 가맹점 사이에 체결된 개별적인 매매계약은 특별한 사정이 없는 한 신용카드 이용계약취소와 무관하게 유효하게 존속한다 할 것이고, 신용카드발행인이 가맹점들에 대하여 그 신용카드사용대금을 지급한 것은 신용카드 이용계약과는 별개로 신용카드발행인과 가맹점 사이에 체결된 가맹점 계약에 따른 것으로서 유효하므로, 신용카드발행인의 가맹점에 대한 신용카드이용대금의 지급으로써 신용카드회원은 자신의 가맹점에 대한 매매대금 지급채무를 법률상 원인 없이 면제받는 이익을 얻었으며, 이러한 이익은 금전상의 이득으로서 특별한 사정이 없는 한 현존하는 것으로 추정된다.

▸ 가맹점과의 매매계약을 통하여 취득한 물품과 제공받은 용역 : 부당이득 부정2003다60297 원심은 이 사건 신용카드 이용계약이 취소됨으로써 원고들은 신용카드발행인인 피고들이 가맹점에 대신 지급하였던 물품, 용역대금채무를 면제받았으므로 피고들에게 위 물품, 용역대금 상당을 반환할 의무가 있다고 판단하고, 원고들이 가맹점과의 매매계약을 통하여 취득한 물품과 제공받은 용역이 부당이득으로 반환의 대상이 된다는 원고들의 주장을 배척하였는바, 원심의 이러한 판단은 위의 법리에 따른 것으로 정당하고, 거기에 주장과 같은 부당이득에 관한 법리오해 등의 위법이 있다고 할 수 없다.

제3절 해제 : 해방효(미이행 : 구속력에서 해방) + 원상회복(기이행 : 부당이득) + 손해배상 + (강제이행)

Ⅰ. 해약금 해제

- 계약의 소급적 소멸효과만 발생
- 원상회복청구 : 불가∵ 이행착수 전
- 손해배상청구 : 불가∵ 채무불이행 부존재

Ⅱ. 법정해제 : 이행지체에 의한 해제를 청구원인으로 주장하며 원상회복 청구 시[사법연수원 주문연습3]

1. 이행지체

가. 이행기 약정 원고가 2020. 1. 7. 피고로부터 X토지를 대금 ○원에 매수하면서 계약금 ○원은 당일 지급하고, 중도금 ○원은 2020. 2. 7., 잔금○원은 2020. 3. 7.에 각 지급하되, 소유권이전등기에 필요한 일체의 서류는 2020. 3. 7. 14:00경 ○법무사사무소에서 잔금지급과 교환으로 교부받기로 약정한 사실

나. 이행기에 채무의 이행 또는 이행제공이 없을 것

다. 원고가 동시이행관계에 있는 자기 채무를 이행 또는 이행제공하였을 것 원고가

2020. 3. 7. 14:00경 중도금 ○원 및 이에 대한 2020. 2. 8.부터 2020. 3. 7.까지 연 5%의 비율로 계산한 지연손해금, 잔금 ○원의 합계를 초과하는 ○원을 준비하여 ○법무사사무소를 방문하였으나 피고는 위 약속장소에 나타나지 않았고 소유권이전등기에 필요한 서류도 제공하지 않은 사실

2. 상당한 기간을 정하여 이행을 최고하였을 것 : 이행의 제공을 계속할 필요는 없으나 상대방의 이행을 수령하고 자신의 채무를 이행할 수 있는 정도의 준비 필요[대법원 1996. 11. 26. 선고 96다35590, 35606 판결] ➠ 청구원인 요건사실에는 기재 불필요 원고가 다시 2020. ○. ○. 피고에게 2020. ○. ○.까지 X토지에 관한 소유권이전등기절차를 이행할 것을 최고한 사실

3. 최고기간 내에 이행 또는 이행제공이 없을 것 피고가 위 최고를 받고도 위 기간이 도과할 때까지 X토지에 관한 소유권이전등기절차를 이행하거나 그 이행의 제공을 하지 않은 사실

4. 해제의 의사표시를 하였을 것 피고의 이행지체를 원인으로 위 매매계약을 해제한다는 원고의 의사표시가 기재된 이 사건 소장 부본이 2020. ○.○. 피고에게 송달된 사실

1-1. 해제권의 불발생 : 부수적 주의의무 위반동시이행, 강제이행, 해제권 : 불가

- 전대차계약 체결 후 보증금반환담보를 위한 근저당권설정등기의무 위반[대법원 2001. 11. 13. 선고 2001다20394, 20400 판결]
- 수급인이 내부적 문제로 예정된 일자에 시사회 준비를 못한 경우[대법원 1996. 7. 9. 선고 96다14364,14371 판결]
- 견적서에 부품 사양이 변경될 수 있다고 기재된 경우 견적서 사양과의 불일치[대법원 2019. 9. 10. 선고 2017다272486, 272493 판결]

1-2. 해제권의 실효[대법원 1994. 11. 25. 선고 94다12234 판결]

1-3. 과실상계 · 신의칙에 의한 제한 불가[대법원 2014. 3. 13. 선고 2013다34143 판결] 우리 법은 무효, 취소 기타 효력불발생의 경우 일반에 대한 원상회복에 관하여 신의칙 · 공평의 원칙 적용 예정하고 있지 않음, 해제자가 해제 원인의 일부를 제공하였더라도 불가

Ⅲ. 원상회복(원물반환 원칙)

1. 범위 : 제213조, 제214조 + 사용이익 vs 대금반환 + 이자(자동채권에 동시이행항변권 ∴ 상계 불가) → 상환이행판결(제549조)

1-1. 제3자 : 해제된 계약에서 생긴 법률적 효과를 기초로 새로운 법률상 이해관계 +

등기 · 등록으로 완전한 권리 취득[대법원 2002. 10. 11. 선고 2002다33502 판결, 대법원 2007. 12. 27. 선고 2006다60229 판결]

해제로 보호되는 제3자의 범위

```
계약    [해제]    이행         [해제]                              말소등기
├────────┼─────────┼─────────────┼──────────────────────────────┼──────────
         보호×    선악 불문 보호   선의자만 보호[대법원 1987. 4. 28. 선고 86    보호×
                               다카2458 판결]
```

가. 해제를 주장하는 자가 제3자의 악의 주장 · 입증[대법원 2005. 6. 9. 선고 2005다6341 판결, 대법원 1985. 4. 9. 선고 84다카130, 84다카131 판결]

나. 해제 당시 이전등기를 마치지 않은 경우 : 제외[대법원 2002. 10. 11. 선고 2002다33502 판결]

① 이전등기를 마친 매수인으로부터 물권 · 대항력 있는 권리를 취득한 자 : 포함
▸ 이전등기하지 않은 매수인과 이해관계 : 제외
② 매매계약 이행으로 주택을 인도받아 임대권한을 명시적 · 묵시적으로 위임받은 매수인으로부터 매매계약 해제 전에 주택을 임차하여 대항요건을 갖춘 임차인 : 포함[대법원 2008. 4. 10. 선고 2007다38908,38915 판결] 매매계약의 이행으로 목적물을 인도받은 매수인은 그 물건을 사용 · 수익할 수 있는 지위에서 타인에게 적법하게 임대 가능
③ 임대인(매수인)이 소유권을 취득하였다가 계약해제로 소유권을 상실하기 전에 임차받아 대항요건을 갖춘 임차인 : 포함[대법원 1996. 8. 20. 선고 96다17653 판결]
④ 해제조건부 임대권한자로부터의 임차인 : 제외[대법원 1995. 12. 12. 선고 95다32037 판결] 매매대금 수령 이전에 매수인에게 임대권한을 부여 → 매매계약의 해제를 해제조건으로 한 것 → 매매계약 해제시 그때부터 임차인은 매도인에 대항 불가 : 매도인으로부터 매매계약의 해제를 해제조건부로 전세 권한을 부여받은 매수인이 주택을 임대한 후 매도인과 매수인 사이의 매매계약이 해제됨으로써 해제조건이 성취되어 그 때부터 매수인이 주택을 전세 놓을 권한을 상실하게 되었다면, 임차인은 전세계약을 체결할 권한이 없는 자와 사이에 전세계약을 체결한 임차인과 마찬가지로 매도인에 대한 관계에서 그 주택에 대한 사용수익권을 주장할 수 없게 되어 매도인의 명도 청구에 대항할 수 없게 되는바, 이러한 법리는 임차인이 그 주택에 입주하고 주민등록까지 마쳐 주택임대차보호법상의 대항요건을 구비하였거나 전세계약서에 확정일자를 부여받았다고 하더라도 마찬가지이다.

다. 토지매수인 미등기 + 매매계약 해제시 토지매수인으로부터의 건물매수인 : 제외 (제3자는 계약의 목적물에 관하여 권리를 취득하여 계약당사자에게 대항할 수 있는 자)[대법원 1991. 5. 28. 선고 90다카16761 판결]

▸ 토지매수인이 이전등기를 마치고 건물을 신축한 경우 건물의 양수인 : 제3자토지에 대해 관습법상의 법정지상권 취득

▶ 매매목적물에 이전등기를 마친 매수인에 대한 가압류채권자[대법원 2000. 1. 14. 선고 99다 40937 판결] 해제된 계약에 의하여 채무자의 책임재산이 된 계약의 목적물을 가압류한 가압류채권자는 그 가압류에 의하여 당해 목적물에 대하여 잠정적으로 그 권리행사만을 제한하는 것이나 종국적으로는 이를 환가하여 그 대금으로 피보전채권의 만족을 얻을 수 있는 권리를 취득하는 것이므로 그 권리를 보전하기 위하여서는 위 조항 단서에서 말하는 제3자에는 위 가압류채권자도 포함된다.

▶ 가압류에 선행하는 가처분채권자인 전 소유자가 가압류채무자를 상대로 해제를 원인으로 하는 말소등기청구소송 본안승소 확정 : 가압류권자는 제3자에 해당하지 않음[대법원 2005. 1. 14. 선고 2003다33004 판결] 부동산에 대하여 가압류등기가 된 경우에, 그 가압류채무자(현 소유자)의 전 소유자가 위의 가압류 집행에 앞서 같은 부동산에 대하여 소유권이전등기의 말소청구권을 보전하기 위한 처분금지가처분등기를 경료한 다음, 채무자를 상대로 매매계약의 해제를 주장하면서 소유권이전등기 말소소송을 제기한 결과 승소판결을 받아 확정되기에 이르렀다면, 위와 같은 가압류는 결국 말소될 수밖에 없고, 따라서 이러한 경우 가압류채권자는 민법 제548조 제1항 단서에서 말하는 제3자로 볼 수 없으며, 가처분채권자가 받은 본안판결이 전부 승소판결이 아닌 동시이행판결인 경우도 이와 달리 볼 이유가 없다.

라. 미등기 무허가건물에 관한 매매계약이 해제되기 전에 매수인으로부터 무허가건물을 매수하고 관리대장에 소유자로 등재 : 제외[대법원 2014. 2. 13. 선고 2011다64782 판결]

마. 계약상 채권의 양수인 : 제외[대법원 2003. 1. 24. 선고 2000다22850 판결]

(1) 원상회복의무 : 이행받은 급부를 채무자에게 원상회복 매수인(원고)으로부터 분양대금 일부를 지급받은 양수인(피고)은 양수 이후 원고로부터 지급받은 금원을 반환할 의무 : 민법 제548조 제1항 단서에서 규정하고 있는 제3자란 일반적으로 계약이 해제되는 경우 그 해제된 계약으로부터 생긴 법률효과를 기초로 하여 해제 전에 새로운 이해관계를 가졌을 뿐 아니라 등기·인도 등으로 완전한 권리를 취득한 자를 말하고, 계약상의 채권을 양수한 자는 여기서 말하는 제3자에 해당하지 않는다고 할 것인바, 계약이 해제된 경우 계약해제 이전에 해제로 인하여 소멸되는 채권을 양수한 자는 계약해제의 효과에 반하여 자신의 권리를 주장할 수 없음은 물론이고, 나아가 특단의 사정이 없는 한 채무자로부터 이행받은 급부를 원상회복하여야 할 의무가 있다.

(2) 동시이행항변 : 양수인은 양도인의 채무자에 대한 반환청구권 주장 불가 피고는 분양계약상의 매도인의 지위를 양도받은 것이 아니라 분양대금 미수금채권을 양도받았을 뿐이고, 이 사건 계약해제로 인하여 원고가 지급한 분양대금 중 일부만을 원고에게 반환할 의무를 부담하고 있는바, 위와 같은 의무는 원고가 계약해제로 인하여 분양계약의 당사자인 제1심 공동피고 등에게 부담하는 이 사건 분양 부분의 명도의무와 동시이행관계에 있다고 볼 수 없으므로, 같은 취지에서 피고의 동시이행항변을 배척한 원심의 조치 역시 옳고, 거기에 상고이유에서 주장하는 바와 같은 위법이 있다고 할 수 없다.

바. 계약상 채권을 압류·전부한 채권자[대법원 2000. 4. 11. 선고 99다51685 판결] 제3채무자(피고)가 원고(소유권이전등기청구권 가압류)의 가압류·압류 명령에 위반하여 채무자에게 이전등기경료 후 매매계약 해제

(1) 제3자에서 제외 소유권이전등기청구권의 가압류나 압류가 행하여지면 제3채무자로서는 채무자에게 등기이

전행위를 하여서는 아니 되고, 그와 같은 행위로 채권자에게 대항할 수 없다 할 것이나, 가압류나 압류에 의하여 그 채권의 발생원인인 법률관계에 대한 채무자와 제3채무자의 처분까지도 구속되는 것은 아니므로 기본적 계약관계인 매매계약 자체를 해제할 수 있고, 이와 같이 계약이 해제되는 경우 민법 제548조 제1항 단서에서 말하는 제3자란 일반적으로 그 해제된 계약으로부터 생긴 법률효과를 기초로 하여 해제 전에 새로운 이해관계를 가졌을 뿐 아니라 등기, 인도 등으로 완전한 권리를 취득한 자를 말하므로 계약상의 채권을 양수한 자나 그 채권 자체를 압류 또는 전부한 채권자는 여기서 말하는 제3자에 해당하지 아니한다.

(2) 피고의 해제가 불법행위에 해당하는지 여부 : 부정해제의 소급효로 인하여 소유권이전등기청구권이 소급적으로 소멸함에 따라 이에 터잡은 압류명령의 효력도 실효되는 이상 원고는 처음부터 아무런 권리를 갖지 아니한 것과 마찬가지 상태가 되므로 피고가 압류명령에 위반되는 행위를 한 후에 매매계약이 해제되었다 하여도 불법행위는 역시 성립하지 아니하는 것

사. 약정에 의한 소유권이전등기청구권계약이 해제되면 매수인이 매도인에게 소유권이전등기를 해주기로 하는 특약 **보전을 위한 가등기에 기한 본등기**매도인 전 이전등기를 마친 매수인과 이해관계를 맺은 자 : ① 약정에 의한 가등기 → ② 매수인과 매매·임대차 → ③ 본등기

(1) 매수인으로부터의 전득자 : 제3자 아님원고 → 피고 : 말소등기청구 [대법원 1982. 11. 23. 선고 81다카1110 판결] 부동산등기법 제3조가 말하는 "청구권"이란 제2조에 규정된 물권 또는 부동산 임차권의 변동을 목적으로 하는 청구권을 말하는 것이라 할 것이므로 부동산등기법상 가등기는 위와 같은 청구권을 보전하기 위하여서만 할 수 있는 것이고 이와 같은 청구권이 아닌 물권적 청구권을 보전하기 위하여는 이를 할 수 없다. (그러나) 매매계약 당시 계약당사자 사이에 계약이 해제되면 매수인은 매도인에게 소유권이전등기를 하여 주기로 하는 약정이 있었다면 매도인은 그 약정에 기하여 매수인에 대하여 소유권이전등기절차의 이행을 청구할 수 있다 할 것이고 이러한 경우(제3자에게 소유권이전등기가 된 뒤에 계약이 해제된 경우)의 매도인의 소유권이전등기청구권은 물권변동을 목적으로 하는 청구권이라 할 것이므로 이러한 청구권은 가등기에 의하여 보전될 수 있는 것이라 할 것이다. 위와 같은 가등기가 된 뒤에 계약당사자가 아닌 제3자가 취득한 권리는 이미 이루어진 가등기에 의하여 보전된 청구권에 기한 본등기가 마쳐지면 실효될 가능성을 띤 상태에서 취득한 권리라고 할 것이고, 그 제3자의 지위는 가등기에 의하여 순위가 보전된 매도인의 권리보다 앞설 수는 없다 할 것이고 또 위와 같이 매매계약 당사자 사이의 약정에 의하여 생긴 매도인의 소유권이전등기청구권은 계약해제의 소급효 그 자체에 의하여 생긴 것이 아니므로 그 등기청구권의 실현과 계약해제의 소급효 제한에 관한 민법 제548조 제1항 단서의 규정은 직접적으로 관련이 없는 것이라 할 것이다.

(2) 임차권자 : 제3자 아님[대법원 2007. 6. 28. 선고 2007다25599 판결] 임차인인 피고 주식회사 그린하이테크가 상가건물 임대차보호법상의 대항력을 취득하기 이전에 이미 원고2가 소외인과의 약정에 기한 소유권이전등기청구권의 보전을 위하여 가등기를 경료하였으므로 피고들로서는 위 가등기에 기하여 소유권이전등기를 경료한 원고들에게 임차권의 대항력을 주장할 수 없고, 원고2의 위 소유권이전등기청구권은 소외인과 사이의 약정에 의하여 생긴 것으로서 계약해제의 소급효 그 자체에 의하여 생긴 것이 아니므로 그 등기청구권의 실현과 계약해제의 소급효 제한에 관한 민법 제548조 제1항 단서의 규정과는 직접적으로 관련이 없다.

아. 제3자를 위한 계약의 수익자방위사업청 : 기본관계원고(낙약자)와 에스티엑스조선(요약자)에 기초하여 수익자가 요약자와 원인관계(대가관계)를 맺음으로써 해제 전에 새로운 이해관계를 갖고 그에 따라 등기, 인도 등을 마쳐 권리를 취득한 경우 해제의 소급효가 제한되는 제3자에 해당[대법원 2021. 8. 19. 선고 2018다244976 판결] 방위사업청이 에스티엑스조선과 체결한 이 사건 현물변상계약은 원고와 에스티엑스조선 사이의 이 사건 함포납품계약에 기초하고 있고, 방위사업청이 해제 전에 원고로부터 이 사건 함포를 인도받아 그 소유권을 취득하였으므로, 방위사업청은 민법 제548조 제1항 단서에서 말하는 계약해제의 소급효가 제한되는 제3자에 해당한다. 따라서 원고가 그 후 에스티엑스조선과의 이 사건 함포납품계약을 해제하였다고 하더라도 원고는 방위사업청에 대하여 소유권에 기한 물권적 청구권을 행사하여 이 사건 함포의 반환을 구할 수 없다.

자. 농지 관련 법률에 의하여 분배되지 않기로 확정되어 원소유자에게 농지의 소유권이 환원되는 경우 소유권이전등기를 마친 국가나 지방자치단체 : 제외[대법원 2022. 4. 14. 선고 2021다294186 판결] 구 농지법, 구 농지개혁법 및 특별조치법에 따라 분배되지 않기로 확정되어 원소유자에게 농지의 소유권이 환원되는 경우 원인무효인 피고 대한민국 명의의 소유권이전등기에 근거하여 제3자가 소유권이전등기를 마쳤다고 하더라도 민법 제548조 제1항 단서가 적용 또는 유추적용되지 않는다.

2. 소송촉진 등에 관한 특례법에 의한 이율

가. 적용요건 : 소송촉진 등에 관한 특례법 → 금전채무의 이행지체 손배배상에만 적용

(1) 해제 후 원상회복으로 '금전지급'을 구하는 소송제기
(2) 상대방에게 반환의무의 '이행지체'가 성립할 것

나. 적용배제, 범위제한

(1) 이행지체가 없는 경우

㈎ 물건반환 vs 매대금반환부당이득 → 소송촉진 등에 관한 특례법 이율 부적용[대법원 2000. 6. 23. 선고 2000다16275,16282 판결] 금전채무의 이행지체를 이유로 하는 손해배상청구가 아니므로

㈏ 수급인인도 없이 공사대금 청구 → 도급인 : 공사대금 및 인도일 이후의 지연손해금을 인정하는 경우 인도받는 날로부터 완제일까지 연 5%의 지연손해금[대법원 2002. 10. 25. 선고 2002다43370 판결] [1. 원심판단 적법] 이 사건 공사도급계약에 의한 피고의 원고에 대한 공사대금 지급의무와 원고의 피고에 대한 이 사건 건물의 인도의무는 동시이행 관계 → 원고가 피고에게 이 사건 건물을 인도하지 아니하였음을 자인하고 있으므로 피고는 원고에게 공사잔대금 307,932,029원에 대하여 이 사건 건물을 인도받는 날로부터 완제일까지 연 5%의 비율에 의한 지연손해금을 지급할 의무가 있다. [2. 소송촉진 등에 관한 특례법이율 적용여부] 쌍무계약에서 쌍방의 채무가 동시이행 관계에 있는 경우 일방의 채무의 이행기가 도래하더라도 상대방 채무의 이행제공이 있을 때까지는 그 채무를 이행하지 않아도 이행지체의 책임을 지지 않는 것인바, 사실심 변론종결일까지 수급인이 도급인에게 건물의 인도를 위한 이행제공 또는 이행을 하였다고 볼 수 없는 경우 건물의 인도의무와 동시이행관계

에 있는 공사대금 지급의무에 관하여 도급인에게 이행지체의 책임이 있다고 할 수 없으므로 위 공사대금에 대한 위 건물 인도일 이후의 지연손해금을 인정함에 있어서는 소송촉진등에관한특례법 제3조 제1항 단서에 의하여 같은 조항 본문에 정한 이율이 적용되지 아니한다.

(2) 항쟁함에 상당한 근거 존재 : 소송촉진 등에 관한 특례법 이율 배제, 일부 기각

⑺ 1심에서 패소한 피고의 항소로 원고 전부패소 후 원고 상고로 파기환송된 경우 : 상고심 판결선고일까지 연 5%[대법원 1998. 7. 14. 선고 96다17202 판결] (원심) 1심판결 선고일까지 연5%, 그 다음 날부터 연 25%, (대법원) 제1심판결에 대하여 피고가 항소를 제기하여 환송 전 원심에서는 피고의 항소가 받아들여져 원고 전부 패소판결이 선고되었다가 이에 대하여 원고가 상고한 결과 환송 전 원심판결이 파기되어 그 환송 후 원심에서 제1심판결과 같이 원고의 청구를 일부 인용하는 판결이 선고된 경우에는, 피고의 주장이 환송 전 원심에 의하여 받아들여진 적이 있을 정도였으므로, 적어도 그 판결이 파기되기 전까지는 피고가 이행의무의 존부나 범위에 관하여 항쟁함에 상당한 근거가 있었다고 보아야 할 것이다.

⑻ 1심 판결선고 후 합리적 근거 없는 주장매수인의 중도금, 잔금지급의무 위반을 하다가 배척당한 경우 : 1심 판결 선고일 다음 날부터 다 갚는 날까지 연 20%[대법원 2013. 4. 26. 선고 2011다50509 판결] 매수인의 해제권행사는 약정해제권에 기한 것이므로 이행제공이 불필요할 뿐만 아니라 매수인의 해제 당시 중도금 및 잔금 지급기일이 도래하지도 않아 그와 같은 의무가 있었다고 볼 수 없음

(3) 채무자가 채무부존재확인을 구할 뿐 이에 대한 채권자의 이행소송이 없는 경우[대법원 2021. 6. 3. 선고 2018다276768 판결]

3. 가액배상 : 원물반환 불능당시(처분당시)의 가액 기준

4. 이자반환(제548조 제2항) : 원상회복(부당이득), 반환의무 이행지체로 인한 지연손해금이 아님[대법원 2013. 4. 26. 선고 2011다50509 판결]

가. 약정 존재 : 약정이율

나. 약정 부존재

(1) 민법·상법 법정이율 적용2011다50509, [대법원 2003. 10. 23. 선고 2001다75295 판결]

⑺ 동시이행의무와의 관계 : 해제권자매수인의 동시이행의무주식반환의무, 이전등기의무 이행 여부와 관계없이 매도인은 매매대금을 받은 날로부터 법정이율에 의한 법정이자 지급의무[대법원 1995. 3. 24. 선고 94다47728 판결, 대법원 1996. 4. 12. 선고 95다28892 판결, 대법원 2000. 6. 9. 선고 2000다9123 판결]

⑻ 기산점 : 받은 날로부터 ➡ 대납이자원고가 피고들의 중도금 대출이자를 대출금융기관에 우선 대납하면 피고들이 이 사건 아파트에 입주할 때 원고에게 대납이자를 지급의 경우 대납한 날로부터[대법원 2022. 4. 28 선고 2018다290801, 2018다290818 판결] 원심은 이 사건 분양계약 제6조 제5항 단서(이 사건 각 분양계약이 해제된 경우 피고들은 대납이자를 일괄하여 상환하여야 한다)를 근거로 계약해제한 날부터 대납이자에 대한 지연손해금을 부담한다고 판단하였으나 위 조항은 피고들의 귀책사유로 계약이 해제될 경우 원고가 대납한 이자를 피고들이 일괄하여 반환하여야 한다는 것을 정한 것이지 대납이자 반환채무에 대한 이자나 지연손해금 산정기준일

을 정한 것은 아니다.

(2) 소송촉진 등에 관한 특례법이율

(가) 원칙 : 부적용[대법원 2000. 6. 23. 선고 2000다16275,16282 판결] 민법 제548조 제2항은 계약해제로 인한 원상회복의무의 이행으로 반환하는 금전에는 그 받은 날로부터 이자를 가산하여야 한다고 하고 있는바, 위 이자의 반환은 원상회복의무의 범위에 속하는 것으로 일종의 부당이득반환의 성질을 가지는 것이지 반환의무의 이행지체로 인한 손해배상은 아니라고 할 것이고, 소송촉진등에관한특례법 제3조 제1항은 금전채무의 전부 또는 일부의 이행을 명하는 판결을 선고할 경우에 있어서 금전채무불이행으로 인한 손해배상액 산정의 기준이 되는 법정이율에 관한 특별규정이므로, 위 이자에는 소송촉진등에관한특례법 제3조 제1항에 의한 이율을 적용할 수 없다.

> **[2000다16275] 매도인원고(반소피고)의 이행지체로 매수인피고(반소원고)이 해제 후 이미 지급한 매매대금의 반환을 청구하는 반소를 제기하였으나 피고는 물건반환의무를 이행하지 않은 경우**

[원심] 원고(반소피고)는 피고(반소원고)로부터 별지 목록 기재 물건을 인도받음과 동시에 피고에게 65,940,000원 및 이에 대하여 매매대금의 최종지급일인 1997.7.24.부터 원고가 그 이행의무의 존부와 범위에 관하여 항쟁함이 상당한 원심 판결선고일인 2000.2.11.까지는 연 5%의, 그 다음날부터 완제일까지는 연 25%의 각 비율에 의한 이자 및 지연손해금을 지급하라.

[대법원] 원고는 피고로부터 별지 목록 기재 물건을 인도받음과 동시에 피고에게 65,940,000원 및 이에 대하여 피고가 구하는 바에 따라 위 매매대금의 최종지급일인 1997.9.24.부터 완제일까지 민법 소정의 연 5%의 비율에 의한 법정이자를 지급하라.

[해설]
- 법정이율(➡반환의무의 이행지체를 전제×) : ○(지급일~완제일)(부당이득반환의무), 자신의 채무이행 여부 무관
- 소송촉진 등에 관한 특례법이율(➡반환의무의 이행지체를 전제) : ×(반소를 제기하기는 하였으나 자신의 의무를 이행하지 않아 상대방이 반환의무에 대하여 이행지체에 빠지지 않음)

(나) 예외 : 계약해제로 인한 원상회복의무의 이행으로 금전반환을 구하는 소가 제기된 경우

→ 소장송달 다음날부터 이행지체 책임 : 소송촉진 등에 관한 특례법이율 적용[대법원 2003. 7. 22. 선고 2001다76298 판결] 계약해제로 인한 원상회복의무의 이행으로 금전의 반환을 구하는 소송이 제기된 경우 채무자는 그 소장을 송달받은 다음날부터 반환의무의 이행지체로 인한 지체책임을 지게 되므로 그와 같이 원상회복의무의 이행으로 금전의 반환을 명하는 판결을 선고할 경우에는 금전채무불이행으로 인한 손해배상액 산정의 기준이 되는 법정이율에 관한 특별규정인 소송촉진등에관한특례법 제3조 제1항에 의한 이율을 적용하여야 한다.

▶ 원고매수인의 반환의무인도의무+사용이익(원상회복의무)에 관한 이행제공이 없는 경우 : 이행지체 부정대금지급 + 연 5/6%이자(원상회복의무) → 동시이행관계, 존재효과 → 소송촉진 등에 관한 특례법 제3조 제1항 부적용[사법연수원 주문연습 5], [대법원 2000. 6. 23. 선고 2000다16275,16282 판결] 매수인이 매매대금반환을 구하는 반소를 제기하였으나 자신의 채무 이행제공이 없는 경우

5. 지연손해금 : 반환의무의 이행지체시(기한 없는 채무 → 이행청구를 받은 때부터)

이자 약정(약정이율)	지연손해금 약정(지연손해금률)	적용 이율
×	○	지연손해금률:법정이율과 무관[대법원 2013. 4. 26. 선고 2011다50509 판결, 대법원 1995. 10. 12. 선고 95다26797 판결]
×	×	법정이율(5%, 6%)[대법원 2009. 12. 24. 선고 2009다85342 판결]
○	×	max[법정이율, 약정이율][위 2011다50509 판결]

가. 지연손해금 약정 존재

(1) 적용전제 : 이행지체의 경우 적용할 지연손해금률에 관하여 별도의 약정이 있어야 적용-2011다50509 이 사건 분양계약서 제3조 제3항은 계약해제 시 피고가 수분양자에게 반환할 분양대금에 가산할 이율을 연 3%로 정하면서 '이자'나 '환급'이라는 용어를 사용할 뿐, '지연손해금'이나 '배상'과 같은 용어를 사용하지 않고 있고 '이행지체'에 관하여 전혀 언급하고 있지 아니하다. 만일 피고가 원상회복뿐만 아니라 이행지체의 경우에도 대비하여 법정이자보다 비율이 낮은 지연손해금률을 적용하려 하였다면, 피고의 귀책사유로 분양계약이 해제될 경우 수분양자에게 분양대금과 함께 지급하여야 하는 위약금에 대하여도 함께 규정하였을 것인데, 위약금에 대하여는 가산할 이율에 관하여 아무런 규정이 없다. 이러한 점들에 비추어 보면, 이 사건 분양계약서 제3조 제3항은 민법 제548조 제2항에 관한 특약으로서 이 사건 분양계약의 해제 시 피고가 반환할 분양대금에 가산할 이자를 정한 원상회복의 범위에 관한 것일 뿐 이행지체에 빠진 이후의 지연손해금에 관한 약정으로 볼 수 없다. 게다가 그 약정이율은 법정이율보다 낮으므로 피고가 분양대금 반환의무의 이행을 지체하기 시작한 때부터는 위 약정이율이 아니라 법정이율이 적용된다고 봄이 상당하다.

(2) 효과 : 법정이율보다 낮더라도 약정 지연손해금률 적용-2011다50509, 95다26797

나. 지연손해금 약정 부존재

(1) 이자약정 부존재, 지연손해금 약정 부존재 : 법정이율

(2) 이자약정 존재, 지연손해금 약정 부존재 : max[약정이율, 법정이율]2011다50509

㈎ 계약해제시 반환금전에 대한 이자약정 존재 + 약정이율 ≧ 법정이율 : 약정이율 적용(제397조 제1항 단서)2011다50509, [대법원 1981. 9. 8. 선고 80다2649 판결, 대법원 2009. 12. 24. 선고 2009다85342 판결]

㈏ 이자약정 부존재 / 가산 이자지급 면제약정 / 이자약정 존재 + 약정이율 < 법정이율 : 법정이율 적용(제397조 제1항 본문)2009다85342 민법 제397조 제1항은 본문에서 금전채무불이행의 손해배상액을 법정이율에 의할 것을 규정하고 그 단서에서 "그러나 법령의 제한에 위반하지 아니한 약정이율이 있으면 그 이율에 의한다"고 정한다. 이 단서규정은 약정이율이 법정이율 이상인 경우에만 적용되고, 약정이율이 법정이율보다

낮은 경우에는 그 본문으로 돌아가 법정이율에 의하여 지연손해금을 정할 것이다. 우선 금전채무에 관하여 아예 이자약정이 없어서 이자청구를 전혀 할 수 없는 경우에도 채무자의 이행지체로 인한 지연손해금은 법정이율에 의하여 청구할 수 있으므로, 이자를 조금이라도 청구할 수 있었던 경우에는 더욱이나 법정이율에 의한 지연손해금을 청구할 수 있다고 하여야 한다.

[2011다50509] 항쟁의 상당성과 소송촉진 등에 관한 특례법 적용 여부

	대금지급 (부당이득)	소장송달 (반환청구)	해제:다음 날부터 이행지체(지연손해금)	1심 선고	2심 선고:1심인용 유지
	약정이율		법정이율:지연 손해금 약정×	항쟁의 상당성 인정 : 소송촉진 등에 관한 특 례법 제3조 제1항○	항쟁의 상당성 부정 : 소송촉진 등에 관한 특례법 제3조 제1항×
청구	3%		20%	20%	20%
원심	3%		3%	3%	3%(다음날부터 20%)➡위법
대법원	3%		5%	다음날부터 20%	20%
차액			2%	1심 선고일 다음날부터 2심 선고일까지 17%	

6. 확정된 지연손해금(A)에 대한 지연손해금(B)

가. 이행청구시부터 지체책임(B : 이행기 정함 없는 채무)[대법원 2004. 7. 9. 선고 2004다11582 판결, 대법원 2021. 5. 7. 선고 2018다259213 판결] 금전채무의 지연손해금채무는 금전채무의 이행지체로 인한 손해배상채무로서 이행기의 정함이 없는 채무에 해당하므로, 채무자는 확정된 지연손해금채무에 대하여 채권자로부터 이행청구를 받은 때부터 지체책임을 부담하게 된다. 원고들은 이 사건 채권압류 및 추심명령을 신청할 당시 이 사건 정산금 채권 원금과 이에 대하여 2004. 2. 13.부터 2016. 7. 26.까지 발생한 지연손해금을 합산하여 압류 및 추심할 채권으로 특정하였고, 위 채권 전부를 피고1 등에게 청구하는 추심금의 원금으로 삼아 이 사건 소를 제기하였다. 이러한 사정을 위에서 본 법리에 비추어 살펴보면, 이 사건 채권압류 및 추심명령 신청 당시 압류 및 추심할 채권으로 표시된 이 사건 정산금 채권의 지연손해금 부분은 확정된 지연손해금채무로 볼 수 있으므로 피고1 등은 원고들로부터 추심금에 대한 이행청구를 받은 때부터 지체책임을 부담하게 된다. → 채권압류 및 추심명령의 대상이 된 채권 전부에 대하여 이 사건 소장 송달일 다음 날부터 지연손해금이 발생

나. 원금에 대한 확정지연손해금원금과는 별개의 소송물에 대하여도 이행청구를 받은 다음 날부터 별도의 지연손해금원금채권이나 확정지연손해금과는 별개의 소송물 발생[대법원 2022. 4. 14. 선고 2020다268760 판결]

[대법원 2022. 4. 14. 선고 2020다268760 판결] 확정지연손해금에 대한 지연손해금 인정

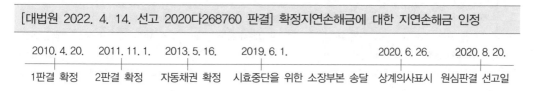

2010. 4. 20.	2011. 11. 1.	2013. 5. 16.	2019. 6. 1.	2020. 6. 26.	2020. 8. 20.
1판결 확정	2판결 확정	자동채권 확정	시효중단을 위한 소장부본 송달	상계의사표시	원심판결 선고일

➡️원고 : 판결금채권의 시효중단을 위한 소제기와 함께 지연손해금청구 + 피고와 재단법인인 교회가 일체인 한 법인이라는 확인청구

1. 확인청구 : 각하원고가 이 사건에서 피고를 상대로 피고와 위 재단법인이 일체인 한 법인임을 확인하는 내용의 판결을 받는다 하더라도, 그 기판력이 위 재단법인에는 미치지 않아 그 판결을 근거로 위 재단법인에 대하여 원고의 피고에 대한 이 사건 손해배상채권을 가지고 강제집행을 한다거나 위 재단법인의 원고에 대한 채권을 상계한다고 주장할 수 없으므로 피고를 상대로 위 확인판결을 받는 것이 원고가 그에 관한 권리 또는 법률상 지위에 현존하는 불안·위험을 제거하는 가장 유효적절한 수단이라고 보기 어렵다.[서울고등법원 2020. 8. 20. 선고 2020나2004216 판결]

2. 이행청구

[1판결]

■ 원금 : 2,000만 원

■ 지연손해금 : 2004. 11. 2.부터 2009. 6. 25.까지 연 5%, 그 다음 날부터 다 갚는 날까지 연 20%

■ 1판결 채권의 이행기 : 2004. 10. 29.(불법행위일)

■ 상계적상일까지의 지연손해금 : 16,942,364원[= 2008. 2. 7.자 잔존 지연손해금 2,638원{ = 원고가 피고 등을 상대로 한 별소(청구이의의 소)에서 상계주장에 의하여 2008. 2. 6.까지 소멸하고 남은 금액 + 2008. 2. 8.부터 2009. 6. 25.까지의 지연손해금 1,378,082원{ = 20,000,000원 × (1 + 138/365) × 0.05] + 2009. 6. 26.부터 2013. 5. 16.까지의 지연손해금 15,561,644원{ = 20,000,000원 × (3 + 325/365) × 0.2}]

[2판결]

■ 원금 : 1,700만 원

■ 지연손해금 : 700만 원에 대하여 2008. 5. 20.부터, 1,000만 원에 대하여 2008. 7. 18.부터 각 2011. 1. 12.까지 연 5%, 그 다음 날부터 다 갚는 날까지 연 20%

■ 2판결 채권의 이행기 : 2008. 7. 18.(불법행위일)

⬅️피고 : 소송비용액채권으로 상계

■ 자동채권 : 2013. 5. 16. 피고의 원고에 대한 소송비용액채권 3,763,255원 확정

■ 상계적상의 도래 : 2013. 5. 16.

■ 상계충당 : 피고는 원금에 충당하였으나 원고가 이에 이의 ➡️상계충당의 문제 발생

■ [원심] : 피고는 원고에게 이 사건 제1판결의 2019. 5. 31.까지의 원리금 57,344,043원(= 원금 20,000,000원 + 2013. 5. 16.까지의 지연손해금 중 상계 후 잔존액 13,179,109원 + 2013. 5. 17.부터 2019. 5. 31.까지의 지연손해금 24,164,934원[= 20,000,000원 × (6 + 15/366) × 0.2]과 이 사건 제2판결의 2019. 5. 31.까지 원리금 중 원고가 구하는 47,648,664원의 합계 104,992,707원과 그중 원금 37,000,000원(= 제1판결의 원금채권 20,000,000원 + 제2판결의 원금채권 17,000,000원)에 대하여 2019. 6. 1.부터 다 갚는 날까지 연 20%의 비율로 계산한 지연손해금을 지급할 의무➡️원고만 항소하였음에도 1심 판결보다 원고에게 불리한 결론이나 민사소송법 제415조 단서에 의하여 가능

⇔ [대법원] : 원금뿐만 아니라 확정지연손해금에 대하여도 신소에 적용되는 법정이율에 의하여 지연손해금 지급의무 인정 피고는 원고에게 104,992,707원과 그중 원금 37,000,000원에 대하여는 이 사건 소장 부본 송달 다음 날인 2019. 6. 1.부터 다 갚는 날까지 제1, 2판결에서 정한 연 20%, 확정 지연손해금 67,992,707원에 대하여는 이 사건 소장 부본 송달 다음 날인 2019. 6. 1.부터 피고가 그 이행의무의 존재 여부나 범위에 관하여 항쟁하는 것이 타당하다고 인정되는 원심판결 선고일인 2020. 8. 20.까지 민법이 정한 연 5%, 그다음 날부터 다 갚는 날까지 「소송촉진 등에 관한 특례법」이 정한 연 12%의 각 비율로 계산한 지연손해금을 지급할 의무가 있다.

다. 소송촉진 등에 관한 특례법 적용의 배제

(1) **원래의 채무를 이행하여 지연손해금만 남은 경우**[2010다50922] 위 조항이 금전채권자의 소 제기 후에도 상당한 이유 없이 채무를 이행하지 아니하는 채무자에게 지연이자에 관하여 불이익을 가함으로써 채무불이행상태의 유지 및 소송의 불필요한 지연을 막고자 하는 것을 그 중요한 취지로 하는 점에 비추어 보면, 비록 소가 제기된 후라고 하여도 원래의 금전채무를 스스로 이행한 채무자에게 그러한 불이익을 가할 이유는 없다. 나아가 위 법규정은 위와 같이 금전채무불이행자에 대한 '처벌'을 입법 목적의 하나로 한다고 할 것인데, 규범위반자에 대한 처벌 내지 제재는 사법에서 일반적으로 추구되지 아니하는 법목적이어서 이를 보다 신중하게 해석·적용할 필요가 있다. 또한 위 법 제3조의 문언상으로도 '금전채무의 이행을 명하는 판결을 선고할 경우'에 있어서 금전채무불이행으로 인한 손해배상액 산정의 기준이 되는 법정이율에 대하여 정하고 있으므로(또한 같은 조 제2항도 '채무자에게 그 이행의무가 있음을 선언하는 사실심판결이 선고'되는 것을 전제로 하여 규정한다), 지연손해금 발생의 연원이 되는 원본채무가 채무자의 이행으로 소멸하여 그에 관한 이행판결이 선고될 수 없는 이상 위 법규정은 적용될 수 없다.

(2) **지연손해금 발생의 원인이 된 원본에 관하여 이행판결을 선고하지 않는 경우**[대법원 2022. 3. 11. 선고 2021다232331 판결] 소송촉진 등에 관한 특례법의 입법취지와 소송촉진 등에 관한 특례법 제3조의 규정에 비추어 볼 때 금전채무 원본의 이행청구가 소송물일 때 그 이행을 명하면서 동시에 그에 덧붙는 지연손해금에 관하여 적용되는 규정임을 알 수 있다. 그러므로 지연손해금 발생의 원인이 된 원본에 관하여 이행판결을 선고하지 않는 경우에는 소송촉진법 제3조에 따른 법정이율을 적용할 수 없다. ➡ 원고가 이 사건 양수금 원본에 대하여는 소를 취하(∵ 양수인인 원고는 전소판결의 기판력에 의하여 원본에 대하여는 권리보호이익이 없고, 양도인이 피고를 상대로 한 확정판결에 대하여 승계집행문을 부여받아 피고를 상대로 강제집행을 할 수 있으므로 소취하)하고 그에 대한 지연손해금만 청구하는 이상 소송촉진법 제3조에 따른 법정이율을 적용할 수 없다.

7. 계약의 해제·해지와 채무불이행으로 인한 전보배상에 관한 손해배상액 예정의 관계[대법원 2022. 4. 14. 선고 2019다292736, 292743 판결] [사실관계] : 원고(반소피고) 회사가 피고(반소원고) 회사에 자신이 주최하는 공연의 티켓을 판매하고 피고 회사가 소비자에게 위 티켓을 다시 판매하는 계약을 체결하면서, '공연이 취소된 경우, 원고 회사는 피고 회사에 판매대금 전액을 지급해야 하며, 피고 회사의 귀책으로 계약이 이행되지 않을 경우 구매대금은 반환하지 않는다.'는 조항을 두었는데, 피고 회사가 원고 회사에 계약상 의무 불이행을 이유로 계약의 해제를 통보하고, 이를 전제로 원상회복과 손해배상을 구하여 원고 회사의 채무 불이행이 인정됨

가. 원칙 : 손해배상예정은 실효되지 않음민법 제398조 제1항, 제3항, 제551조의 문언·내용과 계약당사자의 일반적인 의사 등을 고려하면, 계약당사자가 채무불이행으로 인한 전보배상에 관하여 손해배상액을 예정한 경우에 채권자가 채무불이행을 이유로 계약을 해제하거나 해지하더라도 원칙적으로 손해배상액의 예정은 실효되지 않고, 전보배상에 관하여 특별한 사정이 없는 한 손해배상액의 예정에 따라 배상액을 정해야 한다. ⇔ [원심] 피고는 이 사건 공연 7회분의 취소에 대하여 이 사건 조항에서 정한 바에 따라 7회분 구매대금을 손해배상으로 청구하지만, 이 사건 계약은 적법하게 해제되었으므로, 이 사건 계약으로부터 발생하였던 법률효과는 해제에

의하여 소급적으로 소멸되었다고 봄이 타당하다. 따라서 위와 같이 소급적으로 소멸된 이 사건 조항에 기한 손해배상청구는 이유 없다.

나. 예외 : 실효 다만 위와 같은 손해배상액의 예정이 계약의 유지를 전제로 정해진 약정이라는 등의 사정이 있는 경우에 채무불이행을 이유로 계약을 해제하거나 해지하면 손해배상액의 예정도 실효될 수 있다. 이때 손해배상액의 예정이 실효된다고 볼 특별한 사정이 있는지는 약정 내용, 약정이 이루어지게 된 동기와 경위, 당사자가 이로써 달성하려는 목적, 거래의 관행 등을 종합적으로 고려하여 당사자의 의사를 합리적으로 해석하여 판단해야 한다. ➡ 이 사건 계약에서 정한 약정 내용과 체계, 이 사건 조항의 내용과 당사자들이 이 사건 조항을 통해 달성하려는 목적 등에 비추어 보면 원고와 피고는 이 사건 공연이 취소될 경우 이를 이유로 이 사건 계약이 해제될 수 있음을 인식하였다고 볼 수 있으므로, 이와 같은 상황에서 이 사건 공연이 취소될 경우를 대비하여 둔 이 사건 조항이 계약의 유지를 전제로 한 것이라고 단정할 수 없다.

8. 사례연습

사법연수원 판결 주문 사례연습 5

Ⅰ. 사실관계

- 매수인 김오석은 2014. 9. 1. 매도인 김오순으로부터 그 소유의 대지 및 주택(①부동산)을 3억 원에 매수하기로 하면서, 계약금 5,000만 원은 계약 당일, 중도금 1억 5,000만 원은 2014. 10. 1. 지급함과 동시에 ①부동산을 인도받고, 잔금 1억 원은 2014. 11. 1. 이전등기에 필요한 서류를 교부받음과 동시에 지급하기로 함
- 김오석은 계약금과 중도금을 지급기일에 모두 지급하고, 중도금 지급기일에 ①부동산을 인도받아 그 날부터 거주하고 있었는데 그 후 잔금지급기일에 김오순이 대금인상을 요구하면서 소유권이전을 거부하였고, 그 후 몇 차례의 이행최고에도 불구하고 김오순이 그 이전등기의무를 불이행하자, 김오석은 2014. 11. 30. 위 매매계약을 해제함
- 한편 이 사건 ②부동산은 김오석이 1/3, 김오철이 2/3 지분 비율로 공유하고 있었는데, 김오철은 김오석과 상의 없이 2014. 10. 1. 갑에게 ②부동산을 월 차임 150만 원, 임대차기간 2014.10.1.부터 2년간으로 하여 임대하여 주었고, 갑은 계약 당일 이사하여 거주하고 있음
- 김오석은 2015. 9. 3. ㉮김오순을 상대로 계약금 및 중도금 합계 2억 원 및 그중 5,000만 원에 대하여는 그 지급일인 2014.9.1.부터, 1억 5,000만 원에 대하여는 그 지급일인 2014.10.1.부터 각 소장부본 송달일까지는 민법에서 정한 연 5%의, 그 다음날부터 다 갚는 날까지는 소송촉진 등에 관한 특례법에서 정한 연 20%의 각 비율로 계산한 이자 또는 지연손해금을 지급하라. ㉯갑을 상대로 이 사건 ②부동산을 인도하고, 2014.10.1.부터 그 인도 완료일까지 월 150만 원의 비율로 계산한 차임 상당 부당이득금을 지급하라는 소를 병합하여 제기
- 김오순은 위 소송 계속 중이던 2015.12.12. 김오석은 이 사건 ①부동산을 인도하고, 2014.10.1.부터 그 인도 완료일까지 월 200만 원의 비율로 계산한 차임 상당 부당이득금을 지급하라는 반소를 제기
- 소장부본 송달일은 2015.9.16., 반소장 부본 송달일은 2015.12.23., 변론종결일은 2016.4.23., 판결선고일은 2016.5.14.

Ⅱ. 주문

1. 피고(반소원고) 김오순은, 원고(반소피고)로부터 별지 제1목록 기재 각 부동산을 인도받고, 2014. 10. 1.부터 위 각 부동산의 인도 완료일까지 월 2,000,000원의 비율로 계산한 돈을 지급받음과 동시에, 원고(반소피고)에게 200,000,000원 및 그중 50,000,000원에 대하여는 2014. 9. 1.부터, 150,000,000원에 대하여는 2014. 10. 1.부터 각 다 갚는 날까지 연 5%의 비율로 계산한 돈을 지급하라.

➡ 매수인 김오석   →   매도인 김오순

계약금 5,000만 원＋2014.9.1.~다 갚는 날까지 연 5% 지연손해금 : [매도인의 원상회복의무] → 매수인의 의무와 동시이행관계 → 존재효과, 이행제공× → 이행지체×

중도금 1.5억 원＋2014.10.1.~다 갚는 날까지 연 5%의 지연손해금 : [매도인의 원상회복의무] → 매수인의 의무와 동시이행관계 → 존재효과, 이행제공× → 이행지체×

←

[매수인의 원상회복의무] 인도＋2014.10.1.부터 인도완료일까지 월 200만 원 : 매도인의 의무와 동시이행관계 → 존재효과, 이행제공×→이행지체×

➡ 소송촉진 등에 관한 특례법상 이율청구를 위해서는 자기채무의 이행·이행제공 필요(상대방의 이행지체)

2. 원고(반소피고)는, 피고(반소원고)로부터 200,000,000원 및 그중 50,000,000원에 대하여는 2014. 9. 1.부터, 150,000,000원에 대하여는 2014. 10. 1.부터 각 다 갚는 날까지 연 5%의 비율료 계산한 돈을 지급받음과 동시에, 피고(반소원고) 김오순에게 제1항 기재 각 부동산을 인도하고, 2014. 10. 1.부터 그 위 각 부동산의 인도 완료일까지 월 2,000,000원의 비율로 계산한 돈을 지급하라.

3. 원고(반소피고)의 피고(반소원고)에 대한 나머지 본소청구와 피고 갑에 대한 청구 및 피고(반소원고)의 나머지 반소청구를 각 기각한다.

Ⅳ. 손해배상 : 이행이익(거절, 불능당시 시가 – 매매대금), 신뢰이익(〈이행이익)

1. 성질 : 채무불이행[대법원 1983. 5. 24. 선고 82다카1667 판결]

▶ 귀책사유 부존재 항변 : 약정해제권의 경우에도 마찬가지[대법원 2016. 4. 15. 선고 2015다59115 판결]

▶ 귀책사유와 무관하게 손해배상책임을 부담하기로 한 특별한 사정2015다59115

2. 범위

가. 이행이익 : 계약이 이행되었더라면 얻었을 이익[대법원 2007. 1. 25. 선고 2004다51825 판결] 제대로 이행되었을 경우 예상판매량 및 판매이익률에 따른 일실이익

나. 신뢰이익 : 계약이 이행될 것으로 믿고 지출한 비용[2004다51825] 이행될 것으로 믿고 지출

한 판매 및 관리비용, [2002다2539] 채권입찰제 분양아파트분양(주택채권매입이 필수)에서 주택채권 매입가와 매각대금의 차액(신뢰이익 + 통상손해)

2-1. 이행이익 〈 신뢰이익 : 계약 당시부터 해제시까지 목적물의 가액변동이 없는 경우 이행이익 부존재 → 신뢰이익 청구도 불가[대법원 2002. 6. 11. 선고 2002다2539 판결]

다. 손해배상의 범위

(1) 원상회복과 손해배상의 관계 : 별개(제551조)

㈎ 이미 지급한 매매대금(계약금, 중도금) : 원상회복으로 반환

㈏ 실제 손해(시가 - 매매대금) : 손해배상매수인 청구

(2) 매수인의 금전지급청구 방법[2016. 제5회 변호사시험]

㈎ 채무불이행(전보배상) : 이행불능 당시의 시가 기준

㈏ 대상청구

㈐ 불법행위 : 매매대금

㈑ 부당이득

㈒ 채권자대위 : 채무자의 제3채무자에 대한 채권 존재시(부당이득, 불법행위)

Ⅴ. 강제이행(이전등기청구) : 매매계약체결사실(이행기 도래 불필요)

제4절 합의해제에 기한 청구

Ⅰ. 합의해제의 성립요건

1. 청약과 승낙에 의한 성립 : 해제에 관한 의사뿐만 아니라 원상회복에 관한 내용까지 객관적으로 합치 필요[20][대법원 2021. 2. 10. 선고 2020다271315 판결] 당사자 사이의 합의로 성립한 계약을 합의해제하기 위하여서는 계약이 성립하는 경우와 마찬가지로 기존 계약의 효력을 소멸시키기로 하는 내용의 해제계약의 청약과 승낙이라는 서로 대립하는 의사표시가 합치될 것을 그 요건으로 하며, 이러한 합의가 성립하기 위하여는 쌍방 당사자의 표시행위에 나타난 의사의 내용이 서로 객관적으로 일치하여야 한다.

---

20) [서울중앙지방법원 2016. 6. 17. 선고 2015가합571818 판결] 원고와 피고들 모두 당시 이 사건 매매계약을 실현할 의사가 없었다고 볼 수는 있으나, 원고와 피고들이 이 사건 매매계약의 해제원인 및 해제로 인한 피고들의 원상회복의무에 관하여 상반된 의사를 가지고 있는 사실이 인정되므로, 이 사건 매매계약의 해제에 관한 원고와 피고들 사이의 의사가 객관적으로 합치하여 위 매매계약이 합의해제되었다고 볼 수 없고, 달리 이를 인정할 증거가 없다. 따라서 이 사건 매매계약이 2013. 9.경 이미 합의해제되었음을 전제로 하는 피고 김창선의 위 주장은 나머지 점에 관하여 더 나아가 살필 필요 없이 이유 없다.

2. 묵시적 합의해제 : 일부 이행된 경우 이미 이행된 부분에 관한 원상회복 및 손해배상에 관한 약정 필요[2020다271315] 계약의 합의해제는 묵시적으로 이루어질 수도 있으나, 계약이 묵시적으로 합의해제되었다고 하려면 계약의 성립 후에 당사자 쌍방의 계약실현의사의 결여 또는 포기로 인하여 당사자 쌍방의 계약을 실현하지 아니할 의사가 일치되어야 한다. 한편 당사자 사이에 계약을 종료시킬 의사가 일치되었더라도 계약이 일부 이행된 경우에는 이미 이행된 부분에 관한 원상회복 및 손해배상에 관하여 아무런 약정 없이 계약을 종료시키는 합의만 하는 것은 경험칙에 비추어 이례적이고, 이 경우 합의해제가 성립하였다고 보기 어렵다.

Ⅱ. 합의해지 : 전세금 반환 + 지연손해금 청구

1. 법정해제 규정 적용 여부 : 합의해지에는 제548조 제2항 부적용 : 받은 날로부터의 이자지급의무 부정

2. 동시이행항변원고가 이행제공 없이 해제했다는 항변 : **불가**[대법원 1991. 7. 12. 선고 90다8343 판결] 계약의 합의해제에 있어서는 쌍방의 자기 채무의 이행제공이 없이도 합의에 의하여 해제를 할 수 있음은 계약자유의 원칙상 당연하고, 묵시적 합의해제의 경우에도 마찬가지라고 할 것이므로, 부동산매도인(피고)의 묵시적 합의해제 주장에 대하여 원심이 피고가 자기 채무를 이행제공하였는가에 관하여 아무런 주장입증이 없다는 이유로 이를 배척한 것은 묵시적 합의해제에 관한 법리를 오해한 잘못이 있다.

▶ 전세권말소등기의무 이행·이행제공 : 지연손해금 청구 가능[대법원 2003. 1. 24. 선고 2000다5336, 5343 판결] 전세금 반환의무는 기한의 정함 없는 채무

Ⅲ. 손해배상청구

1 원칙 : 불가

2. 예외

가. 손해배상 특약, 손해배상청구 유보 의사표시[대법원 2021. 3. 25. 선고 2020다285048 판결] 계약이 합의에 따라 해제되거나 해지된 경우에는 특별한 사정이 없는 한 채무불이행으로 인한 손해배상을 청구할 수 없으나, 상대방에게 손해배상을 하기로 특약하거나 손해배상 청구를 유보하는 의사표시가 있으면 그러한 특약이나 의사에 따라 손해배상을 하여야 한다. 그와 같은 손해배상의 특약이 있었다거나 손해배상 청구를 유보하였다는 점은 이를 주장하는 당사자가 증명할 책임이 있다.

나. 원래의 계약에 있는 위약금이나 손해배상에 관한 약정 : 합의해제·해지의 경우에는 부적용, 적용된다는 특별한 사정에 대하여 주장자피고 : 손해배상채권으로 상계 주장의 증명 필요[2020다285048] 이 사건 사업인수계약의 내용, 그 이행과 해제에 이르게 된 과정, 선행 소송의 확정판결 내용 등을 종합하면, 위 사업인수계약은 피고들이 약정해제권 또는 법정해제권을 일방적으로 행사함에 따라

해제된 것이 아니라 원심이 인정한 것과 같이 원고 등과 피고들의 합의로 해제되었다고 볼 수 있다. 이러한 사정을 위에서 본 법리에 비추어 보면, 피고들이 원고 등을 상대로 채무불이행에 따른 손해배상청구를 하기 위해서는 합의해제에도 불구하고 상대방에게 손해배상을 하기로 특약을 하거나 손해배상의 청구를 유보하는 등의 특별한 사정이 있다는 것을 피고들이 증명하여야 한다. ➡ 원심판결에는 이러한 손해배상의 특약이 있었다거나 손해배상 청구를 유보하였다는 특별한 사정에 관하여 아무런 판단이 없다. 기록에 따르면, 이 사건 사업인수계약 제5조에서 '잔금 지급 시까지 문제가 발생하여 피해가 발생할 경우 이 사건 사업인수계약을 해제하고, 원인제공자는 계약상 대방에게 이에 상응하는 손해배상금조로 매매대금의 10%의 해약금을 지급하기로 한다.'고 정하고 있다. 그러나 합의해제 당시를 기준으로 판단할 때 위 조항은 일반적인 채무불이행 상황에 대한 위약금 약정으로서 합의해제의 경우에 적용되는 손해배상 특약으로 확대해석할 수는 없다.

Ⅳ. 합의해제(재계약) 의무 불이행을 이유로 해제 + (원계약에 기한) 이전등기 청구 : 불가[대법원 1992. 8. 18. 선고 92다6266 판결] 합의해제에 의하여 원계약은 소멸

Ⅴ. 합의해제의 취소 가능[대법원 1979. 10. 10. 선고 79다1457 판결] 당해 사안에서는 취소 주장 배척

제5절 담보책임 해제

Ⅰ. 제570조

1. 타인권리 매매 : 권리의 존재 + 타인귀속 + 취득·이전 불가(취득불능, 권리추탈)
2. 매수인 선악 불문, 매도인 귀책 불문, 이행최고 불필요

Ⅱ. 제571조

1. 권리의 전부 이전 불가

1-1. 동시이행항변 : 손해배상매도인 vs 사용이익반환매수인 : 하나의 쌍무계약에서 발생한 것은 아닐지라도, 동일한 생활관계에서 발생한 것으로 서로 밀접한 관계에 있어 그 이행에 견련관계를 인정함이 공평의 원칙에 부합

Ⅲ. 제572조

1. 계약의 일부이행불능 : 나머지 부분만으로 목적달성 불능시 계약전부 해제 가능[대

법원 1987. 7. 7. 선고 86다카2943 판결]

2. 전보배상액 : 불능 확정시 목적물 전체시가를 표준으로 결정[대법원 1987. 7. 7. 선고 86다카2943 판결]

Ⅳ. 제574조

1. 부당이득, 계약체결상과실책임과의 관계 : 실제면적 〈 계약면적에 미달 → 수량지정 매매인 경우에 한하여 대금감액청구(574, 572), 부당이득 · 계약체결상과실책임 주장 불가[대법원 2002. 4. 9. 선고 99다47396 판결]

2. 요건

가. 수량지정매매 : 특정물이 일정한 수량 + 매매대금도 그 수량을 기준 ➡ 특정 면적에 주안

나. 매수인 선의

Ⅴ. 제575조(제한물권 존재)

■매수인 선의 + 계약목적달성 불가

Ⅴ-1. 제척기간 : 안 날 ~ 1년

Ⅵ. 제576조(저당권, 전세권 행사)

1. 저당권, 전세권 실행

2. 매수인 소유권취득불가 · 소유권 상실

Ⅶ. 제578조(경매)

1. 요건

가. 공경매의 유효

■경매무효 : 경락인 → 부당이득청구[대법원 2004. 6. 24. 선고 2003다59259 판결] 채무자 앞으로의 이전등

기가 원인무효(타인소유 부동산에 대한 경매), 92다15574 동일성 없는 신건물에 대한 경매, 민법 제578조 제1항, 제2항은 매매의 일종인 경매에 있어서 그 목적물의 하자로 인하여 경락인이 경락의 목적인 재산권을 완전히 취득할 수 없을 때에 매매의 경우에 준하여 매도인의 위치에 있는 경매의 채무자나 채권자에게 담보책임을 부담시켜 경락인을 보호하기 위한 규정으로서 그 담보책임은 매매의 경우와 마찬가지로 경매절차는 유효하게 이루어졌으나 경매의 목적이 된 권리의 전부 또는 일부가 타인에게 속하는 등의 하자로 경락인이 완전한 소유권을 취득할 수 없거나 이를 잃게 되는 경우에 인정되는 것이고 경매절차 자체가 무효인 경우에는 경매의 채무자나 채권자의 담보책임은 인정될 여지가 없다. 원심이 같은 취지에서 피고의 주장, 즉 원고는 민법 제578조의 규정에 따라 경매채무자인 소외 2와의 사이에서 매매의 해제나 대금감액 등의 청구를 거쳐 그 대금의 반환을 청구할 수 있을 뿐 배당채권자인 피고에게 그가 받은 배당금을 부당이득금이라 하여 그 반환을 구할 수 없다는 주장을 배척한 것은 정당하고 거기에 소론과 같은 매도인의 하자담보책임에 관한 법리오해의 위법이 있다고 할 수 없다.

나. 권리의 하자

2. 물건·권리 흠결에 대한 채무자의 불고지, 채권자의 악의 경매청구(제578조 제3항)

가. 가등기 → 경락 + 대금완납 → 본등기

(1) 배당 전 : 제578조, 제576조 유추 → 집행법원에 경매에 의한 매매계약 해제 + 낙찰대금 반환청구

(2) 배당 후 : 별소에 의하여 채무자 또는 채권자를 상대로 추급[대법원 1997. 11. 11.자 96그64 결정]

나. [비교] 국세체납에 의한 공매절차에서 매수인원고이 소유권을 취득하지 못하던 중 가압류채권에 의한 민사집행절차가 진행되어 대항할 수 없게 된 경우 : 나머지 채권자들피고에 대하여 제578조, 제576조에 의한 해제 + 부당이득청구 불가[대법원 2014. 2. 13. 선고 2012다45207 판결] 농지법상 농지에 관한 공매절차에서 매각결정과 대금납부가 이루어졌다고 하더라도 매수인은 농지법에서 정한 농지취득자격증명을 발급받지 못하는 이상 소유권을 취득할 수 없고, 공매대상 농지의 원소유자가 여전히 농지의 소유자이므로, 공매절차의 매수인이 위와 같은 사유로 소유권을 취득하지 못하던 중 원소유자에 대한 가압류채권에 근거한 민사집행절차에서 농지를 매수한 매수인이 농지취득자격증명을 발급받고 대금을 완납한 때에는 적법하게 농지의 소유권을 취득하고, 공매절차의 매수인은 소유권을 취득할 수 없게 된다. 그러나 이러한 결론은 공매절차의 매수인이 가압류의 처분금지적 효력에 의하여 민사집행절차의 매수인에게 대항할 수 없어 발생하는 것이 아니라, 국세체납절차와 민사집행절차가 별개의 절차로 진행된 결과일 뿐이므로, 공매절차의 매각결정 당시 이미 존재하였던 원인에 의하여 후발적으로 소유권을 취득할 수 없게 되는 경우에 해당하지 아니하고, 이러한 경우에까지 민법 제578조, 제576조가 준용된다고 볼 수는 없다.

Ⅷ. 제580조(하자담보책임)

1. 요건

가. 특정물의 하자 : 계약 성립시 기준

가-1. 제척기간 : 안 날 ~ 6월

나. 매수인의 선의·무과실

2. 효과 : 제109조 착오취소와 경합[대법원 2018. 9. 13. 선고 2015다78703 판결]

제4장 법정채권

제1절 사무관리

Ⅰ. 사무관리자 → 본인

1. 비용상환청구(제739조 제1항, 제739조 제2항, 제688조 제2항), 구상금 청구[대법원 1997. 10. 10. 선고 97다26326 판결] 원고 : 소외2를 위하여 대신 합의 + 소외1에게 지급

1-1. 타인본인, 피고의 사무가 아님

■ 생부피고가 혼인외 출생자를 인지하거나 혼인하지 않은 경우 : 생부에 대한 사무관리, 부당이득 불성립[대법원 1981. 5. 26. 선고 80다2515 판결] 피고가 동 혼인외 출생자를 인지하거나 부모의 결혼으로 그 혼인중의 출생자로 간주되지 않는 한 실부인 피고는 동 혼인외 출생자를 부양할 법률상 의무는 없으므로 피고가 원고의 위 행위로 인하여 부당이득을 하였다거나 원고가 피고의 사무를 관리하였다고 볼 수 없다.

1-2. 의무 없이 타인피고의 사무처리를 한 것이 아닌 경우 : 제3자와의 약정에 의해 타인의 사무 처리 → 사무관리 부정[대법원 2013. 9. 26. 선고 2012다43539 판결] 소외6, 7과의 약정에 따라 근저당권 피담보채무 변제 → 의무 없이 피고의 사무를 처리한 것이 아님, [민법판례연구Ⅲ 439] 사적자치의 원칙에 따라 제3자와의 약정에서 정한 바에 따라 처리, 제3자와의 약정에 의한 '자신의 채무이행'은 타인의 사무처리가 아님

1-3. 타인(본인)을 위한 의사 부정

▶ 타인을 위한 의사 : 관리자 자신의 이익을 위한 의사와 병존 가능, 외부적 표시 불필요, 사무관리 당시에 확정될 필요 없음[대법원 2013. 8. 22. 선고 2013다30882 판결] 채무자 외의 공동상속인피고들에 대한 공동상속등기 비용상환청구(공동상속 : 상속인 전원에 대하여 상속으로 인한 소유권이전등기신

청 필요)

▶ **본인과 사이에 약정 급부 완료 후 별도의 계약이 체결될 것을 기대하고 사무처리한 경우**[대법원 2010. 1. 14. 선고 2007다55477 판결] 사무관리가 성립하기 위해서는 관리자가 법적인 의무 없이 타인의 사무를 관리해야 하는바, 관리자가 처리한 사무의 내용이 관리자와 제3자 사이에 체결된 계약상의 급부와 그 성질이 동일하다고 하더라도, 관리자가 위 계약상 약정된 급부를 모두 이행한 후 본인과의 사이에 별도의 계약이 체결될 것을 기대하고 사무를 처리하였다면 그 사무는 위 약정된 의무의 범위를 벗어나 이루어진 것으로서 법률상 의무 없이 사무를 처리한 것이며, 이 경우 특별한 사정이 없는 한 그 사무처리로 인한 사실상의 이익을 본인에게 귀속시키려는 의사, 즉 타인을 위하여 사무를 처리하는 의사가 있다고 봄이 상당하다.

1-4. 관리계속이 본인의 의사에 반하거나 불리함이 명백(제737조 단서)

■ 본인이 직접 관리하겠다는 의사가 외부적으로 표시[대법원 1975. 4. 8. 선고 75다254 판결]

■ 허가실효 후 매립공사 완료[대법원 1981. 10. 24. 선고 81다563 판결]

2. 손해보상청구(제740조)

▶ 과실 존재

3. 보수지급청구(인건비)

가. 원칙 : 불가

나. 예외 : 직업 · 영업의 일환으로 제공한 용역 → 통상의 보수에 상응하는 금액[위 2007다55477 판결]

4. 오신사무관리타인사무를 자기사무로 오신에 기한 비용상환청구

4-1. 타인을 위한 의사 부정, 유익비 상환청구만 가능(제203조 제2항)

Ⅱ. 사무관리자 → 제3자[대법원 2013. 6. 27. 선고 2011다17106 판결]

1. 제3자에 대한 부당이득반환청구원고 : 대한민국과의 계약기간이 만료되었음에도 용역제공 → 피고 : 대한민국에 대한 용역제공의무를 면하는 이익 부정(∵ 피고는 여전히 의무부담)

2. 본인대한민국에게 사무관리(제739조)에 의한 청구만 청구

Ⅲ. 본인 → 관리자

1. 손해배상청구(제734조 제1, 3항)

1-1. 관리행위가 공공복리에 적합(제734조 제3항 단서), 긴급사무관리(제735조)

▸ 고의, 중과실

1-2. 손해배상 범위(통상손해) : **수리가능시 수리비**수리가 완성되면 교환가치가 온전히 회복된다고 전제, **불가시 훼손 당시 교환가치(시가)**[대법원 1992. 2. 11. 선고 91다28719 판결, 대법원 1995. 9. 29. 선고 94다13008 판결]

2. **취득권리 이전청구(제738조, 제684조)** ➡ 준사무관리 인정 여부인정시 전부 반환청구 가능, 부정시 부당이득 · 불법행위 손해배상청구 → 손해의 범위 내에서만 가능

가. 불법사무관리자에 대하여 처분대가 전액 청구 : 불가타인을 위한 의사 부정

나. 부당이득으로 시가상당 손해만 청구 가능

3. **부당이득반환청구**[대법원 2010. 6. 10. 선고 2009다98669 판결] 원고 조합이 지급한 수수료 반환청구, **손해배상청구**[대법원 1995. 9. 15. 선고 94다59943 판결], **이전등기말소청구**[대법원 1975. 4. 8. 선고 75다254 판결]

3-1. 사무관리 항변[대법원 2010. 6. 10. 선고 2009다98669 판결] 피고의 행위로 원고도 법률적 효과와 경제적 이익 향유[21]

▸ 관리계속이 본인의 의사에 반하거나 불리함이 명백(제737조 단서) : 직접 관리하겠다는 의사가 외부적으로 표시[대법원 1975. 4. 8. 선고 75다254 판결] 본인(원고)이 관리자(피고)에게 대상 부동산의 소유권이전등기를 요구한 경우

3-2. 사무관리 부정 : **피고의 행위**예금관리 · 인출**는 원고의 사무가 아니므로 피고에게 관리의사 부정 → 손해배상책임 부정**[대법원 1995. 9. 15. 선고 94다59943 판결]

---

21) 원심으로서는 원고 조합이 피고에게 해지 통고서를 보냄으로써 사무관리를 종료할 의사를 명백히 한 시점까지 피고가 처리해 온 조합 사무의 내용, 피고가 조합 사무를 처리한 한도 내에서 원고 조합에 대하여 가지는 필요비 또는 유익비 상환청구권의 범위, 상인인 피고가 영업의 일환으로 조합 사무를 처리함으로써 필요비 내지 유익비로 청구할 수 있는 통상의 보수 수준은 어느 정도인지, 원고 조합의 주장과 같이 피고가 조합업무 처리 과정에서 그 의무를 위반하여 원고 조합에게 손해를 가함으로써 손해배상책임을 부담하는지 여부 등에 관한 심리를 거쳐 피고가 원고 조합으로부터 이미 지급받은 조합업무대행 수수료를 반환하여야 하는지 여부 및 그 반환 범위에 관하여 판단하였어야 한다.

제2절 부당이득

Ⅰ. 취지 : 형식적으로 정당하더라도 실질적으로는 부당한 재산 이동으로부터 발생하는 모순을 정정하는 형평적 구제수단

Ⅱ. 불법행위 손해배상청구와의 관계

1. 청구권 경합관계 : 불법행위를 청구할 때는 부당이득도 같이 검토[대법원 2013. 9. 13. 선고 2013다45457 판결] 부당이득반환청구권과 불법행위로 인한 손해배상청구권은 서로 실체법상 별개의 청구권으로 존재하고 그 각 청구권에 기초하여 이행을 구하는 소는 소송법적으로도 소송물을 달리하므로, 채권자로서는 어느 하나의 청구권에 관한 소를 제기하여 승소 확정판결을 받았다고 하더라도 아직 채권의 만족을 얻지 못한 경우에는 다른 나머지 청구권에 관한 이행판결을 얻기 위하여 그에 관한 이행의 소를 제기할 수 있다. 그리고 채권자가 먼저 부당이득반환청구의 소를 제기하였을 경우 특별한 사정이 없는 한 손해 전부에 대하여 승소판결을 얻을 수 있었을 것임에도 우연히 손해배상청구의 소를 먼저 제기하는 바람에 과실상계 또는 공평의 원칙에 기한 책임제한 등의 법리에 따라 그 승소액이 제한되었다고 하여 그로써 제한된 금액에 대한 부당이득반환청구권의 행사가 허용되지 않는 것도 아니다.

2. 채무자 변제의 효력 : 부당이득반환채무를 변제하였다면 그와 경합관계에 있는 손해배상채무도 소멸[대법원 2021. 6. 10. 선고 2019다226005 판결]

3. 계약상 면책 약관의 효력 : 명시적·묵시적으로 불법행위를 원인으로 하는 손해배상청구에까지 적용하기로 하는 약정이 없는 이상 불법행위책임에는 적용 배제[대법원 2021. 6. 10. 선고 2019다226005 판결]

Ⅲ. 부당이득 사례구조

부당이득 사례구조

1. 제741조 청구
◀요건 부정
◀반환범위, 공제 항변

2. 제741조 청구
◀협의 비채변제 : 알고 변제(제742조)채무부존재확인 소송 제기 중 채무변제[대법원 1980. 11. 11. 선고 80다71 판결]
▸ 채무 없음을 알지 못하고 변제 : 과실이 있더라도 청구 가능[대법원 1998. 11. 13. 선고 97다58453 판결]
▸ 채무 없음을 알았더라도 자유로운 의사에 반하여 변제[대법원 1997. 7. 25. 선고 97다5541 판결, 대법원 2009. 8. 20. 선고 2009다4022 판결, 대법원 2004. 1. 27. 선고 2003다46451 판결]

3. 제741조 청구

◀도의관념 적합(제744조) : 반환청구 불가 ➡ 변제자(경과실 공무원)는 본래의 의무자(국가)에게 구상권행사 가능

4. 제741조 청구

◀변제기 전 변제(제743조 본문)

▸ 변제기 전 착오 변제(변제기 도래 오신) + 채권자이익(제743조 단서)

▸ 알고 변제 → 기한이익포기 → 수령자 부당이득×

[대법원 1991. 8. 13. 선고 91다6856 판결, 대법원 2005. 7. 8. 선고 2003다40798, 40804 판결]

　▸ 원고(근로자) 퇴직금 청구

　▸ 중간퇴직금(부당이득) 공제 항변 : 변제기 전의 변제로 채권자 이익(제743조 단서)

　▸ 착오에 의한 변제×, 중간퇴직처리의 무효를 알면서 변제 → 변제기 전의 퇴직금에 대한 기한의 이익 포기 → 원고 부당이득× → 공제×

5. 제741조 청구(타인채무 모르고 변제)

▸ 알고 변제 : 제3자 변제로 유효 ➡ 변제자 → 채무자에 대여 제734조, 제741조

▸ 모르고 변제 : 채권자 선의훼멸, 담보포기, 시효완성(제745조 제1항) ➡ 변제자 → 채무자에 대하여 구상권(제745조 제2항)

6. 제741조 청구

◀불법원인급여(제746조 본문)

▸ 종국적 급여 부정(근저당권설정) → 반환청구 가능[대법원 1994. 12. 22. 선고 93다55234 판결]

▸ 불법성비교(제746조 단서)

Ⅳ. 요건

1. 법률상 원인의 흠결

■ 공평의 이념을 기초로 한 규범적 판단의 영역[대법원 2016. 1. 14. 선고 2015다219733 판결]

■ 법률상 원인 : 법질서 전체의 관점에서 해당 이득을 정당화할 수 있는 제반 원인을 포함하는 넓은 개념[민법판례연구Ⅱ 444] 특정한 성문법 조항의 형태로만 존재해야 하는 것은 아님

가. 일반적 유형

(1) 급부부당이득 : 손실자가 스스로 이행한 급부의 청산을 구하는 경우

(개) **계약법의 보충규범**[민법판례연구Ⅱ 116]

(내) **원고가 법률상 원인 없음**(급부행위의 무효·취소·해제) **주장·증명**[대법원 2018. 1. 24. 선고 2017다37324 판결] 민법 제741조는 "법률상 원인 없이 타인의 재산 또는 노무로 인하여 이익을 얻고 이로 인하여 타인에게 손해

를 가한 자는 그 이익을 반환하여야 한다."라고 정하고 있다. 당사자 일방이 자신의 의사에 따라 일정한 급부를 한 다음 그 급부가 법률상 원인 없음을 이유로 반환을 청구하는 이른바 급부부당이득의 경우에는 법률상 원인이 없다는 점에 대한 증명책임은 부당이득반환을 주장하는 사람에게 있다. 이 경우 부당이득의 반환을 구하는 자는 급부행위의 원인이 된 사실의 존재와 함께 그 사유가 무효, 취소, 해제 등으로 소멸되어 법률상 원인이 없게 되었음을 주장·증명하여야 하고, 급부행위의 원인이 될 만한 사유가 처음부터 없었음을 이유로 하는 이른바 착오송금과 같은 경우에는 착오로 송금하였다는 점 등을 주장·증명하여야 한다. 이는 타인의 재산권 등을 침해하여 이익을 얻었음을 이유로 부당이득반환을 구하는 이른바 침해부당이득의 경우에는 부당이득반환 청구의 상대방이 그 이익을 보유할 정당한 권원이 있다는 점을 증명할 책임이 있는 것과 구별된다.

㈐ **이득자의 고의·중과실 불요**[대법원 2009. 9. 24. 선고 2009다15602 판결]

(2) **침해부당이득 : 손실자가 권리를 침해당하여 그 대가의 반환을 구하는 경우**

㈎ **불법행위법의 보충규범**

㈏ **피고가 법률상 원인 있음**점유할 권리을 **항변으로 주장·증명**

㈐ **이득자의 고의·중과실시 법률상 원인 부존재 인정**2009다15602

(3) **비용부당이득 : 의무 없이 객관적으로 타인에 속하는 사무를 자신의 비용으로 처리한 경우**

㈎ **사무관리법의 보충규범**

㈏ **점유자**제203조, **유치권자**제325조, **사용차주**제617조, **임차인**제626조, **수임인**제688조, **수치인**제701조, **사무관리자**제739조

나. 구체적 유형별 검토

(1) **횡령·편취와 부당이득**

㈎ **횡령한 돈으로의 변제**

① 피해법인 → 은행

[대법원 2014. 10. 15. 선고 2013다17117 판결] 예금반환청구에 대한 항변 구조소외1이 원고 회사의 피고 은행에 대한 1예금 76억 원을 횡령한 후 2예금에서 76억 원을 인출하여 1예금으로 입금

➡️**예금반환청구[횡령 피해회사(동아건설) → 하나은행]**
■ 횡령 범행자에게 예금인출 권한이 없는 경우 피해회사는 이 사건 예금인출에도 불구하고 피고에 대한 예금채권 보유

◀️**불성립**
▸ 원고와 피고 사이의 예금계약을 부정하여 원고의 예금반환채권을 배제하고 횡령자와 예금계약을 체결하여 횡령자에게 예금반환채권을 귀속시키겠다는 명확한 의사의 합치×

◀️**면책조항에 의한 면책**
▸ 주의의무를 다하지 않음 : 위임장에 날인된 인감과 법인인감증명서상의 인감의 각 인영이 불일치

◀️**표현대리**
▸ 횡령자에게 기본대리권×

▸ 피고의 선의 · 무과실×

◀️채권의 준점유자에 대한 변제

▸ 소외2(피고 지점 차장)의 횡령 가담 → 피고의 선의 · 무과실×

◀️권한 없는 자에 대한 변제(제472조)

▸ 원고의 실질적 이익× : 채권자의 변제수령자나 제3자에 대한 기존 채권을 소멸시키는 경우(채권자 : 기존채권 상실, 실질적 이익×)소외1이 원고 계좌에 입금하여 소외1의 원고에 대한 손해배상채무를 변제(원고에게 인도)함으로써 원고는 피고에 대한 새로운 예금반환채권 취득 + 손해배상채권 소멸, [대법원 2021. 3. 11. 선고 2017다278729 판결] 큰들(집행채무자)이 원고(집행채권자)에게 10억 9,000만 원을 지급하면서 이 사건 ②, ③ 어음 채무에 우선 변제하도록 충당 지정을 하였다고 보기 어려운 상황에서 채권자인 원고가 이 사건 ①, ④ 어음과 이 사건 대여금채권에 지정 변제충당을 하였고, 그로 인해 원고의 위 채권(기존 채권)이 소멸하였다. 따라서 원고의 이러한 변제 수령이 피압류채권(이 사건 물품대금채권, 집행채무자의 피고에 대한 채권)에 대한 변제로서의 성격을 가진다거나 이와 관련된 실질적인 이익을 얻었다고 볼 근거가 없다. 큰들이 원고에게 지급한 돈에 대한 부당이득반환 관계가 형성 되지도 않으므로 민법 제472조에 따른 변제의 효력을 인정할 여지가 없다. ➡ 집행채무자는 추심명령에 따라 추심권자 인 원고에게 지급한 것이 아니라 집행채권자에 대한 자신의 채무를 변제하기 위하여 지급한 것

◀️예비적 상계항변(사용자책임)

▸ 사무집행 관련성 없다는 점에 대한 피고의 악의 · 중과실 존재

◀️예비적 상계항변(부당이득)

■ 횡령자가 원고의 질권설정계좌에서 76억을 무단인출하여 횡령자의 원고에 대한 운영자금계좌에 관한 손해배상채무를 변제한다는 것에 대해 악의 · 중과실

▸ 원고 대표이사가 횡령자의 입금이 질권설정계좌의 무단인출로 인한 금원이라는 점에 대한 악의 · 중 과실×

◀️예비적 상계항변(부당이득)

■ 횡령자가 원고의 질권설정계좌에서 76억을 무단인출하여 원고의 운영자금계좌에 입금한 것은 횡령자 의 피고에 대한 손해배상채무의 변제인데, 원고가 이 중 54억 원을 인출하여 사용한 것은 부당이득

▸ 횡령자의 입금은 횡령자가 피고은행에 대한 손해배상채무를 변제한 것이 아니므로 상계 항변은 이유 없음

---

② 피해법인 → 횡령자 : 채무불이행(제61조, 제390조), 부당이득, 불법행위

③ 피해법인 → 채권자

㉠ 불법행위

㉡ 부당이득

■ 이득 : 변제를 통한 이익채권자, 채권자에 대한 거래처, 수증자(대법원 2012. 1. 12. 선고 2011다74246 판결)

■ 법률상 원인 : 악의 · 중과실 (원고 입증)[대법원 2003. 6. 13. 선고 2003다8862 판결] 이득이 없으면 악의 · 중과실 판단 불필요

㉢ 사해행위취소(제406조) : 무자력 상태인 횡령자가 채권자와 통모하여 다른 채권자를 해할 의사로 변제한 경우[대법원 2004. 5. 28. 선고 2003다60822 판결]

(나) **횡령자**소외1**가 은행**신한은행**에 대한 편취금으로 횡령피해법인**하나은행**의 채권자**동아건설**에게 변제**

① 이득 : 횡령 · 편취금에 의한 변제로 채무가 소멸되는 이익

② 법률상 원인 : 악의 · 중과실(원고 입증)[대법원 2008. 3. 13. 선고 2006다53733,53740 판결] 반소피고(횡령 피해회사)가 횡령자 · 편취자(소외1)의 은행(반소원고)에 대한 편취 대출금을 송금받을 당시 대출금 편취사실에 대해 악의 · 중과실 필요, [대법원 2016. 6. 28. 선고 2012다44358, 44365 판결] 회사자금 횡령자의 회사명의 사기대출에 의한 횡령금 변제, 사기 대출금 편취자의 은행에 대한 손해배상채권 변제

(2) 점유취득시효완성과 부당이득

(가) **시효취득자 → 원소유자 : 구상금 · 부당이득반환청구 불가**[대법원 2006. 5. 12. 선고 2005다75910 판결] 등기 전까지는 처분, 제한물권 설정, 현상 변경 가능, 시효취득자가 원소유자에 의하여 그 토지에 설정된 근저당권의 피담보채무를 변제하는 것은 시효취득자가 용인하여야 할 그 토지상의 부담을 제거하여 완전한 소유권을 확보하기 위한 것으로서 그 자신의 이익을 위한 행위라 할 것이니, 위 변제액 상당에 대하여 원소유자에게 대위변제를 이유로 구상권을 행사하거나 부당이득을 이유로 그 반환청구권을 행사할 수는 없다.

(나) **소유자 → 점유자 : 부당이득반환청구 불가**[대법원 1993. 5. 25. 선고 92다51280 판결] 부동산에 대한 취득시효가 완성되면 그 점유자는 그 소유명의자에 대하여 취득시효완성을 원인으로 한 소유권이전등기절차의 이행을 청구할 수 있고 그 소유명의자는 이에 응할 의무가 있으므로 비록 피고가 이 사건 토지에 관하여 그 명의로 소유권이전등기를 경료하지 아니하여 아직 그 소유권을 취득하지 못하였다고 하더라도 원고들은 피고에 대하여 이 사건 토지의 점유로 인한 부당이득반환청구를 할 수 없다.

(3) 물상대위와 부당이득

(가) **저당권자**원고**가 공탁금(수용보상금) 출급청구권에 대한 압류(물상대위) 전 저당목적물의 소유자**피고(근저당권 설정자로부터의 수증자)**가 수용보상금 수령 : 물상대위 불가, 채권최고액을 한도로 하는 피담보채권 상당의 부당이득**[대법원 2009. 5. 14. 선고 2008다17656 판결] 저당권자는 저당권의 채권최고액 범위 내에서 저당목적물의 교환가치를 지배하고 있다가 저당권을 상실하는 손해를 입게 되는 반면에, 저당목적물의 소유자는 저당권의 채권최고액 범위 내에서 저당권자에게 저당목적물의 교환가치를 양보하여야 할 지위에 있다가 마치 그러한 저당권의 부담이 없었던 것과 같은 상태에서의 대가를 취득하게 되는 것이므로 그 수령한 금액 가운데 저당권의 채권최고액을 한도로 하는 피담보채권액의 범위 내에서는 이득을 얻게 된다 할 것이다. 저당목적물 소유자가 얻은 위와 같은 이익은 저당권자의 손실로 인한 것으로서 인과관계가 있을 뿐 아니라, 공평 관념에 위배되는 재산적 가치의 이동이 있는 경우 수익자로부터 그 이득을 되돌려받아 손실자와의 사이에 재산상태의 조정을 꾀하는 부당이득제도의 목적에 비추어 보면 위와 같은 이익을 소유권자에게 종국적으로 귀속시키는 것은 저당권자에 대한 관계에서 공평의 관념에 위배되어 법률상 원인이 없다고 봄이 상당하므로, 저당목적물 소유자는 저당권자에게 이를 부당이득으로서 반환할 의무가 있다.

(나) **양수인이나 전부채권자가 압류 전 지급받은 경우 : 피담보채권액 상당의 부당이득**

(다) **[비교]**

① 저당권자원고**가 수용보상금채권에 대해 배당절차에서 배당요구하지 않은 경우 → 우선변제권 상실 : 배당받은 다른 채권자들**피고**에게 부당이득반환청구 불가**[대법원 2002. 10. 11. 선고 2002다33137 판결] 민법 제370조, 제342조 단서가 저당권자는 물상대위권을 행사하기 위하여 저당권설정자가 받을 금전 기타 물건의 지급 또는 인도 전에 압류하여야 한다고 규정한 것은 물상대위의 목적인 채권의 특정성을 유지하

여 그 효력을 보전함과 동시에 제3자에게 불측의 손해를 입히지 않으려는 데 있는 것이므로, 저당목적물의 변형물인 금전 기타 물건에 대하여 이미 제3자가 압류하여 그 금전 또는 물건이 특정된 이상 저당권자가 스스로 이를 압류하지 않고서도 물상대위권을 행사하여 일반 채권자보다 우선변제를 받을 수 있으나, 그 행사방법으로는 민사집행법 제273조에 의하여 담보권의 존재를 증명하는 서류를 집행법원에 제출하여 채권압류 및 전부명령을 신청하는 것이거나 민사집행법 제247조 제1항에 의하여 배당요구를 하는 것이므로, 이러한 물상대위권의 행사에 나아가지 아니한 채 단지 수용대상토지에 대하여 담보물권의 등기가 된 것만으로는 그 보상금으로부터 우선변제를 받을 수 없고, 저당권자가 물상대위권의 행사에 나아가지 아니하여 우선변제권을 상실한 이상 다른 채권자가 그 보상금 또는 이에 관한 변제공탁금으로부터 이득을 얻었다고 하더라도 저당권자는 이를 부당이득으로서 반환청구할 수 없다.

② 수용으로 인한 공탁금출급청구권에 대하여 물상대위권의 행사가 아닌 강제집행에 의한 가압류1991. 12. 9.를 하였으나 배당요구 종기제3채무자의 공탁사유 신고시(1992. 11. 17.)까지 집행법원에 저당권의 존재를 증명하는 서류를 제출하고 저당권에 기한 배당요구 또는 이에 준하는 저당권행사의 신청을 하지 않은 경우 : 우선변제권 상실[대법원 1994. 11. 22. 선고 94다25728 판결] 원고가 비록 그 저당목적물인 이 사건 토지가 수용되어 민법 제370조, 제342조, 토지수용법 제69조에 의하여 그 수용으로 인한 소외 회사의 위 공탁금출급청구권에 대하여 물상대위를 할 수 있다고 하더라도 위 공탁금출급청구권에 대하여 원고 스스로 위 물상대위권의 행사가 아닌 강제집행에 의하여 가압류를 하고, 그 후 다른 가압류채권자 등에 있어 제3채무자인 대한민국이 민사소송법 제581조 제2항에 의하여 그 채무액을 공탁하고, 그 사유를 집행법원에 신고한 이상 원고로서는 그 배당요구의 종기, 즉 대한민국이 사유신고를 한 1992. 11. 17.까지 집행법원에 저당권의 존재를 증명하는 서류를 제출하고 저당권에 기한 배당요구 또는 이에 준하는 저당권행사의 신청을 하였어야 위 배당절차에서 우선변제를 받을 수 있다고 할 것인데, 그 배당요구의 종기가 지난 같은 해 12. 2.에야 비로소 물상대위에 기한 채권압류 및 전부명령을 받고 그 시경 위 명령이 제3채무자에게 송달되었을 뿐이므로, 위 배당절차에서 우선변제를 받을 수 없다고 할 것이고, 따라서 원고에게 우선변제권이 있음을 전제로 하여 피고가 교부받은 금원이 원고에 대한 관계에서 부당이득이 된다는 원고의 청구는 이유 없다.

㈑ 가압류 : 물상대위 부적용, 가압류가 집행된 토지취득 후 수용에 의한 보상금 수령 → 부당이득 부정[대법원 2009. 9. 10. 선고 2006다61536,61543 판결] 토지 가압류 → 수용보상금채권에 전이되지 않음, 수용보상금채권에 대해서도 토지 가압류의 처분금지적 효력이 미치지 않음

(4) 공유자, 구분소유자와 부당이득

㈎ 공유자의 지분포기 : 등기 필요[대법원 2016. 10. 27. 선고 2015다52978 판결] 민법 제267조는 "공유자가 그 지분을 포기하거나 상속인 없이 사망한 때에는 그 지분은 다른 공유자에게 각 지분의 비율로 귀속한다."라고 규정하고 있다. 여기서 공유지분의 포기는 법률행위로서 상대방 있는 단독행위에 해당하므로, 부동산 공유자의 공유지분 포기의 의사표시가 다른 공유자에게 도달하더라도 이로써 곧바로 공유지분 포기에 따른 물권변동의 효력이 발생하는 것은 아니고, 다른 공유자는 자신에게 귀속될 공유지분에 관하여 소유권이전등기청구권을 취득하며, 이후 민법 제186조에 의하여 등기를 하여야 공유지분 포기에 따른 물권변동의 효력이 발생한다. 그리고 부동산 공유자의 공유지분 포기에 따른 등기는 해당 지분에 관하여 다른 공유자 앞으로 소유권이전등기를 하는 형태가 되어야 한다.

① 타공유자원고 : 등기하지 않은 이상 소유권자임을 전제로 부당이득반환청구 불가 [서울고등법원 2015. 8. 13. 선고 2014나55859 판결] 공유지분의 포기는 상대방 있는 단독행위로서 이를 등기하여야 효력이 발생한다고 할 것인데, 공유자의 공유지분포기로 인한 물권변동의 등기는 다른 공유자들 앞으로 지분이전등기를 하는

형태가 되어야 할 것이다. 그런데 피고가 2008. 5. 19. 강제경매절차를 통하여 원고의 종전 지분을 취득할 때까지 이 사건 지분에 관하여 원고 앞으로 지분이전등기가 마쳐지지 않았으므로, 원고가 이 사건 지분의 소유권을 취득하였다고 할 수 없고, 따라서 원고가 이 사건 지분의 소유권자임을 전제로 한 원고의 위 주장은 나아가 살펴볼 필요 없이 이유 없다.

② 원고의 지분에 대한 경매취득자피고 → 원고의 종전지분만 취득, 경매취득자가 원고의 이전등기청구권 부분까지 처분시 원고에 대하여 부당이득[서울고등법원 2015. 8. 13. 선고 2014나55859 판결]

  1. 부당이득의 발생 : 공유지분포기로 인하여 원고는 이 사건 지분에 관한 이전등기청구권을 가지게 되었다고 할 것이다. 그런데 그 후 강제경매절차를 통하여 원고의 종전 지분만을 취득한 피고로서는 이 사건 지분에 관하여는 이전등기청구권 등 아무런 권원이 없다고 할 것인데, 그럼에도 불구하고 피고는 위 인천지방법원 2009가합 14247호 소유권이전등기 청구의 소제기 및 화해권고결정을 통하여 이 사건 지분에 관하여 소유권이전등기를 마쳤는바, 그렇다면 피고는 법률상 원인 없이 이 사건 지분을 취득하고 원고에게 같은 금액 상당의 손실을 입게 하였다고 할 것이다. ➡ [민법판례연구 68] 경매취득자가 포기된 지분 중 자신에게 할당된 지분에 대하여 포기자를 상대로 화해권고결정에 의하여 이전등기를 마쳤더라도 기판력은 화해권고결정의 당사자가 아닌 원고에게는 미치지 않음

  2. 부당이득의 범위 : 피고가 악의의 수익자로 의제되는 이 사건 소장부본이 피고에게 송달된 날인 2014. 6. 18.부터 피고가 이행의무의 존부 및 범위에 관하여 항쟁함이 상당한 당심 판결 선고일인 2015. 8. 13.까지는 민법이 정한 연 5%, 그 다음날부터 다 갚는 날까지는 소송촉진 등에 관한 특례법이 정한 연 20%의 각 비율에 의한 이자 또는 지연손해금을 지급할 의무가 있다{원고는 2010. 4. 29.부터 이 사건 소장부본이 송달되기 전날까지의 이자 또는 지연손해금의 지급도 구하나, 부당이득반환에 있어 악의의 수익자의 '악의'라고 함은, 민법 제749조 제2항 에서 악의로 의제되는 경우 등은 별론으로 하고, 자신의 이익 보유가 법률상 원인 없는 것임을 인식하는 것을 말하고, 그 이익의 보유를 법률상 원인이 없는 것이 되도록 하는 사정, 즉 부당이득반환의무의 발생요건에 해당하는 사실이 있음을 인식하는 것만으로는 부족하다 할 것인데, 이 사건 소장부본을 송달받기 이전에 피고가 이미 자신의 이익 보유가 법률상 원인 없는 것임을 알았다는 점을 인정하기에 충분한 증거가 없다}.

(나) 1동 건물의 구분소유자 → 다른 구분소유자를 상대로 공유지분 비율의 차이를 이유로 부당이득반환청구 불가2009다76522, 93다60144 별도의 규약이 없는 한 대지 전부를 용도에 따라 사용할 수 있는 적법한 권원 존재

(다) 건물 구분소유자 아닌 자원고가 대지 공유지분만 취득하였으나 대지를 전혀 사용·수익하지 못하고 있는 경우토지를 배타적으로 점유하고 있는 피고를 상대로 대지 공유지분에 기한 부당이득반환청구 가능[2009다76522] 공유토지에 관하여 과반수지분권을 가진 자가 그 공유토지의 특정된 한 부분을 배타적으로 사용·수익할 것을 정하는 것은 공유물의 관리방법으로서 적법하다고 할 것이지만, 이 경우에 비록 그 특정한 부분이 자기의 지분비율에 상당하는 면적의 범위 내라 할지라도 다른 공유자들 중 지분은 있으나 사용·수익은 전혀 하고 있지 아니함으로써 손해를 입고 있는 자에 대하여는 과반수 지분권자를 포함한 모든 사용·수익을 하고 있는 공유자가 그 자의 지분에 상응하는 부당이득을 하고 있다고 보아야 한다. 왜냐하면 모든 공유자는 공유물 전부를 지분의 비율로 사용 수익할 수 있기 때문이다.

(5) 경매, 배당절차와 부당이득[대법원 2017. 12. 21. 선고 2013다16992 전원합의체 판결]

㈎ 피담보채무 일부를 먼저 변제받은 공동근저당권자의 우선변제권의 범위 채권최고액 71억 5,000만 원에 기초하여 1차 우선변제(41억)를 받은 뒤에도 다시 동일한 채권최고액에 기초하여 2차 우선변제(34억)를 받은 경우 채권최고액을 초과하는 금전 상당의 부당이득 여부

① 피담보채권의 확정 여부와 상관없이 최고의 채권액에서 우선변제받은 금액을 공제한 나머지 채권액으로 제한 그 공동근저당권의 다른 목적물에 대한 후행 경매절차에서는 후순위 저당권자나 물상보증인 등 다른 이해관계인이 있는 한, 선행 경매절차에서 우선변제되어 배당된 금액은 공동근저당권의 채권최고액에서 공제되어야 하고 공동근저당권자는 채권최고액에서 선행 경매절차의 배당금이 공제된 범위 내에서만 우선변제권을 행사할 수 있다(서울고등법원 2013. 2. 1. 선고 2012나33107 판결).

② 취지 : 민법 제368조는 동시배당인가, 이시배당인가에 따라 후순위 저당권자의 법적 지위가 달라지지 않도록 권리관계를 조정 → 감축을 부정할 경우 후순위 저당권자와 물상보증인에게 부당한 결과 발생ⓐ 후순위 저당권자에 의한 제368조 제2항의 대위가 불가능하게 되거나 대위 범위가 축소, ⓑ 물상보증인 소유 부동산의 환가에 따른 일부 우선변제의 경우 물상보증인은 변제자대위에 의해 채무자 소유 부동산에 대해 공동근저당권을 대위 취득하거나 공동근저당권자가 물상보증인에 대한 관계에서 우선변제권을 가지는데, 채권최고액이 감축되지 않으면 물상보증인의 기대이익이 박탈됨

㈏ 우선변제권 있는 임차인이 배당요구하지 않은 경우 : 다른 채권자에게 부당이득청구 불가

[대법원 2002. 1. 22. 선고 2001다70702 판결] 소액보증금반환채권도 배당요구가 필요한 채권

㈐ 실체적 하자 있는 배당표에 기한 배당

① 근저당등기의 위법 말소[대법원 2002. 10. 22. 선고 2000다59678 판결] : 근저당 권리자 ➜ 배당받은 후순위 근저당권자에게 배당이의배당기일 출석 + 이의시, 부당이득반환청구배당기일 불출석으로 배당표 확정시

② 멸실된 구건물에 대한 근저당권설정등기에 기한 신건물 경락 : 소유권 취득 불가 → 배당채권자에게 부당이득청구[대법원 1993. 5. 25. 선고 92다15574 판결]

㈑ 실체적 하자 없는 배당표에 기한 배당배당표 작성 전 착오에 의한 청구금액 감축 : **부당이득 불성립**

[대법원 2002. 10. 11. 선고 2001다3054 판결] 담보권의 실행을 위한 경매절차에서 경매신청채권자(1순위 근저당권자)인 원고가 경매신청서상의 청구금액은 제대로 기재하였으나 그 후 채권계산서를 제출하면서 착오로 경매법원에 실제 피담보채권보다 적은 금액을 기재하여 그 신고된 채권계산서상의 채권액 전부를 배당하는 것으로 배당표가 작성·확정되고, 그 확정된 배당표에 따라 배당이 실시된 이후, 실제 채권액으로 채권계산서를 작성·제출하였더라면 더 배당 받을 수 있었던 금원을 2순위 근저당권자인 피고가 배당 받은 것은 부당이득에 해당한다는 이유로 그 금원의 반환을 구하는 원고의 청구 → 배당기일 전에 원고가 경매법원에 작성·제출한 채권계산서에 따라 배당표가 작성되어 확정되고 그 확정된 배당표에 의하여 배당이 실시된 이상, 그로 인하여 원고가 제대로 청구하였더라면 배당 받았을 금액이 후순위 근저당권자인 피고에게 배당되었다 하여도 이를 법률상 원인이 없는 부당이득이라고 볼 수는 없다.

㈒ 사해행위취소채권자피고가 배당금지급청구권에 대한 압류·추심명령으로 배당금 우선 수령 **: 다른 채권자**원고와의 관계에서 부당이득[대법원 2009. 5. 14. 선고 2007다64310 판결] 근저당권설정(사

해행위) → 임의경매신청 → 배당금지급청구권에 대해 처분금지가처분결정(원고, 피고 모두) → 배당금 공탁 → 사해
행위취소 승소(원고, 피고) → 취소채권자(피고)가 배당금지급청구권 압류·추심으로 공탁금 수령 후 추심신고

(바) 경매절차가 개시되어 사해행위로 설정된 근저당권에 배당된 금원을 분배받을 수 있는 채권자의 범위가 한정된 경우

① 수익자 배당부분에 대해 배당이의시 : 사해행위취소 + 배당이의가능 → 다른 채권자는 고려하지 않고 당해 채권자의 채권이 만족을 받지 못한 한도에서만 근저당권설정계약 취소 + 배당[대법원 2004. 1. 27. 선고 2003다6200 판결] 근저당권설정계약의 무효 확정 불필요 ↔ 원심 : 근저당권설정계약의 사해행위취소를 인정하면서도 확정되지 않았음을 이유로 원상회복(배당이의) 기각

② 다른 채권자원고 : 초과 수령한 채권자피고에 대하여 부당이득반환청구 가능[대법원 2011. 2. 10. 선고 2010다90708 판결]

(사) 경매절차가 개시되지 않은 경우(사해행위에 대해 가액배상 판결)[대법원 2008. 6. 12. 선고 2007다37837 판결]

① 취소채권자피고 : 가액배상금을 수령한 취소채권자에게 가액배상금 분배의무 부정

② 다른 채권자원고 : 취소채권자가 수령한 가액배상금에 대하여 전체 채권자와의 평등비율에 의한 분배청구권 부정사해행위의 취소와 원상회복은 모든 채권자의 이익을 위하여 그 효력이 있으므로, 채권자취소권의 행사로 채무자에게 회복된 재산에 대하여 취소채권자가 우선변제권을 가지는 것이 아니라 다른 채권자도 총채권액 중 자기의 채권에 해당하는 안분액을 변제받을 수 있는 것이지만, 이는 채권의 공동담보로 회복된 채무자의 책임재산으로부터 민사집행법 등의 법률상 절차를 거쳐 다른 채권자도 안분액을 지급받을 수 있다는 것을 의미하는 것일 뿐, 다른 채권자가 이러한 법률상 절차를 거치지 아니하고 취소채권자를 상대로 하여 안분액의 지급을 직접 구할 수 있는 권리를 취득한다거나 취소채권자가 인도받은 재산 또는 가액배상금의 분배의무를 부담한다고 볼 수는 없는 것이다. 가액배상금을 수령한 취소채권자가 이러한 분배의무를 부담하지 아니함으로 인하여 사실상 우선변제를 받는 불공평한 결과를 초래하는 경우가 생기더라도, 이러한 불공평은 채무자에 대한 파산절차 등 도산절차를 통하여 시정하거나 가액배상금의 분배절차에 관한 별도의 법률 규정을 마련하여 개선하는 것은 별론으로 하고, 현행 채권자취소 관련 규정의 해석상으로는 불가피한 것이다. 위 법리에 비추어 보면, 원심이 가액배상금을 수령한 취소채권자인 피고에게 다른 채권자들에 대한 가액배상금의 분배의무가 없다고 판단하여, 다른 채권자 겸 수익자인 원고의 채권 안분액 지급 청구를 배척한 것은 정당하고, 거기에 채권자취소권에 대한 법리오해 등의 위법이 없다.

(아) 강제경매의 무효(채무자 명의 소유권이전등기가 원인무효)[대법원 2004. 6. 24. 선고 2003다59259 판결]

① 경락인은 경매 채권자가 배당받은 금액에 대하여 부당이득반환청구

② 제578조 부적용경락인이 강제경매절차를 통하여 부동산을 경락받아 대금을 완납하고 그 앞으로 소유권이전등기까지 마쳤으나, 그 후 강제경매절차의 기초가 된 채무자 명의의 소유권이전등기가 원인무효의 등기이어서 경매 부동산에 대한 소유권을 취득하지 못하게 된 경우, 이와 같은 강제경매는 무효라고 할 것이므로 경락인은 경매 채권자에게 경매대금 중 그가 배당받은 금액에 대하여 일반 부당이득의 법리에 따라 반환을 청구할 수 있고, 민법 제578조 제1항, 제2항에 따른 경매의 채무자나 채권자의 담보책임은 인정될 여지가 없다. → 이 사건 건물에 대한 강제경매절차는 그 개시 당시부터 채무자 소유가 아닌 타인 소유의 부동산을 대상으로 한 것이어서 무효이므로,

강제경매절차에서 배당받은 피고들은 법률상 원인 없이 이득을 얻었다고 할 것이고, 따라서 피고들은 원고에게 공탁된 배당금 중 이 사건 건물에 관한 부분에 관한 899,929,624원의 청구권을 양도할 의무가 있다.

㈔ 제3자 동산에 대한 경매[대법원 1998. 3. 27. 선고 97다32680 판결, 대법원 1998. 6. 12. 선고 98다6800 판결, 대법원 2003. 7. 25. 선고 2002다39616 판결]

① 소유권 : 원소유자원고, 매도인는 경락에 의한 선의취득으로 소유권 상실

② 원소유자매도인의 구제방법

㉠ 경락인에 대한 제3자이의의 소 : 불가 ∵ 강제집행 종료 → 소의 이익이 없어 각하

㉡ 채권자매수인에 대한 채권자에 대한 부당이득반환청구 : 채권자피고는 여전히 채권 보유 → 배당금은 부당이득 사회관념상의 인과관계

[원심] : 소유자는 선의취득으로 상실, 채권자는 경락에 의한 배당 → 인과관계 부정

[대법원(2002다39616 판결)] : 채무자 이외의 자의 소유에 속하는 동산에 대한 경매절차에서 그 동산의 매득금은 채무자의 것이 아니어서 채권자가 이를 배당을 받았다고 하더라도 채권은 소멸하지 않고 계속 존속하므로, 배당을 받은 채권자는 이로 인하여 법률상 원인 없는 이득을 얻고 소유자는 경매에 의하여 소유권을 상실하는 손해를 입게 되었다고 할 것이니, 그 동산의 소유자는 배당을 받은 채권자에 대하여 부당이득으로서 배당받은 금원의 반환을 청구할 수 있다.

㉢ 채무자매수인에 대한 부당이득반환청구 : 불가매수인은 여전히 자신의 채권자에 대하여 채무를 부담

㈔ 배당요구와 부당이득

	경매신청인인 근저당권자	경매신청인에 우선하는 근저당권자	배당요구 채권자
배당한도 (원칙)	기재된 청구금액	채권최고액 : 채권계산서 미제출시99다24911	배당요구 채권액
채권계산서 제출에 의한 확장(예외)	■불가 : 배당요구의 효력에 불과[대법원 1983. 10. 15. 자 83마393 결정] ■배당표 작성시까지 청구금액의 감축은 가능 [대법원 2002. 10. 11. 선고 2001다3054 판결] ■청구채권의 변경 : 가능하나 신청서에 기재된 청구금액을 한도로 배당	가능 : 배당표 작성시까지 제출된 채권계산서상의 채권액을 기준으로 배당[대법원 2000. 9. 8. 선고 99다24911 판결]	■채권의 일부 금액만을 배당요구한 배당요구채권자 : 배당요구 종기 이후에는 배당요구하지 아니한 채권의 추가·확장 불가[대법원 2005. 8. 25. 선고 2005다14595 판결] ■배당요구 종기 이전에 제출된 배당요구서에 배당기일까지의 이자 등의 지급을 구하는 취지가 포함된 경우 : 배당

			가능[대법원 2012. 5. 10. 선고 2011다44160 판결]
부당이득 반환청구	불가[대법원 2002. 10. 11. 선고 2001다3054 판결] 배당표가 정당하게 작성되어 배당표 자체에 실체적 하자가 없는 경우에는 그 확정된 배당표에 따른 배당액의 지급을 들어 법률상 원인이 없는 것이라고 할 수 없다.	배당표 작성시까지 보정하지 않은 경우 : 불가99다24911	배당요구 하지 않은 경우 : 불가[대법원 1998. 10. 13. 선고 98다12379 판결, 대법원 2002. 1. 22. 선고 2001다70702 판결, 대법원 2020. 10. 15. 선고 2017다216523 판결]

① 적법한 배당요구를 하여 배당절차에 참가한 채권자로서 배당기일에 출석하고도 배당이의를 하지 않은 경우 : 가능

② 적법한 통지를 받고도 배당기일에 출석하지 않아 배당표에 따른 배당의 실시에 동의한 것으로 간주되는 경우 : 가능(민사집행법 제153조 제1항)

③ 배당이의를 하였다가 이의를 취하한 경우, 배당이의의 소를 제기하고도 제1회 변론기일에 출석하지 않아 배당이의의 소를 취하한 것으로 간주되는 경우 : 가능

➡ 배당표가 확정된 후에도 배당금을 수령한 다른 채권자를 상대로 부당이득반환청구 가능[대법원 2019. 7. 18. 선고 2014다206983 전원합의체 판결] 원고(배당요구○, 배당이의×) → 배당이의소송에서 승소한 피고(배당요구○, 배당이의○)를 상대로 부당이득반환청구 가능

④ 배당요구를 하여야 배당을 받을 수 있는 채권자(민사집행법 제148조 제2호)가 배당요구의 종기까지 적법한 배당요구를 하지 않아 배당에서 아예 제외된 경우 : 불가[대법원 1998. 10. 13. 선고 98다12379 판결] 실체법상 우선변제청구권이 있다 하더라도

⑤ 가압류채권자의 청구금액4.5억(집행법원은 이를 기준으로 가압류채권자의 안분배당액을 1.01억 원으로 계산) 을 기준으로 안분하여 배당하였으나 가압류채권자가 본안에서 일부승소함에 따라 승소확정판결을 받은 금액이 공탁된 배당액을 초과하는 경우 : 실제로 지급받은 금액당초 청구금액(4.5억)을 기준으로 안분하여 받은 배당액 − 승소확정 금액1.5억을 기준으로 조정된 배당액 → 부당이득[대법원 2004. 4. 9. 선고 2003다32681 판결] 민사집행법 제159조 제3항의 규정에 의하여 집행법원이 가압류채권자의 미확정채권에 대한 배당액이 정해진 후 배당기일에 다른 채권자로부터 그 피보전채권의 존부에 관하여 아무런 이의 없이 배당절차가 종료되어 가압류채권자에 대한 배당액이 공탁되었다고 하더라도, 공탁된 배당금이 피공탁자에게 지급될 때까지는 배당절차가 종료되었다고 단정할 수 없을 뿐 아니라, 경매제도가 채무자의 재산으로부터 채권자의 만족을 얻게 하는 데에 근본 목적으로 두고 있는 만큼 만족을 받지 못한 채권자가 있는 데도 이를 제쳐둔 채 채무자에게 공탁된 배당금을 지급하는 것은 경매제도의 목적에 현저히 반하는 것이라는 점 등에 비추어, 가압류채권자에 대한 배당액이 공탁된 후 가압류집행이 취소되거나 가압류채권자가 본안소송에서 패소확정판결을 받는 등의 경우에는, 그 공탁금은 채무자에게 교부할 것이 아니라 다른 채권자들에게 추가로 배당하여야 하는 것으로 해석하여야 할 것이고, 이는 가압류채권자가 본안에서 승소확정판결을 받은 금액이 공탁된 배당액을

초과한다고 하여도 마찬가지라 할 것이다. ➡ 배당액이 공탁되었던 가압류채권자인 피고가 본안소송에서 일부 승소의 확정판결을 받았으므로 집행법원으로서는 그 승소확정된 금액을 기준으로 하여 배당액을 재차 조정하여 공탁된 배당액 중 그 조정된 금액만을 피고에게 지급하고 나머지는 다른 채권자들인 원고들에게 배당하는 방식의 추가배당을 실시하였어야 할 것임에도, 집행법원이 이에 이르지 아니한 채 공탁된 배당액 전부를 피고에게 지급한 이상 피고는 실제로 지급 받은 금액과 위와 같이 승소확정된 금액을 기준으로 하여 조정된 배당액과의 차액을 원고들에게 부당이득으로서 반환할 의무가 있다.

2. 피고수익 부당이득 반환의 대상 ☞ 반환액의 산정대상 ⇔ [비교] 불법행위에 의한 회복의 대상 : 손해

가. 실질적 이익

(1) 계약 목적에 따른 사용 · 수익[대법원 1992. 4. 14. 선고 91다45202, 45219(반소) 판결]

(2) 사실상 지배할 수 있는 상태[대법원 2011. 9. 8. 선고 2010다37325,37332 판결] 수익자(반소피고)의 계좌에 입금되었더라도 이득자(반소원고)의 송금경위(소외2가 위조한 서류 교부), 소외2가 전액인출 → 반소피고는 실질적 이익 귀속자가 아님

(3) 처분권 취득 : 영득할 의사로 송금받거나 증여받은 경우[대법원 2003. 6. 13. 선고 2003다8862 판결] 피고 계좌로 입금되었더라도 횡령자(남편)의 지시에 따라 남편계좌로 송금 · 현금 교부 → 실질적 이득 부존재 ➡ 고의 · 중과실 판단 불필요, [대법원 2016. 6. 28. 선고 2012다44358, 44365 판결] 횡령자가 정당한 권원 없이 임의로 다른 계좌로 이체하고 인출하여 모두 사용 → 피고의 의사에 의한 처분이 아님

(4) 침해부당이득 : 이득과 손해는 동전의 양면, 배타적으로 할당된 법적 이익의 침해상태가 손해[민법판례연구Ⅲ 441], [대법원 2020. 5. 21. 선고 2017다220744 전원합의체 판결] 공유자 1인의 공용부분에 대한 배타적인 무단사용은 그 범위에서 다른 공유자들에게 할당된 법적 이익으로서의 사용 · 수익권 침해, 다른 공유자들에게 실제로 손해가 발생하였는지, 목적물을 제3자에게 임대하여 차임을 얻을 수 있었는지와 무관

나. 전용물소권 : 계약 · 사무관리에 의한 급부의 제3자에 부당이득청구 · 비용상환청구 불가 계약상 위험부담을 제3자에게 전가, 채무자에 대한 일반채권자의 이익 침해, 제3자의 채무자에 대한 항변권 침해 ➡ 계약당사자인 손실자(채권자)는 계약상대방 · 사무관리에 따라 '본인'에게 비용상환청구

(1) 수급인도급인으로부터 제3자 소유 물건을 이전받아 수리하여 가치증가 ➔ 소유자제3자에게 부당이득 · 유익비상환청구 불가[대법원 2002. 8. 23. 선고 99다66564, 66571 판결] 도급인이 간접점유자로서 자신의 계산으로 비용지출과정을 관리 → 도급인이 소유자에게 비용상환청구, 수급인은 비용지출자가 아님, 도급인에게 계약상 반대급부청구만 가능

(2) 조합원조합에 지급해야 할 추가부담금을 수급인에게 지급 ➔ 수급인제3자에게 부당이득청구 불가 [대법원 2008. 9. 11. 선고 2006다46278 판결] 조합원은 단축급부로 수급인에게 지급, 수급인은 조합과의 계약을 통한 법률상 원인 존재(조합원과 조합사이의 추가부담금 납부의 원인이 된 총회 결의가 부존재하거나 무효임을

알았더라도)

(3) 사무관리자원고 : 대한민국과의 계약기간이 만료되었음에도 용역제공 → 제3자피고 : 대한민국에 대한 용역
제공의무를 면하는 이익 부정(∵ 피고는 여전히 의무부담) 부당이득반환청구 불가 ⟹ 본인대한민국에
게 사무관리(제739조)에 의한 청구만 청구[대법원 2013. 6. 27. 선고 2011다17106 판결]

(4) 매도인 → 도급인매수인(수급인)의 도급계약 이행으로 부합에 의한 소유권취득

(가) **매매 후 도급에 의한 부합 : 부당이득 불성립**매도인 : 부합이 아니라 매매로 인하여 소유권 상실 vs 도급
인 : 부합으로 소유권 취득 → 인과관계 부정

(나) **소유권유보부 매매 후 도급에 의한 부합 : 부당이득 성립**인과관계 인정 ∴ 계약관계의 제3자라는 이
유로 부당이득을 구할 수 없다는 항변 불가

▸ 도급인이 소유권유보 사실을 과실 없이 알지 못한 경우 : 부당이득 불성립[대법원 2009. 9.
24. 선고 2009다15602 판결] 선의취득과 같은 법률상 원인 존재

▸ 매매계약체결자(수급인)가 본인(도급인)의 무권대리인인 경우에도 동일[대법원 2018. 3.
15. 선고 2017다282391 판결] 매도인 : 원고

다. 부합(제256조)에 의한 부당이득

(1) 부당이득반환청구 요건 : 제261조, 제741조 요건 모두 필요[2017다282391] 원고가 민법 제
261조에 따라 피고에게 이 사건 승강기 가액 상당의 부당이득반환을 청구하기 위해서는 민법 제261조 자체의 요
건뿐만 아니라, 부당이득 법리에 따른 판단에 의하여 부당이득의 요건도 함께 충족되어야 한다.

[2017다282391] 부합과 부당이득 요건 항변

▶매도인 → 도급인 : 부당이득
- 매도인 : 수급인(매매계약 무권대리인)과 승강기 소유권유보부매매계약
- 도급인 : 부합(수급인의 건물공사)에 의하여 승강기 소유권도 취득

◀소유권유보사실에 대하여 선의 · 무과실피고와 소외인 사이에 체결된 도급계약으로 인하여 이 사건 승강기가
이 사건 건물에 부합되었다는 사정만으로 피고가 이 사건 승강기의 귀속으로 인한 이익을 보유할 법률상의 원인이 있
다고 할 수는 없으나, 이 사건 건물에 부합된 이 사건 승강기의 소유권이 원고에게 유보되어 있다는 사정을 피고가
과실 없이 알지 못하였음이 인정되는 경우에는 피고가 이 사건 승강기의 귀속으로 인한 이익을 보유할 법률상의 원인
이 있다고 보아야 한다.

---

(2) 동산 부합에 의한 이익 : 양도담보의 목적물에 제3자 소유물이 부합되어 목적물의
가치가 증가한 경우의 부당이득 반환의무자

(가) 나중에 반입된 제3자 소유물에 대한 집합양도담보의 효력

① 양도담보설정계약 이후 반입된 개개의 물건에 대해서도 양도담보의 효력 인정[대법원 1990.
12. 26. 선고 88다카20224 판결] 별도의 설정계약이나 점유개정의 의사표시 불요

② 반입된 물건이 제3자의 소유 : 양도담보 효력 부정[대법원 2004. 11. 12. 선고 2004다22858 판결]

⑷ **부당이득반환의무자 : 주된 동산의 가치가 증가함에 따른 실질적 이익은 주된 동산에 관한 양도담보설정자에게 귀속**[대법원 2016. 4. 28. 선고 2012다19659 판결] 동산 양도담보에서 양도담보권자가 담보목적물의 소유권을 취득하는 것은 그 담보목적물을 환가하여 우선변제를 받기 위한 것에 지나지 않기 때문[민법판례연구 129]

[2012다19659] 카고펌프 부합에 의한 이익은 원자재 양도담보권자가 아니라 원자재 양도담보설정자에게 귀속

선박 양도담보	카고펌프 양도담보(집합물 양도담보)	카고펌프 : 선박에 부합	부당이득청구(원고 → 피고)
피고 vs 일흥조선(설정자)	원고 vs 일흥조선(설정자)	피고에 대한 관계에서는 제3자인 원고의 소유물 → 카고펌프에는 피고의 양도담보권의 효력× → 피고 : 카고펌프에 대하여 양도담보권 취득×(법률상 원인×) ⇔ 다만 부합에 의한 이익은 피고가 아니라 설정자(일흥조선)에게 귀속	기각(부당이득 : 설정자)

라. 착오송금[대법원 2010. 11. 11. 선고 2010다41263,41270 판결]

(1) 수취인과 수취은행 사이 예금계약 성립

(2) 송금의뢰인 → 수취인 : 제741조예금거래기본약관에 따라 송금의뢰인이 수취인의 예금계좌에 자금이체를 하여 예금원장에 입금의 기록이 된 때에는 특별한 사정이 없는 한 송금의뢰인과 수취인 사이에 자금이체의 원인인 법률관계가 존재하는지 여부에 관계없이 수취인과 수취은행 사이에는 위 입금액 상당의 예금계약이 성립하고, 수취인이 수취은행에 대하여 위 입금액 상당의 예금채권을 취득한다. 그리고 이때 송금의뢰인과 수취인 사이에 계좌이체의 원인이 되는 법률관계가 존재하지 않음에도 불구하고, 계좌이체에 의하여 수취인이 계좌이체금액 상당의 예금채권을 취득한 경우에는, 송금의뢰인은 수취인에 대하여 위 금액 상당의 부당이득반환청구권을 가지게 된다.

마. 임대차와 실질적 이득 : 계약목적대로 사용·수익하지 아니한 경우집기를 그대로 두고 폐쇄 → **실질적 이득 부정**[대법원 1992. 4. 14. 선고 91다45202, 45219(반소) 판결] ⇔ [원심] 집기는 그대로 두고 폐쇄했음을 이유로 실질적 이득 인정

바. 부동산의 소유·점유와 부당이득

(1) 타인 소유 토지 위에 권한 없이 건물 소유

⑷ **사용수익하고 있지 않아도 그 자체로 토지 차임 상당 부당이득**[대법원 1998. 5. 8. 선고 98다2389 판결] 토지 임대차 기간 만료 → 묵시의 갱신 → 원고 해지 통고 → 6개월 경과 시점에서 해지
[원심] 피고가 대지·건물에서 철수하여 사용·수익하고 있지 않으므로 이득 부정 → 부당이득 부정
[대법원] 이 사건 대지에 관한 임대차계약이 적법하게 해지되었다면 피고는 권원 없이 원고들의 소유인 이 사건 대

지 위에 건물을 소유하고 있는 것이 되어 그 자체로서 특별한 사정이 없는 한 법률상 원인 없이 원고들의 재산으로 인하여 토지의 차임에 상당하는 이익을 얻고 있고, 이로 인하여 원고들에게 동액 상당의 손해를 주고 있다.

(나) 토지 위에 건물이 존재하는 사정, 법정지상권 있는 건물의 존재로 토지 소유권이 제한받는 사정 : 고려하지 않음[대법원 1995. 9. 15. 선고 94다61144 판결]

[원심] 건물 소유를 위한 법정지상권에 의하여 제한되는 사정을 참작하여 감액한 차임 상당액

[대법원] 피고는 아직 법정지상권을 취득하지는 아니하였으나 원고에 대하여는 법정지상권의 취득자인 위 소외인을 대위하여 위 소외인에게 법정지상권설정등기 절차이행을, 그리고 위 소외인에 대하여는 위 법정지상권이전등기 절차 이행을 각 청구할 수 있고, 대지소유자인 원고는 이와 같은 지상권의 부담을 용인하여야 할 처지여서 건물소유자인 피고에 대하여 건물의 철거나 부지의 인도를 구할 수 없다는 것인바, 그렇다면 피고로서는 실질적으로 법정지상권을 취득한 자와 동일한 지위에서 자신을 위하여 어떠한 제한이나 하자도 없는 토지를 직접적으로 완전하게 사용하고 있을 뿐이고 피고 소유의 이 사건 건물 말고 다른 건물이 건립되어 있는 상태의 토지를 사용하고 있는 것은 아니므로, 피고가 반환하여야 할 부당이득액은 아무런 제한 없이 원고 소유의 토지를 사용함으로써 얻는 이익에 상당하는 대가라고 봄이 상당하다.

(다) 미등기건물의 원시취득 후 양도

① 원시취득자가 부지에 대한 부당이득자, 사실상 처분권을 보유하게 된 양수인이 존재하여도 [대법원 2011. 7. 14. 선고 2009다76522,76539 판결] 미등기 건물의 원시취득인인 피고2가 미등기 상태에서 건물 4, 5층을 금성디자인에게 매도하여 금성디자인이 사실상 처분권을 보유한 경우에도 소유권이전등기가 마쳐지지 않은 이상 소유권 이전 부정, 피고2가 부당이득자

② [반대취지의 판례] : 미등기건물을 양수하여 건물에 관한 사실상의 처분권을 보유하게 됨으로써 건물부지 역시 아울러 점유하고 있는 등의 특수한 사정이 없는 한 건물의 소유명의자가 아닌 자는 실제 건물을 점유하고 있더라도 그 부지를 점유하는 자로 볼 수 없다.[대법원 2009. 9. 10. 선고 2009다28462 판결]

(2) 타인 건물 점유

(가) 건물부지 차임 상당액이 포함된 건물임료 상당액[대법원 1995. 8. 22. 선고 95다11955, 11962(반소) 판결]

[95다11955] 원고 : 건물소유자, 피고 대지 점유·사용 ⇔ 피고 : 대지소유자, 원고 건물 점유·사용

⏩원고건물소유자 → 피고건물점유자 : 건물명도, 부당이득(임료) 청구

⏪피고대지소유자 → 원고대지점유자 : 부당이득(임료) 청구

[원심]

■ 피고건물점유자 : 건물차임 상당 부당이득 2,511,207원

■ 원고대지점유자 : 대지 차임 상당 부당이득 14,401,054원

■ 상계 후 남은 금액 11,889,847원의 반환을 명함 원·피고의 각 부당이득반환채권을 그 대등액에서 상계함으로써 원고가 피고에 대하여 지급할 차임 상당액이 금 11,889,847원(14,401,054원 − 2,511,207원) 남게 되어, 원고의 본소청구를 기각하고, 원고는 피고에게 위 상계 후 잔존 차임 상당액 금 11,889,847원(14,401,054원 − 2,511,207원) 중 피고가 반소청구로 구하는 바에 따라 금 7,600,000원을 지급할 의무가 있다.

[대법원]

- 피고건물점유자 : 대지 사용수익으로 인한 이득이 포함된 건물차임상당 부당이득 반환의무
- 원고대지점유자 : 대지 차임 상당 부당이득 반환의무
- 법률상 원인 없이 타인 소유의 건물을 점유하여 거주하는 자는 건물의 소유자에게 그 점유기간 동안 건물의 사용, 수익에 따른 차임 상당액을 부당이득으로 반환할 의무가 있다고 할 것인데, 여기서 그 차임 상당액을 산정함에 있어, 통상적으로 건물을 임대하는 경우는 당연히 그 부지 부분의 이용을 수반하는 것이고 그 차임 상당액 속에는 건물의 차임 외에 부지 부분의 차임(지대)도 포함되는 것이므로, 건물의 차임은 물론이고 그 부지 부분의 차임도 함께 계산되어야 할 것인바, 이 사건에 있어서 피고는 원고에 대한 관계에서 건물부지인 이 사건 대지의 사용수익으로 인한 이득이 포함된 건물차임상당의 부당이득을 하였다고 보아야 할 것 → 이 사건 건물의 차임에 이 사건 대지의 사용, 수익에 대한 평가가 포함되어 있지 아니하다면, 피고가 원고에게 부당이득을 반환하여야 할, 이 사건 대지의 사용 수익으로 인한 이득이 포함된 건물차임 상당액을 산정함에 있어서는 건물의 차임은 물론이고 그 부지 부분의 차임도 함께 계산되어야 할 것이다.

(나) **건물부지에 대한 임대차계약 종료 후 건물임대차계약도 종료된 경우**[대법원 1994. 12. 9. 선고 94다27809 판결]

① 건물 소유자원고(건물 임대인, 토지임차인) : 토지 소유자에 대하여 건물부지 차임상당액 부당이득 전부에 대한 반환의무

② 건물 불법점유자피고(건물임차인, 임대차 종료)

㉠ 토지 소유자에 대하여 부지점유자로서 부당이득반환의무 부정

㉡ 건물소유자원고에 대하여 건물부지의 사용수익으로 인한 이득이 포함된 건물임료 상당의 부당이득

(다) **건물 임대인원고이 건물 부지에 대한 소유권을 상실수용한 경우**[대법원 2012. 5. 10. 선고 2012다4633 판결]

① 건물 소유자 : 토지 소유자에 대한 관계에서는 부지의 불법점유자, 부지 차임 전부에 대한 부당이득 반환의무

② 건물 점유자(임차인)피고 : 건물소유자에 대하여 건물 부지 차임이 포함된 임차 건물 차임 상당액 반환의무 건물에 관한 임대차계약이 종료된 이후 이를 건물임대인에게 반환하지 않고 그대로 계속 점유·사용하는 자는 점유기간 동안 건물의 사용·수익에 따른 차임 상당액을 부당이득으로 반환할 의무가 있는데, 여기서 차임 상당액을 산정할 때 통상적으로 건물을 임대하는 경우 당연히 부지 부분의 이용을 수반하는 것이고 차임 상당액 속에는 건물 차임 외에도 부지 부분 차임(지대)도 포함되므로, 건물 차임은 물론이고 부지 부분 차임도 함께 계산되어야 한다. 그리고 건물소유자가 부지 부분에 관한 소유권을 상실하였다 하여도 건물소유자는 의연 토지소유자와 관계에서는 토지 위에 있는 건물의 소유자인 관계로 건물 부지의 불법점유자라 할 것이고, 따라서 건물 부지 부분에 관한 차임 상당의 부당이득 전부에 관한 반환의무를 부담하게 되며, 건물을 점유하고 있는 건물임차인이 토지소유자에게 부지점유자로서 부당이득반환의무를 진다고 볼 수 없다. 그러므로 건물소유자는 이러한 채무의 부담한도 내에서 건물임차인의 건물 불법점유에 상응하는 부지 부분의 사용·수익에 따른 임료 상당의 손

실이 생긴 것이고, 건물에 관한 임대차계약 종료 이후 이를 계속 점유·사용하는 건물임차인은 건물소유자에 대한 관계에서 건물 부지의 사용·수익으로 인한 이득이 포함된 건물임료 상당의 부당이득을 하였다고 보아야 한다.

③ 소멸시효 기간 : 10년 원고와 피고 사이의 임대차계약은 상행위에 해당하지만 계약기간 만료를 원인으로 한 부당이득반환채권은 법률행위가 아닌 법률규정에 의하여 발생하는 것이고, 발생 경위나 원인 등에 비추어 상거래 관계에서와 같이 정형적으로나 신속하게 해결할 필요성이 있는 것도 아니므로, 특별한 사정이 없는 한 10년의 민사소멸시효가 적용

㈜ 건물 유치권자의 건물사용

① 부지에 대한 부당이득 불성립[대법원 2009. 9. 10. 선고 2009다28462 판결] 건물의 유치권자는 건물의 소유자가 아니므로 그 건물의 부지 부분을 점유·사용하였다고 볼 수 없다.

② 건물 차임 상당액을 건물소유자에게 부당이득으로 반환2009다28462, [대법원 1963. 7. 11. 선고 63다235 판결]

③ 유치권자의 전세계약 체결 + 전세금 수령 : 전세금에 대한 법정이자 상당액[대법원 2009. 12. 24. 선고 2009다32324 판결] 유치권자가 유치물에 관하여 제3자와의 사이에 전세계약을 체결하여 전세금을 수령하였다면 전세금이 종국에는 전세입자에게 반환되어야 할 것임에 비추어 다른 특별한 사정이 없는 한 그가 얻은 구체적 이익은 그가 전세금으로 수령한 금전의 이용가능성이고, 그가 이와 같이 구체적으로 얻은 이익과 관계없이 추상적으로 산정된 차임 상당액을 부당이득으로 반환하여야 한다고 할 수 없다. 그리고 이러한 이용가능성은 그 자체 현물로 반환될 수 없는 성질의 것이므로 그 '가액'을 산정하여 반환을 명하여야 하는바, 그 가액은 결국 전세금에 대한 법정이자 상당액이다.

(3) 타인 토지 점유와 임료 상승

㈎ 부당이득액 : 임료 상당 부당이득

㈏ 임료의 현저한 상승시 명시적 일부청구 의제로 전소의 기판력 부정[대법원 1993. 12. 21. 선고 92다46226 전원합의체 판결] 토지의 소유자가 법률상 원인 없이 토지를 점유하고 있는 자를 상대로 장래의 이행을 청구하는 소로서, 그 점유자가 토지를 인도할 때까지 토지를 사용 수익함으로 인하여 얻을 토지의 임료에 상당하는 부당이득금의 반환을 청구하여, 그 청구의 전부나 일부를 인용하는 판결이 확정된 경우에, 그 소송의 사실심 변론종결 후에 토지의 가격이 현저하게 앙등하고 조세 등의 공적인 부담이 증대되었을 뿐더러 그 인근 토지의 임료와 비교하더라도 그 소송의 판결에서 인용된 임료액이 상당하지 아니하게 되는 등 경제적 사정의 변경으로 당사자간의 형평을 심하게 해할 특별한 사정이 생긴 때에는, 토지의 소유자는 점유자를 상대로 새로 소를 제기하여 전소 판결에서 인용된 임료액과 적정한 임료액의 차액에 상당하는 부당이득금의 반환을 청구할 수 있다고 봄이 상당하다.

(4) 부진정연대채무와 부당이득

㈎ 물건에 대한 직접점유자와 간접점유자의 점유·사용으로 인한 부당이득반환의무 : 동일한 경제적 목적을 가진 채무로서 서로 중첩되는 부분에 관하여는 부진정연대채무관계

㈏ 본래 의미의 예비적·선택적 공동소송이 아님 : 상소로 인한 확정차단의 효력도 다른 공동소송인에 대한 관계에서는 미치지 않음[대법원 2012. 9. 27. 선고 2011다76747 판결] 어떤 물건에 대하여 직접점유자와 간접점유자가 있는 경우, 그에 대한 점유·사용으로 인한 부당이득의 반환의무는 동일한 경제적 목적을 가진 채무로서 서로 중첩되는 부분에 관하여는 일방의 채무가 변제 등으로 소멸하면 타방의 채무도 소멸하는

이른바 부진정연대채무의 관계에 있다. 부진정연대채무의 관계에 있는 채무자들을 공동피고로 하여 이행의 소가 제기된 경우 공동피고에 대한 각 청구는 법률상 양립할 수 없는 것이 아니므로 그 소송은 민사소송법 제70조 제1항에 규정한 본래 의미의 예비적·선택적 공동소송이라고 할 수 없고, 따라서 거기에 필수적 공동소송에 관한 민사소송법 제67조는 준용되지 않는다고 할 것이어서 상소로 인한 확정차단의 효력도 상소인과 그 상대방에 대해서만 생기고 다른 공동소송인에 대한 관계에는 미치지 않는다. ➡ 원고가 피고 공사에 대한 청구만 항소한 경우 피고 대한민국에 대한 1심판결은 항소기간 만료일 경과로 종료(소송종료선언)

사. 부동산의 사용수익과 부당이득 ➡ 전술(180~182쪽)

아. 명의신탁과 부당이득

(1) 양자간 명의신탁

⑺ 실명법 시행 전 명의신탁 + 유예기간 경과

⑴ 수탁자는 부동산 자체를 부당이득[대법원 2010. 2. 11. 선고 2008다16899 판결] 부동산 소유자가 명의수탁자가 되는 명의신탁도 가능, 부친 사망 후 장남(피고)이 매매를 원인으로 하여 이전등기, 장남은 모친(원고)에게 1/2지분이 원고 소유라는 확인서 작성 → 1/2지분에 관하여 명의신탁관계 성립 → 유예기간 경과로 수탁자가 1/2지분 소유권 취득 → 부당이득 : 부동산실명법 시행 전에 원고와 피고 사이에 이 사건 부동산 지분에 관하여 실질적인 소유권을 원고에게 귀속시키는 명의신탁관계가 성립하였는데, 부동산실명법의 시행일인 1995. 7. 1.부터 1년의 유예기간 이내에 이 사건 부동산 지분에 관하여 실명등기를 하지 아니하여 위 명의신탁약정은 무효로 되었으며, 이에 따라 수탁자인 피고는 이 사건 부동산 지분에 관하여 완전한 소유권을 취득함으로써 이를 부당이득하였으므로, 피고는 원고에게 이 사건 부동산 지분에 관하여 부당이득반환을 원인으로 한 소유권이전등기절차를 이행할 의무가 있다.

(1)-1 소멸시효

⑺ 신탁관계 종료를 원인(이전등기청구권) : 해제시부터 10년[대법원 1975. 8. 19. 선고 75다273 판결] 수탁자의 말소등기청구권을 대위하는 신탁자의 피보전채권이 신탁계약해제를 원인으로 하는 소유권이전등기청구권인 사례

⑴ 소유권에 기한 청구 : 소멸시효 진행 부정[대법원 1976. 6. 22. 선고 75다124 판결]

(2) 3자간 등기명의신탁

⑺ 유예기간 경과 후 수탁자 처분·강제수용·협의취득[대법원 2011. 9. 8. 선고 2009다49193, 49209 판결], 경매[대법원 2019. 7. 25. 선고 2019다203811, 203828 판결] : 제3자는 유효하게 소유권 취득(부동산 실권리자명의 등기에 관한 법률 제4조 제3항), 명의신탁관계는 당사자의 의사표시 등을 기다릴 필요 없이 종료[대법원 2021. 7. 8. 선고 2021다209225, 209232 판결] 「부동산 실권리자명의 등기에 관한 법률」 제4조 제3항에 따르면 명의수탁자가 신탁부동산을 임의로 처분하거나 강제수용이나 공공용지 협의취득 등을 원인으로 제3취득자 명의로 이전등기가 마쳐진 경우, 특별한 사정이 없는 한 그 제3취득자는 유효하게 소유권을 취득한다. 그리고 이 경우 명의신탁관계는 당사자의 의사표시 등을 기다릴 필요 없이 당연히 종료되었다고 볼 것이지, 주택재개발정비사업으로 인해 분양받게 될 대지 또는 건축시설물에 대해서도 명의신탁관계가 그대로 존속한다고 볼 수 없다. ➡ 원고와 피고 사이에 이 사건 구주택에 관한 3자간 등기명의신탁약정이 있었음을 인정할 수 있고, 이후 주택재개발정비사업의 시행으로 피고가 사업시행자에게 제공한 이 사건 구주택이 철거·멸실됨으로써 위 명의신탁관계는 종료되었다. 따라서 당사자 간 별도의 명시적 계약이나 묵시적 합의가 있었다는 등의 특별한 사정이 인정

되지 않는 한 이 사건 아파트에 관하여 당연히 명의신탁관계가 발생하였다거나 존재하는 것으로 볼 수는 없다.

⑷ 매도인의 신탁자에 대한 이전등기의무 이행불능

㈐ 신탁자는 신탁부동산의 소유권을 이전받을 권리소유권이 아님를 상실하는 손해

㈑ 수탁자는 처분대금, 보상금을 부당이득으로 반환2019다203811, [대법원 2011. 9. 8. 선고 2009다 49193, 49209 판결] 대위가 아니라 직접 청구 가능 ⇔ 소유권이전등기청구권은 부당이득 대상이 아님 [대법원 2008. 11. 27. 선고 2008다55290,55306 판결] 신탁자는 매도인에 대하여 이전등기청구권 보유 → 유예기 간 경과로 등기명의를 보유하지 못하는 손해 부정, 매도인에게 소유권이 복귀하므로 신탁자는 수탁자를 상대로 이 전등기를 구할 수 없음

㈑-1. 소멸시효 : 유예기간 경과1996.7.1.~10년2006.6.30.24시

▸ 인도받아 점유하고 있는 신탁자의 매도인에 대한 이전등기청구권은 시효진행되지 않 음[대법원 2013. 12. 12. 선고 2013다26647 판결]

(3) 계약 명의신탁

㈎ 실명법 시행 전 : 실명법 시행 전 계약명의신탁 + 매도인 선의 + 유예기간 경과

■ 수탁자 소유권 취득 : 부동산 자체 부당이득[대법원 2002. 12. 26. 선고 2000다21123 판결] 실명법 시 행 전에는 신탁자가 명의신탁 약정을 해지하고 당해 부동산의 소유권을 취득할 수 있었으므로

㈎-1. 소멸시효 : 수탁자에 대한 소유권이전등기 청구권은 부당이득반환청구권, 1996. 7. 1.부 터 10년

▸ 명의신탁자가 당해 부동산을 점유·사용하고 있었다는 재항변 : 불가[대법원 2009. 7. 9. 선고 2009다23313 판결] 무효인 명의신탁약정에 기한 점유는 부당이득반환청구권의 실질적 행사로 볼 수 없음, 실명법위 반자를 보호하는 결과

■ 실명법 시행 전이라도 수탁자의 등기가 없었던 경우에는 매수자금[대법원 2011. 5. 26. 선고 2010다21214 판결] 다른 사정으로 수탁자가 이전등기를 마쳤더라도[22)]

■ 실명법 시행 전의 명의신탁이라도 신탁자가 유예기간 내 등기이전에 법률상 장애농지 취득자격증명가 있었던 경우 : 매수자금[대법원 2008. 5. 15. 선고 2007다74690 판결] 법률상 장애로 소유권

---

22) 부동산실명법 시행 전에 명의신탁자와 명의수탁자가 이른바 계약명의신탁약정을 맺고 명의수탁자가 당사자 가 되어 명의신탁약정이 있다는 사실을 알지 못하는 소유자와 부동산에 관한 매매계약을 체결하고 그 매매 계약에 따른 매매대금을 모두 지급하였으나 당해 부동산의 소유권이전등기를 명의수탁자 명의로 마치지 못 한 상태에서 부동산실명법 제11조에서 정한 유예기간이 경과하였다면, 위 명의신탁약정의 무효에 불구하고 명의수탁자와 소유자 사이의 매매계약 자체는 유효한 것으로 취급되는바, 이 경우 명의수탁자는 명의신탁 약정에 따라 명의신탁자가 제공한 비용으로 소유자에게 매매대금을 지급하고 당해 부동산을 매수한 매수인 의 지위를 취득한 것에 불과하지 당해 부동산에 관한 소유권을 취득하는 것은 아니므로, 위 유예기간의 경 과에 따른 명의신탁약정의 무효로 인하여 명의신탁자가 입게 되는 손해는 당해 부동산 자체가 아니라 명의 수탁자에게 제공한 매수자금이라 할 것이고, 그 후 명의수탁자가 당해 부동산에 관한 소유권을 취득하게 되 었다고 하더라도 이로 인하여 부당이득반환의 대상이 달라진다고 할 수는 없다.

취득 불가 → 신탁자의 손해는 매수자금

(나) 실명법 시행 후 : 실명법 시행 후 계약명의신탁 + 매도인 선의 + 유예기간 경과

■ 수탁자는 소유권 취득, 매수자금 부당이득[대법원 2005. 1. 28. 선고 2002다66922 판결] 실명법 시행 후에는 신탁자가 소유권취득 불가

[비교] 새로운 명의수탁자에 대한 부당이득반환청구 : 기각∵ 소유권취득 불가 → 매수대금 부당이득 불성립

■ 신탁자소외1와 수탁자소외2, 제3자피고 사이의 새로운 명의신탁약정에 의해 제3자에게 이전등기

■ 새로운 명의신탁 약정 : 무효(실명법 제4조 제2항)

■ 소유권 : 명의수탁자 경매절차 명의인

■ 제3자 : 소유권취득 불가제3자가 수탁자에 대하여 이전등기청구소송의 확정판결에 기한 등기를 마쳤다고 하더라도 → 매수대금 부당이득 불성립[대법원 2009. 9. 10. 선고 2006다73102 판결]

[원심 : 수탁자의 제3자에 대한 말소등기청구나 진정명의회복 이전등기청구가 확정판결의 기판력에 반하므로 제3자가 소유권취득, 매수대금(낙찰대금) 상당 부당이득]

[대법원 : 이전등기청구권의 기판력은 소유권 존부에는 미치지 않음, 위 확정판결이 소유권의 귀속에는 영향을 미치지 않음] 경매절차에서 이 사건 부동산의 매수대금을 누가 부담하였는지 여부와 관계없이 그 명의인인 소외2가 이 사건 부동산의 소유권을 취득하였다 할 것인데, 그 후 확정판결에 의하여 피고 명의로 소유권이전등기가 마쳐졌다 하더라도 이는 소외1과 소외2 사이의 무효인 명의신탁약정에 기초한 것인데다가 피고를 포함한 3자간의 새로운 명의신탁약정에 기한 것이어서 무효일 뿐 아니라, 위 확정판결이 이 사건 부동산 소유권의 귀속에는 아무런 영향을 미치지 못하므로, 피고는 이 사건 부동산의 소유권을 취득하지 못하였고, 따라서 피고가 위 소유권이전등기에 의하여 이 사건 부동산 매수대금 상당의 부당이득을 얻었다고 할 수는 없다.

3. 원고 손해

가. 유형 : 급부급부부당이득, 배타적으로 할당된 법적 이익의 침해상태침해부당이득, 비용 지출비용부당이득

나. 사례

(1) 자기채무 이행은 손실이 아님 : 해제로 인하여 매수인의 임대인 지위를 승계한 원매도인의 보증금 지급 : 구상 불가, 부당이득 불성립[대법원 1993. 7. 16. 선고 93다17324 판결]

(2) 권원 없는 시설물 설치 : 사용이 불가능하게 된 과소토지를 포함한 토지 전부에 대한 임료 상당 부당이득 반환의무[대법원 1995. 8. 25. 선고 94다27069 판결, 대법원 2001. 3. 9. 선고 2000다70828 판결]

3-1. 손해 발생 부정

가. 소유권 포기[대법원 1985. 8. 13. 선고 85다카421 판결]

나. 불법점유가 없었더라도 소유자에게 차임 상당 이익이나 기타 소득이 발생할 여지가 없는 특별한 사정의 존재 : 손해발생에 대한 간접반증의 의미[대법원 2002. 12. 6. 선고 2000다57375 판결]

3-2. 손해의 주체 부정 : 손해를 받은 사람은 배당이 잘못되지 않았더라면 배당을 받을 수 있었던 사람(다음 순위의 채권자)이지 채무자가 아님[대법원 1990. 11. 27. 선고 90

다카28412 판결, 대법원 2000. 10. 10. 선고 99다53230 판결, [대법원 2021. 12. 16. 선고 2021다215701 판결] 후순위 근저당권과 함께 그 피담보채권을 양수하였지만 채권양도의 대항요건을 갖추지 못한 양수(피고)인이 선순위 근저당권자가 신청한 경매절차에서 배당을 받은 경우에, 채무자(원고)가 양수인을 상대로 채권양도의 대항요건 미비를 이유로 배당이의절차에서 다툼으로써 양수인이 배당을 받지 못하게 되더라도, 그 후순위 근저당권이 경매개시결정등기 전에 등기되어 매각으로 소멸하는 이상 채무자에 대한 관계에서 양도인이 민사집행법 제148조 제4호에 따라 배당요구 없이 당연히 배당을 받는 근저당권자에 해당한다고 볼 수 있으므로, 채무자에게는 위 배당으로 인하여 손해가 발생하였다고 할 수 없다.

4. 수익과 손해의 인과관계 : 사회관념상의 인과관계[권리의 변동과 구제 586]

가. 매도인 → 부합에 의한 소유권취득자도급인 : 부당이득반환청구

▶ 매매 후 부합 : 매도인은 매매에 의해 소유권상실 ⇔ 도급인은 부합으로 소유권취득 ∴ 인과관계 부정

▶ 소유권유보부매매 후 부합 : 부합에 의해 소유권상실(매도인 손해) = 부합으로 소유권취득(도급인 이익) ∴ 인과관계 인정

▶ 제3자가 선의 : 선의취득과 유사 ➡ 법률상 원인 인정, 보상청구 불가

▶ 소유권유보부매매에 대해 악의·과실 → 법률상 원인 부존재, 보상청구 가능[대법원 2009. 9. 24. 선고 2009다15602 판결]

나. 전매수인 → 매도인 : 부당이득반환청구

▶ 최초 매매계약원고(매도인) + 소외2(매수인)의 당연무효로 전매수인피고의 등기가 당연무효인 경우[대법원 1997. 5. 16. 선고 96다43799 판결] : 전매수인의 손해소외2(매수인)에게 지급 vs 원고매도인 이익소외2로부터 지급받은 매매대금 상당 이익 → 인과관계 부정 ∵ 원고(매도인)는 피고(전매수인)의 출연과 관계없이 소외2(매수인)로부터 매매대금 수령

Ⅲ. 기타 항변

1. 기판력 항변 : 기각된 전소집행채권의 변제를 이유로 하는 부당이득반환청구가 후소다른 전부명령의 확정으로 인한 집행채권 소멸(공격방법)의 일부청구[대법원 2008. 2. 29. 선고 2007다49960 판결] 전소에서 일부청구임을 명시하지 않은 경우 기판력은 전부에 대하여 발생

2. 반환범위 항변

가. 선의·악의 판단기준

- ■ 악의 : 주장자에게 입증책임[대법원 2010. 1. 28. 선고 2009다24187,24194 판결]
- ■ 이익 보유가 법률상 원인 없는 이득을 알았는지 여부[대법원 1993. 2. 26. 선고 92다48635, 48642 판결], [2009다24187] 명의신탁약정이 무효임을 알았다는 사정
- ▶ 부당이득반환의무의 발생요건 사실수탁자가 수령한 매수자금이 명의신탁약정에 기하여 지급되었다는 사실에 대한 인식만으로는 부족2009다24187 수탁자(반소피고)가 신탁자(반소원고, 부당이득반환청구)의 점유·사용에 대하여 이의를 제기하지 않은 경우 → 수탁자는 명의신탁의 유효를 전제 → 수탁자가 명의신탁이 무효임을 알았다고 보기 어려움. 피고 재단은 명의신탁자로서 자신이 이 사건 부동산의 소유자라는 인식 아래 이 사건 부동산을 점유·사용하여 왔음을 알 수 있고, 원고 또한 자신 앞으로 소유권이전등기가 행하여진 후로도 이 사건 위에 있는 시설물 등의 철거를 구하는 이 사건 소송을 제기하기에 앞서 원고의 대리인인 변호사를 통하여 피고 재단 소속의 ○○사 주지에 대하여 2005. 9. 13.자로 통고서를 보내는 등의 조치에 이르기 전까지 피고 재단의 그러한 점유·사용에 대하여 어떠한 이의를 제기하였다는 자료를 찾아보기 어렵다. 그렇다면 원심이 인정하는 바와 같이 원고 앞으로 소유권이전등기가 행하여진 1997. 11. 13. 당시에 이미 원고가 이 사건 매수자금에 관하여 이를 보유할 법률상 원인이 없어서 반환하여야 할 것임을 알고 있었다고 하기는 어렵고, 그 등기 후로도 상당한 기간 동안 여전히 이 사건 부동산 취득에 관한 명의신탁약정을 유효한 것으로, 따라서 위 매수자금을 반환하지 아니하여도 되는 것으로 전제하고 있었다고 보아야 할 것이다.
- ■ 매도인의 기망행위를 이유로 하는 매매계약취소시에도 매수인매매계약 취소 이후 목적물에 대한 선량한 관리자로서의 주의의무 해태로 목적물 멸실의 악의 인정 가능92다48635 매매계약 취소 이후부터 받은 이익에 해당하는 잉어 등에 대한 악의의 수익자로서 시가 상당 가액의 반환책임 : 부당이득의 수익자가 선의이냐 악의이냐 하는 문제는 오로지 법률상 원인 없는 이득임을 알았는지의 여부에 따라 결정되는 것이므로, 매매계약이 매도인의 기망행위를 이유로 하여 취소된 것이라고 하더라도 그 사유를 들어 매수인의 수익자로서의 악의성을 부정할 수 없으며 또 매수인의 가액반환의무가 그와 대가관계에 있는 매도인의 매매대금반환채무와 서로 동시이행관계에 있다고 하여 이를 달리 볼 것도 아니다. 위 잉어가 양식장 폐쇄에 따른 운반과정에서의 관리소홀과 다른 이동장소인 소류지의 산소부족으로 폐사된 것이라면, 이는 그 수익자인 원고가 일반인의 선량한 관리자로서의 주의의무를 해태한 데서 야기된 것으로 원고 자신의 귀책사유로 인하여 멸실된 경우에 해당한다고 볼 것이지, 오로지 피고의 기망에 의한 불법행위에서 원유된 것이라거나 불가항력에 의하여 이루어진 것이라고 보기는 어렵다 할 것이고, 따라서 잉어폐사책임을 원고에게 인정한 것이 신의칙 위배나 권리남용에 해당한다고 볼 수 없다.

■ 법인의 부당이득반환의무 : 대표기관의 선의·악의를 기준(제59조 제2항 → 제116조)[대법원 2011. 2. 10. 선고 2010다89708 판결]

나. 반환범위

(1) 선의 수익자 : 현존이익

(개) 증명책임

① 원칙 : 손실자[대법원 1970. 2. 10. 선고 69다2171 판결]

② 금전, 금전 유사 대체물[대법원 1987. 8. 18. 선고 87다카768 판결] 거래대상인 비디오폰 등 통신제품, 모래채취 이익 : 현존 추정 → 수익자가 이익의 감소사실을 증명할 책임[대법원 2009. 5. 28. 선고 2007다20440,20457 판결]

(나) 손실자의 손해 범위로 한정[대법원 1974. 7. 26. 선고 73다1637 판결] : **현존이익**공사에 의한 토지가치 증가 > 공사비 → **공사비만 반환**

(2) 수익자의 악의 : 손실자 입증2009다24187

(개) 수익을 받은 후 법률상 원인 없음을 안 때(제749조 제1항)

① 수익자가 금전지급청구 소송수익자 → 손실자 : 보상금 청구에서 1심 승소 후 항소심 패소 후 상고기각1971. 11. 9. : 상고기각판결일부터 악의[대법원 1974. 7. 16. 선고 74다525 판결]

② 수익자가 보상금청구의 소를 제기한 때에로 악의 의제되는 것이 아님74다525 손실자가 부당이득반환청구의 소를 제기한 날은 1972. 7. 11.이므로 제749조 제1항을 적용하는 것이 손실자에게 유리하고, 수익자의 소는 부당이득을 이유로 하는 반환청구의 소가 아니므로 여기에는 제749조 제2항 부적용

(나) 악의 의제

① 제749조 제2항 : 부당이득반환청구의 소에서 선의 수익자가 패소 → 소제기시부터 악의 간주[74다525] 제749조 제2항 '그 소' → 부당이득 반환청구의 소

② 제197조 제2항 : 말소등기소송의 패소자 → 승소자의 소제기시부터 악의 점유자로 간주[대법원 1987. 1. 20. 선고 86다카1372 판결] 말소등기청구소송의 소제기시부터 악의 점유자로 간주되므로 말소청구소송 제기 및 그 이후로서 원고가 구하는 1980.7.1.부터 이 사건 토지의 점유로 인한 부당이득의 반환을 명한 것은 적법

③ 제197조 제2항 : '본권에 관한 소'에는 소유권 침해를 이유로 한 부당이득반환청구 포함 → 인도청구가 기각되어도 부당이득 주장이 이유 있는 경우 소제기일부터 악의 의제[대법원 2002. 11. 22. 선고 2001다6213 판결]

[2001다6213] 소유권침해를 이유로 한 부당이득반환청구 : 인도청구가 기각되어도 부당이득반환청구 인용 가능

▶ **건물인도 청구**
- 소제기 전 경락으로 소유권 상실 : 인도 청구기각

▶ **부당이득반환청구**

◀본권(임차권) 항변 : 원심 판단누락

◀제201조 제1항, 제197조 제1항 항변

▸ 제197조 제2항 : 소유권침해를 이유로 한 부당이득반환청구 포함

▸ 원고의 소유권 존부와 피고의 점유권원의 유무 등을 가려서 청구의 당부를 판단 → 부당이득 주장이
이유 있는 경우 소유권 상실 이전 기간의 부당이득 인용 가능, 소제기일부터 악의 간주

다. 지연손해금 기산점 : 이행청구를 받은 때 → ∴ '수탁자가 매수자금을 수령한 날부
터'가 아님2009다24187

3. 공제 항변

가. 지출비용 : 이익을 얻기 위해 지출한 공사비, 노무비[대법원 1995. 5. 12. 선고 94다25551 판결]

▸ 타인소유 부동산 처분행위로 인한 양도소득 : 이익 취득과 관련하여 지출한 비용에 포
함되지 않음 → 공제 되지 않음[대법원 2011. 6. 10. 선고 2010다40239 판결]

나. 운용이익

■ 원칙 : 공제[대법원 1995. 5. 12. 선고 94다25551 판결] 토석대금 중 포함된 이윤 : 공제(피고의 노력에 의한 것이
므로)

▸ 예외 : 수익자의 행위가 없었어도 손실자가 당연히 취득 가능(이득의 원인으로부터 이
윤이 당연히 발생) → 공제되지 않음(반환범위에 포함)94다25551, [대법원 2008. 1. 18. 선고
2005다34711 판결] 반환대상 금원에 대한 정기예금 이자 상당액

4. 불법원인급여 항변(제746조 본문) : 반환청구 불가[대법원 2004. 9. 3. 선고 2004다27488,
27495 판결]

가. 요건

(1) 불법 : 제103조의 불법[민법판례연구Ⅰ 277] 민법 제103조 위반행위라 하여 모두가 민법 제746조의 불법성
이 있다고 평가되어서는 안 되고, 민법 제746조의 불법성이 인정되려면 그 제도의 취지에 합당하도록 별도의 불
법성 평가가 있어야 한다.

(2) 원인 : 법률행위, 사회적 목적이 불법

(2)-1. 강행법규 위반 : 곧바로 선량한 풍속 기타 사회질서 위반은 아님 ➡ 반환청구
가능

㉮ 담배사재기를 위한 담배구입대금[대법원 2001. 5. 29. 선고 2001다1782 판결]

㉯ 수산업법에 위반한 어업권 임대차[대법원 2010. 12. 9. 선고 2010다57626,57633 판결]

(다) **부동산실명법 위반**[대법원 2003. 11. 27. 선고 2003다41722 판결]

(라) **농지법에 위반한 농지임대차**[대법원 2017. 3. 15. 선고 2013다79887, 79894 판결]

① 원칙 : 불법원인급여 아님 → 농지임대인, 농지임차인 모두 반환청구 가능

   ➡ [본소 : 임대인] 농지임대차의 무효로 인한 인도청구 + 차임상당 부당이득반환청구(가능, 임차인 제746조 항변 불가), [반소 : 임차인] 임대료반환청구(가능, 임대인 제746조 항변 불가)

   ➡ 관련 의문점 : 농지임대차를 유효로 보는 것(임료 청구 가능)과의 차이 유무 : 부당이득의 대상이 '차임 상당'금액으로 차임과 우연히 같았기 때문, 어느 경우이든 본질은 강행규정 위반 전의 상태로의 원상회복에 있는 것이고, 그 회복물이 우연히 적법한 임대차 또는 매매의 대가와 같은 액수의 돈이었다고 하여 본질이 달라지는 것은 아님[민법판례연구 278]

② 예외 : 농지법의 이념에 정면으로 배치되어 반사회성이 현저한 경우 → 불법원인급여 적용 → 반환청구불가

(3) 급여 : 종국적 급여

(3)－1. 종국적 급여 아님 : 등기·인도가 없는 경우, 원인무효 등기[대법원 1966. 5. 31. 선고 66다531 판결, 대법원 1995. 8. 11. 선고 94다54108 판결] 도박채무 담보를 위한 근저당권설정등기 → 수익자의 경매신청이 필요

  ▶ 양도담보 : 종국적 급여 인정[대법원 1989. 9. 29. 선고 89다카5994 판결] 도박채무 담보를 위한 소유권이전등기, 민법 제746조의 규정취의는 민법 제103조와 함께 사법의 기본이념으로 사회적 타당성이 없는 행위를 한 사람은 그 형식여하를 불문하고 스스로 한 불법행위의 무효를 주장하여 그 복구를 소구할 수 없다는 법의 이상을 표현한 것이고 부당이득반환청구만을 제한하는 규정이 아니므로 불법의 원인으로 급여를 한 사람이 그 원인행위가 무효라고 주장하고 그 결과 급여물의 소유권이 자기에게 있다는 주장으로 소유권에 기한 반환청구를 하는 것도 허용할 수 없는 것이니, 도박채무가 불법무효로 존재하지 않는다는 이유로 양도담보조로 이전해 준 소유권이전등기의 말소를 청구하는 것은 허용되지 않는다.

(3)－2. 재항변 : 반환청구 가능

(가) **수익자 불법**(제746조 단서)

(나) **불법성 비교론 : 명의수탁자**[대법원 1993. 12. 10. 선고 93다12947 판결], **무효인 이자지급**[대법원 2007. 2. 15. 선고 2004다50426 전원합의체 판결], **사기바둑**[대법원 1997. 10. 24. 선고 95다49530, 49547 판결] 도박채무 변제를 위한 소유권이전등기의 말소등기청구

나. 불법원인급여의 적용범위

(1) 계약 해제를 전제로 한 반환청구 : 불가[대법원 1992. 12. 11. 선고 92다33169 판결] 불법원인급여에 관한 민법 제746조의 규정취지는 민법 제103조와 함께 사법의 기본이념으로 사회적 타당성이 없는 행위를 한 사람은 형식 여하를 불문하고 스스로 한 불법행위의 무효를 주장하여 복구를 소구할 수 없다는 법의 이상을 표현하는 것이고 부당이득반환청구권만을 제한하는 규정이 아니므로 불법의 원인으로 인하여 금원을 급여한 사람이 금원의 교부가 송금위탁계약에 기한 것으로 이의 해제를 전제로 반환을 구하는 것도 허용되지 아니한다.

(2) 불법원인급여자의 손해배상청구 : 불가[대법원 2013. 8. 22. 선고 2013다35412 판결] 급여자의 위와 같은 손해배상청구를 인용한다면, 이는 급여자는 결국 자신이 행한 급부 자체 또는 그 경제적 동일물을 환수하는 것과 다름없는 결과가 되어, 민법 제746조에서 실정법적으로 구체화된 앞에서 본 바와 같은 법이념에 반하게 되는 것(예외 : 상대방에게만 불법이 있거나 상대방의 불법성이 더 큰 경우)

(3) 양도담보에 의한 소유권이전등기 : 불가[대법원 1989. 9. 29. 선고 89다카5994 판결] 민법 제746조의 규정취지는 민법 제103조와 함께 사법의 기본이념으로 사회적 타당성이 없는 행위를 한 사람은 그 형식여하를 불문하고 스스로 한 불법행위의 무효를 주장하여 그 복구를 소구할 수 없다는 법의 이상을 표현한 것이고 부당이득반환청구만을 제한하는 규정이 아니므로 불법의 원인으로 급여를 한 사람이 그 원인행위가 무효라고 주장하고 그 결과 급여물의 소유권이 자기에게 있다는 주장으로 소유권에 기한 반환청구를 하는 것도 허용할 수 없는 것이니, 도박채무가 불법무효로 존재하지 않는다는 이유로 양도담보조로 이전해 준 소유권이전등기의 말소를 청구하는 것은 허용되지 않는다.

다. 반환약정

(1) 사전 임의반환약정의 존재를 이유로 보관금 반환청구변호사법 위반 면허청탁비용 : 불가[대법원 1991. 3. 22. 선고 91다520 판결] 원고가 위 망인에게 위 금원을 교부할 당시에 채권자가 위 면허를 취득하지 못하게 될 경우 원고에게 위 금원을 반환하여 주기로 약정하였는데, 그 후 위 면허를 취득하지 못하게 되었다 하더라도 이와 같은 약정은 결국 불법원인급여물의 반환을 구하는 범주에 속하는 약정이라 할 것이며 이는 사회질서에 반하는 법률행위로서 무효이다.

(2) 사후 임의반환약정(급부 자체·대가물의 반환 특약) : 가능[대법원 2010. 5. 27. 선고 2009다12580 판결] 불법원인급여 후 급부를 이행받은 자가 급부의 원인행위와 별도의 약정으로 급부 그 자체 또는 그에 갈음한 대가물의 반환을 특약하는 것은 불법원인급여를 한 자가 그 부당이득의 반환을 청구하는 경우와는 달리 그 반환약정 자체가 사회질서에 반하여 무효가 되지 않는 한 유효하다고 할 것이고, 여기서 반환약정 자체의 무효 여부는 반환약정 그 자체의 목적뿐만 아니라 당초의 불법원인급여가 이루어진 경위, 쌍방당사자의 불법성의 정도, 반환약정의 체결과정 등 민법 제103조 위반 여부를 판단하기 위한 제반 요소를 종합적으로 고려하여 결정하여야 하고, 한편 반환약정이 사회질서에 반하여 무효라는 점은 수익자가 이를 입증하여야 한다.

(2)-1. 반환약정 자체가 무효 : 수익자 입증2009다12580

(3) 수익자의 임의반환 가능[대법원 1964. 10. 27 선고 64다798 판결] 본조는 불법원인급여자의 수령자에 대한 급여물반환청구를 법률상 보호하지 않는데 그 입법의 취지가 있는 것일 뿐이므로 그 수령자가 임의로 급여된 물건이나 이에 가름하여 다른 물건을 급여자에게 반환하는 것 까지를 선량한 풍속 기타의 사회질서에 위배된다고 하는 취지가 아니라 그 소위 임의반환은 현실적인 반환을 하였을 경우를 이르는 것으로서 반환에 관한 약정과 같이 그 약정의 이행청구에 있어 약정의 원인이 된 당초의 불법원인급여에 관한 사실을 주장하게 되는 경우까지를 말하는 것이 아니다.

5. 소멸시효 : 10년[대법원 2012. 5. 10. 선고 2012다4633 판결] 임대차계약이 상행위에 해당하더라도 계약기간 만료를 원인으로 하는 부당이득반환채권은 법률의 규정에 의하여 발생

제3절 불법행위 과실책임의 원칙 : 예방과 회복[민법학의 기본원리 16]

제1관 개별 불법행위 요건

Ⅰ. 제35조(법인의 불법행위) : 제750조의 특칙, 제756조 법조경합(대표기관 외의 직원 : 제756조 적용)

1. 요건

가. 대표기관 : 사실상 대표자 포함

나. 직무·직무외형(외형이론)

나-1. 직무에 관한 행위에 해당하지 않음에 대한 악의·중과실[대법원 2005. 7. 28. 선고 2005다3649 판결]

나-2. 법률상 권리능력 제한 위반 중앙회로부터의 차입만 가능함에도 개인으로부터 차입 : **직무관련성 부정**[대법원 1964. 12. 29. 선고 64다1321 판결]

■ 정관상 권리능력 제한 위반 : 직무관련성 인정

■ 법령위배 직무행위 : 직무관련성 인정[대법원 1969. 8. 26. 선고 68다2320 판결] 행위의 외형상 법인의 대표자의 직무행위라고 인정할 수 있는 것이라면 설사 그것이 대표자 개인의 사리를 도모하기 위한 것이었거나 혹은 법령의 규정에 위배된 것이었다 하더라도 위의 직무에 관한 행위에 해당한다.

다. 타인에게 손해

다-1. 손해배상의 범위

■ 직무관련성 없는 부분 : 손해배상 범위에서 제외 종중대표가 종중재산에 대하여 자기명의로 계약을 체결하여 계약금, 중도금을 수령(무권리자 처분행위) → 손해배상 제외, 종중대표가 종중총회결의서를 위조하여 잔금 수령 → 손해배상 인정 [2015 제57회 사법시험]

■ 과실상계 : 직무외형행위 + 경과실

2. [비교] 적법한 대표권을 가진 대표기관의 법률행위[대법원 2019. 5. 30. 선고 2017다53265 판결]

가. 법률행위 성립의 효과, 위반의 효과 : 법인에게 귀속

나. 대표기관의 책임 : 제750조에 따른 불법행위책임 등이 별도로 성립해야 가능

Ⅱ. 제750조 계약법에 비하여 이익형량적 사고가 지배[민법학의 기본원리 29]

1. 요건

1-1. 책임능력 부정(제753조, 제754조)

가. 고의·과실

(1) 실화책임에 관한 법률

■ 채무불이행책임에는 적용되지 않음(실화법 제1조)[대법원 1987. 12. 8. 선고 87다카898 판결]

■ 직접화재부분에는 적용되지 않음(실화법 제2조)[대법원 2008. 12. 24. 선고 2005다56650 판결]

(2) 권리남용에 해당하는 강제집행

■ 부당이득 : 불가(기판력에 저촉), 확정판결이 취소되는 경우 부당이득 가능[대법원 2001. 11. 13. 선고 99다32905 판결]

■ 불법행위 : 가능

▶ 단순히 실체적 권리관계에 반하는 허위주장 : 불법행위 부정[대법원 2001. 11. 13. 선고 99다32899 판결]

(3) 부당제소와 불법행위

■ 보전처분 집행채권자의 본안소송 패소확정시 고의·과실 추정[대법원 1999. 4. 13. 선고 98다52513 판결]

■ 패소판결의 확정만으로는 불법행위 부정, 제소자 주장 권리·법률관계가 사실적·법률적 근거가 없고, 제소자가 이를 알거나 용이하게 알 수 있었음에도 소제기한 경우 인정[98다52513] 소 제기가 재판제도의 취지와 목적에 비추어 현저하게 상당성을 잃은 경우

■ 부당한 본안소송제기 및 경매절차 정지신청 : 본안패소 확정시 고의·과실 추정[대법원 2001. 2. 23. 선고 98다26484 판결]

나. 위법성

(1) 의미

■ 전체로서의 법질서에 위반되는 상태 : 개별 법 규정뿐만 아니라 전체 법질서 자체도 포함[대법원 2021. 6. 30. 선고 2019다268061 판결] 위법행위는 불법행위의 핵심적인 성립요건으로서, 법률을 위반한 경우에 한정되지 않고 전체 법질서의 관점에서 사회통념상 위법하다고 판단되는 경우도 포함할 수 있는 탄력적인 개념이다. 불법행위의 성립요건으로서 위법성은 관련 행위 전체를 일체로 보아 판단하여 결정해야만 하는 것은 아니고, 문제가 되는 행위마다 개별적·상대적으로 판단하여야 한다. 소유권을 비롯한 절대권을 침해한 경우뿐만 아니라 법률상 보호할 가치가 있는 이익을 침해하는 경우에도 침해행위의 양태, 피침해이익의 성질과 그 정도에 비추

어 그 위법성이 인정되면 불법행위가 성립할 수 있다. [민법판례연구I 286] 어떤 행위를 위법하다고 평가하기 위해 반드시 그 행위를 특정하여 사인 간에도 금지의무를 부과하는 개별 법 규정이 존재해야 하는 것은 아니고, 관련 법령과 일반적 법의식을 종합하여 볼 때 그 행위가 사인 간의 관계에서도 전체 법질서의 요청에 반한다는 결론을 도출할 수 있다면 불법행위 요건으로서의 위법성 인정 가능 ➡ [대법원 2016. 5. 19. 선고 2009다66549 전원합의체 판결] 토지 소유자가 토양오염을 유발하거나 폐기물을 불법으로 매립하였음에도 그 오염토양을 정화하거나 폐기물을 처리하지 않은 상태에서 그 토지를 유통시킨 행위는 거래의 상대방 및 그 토지를 전전 취득한 현재의 토지 소유자에 대한 위법한 행위. 현재의 토지 소유자가 오염토지 정화비용이나 폐기물 처리비용을 지출하였거나 지출해야만 하는 상황에 이르렀다면 비용 지출이라는 손해의 결과가 현실적으로 발생한 것이므로, 토양오염 및 폐기물 매립에 책임이 있는 종전 토지 소유자는 현재의 토지 소유자에게 위와 같은 비용 상당의 손해배상을 하여야 한다.

- ■ 문제되는 행위마다 개별적·상대적으로 판단[대법원 2003. 6. 27. 선고 2001다734 판결]
- ■ 사회통념상 용인될 만한 정도를 넘어야 위법성 인정[대법원 2019. 11. 28. 선고 2016다233538, 233545 판결] 문제가 되는 행위마다 개별적·상대적으로 판단하되, 그 판단 기준은 그 유해의 정도가 사회통념상 일반적으로 참아내야 할 정도를 넘는 것인지 여부이다.

(2) 제3자 채권침해 : 채권존재 인식 + 채권침해의 고의·과실, 위법성(적극 공모, 사회상규에 위반하는 수단·목적)[대법원 2021. 6. 30. 선고 2016다10827 판결] 일반적으로 채권에 대해서는 배타적 효력이 부인되고 채권자 상호 간 및 채권자와 제3자 사이에 자유경쟁이 허용되므로 제3자에 의하여 채권이 침해되었다는 사실만으로 바로 불법행위가 성립하지는 않는다. 그러나 거래에서 자유경쟁 원칙은 법질서가 허용하는 범위에서 공정하고 건전한 경쟁을 전제로 하므로, 제3자가 채권자를 해친다는 사정을 알면서도 법규를 위반하거나 선량한 풍속 그 밖의 사회질서를 위반하는 등 위법한 행위를 하여 채권의 실현을 방해하는 등으로 채권자의 이익을 침해하였다면 불법행위가 성립한다. 채권침해의 위법성은 침해되는 채권 내용, 침해행위의 양태, 침해자의 고의나 해의 등 주관적 사정 등을 참작하여 구체적·개별적으로 판단하되, 거래자유 보장의 필요성, 경제·사회정책적 요인을 포함한 공공의 이익, 당사자 사이의 이익 균형 등을 종합적으로 고려하여야 한다.

(가) 방해배제청구 : 불가[대법원 2001. 5. 8. 선고 99다38699 판결] 채권적 권리에 불과하여 대세적 효력이 없으므로

(나) 손해배상청구 : 채권침해의 태양에 따라

① 경쟁적 계약체결

㉠ 채권자와 채무자의 계약내용을 알면서+위반되는 계약체결 → 고의·과실, 위법성 부정

㉡ 적극적인 공모/수단(기망·협박)·목적(채권자를 해할 의사로 체결)이 사회상규에 반하는 경우99다38699

② 책임재산 감소

㉠ 채무자와의 약정으로 명의수탁등기 → 이것만으로는 불법행위라 할 수 없음

㉡ 채권자의 채권실현을 곤란하게 함을 알면서 강제집행면탈 목적 명의신탁에 공모 가담[대법원 2007. 9. 6. 선고 2005다25021 판결]

(2)-1. 채권존재 불인식[대법원 2022. 4. 28 선고 2020다284915 판결] 이 사건 토지에 관한 원고의 임차권이 성립할 당시 피고는 이미 소외1(원고의 남편)로부터 전대받아 이 사건 토지를 점유하고 있었다. 이 사건 토

지의 임차인이 원고로 변경된 이후 원고나 소외1이 피고에게 그와 같은 사실을 알렸다거나 피고가 이를 알고 있었다고 볼 만한 사정이 없다. 피고는 임차인이 원고로 변경된 이후로도 계속하여 이 사건 전대차계약의 내용대로 이 사건 토지에서 경작하였고, 원고도 이를 용인하였으므로 피고가 원고의 임차권을 해친다는 사정을 알면서도 법규를 위반하거나 선량한 풍속 그 밖의 사회질서를 위반하는 등 위법한 행위를 함으로써 원고의 이익을 침해하였다고 단정할 수 없다.

(2) – 2. 불법행위와 손해 사이 인과관계 부정[대법원 2019. 5. 10. 선고 2017다239311 판결] 채권자가 채무자로부터 일정액 이상으로 채권을 회수할 가능성이 없었다고 인정될 경우 일정액을 초과하는 손해와 제3자의 채권침해로 인한 불법행위 사이에는 상당인과관계 인정 불가

(2) – 3. 정당한 채무변제 : 위법성 부정[대법원 2006. 6. 15. 선고 2006다13117 판결]

다. 가해행위

라. 손해발생, 범위

■ 원인무효의 소유권이전등기로 인한 최종매수인, 무권리자와의 매매 : 매매대금[대법원 1992. 6. 23. 선고 91다33070 전원합의체 판결] 최종 매수인은 처음부터 위 토지의 소유권을 취득하지 못한 것이어서 위 말소등기를 명하는 판결의 확정으로 비로소 위 토지의 소유권을 상실한 것이 아니므로 위 토지의 소유권상실이 그 손해가 될 수는 없다.

라 – 1. 손해발생 부정 : 불법행위로 인한 채무의 부담이 현실적 · 확정적이지 않은 경우[대법원 2019. 8. 14. 선고 2016다217833 판결] 불법행위를 이유로 배상하여야 할 손해는 현실로 입은 확실한 손해에 한하므로, 불법행위로 인하여 피해자가 제3자에 대하여 채무를 부담하게 된 경우 채권자가 채무자에게 그 채무액 상당의 손해배상을 구하기 위해서는 채무의 부담이 현실적 · 확정적이어서 실제로 변제하여야 할 성질의 것이어야 하고, 현실적으로 손해가 발생하였는지는 사회통념에 비추어 객관적이고 합리적으로 판단하여야 한다.

(1) 계약명의신탁에서 매매대금을 수령한 악의 매도인 : 손해 부정

(2) 수급인의 건물 완성 + 도급인(토지소유자) 수령지체 + 토지매수인의 건물 임의철거 : 수급인의 공사대금채권 존재 → 손해 부정[대법원 1993. 3. 26. 선고 91다14116 판결]

(3) 중간매도인이 실제로 취득하지 못한 부분만큼의 금액을 과다지급하였으나 재매도를 통하여 자신이 지급한 매매대금 이상을 수령한 경우[2016다217833] 중간매도인인 원고는 엠비에프앤씨로부터 담보책임을 추궁당해 손해배상금을 지급하였거나, 엠비에프앤씨에 대하여 손해배상의 지급을 명하는 판결을 받는 등으로 엠비에프앤씨에 대하여 현실적 · 확정적으로 실제 변제하여야 할 성질의 채무를 부담하는 등의 특별한 사정이 없는 한 위와 같이 매매대금을 과다 지급하였다거나 엠비에프앤씨로부터 부족지분의 이전을 요구받았다는 사정만으로 현실적으로 손해를 입었다고 볼 수 없다.

(4) 가해자의 행위로 인하여 피해자가 행정처분을 부과받았으나 행정처분의 이행가능

성과 필요성에 의문이 있는 경우[대법원 2020. 7. 9. 선고 2017다56455 판결]

라-2. 손해범위 : **위법행위가 없었더라면 존재하였을 재산상태**실제 지급한 보험금**와 위법 행위가 가해진 현재의 재상상태**기망행위가 없었더라면 지급되었을 보험금**의 차이**[대법원 2015. 5. 29. 선고 2012다92258 판결] 제대로 된 손해사정자료를 제출하였더라면 지급되었을 보험금은 손해 액 산정에서 공제

■ 임의로 근저당권설정등기를 마친 경우 손해액 : 변론종결 당시 피담보채무 확정 여부 를 고려하여 산정[대법원 2006. 4. 28. 선고 2005다74108 판결]

마. 인과관계 : 상당인과관계

(1) 상당인과관계의 성격 : 위법행위를 한 자에게 어떠한 경우에 책임을 지울 수 있는 가 하는 책임귀속이론의 성격[민법판례연구 285]

(2) 판단기준 : 행위 당시에 보통 사람이 알 수 있었던 사정과 행위자가 특히 알고 있 었던 사정을 함께 고려[민법판례연구 285], 상당인과관계의 유무는 일반적인 결과 발생 의 개연성은 물론 주의의무를 부과하는 법령 기타 행동규범의 목적과 보호법익, 가해행위의 태양 및 피침해이익의 성질 및 피해의 정도 등을 종합적으로 고려하여 판단[대법원 2020. 11. 26. 선고 2018다221676 판결]

마-1. 인과관계 단절

■ 판단기준 : 예견가능성[대법원 2014. 7. 24. 선고 2014도6206 판결], [민법판례연구 285] 책임귀속 여부를 판단 함에 있어서는 예견가능성이 중요한 요소로 고려

▸ 예견가능성이 있는 경우 : 인과관계가 단절되지 않음토지를 오염시킨 상태로 유통시키는 행위로 인하여 전전 매수인이 손해를 입을 수 있다는 사정은 예견할 수 있는 사정[민법판례연구 285]

■ 원인무효의 소유권이전등기에 의한 임대지연 → 법률상 장애 부정 → 인과관계 부정∵ 타인소유 부동산 임대 가능, 손해배상청구 불가

▸ 사실상의 장애 : 임대불능이 원인무효의 이전등기에 의한 것임이 증명된 경우[대법원 2014. 7. 24. 선고 2014다200305 판결] 진정한 소유자가 당해 부동산에 대한 임대를 계획하고 또 시도하였으나 임 대하지 못하였고, 그와 같이 부동산을 임대하지 못한 것이 원인무효의 소유권이전등기로 인하였을 것이라는 점이 증명되는 경우에만 원인무효의 소유권이전등기와 해당 부동산의 임대지연 사이에 상당인과관계가 있다.

■ 채권자가 채무자로부터 일정액 이상으로 채권을 회수할 가능성이 없었다고 인정될 경 우 그 일정액을 초과하는 손해 : 제3자의 채권침해로 인한 불법행위와 상당인과관계 부정[대법원 2019. 5. 10. 선고 2017다239311 판결] 채권회수 가능성은 불법행위 시를 기준으로 채무자의 책임재산 과 채무자가 부담하는 채무의 액수를 비교하는 방법으로 판단할 수 있고, 불법행위 당시에 이미 이행기가 도래한

채무는 채권자가 종국적으로 권리를 행사하지 아니할 것으로 볼 만한 특별한 사정이 없는 한 비교대상이 되는 채무자 부담의 채무에 포함되며, 더 나아가 비교대상 채무에 해당하기 위하여 불법행위 당시 채무자의 재산에 대한 압류나 가압류가 되어 있을 것을 요하는 것은 아니다.

- 특허법원의 특허가 무효라는 취지의 판결에 따라 약가가 인하된 후 특허가 유효로 확정된 경우 약가인하에 따른 손해배상 책임 부정[2018다221676] 원고 회사가 약제 상한금액 인하로 인해 입은 불이익은 제네릭 의약품의 요양급여대상 결정신청이 있으면 보건복지부장관이 최초등재제품의 상한금액을 인하할 수 있고, 최초등재제품 특허의 무효가능성이 소명되면 제네릭 의약품을 약제급여목록표 등재 후 즉시 요양급여대상 약제로 판매할 수 있도록 한 관련 제도를 채택한 결과에 따른 것인바, 원고 회사가 원고 회사 제품의 상한금액에 관하여 갖는 이익은 이러한 제도의 테두리 내에서 보호될 수 있는 것에 불과하고, 그 제도에서 정한 절차에 따른 결과가 원고 회사에 불리하게 작용하더라도 이는 피고 회사의 책임으로 돌릴 것은 아니므로, 피고 회사의 행위가 위법하다거나 피고 회사의 행위와 원고 회사 제품의 상한금액 인하 사이에 상당인과관계가 있다고 볼 수 없다.

2. 유형별 검토

가. 계약교섭의 부당파기

(1) 요건 : 정당한 기대·신뢰 + 행동 + 상당한 이유 없이 계약체결 거부[대법원 2003. 4. 11. 선고 2001다53059 판결]

(2) 범위

- 정신적 손해도 포함 : 작가로서의 명예감정 및 사회적 신용과 명성에 대한 직간접적인 침해
- 재산적 손해의 범위 : 신뢰이익 손해(신뢰가 없었으면 통상 지출하지 않았을 비용)에 한정
  - ▸ 이행이익 부정 : 계약이 체결되면 그 이행의 결과에 따라 얻게 될 이익을 상실한 손해 추정 총 제작비 20% 상당의 창작비, 전보배상 불가[대법원 1975. 2. 10. 선고 74다584 판결]
  - ▸ 계약체결에 대한 확고한 신뢰 부여 전 지출비용은 배제(제안서, 견적서 작성비용, 시안 제작소요 비용)[대법원 2003. 4. 11. 선고 2001다53059 판결], 계약교섭 단계에서의 이행행위 준비, 이행착수[대법원 2004. 5. 28. 선고 2002다32301 판결]
  - ▸ 계약교섭 전 이행의 착수가 상대방의 적극적인 요구에 따른 것 + 비용지급에 대하여 계약교섭이 이미 진행2002다32301
  - ▸ 본계약 체결의무위반[대법원 2011. 11. 10. 선고 2011다41659 판결]

나. 동산 이중양도담보와 처분

(1) 제2양도담보권자의 처분 : 제3자 선의취득 가능 → 원래의 양도담보권자의 양도담보권을 침해하는 위법한 행위(적극가담 무관)

(2) 후순위 양도담보권자의 선순위 양도담보권 침해 : 동산에 대한 점유개정의 방법으로 이중양도담보를 설정한 경우 뒤의 양도담보권자의 처분 → 적극 가담 여부와 관계없이 원래의 양도담보권자의 양도담보권을 침해하는 위법한 행위, 손해범위는 처분 당시의 목적물 시가[대법원 2000. 6. 23. 선고 99다65066 판결]

다. 상속과 손해배상청구[박승수 민법정리 21, 947]

(1) 상속인으로서의 권리

(가) 피상속인 사망 : 실종선고(간주), 인정사망(추정), 동시사망 제외[대법원 2001. 3. 9. 선고 99다13157 판결] 대습상속 인정[23]

① 동시사망 : 동시사망자 상호간에는 상속 부정 → 사망자의 배우자와 직계비(존)속 공동상속

② 실종선고 : 생사불명, 실종기간의 경과(보통 : 5년, 특별 : 1년), 이해관계인 청구, 공시최고

(나) 피상속인 상속재산(상속권리)

① 발생 : 채무불이행책임, 불법행위책임

② 범위

㉠ 재산적 손해 : 적극손해, 소극손해(사망자의 생계비는 공제, 부양가족의 생계비는 불공제)

[대법원 1969. 7. 22 선고 69다504 판결] 사고로 사망한 자의 일실손해액 산정에 있어서 망인 자신의 생계비만 공제하면 되는 것이고, 망인이 사망하지 않았더라면 그 부양가족에 대한 생계비를 망인이 지급하여야 할 처지에 있었다고 하여서 부양가족의 생계비를 이득하였다고는 할 수 없을 것이므로 망인의 부양가족의 생계비까지 공제할 것은 아니다.

---

23) 원래 대습상속제도는 대습자의 상속에 대한 기대를 보호함으로써 공평을 꾀하고 생존 배우자의 생계를 보장하여 주려는 것이고, 또한 동시사망 추정규정도 자연과학적으로 엄밀한 의미의 동시사망은 상상하기 어려운 것이나 사망의 선후를 입증할 수 없는 경우 동시에 사망한 것으로 다루는 것이 결과에 있어 가장 공평하고 합리적이라는 데에 그 입법 취지가 있는 것인바, 상속인이 될 직계비속이나 형제자매(피대습자)의 직계비속 또는 배우자(대습자)는 피대습자가 상속개시 전에 사망한 경우에는 대습상속을 하고, 피대습자가 상속개시 후에 사망한 경우에는 피대습자를 거쳐 피상속인의 재산을 본위상속을 하므로 두 경우 모두 상속을 하는데, 만일 피대습자가 피상속인의 사망, 즉 상속개시와 동시에 사망한 것으로 추정되는 경우에만 그 직계비속 또는 배우자가 본위상속과 대습상속의 어느 쪽도 하지 못하게 된다면 동시사망 추정 이외의 경우에 비하여 현저히 불공평하고 불합리한 것이라 할 것이고, 이는 앞서 본 대습상속제도 및 동시사망 추정규정의 입법 취지에도 반하는 것이므로, 민법 제1001조의 '상속인이 될 직계비속이 상속개시 전에 사망한 경우'에는 '상속인이 될 직계비속이 상속개시와 동시에 사망한 것으로 추정되는 경우'도 포함하는 것으로 합목적적으로 해석함이 상당하다.

© 정신적 손해

상속성 부정	상속성 인정
■합유지분, 조합원 지위 : 원칙적으로 상속성 부정[대법원 1987. 6. 23. 선고 86다카2951 판결] ■이혼청구권 : 일신전속권[대법원 1993. 5. 27. 선고 92므143 판결] ■재산분할청구권 : 이혼 성립시 비로소 발생[대법원 1994. 10. 28. 선고 94므246,94므253 판결] ■이혼 위자료청구권 : 행사상 일신전속권[대법원 1993. 5. 27. 선고 92므143 판결] ■상속인의 출연재산 처분 : 무권한자의 처분행위[대법원 1984. 9. 11. 선고 83누578 판결]	■조합원 지위 : 조합계약에 의해 상속인 승계 약정이 있는 경우[대법원 1987. 6. 23. 선고 86다카2951 판결] ■피상속인이 피보험자, 보험수익자인 ■재산분할의무[대법원 2009. 2. 9.자 2008스105 결정] 사실혼관계 일방 의식불명 → 일방해소 : 재산분할청구권 인정) ■이혼청구권 : 소제기시 상속(제843조, 제806조 제3항)92므143 ■일반적인 위자료청구권 : 원칙적 상속(생전에 청구의사표시 불요)[대법원 1966. 10. 18. 선고 66다1335 판결] 피해자가 이를 포기하거나 면제했다고 볼 수 있는 특별한 사정이 없는 한 생전에 청구의 의사를 표시할 필요 없이 원칙적으로 상속

③ 주체

④ 상속성 : 재산 손해, 정신적 손해(원칙적 상속)

▸ 포기, 면제66다1335

⑤ 관계 : 부진정연대(자동차손해배상 보장법 제3조, 민법 제756조, 제750조)

㈐ **상속인**

① 능력

㉠ 배우자 : 법률혼 배우자만, 사실혼 배우자는 제외[대법원 1993. 3. 12. 선고 92다48512 판결, 대법원 2006. 3. 24. 선고 2005두15595 판결]

㉡ 태아

■요건 : 출생전부노출설 필요, 정지조건설[대법원 1976. 9. 14. 선고 76다1365 판결]

■인정범위 : 불법행위 손해배상청구(제762조), 상속순위(제1000조 제3항), 유증받을 권리(제1064조)

② 결격

■상속개시 후의 낙태 : 제1004조 제1호에 해당[고의(상속에 유리하다는 인식 불필요) + 동순위(정지조건설) + 살해(낙태)][대법원 1992. 5. 22. 선고 92다2127 판결]

■상속에 유리하다는 인식 : 제1004조 제1, 2호 → 불필요상속협동관계에 대한 제재, 제3 ~ 5호 → 필요위법간섭에 대한 제재

▸ 결격사유 발생 이후 결격자가 피상속인으로부터 증여받은 경우 : 상속인의 지위에서 받은 것이 아니므로 상속분의 선급이 아님 → 대습상속인(결격자의 배우자, 자녀)의 특별수익 부정[대법원 2015. 7. 17.자 2014스206,207 결정] 민법 제1008조는 특별수익자의 수증재산을 상속분의 선급으로 보아 구체적인 상속분을 산정할 때 이를 참작하도록 하는 데 취지가 있으므로 상속인의 지위에서 받은 것이 아니면 상속분의 선급이 아니므로 특별수익에 해당하지 않는다.

③ 순위

㉠ 피상속인 자녀 전부의 상속포기 : 피상속인 배우자 + 손자녀·직계존속 공동상속, 손자녀가 없으면 배우자 단독상속[대법원 2015. 5. 14. 선고 2013다48852 판결]

㉡ 인지의 소급효(사실혼 태아) : 출생 + 인지청구(제860조 본문)

㉡-1. 제860조 단서[대법원 1993. 3. 12. 선고 92다48512 판결] 후순위자는 제3자에 해당하지 않음

㉡-2. 채권의 준점유자에 대한 변제(제470조)

㉢ 혼인취소(중혼) : 소급효 부정, 각 배우자가 1.5/2의 상속지분 공유[제주지방법원 1994. 5. 26. 선고 92가합1595 판결]

㉣ 대습상속 : 대습자의 상속에 대한 기대를 보호

ⓐ 피대습인

■자격 : 피상속인의 직계비속, 형제자매

■대습원인 : 상속개시전 사망(피상속인과 피대습자의 동시사망 포함), 결격(상속개시 전후) ⇔ 상속포기는 제외(본위상속)[대법원 1995. 4. 7. 선고 94다11835 판결]

■직계비속인 피대습자 전원 사망시 피상속인의 손자녀 : 대습상속[대법원 2001. 3. 9. 선고 99다13157 판결]

ⓑ 대습인(대습상속인)

■능력 : 피대습자의 직계비속, 배우자/대습원인 발생시 또는 상속개시시 존재

■결격 : 피상속인, 피대습인 모두에게 결격사유가 없을 것 ∵ 대습상속의 취지 : 대습자의 정당한 기대 보호

(2) 고유권리

㈎ 주체 : 제752조, 제762조

① 사실혼 배우자 포함

② 모체와 같이 사망한 태아 : 손해배상청구권 부정(정지조건설)[대법원 1976. 9. 14. 선고 76다1365 판결]

㈏ 범위

① 재산적 손해

㉠ 적극손해

㉡ 소극손해

■법률혼 배우자 : 부양청구권 상실을 이유로 손해배상청구 불가[대법원 1969. 7. 22 선고 69다 504 판결] 피상속인의 일실손해 산정에서 부양가족의 생계비가 공제되지 않으므로

■사실혼배우자 : 부양청구권 상실을 이유로 손해배상청구 가능인적 손해배상청구가 아니므로 자 배법이 아니라 민법(제756조, 제750조)에 의해 청구

② 정신적 손해

㉠ 제752조에 규정된 자 : 손해증명 불필요(제752조), 사실혼 배우자 포함[대법원 1969. 7. 22. 선고 69다684 판결]

㉡ 그 외의 자 : 손해증명 필요

Ⅲ. 제755조 : 책임능력 없는 미성년자, 심신상실자에 대한 감독의무자의 책임

1. 감독의무자의 책임(제755조 제1항)

■미성년자(제753조), 심신상실자(제754조)의 불법행위

■책임무능력

1-1. 감독의무위반 부정(제755조 제1항 단서), 감독의무의 범위 제한[대법원 2021. 7. 29. 선고 2018다228486 판결] 정신질환자가 심신상실 중에 타인에게 손해를 가하여 배상의 책임이 없는 경우에는 민법 제755조 제1항에 따라 그를 감독할 법정의무 있는 자가 손해를 배상할 책임이 있다. 정신질환자가 책임 능력이 있는 경우에도 그 손해가 감독의무자의 감독의무 위반과 인과관계가 있으면 감독의무자는 일반불법행 위자로서 민법 제750조에 따라 손해를 배상할 책임이 있다. 구 정신보건법과 위 민법 규정의 문언과 체계 등 에 비추어 보면, 부양의무자 등은 피보호자인 정신질환자에 대한 법률상 감독의무를 부담하므로 그 의무 위반 으로 타인에게 손해를 가하는 경우에 이를 배상할 책임이 있으나, 이러한 감독의무는 정신질환자의 행동을 전 적으로 통제하고 그 행동으로 인한 모든 결과를 방지해야 하는 일반적인 의무가 아니라 구 정신보건법 등 관 련 법령의 취지, 신의성실의 원칙, 형평의 원칙 등을 종합적으로 고려하여 합리적으로 제한된 범위에서의 의무 라고 해석함이 타당하다.

2. 대리감독자담임교사의 책임(제755조 제2항)

가. 요건[대법원 2000. 4. 11. 선고 99다44205 판결]

(1) 친권자 등 법정감독의무자에 대신하여 감독을 하는 의무

(2) 학교에서의 교육활동 및 이와 밀접 불가분의 관계에 있는 생활관계

(3) 사고의 통상적 예측가능성(사고발생의 구체적 위험성)

가-1. 감독의무위반 부정(제755조 제1항 단서)

나. 대리감독자에 대한 사용자의 사용자책임

(1) 대리감독자 : 감독의무 해태 → 감독자의 사용자학교를 설립한 지방자치단체 : 제756조 책임

(2) 대리감독자 : 고의·과실 등 불법행위 요건 충족 ↔ 감독자의 사용자, 사용자에 갈음한 감독자 : 제756조 책임 [대법원 1981. 8. 11. 선고 81다298 판결] 민법 제755조 제2항에 규정된 책임무능력자에 대한 대리감독자의 책임은 대리감독자 스스로의 위법행위에 대한 책임이 아니라 책임무능력자의 가해행위의 결과에 대한 책임이므로(다만, 감독의무 해태가 없음을 입증함으로써 그 책임을 면할 수 있는 점에서 완전한 무과실책임이 아니고 이른바 중간책임의 성질을 띤 것이라고 하겠다), 책임무능력자의 대리감독자에게 위 법조의 규정에 의한 배상책임이 있다고 하여 위 대리감독자의 사용자 또는 사용자에 갈음한 감독자에게 당연히 민법 제756조에 의한 사용자책임이 있다고 볼 수는 없으며, 책임무능력자의 가해행위에 관하여 그 대리감독자에게 고의 또는 과실이 인정됨으로써 별도로 불법행위의 일반요건을 충족한 때에만 위 대리감독자의 사용자 또는 사용자에 갈음한 감독자는 민법 제756조의 사용자책임을 지게 된다.

3. 책임능력 있는 미성년자에 대한 감독의무자의 책임

가. 제755조 적용 불가, 제750조 적용[대법원 1994. 2. 8. 선고 93다13605 전원합의체 판결] ▐▶ 피해자가 감독의무위반, 손해발생과의 인과관계 존재 증명[대법원 2003. 3. 28. 선고 2003다5061 판결] 미성년자의 평소 행실에 문제가 없었던 경우 : 피고와 동거하면서 경제적으로 의존하고 있다는 이유만으로는 피고의 감독의무위반 불인정, [대법원 2022. 4. 14. 선고 2020다240021 판결] 미성년자가 책임능력이 있어 스스로 불법행위책임을 지는 경우에도 그 손해가 미성년자의 감독의무자의 의무 위반과 상당인과관계가 있으면 감독의무자는 민법 제750조에 따라 일반불법행위자로서 손해배상책임이 있다. 이 경우 그러한 감독의무 위반사실과 손해 발생과의 상당인과관계는 이를 주장하는 자가 증명하여야 한다.

나. 비양육친의 감독의무자책임 : 원칙적으로 부정[대법원 2022. 4. 14. 선고 2020다240021 판결] 면접교섭 제도는 이혼 후에도 자녀가 부모와 친밀한 관계를 유지하여 정서적으로 안정되고 원만한 인격발달을 이룰 수 있도록 함으로써 자녀의 복리를 실현하는 것을 목적으로 하고, 제3자와의 관계에서 손해배상책임의 근거가 되는 감독의무를 부과하는 규정이라고 할 수 없다. 다만 비양육친도 부모로서 자녀와 면접교섭을 하거나 양육친과의 협의를 통하여 자녀 양육에 관여할 가능성이 있는 점을 고려하면, ① 자녀의 나이와 평소 행실, 불법행위의 성질과 태양, 비양육친과 자녀 사이의 면접교섭의 정도와 빈도, 양육 환경, 비양육친의 양육에 대한 개입 정도 등에 비추어 비양육친이 자녀에 대하여 실질적으로 일반적이고 일상적인 지도, 조언을 함으로써 공동 양육자에 준하여 자녀를 보호·감독하고 있었거나, ② 그러한 정도에는 이르지 않더라도 면접교섭 등을 통해 자녀의 불법행위를 구체적으로 예견할 수 있었던 상황에서 자녀가 불법행위를 하지 않도록 부모로서 직접 지도, 조언을 하거나 양육친에게 알리는 등의 조치를 취하지 않은 경우 등과 같이 비양육친의 감독의무를 인정할 수 있는 특별한 사정이 있는 경우에는, 비양육친도 감독의무 위반으로 인한 손해배상책임을 질 수 있다.

Ⅳ. 제756조 사용자책임

1. 사용관계의 존재 : 사실상의 선임감독관계

가. 판단기준

(1) 실질적인 지휘·감독관계의 존재[대법원 2001. 9. 4. 선고 2000다26128 판결] 퇴직 후의 행위 : 제756조 책임 불가

(2) 객관적·규범적으로 결정 : 객관적으로 지휘·감독을 하여야 할 관계[대법원 1998. 1. 23. 선고 97다44676 판결] 지입회사는 지입차주뿐만 아니라 지입차주가 고용한 자에 대하여도 사용자의 지위

가-1. 면책사유

나. 이행보조자에 의한 손해배상책임와의 구별

	사용자책임	이행보조자에 의한 손해배상책임제391조
지휘감독관계 요부	필요	불요
면책가능성	○	×
기존의 채무관계 요부	×	○(기존의 채무관계를 전제)
피용자·이행보조자의 별도의 책임	○	별도의 채무불이행책임×

다. 구체적 검토

(1) 도급
(개) 원칙 : 실질적인 지휘·감독 부존재 → 사용자책임 불가
(내) 예외 : 실질적인 지휘·감독 존재(노무도급) → 사용자책임 가능[대법원 1988. 6. 14. 선고 88다카102 판결]

(2) 명의대여자 : 실제적으로 지휘·감독하였느냐에 관계없이 '객관적으로 지휘·감독해야 할 지위'에 있었느냐의 여부를 기준으로 결정, 지입회사도 명의대여자로서 사용자책임[대법원 2007. 6. 28. 선고 2007다26929 판결]

(3) 위임인, 위탁자 : 지휘·감독 관계가 있는 경우대법원 1998. 4. 28. 선고 96다25500 판결, [대법원 2022. 2. 11. 선고 2021다283834 판결] 공인중개사 사무실의 중개보조인을 통해 임대부동산을 관리하여 오던 임대인

(4) 동업관계에 있는 자 : 동업관계에 있는 자들이 공동으로 처리하여야 할 업무를 동업자 중 1인업무집행조합원에게 맡겨 그로 하여금 처리하도록 한 경우 다른 동업자는

그 업무집행자의 동업자인 동시에 사용자의 지위 → 업무집행과정에서 발생한 사고에 대하여 사용자로서 손해배상책임[대법원 1998. 4. 28. 선고 97다55164 판결] 건축공사를 완성한 뒤 하자보증기간 내로 동업관계가 끝나지 않은 상태에서 하자보수 문제가 생겨 소외인이 그 공사를 맡아서 하기로 합의하고, 이에 따라 소외인이 원고1을 고용하여 공사를 하다가 그의 잘못으로 위 원고가 다치는 사고가 발생 → 하자보수공사는 동업관계에 있는 피고들과 소외인이 공동으로 처리하여야 할 업무로서 피고들은 소외인에게 그 업무집행을 위임하여 그로 하여금 이를 처리하도록 한 것이고, 따라서 피고들은 소외인의 동업자인 동시에 그 사용자의 지위에 있었다 할 것이므로, 피고들은 위 사고에 대하여 사용자로서의 손해배상책임이 있다.

⇔ 업무집행조합원이 체결한 하도급계약의 하수급인에 의하여 사고가 발생한 경우 : 이행보조자에 의한 채무불이행책임 인정불완전이행, 사용자책임 불가하수급인에 대해 실질적인 지휘·감독 부존재[2015 제57회 사법시험]

2. 사무집행 관련 행위 : 사무집행에 관하여[대법원 2021. 3. 11. 선고 2018다285106 판결] 민법 제756조에 규정된 사용자책임의 요건인 '사무집행에 관하여'라 함은 피용자의 불법행위가 외형상 객관적으로 사용자의 사업활동, 사무집행행위 또는 그와 관련된 것이라고 보일 때에는 행위자의 주관적 사정을 고려하지 않고 사무집행에 관하여 한 행위로 본다는 것이다. 피용자가 다른 사람에게 가해행위를 한 경우 그 행위가 피용자의 사무집행 그 자체는 아니더라도 사용자의 사업과 시간적·장소적으로 근접하고 피용자의 사무의 전부 또는 일부를 수행하는 과정에서 이루어지거나 가해행위의 동기가 업무처리와 관련된 것이라면 외형적·객관적으로 사용자의 사무집행행위와 관련된 것이라고 보아 사용자책임이 성립한다. 이때 사용자가 위험발생을 방지하기 위한 조치를 취하였는지 여부도 손해의 공평한 부담을 위하여 부가적으로 고려할 수 있다. → 이 사건 사고는. 소외2가 택시 운행을 마치고 회사에 복귀한 후 발생하였으므로 업무시간 중 발생한 사고에 해당한다. 피고는 소외1과 소외2가 사무집행과 관련이 있는 차량관리 문제로 몸싸움을 벌인 사실을 알 수 있었는데도 현장에서 두 사람을 격리시키는 등 적극적인 조치를 하지 않았다. 피고는 소외1과 소외2가 차량관리 문제로 여러 차례 다툰 사실을 알고 있었을 것으로 보인다. 따라서 피고가 이 사건 사고 발생 직전인 2013. 9. 1. 비로소 소외1과 소외2에 대한 배차를 변경하였다는 사정만으로 피용자의 사무감독에 상당한 주의를 하였다고 인정하기 어렵다.

2-1. 외형이론 : 악의·중과실(거래행위적 불법행위)

[대법원 2005. 12. 23. 선고 2003다30159 판결] 대표권 없는 원고 이사의 배임행위에 대해 피고 지점장이 악의인 경우

➡원고 : 예금반환청구

⬅피고 은행 : 제756조 제1항 손해배상청구

▸ 외형이론 : 원고 이사의 배임행위에 대해 피고 지점장 악의 = 피고 악의 → 원고의 사용자 책임 성립×

⬅제35조 제1항

▸ 대표권 없는 이사의 행위에는 적용×

▸ 사실행위적 불법행위 : 피해자가 피용자의 불법행위가 사무집행관련성이 없다는 것을

알고 있었더라도 사용자책임이 성립할 여지가 있음[대법원 1991. 1. 11. 선고 90다8954 판결] 택시

운전사가 택시를 운행중 승객인 부녀를 강간한 경우 택시회사의 사용자책임

3. 제3자 손해

3-1. 과실상계 : 사용자만 가능

4. 피용자의 가해행위가 불법행위의 일반적 성립요건을 갖출 것[대법원 1981. 8. 11. 선고 81

다298 판결]

Ⅴ. 제757조 도급인의 불법행위책임

1. 도급·지시에 관하여 도급인에게 중과실

가. 수급인은 제750조 책임

나. 도급인은 수급인과 부진정연대책임

2. 사용자책임

가. 실질적인 지휘·감독관계 존재시 인정[대법원 1983. 11. 22. 선고 83다카1153 판결] 도급인이 수급

인의 일의 진행 및 방법에 관하여 구체적인 지휘감독권을 유보한 경우에는 도급인과 수급인의 관계는 실질적으로

사용자 및 피용자의 관계와 다를 바 없으므로 수급인이나 하수급인이 고용한 제3자의 불법행위로 인한 손해에 대

하여 도급인은 사용자 책임을 면할 수 없다.

나. 감리적인 감독 : 사용자책임 부정[83다카1153] 단순히 공사의 공정을 조정하고 공사의 운영 및 시공

의 정도가 설계도 또는 시방서 대로 시행되고 있는가를 점검하는 정도의 것이라면 이는 공정을 감독하는 감리에

불과하므로 도급인이 수급인의 공사에 대하여 감리적인 감독을 함에 지나지 않을 때에는 양자의 관계를 사용자

및 피용자의 관계에 있다고 볼 수 없다.

Ⅵ. 제758조 공작물책임

1. 소송형태 : 예비적 공동소송(주위적 : 점유자, 예비적 : 소유자)

가. 소유자 : 불법행위(제750조), 공작물책임(제758조)

(1) 법률상 소유자

(2) 명의신탁자도 해당[대법원 1977. 8. 23. 선고 77다246 판결] 명의신탁의 대외관계에 있어 수탁자를 소유자

로 취급하는 것은 선의의 제3자를 보호하고자 하는 것이므로 모든 제3자에 대한 관계에서 수탁자만을 소유자로

확정하는 것은 아니다. → 건물의 임차인인 직접점유자가 민법 제758조의 제1항의 타인(피해자)일 때에는 동법 소정의 제1차적 책임자는 소유자인 간접점유자이며 위 건물의 명의신탁자도 위 책임을 면할 수 없다.

나. 점유자 : 불법행위(제750조), 공작물책임(제758조), 채무불이행책임(안전배려의무)

[대법원 2010. 2. 11. 선고 2009다79316 판결]

2. 요건

가. 공작물 : 인공적 작업에 의하여 제작된 물건(동산, 부동산)

나. 설치 · 보존의 하자

(1) 직접 발생한 화재로 인한 손해배상책임

(2) 직접 발생한 화재피고 건물로부터 발생로부터 연소한 부분소외 회사 건물로 연소에 대한 손해 원고 회사 기계류 전소에 관하여도 하자와 손해 사이 상당인과관계 인정시 제758조 제1항 적용[대법원 2012. 6. 28. 선고 2010다58056 판결]

다. 타인의 손해

라. 하자와 손해 사이의 인과관계

2-1. 면책사유 입증

가. 점유자 : 면책 가능[대법원 2010. 2. 11. 선고 2009다79316 판결] 관계 법령에서 정한 출입금지의 대상에 해당하지 않는 통상적인 범주에 속하는 이용객의 찜질방 내 시설 이용에 따른 안전 내지 건강의 배려의무는 위 시설 자체에 안전상 하자가 있다거나 이용객이 시설 내에서 비정상적인 행태를 보임에도 장시간 이를 방치하였다는 등 특별한 사정이 없는 한 위 주의문의 게시로써 이용객의 안전에 대해 법령상 요구되는 일반적인 주의의무를 준수한 것으로 보아야 할 것이다.

나. 소유자 : 소유자는 면책사유 주장 불가

2-2. 실화책임법에 의한 경감

가. 화재로부터 연소한 부분에 대한 손해배상책임 경감 : 손해배상채무의 성립을 제한하는 것이 아님[대법원 2012. 6. 28. 선고 2010다58056 판결]

나. 중과실이 없을 것

3. 직접 점유자임차인의 소유자에 대한 손해배상청구

가. 계약상 손해배상청구 : 임대차(제623조)

나. 공작물책임(제758조 제1항 단서)

3-1. 소유자1차적 책임는 면책 배제[대법원 2008. 7. 24. 선고 2008다21082 판결]

3-2. 과실상계2008다21082

Ⅶ. 공동불법행위

1. 제760조 제1항

가. 요건

(1) 각 행위가 독립하여 불법행위의 요건 구비

(2) 각 행위의 객관적 관련 공동성피해 발생에 공동으로 관련(주관적 공동과 관계없이 객관적 공동이 인
정) : 1인의 행위 부존재 → 결과 불발생[대법원 1998. 11. 24. 선고 98다32045 판결] 교통사고와 의
료과실에 의한 사망, [대법원 2006. 1. 26. 선고 2005다47014,47021,47038 판결] 동시에 축조된 가해 건물에 의한
일조침해, [대법원 2013. 4. 11. 선고 2012다44969 판결] 횡령행위로 인한 장물의 취득, [대법원 2016. 4. 12. 선고
2013다31137 판결] 횡령행위로 인한 자금의 세탁에 관여

(2)-1. 객관적 공동 부정 : 각 행위가 경합하여 단일한 결과를 발생시킨 것이 아니라
각 행위의 결과를 구별할 수 있는 경우[대법원 1998. 2. 13. 선고 96다7854 판결] 적십자사의
주의의무위반으로 인한 에이즈감염(신체상해)와 의사의 설명의무위반(인격권 침해)

(3) 인과관계 : 가해자들의 공동행위와 손해 발생 사이의 인과관계, 각자의 행위에 대
한 인과관계 불필요

(3)-1. 인과관계 부존재 증명에 의한 면책 : 불가능

나. 범위

(1) 원칙

㈎ 전체적으로 평가하여 전원이 최고액 부담, 가공정도에 의한 1인의 책임 경감 배제피고1 : 전
액, 피고2 : 30% 경감 불가

㈏ 호의동승 : 호의동승으로 인한 감액비율을 먼저 참작하여 공동불법행위자들의 손해액 산정
(전원에게 적용)[대법원 2014. 3. 27. 선고 2012다87263 판결]

(2) 예외 : 손해배상청구소송이 순환·반복되는 경우 피고회사의 책임비율 제한피고1, 2 :
전액, 피고회사 : 제한 가능

나-1. 손해배상의 범위 : 가공 정도가 경미함을 이유로 범위 제한 불가[대법원 1998. 10.
20. 선고 98다31691 판결] 각자에 대해 전부의 책임, [대법원 2008. 6. 26. 선고 2008다22481 판결] 2차 사고

자에 대하여 감액 불가

나-2. 과실상계 : 피해자의 과실을 전원에 대한 과실로 전체적으로 평가[대법원 1998. 6. 12. 선고 96다55631 판결] (원심) 1차 충돌자 : 전액, 피고 : 전체의 30%, [대법원 2020. 2. 27. 선고 2019다 223747 판결] 공동불법행위책임은 가해자 각 개인의 행위에 대하여 개별적으로 그로 인한 손해를 구하는 것이 아니라 가해자들이 공동으로 가한 불법행위에 대하여 그 책임을 추궁하는 것이므로, 공동불법행위로 인한 손해배상책임의 범위는 피해자에 대한 관계에서 가해자들 전원의 행위를 전체적으로 함께 평가하여 정하여야 하나, 이는 과실상계를 위한 피해자의 과실을 평가함에 있어서 공동불법행위자 전원에 대한 과실을 전체적으로 평가하여야 한다는 것이지, 공동불법행위자 중에 고의로 불법행위를 행한 자가 있는 경우에는 피해자에게 과실이 없는 것으로 보아야 한다거나 모든 불법행위자가 과실상계의 주장을 할 수 없게 된다는 의미는 아니다.

▸ 피해자의 부주의를 이용한 고의 불법행위자

▸ 부주의를 이용하지 않은 불법행위자 : 과실상계 주장 가능[대법원 2016. 4. 12. 선고 2013다 31137 판결]

다. 공동불법행위자의 구상금 청구

(1) 원칙 : 분할채무

(2) 예외 : 부진정연대(구상권자인 공동불법행위자에게 내부구상관계에서 과실없는 경우)2003다24147

다-1. 소멸시효 : 공동면책행위를 한 때부터 기산, 10년[대법원 1996. 3. 26. 선고 96다3791 판결]

2. 제760조 제2항[대법원 2005. 9. 30. 선고 2004다52576 판결, 대법원 2008. 4. 10. 선고 대법원 2012. 6. 14. 선고 2011다88108 판결]

가. 가해행위의 독립성 : 고의·과실, 위법, 유책

나. 공동 아닌 수인의 행위 주관적 공동, 객관적 공동이 모두 부정되는 경우

(1) 1인의 행위가 없어도 결과가 발생

(2) 피해자 손해의 원인이 되었을 개연성이 있는 복수의 제3자의 행위가 존재[2011다 88108] 1차 사고 : 피해자의 과실로 발생, 2차 사고 발생 무렵 피해자 사망 → 1차 사고에 관하여 피해자 이외의 제3자에 의한 불법행위가 존재 + 피해자 사망이 1차 사고에 의한 것인지 2차 사고에 의한 것인지 알 수 없는 경우 ➡ 제760조 제2항 적용

다. 상당인과관계 법률상 추정2011다88108

다-1. 행위와 손해발생 사이의 인과관계 부정(면책가능)[대법원 2008. 4. 10. 선고 2007다

76306 판결] 3중 충돌사고로 피해자 사망 : 운전자인 피고가 자기의 행위와 손해발생 사이에 인과관계 부존재를 주장 · 입증

3. 제760조 제3항

가. 과실방조

(1) 불법행위에 도움을 주지 않아야 할 주의의무

(1) - 1. 과실 부존재[2016다223067] 채무자로부터 추심요구에 응하여서는 안 된다는 통지를 받고서도 추심채권자에게 지급하였더라도, 집행채권자와 집행채무자(원고)의 견해가 대립되는 상황이었고, 원고가 강제집행정지결정 정본을 집행기관에 제출하지 않은 이상 피고(제3채무자)는 추심급 지급 거절 불가

(2) 방조행위와 손해발생 사이의 상당인과관계[대법원 2018. 10. 25. 선고 2016다223067 판결] 불법행위를 용이하게 한다는 사정에 관한 예견가능성, 과실행위가 피해발생에 끼친 영향, 피해자의 신뢰형성에 기여한 정도, 피해자의 피해방지 가능성 등 고려, [대법원 2022. 4. 28. 선고 2020다268265 판결] 민법 제760조 제1항, 제3항의 공동불법행위자에게 불법행위로 인한 손해배상책임을 지우려면, 그 위법한 행위와 원고가 입은 손해 사이에 상당인과관계가 있어야 하고, 그 상당인과관계의 유무는 결과발생의 개연성, 위법행위의 태양 및 피침해이익의 성질 등을 종합적으로 고려하여 판단하여야 한다. ➡ 원고가 예금 무단 인출 및 이체사실을 알지 못하였다면, 원고의 권리행사 시점, 피고의 이자 지급약정 내용, 통상적으로 예금에 대해 이자가 발생할 개연성과 이에 대한 사회 일반의 신뢰, 소외 1의 편취 방법과 이에 대한 피고 직원들의 방조의 정도와 내용 등을 종합하여 볼 때, 소외1과 피고 직원들에 의한 예금 무단 인출 및 이체행위가 없었더라면 원고의 예금채권에 대한 소멸시효 완성이라는 결과가 발생하지 않았을 것이고, 피고 직원들로서는 소외1에게 통장을 재발급하고 예금을 무단 인출 및 이체해 줄 당시 그로 인한 결과를 예견할 수 있었다고 보인다. 따라서 피고 직원들의 사기방조 등의 불법행위와 원고의 예금채권에 대한 소멸시효 완성으로 인한 손해 사이에 상당인과관계가 있다고 볼 여지가 충분하다. 설령 원고에게 예금채권에 대한 권리행사를 태만히 한 과실이 인정되더라도 그러한 사정은 손해배상의 범위를 정함에 있어 과실상계의 사유로 참작되어야 할 뿐이고 상당인과관계를 부정할 사유는 되지 아니한다. 그렇다면 원심으로서는 원고가 소외 1과 피고 직원들의 위와 같은 예금 무단 인출 및 이체사실을 알았는지 여부를 심리하여 그에 따라 원고의 예금채권에 대한 소멸시효 완성으로 인한 손해와 피고 직원들의 불법행위 사이에 상당인과관계가 존재하는지 여부를 판단하였어야 한다.

(2) - 1. 인과관계 부존재

㈎ 불법행위에 대한 예견가능성 부존재[대법원 2015. 6. 24. 선고 2014다231224 판결] 예금인출 심부름을 시킨 일만으로 제3자의 사기행위 예견 불가, [대법원 2016. 5. 12. 선고 2015다234985 판결] 계좌개설시 본인 확인을 못한 과실이 있다 하더라도 사기행위에 대한 방조책임을 묻기 위해서는 그 계좌를 통한 사기행위에 대한 예견가능성 필요

㈏ 경매 진행 중인 부동산에 대한 설명의무 위반 : **과실에 의한 방조는 인정, 인과관계 부정**[대법원 2014. 3. 27. 선고 2013다91597 판결] 공인중개사에게 매매 목적물에 대한 경매가 진행 중이라는 사실에서 나아가 매도인이 진정한 권리자인지 여부에 대한 확인의무까지 있다고 보기는 어려움

나. 부작위에 의한 방조 : 신의성실 · 사회상규 · 조리에 의하여도 법적 작위의무 인정 (상대방의 법익을 보호하거나 그의 법익에 대한 침해를 방지하여야 할 특별한 지위 필요)[대법원 2012. 4. 26. 선고 2010다8709 판결]

Ⅷ. 자동차손해배상 보장법에 의한 손해배상청구권/보험회사의 보험자대위에 의한 구상권

1. 다른 법률과의 관계

가. 민법과의 관계

(1) 당사자의 주장 여부와 관계없이 민법에 우선 적용[대법원 1997. 11. 28. 선고 95다29390 판결]

(2) 자배법 요건에 해당하지 않는 경우 : 민법 적용[대법원 1987. 10. 28. 선고 87다카1388 판결] 가해 차량에 동승하여 운전하는 업무에 종사하던 망인이 위 차량의 후진을 유도하면서 운전업무에 관여하다가 사망한 경우 ➡ 자동차손해배상보장법 제3조의 "다른 사람"에 해당하지 않아 자배법 적용 배제, 민법 제750조, 제756조 적용

나. 국가배상법과의 관계 : 공무원이 운행자(자신의 자동차 운행)인 경우 경과실만 있더라도 자배법책임[대법원 1996. 3. 8. 선고 94다23876 판결]

2. 요건

가. 운행자

(1) 운행지배 : 간접지배 · 지배가능성 포함[대법원 2004. 4. 28. 선고 2004다10633 판결] 소유자로부터 빌린 차량을 타인에게 운전시킨 경우 : 운행자에 해당, 피해자가 아님

(2) 운행이익 : 무상대여시에도 인정[대법원 1987. 1. 20. 선고 86다카1807 판결]

가-1. 피고가 운행자에 해당하지 않는다는 주장

(1) 공무원의 공용차 운행 : 공무원은 운행자 부정국가 · 지방자치단체가 운행자, [대법원 1992. 2. 25. 선고 91다12356 판결] 공무원의 관용차 운행은 자배법 책임 부정, [대법원 1994. 12. 27. 선고 94다31860 판결] 사고 운전자의 운행에 대하여 특수학교 교장에게 운행지배 · 운행이익 부정

▶ 공용차 운행이 개인적인 목적에서 이루어진 경우 : 운행지배 · 운행이익 인정94다31860

(2) 무단운전인적관련성 인정 소유자 : 원칙적으로 인정[대법원 1998. 7. 10. 선고 98다1072 판결]

⑺ 무단운행에 대한 호의동승 : 소유자의 운행자성이 상실되지 않음

▶ 피해자가 운전자의 무단운행의 정을 알고 있었던 경우 : 운행자성 상실[대법원 1989. 3. 28.

선고 88다카2134 판결] 처남, 매제지간이라고 하여 무단운행을 인식하였다고 추정되지 않음

(나) **승용차 및 열쇠관리를 소홀히 한 과실 : 소유자의 운행자성은 상실되지 않음**[대법원 1998. 7. 10. 선고 98다1072 판결] 부의 호주머니에서 열쇠를 꺼내 운전

(다) **무단운행이 사회통념상 가능한 사정**피고회사와 소외회사가 특수관계 : 소외회사 직원의 무단운전 → 피고회사의 운행자성 인정, **소유자의 사후승낙 가능성 : 소유자의 운행자성 상실 배제 ➡ 보험회사는 무면허운전 면책약관 적용 주장 가능**98다1072 사안 : 소유자의 묵시적 승인 부존재 → 보험회사(피고) : 무면허운전 면책약관 주장 불가

(3) **대리운전약정을 한 소유자 : 내부관계에서는 단순한 동승자(피해자에 해당)**[대법원 2005. 9. 29. 선고 2005다25755 판결] 피해자의 대리운전회사 보험자에 대한 청구 가능

▸ 과실상계, 신의칙(호의동승으로 인한 책임감경) : 동승차량 운전자(피해자측 과실상계), 상대방 차량 운전자, 보험자 모두에게 적용

(4) [비교] **절취운전**인적관련성 부정 소유자

(가) **원칙 : 자배법상 책임 부정 ➡ 민법상 불법행위책임은 가능**[대법원 1988. 3. 22. 선고 86다카2747 판결] 차량 및 열쇠관리상 과실로 절취운전이 가능했던 경우, 자배법이 아니라 제750조 청구 가능

(나) **예외 : 절취운전을 용인하였다고 평가할 수 있을 정도, 운행지배와 운행이익이 잔존한다고 평가할 수 있는 경우 자배법상 책임 인정**[대법원 1998. 6. 23. 선고 98다10380 판결]

나. 자동차의 운행

(1) **의미 : 용도에 따라 설비된 장치를 장치목적에 따라 사용**[대법원 1999. 11. 12. 선고 98다30834 판결]

(2) **도로교통법상 운전**(엔진을 시동 + 발진조작 완료)**과의 비교 : 도로교통법상 운전보다 넓은 개념 → 반드시 주행상태에 있지 않더라도 주행의 전후 단계에서 각종 부수장치를 이용하는 것을 포함**[대법원 2004. 7. 9. 선고 2004다20340, 20357 판결]

나-1. 운행에 의한 사고가 아니라는 주장 : 자동차가 운송수단으로서의 본질·위험과 전혀 무관하게 사용된 경우[대법원 2000. 1. 21. 선고 99다41824 판결]

다. 운행으로 인하여 사상 : 사고와 상해 사이에 인과관계

다-1. 운행으로 인한 사고가 아니라는 주장(인과관계 부인) 교통사고에 의한 두부외상 vs 입원 중 척추손상 [93다59595] 버스의 완전 정차 후 장애인 하차시 부상

다-2. 손해배상 범위로서의 인과관계(가해행위에서 생기는 손해가 아님)

(1) 피해자 자신의 행위가 개입 : 특별사정에 대한 예견가능성 여부로 판단[대법원 1992. 2. 11. 선고 91다34233 판결] 망인이 돌연 투신자살할 만한 아무런 사정을 찾아 볼 수 없는 이 사건에 있어 위 소외

망인은 위 감전으로 인하여 입은 화상의 심한 통증과 감전된 사람에게 나타날 수 있는 정신장애가 겹쳐 투신자살을 기도한 것이라고 볼 수밖에 없으므로 이 사건 감전사고와 위 소외인의 사망 사이에는 상당인과관계가 있다.

(2) 제3자 행위의 개입 : 공동불법행위

㈎ 1사고와 2사고의 조건적 관계 존재시 : 1사고 가해자는 1사고로 인한 손해금액 전부를 배상 → 피해자의 기대여명 내에서 가동연한에 이를 때까지의 일실수입을 배상[대법원 1995. 2. 10. 선고 94다51895 판결]

㈏ 조건적 관계가 없는 경우 : 1사고 가해자는 2사고로 피해자가 사망할 때까지의 손해만 배상[대법원 1990. 10. 30. 선고 90다카12790 판결] 사고로 상해를 입은 사람이 자살한 경우 사고와 사망과의 사이에 조건적 관계가 존재하지 않는 한 그 사고에 기한 수익상실로 인한 손해배상은 사망할 때까지만 이를 산정하면 되고 평균여명이 끝날 때까지의 일실수익을 그 산정기초로 삼는 것은 그릇된 것이다.

▶ 후유장애가 기왕증, 특이체질에 의한 것(인과관계 부인)

▶ 기왕증에 의한 후유장애가 없었음을 증명[대법원 2002. 9. 4. 선고 2001다80778 판결]

(2)-1. 기여도나 과실상계 유추적용에 의한 배상액 제한

라. 타인의 사망·부상(인적 손해)

(1) 타인 : 운행자와 운전자 외의 모든 자

라-1. 원고가 타인에 해당하지 않는다는 항변 : 원고가 운행자, 운전자, 운전보조자에 해당[대법원 2002. 12. 10. 선고 2002다51654 판결, 대법원 2016. 4. 28. 선고 2014다236830,236847 판결]

■ 피해자인 공동운행자 : 사고 차량에 대하여 실질적인 운행지배와 운행이익을 가지는 경우 → 타인성 부정[대법원 2002. 12. 10. 선고 2002다51654 판결] 차량소유자의 이혼한 전처(원고의 모)], [대법원 2009. 5. 28. 선고 2007다87221 판결] 기명피보험자로부터 피보험차량을 빌려 운행하던 피해자가 대리운전자에게 운전시켜 동승한 경우 : 대리운전회사와의 내부관계에서는 단순한 동승자 → 타인성 인정 대리운전회사에 대한 청구 가능, 소유자와의 관계 : 피해자의 운행지배, 운행이익보다 소유자인 기명피보험자의 그것이 주도적이거나 직접적이지 않은 경우 → 피해자의 실질적인 운행지배, 운행이익이 더 큰 경우 → 피보험차량의 책임보험자(소유자와 보험계약을 체결한 보험회사)에 대한 청구 불가]

■ 사용차주소유자에 대하여 자배법상 타인 주장 불가[대법원 1989. 6. 27. 선고 88다카12599 판결, 대법원 1991. 7. 9. 선고 91다5358 판결]

■ 임차인[대법원 2000. 10. 6. 선고 2000다32840 판결] 렌터카회사나 보험회사를 상대로 청구 불가 ⟺ 예외 : 대법원 1993. 4. 23. 선고 93다1879 판결, 대법원 1992. 2. 11. 선고 91다42388, 42395(병합) 판결, 대법원 1997. 8. 29. 선고 97다12884 판결

(2) 상대방인 공동운행자의 실질적인 운행지배와 운행이익이 더 큰 경우 : 피해자인 공동운행자는 타인성 인정

(3) 호의동승자[대법원 1999. 2. 9. 선고 98다53141 판결], 임차차량의 동승자

▸ 동승자라도 타인성과 공동운행자성 동시에 인정[대법원 1991. 3. 27. 선고 91다3048 판결] 함께 여행하기로 한 동승자 사례 : 운전자와는 물론 렌터카 회사와의 관계에서도 운행지배 및 운행이익 공유

(4) 운전자라도 사고시 현실적으로 운전을 담당하지 않은 경우 : 타인성 인정[대법원 1999. 9. 17. 선고 99다22328 판결]

▸ 법령상·직무상 임무에 위배하여 운전위탁 : 여전히 운전자에 해당[대법원 2016. 4. 28. 선고 2014다236830,236847 판결] 위탁받은 타인은 운전자에 해당하지 않음 ➡ 타인성 부정시 : 제756조 사용자책임 문제

▸ 운전보조자에게 현실적으로 사고발생을 방지할 의무가 있거나 실제 운전에 관여 : 타인성 부정

라-2. 인적 손해가 아니라는 주장 ➡ 물적 손해 : **일반 불법행위**[대법원 2006. 7. 27. 선고 2005다56728 판결] 자배법상책임과 민법상 불법행위책임 선택적으로 주장

3. 책임의 범위와 감면

가. 책임의 범위

(1) 부진정연대채무 : 피용자와 제3자, 사용자와 제3자[대법원 1992. 6. 23. 선고 91다33070 전원합의체 판결] 피용자와 제3자가 공동불법행위로 피해자에게 손해를 가하여 그 손해배상채무를 부담하는 경우에 피용자와 제3자는 공동불법행위자로서 서로 부진정연대관계에 있고, 한편 사용자의 손해배상책임은 피용자의 배상책임에 대한 대체적 책임이어서 사용자도 제3자와 부진정연대관계에 있다고 보아야 할 것이므로, 사용자가 피용자와 제3자의 책임비율에 의하여 정해진 피용자의 부담부분을 초과하여 피해자에게 손해를 배상한 경우에는 사용자는 제3자에 대하여도 구상권을 행사할 수 있으며, 그 구상의 범위는 제3자의 부담부분에 국한된다고 보는 것이 타당하다.

(2) 자배법으로 전보되지 못한 손해(물적 손해, 자배법상 배상범위를 초과하는 인적 손해) : 민법 적용(자동차손해배상 보장법 제4조)

나. 면책사유

(1) 승객 사상 : 고의, 자살행위

▸ 자유로운 의사결정에 의한 행위가 아닌 경우[대법원 1997. 11. 11. 선고 95다22115 판결]

(2) 승객 외의 자 사상 : 운전자·운행자의 무과실, 피해자나 제3자의 과실, 자동차 결함의 부존재

▸ 가해차량이 피해차량의 비정상적 운행을 예견할 수 있는 특별한 사정의 존재[대법원 1994. 9. 9. 선고 94다18003 판결, 대법원 1996. 12. 6. 선고 96다39318 판결]

다. 책임제한

(1) 과실상계

⑦ 과실 : 사회통념상, 신의성실의 원칙상, 공동생활상 요구되는 약한 의미의 부주의[대법원 1992. 11. 13. 선고 92다14687 판결] 불법행위에 있어서 가해자의 과실은 의무위반이라는 강력한 과실

㉯ 과실상계능력 : 행위책임을 부담할 정도의 완전한 의사결정능력을 보유하고 있다고 볼 수 없다 하더라도 자신의 신체에 대한 위험성 등은 판별할 수 있는 정도의 의사능력[대법원 1993. 9. 14. 선고 93다21552 판결]

㉰ 무상으로 동승하였다는 사실만으로는 운전자에게 안전운행을 촉구하여야 할 주의의무 부정[대법원 1994. 11. 25. 선고 94다32917 판결]

(2) 피해자측 과실 : 피해자와 신분상 내지 생활관계상 일체를 이루는 관계에 있는 자의 과실[대법원 1999. 7. 23. 선고 98다31868 판결]

⑦ 취지 : 불필요한 구상관계의 순환방지, 무자력 위험의 적정한 분배

㉯ 인정사례

① 미성년자의 감독의무자에게 과실이 있는 경우[대법원 1968. 4. 16. 선고 67다2653 판결]

② 피용자의 행위로 인해 사용자 본인이 피해를 입은 경우[대법원 1981. 6. 23. 선고 80다2005 판결]

③ 가족관계에 있는 자의 과실[대법원 1996. 11. 12. 선고 96다26183 판결]

④ 우호관계 또는 동료관계 등에 있는 자의 과실[대법원 1998. 8. 21. 선고 98다23232 판결]

㉰ 적용범위

① 피해자 → 다른 가해자 · 가해차량의 보험자 : 피고는 피해자측 과실 적용 주장 가능[대법원 1997. 11. 14. 선고 97다35344 판결]

② 피해자 → 동승 차량 운행자호의동승 차량 운전자(소외2)에게만 과실 + 동승자(소외1) · 유족(원고)이 운행자(차량소유자)를 상대로 청구 → 운전자소외2의 과실은 동승 차량 운행자의 손해배상채무의 성립요건일 뿐 피해자측 과실로 참작 불가[대법원 1997. 11. 14. 선고 97다35344 판결] 운전자의 과실은 손해배상채무의 성립요건일뿐, 피해자는 운전자에게 자신의 과실 부분을 제외한 전액 청구 가능, 운전자는 자신의 과실 부분(피해자 과실상계 후 손해액×운전자 과실비율)을 넘은 변제시 다른 공동불법행위자에게 구상 가능, [대법원 2021. 3. 25. 선고 2019다208687 판결] 피해자 소외3은 당시 미성년자로서 원고 차량의 조수석에 앉아 있다가 피해를 입었고 원고 차량의 운행을 지배하여 그 이익을 향수하고 있지 않았으므로, 자동차손해배상 보장법 제3조의 '다른 사람'에 해당하고, 따라서 원고 차량의 운전자인 소외2(소외3의 친형)와 그 책임보험자인 원고는 소외3에 대하여 손해배상책임을 부담한다. ⇔ [원심] 원고가 소외3과 신분상 내지 생활관계상 일체를 이루는 관계에 있는 소외2의 과실로 인한 손해배상금을 지급할 책임이 없다고 판단

(3) 호의동승 배상액 감경

⑦ 감경 가부

① 원칙 : 불가[대법원 1987. 1. 20. 선고 86다카251 판결] 사고차량에 단순히 호의로 동승하였다는 사실만으로 감경

사유로 삼을 수 없는 것

② 예외 : 운행목적, 동승자와 운행자의 인적 관계, 그가 차에 동승한 경위, 특히 동승을 요구한 목적과 적극성 등 여러 사정에 비추어, 가해자에게 일반 교통사고와 동일한 책임을 지우는 것이 신의칙이나 형평의 원칙으로 보아 매우 불합리하다고 인정될 때에는 그 배상액을 감경[대법원 1994. 11. 25. 선고 94다32917 판결]

(내) 적용 범위 및 구상관계

① 무제한설(제한 부정)[대법원 1997. 8. 26. 선고 94다37844 판결]

㉠ 감액사유가 없는 자에 대하여는 전액 청구 가능, 감액사유 없는 자는 부담부분을 넘는 부분 변제시 감액사유 있는 자에게 그의 부담부분에 대하여 구상 가능, 감액사유 있는 자는 다시 피해자에게 피해자의 부담부분(과실비율)에 따라 구상 가능

㉡ 감액사유가 있는 자에 대하여는 감액 부분만 청구 가능, 자신의 부담부분을 넘는 변제시 구상 가능

② 완전제한설 : 절대적 효력 인정 → 공동불법행위자 모두호의동승 차량 운전자, 상대방 운전자에게 적용, 호의동승에 의하여 감액된 부분에 대하여 부진정연대책임[대법원 2014. 3. 27. 선고 2012다87263 판결]

라. 혼동

(1) 채권·채무의 동일인 귀속 : 가해자(모)가 피해자(자)를 상속 → 손해배상청구권 소멸 → 직접청구권 소멸[대법원 2003. 1. 10. 선고 2000다41653,41660 판결]

(2) 예외 : 손해배상채권이 피해자(망인)의 보험자에 대한 직접청구권의 전제 → 손해배상청구권은 혼동으로 소멸되지 않음2000다41653 손해배상채권과 채무가 상속으로 동일인에게 귀속하더라도 교통사고의 피해자에게 책임보험 혜택을 부여하여 이를 보호하여야 할 사회적 필요성은 동일하고 책임보험의 보험자가 혼동이라는 우연한 사정에 의하여 자신의 책임을 면할 합리적인 이유가 없다는 점 등을 고려할 때 가해자가 피해자의 상속인이 되는 등 특별한 경우를 제외하고는 피해자의 보험자에 대한 직접청구권의 전제가 되는 위 법 제3조에 의한 피해자의 운행자에 대한 손해배상청구권은 상속에 의한 혼동에 의하여 소멸되지 않는다.

(개) 상속인(부)피고(차량 소유자) : 손해배상채권과 채무가 함께 귀속의 보험자원고에 대한 채권 불소멸 : 자신의 상속분1/2에 한하여 직접청구권 행사2000다41653 가해자인 모의 채권은 혼동으로 소멸

(내) 가해자 자녀와 피해자 자녀를 상속한 부모 : 손해배상청구권 불소멸, 직접청구권 불소멸[대법원 1995. 5. 12. 선고 93다48373 판결]

마. 상속포기의 신의칙 위반가해자인 모의 상속포기가 신의칙 위반인지 여부[대법원 2005. 1. 14. 선고 2003다38573, 38580 판결]

(1) 직접청구권 소멸 부정 : 가해자(모) ≠ 피해자(자)의 상속인(부)가해자가 적법하게 상속을

포기하면 그 소급효로 인하여 위 손해배상청구권과 직접청구권은 소급하여 소멸하지 않았던 것으로 되어 다른 상속인에게 귀속되고, 그 결과 위에서 본 '가해자가 피해자의 상속인이 되는 등 특별한 경우'에 해당하지 않게 되므로 위 손해배상청구권과 이를 전제로 하는 직접청구권은 소멸하지 않는다.

(2) 신의칙 위배 부정상속포기를 하지 아니하였더라면 혼동으로 소멸하였을 개별적인 권리가 소멸하지 않는 효과가 발생하였더라도 이는 상속포기로 인한 부수적 결과에 불과한 것이어서 이를 이유로 신의칙 등 일반조항을 들어 전체적인 상속포기의 효력을 부정하는 것은 상당하지 아니하다는 점, 나아가 가해자의 상속포기로 인하여 그녀의 상속지분은 피고에게 귀속되었는데 피고는 원래의 공동상속인 중 하나로서 피해자의 아버지이기 때문에 피고에게 책임보험에 의한 혜택을 부여하여 보호할 사회적 필요성을 부정하기 어렵다는 점 등에 비추어 볼 때 이 사건에서 상속포기가 신의칙에 반하여 무효라고 할 수도 없다.

4. 피해자의 보험자_{보험회사}에 대한 직접청구권(상법 제724조 제2항) ⇔ 가해자에 대한 청구권 : 민법 제750조, 제756조, 자배법 제3조

■직접청구권은 피보험자의 보험금청구권과 별개의 권리

4-1. 피해자의 직접청구권 행사에 대해 피보험자의 보험금청구권 부존재 기판력 항변 : **불가**[대법원 1995. 2. 10. 선고 94다4424 판결] 피해자에게 전소판결의 기판력 부정

■직접청구권 행사에 의한 보험자의 보험금지급(승인) : 가해자피보험자에 대한 손해배상청구권의 시효중단부정[대법원 2018. 10. 25. 선고 2018다234177 판결] 채무승인은 이행청구에는 해당하지 않기 때문에, 어느 연대채무자가 채무를 승인함으로써 그에 대한 시효가 중단되었더라도 그로 인하여 다른 연대채무자에게도 시효중단의 효력이 발생하는 것은 아니므로

4-2. 소멸시효

■민법 제766조 적용, 상법 제662조 부적용[대법원 2005. 10. 7. 선고 2003다6774 판결] 상법 제724조 제2항에 의하여 피해자가 보험자에게 갖는 직접청구권은 보험자가 피보험자의 피해자에 대한 손해배상채무를 병존적으로 인수한 것으로서 피해자가 보험자에 대하여 가지는 손해배상청구권이므로 민법 제766조 제1항에 따라 피해자 또는 그 법정대리인이 그 손해 및 가해자를 안 날로부터 3년간 이를 행사하지 아니하면 시효로 인하여 소멸한다.

■자배법 제33조 부적용강제(의무)보험금에 대하여만 적용 [대법원 2005. 10. 7. 선고 2003다6774 판결] 자동차종합보험(대인배상 Ⅰ 및 Ⅱ 포함)의 피보험자가 자동차의 사고로 인하여 손해배상책임을 지는 경우에 있어서, 피해자가 상법 제724조 제2항에 의하여 보험자에 대하여 행사할 수 있는 손해배상청구권은 자동차손해배상 보장법 제9조에 의하여 행사할 수 있는 손해배상청구권과 그 범위를 달리하므로 두 청구권은 별개의 청구라 할 것이어서 자동차손해배상 보장법 제9조에 적용되는 같은 법 제33조의 소멸시효의 규정이 상법 제724조 제2항에 의한 손해배상청구에 대하여 적용될 수는 없다.

4-3. 보험자의 피해자에 대한 채권 상계 : **피보험자에게도 효력**[대법원 1999. 11. 26. 선고 99다34499 판결]

4-4. 피보험자의 제3자에 대한 항변으로 대항(상법 제724조 제2항 단서)

제2관 불법행위의 효과

I. 손해배상청구권

1. 청구권자

가. 생명침해 + 특정청구권자 ➡ 제752조 : 손해 증명 없이 위자료 청구권(사실혼 배우자 포함)

나. 생명침해 외의 손해, 제752조 규정 외의 자 ➡ 제750조 + 제751조 : 손해증명 필요[대법원 1999. 4. 23. 선고 98다41377 판결] 민법 제752조는 생명침해의 경우에 있어서의 위자료 청구권자를 열거 규정하고 있으나 이는 예시적 열거 규정이라고 할 것이므로 생명침해 아닌 불법행위의 경우에도 불법행위 피해자의 부모는 그 정신적 고통에 관한 입증을 함으로써 일반 원칙인 같은 법 제750조, 제751조에 의하여 위자료를 청구할 수 있다.

2. 손해의 범위

가. 소극적 손해 : 소득, 가동연한, 노동능력상실률

나. 적극적 손해 : 치료비, 개호비, 장례비, 수리비

2-1. 손해의 부존재

가. 불법행위 전 재산상태 < 불법행위 후 재산상태[대법원 2010. 9. 9. 선고 2010다29201 판결] 원고의 재산상 손해는 피고의 불법행위가 없었다면 존재하였을 재산상태, 즉 증여점포를 증여받지 않은 상태와 피고의 불법행위가 가해진 재산상태, 즉 증여점포를 증여받아 증여세 등을 납부한 상태의 차이라고 할 것인데, 원고는 피고의 불법행위로 인하여 결국 소외 1로부터 증여점포를 증여받음으로써 오히려 증여점포의 시가에서 이 사건 증여에 따른 증여세 및 가산세 상당액을 공제한 금원 상당액의 재산이 증가하였으므로 원고가 피고의 위 불법행위로 인하여 어떠한 손해를 입었다고 볼 수는 없다.

나. 등기공무원의 과실과 중간매수인이 손해[대법원 2019. 8. 14. 선고 2016다217833 판결] 불법행위를 이유로 배상하여야 할 손해는 현실로 입은 확실한 손해에 한하므로, 불법행위로 인하여 피해자가 제3자에 대하여 채무를 부담하게 된 경우 채권자가 채무자에게 그 채무액 상당의 손해배상을 구하기 위해서는 채무의 부담이 현실적·확정적이어서 실제로 변제하여야 할 성질의 것이어야 하고, 현실적으로 손해가 발생하였는지는 사회통념에 비추어 객관적이고 합리적으로 판단하여야 한다. → 최종매수인으로부터 담보책임을 추궁당하여 손해배상금을 지급하였거나, 최종매수인에 대하여 손해배상의 지급을 명하는 판결을 받은 등 현실적·확정적으로 실제 변

제하여야 할 성질의 채무를 부담하는 경우에만 인정

2-2. 상당인과관계 부존재

2-3. 과실상계, 손익상계

다. 정신적 손해(위자료)

(1) 판단기준

(가) 피해자의 연령, 직업, 사회적 지위, 재산과 생활상태, 피해로 입은 고통의 정도, 피해자의 과실 정도 등 피해자 측의 사정과 아울러 가해자의 고의·과실의 정도, 가해행위의 동기와 원인, 불법행위 후의 가해자의 태도 등 가해자 측의 사정까지 함께 참작[대법원 2020. 11. 26. 선고 2019다276307 판결]

(나) 결과불법과 행위불법 고려 : 결과불법 관련 요소가 훨씬 중요하게 고려[민법판례연구 328] 불법 행위법의 1차적 목적은 예방·제재가 아니라 회복이므로, [민법판례연구 487] 불법행위 성립요건인 '손해'는 결과불 법과 밀접한 관련성을 가지므로

① 결과불법 관련 요소개인정보의 종류와 성격, 정보주체 식별 가능성, 제3자의 열람 여부 또는 열람 가능성, 유 출 정보의 확산 범위, 추가적인 법익침해 가능성, 피해 확산 방지 조치가 행위불법 요소개인정보 관리 실태, 개인정보 유출 경위보다 강한 경우 : 정신적 손해 인정 가능[대법원 2012. 12. 26. 선고 2011다 59834,59858,59841 판결] 개인정보자기결정권 침해 사건 : 정신적 손해 판단에서는 결과 불법 관련 요소, 특히 침 해행위로 인한 2차 피해 발생 가능성이 중요 2차 피해가 발생하지 않았고, 앞으로 발생할 가능성이 낮은 경우 정 신적 손해 부정

② 결과불법 관련 요소가 약한 사안 : 정신적 손해가 인정되려면 행위불법 관련 요소가 매우 강하게 나타나야 함

(2) 지연손해금 산정의 기준시기

(가) 원칙 : 이행의 최고가 없더라도 채무성립시기인 불법행위시[대법원 2012. 3. 29. 선고 2011다38325 판결]

(나) 예외 : 불법행위시와 변론종결시 사이의 간격과 통화가치의 변동[대법원 2020. 11. 26. 선고 2019 다276307 판결] 불법행위시와 변론종결시 사이에 장기간의 세월이 지나 위자료를 산정할 때 반드시 참작해야 할 변론종결시의 통화가치 등에 불법행위시와 비교하여 상당한 변동이 생긴 때에는 예외적으로 불법행위로 인한 위자 료 배상채무의 지연손해금은 그 위자료 산정의 기준시인 사실심 변론종결일로부터 발생한다고 보아야 하고, 이처 럼 불법행위로 인한 위자료 배상채무의 지연손해금이 사실심 변론종결일부터 발생한다고 보아야 하는 예외적인 경 우에는 불법행위시부터 지연손해금이 가산되는 원칙적인 경우보다 배상이 지연된 사정을 적절히 참작하여 사실심 변론종결시의 위자료 원금을 산정할 필요가 있다. 한편 제1심판결에서 위와 같이 배상이 지연된 사정을 참작하여 제1심 변론종결일을 기준으로 위자료를 산정하였는데 항소심이 항소심 변론종결일을 기준으로 새로이 위자료를 산정하지 않고 제1심판결의 위자료 액수를 그대로 유지한 경우 위자료 배상채무의 지연손해금은 위자료 산정의 기 준일인 제1심 변론종결일부터 발생한다. ➡ 피고 소속 공무원이 원고들을 불법으로 연행한 1978. 10. 11. 또는

1977. 11. 14.부터 이 사건 변론종결일인 2019. 1. 9.까지 약 40여 년에 이르는 오랜 세월이 경과하여 그 사이에 물가와 국민소득수준 등이 크게 상승함으로 말미암아 이를 반영하여 위자료를 증액 산정한 이상, 이 사건 변론종결일인 2019. 1. 9.부터 위자료에 대한 지연손해금이 발생

2-4. 합의 : **부제소특약**각하 [대법원 2013. 11. 28. 선고 2011다80449 판결] : 권리보호이익이 없거나 신의성실의 원칙 위반, **권리포기 약정**기각

▸ 계약성립의 부정 : 배상책임의 존부나 액수에 관한 실질적 교섭이 없는 경우[대법원 1995. 11. 7. 선고 93다41587 판결, 대법원 1999. 3. 23. 선고 98다64301 판결]

▸ 합의 실효 : 불공정 법률행위[대법원 1999. 5. 28. 선고 98다58825 판결], 화해의 목적인 분쟁 이외 사항에 대한 착오[대법원 1992. 7. 14. 선고 91다47208 판결]

▸ 제한적 해석 : 합의 당시 예상 못했던 후발적 손해에는 합의의 효력 제한

2-5. 소멸시효 : 3년, 10년

가. 기간

(1) 손해 및 가해자를 안 날로부터 3년

■손해, 가해자, 인과관계, 위법성을 모두 안 날[대법원 2019. 12. 13. 선고 2019다259371 판결] 불법행위로 인한 손해배상청구권의 단기소멸시효의 기산점이 되는 민법 제766조 제1항 소정의 '손해 및 가해자를 안 날'이라고 함은 손해의 발생, 위법한 가해행위의 존재, 가해행위와 손해의 발생 사이에 상당인과관계가 있다는 사실 등 불법행위의 요건사실에 대하여 현실적·구체적으로 인식하였을 때를 의미한다.

■확대손해 발생시에는 사유가 판명된 때[대법원 2001. 1. 19. 선고 2000다11836 판결]

■잠재적인 손해가 현실화된 것을 안 때[2000다11836] 사고 당시 2세, 좌족부 변형 확인 18세, 2016다1687 신체에 대한 가해행위가 있은 후 상당한 기간 동안 치료가 계속되는 과정에서 어떠한 증상이 발현되어 그로 인한 손해가 현실화된 사안이라면, 법원은 피해자가 담당의사의 최종 진단이나 법원의 감정 결과가 나오기 전에 손해가 현실화된 사실을 알았거나 알 수 있었다고 인정하는 데 매우 신중할 필요가 있다. 특히 가해행위가 있을 당시 피해자의 나이가 왕성하게 발육·성장활동을 하는 때이거나, 최초 손상된 부위가 뇌나 성장판과 같이 일반적으로 발육·성장에 따라 호전가능성이 매우 크거나(다만 최초 손상의 정도나 부위로 보아 장차 호전가능성이 전혀 없다고 단정할 수 있는 경우는 제외한다), 치매나 인지장애 등과 같이 증상의 발현 양상이나 진단 방법 등으로 보아 일정한 연령에 도달한 후 전문가의 도움을 받아야 정확하게 진단할 수 있는 등의 특수한 사정이 있는 때에는 더욱 그러하다.

■소멸시효 주장자가 입증[대법원 1995. 2. 3. 선고 94다16359 판결]

▸ 대표자의 불법행위 : 회사의 정당한 이익을 보전할 권한을 가진 다른 임원·직원 등이 안 때[대법원 2002. 6. 14. 선고 2002다11441 판결]

▸ 손해배상청구권이 아니라 구상권 : 10년[대법원 1995. 9. 29. 선고 94다61410 판결]

(2) 불법행위를 한 날로부터 10년

■ 손해의 결과발생이 현실적인 것으로 된 때[대법원 2019. 8. 29. 선고 2017다276679 판결] 불법행위에
기한 손해배상채권에서 민법 제766조 제2항의 소멸시효의 기산점이 되는 '불법행위를 한 날'이란 가해행위가 있었던
날이 아니라 현실적으로 손해의 결과가 발생한 날을 의미하나, 그 손해의 결과발생이 현실적인 것으로 되었다면 그
소멸시효는 피해자가 손해의 결과발생을 알았거나 예상할 수 있는지 여부에 관계없이 가해행위로 인한 손해가 현실
적인 것으로 되었다고 볼 수 있는 때부터 진행한다.

■ 가해행위가 있은 때가 아님[대법원 2017. 11. 9. 선고 2013다26708, 26715, 26722, 26739 판결] 감염 잠복
기가 있거나 감염 당시 진행을 예측하기 어려운 경우 : 증상이 발현되거나 병이 진행된 시점

■ 발생시기에 대한 증명책임 : 소멸시효의 이익을 주장하는 자[대법원 2013. 7. 12. 선고 2006다
17539 판결, 대법원 2021. 8. 19. 선고 2019다297137 판결]

나. 범위

(1) 근친자의 위자료 청구권과 피해자의 손해배상청구권은 별개의 청구권[대법원 1966. 12.
20 선고 66다1667 판결] 소멸시효는 별개로 진행, 적용됨

(2) 위자료청구권근친자 승소 → 재산상 손해배상청구권피해자 시효중단 부정[대법원 1967. 1.
24 선고 66다2280 판결]

2-6. 상계

가. 유형

(1) 이미 지급한 치료비 중 과실상당부분[대법원 1993. 7. 27. 선고 92다24011 판결, 대법원 2002. 9. 4.
선고 2001다80778 판결]

(2) 자배법 제11조 가불금[대법원 2013. 10. 11. 선고 2013다42755 판결]

(3) 공동면책액

㈎ 가해자피고(공동불법행위자)의 보험회사가 가해자피고를 대위하여 다른 가해자원고(공동불법행위자)
까지 면책시킨 경우 : 피고는 원고의 손해배상채권에 대하여 구상권으로 상계 불가 94다
11071 구상권은 보험자대위에 의해 보험회사나 공제조합에 이전

㈏ 보험자의 구상채권을 양도받은 경우 : 상계 가능[대법원 1994. 10. 7. 선고 94다11071 판결]

㈐ 보험회사의 상계 : 피보험자인 피고에게도 효력[대법원 1999. 11. 26. 선고 99다34499 판결, 대법원
2010. 9. 16. 선고 2008다97218 전원합의체 판결]

(4) 제3자망 소외1에게 손해를 배상한 가해자피고는 피해자원고의 가해자에 대한 손해배상
청구에 대해 과실비율에 따른 구상권으로 상계 가능[대법원 1991. 5. 14. 선고 91다513 판결]

▸ 고의 불법행위

▸ 중과실에 의한 불법행위채무는 상계 가능[대법원 1994. 8. 12. 선고 93다52808 판결]

2-7. 과실상계 : 부당이득은 과실상계 부적용

가. 과실의 존재 : 피해자에게 법규 위반과 같은 강한 과실이 있는 경우에는 제3의 피해자에 대한 공동불법행위 성립[대법원 1993. 12. 10. 선고 93다36721 판결]

나. 책임능력 : 사리변식 능력[대법원 1971. 3. 23. 선고 70다2986 판결, 대법원 1993. 9. 14. 선고 93다21552 판결] 없으면 보호감독의무자의 과실 주장 ➡ 피해자측 과실[대법원 1974. 12. 24. 선고 74다1882 판결]

다. 피해자측 과실 : 감독의무자, 피용자[대법원 1981. 6. 23. 선고 80다2005 판결], 가족관계, 호의 동승, 자기차량 운전사[대법원 1997. 9. 5. 선고 97다652 판결]

▸ 호의동승 차량 운전자에게만 과실 + 동승자 · 유족이 운행자에게 청구 : 운전자의 과실은 피해자측 과실에 해당하지 않음[대법원 1997. 11. 14. 선고 97다35344 판결]

라. 손해 발생 · 확대와 인과관계

▸ 법규 위반이 있더라도 손해 발생 · 확대에 영향 없음[대법원 1987. 5. 12. 선고 86다카819 판결] 가해차량이 편도1차선 도로에서 같은 방향으로 진행하고 있던 버스의 뒤를 따라 제한 시속 50km의 도로를 시속 65km의 속력으로 근접하여 진행하다가 버스가 정지하는 것을 뒤늦게 발견하고 충돌을 피하려고 핸들을 왼쪽으로 꺽는 바람에 중앙선을 침범하여 반대차선에서 반대방향으로 진행하여 오던 피해트럭을 충격하였다면 이 사고는 가해차량의 일방적 과실이 그 직접적인 원인이 있는 것이므로, 차량인원이 3명인 위 피해차량에 성인 2명 및 어린아이 2명이 승차하여 정원을 초과하였다고 하더라도 위 사고로 인한 손해의 발생에 관하여 피해자측에 사회통념상 또는 신의칙상 요구되는 어떤 부주의가 있었다고 볼 수 없다.

마. 과실비율

▸ 고의 불법행위자의 과실상계 주장 불가[대법원 2018. 2. 13. 선고 2015다242429 판결]

▸ 공동불법행위자이자 피해자인 경우 : 과실비율이 달라질 수 있음[대법원 1992. 3. 10. 선고 91다43459 판결] 원고(망 소외2)의 과실(안전모 미착용)은 자신의 손해발생과 확대손해에 관련 있을 뿐 제3자의 손해(제3자의 사망)에 대하여는 인과관계 부정, [대법원 2000. 8. 22. 선고 2000다29028 판결] 공동불법행위자 중의 1인(원고)이 다른 공동불법행위자(소외1)와 공동불법행위자로서 제3자(망 소외3)에게 손해배상책임을 짐과 동시에 피해자로서 다른 공동불법행위자에게 불법행위로 인한 손해배상을 구하는 경우에 피해자로서의 과실상계의 대상이 되는 과실 내용이나 비율은 공동불법행위자 사이에 제3자에 대한 가해자로서의 부담 부분을 정하기 위한 과실 내용이나 비율과 반드시 일치되어야 하는 것은 아니다.

▸ 공동불법행위자별로 별개의 소를 제기한 경우 과실상계액 · 손해액을 다르게 인정 가능[대법원 2001. 2. 9. 선고 2000다60227 판결] 각 소송에서 제출된 증거가 서로 다르고 이에 따라 교통사고의 경위

와 피해자의 손해액산정의 기초가 되는 사실이 달리 인정됨으로 인하여 과실상계비율과 손해액도 서로 달리 인정될 수 있는 것이므로

3. 부당이득반환청구와의 관계 : 과실상계로 제한된 부분에 대한 부당이득반환청구 가능[대법원 2013. 9. 13. 선고 2013다45457 판결]

3-1. 손익상계

■ 손해발생원인으로부터 이익 발생

■ 이익과 불법행위의 상당인과관계

▶ 인과관계 부정 : 조의금[대법원 1976. 2. 24. 선고 75다1088 판결] 손실전보 목적이 아니므로, 생명보험금 2003다29463 보험계약이라는 별개 원인, 상속인의 고유재산상해보험금인보험 대위 불가

▶ 손해보험금손해전보 목적, 손해배상청구권 자체가 인정되지 않음, 당사자 사이에 보험자대위 약정이 있는 상해보험금, 자동차책임보험금손해배상청구권과 직접청구권 선택 가능 : 공제 가능

Ⅱ. 금지청구권

1. 인정요건 : 손해의 예방과 회복이라는 불법행위법의 목적, 의미 있는 원상회복이 곤란한 사안에서의 현실적 필요성 → 해석론에 의하여도 인정 가능[민법학의 기본원리 225 이하]

2. 민법상 근거 : 제2조, 제214조, 제217조 제1항, 제389조 제3항, 제764조

3. 관련 판례[대법원 2010. 8. 25.자 2008마1541 결정] 경쟁자가 상당한 노력과 투자에 의하여 구축한 성과물을 상도덕이나 공정한 경쟁질서에 반하여 자신의 영업을 위하여 무단으로 이용함으로써 경쟁자의 노력과 투자에 편승하여 부당하게 이익을 얻고 경쟁자의 법률상 보호할 가치가 있는 이익을 침해하는 행위는 부정한 경쟁행위로서 민법상 불법행위에 해당하는바, 위와 같은 무단이용 상태가 계속되어 금전배상을 명하는 것만으로는 피해자 구제의 실효성을 기대하기 어렵고 무단이용의 금지로 인하여 보호되는 피해자의 이익과 그로 인한 가해자의 불이익을 비교·교량할 때 피해자의 이익이 더 큰 경우에는 그 행위의 금지 또는 예방을 청구할 수 있다.

Ⅲ. 구상권[손해배상소송 231 이하]

1. 구상권의 인정취지 : 공동불법행위자의 각 과실비율에 따라 공평하게 책임을 분담

[대법원 1995. 11. 14. 선고 94다34449 판결]

2. 구상권의 성질

가. 손해배상채무와 별개의 채무[대법원 1991. 10. 22. 선고 90다20244 판결] 공동불법행위자 1인의 치료비 채무를 부담한 연대보증인은 그 채무를 변제한 다른 공동불법행위자에게까지 그 연대보증한 연대채무자의 부담부분에 대한 구상채무를 변제한 책임까지 부담하는 것은 아니다.

나. 구별의 실익 : 소멸시효구상권은 10년, 손해배상청구권은 3년 또는 10년

3. 요건

가. 손해배상액의 확정 : 공동불법행위로 인한 피해자의 손해 전부

(1) 1인의 변제 + 전원에 대한 나머지 채권 포기시에는 변제된 손해배상액으로 확정

[대법원 2004. 6. 25. 선고 2002다13584 판결]

(2) 공동불법행위자 일부 확정·일부 항소 + 피해자의 부대항소로 손해액이 증가한 경우 : 항소한 채무자로서는 항소심에서 증액된 부분을 출재하였다고 하더라도 항소하지 않은 채무자1심 판결에 항소하지 않은 피고1에 대하여는 공동면책 효력 주장 불가[대법원 1995. 11. 14. 선고 94다34449 판결] 1심 판결의 인용 금액 범위 내에서 원고의 출재금액만을 공동면책액으로 인정

나. 부담부분의 결정

(1) 손해발생에 기여한 정도(과실불법행위 요건으로서의 과실 정도)에 따라[대법원 2000. 12. 26. 선고 2000다38275 판결, 대법원 2001. 1. 19. 선고 2000다33607 판결]

(2) 구상채무는 분할채무[대법원 2002. 9. 27. 선고 2002다15917 판결]

(3) 구상권자인 공동불법행위자에게 과실이 없는 경우 구상의무는 부진정연대[대법원 2005. 10. 13. 선고 2003다24147 판결] 피고 소유 세피아 승용차의 중앙선 침범과 안전거리를 확보하지 않고 운전한 소외3 차량에 의해 원고(택시) 차량에 승차한 승객이 부상당한 사례 : 원고 차량 운전자인 소외2는 과실 부존재 ➡ 원고 연합회는 원고 회사를 대위하여 피고들에게 구상금 청구 가능, 부전정연대 ➡ [관련 의문] 협의의 불법행위가 성립하지 않는 경우(무과실)인 경우에도 구상권이 인정되는 근거? [해설] 공동불법행위의 구상권에 있어서 공동불법행위는 협의의 불법행위뿐만 아니라 불법행위책임을 부담하는 모든 경우(가령 자배법과 같이 사실상 무과실책임에 가까운 책임을 부담하는 경우)도 포함하는 넓은 의미로 이해할 수 있고, 또 그렇게 해야 공평한 책임분담의 이념이 실현될 수도 있다. 협의의 불법행위가 성립해야 한다는 것은 일반적으로 맞는 말이지만, 꼭 그 경우에 한하여 구상권 문제가 발생한다고 좁게 해석할 이유는 없다(권영준 교수님).

다. 부담부분 이상의 공동면책[대법원 2002. 5. 24. 선고 2002다14112 판결, 대법원 1997. 12. 12. 선고 96다50896 판결]

3-1. 피해자에 대한 피고의 소멸시효 완성 항변 : 불가[대법원 1997. 12. 23. 선고 97다42830 판결, 대법원 2010. 12. 23. 선고 2010다52225 판결] 부진정연대채무에 대하여는 제421조 부적용

3-2. 구상권 행사의 제한

■사용자 → 피용자 : 제한[대법원 1987. 9. 8. 선고 86다카1045 판결, 1996. 4. 9. 선고 95다52611 판결, 1991. 5. 10. 선고 91다7255 판결, 2009. 11. 26. 선고 2009다59350 판결, 2014. 5. 29. 선고 2014다202691 판결], [민법판례연구] 350] 사용자와 피용자 사이의 구상관계에 존재하는 특수성(피용자는 사용자가 제공하는 환경과 근무조건 아래에서 사용자의 이익을 위하여 작업을 수행하다가 불법행위를 하였음에도 이로 인한 불이익을 경제적 약자인 피용자에게 전가하는 것은 신의칙이나 공평의 원칙에 반함) 때문

■사용자의 보험자 → 피용자 : 제한[대법원 2017. 4. 27. 선고 2016다271226 판결] 일반적으로 사용자가 피용자의 업무수행과 관련하여 행하여진 불법행위로 인하여 직접 손해를 입었거나 피해자인 제3자에게 사용자로서의 손해배상책임을 부담한 결과로 손해를 입게 된 경우에 사용자는 사업의 성격과 규모, 시설의 현황, 피용자의 업무내용과 근로조건 및 근무태도, 가해행위의 발생원인과 성격, 가해행위의 예방이나 손실의 분산에 관한 사용자의 배려의 정도, 기타 제반 사정에 비추어 손해의 공평한 분담이라는 견지에서 신의칙상 상당하다고 인정되는 한도 내에서만 피용자에 대하여 손해배상을 청구하거나 구상권을 행사할 수 있고, 이러한 구상권 제한의 법리는 사용자의 보험자가 피용자에 대하여 구상권을 행사하는 경우에도 다를 바 없다.

▶사용자의 보험자피해자에게 전액배상 후 → 피용자의 보험자 : 제한 부정[대법원 2017. 4. 27. 선고 2016다271226 판결] 사용자[동북전력(과실 30%)]의 보험자 원고가 피해자에게 전액 배상 후 피용자[소외인(과실 70%)]의 보험자(피고)에게 청구하는 경우 : 피용자의 보험자는 구상권 제한 주장 불가 ∵ 이와 같은 구상권 행사는 상법 제724조 제2항 피해자의 직접청구권을 대위행사하는 성격, 사용자와 피용자 사이의 구상관계에 존재하는 특수성은 사용자의 보험자와 피용자의 보험자 사이의 구상관계에는 존재하지 않으므로(보험회사 사이의 대등성)[민법판례연구] 350]

4. 구상관계 : 피해자 병(40%) 피해액 100, 가해자 갑(과실비율 7), 가해자 을(과실비율 3)[손해배상소송 238 이하]

유형	주문, 부담부분	구상관계
■통상의 과실상계	■주문 60 ■부담부분 : 갑 42(60×0.7), 을 18(60×0.3), 병 40	부담비율을 넘은 변제시 구상 가능
■피해자측 과실상계형 : 을, 병이 피해자측	1. 병 → 갑에게만 청구시 ■과실상계 58%[40 + 피해자측(60×0.3)], 주문 42 2. 병 → 을에게만 청구시 을의 과실	1. 갑 42변제시 구상문제 불발생 [대법원 1998. 2. 13. 선고 95다30468 판결] 이 판결의 전제가 된 사건의 판결에서 을의 과실을 피해자측 과실로 참작하여 과실상계한 결과를 손해배상

	은 오로지 손해배상채무의 성립요건에 해당할 뿐 피해자측 과실로 참작할 성질의 것이 아님(97다35344 참조) ■ 과실상계 40%, 주문 60	액으로 산정한 이상 그 손해배상액에 관하여는 부진정연대채무자의 관계에 있는 갑에 대한 관계에서 을의 부담부분은 없다고 판시하여, 갑이 그 손해배상액을 지급하는 경우에는 갑과 을 사이에는 더 이상 구상문제가 생기지 않는다고 판시 2. 을은 18(60×0.3) 초과변제시 갑에게 구상 가능
■상대적 감액형(호의동승·비율적 운행자성에 의한 감액): 을, 병 상대적 감액사유 존재 → 병의 호의동승에 의한 감액 40%	1. 무제한설94다37844 ■병 → 갑: 주문 100호의동승 감액 주장 불가 ■병 → 을: 주문 60호의동승 감액 주장 가능 2. 완전제한설2012다87263: 절대적 효력 인정, 주문 60	1. 무제한설: 갑 100 변제시 부담부분인 70을 넘는 30 구상 가능, 을은 다시 병에게 병의 부담부분인 12(30×0.4)구상 가능[손해배상소송 240] 2. 완전제한설: 자신의 부담부분을 넘는 변제시(갑 42, 을 18) 구상 가능
■병존형: 병에게 과실상계사유(20%)와 비율적 감액사유(30%) 모두 존재시	1. 과실상계: 갑, 을 80연대(내부적 → 갑: 56, 을: 24) 2. 호의동승 감액 (1) 무제한설: 갑 80, 을 56(80×70%) (2) 완전제한설: 갑, 을 56	(1) 무제한설: 갑 80변제시 24 구상, 을은 병에게 7.2(24×0.3) 구상 (2) 완전제한설: 부담부분을 넘는 변제시 구상

제4절 채권자대위 ➡ 직접 청구가 어려울 경우 항상 검토해야 하는 논점

Ⅰ. 요건

1. 피보전채권

가. 성질 : 소송요건, 직권조사사항

나. 의미 : 채권에 한정하지 않고 널리 청구권을 의미, 발생원인, 순서 불문

다. 이행기 도래

(1) 원칙 : 필요

(2) 예외(제404조 제2항) : 법원의 허가, 보존행위

라. 피보전채권 관련 대항사유

(1) 피보전채권의 부존재 : 임대인의 동의 없는 임차권 양수인[대법원 1985. 2. 8. 선고 84다카 188 판결], 업무집행권[대법원 1998. 3. 24. 선고 95다6885 판결] 개인의 재산상 권리가 아니므로, 주주권[대법원 1978. 4. 25. 선고 78다90 판결] 특정된 구체적 청구권이 아니므로

(2) 피대위자의 부존재, 사망 : 피보전채권의 부존재와 동일[대법원 2021. 7. 21. 선고 2020다 300893 판결] 채권자대위소송에서 대위에 의하여 보전될 채권자의 채무자에 대한 권리가 인정되지 아니할 경우 에는 채권자가 스스로 원고가 되어 채무자의 제3채무자에 대한 권리를 행사할 당사자적격이 없게 되므로 그 대 위소송은 부적법하여 각하할 것인바, 피대위자인 채무자가 실존인물이 아니거나 사망한 사람인 경우 역시 피보 전채권인 채권자의 채무자에 대한 권리를 인정할 수 없는 경우에 해당하므로 그러한 채권자대위소송은 당사자적 격이 없어 부적법하다.

(3) 중복된 소제기 : 다른 채권자가 먼저소장 부본 송달시 기준(대법원 1992. 5. 22. 선고 91다41187 판 결) 동일한 대위소송 제기, 후소 채권자의 전소계속 인지 여부 불문[대법원 1994. 11. 25. 선고 94다12517, 94다12524 판결, 대법원 1998. 2. 27. 선고 97다45532 판결] ⇔ 재소금지 : 피대위자가 안 경우에만

[비교1] 채무자 → 제3채무자 이행의 소 계속 중 압류채권자 → 제3채무자 추심의 소제 기 : 중복소송 부정[대법원 2013. 12. 18. 선고 2013다202120 전원합의체 판결] 채무자는 당사자적격을 상실하므로 제3채무자에게 이중응소 부담이 없고, 판결의 모순·저촉 위험도 없음

[비교2 : 재소금지 위반]

■채권자가 1심 패소 후 소취하 : 대위소송을 알고 있던 채무자의 제3채무자에 대한 소 는 재소금지 위반[대법원 1981. 1. 27. 선고 79다1618,1619 판결] 채권자가 채권자대위권을 행사하는 방법으로 제3채무자를 상대로 소송을 제기하고 판결을 받은 경우에는 채권자 대위권에 의한 소송이 제기된 사실을 채무자가 알았을 때에는 그 판결의 효력은 채무자(피대위자)에게 미친다는 당원 판례견해에 미루어서 보면, 채권자대위권에 의한 소송이 제기되어 본안에 대한 종국판결을 받은 경우에는 피대위자는 대위소송이 제기된 사실을 안 이상 위 대 위소송에 관한 종국판결이 있은 후 그 소가 취하되거나 위 소송이 상소심에서 소 취하된 때에는 피대위자에게도 민 사소송법 제240조 제2항 소정의 재소금지규정의 적용을 받아 위 대위소송과 동일한 소를 제기하지 못한다. [사법연 수원 채권자대위소송 사례연습 1-다]

■대위채권 없는 채권자의 채무자에 대한 소송이전등기청구 + 제3채무자에 대한 대위소송 말소등기청구에서 채무자원고가 채권자소외1의 청구를 인낙 + 채권자는 제3채무자피고3.4에 대한 승소 후 항소심에서 소취하 : 채무자원고에게 재소금지 효력 발생[대법원 1995. 7. 28. 선고 95다18406 판결] 소외 1이 위 망 소외 4로부터 이 사건 토지를 매수한 바가 없어 원고들을 대위하여 원고들의 피고 3, 피고 4에 대한 이 사건 소유권보존등기 및 소유권이전등기의 말소등기절차 이행청구권을 대위행사할 자격 이 없었다고 하더라도, 위 소외 1이 위와 같이 원고들의 권리를 대위행사할 적격이 있다고 주장함에 대하여, 원고들 이 적극적으로 위 소외 1의 주장을 인정하면서 위 소외 1의 청구를 인낙하여 위 소송에서 위 소외 1에게 대위적격 을 부여한 이상, 위 소외 1이 위와 같이 제1심에서 승소판결을 선고받은 후 항소심에서 그 소를 모두 취하하였다면, 원고들은 재소금지 원칙상 피고 3, 피고 4에 대하여 위 소외 1이 원고들을 대위하여 제기한 것과 동일한 소송을 제 기할 수 없다.

■ 구청구 종국판결건물명도 → 신청구대위하여 채무자에게 건물명도 → 구청구건물명도 : 구청구는 재 소금지 위반[대법원 1987. 11. 10. 선고 87다카1405 판결] 소의 교환적 변경은 신청구의 추가적 병합과 구청구의 취하의 결합형태로 볼 것이므로 본안에 대한 종국판결이 있은 후 구청구를 신청구로 교환적 변경을 한 다음 다시 본래의 구청구로 교환적 변경을 한 경우에는 종국판결이 있은 후 소를 취하하였다가 동일한 소를 다시 제기한 경우 에 해당하여 부적법하다.

중복된 소제기의 하자치유와 재소금지 위반

```
  전소        후소제기              후소 : 1심 판결 후 취하
   ┼            ┼
          중복된 소제기      [전소] 중복×(처음부터 적법), 재소금지 위반(각하)
                         대법원 1967. 7. 18. 선고 67다1042 판결, 대법원 1967. 10. 31. 선고 67다1848 판결

  전소        후소제기              전소 : 1심 판결 후 취하
   ┼            ┼
          중복된 소제기      [후소] 중복×(하자 치유), 재소금지 위반(각하)

 채권자 전소   채무자 후소           채권자 1심 패소 후 소취하
   ┼            ┼
          중복된 소제기      [채무자 후소] 중복×(하자 치유), 재소금지 위반(각하)
```

(4) 피보전채권에 기한 항변

(개) **원칙 : 불가(채무자가 실제로 자신의 의사에 따라 권리를 행사하여야 비로소 피보전권리가 부정될 수 있는 경우)**채무자의 형성권이나 항변권의 행사에 의하여 채권자와 채무자 사이의 법률관계가 변동 될 가능성이 있으므로, [대법원 1995. 5. 12. 선고 93다59502 판결] 채권자 대위권을 행사하는 사건에 있어서, 제3 채무자는 채무자가 채권자에게 주장할 수 있는 사유를 원용할 수 있는 것이 아니다.

① 소멸시효 완성 : 제3채무자의 원용 불가[대법원 1998. 12. 8. 선고 97다31472 판결, 대법원 2004. 2. 12. 선고 2001다10151 판결, 대법원 1993. 3. 26. 선고 92다25472 판결] 채권의 소멸시효가 완성된 경우 이를 원용할 수 있는 자는 시효이익을 직접 받는 자뿐이고 채권자대위소송의 제3채무자는 이를 행사할 수 없다,

② 제536조

(내) **예외**

① 피보전채권에 대한 주장은 소송요건 : 법원의 직권 고려사항에 불과

② 사실 항변 : 채권자의 권리행사를 요구하지 않고도 이미 발생한 사실에 기초하여 행할 수 있는 항변

㉠ 채권자가 채무자에 대해서도 소제기 + 채무자가 소멸시효 항변원용 : 대위소송 제3채무자 → 피보전채권 소멸시효 완성 주장 가능[대법원 2008. 1. 31. 선고 2007다64471 판결]

㉡ 피보전채권의 변제·무효 항변이미 법률관계가 완성된 상태에서 피보전채권이 존재하지 않는다는 주장 [대 법원 2008. 10. 23. 선고 2008다37223 판결, 대법원 2015. 9. 10. 선고 2013다55300 판결]

2. (피보전채권) 보전의 필요성

가. 기준시점 : 사실심 변론종결시 기준[대법원 1976. 7. 13. 선고 75다1086 판결]

나. 인정 기준[대법원 2022. 8. 25. 선고 2019다229202 전원합의체 판결]

(1) 적극적 요건피보전채권과 피대위채권 사이의 사실상의 관련성(권리의 종류, 발생원인, 목적 등에 동일성 또는 유사성이 있다는 사정)만으로는 부족하고 사실상 목적과 수단의 관계, 서로 담보적 기능을 하고 있을 때 또는 대위하여 행사하려는 권리나 그 목적물 등이 궁극적으로 대위채권자에게 귀속될 성질의 것이라고 볼 수 있는 특수한 관계가 있는 경우와 같이 피보전채권의 만족이 대위권리의 행사 및 실현에 달려 있을 것

(가) 채권자가 채권자대위권을 행사하지 않으면 피보전채권의 완전한 만족을 얻을 수 없게 될 위험의 존재가 인정될 것[다수의견에 대한 보충의견] 민법 제404조 제1항은 '보전의 필요성'을 규정하고 있는데 '보전'은 '채권의 위험'요소를 전제함

(나) 채권자대위권의 행사가 그러한 위험을 제거하여 피보전채권의 현실적 이행을 유효·적절하게 확보하여 줄 것

(2) 소극적 요건 : 채권자대위권의 행사가 채무자의 자유로운 재산관리행위에 대한 부당한 간섭이 된다는 사정이 없을 것피보전채권에 발생한 위험을 제거하여 자기 채권을 실현하려는 채권자의 이익과 고유의 재산관리권 행사를 간섭받지 않을 채무자의 이익을 비교형량

(3) 고려사항 : 채권자가 보전하려는 권리의 내용, 보전하려는 권리가 금전채권인 경우 채무자의 자력 유무, 피보전채권과 채권자가 대위행사하는 채무자의 권리와의 관련성 등을 종합적으로 고려

2-1. 공동매수인, 공동상속인이 자기 지분을 초과하는 지분에 관하여 대위행사 : 보전의 필요성 부정[대법원 2014. 10. 27. 선고 2013다25217 판결, 대법원 2012. 8. 30. 선고 2010다39918 판결, 대법원 2014. 10. 27. 선고 2013다25217 판결, 대법원 2010. 11. 11. 선고 2010다43597 판결], [민사판례연구 335] 시효취득자가 가지는 소유권이전등기청구권은 공동상속인이 준공유하고, 각 공동상속인은 자신의 지분 범위 내에서만 소유권을 이전받으므로, 그 소유권이전을 위해 피대위권리(말소등기청구권)을 행사하는 경우에도 그 보전에 필요한 범위 내에서만 행사하면 족하므로

2-2. (별소에서) 피보전채권청구 패소확정 : 대위소송 보전의 필요성 부정[대법원 1993. 2. 12. 선고 92다25151 판결, 대법원 2002. 5. 10. 선고 2000다55171 판결, 대법원 2003. 5. 13. 선고 2002다64148 판결] 대위소송 승소해도 기판력에 의해 채무자에 대해 다시 이행청구 불가

[비교] 대위소송 내에서 피보전채권이 없음을 이유로 각하 : 당사자적격이 없어 부적법
[비교] 채무자의 피대위채권 행사 + 패소확정 후 대위소송 : 당사자적격이 없어 부적법
　　　[대법원 1992. 11. 10. 선고 92다30016 판결, 대법원 1993. 3. 26. 선고 92다32876 판결]

▸ 피보전채권청구 승소확정 : 제3채무자는 피보전채권 다툼 불가[대법원 2007. 5. 10. 선고 2006 다82700,82717 판결] 채권자대위권 행사를 위해 피보전채권이 제3채무자에게 대항할 수 있는 채권이라는 사실까지 증명할 필요는 없음

▸ 채무자를 상대로 한 청구권의 취득이 강행법규에 위반되어 무효라고 볼 수 있는 경우 : 제3채무자에 대한 관계에서는 피보전권리 부존재[대법원 2019. 1. 31. 선고 2017다228618 판결] 이 사건 화해는 강행법규 위반으로 확정적으로 무효가 된 이 사건 제1매매계약에 따른 법률효과를 발생시키려는 목적에서 단지 재판상 화해의 형식을 취하여 위 매매계약의 이행을 약정한 것에 불과하다고 보이므로, 위 매매계약과 마찬가지로 무효라고 봄이 타당하다. 이 사건 화해가 강행법규 위반으로 무효인 이상, 이 사건 화해의 당사자가 아닌 피고들에 대한 관계에서 원고의 소외1 등에 대한 소유권이전등기청구권이 존재한다고 볼 수는 없다.

[비교] 제3채무자 → 채무자에 대한 승소확정 후 채권자 → 제3채무자 대위청구

■ 기판력 저촉(청구기각)[대법원 2014. 3. 27. 선고 2013다91146 판결] 명의수탁자나 기타 종전의 소유자를 대위하여 제3자 명의의 소유권이전등기가 원인무효임을 내세워 그 등기 및 그에 기초한 또 다른 등기의 말소를 구하는 것은 기판력에 저촉

■ 피보전권리의 이행불능 : 피보전채권 부존재, 당사자적격이 없어 부적법[대법원 2014. 3. 27. 선고 2009다104960,104977 판결] 준재심절차에 의하여 취소되지 아니하는 한 제1심 피고2가 피고에 대하여 이 사건 조정조서에 기하여 마쳐진 이 사건 소유권이전등기의 말소를 구하는 것은 이 사건 조정조서의 기판력에 저촉되어 허용될 수 없다. 그렇다면 제1심 피고2의 원고에 대한 소유권이전등기의무는 다른 특별한 사정이 없는 한 이행불능이 되었다고 할 것이어서, 원고의 제1심 피고2에 대한 소유권이전등기청구권은 인정되지 아니한다. → 원고에게 당사자적격이 없어 부적법

2-3. 채무자의 자유로운 권리행사에 대한 부당한 간섭

① 금전채권자의 공유물분할청구권 대위행사 불가[대법원 2020. 5. 21. 선고 2018다879 전원합의체 판결] [다수의견] 채무자의 책임재산인 부동산 공유지분에 대한 강제집행이 곤란한 경우 채권자가 금전채권을 보전하기 위하여 채무자를 대위하여 공유물분할청구권을 행사 불가 : ① 공유자에 대한 금전채권자는 공유자의 공유지분에 대한 강제집행을 통해서 채권의 만족을 얻는 것이 원칙, ② 공유물분할청구를 허용할 경우 공유물분할이라는 형식을 빌려 실질적으로는 일괄경매신청권을 부여하는 결과, ③ 법원은 공유물분할시 채권자의 채권 만족 가능성을 고려하여 분할의 방법을 정할 것은 아님, ④ 공유물 분할을 원하지 않는 다른 공유자의 공유물 사용·수익권이 근본적으로 박탈됨, 공유물분할이 되더라도 현물분할이 되면 채권자대위권 행사가 무익하게 되고, 공유자들로서는 원하지 않는 시기에 공유물분할을 강요당하는 결과, [보충의견] 채무자를 포함한 공동상속인들 전원의 의사가 합치된 상속재산분할협의에 따라 상속재산 분할이 완료되었는데도, 채무자가 상속개시 전에 가지고 있던 채무로 인하여 상속재산분할협의에 대한 채권자취소권이 행사됨에 따라 채무자 앞으로 상속재산의 공유지분이 등기됨을 이유로 채권자가 채무자를 대위하여 공유물분할청구권을 행사함으로써 그 채무자와 무관한 다른 공동상속인의 상속재산 전부가 경매의 대상이 되어 공동상속인들이 상속재산 전체를 잃게 되는 부당한 결과에 이를 수 있다.

② 채권자인 보험자가 자신의 부당이득반환채권을 보전하기 위하여 채무자인 피보험자를 대위하여 제3채무자인 요양기관을 상대로 진료비 상당의 부당이득반환채권을 청구하는 채권

자대위권 행사[대법원 2022. 8. 25. 선고 2019다229202 전원합의체 판결]

다. 금전채권(피보전채권) : 무자력 필요[대법원 1993. 10. 8. 선고 93다28867 판결] 채권의 만족이 채무
　　자의 자력 유무에 의하여 결정

(1) 제3자 명의 가등기 : 적극재산에서 제외강제집행을 통한 변제가 사실상 불가능하므로

▶ 담보가등기(강제집행 가능) → 적극재산에 포함 : 피고 증명[대법원 2009. 2. 26. 선고 2008다76556 판결]

(2) 예외 : 피보전채권과 피대위채권 사이에 밀접한 관련성이 인정되는 경우[대법원 2022.
　　8. 25. 선고 2019다229202 전원합의체 판결] 피보전채권이 금전채권인 경우 '채권자가 채무자의 권리를 대위하여
　　행사하지 않으면 자기 채권의 완전한 만족을 얻을 수 없게 될 위험'은 채권자가 민사집행법이 정한 강제집행의
　　방법으로는 구제받을 수 없거나 구제받지 못할 위험이 있을 때를 의미한다. 일반적으로 금전채권자가 채권의 완
　　전한 만족을 얻을 수 없게 될 위험은 채무자에게 책임재산이 부족하거나 없는 경우에 발생하고, 금전채권자가 단
　　순히 채권회수의 편의나 실효성을 위하여 채무자의 제3채무자에 대한 금전채권을 대위행사하는 경우에는, 보전
　　의 필요성의 적극적 요건을 충족하였다고 볼 수 없다. 보험자가 피보전채권과 대위채권 사이에 사실상의 관련성
　　이 있다는 사정이나 채권회수의 편의성과 실효성을 이유로 피보험자의 자력 유무와 관계없이 피보험자가 가지는
　　권리를 대위하여 행사할 수 있다고 보면 이는 명시적인 법률의 규정 없이 채권자의 제3자에 대한 직접청구권을
　　인정하는 결과를 초래하여 채권의 상대효 원칙에 반할 우려가 있고, 피보험자의 자력 유무를 따지지 아니한 채
　　보전의 필요성을 인정한다면 채권자대위권 행사를 통한 사실상의 우선변제 효과로 인해 채권집행에 있어 채권자
　　평등주의 원칙에 기반을 둔 현행 민사집행법 체계와 조화를 이루지 못할 우려가 있다.

㈎ 피보전채권의 실현을 위하여 대위채권의 실현이 필수적으로 요구되는 경우

① 보증금반환채권 보전을 위하여 임대인의 인도청구권 대위행사[대법원 1989. 4. 25. 선고 88다카
　　4253,4260 판결] 채권자가 자기채권을 보전하기 위하여 채무자의 권리를 행사하려면 채무자의 무자력을 요건으로
　　하는 것이 통상이지만 임대차보증금반환채권을 양수한 채권자가 그 이행을 청구하기 위하여 임차인의 가옥명도가
　　선 이행되어야 할 필요가 있어서 그 명도를 구하는 경우에는 그 채권의 보전과 채무자인 임대인의 자력유무는 관
　　계가 없는 일이므로 무자력을 요건으로 한다고 할 수 없다.

② 유실물 실제 습득자가 법률상 습득자를 대위하여 유실자를 상대로 하는 보상청구[대법원
　　1968. 6. 18. 선고 68다663 판결] 유실물법상 선박, 차량, 건축물 등 점유자만이 법률상의 습득자로서 유실자에 대
　　하여 보상금을 청구할 수 있고, 실제 유실물을 습득한 자는 보상금의 50%에 해당하는 권리(피보전채권)가 있지만
　　유실자에 대하여는 직접 이를 청구할 수 없어 법률상 습득자가 유실자에게 보상금을 청구하지 않으면 이를 지급받
　　을 수 없으므로 자기 몫의 보상금을 받을 수 있도록 법률상 습득자의 유실자에 대한 보상금청구권을 대위할 수 있
　　도록 한 것

㈏ 등기청구권인 피보전채권과 대위권리가 이행불능에 따라 금전채권으로 변형된 경우

① 명의신탁해지에 의한 손해배상청구권피보전채권인 명의신탁해지를 원인으로 한 소유권이전등기청구권이
　　변경된 것 보전을 위하여 수탁자의 가액배상청구권 대위행사 : 양 채권의 발생원인에 직접적
　　관련성[대법원 2006. 1. 27. 선고 2005다39013 판결] 피보전채권인 원고의 소외3에 대한 채권은 명의신탁해지를
　　원인으로 한 소유권이전등기청구권이 변형된 것이고, 피대위채권인 소외3의 피고에 대한 채권 역시 명의신탁된 이

사건 부동산 중 그 상속지분에 관한 원상회복이 불가능함으로 인하여 가액배상청구권으로 변형된 것으로서 양 채권이 그 발생원인에 있어 직접적인 관련성이 있는 이상, 원고1이 피고에 대하여 위 가액배상청구권을 대위행사함에 있어서 일반 금전채권의 경우와 같이 피대위자인 소외3이 무자력임을 그 요건으로 하여야 한다고 볼 수 없다.

② 명의신탁자의 수탁자대위 부당이득반환청구 : 불가[대법원 1991. 10. 22. 선고 91다17207 판결] 부동산의 명의신탁자는 제3자에 대하여 직접 그 소유권 및 이에 따른 점유사용권을 주장할 수 없고, 제3자가 법률상 원인 없이 점유함으로 인한 임료 상당의 부당이득반환청구권은 수탁자를 대위하여서도 주장할 수 없다. ➡ 피보전채권과 피대위채권의 밀접관련성 부정, 채무자의 권리를 대위하여 행사하는 것이 자기채권의 현실적 이행을 유효·적절하게 확보하기 위하여 필요한 경우에 해당하지 않음

(다) 피보전채권과 대위권리가 동일한 경제적 목적과 동일한 해제 사유를 매개로 결합된 특수한 경우

① 분양대금반환채권 : 피대위권리인 사업비 지출요청권이 피보전채권과 밀접하게 관련[대법원 2014. 12. 11. 선고 2013다71784 판결]

② 채무자에게 사업투자를 한 채권자가 채무자의 해제권을 대위행사하면서 원상회복으로 토지 매매대금의 반환을 구하는 경우[대법원 2017. 7. 11. 선고 2014다89355 판결] 채권자가 채무자에게 골프장 신축 사업과 관련하여 투자하고 채무자는 그 투자금으로 제3채무자로부터 사업 부지를 매수하고 매매대금을 지급하면서 회원제 골프장 관련 인허가를 받지 못하면 투자약정과 토지 매매계약을 각각 해제하기로 정하였는데, 채무자가 그 인허가를 받지 못하였음에도 불구하고 토지에 대한 매매계약을 해제하지 않자 채권자가 채무자의 해제권을 대위행사하면서 원상회복으로 토지 매매대금의 반환을 구한 사안 ➡ 피보전채권과 대위권리가 동일한 경제적 목적과 동일한 해제 사유를 매개로 결합된 특수한 경우

(3) 특정채권 : 특정채권을 행사함으로써 채권자의 채무자에 대한 특정채권을 보전할 수 있는 경우 무자력 불요[대법원 1992. 10. 27. 선고 91다483 판결]

(가) 등기청구권 : 명의수탁자의 말소등기청구권 대위[대법원 1993. 5. 11. 선고 92다52870 판결]

(나) 인도청구권 : 임차권 보전을 위한 임대인의 인도·철거청구권 대위[대법원 1964. 12. 29. 선고 64다804 판결], 2006다82700 원고가 소유권에 기하여 직접 퇴거청구를 할 수 있었다고 하더라도 채무자의 임대차계약해지권을 대위하여 피고들에 대하여 해지를 통고하고 건물명도를 청구하는 것은 요건과 효과를 달리하므로 직접 퇴거청구를 할 수 있었다는 것이 보전의 필요성을 부인할 사유가 될 수 없음

(다) 협력의무 이행청구권

▶ 자유로운 재산관리행위에 대한 부당한 간섭 : 정지조건 불성취[대법원 2013. 5. 23. 선고 2010다50014 판결] 원고가 장기간에 이르도록 정지조건을 성취하지 못하여 이 사건 매도인들이 이 사건 제1매매계약을 체결하고서도 장기간 계약금 외에 대금을 전혀 받지 못하는 현실적인 불이익을 입고 있음을 고려하면, 위와 같은 결과는 이 사건 매도인들의 자유로운 재산관리행위에 대한 부당한 간섭이 된다고 볼 수 있는 특별한 사정에 해당한다고 봄이 상당하다.

3. 채무자의 권리 불행사

가. 채무자의 권리 선행사

(1) 소제기시 기준 : 채무자가 제기한 소의 소송계속이 채권자대위소송의 소송계속보다 늦더라도 소제기가 빠르면 권리 선행사에 해당 → 대위소송 부적법[2001 제43회 사법시험]

(2) 판결결과 불문 : 패소판결을 받았더라도[대법원 1993. 3. 26. 선고 92다32876 판결]

나. 법률적 장애의 존재[대법원 1992. 2. 25. 선고 91다9312 판결]

(1) 대위권 행사(→ 피대위채권) 통지, 통지하지 않았어도 채무자 알고 있었던 때소장 부본의 송달, 증인으로 출석

■ 채무자의 처분행위(채무면제, 채권포기, 매도인 해제에 의한 공탁금수령) : 채권자에게 대항 불가대법원 2007. 9. 6. 선고 2007다34135 판결, 대법원 1988. 1. 19. 선고 85다카1792 판결, [대법원 1993. 4. 27. 선고 92다44350 판결] 대위소송의 소장 부본 송달 이후 채무자가 제3채무자가 공탁한 매매대금을 이의 없이 수령하여 매매계약 해제 효과가 발생하도록 승인 : 채권자에게 대항 불가

■ 채무자에 대한 다른 채권자의 압류·전부명령 : 무효[대법원 2016. 8. 29. 선고 2015다236547]

[2015다236547] 채권자대위소송 후 채무자에 대한 다른 채권자의 압류·전부명령의 효력

② 소외3 → 원고 : 소외1에 대한 집행력 있는 공정증서 정본에 기초하여 소외1의 원고에 대한 부당이득반환채권 중 2.3억 원에 대하여 채권압류 및 전부명령(2013.8.14. 원고에게 송달) ➡ 처분권 제한 후의 전부명령 : 무효

③ 소외3 → 원고 : 소외1에 대한 다른 집행력 있는 공정증서 정본에 기초하여 소외1의 원고에 대한 부당이득반환채권 중 2.5억 원에 대하여 채권압류 및 전부명령(2013.8.22. 원고에게 송달) ➡ 처분권 제한 후의 전부명령 : 무효

④ 피고 → 원고 : 소외2에 대한 집행력 있는 지급명령 정본에 기초하여 소외2가 원고로부터 지급받을 채권 중 2.2억 원에 대하여 채권압류 및 전부명령(2013.10.16. 원고에게 송달) ➡ 전부명령 : 무효이 사건 판결에 따라 소외2가 원고로부터 금전을 지급받는 것은 대위채권자의 제3채무자에 대한 추심권능 내지 변제수령권능에 속하는 것이므로, 이 사건 판결에 따라 소외2가 원고로부터 지급받을 채권을 피압류채권으로 한 이 사건 압류 및 전부명령은 무효이고, 그렇다면 이 사건 압류 및 전부명령에 기한 원고의 피고에 대한 채무는 존재하지 않는다.

⑤ 원고 → 피고 : 청구이의

[원심] 소외3이 받은 위 각 전부명령이 모두 유효하므로 이에 따라 소외1의 원고에 대한 부당이득금 반환채권 전부와 이에 대한 2013. 8. 15.(소외3이 받은 최초의 전부명령이 원고에게 송달된 다음 날이다)부터의 지연손해금 채권은 소외3에게 이전되었고, 한편 이 사건 압류 및 전부명령도 위와 같이 소외3에게 이전되지 아니한 부분에 관하여는 유효하므로 이에 따라 2013. 8. 14.까지의 지연손해금 채권은 피고에게 이전되었다고 보아, 이 부분 지연손해금은 이 사건 압류 및 전부명령에 기한 원고의 피고에 대한 채무로서 존재한다고 판단

[대법원] 원심의 판단에는 피대위채권에 대한 전부명령의 효력이나 대위채권자의 추심권능 내지 변제수령권능에 대한 압류명령 등의 효력에 관한 법리를 오해한 잘못이 있다. 그러나 피고만이 상고한 이 사건에서 불이익변경금지의 원칙상 원심판결을 파기하여 피고에게 더 불리한 판결을 선고할 수는 없으므로, 원심의 위와 같은 잘못은 판결 결과에 영향이 없다.

(2) [비교] 추심소송과 채권자대위소송의 경합 : 판례 입장 불분명[민사집행실무Ⅳ 309]

㈎ 대위채권자의 당사자적격 상실을 인정한 판례[대법원 2014. 2. 13. 선고, 2013다85462 판결] 추심명령에 따라 채무자는 이행의 소를 제기할 당사자적격을 상실하게 되므로, 채무자를 대위하여 청구하는 대위채권자 또한 채권자대위소송에서의 당사자적격을 상실하므로 채권자대위소송은 부적법

㈏ 대위채권자의 당사자적격 상실을 부정한 판례[대법원 2012. 9. 13. 선고 2009다9676 판결] 채권자가 채무자를 대위하여 제3채무자를 상대로 이행청구의 소를 제기한 후에 국가가 체납처분으로 채무자의 제3채무자에 대한 동일한 채권 압류하였다고 하더라도 채권자가 채권자대위권을 행사하는 권한을 상실하는 것은 아니다.

(3) 대위소송계속 중 채무자의 추인, 말소등기청구권 포기 : 원고에게 대항 불가(실체관계 부합 항변 불가)[대법원 1977. 3. 22. 선고 77다118 판결] 피고 등 대리인이 원심변론기일에 행하였다는 위 소외1의 행위를 추인한 것은 소유권의 처분에 해당한다 할 것이니 피고등 대리인의 추인으로 인한 피고 종중과 위 소외2 간의 매매행위의 소급적 효과발생은 채권자인 원고에게 대항할 수 없음이 민법 제405조의 규정상 명백하다. [대법원 1989. 3. 14. 선고 88다카112 판결] 피고11로서는 원고가 이미 이 사건 소송에서 그의 말소등기청구권을 대위행사하고 있는 터이므로 소송계속중에 그의 말소등기청구권을 포기하여 권리를 처분하는 의미의 추인권을 행사할 수도 없다.

(4) 채권자의 가처분 대위신청(집행채권 : 대여금, 피보전 : 채무자 제3채무자에 대한 이전등기청구권) + 가처분결정[대법원 1996. 4. 12. 선고 95다54167 판결, 대법원 2007. 6. 28. 선고 2006다85921 판결]

다. 가처분결정 후 매매계약 합의해제 : 대항 불가[대법원 1996. 4. 12. 선고 95다54167 판결, 대법원 2007. 6. 28. 선고 2006다85921 판결] 처분금지가처분 결정을 받은 것은 그 부동산에 관한 소유권이전등기청구권을 보전하기 위한 것으로서 가처분의 피보전권리인 소유권이전등기청구권을 행사한 것과 같이 볼 수 있으므로

(5) 통지 후의 처분행위(제405조 제2항) : 채권자에게 대항 불가[95다54167, 2006다85921]

라. 해제

(1) 채무불이행 해제 : 대항 가능[대법원 2012. 5. 17. 선고 2011다87235 전원합의체 판결] 채무자의 채무불

이행 사실만으로는 채무자가 제3채무자에 대하여 가지는 채권을 소멸시키는 적극적인 행위가 아님, 법정해제는

제3채무자의 정당한 법적 대응, 채권 압류·가압류시 기본계약의 해제가 인정되는 것과의 균형

▶ 예외 : 실질적으로는 합의해제, 채권자에 대항하기 위한 외관에 불과 → 대항 불가2011

다87235

(2) 합의해제 : 대항 가능[대법원 2001. 6. 1. 선고 98다17930 판결]

▶ 합리적 이유 없이 채권소멸만을 목적으로 합의해제 : 대항 불가채권에 대한 채권의 발생원인인

법률관계에 대한 채무자의 처분까지도 구속하는 효력은 없다 할 것이므로 채무자와 제3채무자가 아무런 합리적 이

유 없이 채권의 소멸만을 목적으로 계약관계를 합의해제한다는 등의 특별한 경우를 제외하고는, 제3채무자는 채권

에 대한 가압류가 있은 후라고 하더라도 채권의 발생원인인 법률관계를 합의해제하고 이로 인하여 가압류채권이 소

멸되었다는 사유를 들어 가압류채권자에 대항할 수 있다.

마. 관리·보존행위 : 변제수령처분행위가 아니므로, 소유권이전등기[대법원 1991. 4. 12. 선고 90다

9407 판결] 처분금지가처분의 피보전권리는 양수인의 양도인에 대한 소유권이전등기청구권일 뿐, 전득자의 양수

인에 대한 소유권이전등기청구권까지 포함되는 것은 아니고, 그 가처분결정에서 제3자에 대한 처분을 금지하였

다 하여도 그 제3자 중에는 양수인은 포함되지 아니하므로

바. 대위권행사 범위 제한 : 채권보전(관리행위) 가능

(1) 채권자대위 근저당권말소청구(저당권설정 : 제108조)

▶ 피고제3채무자(근저당권자)의 지급명령신청에 채무자소유자가 이의하지 않은 경우 : 처분행위

가 아님 → 경매개시 + 근저당권말소 → 원고청구 소의 이익 부정, 피고 대항 가능[대법

원 2007. 9. 6. 선고 2007다34135 판결] 채무자인 수산섬유기계가 단지 피고가 신청한 지급명령에 대하여 이의하지

않았다고 하여 채권자대위권에 기하여 원고가 행사하고 있는 권리를 처분하였다고 할 수 없고, 이는 위 지급명령에

기하여 이 사건 각 부동산에 관한 강제경매절차가 개시되고 그 절차에서 이 사건 각 부동산이 매각됨으로써 이 사

건 근저당권설정등기가 말소되기에 이르렀다 하더라도 마찬가지이다.

(2) [비교] 압류·전부금청구피고(당초 수급인에 대한 채권자) → 한전(도급인), 한전 공탁

▶ 수급인과 도급인 사이 당초 도급계약의 해지 : 제3채무자도급인(한전)와 제3자수급인 지위를

승계한 원고의 새로운 공사대금채권에는 효력 부정[대법원 2006. 1. 26. 선고 2003다29456 판결] 채무

자나 제3채무자는 기본적 계약관계인 도급계약 자체를 해지할 수 있고, 채무자와 제3채무자 사이의 기본적 계약관

계인 도급계약이 해지된 이상 그 계약에 의하여 발생한 보수채권은 소멸하게 되므로 이를 대상으로 한 압류명령 또

한 실효될 수밖에 없으며, 위의 경우에 도급계약이 해지되기 전에 피압류채권에 대한 전부명령이 내려지고 그 전부

명령이 확정되었더라도 전부명령의 효력은 피압류채권의 기초가 된 도급계약이 해지되기 전에 발생한 보수채권에

미칠 뿐 그 계약이 해지된 후 제3채무자와 제3자 사이에 새로 체결된 공사계약에서 발생한 공사대금채권에는 미칠

수 없다. ➡ 해지 후의 보수채권에 대한 압류·전부명령은 무효이므로 수급인(보수채권자)은 배당이의 신청 가능

4. 피대위권리(소송물)

가능 : 행사상 일신전속권이 아닌 권리, 독립한 권리	불가 : 행사상 일신전속권, 신분법상 권리, 채무자의 자유의사에 맡겨진 권리
■ 임대차 해지권[대법원 2007. 5. 10. 선고 2006다82700 판결] ■ 조합 탈퇴권[대법원 2007. 11. 30.자 2005마1130 결정] ■ 해약환급금청구권, 환급금청구권행사를 위한 보험계약 해지권[대법원2009. 6. 23. 선고 2007다26165 판결] ■ 채권자 대위에 의한 상속등기[대법원 1964. 4. 3. 선고 63마54 결정] ■ 이행인수인에 대한 대위청구[대법원 2009. 6. 11. 선고 2008다 5072 판결] ■ 소멸시효 원용권[대법원 1997. 12. 26. 선고 97다22676 판결, 대법원 2012. 5. 10. 선고 2011다109500 판결] ■ 공유물분할청구권[대법원 2000. 1. 28. 선고 98다17183 판결] ■ 독립된 권리 : 본안제소명령 신청권, 제소기간 도과에 의한 취소신청권[대법원 1993. 12. 27.자 93마1655 결정], 보조참가신청과 함께 이의신청 가능 ■ 가압류, 가처분 신청[대법원 1958.5.29. 선고 4290민상735 판결]	■ 상속회복청구권, 상속승인 · 포기권, 친권자의 재산관리권, 부양청구권 ■ 소송계속 이후의 개별적 소송행위 : 상소제기, 이의신청 불가[대법원 1970. 4. 28. 선고 69다2108 판결], 재심의 소 불가[대법원 2012. 12. 27. 선고 2012다75239 판결] 채무자와 제3채무자 사이의 소송이 계속된 이후의 소송수행과 관련한 개개의 소송상 행위는 그 권리의 행사를 소송당사자인 채무자의 의사에 맡기는 것이 타당하므로 ■ 유류분반환청구권[대법원 2010. 5. 27. 선고 2009다93992 판결] 유류분 권리자에게 권리행사의 확정적 의사 인정되는 경우 대위 가능 ■ 후견감독인의 취소권[대법원 1996. 5. 31. 선고 94다35985 판결] ■ 청약 · 승낙, 채권양도 통지, 수익의사표시 ■ 추심권능, 변제수령권능[대법원 2016. 8. 29. 선고 2015다236547 판결] 대위채권자의 제3채무자에 대한 추심권능, 변제수령권능

4-1. 피대위권리에 기한 항변

- 채무자에게 변제, 이전등기(가처분 악의 여부 무관)[대법원 1989. 4. 11. 선고 87다카3155 판결, 대법원 1998. 2. 13. 선고 97다47897 판결]
- 동시이행항변 채무자가 행사하는 것보다 불리한 지위에 놓일 이유가 없으므로
- ▶ 채권자 : 채무자의 제3채무자에 대한 재항변사유 → 주장 가능, 채권자와 제3채무자 사이의 독자적 사정 → 주장 불가[대법원 2009. 5. 28. 선고 2009다4787 판결]

[2009다4787] 채무자의 권리를 대위행사하는 원고는 자신과 제3채무자의 독자적 사정은 주장 불가

▶ 원고 → 피고 : 매도인대위 말소등기청구
- 원고 → 매도인1심 공동피고5 : 구상금

■ 매도인 → 피고소외인과 매도인의 매매예약에 의한 가등기(1981.7.6.)에 대하여 부기등기경료(2006.7.19.), 예약일로부터 10년 경과 : 말소등기청구권

▶ 피고(전매수인) : 가등기유용 합의 항변(매도인 vs 피고) ➡ 매도인의 권리를 대위행사하는 원고에게도 주장 가능

▶ 원고 : 가등기 유용 전 가압류1991.12.18. ➡ 채권자와 제3채무자 사이의 독자적 사정이므로 주장 불가

피고는 위 가등기 유용의 합의로써 제1심 공동피고5에게 대항할 수 있음은 물론이고, 제1심 공동피고5를 대위하여 이 사건 가등기의 말소를 구하는 원고에게도 대항할 수 있으며, 나아가 원고는 위 가등기 유용의 합의에 따른 가등기이전의 부기등기가 경료되기 전에 이 사건 부동산을 가압류하였으므로 피고는 그 범위 내에서 원고에게 위 가등기 유용의 합의로써 대항할 수 없다고 할 것이지만, 그렇다고 하여 제1심 공동피고5를 대위하여 이 사건 가등기의 말소를 구하는 원고로서는 제1심 공동피고5가 아닌 원고 자신이 피고에 대하여 가지는 위와 같은 사유를 주장할 수 없다.

4-2. 피대위권리의 부존재[대법원 2015. 11. 17. 선고 2012다2743 판결]

[2012다2743] 사해행위취소에 의한 원상회복 : 채무자의 권리회복× → 채무자를 대위하여 지급청구 불가

➡️원고양도인의 채권자 → 피고2~5수익자, 양수인 : 채권양도취소 + 제3채무자에 대한 채권양도 통지 청구

■ 채권양도가 사해행위로 취소 : 수익자가 제3채무자로부터 아직 그 채권을 추심하지 않은 경우 채권자는 원상회복으로서 수익자가 제3채무자에 대하여 채권양도가 취소되었다는 취지의 통지를 하도록 청구 가능(인용)

➡️원고 → 피고1 : 양도인원고에 대한 채무자, 소외인를 대위하여 지급청구

▶ 채무자(양도인) 채권취득× → 권리자× → 피대위권리 부존재 : 기각 소외인(양도인)의 피고2~5에 대한 정산금채권의 양도가 사해행위로 취소되고 그에 따른 원상회복이 이루어지더라도, 소외인이 직접 정산금채권을 취득하는 것은 아니어서 피대위채권이 존재한다고 할 수 없으므로, 원고는 소외인을 대위하여 피고1에게 위 정산금채권 중 2억 2,500만 원의 지급을 구할 수 없다.

Ⅱ. 행사 효과 : 채무자 귀속

1. 직접 청구

가. 원칙 : 직접 청구 불가[대법원 1983. 4. 26. 선고 83다카57 판결], 직접 변제 불가[대법원 1962. 1. 11. 선고 4294민상195 판결], 소유권이전등기채권자에게 이전등기하라 불가[대법원 1966. 7. 26. 선고 66다892 판결] 채권자대위권을 주장하여 소유권이전등기를 구하는 경우에 대위권자 제3채무자에 대하여 채무자에게로 소유권이전등기를 청구함은 모르되 자신에게 소유권이전등기를 청구하는 것은 법률상의 근거가 없다.

나. 예외

(1) 말소등기, 보존등기, 변제의 수령이 필요한 경우채권자는 상계를 통해 사실상 우선변제를 받는 효과

(2) 인도청구 : 채권자원고에게 직접 이행하라고 하는 것도 가능[대법원 1995. 5. 12. 선고 93다 59502 판결] ∴ 채무자의 상세한 특정 불필요[대법원 2004. 11. 26. 선고 2004다40986 판결]

2. 채권자 → 채무자 : 비용상환청구(제688조)[대법원 1996. 8. 21.자 96그8 결정]

3. 채권자 → 제3자(채무자 외의 공동상속인) : 사무관리[대법원 2013. 8. 22. 선고 2013다30882 판결] 대위행사의 직접적인 내용이 제3자의 법적지위를 유지·보존, 타인을 위한 의사 : 관리자 자신의 이익을 위한 의사와 병존 가능

4. 대위소송의 기판력

가. 발생범위 : 대위소송 소송물인 피대위채권의 존부[대법원 2014. 1. 23. 선고 2011다108095 판결] 채무자에게도 기판력이 미친다는 의미는 채권자대위소송의 소송물인 피대위채권의 존부에 관하여 채무자에게도 기판력이 인정된다는 것이고, 채권자대위소송의 소송요건인 피보전채권의 존부에 관하여 당해 소송의 당사자가 아닌 채무자에게 기판력이 인정된다는 것은 아니다. 따라서 채권자가 채권자대위권을 행사하는 방법으로 제3채무자를 상대로 소송을 제기하였다가 채무자를 대위할 피보전채권이 인정되지 않는다는 이유로 소각하 판결을 받아 확정된 경우 그 판결의 기판력이 채권자가 채무자를 상대로 피보전채권의 이행을 구하는 소송에 미치는 것은 아니다.

나. 채무자에 대한 기판력 : 채무자가 안 경우[대법원 1975. 5. 13. 선고 74다1664 전원합의체 판결] 채권자가 채권자대위권을 행사하는 방법으로 제3채무자를 상대로 소송을 제기하고 판결을 받은 경우에는 어떠한 사유로 인하였든 적어도 채무자가 채권자 대위권에 의한 소송이 제기된 사실을 알았을 경우에는 그 판결의 효력은 채무자에게 미친다.

다. 유형

(1) 채권자 소제기 후 채무자 별소제기 : 채무자가 알았을 경우 기판력이 미침 → 각하 74다1664

(2) 채무자 소제기 후 채권자 별소제기 : 당사자적격이 없어 각하대법원 1992. 11. 10. 선고 92다30016 판결, 대법원 1993. 3. 26. 선고 92다32876 판결 ⇔ [대법원 1992. 5. 22. 선고 92다3892 판결] 기판력에 저촉된다고 판시

(3) 채권자 소제기 후 다른 채권자 별소제기 : 채무자가 알았을 경우 기판력이 미침[대법원 1994. 8. 12. 선고 93다52808 판결] 채무자가 최초 대위소송을 알지 못한 경우에는 기판력이 미치지 않고 따라서 다른 채권자가 제기한 소에도 미치지 않음, [대법원 1991. 12. 27. 선고 91다23486 판결] 다수의 채권자들 : 유사필수적 공동소송관계 : 1인의 상소제기는 전원에 대하여 확정차단, 이심

[비교] 압류채권자소외2의 추심권 포기[대법원 2020. 10. 29. 선고 2016다35390 판결]

㈎ 피압류채권 자체를 포기한 것으로 볼 수는 없으므로 재판상 화해의 효력은 다른 채권자에

게 미치지 않음 금전채권에 대해 압류·추심명령이 이루어지면 채권자는 민사집행법 제229조 제2항에 따라 대위절차 없이 압류채권을 직접 추심할 수 있는 권능을 취득한다. 추심채권자는 추심권을 포기할 수 있으나(민사집행법 제240조 제1항), 그 경우 집행채권이나 피압류채권에는 아무런 영향이 없다. 한편 추심채권자는 추심 목적을 넘는 행위, 예를 들어 피압류채권의 면제, 포기, 기한 유예, 채권양도 등의 행위는 할 수 없다. 추심금소송에서 추심채권자가 제3채무자와 '피압류채권 중 일부 금액을 지급하고 나머지 청구를 포기한다.'는 내용의 재판상 화해를 한 경우 '나머지 청구 포기 부분'은 추심채권자가 적법하게 포기할 수 있는 자신의 '추심권'에 관한 것으로서 제3채무자에게 더 이상 추심권을 행사하지 않고 소송을 종료하겠다는 의미로 보아야 한다. 이와 달리 추심채권자가 나머지 청구를 포기한다는 표현을 사용하였다고 하더라도 이를 애초에 자신에게 처분 권한이 없는 '피압류채권' 자체를 포기한 것으로 볼 수는 없다.

(나) 화해권고결정 확정일 전에 피압류채권에 대하여 압류 및 추심명령을 받은 다른 채권자원고**에게는 미치지 않음** ① 추심채권자들이 제기하는 추심금소송의 소송물이 채무자의 제3채무자에 대한 피압류채권의 존부로서 서로 같더라도 소송당사자가 다른 이상 그 확정판결의 기판력이 서로에게 미친다고 할 수 없다. ② 민사집행법 제249조 제3항, 제4항은 참가명령을 받지 않은 채권자에게는 추심금소송의 확정판결의 효력이 미치지 않음을 전제로 참가명령을 통해 판결의 효력이 미치는 범위를 확장할 수 있도록 한 것이다. ③ 제3채무자는 추심의 소에서 다른 압류채권자에게 위와 같이 참가명령신청을 하거나 패소한 부분에 대해 변제 또는 집행공탁을 함으로써, 다른 채권자가 계속 자신을 상대로 소를 제기하는 것을 피할 수 있다. 나아가 채권자대위소송과 추심금소송은 소송물이 채무자의 제3채무자에 대한 채권의 존부로서 같다고 볼 수 있지만 그 근거 규정과 당사자적격의 요건이 달라 채권자대위소송의 기판력과 추심금소송의 기판력을 반드시 같이 보아야 하는 것은 아니다.

(4) 채권자 소제기(피보전채권이 인정되지 않아 소각하)당사자 : 채권자vs제3채무자, 소송물 : 채무자의 제3채무자에 대한 권리 **후 채무자를 상대로 피보전채권의 이행을 구하는 소제기**당사자 : 채권자vs채무자, 소송물 : 채권자의 채무자에 대한 권리 **: 전소 소각하 판결의 기판력은 피보전권리의 이행을 구하는 후소에 미치지 않음**[대법원 2014. 1. 23. 선고 2011다108095 판결] 전소 소송요건인 피보전채권의 존부에 관하여 당사자가 아닌 채무자에게 기판력이 미친다는 것이 아니므로

(5) 채권자가 채무자를 상대로 패소확정판결(별소)을 받은 후 제3채무자를 상대로 대위소송제기 : 보전의 필요성이 없어 소각하 2000다55171 채무자를 상대로 하여 패소확정판결을 받았다면 대위소송에서 승소하였더라도 전소 판결의 기판력에 의하여 다시 채무자를 상대로 이전등기를 청구할 수 없으므로 채권자대위권행사의 보전의 필요성이 없음

(6) 채권자가 채무자를 상대로 승소확정판결을 받은 후 제3채무자를 상대로 대위소송제기 : 제3채무자는 피보전채권의 존부를 다툴 수 없음대법원 2007. 5. 10. 선고 2006다82700,82717 판결, [대법원 2003. 4. 11. 선고 2003다1250 판결] 피보전채권이 제3채무자에게 대항할 수 있는 채권이라는 사실까지 입증할 필요는 없음

(7) 제3채무자가 채무자를 상대로 승소확정판결이전등기청구**을 받은 후 채권자가 제3채무자를 상대로 대위소송제기**말소등기청구

■ **대위소송 : 기판력 저촉**97다46955 부동산의 소유자에 대하여 소유권이전등기를 청구할 지위에 있기는 하지

만 아직 그 소유권이전등기를 경료하지 않은 상태에서, 제3자가 부동산의 소유자를 상대로 그 부동산에 관한 소유권이전등기절차 이행의 확정판결을 받아 소유권이전등기를 경료한 경우, 그 확정판결이 당연무효이거나 재심의 소에 의하여 취소되지 않는 한, 종전의 소유권이전등기청구권을 가지는 자가 부동산의 소유자에 대한 소유권이전등기청구권을 보전하기 위하여 부동산의 소유자를 대위하여 제3자 명의의 소유권이전등기가 원인무효임을 내세워 그 등기의 말소를 구하는 것은 확정판결의 기판력에 저촉되므로 허용될 수 없다. ➡ 청구기각(모순금지설)

- ■ 매도인의 매수인에 대한 소유권이전등기의무 : 이행불능[74다2229] 부동산을 매수한 자가 소유권이전등기를 하지 아니하고 있던 중 제3자가 같은 부동산을 자기가 매수한 것임을 이유로 하여 매도인을 상대로 제소하여 소유권이전등기절차이행의 확정판결을 받아 소유권이전등기를 경료한 경우에는 위의 확정판결이 당연무효라거나 또는 그것이 재심의 소에 의하여 취소되기 전에는 매수인은 매도인에 대한 소유권이전등기청구권을 보전하기 위하여 매도인을 대위하여 위 확정판결의 기판력에 저촉되는 제3자 명의의 소유권이전등기의 말소청구를 할 수 없고 매도인의 매수인에 대한 소유권이전등기의무는 이행불능이다.

제5절 물상대위

I. 요건

- ■ 담보목적물의 멸실 · 훼손 · 공용징수
- ■ 설정자의 청구권 취득
- ■ 지급 · 인도 전 압류 : 물상대위의 목적인 채권의 특정성 보전, 제3자의 불측의 손해 방지
- ■ 양도담보권에 기한 물상대위도 인정[대법원 2009. 11. 26. 선고 2006다37106 판결] 양도담보설정자의 제3자에 대한 손해배상청구권 → 담보물의 가치변형물(설정자에게 피보험이익 인정, 양도담보권자의 소유이므로 설정자가 피보험이익을 가지는 것을 전제로 하는 압류 전부명령의 효력이 없다는 피고 주장 배척)

I-1. 물상대위 요건 부정 : 토지의 협의취득[대법원 1981. 5. 26. 선고 80다2109 판결] 사법상

매매계약 → 저당권자는 토지에 추급 가능 → 보상금(매매대금)에 대하여 물상대위 불가

II. 행사방법

1. 채권압류 및 전부명령

가. 요건 : 배당요구 종기 전 제3채무자에게 도달 필요[대법원 2003. 3. 28. 선고 2002다13539 판결]

▶ 배당요구 종기공탁사유신고일 후 압류 · 전부명령[대법원 2000. 5. 12. 선고 2000다4272 판결] 배당요구 종기 전 공탁금출급청구권에 대하여 가압류했더라도 불가, [대법원 2003. 3. 28. 선고 2002다13539 판결] 배당요구 종기 전 채권압류 · 전부명령을 신청하였더라도 종기 후 제3채무자에게 송달되었다면 우선변제권 부정

나. 배당범위 : 특별한 사정부대채권에 관하여는 신청일까지의 액수만 배당받겠다는 의사를 명확하게 표시한

경우이 없는 한, 채권계산서를 제출하였는지 여부에 관계없이 배당기일까지의 부
대채권을 포함하여 원래 우선변제권을 행사할 수 있는 범위에서 우선배당[대법원
2022. 8. 11. 선고 2017다256668 판결: 원고는 압류명령 신청서에는 부대채권의 범위를 해당 신청일 무렵까지의
확정금액으로 기재하였으나 그 후 부대채권의 범위를 배당기일 전날까지로 산정한 채권계산서를 제출] 본래 저당
권자는 물상대위권을 행사할 때 청구채권인 저당권의 피담보채권 중 부대채권의 범위를 원금의 지급일까지로 하
는 채권압류명령 등을 신청할 수 있다. 따라서 물상대위권을 행사하는 저당권자가 민사집행 실무에서 요구하는
바에 따라 부대채권의 범위를 신청일 무렵까지의 확정금액으로 기재한 것은 다른 특별한 사정이 없는 한, 현행
민사집행 실무에 따라 제3채무자를 배려하기 위한 것일 뿐 나머지 부대채권에 관한 우선변제권을 확정적으로 포
기하려는 의사에 기한 것이라고 추단할 수 없다. 게다가 제3채무자의 공탁(민사집행법 제248조) 등의 이유로 배
당절차가 개시된 경우에는 제3채무자의 보호가 처음부터 문제 되지 않으므로, 물상대위권을 행사하는 저당권자는
원래 배당절차에서 우선변제권을 행사할 수 있는 범위에서 우선배당을 받고자 하는 것이 통상적인 의사라고 볼
수 있다.

2. 타인의 강제집행절차에서 배당요구[대법원 2022. 8. 11. 선고 2017다256668 판결] 물상대위권자의 권
리행사 방법과 시한을 제한하는 취지는 물상대위의 목적인 채권의 특정성을 유지하여 그 효력을 보전함과 동시에
제3자에게 불측의 손해를 입히지 않으려는 것

가. 제3자의 양도 · 전부명령이 선행 : 물상대위자는 강제집행절차의 배당요구 종기 전
까지 추급 가능대법원 1998. 9. 22. 선고 98다12812, [대법원 2000. 6. 23. 선고 98다31899 판결] 물상대위
권자의 압류 전에 양도 또는 전부명령 등에 의하여 보상금 채권이 타인에게 이전된 경우라도 보상금이 직접 지급
되거나 보상금지급청구권에 관한 강제집행절차에 있어서 배당요구의 종기에 이르기 전에는 여전히 그 청구권에
대한 추급이 가능하다.

나. 제3자의 압류 · 추심명령이 선행 : 저당권자가 압류하지 않았더라도 배당요구 종기
(제3채무자의 공탁사유신고 전)까지 배당요구하여 추급 가능물상대위의 목적인 채권의
특정성 유지 [대법원 1999. 5. 14. 선고 98다62688 판결] 저당권자의 물상대위권은 어디까지나 그 권리실행의사를
저당권자 스스로 법원에 명확하게 표시하는 방법으로 저당권자 자신에 의하여 행사되어야 하는 것 → 저당권자로
서는 제3채무자가 공탁사유신고를 하기 이전에 스스로 담보권의 존재를 증명하는 서류를 제출하여 물상대위권의
목적채권을 압류하거나 법원에 배당요구를 한 경우에 한하여 공탁금으로부터 우선배당

3. 부당이득(피담보채권 상당액) : 물상대위권자 → 양수인, 전부채권자

▶ [비교] 근저당권자가 변제공탁된 보상금에 대하여 물상대위권 불행사, 수용보상금채
권의 배당절차에서 배당요구 하지 않은 경우 : 우선변제권 상실, 다른 채권자의 부당
이득 부정[대법원 2002. 10. 11. 선고 2002다33137 판결]
▶ 가압류 : 물상대위 적용 배제 → 가압류집행 후의 소유권취득은 부당이득 불성립[대법원

4. 물상보증인, 물상보증인 소유 부동산에 대한 후순위저당권자의 선순위 근저당권 대위취득

가. 물상보증인 소유 부동산에 대한 우선경매의 경우

(1) 물상보증인 부동산에 대한 우선경매[대법원 2001. 6. 1. 선고 2001다21854 판결] ⇔ [비교] 채무자 소유 부동산에 대한 후순위 근저당권자 : 물상보증인 소유부동산에 대하여 후순위저당권자의 대위민법 제368조 제2항에 의한 저당권 행사 불가[대법원 1995. 6. 13.자 95마500 결정] 공동저당의 목적인 채무자 소유의 부동산과 물상보증인 소유의 부동산 중 채무자 소유의 부동산에 대하여 먼저 경매가 이루어져 그 경매대금의 교부에 의하여 1번 공동저당권자가 변제를 받더라도, 채무자 소유의 부동산에 대한 후순위저당권자는 민법 제368조 제2항 후단에 의하여 1번 공동저당권자를 대위하여 물상보증인 소유 부동산에 대하여 저당권을 행사할 수 없다. [대법원 2021. 12. 16. 선고 2021다247258 판결] 채무자 소유의 부동산과 물상보증인 소유의 부동산에 공동저당이 설정되고 그중 채무자 소유의 부동산에 후순위저당권이 설정된 경우에, 선순위 공동저당권자가 물상보증인이 소유한 부동산의 대가만을 배당받는 등 물상보증인으로부터 먼저 채권을 변제받은 때에는 물상보증인은 채무자에 대하여 구상권을 취득함과 동시에 민법 제481조, 제482조에 따른 변제자대위에 의하여 채무자 소유의 부동산에 대한 선순위 공동저당권을 취득한다.

㈎ 물상보증인 : 구상권 + 변제자대위 → 채무자 부동산 1번 근저당권 취득

㈏ 물상보증인 부동산 후순위 저당권자 : 물상보증인에게 이전한 1번 저당권으로 우선변제(물상대위)

나. 수인의 물상보증인2001다21854

(1) 물상보증인과 후순위근저당권자의 지위

■ 대위변제한 물상보증인소외인 : 다른 물상보증인 부동산피고에 대한 1순위 근저당권소외회사 대위취득, 대위취득한 선순위 근저당권에 대하여는 말소등기가 아니라 근저당권 이전의 부기등기가 경료되어야 함

■ 대위변제한 물상보증인 소유 부동산 후순위 저당권자원고 : 1번 저당권소외 회사에 대해 물상대위, 물상보증인소외인을 대위하여 말소된 1순위 근저당권등기 회복청구 가능

▶ 아직 경매되지 않은 공동저당물의 소유자피고 : 1번 저당권자에 대한 피담보채무가 소멸되었다는 사정만으로 말소등기 청구 불가공동저당의 목적인 채무자 소유의 부동산과 물상보증인 소유의 부동산에 각각 채권자를 달리하는 후순위 저당권이 설정되어 있는 경우, 물상보증인 소유의 부동산에 대하여 먼저 경매가 이루어져 그 경매대금의 교부에 의하여 1번 저당권자가 변제를 받은 때에는 물상보증인은 채무자에 대하여 구상권을 취득함과 동시에 민법 제481조, 제482조의 규정에 의한 변제자대위에 의하여 채무자 소유의 부동산에 대한 1번 저당권을 취득하고, 이러한 경우 물상보증인 소유의 부동산에 대한 후순위저당권자는 물상보증인에

게 이전한 1번 저당권으로 우선하여 변제를 받을 수 있으며, 이러한 법리는 수인의 물상보증인이 제공한 부동산 중 일부에 대하여 경매가 실행된 경우에도 마찬가지로 적용되어야 하므로(이 경우 물상보증인들 사이의 변제자대위의 관계는 민법 제482조 제2항 제4호, 제3호에 의하여 규율될 것이다.), 자기 소유의 부동산이 먼저 경매되어 1번 저당권자에게 대위변제를 한 물상보증인은 다른 물상보증인의 부동산에 대한 1번 저당권을 대위취득하고, 그 물상보증인 소유 부동산의 후순위 저당권자는 1번 저당권에 대하여 물상대위를 할 수 있으므로 물상보증인이 대위취득한 선순위 저당권설정등기에 대하여는 말소등기가 경료될 것이 아니라 물상보증인 앞으로 대위에 의한 저당권이전의 부기등기가 경료되어야 하고, 아직 경매되지 아니한 공동저당물의 소유자로서는 1번 저당권자에 대한 피담보채무가 소멸하였다는 사정만으로 말소등기를 청구할 수 없다.

(2) 물상보증인 소유 부동산에 후순위근저당권이 설정된 부동산이 채무자에게 양도된 경우 후순위저당권자원고의 대위와 변제자대위물상보증인, 물상보증인으로부터의 제3취득자(피고)의 관계[대법원 2021. 12. 16. 선고 2021다247258 판결] ① 채권자(도림신협)은 소외2(채무자)에게 대여(채권액 5억 5,000만 원) 후 소외1(물상보증인) 소유 전체 상가에 1순위 근저당권 설정, ② 원고는 소외1(물상보증인) 소유의 전체 상가 중 제1부동산(3층 부동산, 4억 8,500만 원)에 대하여 후순위 전세권 설정, ③ 피고는 소외1로부터 전체 상가 중 나머지 제2부동산(11억 5,000만 원) 매수 및 이전등기, ④ 소외2는 소외1로부터 제1부동산을 매수하여 가등기, ⑤ 피고는 선순위 근저당권의 피담보채무 변제 및 채권자의 일부포기를 원인으로 1순위 근저당권 말소, ⑥ 소외2 가등기에 기한 본등기 경료, ⑦ 피고는 채권자로부터 제1부동산에 관하여 확정채권양도를 원인으로 근저당권이전등기, ⑧ 이 사건 근저당권에 기한 임의경매로 피고 전액 배당, 원고는 2억 3,000만 원에 대하여 이의를 제기하고 배당이의의 소제기

(가) 물상보증인 소유 부동산에 대한 후순위근저당권자원고 : 제368조 2항에 따라 대위공동저당이 설정된 복수의 부동산이 같은 물상보증인의 소유에 속하고 그중 하나의 부동산에 후순위저당권이 설정되어 있는 경우에, 그 부동산(1부동산)의 대가만이 배당되는 때에는 후순위저당권자는 민법 제368조 제2항에 따라 선순위 공동저당권자가 같은 조 제1항에 따라 공동저당이 설정된 다른 부동산(2부동산)으로부터 변제를 받을 수 있었던 금액[386,850,152원 = 5억 5,000만 원 × 11억 5,000만 원 / 16억 3,500만 원(4억 8,500만 원 + 11억 5,000만 원)]에 이르기까지 선순위 공동저당권자를 대위하여 그 부동산에 대한 저당권을 행사할 수 있다. 이 경우 공동저당이 설정된 부동산이 제3자에게 양도되어 그 소유자가 다르게 되더라도 민법 제482조 제2항 제3호, 제4호에 따라 각 부동산의 소유자는 그 부동산의 가액에 비례해서만 변제자대위를 할 수 있으므로 후순위저당권자의 지위는 영향을 받지 않는다.

(나) 물상보증인, 물상보증인으로부터 부동산을 양수한 제3취득자피고의 변제자대위 : 후순위저당권자의 지위에 영향을 주지 않는 범위에서 인정같은 물상보증인이 소유하는 복수의 부동산에 공동저당이 설정되고 그중 한 부동산에 후순위저당권이 설정된 다음에 그 부동산이 채무자에게 양도됨으로써 채무자 소유의 부동산과 물상보증인 소유의 부동산에 대해 공동저당이 설정된 상태에 있게 된 경우에는 물상보증인의 변제자대위는 후순위저당권자의 지위에 영향을 주지 않는 범위에서 성립한다고 보아야 하고, 이는 물상보증인으로부터 부동산을 양수한 제3취득자가 변제자대위를 하는 경우에도 마찬가지이다. 이 경우 물상보증인이 자신이 변제한 채권 전부에 대해 변제자대위를 할 수 있다고 본다면, 후순위저당권자는 저당부동산이 채무자에게 이전되었다는 우연한 사정으로 대위를 할 수 있는 지위를 박탈당하는 반면, 물상보증인 또는 그로부터 부동산을 양수한 제3취득자는 뜻하지 않은 이득을 얻게 되어 부당하다. 같은 물상보증인이 소유하는 복수의 부동산에 공동저당이 설정된

경우 그 부동산 중 일부에 대한 후순위저당권자는 선순위 공동저당권자가 공동저당이 설정된 부동산의 가액에 비례하여 배당받는 것을 전제로 부동산의 담보가치가 남아있다고 기대하여 저당권을 설정받는 것이 일반적이고, 이러한 기대를 보호하는 것이 민법 제368조의 취지에 부합한다. 위와 같은 법리는 공동저당이 설정된 복수의 부동산에 선순위 공동근저당권이 설정되고 그 후 일부 부동산에 후순위 전세권이 설정된 경우에도 마찬가지로 적용된다.

(다) **배당이의 범위 : 제368조 제2항에 의하여 대위할 수 있는 금액**원고가 이 사건 전세권을 설정할 당시 전세금 230,000,000원 전액에 관하여 민법 제368조 제2항에 따라 대위를 할 수 있는 지위에 있었다. 피고는 이 사건 근저당권 채무 550,000,000원을 대위변제함으로써 변제자대위에 의하여 제1부동산에 관한 근저당권을 취득하게 되나, 위와 같이 원고가 대위할 수 있었던 230,000,000원의 범위에서는 변제자대위를 할 수 없으므로 피고 명의의 2018. 1. 17. 자 근저당권이전등기도 그 범위에서는 효력이 없다. 따라서 피고는 위 금액의 범위에서는 원고보다 우선하여 배당받을 수 없으므로, 이 사건 배당표 중 원고에 대한 배당액 0원은 230,000,000원으로, 피고에 대한 배당액 478,913,982원은 248,913,982원으로 경정되어야 한다.

다. 누적적 근저당권과 변제자대위[대법원 2020. 4. 9. 선고 2014다51756, 51763 판결, 민법판례연구 Ⅱ 127, 128]

	공동근저당	누적적 근저당	별도의 복수 근저당
피담보채권	동일	동일	별도
채권최고액	동일(10억)	별도 : 개별적 채권최고액의 범위에서 각각의 부동산을 개별담보로 파악	별도
우선변제의 범위 (예 : 부동산 1, 2, 3에 대하여 저당권 설정)	담보의 범위 중첩 : 공동담보 부동산을 통틀어 공통 채권최고액 10억 원까지 우선변제	담보의 범위가 중첩되지 않음 : 각 부동산에서 각각 개별 채권최고액 10억 원씩 통틀어 30억 원까지 우선변제[24]	별개의 채권에 대하여 별개로 적용
장점	■ 경매대가의 공평한 분담(제368조 적용) ■ 부동산 전체를 공동담보로 삼음으로써 위험의 분산 가능	근저당권자의 담보력 강화	피담보채무의 동일성에 관계 없이 각 근저당권 실행 가능

---

24) 당사자 사이에 하나의 기본계약에서 발생하는 동일한 채권을 담보하기 위하여 여러 개의 부동산에 근저당권을 설정하면서 각각의 근저당권 채권최고액을 합한 금액을 우선변제받기 위하여 공동근저당권의 형식이 아닌 개별 근저당권의 형식을 취한 경우, 이러한 근저당권은 민법 제368조가 적용되는 공동근저당권이 아니라 피담보채권을 누적적(누적적)으로 담보하는 근저당권에 해당한다. 이와 같은 누적적 근저당권은 공동근저당권과 달리 담보의 범위가 중첩되지 않으므로, 누적적 근저당권을 설정받은 채권자는 여러 개의 근저당권을 동시에 실행할 수도 있고, 여러 개의 근저당권 중 어느 것이라도 먼저 실행하여 그 채권최고액의 범

단점	누적적 근저당에 비하여 근저당권자의 담보력 약화	■위험 분산 불가 ■'피담보채권액 > 개별부동산에 대한 채권최고액'인 경우 채권만족을 얻을 수 없는 경우 발생 ■전체적인 등록세 부담 증가	위험분산 불가
구별 : 의사해석의 문제	■공동근저당권으로 등기 : 등기기록에 공동담보를 표시부동산등기법 제78조, 규칙 제133조 내지 제135조 ■공동저당관계의 등기는 공동저당권의 성립요건이나 대항요건은 아님[대법원 2010. 12. 23. 선고 2008다57746 판결]	■개별 근저당권의 형식으로 등기 ■각 부동산에 기록된 채권최고액(10억 원)보다 피담보채권 액수가 높다면 누적적 근저당권을 설정하였을 의도가 높은 것으로 해석 가능공동근저당권으로 보면 과소담보를 설정한 셈이 되어 채권자의 의사에 반하기 때문	피담보채무의 동일성이 인정되지 않는 경우
물상보증인의 변제자대위	가능	가능25)	불가피담보채무의 동일성이 없으므로(인정하게 되면 물상보증인은법이 예정하지 않았고, 본인도 기대하지 않던 망외의 이익을 얻게 되므로)

위에서 피담보채권의 전부나 일부를 우선변제받은 다음 피담보채권이 소멸할 때까지 나머지 근저당권을 실행하여 그 근저당권의 채권최고액 범위에서 반복하여 우선변제를 받을 수 있다.

25) ① 누적적 근저당권은 모두 하나의 기본계약에서 발생한 동일한 피담보채권을 담보하기 위한 것이다. 이와 달리 당사자가 근저당권 설정 시 피담보채권을 여러 개로 분할하여 분할된 채권별로 근저당권을 설정하였다면 이는 그 자체로 각각 별개의 채권을 담보하기 위한 개별 근저당권일 뿐 누적적 근저당권이라고 할 수 없다. 누적적 근저당권은 각 근저당권의 담보 범위가 중첩되지 않고 서로 다르지만 이러한 점을 들어 피담보채권이 각 근저당권별로 자동으로 분할된다고 볼 수도 없다. 이는 동일한 피담보채권이 모두 소멸할 때까지 자유롭게 근저당권 전부 또는 일부를 실행하여 각각의 채권최고액까지 우선변제를 받고자 누적적 근저당권을 설정한 당사자의 의사에 반하기 때문이다. 채무자 소유의 부동산과 물상보증인 소유의 부동산에 설정된 누적적 근저당권도 마찬가지이다. 따라서 채무자 소유 부동산에 설정된 근저당권은 물상보증인이 변제로 채권자를 대위할 경우 민법 제482조 제1항에 따라 행사할 수 있는 채권의 담보에 관한 권리에 해당한다. ② 민법 제481조, 제482조가 대위변제자로 하여금 채권자의 채권과 그 채권에 대한 담보권을 행사할 수 있도록 하는 이유는 대위변제자의 채무자에 대한 구상권의 만족을 실효성 있게 보장하기 위함이다. 물상

제6절 변제자대위 ➡ 관련 논점 : 저당권, 물상보증인

Ⅰ. 발생요건

가. 변제 기타 출재로 채권의 만족

나. 구상권

① 구상권 부정 : 시효취득완성자의 원소유자 피담보채무 변제[대법원 2006. 5. 12. 선고 2005다75910
판결] 구상권 부정, 부당이득청구 불가 : 시효취득자가 원소유자에 의하여 그 토지에 설정된 근저당권의 피담보채무
를 변제하는 것은 시효취득자가 용인하여야 할 그 토지상의 부담을 제거하여 완전한 소유권을 확보하기 위한 것으
로서 그 자신의 이익을 위한 행위

▸ 시효취득완성자가 청산절차 없이 본등기한 채권자에게 변제 : 이해관계 있는 제3자에

해당[대법원 1991. 7. 12. 선고 90다17774, 90다17781(반소) 판결]변제 후 이전등기말소청구 가능 : 피고들이 위
(ㄹ), (ㄴ) 부분을 시효취득하여 소유권이전등기청구권을 취득하였으나 그 등기를 경료하지 못하던 중에 원고가 청
산절차를 거치지 아니하고 가등기에 기하여 본등기를 경료한 사실이 인정되므로, 위 피고들은 위 소외1에 대하여
소유권이전등기청구권을 취득한 자로서 위 청구권을 보전하기 위하여 위 소외1을 대위하여 그의 채권자인 원고에게
위 채무를 변제할 법률상의 권한이 있어 이해관계 있는 제3자에 해당한다.

② 구상채권 이행불가 항변장래의 구상권을 회생채권으로 신고하지 않은 경우 → 채무자는 책임을 면함 : 불가
[대법원 2015. 11. 12. 선고 2013다214970 판결] 구상권 자체는 존속 → 변제자대위 가능

(1) 부탁 · 계약 : 위임(제688조), 불가분채무(제411조), 연대채무(제425조), 보증채무
(제441조), 물상보증(제341조) ⇔ 물상보증인이 내부관계에서 구상권이 없는 경우 [2013다80429] 구
상의무자가 형식상의 채무자에 불과 + 귀책사유 없는 경우

(2) 부탁없는 경우 : 사무관리(제739조)

㈎ 채무자 부동산의 제3취득자 : 구상권 인정(예외 : 이행인수 → 자기 채무의 변제, 구상 불가)

㈏ 물상보증인 부동산의 제3취득자 : 구상권 인정(물상보증인과 유사한 지위)[대법원 2014. 12. 24.
선고 2012다49285 판결]

보증인은 채무자의 자력이나 함께 담보로 제공된 채무자 소유 부동산의 담보력을 기대하고 자신의 부동산
을 담보로 제공한다. 누적적 근저당권의 피담보채권액이 각각의 채권최고액을 합한 금액에 미달하는 경우
물상보증인은 변제자대위 등을 통해 채무자 소유의 부동산이 가장 우선적으로 책임을 부담할 것을 기대하
고 담보를 제공한다(누적적 근저당권의 피담보채권액이 각각의 채권최고액을 합한 금액보다 큰 경우에는
채권자만이 모든 근저당권으로부터 만족을 받게 되므로 물상보증인의 변제자대위가 인정될 여지가 없다).
그 후에 채무자 소유 부동산에 후순위저당권이 설정되었다는 사정 때문에 물상보증인의 기대이익을 박탈할
수 없다. ③ 반면 누적적 근저당권은 공동근저당권이 아니라 개별 근저당권의 형식으로 등기되므로 채무자
소유 부동산의 후순위저당권자는 해당 부동산의 교환가치에서 선순위근저당권의 채권최고액을 뺀 나머지
부분을 담보가치로 파악하고 저당권을 취득한다. 따라서 선순위근저당권의 채권최고액 범위에서 물상보증
인에게 변제자대위를 허용하더라도 후순위저당권자의 보호가치 있는 신뢰를 침해한다고 볼 수 없다.

㈐ 제3취득자의 이행인수 : 물상보증인이 채무자에 대한 구상권 취득[대법원 1997. 5. 30. 선고 97다 1556 판결]

㈑ 물상보증인과 채권자 사이의 대위권 불행사 특약 97다1556 채권자의 채무자에 대한 원채권상의 권리 불행사 특약 : "설정자가 본채무를 이행한 경우 대위에 의하여 채권자로부터 취득한 권리를 채무자와 채권자의 거래 계속중에는 행사하지 아니하겠으며 채권자의 청구가 있으면 그 권리 또는 순위를 채권자에게 무상으로 양도한다."

▶ 구상권에 기한 청구물상보증인의 구상금채권 양수인이 채무자에 대하여 구상금 청구에는 적용 배제 : 채무자는 물상보증인과 채권자 사이의 불행사 특약으로 항변 불가97다1556 물상보증인이 피고 보조참가인(채권자)에 대하여 행사하지 않기로 한 권리는 물상보증인인 위 윤석민의 피고에 대한 구상권이 아니라 위 계약서상의 문자 그대로 대위에 의하여 채권자로부터 취득한 채권자의 채무자에 대한 원채권상의 권리임이 문언상 명백하여, 물상보증인의 구상권에 기한 원고의 주위적 청구에는 위 근저당권설정계약서 제12조 제2항의 적용이 없다.

다. 변제할 정당한 이익(법정대위 : 제481조)

(1) 집행 우려 : ㈎ 불가분채무자, ㈏ 연대채무자, ㈐ 보증인[대법원 1961. 11. 9. 선고 4293민상 729 판결], ㈑ 물상보증인 : 체납자 재산에 대한 양도담보권자[대법원 1981. 7. 28. 선고 80다 1579 판결], ㈒ 제3취득자, ㈓ 이행인수인[대법원 2012. 7. 16.자 2009마461 결정] 선박대리점이 선박 소유자를 대신하여 선박항해에 필요한 계약을 체결하고 그 채무를 선박소유자를 대신하여 변제하기로 약정 : 법정대위 인정

(2) 권리소멸 우려

㈎ 후순위담보권자 : 물상대위가 가능한 자보증인 소유 부동산에 대한 후순위 권리자 제외소유권이전등기 청구권 가등기 [대법원 2009. 5. 28.자 2008마109 결정] 신청외2(물상보증인)는 신청외1(채무자) 소유의 부동산에 대한 서부새마을금고의 선순위근저당권을 대위취득하고, 재항고인(물상보증인 소유 부동산에 대한 소유권이전등기 청구권 가등기권자)은 위 선순위근저당권에 대하여 물상대위함으로써 우선하여 변제를 받을 수 있다고 할 것이고, 재항고인이 신청외1 소유의 부동산에 대하여 직접 경매신청을 하기 위하여 위 채무 잔액을 변제하려고 한다는 취지의 주장은 채권자로부터 집행을 받게 되거나 또는 채무자에 대한 자기의 권리를 잃게 되는 지위에 있기 때문이 아닌 사실상의 이해관계에 지나지 않는다고 할 것이다.

㈏ 일반채권자[대법원 1971. 10. 22. 선고 71다1888,1889 판결] 등기청구권자 : 변제 후 대위하여 말소청구

라. 채권자의 승낙(임의대위 : 제480조)

(1) 변제할 정당한 이익이 없는 경우 : 채무자의 배우자[대법원 2007. 3. 16. 선고 2005다10760 판결], 채무자와 같이 연립주택사업관계[대법원 1990. 4. 10. 선고 89다카24834 판결]

(2) 변제와 동시에 + 채권자 승낙(추정)/대항요건 필요, 채무자의 승낙 약정이 있는 경우 채무자 승낙도 필요[대법원 1990. 4. 10. 선고 89다카24834 판결]

▶ 제480조 제2항 대항요건 흠결 항변[대법원 1989. 1. 17. 선고 87다카1814 판결]

▸ 제480조 제2항 대항요건 흠결을 주장할 수 있는 제3자에 해당하지 않음87다카1814 당해 채권의 이전에 관하여 간접적인 영향을 받는데 불과한 담보부동산의 제3취득자

Ⅱ. 대위자(구상채권 + 변제자대위에 의한 채권·담보권) vs 채무자

1. 구상권(제370조, 제341조)

가. 구상금에 관한 지연손해금 약정 : 구상금 청구에만 적용 ⇔ 변제자대위에 의한 청구 : 민법 소정의 법정이율 적용[대법원 2009. 2. 26. 선고 2005다32418 판결]

나. 물상보증인으로부터의 제3취득자가 변제/저당권실행으로 소유권상실 → 근저당권자에 대하여 제3취득자(제364조), 채무자에 대한 구상권 인정[대법원 1997. 5. 30. 선고 97다1556 판결]

1-1. 구상권 부존재 : 물상보증인에 대한 이행인수

가. 물상보증인이 구상권 취득, 채무자에 대해서는 구상권 부정[대법원 1997. 5. 30. 선고 97다1556 판결]

나. 근저당권자에 대하여는 제3취득자(제364조)

2. 변제자대위(제481조)

가. 구상권과 별개의 권리

가-1. 대위권 불행사의 특약 항변물상보증인과 채권자 사이에서 채권자의 채무자에 대한 권리불행사 특약 : 구상권에 기한 청구물상보증인·양수인의 채무자에 대한 청구에는 적용 배제97다1556

나. 행사범위(제482조 제1항)

(1) 구상권의 범위에서 채권 및 그 담보에 관한 권리행사
(개) 고유의 구상권을 확보하는 역할 : 구상권의 범위로 제한[대법원 2005. 10. 13. 선고 2003다24147 판결]
(내) 변제자대위자가 배당이의 사건에서 배당받을 수 있는 범위 : min[① 배당기일까지 이자 또는 지연손해금을 가산하여 산정한 구상금, ② 원채권자의 채권액][대법원 2021. 2. 25. 선고 2016다232597 판결]
(2) 변제자대위는 피담보채무의 동일성을 전제 : 근저당권의 피담보채무와 물상보증인이 자신의 부동산으로 담보하고자 했던 피담보채무또는 그 피담보채무의 기초가 되는 거래의 동일성이 인정되어야 함 ➡ 물상보증인은 자신이 담보하고자 했던 피담보채무에

관한 담보권을 대위행사할 수 있을 뿐이고 그와 무관한 다른 담보권은 대위행사 불가[민법판례연구 Ⅱ 127]

나-1. 구상권 부존재 → 변제자대위 불가[대법원 2015. 11. 27. 선고 2013다41097,41103 판결] 9번 저당권 중 소외인(실질적 채무자)의 지분에 대해서만 경매가 실행되어 소외인이 소유권을 상실하였더라도 대출명의자인 원고(실질적 물상보증인)는 소외인에게 구상의무 부담하지 않음, 실질적 채무자(소외인)의 지분에 대한 후순위저당권자(피고2)는 물상대위할 대상이 없으므로 실질적 물상보증인(원고) 소유 부동산에 대한 선순위공동저당권자(안산농협)의 9번 저당권에 대하여 물상대위 불가

[2013다41097] 원고→소외인에 대하여 말소등기청구, 피고2에 대하여 승낙의 의사표시 청구

1	원고(처) 소외인(남편) 공유	①	6	2005.6.9. 근저당권설정 채권자 농협 **채무자 소외인** 설정자 원고(지분), **소외인(지분)**	② 원고 : 물상보증인 **소외인 : 채무자** 피고2 : 채무자 소유부동산에 대한 후순위저당권자
2	2009.9.10. 강제경매개시결정(소외인 지분만) 채권자 동현스틸	④	6-1	2011.3.25. 등기공무원 직권 부기등기: 원고 지분 전부 근저당권 설정	⑥ 부기등기 → 위법 소외인 : 채무자 → 물상보증인에 대하여 변제자대위 불가 → 피고2 : 물상대위 불가
3	2011.3.25. 소외2 : 소외인 지분 취득 (강제경매로 인한 이전등기)	⑥	9	2007.3.2. 근저당권설정 채권자 농협 **채무자 원고** 설정자 원고(지분), **소외인(지분)**	③ 원고 : 채무자 **소외인 : 물상보증인** 피고2 : 물상보증인 소유부동산에 대한 후순위저당권자
			9-1	등기공무원 직권 부기등기: 원고 지분 전부 근저당권 설정	⑥ 부기등기 → 적법 소외인 : 원고에 대한 물상보증인 → 9 근저당권 대위취득 → 피고2 : 소외인이 대위취득하는 근저당권 중 원고 지분 대위행사 가능
			10	2009.12.11. 근저당권설정 채권자 피고2 **채무자 소외인** **설정자 소외인(지분)**	⑤ 피고2의 지위 ■6번 근저당권에 대해서는 채무자 소유부동산에 대한 후순위저당권자 ■9번 저당권에 대해서는 물상보증인 소유부동산에 대한 후순위저당권자

1. 6번 근저당권
➡️원고 : 물상보증인(소외인 : 채무자)
⬅️피고2 : 채무자 소유부동산에 대한 후순위 저당권자
■물상보증인 소유부동산에 대한 저당권행사 불가 → 피고2는 소외인의 근저당권등기말소에 대한 승낙의무○

2. 9번 근저당권

▶원고 : 채무자(소외인 : 물상보증인)

◀피고2 : 물상보증인소외인 소유부동산에 대한 후순위 저당권자

- 원칙 : 물상보증인소외인이 채무자원고에 대하여 구상권을 취득함과 동시에 변제자대위에 의하여 채무자원고 지분에 대한 채권자의 9번 근저당권 대위취득 → 피고2는 9번 근저당권에 대하여 물상대위 → 피고2는 소외인의 근저당권등기말소에 대한 승낙의무×

- 예외 : 소외인은 내부관계에서 실질적인 채무자(대출한도 초과의 문제로 인하여 처인 원고 명의를 차용하여 대출)

- 소외인 : 형식적 채무자인 원고에 대하여 구상권× → 후순위 근저당권자인 피고2도 채권자의 근저당권에 대하여 어떠한 권리를 취득하거나 대위행사 불가 → 피고2는 소외인의 근저당권등기말소에 대한 승낙의무○

Ⅲ. 대위자 vs 채권자

1. 전부변제

- 원채권 + 담보권 이전 ⇔ 계약당사자의 지위(취소권, 해제권)는 이전되지 않음(제483조 제2항)

- 저당권 등기 없어도 이전채권자는 이전등기의무 부담[대법원 1996. 12. 6. 선고 96다35774 판결], 채권자와 채무자 사이의 특약에 기한 채권자의 권리도 이전 ⇔ 채권자와 일부 대위변제자 사이의 우선회수특약은 이전 부정[대법원 2001. 1. 19. 선고 2000다37319 판결, 대법원 2010. 4. 8. 선고 2009다80460 판결]

2. 일부변제

가. 채권자 권리우선 : 근저당권의 채권최고액의 한도 내에서 자신의 잔존채권액에 대하여 대위변제자에 우선[사법연수원 근저당권 사례연습 4], [대법원 2010. 4. 8. 선고 2009다80460 판결] 변제할 정당한 이익이 있는 자가 채무자를 위하여 채권의 일부를 대위변제할 경우에도 채권자는 일부 대위변제자에 대하여 우선변제권을 가지고, 다만 일부 대위변제자와 채권자 사이에 변제의 순위에 관하여 따로 약정을 한 경우에는 그 약정에 따라 변제의 순위가 정해진다.

(1) 일부변제자의 단독경매신청 불가, 채권자가 우선변제[대법원 2011. 1. 27. 선고 2008다13623 판결]

(2) 일부대위자들

(가) **변제가액에 비례하여 근저당권 준공유**[대법원 2006. 2. 10. 선고 2004다2762 판결] 일부이전의 부기등기를 마쳐도 권리의 경합이나 우선순위의 문제가 발생하지 않음

(나) 근저당권 실행시 배당금은 변제가액에 비례하여 안분배당 : 근저당권 부기등기의 선후가

아님대법원 2001. 1. 19. 선고 2000다37319 판결, [사법연수원 근저당권 사례연습 4] 채권최고액의 한도 내에서 채권자의 잔존채권액에 대하여 변제되고 남은 부분에 대하여 대위변제 가액에 비례, 대위변제자가 취득하는 근저당권은 법률에 의한 물권의 취득이므로 그 등기를 하지 않고서도 취득하는 것이고, 이전의 부기등기는 다만 그 근저당권을 실행하기 위한 방법에 불과

(3) 근저당권의 피담보채권 확정 전에는 일부양도나 대위변제가 있어도 근저당권 이전의 부기등기절차 이행청구 불가[대법원 1996. 6. 14. 선고 95다53812 판결, 대법원 2000. 12. 26. 선고 2000다54451 판결]

사법연수원 근저당권 사례연습 4

- 채권자의 채권최고액 1억
- 경매신청 : 1억 원 + 2015.9.1.부터 다 갚는 날까지 월 1% 지연손해금
- 보증인1 : 5,600만 원[지연손해금 600, 원금 5,000(채권자의 잔존 채권액 : 5,000)] 변제 후 근저당권 일부이전 부기등기
- 보증인2 : 1,050만 원[지연손해금 50, 원금 1,000(채권자의 잔존 채권액 : 4,000)] 변제 후 근저당권 일부이전 부기등기
- 2번 근저당권자 1억 5,000만 원 채권신고
- 배당기일 배당액 2억 원
- ➡ 채권자 : 원래 근저당권의 채권최고액(1억) 한도 내에서 자신의 잔존채권액(4,200 : 4,000 + 배당기일까지의 지연손해금 200)에 대하여 대위변제자에 우선
- ➡ 나머지 5,800만 원(1억 원 − 4,200만 원)을 대위변제한 채권액에 안분비례하여 보증인에게 배당 5,800 × 5,600 / (5,600 + 1,050), 5,800 × 1,050 / (5,600 + 1,050), 부기등기의 선후에 따라 달라지지 않음
- ➡ 나머지 1억 원을 2번 근저당권자에게 배당

나. 예외1 : 보증인의 구상권 행사 → 다른 약정 등 특별한 사정이 없는 한 일부대위에 관한 법리 적용 배제[대법원 1995. 3. 3. 선고 94다33514 판결]

[94다33514] 보증인피고이 구상권자로서 가압류한 부분에 대하여는 근저당이전계약서상의 채권자원고의 우선적 지위 효력 부정

- 실제 배당액 57,400,750원
- 배당표 : 소외1 19,466,580원, 피고(사전구상권 보전을 위한 가압류 채권) 22,113,360원, 원고 일부 근저당권부 잔존채권 3,015,710원, 피고 대위변제로 인한 일부 근저당권부 구상채권 12,805,100원, 원고가 배당이의 소송제기
- [원심] 근저당권일부이전계약서("위 근저당권에 관하여는 배당일 현재 등기의무자의 잔존채권을 우선변제받기로 하여 잔여가 있는 경우에 한하여 등기권리자가 변제받기로 한다")를 근거로 ➡ 피

고가 대위변제로 인한 일부 근저당권자로 배당받을 것으로 기재된 12,805,100원과 사전구상권보전을 위한 가압류권자로서 배당받을 것으로 기재된 22,113,360원 모두 원고가 피고에 우선한다고 판단

■ [대법원] 원고의 우선변제권은 대위변제에 관한 12,805,100원에 대하여만 발생, 피고가 고유의 권리로서 행사하는 구상권의 경우에는 원고의 우선적 지위를 인정하는 취지라고 확장해석할 수 없음 변제할 정당한 이익이 있는 자가 채무자를 위하여 채권의 일부를 대위변제할 경우 대위자는 그 변제한 가액에 비례하여 채권자와 함께 그 권리를 행사하고, 변제한 가액의 범위 내에서 종래 채권자가 가지고 있던 채권 및 담보에 관한 권리를 취득하는 것이되, 이 경우에도 채권자는 일부 대위변제자에 대하여 우선변제권을 가지는 것이라 하겠으나, 보증인이 변제 기타의 출재로 주채무를 소멸하게 하는 등의 사유로 주채무자에 대하여 가지게 되는 구상권은 변제자가 갖는 고유의 권리로서 대위의 객체가 된 권리와는 별개라 할 것이어서 당사자 사이에 다른 약정이 있다는 등의 특정한 사정이 없는 한 일부대위에 관한 위와 같은 법리가 보증인이 행사하는 구상권의 경우에 당연히 그대로 적용되는 것은 아니다.

다. 예외2 : 일부대위변제자와의 약정(금융기관과 보증기관 사이에 변제순위 배당금 충당에 관한 약정)[대법원 2011. 6. 10. 선고 2011다9013 판결]

(1) 채권자와 일부대위변제자들 '전부' 사이에 약정 : 약정에 따라 배당

(2) 채권자와 '특정' 일부대위변제자 사이에 약정 : ① 근저당권자인 채권자에게 잔존채권액 우선 배당 > ② 나머지 대위변제자들 안분 > ③ 약정 당사자(채권자와 일부대위변제자) 사이에 약정 내용을 반영하여 배당액 조정

다-1. 법정대위자 면책항변(제485조)

▶ 면책이익 포기 · 제한 특약[대법원 1987. 4. 14. 선고 86다카520 판결]

▶ 채권자의 담보 소멸 후 법정대위의 전제가 되는 보증 등 체결 : 제485조 적용 배제[대법원 2014. 10. 15. 선고 2013다91788 판결] 민법 제485조는 법정대위를 할 자가 있는 경우에 대위할 자의 구상권 및 대위에 대한 기대권을 보호하기 위하여 채권자에게 담보보존의무를 부담시키고자 함에 그 취지가 있는 점, 민법 제485조에 의하여 법정대위자가 면책되는지 여부 및 면책되는 범위는 담보가 상실 또는 감소한 시점을 표준시점으로 하여 판단되는 점 등을 종합하면, 법정대위의 전제가 되는 보증 등의 시점 이전에 이미 소멸한 채권자의 담보에 대해서는 민법 제485조가 적용되지 않는다고 보아야 하고, 위와 같은 담보 소멸에 채권자의 고의나 과실이 있다거나 법정대위의 전제가 되는 보증 등의 시점 당시 소멸된 담보의 존재를 신뢰하였다는 등의 사정이 있다고 하여 달리 볼 것은 아니다. → 원고(탈퇴)가 제1대출금채무의 담보로 취득한 제1담보채권이 2005. 8. 31.경 이미 그 담보로서의 가치를 상실하여 소멸하였고 그 이후인 2007. 3.경 피고가 제1근보증계약을 체결한 이상, 제1담보채권에 대해서는 민법 제485조가 적용될 수 없으므로 그 적용을 전제로 한 제1대출금채무의 보증채무에 관한 피고의 면책은 허용되지 않고, 피고가 이미 소멸한 제1담보채권의 존재를 신뢰하였다는 등의 사정은 제1근보증계약을 체결하게 된 동기 내지 경위에 불과할 뿐 민법 제485조의 적용 여부와는 무관하다.

Ⅳ. 법정대위자 상호간의 효과

1. 보증인담보물의 담보력을 신뢰하고 보증 > 제3취득자담보권 부담을 알고 취득(제482조 제2항 제1. 2호)

[대법원 2020. 10. 15. 선고 2019다222041 판결] 부기등기의 시기

[법리 요약]

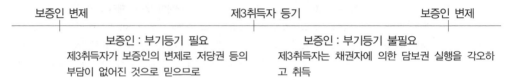

보증인 변제	제3취득자 등기	보증인 변제
보증인 : 부기등기 필요 제3취득자가 보증인의 변제로 저당권 등의 부담이 없어진 것으로 믿으므로	보증인 : 부기등기 불필요 제3취득자는 채권자에 의한 담보권 실행을 각오하 고 취득	

[사실관계]

2004.12.23.	2008.12.9.	2012.3.9.	2012.8.24.	2012.9.20.	2012.11.19.	2016.6.2.
제1근저당권 설정 (1,2 부동산) 피고: 보증서 작성 제1대출 : 2004.12.30. 발생	제2근저당권 설정 (3~8부동산) 제2대출 : 2011.12.16. 발생	원고 부동산 취득 (3~8부동산)	수협, 임의 경매신청 (3~8부동산) 피고 1대출금 변제 +제1근저당권 일부이전의 부기등기	국민은행 경매신청 (1,2 부동산)	원고 변제 (1대출 이자, 2대출 원리금 피고에게 1억 5,000만 원) → 수협, 경매신청 취하 → 제2근저당권 말소	피고 공탁

▶**원고 : 부당이득반환청구**2012. 11. 19. 이 사건 경매신청을 취하시키기 위해 수협의 요구에 따라 피고에게 지급한 1억 5,000만 원은 법률상 원인 없이 지급한 것

◀**피고**

■2012. 8. 24. 변제로 제1근저당권뿐만 아니라 제2근저당권 일부도 대위취득제2근저당권설정계약은 소외 인이 여신거래 등으로 현재와 장래에 수협중앙회에 부담하는 모든 채무를 피담보채무로 정하고 있는데 제2근저당권 설정 당시 소외인이 수협중앙회에 제1 대출금 채무를 부담하고 있었고, 제2대출금 채무는 제2근저당권을 설정한 때부 터 약 3년 후 발생

■부기등기 불요민법 제482조 제2항 제1호는 보증인의 변제로 저당권 등이 소멸한 것으로 믿고 목적부동산에 대하여 권리를 취득한 제3취득자를 예측하지 못한 손해로부터 보호하기 위한 것이다. 따라서 보증인이 채무를 변제한 후 저당 권 등의 등기에 관하여 대위의 부기등기를 하지 않고 있는 동안 제3취득자가 목적부동산에 대하여 권리를 취득한 경 우 보증인은 제3취득자에 대하여 채권자를 대위할 수 없다. 그러나 제3취득자가 목적부동산에 대하여 권리를 취득한 후 채무를 변제한 보증인은 대위의 부기등기를 하지 않고도 대위할 수 있다고 보아야 한다. 보증인이 변제하기 전 목 적부동산에 대하여 권리를 취득한 제3자는 등기부상 저당권 등의 존재를 알고 권리를 취득하였으므로 나중에 보증인 이 대위하더라도 예측하지 못한 손해를 입을 염려가 없다.

■ **법률상 원인의 존재** 원고가 피고에게 1억 5,000만 원을 지급한 것은 제2 근저당권 중 일부를 대위 취득한 피고에게 이 사건 경매 신청을 취하하고 제2 근저당권을 말소하는 대가라고 보아야 한다. 원고가 피고에게 1억 5,000만 원을 지급한 후 이 사건 경매 신청이 취하되고 제2 근저당권이 말소된 이상 1억 5,000만 원이 법률상 원인 없이 지급되었다고 볼 수 없다.

2. 물상보증인 vs 물상보증인 소유 부동산의 제3취득자

가. 물상보증인이 대위하기 위해서는 부기등기 필요(제482조 제2항 제5호 단서, 제1호)[대법원 1990. 11. 9. 선고 90다카10305 판결] 제5호 단서에서 대위의 부기등기에 관한 제1호의 규정을 준용하도록 규정한 취지는 자기의 재산을 타인의 채무의 담보로 제공한 물상보증인이 수인일 때 그중 일부의 물상보증인이 채무의 변제로 다른 물상보증인에 대하여 채권자를 대위하게 될 경우에 미리 대위의 부기등기를 하여 두지 아니하면 채무를 변제한 뒤에 그 저당물을 취득한 제3취득자에 대하여 채권자를 대위할 수 없도록 하려는 것이라고 해석된다. 만약 그렇게 해석하지 아니하고 원심이 판단한 바와 같이 보증인이 물상보증인에 대하여 채권자를 대위할 경우에만 제5호 단서에 의하며 제1호의 규정이 준용되는 것으로 해석한다면, 제5호가 제1호에 규정된 똑같은 경우에 관하여 다시 제1호의 규정을 준용하도록 규정한 셈이 되어 같은 내용을 되풀이하여 규정한 이외에 아무런 의미도 가질 수 없는 것으로 되기 때문이다.

[90다카10305] 물상보증인 vs 물상보증인 소유 부동산의 제3취득자

➡ **원고승계참가인**[물상보증인(원고) 부동산 양수인] 원고소유 부동산에 대한 피고 명의 근저당권 말소등기청구(∵ 다른 물상보증인들이 피담보채무를 변제)

▸ 피고(채권자) : 다른 물상보증인소외인들 변제 → 다른 물상보증인의 대위의 목적이므로 말소불가 항변
▸ 다른 물상보증인들 부기등기× : 다른 물상보증인 대위 불가 → 피고 말소의무○

나. 물상보증인 소유 부동산에 대한 선순위 근저당권 소멸 후의 후순위 근저당권자원고 : 임의로 말소된 채무자 소유 부동산에 대한 새로운 근저당권자에 대항하기 위해서는 부기등기 필요[대법원 2011. 8. 18. 선고 2011다30666, 30673 판결] 공동근저당의 목적인 채무자 갑 소유 부동산과 물상보증인 을 소유 부동산 중 을 소유 부동산에 먼저 경매가 이루어져 공동근저당권자인 병이 변제를 받았는데, 을 소유 부동산에 대한 후순위저당권자 정이 을 명의로 대위의 부기등기를 하지 않고 있는 동안 병이 임의로 갑 소유 부동산에 설정되어 있던 공동근저당권을 말소하였고, 그 후 갑 소유 부동산에 무 명의의 근저당권이 설정되었다가 경매로 그 부동산이 매각된 사안 : 민법 제482조 제2항 제1호에 의하여 갑과 정은 무에게 대항할 수 없다.

3. 물상보증인피고 〉 채무자로부터의 제3취득자원고

가. 물상보증인 변제 : 물상보증인은 제3취득자에게 대위 가능[대법원 2014. 12. 18. 선고 2011다50233 전원합의체 판결] 본래 전액에 대해 대위할 수 있었음에도 제3자에게 양도되었다는 우연한 사정으로 가

액에 비례하여 대위함은 부당

나. 제3취득자 변제·소유권상실 : 물상보증인에 대하여 대위 불가[2011다50233] 본래 채무자에 대하여 출재한 전액에 관하여 대위할 수 있었던 물상보증인은 채무자가 담보부동산의 소유권을 제3자에게 이전하였다는 우연한 사정으로 이제는 각 부동산의 가액에 비례하여서만 대위하게 되는 반면, 당초 채무 전액에 대한 담보권의 부담을 각오하고 채무자로부터 담보부동산을 취득한 제3자는 그 범위에서 뜻하지 않은 이득을 얻게 되어 부당하다.

4. 물상보증인으로부터의 제3취득자 vs 채무자

가. 원칙 : 채무자에 대한 구상권 인정[대법원 2014. 12. 24. 선고 2012다49285 판결] 저당권이 실행되면 저당부동산에 대한 소유권을 잃는다는 점에서 물상보증인과 유사한 지위 → 물상보증인의 구상권에 관한 민법 제370조, 제341조의 규정을 유추적용

나. 예외 : 제3취득자가 담보부동산에 설정된 근저당권의 피담보채무의 이행을 인수 → 물상보증인이 채무자에 대한 구상권 취득[97다1556] 그 이행인수는 매매당사자 사이의 내부적인 계약에 불과하여 이로써 물상보증인의 책임이 소멸하지 않는 것이고, 따라서 담보부동산에 대한 담보권이 실행된 경우에도 제3취득자가 아닌 원래의 물상보증인이 채무자에 대한 구상권을 취득한다.

5. 후순위근저당권자 vs 보증인 : 먼저 변제한 자가 상대방에 대해 변제자대위[대법원 2013. 2. 15. 선고 2012다48855 판결]

가. 후순위근저당권자 변제시 : 후순위근저당권자 > 보증인 : 제482조 제2항 제2호의 제3취득자보증인에게 대위할 수 없는 제3취득자에 후순위근저당권자는 포함되지 않음 저당부동산에 대하여 후순위 근저당권을 취득한 제3자는 민법 제364조에서 정한 저당권소멸청구권을 행사할 수 있는 제3취득자에 해당하지 아니하고, 달리 선순위 근저당권의 실행으로부터 그의 이익을 보호하는 규정이 없으므로 변제자대위와 관련해서 후순위 근저당권자보다 보증인을 더 보호할 이유가 없으며, 나아가 선순위 근저당권의 피담보채무에 대하여 직접 보증책임을 지는 보증인과 달리 선순위 근저당권의 피담보채무에 대한 직접 변제책임을 지지 않는 후순위 근저당권자는 보증인에 대하여 채권자를 대위할 수 있다고 봄이 타당하므로, 민법 제482조 제2항 제2호의 제3취득자에 후순위 근저당권자는 포함되지 아니한다.

나. 보증인 변제시 : 보증인(부기등기 불필요) > 후순위근저당권자 : 부기등기를 대위요건으로 하는 제482조 제2항 제1호의 제3자에 후순위근저당권자는 포함되지 않음민법 제482조 제2항 제2호의 제3취득자에 후순위 근저당권자가 포함되지 않음에도 같은 항 제1호의 제3자에는 후순위 근저당권자가 포함된다고 하면, 후순위 근저당권자는 보증인에 대하여 항상 채권자를 대위할 수 있지만 보증인은 후순위 근저당권자에 대하여 채권자를 대위하기 위해서는 미리 대위의 부기등기를 하여야만 하므로 보증인보다 후순위 근저당권자를 더 보호하는 결과가 되는데, 이러한 결과는 법정대위자인 보증인과 후순위 근저

당권자 간의 이해관계를 공평하고 합리적으로 조절하기 위한 민법 제482조 제2항 제1호와 제2호의 입법 취지에 부합하지 않을뿐더러 후순위 근저당권자는 통상 자신의 이익을 위하여 선순위 근저당권의 담보가치를 초과하는 담보가치만을 파악하여 담보권을 취득한 자에 불과하므로 변제자대위와 관련해서 후순위 근저당권자를 보증인보다 더 보호할 이유도 없다. 이러한 사정들과 민법 제482조 제2항 제1호와 제2호가 상호작용하에 법정대위자 중 보증인과 제3취득자의 이해관계를 조절하는 규정인 점 등을 종합하여 보면, 보증인은 미리 저당권의 등기에 그 대위를 부기하지 않고서도 저당물에 후순위 근저당권을 취득한 제3자에 대하여 채권자를 대위할 수 있다고 할 것이므로 민법 제482조 제2항 제1호의 제3자에 후순위 근저당권자는 포함되지 않는다.

6. 제3취득자[담보·전세목적 부동산의 소유권, 지상권, 지역권 취득자, 담보권2순위 담보권취득자는 제외(선순위 저당권 소멸 후 저당권 취득자는 포함2011다30666의 피고회사] 상호간, 물상보증인 상호간(제482조 제2항 제3, 4호) : 가액 비례

가. 상호간[대법원 2011. 8. 18. 선고 2011다30666,30673 판결]

(1) 물상보증 목적물의 제3취득자 : 채무자에 대한 구상권(제340조, 제341조 유추)

(2) 물상보증 목적물의 제3취득자가 이행인수 : 물상보증인에게 구상권

(3) 물상보증인 상호간

⑺ 자기의 책임분담액을 초과하여 대위변제(경매)한 경우 : 초과 금액의 한도에서 다른 물상보증인 소유의 부동산에 대한 채권자의 근저당권을 대위취득, 변제한 물상보증인 소유 부동산에 대한 후순위 근저당권자는 이전된 근저당권에 대하여 물상대위

⑻ 근저당권등기 말소시 : 후순위 근저당권자는 변제한 물상보증인을 대위하여 다른 물상보증인을 상대로 말소된 근저당권설정등기의 회복절차이행청구

나. 물상보증인 일부에 재산에 대하여만 경매실행[대법원 2001. 6. 1. 선고 2001다21854 판결]

(1) 대위변제한 물상보증인소외인 : 다른 물상보증인 부동산피고에 대한 1순위 근저당권소외 회사 대위취득, 대위취득한 선순위 근저당권에 대하여는 말소등기가 아니라 근저당권이전의 부기등기가 경료되어야 함

(2) 대위변제한 물상보증인 소유 부동산 후순위 저당권자원고 : 1번 저당권소외 회사에 대해 물상대위, 물상보증인소외인을 대위하여 말소된 1순위 근저당권등기 회복청구 가능

⑺ 아직 경매되지 않은 공동저당물의 소유자피고 : 1번 저당권자에 대한 피담보채무가 소멸되었다는 사정만으로 말소등기 청구 불가

⑻ 부기등기 미경료시 물상보증인 소유 부동산에 대한 후순위 근저당권자원고 : 채무자 소유 부동산에 대한 새로운 저당권자에 대항 불가2011다30666, 30673

7. 보증인 vs 물상보증인(제482조 제2항 제5호)

가. 인원 수 비례 > 물상보증인 : 가액 비례

나. 보증인과 물상보증인을 겸하고 있는 경우 : 1인으로 보아 산정[대법원 2010. 6. 10. 선고 2007다61113,61120 판결] 민법 제482조 제2항 제4호, 제5호는 인적 무한책임을 부담하는 보증인과 물적 유한책임을 부담하는 물상보증인 사이에는 보증인 상호간이나 물상보증인 상호간과 같이 상호 이해조정을 위한 합리적인 기준을 정하는 것이 곤란하고, 당사자 간의 특약이 있다는 등의 특별한 사정이 없는 한 오히려 인원수에 따라 대위비율을 정하는 것이 공평하고 법률관계를 간명하게 처리할 수 있어 합리적이며 그것이 대위자의 통상의 의사 내지 기대에 부합하기 때문이다. 이러한 규정 취지는 동일한 채무에 대하여 보증인 또는 물상보증인이 여럿 있고, 이 중에서 보증인과 물상보증인의 지위를 겸하는 자가 포함되어 있는 경우에도 동일하게 참작되어야 하므로, 위와 같은 경우 민법 제482조 제2항 제4호, 제5호 전문에 의한 대위비율은 보증인과 물상보증인의 지위를 겸하는 자도 1인으로 보아 산정함이 상당하다.

다. 대위변제 당시 각자의 부담부분을 넘는 변제를 한 경우에만 채권자의 권리 대위 가능[2007다61113] 여러 보증인 또는 물상보증인 중 어느 1인이 위와 같은 방식으로 산정되는 자신의 부담 부분에 미달하는 대위변제 등을 한 경우 그 대위변제액 또는 경매에 의한 채무상환액('대위변제액 등')에 위 규정 소정의 대위비율을 곱하여 산출된 금액만큼 곧바로 다른 자를 상대로 채권자의 권리를 대위할 수 있도록 한다면, 먼저 대위변제 등을 한 자가 부당하게 이익을 얻거나 대위자들 상호간에 대위가 계속 반복되게 되고 대위관계를 공평하게 처리할 수도 없게 되므로, 민법 제482조 제2항 제5호의 규정 취지(먼저 대위변제 등을 한 자가 부당하게 이익을 얻거나 대위가 계속 반복되는 것을 방지하고 대위관계를 공평하게 처리)에 반하는 결과가 생기게 되므로

제7절 채권자취소(사해행위취소)

사례풀이 논점

1. 피보전채권의 범위 : 취소채권자가 담보권자인 경우 우선변제 가능 부분 제외 → 변제충당(사해행위 당시 기준) : 피담보채권 − 담보물 시가
2. 사해행위 여부 : 무자력 여부, 행위별 사해행위 여부
   가. 취소채권자의 성질과 처분유형(담보물 vs 다른 재산 처분)에 의한 제한 ➡ 적극재산, 소극재산 비교 불요
   ■취소채권자가 담보권자 : 담보물 시가 > 피보전채권 → 사해행위×(담보물, 다른 재산의 처분 모두)
   ■취소채권자가 일반채권자 : 담보권자의 피담보채권 > 담보물(당해 피담보채권에 대한 담보물) 시가 → 사해행위×
   ■취소채권자가 담보권자 : 담보물 시가 < 피보전채권 → 다른 재산의 처분은 사해행위○
   나. 적극재산 vs 소극재산 : 사해행위 대상 재산도 적극재산에 포함

3. 원상회복

- ■ 원물반환 : 공동담보 재산의 회복이 가능하면 가액배상×, 변제액 공제×
- ■ 가액배상 : 변종시 기준 min[① 피보전채권(담보권자 : 변제충당 유추), ② 공동담보(존속 중·말소 피담보채권 모두 공제), ③ 수익자·전득자 이익]

I. 피고적격

1. 채무자에 대한 소제기(각하)[대법원 2009. 1. 15. 선고 2008다72394 판결] ⟺ 수익자·전득자의 선의과실 불문 : 기각[대법원 2001. 5. 8. 선고 2000다50015 판결]

▸ 이행청구 병합은 가능, 수익자·전득자는 채권자가 채무자를 상대로 제기한 이행소송에서 확정된 채권의 존부와 범위에 대하여 다툴 수 없음[대법원 2003. 7. 11. 선고 2003다19572 판결]

2. 유형별 검토

수익자	전득자		수익자를 상대로	전득자를 상대로
선의	선의		기각[서울고등법원 2010. 9. 14. 선고 2010나7401 판결]	기각
악의	선의	소유권 취득	가액배상(∵ 전득자 등기말소 불가)	기각
		저당권 취득	[선택] ■ 수익자등기 말소청구전득자 승낙의무 없으므로 말소 불가, 선순위 근저당권자 우선변제 위험 [대법원 2001. 2. 9. 선고 2000다57139 판결] ■ 진정명의회복을 위한 소유권이전등기[대법원 2000. 2. 25. 선고 99다53704 판결], 전득자의 피담보채권액 공제 불가[대법원 2003. 12. 12. 선고 2003다40286 판결] ■ 가액배상	

---

26) 사해행위의 목적인 부동산에 수개의 저당권이 설정되어 있다가 사해행위 후 그중 일부 저당권만이 말소된 경우, 사해행위의 취소에 따른 원상회복은 가액배상의 방법에 의할 수밖에 없을 것이고, 그 경우 배상하여야 할 가액은 그 부동산의 가액에서 말소된 저당권의 피담보채권액과 말소되지 아니한 저당권의 피담보채권액을 모두 공제하여 산정하여야 한다.

		소유권 취득		■ 진정명의 이전등기 ∵ 말소로는 채 무자에게 회복 불가
선의	악의	저당권 취득	기각	■ 주등기말소 청구(→ 부기등기도 직권 말소) [대법원 2012. 8. 17. 선고 2010다87672 판결]
악의	악의		■ 가액배상 : 전득자에게 이전하 였으므로 ■ 말소등기	■ 모두 악의시 취소판결 주문 : 원고와 피고 수익자, 전득자 사 이에서 매매계약을 취소한다. ■ 원물반환(말소등기, 진정명의 이 전등기) ■ 수익자가 근저당권의 피담보 채무를 변제한 후 전득자에게 양도 : 전득자를 상대로 취소를 구할 경우에는 가액배상만 가 능[대법원 2007. 7. 12. 선고 2005다65197 판결]26)

3. **수익자와 전득자를 공동피고로 소제기하면서 채무자와 수익자 사이의 사해행위취소를 청구 : 전득자에 대한 관계에서 채무자와 수익자 사이의 사해행위를 취소하면서 채권자취소권을 행사한 것**[대법원 2021. 2. 4. 선고 2018다271909 판결] 소장 기재 청구취지에는 원고가 전득자인 피고들에 대한 관계에서 이 사건 매매계약의 취소를 구하는 청구가 포함되어 있다고 보아야 하고, 소외3(수익자)에 대한 소장이 각하되었다고 하여 달리 볼 수 없다.

Ⅱ. 제소기간 : 제척기간

1. 안 날로부터 1년

가. 의미 : 채권자를 해하는 행위라는 것을 인식, 사해행위 객관적 사실을 안 것으로 취소원인 인식 추정 불가[대법원 2003. 12. 12. 선고 2003다40286 판결]

나. 추정

■ 다른 재산이 없음을 확인한 후 가압류 : 추정[대법원 2001. 2. 27. 선고 2000다44348 판결]
■ 유일한 재산인 부동산을 처분하였다는 사실을 알았다면 채무자의 사해의사도 알았다고 봄이 상당[대법원 2000. 9. 29. 선고 2000다3262 판결]

▸ 가압류신청시 수익자 명의 근저당권설정등기경료를 안 경우 : 알았다고 볼 수 없음[대법원 2001. 2. 27. 선고 2000다44348 판결] 저당권설정일의 일반채권자의 책임재산과 피보전채권을 검토하여 공동담보에 부족이 생기는지 여부를 판단

▸ 금전 증여행위가 사해행위라는 점을 확실히 알지 못하여 그 금전으로 취득한 제3자 명의의 부동산이 명의신탁된 것으로 잘못 알고 그 명의신탁약정이 사해행위라 주장하면서 처분금지가처분을 신청 : 금전 증여행위가 사해행위임을 알았다고 볼 수 없음[대법원 2009. 4. 9. 선고 2008다81398 판결] 금전증여행위가 사해행위에 해당한다고 의심하였을 것이라고 볼 수 있는 자료에 불과, 금전 증여행위가 사해행위임을 알았더라면 토지에 대한 가처분이 아니라 증여행위의 취소를 원인으로 한 가액반환청구권을 보전하기 위하여 토지를 대상으로 한 가압류 등 다른 조치를 취하였을 것이므로

다. 채권자취소권의 대위 : 채무자를 기준[대법원 2001. 12. 27. 선고 2000다73049 판결] 채권자가 채무자의 채권자취소권을 대위행사하는 경우, 제소기간은 대위의 목적으로 되는 권리의 채권자인 채무자를 기준으로 하여 그 준수 여부를 가려야 할 것 → 채권자취소권을 대위행사하는 채권자가 취소원인을 안 지 1년이 지났다 하더라도 채무자가 취소원인을 안 날로부터 1년, 법률행위가 있은 날로부터 5년 내라면 채권자취소의 소를 제기할 수 있다.

라. 법인의 불법행위 : 법인의 이익을 정당하게 보전할 권한을 가진 자의 인식을 기준
[대법원 2015. 1. 15. 선고 2013다50435 판결]

(1) 사법인 : 법인이 의사결정을 하고 업무집행을 하는 경우 해당 정보가 전달되고, 또한 그 정보를 살펴볼 계기가 있어 실제로 그 정보가 고려될 합리적 기대가능성이 있었는지 여부에 따라 판단 → 대표권 없는 이사[민법판례연구Ⅱ 343], 대표권은 없지만 사실상 회사업무에 영향력을 행사하는 업무집행지시자의 인식, 업무를 직접 담당하는 직원의 인식2013다50435

(2) 공법인 : 인식 매개자에게 업무 관련성 필요[대법원 2017. 6. 15. 선고 2015다247707 판결] 국가가 조세채권을 피보전채권으로 하여 체납자의 법률행위를 대상으로 채권자취소권을 행사할 때에, 제척기간의 기산점과 관련하여 국가가 취소원인을 알았는지는 특별한 사정이 없는 한 조세채권의 추심 및 보전 등에 관한 업무를 담당하는 세무공무원의 인식을 기준으로 판단하여야 하고, 체납자의 재산 처분에 관한 등기·등록 업무를 담당하는 다른 공무원의 인식을 기준으로 판단하여서는 아니 된다. 따라서 위와 같은 세무공무원이 체납자의 재산 처분행위 사실뿐만 아니라 구체적인 사해행위의 존재와 체납자에게 사해의 의사가 있었다는 사실까지 인식할 때 이로써 국가도 그 시점에 취소원인을 알았다고 볼 수 있다.

마. 취소청구 없이 원상회복청구 : 청구기각[대법원 2008. 12. 11. 선고 2007다69162 판결], **제소기간 미준수시 각하**

2. 법률행위 있은 날로부터 5년 : 실제로 이루어진 날[대법원 2010. 2. 25. 선고 2007다 28819,28826 판결] → 증여계약일, 매매계약일, 백지근저당권설정계약서 보충일[대법원 2000. 4. 25. 선고 99다55656 판결]

가. 피보전채권의 교환적 변경 : 당초 소제기시를 기준(공격방법 변경)[대법원 2003. 5. 27. 선고 2001다13532 판결]

나. 취소청구 제소기간 준수 → 원상회복 청구는 그 후에도 가능[대법원 2001. 9. 4. 선고 2001 다14108 판결]

다. 원물반환 소제기 → 제척기간 경과 후 가액배상으로 청구취지 변경 : 제척기간 준수 효과 유지[대법원 2005. 5. 27. 선고 2004다67806 판결]

라. 가등기의 원인행위에 대해 제척기간 내 청구

(1) 본등기 원인행위에 대한 취소청구 제척기간 경과 후에도 가능[대법원 2006. 12. 21. 선고 2004다24960 판결] 가등기의 등기원인인 법률행위와 본등기의 등기원인인 법률행위가 명백히 다른 것이 아닌 한 가등기의 등기원인인 법률행위를 제쳐놓고 본등기의 등기원인인 법률행위만이 취소의 대상이 되는 사해행위라고 볼 것은 아니므로

(2) 가등기의 효력이 소멸매매예약(소외1과 소외2)에 의한 소유권이전등기청구권의 소멸시효 완성한 상태에서 새로운 매매계약소외1과 피고들을 체결하고 말소된 가등기를 유용하여 본등기가 등기 이전의 부기등기와 매매를 원인으로 한 소유권이전의 본등기 : 사해행위의 요건 구비 여부는 새로운 매매계약을 기준으로 판단[대법원 2021. 9. 30. 선고 2019다266409 판결] 채무자가 유일한 재산인 부동산에 관하여 가등기의 효력이 소멸한 상태에서 새로 매매계약을 체결하고 말소되어야 할 가등기를 기초로 하여 본등기를 한 행위는 가등기의 원인인 법률행위와 별개로 일반채권자의 공동담보를 감소시키는 것으로 특별한 사정이 없는 한 채권자취소권의 대상인 사해행위이고, 이때 본등기의 원인인 새로운 매매계약을 기준으로 사해행위 여부나 제척기간의 준수 여부를 판단해야 한다. (∵ 가등기와 본등기의 원인인 법률행위가 다르다면 사해행위 요건의 구비 여부는 본등기의 원인인 법률행위를 기준으로 판단해야 하고 제척기간의 기산일도 본등기의 원인인 법률행위가 사해행위임을 안 때라고 보아야 하므로)

마. 제척기간 경과 후 전득자에게 원상회복청구 : 수익자를 상대로 한 취소소송에서 승소했더라도 각하[대법원 2005. 6. 9. 선고 2004다17535 판결] 수익자를 상대로 한 승소확정판결의 효력이 그 소송의 피고가 아닌 전득자에게는 미칠 수 없는 것이므로, 전득자에게 원상회복을 구하기 위해서는 민법 제406조 제2항에서 정한 기간 안에 전득자에 대한 관계에 있어서 채무자와 수익자 사이의 사해행위를 취소하는 청구를 하지 않으면 아니 된다.

Ⅲ. 그 밖의 대항사유

1. 권리보호이익 부정

가. 수익자와 전득자 사이의 법률행위 취소를 구하는 경우[대법원 2004. 8. 30. 선고 2004다
21923 판결]

나. 채무자에 대한 개인회생절차 개시결정 후 : 부인권 행사만 가능[대법원 2010. 9. 9. 선고
2010다37141 판결]

다. 사해행위인 법률행위근저당권설정계약가 해제·해지되어 원래의 재산상태로 이미 복
귀[대법원 2008. 3. 27. 선고 2007다85157 판결, 대법원 2022. 4. 14 선고 2021다299549 판결] : 후행소송에
서 감정가액이 증가했어도 권리보호이익 부정[대법원 2003. 7. 11. 선고 2003다19558 판결, 대
법원 2005. 3. 24. 선고 2004다65367 판결]

다-1. 채권자들의 피보전채권액이 다르고, 선행 취소권자에 대한 가액배상 후에도
남는 금액이 있을 경우공동담보부분 존재에는 공동담보부분이 존재 : 변론종결 당
시 시가 평가액 증가 부분에 대한 가액배상청구는 권리보호이익 인정[사법연수원
채권자취소권 사례연습 2-3.다.]

다-2. 당해 법률행위의 사해행위 여부에 따라 후행 법률행위(매매)의 사해행위 여
부, 반환범위가 달라지는 경우 권리보호 이익 인정 ⇒ 사해행위취소 : 근저당권
설정계약취소 가능[대법원 2012. 11. 15. 선고 2012다65058 판결] 권리보호이익 인정, 원상회복 :
근저당권설정등기말소 불가(각하)[대법원 1997. 10. 10. 선고 97다8687 판결] 원상회복의 방법
은 수익자에게 바로 배당금의 지급을 명할 것이 아니라 수익자가 취득한 배당금지급청구권을 채무자에게 반
환하는 방법 → 배당금지급채권의 양도와 그 채권양도의 통지를 배당금지급채권의 채무자에게 하여 줄 것을
청구하는 형태

라. 원물반환 승소 후 가액배상청구말소등기를 지체하던 중 근저당권이 실행[대법원 2006. 12. 7. 선고
2004다54978 판결] 원상회복청구권은 사실심 변론종결 당시의 채권자의 선택에 따라 원물반환과 가액배상 중 어
느 하나로 확정되며, 채권자가 일단 사해행위 취소 및 원상회복으로서 원물반환 청구를 하여 승소 판결이 확정되
었다면, 그 후 어떠한 사유로 원물반환의 목적을 달성할 수 없게 되었다고 하더라도 다시 원상회복청구권을 행사
하여 가액배상을 청구할 수는 없으므로 그 청구는 권리보호의 이익이 없어 허용되지 않는다.

라-1. 부당이득반환청구, 대상청구[대법원 2012. 6. 28. 선고 2010다71431 판결] 아래 'Ⅲ. 6. 대상청구'
부분 참조

마. 다른 채권자의 승소판결 확정 + 재산·가액 회복[대법원 2008. 4. 24. 선고 2007다84352 판결,

대법원 2005. 11. 25. 선고 2005다51457 판결, 대법원 2003. 7. 11. 선고 2003다19558 판결] ➡ **수익자청구이의**

소송 원고는 각 사해행위취소 판결에서 가장 다액으로 산정된 공동담보가액선행 취소

판결 : 9,500만 원에서 선행 취소채권자신용보증기금 : 원고로부터 6,000만 원만 지급받고 나머지는 강제

집행하지 않기로 합의에게 이미 반환6,000만 원한 경우 반환한 가액을 공제한 금액9,500만

원 - 6,000만 원을 초과하는 범위5,500만 원(후행 취소권자의 가액배상청구 금액) - 3,500만 원에서

후행 취소권자청구이의소송 피고의 가액배상청구5,500만 원에 대하여 청구이의 가능[대법

원 2022. 8. 11. 선고 2018다202774 판결] 수익자는 다액으로 산정된 공동담보가액에서 자신이 지급한 가액을 공

제한 범위에서는 이중지급의 위험이 없고(➡후행 취소채권자의 가액배상청구 한도), 공동담보가액을 초과하여 반

환하게 되는 범위 내에서 이중으로 가액을 반환하게 될 위험에 처할 수 있으므로 ➡ 사해행위취소소송에서의 취

소채권자는 수익자로부터 책임재산 가액을 수령할 권능만을 가질 뿐 다른 채권자를 대신하여 공동담보에 대한 권

리를 포기할 수는 없으므로, 신용보증기금이 선행판결에 기하여 더 이상 강제집행을 하지 않겠다고 합의하였다는

사정은 공동담보가액의 산정 및 그에 기한 이중지급의 위험 범위에 영향을 미치지 못한다. 따라서 원고는 이 사

건 판결에 따른 가액배상금 5,500만 원 중 나머지 공동담보가액 3,500만 원을 초과한 2,000만 원의 범위 내에서

만 이중지급의 위험이 있음을 이유로 집행력의 배제를 구할 수 있다.

2. 기판력 : 피보전채권을 달리하는 후소 계속 중 전소패소 확정 → 후소 기각[대법원

2012. 7. 5. 선고 2010다80503 판결] 피보전채권의 변경은 공격방어방법의 변경에 불과

3. 중복제소 : 각 채권자의 동시 또는 이시 채권자취소소송 제기는 중복제소 아님[대법

원 2003. 7. 11. 선고 2003다19558 판결, 대법원 2008. 4. 24. 선고 2007다84352 판결]

Ⅳ. 요건

1. 피보전채권 : 인정되지 않는 경우 청구기각[대법원 1999. 4. 27. 선고 98다56690 판결]

1-1. 부제소합의 있는 채권을 피보전채권으로 하여 수익자를 상대로 사해행위취소청

구[대법원 2012. 3. 29. 선고 2011다81541 판결] 채권자취소권을 행사하려면 채무자에 대하여 피보전채권을

행사할 수 있음이 전제되어야 하고 이를 행사할 수 없다면 그 채권을 행사하기 위한 사해행위취소청구도 인용

될 수 없다.

가. 적격 : 금전채권

가-1. 특정채권 : 이중양도행위에 대한 손해배상채권[대법원 1999. 4. 27. 선고 98다56690 판결, 대

법원 2010. 4. 29. 선고 2009다99129 판결], 시효취득을 원인으로 한 소유권이전등기청구권

[대법원 1992. 11. 24. 선고 92다33855, 33862 판결] ➟ **청구기각**피보전채권은 요건사실

▶ 본래의 대여금채권에 기한 사해행위취소 가능[대법원 1977. 6. 28. 선고 77다105 판결] 특정물에 관한 소유권이전등기를 청구하는 채권자는 그 특정물이 이중으로 처분되었다고 하여도 이를 사해행위라고 주장할 수 없으나, 채무자인 소외인이 1974.12경 원고에게 그 설시 대여금 채무의 담보로 이건 선박에 관한 1/2지분권이전 등기를 하여 주기로 약정한 후 결국 이를 이행하지 아니하다가 1975.1.31에 그 설시와 같이 이건 선박에 관하여 피고 앞으로 소유권이전등기를 경료한 이건의 경우에 있어서는 채권자인 원고는 그 본래의 금전채권을 사해당한 것이라고 하여 수익자인 피고에 대하여 사해행위의 취소를 주장할 수 있다.

(1) 산정시기 : 사해행위시설[대법원 2002. 4. 12. 선고 2000다63912 판결] 변론종결시까지 발생한 이자 등은 원본채권의 확장으로 봄

(2) 담보물가치 vs 취소채권자 채권액

	담보물가치사해행위 당시 시가 - 취소채권자보다 선순위 담보권자의 피담보채무 〉 채권자의 채권액			담보물가치〈채권자의 채권액	
	담보물 처분	다른 재산 처분		담보물 처분	다른 재산 처분
담보 채권자	✕ 우선변제권 인정 [대법원 2002. 11. 8. 선고 2002다41589 판결]	✕ 우선변제권 확보	담보 채권자	✕ 담보권의 행사 가능 [대법원 2001. 10. 9. 선고 2000다42618 판결]	○ 담보물로 미달하는 부분 : 다른 재산에 대하여는 일반채권자의 지위 [2002다41589, 대법원 2002. 4. 12. 선고 2000다63912 판결]
일반 채권자	○ 초과부분은 일반 담보	○ 일반 담보	일반 채권자	✕ 공동담보가 아니므로 [대법원 2002. 4. 12. 선고 2000다63912 판결, 대법원 2006. 4. 13. 선고 2005다70090 판결]	○ 일반 담보

(3) 피보전채권에 물적담보 설정 : '사해행위 당시 담보물 시가 - 선순위 피담보채권' 부분은 피보전채권액에서 제외담보가 존재하므로

▶ 피보전채권에 우선변제권이 확보된 경우(부동산가액 및 채권최고액 > 채무액) 연대보증인의 유일재산처분 : 사해행위 부정[대법원 1966. 10. 4. 선고 66다1535 판결, 대법원 2002. 4. 12. 선고 2000다63912 판결, 대법원 2002. 11. 8. 선고 2002다41589 판결]

▶ 주채무에 우선변제권이 확보된 경우 주채무의 보증인은 사전구상권을 피보전권리로 채권자취소권 행사 불가[대법원 2009. 6. 23. 선고 2009다549 판결] 우선변제권이 확보된 채권자의 권리를

대위할 수 있기 때문

(4) 채무액 > 부동산 가액 및 채권최고액

⑺ 그 담보물로부터 우선변제받을 액을 공제한 나머지 채권액에 대하여만 채권자취소권이 인정[대법원 2000. 12. 8. 선고 2000다21017 판결, 대법원 2001. 7. 27. 선고 2000다73377 판결, 2000다63912, 2002다41589] : 여기에도 '개연성 이론' 적용[대법원 2021. 11. 25. 선고 2016다263355 판결] 취소채권자가 채무자 소유의 부동산에 관하여 근저당권을 설정하였는데 사해행위 당시 채무자에 대하여 근로기준법 제38조 제2항 제1호, 제1항, 근로자퇴직급여 보장법 제12조 제2항, 제1항에 따라 최우선변제권을 갖는 임금채권이 이미 성립되어 있고, 임금채권자가 우선변제권 있는 임금채권에 기하여 취소채권자의 담보물에 관하여 압류나 가압류 등기를 마치는 등 가까운 장래에 우선변제권을 행사하리라는 점에 대한 고도의 개연성이 있으며, 실제로 가까운 장래에 임금채권자가 그 담보물에 관하여 우선변제권을 행사하여 그 개연성이 현실화된 경우에는, 사해행위 당시 담보물로부터 우선변제를 받을 수 없는 일반채권이 발생할 고도의 개연성이 가까운 장래에 현실화된 것이므로 그 일반채권도 채권자취소권을 행사할 수 있는 피보전채권이 될 수 있다. 이러한 경우 취소채권자가 '담보물로부터 우선변제받을 금액'은 사해행위 당시를 기준으로 담보물의 가액에서 우선변제권 있는 임금채권액을 먼저 공제한 다음 산정하여야 하고, 취소채권자는 그 채권액에서 위와 같이 산정된 '담보물로부터 우선변제받을 금액'을 공제한 나머지 채권액에 대하여만 채권자취소권이 인정된다.

⑷ 우선변제권 범위 밖의 피보전채권 존재 사실(피보전채권 > 채권최고액 + 담보부동산의 사해행위 당시 시가) : 원고 주장·증명2002다41589

⑷ 취소권 행사 범위 : 사해행위 당시 채권최고액 + 담보부동산의 가액을 초과하는 부분에 해당하는 채무원리금 및 그 중 원금 부분에 대한 사실심 변론종결시까지 발생한 지연이자 상당의 금원2002다41589

(5) 피보전채권이 연대보증채권연대보증인의 법률행위가 사해행위에 해당하는지 여부 : 주채무자의 일반적인 자력은 고려되지 않음[대법원 2003. 7. 8. 선고 2003다13246 판결]

나. 성립시기

(1) 원칙 : 사해행위 이전

⑺ 사해행위 이전에 채권을 취득한 수익자 : 배당요구 가능[대법원 2003. 6. 27. 선고 2003다15907 판결]

⑷ 사해행위 이후에 채권을 취득한 채권자 : 채권자취소권 행사 불가[대법원 2009. 6. 23. 선고 2009다18502 판결] 사해행위 이후에 채권을 취득한 채권자는 채권의 취득 당시에 사해행위취소에 의하여 회복되는 재산을 채권자의 공동담보로 파악하지 아니한 자이므로

(2) 예외 : 기초관계 + 고도의 개연성 + 현실화[대법원 1995. 11. 28. 선고 95다27905 판결]

⑺ 기초관계

■채권성립의 개연성이 있는 준법률관계나 사실관계, 계약체결의 개연성이 고도로 높아진 단계도 포함[대법원 2002. 11. 8. 선고 2002다42957 판결] 채무자가 채권자를 해한다는 사해의사로써 채권의 공동담보를 감소시키는 것은 형평과 도덕적 관점에서 허용할 수 없다는 채권자취소권 제도의 취지에 근거

■ 대환이 경개로 인정(대출과목, 대출금액, 대출이율, 연대보증인의 범위, 대출채무의 개수가 다른 경우)된다고 하더라도[대법원 2002. 3. 29. 선고 2001다81870 판결] 대환 전의 종전 대출채무의 연대보증인이었다가 대환 후의 신규 대출채무에 대하여도 연대보증인이 된 자의 재산처분행위시 신규대출에 따른 연대보증채권도 사해행위의 피보전채권으로 인정(신규대출은 실질적으로 종전 대출의 만기 연장에 불과, 채무자가 신규대출에 대하여도 연대보증인으로 될 것이 확실)

▸ 기초관계에 해당하지 않음 : 법률관계가 '신용카드이용계약 → 사해행위 → 신용카드대금채권'의 순서로 이루어진 경우[대법원 2004. 11. 12. 선고 2004다40955 판결] 신용카드가입계약에 기하여 신용카드업자의 채권이 바로 성립되는 것은 아니고, 신용카드회원이 신용카드를 사용하여 신용카드가맹점으로부터 물품을 구매하거나 용역을 제공받음으로써 성립하는 신용카드매출채권을 신용카드가맹점이 신용카드업자에게 양도하거나, 신용카드업자로부터 자금의 융통을 받는 별개의 법률관계에 의하여 비로소 채권이 성립하는 것이므로, 단순히 신용카드가입계약만을 가리켜 '채권성립의 기초가 되는 법률관계'에 해당한다고 할 수는 없다.

▸ 채무자의 법률행위가 원고의 기초적 법률관계보다 선행[대법원 2002. 9. 6. 선고 2002다9257 판결, [대법원 2006. 4. 13. 선고 2003다25256 판결] 채무자의 대물변제 예약 > 원고의 신용보증계약, 대물변제가 사해행위가 되는지 여부는 대물변제예약 당시를 기준으로 판단, [사법연수원 채권자취소권 사례연습 1-3(2)]

(나) 고도의 개연성 : 객관적 사정 + 누구라도 예견가능할 정도[대법원 2013. 12. 26. 선고 2012다41915 판결] '고도의 개연성'은 단순히 향후 채권이나 채무가 성립할 가능성이 있는 정도에 그쳐서는 안 되고, 적어도 채무자의 사해의사를 추단할 수 있는 객관적 사정이 존재하여 일반적으로 누구라도 그 채권이나 채무의 성립을 예견할 수 있을 정도에 이르렀다고 볼 만한 상태에서 채무자의 재산처분행위가 이루어졌어야 하며, 구체적으로 이러한 고도의 개연성이 있는지 여부는 채권자와 채무자 사이의 기초적 법률관계의 내용, 채무자의 재산 상태 및 그 변화 내용, 일반적으로 그와 같은 상태에서 채권 또는 채무가 발생하는 빈도 및 이에 대한 일반인의 인식 정도, 채무자의 재산처분행위와 채권 또는 채무 발생과의 시간적 간격 등 여러 가지 사정을 종합하여 객관적으로 판단하여야 한다.

▸ 이중매매 손해배상채권 : 고도의 개연성 부정

▸ 계약취소권 행사 전 저당권 설정 : 고도의 개연성 부정[대법원 2013. 12. 26. 선고 2012다41915 판결]

[2012다41915] 매매계약 취소에 의한 매매대금 반환채권에 대한 고도의 개연성 인정 가부

매매계약1,2	1매매취소 제척기간	2007.11.27.해제	근저당권설정	2008.12.2.취소	소송:취소인정
1매매94.6.27.(대금지급:95.1.25.)	1매매계약:해제 인정× ⇒ 반환채권×		사해행위×	매매대금반환채권발생:피보전×	
2매매98.4.11.	2매매계약:해제 인정○ ⇒ 피보전채권○		사해행위○	(고도개연성×)	

[1매매]

■ 해제에 의한 반환채권 : 채권인정× → 근저당권설정은 사해행위×

■ 취소에 의한 반환채권 : 계약취소에 의한 매매대금 반환채권의 발생 개연성× 제1매매계약과 관련하여 원고가 2007. 11. 27. 소외인에게 계약 해제의 의사표시를 하였다고 하더라도 법원의 소송절차에

서 그 해제 주장이 받아들여지지 아니하였으므로 계약 해제를 원인으로 한 37억 원의 반환채권은 인정될 수 없고, 원고가 위 소송 진행 중인 2008. 12. 2. 소외인의 기망을 이유로 계약 취소의 의사표시를 하였으나, 제1매매계약이 체결된 때는 1994. 6. 27.이고 원고가 소외인에게 37억 원을 지급한 것은 1995. 1. 25.까지이므로 그 무렵부터 10년의 제척기간 내에만 원고가 취소권을 행사할 수 있는 것인데, 소외인이 피고들에게 근저당권을 설정하여 준 때는 그로부터 10년이 경과한 후이고 원고가 취소권을 행사하기 전인 2008. 1. 17.부터 2008. 11. 13.까지이므로, 설사 법원이 위 소송에서 2009. 2. 12. 원고의 취소권 행사를 받아들여 매매대금 반환채권을 인정하였다고 하더라도 그러한 법원의 판결이 선고되기 전인 이 사건 근저당권 설정 당시에 제1매매계약의 취소로 인한 매매대금 반환채권이 발생하리라는 고도의 개연성이 있었다고 할 수는 없다.

[2매매] : 해제 인정 → 반환채권은 피보전채권 → 근저당권설정은 사해행위○

▸ 사해행위 후 양도된 채권 : 양도인 채권성립 → 사해행위 → 양수인의 취소청구[대법원 2012. 2. 9. 선고 2011다77146 판결] 사해행위라고 볼 수 있는 행위가 행하여지기 전에 발생된 채권은 원칙적으로 채권자취소권에 의하여 보호될 수 있는 채권이 될 수 있고, 채권자의 채권이 사해행위 이전에 성립되어 있는 이상 사해행위 이후에 채권이 양도되었다고 하더라도 양수인은 채권자취소권을 행사할 수 있으며, 채권 양수일에 채권자취소권의 피보전채권이 새로이 발생되었다고 할 수 없다. 이 사건 채권자취소권의 피보전채권인 매매대금 반환채권은 적어도 2008. 4. 1. 이전에 성립하였고, 피고1은 2008. 4. 20. 그 소유의 유일한 재산인 이 사건 부동산에 관하여 피고2와 매매계약을 체결하고 2008. 5. 28. 소유권이전등기를 마쳐주었으므로, 위 매매대금 반환채권을 양수한 원고로서는 이 사건 채권자취소권을 행사할 수 있다.

(3) 이행기 불필요 : 정지조건부채권 → 이행기도래 전에도 사해행위취소 가능[대법원 2011. 12. 8. 선고 2011다55542 판결] 채권자취소권의 행사는 채무의 이행을 구하는 것이 아니라 총채권자를 위하여 이행기에 채무의 이행을 위태롭게 하는 채무자의 자력 감소를 방지하는 데에 그 목적이 있는 점이나, 민법은 제148조, 제149조에서 조건부 조건부권리의 보호에 관한 규정을 두고 있는 점을 종합해 볼 때, 취소채권자의 채권이 정지조건부채권이라 하더라도, 장래에 그 정지조건이 성취되기 어려울 것으로 보이는 등의 특별한 사정이 없는 한, 이를 피보전채권으로 하여 채권자취소권을 행사할 수 있다고 보아야 한다. 같은 취지에서 원심이 피고 회사가 이 사건 공사가 완공되지 못하고 중도에 이 사건 공사도급계약이 해제될 경우 원고에 대하여 2억 원을 지급하여야 할 조건부채무를 부담하게 된 사실을 인정한 후, 사해행위 당시에 정지조건이 성취되지 않았다 하더라도 정지조건부채권을 피보전채권으로 하여 채권자취소권을 행사할 수 있다 할 것인데, 피고 회사가 2008. 12. 3. 유일한 재산인 이 사건 토지 및 건물에 관하여 피고2와 사이에 이 사건 근저당권설정계약을 체결한 후 같은 달 5일 피고2에게 그 근저당권설정등기를 마쳐 주었으므로, 이 사건 근저당권설정계약은 피고 회사에 대한 채권자인 원고에 대하여 사해행위가 된다고 보아 그 취소를 명한 것은 정당하다.

2. 사해행위(=취소범위)

가. 채무자와 수익자의 법률행위

가-1. 수익자와 전득자의 행위 : 각하[대법원 2004. 8. 30. 선고 2004다21923 판결] 기판력은 채무자에

게 미치지 않고, 채무자와 수익자, 수익자와 전득자 사이의 법률관계에 영향 없음

가-2. 원상회복만 청구 : 청구기각[대법원 2008. 12. 11. 선고 2007다69162 판결], 제척기간도 경과한 경우에는 소각하

나. 재산권을 목적으로 하는 법률행위

(1) 법률행위 : 고유한 의미의 법률행위뿐만 아니라 집행 관련 행위[대법원 2010. 4. 29. 선고 2009다33884 판결] 공정증서 작성행위, 변제[대법원 2005. 3. 25. 선고 2004다10985, 10992 판결대법원 2010. 4. 29 선고 2009다33884 판결], 시효이익 포기[대법원 2013. 5. 31.자 2012마712 결정], 영업양도[대법원 2015. 12. 10. 선고 2013다84162 판결]

(2) 상속재산분할협의성질상 재산권을 목적으로 하는 법률행위 : 구체적 상속분에 미달·과소(재산분할 결과 < 구체적 상속분) ⇒ '법정상속분(→ 구체적 상속분) - 수증액(→ 분할)' 부분 취소[대법원 2007. 7. 26. 선고 2007다29119 판결]

▶ 구체적 상속분(지정상속분, 기여분, 특별수익 등 존부) ≠ 법정상속분 : 채무자 주장·증명[대법원 2001. 2. 9. 선고 2000다51797 판결] 이미 채무초과 상태에 있는 채무자가 상속재산의 분할협의를 하면서 상속재산에 관한 권리를 포기함으로써 결과적으로 일반 채권자에 대한 공동담보가 감소되었다 하더라도, 그 재산분할결과가 위 구체적 상속분에 상당하는 정도에 미달하는 과소한 것이라고 인정되지 않는 한 사해행위로서 취소되어야 할 것은 아니고, 구체적 상속분에 상당하는 정도에 미달하는 과소한 경우에도 사해행위로서 취소되는 범위는 그 미달하는 부분에 한정하여야 한다. 이때 지정상속분이나 기여분, 특별수익 등의 존부 등 구체적 상속분이 법정상속분과 다르다는 사정은 채무자가 주장·입증하여야 할 것이다.

▶ 상속포기인적 결단으로서의 성질, 재산권에 관한 법률행위가 아님 : 상속재산분할협의에 참여하였더라도 그 내용이 상속포기를 전제로 하고 같은 날 행하여진 상속포기 신고가 수리 → 상속포기의 효과 발생[대법원 2011. 6. 9. 선고 2011다29307 판결]

(3) 이혼 재산분할 : 상당성을 초과한 부분(채권자 증명)[대법원 2001. 2. 9. 선고 2000다63516 판결, 대법원 2006. 9. 14. 선고 2006다33258 판결, 대법원 2005. 1. 28. 선고 2004다58963 판결], 등기원인이 증여라도 실질이 재산분할이면 취득원인은 협의이혼에 의한 재산분할[대법원 2000. 9. 29. 선고 2000다25569 판결]

▶ 이혼 후 협의·심판에 의하여 구체화되지 않은 재산분할청구권의 포기 : 채무자의 책임재산에 해당하지 않고, 포기행위도 사해행위취소 대상이 아님[대법원 2013. 10. 11. 선고 2013다7936 판결]

(4) 무효인 법률행위 : 통정 허위표시로 무효인 법률행위[대법원 1998. 2. 27. 선고 97다50985 판결], 채무자인 신탁자가 제3자 명의로 소유권이전등기(명의신탁)[대법원 1999. 9. 7. 선고 98

다. 사해성[무자력(변제자력 없음) 초래 · 심화2004다2564] ➡ 판단 : 적극재산 vs 소극재산

(1) 일반적 기준

㈎ 적극재산 처분 : ① 적극재산 - 소극재산 = 순재산, ② 순재산 - 사해행위 대상재산 < 0 ⇒ 채무초과

㈏ 소극재산 증가 : ① 적극재산 - 소극재산 = 순재산, ② 순재산 - 새로운 채무 < 0 ⇒ 채무초과

㈐ 무자력 판단시기 : 처분 당시(정지조건부 채권이라도)[대법원 2013. 6. 28. 선고 2013다8564 판결] + 변론종결시까지[대법원 2014. 7. 10. 선고 2013다50763 판결]

㈑ 사해행위대상 부동산 : 사해행위 당시의 무자력 판단시에는 포함, 변론종결시 채무자의 자력 회복 여부를 판단함에 있어서 변론종결 당시 수익자에게 귀속된 경우 적극재산에서 제외[대법원 2005. 5. 27. 선고 2003다36478, 36485 판결]

(1)-1. 사해행위 부정

㈎ 채무자의 책임재산이 아닌 재산에 대한 법률행위 : **횡령금 증여**[대법원 2013. 4. 11. 선고 2011다27158 판결]

㈏ 채무자 총재산의 감소를 초래하지 않는 경우 : **피고로부터 빌린 자금으로 매수 + 매수대금 채권의 담보를 위하여 매수 부동산에 관하여 매매예약**[대법원 1982. 5. 25. 선고 80다1403 판결] 채무자의 사해행위 당시의 재산상태에 어떠한 영향을 미쳤거나 재산적 감소가 있었다고 볼 수는 없으므로

(1)-2. 채무자의의 자력회복[대법원 2007. 11. 29. 선고 2007다54849 판결] 처분행위 후 채무자가 자력을 회복하여 사해행위취소권을 행사하는 사실심의 변론종결시에는 채권자를 해하지 않게 된 경우에는 책임재산 보전의 필요성이 없어지게 되어 채권자취소권이 소멸하는 것으로 보아야 할 것인바, 그러한 사정변경이 있다는 사실은 채권자취소소송의 상대방이 증명하여야 한다.

(2) 연속적 법률행위

㈎ 원칙 : 각 행위 시마다 사해성 여부 판단[대법원 2003. 7. 8. 선고 2003다13246 판결]

㈏ 예외 : 상대방, 목적물, 시간적 근접성, 특별관계, 처분 동기 고려[대법원 2005. 7. 22. 선고 2005다7795 판결] → 사해행위 요건 판단기준시기 : 최초 법률행위시[대법원 2010. 5. 27. 선고 2010다15387 판결]

(3) 적극재산

인정	부정
■ 사해행위 당시 보유하고 있던 수표[대법원 2014. 4. 10. 선고 2013다217481 판결] ■ 임대차보증금반환채권[대법원 2003. 7. 8. 선고	■ 실질적으로 공동담보 역할을 할 수 없는 재산(압류금지재산)[대법원 2005. 1. 28. 선고 2004다58963 판결]

2003다13246 판결] 임차보증금(4,000) 일부가 원고에 대한 채무(1,100)라도 전액 적극재산,
- 다른 채권자에게 물상담보로 제공한 부동산 가액 – min[다른 채권자의 피담보채권액, 채권최고액][대법원 2015. 6. 11. 선고 2014다237192 판결], 2010다64792
- 채권자들이 그 존재를 쉽게 파악할 수 있는 특별한 사정이 있는 무기명 양도증서[대법원 2006. 2. 10. 선고 2004다2564 판결]

- 선순위권리가 존재하거나 임차인의 의무불이행으로 현실적 반환가능성이 없는 임대차보증금반환채권
- 사해행위 당시가 아닌 특정 시점의 현금 잔고 : 사해행위에도 같은 금액으로 인정 불가 [대법원 2006. 10. 26. 선고 2005다76753 판결]
- 무기명 양도성증서를 제3자가 소지한 경우[대법원 2006. 2. 10. 선고 2004다2564 판결]
- 당좌부도 : 채무초과 추인 불가[대법원 2000. 4. 25. 선고 99다55656 판결] ∵ 유동성자금의 부족일 뿐

(4) 소극재산 : 개연성 이론 적용(사해행위 전 기초적 법률관계 성립 + 채무 성립에 고도의 개연성 + 현실화)[대법원 2011. 1. 13. 선고 2010다68084 판결]

(가) **연대보증인의 법률행위 : 주채무 자력은 고려대상이 아님**[대법원 2003. 7. 8. 선고 2003다13246 판결]

(나) **공동연대보증인 1인이 다른 연대보증인에게 증여 : 총 책임재산에 변동이 없어도 사해행위**
[대법원 2009. 3. 26. 선고 2007다63102 판결] 재산을 증여한 연대보증인의 재산이 감소되어 그 특정한 채권자를 포함한 일반채권자들의 공동담보에 부족이 생기거나 그 부족이 심화된 경우에는, 그 증여행위의 사해성을 부정할 수는 없다.

(다) **근저당권 설정된 부동산 처분 + 매매대금으로 우선변제권자인 근저당권자에게 변제**[대법원 2018. 4. 24. 선고 2017다287891 판결] 근저당권의 피담보채권액과 채권최고액이 모두 부동산 가격을 초과하는 때에는 일반 채권자들의 공동담보로 되는 책임재산이 없어 부동산의 양도가 사해행위에 해당하지 않으므로

(라) **사해행위에 해당하는 근저당설정계약 채권자로부터의 차용금원의 사용처에 따라 사해행위의 범위가 달라지는 것은 아님**[대법원 2007. 10. 11. 선고 2007다45364 판결] 채무자(소외1)가 수익자(피고)로부터 차용한 금원으로 선순위 근저당권을 말소시켰더라도 위 변제 부분은 사해행위에서 제외되지 않음

(5) 법률행위별 사해행위 여부

(가) **재산처분(매매·증여)**

① 무상양도, 염가매각 : 사해행위 성립[대법원 1999. 11. 12. 선고 99다29916 판결]

② 통모하여 특정채권자에게 우선적 만족을 줄 의도로 부동산 매각 : 상당한 가격이라도 사해행위 성립[대법원 1995. 6. 30. 선고 94다14582 판결]

③ 통모하지 않아도 상당한 대가에 의한 유일한 재산 매각 : 대금 적정성 여부와 관계없이 사해행위, 매도 당시 채무초과 불필요[대법원 2001. 4. 24. 선고 2000다41875 판결] ⟺ 담보제공, 대물변제채무초과상태를 요구하는 점에서 매각과 차이[요건사실론 127]

④ 채무초과 상태에서 유일한 주택에 대하여 소액보증금 최우선변제권 보호대상인 임차권 설정[대법원 2005. 5. 13. 선고 2003다50771 판결]

⒁ 채무의 본래 목적이 아닌 다른 채권 기타 적극재산의 양도[대법원 2011. 10. 13. 선고 2011다28045
  판결]

  ■ 채무 본지에 따른 변제[대법원 2001. 4. 10. 선고 2000다66034 판결, 대법원 2007. 5. 31. 선고 2005다28686 판
    결] : 기존 금전채무 변제 갈음한 채권양도[대법원 2004. 5. 28. 선고 2003다60822 판결]

  ▸ 통모하여 다른 채권자를 해할 의사로 변제[대법원 2005. 3. 25. 선고 2004다10985, 10992 판결]

[사해행위취소의 대상이 되는 금원지급행위가 증여인지, 변제인지 다투어지는 경우, 그 증명책임의 소재 : 채권자] [대법원 2007. 5. 31. 선고 2005다28686 판결]

  ▸ 증여 주장
  ▸ 대여금 변제 주장 : 채권자 주장 사실에 대한 부인 ➡ 채권자 증명
  ▸ '증여사실'이나 '특정 채권자와 통모 + 채권자를 해할 의사로 변제한 사실' 증명

___

  ■ 채권양도액의 책임재산에 대한 비중, 채권양도로 초래된 무자력 정도, 채권양도 경위,
    채무자와 수익자의 관계 등 제반사정을 고려할 때 일반채권자를 해하지 않는 경우[대법
    원 2011. 10. 13. 선고 2011다28045 판결, 대법원 2014. 1. 16. 선고 2013다52110 판결]

  ■ 담보권자에 대한 변제 : 사해행위 부정저당권이 소멸하고 저당채권자만을 위한 담보에서 일반담보로 전
    환[사법연수원 채권자취소권 사례연습 해설]

  ▸ 채무초과 상태 + 어음발행 + 집행증서 작성 : 실질적으로 특정채권자에게 채권양도[대
    법원 2009. 1. 15. 선고 2007다61618 판결]

  ■ 기존채무·부당이득채무 변제를 위한 소비대차계약을 체결하고 공정증서를 작성하였
    으나 전체적으로 채무자의 책임재산이 감소하지 않은 경우[대법원 2015. 10. 29. 선고 2012다
    14975 판결] 채권자가 채무의 변제를 요구하는 것은 그의 당연한 권리행사로서 다른 채권자가 존재한다는 이유로
    이것이 방해받아서는 아니 되고, 채무자도 다른 채권자가 있다는 이유로 채무이행을 거절할 수는 없는 것이므로

  ▸ 실제 채권 없이 작성, 책임재산을 실질적으로 특정채권자에게 양도한 것과 다름없는
    경우[대법원 2011. 12. 22. 선고 2010다103376 판결]

  ▸ 기존 채무 이행과 별도의 채무변제계약 : 공정증서 작성 + 압류·추심으로 사실상 우
    선변제[대법원 2010. 4. 29. 선고 2009다33884 판결]

  ▸ 약속어음 발행으로 새로운 채무를 부담하고, 그로 인하여 채무초과상태에 빠진 경우
    [대법원 2002. 10. 25. 선고 2000다64441 판결]

⒀ 대물변제

  ■ 정당한 가격에 의한 대물변제도 원칙적으로 사해행위(90년대 이후 판례)[사법연수원 채권자
    취소권 사례연구 해설]

- ■ '채무초과상태' + 대물변제 : 유일한 재산이 아니거나 그 가치가 채권액에 미달하여도 사해행위 성립[대법원 1996. 10. 29. 선고 96다23207 판결, 대법원 2009. 9. 10. 선고 2008다85161 판결, 대법원 2007. 7. 12. 선고 2007다18218 판결]
- ▸ 저당권의 피담보채권액 > 담보 재산의 가액 : 취소채권자가 저당권자에 우선하더라도 사해행위 부정[대법원 2008. 2. 14. 선고 2006다33357 판결]

대물변제와 사해행위 여부

▶임금채권 대위변제(근로복지공단) + 체불사업자(채무자)의 다른 근로자에 대한 대물변제 취소청구

2006다33357, 2005다70090

① 우선변제권자에 대한 대물변제 : 사해행위× 2006다33357(원고 상고기각) 동남교통이 채무초과의 상태에서 그의 유일한 재산인 이 사건 승합자동차를 동남교통 근로자들에게 대물변제로 제공하였다고 하더라도 우선변제권 있는 임금 등 채권자인 위 근로자들에 대한 대물변제의 제공행위가 사해행위에 해당하지 않는다.

② 저당권 피담보채권 > 목적물 시가 : 임금채권자에 대해서도 사해행위× 2005다70090(피고 상고인용)

▸ 저당권 피담보채권보다 선순위 채권자(임금 등 채권 대위자) 주장 불가2005다70090(피고 상고인용) 저당권이 설정되어 있는 재산이 사해행위로 양도된 경우에 그 사해행위는 그 재산의 가액, 즉 시가에서 저당권의 피담보채권액을 공제한 잔액의 범위 내에서 성립하고, 피담보채권액이 그 재산의 가액을 초과하는 때에는 당해 재산의 양도는 사해행위에 해당한다고 할 수 없다고 할 것인바, 채권자취소권은 채무자가 일반채권자의 공동담보가 되는 채무자의 총재산을 감소하게 하는 법률행위를 한 경우에 그 감소행위의 효력을 부인하여 채무자의 재산을 원상으로 회복함으로써 채권의 공동담보를 유지·보전하게 하기 위하여 채권자에게 부여된 권리인 점과 민법 제407조가 채권자취소와 원상회복은 모든 채권자의 이익을 위하여 효력이 있다고 규정하고 있는 점 등에 비추어 보면, 위와 같은 법리는 채권자들 중에 그 채무자에 대하여 임금채권 등 경매 등의 환가절차에서 저당권에 의하여 담보되는 채권보다 우선하여 배당을 받을 수 있는 채권자가 있는 경우에도 마찬가지라고 할 것이고, 피담보채권액이 그 재산의 가액을 초과하는 재산의 양도행위가 저당권의 피담보채권보다 우선하여 배당받을 수 있는 채권자에 대한 관계에 있어서만 사해행위가 된다고 할 수도 없다.

- ▸ 최고액 채권자와의 거래관계를 유지하면서 채무초과 상태에 있던 회사의 갱생을 도모하기 위한 유일한 방안[대법원 2010. 9. 30. 선고 2007다2718 판결]

㈜ 물적 담보제공

① 이미 "채무초과상태" + 다른 일반 채권자의 공동담보를 감소시키는 결과 초래[대법원 2012. 1. 12. 선고 2010다64792 판결] 채무자의 재산이 채무의 전부를 변제하기에 부족한 경우에 채무자가 그의 재산을 어느 특정 채권자에게 담보조로 제공하였다면 특별한 사정이 없는 한 이는 곧 다른 채권자의 이익을 해하는 것으로서 다른 채권자들에 대한 관계에서 사해행위가 된다.

② 근저당권설정에 의하여 채무초과된 경우 : 사해행위 인정[대법원 2010. 1. 28. 선고 2009다90047 판결]

③ 정당한 변제에 충당/변제자력을 얻기 위한 목적 + 상당한 가격대법원 2015. 10. 29. 선고 2013다83992 판결, 대법원 2001. 5. 8. 선고 2000다66089 판결, [대법원 2021. 10. 28. 선고 2018다223023 판결] 영업양도의 경우에도 동일 : 양도계약의 체결 경위, 목적과 내용 등을 고려할 때 채무변제를 목적으로 체결되고, 부당한 염가가 아니며 양도대금이 실제로 채무변제에 사용되고, 양도계약 당시 일부 채권자와 통모한 사정이 보이지 않는 경우 사해행위라고 볼 수 없음

③-1. 사업의 갱생이나 계속 추진의 의도였다 하더라도 신규자금의 융통없이 단지 기존채무의 이행을 유예받기 위하여 자신의 채권자 중 한 사람에게 담보제공[대법원 2010. 4. 29. 선고 2009다104564 판결]

④ 채무자 재산에 담보물권 존재 + 담보물 처분 양도, 증여, 새로운 담보권 설정

㉠ 피담보채권액 > 시가 → 사해행위 부정[대법원 1997. 9. 9. 선고 97다10864 판결]

㉡ 선순위 담보권 설정이 사해행위로 취소된 경우 : 후순위 담보권설정의 사해행위 판단시 선순위 담보권 피담보채무는 포함되지 않음[대법원 2007. 7. 26. 선고 2007다23081 판결] 우선변제권 있는 채권이 아니므로

⑤ 피담보채권액의 계산(사해행위 범위) ➡ 공동저당권이 설정된 부동산의 양도 : 변제자대위가 가능한 경우에는 일반채권자의 공동담보가 아니므로 전부 공제

유형(소유권+양도형태) 채무자의 피담보채무(0.9)	근저당권자 피담보채권액 일반채권자들의 공동담보가 아닌 부분	사해행위 범위 : 시가 - 피담보채권액
채무자 · 물상보증인만의 소유(X:2, Y:1) + 일부양도(X)[대법원 2003. 11. 13. 선고 2003다39989 판결]	피담보채권액(0.9) × 양도토지(2)/전체토지(3) = 0.6	사해행위 부동산의 시가(2) - 사해행위부동산의 피담보채권 안분액(0.6) = 1.4
채무자 · 물상보증인만의 소유 + 전부양도 2004다67806	전액(0.9)	양도부동산들의 시가합계(3) - 피담보채무 전액(0.9)
채무자소유 수개(부동산 + 동산) + 전부양도 → 채권자 일부(부동산) 취소청구[대법원 2014. 6. 26. 선고 2012다77891 판결]	전액(0.9)	사해행위 부동산 시가 - 안분 피담보채무액[0.9 × 변종시 부동산시가/(변종시 부동산 시가 + 동산 시가)
일부는 채무자(X:2), 일부는 물상보증인(Y:1) + 채무자 부동산(X) 양도[대법원 2008. 4. 10. 선고 2007다78234 판결]	전액(0.9)	채무자 부동산 시가(2) - 피담보채무 전액(0.9∵ 물상보증인 변제자대위)
일부는 채무자(X:2), 일부는 물상보증인(Y:1) + 물상보증인 부동산(Y) 양도	피담보채권액(0.9) × 양도토지(1)/전체토지(3) = 0.3	물상보증인 부동산 시가(1) - 물상보증인 부동산 피담보채무액0.3(공동저당권의 피담보채권액0.9 - 채무자부동산 부담 피담보채권액0.6)
채무자(3/5), 물상보증인(2/5) 공유(X:5) + 채무자 지분 양도 [대법원 2013. 7. 18. 선고 2012다5643	전액(0.9)	공유지분가액[시가(5) × 3/5] - 0.9 = 2.1

전원합의체 판결[27]), 대법원 2021. 11. 11. 선고 2021다258777 판결]		
채무자소유 수개(X:2, Y:1) + 일부 부동산(X)에 제3취득자 존재 + 나머지 부동산(Y) 양도 [대법원 2010. 12. 23. 선고 2008다25671 판결]	전액(0.9)	사해행위 부동산 시가(1) – 피담보채무 전액0.9(∵ 제3취득자 변제자대위)

⒨ **담보제공 : 채무초과 필요**[대법원 2000. 4. 25. 선고 99다55656 판결, 대법원 2009. 9. 10. 선고 2008다85161 판결]

   ▸ 신규자금의 융통목적[대법원 2001. 5. 8. 선고 2000다50015 판결, 대법원 2007. 11. 29. 선고 2007다52430 판결]

   ▸ 신규자금 융통 없이 기존채무 이행만 유예[대법원 2010. 4. 29. 선고 2009다104564 판결], 융통한 자금을 사업추진과 무관하게 소비[서울고등법원 2006. 6. 13. 선고 2004나55942 판결]

⒝ **가압류채무자의 근저당권설정**

① 자신의 채무에 대한 담보로 근저당권 설정 : 가압류채권금액 범위에서는 채권자취소권 행사 불가[대법원 2008. 2. 28. 선고 2007다77446 판결] 평등배당, 근저당권설정으로 불이익 없음, 가압류채권자의 실제 채권액 > 가압류채권 총액 → 초과 부분에 터잡아 채권자취소권 행사 가능 ⇔ [비판 : 민법판례연구Ⅱ 344] 평등하게 배당받더라도 후행 근저당권자의 등장으로 채권을 완전히 변제받지 못하게 되었으므로, 후행 근저당권설정행위가 사해행위의 요건을 모두 갖추었다면 취소를 허용하는 것이 타당

② 가압류채무자의 물상보증가압류채무자 = 근저당권설정자 ≠ 근저당채무자 : 가압류채권자는 만족을 얻을 수 없는 채권액 전부에 관하여 채권자취소권 행사 가능[대법원 2010. 6. 24. 선고 2010다20617,20624 판결] 채권자가 이미 자기 채권의 보전을 위하여 가압류를 한 바 있는 부동산을 채무자가 제3자가

---

27) 채권자취소의 대상인 사해행위에 해당하는지를 판단할 때 채무자 소유의 재산이 다른 채권자의 채권에 물상담보로 제공되어 있다면, 물상담보로 제공된 부분은 채무자의 일반 채권자들을 위한 채무자의 책임재산이라고 할 수 없으므로, 물상담보에 제공된 재산의 가액에서 다른 채권자가 가지는 피담보채권액을 공제한 잔액만을 채무자의 적극재산으로 평가하여야 한다. 이때 수 개의 부동산에 공동저당권이 설정되어 있는 경우 책임재산을 산정할 때 각 부동산이 부담하는 피담보채권액은 특별한 사정이 없는 한 민법 제368조의 규정 취지에 비추어 공동저당권의 목적으로 된 각 부동산의 가액에 비례하여 공동저당권의 피담보채권액을 안분한 금액이다. 그러나 수 개의 부동산 중 일부는 채무자의 소유이고 다른 일부는 물상보증인의 소유인 경우에는, 물상보증인이 민법 제481조, 제482조의 규정에 따른 변제자대위에 의하여 채무자 소유의 부동산에 대하여 저당권을 행사할 수 있는 지위에 있는 점 등을 고려할 때, 물상보증인이 채무자에 대하여 구상권을 행사할 수 없는 특별한 사정이 없는 한 채무자 소유의 부동산이 부담하는 피담보채권액은 채무자 소유 부동산의 가액을 한도로 한 공동저당권의 피담보채권액 전액이고, 물상보증인 소유의 부동산이 부담하는 피담보채권액은 공동저당권의 피담보채권액에서 채무자 소유의 부동산이 부담하는 피담보채권액을 제외한 나머지이다. 이러한 법리는 하나의 공유부동산 중 일부 지분이 채무자의 소유이고, 다른 일부 지분이 물상보증인의 소유인 경우에도 마찬가지로 적용된다.

부담하는 채무의 담보로 제공하여 근저당권을 설정하여 줌으로써 물상보증을 한 경우에는 일반채권자들이 만족을 얻는 물적 기초가 되는 책임재산이 새로이 감소된다. 따라서 비록 당해 부동산의 환가대금으로부터는 가압류채권자가 위와 같이 근저당권을 설정받은 근저당권자와 평등하게 배당을 받을 수 있다고 하더라도, 일반적으로 그 배당으로부터 가압류채권의 충분한 만족을 얻는다는 보장이 없고 가압류채권자는 여전히 다른 책임재산을 공취할 권리를 가지는 이상, 원래 위 가압류채권을 포함한 일반채권들의 만족을 담보하는 책임재산 전체를 놓고 보면 위와 같은 물상보증으로 책임재산이 부족하게 되거나 그 상태가 악화되는 경우에는 역시 가압류채권자도 자기 채권의 충분한 만족을 얻지 못하게 되는 불이익을 받는다. 그러므로 위와 같은 가압류채권자라고 하여도 채무자의 물상보증으로 인한 근저당권 설정행위에 대하여 채권자취소권을 행사할 수 있다.

㈐ 유효하게 양도된 채권에 대하여 압류·전부명령을 받은 채권자양도인에 대한 채권자 : 사해행위 취소 가능, 독립당사자참가 불가[대법원 1997. 6. 27. 선고 95다40977, 40984 판결, 대법원 2014. 6. 12. 선고 2012다47548,47555 판결]

① 채권양도 (양도인 → 원고)	② 전부명령 (취소채권자)	채권자취소권을 행사할 수 있는 지위	독립당사자참가	
			권리주장참가(원고, 피고에 모두에 대한 승소가능성 필요)	사해방지참가 (권리침해 염려 필요)
유효	무효 (∵ 채권양도 유효)	○ (∵ 양도인에 대한 채권○)	×(채권양도 유효→ 피고에 대한 전부금 청구 승소가능성×)	×[본소(양수금) : 사해소송×, 원고의 승소와 관계없이 채권자취소권행사 가능, 원고와 피고 법률관계에 의하여 영향×]
무효	유효 (∵ 채권양도 무효)	× (∵ 양도인에 대한 채권×)		

▸ 수익자 : 수익자의 지위에서 배당 불가, 추심채권자의 지위에서 배당 가능[대법원 2014. 3. 27. 선고 2011다107818 판결]

▸ 채권양도가 사해행위 : 양도통지도 사해행위취소 대상 ⇔ 채권양도가 사해행위에 해당하지 않는 경우 : 양도통지도 사해행위취소 대상이 아님[대법원 2012. 8. 30. 선고 2011다32785, 32792 판결]

㈑ [비교] 가압류된 후 사해행위인 가등기 설정

■사해행위 성립[대법원 2015. 5. 21. 선고 2012다952 전원합의체판결] ⇔ 취소채권자에게 우선변제권이 확보된 경우2002다41589

■가등기수익자의 부기등기전득자를 통해 가등기를 이전하여도 가등기 설정행위수익자는 여

전히 사해행위 : 본등기까지 이루어진 경우 수익자를 상대로 가액배상청구[2012다952] 사해행위인 매매예약에 기하여 수익자 앞으로 가등기를 마친 후 전득자 앞으로 가등기 이전의 부기등기를 마치고 나아가 가등기에 기한 본등기까지 마쳤다 하더라도, 위 부기등기는 사해행위인 매매예약에 기초한 수익자의 권리의 이전을 나타내는 것으로서 부기등기에 의하여 수익자로서의 지위가 소멸하지는 아니하며, 채권자는 수익자를 상대로 사해행위인 매매예약의 취소를 청구할 수 있다. 그리고 설령 부기등기의 결과 가등기 및 본등기에 대한 말소청구소송에서 수익자의 피고적격이 부정되는 등의 사유로 인하여 수익자의 원물반환의무인 가등기말소의무의 이행이 불가능하게 된다 하더라도 달리 볼 수 없으며, 특별한 사정이 없는 한 수익자는 가등기 및 본등기에 의하여 발생된 채권자들의 공동담보 부족에 관하여 원상회복의무로서 가액을 배상할 의무를 진다. [비교] 부기등기 명의자를 상대로 한 주등기 말소청구 법리(94다17109) : 근저당권이전 부기등기 말소청구의 피고적격 → 양수인

㈜ 어음발행으로 새로운 채무 부담

▶ 기존채무의 지급을 위하여 : 새로운 채무가 증가하지 않으므로 사해행위 부정[대법원 2002. 10. 25. 선고 2000다64441 판결]

㈐ 무상양도 : 양수인이 추심 후 채무자(양도인)에게 반환하였더라도 공제 불가[대법원 2014. 5. 29. 선고 2014다3924 판결] 채무자가 강제집행을 회피할 목적으로 자기의 사실상 유일한 재산을 제3자에게 무상으로 양도한 행위는 다른 파산채권자들과의 관계에서 사해행위가 되고, 그 제3자가 양수채권을 추심하여 그 돈을 채무자에게 주었다고 하더라도 그로써 그 사해행위의 취소에 의해 복귀를 구하는 재산이 원상회복되었다고 볼 것은 아니므로, 그 금액 상당을 원상회복이나 가액반환의 범위에서 공제할 것은 아니다. → 피고가 이 사건 약속어음에 터 잡아 회수한 공탁금 내지 수표를 그대로 소외인에게 반환하였다 하더라도 원고 등 채권자가 이 사건 사해행위의 취소에 의해 복귀를 구하는 재산이 소외인에게 복귀되었다고는 볼 수 없다.

㈔ 매매대금을 피담보채무 인수로 갈음하는 이행인수에 의한 재산처분 : 시가(매매대금) - 피담보채무 부분은 일반채권자 공동담보[대법원 1996. 5. 14. 선고 95다50875 판결] 근저당권이 설정된 부동산이라 하더라도 그 부동산의 가액에서 근저당권의 피담보채권액을 공제한 잔액의 범위 내에서는 일반채권자들의 공동담보에 공하여져 있으므로, 채무자가 채무가 초과된 상태에서 근저당권이 설정된 자신의 부동산을 제3자에게 양도하고 그 양도대금은 근저당권의 피담보채무를 인수함으로써 그 지급에 갈음하기로 약정한 경우, 채무자로서는 실제로 매매대금을 한푼도 지급받지 아니한 채 일반채권자들의 공동담보에 공하여져 있던 부동산을 부당하게 저렴한 가액으로 제3자에게 양도한 것으로 될 것이어서, 그와 같은 양도행위도 채권자를 해하는 사해행위에 해당된다.

▶ 저당권설정청구권 행사에 의한 저당권 설정[대법원 2008. 3. 27. 선고 2007다78616,78623 판결] 민법 제666조는 수급인이 사실상 목적물로부터 공사대금을 우선적으로 변제받을 수 있도록 하는 데 그 취지가 있고, 이러한 수급인의 지위가 목적물에 대하여 유치권을 행사하는 지위보다 더 강화되는 것은 아니어서 도급인의 일반 채권자들에게 부당하게 불리해지는 것도 아니므로

㈕ 수익자가 채무자 부동산 선순위 담보가등기 말소 + 이전등기청구권 가등기 : '시가 - 피담보채무' 잔액의 범위 내에서 사해행위 성립[대법원 2003. 7. 11. 선고 2003다19435 판결] 사해행위가 성립되려면 채무자가 어떤 법률행위를 함으로써 채무자의 공동담보, 즉 그의 적극재산에서 소극재산을 공제한 금액이 그 법률행위 이전보다 부족하게 되어야 하는 것이므로 수익자가 채무초과상태에 있는 채무자의 부동산에 관하여 설정된 선순위 담보가등기의 피담보채무를 변제하여 그 가등기를 말소하는 대신 동일한 금액을 피담보채무로 하는

새로운 담보가등기를 설정하는 것은 채무자의 공동담보를 부족하게 하는 것이라고 볼 수 없어 사해행위가 성립한다고 할 수 없지만, 선순위 담보가등기를 말소시킨 후 그 부동산에 관하여 매매예약을 하고, 그에 기하여 소유권이전등기청구권 보전의 가등기를 경료한 경우에는 그 부동산의 가액, 즉 시가에서 피담보채무액을 공제한 잔액의 범위 내에서 사해행위가 성립한다.

▸ 수익자가 선순위 담보가등기 말소 + 동일 내용의 새로운 담보가등기 설정 : 사해행위 부정[대법원 2003. 7. 11. 선고 2003다19435 판결] 채무자의 공동담보를 부족하게 하는 것이 아니므로

▸ 수익자가 대위변제하고 선순위 근저당권을 대체하기 위한 계약[대법원 2012. 1. 12. 선고 2010다64792 판결] 저당권이 설정되어 있는 목적물의 경우 목적물 중에서 일반채권자들의 공동담보에 제공되는 책임재산은 피담보채권액을 공제한 나머지 부분만이므로

▸ 다른 채권자의 가등기 · 선순위 근저당권이 설정되어 있지 않아 채무자의 책임재산에서 제외되지 않는 부동산 : 사해행위[대법원 2012. 1. 12. 선고 2010다64792 판결] 소외1과 피고 두루약품 사이의 위 근저당권설정계약 중 소외2 등 명의의 가등기나 선순위 근저당권이 경료되어 있던 목록 제12, 20 내지 32 기재 부동산의 피담보채무에 관한 부분은 소외1의 공동담보를 부족하게 하는 것이라고 볼 수 없어 사해행위가 성립한다고 할 수 없으므로, 원심으로서는 위 각 부동산 중소외2 등의 가등기나 선순위 근저당권에 의하여 담보되는 피담보채무액을 심리하여 산정한 후 그 부분을 사해행위의 성립 범위에서 제외하였어야 한다. 그러나 소외2 등 명의의 가등기나 선순위 근저당권이 설정되어 있지 않아 소외1의 책임재산에서 제외되지 않는 나머지 부동산들 부분에 대하여는 판결 결과에 영향이 없다.

㈎ 송금행위 · 증여 : 수익자에게 종국적으로 귀속되는 것으로 무상 공여한다는 의사의 합치 필요, 채권자가 증명[대법원 2012. 7. 26. 선고 2012다30861 판결] 소외1이 피고들 명의의 각 예금계좌에 관한 통장과 거래인장을 소지하고 있으면서 과세 당국의 자금 추적을 피하기 위하여 임의로 피고들의 명의로 개설된 계좌에 원심 판시와 같이 금전을 송금하였다가 그로부터 불과 2개월도 되지 아니한 기간 안에 다시 대부분의 금액을 인출한 다음 이를 자신에 관한 형사사건의 합의금 등 개인적인 용도에 소비한 경우 소외1의 송금경위나 그 목적, 송금한 돈의 인출자 · 인출시기 및 인출금액, 그 사용용도, 소외1과 피고들 사이의 관계 등 피고들 명의의 예금계좌의 이용을 둘러싼 여러 사정에 비추어 볼 때, 다른 특별한 사정이 없는 한 소외1은 자신의 금전을 관리하기 위하여 피고들의 승낙 또는 양해 아래 이들 명의의 각 예금계좌를 개인적인 용도로 이용한 것에 그치고, 객관적으로 피고들과의 사이에서 위 예금계좌에 입금한 금전 또는 그 금액 상당의 재산적 이익을 피고들에게 종국적으로 귀속되는 것으로 무상 공여한다는 데에 관한 의사의 합치가 있었다고 해석되지 아니한다.

㈏ 명의신탁 : '소유권자'의 처분행위만 '소유권자의 채권자'에 대하여 사해행위

① 양자간 명의신탁

㉠ 신탁자의 처분행위신탁자가 실질적인 당사자가 되어 법률행위 : 신탁자의 채권자에 대한 사해행위[대법원 2012. 10. 25. 선고 2011다107382 판결]

■ 취소대상 : 신탁자와 수익자(제3자)신탁자와 매매계약을 체결하고 수탁자로부터 등기를 넘겨받은 자 사이의 법률행위

■ 원상회복 : 제3자가 수탁자에게 이전등기 말소 이행 '부동산 실권리자명의 등기에 관한 법률'의 시

행 후에 부동산의 소유자가 등기명의를 수탁자에게 이전하는 이른바 양자간 명의신탁의 경우 명의신탁약정에 의하여 이루어진 수탁자 명의의 소유권이전등기는 원인무효로서 말소되어야 하고, 부동산은 여전히 신탁자의 소유로서 신탁자의 일반채권자들의 공동담보에 제공되는 책임재산이 된다. 따라서 신탁자의 일반채권자들의 공동담보에 제공되는 책임재산인 신탁부동산에 관하여 채무자인 신탁자가 직접 자신의 명의 또는 수탁자의 명의로 제3자와 매매계약을 체결하는 등 신탁자가 실질적 당사자가 되어 법률행위를 하는 경우 이로 인하여 신탁자의 소극재산이 적극재산을 초과하게 되거나 채무초과상태가 더 나빠지게 되고 신탁자도 그러한 사실을 인식하고 있었다면 이러한 신탁자의 법률행위는 신탁자의 일반채권자들을 해하는 행위로서 사해행위에 해당할 수 있다. 이 경우 사해행위취소의 대상은 신탁자와 제3자 사이의 법률행위가 될 것이고, 원상회복은 제3자가 수탁자에게 말소등기절차를 이행하는 방법에 의할 것이다.

ⓛ 신탁자가 명의신탁해지 후 수탁자의 동의 하에 제3자에게 이전등기 : 사해행위[대법원 2016. 7. 29. 선고 2015다56086 판결] 신탁자가 유효한 명의신탁약정을 해지함을 전제로 신탁된 부동산을 제3자에게 직접 처분하면서 수탁자 및 제3자와의 합의 아래 중간등기를 생략하고 수탁자에게서 곧바로 제3자 앞으로 소유권이전등기를 마쳐 준 경우 이로 인하여 신탁자의 책임재산인 수탁자에 대한 소유권이전등기청구권이 소멸하게 되므로

ⓒ 수탁자의 신탁행위 반환의무 이행 : 사해행위 부정[대법원 2001. 8. 24. 선고 2001다35884 판결] 수탁자(남편) → 신탁자(처) : 증여, [대법원 2007. 4. 26. 선고 2006다79704 판결] 피고(신탁자, 처)가 취득 대가 전부 부담 → 채무자 명의 특유재산추정 번복 : 처가 남편에게 명의신탁한 것 → 반환의무 이행(증여)는 사해행위 아님

② 수탁자가 소유권 취득(제4조 제2항 단서) + 수탁자 처분 : 수탁자의 채권자에 대한 사해행위[대법원 2000. 3. 10. 선고 99다55069 판결, 대법원 2008. 9. 25. 선고 2007다74874 판결]

▸ 수탁자가 소유권을 취득하지 못하는 경우(제4조 제2항 본문) + 수탁자 처분 : 사해행위 부정[대법원 2000. 3. 10. 선고 99다55069 판결]

▸ 계약명의신탁 매도인 선의 + 신탁자 처분행위 : 신탁자 채권자들에 대한 사해행위 부정[대법원 2013. 9. 12. 선고 2011다89903 판결]

3. 사해의사

가. 인식 범위 : 소극적 인식으로 충분[대법원 1999. 4. 9. 선고 99다2515 판결] 채권자를 해할 의욕·인식 불요

나. 기준시기 : 사해행위 당시, 가등기에 의한 본등기가 경료된 경우 가등기의 원인된 법률행위 당시99다2515, 2000다73377

다. 채무자의 사해의사 추정 : 사실상 추정

(1) 채무초과 + 유일재산 처분[대법원 2007. 2. 23. 선고 2006다47301 판결, 대법원 1997. 5. 9. 선고 96다2606,2613 판결], 유일한 재산을 매각하여 금전으로 변경[대법원 2005. 10. 14. 선고 2003다60891 판결]

(2) 연대보증인 : 연대보증인 자신의 자산상태에 대한 인식으로 판단, 주채무자의 자산

상태에 대한 인식 불필요[대법원 1998. 4. 14. 선고 97다54420 판결, 대법원 2010. 6. 10. 선고 2010다 12067 판결]

3-1. 수익자 · 전득자 : 선의(악의 : 법률상 추정)[대법원 1997. 5. 23. 선고 95다51908 판결, 대법원 2006. 4. 14. 선고 2006다5710 판결, 대법원 2015. 6. 11. 선고 2014다237192 판결]

(1) 판단기준시 : 수익자 → 채무자와의 법률행위 당시, 전득자 → 전득 당시

(2) 사해행위취소의 효력이 미치지 않는 제3자의 범위는 수익자와 새로운 법률관계를 맺은 자로 한정되지 않음[대법원 2005. 11. 10. 선고 2004다49532 판결] 사해행위의 취소는 취소소송의 당사자 사이에서 상대적으로 취소의 효력이 있는 것으로 당사자 이외의 제3자는 다른 특별한 사정이 없는 이상 취소로 인하여 그 법률관계에 영향을 받지 않는다. 사해행위의 목적부동산 등을 새로운 법률관계에 의하여 취득한 전득자 등은 민법 제406조 제1항 단서에 의하여 보호되므로, 사해행위의 취소에 상대적 효력만을 인정하는 것은 사해행위 취소채권자와 수익자 그리고 제3자의 이익을 조정하기 위한 것으로 그 취소의 효력이 미치지 아니하는 제3자의 범위를 사해행위를 기초로 목적부동산에 관하여 새롭게 법률행위를 한 그 목적부동산의 전득자 등만으로 한정할 것은 아니다.

⑺ 수익자의 채권자로서 이미 가지고 있던 채권의 확보를 위해 부동산을 압류한 채권자[2004다 49532] 수익자의 채권자들이 수익자와 새로운 법률관계를 맺은 것이 아니라 수익자의 채권자로서 이미 가지고 있던 채권확보를 위하여 부동산을 압류 또는 가압류한 자에 불과하더라도 목적부동산의 매각대금에 대하여 사해행위 취소채권자에게 수익자의 채권자들에 우선하여 변제받을 수 있는 권리를 부여하여 사해행위취소판결의 실효성을 확보하여야 할 아무런 근거가 없으므로 수익자의 채권자들에게 사해행위취소판결의 효력이 미친다고는 볼 수 없다.

⑻ 수익자의 고유채권자로서 수익자가 사해행위로 취득한 근저당권에 배당된 배당금을 가압류한 채권자[대법원 2009. 6. 11. 선고 2008다7109 판결]

[2008다7109] 취소 전에 수익자의 채권자로서 배당금지급채권에 가압류를 한 피고에게는 사해행위취소의 효력이 미치지 않음

▶원고 → 피고 : 피고에게 1순위로 배당된 2,700만 원에 대하여 배당이의

1. 사해행위취소 전 보전처분

■피고 : 소외1소외2(채무자)에 대한 근저당권자(수익자)에 대한 사전구상금 채권에 기하여 '원고의 사해행위 취소판결 확정 전' 소외1이 경매절차에서 근저당권자로 배당받을 2,700만 원에 대하여 가압류(피고 부산지점 채권) + 사해행위취소청구권을 피보전권리로 소외1의 배당금청구권에 대하여 추심 및 처분 금지가처분결정을 받음(피고 영등포지점 채권)

■원고 : 원상회복청구권을 피보전권리로 하여 소외1이 수령할 배당금 30,447,726원에 대하여 배당금 지급금지가처분 결정을 받음

2. 사해행위취소소송(원고소외2에 대한 구상권자 → 소외1) : 소외2채무자와 소외1수익자의 근저당권설정계약 취소 + 배당금출급청구권 양도의 의사표시를 하라, 피고도 같은 취지의 판결을 받음

3. 원고 : 소외1을 대위하여 소외1의 공탁금출급청구권을 소외2에게 양도한다는 채권양도통지를 대한민국에게 한 후 소외1이 대한민국에게 가지는 공탁금출급청구권 중 30,464,396원에 대하여 채권압류

및 추심결정

4. 배당

■ 수익자에 대한 가압류채권자피고에 대하여 우선배당2,700만 원 후 나머지 부분에 대하여 사해행위취소판결 및 채권양도통지에 따라 채무자의 채권자들에게 안분배당

■ 원고가 피고보다 사해행위취소 판결을 먼저 받았더라도 취소 전에 수익자의 채권자로서 배당금지급채권에 가압류를 한 피고에게는 사해행위취소의 효력이 미치지 않음 피고는 수익자인 소외1과 새로운 법률관계를 맺은 것이 아니라 소외1의 고유채권자로서 이미 가지고 있던 채권확보를 위하여 소외1에게 배당된 배당금을 가압류한 자라고 할 것이므로 피고에게 위 사해행위취소판결의 효력이 미친다고 볼 수 없다. 따라서 피고에게 사해행위취소판결의 효력이 미치지 않는다고 보아 배당금을 먼저 가압류한 피고에게 우선적으로 배당한 것은 적법하다. ☞ 선집행 우선설의 입장

---

(3) 선의 인정 기준 : 통상적 거래, 친인적관계 부존재, 기존거래 부존재, 시세보다 낮은 매매대금에 대한 설명가능한 상황의 존재[대법원 2002. 11. 8. 선고 2002다42100 판결, 대법원 2011. 3. 10. 선고 2010다102632 판결]

Ⅴ. 행사범위

1. 목적물 전부가 책임재산 : 전부 취소

2. 목적물 일부가 책임재산이 아닌 경우 : 우선변제권을 제외한 나머지 부분, 상당성을 초과한 재산분할 부분 → 일부사해행위 → 일부 취소

Ⅵ. 취소범위 · 효력

1. 원칙 : 사해행위가 가분 → 공동담보로 부족하게 되는 부분을 취소채권자의 채권액을 한도로[대법원 2009. 1. 15. 선고 2007다61618 판결, 대법원 2010. 8. 19. 선고 2010다36209 판결]

[2010다36209] 가분적 사해행위에 대한 취소의 범위

	−1.45	■ 적극재산 6.92
적극재산 +6.92	−1.04	■ 소극재산 5.88 ■ 사해행위 : 이 사건 연대보증(차용금 채무 2.5억 연대보증)에 의하여 채무초과 상태
	소극재산 −5.88	■ 취소범위 : 연대보증계약 중 소극재산(5.88 + 2.5)이 적극재산(6.92)을 넘게 되는 부분 (5.88 + 2.5 − 6.92 = 1.45)

= 연대보증계약 중 채무 초과부분인 1.04억(= 2.5억 − 1.45억)을 초과하는 부분 대전고등법원 2009나8381

2. 예외 : 전부 취소

가. 목적물이 불가분(건물 + 토지 동일인 소유)[대법원 1975. 2. 25. 선고 74다2114 판결] 동일인의 소유인 토지와 건물의 처분행위를 채권자취소권에 의하여 취소하는 경우 그중 대지의 가격이 채권자의 채권액보다 다액이라 하더라도 대지와 건물중 일방만을 취소하게 되면 건물의 소유자와 대지의 소유자가 다르게 되어 가격과 효용을 현저히 감소시킬 것이므로 전부를 취소함이 상당

나. 다른 채권자의 배당요구가 명백(채권자단 구성, 강제집행참가 명백)[대법원 1997. 9. 9. 선고 97다10864 판결, 대법원 2006. 6. 29. 선고 2004다5822 판결]

▶ 다른 채권이 존재할 뿐 명백하지 않은 경우[대법원 2009. 1. 15. 선고 2007다61618 판결]

▶ 채무자세형에 대한 채권 보전이 아니라 제3자원고는 화인에 대한 채권자로서 강제경매신청에 대한 채권 만족을 위하여는 사해행위세형(채무자) + 피고(수익자)취소의 효력 주장 불가[대법원 2010. 5. 27. 선고 2007다40802 판결] 채무자(세형코퍼레이션)의 모든 채권자의 이익을 위하여 효력이 발휘되어야 할 채권자취소권의 행사로써 원고는 세형코퍼레이션이 아닌 화인테크닉스에 대한 자신의 채권을 만족시키는 것이 되어 부당

3. 취소의 효력

가. 소급하여 채무자의 재산으로 회복되는 것이 아님[대법원 2006. 8. 24. 선고 2004다23110 판결] 피고 상고기각, [대법원 2007. 4. 12. 선고 2005다1407 판결] 원고 상고, 파기환송

채권양도 (양도인 → 양수인)	전부명령 (원고 → 양도인 → 채무자)	원고 : 채권자취소권 행사 가능	취소권 행사(양도행위 취소) 효과	원고 → 피고 : 집행채권(대여금)
유효	무효(∵ 채권양도 유효)	○ ∵ 양도인에 대한 채권○	양도된 채권이 소급하여 양도인피고에게 복귀× → 무효인 전부명령이 다시 유효×원심 : 소급하여 유효 → 양도된 채권이 압류채권자에게 전부 ×원심 : 전부○	피고 : 전부명령에 의한 변제항변 불가원심 : 인정

나. 사해행위취소 효력을 받는 채권자의 범위 : 채권의 취득 당시에 사해행위취소에
의하여 회복되는 재산을 채권자의 공동담보로 파악한 채권자에 한정[대법원 2009. 6.
23. 선고 2009다18502 판결]

(1) 사해행위 이후 채권을 취득한 채권자 : 취소의 효력을 받는 채권자가 아니므로 배
당에서 제외2009다18502

(2) 채무자가 수익자와의 매매계약이 사해행위로 취소됨에 따라 수익자에 대한 부당이
득반환채무 이행을 위하여 소비대차계약체결 + 공정증서 작성 : 수익자의 채권은
사해행위 이후의 채권[대법원 2015. 10. 29. 선고 2012다14975 판결]

■새로운 사해행위가 아님 전체적으로 소외1의 책임재산은 감소하지 아니하였을 뿐만 아니라, 이로써 소외1
이 피고에게 그의 책임재산을 실질적으로 양도한 것이라고 보기 어렵다. 따라서 이 사건 소비대차계약은 사해행위
에 해당한다고 할 수 없다.

■수익자는 원상회복된 재산에 대한 강제경매절차에서 배당요구 불가이러한 수익자의 채무자
에 대한 채권은 당초의 사해행위 이후에 취득한 채권에 불과하므로 수익자는 그 원상회복된 재산에 대한 강제경매
절차에서 배당을 요구할 권리가 없다.

4. 기판력

가. 범위 : 채권자와 수익자 · 전득자 사이에서만[대법원 1988. 2. 23. 선고 87다카1989 판결]

[87다카1989] 전소 패소 수익자의 채무자에 대한 후소와 소의 이익, 기판력 항변 가부

▶[전소] 사해행위취소소송 원고 승소 : 말소
▶[후소] 사해행위취소소송 피고(수익자)가 채무자에게 말소회복등기청구
◀채무자
■소의 이익이 없다는 항변 : 불가 원고(수익자)의 이 사건 청구에 의하여 소유권회복등기가 된 후에 피고 보조참가
인(취소채권자)의 원고에 대한 위 판결의 집행에 의하여 다시 원고 앞으로 회복된 등기가 말소될 운명에 있다하더라도
위 채권자취소권을 행사한 피고 보조참가인이 판시 건물을 환가하여 변제받은 과정에서 원고도 자기의 채권을 돌려
받을 수도 있으므로 원고에게 이 사건소송을 제기할 이익이 있다.
■사해행위취소소송의 기판력에 반한다고 주장 불가

나. 취소채권자 vs 수익자의 고유채권자 : 선집행우선설

■수익자의 고유채권자(배당금 가압류[대법원 2009. 5. 14. 선고 2007다64310 판결, 대법원 2009. 6. 11.
선고 2008다7109 판결], 부동산 가압류[대법원 2005. 11. 10. 선고 2004다49532 판결]), 채무자에 대한
채권자(근저당권자)[대법원 2001. 5. 29. 선고 99다9011 판결] : 사해행위취소 판결의 효력 배제,

배당금에 대하여 우선변제 가능, 가압류에 기한 강제집행 가능[대법원 1990. 10. 30. 선고 89다 카35421 판결] 사해행위의 목적부동산에 수익자에 대한 채권자의 가압류등기가 경료된 후 채무자와 수익자 사이의 위 부동산에 관한 매매계약이 사해행위라는 이유로 취소되어 수익자 명의의 소유권이전등기가 말소되었다 하더라도 사해행위의 취소는 상대적 효력밖에 없어 특단의 사정이 없는 한 가압류의 효력이 당연히 소멸되는 것은 아니므로 채무자로부터 위 부동산을 진전하여 양도받은 자는 가압류의 부담이 있는 소유권을 취득하였다 할 것인바, 원심이 위 부동산에 관한 수익자 명의의 소유권이전등기가 원인무효라는 이유만으로 가압류채권자의 위 부동산에 대한 강 제집행을 불허한 조치는 사해행위취소의 효력에 관한 법리를 오해한 위법이 있다.

■ 사해행위 이전의 가압류 채권자에게 취소의 효력 배제(배당표 경정 불가)[대법원 2008. 9. 25. 선고 2007다47216 판결]

■ 취소채권자 : 배당액에 대하여 우선권 부정[대법원 2005. 8. 25. 선고 2005다14595 판결] 취소채권자가 자신이 회복해 온 재산에 대하여 우선권을 가지는 것은 아니라고 할 것이므로, 사해행위의 수익자 소유의 부동산에 대한 경매절차에서 취소채권자가 수익자에 대한 가액배상판결에 기하여 배당을 요구하여 배당을 받은 경우, 그 배 당액은 배당요구를 한 취소채권자에게 그대로 귀속되는 것이 아니라 채무자의 책임재산으로 회복되는 것이며, 이에 대하여 채무자에 대한 채권자들은 채권만족에 관한 일반원칙에 따라 채권 내용을 실현할 수 있는 것이다.

Ⅶ. 원상회복 방법

1. 원물반환 원칙 : 말소등기, 이전등기, 인도(동산 : 채권자가 직접 자기에게 인도청구 가능)[대법원 1999. 8. 24. 선고 99다23468,23475 판결, 대법원 2008. 4. 24. 선고 2007다84352 판결]

가. 가압류된 부동산을 사해행위로 매수한 수익자·전득자가 가압류 청구채권 변제· 해방공탁

(1) 원물반환 : 소유권 이전등기말소

(2) 가액반환을 할 경우에도 변제액 공제 불가[대법원 2003. 2. 11. 선고 2002다37474 판결] 사해행위 당시 어느 부동산이 가압류되어 있다는 사정은 채권자 평등의 원칙상 공동담보로서 그 부동산의 가치에 영향을 미치지 않으므로 사해행위 후 수익자 또는 전득자가 그 가압류 청구채권을 변제하거나 채권액 상당을 해방공탁하 여 가압류를 해제시키거나 그 집행을 취소시켰다 하더라도 원물반환대신 가액배상을 명하여야 하거나, 다른 사정 으로 가액배상을 명하는 경우에도 그 변제액을 공제할 것은 아님 ⇔ 취소채권자에게 피담보채무 전액에 대하여 우선변제권이 확보된 경우(2002다41589)와 다름

나. 수익자가 이전등기청구권 가등기 후 선순위 담보가등기·근저당권 말소 : 매매예 약취소 + 가등기말소[대법원 2003. 7. 11. 선고 2003다19435 판결] 선행 근저당권말소, 피담보채무 변제 무관, 99다20612 가등기 자체만으로는 물권취득의 효력이 발생하지 않기 때문, 소유권이전등기청구권보전을 위 한 가등기가 사해행위로서 이루어진 경우 그 매매예약을 취소하고 원상회복으로서 가등기를 말소하면 족한 것이 고, 가등기 후에 저당권이 말소되었다거나 그 피담보채무가 일부 변제된 점 또는 그 가등기가 사실상 담보가등기

라는 점 등은 그와 같은 원상회복의 방법에 아무런 영향을 주지 않으므로 가등기의 말소를 명한 원심의 결론은 정당하다. [비교 : 대법원 2001. 6. 12. 선고 99다20612 판결] 저당권이 설정되어 있는 부동산이 사해행위로 이전된 경우에 그 사해행위는 부동산의 가액에서 저당권의 피담보채권액을 공제한 잔액의 범위 내에서만 성립한다고 보아야 하므로, 사해행위 후 변제 등에 의하여 저당권설정등기가 말소된 경우 그 부동산의 가액에서 저당권의 피담보채무액을 공제한 잔액의 한도에서 사해행위를 취소하고 그 가액의 배상을 구할 수 있을 뿐이고, 특별한 사정이 없는 한 변제자가 누구인지에 따라 그 방법을 달리한다고 볼 수는 없다.

다. 근저당권을 설정하면서 차용한 돈으로 사해행위 이전에 설정된 별개의 근저당권

말소피고로부터의 차용금으로 선순위 근저당 피담보채무 변제 : **원상회복(근저당권등기 말소)에 영향 없음**[대법원 2007. 10. 11. 선고 2007다45364 판결] 수인의 채권자 중 특정 채권자에게 채무자의 유일한 부동산에 관하여 근저당권을 설정해 주는 행위는 다른 특별한 사정이 없는 한 사해행위에 해당한다고 할 것이고, 그 특정 채권자로부터 차용한 금원의 사용처에 따라 사해행위의 범위가 달라지는 것은 아니라 할 것이며, 한편 사해행위로 경료된 근저당권설정등기가 사해행위취소소송의 변론종결시까지 존속하고 있는 경우 그 원상회복은 근저당권설정등기를 말소하는 방법에 의하여야 할 것이고, 사해행위 이전에 설정된 별개의 근저당권이 사해행위 이후에 말소되었다는 사정은 원상회복의 방법에 아무런 영향을 주지 아니한다.

라. 사해행위 후 선의 전득자가 근저당권 취득 : 말소등기청구(이해관계인의 승낙 필요)[대법원 2001. 2. 9. 선고 2000다57139 판결], 진정명의회복을 위한 이전등기

마. 근저당설정계약의 일부가 사해행위[사해행위(최고액 20억)에 의한 차용금(15억) 일부 금원(4억)으로 선순위 피담보채무(4억) 변제]

(1) 취소범위 : 사해행위 채권최고액(20억)에서 변제한 선순위 근저당권의 피담보채무액(4억)을 공제한 한도에서 취소

(2) 원상회복 : 사해행위인 설정계약의 채권최고액(20억)을 변제된 선순위근저당권 피담보채무액(4억)으로 감축하는 변경등기[대법원 2006. 12. 7. 선고 2006다43620 판결]

1-1. 반환범위

■ 사용이익, 임료상당액 제외[대법원 2008. 12. 11. 선고 2007다69162 판결] ∵ 책임재산은 당해 부동산
■ 우선변제권 있는 임대차보증금은 공제[대법원 2007. 7. 26. 선고 2007다29119 판결]

2. 특수한 원물반환 : 예금주명의신탁 → 예금채권을 출연자에게 양도 + 금융기관에 양도통지

3. 반환방법의 선택이 가능한 경우

가. 이혼에 의한 재산분할

(1) 원물반환 : 1/2지분 말소등기
(2) 가액배상 : min[① 피보전채권, ② 목적물 가액의 1/2]

나. 선의 전득자가 저당권을 취득한 경우

(1) 원물반환 : 말소등기청구[대법원 2001. 2. 9. 선고 2000다57139 판결] 이해관계인의 승낙이 없으면 말소 불가, 진정명의회복을 위한 이전등기
(2) 가액배상 : min[① 피보전채권, ② 책임재산가액]

4. 가액배상

가. 원물반환과의 관계 : 원물반환 가능시 가액배상 불허, 원물반환이 불가능하거나 현저히 곤란한 경우에만 가능[대법원 2010. 4. 29. 선고 2009다104564 판결]

나. 기준시기 : 사실심 변론종결시[대법원 1999. 9. 7. 선고 98다41490 판결]

다. 범위

(1) 수익자가 전득자로부터 실제로 수수한 대가와는 상관없이 사실심 변론종결시를 기준으로 객관적으로 평가[대법원 2010. 4. 29. 선고 2009다104564 판결] 가액배상액을 산정함에 있어 그 가액은 수익자가 전득자로부터 실제로 수수한 대가와는 상관없이 사실심 변론종결시를 기준으로 객관적으로 평가하여야 한다, 원고가 피고를 상대로 사해행위취소의 확정판결을 받은 후 원상회복으로서 가액반환청구를 할 실익이 있는 이상 이 사건 소가 소의 이익이 없는 부적법한 소라고 볼 수 없다.
(2) 수익자의 이익 잔존여부 불문[대법원 2001. 6. 1. 선고 99다63183 판결]
(3) 이행의 상대방은 채권자 : 가액배상판결은 수익자에 대한 집행권원 → 수익자의 다른 부동산에 대해 강제집행·배당요구 가능[대법원 2008. 4. 24. 선고 2007다84352 판결]

라. 사유 : 상대방의 고의, 과실 불요[대법원 1998. 5. 15. 선고 97다58316 판결]

(1) 사실상 불가능(목적물의 멸실, 일반재산 혼입으로 특수성 상실, 수익자가 이미 채권을 추심한 경우)
(2) 법률상 불가능(수익자가 선의 전득자에게 처분)[대법원 2007. 7. 12. 선고 2007다18218 판결] 사해행위의 목적물이 상장주식인 경우, 수익자 또는 전득자는 대체물인 그 상장법인의 주식 중 원상회복을 할 수량을 다시 취득하여 원물반환의무를 이행할 수 있으므로 양도받은 주권 그 자체를 보유하고 있지 않다는 사실만으로 주식반환의무가 불가능하게 되었다고 할 수 없음 ⇔ [비교 : 대법원 2001. 6. 12. 선고 99다20612 판결, 대법원

2003. 7. 11. 선고 2003다19435 판결] 사해행위가 가등기로 이루어진 경우에는 원물반환

(3) 공평의 관점에서 불가능(경매에 의한 저당권말소) : 저당권자 이외의 자에게 양도되어 그 후 변제 등으로 저당권이 소멸된 경우99다20612, 2002다41589, [요건사실] : ① 당해부동산에 저당권이 설정되어 있었던 사실, ② 저당권이 설정된 상태에서 사해행위로 부동산의 권리가 이전된 사실, ③ 그 이후 그 저당권설정등기가 말소된 사실이나 소멸원인, 변제자는 고려대상이 아님 ⇔ 저당권이 설정된 부동산이 저당권자 이외의 자에게 양도되어 저당권이 존속하는 경우에는 사해행위 전부를 취소하고 원물반환의 형식으로 원상회복[사법연수원 채권자취소권 사례연습 해설]

마. 가액배상 반환범위 : min[① 피보전채권액사해행위 당시 기준, ② 목적물의 공동담보가액변론종결시 기준, ③ 수익자·전득자의 이익]

(1) 피보전채권액 : 사해행위 당시의 피보전채권액에 대하여 변제충당 유추적용 후 변론종시까지의 이자 가산 ➡ [사해행위 당시 원고 채권액 − 사해행위 당시 원고 우선변제 가능 금액(원고채권에 대한 담보물의 사해행위 당시 시가 − 원고보다 선순위인 담보권자들의 피담보채권액)] + 이에 대한(→사해행위일부터) 변론종결시까지의 이자·지연손해금[대법원 2003. 7. 11. 선고 2003다19572 판결]

(2) 목적물의 공동담보가액 : 변론종결시 가액

(개) 피담보채권액의 증감변동이 있는 경우

➡ min[max(사해행위 당시 피담보채권액, <u>변론종결시 피담보채권액</u>), 채권최고액]

　　↳2003다60891, 2005다65197 　　　　↳말소 불문[2005다65197] 말소된 저당권의 피담보채권, 말소되지 않은 저당권의 피담보채권 모두 공제 ⇔ 채무를 부담하지 않음에도 변제하여 소멸시킨 경우 : 공제 제외(대법원 2006. 12. 7. 선고 2006다43620 판결)

(내) 소액보증금·보증금 : 대항력만 있는 임차인은 사해행위 당시까지[대법원 2001. 6. 12. 선고 99다51197, 51203 판결] 또는 변론종결 당시까지[대법원 2002. 3. 29. 선고 99다58556 판결] 확정일자를 갖추면 공제, 상속재산분할협의가 일부 상속인의 채권자에 대한 사해행위가 되는 경우에도 적용99다51197

(대) 경매신청이 취하된 경우 집행비용 : max[사해행위 당시, 변론종결시][대법원 2008. 8. 21. 선고 2008다26360 판결, 대법원 2011. 2. 10. 선고 2010다79565 판결]

(래) 사해행위 후 선의 전득자가 근저당권 취득 : 근저당권의 피담보채무 공제 배제[대법원 2003. 12. 12. 선고 2003다40286 판결] 가액배상에 있어서는 일반 채권자들의 공동담보로 되어 있어 사해행위가 성립하는 범위 내의 가액의 배상을 명하여야 하는 것이므로, 사해행위 후 그 목적물에 관하여 선의의 제3자가 저당권을 취득하였음을 이유로 가액배상을 명하는 경우에는 사해행위 당시 일반 채권자들의 공동담보로 되어 있었던 부동산 가액 전부의 배상을 명하여야 할 것이고, 그 가액에서 제3자가 취득한 저당권의 피담보채권액을 공제할 것은 아니고, 증여의 형식으로 이루어진 사해행위를 취소하고 원물반환에 갈음하여 그 목적물 가액의 배상을 명함에 있어서

는 수익자에게 부과된 증여세액과 취득세액을 공제하여 가액배상액을 산정할 것도 아니다.

(매) 가압류된 부동산을 사해행위로 매수한 수익자 · 전득자가 가압류 청구채권 변제 · 해방공탁하여 가액반환을 할 경우에도 변제액 공제 불가[대법원 2003. 2. 11. 선고 2002다37474 판결]

(3) 수익자 · 전득자의 이익

(가) 소유권 이전 : 목적물 공동담보가액

(나) 저당권 설정 : 피담보채권액[대법원 2001. 9. 4. 선고 2000다66416 판결] → min[① 원고채권액, ② 부동산가액 - 말소된 다른 근저당권가액, ③ 피고 피담보채무액]

[대법원 2006. 12. 7. 선고 2006다43620 판결] 수익자 · 전득자의 이익 판단 사례

▸ 수익자에 대하여 : min[① 채권액 0.61, ② 변종시 시가4.6-말소된 선순위 근저당 피담보채무3.4]

▸ 전득자에 대하여 : min[① 채권액 0.61, ② 변종시 시가4.6-말소된 선순위 근저당 피담보채무3.4, ③ 전득자 이익 : 피담보채무 4억]

바. 가액배상 관련 논점

(1) 공제 여부 및 범위 : 일반채권자들의 공동담보 아닌 부분까지 회복되는 경우

(가) 부동산 가액 - 공동담보 아닌 부분 가액저당권의 사해행위 당시 실제 피담보채권 **일부취소, 가액반환**(∴ 부동산가압류만 허용)2002다41589, 2007다28819

(나) 수익자가 근저당권 피담보채무 변제 후 전득자에게 양도하여 전득자를 상대로 취소하는 경우에도 **동일**[2012 제54회 사법시험]

(다) 사해행위 당시 일반 채권자들의 공동담보로 되어 있던 부동산 가액 '전부' 배상[대법원 2007. 5. 31. 선고 2006다18242 판결]

(2) 1부동산 관련 사해행위취소 가액배상시 2부동산에 관하여 말소된 근저당권 · 전세권 피담보채무 : 불공제2006다18242

(3) 사해행위 후 선의의 제3자(전득자) 근저당권 취득에 의한 가액배상 : 제3자 근저당권의 피담보채무 불공제, 증여세 · 취득세 불공제[대법원 2003. 12. 12. 선고 2003다40286 판결]

∵ 수익자가 당초 취득한 재산 자체에는 저당권이 설정되어 있지 않았으므로

(4) 사해행위인 매매계약 후 수익자가 채무자를 위해 근저당설정(물상담보) : 가액배상시 근저당권 피담보채권액 불공제[대법원 2001. 6. 1. 선고 99다63183 판결]

(가) 수익자의 상계 · 공제항변

① 원칙 : 채무자에 대한 채권으로 상계주장 불가수익자를 보호하고 다른 채권자의 이익을 무시하는 결과가 되어 채권자취소권 제도의 취지에 반함, 채무자에게 지급한 금액 공제 주장 불가[대법원 2001. 6. 1. 선고 99다63183 판결] 채권자취소권의 행사로 인하여 채무자가 수익자나 전득자에 대하여 어떠한 권리를 취득하는

것은 아니므로

② 예외 : 수익자인 피고가 판결의 가집행을 면하기 위해 판결주문에 따라 채무자에게 지급 : 공제 주장 가능99다63183

③ 예외의 제한 : 판결주문에 따른 지급이 아닌 경우 : 구청구 → 인용 판결 → 소변경(구청구 취하) → 구청구를 인용한 1심 판결 실효 → 지급99다63183

(나) 취소채권자에 대한 채권으로 상계 : 가능 → 수익자가 취소채권자에 대한 별개의 다른 채권을 집행채권으로 하여 취소채권자의 자신에 대한 가액배상채권에 관하여 전부명령을 받는 것도 허용[대법원 2017. 8. 21.자 2017마499 결정] 수익자의 채무자에 대한 채권을 기초로 한 상계나 임의적인 공제와는 그 내용과 성질이 다르므로

(5) 사해행위인 매매예약에 기하여 수익자 앞으로의 가등기 후 전득자 앞으로의 부기등기 + 본등기 : 수익자를 상대로 매매예약 취소 + 가액배상청구[2012다952] 가등기 말소소송의 피고적격은 없으므로

(6) 취소채권자의 가액반환과 상계

(가) 가액반환시 직접 수령 + 상계 가능, 분배의무 부정➡ 취소채권자의 채권에 대한 사실상 독점적, 우선적 변제효과 발생

(나) 다른 채권자가 있는 경우 : 안분액 지급청구 불가, 수인의 취소채권자에게 안분 반환 불가, 반환범위는 min[반환가액, 피보전채권 전액][대법원 2008. 4. 24. 선고 2007다84352 판결]

(7) 원물반환 청구취지 : 가액배상 청구취지 포함[대법원 2001. 6. 12. 선고 99다20612 판결], 지연손해금을 구하는 청구취지는 포함되지 않음(지연손해금 주문 불가)

(8) 수익자와 전득자가 공동피고가 되어 가액배상을 하는 경우 : 부진정 연대채무[사법연수원 채권자취소권 사례연습 해설]

(9) 지연손해금 : 판결확정시 가액배상 의무가 발생하므로 판결확정일 다음날부터 지연손해금 발생, 가액배상청구는 장래이행의 소에 해당하여 소송촉진 등에 관한 특례법 적용이 배제되므로 법정이율 5% 적용[대법원 2002. 6. 24. 선고 2000다3583 판결]

(10) 가액배상은 취소 판결확정으로 이행의무가 발생하므로 가집행 선고 불가[대법원 1998. 11. 13. 선고 98므1193 판결] ⟺ 이미 사해행위취소 판결이 선고·확정된 후 가액배상청구 : 이행소송이므로 가집행 + 소송촉진 등에 관한 특례법 적용

5. 대상청구[대법원 2012. 6. 28. 선고 2010다71431 판결]

가. 요건 : 원물반환으로 근저당권등기말소판결 확정 후 제3자에게 매각으로 이행불능 → 대상청구 가능

나. 범위 : 수익자는 말소될 근저당권등기에 기하여 근저당권자로서 지급받은 배당금

을 반환 부동산이 임의경매절차에 의하여 제3자에게 낙찰됨으로써 확정된 이전 판결에 기한 피고의 근저당권 설정등기의 말소등기절차의무가 이행불능이 된 경우, 원고는 대상청구권의 행사로서 피고가 말소될 근저당권설정 등기에 기한 근저당권자로서 지급받은 배당금의 반환을 청구할 수도 있다. 원고는 소장에서 '이 사건 근저당권설 정계약이 사해행위로서 이미 확정판결에 의하여 취소되었고, 피고의 이 사건 근저당권설정등기가 임의경매 진행 으로 인해 배당금청구권으로 변했으므로 피고에 대하여 원상회복의 수단으로 위 배당금청구권을 소외2에게 양도 하라는 등의 의사표시를 구하는 것입니다'라고 주장한 후, 피고가 이 사건 부동산에 관한 임의경매절차에서 근저 당권자로서 배당금을 수령하자 2009. 10. 9. 청구취지 및 원인변경신청서를 제출하면서 '원상회복으로 피고가 지 급받은 배당금 상당금원의 지급을 구하는 것'으로 청구취지 및 청구원인을 변경한 사실을 알 수 있으므로 원고의 위와 같은 주장 속에는 가액배상만을 구하는 것이 아니라 대상청구도 함께 구하고 있는 것으로 봄이 상당하다.

6. 배당

가. 배당요구 종기 후 배당표 작성 전 취소 : 적법한 배당요구 채권자들에게 배당

나. 배당기일에 배당이의를 한 경우 : 배당이의 채권자의 독점적 만족(배당액 삭제·경정)[대법원 2004. 1. 27. 선고 2003다6200 판결], 초과배당받은 채권자는 적법하게 배당요구를 하였으나 정당한 배당을 받지 못한 다른 채권자에게 부당이득 반환의무[대법원 2011. 2. 10. 선고 2010다90708 판결]

다. 배당표는 확정되었으나 수익자가 배당금을 수령하지 않은 경우(배당절차 미종료)

(1) 본안소송

㈎ 근저당설정계약취소말소되었어도 수익자로 하여금 근저당권자로서 배당받도록 하는 것은 민법 제406조 제1 항의 취지에 반하므로 권리보호이익인정 + 배당금지급청구권 양도수익자 → 채무자·양도통지국가에게 [2003다6200] 다른 채권자의 존재를 고려할 필요 없이 그 채권자의 채권이 만족을 얻지 못한 한도에서만 근저당권 설정계약을 취소하고 그 한도에서만 수익자의 배당액을 삭제하여 원고의 배당액으로 경정

㈏ 배당이의의 소 : 귀원 2020타경0000 부동산강제경매사건에 관하여 귀원이 2020.11.1. 작 성한 배당표 중 피고에 대한 ×원의 배당을 취소하고, 원고에 대한 배당액 ×원을 ×원으로 경정한다.

(2) 보전처분 : 배당금에 대한 지급금지가처분

라. 근저당권자수익자에게 배당된 금원에 대한 지급금지가처분결정으로 집행법원이 배 당금을 공탁한 후 근저당권설정계약이 사해행위로 취소된 경우(배당절차 미종 료)[대법원 2002. 9. 24. 선고 2002다33069 판결]

(1) 공탁금은 취소채권자 + 배당요구한 다른 채권자들에게 추가배당 → 근저당권자원고 (수익자)로서 경매법원에 채권계산서를 제출하였으나 그 근저당권설정계약원고+동명

(채무자)이 사해행위로서 취소피고(취소채권자)→원고된 경우 : 적법한 배당요구로 볼 수 없으므로 배당이의원고→피고 기각2002다33069

(2) 배당금지급청구권채무자 → 대한민국(경매법원의 공탁)에 대해 압류·추심을 받은 수익자2002다33069 사건의 원고 : 경매법원으로서는 ① 배당절차가 이미 종결되었으므로 위 공탁금을 피고에게 추가배당하여서는 아니 되고 공탁금지급채권에 관하여 압류 및 추심명령을 받은 원고가 이를 지급받아야 하며, ② 가사 추가배당을 하더라도, 원고와 피고의 채권액에 따라 안분하여 배당하였어야 한다고 주장

(가) 배당절차 미종료 : 추가배당 후 남은 잉여금에 한하여 효력[2002다33069] 근저당권자에게 배당하기로 한 금원에 대하여 지급금지가처분결정이 있어 경매법원이 그 배당금을 공탁한 후에 그 근저당권설정계약이 사해행위로서 취소된 경우, 공탁금의 지급 여부가 불확정 상태에 있는 경우에는 공탁된 배당금이 피공탁자에게 지급될 때까지는 배당절차는 아직 종료되지 않은 것이라고 볼 수도 있으므로 반드시 배당절차가 확정적으로 종료되었다고 단정할 수는 없다는 점, 채권자취소의 효과는 채무자에게 미치지 아니하고 채무자와 수익자와의 법률관계에도 아무런 영향을 미치지 아니하므로 취소채권자의 사해행위취소 및 원상회복청구에 의하여 채무자에게로 회복된 재산은 취소채권자 및 다른 채권자에 대한 관계에서 채무자의 책임재산으로 취급될 뿐 채무자가 직접 그 재산에 대하여 어떤 권리를 취득하는 것은 아니라는 점 등에 비추어 보면, 그 공탁금은 그 경매절차에서 배당요구하였던 다른 채권자들에게 추가배당함이 상당하고, 그 공탁금지급청구권에 관한 채권압류 및 추심명령은 추가배당절차에서 배당되고 남은 잉여금에 한하여 효력이 있을 뿐이라고 할 것이다.

(나) 근저당권자의 채권계산서 제출 후 근저당권설정계약이 사해행위로 취소된 경우 : 적법한 배당요구로 볼 수 없음[2002다33069] 경매법원이 추가배당을 실시할 경우에 배당받을 채권자는 경매절차에서 적법하게 배당요구한 채권자이어야 하는데, 원고의 경우와 같이 근저당권자로서 경매법원에 채권계산서를 제출하기는 하였지만 그 근저당권설정계약이 사해행위로서 취소된 때에는 이를 적법한 배당요구로 볼 수 없다 할 것이다. 그와 같은 취지에서 원고는 적법하게 배당요구한 채권자에 해당하지 아니하므로 그 공탁금을 원고와 피고에게 안분하여 배당할 것이 아니라고 본 원심의 판단은 정당하고, 거기에 경매절차에서의 배당에 관한 법리를 오해한 위법이 있다 할 수 없다.

(다) 압류·추심으로 우선 수령시 다른 채권자들원고(다른 취소채권자)에 대하여 부당이득 성립[대법원 2009. 5. 14. 선고 2007다64310 판결] ⇔ [원심] : 피고의 추심신고시까지 이 사건 배당금 지급채권에 대한 압류·가압류, 배당요구도 없었음을 이유로 피고는 추심금 전액을 변제에 충당할 수 있다고 판단

마. 배당종료시(수익자근저당권자가 배당금을 수령)

(1) 본안소송 : 근저당권설정계약 취소 + 배당금 지급청구(피고는 원고에게 ×원 및 이에 대한 이 판결확정일 다음 날부터 다 갚는 날까지 연 5%의 비율에 의한 금원을 지급하라.)[대법원 2001. 2. 27. 선고 2000다44348 판결] 이미 매각대금을 납부한 매수인의 소유권취득에는 영향 없음, [대법원 2002. 10. 25. 선고 2002다42711 판결, 대법원 2003. 11. 28. 선고 2003다50061 판결, 대법원 2005. 5. 27. 선고 2004다67806 판결]

(2) 매수인이 매각대금을 다 낸 경우 보전처분 : 배당금공탁된 경우에는 공탁금채권에 대한 지급금지가처분만 가능, 부동산 자체의 처분금지가처분은 불허

7. 원상회복이 불필요한 경우

가. 채무면제

나. 상계

- ■ 사해행위취소로 상계로 소멸된 채권채무자→수익자 부활
- ■ 채권자는 수익자를 상대로 직접·대위에 의한 이행청구 불필요[대법원 2003. 8. 22. 선고 2001다64073 판결]

8. 원상회복된 재산에 대한 채무자의 새로운 처분

가. 처분의 효력 : 무권리자의 처분행위 사해행위취소와 원상회복의 효력을 받는 채권자와 수익자 사이에서 채무자의 책임재산으로 취급될 뿐 채무자가 직접 부동산을 취득하여 권리자가 되는 것은 아님

나. 제3자 명의 소유권이전등기 말소 방법[민법판례연구 200]

(1) 제3자 채권침해에 따른 방해배제청구 : 불가[대법원 2001. 5. 8. 선고 99다38699 판결] 채권은 대세적 효력이 없으므로 그 권리를 사실상 침해하였다는 사정만으로 방해배제청구를 할 수 없다.

(2) 불법행위에 기한 방해배제청구 : 불가[대법원 2012. 9. 13. 선고 2010다77538 판결] 제3자의 행위가 채권을 침해하는 것으로서 불법행위에 해당한다고 할 수 있으려면, 그 제3자가 채권자를 해한다는 사정을 알면서도 법규를 위반하거나 선량한 풍속 기타 사회질서를 위반하는 등 위법한 행위를 함으로써 채권자의 이익을 침해하였음이 인정되어야 하고, 이때 그 행위가 위법한 것인지 여부는 침해되는 채권의 내용, 침해행위의 태양, 침해자의 고의 내지 해의의 유무 등을 참작하여 구체적·개별적으로 판단하되, 거래자유 보장의 필요성, 경제·사회정책적 요인을 포함한 공공의 이익, 당사자 사이의 이익균형 등을 종합적으로 고려하여 판단하여야 한다.

(3) 대위청구 불가 채무자는 실제로 소유권을 회복한 것이 아니라 채권자들의 강제집행이 가능하도록 등기를 돌려받은 것에 불과, 상대적 무효설 : 채무자와 제3자 사이는 유효 → 채무자에게 말소등기청구권 부존재 ⇔ [비판 : 민법판례연구 205] 103조 위반 이중매매의 경우 매도인은 불법원인급여 법리에 의하여 제2매수인에게 등기의 말소를 구할 수 없지만 제1매수인은 매도인을 대위하여 제2매수인에게 등기말소 가능하다는 법리에 따라 대위청구도 허용하자는 견해

(4) 직접 말소청구[대법원 2017. 3. 9. 선고 2015다217980 판결]

㈎ 청구권자 : 취소채권자나 제407조 효력을 받는 채권자 사해행위 당시에 채권발생에 대한 고도의 개연성이 있어서 채권자취소권의 피보전채권으로 될 수 있는 장래에 발생할 채권을 가진 자도 포함 : 사해행위의 취소는 채권자와 수익자의 관계에서 상대적으로 채무자와 수익자 사이의 법률행위를 무효로 하는 데에 그치고 채무자와 수익자 사이의 법률관계에는 영향을 미치지 아니하므로, 채무자와 수익자 사이의 부동산매매계약이 사해행위로 취소되고 그에 따른 원상회복으로 수익자 명의의 소유권이전등기가 말소되어 채무자의 등기명의가 회복되더라도, 그 부동산은 취소채권자나 민법 제407조에 따라 사해행위 취소와 원상회복의 효력을 받는 채권자와 수익자 사이에서 채무자의 책임재산으로 취급될 뿐, 채무자가 직접 그 부동산을 취득하여 권리자가 되는 것은 아니다. 따라서 채

무자가 사해행위 취소로 그 등기명의를 회복한 부동산을 제3자에게 처분하더라도 이는 무권리자의 처분에 불과하여 효력이 없으므로, 채무자로부터 제3자에게 마쳐진 소유권이전등기나 이에 기초하여 순차로 마쳐진 소유권이전등기 등은 모두 원인무효의 등기로서 말소되어야 한다. 이 경우 취소채권자나 민법 제407조에 따라 사해행위 취소와 원상회복의 효력을 받는 채권자는 채무자의 책임재산으로 취급되는 그 부동산에 대한 강제집행을 위하여 위와 같은 원인무효 등기의 명의인을 상대로 그 등기의 말소를 청구할 수 있다고 보아야 한다.

(나) 상대방 : 선악 불문 ⇔ 거래의 안전을 해치지 않는 범위에서 채무자의 책임재산을 확보한다는 사해행위취소 제도의 취지에 따라 악의의 제3자에 대하여 민법 제406조를 유추하자는 견해도 있음[민법판례연구 204]

9. 사례연습

가. 사법연수원 판결 주문 사례연습

사법연수원 판결 주문 사례연습 6

Ⅰ. 사실관계

- 갑은 은행대출을 받기 위해 2011.4.1. 신용보증회사인 원고와 신용보증약정을 맺고, 그에 따른 신용보증서를 발급받아 연수은행으로부터 2억 원을 대출받았고, 갑의 처남인 을은 2011.4.1. 갑이 원고에 대하여 부담하게 될 구상금채무를 연대보증함

- 신용보증약정서 : 갑이 연수은행에 위 대출금채무를 제때 갚지 못하여 원고가 연수은행에 신용보증채무를 이행한 경우, 갑이 원고에게 구상금으로서 보증채무변제금 및 이에 대하여 그 변제일부터 다 갚는 날까지 원고가 정한 손해금률로 계산한 이자 또는 지연손해금, 보증료가 납부된 기간 만료일의 다음 날부터 보증채무변제일의 전날까지 보증원금에 대하여 원고가 정한 적용보증료율로 계산한 위약금, 구상채권의 집행·보전을 위하여 지출된 비용 등을 상환해야 하는 것으로 정함

- 갑은 경영악화로 2015.2.7.부도를 내고, 원고가 2015.4.17. 연수은행에 갑의 대출원리금 2억 1,000만 원을 변제하였는데, 위 신용보증약정서에 따른 위약금과 구상채권의 보전을 위하여 원고가 지출한 가처분 신청비용 등을 합한 금액은 500만 원이며, 그 당시부터 변론종결일까지 원고가 정한 손해금률은 연 20%

- 을은 2015.2.3. 유일한 재산인 이 사건 아파트(별지 목록 기재 아파트)를 자신의 사촌 동생인 병에게 대금 5억 원에 매도하는 매매계약을 체결하고, 서울남부지방법원 구로등기소 2015.2.6. 접수 제3357호로 위 매매계약을 원인으로 하는 이전등기를 경료하여 주었는데, 당시 이 사건 아파트에는 2011.3.10. 설정된 채권최고액 2억 원의 1순위 근저당권과 2011.10.8. 설정된 채권최고액 1억 5,000만 원의 2순위 근저당권이 존재하고 있었고, 을의 채권자A가 2015.1.29. 청구금액을 5,000만 원으로 하여 서울남부지방법원 2015카단1840호로 받은 가압류등기가 마쳐져 있었음

- 병은 이 사건 아파트에 관하여 위와 같이 이전등기를 마친 후 2015.5.15. 2순위 근저당권의 피담보채무액 1억 5,000만 원을 모두 변제하고 그 근저당권설정등기를 말소하였고, A의 가압류 청구금액도 전액 변제함으로써 위 가압류 등기도 2015.6.20. 말소됨

- 변론종결일 현재 이 사건 아파트의 시가는 5억 원이고, 잔존하고 있는 위 1순위 근저당권의 피담보채무액은 2015.2.3. 당시 1억 6,000만 원이었는데, 변론종결 당시에는 1억 8,000만 원으로 증가

- 원고는 2015.9.11.㉠ 을에 대하여, 원고가 지출한 보증채무변제금 등 합계 2억 1,500만 원 및 그중

보증채무변제금 2억 1,000만 원에 대하여 그 변제일부터 다 갚는 날까지는 연 20%의 비율로 계산한 이자 또는 지연손해금의 지급을 구하는 한편, ㉰ 을과 병 사이의 위 매매가 원고를 해하는 사해행위라고 주장하면서 ㉮ 을과 병에 대하여, 각 위 매매계약을 취소하고, ㉯ 병에 대하여, 원고에게 3억 5,000만 원 및 이에 대한 이 사건 소장부본 송달 다음날부터 다 갚는 날까지 소송촉진 등에 관한 특례법에 따른 연 20%의 비율로 계산한 지연손해금의 지급을 구하는 소를 제기

■ 소장부본 송달일 : 2015.9.18., 변론종결일 : 2016.4.15., 판결선고일 : 2016.4.29.

Ⅱ. 주문

1. 원고의 피고 을에 대한 소 중 매매계약취소청구 부분을 각하한다.
2. 피고 을은 원고에게 215,000,000원 및 그중 210,000,000원에 대하여 2015. 4. 17.부터 다 갚는 날까지 연 20%의 비율로 계산한 돈을 지급하라.
3. 가. 피고 을과 피고 병 사이에 별지 목록 기재 아파트에 관하여 2015.2.3. 체결된 매매계약을 170,000,000원의 한도 내에서 취소한다.

➡ 사해행위취소의 상대적 효력의 범위(원고와 피고 병 사이에서)를 주문에서 명시할 필요는 없음
   나. 피고 병은 원고에게 170,000,000원 및 이에 대한 이 판결 확정일 다음날부터 다 갚는 날까지 연 5%의 비율로 계산한 돈을 지급하라.

➡ 사해행위취소로 인한 가액배상 지급의무는 그 전제가 되는 사해행위취소라는 형성판결이 확정될 때 비로소 발생하므로 판결확정 전에는 지체책임이 발생하지 않고, 따라서 판결확정일까지의 지연손해금은 발생하지 않는다.

➡ 가액배상청구는 장래의 이행을 구하는 것으로서 소송촉진 등에 관한 특례법 제3조 제1항 단서의 적용을 받으므로, 그 지연손해금 비율은 민사법정이율에 의한다.
4. 원고의 피고 병에 대한 나머지 청구를 기각한다.

나. 사법연수원 채권자취소권 사례연구[사법연수원 41기 사례연습]

사례연습 2

③ 2009.2.2. 5,000만 원 대여/변제기2009.5.1./월 2%(㉮채권)/담보 X아파트
⑤ 2009.3.2. 1억 원 대여/변제기2009.6.1./월2%(㉯채권)/담보 Y토지
T회사는 위 각 대여금에 대한 2009.6.1.까지의 이자 또는 지연손해금을 지급
2010.4.23.피고를 상대로 소제기/2010.10.1. 변론종결

원고B   →   T회사
       ＼③⑤ 갑 연대보증 |

① 2008.4.2. 3,000만 원 대여/변제기 2009.1.1./이자 월 2%
갑은 2009.2.1.까지의 이자 및 지연손해금을 지급   ⑥ 2009.7.27. 가압류신청(청구금액 1.1억)
2010.4.20.피고를 상대로 소제기/2010.10.1. 변론종결   2009.7.29. 가압류기입등기

원고A   →   갑   ←   정
       | ⑦ 2009.12.1. 대물변제(2008.6.2.물품대금채권 5,000만 원)
       피고 ⑦ 2009.12.1. 이전등기

X 아파트(시가 : 2009.12.1. 1억 원, 변론종결시 1억 5,000만 원)

1	갑		1	병 채권최고액 2,500만 원 ② 2008.5.15.	피담보채권 2,500만 원
2	정 가압류 ⑥ 2009.7.29.	청구금액1,100만 원 (물품대금채권)	2	~~B 채권최고액 7,000만 원~~ ④ ~~2009.2.3.~~	피담보채권 5,000만 원(③)
3	피고 대물변제 ⑦ 2009.12.1.		3	2번 근저당권말소 ⑨ 2010.2.1.	피고5,800만 원(원금＋지연 손해금) 변제
4	2번 가압류 말소 ⑧ 2009.12.30.	피고1,100만 원 변제			

Y토지(시가 : 2009.12.1. 5,000만 원, 변론종결시 6,000만 원)

1	을(갑의 동생)	2009.12.1.5,000만 원 변종시 6,000만 원	1	B 채권최고액 1억 5,000만 원 ⑤ 2009.3.2.	

[문제]

1. X아파트 양도행위의 사해행위 여부

　가. 원고A(일반채권자)에 대한 관계에서 사해행위인지 여부

■일반채권자의 경우 담보물의 가치가 피담보채권액 등을 초과하는 때에는 그 초과한 범위 내에서는 채무자가 그 재산을 처분할 경우 사해행위가 성립

■채무자 갑의 처분행위 당시 X아파트의 가액 : 100,000,000원

■X아파트에 대한 1, 2번 근저당권의 피담보채권액 : 81,000,000원

　= 25,000,000원(1번 근저당권 피담보채권) + [5,000만 원 + (5,000만 원 × 0.02 × 6개월)](2번 근저당권B 피담보채권)

☞ 초과범위 내에서는 채무자 갑의 처분행위는 일반채권자인 원고 A에 대한 관계에서 사해행위에 해당

　나. 원고B(담보권자)에 대한 관계에서 사해행위인지 여부

■㉮채권의 피담보채권액 : 5,600만 원[5,000만 원 + (5,000만 원 × 0.02 × 6)] < X아파트 가치 7,500만 원(1억 원 - 선순위 병의 근저당권 피담보채권액 2,500만 원)

☞ 갑이 X아파트를 처분하더라도 사해행위에 해당하지 않음

■㉯채권의 피담보채권액 : 1억 1,200만 원[1억 원 + (1억 원 × 0.02 × 6)] > Y토지 가치 5,000만 원

☞ 초과액 상당 부분에 관한 한 원고 B는 일반채권자의 지위에 있으므로, 담보물(Y토지) 이외의 다른 재산(X아파트)의 처분은 그 초과한 범위 내에서는 사해행위에 해당함

2. 원상회복으로 가액배상을 구할 경우, 원고들이 구할 수 있는 원상회복의 범위

　= min[① 원고들의 피보전채권액, ② 사해행위 목적물의 공동담보가액]

　가. 피보전채권액

　(1) 원고A의 피보전채권액

■3,000만 원 + [3,000만 원 × 0.02 × 20(2009.2.2.부터 변론종결일인 2010.10.1.까지 월 2%의 비율에 의한 지연손해금)] = 4,200만 원

(2) 원고B의 피보전채권액

(가) ㉮채권 : 5,000만 원 및 이에 대한 2009.6.2.부터 사해행위일인 2009.12.1.까지 월 2%의 비율에
의한 지연손해금 600만 원

☞ 채권 전액에 대하여 우선변제권이 확보되어 있어 피보전채권이 될 수 없는데다가 변제로 이미 소멸

(나) ㉯채권

■ 사해행위 당시 피보전채권액 1억 1,200만 원 = 원금 1억 원 + 지연손해금 1,200만 원

■ 우선변제 5,000만 원(Y토지) : 채권의 일부에 대하여 우선변제권이 확보된 경우라면, 변제충당의 법
리를 유추하여 우선변제권이 확보된 부분을 공제한 나머지 금액 부분을 피보전채권의 원금으로 삼
아 변론종결시까지 지연이자를 가산한 금액을 피보전채권으로 2002다41589 저당권과 같은 물적 담
보가 있는 채권의 경우에는 그 담보물로부터 우선변제받을 수 있는 금액을 공제한 나머지 채권액에
대하여서만 채권자취소권이 인정되고, 채권자의 채권원리금이 그 우선변제권에 의하여 전액 담보되
지 아니하는 경우에는 변제충당의 법리를 유추적용하여 사해행위 시점에서는 이자채권이 원금채권
에 우선하여 우선변제권에 의하여 담보되고 있다고 볼 것

■ 변제충당 유추적용 후 피보전채권액 원금 : 6,200만 원[1억 원 − (5,000만 원 − 1,200만 원)]

■ 변제충당 유추적용 후 피보전채권 : 6,200만 원 + (6,200만 원 × 0.02 × 2009.12.1.부터 2010.10.1.
까지 10개월)] = 74,400,000원

나. 사해행위 목적물(X아파트)의 공동담보가액(= 수익자의 이익)

= 1억 5,000만 원(변론종결시 시가) − 2,500만 원(존속 중인 근저당권의 피담보채권) − 5,800
만 원(사해행위 후 말소된 근저당권의 실제 피담보채권액) = 6,700만 원

다. 가액배상의 범위

■ 원고A = min[4,200만 원, 6,700만 원] = 4,200만 원

■ 원고B = min[7,440만 원, 6,700만 원] = 6,700만 원

사례연습 3

2008.7.1. 야구용품 공급계약/갑소유 Y아파트에 근저당권설정(채권최고액 2억 원)

④ 2009.7,1,현재 물품대금채권 1.35억

2010.7.14. 피고를 상대로 사해행위취소 청구/변론종결 2010.10.13.

원고   →   갑   ←   다른 채권자 신한은행, 일원전기, 을, 병, 정(수표금채권 2억 원)

| X빌라 이전 ⑧ 2009.7.31.

피고(처제) 2009.8.3. 이전등기

Y아파트[담보물, 시가 : 2009.7.31. 12억 원(문제 1), 10억 원(문제 2)]

1	갑			1	신한은행 ① 2008.1.25. 채권최고액 7.5억 원	2009.7.31.현재 피담보채권 6억 원
2	임의경매개시결정 ⑥ 2009.7.22.		신한은행 2009.7.21. 임의경매신청	2	일원전기 ② 2008.1.28. 채권최고액 3.5억 원	2009.7.31. 현재 피담보채권 3.3억 원

3	매각 2010.3.23. 6억3,000만 원	원고 배당받지 못함

3	원고 ⑤ 2008.7.2. 채권최고액 2억 원

X빌라(다른 재산, 시가 : 2009.7.31. 1억 3,000만 원, 변론종결시 1억 4,000만 원)

1	갑
2	피고2009.8.3.

1	을 ④ 2008.7.2. 채권최고액 2,000만 원	2009.7.31.현재 피담보채권액 2,000만 원
2	~~새마을금고 ⑦ 2009.7.24.~~ ~~채권최고액 7,000만 원~~	
3	2번근저당권 말소 ⑨ 2009.9.23.	피고2009.9.23. 2번근저당대출 원리금 6,200만원 변제 (2009.7.31.당시 대출원리금 6,050만 원)
	병 2008.6.1.임대차계약	임대차보증금 4,000만 원 ③ 2008.6.3.대항력+확정일자

[문제]

1. 원고가 제기한 위 소송에서 갑이 피고에게 X빌라를 매도한 행위는 사해행위에 해당하는가?(피고는 악의라고 가정하고, 원고의 위 물품대금채권에 대한 지연손해금은 무시할 것)

■12억 원(2009.7.31. 당시 Y아파트의 시가) – 9.3억 원(선순위 근저당권의 피담보채무액) = 2.7억

■잔존가액(2.7억 원) 및 원고의 근저당권 채권최고액(2억 원) > 갑의 물품대금채무 1.35억

☞ 물품대금채무 전액에 대하여 원고에게 우선변제권이 확보되어 있었으므로, 갑이 다른 재산을 처분 하였다고 하더라도 원고에 대하여 사해행위가 성립되지 않는다.

■한편 Y아파트에 대한 경매절차에서 Y아파트가 6억 3,000만 원에 매각된 결과 원고가 아무런 배당을 받지 못하였다고 하더라도 채무자의 재산처분행위가 사해행위가 되는지 여부는 처분행위 당시를 기준으로 판단하여야 하므로 담보로 제공된 부동산에 대하여 임의경매 등의 환가절차가 개시되어 진행되는 도중에 재산처분행위가 이루어졌다고 하더라도, 그 재산처분행위의 사해성 유무를 판단하기 위한 부동산 가액의 평가는 부동산 가액의 하락이 예상되는 등의 특별한 사정이 인정되지 아니하는 한 사후에 환가된 가액을 기준으로 할 것이 아니라 사해성 여부가 문제되는 재산처분행위 당시의 시가를 기준으로 하여야 한다.

☞ 이 사안의 경우 X빌라의 처분행위 당시 Y아파트의 가격 하락이 예상되는 등 특별한 사정이 있었다는 점을 인정할 증거가 없는 이상 갑이 X빌라를 피고에게 처분한 행위는 원고에 대한 관계에서 사해행위에 해당하지 않는다.

2. 만일, 2009.7.31. 당시 Y아파트의 시가가 10억 원이라고 가정할 경우, 주된 주문을 쓰고, 그 근거를 간략히 쓰시오(원고의 위 물품대금채권에 대한 지연손해금은 무시하고 부동산의 표시는 '이 사건 빌라'로 할 것).

가. 사해행위 성립여부

(1) 우선변제 확보 여부에 의한 판단방법

10억 원(사해행위 당시 Y부동산 시가) – 9억 3,000만 원(사해행위 당시 선순위 근저당권의 피

담보채권액) = 7,000만 원 < 원고의 물품대금채권액 1.35억 원

☞ 원고는 물품대금채권 중 7,000만 원을 제외한 나머지 채권에 대하여 우선변제권이 확보되어 있었다고 볼 수 없고, 따라서 담보물 이외의 다른 재산의 처분은 원고에게 사해행위가 됨

  (2) 적극재산, 소극재산 비교에 의한 판단방법

■ 처분행위 당시 적극재산 : X빌라 시가 1억 3,000만 원 + Y아파트 시가 10억 원 = 11억 3,000만 원

■ 소극재산 : 을 근저당채무 2,000만 원 + 임대차보증금반환채무 4,000만 원 + 새마을금고 근저당채무 6,050만 원, 신한은행 근저당채무 6억 원 + 일원전기 근저당채무 3.3억 원 + 물품대금채무 1.35억 원 + 수표금채무 2억 원 = 13억 8,500만 원

  나. 원상회복의 방법

    피고가 X빌라를 매수한 후 새마을금고 명의의 근저당권을 말소시켰으므로 사해행위의 일부를 취소하고 가액배상의 방법으로 원상회복을 하여야 함

  다. 원상회복의 범위 : min[① 목적물의 공동담보 가액, ② 원고의 피보전채권액]

  ① 목적물의 공동담보가액

    = 14억 원(변론종결시 가액) − 2,000만 원(근저당권 피담보채권액) − 4,000만 원(임대차보증금) − 6,200만 원(사해행위 이후 말소된 근저당권의 실제 피담보채권액) = 1,800만 원

  ② 원고의 피보전채권액

    = 사해행위시 기준 채권액 1.35억 − 우선변제 가능액 7,000만 원(10억 원 − 9.3억 원) = 6,500만 원

  라. 주문

  1. 피고와 소외 갑 사이에 이 사건 빌라에 관하여 2009.7.31. 체결된 매매계약을 18,000,000원의 한도 내에서 취소한다.

  2. 피고는 원고에게 18,000,000원을 지급하라.

  3. 원고의 나머지 청구를 기각한다.

3. [추가사실]

2008.7.1. 야구용품 공급계약/담보물 無

④ 2009.7.1. 현재 물품대금채권 1.35억

2010.7.14. 피고와 무를 상대로 사해행위취소 청구/변론종결 2010.10.13.

원고 → 갑 ← 다른 채권자 신한은행, 일원전기, 을, 병, 정(수표금채권 2억 원)

            | ⑧ 2009.7.31.

            피고(처제) 2009.7.31./X빌라 매매/2009.7.31.이전등기

            무(처) 2009.7.31./Y아파트 증여/2009.8.3.이전등기

Y아파트(담보물×, 시가 : 2009.7.31. 10억 원, 변론종결시 10억 원)

1	갑		1	신한은행 ① 2008.1.25. 채권최고액 7.5억 원	2009.7.31.현재 피담보채권 6억 원
2	임의경매개시결정 ⑥ 2009.7.22.	신한은행 2009.7.21. 임의경매신청	2	일원전기 ② 2008.1.28. 채권최고액 3.5억 원	2009.7.31. 현재 피담보채권 3.4억 원

3	무 2009.7.31. 증여
4	경매개시결정취소 2009.9.24.

3	1번 근저당권말소 2009.9.24.	무 대출원리금 6억1,000만 원 변제

X빌라(다른 재산, 시가 : 2009.7.31. 1억 3,000만 원, 변론종결시 1억 4,000만 원)

1	갑		1	을 ④ 2008.7.2. 채권최고액 2,000만 원	2009.7.31.현재 피담보채권액 2,000만 원
2	피고2009.7.31.	증여계약 2009.7.31.	2	~~새마을금고 ⑦ 2009.7.24. 채권최고액 7,000만 원~~	피고2009.9.23. 2번근저당대출 원리금 6,200만 원 변제 (2009.7.31.당시 대출원리금 6,050만 원)
			3	2번근저당권 말소 ⑨ 2009.9.23.	임대차보증금 4,000만 원

병 2008.6.1.임대차계약   ③ 2008.6.3.대항력＋확정일자

가. 사해행위 여부

(1) 원고의 지위 : 일반채권자

(2) 담보물가치와 피담보채권액 비교법

① Y아파트 : 사해행위 당시 10억 > 선순위 근저당권의 사해행위 당시 피담보채권액 9.4(6 + 3.4) → Y아파트 처분은 일반채권자들의 공동담보이므로 사해행위 가능

② X빌라 : 사해행위 당시 1.3억 > 선순위 근저당권의 사해행위 당시 피담보채권액 0.9(0.2 + 0.7) → X빌라 처분은 일반채권자들의 공동담보이므로 사해행위 가능

(3) 적극재산 vs 소극재산 비교법

① 사해행위 당시 적극재산 : 11억 3,000만 원

② 소극재산 : 을 근저당채무 2,000만 원 + 임대차보증금반환채무 4,000만 원 + 새마을금고 근저당채무 6,050만 원, 신한은행 근저당채무 6억 원 + 일원전기 근저당채무 3.4억 원 + 물품대금채무 1.35억 원 + 수표금채무 2억 원 = 13억 9,550만 원

나. 원상회복의 방법

피고는 X빌라를 매수한 후 출연을 하여 새마을금고 명의의 근저당권을, 무는 Y아파트를 증여받은 후 출연을 하여 신한은행 명의의 근저당권을 각 말소시켰으므로, 사해행위의 일부를 취소하고 가액배상의 방법으로 원상회복을 하여야 한다.

다. 가액배상의 범위 min[① 각 사해행위 목적물의 공동담보가액, ② 피보전채권액]

(1) 각 사해행위 목적물의 공동담보가액

① Y아파트(무) : 10억 원(변론종결시) - 6.1억 원(사해행위 후 말소된 근저당권의 실제 피담보채권) - 3.4억 원(존속 중 근저당권의 피담보채권) = 5,000만 원

② X빌라(피고) : 1억 4,000만 원(변론종결시) - 2,000만 원(존속 중인 근저당권의 피담보채권) - 4,000만 원(임차보증금) - 6,200만 원(말소된 근저당권의 실제 피담보채권) = 1,800만 원

(2) 피보전채권액 1.35억 원

라. 결론

■ 피고의 가액배상액은 1,800만 원, 무의 가액배상액은 5,000만 원

■ 만일, 피고와 무의 책임재산의 가액 합산액이 원고의 피보전채권액 1.35억 원을 초과한다고 하더라도 각 수익자가 반환하여야 할 가액 범위 내에서 채권자의 피보전채권 전액의 반환을 명하여야 한다(대법원 2008.11.13.선고 2006다1442 판결).

제8절 계약체결상의 과실책임(제535조)

I. 요건

1. 계약체결행위

▸ 계약의 불성립[대법원 2017. 11. 14. 선고 2015다10929 판결] 계약이 의사의 불합치로 성립하지 아니한 경우 그로 인하여 손해를 입은 당사자가 상대방에게 부당이득반환청구 또는 불법행위로 인한 손해배상청구를 할 수 있는지는 별론으로 하고, 상대방이 계약이 성립되지 아니할 수 있다는 것을 알았거나 알 수 있었음을 이유로 민법 제535조를 유추적용하여 계약체결상의 과실로 인한 손해배상청구를 할 수는 없다. 반소피고들과 반소원고 사이에 의사의 불합치로 계약이 유효하게 성립하였다고 볼 수 없는 이 사건에서 민법 제535조를 유추적용하여 반소피고들이 반소원고에 대하여 계약체결상의 과실로 인한 손해배상책임을 부담한다고 볼 수는 없다.

2. 원시적 · 객관적 · 전부불능[대법원 1975. 2. 10. 선고 74다584 판결] 피고가 공사비 지급에 갈음하여 원고에게 사용권을 부여하기로 한 임야가 국가 소유로서 사용권부여가 원시적으로 이행불능, [대법원 1971. 6. 22. 선고 71다792 판결] 피고들 사이의 임야 · 입목 증여계약이 사찰의 존립을 위태롭게 하는 행위로서 무효라는 판결이 확정됨에 따라 피고2의 원고에 대한 입목매매가 당초부터 이행이 불가능한 목적물에 대한 것으로 무효

3. 계약체결시 배상의무자의 악의 · 과실

4. 상대방의 선의 · 무과실

II. 손해배상범위 : 신뢰이익의 손해(≮이행이익의 손해)[대법원 1975. 2. 10. 선고 74다584 판결] 당사자 일방의 채무가 원시적 이행불능이면 계약은 무효이므로 상대방은 계약체결에 있어서의 과실을 이유로 하는 신뢰이익 손해배상을 구할 수 있을지언정 이행에 대신하는 전보배상을 구할 수는 없고 또 후발적이행불능의 경우에 이행에 대신하는 전보배상은 이행불능이 된 시기의 손해액이다.

▸ 계약체결에 대한 신뢰부여 전 계약체결의 좌절을 감수하고 지출한 비용(제안서, 견적서) : 제외

▸ 이행이익의 손해, 이행에 대신하는 전보배상 불가74다584

제9절 점유취득시효를 원인으로 한 소유권이전등기청구

Ⅰ. 직접청구 : 점유승계의 효과로 직접 청구 불가, 기산점 임의선택으로 직접 청구 가능

1. 요건

가. 주체 : 시효완성 당시의 점유자

가-1. 피고적격 : **시효완성 당시 소유자**[대법원 2009. 12. 24. 선고 2008다71858 판결] 구분소유자(피고)가 자신의 지분을 양도하여 양수인에게 이전등기하여 구분소유적 공유가 해소되었음에도 원고는 피고를 상대로 점유취득시효완성을 이유로 소유권이전등기청구 : 피고가 비록 이 사건 토지에 관한 등기부에 여전히 2,160분의 700 지분을 가지는 것으로 등기되어 있다고 하여도, 그 지분등기는 소외2 앞으로의 단독 소유권이전등기로 인하여 구분소유적 공유관계가 해소됨으로써 이제 효력이 없는 것이고 피고는 이 사건 토지에 대하여 아무런 권리가 없게 되었으므로 그는 이 사건 토지에 대한 취득시효의 완성을 이유로 하는 소유권이전등기청구의 상대방이 될 수 없다.

■ 보존등기 원인무효시 : 소유자를 대위하여 말소 + 이전등기청구[대법원 1993. 9. 14. 선고 93다12268 판결]

■ 진정한 소유자 불명시 명의자에 대하여 직접 이전등기청구[대법원 1997. 4. 25. 선고 96다53420 판결, 대법원 2005. 5. 26. 선고 2002다43417 판결]

나. 객체

(1) 자기소유 부동산

㈎ 대내외적 자기 소유

① 원칙

㉠ 취득시효의 기초가 되는 점유로 볼 수 없음[대법원 2016. 10. 27. 선고 2016다224596 판결] 부동산에 관하여 적법·유효한 등기를 마치고 소유권을 취득한 사람이 자기 소유의 부동산을 점유하는 경우에는 특별한 사정이 없는 한 사실상태를 권리관계로 높여 보호할 필요가 없고, 부동산의 소유명의자는 부동산에 대한 소유권을 적법하게 보유하는 것으로 추정되어 소유권에 대한 증명의 곤란을 구제할 필요 역시 없으므로

㉡ 구분소유적 공유관계에서도 동일[대법원 2009. 10. 15. 선고 2007다83632 판결]

[2007다83632] 원고 → 피고 : 소유권이전등기청구

▶주위적 : **점유취득시효**(원고 지분 초과부분)

◀초과부분 : **점용권의 매매** 통상 부동산을 매수하려는 사람은 매매계약을 체결하기 전에 그 등기부등본이나 지적공부 등에 의하여 소유관계 및 면적 등을 확인한 다음 매매계약을 체결하므로, 매매 대상 대지의 면적이 등기부상의

면적을 상당히 초과하는 경우에는 특별한 사정이 없는 한 계약 당사자들이 이러한 사실을 알고 있었으며 그 초과 부분은 단순한 점용권의 매매라고 보는 것이 상당하고, 따라서 그 점유는 권원의 성질상 타주점유에 해당한다.

▶예비적 : 명의신탁(구분소유적 공유) 해지

◀해지의 불가분성 위반원고와 소외회사에게 구분소유적 공유자의 지위 공동귀속됨에도 원고만 해지

---

② 예외

㉠ 타인 명의로 소유권이전등기 경료 등 소유권 변동시[대법원 2016. 10. 27. 선고 2016다224596 판결] 다만 그 상태에서 다른 사람 명의로 소유권이전등기가 되는 등으로 소유권의 변동이 있는 때에 비로소 취득시효의 요건인 점유가 개시된다고 볼 수 있을 뿐이다.

㉡ 상호명의신탁의 경우 공유물분할에 의한 이전등기가 있는 경우 비로소 취득시효의 기초로서의 점유[대법원 2001. 4. 13. 선고 99다62036,62043 판결] 서울시가 ㉱부분 토지를 제외한 토지를 원고에게 매도하면서 ㉱부분 토지를 점유 → 공유물분할에 의하여 ㉱부분이 원고에게 이전된 경우 그 때부터 취득시효 기산

(나) 대내적 소유 : 명의신탁자의 점유취득시효 주장 가능[대법원 2001. 7. 13. 선고 2001다17572 판결] 취득시효는 당해 부동산을 오랫동안 계속하여 점유한다는 사실상태를 일정한 경우에 권리관계로 높이려고 하는 데에 그 존재이유가 있는 점에 비추어 보면, 시효취득의 목적물은 타인의 부동산임을 요하지 않고 자기 소유의 부동산이라도 시효취득의 목적물이 될 수 있다고 할 것이고, 취득시효를 규정한 민법 제245조가 '타인의 물건인 점'을 규정에서 빼놓은 것도 같은 취지에서라고 할 것이다.

(2) 1필 토지의 일부

(가) 다른 부분과 구분 + 객관적 징표 계속[대법원 1993. 12. 14. 선고 93다5581 판결, 대법원 2009. 6. 25. 선고 2009다10386 판결]

(나) 분필등기 후 이전등기

(3) 구분소유적 공유관계에 있는 토지[대법원 1997. 6. 13. 선고 97다1730 판결] 시효취득 대상 부분과 무관한 부분을 점유하고 있는 다른 공유자도 이전등기의무

(4) 공유지분

(가) 공유물 전부점유 : 공유지분만의 시효취득 가능, 객관적 징표 계속 불필요[대법원 1975. 6. 24. 선고 74다1877 판결, 대법원 2018. 11. 9. 선고 2018다250773 판결]

(나) 공유물 일부점유 : 건물공유자의 일부만 건물점유 → 건물부지는 '공유자 전원'이 점유∴공유자 전원이 지분비율에 따라 건물소유 → 건물의 공유지분 비율로 부지에 대한 이전등기청구권 귀속[대법원 2003. 11. 13. 선고 2002다57935 판결] 건물 공유자 중 일부만이 당해 건물을 점유하고 있는 경우라도 그 건물의 부지는 건물 소유를 위하여 공유명의자 전원이 공동으로 이를 점유하고 있는 것으로 볼 것이며, 건물 공유자들이 건물부지의 공동점유로 인하여 건물부지에 대한 소유권을 시효취득하는 경우라면 그 취득시효 완성을 원인으로 한 소유권이전등기청구권은 당해 건물의 공유지분비율과 같은 비율로 건물 공유자들에게 귀속된다.

▶건물철거, 대지인도

◀점유취득시효 : 건물공유자 1인은 보존행위로 부지 전체를 점유한다는 주장 불가건물 공유자의 1인은 건물의 부지에 대한 취득시효를 주장할 수 있는 부지의 점유자가 아니라는 원고의 상고이유의 주장과 건물 공유자의 1인은 다른 건물 공유자를 위하여 보존행위로 건물부지 전체를 점유한다고 보아야 한다는 피고의 상고이유의 주장은 위 법리에 배치되는 독자적인 것들로서 모두 받아들일 수 없다.

■ 건물부지는 건물 소유자가 점유, 건물공유자 일부만 건물을 점유해도 부지에 대한 이전등기청구권은 공유지분비율로 귀속

■ 대지 1/2지분 공유자인 원고는 보존행위로 건물철거 가능, 대지인도는 판례변경으로 불가[대법원 2020. 5. 21. 선고 2018다287522 전원합의체 판결]

다. 기산점[대법원 1998. 5. 12. 선고 97다34037 판결] 취득시효의 기산점은 법률효과의 판단에 관하여 직접 필요한 주요사실이 아니고 간접사실에 불과하므로 법원으로서는 이에 관한 당사자의 주장에 구속되지 아니하고 소송자료에 의하여 점유의 시기를 인정할 수 있다.

(1) 점유승계, 등기승계

점유기간 중 승계 여부	임의선택	직접 청구
등기승계(소유자 변동)×, 점유승계×	임의선택(역산)소제기일부터 역산 가능[대법원 2015. 9. 10. 선고 2014다68884 판결]	○
등기승계(소유자 변동)×, 점유승계○	임의선택(역산) 가능	○[대법원 1998. 5. 12. 선고 97다8496, 8502 판결] 1945.1.17. 소유자 변동 이후 피고가 취득시효 완성을 주장하는 1989.5.17.까지 44년간 등기명의자 동일 → 피고는 임의의 시점인 1969.5.17.을 기산점으로 주장 가능, 97다34037
등기승계(소유자 변동)○, 점유승계×	■ 점유개시시(임의선택×)93다46360 ■ 2차 취득시효 : 소유권변동시 [대법원 2009. 7. 16. 선고 2007다15172,15189 전원합의체 판결]	○시효완성 당시의 소유자를 상대로[대법원 1997. 4. 25. 선고 96다53420 판결]
등기승계(소유자 변동)○, 점유승계○	■ 점유하자승계 ■ 점유병합 주장시 전주의 점	×: 전 점유자가 20년 이상 점유시 현 점유자는 대위청구[대

유개시시(임의선택×)

■2차 취득시효 : 소유권변동시
[대법원 2009. 7. 16. 선고 2007다15172, 15189 전원합의체 판결][28]

법원 1995. 3. 28. 선고 93다47745 전원합의체 판결] 현재 점유자는 점유 자체와 하자만 승계, 점유로 인한 법률효과까지 승계하는 것은 아님

---

(2) 상속

■점유·하자 승계 가능

■점유분리(제199조) 주장 불가 : 소유의 의사를 표시하거나 새로운 권원 필요[대법원 2004. 9. 24. 선고 2004다27273 판결] 피상속인이 매수한 후 계속하여 경작하였더라도 매도 시점부터는 타주점유이므로 매수 시점을 기산점으로 20년의 취득시효 주장 불가

다-1. 점유사실 부존재 : 현실적 점유 부존재

▶ 건물소유자, 미등기건물 양수인 : 현실적 점유가 없어도 건물부지 점유 인정[대법원 2010. 1. 28. 선고 2009다61193 판결] 미등기건물 매수인 : 건물에 대한 사실상 처분권 보유로 대지 점유

▶ 건물 소유명의자가 아닌 자 : 실제로 점유하고 있어도 부지점유 부정, 부당이득반환의무 부정[대법원 2008. 7. 10. 선고 2006다39157 판결] 미등기건물을 양수하여 건물에 관한 사실상의 처분권을 보유하게 됨으로써 그 양수인이 건물부지 역시 아울러 점유하고 있다고 볼 수 있는 등의 다른 특별한 사정이 없는 한 건물의 소유명의자가 아닌 자로서는 실제로 그 건물을 점유하고 있다고 하더라도 그 건물의 부지를 점유하는 자로는 볼 수 없다고 할 것이다.

■건물만의 양도·경락 의한 건물소유권 변동 : 전 소유자의 대지 점유 부정대법원 1993. 10. 26. 선고 93다2483 판결, [대법원 1981. 9. 22. 선고 80다2718 판결] 건물 경락·양도 후 건물을 계속 점유하였더라

---

28) 부동산에 대한 점유취득시효가 완성된 후 취득시효완성을 원인으로 한 소유권이전등기를 하지 않고 있는 사이에 그 부동산에 관하여 제3자 명의의 소유권이전등기가 경료된 경우라 하더라도 당초의 점유자가 계속 점유하고 있고 소유자가 변동된 시점을 기산점으로 삼아도 다시 취득시효의 점유기간이 경과한 경우에는 점유자로서는 제3자 앞으로의 소유권 변동시를 새로운 점유취득시효의 기산점으로 삼아 2차의 취득시효의 완성을 주장할 수 있다. 그리고 취득시효기간이 경과하기 전에 등기부상의 소유명의자가 변경된다고 하더라도 그 사유만으로는 점유자의 종래의 사실상태의 계속을 파괴한 것이라고 볼 수 없어 취득시효를 중단할 사유가 되지 못하므로, 새로운 소유명의자는 취득시효완성 당시 권리의무 변동의 당사자로서 취득시효완성으로 인한 불이익을 받게 된다 할 것이어서 시효완성자는 그 소유명의자에게 시효취득을 주장할 수 있는바, 이러한 법리는 새로이 2차의 취득시효가 개시되어 그 취득시효기간이 경과하기 전에 등기부상의 소유명의자가 다시 변경된 경우에도 마찬가지로 적용된다고 봄이 상당하다. 따라서 종래 이와 달리 부동산의 취득시효가 완성된 후 토지소유자가 변동된 시점을 새로운 취득시효의 기산점으로 삼아 2차의 취득시효의 완성을 주장하려면 그 새로운 취득시효기간 중에는 등기명의자가 동일하고 소유자의 변동이 없어야만 한다는 취지로 판시한 대법원 1994. 3. 22. 선고 93다46360 전원합의체 판결, 대법원 1994. 4. 12. 선고 92다41054 판결, 대법원 1995. 2. 28. 선고 94다18577 판결, 대법원 1999. 2. 12. 선고 98다40688 판결, 대법원 2001. 12. 27. 선고 2000다43963 판결은 모두 이 판결의 견해에 배치되는 범위 내에서 이를 변경하기로 한다.

도 대지 점유 부정

▸ 점유를 계속할 별도의 독립된 권원의 존재[대법원 1993. 10. 26. 선고 93다2483 판결], 매수인을 통한 간접점유[대법원 1981. 9. 22. 선고 80다2718 판결]

라. 기간 : 20년간 자주, 평온, 공연 점유

(1) 20년 점유

(가) 점유계속 추정(제198조) : 전후양시 점유사실 → 법률상 추정(사실추정)

(나) 전후 양 시점의 점유자가 다른 경우에도 점유의 승계가 입증되는 한 점유계속 추정

(2) 자주점유

■ 권원의 성질, 점유와 관계되는 모든 사정에 의해 객관적으로 판단

■ 법률상 추정(제197조 제1항) : 무전제의 추정

■ 점유개시시 기준[대법원 1981. 6. 9. 선고 80다469 판결] 부동산을 매수하여 이를 점유한 자는 그 매매가 무효라는 사정을 알고 있었다는 등의 특별한 사유가 없는 한 그 점유의 시초에 소유의 의사로 점유한 것이라고 할 것이며, 후에 그 매도인에게 처분권이 없었다는 사실을 알게 되었다고 하더라도 위와 같은 점유의 성질은 변하지 아니한다.

(2) − 1. 타주점유 : 타주점유 주장자가 입증[대법원 2008. 7. 10. 선고 2007다12364 판결] 민법 제197조 제1항에 의하면 물건의 점유자는 소유의 의사로 점유한 것으로 추정되므로 그 점유자의 점유가 소유의 의사가 없는 점유임을 주장하여 점유취득시효의 성립을 부정하는 자에게 그 입증책임

▸ 점유자가 주장하는 점유권원이 인정되지 않더라도 성질상 타주점유이거나 추정이 번복되지 않음[대법원 2013. 3. 28. 선고 2012다68750 판결]

▸ 악의의 무단점유까지 증명되어야 자주점유 추정 번복[대법원 2010. 5. 13. 선고 2010다2565 판결] 점유자가 스스로 주장한 자주점유의 권원이 인정되지 않는 경우에도 원래 자주점유의 권원에 관한 입증책임이 점유자에게 있지 아니한 이상 그 주장의 점유권원이 인정되지 않는다는 사유만으로 자주점유의 추정이 번복된다거나 또는 점유권원의 성질상 타주점유라고 볼 수는 없고, 나아가 점유자가 점유 개시 당시에 소유권 취득의 원인이 될 수 있는 법률행위 기타 법률요건이 없이 그와 같은 법률요건이 없다는 사실을 잘 알면서 타인 소유의 부동산을 무단점유한 것임이 증명되어야 비로소 자주점유의 추정이 깨어진다.

(가) 권원의 성질상 타주점유

■ 토지소유자의 사용승낙에 기한 점유[대법원 1992. 10. 27. 선고 91다41064, 41071(반소) 판결]

▸ 점유승계에 의하여 다른 양수인의 점유시점부터 자주점유 기산91다41064 건물신축자(소외1)의 부지점유가 토지소유자(소외2)의 사용승낙에 기한 점유로서 자주점유가 아니더라도 건물매수인(소외3)의 건물소유권 취득시부터는 자주점유이므로 이때를 기준으로 취득시효기간 기산

■ 명의수탁자[대법원 1992. 4. 14. 선고 91다46533 판결]

■ 점용권 매매 : 매매 대상 대지의 실제 면적이 등기부상 면적을 상당히 초과하는 경우

→ 악의 점유자에 해당[대법원 1998. 11. 10. 선고 98다32878 판결]

■ 타인 토지를 침범한 건축[대법원 2009. 5. 14. 선고 2009다1078 판결] 침범 면적이 통상 시공상의 착오를 넘어 상당한 정도에 이르는 경우

■ 공유자[대법원 1995. 1. 12. 선고 94다19884 판결, 대법원 2013. 3. 28. 선고 2012다68750 판결] 다른 공유자의 지분비율 범위에서는 타주점유

▶ 구분소유를 믿고 점유 부분 면적에 해당하는 지분에 대해 이전등기를 받은 공유자[대법원 2019. 7. 10. 선고 2018다245597 판결] 공유자들이 분할 전 토지의 전체면적 중 각 점유 부분을 구분소유하게 된다고 믿고서 그 각 점유 부분의 대략적인 면적에 해당하는 만큼의 지분에 관하여 소유권이전등기를 경료받은 경우에는, 등기부상 공유자들이 각 토지의 일부 공유자로 되어 있다고 하더라도 그들의 점유가 권원의 성질상 타주점유라고 할 수는 없다.

▶ 구분소유하면서 점유하던 중 교환약정별도의 취득권원에 의하여 다른 공유자의 지분 해당 부분 점유[대법원 2013. 3. 28. 선고 2012다68750 판결] 교환약정이 인정되지 않더라도 자주점유 추정

(나) 자주점유 추정의 번복

① 악의의 무단점유[대법원 1997. 8. 21. 선고 95다28625 전원합의체 판결] 점유자가 점유 개시 당시에 소유권 취득의 원인이 될 수 있는 법률행위 기타 법률요건이 없이 그와 같은 법률요건이 없다는 사실을 잘 알면서 타인 소유의 부동산을 무단점유한 것임이 입증된 경우, 특별한 사정이 없는 한 점유자는 타인의 소유권을 배척하고 점유할 의사를 갖고 있지 않다고 보아야 할 것이므로 이로써 소유의 의사가 있는 점유라는 추정은 깨어졌다고 할 것이다.

▶ 국가나 지방자치단체가 점유하는 토지의 취득절차에 관한 서류를 제출하지 못하고 있더라도 다른 사정에 의하여 소유권을 적법하게 취득하였을 가능성을 배제할 수 없는 경우[대법원 2021. 2. 4. 선고 2019다297663 판결] 국가나 지방자치단체가 점유하는 토지에 대하여 취득시효의 완성을 주장하는 경우 그 토지의 취득절차에 관한 서류를 제출하지 못하고 있다 하더라도 그 점유의 경위와 용도, 국가 등이 점유를 개시한 후에 지적공부 등에 그 토지의 소유자로 등재된 자가 소유권을 행사하려고 노력하였는지 여부, 함께 분할된 다른 토지의 이용 또는 처분관계 등 여러 가지 사정을 감안할 때 국가 등이 점유 개시 당시 공공용재산의 취득절차를 거쳐서 소유권을 적법하게 취득하였을 가능성을 배제할 수 없는 경우에는, 국가나 지방자치단체가 소유권 취득의 법률요건이 없이 그러한 사정을 잘 알면서 무단점유한 것이 증명되었다고 보기 어려우므로 자주점유의 추정은 깨어지지 않는다.

② 무단편입[대법원 2001. 3. 27. 선고 2000다64472 판결, 대법원 2009. 9. 10. 선고 2009다32553 판결]

③ 처분권한 없는 자, 무효임을 알면서 매수[대법원 2000. 6. 9. 선고 99다36778 판결]

▶ 타인소유 토지매수 : 매수 당시 모른 경우[대법원 2000. 3. 16. 선고 97다37661 전원합의체 판결] 토지의 매수인이 매매계약에 의하여 목적 토지의 점유를 취득한 경우 설사 그것이 타인의 토지의 매매에 해당하여 그에 의하여 곧바로 소유권을 취득할 수 없다고 하더라도 그것만으로 매수인이 점유권원의 성질상 소유의 의사가 없는 것으로 보이는 권원에 바탕을 두고 점유를 취득한 사실이 증명되었다고 단정할 수 없을 뿐만 아니라, 매도인에게 처분권한이 없다는 것을 잘 알면서 이를 매수하였다는 등의 다른 특별한 사정이 입증되지 않는 한, 그 사실만으로 바로 그 매수인의 점유가 소유의 의사가 있는 점유라는 추정이 깨어지는 것이라고 할 수 없고, 민법 제197조 제1항

이 규정하고 있는 점유자에게 추정되는 소유의 의사는 사실상 소유할 의사가 있는 것으로 충분한 것이지 반드시 등기를 수반하여야 하는 것은 아니므로 등기를 수반하지 아니한 점유임이 밝혀졌다고 하여 이 사실만 가지고 바로 점유권원의 성질상 소유의 의사가 결여된 타주점유라고 할 수 없다.

▸ **무효인 계약 : 점유개시시 모른 경우**[대법원 1994. 12. 27. 선고 94다25513 판결] 부동산을 매수하여 이를 점유하게 된 자는 그 매매가 무효가 된다는 사정이음을 알았다는 등의 특단의 사정이 없는 한 그 점유의 시초에 소유의 의사로 점유한 것이라고 할 것이며, 가사 후일에 그 매도자에게 처분권이 없었다는 등의 이유로 그 매매가 무효로 되어 진실한 소유자에 대한 관계에서 그 점유가 결과적으로는 불법으로 되었다고 하더라도 매수자의 소유권취득의 의사로 한 위와 같은 점유의 성질은 변하지 않는다.

㈐ 타주점유로의 전환

① **매도인**[대법원 1997. 4. 11. 선고 97다5824 판결], **매도인의 상속인**[대법원 2004. 9. 24. 선고 2004다27273 판결] 매도인의 상속인이 매수인에 대하여 점유취득시효 주장 → 소유의 의사를 표시하거나 새로운 권원 필요

② **진정한 소유자의 점유자에 대한 승소확정 : 소제기시부터 악의**[대법원 1996. 10. 11. 선고 96다19857 판결, 대법원 2000. 12. 8. 선고 2000다14934,14941 판결]

▸ **점유자의 소유자에 대한 패소확정 : 자주점유 추정 유지**[대법원 1999. 9. 17. 선고 98다63018 판결] 이전등기청구권만 부정될 뿐 소유자에 대한 의무를 부담하거나 확인한 것이 아니므로

⇔ **점유자의 권리추정(제200조) : 부동산에는 적용 배제, 등기 불문**[대법원 1969. 1. 21. 선고 68다1864 판결, 대법원 1982. 4. 13. 선고 81다780 판결]

(2) – 2. 자주점유로의 전환

인정	부정
■ 새로운 권원 : 임차인의 매수 ■ 소유의 의사표시[대법원 1993. 4. 27. 선고 92다51723,51730 판결] 타주점유가 자주점유로 전환되기 위하여는 타주점유자가 새로운 권원에 기하여 다시 소유의 의사를 가지고 점유를 시작하거나 자기에게 점유를 시킨 자에 대하여 소유의 의사가 있음을 표시하여야 할 것	■ 상속 : 새로운 권원×[대법원 1996. 9. 20. 선고 96다25319 판결] ■ 타주점유자 명의로의 이전등기[대법원 1993. 4. 27. 선고 92다51723,51730 판결] 타주점유자가 그 명의로 소유권이전등기를 경료하였다 하여 그것만으로 소유의 의사를 표시하여 자주점유로 전환되었다고 볼 수 없다. ➡ 등기부취득시효 주장 배척 ■ 타인 토지 위의 건물건축[대법원 1985. 3. 26. 선고 84다카2317 판결] 토지 소유의사 표시로 볼 수 없음

(3) 평온 · 공연 : 추정(제197조 제1항 : 무전제의 추정)

(3) – 1. 폭력, 은비 점유 : 이의, 소유권 관련 분쟁, 소유자의 분할등기, 세금납부, 소유자의 지료 · 사용료 납부통지, 매수요구 → 평온 · 공연 상실되지 않음[대법원 1991. 2. 26. 선고 90다12267 판결, 대법원 1992. 6. 23. 선고 92다12698, 92다12704 판결, 대법원 1993. 5. 25. 선

고 92다52764, 52771(반소) 판결, 대법원 1997. 12. 12. 선고 97다30288 판결]

(4) 특정 시점과 20년 후의 점유

(개) **기산점 : 간접사실**[대법원 1994. 4. 15. 선고 93다60120 판결] 민법 제245조 제2항은 '20년간 부동산을 점유한 사실'만 규정하고 있고, 기산점에 관한 규정은 없으므로

(내) **점유계속 추정(제198조 : 법률상 사실의 추정)**

(대) **전후 양 시점의 소유자가 다른 경우에도 점유 승계가 입증되면 점유계속 추정**[대법원 1996. 9. 20. 선고 96다24279, 24286 판결]

(4) - 1. 점유중단 : 원고가 양 시점에서의 점유를 증명하여 그 사이 점유의 계속을 추정받은 경우

▶ 20년간의 계속 점유사실 자체를 직접 증명한 경우 : 점유중단에 관한 주장은 부인에 불과

▶ 등기기록상 소유자 변경은 점유계속을 파괴하지 않음[대법원 1993. 5. 25. 선고 92다52764, 52771(반소) 판결]

▶ 취득시효기간만료로 이전등기청구권 취득 후 점유 상실 : 소유권이전등기청구권은 소멸되지 않음[대법원 1995. 3. 28. 선고 93다47745 전원합의체 판결] 원래 취득시효제도는 일정한 기간 점유를 계속한 자를 보호하여 그에게 실체법상의 권리를 부여하는 제도이므로, 부동산을 20년 간 소유의 의사로 평온·공연하게 점유한 자는 민법 제245조 제1항에 의하여 점유부동산에 관하여 소유자에 대한 소유권이전등기청구권을 취득하게 되며, 점유자가 취득시효기간의 만료로 일단 소유권이전등기청구권을 취득한 이상, 그 후 점유를 상실하였다고 하더라도 이를 시효이익의 포기로 볼 수 있는 경우가 아닌 한, 이미 취득한 소유권이전등기청구권은 소멸되지 아니한다.

2. 항변사유

가. 시효중단

(1) 소제기[대법원 1983. 3. 8. 선고 82다카172 판결] 피고의 취득시효 완성시기가 원고의 인도청구소송 제기 후인 경우 : 취득시효는 원고의 소제기로 인하여 중단, 응소, 재심[대법원 1997. 11. 11. 선고 96다28196 판결] 응소행위를 한 피고에 대하여 패소판결이 확정되었더라도 그 판결에 재심사유가 있음을 이유로 재심청구를 하여 권리를 주장하고 그것이 받아들여진 경우 : 재심의 소제기일부터 재심판결 확정일까지 중단, 실질적으로는 점유자를 당사자로 하는 제3자 상대 말소등기청구소송[대법원 1997. 4. 25. 선고 96다46484 판결] 소유권침해의 경우 그 소유권을 기초로 하는 방해배제 및 손해배상 혹은 부당이득반환청구소송도 포함

▶ 점유자의 매매에 기한 이전등기청구소송에 응소 : 중단 부정[대법원 1997. 12. 12. 선고 97다30288 판결] 매매에 기한 소유권이전등기청구권이 없음을 주장한 것에 불과

▶ 소유자가 제기한 소송에서 시효취득 주장을 하지 않은 경우 : 시효중단·포기 부정[대법

원 1996. 10. 29. 선고 96다23573, 23580 판결]

▸ 사용료 부과·고지 : 중단 부정[대법원 1995. 11. 7. 선고 95다33948 판결]

(2) 최고

■ 소유자의 인도통지[대법원 1992. 6. 23. 선고 92다12698, 92다12704 판결]

■ 경계시비에 의한 고소[대법원 1989. 11. 28. 선고 87다273, 274, 87다카1772, 1773 판결] 형사고소에도 최고
의 효력 인정

■ 직접점유자임차인를 상대로 점유이전금지가처분 : 간접점유자임대인(피고)에 통지(제176조)
필요[대법원 1992. 10. 27. 선고 91다41064, 41071(반소) 판결]

▸ 점유자가 등기부상 소유자에게 분쟁토지의 일시 사용을 승낙 : 중단 부정88다카17785 점유
자가 직접 점유를 다시 회복한 사례

나. 시효이익 포기

▸ 채권자취소권의 대상[대법원 2013. 5. 31.자 2012마712 결정] 채무자가 소멸시효 완성 후에 한 소멸시효이익
의 포기행위는 소멸하였던 채무가 소멸하지 않았던 것으로 되어 결과적으로 채무자가 부담하지 않아도 되는 채무를
새롭게 부담하게 되는 것이므로 채권자취소권의 대상인 사해행위가 될 수 있다.

(1) 시효이익을 받을 당사자·대리인[대법원 1998. 2. 27. 선고 97다53366 판결]

▸ 점유보조자의 시효이익 포기의사표시 : 포기로 볼 수 없음[97다53366] 취득시효완성의 이익을
주장할 수 있는 원고 종중으로부터 위 소외5(점유보조자)가 위와 같은 위임을 받았음을 인정할 증거 부존재 → 원고
종중이 취득시효완성의 이익을 포기하였다고 인정 불가

(2) 시효완성 당시의 진정한 소유자를 상대로[대법원 1994. 12. 23. 선고 94다40734 판결]

▸ 원인무효 등기명의자에게 포기의사표시 : 포기로 볼 수 없음[대법원 2011. 7. 14. 선고 2011다
23200 판결]

(3) 시효완성 사실을 알면서 포기

▸ 미리 포기 불가(취득시효 완성 전의 포기)91다41064 점유자인 피고의 회신(포기)이 시효취득기간(기
산점 : 건물매수인 소외3의 소유권취득시)인 20년이 지나지 않은 시점인 경우

▸ 시효취득을 주장하지 않아 패소[대법원 1996. 10. 29. 선고 96다23573, 23580 판결], 매수제의[대법원
1991. 2. 22. 선고 90다12977 판결] : 포기로 볼 수 없음

다. 취득시효 완성 후 새로운 이해관계인 : 이행불능일 뿐 이전등기청구권의 상실은
아님[대법원 1999. 2. 12. 선고 98다40688 판결]

새로운 이해관계인이 아닌 경우	새로운 이해관계인에 해당하는 경우
■ 취득시효완성 후 상속받은 자, 취득시효 완성 당시 미등기 소유자의 보존등기, 취득시효 완성 후 명의수탁자의 매수[대법원 1989. 10. 27. 선고 88다카23506 판결] 대외적으로는 그 소유권에 아무 변동이 없고 그 등기명의에도 변동이 없는 만큼 원고로서는 소유자인 피고를 상대로 취득시효완성을 원인으로 한 소유권이전등기절차의 이행을 청구할 수 있는 것이다. ■ 상속분 양수·증여가 아니라 협의분할에 의한 재산상속[대법원 1993. 9. 28. 선고 93다22883 판결] 협의분할이라는 점에 대한 입증책임은 원고 ■ 수증자가 상속인 중 1인 : 자기 상속분 범위 내에서는 새로운 이해관계인 아님[대법원 2012. 3. 15. 선고 2011다59445 판결] '증여계약 → 취득시효완성 → 증여 이전등기'의 순서로 이루어진 사례 ■ 제3자가 시효완성 당시 명의자로부터 명의신탁받은 경우[대법원 1995. 9. 5. 선고 95다24586 판결] 완성 당시의 등기명의자를 대위하여 명의신탁해지 + 이전등기청구 가능 ■ 취득시효 완성 당시 소유자의 소유권회복[대법원 1965. 4. 13. 선고 65다157,158 판결]	■ 소유명의 변경[대법원 1997. 4. 11. 선고 96다45917,45924 판결. 대법원 1993. 9. 28. 선고 93다22883 판결], 상속분 양수인93다22883, 수증자[대법원 2012. 3. 15. 선고 2011다59445 판결] ■ 가등기에 기한 본등기[대법원 1992. 9. 25. 선고 92다21258 판결] '가등기 → 시효취득 + 가처분 → 본등기' 순으로 이루어진 경우 ■ 명의신탁자로 이전[대법원 1995. 12. 8. 선고 95다38493 판결] 대외적 등기명의인인 수탁자로부터 소유자로 취급되지 않던 명의신탁자에게 등기가 옮겨간 것도 점유시효취득자 등과의 관계와 같은 외부적 관계에서는 완전한 새로운 권리변동으로 보아야 하므로 ■ 취득시효완성 후 이전등기 전 명의신탁해지 + 이전등기 : 구분소유자가 상대방에게 명의신탁한 지분자기소유 토지에 대한 자기지분 외의 지분 부분에 대하여는 새로운 이해관계인[대법원 1998. 11. 10. 선고 98다32878 판결, 대법원 2009. 12. 10. 선고 2006다55784,55791 판결] ∵ 상대방에게 명의신탁하였던 부분을 환원시킨 것이므로 취득시효 완성 후의 새로운 이해관계인에 해당, [대법원 2001. 11. 27. 선고 2000다33638, 33645 판결] 원고(165㎡ 매수 + 165/287 지분이전등기)가 소외2·소외3과 구분소유적 공유관계에 있다가 단독소유자가 됨으로써 취득한 122/287 지분(자기지분 외 지분)은 피고의 취득시효가 완성된 후 시효취득에 따른 소유권이전등기를 경료하기 전에 명의신탁이 해지되어 그 등기명의가 명의수탁자로부터 명의신탁자에게 이전된 것이므로 피고는 위 122/287 지분에 대하여 취득시효를 주장할 수 없다. ■ 신탁법상 수탁자의 처분 후 다시 별개의 신탁계약에 의해 수탁자 명의 이전등기[대법원 2016. 2. 18. 선고 2014다61814 판결] ■ 원소유자의 상속인이 제3자로부터 다시 매수[대법원 1999. 2. 12. 선고 98다40688 판결] 취득시효 완성 후에 원 소유자가 일시 상실하였던 소유권을 회복한 것이 아니라 그 상속인이 소유권이전등기를 마쳤을 뿐인 경우에는 그 상속인의 등기가 실질적으로 상속재산의 협의분할과 동일시할 수 있는 등의 특별한 사정이 없는 한 그 상속인은 점유자에 대한 관계에서 종전 소유자와 같은 지위에 있는 자로 볼 수 없고, 취득시효 완

성 후의 새로운 이해관계인으로 보아야 하므로 그에 대하여는 취득시효 완성으로 대항할 수 없다.

2-1. 예외

가. 2차 점유취득시효

(1) 당초의 점유자가 계속 점유하고 있고 소유자가 변동된 시점을 기산점으로 삼아도 다시 취득시효의 점유기간이 경과

(2) 제3자 앞으로의 소유권 변동시를 새로운 점유취득시효의 기산점으로 삼아 2차의 취득시효의 완성을 주장[대법원 2009. 7. 16. 선고 2007다15172,15189 전원합의체 판결] 취득시효기간이 경과하기 전에 등기부상의 소유명의자가 변경된다고 하더라도 그 사유만으로는 점유자의 종래의 사실상태의 계속을 파괴한 것이라고 볼 수 없어 취득시효를 중단할 사유가 되지 못하므로

나. 제3자명의 이전등기의 무효

(1) 배임행위 적극가담[대법원 1995. 6. 30. 선고 94다52416 판결, 대법원 1995. 12. 8. 선고 95다38493 판결]

(2) 가장매매[대법원 1990. 11. 27. 선고 90다6651 판결] 취득시효 완성 당시 소유자 대위, 2017다237339 가처분채권자 : 가처분 본안승소확정으로 가처분에 저촉되는 처분행위의 효력을 부정할 수 있더라도 말소등기청구 소의 이익 인정(가처분 자체의 효력과는 별개)

2-2. 시효소멸 : 점유자의 점유 상실시로부터 10년 경과

2-3. 취득시효 주장의 남용[대법원 1998. 5. 22. 선고 96다24101 판결] 취득시효 완성 사실을 모르고 권리를 주장하지 않기로 한 후 시효 주장

3. 효과

가. 원시취득, 소급효 : 점유개시시로 소급하여 소유권취득(제247조 제1항), 원소유자의 소유권에 대한 제한은 소급하여 소멸

나. 소유자 → 점유자 : 부당이득반환청구 불가

다. 점유자 → 소유자

(1) 미등기 부동산 : 소유자를 대위하여 보존등기 후 이전등기[대법원 2006. 9. 28. 선고 2006다22074, 22081 판결]

(2) 이전등기 전 소유권에 기한 건물철거 : 불가[대법원 1999. 7. 9. 선고 97다53632 판결]

(3) 점유권에 기한 건물철거청구 가능[대법원 2005. 3. 25. 선고 2004다23899, 23905 판결]

(4) 불법행위 손해배상 : 시효취득 사실을 알았거나 알 수 있었던 경우[대법원 2006. 5. 12. 선고 2005다75910 판결]

(5) 채무불이행책임 : 시효취득 사실을 모르고 있었던 경우 채무불이행책임 부정[대법원 1995. 7. 11. 선고 94다4509 판결] 부동산 소유자가 그 부동산을 처분하기 위하여 먼저 그 부동산을 점유하고 있는 사람을 상대로 그 인도를 구하는 소송을 제기하여 이를 진행하고 있던 중에 상대방이 취득시효의 항변을 한다거나 반소를 제기하였다는 것만으로 부동산 소유자가 상대방의 시효취득 사실을 알았다고 할 수 없고, 부동산 점유자에게 시효취득으로 인한 소유권이전등기청구권이 있다고 하더라도 이로 인하여 부동산 소유자와 시효취득자 사이에 계약상의 채권·채무관계가 성립하는 것은 아니므로, 그 부동산을 처분한 소유자에게 채무불이행 책임을 물을 수 없다.

(6) 대상청구권 : 이행불능 전에 취득시효완성 권리 주장·등기청구권 행사 필요[대법원 1996. 12. 10. 선고 94다43825 판결]

라. 점유자 → 제3자

(1) 가등기 매수인의 지위 : 시효취득에 의한 이전등기가 있어야 소멸[대법원 2004. 9. 24. 선고 2004다31463 판결] 시효기간이 완성되었다고 하더라도 점유자 앞으로 등기를 마치지 아니한 이상 전 소유권에 붙어 있는 위와 같은 부담은 소멸되지 아니한다. 부동산에 대한 소유권이전등기가 경료되기 전까지는 부동산에 대한 소유권을 취득하는 것은 아니라는 이유로 점유취득자인 원고의 피고들에 대한 가등기말소청구를 배척한 원심의 판단은 정당하다.

(2) 진정한 권리자가 아니었던 채무자·물상보증인, 양도담보설정자의 시효취득[대법원 2015. 2. 26. 선고 2014다21649 판결]

㈎ 시효취득을 원인으로 저당권말소등기청구·양도담보설정자 명의로의 이전등기청구 : 불가채무자 또는 물상보증인은 피담보채권의 변제의무 내지 책임이 있는 사람으로서 이미 저당권의 존재를 용인하고 점유하여 온 것이므로

㈏ 피담보채무의 '시효소멸'을 원인으로 하는 말소등기청구 : 가능양도담보권자를 상대로 피담보채권의 시효소멸을 주장하면서 담보 목적으로 경료된 소유권이전등기의 말소를 구하는 것은 별론으로 하고, 점유취득시효를 원인으로 하여 담보 목적으로 경료된 소유권이전등기의 말소를 구할 수 없고, 이와 같은 효과가 있는 양도담보권설정자 명의로의 소유권이전등기를 구할 수도 없다.

Ⅱ. 대위청구 ➡ 소멸시효 논점

1. 피보전채권 : 매매로 취득한 경우 인도받아 점유하고 있으므로 소멸시효는 진행하지 않음

2. 피대위채권 : 취득시효 완성으로 인한 소유권이전등기청구권은 그 점유자가 점유를 상실한 때로부터 10년간 등기청구권을 행사하지 아니하면 소멸시효 완성[대법원 1996. 3. 8. 선고 95다34866, 34873 판결]

제10절 권리질권

Ⅰ. 우선수익권을 통해 담보하고자 하는 채권(피담보채권)이 제3자에게 전부된 경우 우선수익권의 운명[대법원 2017. 6. 22. 선고 2014다225809 전원합의체 판결] 원고 : 우선수익자(피고에 대한 대여금 채권자, 참가인)에 대한 질권자, 피고 : 위탁자이자 우선수익자에 대한 대여금채무자

➡ 우선수익권의 부종성과 수반성의 인정 여부우선수익권은 경제적으로 금전채권에 대한 담보로 기능할 뿐 금전채권과는 독립한 신탁계약상의 별개의 권리 → 법적으로 담보물권이 되는 것은 아님 → 우선수익권에 대하여 담보물권의 부수성 인정×, 물권법정주의에 따라 이를 담보물권으로 정하는 법률 또는 관습법 필요[민법판례연구 122], 우선수익권은 피담보채권의 종된 권리로 볼 수도 없음[대지에 관한 법정지상권이나 임차권, 구분건물의 전유부분만에 내려진 가압류결정의 효력은 대지권에도 미침, 채권에 대한 질권 설정의 효력은 그 지연손해금 채권에도 미침 ⇔ 우선수익권은 피담보채권의 존속에 필수적이지 않고, 발생원인·당사자가 다름 → 상용에 이바지×], 신탁계약의 해석에 의한 부수성 인정[다수의견 : 별개의 독립한 권리, 반대의견 : 부수성 인정]

다수의견	반대의견
■부동산 담보신탁의 피담보채권(대여금채권)과 우선수익권의 관계 : 별개의 권리 ■피담보채권에 대한 전부명령참가인에 대한 채권자 : 우선수익권 이전×, 소멸×(∵ 별개 권리) → 우선수익권에 대한 권리질권 소멸×(질권자 지위 유지) → 우선수익권에 대한 질권자원고는 질권침해 손해배상청구○	■신탁계약 : 우선수익자 = 채권자임을 전제신탁계약의 핵심적인 목적이 위탁자가 부담하는 채무 내지 책임의 이행을 보장(이 사건 계약 제1조)하는 것이므로 [민법판례연구 124] ■피담보채권에 대한 전부명령 : 우선수익자 ≠ 채권자 → 우선수익권에 대한 질권소멸(질권자 지위×) → 질권침해 손해배상청구× ■원고의 위험회피 가능 방법 : 우선수익권과 피담보채권 모두에 질권을 설정, 피담보채권이 전부되더라도 우선수익권을 행사할 수 있다는 약정 추가[민법판례연구 124]

Ⅱ. 저당권으로 담보된 채권에 질권을 설정한 경우[대법원 2020. 4. 29. 선고 2016다235411 판결] 사실관계 : ① 토피아도봉어학원(임차인)은 2009. 4. 27. 소외인(임대인)과 임대차계약을 체결(저당권 설정에 관한 내용은 없었음)하고 보증금 지급, ② 토피아도봉어학원은 2009. 10. 29. 모회사의 원고에 대한 채무담보를 위하여 원고와 사이에 위 임대차보증금 반환채권에 관하여 담보한도액을 36억 원으로 하는 근질권설정계약을 체결, ③ 토피아도봉어학원은 2012. 3. 21. 이 사건 임대차보증금 반환채권을 담보하기 위하여 소외인 소유의 이

사건 건물과 부지에 관하여 채권최고액 24억 5,000만 원, 채무자 소외인, 근저당권자 토피아도봉어학원으로 된 근저당권을 설정, ④ 소외인은 피고와 협의이혼 후 2012. 7. 6. 피고에게 재산분할을 원인으로 이 사건 건물의 소유권을 이전, ⑤ 토피아도봉어학원과 피고는 2012. 12. 27. 해지를 원인으로 이 사건 근저당권설정등기를 말소, ⑥ 원고는 피고를 상대로 임대차보증금의 지급(임대인지위 승계나 채무인수를 이유로)[29]과 함께 말소된 근저당권설정등기의 회복등기청구

1. 저당권은 질권의 목적으로 하지 않는 것도 가능 : 담보 없는 채권에 질권을 설정한 다음 그 채권을 담보하기 위하여 저당권이 설정된 경우에도 동일

민법 제361조는 "저당권은 그 담보한 채권과 분리하여 타인에게 양도하거나 다른 채권의 담보로 하지 못한다."라고 정하고 있을 뿐 피담보채권을 저당권과 분리해서 양도하거나 다른 채권의 담보로 하지 못한다고 정하고 있지 않다. 채권담보라고 하는 저당권 제도의 목적에 비추어 특별한 사정이 없는 한 피담보채권의 처분에는 저당권의 처분도 당연히 포함된다고 볼 것이지만, 피담보채권의 처분이 있으면 언제나 저당권도 함께 처분된다고는 할 수 없다. 따라서 저당권으로 담보된 채권에 질권을 설정한 경우 원칙적으로는 저당권이 피담보채권과 함께 질권의 목적이 된다고 보는 것이 합리적이지만, 질권자와 질권설정자가 피담보채권만을 질권의 목적으로 하고 저당권은 질권의 목적으로 하지 않는 것도 가능하고 이는 저당권의 부종성에 반하지 않는다. 이는 저당권과 분리해서 피담보채권만을 양도한 경우 양도인이 채권을 상실하여 양도인 앞으로 된 저당권이 소멸하게 되는 것과 구별된다. 이와 마찬가지로 담보가 없는 채권에 질권을 설정한 다음 그 채권을 담보하기 위하여 저당권이 설정된 경우 원칙적으로는 저당권도 질권의 목적이 되지만, 질권자와 질권설정자가 피담보채권만을 질권의 목적으로 하였고 그 후 질권설정자가 질권자에게 제공하려는 의사 없이 저당권을 설정받는 등 특별한 사정이 있는 경우에는 저당권은 질권의 목적이 되지 않는다. 이때 저당권은 저당권자인 질권설정자를 위해 존재하며, 질권자의 채권이 변제되거나 질권설정계약이 해지되는 등의 사유로 질권이 소멸한 경우 저당권자는 자신의 채권을 변제받기 위해서 저당권을 실행할 수 있다.

2. 저당권설정등기에 질권의 부기등기 필요(제348조)

저당권에 의하여 담보된 채권에 질권을 설정하였을 때 저당권의 부종성으로 인하여 등기 없이 성립하는 권리질권이 당연히 저당권에도 효력이 미친다고 한

---

29) [1심 : 서울중앙지방법원 2015. 4. 24. 선고 2014가합504262 판결] ① 이 사건 임대차계약의 경우 상가건물임대차보호법의 적용대상이 아니어서, 이 사건 건물의 양수인인 피고가 당연히 임대인의 지위를 승계하지 않는 점, ② 피고가 이 사건 건물의 소유권을 취득한 후 토피아 도봉어학원으로부터 월 차임과 관리비를 지급받아 온 사정은 인정되나, 토피아 도봉어학원과 소외인 사이의 이 사건 임대차계약은 월 차임의 약정이 없는 임대차계약이었으므로, 피고가 토피아 도봉어학원과 사이에 기존 임대차계약상의 임대인의 지위를 승계하지 않고 월 차임 약정이 있는 새로운 임대차계약을 체결할 수도 있는 것인 점, ③ 피고는 이 사건 제1근저당권(선순위 근저당권)의 물상보증인으로서 에듀언스를 대신하여 위 근저당권의 피담보채무 약 28억원을 변제하게 되었고, 위 피담보채무의 변제를 위해 이 사건 각 부동산을 담보로 금융기관으로부터 대출을 받는 과정에서 에듀언스의 자회사인 토피아 도봉어학원에게 이 사건 근저당권의 말소를 요구하였던 것으로 보이는 점, ④ 을 제1호증(재산분할협의서)만으로는 피고가 이 사건 재산분할협의 당시 이 사건 임대차보증금반환채무를 인수하기로 약정하였다고 단정하기 어려운 점에 비추어 보면, 갑 제6, 12 내지 14, 17호증, 을 제1호증의 각 기재만으로는 피고가 임대인의 지위를 승계하였다거나 토피아 도봉어학원에 대한 임대차보증금반환채무를 인수하였다고 보기 부족하고, 달리 이를 인정할 만한 증거가 없다. 따라서, 피고가 이 사건 임대차계약의 임대인 또는 임대차보증금반환채무의 인수인임을 전제로 한 원고의 위 주장은 더 나아가 살필 필요 없이 이유 없다.

다면, 공시의 원칙에 어긋나고 그 저당권에 의하여 담보된 채권을 양수하거나 압류한 사람, 저당부동산을 취득한 제3자 등에게 예측할 수 없는 질권의 부담을 줄 수 있어 거래의 안전을 해할 수 있다. 이에 따라 민법 제348조는 저당권설정등기에 질권의 부기등기를 한 때에만 질권의 효력이 저당권에 미치도록 한 것이다. 이는 민법 제186조에서 정하는 물권변동에 해당한다. 이러한 민법 제348조의 입법 취지에 비추어 보면, '담보가 없는 채권에 질권을 설정한 다음 그 채권을 담보하기 위해서 저당권을 설정한 경우'에도 '저당권으로 담보한 채권에 질권을 설정한 경우'와 달리 볼 이유가 없다. 또한 담보가 없는 채권에 질권을 설정한 다음 그 채권을 담보하기 위해 저당권을 설정한 경우에, 당사자 간 약정 등 특별한 사정이 있는 때에는 저당권이 질권의 목적이 되지 않을 수 있으므로, 질권의 효력이 저당권에 미치기 위해서는 질권의 부기등기를 하도록 함으로써 이를 공시할 필요가 있다. 따라서 담보가 없는 채권에 질권을 설정한 다음 그 채권을 담보하기 위해 저당권이 설정되었더라도, 민법 제348조가 유추적용되어 저당권설정등기에 질권의 부기등기를 하지 않으면 질권의 효력이 저당권에 미친다고 볼 수 없다. ➡ 질권자인 원고와 질권설정자인 토피아도봉어학원이 이 사건 임대차보증금 반환채권만을 질권의 목적으로 하고 질권설정자가 질권자에게 제공하려는 의사 없이 이 사건 근저당권을 설정받는 등 저당권이 질권의 목적이 되지 않는 특별한 사정이 있는 경우에 해당한다고 볼 여지가 있다. 또한 원고는 이 사건 근저당권설정등기에 관하여 질권의 부기등기를 마치지 않았으므로 이 점에서도 원고의 질권의 효력이 이 사건 근저당권에 미친다고 할 수 없다(원고의 회복등기청구를 인용한 항소심 판결 파기환송).

Ⅲ. 질권자와 전부채권자의 우열관계[대법원 2022. 3. 31. 선고 2018다21326 판결]

1. 판단기준 : 확정일자 있는 통지나 승낙에 의한 대항요건 취득일 vs 전부명령의 송

달일질권설정자가 민법 제349조 제1항에 따라 제3채무자에게 질권이 설정된 사실을 통지하거나 제3채무자가 이를 승낙한 때에는 제3채무자가 질권자의 동의 없이 질권의 목적인 채무를 변제하더라도 질권자에게 대항할 수 없고, 질권자는 여전히 제3채무자에게 직접 채무의 변제를 청구할 수 있다. 질권의 목적인 채권에 대하여 질권설정자의 일반채권자의 신청으로 압류·전부명령이 내려진 경우에도 그 명령이 송달된 날보다 먼저 질권자가 확정일자 있는 문서에 의해 민법 제349조 제1항에서 정한 대항요건을 갖추었다면, 전부채권자는 질권이 설정된 채권을 이전받을 뿐이고 제3채무자는 전부채권자에게 변제했음을 들어 질권자에게 대항할 수 없다.

2. 전부채권자피고의 부당이득 여부 : 부정[서울중앙지방법원 2018. 1. 30. 선고 2017나30612 판결] 제3채무자인 소외인이 제3자인 피고에 대하여 임대차보증금반환채권 중 일부에 대하여 질권이 설정되어 있다는 사실을 대항할 수 있을 뿐 더 나아가 위와 같이 질권이 설정되어 있다는 사정만으로 피고의 채권압류 및 전부명령 자체가 무효가 되는 것은 아니므로, 피고가 소외인으로부터 위 보증금을 지급받았다고 하더라도 법률상 원인 없이 이득을 얻었다고 할 수 없고, 질권자인 원고로서는 여전히 소외인에 대하여 입질채권인 임대차보증금반환채권의 변제를 직접 청구할 수 있으므로 원고에게 어떠한 손해가 있다고 할 수도 없다. 이와 다른 전제에 선 원고의 청구는 이유 없다.

제11절 추심금청구, 전부금청구[추심명령, 전부명령][30]

Ⅰ. 추심명령 : 신청 → 심리 → 추심명령 → 송달 → 불복 → 행사추심신고, 공탁 및 사유신고/포기/추심의무

1. 의의

가. 개념 : 압류채권자가 대위절차 없이 채무자에 갈음하여 제3채무자에 대하여 피압류채권의 이행을 청구하고 이를 수령하여 원칙적으로 자기의 채권의 변제에 충당할 수 있는 추심권능을 주는 집행법원의 결정

나. 추심명령과 다른 절차와의 차이

전부명령과의 차이	채권자대위권과의 차이
■추심명령은 이중압류된 경우에도 가능 ■각각의 채권자를 위하여 이중으로 추심명령을 내려도 유효 ■전부명령 신청시 예비적으로 추심명령 신청 가능 ■추심명령을 얻은 채권에 대하여 사후에 전부명령 신청 가능 ■전부명령을 받은 후에는 추심명령 신청 불가	■추심명령이 있는 경우 채무자는 당사자적격 상실 ■채권자대위권 : 채권자가 채권자대위권을 행사하여도 채무자는 당사자적격 유지

2. 신청

가. 압류채권자·승계인이 집행법원에 서면으로 신청(민사집행법 제4조)추심명령은 압류명령을 전제로 하므로 압류명령을 발한 법원이 추심명령의 관할법원

나. 압류명령 후 압류채권자로부터의 채권양수인 : 승계집행문을 얻어 그 승계집행문 및 양도를 증명하는 증명서의 송달증명서를 신청서에 첨부(민사집행법 제31조, 제39조)

3. 심리

가. 심리대상 : 관할권, 신청의 적식, 강제집행의 요건과 강제집행개시요건, 집행장애

---

30) 민사집행법 분야이나 민법의 이해에 필수적인 논점이므로 여기에서 서술하고, 이 절에서 법률 명칭을 생략한 경우 '민사집행법'을 의미합니다.

유무, 압류명령의 효력 존부, 추심명령 발부요건 ⇔ 집행채권·피압류채권의 실체적 존부는 심리대상이 아님[대법원 1998. 8. 31.자 98마1535, 1536 결정] 집행법원이 채권압류 및 추심명령의 결정을 함에 있어서는 채무명의의 유무 및 그 송달 여부, 선행하는 압류명령의 존부, 집행장애의 유무 및 신청의 적식 여부 등 채권압류 및 추심명령의 요건을 심리하여 결정하면 되고, 비록 그 채무명의인 집행증서가 무권대리인의 촉탁에 의하여 작성되어 당연무효라고 할지라도 그러한 사유는 형식적 하자이기는 하지만 집행증서의 기재 자체에 의하여 용이하게 조사·판단할 수 없는 것이므로 청구이의의 소에 의하여 그 집행을 배제할 수 있을 뿐 적법한 항고사유는 될 수 없다. [대법원 1999. 6. 23.자 99그20 결정] 집행증서상의 명의를 모용당하였다고 주장하는 채무자는 위 집행증서에 채무자 본인의 집행촉탁 및 집행수락의 의사가 결여되었음을 내세워 집행문 부여에 대한 이의로써 무효인 집행증서에 대하여 부여된 집행문의 취소를 구하는 것도 가능하다 할 것이고, 그 경우 이의를 심리하는 법원으로서는 임의적 변론을 거쳐 결정의 형식으로 그 당부를 판단하면 족하며, 반드시 심문 또는 변론절차를 열거나 제출된 자료만으로 소명이 부족하다 하여 신청인에게 추가 소명의 기회를 주어야 하는 것은 아니다.

나. 압류명령 신청과의 관계 : 추심명령 발령 전 압류의 효력이 발생할 것은 필요하지 않으나, 적어도 압류명령과 추심명령을 동시에 신청하는 등 압류명령의 신청은 있어야 함

4. 내용 : 채권자에게 추심권능을 부여

가. 추심명령을 별도로 신청한 경우 : 채권자는 채무자의 제3채무자에 대한 별지 기재의 압류된 채권을 추심할 수 있다.

나. 채권압류와 추심명령을 병합하여 신청한 경우

1. 채무자의 제3채무자에 대한 별지 기재의 채권을 압류한다.
2. 제3채무자는 채무자에게 위 채권에 관한 지급을 하여서는 아니 된다.
3. 채무자는 위 채권의 처분과 영수를 하여서는 아니 된다.
4. 채권자는 위 압류채권을 추심할 수 있다.

5. 송달과 효력

	추심명령	전부명령
효력발생 요건	■ 제3채무자에 대한 송달 : 필요(제229조 제4항, 제227조 제3항) ■ 채무자에 대한 송달 : 불요	■ 제3채무자에 대한 송달 : 필요(제229조 제4항, 제227조 제2항) ■ 채무자에 대한 송달 : 필요(제229조 제6항, 제229조 제4항, 제227조 제2항)

효력발생 시기	■ 제3채무자에 대한 송달시(제227조 제3항) ■ 즉시항고의 집행정지 효력 부정(제15조 제6항)	■ 확정시즉시항고가 제기되지 않거나 기각 효력발생(제229조 제4항 : 제227조 제3항 부준용)효력발생시기는 제3채무자에 대한 송달시로 소급 ■ 확정의 전제로 채무자에 대한 송달 필요 : 채무자와 제3채무자에게 모두 송달된 다음 전부명령이 확정됨으로써 효력(제227조 제2항, 제229조 제4항, 제7항, 제231조)
효력 범위	■ 원칙 : 압류의 효력이 미치는 채권 전액(제232조 제1항 본문)집행채권과 집행비용 합계액의 범위로 제한할 경우 분할지급을 강요하는 결과가 되므로 ■ 예외1 : 채무자 신청시 집행채권액으로 제한 → 다른 채권자 배당요구 불가 → 집행채권자 우선 변제 가능(제232조 제1항 단서, 제232조 제2항) ■ 예외2 : 채권자가 제248조 제3항에 따라 제3채무자에게 공탁청구를 한 경우 추심가능한 금액은 공탁청구 채권자에게 배당될 수 있었던 금액으로 제한[대법원 2012. 2. 9. 선고 2009다88129 판결]	집행채권과 집행비용의 합계액의 범위에서 변제의 효력(제231조 본문)

6. 불복 : 즉시항고(제229조 제6항)

가. 항고권자

(1) 추심명령 : 채무자, 제3채무자

(2) 전부명령 : 채무자, 제3채무자, 제3자(채권을 경합하여 압류한 자 등)[민사집행실무제요IV 337]

나. 즉시항고 사유 : 추심명령·전부명령을 할 때 집행법원이 스스로 조사하여 준수할 사항의 흠결에 관한 것

(1) 집행력 있는 정본의 유무와 그 송달 여부, 집행개시요건의 존부, 집행장애사유의 존부

(2) 전부명령 고유의 무효·취소 사유 : 권면액의 흠결, 압류의 경합[민사집행실무제요IV 338]

인정	부정
■ 집행채권의 압류·가압류·처분금지가처분 : 추심명령, 전부명령에 대한 집행장애사유[대법원 2016. 9. 28. 선고 2016다205915 판결, 대법원 2000. 10. 2.자 2000마5221 결정]	■ 실체상의 사유(집행채권의 소멸, 부존재)2013마2212, [대법원 2014. 2. 13.자 2013마2429 결정]
■ 면책신청 → 채권압류 및 추심명령 → 면책결정 확정 : 채무자 회생 및 파산에 관한 법률 제557조 제1항, 제2항에 따라 중지한 절차의 효력 상실 → 채권압류 및 추심명령의 효력 상실[대법원 2010. 7. 28.자 2009마783 결정]31)	■ 피압류채권의 존재 여부 : 추심명령을 할 때 집행법원이 심사하는 사항이 아니므로[대법원 1992. 4. 15.자 92마213 결정]
■ 추심명령 발령 전 강제집행정지의 효력이 발생하여 집행장애사유가 있었음에도 간과한 경우[민사집행실무Ⅳ 291]	■ 집행증서가 무권대리인의 촉탁에 의하여 작성 : 청구이의의 소, 집행문부여에 대한 이의신청[대법원 1998. 8. 31.자 98마1535, 1536 결정, 대법원 1999. 6. 23.자 99그20 결정]
■ 전부명령 후 전부명령의 기초가 된 집행권원에 관하여 강제집행이 정지된 경우 : 집행정지 서류제출 + 즉시항고 가능(제229조 제8항)↔즉시항고 제기 없이 집행정지 서류만 제출한 경우 : 채무자와 제3채무자에게 송달된 후에는 항고기간 진행이 정지되지 않아 전부명령의 확정차단 불가, 집행정지의 목적 달성 불가[민사집행실무제요Ⅳ 338, 339]	■ 면책결정의 확정 → 채권압류 및 추심명령 : 면책결정의 확정은 청구이의 사유[대법원 2013. 9. 16.자 2013마1438 결정]
	■ 제49조 제2호 또는 제4호의 서류를 제출하지 않은 상태에서 추심명령이 내려진 경우[민사집행실무Ⅳ 291] 제출되지 않은 이상 집행정지를 간과한 위법이 있다고 할 수 없으므로
■ 채권압류 및 추심명령의 기초가 된 가집행의 선고가 있는 판결이 상소심에서 취소된 사실 대법원 2007. 3. 15.자 2006마75 결정, [대법원 2013. 12. 13.자 2013마2212 결정] 가집행선고부 제1심판결 정본에 기하여 채권압류 및 추심명령 발령 → 재항고인이 제1심판결에 항소하여 항소법원은 2013. 8. 29. 위 제1심판결 중 채권자 전01에 대한 재항고인 패소 부분을 일부 취소하고 그 부분에 해당하는 채권자 갑의 청구를 기각한다는 내용의 판결을 선고 → 원심으로서는 재항고인으로 하여금 위 제1심판결을 취소한 항소심 판결의 정본을 제출하도록 한 후 즉시항고를 일부 받아들여 이 사건 채권압류 및 추심명령 중 채권자 갑에 대한 부분을 일부 취소하였어야 한다. 저당권에 기한 물상대위권의 행사를 위한 압류 및 전부명령의 경우에도 동일[대법원 2008. 10. 9.자 2006마914 결정]32)	■ 압류 및 전부명령 후에 강제집행정지결정이 있었더라도 그 정본이 제출되지 않아 압류 및 전부명령이 확정된 경우[대법원 2013. 1. 10.자 2011마746 결정] 전부채권자는 피전부채권을 이전받은 채권자로서 직접 제3채무자에게 피전부채권을 행사할 수 있으며, 제3채무자로서는 피전부채권과 직접 관련이 없는 전부채권자와 집행채무자와의 사이의 사유를 들어 피전부채권의 행사가 신의성실의 원칙에 반한다고 주장할 수도 없다. → 채무자에 대한 가집행선고부 판결을 집행권원으로 하여 채무자가 가지는 공탁금회수청구권을 압류·전부받은 재항고인은 채무자를 대위하여 공탁금회수청구권에 기초한 담보취소신청 가능
	■ 채권압류 및 추심명령의 집행권원인 1심판결에 대하여 강제집행정지결정[대법원 2005. 11. 8.자 2005마992 결정] 압류채권자가 피압류채권을 추심하는 행위에 나아갈 수 없을 뿐 채권압류 및 추심명령을 취소하여야 하는 것은 아니므로 즉시항고 사유가 될 수 없음, [대법원 2010. 8. 19. 선고 2009다70067 판결] 이로 인하여 제3채무자의 추심금 지급에 대한 소송절차가 중단된다고 볼 수 없고, 제3채무자는 압류와 관련된 금전채권의 전액 공탁 가능

---

31) 채무자 회생 및 파산에 관한 법률 제557조 제1항에 "면책신청이 있고, 파산폐지결정의 확정 또는 파산종결

7. 추심권의 객관적 범위

가. 추심권의 취득

(1) 독립적으로 처분하여 환가 불가[대법원 1988. 12. 13. 선고 88다카3465 판결] 금전채권에 대하여 압류 및 추심명령이 있었다고 하더라도 이는 강제집행절차에서 압류채권자에게 채무자의 제3채무자에 대한 채권을 추심할 권능만을 부여하는 것으로서 강제집행절차상의 환가처분의 실현행위에 지나지 아니한 것이며, 이로 인하여 채무자가 제3채무자에 대하여 가지는 채권이 압류채권자에게 이전되거나 귀속되는 것이 아니다.

(2) 추심권능에 대한 압류 및 전부명령은 무효[대법원 1997. 3. 14. 선고 96다54300 판결] 따라서 이와 같은 추심권능은 그 자체로서 독립적으로 처분하여 환가할 수 있는 것이 아니어서 압류할 수 없는 성질의 것이고, 따라서 이러한 추심권능에 대한 가압류결정은 무효이며, 추심권능을 소송상 행사하여 승소확정판결을 받았다 하더라도 그 판결에 기하여 금원을 지급받는 것 역시 추심권능에 속하는 것이므로, 이러한 판결에 기하여 지급받을 채권에 대한 가압류결정도 무효라고 보아야 한다.

[대법원 2019. 12. 12. 선고 2019다256471 판결] 공탁금의 담보범위와 담보권자의 권리행사 방법

[사실관계]

① 가압류채권자(을, 공탁자) → 가압류채무자(갑, 원고) : 선행 채권가압류결정(A)을 받은 후 별도의 후행 채권가압류결정(B)을 받으면서 법원의 담보제공명령에 따라 갑을 피공탁자로 하여 B가압류에 대한 담보공탁금을 공탁

② 갑은 A, B 각 가압류에 대하여 이의하여 취소결정을 받은 후 각 가압류취소결정의 각 소송비용액 확정결정을 모두 집행권원으로 삼아 을의 공탁금회수청구권에 대한 압류·추심명령을 받은 다음 을을 대위하여 위 공탁금에 대하여 담보취소결정을 받고 공탁관에게 공탁금 회수청구

결정이 있는 때에는 면책신청에 관한 재판이 확정될 때까지 채무자의 재산에 대하여 파산채권에 기한 강제집행·가압류 또는 가처분을 할 수 없고, 채무자의 재산에 대하여 파산선고 전에 이미 행하여지고 있던 강제집행·가압류 또는 가처분은 중지된다"라고 규정하고, 같은 조 제2항에 "면책결정이 확정된 때에는 제1항의 규정에 의하여 중지한 절차는 그 효력을 잃는다"라고 규정하고 있으므로, 채무자에 대한 파산·면책신청이 있는 경우에 파산채권에 기한 채권압류 및 추심명령도 위 법률의 규정에 따라 제한되어야 한다. 원심으로서는 채무자가 파산신청을 하여 파산폐지결정이 확정되었는지 여부, 면책결정이 확정되었는지 여부, 나아가 면책결정으로 채권자에 대한 채무에 관하여 그 책임이 면제되었는지 여부를 심리하여 위 압류 및 추심명령의 효력을 정하여야 한다.

32) 별도의 집행권원 없이 민사집행법 제273조 제1항에서 정한 저당권 증빙서류의 제출로써 저당물에 갈음하는 채권의 압류 및 전부명령을 발령받는 저당권에 기한 물상대위권의 행사절차는, 저당권의 실행과 마찬가지로 채권 및 기타 재산권에 대한 강제집행에 준하여 절차가 진행되는 관계로 민사집행법 제49조 제1호, 제50조의 규정이 준용될 뿐만 아니라 민사집행법 제266조 제1항 제3호, 제2항에서 정한 담보권실행절차 취소규정의 적용도 받게 되므로, 그 실질에 있어서 위 각 규정에서 정한 취소서류에 준하는, 채권압류 및 전부명령의 기초가 된 저당권의 피담보채권의 부존재를 확인하는 취지의 확정판결 정본이 채권압류 및 전부명령에 대한 항고심 혹은 재항고심 계류중 제출된 경우에는 그 항고를 받아들여 채권압류 및 전부명령을 취소하여야 한다.

③ 공탁관은 갑의 채권자들인 병, 정(피고들)이 갑의 공탁금 출급·회수청구권을 압류하였고, 갑의 채권 압류 및 추심명령 등으로 압류경합이 발생하였음을 이유로 사유신고를 함에 따라 배당절차 개시
④ 배당절차 : 병, 정에게 위 공탁금을 모두 배당하는 내용의 배당표 작성
⑤ 원고 → 피고들 : 배당이의

[판단]

	B가압류 소송비용 부분	A가압류 소송비용 부분
공탁금 담보범위에 포함되는지 여부	○	×
담보권리자가압류채무자(원고)의 권리행사방법	■직접 공탁금출급청구피공탁자로서 담보권리자인 갑이 위 공탁금의 피담보채권인 B가압류 소송비용에 대하여 공탁금을 직접 출급청구하는 방법 ■을의 공탁금회수청구권에 대한 압류·추심명령을 받은 다음 을을 대위하여 담보취소결정을 받고 공탁금회수청구담보권의 실행방법으로 인정되므로 그 실질은 공탁금출급청구와 다르지 않음	■직접 공탁금출급청구 : 불가담보권리자가 아니므로 ■원고는 을에 대한 일반채권자의 지위에서 을의 공탁금회수청구권을 강제집행 원고는 압류·추심명령으로 인하여 을의 공탁금회수청구권 중 A가압류 소송비용 부분을 '추심할 권능'만을 부여받았을 뿐이고, 그 부분에 해당하는 회수청구권 자체가 원고에게 귀속된 것은 아님
피고들의 압류의 효력	유효 : 원고의 책임재산에 대하여 원고의 채권자들이 한 압류로서 유효	무효 : 존재하지 않는 채권A가압류 부분은 피담보채권이 아님에 대한 압류이거나 압류할 수 없는 성질추심권능의 것에 대한 압류
피고들에 대한 배당의 효력	유효	무효 : 원고의 배당이의 인용

(3) 추심채무자임차인의 제3채무자임대인에 대한 동시이행항변권보증금반환채권은 유지[대법원 2001. 3. 9. 선고 2000다73490 판결]

나. 추심권의 범위

(1) 원칙 : 압류의 효력이 미치는 채권 전액
(2) 종된 권리 : 보증인에 대한 채권, 압류 후의 이자·지연손해금, 압류 및 추심할 채권의 표시에 이자·지연손해금을 별도로 기재하였다면 이미 발생한 이자·지연손해금에 대해서도 추심권이 미칠 수 있음[민사집행실무제요IV 295]

(3) 압류경합 : 압류의 효력이 확장되므로 추심명령에서 특히 한정하지 않는 한 추심권의 범위도 확장[민사집행실무제요IV 295]

8. 추심권의 행사

가. 성질

(1) 모든 채권자의 이익을 위하여 추심을 하는 것

(가) 압류 등의 경합이 있는 경우 : 압류 또는 배당에 참가한 모든 채권자를 위하여 제3채무자로부터 채권을 추심[대법원 2005. 7. 28. 선고 2004다8753 판결]

(나) 압류 등의 경합이 없는 경우 : 추심신고를 할 때까지는 다른 채권자의 배당요구가 가능하므로(제247조 제1항 제2호) 추심채권자는 자기 채권의 만족을 위해서뿐만 아니라 모든 채권자의 이익을 위하여 추심을 하는 것

(2) 추심채권자가 제3채무자로부터 추심할 권능 → 압류된 채권이 원래 지참채무이면 의무이행지는 여전히 채무자의 주소지

나. 재판 외에서의 추심권 행사

가능	불가능
■이행최고, 변제수령, 선택권 행사, 해제권·해지권·취소권 행사[대법원 2009. 6. 23. 선고 2007다26165 판결] 채권추심을 위한 목적 범위 내의 행위인 경우(해약환급채권 행사를 위한 보험계약 해지, 보증인에 대한 청구, 추심할 채권에 담보권이 있는 경우자기 이름으로 경매신청(직접 담보권을 행사할 권능을 취득하므로), 채무자에 갈음하여 반대의무 이행 후 추심 가능 ■상계 : 채권자가 압류한 채권을 자동채권으로 하여, 제3채무자에 대한 자신의 채무와 상계 가능 ■민사소송법 제125조의 담보취소신청 : 담보물회수청구권에 대하여 압류 및 추심명령을 받은 추심채권자만 제기 가능[대법원 2015. 10. 24.자 2015카담39 결정] 담보제공자인 채무자는 담보취소를 신청할 당사자적격 상실	■추심의 목적을 넘는 행위 → 면제, 포기, 기한의 유예, 채권양도 ■상계 제한 : 다른 채권자가 경합하는 경우에는 제3채무자에 대하여 부담하는 다른 채무 상계 불가94다2886 ■양도인이 집행권원에 기초하여 압류 및 추심명령을 받은 후 집행권원상의 채권을 양도하였으나 양수인이 승계집행문을 부여받지 않은 경우 : 양수인 → 제3채무자에 대한 추심의 소는 당사자적격의 흠결로 각하[대법원 2008. 8. 21. 선고 2008다32310 판결]

다. 재판상 행사 : 추심금 청구

(1) 행사 방법

⑺ 승계참가 등 : 채무자가 이미 소를 제기한 경우에는 승계인으로 참가(제23조 제1항, 민사소송법 제81조, 제82조), 채무자가 집행권원을 가지고 있는 경우에는 승계집행문을 받아 집행(제31조 제1항)

⑼ 확인의 소 : 상대적 불확지 변제공탁의 피공탁자 중 1인을 채무자로 하여 그의 공탁물 출급청구권에 대하여 채권압류 및 추심명령을 받은 추심채권자[대법원 2011. 11. 10. 선고 2011다55405 판결]

① 공탁물출급청구권이 추심채권자의 채무자에게 있음을 확인한다는 확인의 소제기 가능

② 추심채권자 자신에게 공탁금 출급청구권이 있다는 취지의 확인은 불가

⑽ 추심의 소, 지급명령 신청

① 일부청구 : 가능[대법원 1971. 11. 9. 선고 71다1941 판결] 채권추심명령을 얻은 자는 그 일부만을 청구할 수 있다.

② 관할 : 제3채무자의 보통재판적이 있는 곳의 법원(민소 제2조), 압류된 채권의 의무이행지의 특별재판적이 있는 곳의 법원(민소 제8조, 추심금 청구소송은 집행채무자의 주소지압류된 채권의 귀속주체가 집행채무자이므로, 전부금 청구소송은 전부채권자의 주소지압류된 채권이 채권자에게 이전되므로)

(2) 추심의 소의 소송요건

⑺ 재판권(제3채무자를 외국으로 하는 추심금 소송) : 강제집행의 대상이 될 수 있다는 점에 대한 명시적 동의, 재판권 면제 주장 포기가 없는 이상 채권압류 및 추심명령은 무효재판권없는 법원이 발령, **추심금 소송은 각하**[대법원 2011. 12. 13. 선고 2009다16766 판결] 재판권이 없으므로

⑼ 원고적격

① 추심명령이 유효하지 않은 경우 : 당사자적격흠결로 각하[대법원 2016. 11. 10. 선고 2014다54366 판결] 채권압류 및 추심명령 결정정본이 제3채무자인 피고에게 적법하게 송달되지 아니하여 이 사건 채권압류 및 추심명령의 효력이 발생하지 아니한 이상(소외인은 이 사건 채권압류 및 추심명령의 채무자로서 피고와 이해관계를 달리하는 당사자이므로 소외인에게 한 보충송달은 부적법하고, 이 사건 채권압류 및 추심명령은 효력이 발생하지 않았다), 채권자인 원고는 피고를 상대로 직접 이 사건 추심금청구의 소를 제기할 권능이 없다. 그렇다면 이 사건 소는 당사자 적격이 없는 자에 의하여 제기된 것으로서 부적법하므로 각하되어야 한다.

② 다른 추심채권자가 먼저 추심의 소제기를 한 경우 : 별소제기는 중복된 소제기에 해당하여 부적법[대법원 1994. 2. 8. 선고 93다53092 판결], 공동소송참가는 가능[대법원 2015. 7. 23. 선고 2013다30301,30325 판결], [민사집행실무제요IV 301]

⑽ 채무자의 소송수행권

① 채무자의 소송수행권 상실 여부 · 범위

㉠ 채무자는 당사자적격 상실[대법원 2000. 4. 11. 선고 99다23888 판결, 대법원 2009. 11. 12. 선고 2009다

48879 판결], 상고심에서 새로 주장 가능[대법원 2008. 9. 25. 선고 2007다60417 판결, 대법원 2018. 12. 27. 선고 2018다268385 판결]

ⓒ 채무자가 제기한 이행의 소는 추심명령의 선후와 무관하게 부적법한 소로서 본안에 관하여 심리·판단할 필요 없이 각하[99다23888, 2007다60417], 채무자의 이행소송이 상고심에 계속 중이어도 동일[대법원 2004. 3. 26. 선고 2001다51510 판결]

ⓒ 채무자의 제3채무자에 대한 채권 중 추심명령의 효력이 미치는 범위에 한하여 상실 : 나머지 부분에 대하여는 채무자에게 여전히 이행의 소를 제기할 당사자적격 인정

② 채무자의 소송참가 방법 : 공동소송적 보조참가

③ 채무자의 당사자적격 회복

ㄱ 채무자의 이행소송 계속 중에 추심채권자가 압류 및 추심명령 신청의 취하 등에 따라 추심권능을 상실하는 경우

ㄴ 직권조사사항 : 상고심에서도 참작[대법원 2007. 11. 29. 선고 2007다63362 판결]

(3) 추심의 소의 청구원인

(개) **추심채권(피압류채권)의 존재**[대법원 2015. 6. 11. 선고 2013다40476 판결] 증명책임은 원고인 추심채권자에게

① 권면액이 있는 금전채권 불필요[요건사실론 142] 추심명령은 유효하게 압류된 채권에 대하여는 언제나 발할 수 있으므로

② 집행채권이나 압류할 채권의 '실체적 존부'는 집행법원이 심리할 수 없음[민사집행실무제요III 363], [대법원 2009. 12. 10. 선고 2009도9982 판결]

③ 집행채무자가 집행채권자로 하여금 허위확인서를 첨부하여 추심명령을 신청하도록 하였더라도 법원을 기망한 것이 아니므로 소송사기죄 불성립[2009도9982] 채권자가 채무자에 대하여 진정한 채권을 가지고 있는 이상 비록 피고인이 피압류채권이 존재하지 않는다는 사실을 알면서도 그와 같은 사정을 모르는 채권자들로 하여금 피해자를 제3채무자로 한 채권의 압류 및 전부(추심)명령을 신청하게 하여 압류 및 전부(추심)명령을 받게 하였다고 하더라도 그것만으로는 법원을 기망하였다고 볼 수 없고, 위 채권자들이 피해자를 상대로 전부(추심)금 소송을 제기하지 아니한 이상 아직은 소송사기의 실행에 착수한 것이라고 볼 수 없는 것이다.

(개)-1. 집행채권의 부존재·소멸에 관한 항변 : **불가**[대법원 1994. 11. 11. 선고 94다34012 판결], [대법원 1996. 9. 24. 선고 96다13781 판결] 집행채권의 부존재나 소멸은 집행채무자가 청구이의의 소에서 주장할 사유이지 추심의 소에서 제3채무자가 이를 항변으로 주장하여 집행채무의 변제를 거절할 수 있는 것이 아니다.

(개)-2. 추심채권(피압류채권)에 관한 항변 : **채무자에 대하여 주장할 수 있는 실체법상의 모든 항변으로 추심채권자에게 대항 가능**

① 압류명령 송달 전 추심채권 소멸

② 압류경합 상태에서 정당한 추심권자에게 변제 : 변제시점이 압류명령 송달 후라도 모든 채권자에게 대항 가능[요건사실론 143], [대법원 2003. 5. 30. 선고 2001다10748 판결] 압류경합 상태에서 피고가

추심채권자에게 지급한 금액은 지급받은 추심채권자가 이 사건 압류 전에 압류를 하였는지 그 압류 후에 압류를 하였는지를 묻지 아니하고 원고를 비롯하여 압류경합 관계에 있는 모든 채권자에 대하여 효력이 미친다. [2000다43819] 압류된 채권을 경합된 압류채권자 및 다른 추심권자의 집행채권액에 안분하여 변제하여야 하는 것도 아니다.

③ 압류효력 발생 전 채무자 처분·제3채무자 변제 : 처분·변제 후에 압류명령을 받은 채권자에 대하여는 유효한 처분·변제2001다10748 압류의 처분금지 효력은 절대적인 것이 아니고, 채무자의 처분행위 또는 제3채무자의 변제로써 처분 또는 변제 전에 집행절차에 참가한 압류채권자나 배당요구채권자에게 대항하지 못한다는 의미에서의 상대적 효력만을 가지는 것이어서, 압류의 효력발생 전에 채무자가 처분하였거나 제3채무자가 변제한 경우에는, 그 보다 먼저 압류한 채권자가 있어 그 채권자에게는 대항할 수 없는 사정이 있더라도, 그 처분이나 변제 후에 압류명령을 얻은 채권자에 대하여는 유효한 처분 또는 변제가 되는 것이다. 이 사건 압류 전에 피고가 범진여객에게 운영경비 명목으로 상당한 금액을 지급한 사실이 인정되고 그 금원은 압류 목적인 운송수입금 채권의 변제로서의 성질을 가지는 것이라 할 것인바, 압류경합의 법리와 압류의 상대적 효력에 비추어 볼 때 그 지급 후의 압류권자인 원고에 대하여는 그 전액으로써 변제의 효과를 주장할 수 있는 것이고, 따라서 이 사건 압류 전의 운영경비 지급은 원고에게 효력이 없음을 전제로 이 부분 피고의 주장에 대한 판단을 누락한 원심에는 압류경합 및 채권압류의 상대적 효력에 관한 법리를 오해한 나머지 판단을 누락한 위법이 있다.

(가)-3. 상계 : 상계항변 부분 참조

(나) 압류·추심명령 : 채무자에 대한 송달 및 추심명령의 확정 불필요제3채무자에 대한 송달일에 효력 발생

① 실체법상 청구권 : 집행채무자에게 → 채무자는 제3채무자에 대하여 피압류채권에 기한 동시이행항변권 유지[대법원 2001. 3. 9. 선고 2000다73490 판결]

② 소송법상의 관리권 : 추심채권자에게(법정소송담당)

(나)-1. 추심명령에 관한 항변

① 원고적격에 관한 본안전항변

㉠ 제3채무자의 즉시항고로 추심명령 취소

㉡ 추심채권자의 추심명령 취하

㉢ 추심명령의 무효[대법원 2016. 11. 10. 선고 2014다54366 판결] 제3채무자인 피고에게 적법하게 송달되지 않은 채권압류 및 추심명령 결정 정본에 기초한 추심의 소

② 존재하지 않는 채권에 대한 추심명령 : 무효[대법원 2007. 1. 11. 선고 2005다47175 판결] 분양대금채권에 대한 가압류 후 준소비대차 → 가압류된 채권을 소멸시키는 것으로 가압류효력에 위반, 대여금에 대한 2차 가압류 → 존재하지 않는 채권에 대한 것으로서 무효

[2005다47175] 1차 가압류에 위반된 가압류에 기한 추심금 청구의 효력과 신의칙 위반여부

▶원고 : 대여금채권 가압류2차 가압류에 기한 추심금 청구

◀피고 : 2차 추심명령 무효(피고의 준소비대차 : 1차 가압류에 위반)

▸ 가압류채권자 : 1차 가압류에 위반된 처분행위(준소비대차)의 효력 인정 가능

→ 준소비대차의 효력을 인정하여 대여금채권에 대한 압류·추심 주장 가능

◀1차 가압류에 기하여 이미 추심완료 → 2차 가압류에 기한 청구는 신의칙 위반

▸ 이미 행한 추심의 대상에 포함되지 않은 대여금 이자 부분에 대한 추심은 허용

③ 집행적격 없는 권리에 대한 압류 : 조합재산을 구성하는 특정재산에 대한 합유지분권, 특정 재산에 대한 합유지분 환급청구권 압류[대법원 2007. 11. 30.자 2005마1130 결정] 민법 제714조 : 전체 조합재산에 대한 조합원 지분을 의미

④ 피압류채권의 불특정[대법원 2012. 11. 15. 선고 2011다38394 판결] 채무자가 제3채무자에 대하여 가지는 A아파트, B아파트, C아파트 공사대금채권 중 집행채권에 해당하는 금액 → 압류의 효력 불발생압류의 효력이 어느 채권에 대하여 어느 범위에서 미치는지 알 수 없음 → 추심명령 무효

▸ [예외] 압류대상채권채무자 → 제3채무자 합계액 < 집행채권액채권자 → 채무자, 복수의 채권이 모두 하나의 계약에 기하여 발생, 제3채무자가 채무자에게 일괄이행하기로 약정 : 압류할 대상인 채권별로 압류될 부분을 따로 특정하지 않았더라도 압류·전부명령 유효 [대법원 2013. 12. 26. 선고 2013다26296 판결] ➠ 압류경합경합된 압류 청구금액의 합계액 > 피압류채권, 수 개의 압류이 논점이 아니라 하나의 압류원고에서 피압류채권의 특정이 논점인 사례

⑤ 압류·추심명령의 효력범위에서 제외 : 압류 및 추심명령 송달 이후 새로 입금되는 예금채권[대법원 2012. 10. 25. 선고 2010다47117 판결], 공사예치금반환채권 ≠ 대여금반환채권[대법원 2013. 6. 13. 선고 2013다10628 판결]

(나)-2. 압류경합 항변 : 불가 → 이중의 추심명령도 유효, 추심명령이 여러 번 발부되어도 순위 우열 없음, 압류·배당에 참가한 모든 채권자를 위하여 추심[요건사실론 143], [대법원 2001. 3. 27. 선고 2000다43819 판결] 같은 채권에 관하여 추심명령이 여러 번 발부되더라도 그 사이에는 순위의 우열이 없고, 추심명령을 받아 채권을 추심하는 채권자는 자기채권의 만족을 위하여서 뿐만 아니라 압류가 경합되거나 배당요구가 있는 경우에는 집행법원의 수권에 따라 일종의 추심기관으로서 압류나 배당에 참가한 모든 채권자를 위하여 제3채무자로부터 추심을 하는 것이므로 그 추심권능은 압류된 채권 전액에 미치며, 제3채무자로서도 정당한 추심권자에게 변제하면 그 효력은 위 모든 채권자에게 미치므로 압류된 채권을 경합된 압류채권자 및 또 다른 추심권자의 집행채권액에 안분하여 변제하여야 하는 것도 아니다.

(다) 제3채무자 송달 : 추심명령은 제3채무자에게 송달된 때에 확정되므로 채무자에 대한 송달이나 추심명령의 확정 불요

(다)-1. 채권이 이미 변제 등으로 소멸한 후 그 채권에 관한 압류·추심명령 송달 : 채권압류 및 추심명령은 존재하지 않는 채권에 대한 것으로서 무효, 지명채권양도의 제3자에 대한 대항요건의 문제는 발생할 여지가 없음[대법원 2003. 10. 24. 선고 2003다37426 판결]

(다)-2. 추심권의 포기(제240조 제1항)

① 기본채권에는 영향이 없음(제240조 제1항 단서)

② 압류명령의 신청 취하 : 추심권도 당연히 소멸[대법원 2009. 11. 12. 선고 2009다48879 판결] 채권에 대한 압류 및 추심명령이 있으면 제3채무자에 대한 이행의 소는 추심채권자만이 제기할 수 있고 채무자는 피압류채권에 대한 이행소송을 제기할 당사자적격을 상실한다. 그러나 채권자는 현금화절차가 끝나기 전까지 압류명령의 신청을 취하할 수 있고, 이 경우 채권자의 추심권도 당연히 소멸하게 되며, 추심금청구소송을 제기하여 확정판결을 받은 경우라도 그 집행에 의한 변제를 받기 전에 압류명령의 신청을 취하하여 추심권이 소멸하면 추심권능과 소송수행권이 모두 채무자에게 복귀하며, 이는 국가가 국세징수법에 의한 체납처분으로 채무자의 제3채무자에 대한 채권을 압류하였다가 압류를 해제한 경우에도 마찬가지이다.

③ 추심명령 후 전부명령 : 추심명령은 당연히 소멸하므로 추심권 포기 불요

④ 금전채권의 가압류를 본압류로 전이하는 압류 및 추심명령 후 본압류의 신청만을 취하 : 가압류집행의 효력은 유지 → 그 후 다른 채권자의 압류 및 전부명령이 있는 경우 전부명령은 무효[대법원 2000. 6. 9. 선고 97다34594 판결] 채권자가 금전채권의 가압류를 본압류로 전이하는 압류 및 추심명령을 받아 본집행절차로 이행한 후 본압류의 신청만을 취하함으로써 본집행절차가 종료한 경우, 특단의 사정이 없는 한 그 가압류집행에 의한 보전 목적이 달성된 것이라거나 그 목적 달성이 불가능하게 된 것이라고는 볼 수 없으므로 그 가압류집행의 효력이 본집행과 함께 당연히 소멸되는 것은 아니라고 할 것이니, 채권자는 제3채무자에 대하여 그 가압류집행의 효력을 주장할 수 있다.

9. 추심의무

가. 채무자에 대한 손해배상(제239조)

나. 배당요구채권자의 직접 추심권(제250조)

10. 추심권의 포기

가. 요건 : 압류채권자가 추심명령을 얻은 뒤 집행법원에 서면으로 포기신고(제240조 제2항)

나. 효과

(1) 추심명령의 효력 상실 : 집행법원의 취소결정 불요

(2) 추심소송 후 추심권 포기 → 추심권능과 소송수행권이 모두 채무자에게 복귀

(3) 집행채권에는 영향 없음 : 청구이의사유가 되지 않음, 집행에 관한 이의(제16조), 제3채무자는 추심권의 포기를 항변으로 주장 가능[민사집행실무제요IV 313]

(4) 압류의 효력에 영향 없음 : 시효중단의 효력 유지[대법원 2014. 11. 13. 선고 2010다63591 판결] 금전채권에 대한 압류명령과 그 현금화 방법인 추심명령을 동시에 신청하더라도 압류명령과 추심명령은 별개로서 그 적부는 각각 판단하여야 하고, 그 신청의 취하 역시 별도로 판단하여야 한다. 채권자는 추심명령에 따라 얻은 권리를 포기할 수 있지만(민사집행법 제240조 제1항) 추심권의 포기는 압류의 효력에는 영향을 미치지 아니하므로, 추심권의 포기만으로는 압류로 인한 소멸시효 중단의 효력은 상실되지 아니하고 압류명령의 신청을 취

하하면 비로소 소멸시효 중단의 효력이 소급하여 상실된다.

11. 추심의 효과

가. 피압류채권의 소멸 : 제3채무자는 채권자에 대한 변제로 채무자에 대항 가능, 추심명령이 경합된 경우에도 한 채권자에 대한 변제로 모든 채권자에 대항 가능[대법원 2015. 4. 23. 선고 2013다207774 판결]

(1) 제3채무자가 추심권자에게 지급한 후 압류·가압류명령이 제3채무자에게 송달 : 추심한 금원에 대한 압류·가압류효력 부정[대법원 2005. 1. 13. 선고 2003다29937 판결] 채권압류명령은 그 명령이 제3채무자에게 송달됨으로써 효력이 생기는 것이므로, 제3채무자의 지급으로 인하여 피압류채권이 소멸한 이상 설령 다른 채권자가 그 변제 전에 동일한 피압류채권에 대하여 채권압류명령을 신청하고 나아가 압류명령을 얻었다고 하더라도 제3채무자가 추심권자에게 지급한 후에 그 압류명령이 제3채무자에게 송달된 경우에는 추심권자가 추심한 금원에 그 압류의 효력이 미친다고 볼 수 없다.

(2) 배당요구의 효력도 인정되지 않음[대법원 2008. 11. 27. 선고 2008다59391 판결] 추심명령을 얻어 채권을 추심하는 채권자는 집행법원의 수권에 따라 일종의 추심기관으로서 제3채무자로부터 추심을 하는 것이므로 제3채무자로서도 정당한 추심권자에게 지급하면 피압류채권은 소멸하는 것이고, 한편 채권에 대한 압류·가압류명령은 그 명령이 제3채무자에게 송달됨으로써 효력이 생기는 것이므로(민사집행법 제227조 제3항, 제291조), 제3채무자의 지급으로 인하여 피압류채권이 소멸한 이상 설령 다른 채권자가 그 변제 전에 동일한 피압류채권에 대하여 압류·가압류명령을 신청하고 나아가 압류·가압류명령을 얻었다고 하더라도 제3채무자가 추심권자에게 지급한 후에 그 압류·가압류명령이 제3채무자에게 송달된 경우에는 추심권자가 추심한 금원에 그 압류·가압류의 효력이 미친다고 볼 수 없으며, 추심채권자가 추심의 신고를 하기 전에 다른 채권자가 동일한 피압류채권에 대하여 압류·가압류명령을 신청하였다고 하더라도 이를 당해 채권추심사건에 관한 적법한 배당요구로 볼 수도 없다.
➡ 피고 : 2007.4.16. 추심, 2007.4.23. 추심신고 vs 원고 : 2008.4.18. 가압류결정 및 송달 → 피고가 추심한 금원에는 원고가 얻은 가압류의 효력이 미친다고 볼 수 없고, 나아가 제3채무자가 추심채권자에게 추심채권액을 지급하기 전에 다른 채권자에 의한 가압류 또는 압류명령 신청이 있었다거나, 추심채권자가 추심신고를 하기 전에 가압류 또는 압류명령이 발령되어 제3채무자에게 송달되었다고 하여 거기에 추심채권자가 받은 금액에 대한 배당요구의 효력을 인정할 수도 없으므로, 결국 피고가 추심한 금원으로부터 배당을 받을 채권자가 경합하는 때에 해당한다고 볼 수 없어 피고는 그 추심금을 공탁할 의무가 없다.

나. 집행채권의 소멸 여부

(1) 추심신고를 할 때까지 다른 채권자의 압류·가압류 또는 배당요구가 없는 경우

㈎ 추심신고에 의하여 배당가입차단효 발생(제247조 제1항 제2호) : 추심한 범위 내에서 집행채권 소멸

㈏ 변제충당 : 배당에 참가한 다른 채권자가 없으면 집행채권자의 집행채권액에 충당하고 나머지는 채무자에게 반환[대법원 2004. 12. 10. 선고 2004다54725 판결] 채권압류 및 추심명령을 받은 채권자

가 제3채무자로부터 피압류채권을 추심한 다음 민사집행법 제236조 제1항에 따른 추심신고를 한 경우 그 때까지 다른 압류·가압류 또는 배당요구가 없으면 그 추심한 범위 내에서 피압류채권은 소멸하고, 집행법원은 추심금의 충당관계 등을 조사하여 집행채권 전액이 변제된 경우에는 집행력 있는 정본을 채무자에게 교부하며, 일부 변제가 된 경우에는 그 취지를 집행력 있는 정본 등에 적은 다음 채권자에게 돌려주는 등의 조치를 취함으로써 채권집행이 종료하게 된다.

(2) 경합(추심신고 전 다른 압류·가압류추심 전에 그 명령이 제3채무자에게 송달될 된 경우에 한함, 배당요구) ○

㈎ 공탁의무 및 사유신고(제236조 제2항) : 제3채무자가 제248조에 따라 공탁을 하여 배당절차가 개시됨으로써 추심채권자가 배당을 받은 경우에는 불요[민사집행실무제요IV 316] 이미 집행법원이 주관하는 배당절차가 개시되어 채권자들에게 그 배당절차를 통하여 채권의 만족을 얻을 기회가 부여되었으므로

㈏ 배당절차 개시(제252조 제2호) : 배당금액 범위 내에서만 집행채권 소멸[대법원 2005. 7. 28. 선고 2004다8753 판결] 추심채권자가 추심을 마쳤음에도 지체 없이 공탁 및 사유신고를 하지 아니한 경우에는 그로 인한 손해배상으로서, 제3채무자로부터 추심금을 지급받은 후 공탁 및 사유신고에 필요한 상당한 기간을 경과한 때부터 실제 추심금을 공탁할 때까지의 기간 동안 금전채무의 이행을 지체한 경우에 관한 법정지연손해금 상당의 금원도 공탁하여야 할 의무가 있다.

II. 전부명령 : 신청 → 심리 → 전부명령 → 송달 → 불복 → 확정 → 종료

1. 의의

가. 개념 : 압류된 금전채권을 집행채권의 변제에 갈음하여 권면액으로 압류채권자에게 이전시키는 집행법원의 명령(결정)

나. 성질 : 채권자 평등주의의 예외, 제3채무자 무자력은 채권자가 부담

2. 신청

가. 신청권자 : 압류채권자(승계인 포함)의 신청 필요, 가압류 후 집행권원을 취득하더라도 본압류로 이전하는 압류명령의 신청을 하면서 전부명령 신청 필요

나. 관할법원 : 압류명령을 발령한 법원전부명령은 압류명령을 전제로 하여 발령되므로

3. 전부명령의 요건

가. 강제집행의 일반적 요건 및 유효한 채권압류명령의 존재

나. 피전부채권의 존재

(1) 권면액이 있는 금전채권전부명령은 압류된 채권을 지급에 갈음하여 압류채권자에게 이전시키고 그것으

로 채무자가 채무를 변제한 것으로 간주하는 것이므로

㈎ 권면액

① 의미 : 채권의 목적으로 표시되어 있는 금전의 확정된 일정액 ⇔ 유체물 인도, 권리이전청구권(245), 지분권[대법원 1979. 12. 11. 선고 79다1487 판결] 조합의 조합원의 지분 내지 지분권은 민사소송법 제563조 제1항에서 말하는 금전채권이라 할 수 없음이 명백하니 피고 조합원이던 소외 신진건설 주식회사가 피고 조합에 대하여 가지는 지분권은 피전부채권의 적격이 없다.

② 판례의 태도 : 권면액의 개념을 넓게 이해전부명령이 확정된 후에 피전부채권이 소멸하거나 부존재한 것으로 판명되더라도 그로 인한 위험을 집행채권자 스스로가 전부명령을 신청할 때 이미 감수하겠다는 의사표시를 한 것으로 볼 수 있으므로, 채권자에게 위험을 부담시키더라도 부당하지 않기 때문

㈏ 장래채권(이행기 도래 입증) : 장래 지급될 봉급, 퇴직금, 합자회사 유한책임사원의 지분환급청구권, 경쟁입찰 낙찰자가 받게 될 공사대금채권[대법원 2002. 11. 8. 선고 2002다7527 판결]

㈐ 조건부채권(조건성취 입증) : 목적물반환 전 임차보증금반환채권[대법원 1981. 11. 10. 선고 81다378 판결, 대법원 1998. 4. 24. 선고 97다56679 판결], **매매대금반환채권**[대법원 2010. 4. 29. 선고 2007다24930 판결] 매매계약이 해제되는 경우 발생하는 매수인의 매도인에 대한 기지급 매매대금의 반환채권은 매매계약이 해제되기 전까지는 채권 발생의 기초가 있을 뿐 아직 권리로서 발생하지 아니한 것이기는 하지만 일정한 권면액을 갖는 금전채권이라 할 것이므로 전부명령의 대상이 될 수 있다. **해약환급금청구권**[대법원 2009. 6. 23. 선고 2007다26165 판결] 채권자대위에 의한 해지도 가능

㈑ 반대의무에 걸린 채권 : 도급계약 공사 완성 전의 공사대금채권[대법원 1962. 4. 4. 선고 62다63 판결] 공사대금채권은 공사계약의 성립과 동시에 발생하므로, [대법원 1995. 9. 26. 선고 95다4681 판결], **전부명령이 제3채무자에게 송달될 당시에는 공사계약이 체결되어야 함**[민사집행실무제요IV 325], [대법원 1989. 2. 28. 선고 88다카13394 판결] 공사도급계약 체결 전에는 공사대금채권이 아직 발생하지 않았으므로 그에 대한 전부명령은 무효이다. 따라서 공사도급계약이 이미 체결되어 그에 기한 공사대금채권에 대하여 발령된 전부명령의 효력은 그 전부명령 송달 후 체결된 추가공사계약으로 인한 공사대금채권에는 미치지 않는다.

(2) 압류된 채권의 양도 가능성[대법원 2004. 7. 5 자 2004마463 결정] 전부명령은 압류된 채권을 지급에 갈음하여 압류채권자에게 이전시키고 그것으로 채무자가 변제를 한 것으로 간주하는 제도이므로 그 대상인 피압류채권은 금전채권이어야 하고, 또한 양도성이 있어야 한다.

㈎ 양도금지 특약이 있는 채권이라도 압류채권자의 선의·악의를 불문하고 전부명령 가능[대법원 1976. 10. 29. 선고 76다1623 판결, 대법원 2002. 8. 27. 선고 2001다71699 판결]

㈏ 전부채권자로부터 그 채권을 양수한 자가 양도금지 특약 사실에 대해 악의·중과실이더라도 채무자는 채권양도의 무효 주장 불가[대법원 2003. 12. 11. 선고 2001다3771 판결]

(3) 상계가 금지되는 경우 : 압류금지채권에 해당하지 않는 한 전부명령 가능

㈎ 사용자가 근로자에 대한 집행권원을 가지고 근로자의 자신에 대한 임금채권(압류가 금지된 1/2을 제외한 나머지)을 압류하고 전부명령을 받는 것은 허용[대법원 1994. 3. 16.자 93마1822, 1823 결정]

㈔ 가액배상 수익자가 취소채권자에 대한 채권을 집행채권으로 하여 취소채권자의 자신에 대한 가액배상채권에 관하여 전부명령을 받는 것도 허용[대법원 2017. 8. 21.자 2017마499 결정]

(4) 타인의 우선권의 목적인 경우

㈎ 물상대위의 목적인 채권(보상금채권)에 대하여도 전부명령 가능 : 물상대위권자는 보상금이 직접 지급되거나 보상금채권에 관한 강제집행절차에서 배당요구의 종기에 이르기 전까지 그 청구권에 대한 추급 가능[대법원 2008. 9. 25. 선고 2008다34668 판결] 저당권자가 물상대위권의 행사로 토지보상금채권에 대하여 채권압류 및 전부명령을 신청하는 경우에, 설사 그 압류 전에 양도 또는 전부명령 등에 의하여 보상금채권이 타인에게 이전된 경우(➡타인의 우선권의 목적인 채권에 관하여도 전부명령 가능)라도 보상금이 직접 지급되거나 보상금지급청구권에 관한 강제집행절차에 있어서 배당요구의 종기에 이르기 전에는 여전히 그 청구권에 대한 추급이 가능한 것이다.

㈏ 질권의 목적인 채권에 대한 일반채권자의 전부명령도 가능[대법원 2009. 10. 15. 선고 2009다43621 판결] 근질권의 목적이 된 금전채권에 대하여 근질권자가 아닌 제3자의 압류로 강제집행절차가 개시된 경우, 제3채무자가 그 절차의 전부명령이나 추심명령에 따라 전부금 또는 추심금을 제3자에게 지급하거나 채권자의 경합 등을 사유로 위 금전채권의 채권액을 법원에 공탁하게 되면 그 변제의 효과로서 위 금전채권은 소멸하고 그 결과 바로 또는 그 후의 절차진행에 따라 종국적으로 근질권도 소멸하게 되므로, 근질권자는 위 강제집행절차에 참가하거나 아니면 근질권을 실행하는 방법으로 그 권리를 행사할 것이 요구된다. 이런 까닭에 위 강제집행절차가 개시된 때로부터 위와 같이 근질권이 소멸하게 되기까지의 어느 시점에서인가는 근질권의 피담보채권도 확정된다고 하지 않을 수 없다. 근질권자가 제3자의 압류 사실을 알고서도 채무자와 거래를 계속하여 추가로 발생시킨 채권까지 근질권의 피담보채권에 포함시킨다고 하면 그로 인하여 근질권자가 얻을 수 있는 실익은 별 다른 것이 없는 반면 제3자가 입게 되는 손해는 위 추가된 채권액만큼 확대되고 이는 사실상 채무자의 이익으로 귀속될 개연성이 높아 부당할 뿐 아니라, 경우에 따라서는 근질권자와 채무자가 그러한 점을 남용하여 제3자 등 다른 채권자의 채권 회수를 의도적으로 침해할 수 있는 여지도 제공하게 된다. 따라서 이러한 여러 사정을 적정·공평이란 관점에 비추어 보면, 근질권이 설정된 금전채권에 대하여 제3자의 압류로 강제집행절차가 개시된 경우 근질권의 피담보채권은 근질권자가 위와 같은 강제집행이 개시된 사실을 알게 된 때에 확정된다고 봄이 타당하다.

㈐ 강제집행정지를 위한 보증공탁금 반환청구권채무자 : 채권자는 강제집행정지명령의 효력이 소멸한 다음 압류 및 전부명령을 얻어 채무자를 대위하여 담보취소신청 가능[대법원 1982. 9. 23.자 82마556 결정] 가집행선고있는 판결에 대한 강제집행정지를 위한 보증공탁은 그 강제집행정지 때문에 채권자에게 손해가 발생한 경우에 그 손해배상의 확보를 위한 것임은 소론과 같다. 그러나 기록에 의하면, 원심에서 한 이 사건 강제집행정지 결정은 원심의 본안판결 선고시까지 존속하는 것임이 그 결정자체에 의하여 명백하므로 원심이 본안판결을 선고한 1982.4.29 위 정지명령의 효력은 소멸되었다 할 것인즉, 그 후에 채권자가 위 가집행선고있는 판결의 채무명의에 의하여 재항고인의 공탁금반환청구권에 대하여 채권압류 및 전부명령을 얻고, 이 사건 담보취소신청을 함에 이른 것으로서 이는 위 압류전부명령에 의하여 공탁금반환청구권을 취득한 채권자가 담보제공자인 재항고인을 대위하여 담보취소신청을 하는 것이므로 그 신청을 인용한 원심결정은 옳다.

㈑ 가집행선고부 판결의 강제집행정지를 위한 보증공탁금의 회수청구권채무자 [대법원 1996. 11. 25.자 95마601, 602 결정] 가집행선고가 붙은 판결에 기초한 강제집행에 대하여 채무자가 상소를 제기하면서 민사소송법 제501조에 의하여 강제집행정지신청을 하고 그 담보를 공탁한 경우 : 가집행채권자는 강제집행정지결정이 소멸하기 전에 담보공탁금 회수청구권에 대하여 압류 및 전부명령을 신청하는 경우 : 가집행선고부 판결에 대한 강

제집행정지를 위한 보증공탁금 회수청구권도 피전부적격이 인정되므로, 그 채권에 대하여 압류 및 전부명령을 얻은 채권자는 다른 특별한 사정이 없는 한 해당 보증공탁금으로부터 집행채권의 만족을 얻을 수 있다.

(마) 변제공탁 및 담보공탁에서 공탁물 회수청구권채무자 : **압류 및 전부명령 인정**대법원 1973. 12. 22.자 73마360 결정, [대법원 1984. 6. 26.자 84마13 결정] 집행력 있는 채무 명의에 터잡아 채권의 압류 및 전부명령이 적법하게 이루어진 이상 피압류채권은 집행채권의 범위 안에서 지급에 가름하여 당연히 압류(전부) 채권자에게 이전하고 채무자는 채무를 변제한 것으로 간주되어 그 후 그 압류 및 전부를 받은 채권자가 그 채권을 추심하는 과정과는 관계없이 그 강제집행은 이미 종료되었다고 할 것이므로 그 집행채권이 장래의 조건부채권이거나 소멸할 가능성이 있는 것이라고 하더라도 그 채권의 압류 및 전부명령의 효력에는 아무런 영향이 없다 할 것이고, 따라서 그 이후에 발령된 동일한 채권을 목적으로 하는 압류 및 전부명령은 무효라고 할 것인바 이 사건을 보면 항고외 1이 원결정 설시의 경락허가결정에 대한 즉시항고를 함에 담보로 금140만원을 공탁하였는데 그 채권자인 재항고인이 1982.12.10. 위 항고외 1의 공탁금회수청구 채권에 대하여 설시와 같은 채권압류 및 전부명령을 받아 1982.12.11. 제 3 채무자에게 송달되고 또한 항고외 2가 1983.4.15. 위와 같은 채권에 대한 채권압류 및 전부명령을 받아 같은 4.16. 제 3채무자에 대하여 송달한 바 그 후 1983.4.20. 재항고인이 위 항고외 1을 대위하여 위 공탁금에 대한 담보취소결정을 받았다는 것이다. 그렇다면 재항고인은 이 사건 채권압류 및 전부명령을 받은 적법한 전부채권자라 할 것이고 그 전부채권이 담보의 목적이 되어 있었다 하더라도 그것이 전부된 이상 채무자는 채무를 변제한 것으로 간주된다 할 것이고 이로 인하여 담보권자는 담보권을 상실함이 없이 또 전부채권자는 담보권자에 우선하여 변제를 받음이 없이 담보권자의 권리실행으로 전부채권의 변제를 받지 못하고 그 채권이 공탁원인의 소멸 등으로 담보취소결정이 있는 경우에야 공탁물회수청구가 실현될 수 있다 하더라도 전부명령의 효력으로서의 채무자의 변제의 효력에는 영향이 없는 것이므로 이 사건과 같이 재항고인의 설시 채권에 대한 적법한 압류 및 전부명령이 있은 이상 이는 유효하다 할 것이고 설시와 같은 이유로 그 후에 있은 같은 채권에 대한 제 2 의 채권압류 및 전부명령은 담보취소결정의 전후임을 물을 필요도 없이 효력이 없다할 것이고 담보취소결정이되고 반환받을 공탁금회수채권이 존재하는 이상 재항고인의 공탁금회수청구는 인용되어야 할 것이다.

4. 전부금 청구의 요건사실(청구원인)과 공격방어방법[요건사실론 136~141]

가. 피전부채권의 존재

(1) 피전부채권의 발생사실

(2) 장래의 채권, 조건부채권 : 이행기의 도래, 조건의 성취에 대한 증명 필요

가-1. 피전부채권에 대하여 : 채권압류 전에 집행채무자에 대하여 가지고 있었던 항변사유로 전부채권자에게 대항

(1) 전부명령 송달 전 피전부채권의 소멸

(개) 변제, 채무면제 등으로 소멸

(내) 전부명령 송달 전 채권양도 등으로 제3자에게 양도 : ㉠ 채무자게 제3자에게 채권을 양도한 사실, ㉡ 채무자가 제3채무자에게 확정일자 있는 증서에 의한 양도통지를 한 사실, ㉢ 그 양도통지가 전부명령의 전제가 된 압류명령의 송달 이전에 제3채무자에게 도달한 사실

(2) 전부명령이 송달된 이후라도 피고의 취소·해제 등에 의하여 피전부채권이 소급하여 소멸[대법원 2006. 1. 26. 선고 2003다29456 판결]

(3) 임대차보증금 반환채무(임대인)

㈎ 공제항변 : 연체차임, 손해배상채권의 발생사실 주장·증명

▶ 전부채권자 : 임차보증금 반환채권을 피보전채권으로 임대인을 대위하여 임차인에게 목적물 반환청구[대법원 1989. 4. 25. 선고 88다카4253,4260 판결]

㈏ 전부명령 송달 전 임대차계약 연장·갱신에 대한 명시적·묵시적 합의

(4) 동시이행항변(피전부채권이 매매대금채권인 경우) : 목적물의 인도 및 소유권이전과 동시이행 주장 가능

(5) 상계

㈎ 원칙 : 압류명령, 가압류명령가압류에서 본압류로 이전된 경우 송달 후 취득한 채무자에 대한 채권을 자동채권으로 하는 상계는 불가(민법 제498조)

㈏ 예외

① 압류명령 송달 전 자동채권 발생 + 변제기 선도래·동시 도래

② 자동채권의 발생의 기초가 되는 원인이 수동채권의 압류 이전부터 이미 성립 : 자동채권 발생사실 + 자동채권과 수동채권이 동시이행관계에 있는 사실 ➡ 압류 및 전부명령 송달 후 발생한 이자채권을 자동채권으로 상계 가능[대법원 1993. 9. 28. 선고 92다55794 판결] 발생의 기초가 되는 원인이 수동채권의 압류 이전부터 이미 성립하여 존재하고 있었으므로

나. 전부명령

(1) 실체적 효력(권리이전효, 변제효) : 제3채무자에게 송달된 시점 기준

(2) 조건부채권

㈎ 전부 또는 일부가 부존재하는 것으로 확정되었다면 그 부존재하는 부분에 대한 전부명령은 제231조 단서에 따라 집행채권소멸의 효과는 소급적으로 실효

㈏ 집행채권에 대한 기존의 집행권원이 부활 : 집행문 재도부여를 통하여 다른 재산에 바로 강제집행 가능[요건사실론 137]

나-1. 전부명령에 대하여

(1) 제3채무자에게 송달될 당시 압류·가압류·배당요구 존재(제229조 제5항)

(2) 압류경합 : 총압류액 > 피압류채권액

▶ 선행압류의 당연무효 : 선행한 압류의 신청당시 채무자의 사망

(3) 집행채권의 부존재·소멸 : 주장 불가전부명령의 효력에 영향이 없으므로

다. 제3채무자에 대한 송달·확정

(1) 즉시항고권자인 채무자에 대한 송달사실도 주장·증명 필요

(2) 전부명령이 확정된 사실에 대하여 다툼이 없을 때에는 채무자에 대한 송달사실은 증명 불요

5. 전부명령의 재판

가. 주문

(1) 전부명령을 별도로 신청한 경우 : 채무자의 제3채무자에 대한 별지 기재의 압류된 채권을 지급에 갈음하여 채권자에게 전부한다.

(2) 가압류에서 본압류로 이전하는 채권압류 및 전부명령

가압류의 본압류 이전

1. 채무자와 제3채무자 사이의 ○○ 지방법원 20○○ 카단○○ 채권가압류 결정에 의한 별지 목록 기재 채권 중 금○○ 원에 대한 가압류는 이를 본압류로 이전하고, 나머지 금○○ 원은 이를 압류한다.
2. 제3채무자는 채무자에게 위 채권에 관한 지급을 하여서는 아니 된다.
3. 채무자는 위 채권의 처분과 영수를 하여서는 아니 된다.
4. 위 압류된 채권은 지급에 갈음하여 채권자에게 전부한다.

(3) 압류 및 전부명령을 병합하여 발령하는 경우

압류 및 전부명령의 병합

1. 채무자의 제3채무자에 대한 별지 기재 채권을 압류한다.
2. 제3채무자는 채무자에게 위 채권에 관한 지급을 하여서는 아니 된다.
3. 채무자는 위 채권의 처분과 영수를 하여서는 아니 된다.
4. 위 압류된 채권은 지급에 갈음하여 채권자에게 전부한다.

나. 수인의 채무자, 제3채무자, 채무자가 제3채무자에 대하여 여러 개의 채권을 가지고 있는 경우 : 각 채무자나 제3채무자별, 각 채권에 대한 전부액 특정 필요[대법원 2004. 6. 25. 선고 2002다8346 판결], 수인의 채무자들의 채권 합계액이나 수인의 제3채무자들에 대한 채권 합계액이 집행채권액을 초과하지 않는 경우에도 동일[대법원 2014. 5. 16. 선고 2013다52547 판결]

(1) 특정되지 않은 경우 : 전부명령 무효, 집행채권자는 피전부채권 취득 불가[대법원 2004.

(2) 전부된 채권의 양도 : 무효, 양수인은 채권의 준점유자2002다8346

(3) 제3채무자가 선의 무과실인 경우 : 변제 유효, 채권양수인은 압류채무자에 대하여
    부당이득반환의무[2002다8346] 이 사건 전부명령은 제3채무자가 두 명이었고, 그중 소외1에 대하여는 기발생 이자채권과 원금채권이 따로 존재하는 데도 불구하고, 원고의 어느 제3채무자에 대한 채권이 얼마씩 전부되는 것인지, 그리고 원고의 소외1에 대한 채권은 원금과 기발생 이자채권 중 어느 부분이 얼마씩 전부되는 것인지 그 범위가 특정되지 아니하여 무효라고 할 것이다. 그리고 이 사건 전부명령이 무효인 이상 소외 회사는 이 사건 피전부채권을 취득한 것이 아님에도 소외 회사는 마치 피전부채권에 대한 유효한 채권자인 것처럼 이를 피고에게 양도하였으므로 이 사건 채권양도는 무효이고, 이 점에서 피고가 피전부채권을 부당이득하였다고 볼 수는 없으나, 한편 제3채무자가 선의로 과실 없이 채권의 준점유자에 해당하는 피고에게 변제한 경우에는 제3채무자는 면책되고, 결국 원고는 채권을 상실하게 되므로, 변제를 받은 피고는 원고에 대하여 변제받은 부분을 부당이득으로 반환하여야 할 것인바, 이 사건에서 설령 원고가 무효인 전부명령의 집행채권의 범위에서 피고가 변제받은 금액 부분은 피고에 대한 자신의 채무의 변제로 용인하고 이를 초과한 부분만을 부당이득으로 반환을 구한다고 하더라도 애초에 이 사건 전부명령이 제3채무자가 두 명이었고, 그 중 소외1에 대하여는 기발생 이자채권과 원금채권이 따로 존재하는 데도 불구하고, 원고의 어느 제3채무자에 대한 채권이 얼마씩 전부되는 것인지, 그리고 원고의 소외1에 대한 채권은 원금과 기발생 이자채권 중 어느 부분이 얼마씩 전부되는 것인지 그 범위가 특정되지 아니하여 피고가 실제로 변제받은 금액이 자신의 원고에 대한 채권범위 내임이 명백하게 밝혀지지 아니한 이상 원심으로서는 마땅히 피고가 실제로 제3채무자들로부터 변제받은 금액이 얼마인지, 피고에게 변제한 제3채무자가 그 변제로서 원고에게 대항할 수 있는지를 심리하여 보아야 한다. 그럼에도 불구하고, 단지 이 사건 전부명령의 주문상 전부된 채권의 범위가 집행채권의 범위 내이므로 부당이득이 성립되지 아니한다고 한 원심판결에는 부당이득에 관한 법리를 오해하여 심리를 다하지 아니한 위법이 있다.

다. 송달

(1) 제3채무자(제229조 제4항, 제227조 제2항)

(2) 채무자 : 전부명령은 확정되어야 효력(제229조 제7항) → 확정의 전제로 즉시항고권
    자인 채무자(제229조 제6항)하여도 송달 필요(제229조 제4항, 제227조 제2항)

6. 전부명령과 공탁

가. 확정되기 전 : 제248조에 의한 공탁 가능

나. 확정된 경우 : 확정되었더라도 제3채무자는 전부명령의 확정 여부를 확인할 의무
    를 부담하지 않으므로 248조에 의한 공탁 가능[민사집행실무제요IV 337]

7. 불복 : 각 사유별로 당사자의 구제수단을 검토

가. 집행채권에 대한 항변

(1) 집행채권의 부존재, 소멸 : 확정된 전부명령에 영향 없음[대법원 1996. 6. 28. 선고 95다45460 판결, 대법원 1997. 10. 24. 선고 97다20410 판결], 법원의 판단 불요[대법원 1976. 5. 25. 선고 76다626 판결] 집행력 있는 채무명의에 기하여 채권의 압류 및 전부명령이 적법하게 된 이상 압류당한 채권은 그가 존재하는 한도 내에서 당연히 집행채권자에게 이전하는 것이므로 채무명의의 내용인 채권이 이미 소멸하였거나 소멸할 가능성이 있는 때라 할지라도 위 채권압류 및 전부명령의 효력의 발생을 방해할 수 없다.

(가) 즉시항고 불가[대법원 1996. 6. 28. 선고 95다45460 판결, [대법원 2004. 5. 28. 선고 2004다6542 판결] 집행력 있는 집행권원에 기하여 채권압류 및 전부명령이 적법하게 이루어진 이상 피압류채권은 집행채권의 범위 내에서 당연히 집행채권자에게 이전한다 할 것이어서 그 집행채권이 이미 소멸하였거나 실제 채무액을 초과하더라도 그 채권압류 및 전부명령에는 아무런 영향이 없고, 제3채무자로서는 채무자에 대하여 부담하고 있는 채무액의 한도 내에서 집행채권자에게 변제하면 완전히 면책된다. [대법원 1996. 11. 25.자 95마601, 602 결정] 채권압류 및 전부명령의 신청에 관한 재판에 대하여는 즉시항고에 의하여 불복할 수 있으나, 집행채권이 그에 대한 압류명령 및 전부명령에 의하여 제3자(집행채권의 채권자)에게 이전되었다거나 변제에 의하여 소멸되었다는 등과 같은 실체상의 사유는 적법한 항고이유가 되지 않는다.

(나) 전부금소송에서의 항변(제3채무자) : 불가[대법원 2000. 7. 4. 선고 2000다21048 판결] 집행력 있는 집행권원에 기하여 채권압류 및 전부명령이 적법하게 이루어진 이상 피압류채권은 집행채권의 범위 내에서 당연히 집행채권자에게 이전한다 할 것이어서 그 집행채권이 이미 소멸하였거나 실제 채무액을 초과하더라도 그 채권압류 및 전부명령에는 아무런 영향이 없고, 제3채무자로서는 채무자에 대하여 부담하고 있는 채무액의 한도 내에서 집행채권자에게 변제하면 완전히 면책된다.

(다) 청구이의(채무자) : 가능, 강제집행이 전체적으로 종료된 후에는 소의 이익 부정

(라) 부당이득반환청구(집행채무자 → 집행채권자) : 집행채권이 변론종결 후 소멸한 경우[대법원 2005. 4. 15. 선고 2004다70024 판결] 채무자 또는 그 대리인의 유효한 작성촉탁과 집행인낙의 의사표시에 터잡아 작성된 공정증서를 집행권원으로 하는 금전채권에 대한 강제집행절차에서, 비록 그 공정증서에 표시된 청구권의 기초가 되는 법률행위에 무효사유가 있다고 하더라도 그 강제집행절차가 청구이의의 소 등을 통하여 적법하게 취소·정지되지 아니한 채 계속 진행되어 채권압류 및 전부명령이 적법하게 확정되었다면, 그 강제집행절차가 반사회적 법률행위의 수단으로 이용되었다는 등의 특별한 사정이 없는 한, 단지 이러한 법률행위의 무효사유를 내세워 확정된 전부명령에 따라 전부채권자에게 피전부채권이 이전되는 효력 자체를 부정할 수는 없고, 다만 위와 같이 전부명령이 확정된 후 그 집행권원인 집행증서의 기초가 된 법률행위 중 전부 또는 일부에 무효사유가 있는 것으로 판명된 경우에는 그 무효 부분에 관하여는 집행채권자가 부당이득을 한 셈이 되므로, 그 집행채권자는 집행채무자에게, 위 전부명령에 따라 전부받은 채권 중 실제로 추심한 금전 부분에 관하여는 그 상당액을 반환하여야 하고, 추심하지 아니한 나머지 부분에 관하여는 그 채권 자체를 양도하는 방법에 의하여 반환하여야 한다. [대법원 2008. 2. 29. 선고 2007다49960 판결] 전부명령이 확정된 후 그 집행권원상의 집행채권이 소멸한 것으로 판명된 경우에도 동일

(마) 판결편취 : 집행채권이 변론종결 전에 소멸한 경우

(2) 무권대리인의 촉탁에 의한 집행증서에 기초한 압류 및 전부명령

㈎ 즉시항고 : **불가**무권대리인의 촉탁에 의한 것인지 여부는 손쉽게 심리할 수 있는 것이 아니기 때문 [사법연수원 민사집행법 341]

㈏ 전부금소송 항변 : **전부명령의 무효 주장 가능**[대법원 2016. 12. 29. 선고 2016다22837 판결] 공정증서가 집행권원으로서 집행력을 가질 수 있도록 하는 집행인낙의 표시는 공증인에 대한 소송행위이므로, 무권대리인의 촉탁에 의하여 공정증서가 작성된 때에는 집행권원으로서의 효력이 없고, 이러한 공정증서에 기초하여 채권압류 및 전부명령이 발령되어 확정되었더라도 채권압류 및 전부명령은 무효인 집행권원에 기초한 것으로서 강제집행의 요건을 갖추지 못하여 실체법상 효력이 없다. 따라서 제3채무자는 채권자의 전부금 지급청구에 대하여 그러한 실체법상의 무효를 들어 항변할 수 있다. ➡ 이 사건 공정증서는 그 작성 하루 전인 2008. 6. 25. 조인텍의 대표이사직에서 사임하여 대표권이 없는 소외1의 위임을 받은 소외3의 촉탁에 의하여 소외1을 채무자 조인텍의 대표자로 하여 작성되었으므로 집행권원으로서의 효력이 없고, 위와 같이 무효인 집행권원에 기초한 이 사건 채권압류 및 전부명령 역시 무효

㈐ 청구이의 : **가능, 강제집행이 전체적으로 종료된 후**압류 및 전부명령을 받은 경우에는 소의 이익 부정

㈑ 채무자 → 제3채무자 : **이행청구**무권대리인의 촉탁에 기하여 작성된 집행증서에 기하여 발하여진 채권압류 및 전부명령은 채무자에 대한 관계에서 효력이 없으므로

㈒ 제3채무자 : 채권의 준점유자에 대한 변제 항변

나. 피전부채권에 관한 항변 : 피전부채권의 이전(제229조 제3항), 이전된 채권의 부존재시 변제의 효력 부정(제231조 단서)

(1) 즉시항고 : **불가**[대법원 1992. 4. 15.자 92마213 결정] 채권의 압류 및 전부명령은 금전채권의 채무명의를 가지는 채권자가, 그 채무명의상의 채무자가 제3채무자에 대하여 가지는 금전채권을 대상으로 하는 강제집행으로서, 법원은 압류 및 전부명령의 결정을 함에 있어서는 채무명의의 송달, 선행하는 압류명령의 존부, 피전부적격의 유무 등의 요건을 심리하면 되고, 실지로 채무자가 제3채무자에게 압류 및 전부명령의 대상이 되는 채권을 가지고 있는지 여부는 따질 필요가 없는 것이 원칙이고, 만일 채무자의 제3채무자에 대한 그와 같은 채권이 존재하지 아니하는 경우에는 전부명령이 확정되더라도 변제의 효력이 없는 것이며, 채무자로서는 제3채무자에게 그와 같은 채권을 가지고 있지 않다고 하더라도 특별한 사정이 없는 한 이로 인하여 어떠한 불이익이 있는 것이 아니므로, 이것을 이유로 하여서는 스스로 불복의 사유로 삼을 수 없다. ⇔[비교 : 대법원 2007. 1. 11. 선고 2005다47175 판결] 존재하지 않는 채권에 대한 추심명령은 무효

(2) 전부금소송 항변 : **가능**

■ 전부명령 송달 전 피전부채권 소멸, 양도, 동시이행항변, 연체차임·손해배상채권 등 공제 : 전부명령 무효
■ 전부명령 송달 전 임대차기간 연장·갱신합의
▶ 채권양도의 대항요건을 갖추지 못한 경우 : 압류·전부채권자에게 대항 불가[대법원 2005.

3. 25. 선고 2003다35659 판결] 전세기간 만료 후 새로운 임대차계약 + 전세권양도계약 체결 + 전세권이전 부기등기 → 전세금반환채권이 전세권의 담보물권적 권능과 함께 이전되나 임대인의 임차권양도 승인원이 제출되지 않아 확정일자 있는 통지·승낙의 효력이 없어 전세금반환채권의 압류채권자인 원고에 대항 불가, 전세권이전 부기등기의 신청서류에 관할 등기소의 일부인이 찍힌 것만으로는 부족

▸ 양도금지특약 + 악의·중과실 항변 : 불가

다. 전부명령의 전제인 압류명령의 무효 : 신청의 적식, 관할권의 존부(취소사유), 집행력 있는 정본의 유무와 송달, 집행개시요건의 존부, 집행장애의 존부, 목적채권의 피압류적격, 무잉여압류 ➡ 즉시항고 가능(확정 전), 전부금 소송에서 항변 가능(확정 후)

▸ 초과압류금지 위반 : 무효 아님(즉시항고에 의한 취소사유), 압류될 채권이 하나인 경우에는 부적용피압류채권 > 집행채권액 + 집행비용 가능 ➡ 다른 채권을 압류하지 못하는 하게 데 그 의의(다른 채권에 대한 압류명령은 기각), 초과압류금지규정은 채무자의 여러 개의 같은 종류 또는 다른 종류의 재산에 대하여 동시에 압류하는 때에 적용

(1) 집행채무자 적격 없는 자를 집행채무자로 하는 채권압류 및 전부명령 : 실체법상 무효[대법원 2002. 11. 13. 선고 2002다41602 판결] 채무명의에 표시된 채무자의 상속인이 상속을 포기하였음에도 불구하고, 집행채권자가 동인에 대하여 상속을 원인으로 한 승계집행문을 부여받아 동인의 채권에 대한 압류 및 전부명령을 신청하고, 이에 따라 집행법원이 채권압류 및 전부명령을 하여 그 명령이 확정되었다고 하더라도, 채권압류 및 전부명령이 집행채무자 적격이 없는 자를 집행채무자로 하여 이루어진 이상, 피전부채권의 전부채권자에게의 이전이라는 실체법상의 효력은 발생하지 않는다고 할 것이고, 이는 집행채무자가 상속포기 사실을 들어 집행문 부여에 대한 이의신청 등으로 집행문의 효력을 다투어 그 효력이 부정되기 이전에 채권압류 및 전부명령이 이루어져 확정된 경우에도 그러하다.

(가) 채무자는 제3채무자를 상대로 이행청구 가능

(나) 집행문 부여에 대한 이의신청 : 전부명령이 확정된 경우 소의 이익이 없어 각하

(2) 피압류채권의 부적격채권이 집행채무자의 책임재산, 채권의 독립성, 현금화 가능성, 제3채무자에게 대한 민국의 재판권이 미칠 것, 양도할 수 있을 것, 법률상 압류금지 채권이 아닐 것[➡ 압류신청 : 각하, 압류 : 무효, 압류명령 : 당연무효는 아니지만 실체법상의 효과가 발생하지 않는 무효 → 제3채무자 전부금 청구에서 항변 가능][대법원 1987. 3. 24. 선고 86다카1588 판결] 압류가 금지된 채권에 대한 압류명령은 강행법규에 위반되어 무효라 할 것이고, 또 전부명령은 압류채권의 지급에 갈음하여 피전부채권이 압류채권자에 이전하는 효력을 갖는 것이므로 전부명령의 전제가 되는 압류자체가 무효라면 이에 기한 전부명령 역시 무효라고 하지 않을 수 없지만 한편 이와 같은 무효는 압류 및 전부명령도 하나의 재판인 이상 이를 당연무효라고 할 수는 없으므로 다만 실체법상의 효과를 발생시키지 아니하는 뜻의 무효라고 보아 제3채무자는 압류채권자의 전부금지급청구에 대하여 위와 같은 실체법상의 무효를 들어 항변할 수 있다(압류가 금지된 채권에 대하여 압류 및 전부명령이 내려지더라도 그것이 제3채무자와 채무자에게 송달되면 집행절차를 종료시키

는 효과를 갖게 되어 집행방법에 관한 이의 등으로는 그 효력을 다툴 수 없기 때문).

(3) 압류할 채권의 불특정[대법원 1973. 1. 30. 선고 72다2151 판결]

(4) 압류의 효력 범위에 불포함

㈎ 임료채권압류 후 임대차종료로 불법행위 손해배상채권

㈏ 종업원인 채무자가 제3채무자와 새로운 고용계약

㈐ 제3자와 새로 체결한 공사계약에 의한 공사대금채권[대법원 2006. 1. 26. 선고 2003다29456 판결]

㈑ 피압류채권과 동일성 없는 새로운 원인에 의하여 발생한 채권[대법원 2012. 10. 25. 선고 2010다 32214 판결]

라. '전부명령' 고유의 무효·취소사유 : 압류경합(제229조 제5항) ➠ 피전부채권이전 부정, 변제효력 불발생, 즉시항고 가능, 전부금 소송에서 항변 가능

(1) 취지 : 채권자평등주의 전부명령은 압류채권자에게 독점적인 만족을 주는 제도인데 다른 채권자의 압류· 가압류·배당요구가 있는 경우에도 경합채권자를 배제하고 압류채권자에게 독점적인 만족을 주는 것은 채권자평 등주의 원칙에 위반

(2) 기준시점

㈎ 제3채무자에게 전부명령 송달 당시[대법원 2000. 10. 6. 선고 2000다31526 판결] 전부명령 당시 매매계약 해제가 이루어지지 않았다는 것만으로 전부명령을 무효라고 할 수 없고, 전부명령 효력 발생 이후 매매계약 해제 이전에 다른 채권가압류 등이 있었다고 하여도 이 사건 전부명령의 효력에는 아무런 영향을 미칠 수 없다.

㈏ 장래채권의 경우에도 동일 : 나중에 확정된 피압류채권액을 기준으로 하지 않음[대법원 1998. 8. 21. 선고 98다15439 판결] 전부명령이 확정되면 피압류채권은 제3채무자에게 송달된 때에 소급하여 집행채권의 범위 안에서 당연히 전부채권자에게 이전하고 동시에 집행채권 소멸의 효력이 발생하는 것이므로 장래의 불확정채 권에 대하여 압류가 중복된 상태에서 전부명령이 있는 경우 그 압류의 경합으로 인하여 전부명령이 무효가 되는지 의 여부는 나중에 확정된 피압류채권액을 기준으로 판단할 것이 아니라 전부명령이 제3채무자에게 송달된 당시의 계약상의 피압류채권액을 기준으로 판단하여야 할 것이다. 따라서 수개의 전부명령이 존재하고, 그 후 확정된 피압 류채권액이 각 전부금액의 합계액에 미달하는 경우에도 각 전부명령이 그 송달 당시 압류의 경합이 없어 유효한 이상 각 전부채권자는 확정된 피압류채권액의 범위 안에서 자신의 전부금액 전액의 지급을 제3채무자에 대하여 구 할 수 있고, 제3채무자로서는 전부채권자 중 누구에게라도 그 채무를 변제하면 다른 채권자에 대한 관계에서도 유 효하게 면책되며, 한편 제3채무자는 이중지급의 위험이 있을 수 있으므로 민법 제487조 후단을 유추적용하여 채권 자를 알 수 없다는 이유로 변제공탁을 함으로써 법률관계의 불안으로부터 벗어날 수 있다.

㈐ 채권압류신청의 취하가 있었더라도 취하통지서가 제3채무자에게 송달되기 전에 압류경합 상태였다면 전부명령은 무효대법원 2008. 1. 17. 선고 2007다73826 판결, [대법원 2001. 10. 12. 선고 2000 다19373 판결] 채권가압류에 있어서 채권자가 채권가압류신청을 취하하면 채권가압류결정은 그로써 효력이 소멸 되지만, 채권가압류결정정본이 제3채무자에게 이미 송달되어 채권가압류결정이 집행되었다면 그 취하통지서가 제 3채무자에게 송달되었을 때에 비로소 그 가압류집행의 효력이 장래를 향하여 소멸(∵ 집행절차의 안정성)되므로, 이 사건에 있어서 소외 왕성중기건설 주식회사 및 유한회사 대영판유리상사의 채권가압류 집행의 효력은 채권가압

류신청의 취하통지서가 제3채무자인 대한민국에 송달된 1998. 7. 31. 소멸되고, 원고가 채권자인 채권압류 및 전부명령정본이 제3채무자인 대한민국에 송달된 같은 달 28일에는 이 사건 공사대금채권에 위 회사들의 채권가압류와 원고의 이 사건 채권압류의 집행이 경합상태에 있었으므로, 원고의 이 사건 전부명령은 압류가 경합된 상태에서 발령된 경우에 해당하여 무효이고, 한 번 무효로 된 전부명령은 일단 경합된 가압류 및 압류가 그 후 채권가압류의 집행해제로 경합상태를 벗어났다고 하여 되살아나는 것은 아니다.

(3) 판단기준 : Σ 압류액 > 피압류채권액[대법원 2002. 7. 26. 선고 2001다68839 판결] 채권양도 금액은 제외하고 계산 : 동일한 채권에 관하여 확정일자 있는 채권양도통지와 두 개 이상의 채권압류 및 전부명령 정본이 동시에 송달된 경우 채권의 양도는 채권에 대한 압류명령과는 그 성질이 다르므로 당해 전부명령이 채권의 압류가 경합된 상태에서 발령된 것으로서 무효인지의 여부를 판단함에 있어 압류액에 채권양도의 대상이 된 금액을 합산하여 피압류채권액과 비교하거나 피압류채권액에서 채권양도의 대상이 된 금액 부분을 공제하고 나머지 부분만을 압류액의 합계와 비교할 것은 아니다.

㈎ 장래채권의 피압류채권액 : 전부명령 송달 당시 그 계약에 의하여 장래 발생할 것이 상당히 기대되는 채권액을 산정[대법원 2010. 5. 13. 선고 2009다98980 판결] 장래의 불확정채권에 대하여 압류가 중복된 상태에서 전부명령이 있는 경우 그 압류의 경합으로 인하여 전부명령이 무효가 되는지의 여부는 나중에 확정된 피압류채권액을 기준으로 판단할 것이 아니라 전부명령이 제3채무자에게 송달된 당시의 계약상의 피압류채권액을 기준으로 판단하여야 하고, 장래의 불확정채권에 대한 전부명령을 허용하는 것은 가까운 장래에 채권이 발생할 것이 상당한 정도로 기대되기 때문이므로, 전부명령 송달 당시 피압류채권의 발생 원인이 되는 계약에 그 채권액이 정해지지 아니하여 그 채권액을 알 수 없는 경우에는 그 계약의 체결 경위와 내용 및 그 이행 경과, 그 계약에 기하여 가까운 장래에 채권이 발생할 가능성 및 그 채권의 성격과 내용 등 제반 사정을 종합하여 그 계약에 의하여 장래 발생할 것이 상당히 기대되는 채권액을 산정한 후 이를 그 계약상의 피압류채권액으로 봄이 상당하다.

㈏ 압류경합 후의 해소 : '전부명령'은 여전히 무효[대법원 2001. 10. 12. 선고 2000다19373 판결]

㈐ 압류가 무효인 경우 : 압류 경합의 문제 불발생[대법원 2012. 11. 15. 선고 2011다38394 판결] 압류경합은 채권 일부에 대한 유효한 가압류나 압류가 있을 때 발생

㈑ 선행압류의 당연무효('신청 당시' 채무자가 이미 사망), 채무자의 상속인은 이의신청 가능[대법원 2006. 8. 24. 선고 2004다26287, 26294 판결]

⇔ [비교] 압류 '신청 당시' 제3채무자집행당사자가 아니라 이해관계자 사망 : 압류명령은 당연무효라 할 수 없음, 경정결정이 확정되면 당초의 압류·전부명령 정본이 상속인에게 송달된 때에 소급하여 제3채무자가 상속인으로 경정된 내용의 압류·전부명령의 효력 발생[대법원 1998. 2. 13. 선고 95다15667 판결]

㈒ 우선권 있는 채권에 기초한 체납처분에 의한 압류와 경합하는 경우 : 제235조 적용 배제, 피압류채권$_{100}$ 중 일부$_{70}$에 대하여 체납처분에 의한 압류가 있은 후 나머지 부분$_{30}$을 초과한 압류 및 전부명령$_{50}$은 압류 중첩 부분$_{20(=50-30)}$에 대하여는 무효이나 나머지 부분$_{30(=100-70)}$에 대하여는 유효[대법원 1991. 10. 11. 선고 91다12233 판결, 민사집행실무제요IV 329]

㉗ 외형상 압류경합이 있으나 전부채권자에게 실체법상 우선변제권이 있는 경우 : 전부명령 유효, 변제 유효

[대법원 2008. 12. 24. 선고 2008다65396 판결] 외형상 압류경합이 있으나 전부채권자에게 실체법상 우선변제권이 있는 경우

➡ 원고전세권설정자
→ 소외회사전세권자 : 소외회사에 대한 전세권 근저당권자인 경남은행의 압류·전부명령에 따라 경남은행에게 변제 후 전세권말소등기청구
→ 피고전세권부채권에 대한 가압류채권자 : 변제 후 피고에 대하여 말소등기청구에 대한 승낙의사표시청구
◀ 변제무효 주장 : 피고 가압류2001.2.20.가 경남은행의 전부명령2001.2.21.에 선행하여 전부명령은 압류경합으로 무효, 변제의 효력을 피고에게 주장할 수 없음
▸ 경남은행의 압류·전부명령은 물상대위권의 행사 : 전세권부 근저당권자2000.6.29.설정가 우선권 있는 채권에 기하여 전부명령을 받은 경우 형식상 압류가 경합되었더라도 전부명령 유효 ➡ 저당권자는 일반채권자에 우선변제권이 있으므로 전부명령도 유효 저당권이 설정된 전세권의 존속기간이 만료된 경우에 저당권자는 민법 제370조, 제342조 및 민사집행법 제273조에 의하여 저당권의 목적물인 전세권에 갈음하여 존속하는 것으로 볼 수 있는 전세금반환채권에 대하여 압류 및 추심명령 또는 전부명령을 받는 등의 방법으로 권리를 행사하여 전세권설정자에 대해 전세금의 지급을 구할 수 있고, 저당목적물의 변형물인 금전 기타 물건에 대하여 일반 채권자가 물상대위권을 행사하려는 저당채권자보다 단순히 먼저 압류나 가압류의 집행을 함에 지나지 않은 경우에는 저당권자는 그 전은 물론 그 후에도 목적채권에 대하여 물상대위권을 행사하여 일반 채권자보다 우선변제를 받을 수가 있으며, 위와 같이 전세권부 근저당권자가 우선권 있는 채권에 기하여 전부명령을 받은 경우에는 형식상 압류가 경합되었다 하더라도 그 전부명령은 유효하다.
▸ 원고의 경남은행에 대한 변제 유효 : 전세권자소외회사는 말소등기의무○, 피고는 승낙의무○

⇔ [비교] 저당권에 기초한 물상대위권을 갖는 채권자가 동시에 집행권원을 가지고 있으면서 집행권원에 의한 강제집행에 따라 채권의 압류·전부명령을 얻은 경우 : 압류경합 상태에서 발령된 전부명령은 무효[대법원 1990. 12. 26. 선고 90다카24816 판결] 저당권에 기한 물상대위권을 갖는 채권자가 동시에 채무명의를 가지고 있으면서 채무명의에 의한 강제집행의 방법을 선택하여 채권의 압류 및 전부명령을 얻은 경우에는 비록 그가 물상대위권을 갖는 실체법상의 우선권자라 하더라도 원래 일반 채무명의에 의한 강제집행절차와 담보권의 실행절차와는 그 개시요건이 다를 뿐만 아니라 다수의 이해관계인이 관여하는 집행절차의 안정과 평등배당을 기대한 다른 일반 채권자의 신뢰를 보호할 필요가 있는 점에 비추어 압류가 경합된 상태에서 발부된 전부명령은 무효로 볼 수밖에 없다.

㉘ 전부명령이 무효이더라도 압류명령은 유효 : 추심명령 가능, 압류경합 해소 후 다시 전부명령 신청 가능[대법원 1976. 9. 28. 선고 76다1145,1146 판결] 압류경합(원고의 채권압류 및 전부명령 + 신풍건설의 가압류 경합) → 가압류 신청이 취하 → 원고 추심명령 → 신풍건설이 채무자 광진건설을 대위하여 피고를 상대로 승소확정 → 피고는 신풍건설에 임의변제 : 원고의 압류효력에 위반 ➡ 제3채무자가 채무명의를 얻은 소외 회사에 공사대금채무를 임의변제하였다 하더라도 동 채무명의가 성립되기에 앞서 채권자의 채권압류명령이 유효히 발효되어 있었고 당시 소외 회사는 가압류채권에 불과하여 그 이후에 같은 공사금채권에 대하여 채무명의만 얻었

을 뿐이므로 제3채무자는 그 변제의 결과를 채권자에게 대항할 수 없으며 추심명령을 얻은 채권자에게 압류채무를 이행할 의무가 있다.

(아) **채권의 준점유자에 대한 변제**[대법원 1988. 8. 23. 선고 87다카546 판결] 채권가압류나 압류가 경합된 경우에 있어서는 그 압류채권자의 한 사람이 전부명령을 얻더라도 그 전부명령은 무효가 되지만 이 경우에도 그 전부채권자는 채권의 준점유자에 해당한다고 보아야 할 것이므로 제3채무자가 그 전부채권자에게 전부금을 변제하였다면 제3채무자가 선의 무과실일 때에는 민법 제470조에 의하여 그 변제는 유효하고 제3채무자는 다른 압류채권자에 대하여 이중변제의 의무를 부담하지 아니하나 반면에 제3채무자가 위 전부금을 변제함에 있어서 선의 무과실이 아니었다면 제3채무자가 전부채권자에게 한 전부금의 변제는 효력이 없고, 또 그것이 경합압류채권자에 대하여는 불법행위가 될 수 있는 것이므로 제3채무자는 경합압류채권자에 대하여 그로 인한 손해를 배상할 의무가 있다.

(자) **장래 채권에 관하여 선행 전부명령 확정 후 후행 전부명령 : 압류의 경합은 생기지 않고, 선행 전부채권자에게 이전된 부분을 제외한 나머지 중 해당 부분 피압류채권이 후행 전부채권자에게 이전**[대법원 2004. 9. 23. 선고 2004다29354 판결] 전부명령이 확정되면 피압류채권은 전부명령이 제3채무자에게 송달된 때에 소급하여 집행채권의 범위 안에서 당연히 전부채권자에게 이전하고 동시에 집행채권 소멸의 효력이 발생하는 것이며, 이 점은 피압류채권이 그 존부 및 범위를 불확실하게 하는 요소를 내포하고 있는 장래의 채권인 경우에도 마찬가지라고 할 것이고, 따라서 장래의 채권에 관하여 압류 및 전부명령이 확정되면 그 부분 피압류채권은 이미 전부채권자에게 이전된 것이므로 그 이후 동일한 장래의 채권에 관하여 다시 압류 및 전부명령이 발하여졌다고 하더라도 압류의 경합은 생기지 않고, 다만 장래의 채권 중 선행 전부채권자에게 이전된 부분을 제외한 나머지 중 해당 부분 피압류채권이 후행 전부채권자에게 이전될 뿐이다. ➡ 추심채권자인 원고는 피고에 대하여 추심금 청구 불가 : 소외2가 1997. 10. 24. 소외1의 피고에 대한 1997. 11월분부터의 임금 및 퇴직금채권의 2분의 1 중 금 28,097,680원에 달할 때까지의 부분에 대하여 압류 및 전부명령을 받고 확정된 이상 그 부분 피압류채권은 이미 소외2에게 이전하였고, 따라서 그 이후 소외3이 1997. 11. 21. 소외1의 피고에 대한 1997. 11월분부터의 임금 및 퇴직금채권의 2분의 1 중 금 33,106,480원에 달할 때까지의 부분에 대하여 압류 및 전부명령을 받고 확정되었다고 하더라도 압류가 경합되었다고 할 수 없고, 다만 그러한 압류 및 전부명령으로 인하여 소외1의 피고에 대한 1997. 11월분부터의 임금 및 퇴직금채권의 2분의 1 중 소외2에게 이전된 부분을 제외한 나머지 중 소외3의 청구금액에 달할 때까지의 부분이 소외3에게 이전한 것이며, 이러한 이치는 그 이후 소외 4가 압류 및 전부명령을 받고 확정된 경우에도 마찬가지이므로, 결국 소외1의 피고에 대한 임금 및 퇴직금채권의 2분의 1인 금 34,880,494원에서 소외2에게 이전된 금 28,097,680원을 제외한 나머지 금 6,782,814원 부분에 관하여 소외3, 소외 4, 원고의 각 압류가 경합되었다고 할 수 없고, 이 부분은 이미 소외3에게 이전된 것이므로 그 이후 추심명령을 받은 원고가 이를 추심할 수 없는 것이다.

(차) **임대차보증금반환채권에 대한 전부명령 후 주택 양도 : 임대인 지위 부정 → 전부금 지급의무 부정**[대법원 2005. 9. 9. 선고 2005다23773 판결]

(카) **전세권 양도 : 전세기간만료 이후 전세권양도계약 + 전세권 이전의 부기등기 → 전세금반환채권도 함께 양도(담보물권의 부종성)**

(타) **전세권저당권자의 전세금반환채권 압류·전부**

▸ 임대차보증금반환채권 담보목적의 전세권설정계약 + 전세권설정등기 : 무효[제108조 제1항] + 연체차임공제 주장

▶ 존속기간 만료 후 전세금반환채권 압류·전부명령 + 선의 : 원고에 대하여 연체차임 공제 주장 불가[대법원 2006. 2. 9. 선고 2005다59864 판결] 소외인과 피고 사이에 있어서는 위 임대차계약만이 유효하고 외형만 작출된 위 전세권설정계약은 무효라고 주장할 수 있다고 하더라도, 제3자인 원고와 사이에 있어서는 원고가 그와 같은 사정을 알고 있었던 경우에만 그러한 주장을 할 수 있다고 할 것이므로, 원고가 위 전세권에 대하여 저당권을 설정하면서 그와 같은 사정을 알았다고 볼 증거가 전혀 없는 이 사건에 있어, 위 전세권설정자인 피고는 위 전세권저당권자로서 소외인의 전세금반환채권을 압류·전부받은 원고에 대하여 소외인이 연체한 차임의 공제를 주장할 수 없다.

▸ 전세권설정 당시 존재하는 전세권자에 대한 반대채권으로 상계

㈘ 채권자대위권 행사 통지·채무자가 알게 된 후 피대위채권에 대한 전부명령[대법원 2016. 8. 29. 선고 2015다236547 판결] 소외3 : 소외1(채무자)의 원고(제3채무자)에 대한 부당이득반환채권 압류 및 전부명령

▸ 우선권 있는 채권에 기한 전부명령 : 유효[2015다236547] 채권자가 자기의 금전채권을 보전하기 위하여 채무자의 금전채권을 대위행사하는 경우 제3채무자로 하여금 채무자에게 그 지급의무를 이행하도록 청구할 수도 있지만, 직접 대위채권자 자신에게 이행하도록 청구할 수도 있다. 그런데 채권자대위소송에서 제3채무자로 하여금 직접 대위채권자에게 금전의 지급을 명하는 판결이 확정되더라도, 대위의 목적인 권리, 즉 채무자의 제3채무자에 대한 피대위채권이 그 판결의 집행채권으로서 존재하는 것이고 대위채권자는 채무자를 대위하여 피대위채권에 대한 변제를 수령하게 될 뿐 자신의 채권에 대한 변제로서 수령하게 되는 것이 아니므로, 그 피대위채권이 변제 등으로 소멸하기 전이라면 채무자의 다른 채권자는 이를 압류·가압류할 수 있다. 그러나 채권자대위소송이 제기되고 대위채권자가 채무자에게 대위권 행사사실을 통지하거나 채무자가 이를 알게 되면 민법 제405조 제2항에 따라 채무자는 피대위채권을 양도하거나 포기하는 등 채권자의 대위권 행사를 방해하는 처분행위를 할 수 없게 되고 이러한 효력은 제3채무자에게도 그대로 미치는데, 그럼에도 그 이후 대위채권자와 평등한 지위를 가지는 채무자의 다른 채권자가 피대위채권에 대하여 전부명령을 받는 것도 가능하다고 하면, 채권자대위소송의 제기가 채권자의 적법한 권리 행사방법 중 하나이고 채무자에게 속한 채권을 추심한다는 점에서 추심소송과 공통점도 있음에도 그것이 무익한 절차에 불과하게 될 뿐만 아니라, 대위채권자가 압류·가압류나 배당요구의 방법을 통하여 채권배당절차에 참여할 기회조차 가지지 못하게 한 채 전부명령을 받은 채권자가 대위채권자를 배제하고 전속적인 만족을 얻는 결과가 되어, 채권자대위권의 실질적 효과를 확보하고자 하는 민법 제405조 제2항의 취지에 반하게 된다. 따라서 채권자대위소송이 제기되고 대위채권자가 채무자에게 대위권 행사사실을 통지하거나 채무자가 이를 알게 된 이후에는 민사집행법 제229조 제5항이 유추적용되어 피대위채권에 대한 전부명령은, 우선권 있는 채권에 기초한 것이라는 등의 특별한 사정이 없는 한, 무효라고 보는 것이 타당하다.

마. 전부명령 발령 후 제49조 제2호·제4호의 집행정지서류 제출을 이유로 하는 즉시항고(제229조 제8항) : 재판정지

(1) 취지 : 전부명령은 확정되면 곧바로 집행절차가 종료하므로 집행정지사유가 있는 경우에는 전부명령의 확정을 차단하기 위하여 즉시항고 허용[민사집행실무제요IV 338]

(2) 처리 : 항고에 관한 재판정지 후 집행정지 사건의 결과에 따라[대법원 1999. 8. 27.자 99마

117,118 결정]

⑺ 집행취소 : 즉시항고 인용, 집행명령 취소

⑷ 집행속행 : 즉시항고 기각

8. 전부명령의 효력

가. 소급효

(1) 원칙 : 즉시항고 기간이 경과한 때, 즉시항고의 기각·각하 결정이 확정된 때 제3채무자 송달시로 소급하여 확정[대법원 1992. 4. 15.자 92마213 결정, 대법원 1996. 11. 22. 선고 96다37176 판결]

⑺ 장래 채권도 동일[대법원 2004. 9. 23. 선고 2004다29354 판결] 전부명령이 확정되면 피압류채권은 전부명령이 제3채무자에게 송달된 때에 소급하여 집행채권의 범위 안에서 당연히 전부채권자에게 이전하고 동시에 집행채권 소멸의 효력이 발생하는 것이며, 이 점은 피압류채권이 그 존부 및 범위를 불확실하게 하는 요소를 내포하고 있는 장래의 채권인 경우에도 마찬가지라고 할 것이다.

⑷ 경정결정도 동일[대법원 1999. 12. 10. 선고 99다42346 판결] 채권가압류결정의 경정결정이 확정되는 경우 당초의 채권가압류결정은 그 경정결정과 일체가 되어 처음부터 경정된 내용의 채권가압류결정이 있었던 것과 같은 효력이 있으므로, 원칙적으로 당초의 채권가압류결정 정본이 제3채무자에게 송달된 때에 소급하여 경정된 내용의 채권가압류결정의 효력이 발생한다.

⑸ 경정결정의 제3채무자를 상속인으로 변경 : 당초의 압류 및 전부명령 정본이 제3채무자에게 송달된 때에 소급하여 제3채무자가 사망자의 상속인으로 경정된 내용의 압류 및 전부명령의 효력이 발생[대법원 1998. 2. 13. 선고 95다15667 판결] 이 사건 압류 및 전부명령의 제3채무자의 표시가 위 망인으로 되었다고 하더라도 이러한 오류는 그 제3채무자의 표시를 위 망인에서 피고로 경정하는 결정에 의하여 시정될 수 있는 것이고, 그 후 그와 같은 내용의 이 사건 경정결정이 발하여져 확정된 이상 이 사건 압류 및 전부명령 정본이 피고에게 송달된 때에 소급하여 제3채무자가 피고로 경정된 내용의 압류 및 전부명령의 효력이 발생한다고 할 것인데, 이 사건 압류 및 전부명령 정본은 피고가 이를 현실적으로 수령한 1993. 4. 1. 피고에게 송달된 것으로 보아야 하므로, 같은 날 이 사건 매매대금 반환청구채권은 원고에게 적법하게 이전되었다고 할 것이다.

(2) 예외(소급효 제한) : 제3채무자의 입장에서 경정결정이 당초 결정의 동일성을 실질적으로 변경 → 결정정본이 제3채무자에게 송달된 때에 효력[대법원 1999. 12. 10. 선고 99다42346 판결] 채권가압류결정은 제3채무자를 심문하지 아니한 채 이루어지고, 제3채무자에게 송달함으로써 그 효력이 발생하는바, 직접의 당사자가 아닌 제3채무자는 피보전권리 존재와 내용을 모르고 있다가 채권가압류결정 정본의 송달을 받고 비로소 이를 알게 되는 것이 일반적이기 때문에 당초의 채권가압류결정에 위산, 오기 기타 이에 유사한 오류가 있는 것이 객관적으로는 명백하다 하더라도 제3채무자의 입장에서는 당초의 가압류결정 그 자체만으로 거기에 위산, 오기 기타 이에 유사한 오류가 있다는 것을 알 수 없는 경우가 있을 수 있다. 그와 같은 경우에까지 일률적으로 채권가압류결정의 경정결정이 확정되면 당초의 채권가압류결정이 송달되었을 때에 소급하여 경정된 내용의 채권가압류결정이 있었던 것과 같은 효력이 있다고 하게 되면 순전히 타의에 의하여 다른 사

람들 사이의 분쟁에 편입된 제3채무자 보호의 견지에서 타당하다고 할 수 없다. 그러므로 제3채무자의 입장에서 볼 때에 객관적으로 경정결정이 당초의 채권가압류결정의 동일성에 실질적으로 변경을 가하는 것이라고 인정되는 경우에는 경정결정이 제3채무자에게 송달된 때에 비로소 경정된 내용의 채권가압류결정의 효력이 발생한다.

(가) **채권압류명령의 채무자를 변경하는 경정결정**[99다42346] 만성기계산업 주식회사 → 민성산업기계 주식회사 : 피고는 이 사건 경정결정이 피고에게 송달되기 전에 소외 민성산업기계 주식회사에 대하여 한 피가압류채권의 변제로 원고에게 대항할 수 있다. 2003다29937

(나) **압류 및 추심명령을 압류 및 전부명령으로 변경하는 경정결정**[대법원 2001. 7. 10. 선고 2000다72589 판결] 경정결정의 한계를 넘어 재판의 내용을 실질적으로 변경하는 위법한 결정이지만 즉시항고에 의하여 취소되지 않고 확정된 이상 당연무효라 할 수는 없고, 경정결정이 재판의 내용을 실질적으로 변경하여 위법하나 당연무효로 볼 수 없는 경우에는 더욱 그 소급효를 제한할 필요성이 크다고 할 것이고, 따라서 이 사건 경정결정의 소급효를 인정할 수 없다.

나. 권리이전효과

(1) 전부채권자의 지위

(가) 피전부채권의 취득

① 지명채권 양도와 같은 효과[대법원 1993. 9. 28. 선고 92다55794 판결] 금전채권에 대한 압류 및 전부명령이 있는 때에는 압류된 채권은 동일성을 유지한 채로 압류채무자로부터 압류채권자에게 이전된다.

② 집행행위에 기초한 것이므로 채권양도의 대항요건은 불필요

③ 이전의 범위 : min[피전부채권, 집행채권과 집행비용채권압류 및 전부명령에 표시 필요(대법원 2006. 2. 22. 선고 2005도7771 판결)의 합산액]

[대법원 1999. 12. 10. 선고 99다36860 판결] 원금 + 원금 변제일까지의 부대채권을 집행채권으로 하여 전부명령 → 집행채권액 : 원금 + 제3채무자에 대한 전부명령 송달시까지의 부대채권액

판결확정(원고→채무자)	94.5.8.	95.7.28.	96.11.1.	96.11.2.이후 지연손해금 청구부분
손해액(A) + 94.5.8.부터 7.28.까지는 5%, 다음날부터 완제일까지 25% 지급하라.	5% (B)	25% (C)	보험금청구권 전부명령 제3채무자피고 송달(=변제일) 전부금 원금 : A(집행채권 원금) + B(부대채권) + C(부대채권) ➡ 전부금청구 인용 부분 : 집행채권액, 전부된 피압류채권의 수액	전부금 일부(집행채권의 원금해당 부분)에 대한 지연손해금청구 ➡ 기각

---

④ 피전부채권의 종된 권리 : 전부 후의 이자 · 지연손해금, 보증채무, 물적담보(저당권 등) 등에도 미침

⑤ 전부명령 송달 후 발생된 권리 : 압류의 효력 부정[대법원 1989. 2. 28. 선고 88다카13394 판결, 대법원 2001. 12. 24. 선고 2001다62640 판결]

(나) **제3채무자에 대한 이행청구**[민사집행실무제요IV 344]

① 제3채무자가 임의로 이행하지 않는 경우 제238조에 따라 이행청구, 집행채무자에 대한 소송고지 필요

② 전부명령의 효력발생 당시 집행채무자가 제3채무자에 대하여 이행을 구하는 소가 계속 중인 경우 : 전부채권자는 소송참가(제23조 제1항, 민사소송법 제81조, 제82조)

③ 집행채무자가 이미 집행권원을 얻은 경우 : 집행채권자는 승계집행문을 부여받아 강제집행에 착수

(2) 집행채무자의 지위

(가) **피전부채권 상실**

① 전부명령이 형식적으로 유효한 집행권원에 기초 : 집행채권이 전부명령 당시 이미 소멸하였거나 또는 집행권원이 가집행선고부 판결이었는데 후에 그 가집행선고가 실효되더라도 피전부채권 상실의 효과 유지[대법원 1996. 6. 28. 선고 95다45460 판결]

② 무효인 집행권원에 기초한 강제집행 : 전부명령의 요건을 충족하더라도 전부의 효력 불발생

(나) **동시이행관계 유지**[대법원 1989. 10. 27. 선고 89다카4298 판결, 대법원 2002. 7. 26. 선고 2001다68839 판결]

① 임차인의 임대차보증금반환채권에 대한 전부채권자는 임차인의 동시이행항변 주장 가능

② 임대인이 전부채권자에게 채무이행·이행제공 + 임차인이 인도하지 않았음을 입증임차인의 임차보증금반환청구채권이 전부된 경우에도 채권의 동일성은 그대로 유지되는 것이어서 동시이행관계도 당연히 그대로 존속한다고 해석할 것이므로 임대차계약이 해지된 후에 임대인이 잔존임차보증금반환청구채권을 전부받은 자에게 그 채무를 현실적으로 이행하였거나 그 채무이행을 제공하였음에도 불구하고 임차인이 목적물을 명도하지 않음으로써 임차목적물반환채무가 이행지체에 빠지는 등의 사유로 동시이행의 항변권을 상실하게 되었다는 점에 관하여 임대인이 주장·입증을 하지 않은 이상 임차인의 목적물에 대한 점유는 동시이행의 항변권에 기한 것이어서 불법점유라고 볼 수 없다.

(3) 제3채무자의 지위

(가) **채권자에 대한 채무이행의무**

(나) **채무자에 대한 종전의 법률상의 지위 유지 : 전부명령 송달 전 채무자**도급인**에 대한 항변사유**도급인이 수급인의 근로자들에게 직접 지급하기로 약정**로 채권자에게 대항 가능**대법원 1984. 8. 14. 선고 84다카545 판결, [대법원 2000. 5. 30. 선고 2000다2443 판결] 도급인과 수급인 사이에 도급인이 수급인에게 지급하여야 할 공사대금을 수급인의 근로자들에게 임금지급조로 직접 지급하기로 약정하였다면, 도급인은 수급인의 근로자들에 대한 임금 상당의 공사대금에 대하여는 수급인에게 그 지급을 거부할 수 있고, 따라서 전부채권자에 대해서도 위와 같은 항변사유를 가지고 대항할 수 있다.

① 형성권의 행사 : 집행채무자에게

② 상계권의 행사 : 전부채권자에게

⒟ 상계

① 압류·가압류의 효력발생 당시 상계적상·자동채권의 변제기 선도래 → 전부명령 송달 이후에도 상계 가능[대법원 1973. 11. 13. 선고 73다518 전원합의체 판결, 대법원 1980. 9. 9. 선고 80다939 판결, 대법원 1982. 6. 22. 선고 82다카200 판결]

② 압류·가압류의 효력발생 후 자동채권 발생 : 자동채권피고(제3채무자, 매수인 : 잔금지급의무) → 집행채무자(가압류기입등기말소의무) : 구상채권이 수동채권(피압류채권)집행채무자 → 피고 : 잔금채권과 동시이행관계가압류말소의무(→ 구상채무로 변형) vs 잔금지급의무에 있는 경우에만 상계로 압류채권자원고 : 잔금채권압류에 대항 가능[대법원 2001. 3. 27. 선고 2000다43819 판결] 금전채권에 대한 가압류로부터 본압류로 전이하는 압류 및 추심명령이 있는 때에는 제3채무자는 채권이 가압류되기 전에 압류채무자에게 대항할 수 있는 사유로써 압류채권자에게 대항할 수 있으므로, 제3채무자의 압류채무자에 대한 자동채권이 수동채권인 피압류채권과 동시이행의 관계에 있는 경우에는, 그 가압류명령이 제3채무자에게 송달되어 가압류의 효력이 생긴 후에 자동채권이 발생하였다고 하더라도 제3채무자는 동시이행의 항변권을 주장할 수 있고, 따라서 그 상계로써 압류채권자에게 대항할 수 있다. 이 경우에 자동채권 발생의 기초가 되는 원인은 수동채권이 가압류되기 전에 이미 성립하여 존재하고 있었으므로, 그 자동채권은 민법 제498조 소정의 "지급을 금지하는 명령을 받은 제3채무자가 그 후에 취득한 채권"에 해당하지 아니한다.

③ 금전채권의 일부에 대한 전부명령이 확정된 경우 : 제3채무자는 전부채권자나 압류채무자 중 상계의 상대방 선택 가능[대법원 2010. 3. 25. 선고 2007다35152 판결]

④ 전부채권자에 대한 채권으로 상계 가능

⒠ 전부명령의 무효

① 전부금청구소송에서 주장 가능

② 즉시항고 가능

③ 채권의 준점유자에 대한 변제로 대항 가능 : 무효인 전부명령에 따라 선의·무과실로 변제한 경우[대법원 2010. 3. 25. 선고 2007다35152 판결] 가분적인 금전채권의 일부에 대한 전부명령이 확정되면 특별한 사정이 없는 한 전부명령이 제3채무자에게 송달된 때에 소급하여 전부된 채권 부분과 전부되지 않은 채권 부분에 대하여 각기 독립한 분할채권이 성립하게 되므로, 그 채권에 대하여 압류채무자에 대한 반대채권으로 상계하고자 하는 제3채무자로서는 전부채권자 혹은 압류채무자 중 어느 누구도 상계의 상대방으로 지정하여 상계하거나 상계로 대항할 수 있고, 그러한 제3채무자의 상계 의사표시를 수령한 전부채권자는 압류채무자에 잔존한 채권 부분이 먼저 상계되어야 한다거나 각 분할채권액의 채권 총액에 대한 비율에 따라 상계되어야 한다는 이의를 할 수 없다.

④ 무권대리인의 촉탁에 의한 공정증서 : 실체법상의 무효 항변 가능[대법원 2016. 12. 29. 선고 2016다22837 판결]

⒡ 전부명령 확정 전 제248조에 의한 공탁 가능

① 압류의 효력은 압류명령이 제3채무자에게 송달된 시점에 이미 발생하였으므로[민사집행실무제요IV 347]

② 장래의 불확정채권에 대한 여러 개의 전부명령이 존재하는 경우 : 민법 제487조 후단 유추 적용 → 변제공탁 가능[대법원 1998. 8. 21. 선고 98다15439 판결] 장래의 불확정채권에 대하여 수개의 전부명령이 존재하고, 그 후 확정된 피압류채권액이 각 전부금액의 합계액에 미달하는 경우에도 각 전부명령이 그 송달 당시 압류의 경합이 없어 유효한 이상 각 전부채권자는 확정된 피압류채권액의 범위 안에서 자신의 전부금액 전액의 지급을 제3채무자에 대하여 구할 수 있고, 제3채무자로서는 전부채권자 중 누구에게라도 그 채무를 변제하면 다른 채권자에 대한 관계에서도 유효하게 면책되며, 한편 제3채무자는 이중지급의 위험이 있을 수 있으므로 민법 제487조 후단을 유추적용하여 채권자를 알 수 없다는 이유로 변제공탁을 함으로써 법률관계의 불안으로부터 벗어 날 수 있다.

(ᄇᆞ) 임대차보증금반환채권이 압류·전부된 경우 임대인의 공제범위 : 임차인의 목적물 인도시 까지 임대차계약에 의하여 임차인에 대하여 가지는 일체의 채권 → 전부명령 송달시까지 발생한 임차인에 대한 채권뿐만 아니라 그 이후에 발생한 채권도 공제한 나머지를 전부채 권자에게 지급[대법원 1987. 6. 9. 선고 87다68 판결] 건물임대차에 있어서의 임차보증금은 임대차존속중의 임 료뿐만 아니라 건물명도의무이행에 이르기까지 발생한 손해배상채권등 임대차계약에 의하여 임대인이 임차인에 대하여 갖는 일체의 채권을 담보하는 것으로서 임대차종료후에 임차건물을 임대인에게 명도할 때에 체불임료등 모든 피담보채무를 공제한 잔액이 있을 것을 조건으로 하여 그 잔액에 관한 임차인의 보증금반환청구권이 발생하 고 이와 같은 임차보증금을 피전부채권으로 하여 전부명령이 있는 경우에도 제3채무자인 임대인은 임차인에게 대 항할 수 있는 사유로써 전부채권자에게 대항할 수 있는 것이다. 따라서 건물임대차보증금의 반환채권에 대한 전부 명령의 효력이 그 송달에 의하여 발생한다고 하여도 위 보증금반환채권은 임대인의 채권이 발생하는 것을 해제조 건으로 하는 것이며 임대인의 채권을 공제한 잔액에 관하여서만 전부명령이 유효하다고 할 것이다. 그렇지 않고 원심판시대로 전부명령송달까지 발생한 사유로써만 임대인이 전부채권자에게 대항할 수 있다고 해서는 임대인 은 임차인과의 계약에 의한 권리의무관계가 임차인에 대한 채권행사에 의하여 침해되고 임대인은 임차인의 채권 자를 만족시키기 위하여 협력하고 희생되지 않으면 안 된다는 수긍할 수 없는 결론에 이른다.

(4) 제3자에 대한 효력[민사집행실무제요IV 348]

(ᄀᆞ) 전부명령에 의한 채권이전을 다툴 이익이 있는 제3자(전부명령 전의 채권양수인) : 전부채 권자를 상대로 그 채권이 전부채권자에게 귀속되지 않거나 자신에게 속한다는 확인을 구 하는 소 제기 가능

(ᄂᆞ) 즉시항고 가능 : 전부명령에 의하여 자신의 정당한 이익을 침해당한 제3자

다. 변제효과 : 집행채권의 소멸

(1) 원칙 : 제231조 본문

(ᄀᆞ) 소멸시기

① 전부명령이 제3채무자에게 송달된 때[대법원 1998. 8. 21. 선고 98다15439 판결] 전부명령이 확정되면 피 압류채권은 제3채무자에게 송달된 때에 소급하여 집행채권의 범위 안에서 당연히 전부채권자에게 이전하고 동시 에 집행채권 소멸의 효력이 발생한다. [99다36860] 전부명령이 확정되면 피압류채권은 제3채무자에게 송달된 때에 소급하여 집행채권의 범위 안에서 당연히 전부채권자에게 이전하고 그와 동시에 채무자는 채무를 변제한 것으로 간주되므로, 원금과 이에 대한 변제일까지의 부대채권을 집행채권으로 하여 전부명령을 받은 경우에는 집행채권의

원금의 변제일은 전부명령이 제3채무자에게 송달된 때가 되어 결국 집행채권액은 원금과 제3채무자에 대한 전부명령 송달시까지의 부대채권액을 합한 금액이 되므로 피압류채권은 그 금액 범위 안에서 전부채권자에게 이전한다.

② 제3채무자의 무자력 등의 위험은 채권자가 부담

㈏ 전부채권자에게 이전되는 피전부채권의 범위

① 전액설[98다15439] 장래의 불확정채권에 대하여 수개의 전부명령이 존재하고, 그 후 확정된 피압류채권액이 각 전부금액의 합계액에 미달하는 경우에도 각 전부명령이 그 송달 당시 압류의 경합이 없어 유효한 이상 각 전부채권자는 확정된 피압류채권액의 범위 안에서 자신의 전부금액 전액의 지급을 제3채무자에 대하여 구할 수 있고, 제3채무자로서는 전부채권자 중 누구에게라도 그 채무를 변제하면 다른 채권자에 대한 관계에서도 유효하게 면책되며, 한편 제3채무자는 이중지급의 위험이 있을 수 있으므로 민법 제487조 후단을 유추적용하여 채권자를 알 수 없다는 이유로 변제공탁을 함으로써 법률관계의 불안으로부터 벗어날 수 있다.

② 압류명령 신청시 명시한 집행채권의 변제를 위해서만 채무소멸의 효과 발생 : 청구금액을 '대여금 중 일부금'이라고 표시하여 압류 및 전부명령 신청 → 대여금채권만 집행채권 → 변제충당의 문제 발생하지 않음[대법원 1996. 4. 12. 선고 95다55047 판결] 압류 및 전부 명령의 청구금액란에 '금 22,120,000원 대여금 중 일부금'이라고 기재되어 있음이 분명하므로 원고는 위 채무명의에 기한 대여금채권의 원금 중 일부를 집행채권으로 하여 압류 및 전부 명령을 신청한 것으로 보아야 할 것이고 채무명의상의 원금 외에 다 갚을 때까지의 이자, 지연손해금 등의 부대청구를 원금에 부기하여 청구한 것으로 볼 수는 없을 것이니 이 사건 전부금은 원고가 압류 및 전부 명령 신청시에 집행채권으로 명시한 위 채무명의상의 원금의 일부의 변제에 충당되었다고 보아야 할 것이다. 피전부채권의 수액이 집행채권의 전부를 소멸시키기에 부족한 경우에는 법정변제충당의 규정에 의하여 어느 채권이 소멸하는가를 결정하여야 할 것임은 원심이 판시한 바와 같으나, 이 사건의 경우에는 채무명의상의 대여금채권만이 집행채권으로 되었을 뿐 위 대여금을 다 갚을 때까지의 이자나 지연손해금은 집행채권으로 되었다고 할 수 없으므로 집행채권 중 원금과 이자 사이의 변제충당에 관한 문제는 발생할 여지가 없는 것이다.

(2) 예외 : 제231조 단서 → 변제효력 불발생

㈎ 피전부채권 부존재

① 전부명령 송달 당시 피전부채권이 처음부터 존재하지 않았거나 또는 소멸 내지 제3자에게 양도된 경우

② 전부명령 송달 당시에는 피전부채권이 유효하게 존재하고 있었으나 그 후 제3채무자의 취소나 해제 또는 상계 등에 의하여 소급하여 소멸한 경우

③ 장래의 조건부 채권에 대한 전부명령이 확정된 후에 그 피압류채권의 전부 또는 일부가 존재하지 않는 것으로 밝혀진 경우 : 그 부분에 대한 전부명령의 실체적 효력은 소급하여 실효[대법원 2001. 9. 25. 선고 99다15177 판결, 대법원 2002. 7. 12. 선고 99다68652 판결, 대법원 2004. 8. 20. 선고 2004다24168 판결]

㈏ 전부채권자의 구제

① 집행채권 불소멸 → 다시 강제집행 가능[대법원 1996. 11. 22. 선고 96다37176 판결] 금전채권의 압류 및 전부명령이 집행절차상 적법하게 발부되어 채무자 및 제3채무자에게 적법하게 송달되고 1주일의 즉시항고기간이

경과하거나 즉시항고가 제기되어 그 항고기각 또는 각하결정이 확정된 경우에는 집행채권에 관하여 변제의 효과가 발생하고 그 때에 강제집행절차는 종료하는 것인바, 가사 피전부채권이 존재하지 아니하는 경우라 하더라도 민사소송법 제564조 단서의 규정에 따라 집행채권 소멸의 효과는 발생하지 아니하나 강제집행절차는 피전부채권이 존재하는 경우와 마찬가지로 전부명령의 확정으로 종료하는 것이고, 단지 전부채권자는 집행채권이 소멸하지 아니한 이상 피전부채권이 존재하지 아니함을 입증하여 다시 집행력 있는 정본을 부여받아 새로운 강제집행을 할 수 있을 뿐이다.

② 피전부채권이 소급하여 소멸한 경우 : 일단 소멸하였던 집행채권도 소급하여 부활

9. 전부명령에 따른 집행의 종료 : 집행의 정지 · 취소, 신청의 취하, 배당요구, 청구이의, 제3자이의 불가[96다37176] 피전부채권이 채무자가 아니라 자신에게 귀속되는 것임을 주장하는 자가 그 채무자의 제3채무자에 대한 채권의 압류 및 전부명령에 대하여 제기한 제3자이의의 소는 그 소가 채권압류 및 전부명령이 확정된 뒤에 제기되었거나 그 소의 제기 이후 채권압류 및 전부명령이 확정된 경우에는 그 피전부채권의 존재 여부나 그 귀속 주체에 관한 다툼이 있는지의 여부에 관계없이 소의 이익이 없어 부적법하다.

10. 기타

가. 전부명령 vs 물상대위권

(1) 전부채권자의 전부금청구 : 물상대위권자의 압류 전 전부명령

(2) 공탁 항변 : 직접 지급 전까지는 물상대위자 우선[대법원 2000. 6. 23. 선고 98다31899 판결] 물상대위권자의 압류 전에 양도 또는 전부명령 등에 의하여 보상금 채권이 타인에게 이전된 경우라도 보상금이 직접 지급되거나 보상금지급청구권에 관한 강제집행절차에 있어서 배당요구의 종기에 이르기 전에는 여전히 그 청구권에 대한 추급이 가능하다.

(3) 체납처분에 의한 압류, 제3자의 압류 존재 : 질권자가 압류하지 않더라도 물상대위권의 효력 발생[대법원 1987. 5. 26. 선고 86다카1058 판결, 대법원 1996. 7. 12. 선고 96다21058 판결]

나. 부동산 담보신탁의 피담보채권에 대한 전부명령이 있는 경우 우선수익권의 소멸 여부 : 우선수익권이 피담보채권과 운영을 같이 하는지 여부[대법원 2017. 6. 22. 선고 2014다225809 전원합의체 판결, 민법판례연구 117~127]

	다수의견	반대의견
우선수익권의 부종성, 수반성	부정 : 우선수익권은 경제적으로 금전채권에 대한 담보로 기능할 뿐 금전채권과는 독립한 신탁계약상의 별개의 권리 참가인 회사의 피고에 대한 이 사건 대여금채권이 이 사건 전부명령에 따라 전부채권자인 참가인 2에게 전부되었다고 하더라도, 그러한 사정만으로 이 사건 담보신탁계약에 따른 참가인 회사의 우선	인정

	수익권이 이 사건 대여금채권의 전부에 수반하여 전부채권자에게 이전되었다고 볼 수 없다. 또한 이 사건 대여금채권과 우선수익권의 귀속주체가 달라졌다고 하여 곧바로 참가인 회사의 우선수익권이나 이를 목적으로 한 원고의 권리질권이 소멸한다고 볼 수도 없다.	
피담보채권에 대한 전부명령시 우선수익권에 대한 질권자의 질권행사	가능 : 피담보채권의 귀속주체와 관계없이 우선수익권 행사 가능	불가 : 피담보채권의 소멸로 신탁계약 종료, 구 신탁법 제55조의 법정 종료사유 발생신탁행위로 정한 사유가 발생한 때 또는 신탁의 목적을 달성하였거나 달성할 수 없게 된 때
우선수익권 침해를 이유로 하는 질권자의 손해배상청구	가능 : 원고의 질권이 소멸되지 않았으므로 원심은, 위 전부명령 확정에 따라 참가인 회사의 우선수익권은 소멸하였고 위 우선수익권을 목적으로 하는 원고의 권리질권 역시 그 목적물의 소멸로 인하여 소멸하였으므로 피고가 부동산담보신탁계약의 목적물인 체비지를 임의매각하고 그 매각대금을 약정된 계좌에 입금하지 아니하더라도 원고에 대하여 담보권의 침해 내지 담보가치의 훼손이 발생할 수 없다고 판단하였다. 이러한 원심의 판단에는 이 사건 담보신탁계약 등에 의하여 형성된 법률관계와 전부명령에 따른 법률효과에 관한 법리 등을 오해하여 판결에 영향을 미친 잘못이 있다.	불가 : 우선수익권에 대한 질권자로서의 권리행사 불가 피고가 이 사건 담보신탁계약의 목적물인 체비지 또는 체비지가 환지된 후의 토지들을 임의로 매도하거나 담보 제공을 하는 등의 행위를 하였다고 하더라도 그로 인하여 원고의 담보권의 침해 내지 담보가치의 훼손이 발생할 수 없다.
문제점과 해결방안	■ 신탁계약 당사자들이 당초 생각했던 법률관계와 부합하지 않고, 채무자는 자신과 무관한 사정으로 인하여 이중변제의 위험을 부담채무자는 전부채권자에게 전부금을 지급할 채무, 우선수익자에게는 피담보채권의 범위 내에서 담보목적물의 매각대금을 지급할 의무 ■ 피담보채권과 우선수익권이 분리된 이후의 법률관계 : 담보신탁 당사자들이 분리를 막기 위한 계약 조항을 추가 → 어느 하나만의 양도를 금지하고, 금지 위반시 신탁을 종료한다고 규정하거나 위탁자가 수익자 변경권을 가지는 것으로 규정	질권자인 원고의 권리구제 : 우선수익권과 피담보채권 모두에 질권을 설정하거나, 피담보채권이 전부되더라도 우선수익권을 행사할 수 있는 조항을 포함시킴으로써 위험 회피 가능

Ⅲ. 판결 주문 사례연습

2016 사법연수원 판결 주문 사례연습 2[추심명령, 전부명령, 채권양도, 가압류]

Ⅰ. 사실관계

- 건축업자 김이석은 김이철로부터 건축공사에 대하여 대금 5,000만 원에 도급받아 2014. 8. 14. 공사를 완공하고 인도하였으나 대금을 지급받지 못함(대금지급 기일은 특정하지 않음)
- 김이석에 대한 확정판결에 기한 채권자A(채권액 1,000만 원)는 위 공사대금 채권 중 1,000만 원 부분에 대하여 압류·추심 명령을 받았고, 이는 김이철에게 2015. 1. 16. 송달되었으나 김이석에게는 제3자가 송달받음
- 김이석에 대한 채권자B(채권액 2,000만 원)는 위 공사대금 채권 중 2,000만 원 부분에 대하여 압류·전부명령을 받았고, 이는 김이철에게 2015. 2. 18., 김이석에게 2015. 2. 24. 각 송달되어 그 무렵 확정
- 김이석에 대한 채권자C(채권액 1,500만 원)는 위 공사대금 채권 중 1,500만 원에 대하여 채권가압류명령을 받았고, 이는 2015. 3. 18. 김이철에게 송달됨
- 김이석은 2015. 8. 1. 위 공사대금채권 중 500만 원을 D에게 양도하고 같은 날 내용증명우편으로 통지하여, 2015. 8. 4. 김이철에게 도달된 후 2015. 8. 12. 김이철에게 다시 내용증명우편으로 위 채권양도통지를 철회한다고 통지하여 위 통지가 2015. 8. 13. 김이철에게 도달되었으나, 이에 대하여 D의 동의나 승낙은 없었음
- 김이석은 2015. 8. 20. 김이철을 상대로 공사대금 5,000만 원 및 이에 대한 소장부본 송달일 다음 날(2015. 8. 30.)부터 다 갚는 날까지 연 20%의 비율로 계산한 지연손해금 지급을 구하는 소를 제기
- 변론종결일 : 2016. 4. 3., 판결선고일 : 2016. 4. 24.

Ⅱ. 주문

1. 이 사건 소 중 10,000,0000원 및 이에 대한 지연손해금 청구 부분을 각하한다.

➡ 압류·추심명령은 제3채무자에게 송달시 효력 발생(민사집행법 제227조 제3항, 제229조 제4항), 채무자에게 송달되지 않았더라도 효력발생에 영향×

➡ 압류의 효력은 종된 권리에도 미치므로 압류의 효력발생 이후에 생기는 이자 및 지연손해금에도 미치나, 압류의 효력 발생 전에 이미 발생한 이자 등은 독립한 채권이므로 압류대상으로 명시하지 않는 한 압류의 효력이 미치지 않음

2. 피고는 원고에게 15,000,000원 및 이에 대한 2015. 8. 30.부터 2016. 4. 24.까지는 연 6%의, 그 다음 날부터 다 갚는 날까지는 연 15%의 각 비율에 의한 돈을 지급하라.

➡ 채무자는 채권가압류에도 불구하고 여전히 집행권원의 취득, 시효중단 등을 위하여 제3채무자를 상대로 이행의 소를 제기할 독자적인 필요가 있고, 이 경우 법원은 가압류가 되어 있음을 이유로 그 청구를 배척할 수 없으며, 제3채무자로서는 이행을 명하는 판결이 있더라도 집행단계에서 이를 저지할 수 있다(88다카25038, 2001다59033).

➡ 원고가 2014. 8. 14. 공사를 완공하여 피고에게 인도하였으므로 피고는 원고에게 동시이행항변권을 행사할 수 없고, 인도 다음날인 2014. 8. 15.부터 지연손해금을 지급할 의무가 있으나 원고는 소장부본 송달 다음날부터 지연손해금을 구하고 있는 이상 이 부분은 판단 대상이 아님

➡ 상행위 채권이므로 판결선고일까지는 연 6%를 적용

⇒ 전부명령은 추심명령과 달리 채무자와 제3채무자 모두 송달된 다음 즉시항고가 제기되지 않거나 즉시항고가 기각되는 등으로 전부명령이 확정됨으로써 제3채무자에 대한 송달일로 소급하여 효력 발생(제227조 제2항, 제229조 제4항, 제7항, 제231조)

3. 원고의 나머지 청구를 기각한다.

제5장 채무자 항변

제1절 본안전항변 : 소송요건사실심 변론종결시 기준

제1관 법원에 관한 것 : 재판권, 민사소송사항, 관할

제2관 당사자에 관한 것

Ⅰ. 당사자확정

Ⅱ. 당사자적격

1. 압류 · 추심명령의 채무자 → 제3채무자 : 이행청구

▸ 원고적격 상실 : 제3자 소송담당(갈음형) → 채무자의 소제기는 부적법 각하[대법원 2000. 4. 11. 선고 99다23888 판결]

▸ 집행에 의한 변제 전 압류명령 신청취하 : 추심권능과 소송수행권이 모두 채무자에게 복귀[대법원 2009. 11. 12. 선고 2009다48879 판결, 대법원 2010. 11. 25. 선고 2010다64877 판결]

▸ 상고심에서도 하자치유 인정[대법원 2007. 11. 29. 선고 2007다63362 판결] 주식회사 대우일렉트로닉스가 원심판결 선고 후 위 채권압류 및 추심명령에 대한 압류해제 및 추심포기서를 제출 → 원고는 이 사건 임대차보증금 청구채권의 지급을 구하는 소제기 가능, 이러한 소송요건은 직권조사사항으로서 상고심에서도 그 치유를 인정하여야 하므로, 원고에게 당사자적격이 없다는 이유로 이 사건 소를 각하한 원심판결 파기

2. 채권양도인, 전부명령의 전부채무자 → 제3채무자 : 이행청구

가. 원고적격 : 인정이행의 소의 당사자적격의 문제

나. 본안 : 청구기각실체법상 이행청구권 상실

3. 가압류된 금전채권의 채무자 → 제3채무자 : 이행청구

가. 소의이익 : 인정

나. 본안 : 전부인용 가능[대법원 2002. 4. 26. 선고 2001다59033 판결] 채무자로서는 제3채무자에 대한 그의 채권이 가압류되어 있다 하더라도 집행권원을 취득할 필요가 있고 또는 시효를 중단할 필요도 있는 경우도 있을

것이며 또한 소송 계속중에 가압류가 행하여진 경우에 이를 이유로 청구가 배척된다면 장차 가압류가 취소된 후 다시 소를 제기하여야 하는 불편함이 있는데 반하여 제3채무자로서는 이행을 명하는 판결이 있더라도 집행단계에서 이를 저지하면 될 것이기 때문(∵ 가압류채무자의 강제집행은 불가)

4. 가압류 · 가처분된 소유권이전등기청구권의 채무자 → 제3채무자 : 이행청구

가. 소의이익 : 인정가압류는 현실적 추심만을 금지하는 것이므로 채무자는 이행소송 제기 가능

나. 제3채무자의 응소의무[대법원 1992. 11. 10. 선고 92다4680 전원합의체 판결] 일반채권이 가압류된 경우와는 달리 송달받은 가압류결정을 제출하는 방법으로 입증할 의무

(1) 해제조건부 인용판결[92다4680, 대법원 1998. 2. 27. 선고 97다45532 판결, 대법원 1999. 2. 9. 선고 98다42615 판결] 이전등기를 명하는 판결은 의사의 진술을 명하는 판결로서 확정되면 채무자는 일방적으로 이전등기를 신청할 수 있고, 제3채무자는 이를 저지할 방법이 없게 되므로

(2) 주문 : 원고(반소피고)는 피고(반소원고)로부터 210,000,000원을 지급받음과 동시에 피고(반소원고)에게,

 1) 별지목록기재 각 부동산에 관하여 피고(반소원고) 오달식과 소외 김윤지 사이의 서울중앙지방법원 2014. 7. 18.자 2014카합28913호 소유권이전등기청구권 가압류결정에 의한 집행이 해제되면 2014. 2. 20. 매매를 원인으로 한 소유권이전등기절차를 이행하고,

 2) 위 각 부동산을 인도하라.

다. 응소하지 않은 경우

(1) 무변론원고승소판결[대법원 1999. 6. 11. 선고 98다22963 판결] 소유권이전등기청구권이 가압류되어 있다는 사정은 피고측의 항변사유로서 직권조사사항은 아닌 만큼, 소유권이전등기 청구소송의 소장에 그와 같은 가압류의 존재 사실이 기재되어 있다고 하더라도 이는 선행자백에 불과하여 피고가 응소하여 그 부분을 원용하는 경우에 비로소 고려될 수 있는 것이므로

(2) 제3채무자는 불법행위책임98다22963, [대법원 2000. 2. 11. 선고 98다35327 판결]

Ⅲ. 소송능력

제3관 소송물에 관한 것

Ⅰ. 소송물의 특정

Ⅲ. 소의 이익 : 기판력별도 목차로 서술

제4관 기판력[33]

Ⅰ. 취지

1. **법적 안정성 : 절차적 정의를 실체적 정의보다 앞세움으로써 판결에 의한 법적 안정성, 법적 평화 회복**[이시윤, 신민사소송법, 675], [대법원 2018. 3. 27. 선고 2015다70822 판결] 확정판결의 기판력은, 법원이 당사자 간의 법적 분쟁에 관하여 판단하여 소송이 종료된 이상, 법적 안정성을 위해 당사자와 법원 모두 분쟁해결의 기준으로서 확정판결의 판단을 존중하여야 한다는 요청에 따라 인정된 것이다.

2. **절차보장 : 처분권주의 · 변론주의 원칙에 의하여 당사자에게만 소송수행의 기회가 부여된 이상 패소 결과를 다시 다투는 것은 공평의 관념 내지 신의칙에 위반**[대법원 1995. 4. 25. 선고 94다17956 전원합의체 판결 별개의견] : 기판력제도가 인정되는 이유는 당사자 간의 분쟁에 대한 국가 재판기관의 공권적 판단에 대하여 법적 안정성을 부여함으로써 사회질서를 유지하고 동일 분쟁의 반복을 금지함으로써 소송경제를 달성하려고 하는 요청과 함께 소송당사자로서 절차상 이미 소송물인 권리관계의 존부에 관하여 변론을 하고 소송을 수행할 권능과 기회를 부여받았던 자가 그에 기한 판단의 결과를 다시 다투는 것은 공평의 관념 내지 신의칙에 반한다고 보기 때문이다. 따라서 기판력의 객관적 범위를 판단함에 있어서도 법적 안정성의 관점에서 소송물의 동일성 여부에만 의존할 것이 아니라 위에서 본 바와 같은 절차보장의 관점에서 후소의 당사자가 전소의 소송절차 내에서 문제로 된 당해 소송물에 관하여 변론을 하고 또 그에 대한 법원의 판단을 받을 기회가 있었느냐 하는 점을 당연히 고려하여야 하는 것이다. 기판력의 시적 범위를 정함에 있어서 당사자가 법원에 판단자료를 제출할 수 있는 사실심 변론종결시를 표준시로 하여 당사자로 하여금 원칙적으로 전소의 변론종결 전에 존재하였으나 제출하지 않았던 공격방어 방법을 후소에서 제출하여 전소와 다른 판단을 구할 수 없도록 하되, 전소의 변론종결시까지 주장할 수 없었던 사유가 변론종결 후에 새로이 발생한 경우에는 이를 다시 주장하여 전소에서 확정된 법률효과를 다툴 수 있도록 허용하는 것도 같은 맥락에서 이해하여야 할 것이다.

Ⅱ. 발생

1. **종국판결 : 소 · 상소에 의하여 계속된 사건의 전부 · 일부를 그 심급에서 완결하는 판결**

가. 유형 : 기판력이 발생하지 않는 재판

(1) 결정 · 명령 : 실체관계를 종국적으로 해결하는 것만 기판력 발생 → 소송비용결정, 간접강제 배상금 지급결정

(2) 재판상화해, 제소전화해의 내용이 강행법규에 위배되어도 화해조서가 무효라고 할 수 없음[대법원 1999. 10. 8. 선고 98다38760 판결], [대법원 1992. 10. 27. 선고 92다19033 판결] 준재심절차에

---

33) 이 관에서 명칭이 생략된 법률은 '민사소송법'을 의미합니다.

의해 구제

(3) 이행권고결정[대법원 2009. 5. 14. 선고 2006다34190 판결], 지급명령[대법원 2009. 7. 9. 선고 2006다 73966 판결] 민사집행법 제58조 제3항, 민사소송법 제474조는 시효연장의 취지, 중간판결[대법원 1990. 2. 13. 선고 89재누106 판결] 중간확인의 소를 제기하여야 함(소유권에 기한 인도청구소송에서의 소유권의 존재), 한정 승인신고 수리심판 한정승인의 효력에 대한 최종적인 판단은 실체법에 따라 민사소송에서 결정 → 한정승 인신고 수리 심판과 달리 단순상속을 주장하여도 기판력 저촉되지 않음, 보전처분[대법원 1977. 12. 27. 선고 77다1698 판결] 보전처분은 보전처분의 허부를 판단하는 재판이므로 피보전권리의 존부에 대하여 기판력 발생하 지 않음

(4) 후소 소송물인 권리관계의 존부에 대하여 전소에서 실질적으로 판단하지 않은 경 우[대법원 1992. 11. 24. 선고 91다28283 판결] 전소 : 이전등기청구(1필 토지 전부에 대해), 기각(매수사실은 인 정되나 매수부분 특정되지 않음) vs 후소 : 이전등기청구(특정 부분에 대해) ➡ 피고의 기판력 항변 배척 ∵ 전소 에서 후소 청구부분에 대해 실질적으로 판단하지 않았으므로

나. 일부판결

(1) 허용되는 경우 : 모순·저촉 우려가 없는 경우

⑺ 유형

① 가분적 청구 중 수액이 확정된 부분

② 단순병합[대법원 2008. 12. 11. 선고 2005다51495 판결]

③ 통상공동소송[대법원 1974. 7. 16. 선고 73다1190 판결]

④ 변론병합된 청구 중 하나

⑤ 병합된 본소와 반소 중 하나

⑥ 관련적 병합선결관계, 기본적 법률관계 공통, [대법원 1996. 2. 9. 선고 94다50274 판결] 원금청구(판단○) + 지 연손해금청구(판단×) : 원심에 계속 중 ➡ 확장된 지연손해금 청구 부분에 대하여는 재판의 탈루가 있었고, 이 부 분 소송은 아직 원심에 계속 중이라고 보아야 할 것이어서 적법한 상고의 대상이 되지 아니한다 할 것이므로, 이 부분에 대한 원고의 상고는 나아가 상고이유에 관하여 살펴볼 필요 없이 부적법하여 각하를 면할 수 없다.

⑷ 의도적인 일부판결 : 일부에 대한 종국판결(제200조 제1항), 나머지에 대하여는 잔부판결

⑻ 모르고 일부판결 : 재판누락, 추가판결(원심 법원에 계속 중), 상소 대상적격 부정[대법원 2004. 8. 30. 선고 2004다24083 판결, 대법원 2005. 5. 27. 선고 2004다43824 판결]

① 본소만 판단하고 반소에 관한 판단을 빠뜨린 경우[대법원 1989. 12. 26. 선고 89므464 판결]

② 원금청구부분만 판단하고 확장된 지연손해금청구구분을 판단하지 않은 경우[대법원 1996. 2. 9. 선고 94다50274 판결, 대법원 1997. 10. 10. 선고 97다22843 판결]

③ 일부 당사자에 대한 판단누락[대법원 1996. 12. 20. 선고 95다26773 판결]

④ 이혼판결을 하면서 직권으로 정할 미성년 자녀에 대한 친권자 및 양육자 판결을 빠뜨린 경

우[대법원 2015. 6. 23. 선고 2013므2397 판결]

(2) 불허되는 경우 : 모순·저촉의 우려가 있는 경우예비적 병합, 선택적 병합, 필수적 공동소송, 독
립당사자참가, 공동소송참가, 예비적·선택적 공동소송, 본소와 반소가 동일한 목적의 형성청구나 소송물이 동일
한 법률관계, 법률상 병합이 요구되는 경우

㈎ 확정 전 : 상소(제424조 제1항 제6호), 전부 이심, 상소심은 전부 취소

㈏ 확정 후 : 재심(제451조 제1항 제9호)

2. 유효

가. 판결의 효력

(1) 원칙 : 법관의 선고에 의하여 대외적으로 성립하고 효력 발생(제205조)

(2) 예외 : 심리불속행, 상고이유서부제출에 의한 상고기각판결은 송달로써 효력발생상
고심절차에 관한 특례법 제5조 제2항

나. 판결의 부존재(불성립)

(1) 유형 : 법관 아닌 자의 판결, 선고하지 않은 판결, 판결선고조서가 없는 판결[대법원
1956. 8. 9. 선고 4289민상285 판결], 판결선고조서에 재판장의 기명날인이 없는 경우

(2) 구제 : 당해 심급에 기일지정신청, 송달된 경우 외관의 제거를 위한 상소

다. 판결의 무효

(1) 유형

㈎ 재판권 흠결

㈏ 실재하지 않는 자를 당사자로 한 판결 : 제소전 사망자를 당사자로 한 판결[대법원 2017. 5. 17.
선고 2016다274188 판결], 당사자적격 없는 자가 받은 판결

㈐ 현존하지 않는 법률관계의 형성을 목적으로 한 판결 : 일방이 사망한 부에 대한 이혼판결[대
법원 1982. 10. 12. 선고 81므53 판결]

㈑ 소제기가 없음에도 행한 판결

① 소취하 후의 판결

② 심판의 대상이 되지 않는 주위적 청구주위적 청구기각에 대하여 원고의 부대항소 없이 피고만 항소에
대한 판결[대법원 1995. 1. 24. 선고 94다29065 판결] 제1심에서 주위적 청구를 기각하고 예비적 청구를 인용한
판결에 대하여 피고만이 항소한 때에는, 이심의 효력은 사건 전체에 미치더라도 원고로부터 부대항소가 없는 한
항소심의 심판대상으로 되는 것은 예비적 청구에 국한되는 것임에도 불구하고, 원심은 심판의 대상으로 되지 않은
주위적 청구에 대하여도 제1심과 마찬가지로 원고의 청구를 기각하는 판결을 하였으나, 원심이 위와 같은 무의미
한 판결을 하였다고 하여 원고가 그에 대하여 상고함으로써 주위적 청구부분이 상고심의 심판대상으로 되는 것은
아니므로, 원고의 주위적 청구부분에 관한 상고는 심판의 대상이 되지 않은 부분에 대한 상고로서 불복의 이익이

없어 부적법하다.

③ 심판의 대상이 되지 않는 예비적 반소에 대한 각하판결본소청구 인용을 대비 : 본소 청구기각 → 예비적 반소 판단 불요(판단시 무효), 본소에 대하여 원고 항소 + 본소인용 → 예비적 반소 : 판단 필요[대법원 2006. 6. 29. 선고 2006다19061,19078 판결] 피고의 예비적 반소는 본소청구가 인용될 것을 조건으로 심판을 구하는 것으로서 제1심이 원고의 본소청구를 배척한 이상 피고의 예비적 반소는 제1심의 심판대상이 될 수 없는 것이고, 이와 같이 심판대상이 될 수 없는 소에 대하여 제1심이 판단하였다고 하더라도 그 효력이 없다고 할 것이므로, 피고가 제1심에서 각하된 반소에 대하여 항소를 하지 아니하였다는 사유만으로 이 사건 예비적 반소가 원심의 심판대상으로 될 수 없는 것은 아니라고 할 것이고, 따라서 원심으로서는 원고의 항소를 받아들여 원고의 본소청구를 인용한 이상 피고의 예비적 반소청구를 심판대상으로 삼아 이를 판단하였어야 한다.

④ 소송계속 소멸을 간과한 판결

(마) 국내법이 인정하지 않는 법률효과를 인정하는 판결 ⇔ 기판력이 미치는 법률효과 자체가 아니라 판결이유에 강행법규나 사회질서에 위배되는 판단이 포함된 경우는 무효라고 볼 수 없음, [대법원 1963. 10. 10. 선고 63다333 판결] 재판상 화해가 성립된 경우에는 가령 그 내용이 강행법규에 위반된 경우라 할지라도 단지 재판상 화해에 하자가 있음에 불과함으로 재심을 청구하여 구제를 받는 이외에는 그 무효를 주장할 수 없다.

(바) 판결내용이 불명확한 경우

(사) 성질상 당사자가 처분할 수 없는 사항법원의 형성재판을 대상으로 한 조정[대법원 2012. 9. 13. 선고 2010다97846 판결] 재심대상판결 및 제1심 판결을 각 취소한다. 이나 재판상 화해

(아) 판결의 후발적 무효 : 묵시적 해제조건의 성취[대법원 1985. 9. 10. 선고 85므27 판결] 기판력이 생기기 전에 당사자 한쪽이 사망한 이혼사건

(2) 효력 및 구제

(가) 기판력·집행력·형성력 불발생 : 신소제기 가능

(나) 형식적 확정력은 존재 : 당해 심급 완결, 기속력 발생

(다) 상소 : 불가[대법원 2000. 10. 27. 선고 2000다33775 판결] 당사자가 소제기 이전에 이미 사망하여 주민등록이 말소된 사실을 간과한 채 본안 판단에 나아간 원심판결은 당연무효라 할 것이나, 민사소송이 당사자의 대립을 그 본질적 형태로 하는 것임에 비추어 사망한 자를 상대로 한 상고는 허용될 수 없다 할 것이므로, 이미 사망한 자를 상대방으로 하여 제기한 상고는 부적법하다. [비교 : 2000다30578] 이미 사망한 자를 채무자로 한 처분금지가처분 신청은 부적법하고 그 신청에 따른 처분금지가처분결정이 있었다고 하여도 그 결정은 당연무효로서 그 효력이 상속인에게 미치지 않는다고 할 것이므로, 채무자의 상속인은 일반승계인으로서 무효인 그 가처분결정에 의하여 생긴 외관을 제거하기 위한 방편으로 가처분결정에 대한 이의신청으로써 그 취소를 구할 수 있다.

(라) 재심 : 불가[대법원 1994. 12. 9. 선고 94다16564 판결] 원래 재심의 소는 종국판결의 확정력을 제거함을 그 목적으로 하는 것으로 확정된 판결에 대하여서만 제기할 수 있는 것이므로 소송수계 또는 당사자표시 정정 등 절차를 밟지 아니하고 사망한 사람을 당사자로 하여 선고된 판결은 당연무효로서 확정력이 없어 이에 대한 재심의 소는 부적법하다.

3. 확정 : 상소로 취소될 수 없는 상태, 즉 형식적 확정력이 생긴 상태 ➡ 기판력과 집행력 발생

가. 선고시 : 상고심 판결, 제권판결(제490조 제1항), 불항소 합의

나. 상소기간 만료시 : 상소제기 없이 기간을 경과, 상소제기 후 상소취하, 상소 각하판결 확정, 상소장각하명령 확정, 비약상고 합의(제390조 제1항 단서)

다. 포기시 : 상소권 포기(제394조, 제425조)

라. 상소기각판결 확정시 : 원판결 확정, 심리불속행·상고이유서 부제출에 의한 상고기각 판결은 '송달된 때'

마. 일부 불복 : 불복하지 않은 부분은 판결선고시에 확정

(1) 항소심 판결

㈎ 이심되었으나 심판대상이 되지 않은 부분의 확정시기 : 항소심 판결선고시[대법원 1994. 12. 23. 선고 94다44644 판결]

[2017년 변리사] : 원고 ➜ ① 연대채무자 A, B에 대한 대여금, ② A에 대한 이전등기청구, ③ A에 대한 건물인도청구

진행경과	B(통상공동소송)	A		
		이심	심판범위	확정시기
1심 : ①, ②, ③ 인용, A만 ②, ③에 대하여 항소	판결정본 송달 후 2주 경과시 확정			① : 항소심 판결선고시
2심 : 항소기각 A가 ③에 대하여 상고		①②③	②③	② : 상고심 판결선고시
3심 : 상고기각		②③	③	③ : 상고기각 판결시

㈏ 원고 청구일부인용 판결에 대해 원고만 항소하고, 피고가 항소나 부대항소를 제기하지 않은 경우 : 원고승소부분에 대한 상고는 상고이익이 없어서 부적법[대법원 2008. 3. 14. 선고 2006다2940 판결]

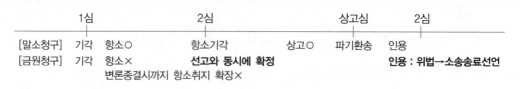

	1심		2심		상고심		2심
[말소청구]	기각	항소O	항소기각	상고O	파기환송	인용	
[금원청구]	기각	항소X	**선고와 동시에 확정**			**인용 : 위법→소송송료선언**	
		변론종결시까지 항소취지 확장X					

2006다2940 : 시효완성의 효력은 변제된 원금으로부터 각 변제 전에 발생한 이자 · 지연손해금에는 미치지 않음

99.9.26.	99.10.27.	99.11.2.	00.12.29.	01.12.28.	02.9.26.	04.10.27.
변제기	소제기일~역산5년	①원금 290변제	②원금1,400변제	③원금1,400변제	시효완성	소제기

① 지연손해금(99.10.27.~99.11.2.) : 소제기일 2004.10.27. ~ 5년 경과X → 시효완성X(3심에서 원고 승소)

② 지연손해금(99.10.27.~2000.12.29.) : 소제기일 2004.10.27. ~ 5년 경과X → 시효완성X(3심에서 원고 승소)

③ 지연손해금(99.10.27.~2001.10.26.) : 소제기일 2004.10.27. ~ 5년 경과X → 시효완성X(3심에서 원고 승소)

③ 지연손해금(2001.10.27.~2001.10.28.) : 1심에서 원고 승소, 피고 항소 · 부대항소X → 2심판결 선고와 동시에 확정, 원고 상고이익X

[원심] 대출금채권의 변제기가 99.9.26.인데 이 사건 소는 변제기로부터 5년이 경과한 2004.10.27. 제기되었으므로 대출금채권 및 이에 종속된 권리인 이자와 지연손해금 채권은 모두 소멸

[대법원] 소멸시효 완성의 효력은 소멸시효가 완성된 원금 부분으로부터 그 완성 전에 발생한 이자 · 지연손해금에는 미치나, 변제로 소멸한 원금 부분으로부터 그 변제 전에 발생한 이자 · 지연손해금에는 미치지 않음

■ 이자 또는 지연손해금은 주된 채권인 원본의 존재를 전제로 그에 대응하여 일정한 비율로 발생하는 종된 권리인데, 하나의 금전채권의 원금 중 일부가 변제된 후 나머지 원금에 대하여 소멸시효가 완성된 경우, 가분채권인 금전채권의 성질상 변제로 소멸한 원금 부분과 소멸시효 완성으로 소멸한 원금 부분을 구분하는 것이 가능하고, 이 경우 원금에 종속된 권리인 이자 또는 지연손해금 역시 변제로 소멸한 원금 부분에서 발생한 것과 시효완성으로 소멸된 원금 부분에서 발생한 것으로 구분하는 것이 가능하므로, 소멸시효 완성의 효력은 소멸시효가 완성된 원금 부분으로부터 그 완성 전에 발생한 이자 또는 지연손해금에는 미치나, 변제로 소멸한 원금 부분으로부터 그 변제 전에 발생한 이자 또는 지연손해금에는 미치지 않는다.

■ 위 대출금채권은 그 변제기로부터 5년이 되는 날인 2002. 9. 26.이 경과함으로써 소멸시효가 완성되었다 할 것인데, 위 소멸시효 완성의 효력은 소멸시효 완성 전에 이미 변제로 소멸한 원금 부분, 즉, 1999. 11. 2. 변제된 원금 2,902,177원, 2000. 12. 29. 변제된 원금 14,912,934원, 2001. 12. 28. 변제된 원금 14,912,934원으로부터 그 각 변제 전에 발생한 이자 또는 지연손해금에는 미치지 않는다 할 것이므로, 이 부분의 이자 또는 지연손해금 채권에 대하여는 그 각 발생일부터 별도로 5년의 소멸시효가 기산되어야 하고, 따라서 위 변제로 소멸한 각 원금 부분에 대하여 이 사건 소 제기일인 2004. 10. 27.로부터 역산하여 5년이 경과하기 전날인 1999. 10. 27.부터 각 해당 원금 변제일까지의 기간에 발생한 지연손해금채권은 소멸시효가 완성되었다고 볼 수 없다.

(2) 상고심 판결 : 파기환송의 대상이 되지 않은 부분은 판결선고시 확정[대법원 2001. 12. 24. 선고 2001다62213 판결]

[2001다62213] 2심 판결에 대하여 상고하지 않은 부분은 상고심 판결선고시 확정 → 환송심에서 항소취지 확장 불가

	1심	2심		상고심	2심		3심
					판단×		판단×
[주위적청구]	기각	항소기각	상고×	**선고와 동시에 확정**			
[예비적청구]	기각	일부인용	피고 상고○	파기환송	항소기각	원고 상고○	상고기각

↳예비적 청구 중 피고 패소부분만 심판대상→파기환송의 대상

Ⅲ. 작용

1. 주관적 범위 : 기판력의 상대성

가. 원칙 : 당사자에게만[대법원 2001. 9. 14. 선고 99다42797 판결] 피보험자에 대한 판결의 기판력은 보험회사에 미치지 않음

나. 예외 : 제218조 제1~3항, 가사가사소송법 제21조 · **회사**상법 제190조, 제328조, 제376조, 제380조, 제381조, 제430조, 제446조 · **행정**행정소송법 제29조 제1항, 제38조 제1항, **추심의** 소민사집행법 제249조 제4항

(1) 변론종결 후의 승계인

㈎ **기준시기 : 물권변동의 효력발생시(이전등기시)**[대법원 1992. 10. 27. 선고 92다10883 판결] 대지 소유권에 기한 방해배제청구로서 그 지상건물의 철거를 구하여 승소확정판결을 얻은 경우 그 지상건물에 관하여 위 확정판결의 변론종결 전에 경료된 소유권이전청구권가등기에 기하여 위 확정판결의 변론종결 후에 소유권이전등기를 경료한 자가 있다면 그는 민사소송법 제204조 제1항의 변론종결 후의 승계인이라 할 것이어서 위 확정판결의 기판력이 미친다. 가등기의 순위보전적 효력이란 본등기가 마쳐진 때에는 본등기의 순위가 가등기한때로 소급함으로써 가등기 후 본등기 전에 이루어진 중간처분이 본등기보다 후순위로 되어 실효된다는 뜻일 뿐 본등기에 의한 물권취득의 효력이 가등기 때에 소급하여 발생하는 것은 아니고, 위와 같은 건물철거소송에서 확정판결이 미치는 철거의무자의 범위는 건물의 소유권 기타 사실상의 처분권의 취득시점을 기준으로 판단하여야 할 것인데, 위 소외 2 명의의 본등기가 위 판결의 변론종결 후에 마쳐진 이상 위 소외2나 원고는 변론종결 후의 승계인에 해당한다.

㈏ **소송물**청구취지상 권리(실체법상 권리의무) **승계인**

① 상속인

② 이행판결양도인 승소을 받은 채권의 양수인 : 승계기준시기는 채권양도의 대항요건을 갖춘 때

[대법원 2020. 9. 3. 선고 2020다210747 판결] 채권을 양수하기는 하였으나 아직 양도인에 의한 통지 또는 채무자의 승낙이라는 대항요건을 갖추지 못하였다면 채권양수인은 채무자와 사이에 아무런 법률관계가 없어 채무자에 대하여 아무런 권리주장을 할 수 없고, 양도인이 채무자에게 채권양도통지를 하거나 채무자가 이를 승낙하여야 채무자에게 채권양수를 주장할 수 있다. 이에 따라 채권양수인이 소송계속 중의 승계인이라고 주장하며 참가신청을 한

경우에, 채권자로서의 지위의 승계가 소송계속 중에 이루어진 것인지 여부는 채권양도의 합의가 이루어진 때가 아니라 대항요건이 갖추어진 때를 기준으로 판단하는 것과 마찬가지로, 채권양수인이 민사소송법 제218조 제1항에 따라 확정판결의 효력이 미치는 변론종결 후의 승계인에 해당하는지 여부 역시 채권양도의 합의가 이루어진 때가 아니라 대항요건이 갖추어진 때를 기준으로 판단하여야 한다. ➡ 원고와 태길개발 사이에 선행 투자금 반환 소송의 변론종결 전인 2010.경 이 사건 투자금 반환 채권 전부에 대한 양도가 있었고 위 소송 변론종결 후인 2015.경 피고가 위 채권양도를 승낙하였다고 보인다. 그렇다면 원고가 이 사건에서 지급을 구하는 돈은 태길개발이 선행 투자금 반환 소송에서 구했던 이 사건 투자금 반환 채권을 양수받은 것에 기한 것으로, 이 사건 소의 소송물은 선행 투자금 반환 소송의 소송물과 동일하다고 할 것이다. 또한 선행 투자금 반환 소송 판결의 기판력은 변론 종결일 이후에 이 사건 투자금 반환 채권의 양도를 승낙 받아 대항요건을 갖춘 원고에게도 당연히 그 효력이 미친다고 할 것이다. 태길개발은 선행 투자금 반환 소송에서 이 사건 투자금 반환 채권 중 일부로서 1,000,000,000원과 그에 대한 지연손해금을 명시적으로 청구하여 승소 확정판결을 받았으므로, 이 사건 소 중 1,000,000,000원과 이에 대한 지연손해금의 지급을 구하는 부분은 권리보호 이익이 없어 부적법하다.

③ 채무의 면책적 인수인[대법원 1979. 3. 13. 선고 78다2330 판결] 확정판결의 변론종결후 동 확정판결상의 채무자로부터 영업을 양수하여 양도인의 상호를 계속 사용하는 영업양수인은 상법 제42조 제1항에 의하여 그 양도인의 영업으로 인한 채무를 변제할 책임이 있다 하여도, 그 확정판결상의 채무에 관하여 이를 면책적으로 인수하는 등 특별사정이 없는 한, 그 영업양수인을 곧 변론종결후의 승계인에 해당된다고 할 수 없다.

⟺ 병존적 인수[대법원 2019. 5. 30. 선고 2016다205243 판결], 중첩적 채무인수인[대법원 2016. 5. 27. 선고 2015다21967 판결] 민사집행법 제31조 제1항에서 "집행문은 판결에 표시된 채권자의 승계인을 위하여 내어 주거나 판결에 표시된 채무자의 승계인에 대한 집행을 위하여 내어 줄 수 있다."라고 규정하고 있는데, 중첩적 채무인수는 당사자의 채무는 그대로 존속하며 이와 별개의 채무를 부담하는 것에 불과하므로 새로 채무의 이행을 소구하는 것은 별론으로 하고 판결에 표시된 채무자에 대한 판결의 기판력 및 집행력의 범위를 채무자 이외의 자에게 확장하여 승계집행문을 부여할 수는 없으나, 채무자의 채무를 소멸시켜 당사자인 채무자의 지위를 승계하는 이른바 면책적 채무인수는 위 조항에서 말하는 승계인에 해당한다.

④ 대금분할을 명한 공유물분할판결의 변론종결 뒤 해당 공유자의 공유지분에 관하여 소유권이전청구권의 순위보전을 위한 가등기를 한 자[대법원 2021. 3. 11. 선고 2020다253836 판결] 공유물분할판결의 효력은 민사소송법 제218조 제1항이 정한 변론종결 후의 승계인에 해당하는 이 사건 가등기권자인 피고에게 미치므로, 원고가 이 사건 토지와 건물에 대한 매각대금을 완납함으로써 이 사건 가등기상의 권리는 소멸한다. 그러므로 이 사건 토지와 건물에 관하여 원고로부터 환매특약부 매매를 원인으로 한 소유권이전등기를 마친 원고 승계참가인은 소유자로서 소유권에 기한 방해배제청구권 행사의 일환으로 피고를 상대로 이 사건 가등기의 말소를 구할 수 있다.

(다) 계쟁물청구원인에 기재된 권리 승계인 : 원고 청구권의 성질에 따라

① 물권적 청구권소유권에 기한 말소등기청구

㉠ 패소 피고로부터의 계쟁물 승계인 : 인정[대법원 1977. 3. 22. 선고 76다2778 판결] 말소등기소송에서 재판상 화해가 이루어진 후 근저당권을 설정받은 자, [대법원 1980. 5. 13. 선고 79다1702 판결] 재판상 화해에 의하여 소유권이전등기를 말소할 물권적 의무를 부담하는 자로부터 그 화해성립 후에 동 부동산에 관한 가등기를 경료받은 자

■ 집행문부여신청을 통해 승계인에 대하여 집행[대법원 1963. 9. 27. 선고 63마14 판결] 이 사건에서 원심이 확정한 사실에 의하면 신청인은 신청외1들을 상대로 하여 신청인 소유인 서울특별시 영등포구 (주소 생략) 대 10,230평에 관하여 그들이 원인없이 경유한 각 소유권 취득등기의 말소등기 절차 이행청구의 소를 제기하여 1962.4.12 원고승소의 재판이 확정되었는데 이 소송의 최종 사실심 변론종결 이후에 본건 피신청인들은 본건 부동산에 관하여 각기 소유권 취득등기 또는 근저당권설정등기를 경유한 것이 명백하다 그렇다면 이미 위에서 설시한 바에 따라서 이 사건의 피신청인들은 위에서 본 확정판결에 있어서의 변론종결 후의 승계인으로 보아야 될 것이요 따라서 그 판결의 기판력이 미칠 것이므로 승계집행문의 부여기관으로서는 신청인이 요구하는 피신청인들에 대한 승계집행문의 부여를 거절할 수 없다 할 것이다. 그럼에도 불구하고 원심은 이 사건의 피신청인들이 위의 판결의 변론종결 후의 승계인으로 볼 수 없다는 이론 아래 신청인의 본건 이의 신청을 배척하고 있으니 원심은 분명히 기판력의 주관적 범위에 관한 법리를 오해하였다 할 것이다.

■ 객관적 범위가 작용하지 않는 경우(동일×, 선결×, 모순×)에는 변론종결 후 취득했더라도 승계인 부정[대법원 2014. 10. 30. 선고 2013다53939 판결] 전소 : 피고의 한국자산신탁에 대한 건물 말소등기청구 승소, 후소 : 전소의 패소판결을 받은 한국자산신탁으로부터 경매로 취득한 원고가 피고를 상대로 건물인도 청구 : 기판력의 객관적 범위가 다르므로 원고가 전소 판결의 변론종결 후 건물을 매수하여 이전등기를 마쳤더라도 기판력이 미치지 않음, 전소 소송물은 말소등기청구권의 존부이고 소유권의 존부는 그 전제가 되는 법률관계에 불과하여 전소 판결의 기판력이 미치지 않음, [대법원 2021. 4. 8. 선고 2020다219690 판결] 전소 : 소유권이전등기청구, 후소 : 손해배상청구(가능) 확정판결의 기판력은 소송물로 주장된 법률관계의 존부에 관한 판단의 결론에만 미치고 그 전제가 되는 법률관계의 존부에까지 미치는 것이 아니므로, 위 확정판결의 기판력이 미치는 법률관계는 망인들의 피고에 대한 소유권이전등기청구권의 존부에 한정되고 이 사건에서 문제 되는 농지분배처분 무효 내지 망인들의 이 사건 각 분배토지에 관한 수분배권 존부는 그 전제가 되는 법률관계에 불과하여 위 확정판결의 기판력이 미치지 아니한다.

ⓛ 승소 피고로부터의 승계인 : 인정[대법원 1991. 3. 27. 선고 91다650,667(반소) 판결] [전소] 원고(철거 + 인도청구) → 피고 채정남 : 원고 패소, [후소] 원고(철거 + 인도청구) → 피고 채길남(전소 확정 후 채정남으로부터의 매수인) : 기판력에 저촉, 79다1702 재판상 화해에 의하여 소유권이전등기를 말소할 물권적 의무를 부담하는 자로부터 그 화해성립 후에 동 부동산에 관한 가등기를 경료받은 자

ⓒ 패소 원고로부터 변론종결 후 매수하고 이전등기를 마친 제3자 : 부정(제3자의 물권적 청구 가능)대법원 1984. 9. 25. 선고 84다카148 판결, [대법원 1999. 10. 22. 선고 98다6855 판결] 건물 소유권에 기한 물권적 청구권을 원인으로 하는 건물명도소송의 소송물은 건물 소유권이 아니라 그 물권적 청구권인 건물명도청구권이므로 그 소송에서 청구기각된 확정판결의 기판력은 건물명도청구권의 존부 그 자체에만 미치는 것이고, 소송물이 되지 아니한 건물 소유권의 존부에 관하여는 미치지 아니하므로, 그 건물명도소송의 사실심 변론종결 후에 그 패소자인 건물 소유자로부터 건물을 매수하고 소유권이전등기를 마침으로써 그 소유권을 승계한 제3자의 건물 소유권의 존부에 관하여는 위 확정판결의 기판력이 미치지 않으며, 또 이 경우 위 제3자가 가지게 되는 물권적 청구권인 건물명도청구권은 적법하게 승계한 건물 소유권의 일반적 효력으로서 발생된 것이고, 위 건물명도소송의 소송물인 패소자의 건물명도청구권을 승계함으로써 가지게 된 것이라고는 할 수 없으므로, 위 제3자는 위 확정판

결의 변론종결 후의 승계인에 해당한다고 할 수 없다.(⇔ 계쟁건물의 승계인으로서 변론종결 후의 승계인이라고 볼 수 있는 여지가 있음), [비교 : 대법원 1968. 11. 5. 선고 68다1737 판결] 건물철거의 소를 제기하였다가 피고를 위하여 그 부지에 대한 취득시효가 완성되었다는 이유로 패소의 확정판결을 받은 자로부터 그 후 그 토지를 매수하여 등기를 경유한 자가 다시 그 피고를 상대로 제기한 건물철거의 소는 전소와 그 청구원인을 달리하는 것으로서 동일한 소가 아니다. 이 사건에 있어서의 원고의 청구원인 사실은 원고가 1966.1.31. 이 사건 토지에 대한 소유권 취득등기를 경유한 것임을 전제로 하는 것이므로 전소송인 조선흥업주식회사가 이 사건 토지에 대한 전전소유자임을 전제로 하여 그 청구원인을 삼고 있는 것과는 그 청구원인사실을 달리하는 것이라 할 것이다. 이처럼 조선흥업주식회사가 제기한 소송과 이 사건 소송이 동일하지 아니한 것이므로, 원고는 전소의 원고와 동일한 입장에서는 것이라고는 볼 수 없다. [대법원 2020. 5. 14. 선고 2019다261381 판결] 토지소유권에 기한 가등기말소청구 패소 후 소유자로부터 근저당권을 설정받아 근저당권에 기한 가등기말소청구 : 기판력이 미치지 않음 1) 원고는 이 사건 전소의 사실심 변론종결 후 소외2 등으로부터 이 사건 부동산에 관한 근저당권을 적법하게 취득하였다. 2) 이 사건 소의 소송물인 원고의 근저당권에 기한 이 사건 가등기말소청구권은 원고가 위와 같이 취득한 근저당권의 일반적 효력으로서 발생한 것이지 이 사건 전소에서 패소한 소외2 등의 가등기말소청구권을 승계함으로써 가지게 된 것이 아니다. 3) 원고는 이 사건 전소 판결의 기판력이 미치는 변론종결 후의 승계인에 해당한다고 볼 수 없다(위 가등기말소청구소송의 사실심 변론종결 후에 토지 소유자로부터 근저당권을 취득한 제3자는 적법하게 취득한 근저당권의 일반적 효력으로서 물권적 청구권을 갖게 되고, 위 가등기말소청구소송의 소송물인 패소자의 가등기말소청구권을 승계하여 갖는 것이 아니며, 자신이 적법하게 취득한 근저당권에 기한 물권적 청구권을 원인으로 소송상 청구를 하는 것이므로, 위 제3자는 민사소송법 제218조 제1항에서 정한 확정판결의 기판력이 미치는 '변론을 종결한 뒤의 승계인'에 해당하지 않는다.).

② 채권적 청구권임대인의 지위에서 원상회복청구 : 부정소송물이 채권적 청구권인 경우 당사자가 이행판결을 받더라도 민법 제187조의 물권변동을 일으키는 판결은 형성판결을 말하는 것이지 이행판결은 포함되지 아니하므로 당사자가 가지는 실체적 권리가 제3자에 대하여 대항력을 취득할 수 없고 기판력이 변론종결 후의 제3자에게 까지 미친다면 물권변동에 관한 실체법상의 원칙에 어긋나므로 승계가 부정됨, [대법원 2012. 5. 10. 선고 2010다2558 판결] 전소의 소송물이 채권적 청구권의 성질을 가지는 소유권이전등기청구권인 경우에는 전소의 변론종결 후에 그 목적물에 관하여 소유권등기를 이전받은 사람은 전소의 기판력이 미치는 '변론종결 후의 승계인'에 해당하지 아니한다. 이러한 법리는 화해권고결정이 확정된 후 그 목적물에 관하여 소유권등기를 이전받은 사람에 관하여도 다를 바 없다.

㉠ 패소 피고로부터의 승계인 : 부정원고가 등기를 마치기 전이면 피고로부터 소유권이전등기를 넘겨받은 제3자는 원고로부터 물권적 대항을 받지 않는 자이므로[이시윤, 신민사소송법, 663], 대법원 1980. 11. 25. 선고 80다2217 판결, [대법원 1992. 12. 22. 선고 92다30528 판결] 채권적 청구권에 의하여 이전등기를 명하는 확정판결의 변론종결 후에 그 청구목적물을 매수하여 등기한 제3자는 변론종결 후의 승계인에 해당하지 않음, [대법원 1992. 12. 22. 선고 92다30528 판결] 채권계약에 터잡은 통행권은 지역권과 같이 물권적 효력이 있는 것이 아니고 채권적 효력만 갖는 것이므로, 계약을 체결한 상대방에 대해서만 통행권을 주장 청구할 수 있고 토지 자체를 지배하는 효

력이 없을 뿐만 아니라 당사자가 변경되면 승계인에 대하여 통행권을 주장할 수 없는 것이 원칙이고, 따라서 채권계약에 터잡은 통행권에 관한 확정판결의 변론종결 후에 당해 토지를 특정승계취득한 자는 민사소송법 제204조 제1항의 변론종결 후의 승계인에 해당하지 아니하여 판결의 기판력이 미치지 않는다. ➡ 패소 피고로부터의 승계인을 상대로 하는 소는 소의 이익 인정전소에서 원고(전차권 양수인)가 전차권 양도인을 대위하여 점유자를 상대로 승소 후 점유자(패소자)로부터의 양수인을 상대로 하는 명도청구는 소의 이익이 인정됨 [대법원 1991. 1. 15. 선고 90다9964 판결] 건물명도소송의 변론종결 후에 그 재판의 피고로부터 그 건물의 점유를 취득한 자와의 관계에 있어서는 그 소송에서의 소송물인 청구가 물권적청구 등과 같이 대세적인 효력을 가진 것이라면 몰라도 대인적인 효력밖에 없는 채권적 청구만에 그친 때에는 미치지 아니한다고 할 것이다. 따라서 원심이 확정한 바와 같이 원고가 소외 전양자로부터 소외 주식회사 종각지하상가에 대한 이 사건 점포의 전차권을 양도받고 위 소외회사와의 사이에 전대차계약을 맺은 다음 그 점포를 점유하고 있는 소외 원종우를 상대로 이 사건 점포의 명도청구 소송을 제기하여 승소판결을 받았으나 위 원종우가 그 사건의 변론종결 후에 마음대로 피고에게 위 점포를 양도함으로써 피고가 이를 점유하고 있고 원심이 든 갑제6호증(판결)의 기재에 의하면 원고가 위 소송에서 한 청구는 위 전양자로부터 양수한 전차권을 보전하기 위하여 위 전양자를 대위하여 그 점유자인 위 원종우에게 명도를 구하는 것이었음이 분명한바, 사실이 이와 같다면 원고의 위 청구는 앞에서 본 바와 같이 채권적 청구임이 분명하므로 그 소송의 변론종결 후에 이 사건 점포의 점유를 승계한 피고에 대하여는 그 판결의 기판력과 집행력이 미치지 아니한다 할 것이다. 결국 그 승소판결만으로 피고에 대하여 명도집행을 할 수 없게 된 원고로서는 피고를 상대로 다시 이 사건 점포의 명도를 구할 소송상의 이익이 있다

ⓛ 승소 원고로부터의 승계인 : 부정[대법원 2016. 6. 28. 선고 2014다31721 판결] 전소(소유권에 기한 부당이득반환청구소송)의 승소확정 후 소유권을 취득한 원고가 전소 피고(무단점유자)를 상대로 정기금변경의 소를 제기한 경우 원고는 기판력이 미치는 승계인이 아니므로(∵ 부당이득반환청구권은 채권적 청구권) 소제기는 부적법 각하 ➡ 새로운 부당이득반환청구의 소제기 필요

ⓒ 원고의 구제방안 : 승계집행문의 부여를 통한 청구 불가, 직접 승계인에게 청구하거나 대위 청구

㈑ **고유의 방어방법이 있는 경우 : 승계인 부정**

① 이전등기말소청구소송에서 명의수탁자로부터의 선의 매수인[대법원 1980. 11. 25. 선고 80다2217 판결] 부동산소유권의 명의신탁은 외부관계에 있어서는 그 소유권이 완전하게 수탁자에게 귀속하는 법률효과를 발생시키는 것으로서 비록 신탁자와 수탁자 사이에서 그 신탁관계가 해지되더라도 수탁자 명의의 등기가 그대로 남아 있는 한에 있어서는 외부관계에 있어서의 수탁자의 지위에는 아무런 변동도 생기지 아니하는 것이며, 같은 이치에서 수탁자가 사망한 경우에도 수탁자의 상속인은 외부관계에 있어서 그 소유권을 적법하게 상속취득하여 이를 제3자에게 유효하게 처분할 수 있는 것이고 이러한 사정은 신탁자가 수탁자에 대하여 그 명의 신탁해지를 원인으로 한 소유권이전등기청구의 승소확정판결을 얻어논 경우에도 그 판결에 기한 등기 명의의 이전이 이루어지지 아니한 이상 달라질 수 없는 것이다. 소유권이전등기를 명하는 확정판결의 변론종결 후에 그 청구목적물을 매수하여 등기를 한 제3자는 변론종결 후의 승계인에 해당하지 아니하는 것이고, 또 위 확정판결 자체만에 의하여 소유권

변동의 효력이 생길 수도 없는 것이다.

② 화해권고결정 전 처분금지가처분 + 화해권고결정 확정 후 이전등기 : 가처분 위반행위피고들 명의 이전등기의 효력 부정 가능 → 화해권고결정의 기판력이 미치는 승계인이 아님[대법원 2012. 5. 10. 선고 2010다2558 판결] 피고들은 이 사건 각 부동산 중 자신들의 상속분에 대하여 증여의 의사로 원심 공동피고1 앞으로 소유권이전등기를 경료한 것이므로 원심 공동피고1 명의의 그 등기는 유효하고, 원고의 처분금지가처분 및 그 근거가 된 약정에 기한 소유권이전등기 역시 유효하다고 할 것이므로, 원고는 이 사건 화해권고결정 확정 전의 처분금지가처분에 기하여 위와 같이 소유권이전등기를 마친 가처분채권자로서 피보전권리의 한도에서 가처분 위반의 처분행위의 효력을 부정할 수 있는 지위에 있다. 따라서 원고는 그러한 지위에서 이 사건 제1항 내지 제4항 부동산 중 피고들의 각 상속분비율에 해당하는 지분에 관하여 위 가처분에 반하여 행하여진 소유권이전등기의 말소를 구할 수 있고, 그렇다면 원고가 이 사건 화해권고결정의 기판력이 미치는 승계인에 해당한다고 할 수 없다.

③ 말소등기소송소외2 → 피고 패소자피고에 대하여 변론종결 후의 가처분권자원고 → 피고 : 명의신탁 해지를 원인으로 한 소유권이전등기청구권 보전을 위한 처분금지가처분등기가 소유권이전등기청구 : 전소 판결의 기판력 부정 → 말소등기청구소송의 변론종결 후 승계인 부정 → 가처분등기 말소에 대한 승낙의무 부정[대법원 1998. 11. 27. 선고 97다22904 판결] 소유권이전등기가 원인무효라는 이유로 그 말소등기청구를 인용한 판결이 확정되었어도 그 확정판결의 기판력은 그 소송물이었던 말소등기청구권의 존부에만 미치는 것이고 그 기본인 부동산의 소유권 자체의 존부에 관하여는 미치지 아니한다 할 것이므로, 원고가 관련 판결의 변론종결일 이후에 그 패소자인 피고를 상대로 한 이 사건 처분금지가처분등기를 경료하였다고 하더라도, 그 본안인 이 사건 소송에서 승소하는 등으로 위 (가) 부분에 대한 피고 명의의 공유지분에 관하여 원고 명의의 소유권이전등기를 마침으로써 그 지분소유권을 승계취득하는 경우 그러한 원고의 지분소유권의 존부에 관하여는 관련 판결의 기판력이 미치지 아니하는 이상, 원고가 당연히 관련 판결의 변론종결 후의 승계인에 해당한다고 할 수는 없다 할 것이고, 따라서 원고가 말소등기에 관한 법률상의 이해관계인이 아니라거나 위 망 소외2의 소송수계인들에 대하여 이 사건 가처분등기의 말소를 승낙할 의무를 부담한다고 할 수는 없다.

㈐ 추정승계인(제218조 제2항)

① 승계사실의 주장 : 승계인이 변론종결 전에 승계하였음을 주장·증명하여야 기판력·집행력 배제[대법원 2005. 11. 10. 선고 2005다34667,34674 판결] 기판력의 주관적 범위를 정함에 있어서 당사자가 변론을 종결할 때까지 승계사실을 진술하지 아니한 때에는 변론을 종결한 뒤에 승계한 것으로 추정한다는 민사소송법 제218조 제2항의 취지는, 변론종결 전의 승계를 주장하는 자에게 그 입증책임이 있다는 뜻을 규정하여 변론종결 전의 승계사실이 입증되면 확정판결의 기판력이 그 승계인에게 미치지 아니한다. 따라서 종전의 확정판결의 기판력의 배제를 원하는 당사자 일방이 변론종결 전에 당사자 지위의 승계가 이루어진 사실을 입증한다면, 종전소송에서 당사자가 그 승계에 관한 진술을 하였는지 여부와 상관없이, 그 승계인이 종전의 확정판결의 기판력이 미치는 변론종결 후의 승계인이라는 민사소송법 제218조 제2항의 추정은 깨어진다고 보아야 할 것이고, 이 사건에서와 같이 소유권이전등기말소 청구소송을 제기당한 자가 소송 계속 중 당해 부동산의 소유권을 타인에게 이전한 경우에는, 부동산물권 변동의 효력이 생기는 때인 소유권이전등기가 이루어진 시점을 기준으로 그 승계가 변론종결 전의 것인지 변론종결 후의 것인지 여부를 판단하여야 한다. 피고가 소외2를 상대로 제기한 이 사건 토지에 대한 소유권이전등기말소 청구소송은 1998. 6. 11. 변론이 종결된 후 패소판결이 선고되어 확정되었고, 원고는 위 소송 계속 중 소외2로부터 이 사건 토지를 증여받고 그 변론종결 이전인 1997. 12. 11. 원고 명의로 소유권이전등기를 마쳤으므로 민

사소송법 제218조 제2항의 추정은 깨어졌다 할 것이어서 위 확정판결의 기판력이 원고에게 미치지 아니한다.

② 변론종결 전의 승계인으로부터 변론종결 후에 받은 제2승계인 : 변론종결 후의 승계인에 해당하지 않음[대법원 1967. 2. 23.자 67마55 결정] 확정판결의 피고측의 제1차 승계가 이미 그 변론종결 이전에 있었다면 비록 그 제2차 승계가 그 변론종결이후에 있었다 할지라도 이 제2차승계인은 민사소송법 제204조, 제481조에서 말하는 변론종결 후의 승계인으로 볼 수 없다. 따라서 이러한 제2차 승계인에 대하여서는 승계집행문이 부여될 수 없다.

(2) 청구 목적물의 소지인

㈎ **청구목적물 : 유체물 인도청구소송에서의 유체물, 청구권의 종류 불문, 소지시기**변론종결 전후 **불문**

㈏ **소지인 : 오로지 본인을 위하여 소지하고 있는 경우**

① 수치인, 창고업자, 운송인 : 인정승계집행문의 부여를 통해 집행 가능

② 임차인, 질권자 : 부정자기를 위한 점유자

③ 법인의 대표, 점유보조자 : 부정당사자가 소지한 것과 같으므로

㉠ 회사의 직원에 대한 퇴거청구 : 불가(기각)

㉡ 회사(피고)에 대한 인도청구 + 직원에 대한 승계집행문 부여를 통하여 직원에 대하여 집행 : 불가(점유보조자의 점유는 회사의 점유와 동일시)

㉢ 회사에 대한 인도청구를 통해 회사에 대한 집행문을 부여받아 직원에 대하서 인도집행[대법원 2001. 4. 27 선고 2001다13983 판결] 원고는 이 사건 건물은 원고의 소유인데 피고들이 위 회사의 점유보조자로서 그 건물 중 4층 및 5층을 권원없이 점용하고 있으므로 그 건물부분에서 퇴거할 의무가 있다고 주장하나, 위에서 본 바와 같이 위 회사의 직원으로서 점유보조자에 불과한 피고들은 독립하여 소유물반환청구(퇴거청구)의 상대방이 될 수 없으므로, 원고의 청구는 이유 없다.

(3) 제3자 소송담당

㈎ **채권자대위소송 : 채권자대위소송 부분 참조**

㈏ **채권자취소소송 : 소송물은 채권자취소권**

① 기판력의 범위 : 채무자에게 미치지 않고, 채무자와 수익자, 수익자와 전득자 사이의 법률관계에 영향 없음[대법원 2004. 8. 30. 선고 2004다21923 판결]

② 채권자취소소송 제기 후 다른 채권자가 소제기

㉠ 기판력 부정

㉡ 권리보호이익 : 말소등기집행까지 완료된 경우 다른 채권자의 취소 및 원상회복청구는 그와 중첩되는 범위 내에서 권리보호이익이 없어 부적법[대법원 2005. 11. 25. 선고 2005다51457 판결] ➡ 수익자는 그 범위 내에서 다른 채권자에 대하여 청구이의의 소 제기 가능[사법연수원 채권자취소권 사례연구 해설]

(4) 소송탈퇴자 : 독립당사자참가(제79조), 소송인수(제82조)에 따라 소송을 탈퇴한 당사자(제80조 단서, 제82조 제3항)

2. 객관적 범위 : 객관적 범위가 다르면 변론종결 후 승계하였더라도 전소판결의 기판 력이 미치지 않음[대법원 2014. 10. 30. 선고 2013다53939 판결]

가. 발생

(1) 주문

(가) 소송판결

① 판결이유에 의하여 정해지는 소송요건의 흠에 대해 발생[대법원 1996. 11. 15. 선고 96다31406 판결]

[96다31406] 말소등기청구의 대위행사가 피보전채권의 부존재로 각하된 후 원고 소유권 취득원인 의 무효 주장 가능

▶[전소] 피고1 → 원고 : 말소등기청구(소외인 대위) ➡ 각하(피고1과 소외인 사이의 매매계약 인정×)
▶[후소] 원고 : 피고1을 상대로 인도청구
◀피고1 : 원고의 소유권취득원인 무효(가장매매) 주장 가능 피고1이 점유하는 판시 토지에 대한 원고 명의 의 소유권이전등기는 가장매매에 의한 것으로 원인무효
▶ 기판력 재항변 : 불가제1심판결의 기판력은 그 소송물이었던 위 소외인과의 약정에 기한 소유권이전등기청구권의 존 부와 원고에 대한 소송요건의 흠결에 관하여 미치는 것이고, 분할 전 토지에 관한 원고의 소유권 자체의 존부에까지 미 치는 것은 아니다. 같은 취지에서 원심이, 피고1은 위 확정판결의 기판력에 의하여 판시 토지에 관한 원고의 소유권을 부정할 수 없다는 원고의 주장을 배척한 것은 정당하고, 거기에 소론과 같은 기판력에 관한 법리오해의 위법이 없다.

② 다른 소송요건의 존재에 대하여는 불발생[대법원 2006. 11. 24. 선고 2004다46229 판결] 후소에서 전소 (대표권 흠결)와 다른 소송요건의 흠(당사자능력)을 이유로 각하 가능, 전소 판결 중 당사자능력(실재하는 종중)에 대한 기판력 발생하지 않음

(나) 본안판결 : 청구취지와 판결이유에 의하여 정해지는 소송물의 존부 판단에 대해 발생[대법원 1970. 7. 28. 선고 70누66, 67, 68 판결]

(2) 이유 중 판단 : 구속력 부정(제216조 제1항, 제264조)

(가) 판결이유 중 판단된 사실 : 말소등기판결에서의 무권대리 사실, 손해배상판결에서의 고의·과 실, 인과관계

(나) 선결적 법률관계

① 전소[① 이자청구, ② 말소등기청구·철거청구, ③ 매매대금반환청구, ④ 임대차보증금반 환청구, ⑤ 본등기청구, ⑥ 이전등기청구]

② 후소 : 전소의 선결적 법률관계[① 원금채권, ② 소유권, ③ 매매무효, ④ 차임채권의 부존 재]가 후소의 소송물[① 원금채권, ② 소유권확인, ③ 이전등기청구(매매유효), ④ 연체 차

임채권청구, ⑤ 가등기말소청구, ⑥ 소유권확인] 전소의 기판력은 이자채권, 말소등기청구권, 매매대금반환청구권, 본등기청구권의 존부에 대해서만 발생(대법원 2002. 9. 24. 선고 2002다11847 판결), ② 대법원 2010. 12. 23. 선고 2010다58889 판결, ③ 대법원 2005. 12. 23. 선고 2004다55698 판결, ④ [대법원 2001. 2. 9. 선고 2000다61398 판결] 임대차보증금 액수에 대하여 다투는 것은 허용되지 아니하나, 임대차보증금반환청구권 행사의 전제가 되는 연체차임 등 피담보채무의 부존재에 대하여 기판력이 발생하는 것은 아니므로 청구이의의 소를 제기하여 전소에서 공제되지 않은 연체차임의 공제 주장 가능, [대법원 1987. 3. 24. 선고 86다카1958 판결]

(다) 항변

① 원칙 : 기판력 발생 부정

㉠ 동시이행항변 반대채권의 존재 및 액수 : 기판력 불발생, 집행개시요건에 불과(민사집행법 제41조 제1항)[대법원 2021. 8. 12. 선고 2021다215497 판결] [전소] 원고 → 소외인(매수인), 피고회사 2016. 1. 13. '피고 회사는, 소외인이 원고에게 22억 5,000만 원을 지급함과 동시에, 소외인에게 2010. 3. 30. 매매를 원인으로 제지1층 제101호를 포함한 42개 호실에 관하여, 2010. 12. 7. 매매를 원인으로 11개 호실에 관하여, 2011. 12. 31. 매매를 원인으로 제7층 제707호에 관하여 각 소유권이전등기절차를 이행하고, 소외인은 피고 회사로부터 위 54개 호실에 관한 소유권이전등기절차를 이행 받음과 동시에 원고에게 22억 5,000만 원 및 그에 대한 지연손해금을 지급하라.' [후소] 원고 : 소외인의 채권자로서 소외인을 대위하여 피고 회사를 상대로 2010. 3. 30. 매매를 원인으로 제지1층 제101호에 관하여, 2011. 12. 31. 매매를 원인으로 제7층 제707호에 관하여 각 소유권이전등기절차의 이행을 구하는 이 사건 소를 제기, [원심] 이 사건 전소는 원고가 소외인 및 피고 회사를 상대로 동시이행 판결을 구한 것이고, 이 사건 소는 원고가 소외인을 대위하여 매매를 원인으로 소유권이전등기절차의 이행을 구하는 것이어서 소송물이 서로 다르다는 이유를 들어 피고의 기판력 항변 배척, [대법원] 동시이행의 판결에 있어 기판력은 소송물인 당해 소송 피고의 채무에 미칠 뿐 그와 동시이행관계에 있는 반대채권의 존부나 그 수액에 대하여는 미치지 않고, 한편 제3자가 채권자를 대위하여 채무자를 상대로 제기한 소송과 이미 확정판결이 되어 있는 채권자와 채무자 간의 기존소송이 청구취지 및 원인을 같이하는 내용의 소송이라면 위 확정판결의 효력은 채권자대위권 행사에 의한 소송에도 미침을 이유로 파기환송

㉡ 동시이행의 조건이 있다는 점 : 기판력 발생 → 무조건의 이행청구는 기판력에 저촉[대법원 1975. 5. 27. 선고 74다2074 판결] 본건에서 문제가 되고 있는 확정판결은 그 주문에서 피고 정신순(본건 원고)은 원고 지우창(본건 피고)으로부터 충주시 봉방동 8의 30 대지중 특정부분 2평에 관하여 1967.5.23 매매를 원인으로 하는 소유권이전등기절차를 이행받음과 동시에 피고 남인수(본건 피고)에게 본건 부동산에 관하여 같은 날 매매를 원인으로 하는 소유권이전등기절차를 이행하라고 하는 판결인 바, 위 확정판결은 동일한 당사자인 본건 원,피고들에 대하여 위 주문에 표시된 부분에 관하여 기판력이 미친다고 할 것이므로(위 동시이행관계에 있는 반대채권의 존재 및 액수 등에 대하여서는 기판력이 생길 여지가 없다 하겠으나 본건 소유권이전등기청구에 위 동시이행의 조건이 붙어 있다는 점에 관하여는 기판력이 미치는 것이다) 위 확정판결 주문에 표시된 동시이행 관계에 있는 반대의무 이행을 하지 아니하더라도 원고는 피고 남인수에게 본건 부동산에 대한 소유권이전등기를 이행할 의무가 있

는 것이라고 하는 주장은 위 확정판결의 기판력에 저촉된다. [대법원 1996. 7. 12. 선고 96다19017 판결] 이 사건 제소전화해는 원심이 적법하게 확정하고 있는 바에 의하면 원고 등은 이 사건 대여금 채권의 원본 및 이자의 지급과 상환으로 피고에게 이 사건 부동산에 관한 가등기의 말소등기절차를 이행할 것을 명하고, 피고는 가등기담보등에관한법률 소정의 청산금 지급과 상환으로 원고 등에게 이 사건 가등기에 기한 소유권이전의 본등기절차를 이행할 것과 위 부동산의 인도를 명하였음이 분명하므로, 이 사건 제소전화해는 이 사건 가등기말소절차 이행이나 소유권이전의 본등기절차 이행을 이 사건 대여금 또는 청산금의 지급을 그 조건으로 하고 있는 데 불과하여 그 기판력은 이 사건 가등기말소나 소유권이전의 본등기절차 이행을 명한 화해 내용이 이 사건 대여금 또는 청산금 지급의 상환이 조건으로 붙어 있다는 점에 미치는 데 불과하고, 상환이행을 명한 반대채권의 존부나 그 수액에 기판력이 미치는 것이 아니다.

② 예외 : 상계항변(제216조 제2항)

㉠ 취지 : 반대채권의 이중행사에 의한 상대방의 불이익 방지, 상계 주장에 대한 판단을 전제로 이루어진 원고의 청구권의 존부에 대한 전소의 판결의 효력 유지[대법원 2018. 8. 30. 선고 2016다46338, 46345 판결] 판결이유 중의 판단임에도 불구하고 상계 주장에 관한 법원의 판단에 기판력을 인정한 취지는, 만일 이에 대하여 기판력을 인정하지 않는다면, 원고의 청구권의 존부에 대한 분쟁이 나중에 다른 소송으로 제기되는 반대채권(또는 자동채권, 이하 '반대채권'이라고만 한다)의 존부에 대한 분쟁으로 변형됨으로써 상계 주장의 상대방은 상계를 주장한 자가 반대채권을 이중으로 행사하는 것에 의하여 불이익을 입을 수 있게 될 뿐만 아니라, 상계 주장에 대한 판단을 전제로 이루어진 원고의 청구권의 존부에 대한 전소의 판결이 결과적으로 무의미하게 될 우려가 있게 되므로, 이를 막기 위함이다.

㉡ 요건

ⓐ 수동채권 : 소송물로 심판되는 소구채권채무부존재확인의 소이거나 그와 실질적으로 동일원고가 상계 주장 + 청구이의의 소제기

ⓑ 자동채권 : 상계항변 + 자동채권의 존부에 관한 실질적 판단(상계요건 + 실기각하 없이 판단)

[대법원 2005. 7. 22. 선고 2004다17207 판결] 수동채권이 동시이행항변, 자동채권이 상계 재항변 ➡ 상계항변에 기판력 불발생

▶[전소] 매도인 : 인도청구
- 매수인 : 계약금, 중도금 동시이행항변 ➡ 수동채권이 동시이행항변으로 행사됨
- 상계 재항변 : 점용료 채권을 자동채권으로➡상계가 항변이 아니라 재항변➡상계항변에 기판력 발생 ✕기판력이 발생한다고 할 경우 동시이행항변에 행사된 채권을 소송상 행사할 수 없게 되어 동시이행항변에 행사된 채권의 존부나 범위에 관한 판결이유 중 판단에 기판력이 미치는 결과가 되기 때문

▶[후소] 매수인 : 중도금 반환청구
- 매도인 : 기판력 항변(상계로 소멸) ➡ 인정✕

▶[전소] 원고 : 분배금 2,000만 원+지연손해금 청구

◀피고 : 상계항변

■ 손해배상채권동업계약 주의의무 위반 또는 불법행위 : 상계항변 배척(부존재)

■ 소송비용확정금 채권 : 존재 인정, 실질적 판단(상계항변 인정)

➡ 존재가 부정된 나머지 반대채권과 기판력의 관점에서 동일하게 취급 불가피고가 주장하는 반대채권들 중 존재가 인정되지 않은 채권들(손해배상채권)의 분쟁이나 그에 관한 법원의 판단과는 관련이 없으므로

➡ 원고청구 : 1,800만 원 + 상계적상일(2014.3.19.) 다음 날부터의 지연손해금 청구 인용 · 확정

➡ 상계항변의 기판력 : 상계로 소멸한 후의 원고채권 원금 잔액 1,800만 원에 대하여 발생 확정된 판결의 이유 부분의 논리구조상 법원이 당해 소송의 소송물인 수동채권의 전부 또는 일부의 존재를 인정하는 판단을 한 다음 피고의 상계항변에 대한 판단으로 나아가 피고가 주장한 반대채권의 존재를 인정하지 않고 상계항변을 배척하는 판단을 한 경우에, 그와 같이 반대채권이 부존재한다는 판결이유 중의 판단의 기판력은 특별한 사정이 없는 한 '법원이 반대채권의 존재를 인정하였더라면 상계에 관한 실질적 판단으로 나아가 수동채권의 상계적상일까지의 원리금과 대등액에서 소멸하는 것으로 판단할 수 있었던 반대채권의 원리금 액수'의 범위에서 발생한다. 그리고 이러한 법리는 피고가 상계항변으로 주장하는 반대채권의 액수가 소송물로서 심판되는 소구채권의 액수보다 더 큰 경우에도 마찬가지로 적용된다. 피고가 상계항변으로 2개 이상의 반대채권을 주장하였는데 법원이 그중 어느 하나의 반대채권의 존재를 인정하여 수동채권의 일부와 대등액에서 상계하는 판단을 하고, 나머지 반대채권들은 모두 부존재한다고 판단하여 그 부분 상계항변은 배척한 경우에, 수동채권 중 상계로 소멸하는 것으로 판단된 부분은 피고가 주장하는 반대채권들 중 그 존재가 인정되지 않은 채권들에 관한 분쟁이나 그에 관한 법원의 판단과는 관련이 없어 기판력의 관점에서 동일하게 취급할 수 없으므로, 그와 같이 반대채권들이 부존재한다는 판단에 대하여 기판력이 발생하는 전체 범위는 위와 같이 상계를 마친 후의 수동채권의 잔액을 초과할 수 없다고 보아야 한다. 그리고 이러한 법리는 피고가 주장하는 2개 이상의 반대채권의 원리금 액수의 합계가 법원이 인정하는 수동채권의 원리금 액수를 초과하는 경우에도 마찬가지로 적용된다. 이때 '부존재한다고 판단된 반대채권'에 관하여 법원이 그 존재를 인정하여 수동채권 중 일부와 상계하는 것으로 판단하였을 경우를 가정하더라도, 그러한 상계에 의한 수동채권과 당해 반대채권의 차액 계산 또는 상계충당은 수동채권과 당해 반대채권의 상계적상의 시점을 기준으로 하였을 것이고, 그 이후에 발생하는 이자, 지연손해금 채권은 어차피 그 상계의 대상이 되지 않았을 것이므로, 위와 같은 가정적인 상계적상 시점이 '실제 법원이 상계항변을 받아들인 반대채권'에 관한 상계적상 시점보다 더 뒤라는 등의 특별한 사정이 없는 한, 앞에서 본 기판력의 범위의 상한이 되는 '상계를 마친 후의 수동채권의 잔액'은 수동채권의 '원금'의 잔액만을 의미한다.

▶[후소] 원고 : 분배금, 대여금청구

◀피고 : 상계항변 + 반소청구(손해배상금 5억)

▸ 상계기판력 항변(손해배상금 5억 원 전부에 대하여 기판력 발생) : ×(상계로 소멸한 후의 원고채권 원금 잔액 1,800만 원에 대하여 발생) ➡ 손해배상채권은 1,800만 원의 범위에서만 부존재한다는 판단에 기판력 발생, 그 외 범위는 반소 청구 가능 이 사건 전소에서 법원이 원고의 분배금 채권 중 위와 같이 소송비용액 확정금 채권과 대등액에서 상계로 소멸하는 것으로 판단한 부분은 그 소송에서 피고가 주장한 위 손해배상채권을 포함한 나머지 반대채권들과 기판력의 관점에서 동일하게 취급할 수 없다. 나아가 이 사건 전소에서 법원이 피고가 주장한 위 손해배상채권을 포함한 나머지 반대채권들이 발생하였다고 보아 원고의 분배금 채권 중 일부와 상계하는 것으로 판단하였을 경우를 가정할 때, 그러한 가정적인 상계적상 시점들의 전부 또는 일부가 위와 같이 실제

상계 판단이 이루어진 소송비용액 확정금 채권에 관한 상계적상 시점인 2014. 3. 19.보다 더 뒤라는 사정도 보이지 않는다. 따라서 이 사건 전소 확정판결의 이유 중에서 피고가 상계항변의 반대채권으로 주장한 위 손해배상채권을 포함한 나머지 반대채권들이 부존재한다는 판단의 기판력이 발생하는 전체 범위는 위와 같이 상계로 소멸한 후의 분배금 원금 잔액 18,819,030원을 초과할 수 없다. 그렇다면 이 사건 전소에서 상계항변으로 주장된 반대채권들 중 부존재한다고 판단된 위 손해배상채권의 전액(5억 원)에 대하여 그 부존재 판단에 기판력이 발생한다는 취지의 원고의 이 부분 상고이유 주장은 받아들일 수 없다.

ⓒ 기판력의 범위

ⓐ 상계항변 인용시

■수동채권과 자동채권이 다함께 존재하였다가 상계에 의하여 소멸된 점에 대하여 기판력 발생

■상계항변으로 전부승소한 피고 : 전부승소한 피고의 후소는 소각하, 수동채권의 부존재를 이유로 항소 가능별소 제기시 기판력에 의하여 차단되므로 당해절차에서 항소이익 인정, [2016다46338] 소송상 방어방법으로서의 상계항변은 통상 그 수동채권의 존재가 확정되는 것을 전제로 하여 행하여지는 일종의 예비적 항변으로서, 소송상 상계의 의사표시에 의해 확정적으로 그 효과가 발생하는 것이 아니라 당해 소송에서 수동채권의 존재 등 상계에 관한 법원의 실질적 판단이 이루어지는 경우에 비로소 실체법상 상계의 효과가 발생한다. 따라서 원고의 소구채권 자체가 인정되지 않는 경우 더 나아가 피고의 상계항변의 당부를 따져볼 필요도 없이 원고 청구가 배척될 것이므로, '원고의 소구채권 그 자체를 부정하여 원고의 청구를 기각한 판결'과 '소구채권의 존재를 인정하면서도 상계항변을 받아들인 결과 원고의 청구를 기각한 판결'은 민사소송법 제216조에 따라 기판력의 범위를 서로 달리하고, 후자의 판결에 대하여 피고는 상소의 이익이 있다.

ⓑ 상계항변 배척시

■실질적 판단 + 자동채권의 부존재로 배척 : 상계로 대항한 액수 한도 내에서 자동채권의 부존재에 관하여 기판력 발생 반대채권이 부존재한다는 판결이유 중의 판단의 기판력은 특별한 사정이 없는 한 '법원이 반대채권의 존재를 인정하였더라면 상계에 관한 실질적 판단으로 나아가 수동채권의 상계적상일까지의 원리금과 대등액에서 소멸하는 것으로 판단할 수 있었던 반대채권의 원리금 액수'의 범위에서 발생한다고 보아야 한다. 그리고 이러한 법리는 피고가 상계항변으로 주장하는 반대채권의 액수가 소송물로서 심판되는 소구채권의 액수보다 더 큰 경우에도 마찬가지로 적용 ➡ 상계항변 인정시와 동일[대법원 1975. 10. 21. 선고 75다48 판결]

■실질적으로 판단하지 않은 경우 : 실기각하민사소송법 제149조, 상계금지민법 제496조, 제492조 제1항 단서(자동채권에 동시이행항변권), 상계부적상민법 제492조 제1항 본문 → 기판력 불발생[대법원 1975. 10. 21. 선고 75다48 판결] 상계항변에서 들고 나온 자동채권을 부정하여 그 항변을 배척하는 것과 자동채권의 성립은 인정되나 성질상 상계를 허용할 수 없다 하여 상계항변을 배척하는 것과는 그 형식면에서는 같을지라도 전자의 경우엔 기판력이 있다 할 것이므로 양자는 판결의 효력이 다른 것

(라) 확정된 민사판결의 증명력

① 구속력 부정

② 유력한 증거 : 전후 민사소송의 당사자가 같고 분쟁의 기초가 된 사실이 같은 경우 합리적인 이유설시 없이 배척 불가[대법원 2009. 3. 26. 선고 2008다48964,48971 판결, 대법원 1995. 6. 29. 선고 94다47292 판결] [전소 : 이전등기 청구, 후소 : 부당이득반환] 원심은 원고의 주장사실을 모두 인정하면서 원고가 종전사건에서 패소한 것은 매매계약서가 작성되지 아니하여 매매계약사실을 입증하지 못하였기 때문이라고 인정하였는바, 원심이 채용한 증거 중 종전사건의 변론에 현출되지 아니한 증거는 원고 본인이 작성한 갑 제2호증과 원고의 아들인 소외1이 작성한 갑 제3호증 및 원고의 동서인 제1심 증인 소외2(종전사건에서 배척된 바 있던 갑 제4호증의 4의 작성자임)와 원심 증인 위 소외1의 증언밖에 없는데, 위 갑 제2, 3호증은 그 작성자가 원고 본인 또는 원고 본인과 다름없는 그 아들일 뿐만 아니라 종전사건에서 제출되지 아니하였다가 이 사건 소송에 비로소 제출된 경위에 관한 합리적인 설명이 없고, 위 각 증언 또한 원고와 밀접한 친족관계에 있는 자들의 증언인 점에 비추어, 위 각 서증 및 증언만으로 종전사건에서 인정한 사실과 다른 사실인정을 할만한 사정이 있는 경우에 해당한다고 보기 어려움은 명백하다. 그럼에도 불구하고 확정된 종전사건에서 인정된 사실과 배치되는 사실인정을 한 원심판결은 채증법칙을 위반하여 사실을 오인함으로써 판결결과에 영향을 미쳤다는 비난을 면하기 어려우므로, 이 점을 지적하는 논지는 이유가 있다.

나. 작용 : 소송물 동일, 모순관계, 선결관계

(1) 동일관계 ➡ 전소 승소자·승소부분은 권리보호이익이 없어 소각하판결[대법원 1979. 2. 13. 선고 78다2290 판결] 말소등기청구 승소자는 승계집행문을 부여받아 말소하면 되므로 승계인을 피고로 하는 소제기는 부적법, 시효중단을 위한 경우에는 허용[대법원 1998. 6. 12. 선고 98다1645 판결] 확정된 권리를 주장할 수 있는 요건구비 여부에 대해서는 다시 심리 불가, 전소 패소자·패소부분은 청구기각판결(반복금지, 불가쟁)[대법원 1979. 9. 11. 선고 79다1275 판결]

(가) 청구취지가 같고 청구원인 사실관계가 다른 경우매매vs점유취득시효, 어음금vs대여금 : 기판력 불발생

① 종전 토지에 대한 소유권확인의 소와 환지처분 후 새로운 환지 중 종전 토지에 상응하는 비율의 해당 공유지분에 대한 소유권확인의 소 : 소송물 동일[대법원 1994. 12. 27. 선고 94다4684 판결] 종전의 수필지의 소유권은 한 필지에 그대로 이행하는 결과 종전의 토지에 상응하는 비율에 따라서 종전의 소유자들은 환지에 대하여 공유지분을 취득하므로 (해당공유지분에 관하여 새로이 소유권을 취득하였다는 등 특별한 사정이 없는 이상) 기판력이 미침

② 자신의 권리피고(반소원고)의 원고(반소피고)에 대한 말소등기청구권를 행사하다가 기각된 후 대위하여 말소등기청구김삼숙의 원고(반소피고)에 대한 말소등기청구 : 청구원인이 달라 소송물이 다르므로 기판력 부정[대법원 1982. 12. 14. 선고 82다카148,82다카149 판결] 말소등기청구권의 청구원인은 말소등기청구권의 발생원인(당해 등기원인의 무효) → 전소 : 김삼숙의 등기가 무권대리행위로 경료, 후소(반소에 의한 후소) : 김삼숙의 등기가 적법함을 전제로 피고가 전소 변론종결 후 피담보채무를 변제하여 채무가 소멸하였음을 이유로 김삼숙을 대위하여 원고와 김삼숙 사이의 가장매매를 원인으로 경료된 원고명의 등기의 원인무효 주장

(내) 공격방법만 다른 경우 : 기판력 인정

① 매매대금청구에서의 대리권의 존재(유권대리, 표현대리, 추인)

② 사해행위취소소송에서의 피보전채권[대법원 2012. 7. 5. 선고 2010다80503 판결], 원상회복방법

③ 부당이득반환청구에서의 법률상 원인 부존재 사유

④ 말소등기청구소송물은 말소등기청구권, 발생원인은 등기원인의 무효에서의 **무효 사유**[대법원 1980. 9. 9.
선고 80다1020 판결] 무권대리, 피담보채무의 부존재

⑤ 소유권확인청구청구취지만 소송물에서의 소유권 취득원인[대법원 1987. 3. 10. 선고 84다카2132 판결] 증
여를 원인으로 하는 소유권확인 → 변론종결 전의 다른 원인(상속·매매)에도 기판력 : 특정토지에 대한 소유권확인
의 본안판결이 확정되면 그에 대한 권리 또는 법률관계가 그대로 확정되는 것이므로 그 사건의 변론종결 전에 그
확인원인이 되는 다른 사실이 있었다 하더라도 그 확정판결의 기판력은 거기까지도 미치는 것이다. 그러므로 같은
취지에서 원심이 그 증거에 의하여 소외2가 원심판시 목록 5 기재 토지에 대하여 소송수계 전의 망 피고1을 상대
로 소유권확인청구소송을 제기하여 원고 승소의 판결을 받고 그 판결이 확정된 사실을 적법히 확정한 다음 피고가
비록 그 사건 변론종결 이전에 망 소외1이 위 토지를 매수하였다거나 위 망 피고1이 취득시효의 완성으로 소유권
을 취득하였다 하더라도 그와 같은 사유만으로는 위 확정판결의 기판력을 배제할 수 없다고 판시한 조치에 주장하
는 바와 같은 확정판결의 기판력에 관한 법리오해의 위법이 있다할 수 없다.

⇔ [주의] 증여를 원인으로 하는 소유권확인청구의 소취하 후 지분상속을 원인으로 하
는 소유권확인의 소 : 재소금지 부정[대법원 1991. 5. 28. 선고 91다5730 판결], 기판력은 미침[대법원
1987. 3. 10. 선고 84다카2132 판결]

⑥ [비교] 이전등기청구에서의 등기원인

㉠ 청구원인의 차이, 별개 소송물[대법원 1996. 8. 23. 선고 94다49922 판결] 소유권이전등기청구사건에 있어
서 등기원인을 달리하는 경우에는 그것이 단순히 공격·방어방법의 차이에 불과한 것이 아니고 등기원인별로 별개
의 소송물로 인정되는 것이다. 그런데 원심이 확정한 사실관계에 의하면 원고 등이 망 소외1에게 원고들이 이 사
건 부동산의 처분에 관한 위임을 할 당시 그 위임사무 처리를 위하여 소유권이전등기를 넘겨주기로 약정하였다는
것이므로, 위와 같은 약정은 매매와는 서로 다른 법률관계임이 분명하고 위와 같은 약정을 원인으로 한 소유권이
전등기청구권과 매매를 원인으로 하는 소유권이전등기청구권은 별개의 소송물이라고 할 것이어서, 비록 위 준재심
소송에서 인낙조서가 취소되고 소외1의 원고들에 대한 매매로 인한 소유권이전등기청구를 기각하는 판결이 선고
되어 그 판결이 확정되었다고 하여도, 그 기판력은 위 인정과 같은 약정으로 인한 소유권이전등기청구권의 존부에
미치는 것이라고 볼 수 없다. 따라서 위 소외1의 소송수계인들의 보조참가인들이 이 사건 소유권이전등기말소청구
사건에서 이 사건 부동산에 관하여 경료된 소외1 명의의 소유권이전등기는 위 소외1이 위와 같이 원고들로부터 위
임받은 사무처리를 위하여 소유권이전등기를 위 소외1에게 넘겨주기로 한 약정에 기하여 이루어진 것이어서 실체
관계에 부합하는 유효한 등기라고 주장하는 것은 위 준재심소송의 확정판결의 기판력에 저촉된다고 볼 수 없다.

㉡ 전소 이전등기청구매매, 증여에서 주장하지 않았던 등기원인점유취득시효을 후소 말소등기청구
의 항변으로 주장 가능80다204 전소에서 부존재한 것으로 확정된 바 있는 매매를 원인으로 한 소유권이전등

기청구권이 후소의 항변사유인 취득시효완성을 원인으로 하는 소유권이전등기청구권의 존재와 모순되거나 선결적 법률관계에 있다고 볼 수 없기 때문

ⓒ 점유취득시효완성을 원인으로 하는 이전등기청구소송에서 취득시효완성의 시기, 효과의 귀속자가 다른 경우[대법원 1994. 2. 8. 선고 93다41303 판결] 원고가 피고를 상대로 하여 위 소외2의 아버지인 소외3이 1954. 11. 30.부터 이 사건 토지를 점유하여 왔음을 이유로 "피고는 소외3, 소외2의 점유를 전전승계한 원고에게 1974. 11. 30.자 취득시효완성을 원인으로 한 소유권이전등기절차를 이행하라"는 소를 제기하였다가 그 소송에서 "원고주장에 의하더라도 취득시효완성시기인 1974. 11. 30. 당시의 점유자는 소외2이므로 그로부터 이 사건 토지를 매수한 원고가 직접 피고에 대하여 시효취득을 원인으로 한 소유권이전등기절차이행을 구할 수는 없다."는 이유로 1990. 12. 26. 청구기각의 판결을 선고받고 그 후 1991. 12. 27. 그 판결이 확정된 사실을 인정하고, 원고가 위 소외2 이래의 점유를 승계하였음을 이유로 1983. 7. 23. 이 사건 토지에 관한 점유취득시효가 완성되었다면서 그 당시의 소유자인 소외 4(위 소외1의 상속인)의 상속인인 피고에 대하여 위 시효취득을 원인으로 한 소유권이전등기절차의 이행을 구하는 이 사건 예비적 청구에 대하여, 이 사건 원고의 예비적 청구는 위 확정판결의 사안과는 취득시효의 기초가 되는 점유의 주체와 시효완성시기 및 시효취득으로 인한 효과의 귀속자를 달리하는 것으로서 양자를 동일한 소송이라 할 수 없고, 따라서 위 확정판결의 기판력에 저촉되는 것이라 할 수 없다 하여 위 원고의 청구가 앞서 본 확정판결의 기판력에 저촉된다는 피고의 주장을 배척하였는 바, 원심의 위와 같은 판단과 조처는 옳고 거기에 소론이 주장하는 판결의 기판력에 관한 법리오해의 위법이 없다.

ⓓ 취득시효 완성을 원인으로 하는 이전등기청구에서의 취득원인 : 기판력 저촉[대법원 1994. 4. 15. 선고 93다60120 판결] 취득시효완성으로 인한 소유권이전등기청구소송에 있어서, 전소에서의 대물변제를 받았다는 주장과 후소에서의 증여를 받았다는 주장은 모두 부동산을 소유의 의사로 점유한 것인지를 판단하는 기준이 되는 권원의 성질에 관한 주장으로서 이는 공격방어방법의 차이에 불과하다.

(다) 일부청구

① 전소가 명시적 일부청구 : 소송물은 일부에 한정, 전소 전부승소시 후소(잔부청구)는 기판력에 저촉되지 않음

명시적 일부청구와 후소에 대한 법원의 판단

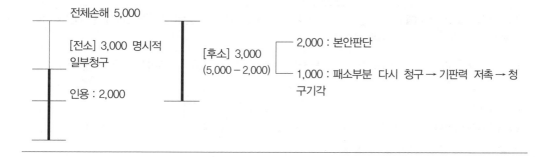

② 전소가 묵시적 일부청구위자료 금액을 특정하여 청구 → 일부를 유보하고 나머지만을 청구한다는 취지를 밝히지 않음 : 소송물은 전부이므로 후소는 기판력 저촉[대법원 1988. 10. 11. 선고 87다카1416 판결] 변론종결 당시까지 지출한 치료비임을 밝혀 청구한 것만으로는 명시적 일부청구라 할 수 없음 ➡ 후소(잔부 청구)는 기판력에 의하여 차단되므로 전소의 전부 승소자도 청구취지 확장을 위한 항소이익 인정[대법원 1997. 10. 24. 선고 96다12276 판결]

㉠ 재산상 손해에 관하여 전부 승소하고 위자료에 관하여 일부 패소한 원고가 항소심에서 재산상 손해부분에 관하여 청구확장 가능[대법원 1994. 6. 28. 선고 94다3063 판결] 원고는 이 사건에서 재산상의 손해(소극적 손해)를 청구함에 있어 제1심에서 중복장애에 있어서의 합산장애율의 산정이나 한시적 장애의 회복시점에 대한 판단을 잘못하여 일실이익 손해중 일부를 빠뜨리고 청구한 것으로 보이는 바, 이 사건과 같이 원고는 재산상 손해(소극적 손해)에 대하여는 형식상 전부 승소하였으나 위자료에 대하여는 일부 패소하였고, 이에 대하여 원고가 원고 패소부분에 불복하는 형식으로 항소를 제기하여 사건 전부가 확정이 차단되고 소송물 전부가 항소심에 계속되게 된 경우에는, 더욱이 불법행위로 인한 손해배상에 있어 재산상 손해나 위자료는 단일한 원인에 근거한 것인데 편의상 이를 별개의 소송물로 분류하고 있는 것에 지나지 아니한 것이므로 이를 실질적으로 파악하여, 항소심에서 위자료는 물론이고 재산상손해(소극적 손해)에 관하여도 청구의 확장을 허용하는 것이 상당할 것이고, 이렇게 해석한다고 하여 피고의 법적 안정성을 부당하게 해하거나 실체적 권리를 침해하는 것도 아니고, 그러하지 아니하고 원심과 같이 재산상 손해(소극적 손해)에 대한 항소의 이익을 부정하고 청구취지의 확장을 허용하지 아니하면 원고는 판결이 확정되기도 전에 나머지 부분을 청구할 기회를 절대적으로 박탈당하게 되어 부당하다고 아니할 수 없다.

㉡ 원고의 전부승소에 대하여 피고만 항소한 경우 항소심에서 원고의 청구취지 확장·변경은 피고에게 불리하게 된 한도에서 부대항소를 한 취지[대법원 1995. 6. 30. 선고 94다58261 판결]

(2) 모순관계 : 동일종류·소송물 상이 + 양립 불가능

⑺ **소유권확인청구**[대법원 2011. 6. 30. 선고 2011다24340 판결] 소송물은 소유권 자체의 존부 : **동일 부동산에 대한 소유권 존재 부인, 매매사실의 존재 vs 부존재**

⑻ **등기청구** : 등기청구권 존재 부인, 매매사실의 존재 vs 부존재 ⇔ 전소 : 등기위조, 후소 : 매매사실[대법원 1995. 6. 13. 선고 93다43491 판결, 대법원 1996. 2. 9. 선고 94다61649 판결]

[2000다41349] 전소에서 각하된 채권자대위권을 항변사유로 주장하는 경우 : 모순관계로 기판력 작용

▶**[전소]** 후소피고 : 점유취득시효완성 채권자대위소송, 피보전채권 부존재(피고의 최순희에 대한 매매사실 부존재)로 각하

▶**[후소]** 건물철거 및 토지인도

◀채권자대위권의 존재 항변피고가 최순희를 대위하여 원고에게 점유취득시효완성을 원인으로 한 소유권이전등기절차의 이행을 구할 권리가 있다고 주장

■ 피보전채권이 있음을 전제로 하는 주장 : 모순관계, 선결관계

■ 변론종결 전 사유 : 기판력에 저촉

[대법원 2003. 3. 28. 선고 2000다24856 판결] 말소등기청구의 승소자가 승소확정 후 제3자에게 소유권이전, 저당권 설정

▶ **[전소]** 소외인 : 후소 원고를 상대로 말소등기청구 승소 후 후소 피고변론종결 후 승계인에게 소유권이전

▶ **[후소]** 말소된 등기 명의자의 청구

① 소유권확인 : 전소판결의 기판력✕전소의 선결관계가 후소의 소송물

② 진정명의회복이전등기 : 변론종결 후 승계인 + 기판력 저촉 소송물 동일, 소유권확인 판결은 법적 평가 → 변론종결 후 사유✕

③ 근저당권말소 청구 : 기판력 저촉 전소의 말소등기청구권의 존재가 선결문제, 소유권확인 판결은 법적 평가 → 변론종결 후 사유✕

[대법원] 진정한 등기명의의 회복을 위한 소유권이전등기청구는 이미 자기 앞으로 소유권을 표상하는 등기가 되어 있었거나 법률에 의하여 소유권을 취득한 자가 진정한 등기명의를 회복하기 위한 방법으로 현재의 등기명의인을 상대로 그 등기의 말소를 구하는 것에 갈음하여 허용되는 것인데, 말소등기에 갈음하여 허용되는 진정명의회복을 원인으로 한 소유권이전등기청구권과 무효등기의 말소청구권은 어느 것이나 진정한 소유자의 등기명의를 회복하기 위한 것으로서 실질적으로 그 목적이 동일하고 두 청구권 모두 소유권에 기한 방해배제청구권으로서 그 법적근거와 성질이 동일하므로 그 소송물은 실질상 동일한 것으로 보아야 하는바, 그렇다면 소유권이전등기말소소송의 승소 확정판결에 기하여 소유권이전등기가 말소된 후 순차 제3자 명의로 소유권이전등기 및 근저당권설정등기 등이 마쳐졌는데 위 말소된 등기의 명의자가 현재의 등기명의인을 상대로 진정한 등기명의의 회복을 위한 소유권이전등기청구와 근저당권자 등을 상대로 그 근저당권설정등기 등의 말소등기청구 등을 하는 경우 현재의 등기명의인 및 근저당권자 등은 모두 위 확정된 전 소송의 사실심 변론종결 후의 승계인으로서 위 확정판결의 기판력은 그와 실질적으로 동일한 소송물인 진정한 등기명의의 회복을 위한 소유권이전등기청구 및 위 확정된 전소의 말소등기청구권의 존재 여부를 선결문제로 하는 근저당권설정등기 등의 말소등기청구에 모두 미친다고 할 것이다. 이 사건에서 원고는 위 확정된 소유권이전등기말소소송에서 패소한 당사자로서, 위 확정판결의 승소당사자 및 변론종결 후의 승계인인 피고들을 상대로 위 확정판결의 대상이었던 토지들 중 일부 토지에 관한 소유권확인청구와 더불어 진정명의회복을 원인으로 한 소유권이전등기청구 및 근저당권설정등기 등의 말소등기청구를 하고 있는바, 소유권확인의 소에 대하여는 위 확정판결의 기판력이 미치지 아니하나 진정명의회복을 원인으로 한 소유권이전등기청구 및 근저당권설정등기 등의 말소등기청구는 앞서 본 바와 같이 위 확정판결의 기판력에 저촉된다고 보아야 할 것이다.

㈐ 금전청구 : 금전지급청구권 존재 부인, 대여사실의 존재 vs 부존재

(3) 선결관계

㈎ 의미 : 전소의 기판력 있는 법률관계가 후소 법률관계의 원인무효 여부를 판단하는 전제로 되는 경우[대법원 1994. 12. 27. 선고 93다34183 판결]

㈏ 전소의 소송물이 후소의 선결적 법률관계

전소	후소	기판력
소유권확인청구[대법원 1994. 12. 27. 선고 94다4684 판결]	말소등기청구	소유권확인청구에 대한 판결이 확정된 후 다시 동일 피고를 상대로 소유권에 기한 물권적 청구권을 청구원인으로 하는 소송을 제기한 경우에는 전소의 확정판결에서의 소유권의 존부에 관한 판단에 구속되어 당사자로서는 이와 다른 주장을 할 수 없을 뿐만 아니라, 법원으로서도 이와 다른 판단을 할 수 없는 것이다.
원본채권청구[대법원 1976. 12. 14. 선고 76다1488 판결]	이자청구	
이행청구[대법원 1967. 8. 29. 선고 67다1179 판결]	이행불능 손해배상청구	
배당금지급청구권[대법원 2000. 1. 21. 선고 99다3501 판결]	부당이득	배당수령권의 존부가 부당이득반환청구권의 성립 여부를 판단하는 데에 있어서 선결문제
근저당권말소청구[대법원 1994. 12. 27. 선고 93다34183 판결]	이전등기말소청구 원고 → 전소 변론종결일 후 경락취득한 피고	전소의 판결의 내용인 근저당권설정등기의 무효 여부가 이 사건 소유권이전등기의 원인무효 여부를 판단하는 전제가 되어 선결적 법률관계를 이루고 있다 할 것이므로, 법원은 변론종결 후의 승계인인 피고들과의 관계에 있어서는 전소의 판결의 기판력에 기속되어 전소의 판결에서 한 판단내용과 배치되는 판단은 할 수 없다.
이전등기말소등기청구[대법원 2003. 3. 28. 선고 2000다24856 판결] 채권자대위	근저당권설정등기말소청구 제3채무자(전소 패소자) → 채권자의 변론종결 후 승계인	소유권이전등기말소소송의 승소 확정판결에 기하여 소유권이전등기가 말소된 후 순차 제3자 명의로 소유권이전등기 및 근저당권설정등기 등이 마쳐졌는데 위 말소된 등기의 명의자가 현재의 등기명의인을 상대로 진정한 등기명의의 회복을 위한 소유권이전등기청구와 근저당권자 등을 상대로 그 근저당권설정등기 등의 말소등기청구 등을 하는 경우 현재의 등기명의인 및 근저당권자 등은 모두 위 확정된 전 소송의 사실심 변론종결 후의 승계인으로서 위 확정판결의 기판력은 그와 실질적으로 동일한 소송물인 진정한 등기명의의 회복을 위한 소유권이전등기청구 및 위 확정된 전소의 말소등기청구권의 존재 여부를 선결문제로 하는 근저당권설정등기 등의 말소등기청구에 모두 미친다.
피고를 상대로 한 공탁금출급청구권확인 [대법원 2012. 7. 12. 선고 2010다42259 판결]	피고에 대한 배당이의	원고 채권의 존부에 대한 전소확정판결은 배당이의의 소의 선결문제(그 후 피고가 원고를 상대로 일부 공탁금에 대한 공탁금출급청구권확인 소송에서 패소하였다고 하더라도)

토지 이전등기청구 (2015 제4회 변호사시험)	건물 철거청구·토지 인도청구	선결적 법률관계
매매대금지급청구 1억 원 청구 중 7,000만 원 일부인용	말소등기청구 3,000만 원 미지급을 이유로 해제 후 말소등기청구	전소 : 7,000만 원 매매대금채권의 존재에 대하여 기판력 발생 후소 : 기각된 나머지 부분의 존재를 전제로 하여 해제
[비교] 채권자대위 피고 → 디앤아이 → 한국자산신탁 : 건물말소등기청구)[대법원 2014. 10. 30. 선고 2013다53939 판결]	제3채무자자산신탁로부터의 승계인원고 : 공매로 소유권 취득 → 채권자피고 : 건물인도청구 + 부당이득반환청구	■ 동일× : 상가 소유권의 존부는 전소 소송물인 말소등기청구권의 전제가 되는 법률관계에 불과 ■ 선결× : 말소등기청구권에 대한 판단은 건물인도 등 청구에 대한 선결문제× ■ 모순× : 건물인도청구권의 존부는 말소등기청구권의 존부와 모순관계×, 소송물이 동일하거나 선결문제 또는 모순관계에 의하여 기판력이 미치는 객관적 범위에 해당하지 아니하는 경우에는 전소 판결의 변론종결 후에 당사자로부터 계쟁물 등을 승계한 자가 후소를 제기하더라도 그 후소에 전소 판결의 기판력이 미치지 아니한다. ■ 승계집행문 부여는 가능 : 원고에 대한 승계집행문 부여 가능성은 별론으로 하고, 피고들이 이 사건 전소 판결을 집행하지 아니하여 이 사건 건물에 관하여 원고 명의의 소유권이전등기가 마쳐져 있는 이상 원고는 적법한 등기 원인에 의하여 소유권을 취득한 것으로 추정되므로, 이 사건에 기판력이 미치지 아니하는 이 사건 전소 판결의 기판력을 원고가 받는다는 이유만으로 원고의 소유권을 부정할 수는 없다. 따라서 원심은 이 사건 전소 판결과 관계없이 이 사건 상가에 관한 소유권을 전제로 하는 원고의 이 사건 청구에 대한 당부를 심리하여 판단했어야 할 것이다.
물건의 인도판결[대법원 2019. 10. 17. 선고 2014다46778 판결] 원고(하수급인) →피고(도급인 : 원고가 설치한 시설물 무단 이전)	불법점유를 원인으로 한 손해배상청구권원고 → 피고	■ 인도판결 확정일까지 : 원고의 시설물 설치 후 도급계약 해지에 따른 원고의 수거의무가 인정되므로 피고가 시설물 수거를 방해×, 불법점유× ■ 인도판결 확정 다음 날부터 : 물건 점유자를 상대로 한 물건의 인도판결이 확정되면 점유자는 인도판결 상대방에 대하여 소송에서 더 이상 물건에 대한 인도청구권의 존부를 다툴 수 없고 인도소송의 사실심 변론종결 시까지 주장할 수 있었던 정당한 점유권원을 내세워 물건의 인도를 거절할 수 없다. 그러나 의무 이행을 명하는 판결의 효력이 실체적 법률관계에 영향을 미치는 것은 아니므로, 점유자가 그 인도판결의 효력으로 판결 상대방에게 물건을 인도해야 할 실체적 의무가 생긴다거나 정당한 점유권원이 소멸하여 그때부터 그 물건에 대한 점유가 위법하게 되는 것은 아니다. 나아가 물건을 점유하는 자를 상대로 하여 물건의 인도를 명하는 판결이 확정

되더라도 그 판결의 효력은 이들 물건에 대한 인도청구권의 존부에만 미치고, 인도판결의 기판력이 이들 물건에 대한 불법점유를 원인으로 한 손해배상청구 소송에 미치지 않는다. 이 사건 인도판결로 인하여 이 사건 시설물에 관한 실체적 법률관계에 어떠한 변동이 생긴 것은 아니므로, 이 사건 인도판결이 확정되었다는 사정만으로 곧바로 인도판결 확정 다음 날부터 이 사건 시설물에 대한 피고의 점유가 위법하게 되어 원고에게 손해가 발생하였다고 볼 수 없다. 피고가 이 사건 인도판결이 확정된 다음 이 사건 시설물에 대한 인도를 적극적으로 이행하지 않았다고 해서 이를 곧바로 불법행위로 단정할 수 없고, 그로 인해서 원고가 이 사건 시설물을 사용·수익하지 못한 손해를 입었다고 볼 수도 없다. 원고가 피고를 상대로 이 사건 시설물의 인도를 명하는 이 사건 인도판결을 받아 판결이 확정되었더라도 판결의 효력은 이 사건 시설물에 대한 인도청구권의 존부에만 미칠 뿐 이 사건 시설물의 불법점유로 인한 손해배상청구 소송에 미치지 않는다. 따라서 원심으로서는 위 기간 동안의 이 사건 시설물의 점유에 관한 피고의 고의 또는 과실 등 불법행위의 성립요건에 관하여 심리한 다음 피고의 손해배상책임 성립 여부에 관하여 판단하였어야 한다. 그런데도 원심은 불법행위의 성립요건에 관하여 별다른 심리를 하지 않은 채 이 사건 인도판결이 확정된 사정만을 들어 이 사건 인도판결 확정 다음 날부터 피고의 이 사건 시설물에 대한 점유가 위법하다고 보아 원고에 대한 점유반환 시까지 기간에 대한 손해배상책임을 인정하였다. 이러한 원심판단에는 이행판결의 효력, 불법점유로 인한 손해배상책임 등에 관한 법리를 오해하여 필요한 심리를 다하지 않은 잘못이 있다.

(다) 전소전세금반환청구의 소송물이 후소임대인의 목적물반환청구의 항변사유[대법원 1987. 6. 9. 선고 86다카 2756 판결] 전세금반환 동시이행항변 : 확정판결의 기판력이라 함은 확정판결의 주문에 포함된 법률적 판단의 내용은 이후 그 소송당사자의 관계를 규율하는 새로운 기준이 되는 것이므로 동일한 사항이 소송상문제가 되었을 때 당사자는 이에 저촉되는 주장을 할 수 없고 법원도 이에 저촉되는 판단을 할 수 없는 기속력을 의미하는 것이고, 이 경우 적극당사자(원고)가 되어 주장하는 경우는 물론이고 소극당사자(피고)로서 항변하는 경우에도 그 기판력에 저촉되는 주장은 할 수 없는 것이다. 피고가 종래 원고를 상대로 하여 이 사건 건물에 대한 전세금반환청구의 소(대전지방법원 85가합70호)를 제기하였다가 원고에게 대항할 전세금반환청구권을 인정할 수 없다는 이유로 청구기각의 판결을 받고 이것이 확정되었다는 것이므로 위 확정판결의 기판력은 원·피고간의 위 전세금반환청구권의 존부에 미치는 것이다. 그런데 피고가 이 사건에서 위 확정판결에서 부정된 바로 그 전세금반환청구권을 내세워 동시이행의 항변을 한다면 이는 위 확정판결의 기판력에 저촉되는 주장이어서 허용될 수 없다.

(라) 법원의 조치 : 시적 범위 검토 후 판단

① 변론종결 전의 사유 : 차단, 전소의 기판력 있는 판단을 전제로 본안판결(모순금지, 불가반), 소각하 불가

② 변론종결 후의 사유 : 차단 배제, 본안판단

3. 시적 범위 : '표준시 현재'의 '권리관계의 존부'에 기판력 발생

가. 판단기준 : 표준시 → 변론종결시, 판결선고시(무변론판결), 화해권고결정 확정시

[대법원 2012. 5. 10. 선고 2010다2558 판결] 화해권고결정에 대한 이의신청이 적법한 때에는 소송은 화해권고결정 이전의 상태로 돌아가므로(민사소송법 제232조 제1항), 당사자는 화해권고결정이 송달된 후에 생긴 사유에 대하여도 이의신청을 하여 새로운 주장을 할 수 있고, 화해권고결정이 송달된 후의 승계인도 이의신청과 동시에 승계참가신청을 할 수 있다고 할 것이다. 이러한 점 등에 비추어 보면, 화해권고결정의 기판력은 그 확정시를 기준으로 하여 발생한다고 해석함이 상당하다.

나. 효과 : 표준시의 권리관계에 관한 공격방어방법 차단, 소송물이 다르면 차단 배제

[대법원 1979. 2. 13. 선고 78다58 전원합의체 판결] 농지인도 vs 등기말소 : 모순관계가 아니므로 시적범위에서 차단되지 않음

(1) 표준시 전의 권리 · 법률관계

[76다1488] 표준시 전의 과거의 권리 · 법률관계에는 기판력 불발생

	대여(74.5.2)	변제	전소 변론종결	후소 원금청구 + 이자청구
[전소]	대여금청구	인정	대여금청구 기각 : 기판력 발생(표준시 현재 원금채권 부존재)	
[후소]	원금청구 : 기판력 저촉(전소 변론종결일 현재 원금채권 부존재)			
	이자청구	이자 인정	기각(변제) : 유력한 증거	기각(원금채권 부존재) : 선결문제

■ 확정판결의 기판력은 사실심의 최종변론종결당시의 권리관계를 확정하는 것이므로 그중 위 확정판결의 사실심의 변론종결시 후의 부분은 그 선결문제로서 위 금 880,000원에 대한 피고의 지급의무의 존재를 주장하게 되어 논리상 위 확정판결의 기판력의 효과를 받게 되는 것이라고 할 것이나, 변론종결당시까지의 분의 청구는 위 확정판결의 기판력의 효과를 받을 리가 없게 된다.

(2) 표준시 전에 존재한 사유 : 실권효, 차단효

[대법원 2014. 3. 27. 선고 2011다49981 판결] 허가구역지정해제 후의 토지거래허가와 변론종결 후 사유 여부

매매계약	**허가구역지정해제**	[전소] 이전등기청구	**토지거래 허가**	[후소] 이전등기청구
		이전등기청구 기각, 협력의무이행청구 인용	[원심 : 인용] 새로운 권리보호이익 인정 [대법원 : 파기환송]	

[원심] 전소에서 패소판결을 받은 원고가 후소를 제기하는 경우 후소법원이 기판력의 적용에 따라 원고 청구기각판결을 선고하기 위해서는 소송물이 동일한 외에 권리보호의 이익도 동일하여야 한다고 전제한 다음, 이 사건 소의 소송물과 이 사건 전소의 소송물은 동일하지만 원고에게는 이 사건 소 제기에 따른 권리보호의 이익이 있다는 이유로 이 사건 소가 이 사건 전소 확정판결의 기판력에 저촉되지 않는다.

[대법원] 이 사건 소의 소송물과 이 사건 전소의 소송물은 모두 이 사건 매매계약을 원인으로 하는 소유 권이전등기청구권으로서 동일하므로 이 사건 소는 이 사건 전소 확정판결의 기판력에 저촉되어 허용될 수 없고, 비록 이 사건 전소는 이 사건 토지가 토지거래허가구역 내에 위치하고 있음을 전제로 한 반면 이 사건 소는 이 사건 토지에 대한 토지거래허가구역 지정이 해제되었음을 전제로 한다고 하더라도 마 찬가지이다. 또한 이 사건 토지가 토지거래허가구역에서 해제되어 이 사건 매매계약이 확정적으로 유효 하게 되었다는 사정은 이 사건 전소의 변론종결 전에 존재하던 사유이므로, 원고가 그러한 사정을 알지 못하여 이 사건 전소에서 주장하지 못하였다고 하더라도 이를 이 사건 소에서 새로이 주장하여 이 사건 전소에서의 법률관계의 존부에 관한 판단, 즉 이 사건 매매계약에 기한 원고의 피고에 대한 소유권이전 등기청구권의 존부에 대한 판단과 모순되는 판단을 구하는 것은 이 사건 전소 확정판결의 기판력에 반 하는 것이다. 그리고 원고가 이 사건 전소의 변론종결 후인 2010. 2. 17. 이 사건 토지에 대한 토지거래 허가를 받았으나, 그 허가는 이 사건 토지가 **토지거래허가구역에서 해제됨으로써 토지거래허가의 대상 에서 제외된 후**에 이루어진 것이어서 이 사건의 **결론에 영향을 미치는 사정변경이라고 할 수 없다.**

(3) 표준시 후에 발생한 사유

(가) 차단효 인정 : 기존의 사실관계에 대한 새로운 증거자료나 새로운 법적 평가·판결은 변론 종결 후 사유가 아님[대법원 2016. 8. 30. 선고 2016다222149 판결]

① 다른 사건의 판결이유에서 전소 판결의 기초가 된 사실관계원고의 피고에 대한 공탁금출급청구권 확인 기각를 달리 인정피고가 원고를 상대로 한 공탁금출급청구권확인 기각하였다는 것은 새로운 사유 가 아님[대법원 2012. 7. 12. 선고 2010다42259 판결] 원고의 피고에 대한 배당이의의 소 기각은 적법, 2016다 222149 [1소송] 원고 → 피고 : 인도청구 기각(피고는 분양에 관한 처분권한을 가진 소외 회사와 매매계약 체결하 여 정당한 점유권원 존재), [2소송] 소외회사 → 피고 : 매매계약 무효 확인 승소(정당한 대리권 없는 자에 의하여 매매계약 체결), [3소송] 원고 → 피고 : 2차 인도청구 '기각'(이 사건 소의 소송물과 제1차 인도소송의 소송물은 모 두 소유권에 기한 방해배제를 구하는 건물인도 청구권으로서 동일하다. 그리고 이 사건 매매계약이 정당한 권한이 있는 사람에 의하여 체결되어 피고1이 이 사건 아파트 503호를 점유할 정당한 권원이 있는지 여부는 제1차 인도소 송의 변론종결 전에 존재하던 사유로서, 원고 및 선정자 2, 선정자 3을 비롯한 토지주들이 제1차 인도소송에서 공 격방어방법으로 주장할 수 있었던 사유에 불과하고, 그에 대한 법적 평가가 담긴 무효확인 소송의 확정판결이 제1 차 인도소송의 변론종결 이후에 있었다고 하여 이를 변론종결 후에 발생한 새로운 사유로 볼 수도 없다. 그러므로 이 사건 소는 제1차 인도소송의 확정판결의 기판력에 저촉되어 허용될 수 없고, 그 기판력은 이 사건 아파트 503 호의 공유 지분을 포함하여 소외2를 포괄적으로 승계한 선정자 4에게도 미친다.)

② 기판력 있는 전소판결1소송 : 건물철거 + 토지인도청구 기각(∵ 소유권 없음)의 변론종결 후에 이와 저촉되는 후소판결2소송 : 소유권확인이 확정 : 후소판결은 전소판결의 변론종결 후 사유 아님 [대법원 1997. 1. 24. 선고 96다32706 판결] 기판력 있는 전소판결과 저촉되는 후소판결이 그대로 확정된 경우에도 전소판결의 기판력이 실효되는 것이 아니라 재심의 소에 의하여 후소판결이 취소될 때까지 전소판결과 후소판결

은 저촉되는 상태대로 그냥 기판력을 갖는 것이고, 후소판결의 기판력이 전소판결의 기판력을 복멸시킬 수 있는 것도 아니므로 기판력 있는 전소판결의 변론종결 후에 이와 저촉되는 후소판결이 확정되었다는 사정은 변론종결 후에 발생한 새로운 사유에 해당한다고 할 수 없다. 따라서 기판력 있는 전소판결의 기판력이 미치는 자 사이에서 위와 같은 사정을 들어 전소판결의 기판력이 미치지 않게 되었다고 할 수 없다. ➡ 소유권확인 승소 후 3소송(철거 + 인도청구) : 청구기각

(나) **차단효 부정 : 변론종결 이후의 '새로운 사실관계'**[대법원 2016. 8. 30. 선고 2016다222149 판결]

① 패소 원고

㉠ 변론종결 후 기한도래, 조건원고의 소취하성취[대법원 2002. 5. 10. 선고 2000다50909 판결] 일반적으로 판결이 확정되면 법원이나 당사자는 확정판결에 반하는 판단이나 주장을 할 수 없는 것이나, 이러한 확정판결의 효력은 그 표준시인 사실심 변론종결시를 기준으로 하여 발생하는 것이므로, 그 이후에 새로운 사유가 발생한 경우까지 전소의 확정판결의 기판력이 미치는 것은 아니다. 따라서 전소에서 정지조건 미성취를 이유로 청구가 기각되었다 하더라도 변론종결 후에 그 조건이 성취되었다면, 이는 변론종결 후의 취소권이나 해제권과 같은 형성권 행사의 경우와는 달리 동일한 청구에 대하여 다시 소를 제기할 수 있는 것이다. 전소에서 원고의 소취하는 피고의 부동의로 효력이 없고, 그 후 상고기간 내에 그 항소심 판결에 대하여 상고가 제기되지 아니함으로써 원고의 청구를 기각한 제1심판결이 그대로 확정된 것은 사실이나, 원고가 전소의 사실심 변론종결 후에 전소를 취하하여 이 사건 약정의 정지조건이 성취되는 사정변경이 발생한 이상, 이 사건 소의 소송물이 전소와 동일하다 하더라도, 권리보호의 이익이 달라 전소의 기판력이 미칠 수는 없다.

㉡ 변제를 원인으로 하는 이전등기회복청구 패소 후 장래 잔존 피담보채권의 변제를 조건으로 이전등기회복청구[대법원 2011. 6. 30. 선고 2011다24340 판결]

㉢ 변론종결 후 변제를 원인으로 말소등기청구[대법원 1991. 11. 12. 선고 91다27723 판결]

㉣ 변론종결 후 소유권을 회복한 피고에 대한 이전등기청구[대법원 1995. 9. 29. 선고 94다46817 판결] 표준시 후에 발생한 법률관계이므로 이행불능을 이유로 하는 전소 판결의 기판력이 미치지 않음

② 패소 피고 : 원고의 대여금청구에 대한 패소 피고가 변론종결 후 변제 → 청구이의의 소

③ 기대여명보다 일찍 사망한 경우 : 변론종결 후 사유 아님, 전소불법행위손해배상 패소피고의 후소부당이득반환청구는 기판력에 저촉(기각)[대법원 2009. 11. 12. 선고 2009다56665 판결] 인신사고에 따른 손해배상청구사건의 판결 등이 확정된 후 피해자가 그 확정판결 등에서 인정된 기대여명보다 일찍 사망하게 되었다 하여 그 확정판결 등의 기판력이 배제된다고 볼 수 없고, 원고가 지적한 대법원판결은 피해자가 손해배상의 기초가 되었던 기대여명보다 오래 생존한 경우 추가로 발생한 손해의 배상을 구하는 청구는 전 소송의 소송물과 별개의 소송물이 되기 때문에 기판력이 미치지 않는다고 판단한 것이어서, 이 사건과 같이 그 기대여명보다 일찍 사망한 경우 이전 판결 등에서 확정된 손해배상금 중 일부를 부당이득으로 반환하라는 청구와는 소송물의 관점에서 달리 볼 수 있으므로 위 대법원판결의 논리가 동일하게 적용되어야 하는 것은 아니다.

⇔ 기대여명이 지나도 생존 : 여명기간 후 추가로 발생한 향후치료비, 개호비는 별개의 소송물[대법원 2002. 2. 22. 선고 2001다71446 판결, 대법원 2007. 4. 13. 선고 2006다78640 판결]

④ 임료의 현저한 상승

㉠ 명시적 일부청구 의제 → 차임상승분에 대한 별소제기 가능, 기판력 부정[대법원 1993. 12. 21. 선고 92다46226 전원합의체 판결]

㉡ 정기금판결에 대한 변경의 소(제252조)

⑤ 후유증에 의한 확대손해 : 별개의 소송물, 기판력 부정[대법원 1980. 11. 25. 선고 80다1671 판결], 2006다78640

⑥ 제소전화해가 이루어진 이후 새로 발생한 사실[대법원 1994. 12. 9. 선고 94다17680 판결] 부동산에 관한 소유권이전등기가 제소전화해조서의 집행으로 이루어진 것이라면 위 제소전화해가 이루어지기 전에 제출할 수 있었던 사유에 기한 주장이나 항변은 그 기판력에 의하여 차단되므로 그와 같은 사유를 원인으로 위 제소전화해의 내용에 반하는 주장을 하는 것은 허용되지 않는다 할 것이나, 제소전화해가 이루어진 이후에 새로 발생한 사실을 주장하여 제소전화해에 반하는 청구를 하여도 이는 제소전화해의 기판력에 저촉되는 것은 아니라고 할 것인바, 이 사건에 있어 피고들 명의의 소유권이전등기가 위 소외인과 피고들 사이의 제소전화해에 의하여 이루어진 것이라 할지라도 이는 원고와 피고들 사이에 체결된 이 사건 매매계약과 당사자들 사이에 이루어진 위 중간등기생략에 관한 합의에 의한 것이라면 이 사건 매매계약상의 원고의 채무는 피고들이 이 사건 부동산에 관하여 소유권이전등기를 마침으로써 전부 이행되었다고 할 것이니 피고들이 당초의 약정과는 달리 소유권이전등기를 마친 후에도 원고에게 잔대금을 지급하지 아니한 경우에는 원고는 적법한 최고절차를 거쳐 이 사건 매매계약을 해제하고 계약 당사자로서 피고들에게 직접 매매계약 해제를 원인으로 한 원상회복으로서 피고들에게 그 소유권이전등기의 말소등기절차의 이행을 구할 수 있다고 할 것이고, 이는 위 제소전화해의 기판력에 저촉되는 것은 아니라고 할 것이다.

(4) 표준시 후의 형성권 행사 : 별개의 독립채권을 행사하는 경우에는 객관적 범위가 작용하지 않아 시적 범위에서 차단되지 않음

(가) 실권 긍정 : 전소 채무 자체의 하자를 주장하는 경우

① 취소권, 해제권 : 차단무효사유와의 균형, 대법원 1979. 8. 14. 선고 79다1105 판결, [대법원 1981. 7. 7. 선고 80다2751 판결] 변론종결 전 해제사유가 있었음에도 변론종결 후 해제 의사표시

② 상속포기 : 전소 패소피고가 전소에서 상속포기 사실을 다투지 않은 경우 후소(청구이의)에서 상속포기 주장 불가[대법원 2009. 10. 29. 선고 2008다51359 판결] 상속포기 주장은 상속채무 자체를 부정하는 주장→객 : 모순관계, 시 : 변론종결 전 사유로 차단

③ 백지보충권 : 보충권 행사 없이 어음금을 청구하여 패소한 원고가 패소확정 후 보충권을 행사하여 동일한 어음금 청구 불가[대법원 2008. 11. 27. 선고 2008다59230 판결] 약속어음의 소지인이 어음요건의 일부를 흠결한 이른바 백지어음에 기하여 어음금 청구소송(전소)을 제기하였다가 위 어음요건의 흠결을 이유로 청구기각의 판결을 받고 위 판결이 확정된 후 위 백지 부분을 보충하여 완성된 어음에 기하여 다시 전소의 피고에 대하여 어음금 청구소송(후소)을 제기한 경우에는, 원고가 전소에서 어음요건의 일부를 오해하거나 그 흠결을 알지 못했다고 하더라도, 전소와 후소는 동일한 권리 또는 법률관계의 존부를 목적으로 하는 것이어서 그 소송물은 동일한 것이라고 보아야 할 것이다. 그리고 확정판결의 기판력은 동일한 당사자 사이의 소송에 있어서 변론종결 전에 당사자가 주장하였거나 주장할 수 있었던 모든 공격 및 방어방법에 미치는 것이므로, 약속어음의 소지인이 전소의 사실심 변론종결일까지 백지보충권을 행사하여 어음금의 지급을 청구할 수 있었음에도 위 변론종결

일까지 백지 부분을 보충하지 않아 이를 이유로 패소판결을 받고 그 판결이 확정된 후에 백지보충권을 행사하여 어음이 완성된 것을 이유로 전소 피고를 상대로 다시 동일한 어음금을 청구하는 경우에는, 위 백지보충권 행사의 주장은 특별한 사정이 없는 한 전소판결의 기판력에 의하여 차단되어 허용되지 않는다.

(나) 실권 부정 : 독립된 별개의 권리를 행사하는 경우

① 상계권 : 상계는 별개의 채권 행사[대법원 1998. 11. 24. 선고 98다25344 판결] 당사자 쌍방의 채무가 서로 상계적상에 있다 하더라도 그 자체만으로 상계로 인한 채무소멸의 효력이 생기는 것은 아니고, 상계의 의사표시를 기다려 비로소 상계로 인한 채무소멸의 효력이 생기는 것이므로, 채무자가 채무명의인 확정판결의 변론종결 전에 상대방에 대하여 상계적상에 있는 채권을 가지고 있었다 하더라도 채무명의인 확정판결의 변론종결 후에 이르러 비로소 상계의 의사표시를 한 때에는 민사집행법 제44조 제2항이 규정하는 '이의원인이 변론종결 후에 생긴 때'에 해당하는 것으로서, 당사자가 채무명의인 확정판결의 변론종결 전에 자동채권의 존재를 알았는가 몰랐는가에 관계 없이 적법한 청구이의 사유로 된다.

② 건물매수청구권 : 별개 독립채권, 확정판결에 의하여 건물철거가 집행되지 아니한 이상 변론종결 후 별소·청구이의의 소 가능[대법원 1995. 12. 26. 선고 95다42195 판결, [대법원 1994. 9. 23. 선고 93다37267 판결] 전소의 기판력은 토지인도청구권의 존부에 대하여만 발생, 토지임차권의 존부 및 건물매수청구권의 존부에는 미치지 않음

③ 한정승인 : 전소 패소피고가 전소에서 한정승인 사실을 다투지 않았더라도 후소(청구이의)에서 한정승인을 주장하여 집행재산에 대한 책임제한(상속인 고유재산에 대한 집행배제)을 구할 수 있음[대법원 2006. 10. 13. 선고 2006다23138 판결]

[2006다23138] 한정승인과 기판력

▶[전소] 후소 피고 → 후소 원고들 : 구상금청구, 후소 원고는 한정승인하였음에도 주장하지 않아 책임재산 유보 없이 후소 피고 승소판결

▶[후소 : 후소 원고들의 고유재산에 대한 집행에 대하여 청구이의]

◀기판력 항변 : 전소에서 한정승인을 주장하지 않았으므로 책임범위와 관련된 사유는 확정판결의 효력에 의하여 차단

▸ 기판력의 객관적 범위 : 전소판결의 기판력은 '상속채무'의 존재에 대하여 발생, 책임범위에 대하여는 발생×

▸ 기판력의 시적 범위 : 적법한 청구이의 사유에 해당 → 상속인의 책임범위에 관한 판단은 실체법상의 문제로서 청구이의 사유

---

④ 상속재산협의분할 : 전소원고 → 피고 : 보존등기말소, 소유권확인에서 상속분에 해당하는 부분1/3지분에 대해서만 소유권확인청구가 인용된 후 상속재산분할협의로 소유권을 취득한 나머지 부분2/3에 관한 소유권확인의 소는 적법, 말소등기청구는 부적법[대법원 2011. 6. 30. 선고 2011다24340 판결] 말소등기청구사건의 소송물은 당해 등기의 말소등기청구권이고 그 동일성 판단의 기준이 되는 청구원인, 즉 말소등기청구권의 발생원인은 당해 등기의 원인무효라고 할 것인바, 전소와 후소에서 피고 명의의 등기가 원인무효라고 내세우는 사유가 동일하다면 말소등기를 구하는 전소와 후소는 그 소송물이 동일하여 후소에서의 주

장은 전소의 확정판결의 기판력에 저촉되어 허용될 수 없다. 반면 소유권확인청구의 경우 그 소송물은 소유권 자체의 존부라고 할 것이므로, 전소에서 원고가 소유권을 주장하였다가 패소 판결이 확정되었다고 하더라도, 전소의 변론종결 후에 소유권을 새로이 취득하였다면 전소의 기판력이 소유권확인을 구하는 후소에 미칠 수 없는바, 상속재산분할협의가 전소의 변론종결 후에 이루어졌다면 비록 그 상속재산분할의 효력이 상속이 개시된 때로 소급한다 하더라도, 상속재산분할협의에 의한 소유권의 취득은 전소의 변론종결 후에 발생한 사유에 해당한다.

Ⅳ. 법원의 조치

1. 동일 · 모순관계

가. 전소 승소 : 소각하권리보호이익 흠결

나. 전소 패소 : **청구기각**[대법원 1979. 9. 11. 선고 79다1275 판결] 원고가 이 사건 소에 앞서 피고 및 소외 갑을 상대로 두 사람은 연대하여 금 2,325,000원을 지급하라는 이 사건과 같은 내용의 보관금반환청구소송을 제기하여 피고 및 소외 갑은 원고에게 금 2,325,000원을 지급하라는 부분은 인용되고 연대하여 지급을 구하는 부분은 청구기각된 일부승소의 판결을 얻어 동 판결이 확정되었다면 동 확정판결은 피고에 대한 부분에 있어 그 효력이 그와 동일한 이 사건에 미친다 할 것이므로 원고의 이 사건 소 중 그 승소부분에 해당하는 2분의 1부분은 권리보호의 요건을 갖추지 못한 부적법한 것이라 하여 이를 각하하여야 하고 패소부분에 해당하는 나머지 2분의 1부분은 그와 모순되는 판단을 할 수 없는 것이라 하여 형식적으로 이를 기각하여야 한다.

2. 선결관계 : 선결문제 한도 내에서 전소의 기판력 있는 판단에 구속되어 이를 전제로 본안판결, 소각하판결 불가

2010 제52회 사법시험

[전소]

➡**원고**매수인 → **피고**매도인 : 매매계약에 기한 인도청구_{매매유효}, 사용료 청구

① 인도청구 : 인용 기판력 → 매수인에게 인도청구권이 있다는 판단
② 사용료 청구 : 기각_{점유개정의 방법으로 소유권을 취득한 사실은 인정되나 사용료 지급 약정은 인정할 증거 없음,} 기판력 → 사용료 청구의 부존재

⬅**피고(반소)** → **원고** : 소유권확인청구 기각_{매매 유효}, 기판력 → 매도인에게 소유권이 부존재한다는 판단

[후소]

➡**전소 피고**매도인 → **전소 원고**매수인 : 소유권에 기한 인도청구_{매매계약 사기취소}

① 전소 인도청구의 기판력(모순관계) : 동일 종류_{인도청구 vs 인도청구}, 양립 불가_{매매유효 vs 매매무효}
② 전소 사용료청구의 기판력 : ×
③ 전소 반소청구의 기판력(선결관계) : 소유권확인(반소) 패소 후 인도청구

⬅**전소 원고(반소)** → **전소 피고** : 소유권확인_{매매 유효}

① 전소 인도청구의 기판력 : ×_{소송물이 다르고, 전소의 이유 중 판단(소유권)에는 기판력이 발생하지 않음}

② 전소 사용료청구의 기판력 : ✕
③ 전소 반소청구의 기판력(모순관계) : ✕ 동일 종류소유권확인 vs 소유권확인, 양립 가능매매 유효 vs 매매유효

제2절 본안에 관한 항변

제1관 권리부존재 (청구권의 주체 부정) : 입주자대표회의의 하자보수청구 ≠ 구분소유자들의 청구[대법원 2011. 3. 24. 선고 2009다34405 판결] 근거법령과 입법취지, 당사자와 책임내용이 다른 별개의 권리

제2관 불성립

Ⅰ. 성질 : 성립요건이므로 피고의 주장은 부인

Ⅱ. 예

1. 의식적·무의식적 불합의

2. 부종성 : 근저당권 피담보채권의 발생원인인 기본계약의 불성립

3. 계약의 해석에 의한 채무의 불성립 : 추가접속료를 지급하기로 하는 약정 자체를 인정할 수 없는 경우[대법원 2017. 2. 15. 선고 2014다19776, 19783 판결의 1심[서울중앙지방법원 2012. 9. 19. 선고 2010가합127902(본소), 2011가합43940(반소) 판결]

Ⅲ. 성립 : 객관적 합치 + 주관적 합치[대법원 2017. 5. 30. 선고 2015다34437 판결] 계약이 성립하기 위해서는 당사자 사이에 계약의 내용에 관한 의사의 합치가 있어야 한다. 의사의 합치는 계약의 내용을 이루는 모든 사항에 관하여 있어야 하는 것은 아니고, 본질적 사항이나 중요 사항에 관하여 구체적으로 의사가 합치되거나 적어도 장래 구체적으로 특정할 수 있는 기준과 방법 등에 관한 합의가 있으면 충분하다. 한편 당사자가 의사의 합치가 이루어져야 한다고 표시한 사항에 대하여 합의가 이루어지지 않은 경우에는 특별한 사정이 없는 한 계약은 성립하지 않은 것으로 보는 것이 타당하다.

1. 청약

■ 구체적·확정적 의사표시[대법원 2003. 4. 11. 선고 2001다53059 판결]

■ 발송 후 사망·행위능력 상실 : 청약 유효(제111조 제2항)

▶ 제작대금, 제작시기, 설치장소를 구체적으로 명시하지 않은 경우 → 청약 부정 2001다53059

▶ 청약의 유인 : 하도급계약을 체결하려는 계약교섭자의 견적서·이행각서·하도급보증

서 제출행위[대법원 2001. 6. 15. 선고 99다40418 판결], 광고내용이 분양계약서에 기재되지 않은 경우[대법원 2001. 5. 29. 선고 99다55601, 55618 판결]

▸ 청약의 철회 : 청약의 효력 발생 전까지, 철회 유보, 승낙에 의한 합의해지 전까지 사 직의 의사표시 철회 가능[대법원 1992. 4. 10. 선고 91다43138 판결]

2. 승낙

가. 특정의 청약자에 대해서만

나. 무조건적 동의 필요

다. 변경을 가한 승낙 : 새로운 청약, 종전 청약 실효[대법원 2002. 4. 12. 선고 2000다17834 판결]

3. 청약과 승낙의 합치 : 본질적 사항 · 중요사항에 대해서는 특정할 수 있는 기준에 대한 합의[대법원 2001. 3. 23. 선고 2000다51650 판결, 대법원 2009. 3. 16. 선고 2008다1842 판결]

제3관 무효

Ⅰ. 권리능력 : 실종선고, 동시사망, 태아[상속, 유증, 임의인지(제858조)]

Ⅱ. 의사능력

1. 판단기준[대법원 2009. 1. 15. 선고 2008다58367 판결, 대법원 2022. 5. 26. 선고 2019다213344 판결]

가. 구체적인 법률행위와 관련하여 개별적으로 판단 [2019다213344] 지적장애를 가진 사람이 장애인복지법령에 따라 지적장애인 등록을 하지 않았다거나 등록 기준을 충족하지 못하였다고 해서 반드시 의사능력이 있다고 단정할 수 없다.

나. 법률행위에 특별한 의미나 효과가 부여되어 있는 경우 : 그 행위의 법률적 의미나 효과를 이해할 수 있을 것을 요함[2019다213344] 지적장애를 가진 사람에게 의사능력이 있는지를 판단할 때 단순히 그 외관이나 피상적인 언행만을 근거로 의사능력을 쉽게 인정해서는 안 되고, 의학적 진단이나 감정 등을 통해 확인되는 지적장애의 정도(대출약정 이후 피고에 대한 한정후견이 개시되고, 정신상태 감정에서 피고의 사회연령을 9세로 진단)를 고려해서 법률행위의 구체적인 내용과 난이도(대출의 액수가 8,000만 원으로 소액이 아니고 굴삭기가 실질적으로 대출금채무의 담보가 되고, 대출금은 굴삭기 매도인에게 직접 지급되는 구조), 그에 따라 부과되는 책임의 중대성 등에 비추어 볼 때 지적장애를 가진 사람이 과연 법률행위의 일상적 의미뿐만 아니라 법률적인 의미나 효과를 이해할 수 있는지, 법률행위가 이루어지게 된 동기(피고의 굴삭기운전자격증이 위조된 것으로 판명되었는데 피고가 자격증을 위조하면서까지 대출약정을 할 동기를 찾기 어려움)나 경위(제3자가 대출금을 실제로 사용하기 위해 피고를 이용하였을 가능성) 등에 비추어 합리적인 의사결정이라고 보기

어려운 사정이 존재하는지 등을 세심하게 살펴보아야 한다.

2. 효과

가. 절대적 무효

나. 부당이득

(1) 제141조 단서 유추[대법원 2009. 1. 15. 선고 2008다58367 판결, 대법원 1996. 12. 10. 선고 96다32881 판결] 민법 제748조의 특칙으로서 무능력자의 보호를 위해 그 선의 · 악의를 묻지 아니하고 반환범위를 현존 이익에 한정시키려는 데 그 취지가 있으므로, 의사능력의 흠결을 이유로 법률행위가 무효가 되는 경우에도 유추적용

(2) 금전상 이익 현존추정[대법원 1987. 8. 18. 선고 87다카768 판결, 대법원 2009. 5. 28. 선고 2007다20440,20457 판결, [대법원 2009. 1. 15. 선고 2008다58367 판결] 법률상 원인 없이 타인의 재산 또는 노무로 인하여 이익을 얻고 그로 인하여 타인에게 손해를 가한 경우, 그 취득한 것이 금전상의 이득인 때에는 그 금전은 이를 취득한 자가 소비하였는가의 여부를 불문하고 현존하는 것으로 추정되므로 위 이익이 현존하지 아니함은 이를 주장하는 자, 즉 의사무능력자측에 입증책임이 있다.

(3) 부당이득 반환 방법 : 의사무능력자가 금융기관으로부터 금원을 대출받아 제3자에게 대여한 경우 → 제3자에 대한 대여금채권 또는 부당이득반환채권의 양도[2008다58367] 피고 조합은 이 사건 대출거래약정 등의 무효에 따른 원상회복으로서 위 대출금 자체의 반환을 구할 수는 없다 하더라도 현존 이익인 위 채권의 양도를 구할 수는 있다 할 것이고, 공평의 관념과 신의칙에 비추어 볼 때 원고의 위 채권양도 의무와 피고 조합의 이 사건 근저당권설정등기말소 의무는 동시이행관계에 있다.

Ⅲ. 법인

1. 권리능력 범위 외 : 성질, 법률, 정관 제한

가. 법률(제81조) : 청산 중 매매계약은 무효[대법원 1980. 4. 8. 선고 79다2036 판결]

나. 정관(제34조)

(1) 정관에 열거한 목적달성을 위하여 직 · 간접으로 필요한 행위를 포함, 목적수행에 필요한지 여부는 행위의 객관적 성질에 따라 추상적으로 판단[대법원 1987. 4. 28. 선고 86다카2534 판결]

(2) 조합원 아닌 자에 대한 보증, 타인 손해배상채무 연대보증 : 절대적 무효[표현대리 불가, 추인 불가 → 주주, 이사들의 결의가 있어도 무효[대법원 1975. 12. 23. 선고 75다1479 판결]

2. 대표권 제한

가. 법률(강행규정 중 효력규정, 사립학교법 제28조[34]))에 의한 대표권제한 : 절대적
무효[대법원 2000. 9. 5. 선고 2000다2344 판결, 대법원 1987. 4. 28. 선고 86다카2534 판결]

▶ 표현대리, 추인 주장 : 불가[대법원 1983. 12. 27. 선고 83다548 판결] 학교법인을 대표하는 이사장이라 하더라도 이사회의 심의·결정을 거쳐야 하는 이와 같은 재산의 처분 등에 관하여는 법률상 그 권한이 제한되어 이사회의 심의·결정없이는 이를 대리하여 결정할 권한이 없는 것이라 할 것이므로 이사장이 한 학교법인의 기본재산처분행위에 관하여는 민법 제126조의 표현대리에 관한 규정이 준용되지 아니한다.

▶ 계약 당시 관할관청의 허가가 없었으나 계약 후 허가 : 유효[대법원 2022. 1. 27. 선고 2019다289815 판결] 학교법인의 용도변경 등 자체를 규제하려는 것이 아니라 사립학교를 설치·운영하는 학교법인의 재산을 유지·보전하기 위하여 관할청의 허가 없이 용도를 변경하거나 의무를 부담하는 것 등을 규제하려는 것이므로 ➡ 피고(학교법인)는 이 사건 계약 제3조['이 사건 사업계약은 관할청 승인 후 효력이 발생한다.'(제1항)고 정하고, '계약 시 지급된 금액은 관할청 승인이 불가하여 이 사건 사업계획의 효력이 상실(계약 추진 불가)될 경우 원금 그대로 반환하며 본 계약은 자동으로 폐기된다.'(제3항)]에 따라 계약 후에라도 관할청의 허가를 받아야 하고, 관할청의 불허가 처분이 있는 경우뿐만 아니라 당사자가 허가신청을 하지 않을 의사를 명백히 표시하거나 계약을 이행할 의사를 철회한 경우 또는 그 밖에 관할청의 허가를 받는 것이 사실상 불가능하게 된 경우 무효로 확정되고, 계약이 무효로 확정되면 피고는 원고가 지급한 계약금을 반환해야 한다. ➡ 계약무효를 이유로 하는 원고의 계약금반환청구 인용

▶ 사립학교법 제28조 제1항에 따른 의무부담에 해당하지 않는 경우산지관리법에 의한 복구의무 : 법률행위로 인하여 발생한 것이 아님 : 관할청의 허가 불요 → 학교법인에 대한 구상금 청구가능[대법원 2020. 2. 27. 선고 2017다270114 판결] 사립학교법 제28조 제1항에서 학교법인이 의무를 부담하고자 할 때 관할청의 허가를 받도록 규정한 것은 학교법인 재산의 원활한 관리와 유지·보호를 기함으로써 사립학교의 건전한 발달을 도모하자는 데에 그 목적이 있다. 그러므로 위 규정의 의무부담에 해당하는가 여부는 그 목적과 대조

---

34) 제28조(재산의 관리 및 보호)
① 학교법인이 그 기본재산에 대하여 매도·증여·교환·용도변경하거나 담보로 제공하려는 경우 또는 의무를 부담하거나 권리를 포기하려는 경우에는 관할청의 허가를 받아야 한다. 다만, 대통령령으로 정하는 경미한 사항은 관할청에 신고하여야 한다.
② 학교교육에 직접 사용되는 학교법인의 재산 중 대통령령으로 정하는 것은 매도하거나 담보로 제공할 수 없다.
③ 「초·중등교육법」 제10조 및 「고등교육법」 제11조에 따른 수업료와 그 밖의 납부금(입학금 또는 학교운영지원비를 말한다. 이하 같다)을 받을 권리와 제29조제2항에 따라 별도 계좌로 관리되는 수입에 대한 예금채권은 압류할 수 없다.
④ 관할청은 제1항 단서에 따른 신고를 받은 경우 그 내용을 검토하여 이 법에 적합하면 신고를 수리하여야 한다.
⑤ 학교법인은 기본재산에 관한 소송절차가 개시된 때와 완결된 때에는 대통령령으로 정하는 바에 따라 그 사실을 관할청에 신고하여야 한다.

하여 구체적으로 결정되어야 하고, 학교법인이 의무를 부담하는 내용의 모든 법률행위가 일률적으로 이에 해당한다고 단정할 수 없다.

나. 정관에 의한 대표권 제한 : 등기 필요

▶ 등기하지 않은 경우 : 악의의 제3자에게도 대항 불가

다. 사원총회결의 위반 : 대외적 효력 부정 → 위반 법률행위 유효

3. 대표권 남용

가. 이익상반행위 + 특별대리인 불선임 : 무권대표

나. 주무관청의 허가 없는 기본재산처분, 편입, 증가, 상계, 명의신탁반환, 경락

Ⅳ. 비법인사단 : 설립등기를 하지 않은 경우

1. 법률(제276조)에 의한 제한[대법원 2003. 7. 11. 선고 2001다73626 판결]

가. 총유물 관리·처분 : 총유재산의 명의신탁해지 이전등기청구, 총유물 매매계약, 종중재산 명의변경[대법원 2007. 6. 29. 선고 2005다69908 판결] 종중 소유의 재산은 종중원의 총유에 속하는 것이므로 그 관리 및 처분에 관하여 먼저 종중 규약에 정하는 바가 있으면 이에 따라야 하고, 그 점에 관한 종중 규약이 없으면 종중 총회의 결의에 의하여야 하므로 비록 종중 대표자에 의한 종중 재산의 처분이라고 하더라도 그러한 절차를 거치지 아니한 채 한 행위는 무효이다.

나. 보존행위 : 사원총회의 결의 필요[대법원 2010. 2. 11. 선고 2009다83650 판결, 대법원 2007. 12. 27. 선고 2007다17062 판결]

▶ 절대적 무효 : 표현대리 불가, 추인 불가[대법원 2003. 7. 11. 선고 2001다73626 판결] 비법인사단인 피고 주택조합의 대표자가 조합총회의 결의를 거쳐야 하는 조합원 총유에 속하는 재산의 처분에 관하여는 조합원 총회의 결의를 거치지 아니하고는 이를 대리하여 결정할 권한이 없다 할 것이어서 피고 주택조합의 대표자가 행한 총유물인 이 사건 건물의 처분행위에 관하여는 민법 제126조의 표현대리에 관한 규정이 준용될 여지가 없다.

▶ 비법인사단의 채무부담행위[대법원 2007. 4. 19. 선고 2004다60072,60089 전원합의체 판결], 채무보증행위, 채무승인행위[대법원 2009. 11. 26. 선고 2009다64383 판결] : 총유물 관리·처분행위가 아니므로 제276조 부적용 → 총회결의 없어도 유효

2. 정관(제275조 제2항)의 대표권제한

가. 관리, 처분행위에 관한 결의 : 대표권 제한 → 결의가 없는 경우 대표자의 행위는

무효

▸ 표현대리

▸ 적법하게 소집된 종종총회의 추인 : 처음부터 유효 ➡ 피고등기는 실체관계에 부합하여 유효[대법원 1995. 6. 16. 선고 94다53563 판결]

▸ 정관이 이사회 결의사항으로 규정 + 이사회결의로 무상사용승낙 → 관리행위로 유효 (제619조) → 사용료 부당이득 불성립[대법원 2012. 10. 25. 선고 2010다56586 판결]

▸ 그 외 행위에 관한 결의 : 내부적 의사결정 → 총회결의 없어도 유효

나. 제60조 준용 불가 : 등기 불요[대법원 2003. 7. 22. 선고 2002다64780 판결, 대법원 2008. 10. 23. 선고 2006다2476 판결]

다. 비법인사단이 상대방의 악의·과실 입증2004다60072

Ⅴ. 법률행위 목적의 확정 : 법률행위 해석

1. 자기명의 법률행위 : 원칙 제115조 본문, 예외 제115조 단서

2. 타인명의 법률행위·불분명한 경우 : 자연적 해석 → 규범적 해석제1장 제1절 제1관 I.이전등기청구 부분 참조

Ⅵ. 법률행위 목적의 불능

1. 원시적·객관적·전부 불능 : 무효, 제535조의 문제 발생

2. 원시적 일부 불능 : 담보책임, 채무불이행 책임귀책 여부에 따라

3. 후발적 불능 : 채무불이행 책임귀책 여부에 따라

Ⅶ. 목적의 적법 : 강행규정 위반

1. 금지규정 위반의 효력에 대한 판단방법[대법원 2019. 1. 17. 선고 2015다227000 판결] 계약 등 법률행위의 당사자에게 일정한 의무를 부과하거나 일정한 행위를 금지하는 법규에서 이를 위반한 법률행위의 효력을 명시적으로 정하고 있는 경우에는 그 규정에 따라 법률행위의 유·무효를 판단하면 된다. 법률에서 해당 규정을 위반한 법률행위를 무효라고 정하고 있거나 해당 규정이 효력규정이나 강행규정이라고 명시하고 있으면 그러한 규정을 위반한 법률행위는 무효이다. 이와 달리 금지 규정 등을 위반한 법률행위의 효력에 관하여 명확하게 정하지 않은 경우에는 그 규정의 입법 배경과 취지, 보호법익, 위반의 중대성, 당사자에게 법규정을 위반하려는 의도가

있었는지 여부, 규정 위반이 법률행위의 당사자나 제3자에게 미치는 영향, 위반 행위에 대한 사회적·경제적·윤리적 가치평가, 이와 유사하거나 밀접한 관련이 있는 행위에 대한 법의 태도 등 여러 사정을 종합적으로 고려해서 그 효력을 판단하여야 한다.

가. 강행규정 중 효력규정(실현금지) 위반 : 불법원 인급여 부정, 반환청구 가능	나. 단속규정(행위금지) 위반 : 유효
■ 담배사재기를 위한 담배구입대금2001다1782 ■ 수산업법에 위반한 어업권 임대차2010다57626 ■ 부동산실명법 위반2003다41722 ■ 농지법에 위반한 농지임대차 [본소: 임대인] 농지임대차의 무효로 인한 인도청구 + 차임상당 부당이득반환청구(가능), [반소: 임차인] 임대료반환청구(가능, 임차인의 제746조 항변 불가) ■ 문화재수리업자의 명의대여 행위를 금지한 문화재수리 등에 관한 법률 제21조 : 강행규정 → 이를 위반한 명의대여 계약이나 이에 기초하여 대가를 정산하여 받기로 하는 정산금 약정[대법원 2020. 11. 12. 선고 2017다228236 판결] ■ 농업협동조합의 차입상대방 제한 규정[대법원 2019. 6. 13. 선고 2016다203551 판결]	■ 구 독점규제 및 공정거래에 관한 법률 제10조의2 제1항, 제15조[대법원 2019. 1. 17. 선고 2015다227000 판결] ■ 금융투자업등록을 하지 않은 투자일임업을 금지하는 구 자본시장법 제17조[대법원 2019. 6. 13. 선고 2018다258562 판결]

2. 소송신탁(신탁법 제7조 위반)

가. 소송신탁에서의 소송행위란 민사소송법상의 소송행위에 한정되지 않고 널리 사법기관을 통하여 권리의 실현을 도모하는 행위를 말하는 것으로서 민사집행법에 의한 강제집행의 신청 포함[대법원 2010. 1. 14. 선고 2009다55808 판결]

나. 소송행위를 하게 하는 것을 주목적으로 채권양도대법원 2002. 12. 6. 선고 2000다4210 판결, [대법원 2010. 1. 14. 선고 2009다55808 판결] 채권양도가 신탁법상의 신탁에 해당하지 않는다고 하여도 신탁법 제7조가 유추적용되어 무효

다. 양수인의 청구 : 인수신청 각하가 아니라 청구기각[대법원 2005. 10. 27. 선고 2003다66691 판결] 소송 계속중에 소송목적인 의무의 승계가 있다는 이유로 하는 소송인수신청이 있는 경우 신청의 이유로서 주장하는 사실관계 자체에서 그 승계적격의 흠결이 명백하지 않는 한 결정으로 그 신청을 인용하여야 하는 것이고, 그 승계인에 해당하는가의 여부는 피인수신청인에 대한 청구의 당부와 관련하여 판단할 사항으로 심리한 결과 승계사실이 인정되지 않으면 청구기각의 본안판결을 하면 되는 것이지 인수참가신청 자체가 부적법하게 되는 것은 아니다.

3. 법률관계 청산

가. 미이행

(1) 이행청구 불가[대법원 2011. 1. 13. 선고 2010다67890 판결, 대법원 2006. 11. 9. 선고 2006다35117 판결], 별개 약정에 의한 이행청구 불가

(2) 추인 불가[대법원 2006. 9. 22. 선고 2004다56677 판결] 타인의 생명보험(상법 제731조 제1항)에서 피보험자가 서면으로 동의의 의사표시를 하여야 하는 시점은 '보험계약 체결시까지'이고, 이는 강행규정으로서 이에 위반한 보험계약은 무효이므로, 타인의 생명보험계약 성립 당시 피보험자의 서면동의가 없다면 그 보험계약은 확정적으로 무효가 되고, 피보험자가 이미 무효가 된 보험계약을 추인하였다고 하더라도 그 보험계약이 유효로 될 수는 없다.

(3) 표현대리 불가[대법원 2016. 5. 12. 선고 2013다49381 판결] 강행법규에 의하여 요구되는 조합원 3분의 2 이상의 동의에 의한 총회결의를 거치지 아니한 이상 원고의 조합장은 원고를 대표하여 계약을 체결할 권한이 없다 할 것이어서, 원고의 조합장이 행한 이 사건 본계약 체결행위에는 표현대리의 법리가 준용되거나 유추적용될 여지가 없다.

나. 기이행 : 부당이득

나-1. 제746조 : 제103조 위반 필요[대법원 2001. 5. 29. 선고 2001다1782 판결, 대법원 2004. 9. 3. 선고 2004다27488,27495 판결]

Ⅷ. 사회적 타당성 : 제103조

1. 성질 : 민법의 3대 일반조항(제2조, 제103조, 제750조)[민법판례연구 8]

2. 유형

가. 법률행위의 목적인 권리의무의 내용이 선량한 풍속 기타 사회질서 위반/법률적 강제/반사회질서적인 조건 결부/금전적 대가 결부 + 법률행위 당시 인식[대법원 1992. 11. 27. 선고 92다7719 판결, 대법원 2009. 5. 28. 선고 2009다12115 판결]

▸ 법률행위 성립과정의 강박 : 무효 아님[대법원 2002. 9. 10. 선고 2002다21509 판결]

나. 동기의 불법 : 표시되었거나 상대방의 악의 필요[대법원 1984. 12. 11. 선고 84다카1402 판결]

3. 이중매매 ➡ [유사법리] : 취득시효 완성후 매매[대법원 1998. 4. 10. 선고 97다56495 판결], 명의신탁 해지 후 매매[대법원 1991. 4. 23. 선고 91다6221 판결], 제1매매 후 증여[대법원 1982. 2. 9. 선고 81다1134 판결], 제1매매 후 저당권설정[대법원 1997. 7. 25. 선고 97다362 판결], 매도인 사

망 후 제2매매[대법원 2002. 4. 26. 선고 2001다8097,8103 판결], **공동상속인의 매도사실을 알면**
서 협의분할[대법원 1996. 4. 26. 선고 95다54426, 54433 판결]

가. 제2매수인 선의, 단순악의(제2매매 유효)

(1) 소유권 취득 : 제2매수인

(2) 제1매수인 ➡ 매도인

⑺ 이행불능(해제 + 원상회복, 전보배상, 대상청구)

⑷ 제750조

나. 제2매수인 적극가담(제2매매 무효)[대법원 2009. 9. 10. 선고 2009다23283 판결]

▶ 무효가 아닌 경우 : 소유권을 회복하여 채무를 이행할 가능성이 있는 경우[대법원 2005. 9.
15. 선고 2005다29474 판결, 대법원 1995. 10. 13. 선고 95다25497 판결] 처나 아들 앞으로 이전등기, [대법원 1994.
12. 22. 선고 94다40789 판결] 아들이 경락받아 소유권 취득

(1) 제1매수인 ➡ 제2매수인

⑺ 채권자대위 말소등기청구(제2매수인, 전득자) + 소유권이전등기청구(매도인)

⑺-1. 기판력에 반한다는 주장 : 제2매수인이 확정판결에 의해 이전등기한 경우

① 말소등기청구 불가

㉠ 대위소송 기각[대법원 1999. 2. 24. 선고 97다46955 판결, 대법원 1980. 12. 9. 선고 80다1836, 1837 판결, 대법원
2000. 7. 6. 선고 2000다11584 판결, 대법원 1975. 8. 19. 선고 74다2229 판결] 확정판결이 당연무효라거나 또는 그것
이 재심의 소에 의하여 취소되기 전에는 매수인은 매도인에 대한 소유권이전등기청구권을 보전하기 위하여 매도인
을 대위하여 위 확정판결의 기판력에 저촉되는 제3자 명의의 소유권이전등기의 말소청구를 할 수 없고 매도인의
매수인에 대한 소유권이전등기의무는 이행불능

㉡ 명의수탁자로부터의 매수인에 대하여도 적용[대법원 2006. 1. 27. 선고 2005다26505 판결, 대법원 2014.
3. 27. 선고 2013다91146 판결]

② 진정명의회복 이전등기청구 : 불가[대법원 2001. 9. 20. 선고 99다37894 전원합의체 판결] 소송물은 실질상
동일한 것으로 보아야 하고, 따라서 소유권이전등기말소청구소송에서 패소확정판결을 받았다면 그 기판력은 그 후
제기된 진정명의회복을 원인으로 한 소유권이전등기청구소송에도 미친다.

⑷ 채권자취소권

① 특정채권 보전을 위한 채권자취소권 : 불가[대법원 1995. 2. 10. 선고 94다2534 판결] 채권자취소권은 채
무자가 채권자를 해함을 알면서 자기의 일반재산을 감소시키는 행위를 한 경우에 그 행위를 취소하여 채무자의 재
산을 원상회복시킴으로써 모든 채권자를 위하여 채무자의 책임재산을 보전하는 권리로서, 특정물 채권을 보전하기
위하여 행사하는 것은 허용되지 않는다.

② 손해배상채권 보전을 위한 채권자취소권 : 고도의 개연성 부정[대법원 1999. 4. 27. 선고 98다56690 판결]

(다) 제750조 : 가능

① 요건 : 고의·과실, 위법성[대법원 2001. 5. 8. 선고 99다38699 판결] 독립한 경제주체간의 경쟁적 계약관계에 있어서는 단순히 제3자가 채무자와 채권자간의 계약내용을 알면서 채무자와 채권자간에 체결된 계약에 위반되는 내용의 계약을 체결한 것만으로는 제3자의 고의·과실 및 위법성을 인정하기에 부족하고, 제3자가 채무자와 적극 공모하였다거나 또는 제3자가 기망·협박 등 사회상규에 반하는 수단을 사용하거나 채권자를 해할 의사로 채무자와 계약을 체결하였다는 등의 특별한 사정이 있는 경우에 한하여 제3자의 고의·과실 및 위법성을 인정하여야 한다.

② 손해배상의 방법 : 원상회복 불가(제394조)[대법원 1997. 3. 28. 선고 96다10638 판결] 민법 제763조에 의하여 불법행위에 준용되는 민법 제394조는 "다른 의사표시가 없으면 손해는 금전으로 배상한다."고 규정함으로써 이른바 금전배상의 원칙을 규정하고 있으므로, 법률에 다른 규정이 있거나 당사자가 다른 의사표시를 하는 등 특별한 사정이 없는 이상 원상회복청구는 할 수 없다.

(2) 제1매수인 → 매도인

(가) 이행불능 책임 : 해제·손해배상, 대상청구

① 원칙 : 불가 ∵ 이행불능이 아니므로

② 예외 : 확정판결에 의한 경우[대법원 1975. 8. 19. 선고 74다2229 판결]

(나) 이행지체 책임

(다) 제750조 손해배상책임

(3) 제2매수인 → 매도인 : 매매대금 반환청구(명의수탁자의 불법성 > 제3자의 불법성)

　　　[대법원 1993. 12. 10. 선고 93다12947 판결]

(4) 2매수인으로부터의 전득자 → 제2매수인

(가) 타인권리매매, 담보책임

① 이행이익(불능 당시의 시가)[대법원 1967. 5. 18. 선고 66다2618 전원합의체 판결]

② 불능시 : 말소등기소송에서 패소확정시

(나) 채무불이행

① 제570조 단서에 의하여 손해배상을 청구할 수 없더라도 채무불이행 일반의 규정(제546조, 제390조)에 의하여 해제 + 손해배상 청구 가능[대법원 1993. 11. 23. 선고 93다37328 판결]

② 매도인의 귀책사유는 매수인이 입증[대법원 1970. 12. 29. 선고 70다2449 판결]

③ 손해배상의 범위 : 이행이익, 불능당시의 시가

(다) 제750조 : 손해 → 2매수인에게 지급한 매매대금

Ⅸ. 제104조

1. 요건

가. 급부와 반대급부의 현저한 불균형 : **법률행위시 기준**[대법원 2013. 9. 26. 선고 2013다26746 전원합의체 판결]

나. 궁박(본인)·경솔·무경험(대리인)[대법원 2002. 10. 22. 선고 2002다38927 판결]

다. 폭리의사[대법원 1997. 3. 25. 선고 96다47951 판결]

2. 효과

가. 절대적 무효 : 추인·법정추인 불가, 선의 제3자 보호 배제[대법원 1994. 6. 24. 선고 94다10900 판결] 불공정한 법률행위로서 무효인 경우에는 추인에 의하여 그 무효인 법률행위가 유효로 될 수 없다.

나. 부제소합의 : **무효**[대법원 2010. 7. 15. 선고 2009다50308 판결] 매매계약과 같은 쌍무계약이 급부와 반대급부와의 불균형으로 말미암아 민법 제104조에서 정하는 '불공정한 법률행위'에 해당하여 무효라고 한다면, 그 계약으로 인하여 불이익을 입는 당사자로 하여금 위와 같은 불공정성을 소송 등 사법적 구제수단을 통하여 주장하지 못하도록 하는 부제소합의 역시 다른 특별한 사정이 없는 한 무효이다.

다. **무효행위의 전환 : 가능**[대법원 2010. 7. 15. 선고 2009다50308 판결] 재건축사업부지에 포함된 토지에 대하여 재건축사업조합과 토지의 소유자가 체결한 매매계약이 매매대금의 과다로 말미암아 불공정한 법률행위에 해당하지만, 그 매매대금을 적정한 금액으로 감액하여 매매계약의 유효성을 인정

라. 반환청구(제746조 단서) : 폭리자는 제746조 본문 주장 불가

3. 적용범위

가. 무상계약(증여) : 적용 배제

나. 무효행위전환 가능(가정적 의사에 기한 매매대금 초과부분만 무효)[대법원 2010. 7. 15. 선고 2009다50308 판결]

Ⅹ. 의사표시 항변 ➡ 제107조 ~ 제110조를 함께 고려

1. 비진의의사표시(제107조)

가. 요건

(1) 의사표시의 존재

(2) 의사와 표시의 불일치 : 진의 → 특정한 내용의 의사표시를 하고자 하는 표의자의 생각을 의미[대법원 2003. 4. 25. 선고 2002다11458 판결] 표의자가 진정으로 마음속에서 바라는 사항이 아님

(3) 표의자가 의사와 표시의 불일치를 알고 있을 것

나. 효과

(1) 당사자 사이

(개) 원칙 : 의사 ≠ 표시 → 제107조 제1항 본문에 따라 유효

(내) 예외 : 의사 ≠ 표시 → 제107조 제1항 단서에 따라 무효

(2) 제3자에 대한 효과 : 선의의 제3자에 대항 불가

다. 해고무효확인 : 지시에 의한 일괄사직서제출[대법원 1991. 7. 12. 선고 90다11554 판결], 기존 근로계약관계 유지 + 퇴직금지급율만을 단수제로 변경[대법원 1991. 5. 24. 선고 90다13222 판결]

■ 의사 ≠ 표시 + 상대방 악의, 과실 : 제107조 제1항 단서 → 무효(상대방은 보호되지 않음)

■ 자유의사에 따라 중간퇴직금수령 → 근로관계 단절[대법원 1996. 4. 26. 선고 95다2562, 2579 판결]
: 의사 = 표시 : 제107조 제1항 부적용 → 유효

라. 면직무효확인

① 의사 = 표시 : 제107조 제1항 적용 배제 → 유효[대법원 1980. 10. 14. 선고 79다2168 판결]

② 의사 ≠ 표시 : 제107조 제1항 본문 적용 → 유효79다2168 거짓 표의자는 보호가치가 없으므로

③ 공법상의 의사표시 : 제107조 적용 배제 → 표시된 대로 효력 발생[대법원 1997. 12. 12. 선고 97누13962 판결]

2. 통정허위표시(제108조)

가. 요건

(1) 의사표시의 존재

(2) 의사와 표시의 불일치

(3) 상대방과의 통정

(개) 가장행위를 한다는 점에 관한 당사자 사이의 상호 양해 내지 합의

(내) 단순한 인식으로는 부족

(대) 추정[대법원 1978. 4. 25. 선고 78다226 판결] 특별한 사정없이 동거하는 부부간에 있어 남편이 처에게 토지를 매도하고 그 소유권이전등기까지 경료함은 이례에 속하는 일로서 가장매매라고 추정하는 것이 경험칙에 비추어 타당하다.

나. 효과

(1) 당사자 사이 : 무효(제108조 제1항), 누구라도 무효 주장 가능[대법원 1996. 4. 26. 선고 94다12074 판결] 가장매매 당사자가 아닌 제3자(양도인의 가장매매 후 양도인으로부터의 제3의 양수인)

(2) 제3자에 대한 효력 : 선의 제3자에 대항 불가

(개) 취지 : 거래안전, 등기의 공신력을 부여하는 기능

(내) 선의

① 의사표시가 허위표시임을 모르는 것

② 선의 추정[대법원 1970. 9. 29. 선고 70다466 판결], 무과실 불요(과실있는 자도 포함)[대법원 2004. 5. 28. 선고 2003다70041 판결]

(대) 제3자

① 당사자 · 포괄승계인 외의 자

② 허위표시를 기초로 형성된 법률관계를 토대로 실질적으로 새로운 법률상 이해관계를 맺은 자

③ 허위표시의 당사자뿐만 아니라 그 누구도 허위표시의 무효를 대항하지 못함 : 선의의 제3자에 대한 관계에서는 통정허위표시 유효[대법원 2000. 7. 6. 선고 99다51258 판결]

(라) 유형 : 제3자 보호의 범위는 권리자의 귀책성에 의하여 결정[민법판례연구 II 41]

① 채권 가장양도의 채무자 : 미변제시 선의의 제3자 주장 불가, 기변제시 주장 가능[대법원 1983. 1. 18. 선고 82다594 판결]

② 가장채권의 양수인 ⇔ 해제된 채권의 양수인 : 제548조 제1항 단서 선의의 제3자에 해당하지 않음

③ 실질적인 매도인소외1(조선제련으로부터의 매수인)과 매매계약 체결 후 가장 양수인실질 양도인을 위한 등기명의자으로부터의 가등기 경료자피고 : 실질적 법률관계 부정80다1403 형식은 가장 양수인으로부터 가등기를 경료받은 것으로 되어 있으나 이는 가장 양수인과 피고 사이에 실질적인 새로운 법률원인에 의한 것이 아니므로, 다만 실체관계부합 항변은 가능[대법원 1982. 5. 25. 선고 80다1403 판결]

④ 파산관재인[대법원 2003. 6. 24. 선고 2002다48214 판결], 선의 여부는 총파산채권자를 기준[대법원 2006. 11. 10. 선고 2004다10299 판결] 파산관재인이 민법 제108조 제2항의 경우 등에 있어 제3자에 해당하는 것은 파산관재인은 파산채권자 전체의 공동의 이익을 위하여 선량한 관리자의 주의로써 그 직무를 행하여야 하는 지위에 있기 때문

⑤ 임대차보증금반환채권 양수인에 대한 압류채권자[대법원 2014. 4. 10. 선고 2013다59753 판결] 추심금 청구 가능

⑥ 허위의 주채무를 보증한 보증인이 보증채무를 이행한 경우 : 보증채무 이행에 의한 구상금 채권에 대한 연대보증인들 → 보증인에게 주채무의 무효 항변(제108조 제1항) 불가[대법원 2006. 3. 10. 선고 2002다1321 판결] 다만 보증인의 보증채무 이행에 중과실이 있는 경우 연대보증인들은 신의칙에 의한 (재재)항변 가능

⑦ 가등기에 기한 본등기를 기초로 이해관계를 맺은 제3자

⑧ [비교] 가등기 원인인 통정허위표시가 철회되었으나 가등기가 제거되지 않은 동안 본등기소
외1를 마치고 본등기를 토대로 이전등기를 받은 자소외3, 원고 : 부정[대법원 2020. 1. 30. 선고 2019
다280375 판결] 소외1 명의의 본등기는 소외2와 소외1 사이의 허위 가등기 설정이라는 통정한 허위의 의사표시 자
체에 기한 것이 아니라, 통정한 허위의 의사표시가 철회된 이후에 소외1이 항소심판결에 의해 취소·확정되어 소급
적으로 무효가 된 위 제1심판결에 기초하여 일방적으로 마친 원인무효의 등기로서 권리자의 귀책성이 낮으므로

다. 차명대출 : 대여금청구

(1) 계약당사자 확정

(가) 원칙 : 명의대여자(형식적 주채무자)

① 자연적 해석 : 명의대여자와 금융기관의 이해일치가 있는 경우

② 규범적 해석 : 금융기관의 입장에서 명의대여자에게 법률적 책임을 지울 의사가 있는 경우

(나) 예외 : 명의차용자(실질적 주채무자)

① 실질적 주채무자가 제3자를 형식상 주채무자로 내세우고, 금융기관도 이를 양해하여 제3
자에게는 책임을 지우지 않을 의도 하에 제3자 명의로 대출한 경우

② 계약당사자는 금융기관과 실질적 주채무자[대법원 2007. 11. 29. 선고 2007다53013 판결] 동일인에 대한
대출액 한도를 제한한 법령이나 금융기관 내부규정의 적용을 회피하기 위하여 실질적인 주채무자가 실제 대출받고
자 하는 채무액에 대하여 제3자를 형식상의 주채무자로 내세우고, 금융기관도 이를 양해하여 제3자에 대하여는 채
무자로서의 책임을 지우지 않을 의도하에 제3자 명의로 대출관계 서류를 작성받은 경우, 제3자는 형식상의 명의만
을 빌려준 자에 불과하고 그 대출계약의 실질적인 당사자는 금융기관과 실질적 주채무자이므로, 제3자 명의로 되
어 있는 대출약정은 그 금융기관의 양해하에 그에 따른 채무부담의 의사 없이 형식적으로 이루어진 것에 불과하여
통정허위표시에 해당하는 무효의 법률행위

(2) 형식적 주채무자(명의자)가 계약당사자인 경우

(가) 형식적 주채무자에 대한 청구 : 계약상 책임

(가)-1. 비진의 의사표시 : 불가[대법원 1997. 7. 25. 선고 97다8403 판결] 경제적인 효과는 채무자에게 귀속시킬
지라도 법률상의 효과는 자신에게 귀속시킴으로써 대출금채무에 대한 주채무자로서의 책임을 지겠다는 것으로
보아야 할 것, 제3자의 내심의 의사가 대출에 따른 법률상의 효과마저도 채무자에게 귀속시키고 자신은 책임을
지지 않을 의사였다고 하여도 금융기관이 제3자의 내심의 의사마저 알았거나 알 수 있었다고 볼 수는 없다.

(가)-2. 통정허위표시 : 불가은행의 양해가 없었으므로

(가)-3. 착오취소(동기의 착오)[대법원 1984. 10. 23. 선고 83다카1187 판결, 대법원 2009. 11. 12. 선고 2009다
42635 판결]

(나) 실질적 주채무자에 대한 청구

① 계약상 책임 : 불가

② 불법행위책임 : 가능

③ 부당이득반환책임계약상의 급부가 제3자(실질적 주채무자)에게 이익 : 불가[대법원 2008. 9. 11. 선고 2006다

(3) 실질적 주채무자가 계약당사자인 경우

㈎ 실질적 주채무자에 대한 청구 : 계약상 책임

㈏ 형식적 주채무자에 대한 청구

① 계약상 청구

①-1. 통정허위표시 : 무효(금융기관의 양해)[대법원 2001. 5. 29. 선고 2001다11765 판결]

①-2. 채무범위 제한(제485조)

■ 형식상 채무자 : 제3자에 대항 불가 → 대출금채무 부담의무 → 변제할 정당한 이익

■ 채권자의 고의·과실에 의한 담보상실·감소[대법원 2005. 5. 12. 선고 2004다68366 판결] 대출절차
상의 편의를 위하여 대출채무자의 명의를 빌려준 자는 채권자의 파산관재인에 대하여는 통정허위표시로 대항하지
못하므로 대출금채무를 변제할 의무를 직접 부담하고, 그 채무를 변제할 경우 채권자인 파산자가 실채무자에 대하
여 가지는 채권 및 이에 관한 담보권을 당연히 대위행사할 수 있는 지위에 있으므로, 채권자가 파산 전에 위 채무에
관한 근저당권을 고의 또는 과실로 소멸시킨 경우, 형식상 주채무자는 근저당권의 소멸로 인하여 상환을 받을 수
없는 범위에서 채무를 면한다.

▶ 형식적 채무자가 보증인의 지위에 있음을 이유로 면책범위 제한(제485조) 주장 : 불가

[대법원 2005. 5. 12. 선고 2004다68366 판결] 형식적 채무자는 원칙적으로 보증인 지위 부정

② 보증책임 청구

㉠ 원칙 : 보증인의 지위 부정

㉡ 예외 : 실질적 주채무자를 위해 보증인이 될 의사가 있었다는 등의 특별한 사정이 있는 경
우2004다68366

라. 전세권설정계약 무효를 주장하면서 근저당권말소청구(임대차보증금반환채권 담보목적 전세권등기)

(1) 전세권설정계약이 없었던 경우 : 전세권설정계약은 무효[대법원 1998. 9. 4. 선고 98다20981
판결] 전세권설정계약만 놓고 보면 통정허위표시로서 무효, 3자 합의시 유효

(2) 전세권설정계약이 있었던 경우 : 전세권설정계약 무효 주장은 제3자가 그러한 사정
을 알고 있었을 경우에만 가능[대법원 2006. 2. 9. 선고 2005다59864 판결] 외형만 작출된 위 전세권설
정계약은 무효라고 주장할 수 있다고 하더라도, 제3자인 원고와 사이에 있어서는 원고가 그와 같은 사정을 알고
있었던 경우에만 그러한 주장을 할 수 있다.

마. 이전등기말소 : 대리권 수여 + 대리인이 자기명의로 소유권 이전[대법원 1991. 12. 27.
선고 91다3208 판결]

마-1. 제108조 제2항, 제126조 유추 : 본인의 통정용인, 알면서 방치

바. 구상관계

(1) 구상채무 연대보증인이 내부관계에서는 실질적 주채무자인 경우 → 다른 연대보증인에 대해 구상권 행사 불가[대법원 2004. 9. 24. 선고 2004다27440, 28504 판결]

(2) 차명대출 + 다른 연대·물상보증인의 변제 + 구상금청구

(가) 실질적 채무자 : 구상의무(제441조 제1항 수탁보증인의 사후구상권), 일부변제의 경우에도 발생

(나) 형식상 채무자(명의대여자)

① 주채무자로서의 구상의무

㉠ 원칙 : 부정[대법원 1999. 10. 22. 선고 98다22451 판결] 변제자는 실질적 채무자가 주채무자임을 알고 보증, 2007다75648 물상보증인(동원산업)은 실질적 주채무자가 동신레저임을 알면서 물상보증 → 형식상 주채무자인 동신제약은 채권자에 대한 관계에서 주채무자로서 대출금채무를 부담하는지는 별론으로 하더라도, 물상보증인인 동원산업에 대한 관계에 있어서는 주채무자로서의 구상의무를 부담한다고 할 수 없다.

㉡ 예외 : 연대보증인·물상보증인동원산업이 형식상 주채무자동신제약가 실질적 주채무자라고 믿고 보증·보증책임 이행 + 형식상 주채무자에게 귀책사유 있는 경우[대법원 2008. 4. 24. 선고 2007다75648 판결]

② 공동보증인으로서의 구상의무

㉠ 형식적 주채무자 : 연대보증의사 형식적 주채무자가 실질적 주채무자를 연대보증한 것으로 인정될 수 있는 경우 또는 형식상 주채무자와 연대보증인 사이에 내부관계에서 실질상의 주채무자의 채무의 상환을 각기 연대보증한다는 취지의 양해가 묵시적으로나 인정되는 경우 + 보증인 : 자기 부담부분을 넘어서 출재(제448조 제2항) : 구상의무 인정[대법원 2002. 12. 10. 선고 2002다47631 판결]

㉡ 형식적 주채무자와 연대보증인 사이에 형식적 주채무자가 채무의 보증책임 또는 이행책임을 부담하지 않기로 하는 특약, 명시적·묵시적 양해가 있는 경우 : 구상의무 부정[대법원 2008. 4. 24. 선고 2007다75648 판결]

XI. 무권대리

1. 대리의 논점

가. 검토 순서

(1) 계약당사자 결정 : 계약당사자가 명의자로 결정된 경우 행위자는 무권대리

(2) 대리문제 검토 : 유권대리(임의대리, 법정대리) ➡ 무권대리 ➡ 표현대리·추인 ➡ 대리권 남용

나. 대리 주장의 소송법적 성격

(1) 요건사실로 본 사례 : 대리인 자격으로 계약을 체결하였다는 사실은 법률효과를 발생시키는 실체법상의 구성요건 해당사실(주요사실)[대법원 1990. 6. 26. 선고 89다카15359 판결, [대법원 1996. 2. 9. 선고 95다27998 판결] 말소등기청구에서의 소유권취득 사실 : 대리행위는 법률효과를 발생시키는 실체법상의 구성요건 해당 사실에 속하므로 법원은 변론에서 당사자가 주장하지 않은 이상 이를 인정할 수 없으나, 이와 같은 주장은 반드시 명시적인 것이어야 하는 것은 아니고 당사자의 주장 취지에 비추어 이러한 주장이 포함되어 있는 것으로 볼 수 있다면, 당연히 재판의 기초로 삼을 수 있다.

(2) 요건사실로 보지 않은 사례 : 보험계약체결사실에서의 대리권 인정[대법원 1998. 4. 14. 선고 97다39308 판결] 이 사건에서 요건사실은 보험계약의 체결 사실이고 그 계약이 본인에 의하여 체결되었는가 또는 대리인에 의하여 체결되었는가는 간접사실에 불과하다고 할 것이므로 원심이 당사자의 주장과 달리 대리인 소외2에 의하여 보험계약이 체결되었다고 사실인정하였다고 하여 그것이 위법하다고 볼 수는 없다.

다. 유권대리

(1) 임의대리

(가) 발생근거 : 수권행위

① 수권행위의 독자성 : 인정[대법원 1962. 5. 24. 선고 4294민상251,252 판결] 위임과 대리권수여는 별개의 독립된 행위

② 수권행위의 방식 : 묵시적 대리권 수여도 인정[대법원 2016. 5. 26. 선고 2016다203315 판결] 대리권을 수여하는 수권행위는 불요식의 행위로서 명시적인 의사표시에 의함이 없이 묵시적인 의사표시에 의하여 할 수도 있으며, 어떤 사람이 대리인의 외양을 가지고 행위하는 것을 본인이 알면서도 이의를 하지 아니하고 방임하는 등 사실상의 용태에 의하여 대리권의 수여가 추단되는 경우도 있다.

(나) 범위

① 원칙 : 수권행위에 의하여 결정

② 보충규정(제118조) : 관리행위 가능, 처분행위 불가, 물건·권리의 성질을 변경시키는 행위 불가

(2) 법정대리

(가) 발생근거 : 법률규정친권자(제911조, 제920조), 후견인(제932조, 제933조), 일상가사대리권(제827조 제1항), 지정지정후견인(제931조), 지정유언집행자(제1093조, 제1094조), 법원의 선임행위부재자의 재산관리인(제23조, 제24조), 상속재산관리인(제1023조, 제1024조, 제1044조, 제1047조, 제1053조), 유언집행자(제1096조)

(나) 범위 : 법률규정에 의하여 결정

2. 일상가사대리

가. 계약당사자 결정 : 명의자로 확정 → 행위자 무권대리

나. 임의대리(대리권수여) : 피고 을이 피고 병으로부터 위 채무의 연대보증에 관한 대리권을 수여받아, 위 대여 당시 피고 병을 대리하여 원고에 대하여 피고 을의 위 채무를 연대보증한 사실 [사법연수원 요건사실론 사례 연구 4]

다. 법정대리(일상가사대리)

(가) **판단기준** : 생활상태, 주관적 목적, 법률행위의 객관적 성질 등을 고려하여 판단[대법원 1999. 3. 9. 선고 98다46877 판결, 대법원 2009. 2. 12. 선고 2007다77712 판결]

(나) **비상가사대리권은 부정**[대법원 1966. 7. 19. 선고 66다863 판결] 부부간의 일상가사대리권은 그 동거생활을 추지하기 위하여 각각 필요한 범위 내의 법률행위에 국한되어야 할 것이고 아내가 남편 소유의 부동산을 매각하는 것과 같은 처분행위는 일상가사의 대리권에는 속하지 아니한다.

라. 표현대리

(1) 제125조 : 법정대리에는 부적용

(2) 제126조

(가) **기본대리권의 존재** : 일상가사대리권도 기본대리권으로 인정

(나) **권한을 넘는 행위**

(다) **정당한 이유** : 법정대리권인 일상가사대리권의 존재 + 당해 행위에 대한 임의대리권 존재를 믿을 만한 정당한 사유 필요[대법원 2009. 4. 23. 선고 2008다95861 판결] 민법 제827조에서 말하는 '일상의 가사'라 함은 부부가 공동생활을 영위하는 데 필요한 통상의 사무를 말하는 것이어서 특별한 사정이 없는 한 부동산을 처분하는 행위는 일상의 가사에 속한다고 할 수 없는 것이고, 처가 특별한 수권 없이 남편을 대리하여 위와 같은 행위를 하였을 경우에 그것이 민법 제126조 소정의 표현대리가 되려면 처에게 일상가사대리권이 있었다는 것만이 아니라 상대방이 처에게 남편이 그 행위에 관한 대리의 권한을 주었다고 믿었음을 정당화할 만한 객관적인 사정이 있어야 한다.

마. 일부무효 : 부부간 공유재산 + 전부에 대해 근저당권 설정 → 자기지분 범위 내에서는 유효

(1) 무효의 범위 : 대리권 범위 내에서는 본인에게 효력[대법원 1987. 9. 8. 선고 86다카754 판결]

(2) 추인, 추인거절 : 전부

(2)-1. 일부추인, 내용변경 추인 : 무효

(2)-2. 제3자(제133조 단서) : 등기부상 권리를 주장할 수 있는 제3자[대법원 1963. 4. 18. 선고 62다223 판결]

■무권대리의 상대방과 제3자가 취득한 권리가 모두 배타적 효력이 있는 경우에만 제3자 보호

■추인 당시 등기를 경료받지 못한 자들 사이에서는 제133조 부적용 → 먼저 등기를 한 자가 소유권 취득

[62다223] 등기부상 권리를 주장할 수 있는 제3자가 아닌 경우 제133조 단서 주장 불가

▶️원고 : 무권대리행위(1960.4.25.)소외3에 대한 매도인(본인)소외1의 추인(1960.7.)으로 소유권취득 + 피고에 대하여 보존등기말소등기청구

▸ 피고 : 추인에 앞서는 본인소외1에 대한 승소판결(1960.5.24.) 존재 항변 ⇔ 승소판결으로는 제133조 단서의 제3자에 해당하지 않음

---

3. 무권대리 유형

가. 제한능력자 법정대리인의 대리권 제한

나. 부재자 재산관리인

(1) 법원의 허가 없는 처분행위(제25조) ➡ 계약당사자 논점

(2) 부재자와 무관한 처분행위[대법원 1976. 12. 21.자 75마551 결정] 부재자 재산관리인이 법원의 매각처분허가를 얻었다 하더라도 부재자와 아무런 관계가 없는 남의 채무의 담보만을 위하여 부재자 재산에 근저당권을 설정하는 행위는 통상의 경우 객관적으로 부재자를 위한 처분행위로서 당연하다고는 경험칙상 볼 수 없다. ➡ 계약당사자 논점

▸ 선임결정 취소전 행위 : 실종기간 만료 후 행위라도 효력[대법원 1975. 6. 10. 선고 73다2023 판결], 선임결정이 있었던 이상 부재자가 그 이전에 사망하였음이 판명된 경우에도 선임결정 취소 전까지의 관리인의 행위는 유효하고 상속인에게 효력[대법원 1970. 1. 27. 선고 69다719 판결]

▸ 사후권한 부여 : 기왕의 처분행위 추인[대법원 1982. 9. 14. 선고 80다3063 판결]

▸ 표현대리

다. 법인의 이익상반행위 + 특별대리인 불선임

라. 사자본인이 효과의사를 결정가 악의로 다른 사람에게 전달

(1) 전달기관으로서의 사자 : 본인에 의하여 완성된 의사표시를 단순히 전달

㈎ 원래 수신자에 대한 관계 : **부도달**

㈏ 받은 사람에 대한 관계 : **표시기관의 문제**

(2) 표시기관으로서의 사자 : 본인이 결정한 효과의사를 상대방에게 그대로 표시

㈎ 사자 선의 : **규범적 해석 → 표시상의 착오**제109조

(내) 사자 악의 : 무권대리

(내)-1. **제126조 표현대리**[대법원 1962. 2. 8. 선고 4294민상192 판결] 표현대리의 법칙은 거래의 안전을 위하여서는 어떠한 표견적 사실을 야기하는데 원인을 준 자는 그 표견적 사실을 믿음이 있어 정당한 사유가 있다고 인정되는 자에 대하여는 책임이 있다는 일반적인 권리 표견 이론에 그 기초를 두고있는 것이므로 대리인이 아니고 사실 행위를 위한 사자라 하더라도 외관상 그에게 어떠한 권한이 있는 것 같은 표시 내지 행동이 있어 상대방이 그를 믿었고 또 그를 믿음에 있어 정당한 사유가 있었다면 표현대리의 법리에 의하여 본인에게 책임지워 상대방을 보호하여야 할 것이다.

(내)-1-1. **강행법규 위반 : 표현대리 성립 불가**

(내)-1-2. **표현대리 성립시 : 과실상계 불가(채무내용에 따른 본래 급부청구), 제135조 배제**

마. 권한 없는 복임행위

(1) 승낙, 부득이한 사유 없이 복임행위

(2) 대리권 소멸(제127조) 후 복임행위

4. 표현대리

가. 제125조 표현대리

(1) 요건

(개) 대리권 수여 의사표시

(내) 표시 범위 내

(대) 표시 통지를 받은 상대방과 대리행위

(1)－1. 대리권 없음에 대한 악의·과실 : 본인이 증명

(2) 적용범위

(개) **법정대리 : 부적용**대리권수여 표시가 없으므로, [대법원 1955. 5. 12.자 4287민상208 결정] 가족관계등록부상 미성년자의 친권자로 기재된 자가 법정대리인으로 대리행위 → 혈족관계가 전혀 없는 자는 법정대리인이 아니므로 무권대리이고, 제125조 표현대리 성립도 부정

(내) **소송행위 : 적용 배제**[대법원 1983. 2. 8. 선고 81다카621 판결] 무권대리인의 공정증서작성 → 무효, 제125조 부적용

(대) **복대리**

① 임의대리인

■승낙, 부득이한 사유가 있는 경우(제120조)

■묵시적 승낙 : 대리의 목적인 법률행위의 성질상 대리인 자신에 의한 처리가 필요하지 아니한 경우대리행위와 복대리행위가 같은 성질인 경우 94다30690, [대법원 1993. 8. 27. 선고 93다21156 판결] 원고가 채권자를 특정하지 아니한 채 이 사건 제1,2 부동산을 담보로 제공하여 금원을 차용해 줄 것을 소외1에게 위임하였고, 위 소외인은 이를 다시 소외2에게 위임하였으며, 위 소외2는 피고에게 위 부동산을 담보로 제공하고 이

사건 금원을 차용하여 위 소외1에게 교부하였다는 것이므로, 소외1에게 이 사건 사무를 위임한 원고의 의사에는 '복대리인 선임에 관한 승낙'이 포함되어 있다고 봄이 타당하다.

▶ 본인이 복대리 금지의 의사를 명시한 경우[대법원 1996. 1. 26. 선고 94다30690 판결]

② 법정대리인 : 언제든지 복임권(제122조), 책임 가중

③ 복대리인의 무권대리행위 : 제125조 표현대리 성립[대법원 1979. 11. 27. 선고 79다1193 판결]

나. 제126조 표현대리

(1) 요건

㈎ 기본대리권

① 사자, 제125조 · 제129조 표현대리권, 복대리권, 일상가사대리권피고 을이 피고 병의 남편인 사실, 공법상 권리 : 인정

② 요건사실 기재례 : 피고 을이 2020. ○. ○. 피고 병으로부터 피고 을을 대리하여 …계약을 체결할 권한을 위임받은 사실[사법연수원 요건사실론 사례연습 4]

▶ 사실행위 : 부적용

▶ 기본대리권 부정 : 기본계약체결 대리권 ↮ 계약해제시 반환금액수령권한[대법원 2008. 1. 31. 선고 2007다74713 판결]

▶ 현재 대리권 부존재, 과거의 대리권을 넘는 행위[대법원 1979. 3. 27. 선고 79다234 판결]

③ 제129조 + 제126조 표현대리 79다234 : 과거 대리권 존재 · 소멸 + 권한을 넘는 행위

▶ 성명모용 : 기본대리권 부정[대법원 2002. 6. 28. 선고 2001다49814 판결]

④ 기본대리권 있는 자의 본인명의 계약체결[대법원 1988. 2. 9. 선고 87다카273 판결]

㈏ 권한을 넘는 대리행위

▶ 무권리자 처분행위 : 부적용

▶ 본인명의 사용 : 원칙적으로 부적용, 기본대리권 + 정당한 사유가 있는 경우 예외[대법원 1993. 2. 23. 선고 92다52436 판결]

▶ 대리인이 자기명의로 이전 : 대리행위 부정[대법원 1992. 11. 13. 선고 92다33329 판결]

▶ 예외 : 본인의 통정용인, 알면서 방치[대법원 1991. 12. 27. 선고 91다3208 판결] ⟹ 제126조 유추

㈐ 정당한 이유(대리권의 존재)

① 대리행위시 기준

② 추상적 개념 : 판단의 기초가 되는 사실 자체가 주요사실

㉠ 증거에 의하여 직접 인정 불가, 자백 불성립

㉡ 판단의 기초가 되는 사실(규범적 평가를 적극적인 방향에서 근거지우는 평가근거사실과 이와 양립하지만 평가의 성립을 방해하는 평가장애사실)을 종합하여 판단

ⓒ [비교] : 선의·악의, 知·不知와 같은 내심의 의사는 그 자체가 주요사실이고 내심의 의사를 추단할 수 있는 정황사실은 간접사실[대법원 1992. 11. 24. 선고 92다21135 판결, 대법원 2004. 8. 20. 선고 2003다26075 판결], 사법연수원 62-9 기록 해설 : 상당한 관련성 있는 정황사실을 간접사실로서 인정한 후에 이를 기초로 경험칙에 의해 악의를 추인 ➡ …및 변론 전체의 취지를 종합하면 합의서에… 상계되었다고 기재되어 있는 사실, 원고는 그 당시 …그 내용을 읽어보았던 사실을 인정할 수 있고, 위 인정사실에 의하면, 원고는 피고 박은상의 위 채권양도 승낙 당시 이미 위 대여금채권의 존재 및 상계의 의사표시가 있었던 사실을 알고 있었다고 추인할 수 있으므로, 피고 박은상은 위 상계로써 악의의 채권양수인인 원고에게 대항할 수 있다고 할 것이니, 이 점을 지적하는 피고 박은상의 재재항변은 이유 있고 결국 원고의 재항변은 이유 없다.

③ 요건사실 기재례 : 피고 을이 위 연대보증 당시 피고 병의 인감도장과 피고 병이 직접 발급 받은 인감증명서를 소지하고 있었던 사실[사법연수원 요건사실론 사례연습 4]

▸ 매매계약 성립 후 이행단계에서 위임장 교부[대법원 1981. 12. 8. 선고 81다322 판결]

(1)-1. 제3자 주장 : 당해 표현대리의 직접 상대방만 ⇔ 표현대리가 성립하는 어음보증의 약속어음을 배서받은 자 : 제3자 부정[대법원 2002. 12. 10. 선고 2001다58443 판결] 표현대리에 관한 민법 제126조의 규정에서 제3자라 함은 당해 표현대리행위의 직접 상대방이 된 자만을 지칭하는 것이고, 약속어음의 보증은 발행인을 위하여 그 어음금채무를 담보할 목적으로 하는 보증인의 단독행위이므로 그 행위의 구체적, 실질적인 상대방은 어음의 제3취득자가 아니라 발행인이라 할 것이어서 약속어음의 보증 부분이 위조된 경우, 동 약속어음을 배서, 양도받는 제3취득자는 위 보증행위가 민법 제126조 소정의 표현대리행위로서 보증인에게 그 효력이 미친다고 주장할 수 있는 제3자에 해당하지 않는다.

(1)-2. 정당한 사유 부존재 : 계약서 형식이나 내용이 이례적인 경우97다48982 대부분의 연대보증인들의 주소와 이름이 동일한 필체에 의하여 기재, 피고 이름 옆의 인영에 ×표시로 말소된 인영 존재

(1)-3. 대리권 남용 : 대리인의 대리권 남용 의사에 대한 악의·과실[대법원 1987. 7. 7. 선고 86다카1004 판결]

(2) 적용범위

⑺ 법정대리 : 적용(후견인의 친족회 동의 없는 행위)[대법원 1997. 6. 27. 선고 97다3828 판결] 민법 제126조 소정의 권한을 넘는 표현대리 규정은 거래의 안전을 도모하여 거래상대방의 이익을 보호하려는 데에 그 취지가 있으므로 법정대리라고 하여 임의대리와는 달리 그 적용이 없다고 할 수 없고, 따라서 한정치산자의 후견인이 친족회의 동의를 얻지 않고 피후견인의 부동산을 처분하는 행위를 한 경우에도 상대방이 친족회의 동의가 있다고 믿은 데에 정당한 사유가 있는 때에는 본인인 한정치산자에게 그 효력이 미친다.

⑷ 복대리 : 원대리인에게 기본대리권이 있으면 복대리인의 행위에 대하여 제126조 표현대리 성립[대법원 1998. 3. 27. 선고 97다48982 판결] 대리인이 사자 내지 임의로 선임한 복대리인을 통하여 권한 외의 법률행위를 한 경우, 상대방이 그 행위자를 대리권을 가진 대리인으로 믿었고 또한 그렇게 믿는 데에 정당한 이유가 있는 때에는, 복대리인 선임권이 없는 대리인에 의하여 선임된 복대리인의 권한도 기본대리권이 될 수 있을 뿐만 아니라, 그 행위자가 사자라고 하더라도 대리행위의 주체가 되는 대리인이 별도로 있고 그들에게 본인으로부터

기본대리권이 수여된 이상, 민법 제126조를 적용함에 있어서 기본대리권의 흠결 문제는 생기지 않는다.

다. 제129조 표현대리

(1) 요건

(가) 대리권이 존재하였다가 소멸

(나) 대리권 범위 내의 행위

(1) – 1. 악의, 과실 : 본인이 증명다수설

(2) 적용범위

(가) **법정대리 : 적용**[대법원 1975. 1. 28. 선고 74다1199 판결]

(나) **복대리 : 적용**[대법원 1998. 5. 29. 선고 97다55317 판결] 상대방이 대리권 소멸 사실을 알지 못하여 복대리인에게 적법한 대리권이 있는 것으로 믿었고, 그와 같이 믿은 데 과실이 없다면 민법 제129조에 의한 표현대리가 성립할 수 있다.

XII. 무권리자 처분행위

1. 유형

가. **상속인의 출연재산 처분행위**[대법원 1984. 9. 11. 선고 83누578 판결] 유언으로 재단법인을 설립하는 경우, 출연재산은 유언의 효력이 발생한때 즉 출연자가 사망한 때로부터 법인에 귀속되므로 출연재산은 상속인의 상속재산에 포함되지 않는 것으로서 재산상속인의 출연재산에 포함되지 않는 것으로서 재산상속인의 출연재산 처분행위는 무권한자의 행위가 될 수밖에 없다.

나. **피담보채권이 존재하지 않는 채권에 대한 압류명령**[대법원 2011. 4. 28. 선고 2010다107408 판결] 통정허위표시로 이루어진 근저당권설정계약(유인성)에 대한 선의의 제3자라도 피담보채권이 존재하지 않으면 압류명령은 무효, 피담보채권의 존재(부종성)를 주장하는 자가 입증

[2010다107408] 무효인 근저당권설정계약에 대한 선의의 제3자라도 부종성으로 대항 가능

▶원고근저당권부 채권 압류 및 전부명령 → 피고 : 배당이의

① 근저당권설정계약 무효(유인성) : 통정허위표시
 ▸ 선의의 제3자

② 피담보채권의 부존재(부종성) : 근저당권설정계약만 체결하였을 뿐 근저당권의 피담보채권을 성립시키는 법률행위 자체가 없었음
 ▸ 피담보채권의 존재에 대하여는 그 존재를 주장하는 자가 증명책임 : 피담보채권의 부존재 → 압류명령 무효 (피고 상고인용)

[원심] 피고와 소외인 사이에 체결된 이 사건 근저당권설정계약은 통정허위표시에 해당하여 무효이고, 원고는 통정허위표시를 기초로 하여 새로이 법률상 이해관계를 가진 선의의 제3자에 해당하므로, 피고는 원고에 대하여 위 근저당권설정

계약의 무효를 주장할 수 없다.

[대법원] 근저당권은 그 담보할 채무의 최고액만을 정하고, 채무의 확정을 장래에 보류하여 설정하는 저당권으로서, 계속적인 거래관계로부터 발생하는 다수의 불특정채권을 장래의 결산기에서 일정한 한도까지 담보하기 위한 목적으로 설정되는 담보권이므로, 근저당권설정행위와는 별도로 근저당권의 피담보채권을 성립시키는 법률행위가 있어야 하고, 근저당권의 성립 당시 근저당권의 피담보채권을 성립시키는 법률행위가 있었는지 여부에 대한 증명책임은 그 존재를 주장하는 측에 있다. 한편 근저당권이 있는 채권이 압류되는 경우, 근저당권설정등기에 부기등기의 방법으로 그 피담보채권의 압류사실을 기입등기하는 목적은 근저당권의 피담보채권이 압류되면 담보물권의 수반성에 의하여 종된 권리인 근저당권에도 압류의 효력이 미치게 되어 피담보채권의 압류를 공시하기 위한 것이므로, 만일 근저당권의 피담보채권이 존재하지 않는다면 그 압류명령은 무효라고 할 것이다.

피고는 이 사건 근저당권설정계약만을 체결하였을 뿐 근저당권의 피담보채권을 성립시키는 법률행위 자체가 없었다고 다투고 있으므로, 그러한 법률행위가 존재하는지 여부가 문제된다 할 것인데, 그에 대한 증명책임은 그 존재를 주장하는 원고에게 있고, 그에 관한 원고의 증명이 부족하다면 이 사건 압류는 무효라고 할 것이다. 그렇다면 원심으로서는 피고와 소외인 사이의 이 사건 근저당권에 의하여 담보되는 피담보채권을 성립시키는 법률행위가 있었는지 여부에 대하여 충분한 심리를 하였어야 할 것임에도 불구하고, 이에 대한 심리를 제대로 하지 아니한 채 원고의 청구를 인용하였으니, 원심판결에는 근저당권이 있는 채권의 압류에 관한 법리를 오해하였거나 심리를 다하지 아니하여 판결에 영향을 미친 위법이 있다.

다. **소유권유보부매매의 매수인이 처분**[대법원 2010. 2. 11. 선고 2009다93671 판결] 대금이 모두 지급되지 아니한 상태에서 매수인이 목적물을 다른 사람에게 양도하더라도, 양수인이 선의취득의 요건을 갖추거나 소유자인 소유권유보매도인이 후에 처분을 추인하는 등의 특별한 사정이 없는 한 그 양도는 목적물의 소유자가 아닌 사람이 행한 것으로서 효력이 없어서, 그 양도로써 목적물의 소유권이 매수인에게 이전되지 아니한다.

라. **처분권한 없는 자의 채권양도 : 파산자, 피압류채권의 채권자, 유효한 1양도 후 양도인**[대법원 2016. 7. 14. 선고 2015다46119 판결] 지명채권의 양도란 채권의 귀속주체가 법률행위에 의하여 변경되는 것으로서 이른바 준물권행위 내지 처분행위의 성질을 가지므로, 처분권한 없는 자가 지명채권을 양도한 경우 특별한 사정이 없는 한 채권양도로서 효력을 가질 수 없으므로 양수인은 그 채권을 취득하지 못한다. 또한 제2차 양도계약 후 양도인과 제1양수인이 제1차 양도계약을 합의해지한 다음 제1양수인이 그 사실을 채무자에게 통지함으로써 채권이 다시 양도인에게 귀속하게 되었더라도 특별한 사정이 없는 한 양도인이 처분권한 없이 한 제2차 양도계약이 채권양도로서 유효하게 될 수는 없으므로, 그로 인하여 제2양수인이 당연히 그 채권을 취득하게 된다고 볼 수는 없다.

마. **분양위임계약이 해지된 후 수임인과 매매계약**[대법원 1987. 9. 22. 선고 85다카2263 판결]

바. **사해행위취소소송으로 등기명의를 회복한 채무자의 처분행위**[대법원 2017. 3. 9. 선고 2015다217980 판결], 채무자는 실제 소유권을 회복한 것이 아니라 채권자들의 강제집행이 가능하도록 등기를 돌려받은 것에 불과[민법판례연구 196]

사. 양도담보설정자에게 소유권이나 처분권 등 양도담보물를 설정할 권한이 없음에
   도 체결된 양도담보설정계약[대법원 2022. 1. 27. 선고 2019다295568 판결]

2. 대항 방법

가. 제126조 · 제108조 제2항 유추 : 통정 · 용인하였거나 알면서 방치한 경우[대법원 1991.
12. 27. 선고 91다3208 판결] 소유권이전등기가 경료된 데 대하여 이를 통정 · 용인하였거나 이를 알면서 방치하였
다고 볼 수 없다면 이에 민법 제126조나 제108조 제2항을 유추할 수는 없다.

나. 선의취득 : 동산[대법원 2010. 2. 11. 선고 2009다93671 판결]

다. 무권리자 처분행위 추인

(1) 요건

㈎ 처분행위가 유효함을 전제로 후속행위

㈏ 처분행위가 무효임을 알거나 적어도 무효임을 의심하면서도 그 행위의 효과를 자기에게 귀
   속시키도록 하는 의사로 후속행위[대법원 2014. 3. 27. 선고 2012다106607 판결] 무효인 법률행위를 추인
에 의하여 새로운 법률행위로 보기 위하여서는 당사자가 이전의 법률행위가 무효임을 알고 그 행위에 대하여 추인
하여야 한다. 한편 추인은 묵시적으로도 가능하나, 묵시적 추인을 인정하기 위해서는 본인이 그 행위로 처하게 된
법적 지위를 충분히 이해하고 그럼에도 진의에 기하여 그 행위의 결과가 자기에게 귀속된다는 것을 승인한 것으로
볼만한 사정이 있어야 할 것이므로 이를 판단함에 있어서는 관계되는 여러 사정을 종합적으로 검토하여 신중하게
하여야 한다. 위와 같은 법리를 고려하면, 당사자가 이전의 법률행위가 존재함을 알고 그 유효함을 전제로 하여 이
에 터 잡은 후속행위를 하였다고 해서 그것만으로 이전의 법률행위를 묵시적으로 추인하였다고 단정할 수는 없고,
묵시적 추인을 인정하기 위해서는 이전의 법률행위가 무효임을 알거나 적어도 무효임을 의심하면서도 그 행위의
효과를 자기에게 귀속시키도록 하는 의사로 후속행위를 하였음이 인정되어야 할 것이다.

(2) 방법

㈎ 명시적 · 묵시적인 방법으로도 가능

㈏ 의사표시는 무권대리인이나 그 상대방 어느 쪽에 하여도 무방[대법원 2001. 11. 9. 선고 2001다
44291 판결]

(3) 효과

㈎ 권리자와 상대방

① 물권관계 변동

② 추인하지 않은 경우 : 말소등기청구(제214조), 사용이익 반환청구는 불가(제201조 제1항)

㈏ 무권리자와 상대방

① 채권행위 : 유효

② 물권행위 : 추인에 의하여 소급적으로 유효

③ 추인하지 않은 경우 : 타인권리매매, 채무불이행, 착오취소, 사기, 불법행위

(다) 권리자와 무권리자(이득반환의 방법)

① 사무관리 : 불가[대법원 1995. 9. 15. 선고 94다59943 판결] 관리의사가 없으므로

② 부당이득 : min[권리자 손해 : 추인 당시 목적물 시가 상당액, 무권리자 이익 : 처분대가 상당액][대법원 2001. 11. 9. 선고 2001다44291 판결] 무권리자에 의한 처분행위를 권리자가 추인한 경우 권리자는 무권리자에 대하여 무권리자가 그 처분행위로 인하여 얻은 이득의 반환을 구할 수 있으므로, 피고는 원고에게 위 협의취득으로 수령한 손실보상금 중 원고 지분 상당액을 부당이득으로서 반환할 의무가 있다.

③ 불법행위 : 불가추인으로 위법성, 손해 부정

④ 조건부 추인 : 부당이득을 완전히 반환받지 못하는 것을 해제조건으로

⑤ 추인하지 않은 경우 : 채무불이행, 불법행위, 부당이득

라. 실체관계부합

(1) 단순승인에 의하여 처분권이 추완되는 경우

(2) 사해행위취소 판결 후 채무자의 처분 사례 : 채무자에게 등기 명의가 복귀된 후 수익자가 채무자에게 지급한 급여를 반환받고 매매계약을 해제 → 제3자가 유효하게 소유권 취득 가능[민법판례연구 198]

XIII. 토지거래허가 전 매매계약(유동적 무효)

1. 유동적 무효의 유형

가. 무권대리행위

나. 무권리자 처분행위

다. 토지거래허가 전 매매계약 : 허가를 받을 것을 전제로 하는 매매계약에서 허가를 받기 전의 상태[대법원 2009. 4. 23. 선고 2008다50615 판결]

2. 법률관계

가. 매매계약의 무효 : 유동적 무효, 채권적 효력도 부정[대법원 1992. 10. 13. 선고 92다16836 판결]

(1) 주된급부 이행청구 · 허가조건부 이행청구 불가[대법원 2010. 8. 26.자 2010마818 결정]

(2) 처분금지가처분(피보전권리 : 이전등기청구권) 불가

(3) 손해배상청구 불가, 계약해제 불가[대법원 1995. 1. 24. 선고 93다25875 판결] 토지거래허가를 아직 받지 못하였다면, 그 계약내용 대로의 효력이 있을 수 없는 것이어서 당사자는 그 계약내용에 따른 의무를 부담하지 아니하므로

(4) 부당이득청구 불가[대법원 1997. 11. 11. 선고 97다36965, 36972 판결] 계약이 유동적 무효 상태로 있는 한

그를 부당이득으로서 반환을 구할 수 없고, 확정적으로 무효가 되었을 때 비로소 부당이득으로 그 반환을 구할 수 있다.

나. 확정적 무효 → 이전등기 · 인도청구 · 매매대금 지급청구 불가, 부당이득 반환청구 가능97다36965, [대법원 2008. 3. 13. 선고 2007다76603 판결]

(1) 토지거래허가를 배제 · 잠탈하기 위한 매매계약[대법원 2007. 11. 30. 선고 2005도9922 판결] 실제로는 매매계약을 체결하고서도 처음부터 토지거래허가를 잠탈하려는 목적으로 등기원인을 실제와 달리 '증여'로 한 제1심 공동피고인 명의의 소유권이전등기를 경료하였다는 것인바, 위 토지거래계약은 확정적 무효이고, 이에 터 잡은 소유권이전등기는 실체관계에 부합하지 아니한다.

(2) 불허가처분[대법원 1997. 7. 25. 선고 97다4357, 4364 판결], 당사자간 계약이 허가기준에 어긋나 객관적으로 허가가 날 수 없는 계약으로 확정[대법원 1996. 11. 8. 선고 96다35309 판결]

(3) 협력의무 이행거절의사 명백

㈎ 토지거래허가를 신청 하기 전 그 거래의 무효 또는 취소비진의표시, 허위표시 또는 착오 또는 사기, 강박를 주장하여 거래허가 신청협력에 거절의사를 일방적으로 명백히 한 경우[대법원 1997. 7. 25. 선고 97다4357, 4364 판결, 대법원 1996. 11. 8. 선고 96다35309 판결]

㈏ 매도인이 허가신청서에 날인하지 아니하여 허가신청 자체를 하지 못하게 하였고, 매수인에게 끝까지 토지거래 허가가 아닌 제소전 화해조서에 의하여서라도 등기를 이전받으라고 하면서 그 잔금을 지급 기일 내에 지급하지 않으면 매매계약을 해제하여 계약금을 몰취하겠다고 한 경우[대법원 1993. 7. 27. 선고 91다33766 판결]

(4) 허가 전 가등기 → 경매에 의하여 제3자에게 소유권 이전 → 본등기

㈎ 소유권이전등기의무 이행불능, 본등기 무효[대법원 2013. 2. 14. 선고 2012다89900 판결] 토지거래허가가 나지 아니한 상태에서 당해 토지에 관한 경매절차가 개시되어 제3자에게 소유권이 이전되었다면, 위 토지거래계약에 기한 소유권이전의무는 특별한 사정이 없는 한 이행불능 상태에 이르렀다고 보아야 하고, 이로써 유동적 무효 상태에 있던 위 토지거래계약은 확정적으로 무효가 된다고 할 것이다. 따라서 토지거래허가 없이 체결된 매매예약에 기하여 소유권이전청구권 보전을 위한 가등기가 경료되어 있는 상태에서 당해 토지가 제3자에게 낙찰되어 소유권이 이전된 경우에는 그 후 그 가등기에 기한 본등기까지 경료되었더라도 이는 효력이 없는 무효의 등기라 할 것이다.

㈏ 매매계약 체결 전 존재하는 채권채무관계는 존속[대법원 2011. 6. 24. 선고 2011다11009 판결] 「국토의 계획 및 이용에 관한 법률」상의 토지거래허가를 받지 않아 거래계약이 유동적 무효의 상태에 있는 경우 그와 같은 유동적 무효 상태의 계약은 관할 관청의 불허가처분이 있을 때뿐만 아니라 당사자 쌍방이 허가신청 협력의무의 이행거절 의사를 명백히 표시한 경우에는 허가 전 거래계약관계, 즉 계약의 유동적 무효 상태가 더 이상 지속된다고 볼 수 없고 그 계약관계는 확정적으로 무효가 되며, 그와 같은 법리는 거래계약상 일방의 채무가 이행불능임이 명백하고 나아가 그 상대방이 거래계약의 존속을 더 이상 바라지 않고 있는 경우에도 마찬가지이다. 한편 채권자와 채무자가 기존의 계약을 변경하여 채권자, 채무자, 채권의 내용 등을 달리하는 새로운 계약을 체결하였는데 그 새로운 계약이 무효이거나 취소된 경우, 구 채권자가 기존의 계약관계에 기한 채권을 포기하였다는 등의 특별

한 사정이 없는 한, 기존의 계약관계는 유효하게 존속하는 것으로 보아야 하므로, 구 채권자는 구 채무자를 상대로 기존의 계약관계에 기한 채권을 행사할 수 있다.

(5) 정지조건 불성취(농지전용 불가) 확정

(6) 계약인수

⑺ **매수인 지위 이전 : 제3자의 매도인에 대한 허가신청절차 협력 청구 불가**[대법원 1996. 7. 26. 선고 96다7762 판결] 국토이용관리법상 토지거래허가 제도가 토지의 투기적 거래를 방지하여 정상적 거래를 조장하려는 데에 그 입법취지가 있음에 비추어 볼 때, 매도인과 매수인 및 제3자 사이에 제3자가 위와 같은 매수인의 지위를 매수인으로부터 이전받는다는 취지의 합의는 매도인과 매수인 사이의 매매계약에 대한 관할 관청의 허가가 있어야 비로소 효력이 발생하고, 위 허가가 없는 이상 위 3 당사자 사이의 합의만으로 유동적 무효상태의 매매계약의 매수인 지위가 매수인으로부터 제3자에게 이전하고, 제3자가 매도인에 대하여 직접 토지거래허가 신청절차 협력의무의 이행을 구할 수 있다고 할 수는 없다.

⑻ **매도인 지위 이전 : 유효**[대법원 2013. 12. 26. 선고 2012다1863 판결] 토지거래허가제도는 투기적 거래를 방지하여 정상적 거래질서를 형성하려는 데에 입법 취지가 있는 점에 비추어 보면, 제3자가 토지거래허가를 받기 전의 토지 매매계약상 매수인 지위를 인수하는 경우와 달리 매도인 지위를 인수하는 경우에는 최초매도인과 매수인 사이의 매매계약에 대하여 관할 관청의 허가가 있어야만 매도인 지위의 인수에 관한 합의의 효력이 발생한다고 볼 것은 아니다.

다. 허가신청절차 협력의무

(1) 협력의무 이행청구 가능[대법원 1991. 12. 24. 선고 90다12243 전원합의체 판결, 대법원 2009. 4. 23. 선고 2008다50615 판결], 협력의무 이행청구권을 피보전권리로 하는 채권자대위청구 가능[대법원 1994. 12. 27. 선고 94다4806 판결]

(2) 손해배상청구 가능[대법원 1995. 4. 28. 선고 93다26397 판결, 대법원 2008. 7. 10. 선고 2008다15377 판결], 손해배상예정 가능[대법원 1997. 2. 28. 선고 96다49933 판결, 대법원 2008. 7. 10. 선고 2008다15377 판결]

(3) 가처분 가능(피보전 : 토지거래허가신청절차 청구권)[대법원 1998. 12. 22. 선고 98다44376 판결] ⇔ 주된계약(매매) 해제 불가[대법원 1999. 6. 17. 선고 98다40459 전원합의체 판결, 대법원 2006. 1. 27. 선고 2005다52047 판결] ∵ 부수적 급부

다-1. 매대대금 지급 불이행 : 토지거래허가신청절차의 이행청구에 대한 거절사유가
아님[대법원 2013. 12. 26. 선고 2012다1863 판결] 매매계약이 확정적으로 유효하게 된 이후의 계약이행 단계에서 문제

다-2. 계약금계약 해제 가능

(1) 협력의무 이행청구 → 주된급부 이행착수로 볼 수 없음[대법원 1997. 6. 27. 선고 97다9369 판

결] 1심 승소판결을 받은 것만으로는 매수인의 이행착수로 볼 수 없음

(2) 허가가 있어도 제565조에 의한 해제 가능[대법원 2009. 4. 23. 선고 2008다62427 판결] 토지거래 허가 → 부수적급부 → 이행착수가 아니므로

다-3. 실권약정 : 토지거래허가를 받지 않은 유동적 무효 상태에서도 가능[대법원 2010. 7. 22. 선고 2010다1456 판결]

XIV. 일부무효

1. 법률행위의 무효

가. 전부 무효 원칙(제137조 본문)[대법원 1992. 10. 13. 선고 92다16836 판결] [원고 → 피고] : 토지, 건물에 대한 이전등기청구, 피고 : 토지거래허가 없음 항변, [원심] : 건물이전등기청구만 인용], [대법원] : 전부무효 인정 ➡ 토지부분의 매매계약이 유효한 것으로 확정되지 아니한 상태에서 건물부분의 매매계약만 유효한 것으로 보아 소유권이전등기를 명하는 것은 옳다고 할 수 없다.

나. 예외 : 제608조, 이자제한법 제2조, 약관규제법 제16조

2. 일부무효(제137조 단서)

가. 성질

(1) 양적 일부무효

(2) 기존 법률행위의 일부 효력을 제거할 뿐 새로운 법률행위의 창설은 불허[민법판례연구 26], [대법원 2016. 11. 18. 선고 2013다42236 전원합의체 판결 별개의견] 동의 절차 없이 표준임대보증금을 초과하여 체결된 전환보증금은 표준임대보증금을 초과하는 한도 내에서 무효이나 이에 상응하여 임대료를 증액하는 것은 불가

나. 요건

(1) 일체성

㈎ 법률적 관점이 아니라 경제적 관점에서 판단[대법원 1992. 10. 13. 선고 92다16836 판결]

㈏ 형식적인 법률행위의 개수가 아니라 당사자의 의사에 따른 경제적·사실적 일체성에 따라 판단[민법판례연구 28] : 임대차계약과 임대차보증금계약 → 일체성 인정2013다42236

(2) 분할가능성 : 일방 당사자의 급부가 분할가능하여도 다른 당사자의 급부를 분할할 수 없다면임대인이 임차인에게 목적물을 사용·수익하게 할 의무 분할가능성 부정[민법판례연구 27]

(3) 가정적 의사

㈎ 기준시점 : 법률행위의 일부가 무효임을 '법률행위 당시'에 알았다면 의욕하였을 가정적 효과의사

㈏ 가정적 의사의 내용

① 일부 무효상태를 수용하는 가정적 의사[대법원 2017. 11. 9. 선고 2015다44274 판결]

② 수용 ➡ 일부무효, 불수용 ➡ 무효행위 전환 논점(다른 법률행위를 의욕)

(4) 일부무효의 한계 : 당사자의 급부와 반대급부의 등가관계 유지[민법판례연구 31]

다. 적용범위

(1) 사적자치의 원칙이 지배하는 영역 내에서 적용(임의규정)

(2) 전부 무효가 강행규정의 취지에 반하는 경우 → 일부 유효[대법원 2013. 4. 26. 선고 2011다9068 판결]

(3) [대법원 2013다42236 판결 별개의견] : 보증금계약 무효→임대차계약 유효(제137조 단서)∵ 임대차계약과 보증금계약의 독립성, 동반조정 필요성↓

(4) 채권의 일부무효와 채권담보목적 이전등기에 대한 말소등기청구 : 채권이 일부무효라도 나머지 채권이 유효한 경우 말소등기청구 불가[대법원 1970. 9. 17. 선고 70다1250 판결] 피고 앞으로 경료된 이 사건 부동산에 관한 소유권이전등기는 적어도 위에서 인정한 돈 20만 원을 피고가 회수할 때까지 그 담보방법으로 경료된 것이라는 범위내에서는 유효하다고 볼 수 있으므로 유효한 소유권이전등기의 말소등기를 구하는 원고의 이 사건 청구는 이유 없다.

(5) 일부무효의 예외 : 급부불능에 의한 잔존급부 특정(제385조 제1항)

3. 일부취소

가. 요건

(1) 법률행위의 일체성

(2) 분할가능성 : 금전채무

(3) 법률행위가 일부취소되더라도 잔존부분을 유지하려는 당사자의 가정적 의사

나. 효과 : 일부취소[대법원 2002. 9. 10. 선고 2002다21509 판결] 피고와 원고 사이에 체결된 이 사건 연대보증계약이 소외1의 기망행위에 의하여 체결되어 적법하게 취소되었다고 할 것이나 이 사건 연대보증계약에 따른 보증책임이 금전채무로서 채무의 성격상 가분적이고, 원고에게 보증한도를 금 30,000,000원으로 하는 보증의사가 있었던 이상 원고의 이 사건 연대보증계약의 취소는 금 30,000,000원을 초과하는 범위 내에서만 그 효력이 생긴다.

XV. 무효행위 전환(제138조)

1. 성질

가. 질적 일부무효

나. 새로운 법률행위의 창설을 허용[민법판례연구 26]

2. 요건

가. 일단 성립한 법률행위의 무효무효행위전환 법리는 원칙적으로 전부 무효를 전제

나. 다른 법률행위 요건

(1) 무효인 법률행위와 전환되는 법률행위가 반드시 다른 종류일 필요는 없음[대법원 2010. 7. 15. 선고 2009다50308 판결]

(2) 적어도 '다른' 법률행위로 평가될 수 있어야 함[민법판례연구 29]

다. 의욕(가정적 의사 : 새로운 법률행위 → 무효 사실을 알았다면 계약 자체를 새로 체결)

(1) 일부무효 상태를 수용하지 않을 것

(2) 당사자들이 추구하는 경제적 목적을 가장 중요한 관련점으로 고려

3. 효과 : 다른 법률행위로서의 효력

가. 혼인외 출생자를 혼인 중 출생자로 신고 → 인지신고로서 유효[대법원 1971. 11. 15. 선고 71다1983 판결]

나. [2013다42236 다수의견] : 보증금계약 무효 → 보증금계약 + 임대차계약 전부무효 → 임대차계약 무효행위전환∵ 임대차계약과 임대보증금계약의 상호관련성↑, 임대료와 보증금의 동반조정 필요성↑

다. 절대적 무효행위불공정한 법률행위(제104조)에 대하여도 적용[대법원 2010. 7. 15. 선고 2009다50308 판결] 매매계약이 약정된 매매대금의 과다로 말미암아 민법 제104조에서 정하는 '불공정한 법률행위'에 해당하여 무효인 경우에도 무효행위의 전환에 관한 민법 제138조가 적용될 수 있다. 따라서 당사자 쌍방이 위와 같은 무효를 알았더라면 대금을 다른 액으로 정하여 매매계약에 합의하였을 것이라고 예외적으로 인정되는 경우에는, 그 대금액을 내용으로 하는 매매계약이 유효하게 성립한다.

XVI. 무효행위 추인(제139조)

1. 요건

가. 상대적·확정적 무효 : 절대적 무효에는 부적용

나. 무효원인을 알고

다. 새로운 법률행위 요건

라. 무효원인 소멸[대법원 1997. 12. 12. 선고 95다38240 판결] 무효행위의 추인은 그 무효원인이 소멸한 후에 하여야 그 효력이 있고, 따라서 강박에 의한 의사표시임을 이유로 일단 유효하게 취소되어 당초의 의사표시가 무효로 된 후에 추인한 경우 그 추인이 효력을 가지기 위하여는 그 무효원인이 소멸한 후일 것을 요한다고 할 것인데, 그 무효원인이란 바로 위 의사표시의 취소사유라 할 것이므로 결국 무효원인이 소멸한 후란 것은 당초의 의사표시의 성립 과정에 존재하였던 취소의 원인이 종료된 후, 즉 강박 상태에서 벗어난 후라고 보아야 한다.

2. 효과

가. 원칙 : 소급효 부정[대법원 1992. 5. 12. 선고 91다26546 판결] 무효인 법률행위는 당사자가 무효임을 알고 추인할 경우 새로운 법률행위를 한 것으로 간주할 뿐이고 소급효가 없는 것이므로 무효인 가등기를 유효한 등기로 전용키로 한 약정은 그때부터 유효하고 이로써 위 가등기가 소급하여 유효한 등기로 전환될 수 없다.

나. 예외

(1) 무권대리 추인 : 소급효 인정
(2) 무권리자 처분행위 추인 : 소급효 인정
(3) 신분행위 : 타인의 자식을 출생신고 → 입양의 효력[대법원 1977. 7. 26. 선고 77다492 전원합의체 판결, 대법원 2009. 4. 23. 선고 2008므3600 판결]

제4관 취소

I. 제한능력자 단독의 법률행위

1. 요건 : 재산상 법률행위 + 취소 의사표시제5조 제2항

2. 대항방법

가. 취소권 제한 : 단독으로 가능한 행위(제5조 제1항 단서, 제6조, 제8조 제1항, 제8조 제2항 단서, 제117조, 제1061조)

나. 개별적 보호 : 촉구(제15조), 철회·거절(제16조), 취소권 배제(제17조)

다. 민법상의 일반원칙에 의한 보호 : 추인, 법정추인(제145조), 제척기간성년자가 된 날~3년, 대리인이 안 날~3년, 법률행위를 한 날~10년, 90다13420 취소에 의하여 발생한 청구권 : 취소한 때부터 소멸시효 진행, 사기취소, 착오취소, 불법행위

II. 제109조

1. 요건

가. 착오

(1) 개념 : 진의에 일치하지 않음을 모르고 하는 표시법률행위 성립을 전제 ➡ 불성립시 착오가 문제될 여지 없음, (법률행위 해석에 의하여) 확정된 의사와 표시의 불일치

(2) 법률행위 해석과 착오

㈎ 자연적 해석 : 당사자 이해일치 → 착오 불발생

㈏ 규범적 해석 : 착오 발생 가능

(3) 착오의 유형[민법 계약법 773]

㈎ 행위착오

① 표시착오 : 표의자의 잘못으로 의욕한 표시행위와는 다른 표시행위가 행하여진 경우오기, 오담

② 내용착오 : 표시는 실제 의욕한 대로 이루어졌으나 표시행위의 의미를 잘못 이해한 경우호주 달러

㈏ 동기착오 : 효과의사 형성 과정의 착오

나. 법률행위 내용

(1) 일방동기의 착오

㈎ 원칙 : 표시하여 법률행위의 내용 + 중요부분[대법원 1984. 10. 23. 선고 83다카1187 판결, 대법원 2009. 11. 12. 선고 2009다42635 판결], 동기를 의사표시의 내용으로 삼기로 하는 합의까지 이루어질 필요는 없음[대법원 1995. 11. 21. 선고 95다5516 판결]

㈏ 예외 : 제3자의 기망[대법원 2005. 5. 12. 선고 2005다6228 판결] · 상대방의 부정한 방법에 의하여 유발 · 제공 → 표시 불문[대법원 1990. 7. 10. 선고 90다카7460 판결], 중요부분[대법원 1978. 7. 11. 선고 78다719 판결]

(2) 쌍방동기의 착오

㈎ 先 : 보충적 해석으로 계약 수정대법원 1994. 6. 10. 선고 93다24810 판결, [대법원 2006. 11. 23. 선고 2005다13288 판결] 계약당사자 쌍방이 계약의 전제나 기초가 되는 사항에 관하여 같은 내용으로 착오가 있고 이로 인하여 그에 관한 구체적 약정을 하지 아니하였다면, 당사자가 그러한 착오가 없을 때에 약정하였을 것으로 보이는 내용으로 당사자의 의사를 보충하여 계약을 해석할 수 있는바, 여기서 보충되는 당사자의 의사는 당사자의 실제 의

사 또는 주관적 의사가 아니라 계약의 목적, 거래관행, 적용법규, 신의칙 등에 비추어 객관적으로 추인되는 정당한 이익조정 의사를 말한다.

(나) 後 : **보충적 해석 불가능시 착오취소 인정** 2005다13288, [대법원 1994. 6. 10. 선고 93다24810 판결, 대법원 2000. 5. 12. 선고 2000다12259 판결]

(다) 취소범위의 문제 : **일부취소**[대법원 1998. 2. 10. 선고 97다44737 판결, 대법원 1999. 3. 26. 선고 98다56607 판결, 대법원 1990. 7. 10. 선고 90다카7460 판결, 대법원 1992. 2. 14. 선고 91다36062 판결], [2012다115120] 권리금계약에 취소사유 → 임차권양도계약도 함께 취소

① 하나의 법률행위 중 일부에 대하여만 취소사유 존재

② 법률행위의 가분성, 목적물의 일부 특정 가능[90다카7460] 휴게소 부지와 그 밖의 부분

③ 나머지 부분이라도 유지하려는 가정적 의사[90다카7460] 휴게소 부지 부분의 기부채납에 대한 실질적 대가의 존재, 원고도 기부채납의사 존재

다. 중요부분 : **당사자 + 일반인**[대법원 2003. 4. 11. 선고 2002다70884 판결] + **경제적 불이익**[대법원 2006. 12. 7. 선고 2006다41457 판결]

(1) 외형상의 경계가 실제 경계와 불일치함에 따라 자기 소유 물건에 대하여 교환계약을 체결한 경우 : 경계, 소유권 귀속에 관한 중요부분의 착오[대법원 1993. 9. 28. 선고 93다31634, 93다31641(반소) 판결]

(2) 보증계약에서 주채무자의 변제자력, 다른 담보의 존재 : 중요부분 아님[대법원 1998. 7. 24. 선고 97다35276 판결] 보증인은 주채무자의 무자력으로 인한 채권자의 위험을 인수한 것이므로 ⇔ 신용보증기금에 의한 신용보증계약에서 주채무자인 기업의 신용상태는 중요부분[대법원 1987. 7. 21. 선고 85다카2339 판결, 대법원 2007. 8. 23. 선고 2006다52815 판결]

(3) 임대목적물이 임대인의 소유일 것을 계약의 내용으로 삼은 경우에 한하여 착오를 이유로 취소[대법원 1975. 1. 28. 선고 74다2069 판결]

라. 중과실

(1) 의미 : 표의자의 직업, 행위의 종류, 목적 등에 비추어 보통 요구되는 주의를 현저하게 결여[대법원 1993. 6. 29. 선고 92다38881 판결]

(2) 표의자의 착오를 알고 이용 : 중대한 과실이라도 취소 가능, 중대한 과실 부정[대법원 2014. 11. 27. 선고 2013다49794 판결]

(3) 유발된 착오[대법원 2020. 3. 26. 선고 2019다288232 판결] 원고가 이 사건 토지에 포함되거나 포함되지 않는다고 잘못 인식한 부분의 면적은 이 사건 토지면적인 약 325평 중 상당한 부분을 차지한다. 따라서 원고는 이 사건 매매계약의 목적물의 경계에 대하여 착오를 하였고, 그 착오는 중요한 부분에 해당한다. 피고는 원고의 착오에는 중대한 과실이 있다고 주장하나, 피고도 이 사건 토지의 경계에 관하여 잘못 인식하고 있었고, 피고 측의

잘못된 설명으로 원고의 착오가 유발되었으므로, 원고의 착오에 중대한 과실이 있다고 보기 어렵다(토지매매에서 특별한 사정이 없는 한 매수인에게 측량을 하거나 지적도와 대조하는 등의 방법으로 매매목적물이 지적상의 그것과 정확히 일치하는지 여부를 미리 확인하여야 할 주의의무가 있다고 볼 수 없기 때문).

마. 경과실 착오취소에 대한 손해배상청구 : 불가[대법원 1997. 8. 22. 선고 97다13023 판결]

2. 효과

가. 제580조 담보책임과 경합[대법원 2018. 9. 13. 선고 2015다78703 판결] 제도의 취지가 다르고, 요건과 효과도 구별

나. 사기취소(제110조 제1항, 제2항)와 경합

(1) 사기에 의한 취소는 중요부분에 착오가 없는 경우에도 행사 가능

(2) 표시되지 않은 동기의 착오에 대하여도 취소 가능[대법원 1985. 4. 9. 선고 85도167 판결]

다. 기명날인의 착오(사기에 의한 표시상의 착오 : 제109조 제1항만 적용)

(1) 사기에 의한 의사표시 : 의사 = 표시

(2) 기망에 의한 표시상의 착오 : 자신의 의사와 다른 법률효과를 발생시키는 내용의 서면을 읽지 않거나 올바르게 이해하지 못한 채 기명날인 → 의사 ≠ 표시 → 제109조 적용[대법원 2005. 5. 27. 선고 2004다43824 판결] 사기에 의한 의사표시란 타인의 기망행위로 말미암아 착오에 빠지게 된 결과 어떠한 의사표시를 하게 되는 경우이므로 거기에는 의사와 표시의 불일치가 있을 수 없고, 단지 의사의 형성과정, 즉 의사표시의 동기에 착오가 있는 것에 불과하며, 이 점에서 고유한 의미의 착오에 의한 의사표시와 구분되는데, 신원보증서류에 서명날인한다는 착각에 빠진 상태로 연대보증의 서면에 서명날인한 경우, 결국 위와 같은 행위는 강학상 기명날인의 착오(또는 서명의 착오), 즉 어떤 사람이 자신의 의사와 다른 법률효과를 발생시키는 내용의 서면에, 그것을 읽지 않거나 올바르게 이해하지 못한 채 기명날인을 하는 이른바 표시상의 착오에 해당하므로, 비록 위와 같은 착오가 제3자의 기망행위에 의하여 일어난 것이라 하더라도 그에 관하여는 사기에 의한 의사표시에 관한 법리, 특히 상대방이 그러한 제3자의 기망행위 사실을 알았거나 알 수 있었을 경우가 아닌 한 의사표시자가 취소권을 행사할 수 없다는 민법 제110조 제2항의 규정을 적용할 것이 아니라, 착오에 의한 의사표시에 관한 법리만을 적용하여 취소권 행사의 가부를 가려야 한다.

[대법원 2013. 9. 26. 선고 2013다40353,40360 판결] 원고가 이 사건 지상권설정계약 체결 당시에는 피고 회사와의 이 사건 계약 내용을 모르고 이 사건 지상권설정계약서에 날인하였다는 것이 원고의 주장이고, 이러한 원고의 주장은 원고의 의사와 달리 표시된 이 사건 지상권설정계약이 체결되었다는 취지여서 의사와 표시의 불일치를 주장하는 착오의 문제이지 기망에 의한 의사표시의 문제는 아니라고 볼 수 있고, 피고 함평군이 원고에게 어떠한 기망행위를 하였다고 보기도 어렵다. 그렇다면 원심이 피고들의 사기에 의하여 이 사건 지상권설정계약이 체결된 것이라는 원고의 항변을 배척한 것은 정당하고, 거기에 상고이유 주장과 같이 사기에 의한 의사표시에 관한 법리오해의 잘못이 없다.

[대법원 2017. 2. 16. 선고 2016도13362 전원합의체 판결] 처분문서에 서명·날인할 의사는 있었으나 착오에 빠진 상태로 자신의 의사와는 다른 법률효과를 발생시키는 내용의 서면에 서명·날인함으로써 내심의 효과의사와 표시상의 효과의사가 부합하지 아니하게 된 경우는 그 착오가 제3자의 기망행위에 의하여 일어난 것이라 하더라도 사기에 의한 의사표시에 관한 법리를 적용할 것이 아니라 착오에 의한 의사표시에 관한 법리를 적용

Ⅲ. 사기·강박에 의한 의사표시(제110조) ➡ 착오와 같이 검토

1. 사기에 의한 의사표시

가. 당사자 사기(제110조 제1항)

(1) 기망자의 고의

(2) 기망행위

(3) 위법성 : 거래상 요구되는 신의칙에 위반[대법원 1993. 8. 13. 선고 92다52665 판결, 대법원 2001. 5. 29. 선고 99다55601, 55618 판결, 대법원 2009. 4. 23. 선고 2009다1313 판결]

(4) 인과관계

나. 제3자 사기(제110조 제2항)

(1) 제3자 : 당사자와 동일시 할 수 없는 자

㈎ 대리인, 출장소장, 부동산중개인 : 당사자와 동일 → 제110조 제1항 → 제3자의 사기에 대한 상대방의 악의·과실 불필요[대법원 1999. 2. 23. 선고 98다60828, 60835 판결, [대법원 1998. 1. 23. 선고 96다41496 판결] 상대방의 대리인 등 상대방과 동일시할 수 있는 자의 사기나 강박은 제3자의 사기·강박에 해당하지 아니한다.

㈏ 단순피용자, 사용자책임 관계에 있는 피용자 → 당사자와 동일시 되지 않음 → 제3자에 해당[대법원 1999. 2. 23. 선고 98다60828, 60835 판결]

(2) 상대방의 악의·과실 필요

2. 강박에 의한 의사표시

가. 강박자의 고의

나. 강박행위

다. 위법성[대법원 2000. 3. 23. 선고 99다64049 판결, 대법원 2010. 2. 11. 선고 2009다72643 판결]

(1) 해악의 고지로써 추구하는 이익이 정당하지 않은 경우

(2) 해악의 내용이 법질서에 위반

(3) 해악의 고지가 추구하는 이익의 달성을 위한 수단으로 부적당한 경우

(4) 고소·고발이 부정한 이익의 취득을 목적으로 하거나, 목적이 정당하더라도 행위나 수단 등이 부당한 때[대법원 1992. 12. 24. 선고 92다25120 판결, 대법원 2008. 9. 11. 선고 2008다27301, 27318 판결]

라. 인과관계

Ⅲ-1. 선의 제3자 : 취소 전 선의, 취소 후 말소등기 전 선의[대법원 1975. 12. 23. 선고 75다533 판결]

[75다533] 취소로 보호되는 제3자의 범위

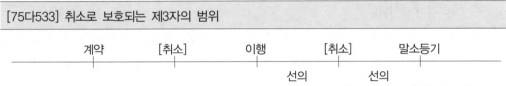

➡ 취소를 주장하는 자와 양립되지 아니하는 법률관계를 가졌던 것이 취소 이전에 있었던가 이후에 있었던가는 가릴 필요없이 사기에 의한 의사표시 및 그 취소사실을 몰랐던 모든 제3자에 대하여는 그 의사표시의 취소를 대항하지 못한다.

[비교] 해제로 보호되는 제3자의 범위

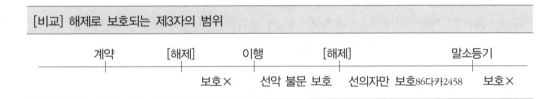

제5관 해제소송상 화해는 해제 불가[대법원 1962. 2. 15. 선고 4294민상914 판결]

Ⅰ. 약정해제 : 해약금(제565조)

1. 요건

가. 계약금 전액 교부 : 약정 계약금 전액

(1) 매수인 계약금 미지급 : 매도인 → 해약금해제 불가 계약이 일단 성립한 후에는 자유로이 해제할 수 없는 것이 원칙, 계약금계약은 요물계약이므로 계약금의 잔금 또는 전부를 지급하지 아니하는 한 계약금계약 불성립, 채무불이행 해제는 가능[대법원 2008. 3. 13. 선고 2007다73611 판결]

(2) 매수인 계약금 일부 지급 : 매도인은 실제 교부받은 배액의 상환으로 해약금해제 불가(해약금의 기준금액은 약정 계약금)[대법원 2015. 4. 23. 선고 2014다231378 판결] '실제 교부받은 계약금'의 배액만을 상환하여 매매계약을 해제할 수 있다면 이는 당사자가 일정한 금액을 계약금으로 정한 의사에 반하게 될 뿐 아니라, 교부받은 금원이 소액일 경우에는 사실상 계약을 자유로이 해제할 수 있어 계약의

구속력이 약화되는 결과가 되어 부당하기 때문 ⇔ 계약자유의 원칙상 일부 계약금만 교부한 경우 그 계약금의 배액을 상환하고 임의해제할 수 있도록 정하는 것은 가능[민법판례연구Ⅲ 408]

나. 배액상환 : **현실제공**[대법원 1992. 5. 12. 선고 91다2151 판결] 공탁 불필요 : 매도인 배액 변제제공 → 매수인 중도금 + 잔금 변제공탁 → 매도인 해약금 변제공탁 : 해약금 해제 유효(요건사실 : 원고가 위 매매계약 체결 당일 피고에게 계약금 ○원을 지급한 사실, 피고가 2020. 2. 1. 원고에게 계약금의 배액인 액면금 ○원의 자기앞수표를 제공한 사실)

다. 해제 의사표시 · 도달 매매계약을 해제하겠다고 통지한 사실(통지를 발송하여 상대방에게 도달한 사실)

2. 재항변 등 사유

가. 다른 약정 : 계약금을 해약금으로 하지 않기로 한 사실해석규정의 법률효과를 뒤집기 위해서는 그 법률효과를 다투는 자가 적극적으로 그 법률효과를 발생시키지 않기로 하는 합의의 성립을 주장 · 증명해야 함[요건사실론 12]

(1) 위약금 약정이 있는 경우(매도인 위약시 배액상환, 매수인 위약시 계약금 몰취) : '손해배상예정 + 해약금'의 성질91다2151 위약금 약정은 제565조 제1항 다른 약정에 포함되지 않음

(가) 이행착수 전 : 해약금, 이행착수 후 : 위약금

(나) 매수인의 계약금 반환주장 : 손해배상예정액 중 감액되고 남은 부분에 대한 부당이득반환 주장 취지 포함[대법원 1996. 10. 25. 선고 95다33726 판결]

(2) 위약금 약정이 없는 경우[대법원 1992. 11. 27. 선고 92다23209 판결]

(가) 계약금이 위약금으로 상대방피고(매도인)에게 당연귀속되는 것은 아님 : **채무불이행 해제시 실제 손해만 배상**

(나) 채무불이행한 매수인원고은 계약금반환청구는 가능

나. 해제의사표시 전 이행착수

(1) 이행행위 일부, 이행의 전제행위[대법원 1993. 5. 25. 선고 93다1114 판결, 대법원 2006. 11. 24. 선고 2005다39594 판결], 기재례 : 원고가 위 해제의 의사표시 전인 2020. 1. 30. 피고에게 중도금 ○원을 지급한 사실

▶ 이행의무의 부존재(토지거래허가 전 : 이행제공의무부정) → 지급기일 전 대금지급 : 계약의 이행으로 볼 수 없음 → 매도인은 배액상환으로 해제 가능[대법원 1997. 6. 27. 선고 97다9369 판결]

▶ 부수적 채무의 이행은 이행행위의 일부나 전제행위에 해당하지 않음 : 매수인의 토지거래허가신청 + 허가는 이행착수 부정매도인 해제 가능, [대법원 2009. 4. 23. 선고 2008다62427 판결], 매도인에 대한 협력의무 승소판결 : 이행착수 부정[대법원 1997. 6. 27. 선고 97다9369 판결]

(2) 이미 수수된 계약금 + 중도금을 새로운 계약금으로 한 경우 : 배액상환으로 해제

불가피고가 이미 지급한 중도금은 실질적으로 새로운 매매에 대한 중도금적 성격

▸ 새로 결정된 계약금에 대해 다른 특약이 있는 경우 : 해제 가능[대법원 1994. 11. 11. 선고 94다 17659 판결]

(3) 착수 : 해약하려는 당사자가 착수한 경우 포함[대법원 2000. 2. 11. 선고 99다62074 판결] 계약을 해제하려는 매도인이 이미 토지를 인도해 준 경우

다. 이행기 전의 착수

(1) 원칙 : 가능(➡ 해약금 해제 불가)

(2) 대금 인상요구만으로는 이행기 전의 착수 배제 불가(➡ 해약금해제 불가)

(3) 예외 : 해약금해제 가능

㈎ 특약원고와 피고가 위 매매계약 체결 당시 중도금 지급기일을 2020. 2. 7.로 약정한 사실, 위 지급기일 이전에는 중도금의 이행에 착수하지 않기로 합의한 사실

㈏ 매도인의 공탁통지 : 제565조에 의한 계약해제 의사표시를 하고 일정한 기한까지 해약금의 수령을 최고하며 기한을 넘기면 공탁하겠다고 통지[대법원 1993. 1. 19. 선고 92다31323 판결] 중도금 지급기일은 매도인을 위해서도 기한의 이익이 있으므로 매수인은 이행기 전에 착수 불가 → 매도인의 공탁 전에 매수인이 이행에 착수하였더라도 매도인은 해약금에 의한 해제 가능

II. 법정해제

1. 이행지체

가. 이행지체 : 이행기 도래[대법원 2021. 7. 8. 선고 2020다290804 판결] 이행기 도래 전에는 이행지체 불가 + 가능 + 귀책사유 + 위법

▸ 부수적 채무의 이행지체 : 해제 불가[대법원 2005. 11. 25. 선고 2005다53705, 53712 판결]

▸ 부수적 채무 여부 : 급부의 독립적 가치와 관계없이 계약체결시 표명되었거나 그 당시 상황으로 객관적으로 드러난 당사자의 합리적 의사에 의해 결정[2005다53705, 53712] 중고 품 매매시 배출신고서류 교부가 계약서에 명시하지 않은 경우 → 주된 급부의무가 아님, [대법원 2001. 11. 13. 선고 2001다20394, 20400 판결] 전대차계약 체결 후 중도금 수수시에 비로소 전차보증금 담보를 위한 근저당권설정계약을 한 경우 근저당권설정등기의무 미이행 ⇔ [대법원 2022. 6. 16. 선고 2022다203804 판결 : 휴양 콘도미니엄 수분양자(원고)가 피고 회사의 분양계약상 고압선 지하 매립 의무 불이행을 이유로 계약을 해제하고 분양대금의 반환을 청구구한 사안] 특약사항이 분양계약에 명시되어 있고, 계약의 목적물이 공유 지분이 아니라 원고가 그 전부를 분양받아 단독으로 소유권이전등기를 경료한 점 등을 이유로 주된 채무가 아니라고 단정하기 어려움을 이유로 원심판결 파기

▶ 목적달성 불능, 특별한 약정이 있는 경우[대법원 1968. 11. 5. 선고 68다1808 판결] 계약본래의 목적은 이미 달성되었고 부수적 채무의 이행만이 지체 중에 있는 경우에는 그 불이행으로 인하여 채권자가 계약을 달성할 수 없는 경우 또는 특별한 약정이 있는 경우를 제외하고는 원칙적으로 계약 전체의 해제를 허용할 수 없다고 해석함이 상당하다.

나. 최고

(1) 최고의 방법 : 해제 통지는 이행의 최고 포함[대법원 2021. 7. 8. 선고 2020다290804 판결] 채무자의 급부불이행 사정을 들어 계약을 해제하겠다는 통지를 한 때에는 특별히 그 급부의 수령을 거부하는 취지가 포함되어 있지 아니하는 한 그로써 이행의 최고가 있었다고 볼 수 있으며, 그로부터 상당한 기간이 경과하도록 이행되지 아니하였다면 채권자는 계약을 해제할 수 있다.

(2) 이행 제공의 정도

㈎ 해제권 발생 전, 최고단계 → 계속적 제공 필요

㈏ 해제권 발생 → 이행제공 불필요

(3) 과다최고 + 과다금액 미제공시 수령하지 않을 의사 명백 : 최다 최고에 기초한 해제는 효력 없음[대법원 2004. 7. 9. 선고 2004다13083 판결]

(4) 정지조건부 해제 후 매도인이 분할변제 수령 : 해제된 계약의 부활 → 해제권 행사를 위해서는 새로운 이행의 최고 필요[대법원 1992. 10. 27. 선고 91다483 판결]

다. 최고기간 내에 불이행

(1) 최고기간 내에 불이행에 정당한 사유가 있는 경우 : 해제 제한[대법원 2013. 6. 27. 선고 2013다14880,14897 판결]

(2) 채무이행에 채권자의 협력이 필요함에도 이행기만 정하여 최고한 경우[대법원 2002. 4. 26. 선고 2000다50497 판결] [원심] 부적법한 해제로서 효력 부정

▶ 채무자의 협력 없이 최고기간 도과 : 이행기만 정한 최고도 유효성 인정 가능[대법원] 채무자로서는 채권자에게 문의하는 등의 협력이 필요 : 계약해제를 위한 이행최고를 함에 있어서 그 최고되는 채무가 소유권이전등기를 하는 채무와 같이 그 채무의 성질상 채권자에게도 단순한 수령 이상의 행위를 하여야 이행이 완료되는 경우에는 채권자는 이행의 완료를 위하여 필요한 행위를 할 수 있는 일시 · 장소 등을 채무자에게 알리는 최고를 하여야 할 필요성은 있다 할 것이나, 위와 같은 채무의 이행은 채권자와 채무자의 협력에 의하여 이루어져야 하는 것이므로, 채권자가 위와 같은 내용을 알리는 최고를 하지 아니하고, 단지 언제까지 이행하여야 한다는 최고만 하였다고 하여 곧바로 그 이행최고를 계약해제를 위한 이행최고로서의 효력이 없다고 볼 수는 없는 것이고, 채권자가 위와 같은 최고를 한 경우에는 채무자로서도 채권자에게 문의를 하는 등의 방법으로 확정적인 이행일시 및 장소의 결정에 협력하여야 한다 할 것이며, 채무자가 이와 같이 하지 아니하고 만연히 최고기간을 도과한 때에는, 그에 이르기까지의 채권자와 채무자의 계약 이행을 위한 성의(誠意), 채권자가 채무자에게 구두로 연락을 취하여 이행일시와 장소를 채무자에게 문의한 적이 있는지 등 기타 사정을 고려하여, 위의 최고도 유효하다고 보아야 할 경우가

있을 수 있다.

라. 해제의사표시

(1) 정지조건부 가능[대법원 1971. 12. 14. 선고 71다2014 판결]

(2) 해제권 행사의 불가분성(제547조 제1항) : 일부 누락시 전원에 대하여 해제효력 불발생

(가) **공동임대인, 조합원의 해지 : 전원의 의사표시 필요**[대법원 2015. 10. 29. 선고 2012다5537 판결 : 원임대인과 임차인이 목적물 전부를 하나의 계약서로 작성 → 임대목적물 일부가 원고에게 경락 → 원고가 피고에게 차임연체를 이유로 임대차계약 해지통보 + 건물명도청구 ➡ 임대인 전원의 의사표시 필요] : 여러 사람이 공동임대인으로서 임차인과 사이에 하나의 임대차계약을 체결한 경우에는 민법 제547조 제1항의 적용을 배제하는 특약이 있다는 등의 특별한 사정이 없는 한 공동임대인 전원의 해지의 의사표시에 의하여 임대차계약 전부를 해지하여야 한다. 이러한 법리는 임대차계약의 체결 당시부터 공동임대인이었던 경우뿐만 아니라 임대차목적물 중 일부가 양도되어 그에 관한 임대인의 지위가 승계됨으로써 공동임대인으로 되는 경우에도 마찬가지로 적용된다. [대법원 2021. 7. 8. 선고 2020다290804 판결] 연장된 채무의 이행기가 도과한 이후에도 원고들이 공동으로 청구취지 및 청구원인변경신청서나 준비서면 등을 통해 계약해제를 주장함으로써 이행의 최고를 하였다고 보이므로, 적법한 잔금채무 이행 최고가 있었다고 본 원심의 결론은 정당하다.

(나) **공동매수인에 대한 해제 의사표시 : 전원에 대하여 의사표시 필요**[대법원 1994. 11. 18. 선고 93다46209 판결] 1인에 대하여만 해제 + 지분이전청구

(다) **공동매수인의 해제 의사표시 : 전원의 의사표시 필요**[대법원 2013. 11. 28. 선고 2013다22812 판결] 매매계약의 일방 당사자가 사망하였고 그에게 여러 명의 상속인이 있는 경우에 그 상속인들이 위 계약을 해제하려면, 상대방과 사이에 다른 내용의 특약이 있다는 등의 특별한 사정이 없는 한, 상속인들 전원이 해제의 의사표시를 하여야 한다.

(라) **공유물 : 각 지분별로 별개의 매매계약 → 일부 공유자가 자신의 공유지분에 대하여 해제 가능**[대법원 1995. 3. 28. 선고 94다59745 판결] 하나의 부동산을 수인이 공유하는 경우 각 공유자는 각 그 소유의 지분을 자유로이 처분할 수 있는 것이므로, 공유자 전원이 공유물에 대한 각 그 소유지분 전부를 형식상 하나의 매매계약에 의하여 동일한 매수인에게 매도하는 경우라도 당사자들의 의사표시에 의하여 각 지분에 관한 소유권이전의무, 대금지급의무를 불가분으로 하는 특별한 사정이 없는 한 실질상 각 공유지분별로 별개의 매매계약이 성립되었다고 할 것이고, 일부 공유자가 매수인의 매매대금지급의무불이행을 원인으로 한 그 공유지분에 대한 매매계약을 해제하는 것은 가능하다고 할 것이다.

(마) **공유자들간의 의사표시에 의하여 각 지분에 대한 소유권이전의무, 대금지급의무를 불가분으로 하는 특약 : 전원에 대한 해제의사표시 필요**[대법원 1995. 3. 28. 선고 94다59745 판결] 전체에 대하여 하나의 매매계약, 대금도 전체에 대하여 하나의 금액, 매수목적상 각 공유지분이 불가분 → 해제의 의사표시는 매도인 전원이 해야 함(피고 항변)

(바) **명의신탁해지 : 불가분성 적용 배제, 일부수탁자에 대한 해지 가능**[대법원 1992. 6. 9. 선고 92다9579 판결] 수탁자의 사망으로 인하여 수탁자의 지위가 공동상속되었을 때 신탁해지의 의사표시가 그 공동상속인 일부에게만 이루어졌다면 신탁해지의 효과는 그 일부 상속인에게만 발생하는 것이고, 이때에는 해제권의 불가분에

관한 민법 제547조의 규정은 그 적용이 없고 그 일부에 한하여 신탁해지의 효과가 발생하는 것일 뿐 수탁자나 수탁자의 지위를 승계한 사람이 수인이라 하여 그 전원에게 신탁해지의 의사표시를 동시에 하여야만 그 효과가 발생하는 것은 아니라 할 것이다.

(3) 해제권 소멸의 불가분성 : 1인에 대한 소멸시 전원에 대하여 해제권 소멸

(4) 제척기간 : 10년

2. 이행거절

가. 이행거절 : **이행가능, 이행거절의사, 임의이행기대 불가, 채무자귀책 + 위법성**

나. 이행기 도래 전 이행거절 : **이행기도래 불요**[대법원 1993. 6. 25. 선고 93다11821 판결]

다. 이행기 도과 후 이행거절 : **이행제공·최고 불요**[대법원 1992. 9. 14. 선고 92다9463 판결, 대법원 2006. 11. 9. 선고 2004다22971 판결]

▸ 귀책사유 없음

▸ 적법한 해제 : 이행거절로 볼 수 없음[대법원 2015. 2. 12. 선고 2014다227225 판결]

▸ 이행거절 철회

▸ 단순히 화해하자고 한 것은 이행거절의 철회로 볼 수 없음[대법원 1991. 3. 27. 선고 90다8374 판결]

▸ 철회 적법시 : 이행제공 + 상당기간 정하여 이행청구 필요[대법원 1989. 3. 14. 선고 88다1516, 1523, 88다카10029, 10036 판결, 대법원 2003. 2. 26. 선고 2000다40995 판결]

3. 이행불능

가. 이행불능 : **채권성립 후 불능, 이행기·최고 불필요**[대법원 1976. 6. 22 선고 76다473 판결] 이행불능으로 인한 담보책임을 묻는 경우에는 이행지체와 달라서 그 해제에 앞서 이행의 최고를 할 필요가 없다.

▸ 채권 가압류 후 무자력[대법원 2003. 1. 24. 선고 2000다22850 판결]

▸ 귀책사유 있는 매수인 : 해제 불가[대법원 2002. 4. 26. 선고 2000다50497 판결] 자신 명의로 이전등기가 가능하였음에도 매수인(원고 : 말소등기청구)이 전매기회만 엿보며 이전등기를 태만히 하다가 임의경매로 제3자명의 등기경료 : 이행불능을 이유로 계약을 해제하기 위해서는 그 이행불능이 채무자의 귀책사유에 의한 경우여야만 한다 할 것이므로(민법 제546조), 매도인의 매매목적물에 관한 소유권이전의무가 이행불능이 되었다고 할지라도, 그 이행불능이 매수인의 귀책사유에 의한 경우에는 매수인은 그 이행불능을 이유로 계약을 해제할 수 없다.

나. 해제의사표시

4. 불완전이행

5. 채권자지체

6. 사정변경에 의한 해제

가. 기능 : 위험배분을 위한 법적 장치, 당사자가 계약으로 미처 배분하지 못한 위험에만 후견적으로 적용[민법판례연구 218]

나. 요건

(1) 계약의 기초가 된 객관적인 사정의 변경[대법원 2017. 6. 8. 선고 2016다249557 판결] 사정이란 당사자들에게 계약 성립의 기초가 된 사정을 가리키고, 당사자들이 계약의 기초로 삼지 않은 사정이나 어느 일방당사자가 변경에 따른 불이익이나 위험을 떠안기로 한 사정은 포함되지 않는다.

▶ 계약의 기초가 되었던 객관적 사정이 아니라 주관적인 목적 : 배제[대법원 2007. 3. 29. 선고 2004다31302 판결] 지방자치단체로부터 매수한 토지가 공공공지에 편입되어 매수인이 의도한 음식점 등의 건축이 불가능하게 되었더라도 이는 매매계약을 해제할 만한 사정변경에 해당하지 않고, 매수인이 의도한 주관적인 매수목적을 달성할 수 없게 되어 손해를 입었다 하더라도 매매계약을 그대로 유지하는 것이 신의칙에 반한다고 볼 수도 없다.

(2) 당사자가 법률행위 당시 사정변경을 예견할 수 없을 것[대법원 2021. 6. 30. 선고 2019다276338 판결] 사정변경에 대한 예견가능성이 있었는지는 추상적·일반적으로 판단할 것이 아니라, 구체적인 사안에서 계약의 유형과 내용, 당사자의 지위, 거래경험과 인식가능성, 사정변경의 위험이 크고 구체적인지 등 여러 사정을 종합적으로 고려하여 개별적으로 판단하여야 한다. 이때 합리적인 사람의 입장에서 볼 때 당사자들이 사정변경을 예견했다면 계약을 체결하지 않거나 다른 내용으로 체결했을 것이라고 기대되는 경우 특별한 사정이 없는 한 예견가능성이 없다고 볼 수 있다. ➡ 주한 미국대사관의 원고들에 대한 AP(추가 행정검토)/TP(이민국 이송) 결정은 이 사건 계약(미국 비숙련 취업이민을 위한 알선계약)을 체결할 당시 당사자들이 예견했다고 볼 수 없고, 그로 인한 불이익이나 위험을 원고들이 부담하기로 했다고 볼 수 없다.

(3) 사정변경 주장자의 귀책사유가 없을 것2016다249557 판결에서는 요건으로 언급하지 않음 ➡ (1), (2) 요건만으로 충분히 일방 당사자가 자신의 귀책사유로 발생한 위험을 상대방에게 전가하는 것을 방지할 수 있으므로[민법판례연구 218]

(4) 계약 구속력 인정시 신의칙에 반하는 결과

㈎ 당사자의 이해에 중대한 불균형을 초래2016다249557, [대법원 2020. 12. 10. 선고 2020다254846 판결] 임대차계약 성립의 기초가 된 사정인 견본주택 건축을 할 수 없게 된 경우

㈏ 계약을 체결한 목적을 달성할 수 없는 경우2016다249557

다. 적용범위 : 계속적 계약에는 사정변경 원칙의 적용 가능성이 더 높아짐[민법판례연구 220] 시간 경과 및 이에 따른 상황 변화라는 변수에 큰 영향을 받는 동태적 계약관계이므로, [2016다249557] 경제상황 등의 변동으로 당사자에게 손해가 생기더라도 합리적인 사람의 입장에서 사정변경을 예견할 수 있었다면 사정변경을 이유로 계약을 해제할 수 없다. 특히 계속적 계약에서는 계약의 체결 시와 이행 시 사이에 간극이 크기 때문에 당사자들이 예상할 수 없었던 사정변경이 발생할 가능성이 높지만, 이러한 경우에도 위 계약을 해지하

려면 경제적 상황의 변화로 당사자에게 불이익이 발생했다는 것만으로는 부족하고 위에서 본 요건을 충족하여야 한다.

7. 담보책임에 의한 해제

가. 제570조(타인권리 매매) : 매수인 선악불문, 매도인의 귀책사유 불문

나. 제572조(일부타인권리 매매) : 선의 매수인 + 잔존부분만은 매수하지 않았을 경우

다. 제574조(수량지정 매매) : 선의 매수인

라. 제575조(제한물권의 존재) : 목적달성 불능 + 매수인 선의

마. 제576조(저당권, 전세권의 행사), 577(저당권의 목적인 전세권 매매)

(1) 저당권의 실행 + 매수인의 소유권 취득불능·상실

(2) 매수인 선·악 불문

바. 제578조(경매)

▶ 물상보증인도 제578조 제1항 채무자에 포함, 원상회복의무[대법원 1988. 4. 12. 선고 87다카 2641 판결] 민법 제578조 제1항의 채무자에는 임의경매에 있어서의 물상보증인도 포함되는 것이라고 보는 것이 옳으므로 경락인이 그에 대하여 적법하게 계약해제권을 행사했을 때에는 물상보증인은 경락인에 대하여 원상회복의 의무를 지는 것이라고 할 것이다.

사. 제580조(특정물) : 특정물의 하자 + 매수인 선의·무과실 + 목적달성 불능[대법원 1985. 4. 9. 선고 84다카2525 판결] 매도인이 불법운행하여 150일간 운행정지처분된 차량을 매도한 경우, 매수인 이 그 차량을 매수하여 즉시 운행하려 하였다면 매수인으로서는 다른 차량을 대체하지 않고는 그 목적을 달할 수 없는 경우도 예상되므로 매수인이 그런 하자있음을 알지 못하고 또 이를 알지 못한데에 과실이 없는 때에는 민법 제580조의 매도인에게 하자담보책임이 있는 경우에 해당하여 매수인은 그 매매계약을 해제할 수 있다.

8. 해제의 효과 ➡ 청구근거

가. 계약의 소급효

(1) 미이행 채무 → 이행 불요, 계약의 구속력에서 해방(해방효)

(2) 기이행 채무 → 원상회복의무

나. 물권변동 : 소급효[대법원 1977. 5. 24. 선고 75다1394 판결]

다. 원상회복의무 : 기한의 정함 없는 채무, 대리인이 아니라 본인이 원상회복의 당사자[대법원 2011. 8. 18. 선고 2011다30871 판결]

(1) 원물반환 원칙

(2) 가액반환

⑺ **원물반환의 불능 당시(처분 당시)가액 기준**[대법원 1994. 9. 13. 선고 94다7942, 7959 판결] 매매계약의 목적물이 된 과수원에 식재되어 있던 단감나무가 매수인에 의하여 베어져 버리고 같은 수령의 단감나무를 이식하여도 생존할 가능성이 전혀 없어서 과수원 본래의 상태대로의 원상회복이 처음부터 불가능하였던 경우에 있어서 매수인의 원상회복의무의 범위는 단감나무가 매수인에 의하여 베어질 당시의 가액 상당이다.

⑷ **이득일부터의 법정이자 가산**[대법원 2013. 12. 12. 선고 2013다14675 판결] 계약해제의 효과로서 원상회복 의무를 규정한 민법 제548조는 부당이득에 관한 특별 규정의 성격을 가진 것이므로, 그 이익 반환의 범위는 이익의 현존 여부나 선의, 악의에 불문하고 특단의 사유가 없는 한 받은 이익의 전부이다. 따라서 매도인으로부터 매매 목적물의 소유권을 이전받은 매수인이 매도인의 계약해제 이전에 제3자에게 목적물을 처분하여 계약해제에 따른 원물반환이 불가능하게 된 경우에 매수인은 원상회복의무로서 가액을 반환하여야 하며, 이때에 반환할 금액은 특별한 사정이 없는 한 그 처분 당시의 목적물의 대가 또는 그 시가 상당액과 처분으로 얻은 이익에 대하여 그 이득 일부터의 법정이자를 가산한 금액이다. [원심] : 처분일에 근접한 시점(2005. 12. 13.) 당시의 이 사건 토지의 시가 상당액과 이에 대한 위 매매계약 해제 다음날부터의 지연손해금 ⇔ [대법원] : 피고가 이 사건 토지를 대금 6,600 만 원에 소외인에게 처분한 자료들이 나타나 있음을 알 수 있고, 그에 의하여 인정되는 대금이 시가를 벗어나 정하였다는 등의 특별한 사정이 없다면, 피고가 원상회복의무로서 반환할 가액은 위 대금 및 이에 대하여 그 지급일부터의 법정이자를 가산한 금액

(3) 이자반환(제548조 제2항) : 원상회복(부당이득), 반환의무 이행지체로 인한 지연손해금이 아님[대법원 2013. 4. 26. 선고 2011다50509 판결]

⑺ 약정이 있는 경우 → 약정이율

⑷ 약정이 없는 경우

① 민법 · 상법 법정이율2011다50509, [대법원 2003. 10. 23. 선고 2001다75295 판결]

② 소송촉진 등에 관한 특례법이율

㉠ 원칙 : 배제[대법원 2000. 6. 23. 선고 2000다16275,16282 판결] 소송촉진 등에 관한 특례법은 금전채무불이행에 적용되므로

㉡ 예외 : 원상회복으로 금전반환을 구하는 소가 제기된 경우(소장 송달 다음날부터 소송촉진 등에 관한 특례법 이율 적용)[대법원 2003. 7. 22. 선고 2001다76298 판결]

(4) 지연손해금 : 반환의무의 이행지체시(기한 없는 채무 → 이행청구를 받은 때부터)

⑺ **지연손해금 약정이 있는 경우 → 약정 지연손해금률 적용**대법원 2008. 4. 24. 선고 2006다14363 판결, [2011다50509] 계약해제시 반환할 금전에 가산할 이자에 관하여 당사자 사이에 약정이 있는 경우에는 특별한 사정이 없는 한 이행지체로 인한 지연손해금도 그 약정이율에 의하기로 하였다고 보는 것이 당사자의 의사에 부합, **법정이율보다 낮더라도**[대법원 1995. 10. 12. 선고 95다26797 판결]

⑷ 지연손해금 약정이 없는 경우 → 높은 이율 적용

① 계약해제시 반환금전에 대한 이자약정 존재 + 약정이율 ≧ 법정이율 : 약정이율 적용(제397

조 제1항 단서)대법원 1981. 9. 8. 선고 80다2649 판결, [대법원 2009. 12. 24. 선고 2009다85342 판결] 계약해제로 인한 원상회복 시 반환할 금전에 그 받은 날로부터 가산할 이자의 지급의무를 면제하는 약정이 있는 때에도 그 금전반환의무가 이행지체 상태에 빠진 경우에는 법정이율에 의한 지연손해금을 청구할 수 있는 점과 비교해 볼 때 그렇게 보는 것이 논리와 형평의 원리에 맞기 때문

② 그 외[이자약정 부존재 / 가산 이자지급 면제약정 / 이자약정 존재 + 약정이율 < 법정이율] : 법정이율 적용(제397조 제1항 본문)2009다85342

(5) 사용이익 : 매도인은 이자, 매수인은 사용이익 반환

(가) 의미 : 영업이익이 아니라 임료상당액[대법원 2021. 7. 8. 선고 2020다290804 판결] 매매계약이 해제된 경우에 매수인이 그 목적물을 인도받아 사용하였다면 원상회복으로서 그 목적물을 반환하는 외에 그 사용이익을 반환할 의무를 부담하고, 여기에서 사용이익의 반환의무는 부당이득 반환의무에 해당하므로, 특별한 사정이 없는 한 매수인이 점유·사용한 기간 동안 그 재산으로부터 통상 수익할 수 있을 것으로 예상되는 이익, 즉 임료 상당액을 매수인이 반환하여야 할 사용이익으로 보아야 한다. 피고들이 웨딩홀 시설이 갖추어진 이 사건 건물 등을 인도받아 그곳에서 웨딩홀 영업을 하여 왔으므로 다른 특별한 사정이 없는 한 피고들이 반환하여야 할 이 사건 건물 등의 사용이익은 점유·사용한 기간 당해 재산으로부터 통상 수익할 수 있을 것으로 예상되는 이익, 즉 웨딩홀 시설이 갖추어진 이 사건 건물 등을 임차하는 경우의 임료 상당액으로 봄이 상당하다. 그러나 이를 넘어서 피고들이 웨딩홀 영업으로 인해 얻은 영업이익이 바로 이 사건 건물 등의 사용이익에 해당한다고 보기는 어렵다.

(나) 요건 : 매도인이 매매계약의 이행으로서 목적물을 인도하여 매수인이 목적물을 사용[대법원 2011. 6. 30. 선고 2009다30724 판결]

[2009다30724] 매수인인 임차인의 중도금 미지급으로 인한 해제와 부당이득 여부

▶임대인원고 : 임차인과 매매계약 체결, 임차인의 중도금 미지급으로 해제 + 인도 + 임료상당 부당이득청구

▶ 임차인피고2 : 임대차계약에 기하여 점유 → 매매계약 해제에 따른 원상회복으로 인도·임료상당 부당이득×

▶ 임대차계약에 기한 인도 + 임료상당 부당이득은 가능 매매계약이 해제되면 각 당사자는 그 상대방에 대하여 원상회복의 의무가 있다(민법 제548조 제1항 본문). 따라서 이 경우에 매수인은 매도인에게 목적물을 반환할 의무는 물론이고 그 목적물을 사용하였으면 그 사용이익을 반환할 의무도 부담한다. 그러나 이러한 매수인의 사용이익 반환의무는 매매계약의 해제에 따른 원상회복 의무의 일환으로서 인정되는 것이므로 매도인이 매매계약의 이행으로서 목적물을 매수인에게 인도하여 매수인이 그 목적물을 사용한 경우에 비로소 인정될 수 있다. 원고와 피고2 사이의 위 매매계약에서 원고가 매매대금을 지급받기 전에 먼저 이 사건 전시장 19구획을 인도하기로 약정하였다는 등의 특별한 사정이 없는 한, 피고2가 이 사건 전시장 19구획을 점용한 것은 위 매매계약에 앞서 체결된 임대차계약에 기한 것일 뿐 위 매매계약의 이행으로서 이 사건 전시장 19구획을 인도받았다고는 볼 수 없고, 따라서 피고2가 위 임대차계약에 기하여 이 시간 전시장 19구획의 인도 및 임료 상당의 부당이득반환의무를 지는 것은 별론으로 하고 위 매매계약의 해제에 따른 원상회복으로서 이 사건 전시장 19구획의 인도 및 임료상당의 사용이익을 반환할 의무를 진다고는 볼 수 없다.

⒟ 운용이익 : 공제[대법원 2006. 9. 8. 선고 2006다26328, 26335 판결] 매수인의 영업수완 등 노력으로 인한 이른바 운용이익이 포함된 것으로 볼 여지가 있는 경우 이러한 운용이익은 사회통념상 매수인의 행위가 개입되지 아니하였더라도 그 목적물로부터 매도인이 당연히 취득하였으리라고 생각되는 범위 내의 것이 아닌 한 매수인이 반환하여야 할 사용이익의 범위에서 공제하여야 한다.

라. 손해배상청구(제551조) : 이행이익(거절, 불능당시 시가 - 매매대금), 신뢰이익 (＜이행이익)

⑴ 해제와의 관계

⒜ 해제는 손해배상청구에 영향 없음(제551조)

⒝ 해제되어도 중도금 이후 잔금지급기일까지의 지연손해금 청구 가능

⑵ 성질 : 채무불이행[대법원 1983. 5. 24. 선고 82다카1667 판결]

▶ 귀책사유 없음 항변 : 약정해제권의 경우에도 마찬가지[대법원 2016. 4. 15. 선고 2015다59115 판결] 계약 상대방의 채무불이행을 이유로 한 계약의 해지 또는 해제는 손해배상의 청구에 영향을 미치지 아니하지만(민법 제551조), 다른 특별한 사정이 없는 한 그 손해배상책임 역시 채무불이행으로 인한 손해배상책임과 다를 것이 없으므로, 상대방에게 고의 또는 과실이 없을 때에는 배상책임을 지지 아니한다(민법 제390조). 이는 상대방의 채무불이행과 상관없이 일정한 사유가 발생하면 계약을 해지 또는 해제할 수 있도록 하는 약정해지·해제권을 유보한 경우에도 마찬가지이고 그것이 자기책임의 원칙에 부합한다.

▶ 귀책사유와 무관하게 손해배상책임을 부담하기로 한 특별한 사정2015다59115 계약의 내용이 통상의 경우와 달리 어느 일방에게 무거운 책임을 부과하게 하는 경우에는 그 계약 문언은 엄격하게 해석하여야 하므로, 당사자의 고의 또는 과실과 무관한 사유를 약정해지 또는 해제사유로 정한 경우에 그 사유로 계약을 해지 또는 해제하면서 귀책사유와 상관없이 손해배상책임을 지기로 한 것이 계약 내용이라고 해석하려면, 계약의 내용과 경위, 거래관행 등에 비추어 그렇게 인정할 만한 특별한 사정이 있어야 한다.

⑶ 범위

⒜ 이행이익 : 계약이 이행되었더라면 얻었을 이익[대법원 2007. 1. 25. 선고 2004다51825 판결] 제대로 이행되었을 경우 예상판매량 및 판매이익률에 따른 일실이익

⒝ 신뢰이익 : 계약이 이행될 것으로 믿고 지출한 비용[대법원 2002. 6. 11. 선고 2002다2539 판결] 채권입찰제 분양아파트분양(주택채권매입이 필수)에서 주택채권 매입가와 매각대금의 차액(신뢰이익 + 통상손해), [대법원 2007. 1. 25. 선고 2004다51825 판결] 이행될 것으로 믿고 지출한 판매 및 관리비용 : 채무불이행을 이유로 계약해제와 아울러 손해배상을 청구하는 경우 그 계약이행으로 인하여 채권자가 얻을 이익, 즉 이행이익의 배상을 구하는 것이 원칙이고, 다만 일정한 경우에는 그 계약이 이행되리라고 믿고 채권자가 지출한 비용, 즉 신뢰이익의 배상도 구할 수 있는 것이지만, 중복배상 및 과잉배상 금지원칙에 비추어 그 신뢰이익은 이행이익에 갈음하여서만 구할 수 있고, 그 범위도 이행이익을 초과할 수 없다. 그런데 원심은, 이 사건 총판매원계약이 제대로 이행되었더라면 원고가 얻었을 이익, 즉 이행이익의 배상을 구하는 원고의 청구에 관하여 판단함에 있어 위 총판매원계약이 제대로 이행되었을 경우의 예상 판매량 및 판매이익률에 따른 원고의 일실이익을 520,800,000원으로 산정한 다음 피고에게 그 전액에 대한 배상책임을 인정함과 동시에, 이 사건 총판매원계약이 제대로 이행될 것으로 믿고 원고

가 지출한 판매 및 관리비용, 즉 신뢰이익의 배상을 구하는 원고의 청구에 관한 판단에 있어서도 원고가 지출한 판매 및 관리비용 총액에서 원고가 실제로 얻은 매출이익을 공제한 나머지 금액인 1,234,835,069원에 대하여 피고에게 배상책임을 인정함으로써, 이행이익의 범위를 초과하는 신뢰이익에 대한 배상책임을 인정하였을 뿐 아니라 이행이익과 신뢰이익에 대한 중첩적인 배상책임을 인정하였는바, 앞서 본 법리에 비추어 이러한 원심의 판단은 채무불이행으로 인한 손해배상의 범위에 관한 법리를 오해하여 판결 결과에 영향을 미친 위법이 있다고 하지 않을 수 없다.

㈐ 손해배상의 범위 : 실제 손해(시가 - 매매대금)매수인 청구

㈑ 손해배상의 범위에 대한 항변

① 손해배상예정 항변(위약금 특약 : 매수인 위약시 계약금 몰수, 매도인 위약시 계약금 배액 상환)매도인의 항변

② 이행이익 < 신뢰이익 : 계약 당시부터 해제시까지 목적물의 가액변동이 없는 경우 이행이익 부존재 → 신뢰이익 청구도 불가[대법원 2002. 6. 11. 선고 2002다2539 판결]

마. 소제기에 의한 해제권 행사 후의 소취하 : 해제권 행사의 효력 유지[대법원 1982. 5. 11. 선고 80다916 판결]

[80다916] 소제기에 의한 해제권 행사와 소취하의 효력

▶계약금반환청구 : 계약해제
■ 피고 이행거절
■ 소장 부본 송달로 해제권 행사
▶소취하 + 이전등기청구
◀계약해제 항변
▸ 소취하로 계약해제 효과 소멸 주장 : 불가

[원심] 계약금반환청구 소송을 취하하고 계약의 본지에 따른 이행을 구하기 위해 소제기 : 피고 주장 배척
[대법원] 해제권 행사 후 소송을 취하하였다 하여도 해제권 행사의 효력에는 영향 없음(피고 상고 인용)
원고의 위 소 제기로서 이 사건 매매계약 해제의 의사표시를 명시적으로 하지는 않았다 하더라도 원고가 피고에게 이 사건 매매계약의 존속과는 양립할 수 없는 위약금의 지급 청구를 하고, 그 소장이 피고에게 송달됨으로써 해제권을 행사하였다 할 것이고 해제권은 형성권이므로 비록 그 후에 원고가 그 소송을 취하하였다 하여 위 해제권 행사의 효력에 아무런 영향도 미치지 않는다 할 것이다.

[비교] 소송상 상계항변 : 상계에 관한 법원의 실질적 판단 필요 [대법원 2014. 6. 12. 선고 2013다95964 판결] 소송상 방어방법으로서의 상계항변은 통상 수동채권의 존재가 확정되는 것을 전제로 하여 행하여지는 일종의 예비적 항변으로서 소송상 상계의 의사표시에 의해 확정적으로 효과가 발생하는 것이 아니라 당해 소송에서 수동채권의 존재 등 상계에 관한 법원의 실질적 판단이 이루어지는 경우에 비로소 실체법상 상계의 효과가 발생한다. [대법원 2015. 3. 20. 선고 2012다107662 판결, 대법원 2018. 8. 30. 선고 2016다46338, 46345 판결]

➠ 상계권 행사 후 소취하 : 당초 소송에서 실기각하되지 않았더라도 소취하되면 상계권 행사의 효력은 발생하지 않음, 반대채권 소멸은 소멸하지 않으므로 반대채권 소제기

가능

9. 제3자 보호 ➡ 해제에 기한 청구에 대한 항변 ☞ '제1편 제2장 제3절 Ⅲ. 원상회복' 참고

Ⅲ. 합의해제(예 : 매매대금 완납 후 해제합의, 이행없이 장기간 방치, 공탁금 수령, 합의금 반환)

1. 당사자간

가. 요건 : 청약과 승낙이라는 대립되는 의사의 합치

▶ 변경을 가한 승낙 : 새로운 청약, 종전의 청약 실효[대법원 2009. 2. 12. 선고 2008다71926 판결] 원고가 피고에게 발송한 각 내용증명의 취지는 피고에 대하여 이 사건 토지 지분에 관하여 체결한 2003. 12. 29.자 매매계약의 이행을 촉구하면서 그 이행이 곤란한 경우 원고가 지급한 바 있는 9,000만 원을 즉시 반환하여 달라는 것인데, 피고가 원고에게 그 답신으로 발송한 각 내용증명에는 원고의 위와 같은 의사표시를 이 사건 매매계약에 대한 해제의 의사표시로 받아들이면서 피고도 원고의 해제 의사표시에 관하여 승낙한다고 기재되어 있을 뿐 위 9,000만 원을 지급하겠다는 내용은 없고, 오히려 위 돈의 반환과 관련하여 원고가 위 토지 전부를 사용, 수익한 것에 따른 정산을 하여야 한다는 것이므로, 피고의 위와 같은 통지는 새로운 해제계약의 청약으로 볼 수 있을지언정 원고의 해제계약의 청약을 그대로 받아들이기로 승낙한 것으로 볼 수는 없다. [대법원 1996. 2. 27. 선고 95다43044 판결] 원고는 1987. 7. 중순경 이 사건 매매계약의 해제를 요청하는 피고1에게 원고가 매매대금 및 매매교섭비용으로 지급한 금 25,500,000원의 반환 및 원고가 입은 손해를 배상할 것을 요구하였으나, 위 피고는 원고가 지급한 금 25,500,000원만 반환하겠다고 하여 원고가 이를 받아들이지 않았기 때문에, 위 피고가 같은 해 8. 12. 금 25,500,000원을 공탁하기에 이른 사실을 인정할 수 있으므로, 원고와 피고1 사이에 이 사건 매매계약을 해제하기로 한 합의가 성립되었다고 볼 수 없다.

나. 효과

(1) 채권·채무 소급소멸

(2) 물권관계 소급소멸, 매도인의 원상회복청구권은 소유권에 기한 물권적 청구권, 소멸시효에 걸리지 않음[대법원 1982. 7. 27. 선고 80다2968 판결]

(3) 원상회복의무 : 합의에 따라 결정[대법원 1979. 10. 30. 선고 79다1455 판결], 2000다5336, 제543조 이하 부적용[대법원 1996. 7. 30. 선고 95다16011 판결]

▶ 이미 지급된 계약금, 중도금의 반환 및 손해배상금에 관하여는 아무런 약정도 하지 아니한 채 매매계약을 해제 : 경험칙상 이례[대법원 2007. 11. 29. 선고 2006다2490,2506 판결] 계약을 합의해제할 때에 원상회복에 관하여 반드시 약정을 하여야 하는 것은 아니지만, 매매계약을 합의해제하는 경우에 이미 지급된 계약금, 중도금의 반환 및 손해배상금에 관하여는 아무런 약정도 하지 아니한 채 매매계약을 해제하

기만 하는 것은 우리의 경험칙에 비추어 이례에 속하는 일이다.

(가) 동시이행항변 불가 : **이행제공 불필요**[대법원 1991. 7. 12. 선고 90다8343 판결]

[90다8343] 합의해제와 이행제공 요부

▶ 매수인 이전등기청구

▸ 매도인 묵시적 합의해제 항변 : 이행제공 없이도 해제 가능
▸ 이행제공 없이 해제하였다는 재항변 : 불가 계약의 합의해제에 있어서는 쌍방의 자기 채무의 이행제공이 없이도 합의에 의하여 해제를 할 수 있음은 계약자유의 원칙상 당연하고, 묵시적 합의해제의 경우에도 마찬가지라고 할 것이므로, 부동산 매도인(피고)의 묵시적 합의해제 주장에 대하여 원심이 피고가 자기 채무를 이행제공하였는가에 관하여 아무런 주장입증이 없다는 이유로 이를 배척한 것은 묵시적 합의해제에 관한 법리를 오해한 잘못이 있다.

(나) 손해배상의무 부정[대법원 1989. 4. 25. 선고 86다카1147, 86다카1148 판결] 계약이 합의해제된 경우에는 그 해제시에 당사자 일방이 상대방에게 손해배상을 하기로 특약하거나 손해배상청구를 유보하는 의사표시를 하는 등 다른 사정이 없는 한 채무불이행으로 인한 손해배상을 청구할 수 없다.

2. 제3자 : 제548조 제1항 단서 유추

가. 채권자대위권 행사 후 합의해제 : 불가

나. 채권가압류 후 합의해제 : 가능

다. 채권양도 후 합의해제 : 가능

Ⅳ. 실권약관

1. 계약금 : 해제권 유보약정 → 최고나 통지 없이 배액공탁만으로 자동해제되지 않음

[대법원 1979. 12. 26. 선고 79다1595 판결] 동시이행 관계에 있는 쌍무계약에 있어서 위 조항은 위약한 당사자가 상대방에게 계약금을 포기하거나 그 배액을 배상하여 계약을 해제할 수 있다는 일종의 해제권 유보조항이라 할 것이지 상대방의 위약을 들어 최고나 통지 없이 해제할 수 있다거나, 그 위약사유의 존재만으로 당연히 계약이 해제된다는 특약이라고 볼 수는 없다.

2. 중도금 : 선이행의무 → 해제조건부 약정 → 중도금 미지급 사실 자체로 자동해제[대

법원 1991. 8. 13. 선고 91다13717 판결] 매매계약에 있어서 매수인이 중도금을 약정한 일자에 지급하지 아니하면 그 계약을 무효로 한다고 하는 특약이 있는 경우 매수인이 약정한대로 중도금을 지급하지 아니하면(해제의 의사표시를 요하지 않고) 그 불이행 자체로써 계약은 그 일자에 자동적으로 해제된 것이라고 보아야 한다.

3. 잔금 : 동시이행관계

가. 원칙 : 이행제공이 있어야 자동해제[대법원 1989. 7. 25. 선고 88다카28891 판결], [대법원 2010. 7.

22. 선고 2010다1456 판결] 매수인 잔금지급의무 불이행 사실 + 자동해제약정 사실 + 동시이행의무이행·제공 사실

나. 예외 : 매수인이 잔금지급의 연기를 요청하면서 지급확약 + 불이행시 자동해제 약정 → 잔금 미지급으로 계약은 자동실효[대법원 1996. 3. 8. 선고 95다55467 판결] 부동산 매매 계약에 있어서 매수인이 잔대금 지급기일까지 그 대금을 지급하지 못하면 그 계약이 자동적으로 해제된다는 취지의 약정이 있더라도 매도인이 이행의 제공을 하여 매수인을 이행지체에 빠뜨리지 않는 한 그 약정기일의 도과 사실만으로는 매매계약이 자동 해제된 것으로 볼 수 없으나, 매수인이 수회에 걸친 채무불이행에 대하여 책임을 느끼고 잔금 지급기일의 연기를 요청하면서 새로운 약정기일까지는 반드시 계약을 이행할 것을 확약하고 불이행 시에는 매매계약이 자동적으로 해제되는 것을 감수하겠다는 내용의 약정을 한 특별한 사정이 있다면, 매수인이 잔금 지급기일까지 잔금을 지급하지 아니함으로써 그 매매계약은 자동적으로 실효된다.

▶ 실권약정 착오취소[대법원 2010. 7. 22. 선고 2010다1456 판결] : 잔금지급의무가 없다는 것을 모르고 실권약정 합의동기의 착오 + 표시합의서에 원고 귀책 표시 : 합의 불필요

V. 증여계약 해제

1. 해제 사유

가. 서면에 의하지 않은 증여

나. 범죄행위

다. 부양의무위반

(1) 제974조 부양의무 → 제556조 제1항 제2호 적용

(2) 그 외 부양의무 → 부담부증여 : 일반 해제 가능, 제558조, 제556조 제2항 부적용[대법원 1996. 1. 26. 선고 95다43358 판결]

라. 사정변경

2. 예외

가. 이미 이행한 부분에는 영향 없음(제558조), 소멸(제556조 제2항)

(1) 소유권이전등기[대법원 1977. 12. 27. 선고 77다834 판결]

(2) 소유권이전등기청구권 양도 + 통지[대법원 1998. 9. 25. 선고 98다22543 판결]

(3) 이전등기에 필요한 서류제공 + 증여자 사망 후 등기[대법원 2001. 9. 18. 선고 2001다29643 판결]

가-1. 부담부증여 : 제555조, 제558조 부적용 ➡ 법정해제 가능

나. 서면에 의한 증여 : 해제 불가

나-1. 서면에 의한 증여의 취소[대법원 1999. 7. 9. 선고 98다9045 판결] 민법 제47조 제1항에 의하여 생전처분으로 재단법인을 설립하는 때에 준용되는 민법 제555조는 "증여의 의사가 서면으로 표시되지 아니한 경우에는 각 당사자는 이를 해제할 수 있다."고 함으로써 서면에 의한 증여(출연)의 해제를 제한하고 있으나, 그 해제는 민법 총칙상의 취소와는 요건과 효과가 다르므로 서면에 의한 출연이더라도 민법 총칙규정에 따라 출연자가 착오에 기한 의사표시라는 이유로 출연의 의사표시를 취소할 수 있고, 상대방 없는 단독행위인 재단법인에 대한 출연행위라고 하여 달리 볼 것은 아니다.

[대법원 2009. 9. 24. 선고 2009다37831 판결] 물권적 청구권, 원고 승소

➡️증여계약 해제 + 이전등기말소청구

◀️서면에 의한 증여 : 해제 불가

‣ 서면 위조

◀️이미 이행완료(558) : 실체관계부합

‣ 증여자의 의사에 기하지 않은 원인무효의 등기

◀️제척기간 경과 : ×(특수한 철회, 형성권의 제척기간 적용×, 10년 경과 후에도 가능)

[대법원 1998. 9. 25. 선고 98다22543 판결] 채권적 청구권, 원고 패소

➡️원고증여자의 상속인, 증여계약 증여자 → 소외4 해제 + 이전등기청구매도인(피고)에 대하여

◀️서면에 의한 증여 : 해제 불가

‣ 서면에 의한 증여×(수증자인 소외 4는 조정의 당사자×)

◀️이미 이행완료 : 증여자가 소외 4에게 이전등기청구권 양도 + 피고에게 통지)

[대법원 1998. 9. 25. 선고 98다22543 판결] 부담부증여 + 물권적 청구권, 원고 승소

➡️원고 : 피고의 부담불이행을 이유로 증여계약 해제 + 이전등기말소청구

◀️이미 이행완료피고 명의 등기경료 항변 불가

[대법원 2022. 3. 11. 선고 2017다207475, 207482] 이전등기청구에 대하여 망은행위를 이유로 해제 항변

➡️원고 : 증여계약에 따른 이전등기 청구

◀️망은행위로 인한 해제 항변[원심] 원고가 피고의 의사에 반하여 이 사건 동업해지계약서를 위조하고 이를 이용하여 이 사건 토지 및 건물에 관한 사업자명의를 원고 단독명의로 변경한 행위는 피고와의 신뢰관계를 중대하게 침해

하는 범죄행위로서 망은행위에 해당함을 이유로 해제 항변 인정

▸ 신뢰관계의 중대한 침해 부정 민법 제556조 제1항 제1호는 중대한 배은행위를 한 수증자에 대해서까지 증여자로 하여금 증여계약상의 의무를 이행하게 할 필요가 없다는 윤리적 요청을 법률적으로 고려한 것이다. 여기에서 '범죄행위'는, 수증자가 증여자에게 감사의 마음을 가져야 함에도 불구하고 증여자가 배은망덕하다고 느낄 정도로 둘 사이의 신뢰관계를 중대하게 침해하여 수증자에게 증여의 효과를 그대로 유지시키는 것이 사회통념상 허용되지 아니할 정도의 범죄를 저지르는 것을 말한다. 이때 이러한 범죄행위에 해당하는지 여부는 수증자가 범죄행위에 이르게 된 동기 및 경위(이 사건 부동산의 관리를 위하여 원고 단독명의로 작성한 서류 제출), 수증자의 범죄행위로 증여자가 받은 피해의 정도, 침해되는 법익의 유형(원고는 임대수익의 대부분을 피고를 위하여 사용), 증여자와 수증자의 관계 및 친밀도(모자 관계), 증여행위의 동기와 목적(피고는 아들이 의사임을 자랑스러워 하며 증여) 등을 종합적으로 고려하여 판단하여야 하고, 반드시 수증자가 그 범죄행위로 형사처벌을 받을 필요는 없다.

[대법원 2022. 7. 28. 선고 2017다245330 판결] 사인증여의 철회를 통한 근저당권설정등기 말소청구 인용

▶원고 : 유증·사인증여의 철회 + 근저당권설정등기의 말소 청구 피고와 사이에 태어난 소외인의 양육을 위하여 근저당권을 설정하였으나 그 후 원고가 소외인을 인지하여 소외인에게도 상속권이 발생함에 따라 이 사건 근저당권의 말소등기를 청구

◀피고

○ 근저당권의 피담보채무 : 피고에게 증명책임 [대법원 2009. 12. 24. 선고 2009다72070 판결]

■ 제2각서의 유언으로서의 효력 : 부정 유언자인 원고의 주소가 기재되어 있지 않아 민법 제1066조에 위반

■ 사인증여로서의 효력 인정 [서울고등법원 2017. 6. 28. 선고 2017나2002173 판결] 유언자가 상속인들에게 작성·교부한 유언증서가 유언으로서의 법적 방식에 맞지 않아 무효라 할지라도, 그 증서에 자신이 사망하는 경우 특정한 재산을 위 상속인들에게 증여한다는 내용이 포함되어 있고 이에 위 상속인들이 동의한 경우에는 유언자와 위 상속인들 사이에 유효한 사인증여계약이 성립할 수 있다. ➡ ① 제2각서의 제목이 '상속내용', ② 원고는 각서에서 소외인이 자신의 아들임을 강조, ③ 원고가 제2각서 작성 당시 소외인은 아직 인지되지 않은 상태였고, 제2각서의 내용은 미성년자인 소외인이 권리만을 얻는 내용이고, 피고는 원고의 근저당권설정에 동의하여 필요한 서류를 교부한 점을 종합하면 원고가 제2 각서를 작성하는 방식으로 사인증여의 의사표시를 담은 청약을 하였고, 소외인의 친권자이자 법정대리인인 피고가 이에 승낙함으로써 원고와 소외인 사이에 사인증여계약이 체결된 것으로 봄이 타당

○ 근저당권의 유효성

■ 제3자 명의 근저당권 : 피고와 소외인이 불가분적 채권자의 관계에 있으므로 유효 ① 원고의 제2각서 작성 당시 소외인은 만 2세에 불과하였고, 피고가 소외인을 양육하고 있었던 점, ② 이에 따라 원고는 소외인이 35세가 되기 이전에는 이 사건 사인증여로 소외인이 취득하는 권리를 피고가 관리하도록 하였던 점, ③ 제1각서 작성 당시 원고는 자신의 재산을 피고에게 넘기는 것과 원고와 피고의 아들인 소외인에게 넘기는 것은 '같은 뜻'이라고 이해하고 있었던 점, ④ 위와 같은 이해 아래 원고는 제2각서를 작성한 이후 피고와 사이에 2013. 5. 8.자 근저당권설정계약서를 작성하고, 피고 명의로 이 사건 근저당권설정등기를 마쳐 준 것으로 보이는 점 등을 고려

■ 증여자의 사망 후에 발생할 채권의 담보를 위한 근저당권 설정 : 유효 사인증여도 증여자와 수증자의 의사합치로 이루어지는 계약이고, 사인증여계약이 해제되거나 철회되기 전까지는 유효하며, 근저당권은 그 담보할 채무의 최고액만을 정하고 채무의 확정을 장래에 보류하여 설정하는 저당권으로서 사인증여계약의 체결과 같이 기본적인 법률관계가 성립되어 있다면 증여자의 사망 후에 발생할 채권의 담보를 위하여도 근저당권을 설정할 수 있다.

▶ 사인증여의 철회 : 민법 제1108조 제1항은 사인증여에 준용민법 제562조는 사인증여에는 유증에 관한 규정
을 준용한다고 정하고 있고, 민법 제1108조 제1항은 유증자는 그 유증의 효력이 발생하기 전에 언제든지 유언 또는
생전행위로써 유증 전부나 일부를 철회할 수 있다고 정하고 있다. 사인증여는 증여자의 사망으로 인하여 효력이 발생
하는 무상행위로 그 실제적 기능이 유증과 다르지 않으므로, 증여자의 사망 후 재산 처분에 관하여 유증과 같이 증여
자의 최종적인 의사를 존중할 필요가 있다. 또한 증여자가 사망하지 않아 사인증여의 효력이 발생하기 전임에도 사인
증여가 계약이라는 이유만으로 그 법적 성질상 철회가 인정되지 않는다고 볼 것은 아니다. 이러한 사정을 고려하면 특
별한 사정이 없는 한 유증의 철회에 관한 민법 제1108조 제1항은 사인증여에 준용된다고 해석함이 타당하다.

제6관 경개

Ⅰ. 요건

1. 구채무 소멸

2. 신채무 성립

3. 채무의 중요부분 변경[대법원 2011. 3. 10. 선고 2010다86655 판결]

Ⅱ. 효과

1. 구채무보증계약소멸 → 보증계약상의 수탁보증인의 지위 소멸 → 사후구상권 행사 불
   가 → 장래이행청구는 이유 없음[대법원 2004. 9. 3. 선고 2002다37405 판결]

2. 기존채무에 대한 담보의 존속 여부

가. 당사자 의사 불분명시 : 경개가 아니라 채권양도[대법원 1996. 7. 9. 선고 96다16612 판결], 준
   소비대차(대환)[대법원 1989. 6. 27. 선고 89다카2957 판결, 대법원 2016. 6. 9. 선고 2014다64752 판결] →
   기존채무에 대한 보증 존속[대법원 2002. 9. 24. 선고 2000다49374 판결]

나. 신채무전환사채인수의 성질이 소비대차가 아닌 경우 기존채무대여금와의 동일성 부정
   : 기존채무에 대한 담보의 효력 소멸[대법원 2003. 9. 26. 선고 2002다31803,31810 판결]

다. 구 채무에 관한 담보의 신 채무로의 이전 : 묵시적 합의로도 가능[대법원 2002. 10. 11.
   선고 2001다7445 판결]

3. 소멸시효 : 새로 기산, 일방 상인 → 상행위 추정(경개, 준소비대차 동일) : 5년[대법원
   1989. 6. 27. 선고 89다카2957 판결]

제7관 혼동

Ⅰ. 채권·채무의 동일인 귀속

1. 대항력 있는 임차인이 목적물을 경락받은 경우[대법원 1996. 11. 22. 선고 96다38216 판결, 대법원 1998. 9. 25. 선고 97다28650 판결]

2. 가해자모(보험계약을 체결하지 않은 운전자)가 피해자자(망인)를 상속 → 손해배상청구권 소멸 → 직접청구권 소멸[대법원 2003. 1. 10. 선고 2000다41653,41660 판결]

3. 전부채권자가 제3채무자와 같은 경우[민사집행실무제요Ⅳ 344]

Ⅱ. 예외 : 채권이 제3자의 목적(제507조 단서), 상속인의 한정승인(제1031조), 상속재산과 고유재산의 분리(제1050조), 어음·수표 채무자가 채권자(어음법 제11조 제3항, 제77조 제1항 제1호, 수표법 제14조 제3항), 제3자에 대한 권리행사의 전제[대법원 1995. 5. 12. 선고 93다48373 판결]

1. 자동차손해배상 보장법 제3조 손해배상채권이 피해자(망인)의 보험자에 대한 직접청구권의 전제 → 손해배상청구권은 혼동으로 소멸하지 않음[대법원 2003. 1. 10. 선고 2000다41653,41660 판결]

2. 가해자가 아닌 상속인운행자(보험계약자 부)2000다41653, 부모[가해자(보험계약자 소외1)와 피해자(소외2,3)의 상속인]93다48373 : 망인의 상속인으로서 직접청구권 행사 가능, 상속인의 보험자에 대한 채권은 소멸하지 않음2000다41653

3. 상속분에 한하여 직접청구권 행사2000다41653

4. 피해자자의 상속인이 된 가해자모의 상속포기 : 혼동 부정, 다른 상속인부의 손해배상청구권, 직접청구권 행사 가능[대법원 2005. 1. 14. 선고 2003다38573, 38580 판결]

제8관 상속포기

Ⅰ. 요건
1. 주체 : 상속인, 행위능력 필요

2. 기간 : 상속개시 있음을 안 날로부터 3월 내

가. 상속개시의 원인이 되는 사실의 발생을 알고

나. 자기가 상속인이 되었음을 안 날[대법원 2005. 7. 22. 선고 2003다43681 판결]

3. 신고 : 가정법원에 신고

Ⅱ. 상속포기의 효력이 부정되는 경우

1. 민법이 정한 절차, 방식 위배

2. 상속개시 전 포기 : 효력 부정

3. 법정단순승인(제1026조)

가. 처분행위(제1호) : 한정승인·포기 이전[대법원 2004. 3. 12. 선고 2003다63586 판결]

인정 : 상속포기 불가	부정 : 상속포기 가능
■ 피상속인의 손해배상채권의 추심 후 상속포기[대법원 2010. 4. 29. 선고 2009다84936 판결] 상속인이 상속재산에 대한 처분행위를 한 때에는 단순승인을 한 것으로 보는바, 상속인이 피상속인의 채권을 추심하여 변제받는 것도 상속재산에 대한 처분행위에 해당한다. 피고1이 소외2(망인의 재산을 임의로 처분, 사용)에게서 1,000만 원을 받은 것은 위 망인의 소외2에 대한 손해배상채권을 추심하여 변제받은 것으로서 상속재산의 처분행위에 해당하고, 그것으로써 피고1은 단순승인을 한 것으로 간주되었다고 할 것이므로 그 이후에 피고1이 한 상속포기는 그 효력이 없다. ■ 상속재산분할 후 상속포기 신고[대법원 1983. 6. 28. 선고 82도2421 판결] 상속인중 1인이 다른 공동재산상속인과 협의하여 상속재산을 분할한 때는 민법 제1026조 제1호에 규정된 상속재산에 대한 처분행위를 한 때에 해당되어 단순승인을 한 것으로 보게 되어 이를 취소할 수 없는 것이므로 그 뒤 가정법원에 상속포기신고를 하여 수리되었다 하여도 포기의 효력이 생기지 않는다. ■ 상속포기 심판고지 전 처분 : 제1026조 제1호 단순승인[대법원 2016. 12. 29. 선고 2013다73520 판결] 상속의 한정승인이나 포기의 효력이 생긴 이후에는	■ 상속포기신고 전 주권반환청구소송 : 공유물 보존행위 → 처분행위× → 상속포기 가능[대법원 1996. 10. 15. 선고 96다23283 판결] 권원 없이 공유물을 점유하는 자에 대한 공유물의 반환청구는 공유물의 보존행위이므로, 상속인들이 상속포기신고를 하기에 앞서 점유자를 상대로 피상속인의 소유였던 주권에 관하여 주권반환청구소송을 제기한 것은 민법 제1026조 제1호가 정하는 상속재산의 처분행위에 해당하지 아니한다. ■ 제1019조 제3항에 따라 한정승인 가능 ■ 수인의 상속인 중 1인을 제외한 나머지 상속인들이 상속을 포기하기로 하였으나 상속포기 신고 수리 전 피상속인 소유 미등기 부동산에 관하여 상속인들 전원 명의로 법정상속분에 따른 소유권보존등기가 마쳐지자 상속을 포기하는 상속인들이 상속을 포기하지 않은 상속인 앞으로 지분이전등기를 하였고 그 후 상속포기 신고가 수리된 경우[대법원 2012. 4. 16.자 2011스191,192 결정] 민법 제1026조 제1호의 입법 취지가 상속재산 처분을 행하는 상속인은 통상 상속을 단순승인하는 의사를 가진다고 추인할 수 있는 점,

더 이상 단순승인으로 간주할 여지가 없으므로 민법 제1026조 제1호는 한정승인이나 포기의 효력이 생기기 전에 상속재산을 처분한 경우에만 적용된다. 한편 상속의 한정승인이나 포기는 가정법원에 신고를 하여 가정법원의 심판을 받아야 하며, 심판은 당사자가 이를 고지받음으로써 효력이 발생한다. 이는 한정승인이나 포기의 의사표시의 존재를 명확히 하여 상속으로 인한 법률관계가 획일적으로 처리되도록 함으로써, 상속재산에 이해관계를 가지는 공동상속인이나 차순위 상속인, 상속채권자, 상속재산의 처분 상대방 등 제3자의 신뢰를 보호하고 법적 안정성을 도모하고자 하는 것이다. 따라서 상속인이 가정법원에 상속포기의 신고를 하였더라도 이를 수리하는 가정법원의 심판이 고지되기 이전에 상속재산을 처분하였다면, 이는 상속포기의 효력 발생 전에 처분행위를 한 것이므로 민법 제1026조 제1호에 따라 상속의 단순승인을 한 것으로 보아야 한다.

그 처분 후 한정승인이나 포기를 허용하면 상속채권자나 공동 내지 차순위 상속인에게 불의의 손해를 미칠 우려가 있다는 점, 상속인의 처분행위를 믿은 제3자의 신뢰도 보호될 필요가 있다는 점 등에 있음을 고려하여 볼 때, 상속인들의 상속포기의 취지에 따라 상속을 포기하는 상속인들의 지분에 관하여 상속을 포기하지 아니한 상속인 앞으로 지분이전등기를 한 것이고 그 후 상속포기 신고가 수리되었다면, 이를 상속의 단순승인으로 간주되는 민법 제1026조 제1호 소정의 '상속재산에 대한 처분행위'가 있는 경우라고 할 수 없다.

나. 은닉, 부정소비, 고의누락(제3호)

(1) 취지 : 상속인의 배신적 행위에 대한 제재[대법원 2022. 7. 28. 선고 2019다29853 판결] 제3호의 법정단순승인 사유가 있으면 그 전에 상속인이 한 한정승인 또는 포기의 효력이 소멸하고 단순승인의 효과가 발생하여 상속인의 고유재산에 대하여도 집행할 수 있게 된다. 이러한 점 때문에 민법 제1026조 제3호는 상속인의 배신적 행위에 대한 제재로서 의미를 가지고 있다.

(2) 시기 : 한정승인·포기 후[대법원 2004. 3. 12. 선고 2003다63586 판결] 민법 제1026조 제1호는 상속인이 한정승인 또는 포기를 하기 이전에 상속재산을 처분한 때에만 적용되는 것이고, 상속인이 한정승인 또는 포기를 한 후에 상속재산을 처분한 때에는 그로 인하여 상속채권자나 다른 상속인에 대하여 손해배상책임을 지게 될 경우가 있음은 별론으로 하고, 그것이 위 제3호에 정한 상속재산의 부정소비에 해당되는 경우에만 상속인이 단순승인을 한 것으로 보아야 하며, 나아가 위 제3호에 정한 '상속재산의 부정소비'라 함은 정당한 사유 없이 상속재산을 써서 없앰으로써 그 재산적 가치를 상실시키는 행위를 의미하는 것이라고 봄이 상당하다.

(3) 고의누락 : 상속인의 채권자를 해할 의사 필요[대법원 2022. 7. 28. 선고 2019다29853 판결] 고의로 재산목록에 기입하지 아니한 때'라 함은 한정승인을 함에 있어 상속재산을 은닉하여 상속채권자를 사해할 의사로써 상속재산을 재산목록에 기입하지 않는 것을 뜻하므로(대법원 2003. 11. 14. 선고 2003다30968 판결 등 참조), 위 규정에 해당하기 위해서는 상속인이 어떠한 상속재산이 있음을 알면서 이를 재산목록에 기입하지 아니하였다는 사정만으로는 부족하고, 상속재산을 은닉하여 상속채권자를 사해할 의사, 즉 그 재산의 존재를 쉽게 알 수 없게 만들려는 의사가 있을 것을 필요로 한다. 위 사정은 이를 주장하는 측에서 증명하여야 한다.

나-1. 우선변제권자에게 귀속 : 부정소비 부정2003다63586 이 사건 농지를 처분하여 그 처분대금 전액이 우선변제권자인 농업기반공사에게 귀속된 것이라면, 다른 특별한 사정이 없는 한 이러한 피고들의 행위를 상속재산의 부정소비에 해당한다고 볼 수는 없을 것이다.

4. 상속포기 후 대습상속으로 다시 채무를 부담한 경우[대법원 2017. 1. 12. 선고 2014다39824 판결] 피상속인(구상금채무자)의 사망 → 상속포기 → 피상속인의 직계존속 사망[35]

가. 당초 상속포기의 효력 주장 불가 : 대습상속에 영향 없음(∵ 사전포기, 조건부포기) 피상속인에 대한 상속포기를 이유로 대습상속 포기의 효력까지 인정한다면 상속포기의 의사를 명확히 하고 법률관계를 획일적으로 처리함으로써 법적 안정성을 꾀하고자 하는 상속포기제도가 잠탈될 우려

나. 대습상속개시 후 포기기간 내에 대습상속포기/제1019조 제3항에 따라 한정승인 필요 대습상속의 경우에도 대습상속인이 특별한정승인규정에 따라 보호받을 수 있을 것이므로 상속포기의 절차, 방식과 효력에 관한 민법 규정이 대습상속에도 적용된다고 하더라도 부당한 것은 아니다.

5. 상속포기의 신의칙 위반 여부 : 가해자인 모의 상속포기 → 가해자(모) ≠ 피해자(자)의 상속인(부) → 신의칙에 위배되지 않음[대법원 2005. 1. 14. 선고 2003다38573, 38580 판결]

Ⅲ. 상속포기 주장과 청구이의 가능 여부

1. 상속포기 주장을 하지 않은 경우 판결 : 채무존재에 대한 판결 → 확정판결 전 사유 → 기판력 발생, 청구이의 불가[대법원 2009. 5. 28. 선고 2008다79876 판결]

2. 당해 사건 판결 후 상속포기(제1019조 제1항) + 청구이의 가능[대법원 2015. 5. 14. 선고 2013다48852 판결][36]

---

35) 피고들과 소외4의 상속포기는 피상속인 소외3으로부터 상속받는 것을 포기하는 효과가 있을 뿐임이 분명하다. 따라서 소외3이 부담하는 이 사건 구상금채무는 소외3의 사망 후 제1순위 상속인인 피고들과 소외 4의 상속포기에 따라 제2순위 상속인인 소외5에게 단독 상속되었다가, 그 후 소외5의 사망에 따라 자녀들인 소외6, 소외7, 소외9, 소외3의 대습상속인인 피고들과 소외 4, 그리고 소외8의 대습상속인들에게 공동으로 상속되었다. 소외3의 사망 후 피고들이 상속포기를 했다고 하더라도 이는 소외3에 대한 상속포기에 지나지 않아 그 효력이 소외3의 어머니인 소외5의 사망에 따른 대습상속에까지 미친다고 볼 수 없다. 소외5의 사망에 따라 소외3을 피대습자로 한 대습상속이 개시된 후 피고들이 상속의 효력을 배제하고자 하였다면, 소외3에 대한 상속포기와는 별도로 다시 민법이 정한 기간 내에 상속포기의 방식과 절차에 따라 소외5를 피상속인으로 한 상속포기를 하였어야 할 것이다.

36) 피상속인의 배우자와 자녀 중 자녀 전부가 상속을 포기한 때에는 피상속인의 손자녀가 배우자와 공동으로 상속인이 된다는 것은 상속의 순위에 관한 민법 제1000조, 배우자의 상속순위에 관한 민법 제1003조, 상속포기의 효과에 관한 민법 제1042조 등의 규정들을 종합적으로 해석하여 비로소 도출되는 것이지 이에 관한 명시적 규정이 존재하는 것은 아니므로, 일반인의 입장에서 피상속인의 자녀가 상속을 포기하는 경우 자신들의 자녀인 피상속인의 손자녀가 피상속인의 배우자와 공동으로 상속인이 된다는 사실까지 안다는 것은 오히려 이례에 속한다. 이 사건에서 피고들은 망 소외1의 손자녀로서 위와 같은 과정을 거쳐 상속인이 되었으

제9관 한정승인

Ⅰ. 요건

1. 일반 한정승인(제1019조 제1항) : 상속개시 안 날 ~ 3개월

2. 특별 한정승인(제1019조 제3항) : 채무초과 안 날 ~ 3개월 + 중과실이 없을 것

Ⅱ. 한정승인 주장 여부와 기판력

1. 한정승인 주장 + 인정 → 상속재산 한도에서 지급을 명하는 판결[대법원 2012. 5. 9. 선고 2012다3197 판결]

가. 상속인 : 한정승인 항변 가능

나. 채권자 : 법정단순승인 주장 불가피상속인에 대한 채권에 관하여 채권자와 상속인 사이의 전소에서 상속인의 한정승인이 인정되어 상속재산의 한도에서 지급을 명하는 판결이 확정된 때에는 그 채권자가 상속인에 대하여 새로운 소에 의해 위 판결의 기초가 된 전소 사실심의 변론종결시 이전에 존재한 법정단순승인 등 한정승인과 양립할 수 없는 사실을 주장하여 위 채권에 대해 책임의 범위에 관한 유보가 없는 판결을 구하는 것은 허용되지 아니한다. 왜냐하면 전소의 소송물은 직접적으로는 채권(상속채무)의 존재 및 그 범위이지만 한정승인의 존재 및 효력도 이에 준하는 것으로서 심리·판단되었을 뿐만 아니라 한정승인이 인정된 때에는 주문에 책임의 범위에 관한 유보가 명시되므로 한정승인의 존재 및 효력에 대한 전소의 판단에 기판력에 준하는 효력이 있다고 해야 하기 때문이다. 그리고 이러한 법리는 채권자의 급부청구에 대하여 상속인으로부터의 한정승인의 주장이 받아들여져 상속재산의 한도 내에서 지급을 명하는 판결이 확정된 경우와 채권자 스스로 위와 같은 판결을 구하여 그에 따라 판결이 확정된 경우 모두에 마찬가지로 적용된다.

2. 한정승인 사실을 주장하지 않은 경우 : 한정승인에 대한 기판력 불발생 → 청구이의 가능[대법원 2006. 10. 13. 선고 2006다23138 판결] 책임범위가 아니라 상속채무에 대하여 기판력이 발생[37]

므로, 피고들의 친권자인 소외3, 소외 4로서는 자신들의 상속포기 사실 등 피고들에 대한 상속개시의 원인사실을 아는 것만으로는 피고들이 상속인이 된다는 사실까지 알기 어려운 특별한 사정이 있는 경우라고 봄이 상당하다. 나아가 상속포기로써 채무 상속을 면하고자 하는 사람이 그 채무가 고스란히 그들의 자녀에게 상속될 것임을 알면서도 이를 방치하지는 않았으리라고 봄이 경험칙에 부합하는 점, 실제로 소외3, 소외 4는 피고들이 상속인이 아니라고 일관되게 다투면서 이 사건 항소 및 상고에 이른 점 등을 고려하면, 피고들의 친권자인 소외3, 소외 4는 적어도 이 판결이 선고되기 전에는 피고들이 상속인이 된다는 사실을 알지 못하였다고 인정할 여지가 충분하고, 그 경우 피고들에 대하여는 아직 민법 제1019조 제1항에서 정한 기간이 도과되지 아니하였다고 할 수 있다. 그러나 피고들이 이를 이유로 상속포기를 한 다음 청구이의의 소를 제기함은 별론으로 하고, 위와 같은 사정만으로는 원고의 피고들에 대한 청구를 배척할 사유가 되지 아니한다.

37) 한정승인에 의한 책임의 제한은 상속채무의 존재 및 범위의 확정과는 관계가 없고 다만 판결의 집행대상을 상속재산의 한도로 한정함으로써 판결의 집행력을 제한할 뿐이다. 특히 채권자가 피상속인의 금전채무를

Ⅲ. 상속채권자와 한정승인자의 고유채권자의 우열관계 : 민법의 일반원칙에 따라 결정[대법원 2010. 3. 18. 선고 2007다77781 전원합의체 판결] 민법은 한정승인만으로 상속채권자에게 상속재산에 관하여 한정승인자로부터 물권을 취득한 제3자에 대하여 우선적 지위를 부여하는 규정은 두고 있지 않으며, 민법 제1045조 이하의 재산분리 제도와 달리 한정승인이 이루어진 상속재산임을 등기하여 제3자에 대항할 수 있게 하는 규정도 마련하고 있지 않으므로

	상속채권자원고	한정승인자의 고유채권자피고(조세채권자)
상속인 한정승인 + 한정승인자의 고유채권자가 담보권 취득	상속인 고유재산한정승인자의 고유채권자가 상속재산에 대하여 한정승인자 앞으로 상속등기를 대위신청 → 한정승인자의 고유재산에 대한 강제집행 불가	한정승인자의 고유채권자 우선
한정승인자의 고유채권자가 담보권을 취득하지 못한 경우	■상속채권자 우선(고유채권자는 상속재산에 대하여 강제집행 불가) ■한정승인자의 고유채권자가 조세채권자라 할지라도	당해세 : 고유채권자 우선

제10관 면제(채권의 포기)

Ⅰ. 요건사실 : 채권자인 원고가 채무자인 피고에게 채무면제의 의사표시를 한 사실

1. 제3자의 면제 : 채권처분 권한 위임 입증 필요

2. 손해배상청구(매수인 채무불이행)를 하는 매도인이 계약금 반환 → 손해배상채무 면제 부정[대법원 1987. 3. 24. 선고 86다카1907,1908 판결] 상대방에 대한 반대채권이 있음에도 불구하고 자신의 채무이행을 약정하였다는 사실만으로는 반대채권을 포기한 것으로 볼 수는 없으므로

상속한 상속인을 상대로 그 상속채무의 이행을 구하여 제기한 소송에서 채무자가 한정승인 사실을 주장하지 않으면, 책임의 범위는 현실적인 심판대상으로 등장하지 아니하여 주문에서는 물론 이유에서도 판단되지 않는 것이므로 그에 관하여는 기판력이 미치지 않는다. 그러므로 채무자가 한정승인을 하고도 채권자가 제기한 소송의 사실심 변론종결시까지 그 사실을 주장하지 아니하는 바람에 책임의 범위에 관하여 아무런 유보가 없는 판결이 선고되어 확정되었다고 하더라도, 채무자는 그 후 위 한정승인 사실을 내세워 청구에 관한 이의의 소를 제기하는 것이 허용된다고 봄이 옳다.

제11관 변제 : 변제자가 변제수령권자에게 변제제공

Ⅰ. 변제자

1. 제3자 변제(제469조 제1항, 구상금청구의 근거) : 원칙 유효

가. 타인의 채무를 변제한다는 의사

나. 타인의 채무임을 나타내는 변제지정 필요 : 채권자의 인식에 의해서도 가능[대법원 2010. 2. 11. 선고 2009다71558 판결] 민법 제469조에 정한 바에 따라 채무의 변제는 제3자도 할 수 있는 것인바, 제3자가 타인의 채무를 변제하여 그 채무를 소멸시키기 위하여는 제3자가 타인의 채무를 변제한다는 의사를 가지고 있었음을 요건으로 하고 이러한 의사는 타인의 채무변제임을 나타내는 변제지정을 통하여 표시되어야 할 것이지만, 채권자가 변제를 수령하면서 제3자가 타인의 채무를 변제하는 것이라는 사실을 인식하였다면 타인의 채무변제라는 지정이 있었다고 볼 수 있다.[38]

2. 제3자 변제의 제한[대법원 2016. 8. 24. 선고 2014다9212 판결] 우리의 사법질서는 개인이 자신의 법률관계를 그의 자유로운 의사에 의하여 형성할 수 있다는 사적자치의 원칙과 개인은 자기에게 귀책사유가 있는 행위에 대하여만 책임을 지고 그렇지 아니한 타인의 행위에 대하여는 책임을 지지 아니한다는 자기책임의 원칙 등을 근간으로 한다. 따라서 타인의 채무에 대한 변제책임이 인정되는 것은 채무인수와 같이 당사자가 스스로의 결정에 따라 책임을 부담할 의사를 표시한 경우에 한정되는 것이 원칙이고, 예외적으로 법률의 규정에 의하여 당사자의 의사와 관계없이 타인의 채무에 대한 변제책임이 인정될 수 있으나, 그러한 법률규정을 해석·적용할 때에는 가급적 위와 같은 원칙들이 훼손되지 않도록 배려하여야 하고 특히 유추적용 등의 방법으로 그 법률규정들을 확대적용하는 것은 신중히 하여야 한다.

가. 채무의 성질, 법률의 규정(제657조 제2항, 제682조 제1항, 제701조, 제707조)

(1) 채무자 의사에 반하지 않음 추정 : 구상금청구 가능[대법원 2020. 7. 23. 선고 2016다271455 판결] 이해관계 없는 제3자는 채무자의 의사에 반하여 변제할 수 없는데, 채무자의 반대의사는 제3자가 변제할 당

---

38) 피해자가 원고로부터 이 사건 책임보험금을 포함한 이 사건 사고 관련 합의금을 지급받으면서 원고의 요구에 따라 "이 사건 사고와 관련된 당사자 및 공동불법행위자에 대한 일체의 청구권을 포기하겠다"는 내용의 권리포기서를 작성하여 원고에게 제출한 사실을 알 수 있는바, 피해자는 위 합의금을 수령하면서 위와 같은 내용의 권리포기서를 작성·제출하는 과정에서 원고가 자신의 채무뿐만 아니라 '이 사건 사고 관련 당사자 및 공동불법행위자'의 채무도 함께 변제하는 것이라는 사정, 원고로부터 위 합의금을 수령함으로써 피해자가 다른 관련 당사자 및 공동불법행위자에 대하여 보유하는 채권은 모두 소멸하는 것이라는 사정을 충분히 인식하였다고 볼 수 있다. 이러한 사정을 앞서 본 법리에 비추어 보면, 피해자가 변제를 수령할 당시에 원고로부터 구체적으로 '피고'의 채무임을 지정받은 바는 없다 하더라도 피해자로서는 원고가 '사고당사자 및 공동불법행위자'의 채무도 함께 변제하는 것이라는 사실을 인식하였다고 볼 여지가 충분하므로, 원고가 피해자에게 이 사건 책임보험금을 지급하면서 그것이 타인의 채무를 변제하는 것이라는 취지의 지정이 있었다고 볼 수 있고, 따라서 원고의 이 사건 책임보험금의 지급은 제3자의 변제로서의 효력이 발생하여 피고의 피해자에 대한 책임보험금 지급채무는 소멸하였다. ➡ 사무관리에 의한 구상금청구 가능

시의 객관적인 제반 사정에 비추어 명확하게 인식될 수 있는 것이어야 하고, 함부로 채무자의 반대의사를 추정함으로써 제3자의 변제 효과를 무효화시키는 일은 피해야 한다.

(2) 타인채무에 대한 변제를 규정하는 법률의 규정이 없는 경우 : 영업임대인에 대한 대여금을 영업임차인에게 청구 불가[대법원 2016. 8. 24. 선고 2014다9212 판결] 영업임대차의 경우에는 상법 제42조 제1항과 같은 법률규정이 없을 뿐만 아니라, 영업상의 채권자가 제공하는 신용에 대하여 실질적인 담보의 기능을 하는 영업재산의 소유권이 재고상품 등 일부를 제외하고는 모두 임대인에게 유보되어 있고 임차인은 그 사용·수익권만을 가질 뿐이어서 임차인에게 임대인의 채무에 대한 변제책임을 부담시키면서까지 임대인의 채권자를 보호할 필요가 있다고 보기 어렵다. 여기에 상법 제42조 제1항에 의하여 양수인이 부담하는 책임은 양수한 영업재산에 한정되지 아니하고 그의 전 재산에 미친다는 점 등을 더하여 보면, 영업임대차의 경우에 상법 제42조 제1항을 그대로 유추적용할 것은 아니다.

나. 의사표시에 의한 제한(제469조 제2항)

▸ 이해관계 있는 제3자(법률상 이익) : 변제 가능

(1) 특약에 의한 제한 : 이해관계 있는 제3자도 불가

▸ 예외 : 물상보증인

[대법원 1971. 3. 23. 선고 71다240, 241 판결] 이해관계 없는 제3자 항변에서 고려할 사항

▶원고(원매도인) : 중간생략등기 이행 후 이전등기청구

▸ 피고(전매수인) : 원고 → 이해관계 없는 제3자 항변○원고 : 다시 소유권을 취득할 법률상 이해관계×
▸ 물상보증계약, 매수인과 전매수인 사이에 원고 앞으로의 소유권 환원특약이미 매도인으로서의 소유권이전등기 의무를 완전히 이행한 원고들로서는 그 소유명의를 다시 취득할 법률상 이해관계가 없다 할 것이니, 원심으로서는 원고들이 소외인과 피고사이의 본건 채권채무관계의 물상보증인으로서 피고사이에 물상보증계약이 존재한 것인가 또는 그러한 물상보증계약이 없었다 하더라도 위 3자 사이에 담보채권이 완제되면 원고들 앞으로 소유명의를 환원시킨다는 특약이 있는가를 따져서 그러한 사실이 인정된다면 모르되 이러한 사실을 심구하지도 않고 만연히 본건 채무 완제로 피고는 당연히 원고들 앞으로 소유명의를 환원할 의무가 있다고 판단하였음은 위에 설시한 법리를 오해한 위법이 있음이 아니면 판결이유에 모순 내지 심리미진의 위법이 있다.

(2) 사실상의 이해관계자 : 물상보증인 소유 부동산에 대한 후순위 저당권자(담보가등기권자)[대법원 2009. 5. 28.자 2008마109 결정] 신청외2(물상보증인)는 신청외1(채무자) 소유의 부동산에 대한 서부새마을금고의 선순위근저당권을 대위취득하고, 재항고인은 위 선순위근저당권에 대하여 물상대위함으로써 우선하여 변제를 받을 수 있다고 할 것이고, 재항고인이 신청외1 소유의 부동산에 대하여 직접 경매신청을 하기 위하여 위 채무 잔액을 변제하려고 한다는 취지의 주장은 채권자로부터 집행을 받게 되거나 또는 채무자에 대한 자기의 권리를 잃게 되는 지위에 있기 때문이 아닌 사실상의 이해관계에 지나지 않는다고 할 것이다. [원심 : 창원지법2007라105] 항고인이 채무자 소유의 부동산에 대하여 경매를 신청하기 위한 목적으로 채무자의 서부새마을금고에 대한 채무를 변제하려고 한다는 취지의 주장은 채권자로부터의 집행을 회피하거나 자기의 권리를 보전하기 위한 것이 아니라 오히려 새로운 권리를 취득하거나 자신의 권리를 신장하기 위한 것으로서 주장 자체로 이유 없다.

Ⅱ. 변제수령권자 : 채권자, 변제수령권한 있는 자

1. 채권의 준점유자에 대한 변제

가. 채권의 준점유자로의 외관

(1) 사칭대리인[대법원 2004. 4. 23. 선고 2004다5389 판결]

(2) 압류경합시 전부채권자[대법원 1980. 9. 30. 선고 78다1292 판결]

(3) 가압류취소 판결을 받은 집행채무자소외인(제3채무자피고에 대한 채권자)[대법원 2003.
7. 22. 선고 2003다24598 판결]39)

나. 변제자 선의·무과실 : **변제시 기준, 변제자가 입증, 채권자 귀책 불필요**[대법원 1963.
10. 10 선고 63다384 판결]

선의·무과실 인정	부정
○압류경합시 일부 전부채권자에게 변제 + 선의·무과실[대법원 1980. 9. 30. 선고 78다1292 판결] ■전부채권자에 대한 변제 유효 ■다른 경합채권자 : 전부채권자에게 부당이득청구 가능 ■제3채무자의 다른 경합채권자에게 손해배상 : 이해관계 없는 제3자의 변제 → 임의대위다른 경합채권자채무자(➡제3채무자) → 전부채권자만 가능	○압류경합시 일부 전부채권자에게 변제 + 악의·과실 78다1292 ■전부채권자에 대한 변제 무효 ■경합 압류채권자 : 제3채무자에 대한 불법행위손해배상청구 ■제3채무자 손해배상의무 이행 : 이해관계 있는 제3자의 변제 → 법정대위경합채권자(➡제3채무자) → 전부채권자 : 전부채권자에게 부당이득청구 가능 ○전부명령의 송달을 간과한 채 채무자에게 지급[대법원 2021. 3. 11. 선고 2017다278729 판결]

---

39) 가압류의 취소를 명하는 가집행선고부 판결이 있다고 하더라도, 채무자가 그 판결 정본을 집행법원에 제출하면서 가압류의 집행취소를 신청하여, 집행법원이 이에 따른 가압류의 집행취소절차(채권가압류의 경우 통상 집행법원이 제3채무자에게 가압류집행취소통지서를 송달하는 방법에 의한다.)를 밟기에 이르지 아니한 이상 가압류 집행의 효력은 여전히 유지되는 것이고, 이러한 절차가 취하여지지 않은 채 집행법원 아닌 가압류이의 사건의 제1심법원이 소송당사자 아닌 제3채무자에게 위 가집행선고부 판결 정본을 송달하였다 하더라도 그것만으로 위 가압류의 집행이 당연히 취소되었다고 할 수 없는 것이므로, 피고가 소외인에게 가압류된 임금 및 퇴직금을 지급한 것을 유효한 변제로 본 원심의 판단은 잘못된 것이나, 채권의 준점유자에 대한 변제는 변제자가 선의이며 과실이 없는 때에는 채권을 소멸시키는 효력이 있고, 여기서 채권의 준점유자라 함은 변제자의 입장에서 볼 때 일반의 거래관념상 채권을 행사할 정당한 권한을 가진 것으로 믿을 만한 외관을 가지는 자를 의미하는 것이며, 가압류로 인하여 채권의 추심 기타 처분행위에 제한을 받다가 가압류를 취소하는 가집행선고부 판결을 선고받아 다시 채권을 제한 없이 행사할 수 있을 듯한 외관을 가지게 된 채권자 또한 채권의 준점유자로 볼 수 있다.

○ 채권양도 승낙 → 확정일자 → 양수금 청구에 대해 전부채권자에게 변제 + 제470조 항변: 불가(확정일자 탐지의무 위반)[대법원 1965. 12. 21. 선고 65다1990 판결]

○ 강행법규 위반을 간과한 변제: 과실○[대법원 2004. 6. 11. 선고 2003다1601 판결]

다. 채무의 내용에 따른 현실의 제공

▶ 채권면제·포기: 현실의 제공으로 볼 수 없음[대법원 1995. 3. 17. 선고 93다32996 판결] 피고는 망인의 진정한 상속인이 아닌 위 소외 4 등과 손해배상채권의 포기에 관한 합의를 한 것이어서 동인에게 이러한 권리가 없을 뿐만 아니라, 변제수령행위가 아닌 손해배상채권의 포기에 관하여는 채권의 준점유자에 대한 변제의 법리가 준용될 수도 없는 것이므로 동인과의 위와 같은 합의는 효력이 없어 이로 인하여 피고의 원고들에 대한 손해배상책임이 소멸될 수는 없다고 할 것이다.

2. 권한없는 자에 대한 변제(제472조)

가. 취지: 불필요한 연쇄적 부당이득반환의 법률관계 형성 방지[대법원 2014. 10. 15. 선고 2013다17117 판결, 대법원 2021. 3. 11. 선고 2017다278729 판결]

나. 요건

(1) 권한 없는 자에 대한 변제

(2) 채권자의 실질적 이익

㈎ 변제수령자가 채권자에게 변제로 받은 급부를 전달

㈏ 채권자의 변제수령자·제3자에 대한 기존 채무 소멸: 변제수령자가 채권자의 자신에 대한 채무변제에 충당, 채권자의 제3자에 대한 채무를 대신 변제

㈐ 무권한자의 변제수령을 채권자가 사후에 추인[대법원 2012. 10. 25. 선고 2010다32214 판결] 민법 제472조에서 말하는 '채권자가 이익을 받은' 경우에는 변제의 수령자가 진정한 채권자에게 채무자의 변제로 받은 급부를 전달한 경우는 물론이고, 그렇지 않더라도 무권한자의 변제수령을 채권자가 사후에 추인한 때와 같이 무권한자의 변제수령을 채권자의 이익으로 돌릴 만한 실질적 관련성이 인정되는 경우도 포함된다. 원고가 소외인에 대하여 그가 피고로부터 변제받은 13,372,780원의 진정한 채권자가 자신이라고 주장하며 위 돈을 부당이득으로서 반환할 것을 소로써 구하다가 이러한 반환청구권을 포기하는 내용의 조정에 응하였다면 이러한 포기의 의사표시에는 소외인에 의한 변제수령의 효과를 추인하는 취지가 포함되어 있다고 봄이 상당하고, 그렇다면 피고의 위 변제행위는 원고에 대하여도 유효하게 되어 원고의 이 사건 보험급여 청구채권은 변제로 소멸하였다고 보아야 한다. [대법원 2016. 7. 14. 선고 2015다71856, 71863 판결] 무권한자의 변제수령을 채권자가 추인한 경우에 채권자는 무권한자에게 부당이득으로서 변제받은 것의 반환을 청구할 수 있다.

Ⅲ. 변제제공(제460조) ➡ 이행지체책임 불성립(제461조), 채권자지체, 종류채권 특정

1. 변제제공의 유형

가. 현실의 제공(제460조 본문)

(1) 금전채무

(개) 전액 지급 필요

(내) 수표 : 담보 · 변제의 방법 추정

(2) 약속어음

(개) 실제 지급 필요 : **어음수수 및 영수증 교부로는 부족**[대법원 1990. 5. 22. 선고 89다카13322 판결] 어음의 발행, 교부는 특별한 의사표시가 없는 한 기존채무의 변제확보를 위하여 또는 그 지급방법으로 발행하거나 교부한 것으로 추정되고, 채권자는 기존의 금전채권에 대한 지급방법으로 약속어음을 교부받으면서 그 어음이 장차 결제될 것을 예상하여 미리 금전을 수령하였다는 뜻의 영수증을 교부하는 경우도 있으므로

(내) 어음지급의 유형과 법률관계

유형	지급에 갈음하여	담보를 위하여	지급을 위하여
원인채무	소멸	병존	병존
어음지급시 추정 여부	추정× 약정이 있어야 추정	원인채무 채무자 = 어음채무 채무자 (단명어음)	원인채무 채무자 ≠ 어음채무 채무자 (복명어음 : 제3자인 어음채무자에 의한 지급이 예정)
원인채무 변제기	소멸	연장× 원인채무 변제기도래시 이행지체 (어음제시와 무관)	어음채무 변제기까지 연장
채권자 권리행사	어음채권만	선택	어음채권 선행사
어음제시		필요	필요 (제시× → 원인채무도 이행지체×)
동시이행항변		이행거절권만 인정	이행거절, 이행지체 저지
원인채권이 가압류된 경우		어음채권 행사로 어음채권 만족시 대여금채권 소멸 → 가압류 효력에 위반	

원인채권의 소멸시기	지급에 갈음하여 교부된 경우	■ 채권자가 교부받은 수표를 양도한 경우 : 상환의무를 면한 때[대법원 2002. 12. 24. 선고 2001다3917 판결] 발행자의 회수[40) ■ 어음채권이 변제·상계 등으로 소멸한 때[대법원 2000. 2. 11. 선고 99다56437 판결]	■ 채권자가 교부받은 수표를 양도한 경우 : 상환의무를 면한 때2001다3917 발행자의 회수 ■ 어음채권이 변제·상계 등으로 소멸한 때99다56437

(3) 특정물 : 채권 성립당시 장소(제467조 제1항), 하자 없는 물건 인도의무

(4) 불특정물 : 지참채무, 채권자의 주소지

(5) 등기이전 : 일체의 서류 준비·통지·수령 최고 + 등기소 출석

나. 구두제공(제460조 단서 : 완료통지 + 수령 최고) : **미리 거절, 채권자 협력을 요하는 채무**

다. 구두제공도 불필요 : **회귀적 분할채무, 수령거절의사 명백**[대법원 1976. 11. 9. 선고 76다2218 판결]

2. 매매대금채무에 대한 변제[요건사실론 44]

가. 요건사실

(1) 채무내용에 따른 급부의 현실적 제공

(2) 급부가 당해 채무에 관하여 이루어질 것

▸ 제3자의 변제를 허용하지 않는 의사표시(제469조 제1항 단서 후단)

▸ 이해관계가 없고 채무자 의사에 반하는 경우(제469조 제2항)

나. 변제와 관련하여 채권양도

(1) 담보·변제의 방법으로 양도한 것으로 추정 → 채권양도만으로 채무소멸 부정

(2) 소멸되었음은 채무자가 주장·입증[대법원 1995. 12. 22. 선고 95다16660 판결]

---

40) 부동산 양도인이 양수인으로부터 매매잔대금으로 교부받은 부동산 전득자 발행의 가계수표를 제3자에게 양도하였으나 그 가계수표가 지급거절되자 부동산 전득자가 부정수표단속법에 의한 처벌을 면하기 위하여 제3자에게 대가를 약속하고 이를 회수한 경우, 제3자는 더 이상 부동산 양도인에게 상환청구를 할 수 없게 되어 부동산 양도인은 수표상의 상환의무를 종국적으로 면하였다고 할 것이어서 그 매매잔대금 채권도 소멸하였다고 할 것 → 인수참가인은 피고에 대하여 이 사건 매매잔대금 중 위 액면금 상당인 900만 원의 지급을 청구할 수 없다.

3. 대여금채무에 대한 변제[요건사실론 59]

가. 요건사실

(1) 원고에게 일정금원을 지급한 사실

(2) 그 급부가 채무변제를 위하여 지급된 사실

나. 변제충당 : 재항변

(1) 요건 : ① 별개의 동종채무 존재 + ② 지급된 급부가 총채무 소멸에 부족 ➡ 변제충당 발생[대법원 1999. 8. 24. 선고 99다22281, 22298 판결] 변제충당의 문제는 채무자가 동일한 채권자에 대하여 같은 종류를 목적으로 하는 수개의 채무를 부담한 경우에 발생하는바, 채무가 1개인지 수 개인지는 보통 발생 원인에 따라 이를 정하여야 할 것인데, 이 사건 광업권근저당권에 의하여 담보된 피담보채무는 여러 차례에 걸쳐 대여받은 채무들로 이루어져 있어 그 발생 원인을 달리하고 있으므로 수 개의 채무라고 보아야 할 것이다. 한편 담보권 실행을 위한 경매에서 배당된 배당금이 담보권자가 가지는 수 개의 피담보채권 전부를 소멸시키기에 부족한 경우에는 민법 제477조의 규정에 의한 법정변제충당의 방법에 따라 충당하여야 할 것이다.

(2) 효과

(가) 법정충당의 문제 발생 : ①, ② 사실이 증명되면 일단 법정충당의 문제로 들어가게 되고, 각 당사자는 민법 제477조에서 규정하고 있는 안분비례에 의한 법정충당 이상으로 자신에게 유리한 변제충당의 효과를 주장하는 경우 그에 해당하는 사실을 주장·증명할 책임을 부담 ➡ 합의충당이나 지정충당의 주장이 있으면 법정충당에 앞서 판단 필요[대법원 1994. 2. 22. 선고 93다49338 판결, 대법원 2009. 2. 12. 선고 2007다77712 판결]

▶ 동종채무가 발생하지 않은 사실 : 무효 등

▶ 급부 이전에 이미 소멸한 사실 : 변제

(나) 다른 채무의 변제에 충당

① 다른 채권의 존재 + 다른 채권 변제충당에 합의·다른 채권이 법정충당 우선순위임을 채권자가 주장·증명대법원 1999. 12. 10. 선고 99다14433 판결, 대법원 2014. 1. 23. 선고 2011다108095 판결, [대법원 2021. 10. 28. 선고 2021다247937, 247951, 247968 판결] 원고(임대인, 차임 채권자)가 제시한 계산방식에 대하여 피고(임차인, 차임 채무자)가 별다른 이견을 제시하지 않고 있다는 이유만으로는 채권자가 제시한 것과 같은 방식으로 변제충당의 지정이나 합의가 있었다거나 우선적 법정변제충당사유 등이 있었다고 보기 부족

② 채권자가 변제충당하는 채무를 지정하지 않은 경우 : 채무자의 변제항변 배척 불가[대법원 2014. 1. 23. 선고 2011다108095 판결] 채무자가 특정한 채무의 변제조로 금원 등을 지급한 사실을 주장함에 대하여, 채권자가 이를 수령한 사실을 인정하고서 다만 타 채무의 변제에 충당하였다고 주장하는 경우에는, 채권자는 타 채권이 존재하는 사실과 타 채권에 대한 변제충당의 합의가 있었다거나 타 채권이 법정충당의 우선순위에 있다는 사실을 주장·증명하여야 한다. [대법원 2021. 10. 28. 선고 2021다251813 판결] 피고의 원고에 대한 다른 채무에 충당되었을 가능성이 있다는 이유로 피고의 변제항변을 배척한 원심 판결을 파기한 사건

[2011다108095] 채무자의 변제항변에 대하여 채권자가 다른 채무에의 변제충당을 주장하기 위한 요건

▸ 대여금청구

▸ 전매대금으로 대여금 채무 변제 항변

▸ '원고가 전매수인으로부터 지급받은 금원은 이 사건 대여금채권과 관련이 없다'고만 주장 : 변제충당 하는 다른 채무 지정× → 다른 채무의 존재 증명×

➡ 실제 타채무 부담 + 타채무 변제충당 합의 여부 확정 필요 : 피고의 변제항변 배척원심 불가대법원 : 파 기환송

(대) [주의] : 타 채무가 존재하여 법정충당을 주장할 경우 타 채무에 대해서만 법정충당을 할 것이 아니라 기존 채무까지 고려하여 법정충당 ① 새로운 채무에 대하여 이자 > 원금으로 충당 후 ② 기존채무에 대하여 이자 > 원본으로 충당하는 것이 아니라 ① "새로운 채무와 기존채무 전체"에 대한 이자 > ② 원금 순으로 충당

다. 변제충당 유형

(1) 합의충당

■ 채무자와 채권자 사이에 충당에 관한 합의가 있었던 사실

■ 충당의 구체적인 방법까지 합의할 필요는 없음

■ 채무자에 대한 의사표시 불필요[대법원 1991. 7. 23. 선고 90다18678 판결] 채권자가 적당하다고 인정하는 순서와 방법으로 충당하기로 하였다면 그러한 내용의 합의충당도 가능 → 채권자가 그 약정에 기하여 스스로 적당하다고 인정하는 순서와 방법에 좇아 변제충당한 이상 채무자에 대한 의사표시와는 관계없이 충당의 효력 발생

■ 합의충당 인정시 법정충당을 포함한 변제충당에 관한 민법상 모든 규정의 적용이 배제 → 상대방의 지정충당 또는 법정충당에 관한 주장에 대한 판단 불요[대법원 2009. 6. 11. 선고 2009다12399 판결] 비용, 이자, 원본에 대한 변제충당에 있어서는 민법 제479조에 그 충당 순서가 법정되어 있고 지정 변제충당에 관한 같은 법 제476조는 준용되지 않으므로 원칙적으로 비용, 이자, 원본의 순서로 충당하여야 할 것이고, 채무자는 물론 채권자라고 할지라도 위 법정 순서와 다르게 일방적으로 충당의 순서를 지정할 수는 없다고 할 것이지만, 당사자 사이에 특별한 합의가 있는 경우이거나 당사자의 일방적인 지정에 대하여 상대방이 지체 없이 이의를 제기하지 아니함으로써 묵시적인 합의가 되었다고 보여지는 경우에는 그 법정충당의 순서와는 달리 충당의 순서를 인정할 수 있다. 피고가 제1심판결 선고 후에 변제한 2,000,000원에 관하여 당사자 사이에 원본에 충당하기로 하는 합의가 있었다고 충분히 인정할 수 있음에도 불구하고 이를 원본에 특정하여 충당하지 아니한 원심의 판단은 위법하고, 이를 지적하는 상고이유의 주장은 이유 있다.

▸ 제3자의 이익을 해하지 않는 한 급부 후에도 재합의 가능[대법원 2013. 9. 12. 선고 2012다 118044,118051 판결] 변제자(채무자)와 변제수령자(채권자)는 변제로 소멸한 채무에 관한 보증인 등 이해관계 있는 제3자의 이익을 해하지 않는 이상 이미 급부를 마친 뒤에도 기존의 충당방법을 배제하고 제공된 급부를 어느 채무

에 어떤 방법으로 다시 충당할 것인가를 약정할 수 있다.

(2) 비용 > 이자 > 원본(제479조)

▶ 당사자가 일방적으로 다르게 지정 불가[대법원 2020. 1. 30. 선고 2018다204787 판결] 피고의 손해배상채무에 대해서는 이 사건 교통사고가 발생한 날부터 지연손해금이 발생하고(∵ 불법행위로 인한 손해배상채무는 특별한 사정이 없는 한 채무 성립과 동시에 지연손해금이 발생), 지연손해금이 발생한 이후에 손해배상금 중 일부로 지급한 1억 원은 민법 제479조에 따라 지연손해금에 우선 충당되었다고 볼 여지가 있다(∵ 비용, 이자, 원본에 대한 변제충당에 관해서는 민법 제479조에 충당 순서가 법정되어 있고 지정변제충당에 관한 민법 제476조는 준용되지 않아 당사자가 법정 순서와 다르게 일방적으로 충당 순서를 지정할 수 없으므로). 원심이 1억 원을 손해배상채무의 원금에 우선 충당한 것은 변제충당의 순서, 변제충당 합의에 관한 주장·증명책임 등에 관한 법리를 오해한 잘못이 있다.

▶ 이행지체 빠진 채무자가 원본과 지연이자 전액이 아닌 일부 제공을 하면서 원본에 대한 변제 지정 → 제479조 위반[대법원 2005. 8. 19. 선고 2003다22042 판결]

(3) 지정충당(제476조)

㈎ 변제자의 지정충당 : 수령자 이의권 없음

㈏ 수령자의 지정충당

▶ 변제자 이의권(항변) : 즉시 이의한 사실

▶ 지체 없이 이의하지 않은 경우 → 묵시적 합의(원본에 먼저 충당)[대법원 2002. 5. 10. 선고 2002다12871, 12888 판결] 원고는 1999. 3. 31. 피고와 이 사건 약정을 하면서 피고에 대한 잔여 외상대금채무를 88,259,505원으로 확정하고 이에 대한 연 13%의 비율에 의한 이자를 아울러 지급하기로 한 바 있었는데, 그 후 원고는 피고에게 외상대금채무 변제 명목으로 1999. 5. 31. 800만 원, 1999. 6. 8. 1,200만 원, 1999. 7. 5. 1,000만 원 등 합계 3,000만 원을 각 변제한 사실을 인정할 수 있고, 피고는 원고로부터 위 약정상의 채무원리금 전액을 변제받지 못하자 1999. 8. 17. 이 사건 근저당권에 기하여 부동산임의경매신청을 하면서, 그 청구금액을 위 약정에서 확정한 88,259,505원에서 위 변제금 3,000만 원을 차감한 "58,259,505원 및 이에 대한 1998. 3. 1.부터 완제일까지 연 25%의 비율에 의한 연체이자"로 특정한 다음 신청원인에서 외상매출금이 58,259,505원이라고 주장한바 있음을 알 수 있는바, 피고가 위 임의경매에서 보인 이러한 태도에 비추어 볼 때 피고는 이미 원고로부터 위 합계 3,000만 원을 변제받을 때 스스로 이를 원금에 충당한 것을 전제로 한 것으로 보이고, 이에 대하여 원·피고 쌍방 모두 특별한 이의가 없었다면 원·피고 사이에 위 합계 3,000만 원을 원금에 충당하기로 한 묵시적 합의가 있었다고 볼 여지가 있다.

(4) 법정충당

㈎ 방법 : 이행기 > 변제이익 > 변제기선도래 > 채무액에 비례

㈏ 법정충당과 자백

① 법정변제충당 순서는 자백 대상이 아님[대법원 1998. 7. 10. 선고 98다6763 판결]

② 이행기나 변제이익에 관한 사항은 구체적 사실로서 자백의 대상98다6763 법정변제충당의 순서를 정함에 있어 기준이 되는 이행기나 변제이익에 관한 사항 등은 구체적 사실로서 자백의 대상이 될 수 있으나, 법정

변제충당의 순서 자체는 법률 규정의 적용에 의하여 정하여지는 법률상의 효과여서 그에 관한 진술이 비록 그 진술자에게 불리하더라도 이를 자백이라고 볼 수는 없다.

(다) **충당순서 : 변제제공 당시를 기준**[대법원 2015. 11. 26. 선고 2014다71712 판결] 변제충당에 관한 민법 제476조 내지 제479조의 규정은 임의규정이므로 변제자와 변제받는 자 사이에 위 규정과 다른 약정이 있다면 그 약정에 따라 변제충당의 효력이 발생하고, 위 규정과 다른 약정이 없는 경우에 변제의 제공이 그 채무 전부를 소멸하게 하지 못하는 때에는 민법 제476조의 지정변제충당에 의하여 변제충당의 효력이 발생하고 보충적으로 민법 제477조의 법정변제충당의 순서에 따라 변제충당의 효력이 발생한다. 이때 민법 제477조의 법정변제충당의 순서는 채무자의 변제제공 당시를 기준으로 정하여야 한다.

[2014다71712] 원고 → 피고 : 차임 청구[원고 상고인용]

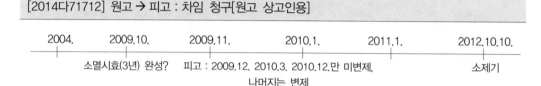

[원심]

■ 소제기시를 기준으로 3년 역산 : 2009. 10. 이전 차임 → 소멸시효 완성

■ 2009. 11. 이후 피고가 지급한 차임 : 원고와 피고 사이에 위 2009. 10. 이전의 미지급 차임에 우선적으로 변제충당하기로 약정하였음을 인정할 증거가 없는 이상 민법 제477조 제2호에 의하여 채무자인 피고에게 변제이익이 많은, 즉 소멸시효가 아직 완성되지 아니한 2009. 11. 이후 차임 채무의 변제에 먼저 충당 → 위 3개월분의 차임 외에는 모두 위 소멸시효 완성과 변제에 의하여 소멸

[대법원]

■ 소멸시효 : 소제기시를 기준으로 역산하여 판단할 것이 아니라 변제제공 당시 3년의 시효가 완성되지 않은 채권이 있었다면 변제충당 가능

■ 변제제공 당시(2010.1. 2010.2. 2010.4. ~ 2010.11.)를 기준으로 법정변제충당순서 결정 : 변제제공 당시 기준으로 3년의 시효가 완성되지 않은 채권 존재(예 : 2010.1.부터 역산하여 3년 내에 있는 차임채권 등) ➡ 청구 가능 피고가 차임에 대한 각 변제의 제공을 할 당시를 기준으로는 3년의 소멸시효가 완성되지 아니한 차임채권들이 있었다고 할 것이고, 그렇다면 원심으로서는 피고의 각 변제제공 당시를 기준으로 민법 제477조의 법정변제충당의 순서를 정하였어야 할 것이다. 그리고 원심은 2009. 11. 이후 발생한 차임채권들은 특정된 3개월을 제외하고는 모두 합의변제충당에 의하여 소멸한 것처럼 인정하고 있으나, 이는 원심이 변제충당순서에 관한 판단을 함에 있어 위와 같은 합의변제충당이 없음을 전제로 법정변제충당이 적용된다고 한 것과 모순되고, 위와 같은 합의변제충당이 있었음을 인정할 만한 자료도 보이지 아니한다. 그렇다면 피고가 대체로 지속적으로 차임에 대한 변제제공을 하여 온 이 사건에서, 이행기가 먼저 도래한 각 개별 차임채권들이 변제충당되지 아니하고 3년의 소멸시효 기간이 완성되었는지 여부를 심리하지 아니하고서는, 2009. 10. 이전의 차임채권들이 모두 시효로 소멸하였다고 단정할 수 없다고 할 것이다. 그럼에도 이와 달리 원심은 2009. 10.분 이전의 차임채권은 모두 소멸시효가 완성되어 소멸하였고 2009. 11. 이후의 피고의 지급액이 위 2009. 10.분 이전의 차임에 변제충당된 바 없다고 단정하고 말았으니, 이러한 원심판단에는 논리와 경험의 법칙을 위반하여 자유심증주의의 한계를 벗어나거나 변제충당에 관한 법리를 오해하여 필요한 심리를 다하지 아니하는 등의 잘못이 있다.

(라) 이행기 : 변제의 유예가 있는 채무 → 유예기에 변제기 도래[대법원 1999. 8. 24. 선고 99다22281, 22298 판결] 법정변제충당의 순위를 정함에 있어서 변제의 유예가 있는 채무에 대하여는 유예기까지 변제기가 도래하지 않은 것과 같게 보아야 한다. 이 사건 대여금은 모두 1994. 9. 7.자로 원금을 금 947,280,000원으로 확정하여 1994. 10. 10.까지 변제하기로 약정하였으므로 유예된 변제기가 동일하여 그 변제기도 동시에 도래한 것으로 보아야 할 것이고, 따라서 위 소외 6의 합유지분 비율에 의한 변제금액은 채무액에 비례하여 각 채무의 변제에 충당하여야 할 것이다.

(마) 변제이익

① 변제자를 기준[대법원 1999. 8. 24. 선고 99다22281, 22298 판결] 법정변제충당을 위한 변제이익은 변제자를 기준으로 판단하여야 할 것이고, 채권자가 공동광업권 근저당권에 기한 경락대금을 그 근저당권이 담보하는 수개의 채무 중 일부변제조로 배당받아 간 경우, 그 배당금은 공동광업권자들이 합유지분 비율에 따라 출재하여 변제한 것으로 보아야 할 것이므로, 위 배당금의 법정변제충당을 위한 변제이익은 위 수개의 채무에 대하여 공동광업권자별로 따로 판단한 후, 정해진 법정변제충당의 순위에 따라 위 배당금 중 공동광업권자 각자의 합유지분 비율에 따른 금원을 각 변제충당하여야 한다.[41]

② 주채무자 아닌 자변제자가 발행 · 배서한 어음으로 담보되는 채무 > 다른 채무[99다22281] 주채무자 이외의 자가 변제자인 경우에는, 변제자가 발행 또는 배서한 어음에 의하여 담보되는 채무가 다른 채무보다 변제이익이 많다고 보아야 한다.

③ 이자부[대법원 1971. 11. 23 선고 71다1560 판결] · 고이율 · 저당권부 채무 > 무이자 · 저이율 · 단순채무

④ 주채무자가 변제자 + 자신이 발행 · 배서한 어음이 교부된 채무 > 다른 채무[99다22281] 주채무자가 변제자인 경우에는, 담보로 제3자가 발행 또는 배서한 약속어음이 교부된 채무와 다른 채무 사이에 변제이익의 점에서 차이가 없다고 보아야 할 것이나, 담보로 주채무자 자신이 발행 또는 배서한 어음이 교부된 채무는 다른 채무보다 변제이익이 많은 것으로 보아야 한다.

⑤ 주채무자가 변제자

㉠ 제3자 담보(보증인 · 물상보증인, 제3자 발행어음) 무관변제이익은 변제자를 기준으로 판단하므로

---

41) 소외1 회사가 발행하고 피고가 배서한 이 사건 약속어음(갑 제1호증의 1, 2)은 이 사건 대여금 중 금 415,900,000원을 담보하고, 소외5 회사, 위 소외2, 위 소외4가 공동발행한 약속어음(을 제4호증의 7)은 금 300,000,000원을 담보하고, 소외5 회사가 발행한 약속어음(을 제4호증의 13, 14)과 이 사건 광업권근저당권은 이 사건 대여금 모두를 담보하고 있으며, 한편 이 사건 광업권은 소외5 회사, 피고, 위 소외6의 공동광업권이므로 그 경락으로 인한 배당금은 위 공동광업권자들이 합유지분 비율에 따라 출재하여 변제한 것으로 보아야 할 것이다. 그런데, 소외5 회사가 발행한 위 약속어음(을 제4호증의 13, 14)과 이 사건 광업권근저당권은 이 사건 대여금 채무 모두를 담보하므로 각 채무의 변제이익 순위에 영향을 미치지 못하고, 피고로서는 자신이 배서한 이 사건 약속어음(갑 제1호증의 1, 2)에 의하여 담보되는 대여금이 가장 변제이익이 많고, 소외5 회사로서는 소외5 회사가 위 소외2, 위 소외4와 공동으로 발행한 위 약속어음(을 제4호증의 7)에 의하여 담보되는 대여금이 가장 변제이익이 많으므로 피고나 소외5 회사의 합유지분 비율에 의한 변제금액은 이에 따라 변제충당하여야 할 것이며, 위 소외6의 경우는 어느 대여금이나 변제이익이 동일한데 한편 위에서 본 바와 같이 이 사건 대여금은 모두 1994. 9. 7.자로 원금을 금 947,280,000원으로 확정하여 1994. 10. 10.까지 변제하기로 약정하였으므로 유예된 변제기가 동일하여 그 변제기도 동시에 도래한 것으로 보아야 할 것이고, 따라서 위 소외6의 합유지분 비율에 의한 변제금액은 채무액에 비례하여 각 채무의 변제에 충당하여야 할 것이다.

→ 주채무자 변제금전 : 이행기 순서(제477조 제3호)로 변제충당[대법원 2013. 7. 11. 선고 2013다 22454 판결, 대법원 2014. 4. 30. 선고 2013다8250 판결]

ⓒ 보증채무의 보증기간 종료 여부는 주채무자의 변제이익과 무관 : 주채무자가 변제한 금원은 이행기가 먼저 도래한 채무부터 법이 정하는 바에 따라 변제충당[대법원 2021. 1. 28. 선고 2019다207141 판결] 계속적 채권관계에서 발생하는 주계약상의 불확정 채무에 대하여 보증한 경우 그 보증채무는 통상적으로 주계약상의 채무가 확정된 때에 이와 함께 확정된다. 그러나 채권자와 주채무자 사이에서 주계약상의 거래기간이 연장되었으나 보증인과 사이에서 보증기간이 연장되지 아니하는 등의 사정으로 보증계약 관계가 먼저 종료된 때에는 그 종료로 보증채무가 확정되므로, 보증인은 그 당시의 주계약상의 채무에 대하여 보증책임을 지고, 그 후의 채무에 대하여는 보증책임을 지지 아니한다. 한편 변제자가 주채무자인 경우, 보증인이 있는 채무와 보증인이 없는 채무 사이에는 변제이익의 점에서 차이가 없다고 보아야 하므로, 보증기간 중의 채무와 보증기간 종료 후의 채무 사이에서도 변제이익의 점에서 차이가 없다. 따라서 주채무자가 변제한 금원은 이행기가 먼저 도래한 채무부터 법이 정하는 바에 따라 변제충당을 하여야 한다.

[대법원 2021. 1. 28. 선고 2019다207141 판결] 보증채무의 범위와 변제충당의 방법

▶원고 → 피고 : 보증채무 이행청구(주채무 발생 + 보증계약 체결2009. 8. 6.)
- 주채무 거래관계 종료일2017.2.1.을 기준으로 확정된 주채무자소외인에 대한 거래대금 채무 8,400만 원 중 보증한도액인 3,000만 원 지급 청구
- 소외인으로부터 이 사건 거래약정에 따른 거래대금으로 2012. 9.경 7,900만 원, 2012. 12. 경 1,400만 원을 지급받은 사실 자인

◀주채무의 소멸
- 보증채무의 범위 : 주채무 거래관계 종료일이 아니라 보증인 보호를 위한 특별법 제7조 제1항에 따라 2012. 8. 6. 기준
- 변제충당 : 보증계약 종료 후 주채무자의 변제에 의하여 피고의 보증기간 내에 발행한 채무 소멸[원심] : 보증기간 종료일인 2012. 8. 5.을 기준으로 소외인의 원고에 대한 거래대금채무가 피고의 보증한도액을 초과하므로, 피고는 원고에게 보증한도액 3,000만 원 및 이에 대한 지연손해금을 지급할 의무가 있다고 판단 ⇔ [대법원] 피고의 보증기간이 주계약상의 거래기간에 앞서 만료되는 경우 소외인의 원고에 대한 이 사건 거래대금채무 중에서 피고의 보증기간 내에 발생한 부분이 그 후에 발생한 부분보다 이행기가 먼저 도래하므로 소외인이 원고에게 이 사건 거래약정에 따라 지급한 금원은 소외인의 원고에 대한 전체 거래대금채무 중에서 이행기가 먼저 도래한 피고의 보증기간 내에 발생한 채무 부분에 우선하여 변제충당되어야 하고, 그렇다면 피고의 보증채무는 소멸

---

⑥ 동일당사자, 동일목적물, 동일거래관계로 발생하는 수개의 채무 담보를 위한 수개의 근저 당권설정 : 경매대금은 변제충당으로 결정, 선순위 근저당권의 피담보채무에 우선충당되지 않음[대법원 1991. 7. 23. 선고 90다18678 판결] 각 근저당권은 모두 그 설정계약에서 정한 거래관계로 인하여 발생된 여러 개의 채무 전액을 각 그 한도범위 안에서 담보하는 것이므로

⑦ 자신의 채무 > 보증인으로서 부담하는 보증채무[대법원 1999. 7. 9. 선고 98다55543 판결, 대법원 2002.

(5) 경매 : 실제 피담보채무액 전부에 대하여 제477조, 제479조 → 비용 > 이자 > 원본(이익 > 원본채무액에 비례) 2000다51339 획일적으로 가장 공평타당한 충당방법인 민법 제477조 및 제479조의 규정에 의한 법정변제충당의 방법에 따라 충당

제12관 대물변제

Ⅰ. 요건

1. 채권의 존재

▶ 본래채무의 부존재, 무효, 취소[대법원 1991. 11. 12. 선고 91다9503 판결] 채무자가 채권자의 승낙을 얻어 본래의 채무이행에 갈음하여 부동산으로 대물변제를 하였으나 본래의 채무가 존재하지 않았던 경우에는, 당사자가 특별한 의사표시를 하지 않은 한 대물변제는 무효로서 부동산의 소유권이 이전되는 효과가 발생하지 않는다.

[91다9503] 대물변제에 기한 청구와 대물변제 무효 항변(본래채무 부존재)

▶ 원고(소외2에 대한 대여금채권자, 소외2와 소외3 사이의 1심 판결에 따른 대물변제 합의에 의하여 원고에게 소유권 이전등기) : 가담법 제11조, 민법 제364조에 의해 변제 + 피고등기 말소청구

▶ 피고[소외3에 대한 대여금채권자, 담보가등기 + 저당권취득, 원고에게 이전등기된 후 담보가등기실행(→원고명의 이전등기 직권말소)] : 소외3의 소외2에 대한 위약금채무 부존재

[원심] 원고는 피고명의의 위 가등기 및 근저당권설정등기가 된 후에 이 사건 부동산의 소유권을 취득한 제3자로서, 가등기담보등에관한법률 제11조 및 민법 제364조의 각 규정에 따라 피고에게 위 가등기 및 이에 기한 본등기와 위 근저당권설정등기의 말소를 청구할 수 있다.

[대법원] 채무자가 채권자의 승낙을 얻어 본래의 채무이행에 갈음하여 부동산으로 대물변제를 하였으나 본래의 채무가 존재하지 않았던 경우에는, 당사자가 특별한 의사표시를 하지 않은 한, 대물변제는 무효로서 부동산의 소유권이 이전되는 효과가 발생하지 않는 것이라고 보아야 할 것인 바, 이 사건의 경우 위 소외3이 위 소외2에게 이 사건 부동산으로 대물변제한 본래의 채무인 위 소외3 등의 위 소외2에 대한 위 위약금채무가 존재하지 않는 것이라면, 원심이 인정한 바와 같이 원고가 위 소외2에 대하여 대여금채권을 가지고 있었다고 하더라도, 이 사건 부동산의 소유권이 위 소외3로부터 원고에게 이전되는 것은 아니라고 볼 수 밖에 없고, 따라서 원고는 가등기담보등에관한법률 제2조 제2호 소정의 "담보가등기 후 소유권을 취득한 제3자"나 민법 제364조 소정의 "저당부동산에 대하여 소유권을취득한 제3자"에 해당한다고 볼 수 없을 것이다. 그렇다면 원심으로서는 위 소외3 등이 위 위약금청구 소송의 제1심판결에 따라 위 소외2에게 변제한 채무의 내용을 밝혀 본 다음, 이 사건 부동산으로 대물변제한 위약금 채무가 과연 존재하는 것인지의 여부를 심리확정하여 대물변제가 무효라는 피고 소송대리인의 주장이 받아들여질 것인지의 여부를 판단하였어야 할 것이다. ➡ 피고 상고인용

[대법원 1987. 10. 26 선고 86다카1755 판결] 계약체결이 아니라 등기를 완료하여야 기존채무 소멸

▶ 대물변제계약에 기한 이행청구

◀ 대물변제 전 기존채무 소멸항변 : ○대물변제는 본래의 채무에 갈음하여 다른 급여를 현실적으로 하는 때에 성

립되는 요물계약이므로 다른 급여가 부동산의 소유권이전인 때에는 등기를 완료하여야만 대물변제가 성립되어 기존채무가 소멸되는 것이며 따라서 대물변제계약이 효력을 발생하기 전에 채무의 본지에 따른 이행으로 기존채무가 소멸되고 난 뒤에는 대물변제예약 당사자간에 예약된 대물변제계약으로서는 부동산소유권이전등기청구를 할 수는 없는 것이다.

2. 본래의 채무이행에 '갈음하여' 다른 급부

가. 어음·수표교부 : 지급·담보 추정, 어음채무 주채무자 ≠ 원인채무 주채무자 → 제 3자에 의한 지급예정 → '지급을 위하여'로 추정[대법원 1996. 11. 8. 선고 95다25060 판결]

나. 채권양도 : 담보·변제의 방법 추정, 원채권 불소멸[대법원 1995. 9. 15. 선고 95다13371 판결]

다. 소유권이전등기 : 대물변제갈음 vs 양도담보청산절차 유보

(1) 의사해석의 문제 : 담보목적 이전 주장자에게 증명책임[대법원 1993. 6. 8. 선고 92다19880 판결 : 원고(담보목적 이전등기주장 + 변제 후 말소청구] 채무와 관련하여 채무자 소유의 부동산이 채권자 앞으로 소유권이전등기가 경료된 경우, 그것이 종전채무의 변제에 갈음하여(즉 대물변제조로) 이전된 것인가, 아니면 종전채무의 담보를 위하여(즉 추후 청산절차를 유보하고) 이전된 것인가의 문제는 그 소유권이전 당시의 당사자 의사해석에 관한 문제인 것이고, 이 점에 관하여 명확한 증명이 없는 경우에는(물론 담보목적임을 주장하는 측에 그 입증책임이 있는 것이다) 소유권이전 당시의 채무액(당해 부동산이 부담하는 제3자에 대한 채무를 포함하여)과 그 당시의 부동산의 가액, 당해 채무를 지게 된 경위와 그 후의 과정(가등기의 경료관계), 소유권이전 당시의 상황, 그 이후에 있어서의 당해 부동산의 지배 및 처분관계 등 제반사정을 종합하여 그것이 담보목적인지 여부를 가려야 할 것이다. ➡ 부도의 위기에 직면한 원고가 불과 금 3천만 원의 채무의 변제에 갈음하여 줄잡아 시가 금 2억 여 원을 넘는 위 임야 2필지뿐 아니라, 위 목록 제1,2,3항 3필지까지 합쳐 이 사건 임야 5필지 소유권을 넘겨 준다는 것은 특별한 사정이 없는 한 거래의 관행이나 경험칙에 비추어 도저히 납득하기 어렵다. → 대물변제를 인정한 원심 파기

(2) 불명시 : 이전등기 당시 채무액과 부동산 가액금액의 유사성이 인정되어야 대물변제로 인정 가능, 채무부담의 경위와 그 후 과정, 이전 당시 상황, 이후 지배 및 처분관계 등을 고려[대법원 2012. 6. 14. 선고 2010다94410,94427 판결] ① 이 사건 소유권이전 당시 이 사건 점포에는 그 분양금액 5억 3,000만 원의 4배 상당인 21억 원의 가압류등기가 마쳐져 있었고, 그 대지권의 목적인 이 사건 토지에는 위 분양금액의 7.6배 상당인 채권최고액 합계 40억 3,700만 원 상당의 근저당권이 설정되어 있었는바, 원고가 2억 1,000만 원의 채무의 변제에 갈음하여 위와 같이 거액의 가압류 및 근저당권 부담이 있는 이 사건 점포의 소유권을 이전받는다는 것은 특별한 사정이 없는 한 거래의 관행이나 경험칙에 비추어 납득하기 어려운 점, ② 피고1의 남편인 소외인 법무사가 이 사건 점포의 등기권리증을 소지하고 있는 점, ③ 이 사건 소유권이전등기 후에도 피고1,2가 이 사건 점포를 분양사무실 등으로 이용하면서 계속 지배하고 있는 점 등을 고려하면 피고1,2가 원고에게 이 사건 점포에 관한 소유권이전등기를 넘겨준 것은 대물변제로서가 아니라 이 사건 약정금의 담보를 위한 것이라고 보는 것이 합리적이다.

3. 본래의 급부와 다른 급부의 현실적 이행 : **등기의 유효**

▸ 채권자 회사의 임직원들에게 3자간 등기명의신탁에 의한 방법으로 소유권이전 : 무효
→ 대물변제 효력부정[대법원 2003. 5. 16. 선고 2001다27470 판결] 대물변제가 채무소멸의 효력을 발생하려
면 채무자가 본래의 이행에 갈음하여 행하는 다른 급여가 현실적인 것이어야 하며 그 경우 다른 급여가 부동산소유
권의 이전인 때에는 그 부동산에 관한 물권변동의 효력이 발생하는 등기를 경료하여야 하는바, 부동산실권리자명의
등기에관한법률에 의하면 이른바 3자간 등기명의신탁의 경우 같은 법에서 정한 유예기간 경과에 의하여 기존 명의
신탁약정과 그에 의한 등기가 무효로 되고, 이 경우 수탁자가 제3자에게 신탁부동산에 대한 처분행위를 한 경우 3
자간 등기명의신탁에 의한 소유권이전등기의 무효로써 제3자에게 대항할 수 없다고 하더라도, 당초의 약정에 따른
신탁자에 대한 소유권이전등기의무가 이행된 것으로는 볼 수 없다.

4. 채권자의 승낙

가. 현실적 이행이 없는 경우 이전등기청구 가능(대물변제계약의 채권적 효력)[대법원
1972. 5. 23. 선고 72다414 판결] 채권계약으로서의 대물변제계약이 성립된 이상 이를 원인으로 하는 소유권이전
등기절차 이행을 청구할 수 있다.

나. 채무자를 대위하여 말소등기청구 가능72다414

Ⅲ. 대물변제 예약 : **채무이행 담보목적**[대법원 1968. 1. 31. 선고 67다2227 제1부 판결, 대법원
1992. 2. 28. 선고 91다25574 판결]

**[대전지방법원 천안지원 2020. 8. 21. 선고 2019가합103532 판결] 대물변제와 대물변제약정의
구별**

◨ **추심금 청구**(피압류채권 : 매매잔금 채권)

◨ 잔금채권이 대물처리약정으로 소멸하였다는 항변[피압류채무는 이전등기의무로 변경 + 이전등기
의무 이행기 미도래(∵신축공사 착공X) 주장] : **배척**(∵피압류채권은 매매잔금채권)

☞ 대물변제는 요물계약 : 신축공사 착공X → 대물처리 약정은 대물변제가 아니라 매매예약상 잔금 변
제를 위하여 체결된 대물변제약정

---

1. 대물변제와의 구별 : 기존의 채무를 정리하는 방법으로 다른 재산권을 이전하기로
하면서 일정기간 내에 채무원리금을 변제할 때에는 그 재산을 반환받기로 하는 약
정 : 특단의 사정이 없는 한 당사자 간에는 그 재산을 담보의 목적으로 이전하고
변제기 내에 변제가 이루어지지 않으면 담보권행사에 의한 정산절차를 거쳐 원리

금을 변제받기로 하는 약정이 이루어진 것으로 해석대법원 1980. 7. 22. 선고 80다998 판결,

[대법원 1991. 12. 24. 선고 91다11223 판결] 재산권을 이전하기로 한 당사자 간의 약정이 담보목적이 아니라 대물변제의 의사로 한 것이라 하더라도 위 약정을 함에 있어 약정 후 3년 이내에 채무자가 그간의 원리금을 지급하면 채권자는 목적물을 채무자에게 되돌려 주기로 하는 약정도 함께 하였다면, 이는 결국 대물변제의 예약이라고 봄이 상당하며 그 약정 당시의 가액이 원리금을 초과하므로 대물변제의 예약 자체는 무효이고 다만 양도담보로서의 효력만 인정하여야 한다. → 피고 명의로 경료된 이 사건 토지에 대한 소유권이전등기가 대물변제가 아닌 담보목적으로 경료된 것이라면, 채무자인 원고가 설사 약정된 환매기간을 도과하였다 하더라도 그 담보권실행에 의한 정산절차가 있기까지는 채무원리금을 변제하고 담보물의 반환을 받을 수 있는 것이다.

2. 당사자의 권리

가. 채권자 : 본래채무 이행청구/다른 급부청구

나. 채무자 : 청산금 지급시까지 본래 채무변제 + 말소청구 가능

[91다11223, 80다998, 68다1570] 대물변제 예약과 대물변제의 구별, 환매특약과 담보목적의 구별

▶ 원고채무자 말소등기청구
- 대물변제 예약 무효(가액>원리금)
- 약한 의미의 양도담보 + 채무액상환 이전등기 말소(장래이행청구)
  ▸ 피고채권자 대물변제 항변 : ×(3년 이내 변제하고 반환하기로 약정)
  ▸ 환매특약 + 기간경과 항변 : × 환매특약이 있는 완전한 매매가 아니라 담보목적, 환매기간은 환매의 기간이 아니라 채무의 변제기간

Ⅲ. 대물반환 예약 : 이행담보, 약한 의미의 양도담보로 유효[대법원 1992. 1. 21. 선고 91다35175 판결] 채권담보의 목적으로 가등기를 경료하였다가 변제받지 못하여 본등기를 경료한 경우도 약한 의미의 양도담보, 91다28528 채권담보의 목적으로 가등기를 경료한 후 일정시기까지 채무금을 변제하면 위 가등기를 말소하고 그 채무금을 변제하지 않으면 위 가등기에 기한 본등기를 담보의 목적으로 이행한다는 내용의 제소전화해를 하였다가 채무자가 채무금을 변제하지 않아 그 제소전화해에 따라 가등기에 기한 본등기를 마친 경우라면 그 소유권이전등기는 위 채권에 대한 담보권의 실행을 위한 방편으로 경료된 이른바 정산절차를 예정하고 있는 약한 의미의 양도담보의 뜻으로 보아야 할 것이다.

1. 요건

가. 소비대차 : 대물변제 예약 중 원래의 채무가 소비대차인 경우가 대물반환의 예약

나. 차용물 반환에 갈음하여 다른 재산권이전 예약

⇔ 대물변제 : 제607조, 제608조 적용 배제[대법원 1992. 2. 28. 선고 91다25574 판결], 제104조는 적용 가능[67다2227] 차용물에 갈음하여 다른 재산권을 상대방에게 이전하였다 하여도 그 채무의 이행을 담보

하기 위한 것이 아니고 그 채무에 갈음하여 완전히 그 권리를 상대방에게 이전하는 경우에는 가사 갈음된 권리의 시가가 그 채무의 원리금을 초과한다 하여도 이는 민법 제104조에 의하여 무효가 됨은 별문제로 하더라도 이를 민법 제607조, 제608조에 의하여 무효라고는 할 수 없다.

[대법원 1991. 2. 26. 선고 90다카24526 판결] 차주원고,채무자가 피담보채무를 인수하였는지에 관계없이 피담보채무액을 공제한 가액이 재산가액

▶채무자 : 말소등기청구(제607조 위반)

▸ 채권자(환매특약부 이전등기) : 대물변제 + 환매권유보 → 제607조, 제608조 적용×

▸ 실질은 대물변제 예약 : 환매조건부 매매의 효력×

▸ 차용원리금을 담보하는 범위 내에서만 유효 → 제607조, 제608조 적용(시가〉원리금) 예약당시인 1987.8.20.경 위 각 부동산가액의 합계는 금 114,287,610원인 사실을 인정할 수 있고 이 가액은 위 차용금 70,000,000원과 이에 대한 1986.4.9.부터 1988.4.21.까지 이자제한법 제한범위 내에서의 연 2할 5푼의 비율에 의한 약정이자 금 35,623,287원을 합한 금 105,623,287원을 초과함이 계산상 명백하므로 결국 위 약정은 민법 제607조, 제608조에 위반하여 환매조건부 매매로서의 효력은 없고 다만 위 차용원리금을 담보하는 범위 내에서만 유효

▸ 시가 : 선순위 근저당권의 피담보채무 공제 → 대물반환 예약당시 차용물 시가〈 채무 원리금

➡ 민법 제607조의 규정취지는 대주가 차주로부터 채권의 원리금합산액(이하 '채권액')을 상회하는 가액의 재산을 대물반환 받음으로써 채권액을 초과하여 이득을 보는 것을 허용치 않으려는 데에 있으므로 위 법조에서 말하는 재산의 가액은 대주의 이득으로 귀속될 것이 명백한 가액을 뜻한다고 볼 것이다. 그러므로 이 사건에서와 같이 차주의 재산에 제3자 앞으로 선순위 근저당권이 설정되어 있는 경우에는 위 재산가액 중 근저당권자의 우선변제권 있는 현존 피담보채무액 상당부분은 대주의 이득으로 귀속될 것이 명백하다고 할 수 없으므로, 차주가 그 피담보채무를 인수한 여부에 관계없이 위 피담보채무액을 공제한 가액을 민법 제607조에서 말하는 재산가액으로 보는 것이 타당하다. 위와 같은 재산가액은 대물반환 예약당시의 가액을 말하므로 예약당시에 제3자의 피담보채권액을 공제한 가액이 대주의 채권액을 초과하지 않은 이상 그후 차주가 제3자에 대한 피담보채무를 변제함으로써 그 재산가액이 대주의 채권액을 초과하게 되더라도 민법 제607조의 적용대상이 될 수 없으므로 원심판시와 같은 불합리한 결과는 생기지 않는다. 원심으로서는 피고들이 주장하는 선순위 근저당권자들의 현존 피담보채무액을 심리하여 예약당시의 재산가액이 채권액을 초과하는 여부를 판단하였어야 함에도 불구하고 위와 같이 판단하고 말았음은 민법 제607조의 법리를 오해하여 판결에 영향을 미친 위법을 저지른 것으로서 이 점에 관한 논지는 이유있다.

2. 적용 절차

가. 가등기ㆍ소유권이전등기 경료 → 가담법 적용 위반시 약한 의미의 양도담보로서의 효력도 인정 불가

나. 등기 미경료 → 제607조, 제608조 적용 위반시 약한 의미의 양도담보로서의 효력은 인정

3. 효력

가. 약한 의미의 양도담보 : 원리금 채무를 담보하는 범위 내에서는 담보의 효력 →

약한 의미의 양도담보

나. 채무자 : 소유권이전등기를 마친 제3자에 대항 불가대법원 1967. 3. 28. 선고 67다61 판결, [대법원 1982. 7. 13. 선고 81다254 판결] 대물변제예약이 민법 제607조, 제608조에 따라 무효라 할지라도 양도담보의 목적범위에서는 유효하다 할 것이니 양도담보권자가 제3자에게 그 담보목적물을 처분하여 그 등기를 필하였다면 채무자는 그 제3자에 대하여 대물변제예약의 무효를 들어 대항할 수 없다.

제13관 공탁

Ⅰ. 변제공탁

1. 공탁원인 사실

가. 수령거절

(1) 변제자가 변제의 제공을 한 사실

(개) 수령거절의 전제로 변제제공 필요

(내) 예외 : **미리 거절 · 거절명백시 불필요**[대법원 1981. 9. 8. 선고 80다2851 판결, 대법원 1994. 8. 26. 선고 93다42276 판결]

(2) 채권자가 이를 수령하지 않은 사실

나. 수령불능

(1) 사실상 불능변제기일에 채권자가 변제장소에 부재 중, 법률상 불능제한능력자인 채권자에게 법정대리인이 없는 경우 모두 포함

(2) 채권자 귀책사유 불요

(3) 채권의 (가)압류[대법원 1994. 12. 13. 선고 93다951 판결] + 민사집행법 제248조 제1항에 의한 공탁 사실압류가 경합하지 않아도 제3채무자는 권리로서 압류에 관련된 채권 전액의 공탁 가능

다. 채권자불확지

(1) 의미

(개) 객관적으로 채권자가 존재하고 있으나 채무자가 선량한 관리자의 주의를 다하여도 주관적으로 채권자가 누구인지 알 수 없는 경우

(내) 변제자의 과실이 없을 것

(2) 유형 : 채권양도와 압류 · 전부명령의 경합[대법원 1971. 1. 26. 선고 70다2626 판결, 대법원 1988. 12. 20. 선고 87다카3118 판결], 채권양도 통지가 있었으나 그 후 통지가 철회[대법원 1996. 4.

26. 선고 96다2583 판결], 양도금지특약 채권의 양도[대법원 2000. 12. 22. 선고 2000다55904 판결]

▶ 약정에 의한 공탁 : 민사집행법 제248조의 요건을 갖추었어도 무효[대법원 2014. 11. 13. 선고 2012다52526 판결]

2. 전액공탁 사실/채권자가 이의 없이 수령한 사실

가. 일부공탁 : 변제공탁항변에 대한 적극부인[대법원 2011. 12. 13. 선고 2011다11580 판결] 제척지 부분 매매대금을 제외한 공탁 : 무효

나. 일부충당 의사표시 후 수령 → 일부 변제에 충당

다. 채무자가 채무 전액임을 공탁원인 중에 밝히고 공탁한 사실 + 채권자가 유보 없이 수령한 사실 → 전액에 대하여 효력[대법원 1983. 6. 28. 선고 83다카88, 89 판결]

▶ 이의유보 사실 : 공탁공무원 외에 채무자에 대하여도 가능[대법원 1993. 9. 14. 선고 93누4618 판결], 묵시적 방법으로 표시 가능[대법원 1995. 1. 24. 선고 94다38953 판결]

라. 부동산 소유자 겸 근저당권설정자 : 확정된 피담보채무액 전액[대법원 2011. 7. 28. 선고 2010다88507 판결]

마. 조건부 공탁 : 본래채무에 없는 조건 → 조건과 공탁 전부무효[대법원 1970. 9. 22. 선고 70다1061 판결]

■ 담보가등기·본등기의 말소를 동시이행·선이행 조건으로 : 원고가 수령하지 않는 한 변제효력 부정[대법원 1982. 12. 14. 선고 82다카1321,1322 판결] 채권자인 원고가 선급부 또는 동시이행의 의무가 없는데도 채무의 대위변제자가 변제공탁을 함에 있어서 가등기 및 본등기의 말소를 반대급부의 내용으로 하였음은 채무의 본지에 따른 것이라 할 수 없으므로

■ 건물명도 확인서 첨부를 조건으로 한 임대차보증금 변제공탁[대법원 1991. 12. 10 선고 91다27594 판결]

▶ 채권자 수락[대법원 1970. 9. 22. 선고 70다1061 판결, 대법원 2002. 12. 6. 선고 2001다2846 판결], 조건표시 정정 + 공탁공무원 인가[대법원 1974. 5. 14. 선고 74다166 판결]

▶ 본래채권에 동시이행·선이행 항변권 존재

3. 공탁의 목적물 : 부동산은 제외[대법원 2001. 2. 9. 선고 2000다60708 판결]

4. 효력발생

가. 공탁공무원의 수탁처분과 공탁물보관자의 공탁물 수령으로 효력발생, 그 후 공탁물출급청구권에 대하여 가압류집행이 되어도 변제효력 유효[대법원 2011. 12. 13. 선고

2011다11580 판결] 변제공탁이 적법한 경우에는 채권자가 공탁물 출급청구를 하였는지와 관계없이 공탁을 한 때에 변제의 효력이 발생하고, 그 후 공탁물 출급청구권에 대하여 가압류 집행이 되더라도 변제의 효력에 영향을 미치지 아니한다.

나. 이의없는 수령 후 저촉의사표시 불가[대법원 1989. 11. 28. 선고 88다카34148 판결, 대법원 1984. 11. 13. 선고 84다카465 판결]

다. 공탁물회수

(1) 요건

㈎ 민법상 : 채권자 승인·통고 전, 판결 전

㈏ 공탁법상 : 착오(공탁요건 결여), 공탁원인 소멸

(2) 효과

㈎ 채무소멸의 효력 소멸

㈏ 공탁물 출급청구 대신 다른 채권에 기하여 공탁물회수청구권에 대하여 압류 및 추심명령을 받아 그 집행으로 공탁물 회수 : 채권소멸의 효력은 소급하여 소멸[대법원 2020. 5. 22.자 2018마5697 결정] 변제공탁이 적법한 경우에는 채권자가 공탁물 출급청구를 하였는지 여부와는 관계없이 공탁을 한 때에 변제의 효력이 발생하나, 피공탁자를 포함한 제3자가 공탁자에 대하여 가지는 별도 채권의 집행권원으로써 공탁자의 공탁물 회수청구권에 대하여 압류 및 추심명령을 받아 그 집행으로 공탁물을 회수한 경우 채권소멸의 효력은 소급하여 없어진다. 나아가 부적법한 변제공탁으로 변제의 효력이 발생하지 않았다고 하더라도, 피공탁자는 이를 수락하여 공탁물 출급청구를 하는 대신 공탁자에 대한 다른 채권에 기하여 공탁자의 공탁물 회수청구권에 대하여 압류 및 추심명령을 받아 그 집행으로 공탁물을 회수할 수 있다. 한편 공탁물 출급청구권과 공탁물 회수청구권은 서로 독립한 별개의 청구권이므로 설령 공탁물 출급청구권에 대한 압류 등이 있었다고 하더라도 이는 공탁물 회수청구권에 대하여 아무런 영향을 미치지 않는다. → 재항고인(공탁금 회수청구권에 대한 추심권자)의 공탁금 회수청구를 불수리한 공탁관의 처분은 위법

[대법원 1981. 2. 10. 선고 80다77 판결, 대법원 1982. 7. 27. 선고 81다495 판결] 담보권의 유형과 공탁금 회수

▸ 원고(변제자) : 변제공탁 + 담보가등기 말소청구

▸ 피공탁자(채권자)가 다른 집행권원으로 공탁금회수청구권 압류·전부 → 공탁금 회수○, 채무소멸 ×→변제공탁효력 소급 소멸, 말소청구×80다77

▸ 저당권, 질권 말소 : 회수불가, 채무소멸○ → 말소청구가능

▸ 다른 담보권(양도담보, 가등기담보)에는 제489조 제2항 부적용(공탁금회수가능), 변제자의 채권자가 공탁금회수청구권 압류·전부 → 원고의 공탁금회수 가능, 채무 불소멸[81다495] 민법 제489조의 규정은 다만 공탁으로 인하여 질권 또는 저당권이 소멸한 경우를 제외하고, 채권자가 공탁을 승인하거나 공탁소에 대하여 공탁물을 받기를 통고하거나 공탁유효의 판결이 확정되기까지, 변제자는 공탁물을 회수할 수 있고 이 경우에는 공탁하지 아니한 것으로 본다고 규정하고 있을 뿐, 공탁으로 인하여 가등기담보권이나 양도담보권이 소멸하는 경우에도 역시 변제자가 공탁물을 회수할 수 없다는 취지를 포함하고 있지 않으며 또 위와 같은 경우까지 포함하는 규정이라고 해석하여야만 할 근거도 없으므로 원고주장의 공탁금은 그 공탁으로 인하여 가등기담보나 양도담보에 관한 피고의 권리가

소멸한 여부에 관계없이 변제자인 원고가 민법 제489조 제1항에 의하여 회수할 수 있다 할 것이고, 따라서 원고에 대한 채권자인 소외1이 그 공탁금 회수청구권을 압류 전부 받아 원고의 변제공탁금을 회수한 바 있다면 원고의 변제공탁은 당초에 소급하여 효력을 상실하게 되었다고 보아야 할 것이다.

(3) 회수청구가 불가능한 경우

⑺ 채권자 승인, 공탁물수령 통고, 공탁유효 판결확정 : 회수 불가(제489조 제1항)

⑾ 변제공탁으로 질권, 저당권 소멸 : 회수 불가, 채무소멸(제489조 제2항)

⑾-1 예외 : 다른 담보권(가등기담보, 양도담보) 소멸에는 유추적용 부정 : 회수 가능, 채무소멸 부정81다495

⒀ 공탁물회수청구권의 포기 : 회수 불가, 채무소멸

5. 변제공탁과 확인의 이익

가. 피공탁자 → '제3자' : 확인의 이익 부정[대법원 2001. 6. 26. 선고 2001다19776 판결] 피공탁자로 기재된 자는 직접 공탁공무원에 대하여 공탁금의 출급청구권을 행사하여 이를 수령하면 되는 것이므로

나. '피공탁자 아닌 제3자' → 피공탁자 : 확인의 이익 부정[대법원 2007. 5. 31. 선고 2007다3391 판결] 변제공탁의 공탁물출급청구권자는 피공탁자 또는 그 승계인이고 피공탁자는 공탁서의 기재에 의하여 형식적으로 결정되므로, 실체법상의 채권자라고 하더라도 피공탁자로 지정되어 있지 않으면 공탁물출급청구권을 행사할 수 없다. 따라서 피공탁자 아닌 제3자가 피공탁자를 상대로 하여 공탁물출급청구권 확인판결을 받았다 하더라도 그 확인판결을 받은 제3자가 직접 공탁물출급청구를 할 수는 없고, 동일한 금액 범위 내의 사해행위취소 및 가액배상을 구하는 소송을 제기한 수인의 취소채권자들 중 누구에게 가액배상금을 지급하여야 하는지 알 수 없다는 이유로 채권자들의 청구금액 중 판결 또는 화해권고결정 등에 의하여 가장 다액으로 확정된 금액 상당을 공탁금액으로 하고 그 취소채권자 전부를 피공탁자로 하여 상대적 불확지공탁을 한 경우, 피공탁자 각자는 공탁서의 기재에 따라 각자의 소송에서 확정된 판결 또는 화해권고결정 등에서 인정된 가액배상금의 비율에 따라 공탁금을 출급청구할 수 있을 뿐이다.

Ⅱ. 집행공탁

1. 권리공탁(민사집행법 제248조 제1항)

가. 사유 : ① 압류된 채권에 대한 배당요구, ② 압류의 경합, ③ 단일 또는 복수의 가압류, ④ 단일의 압류, ⑤ 압류가 경합되지 않은 복수의 압류 ⇔ 처분금지가처분 : 집행공탁 불가[대법원 2008. 5. 15. 선고 2006다74693 판결] 금전채권을 목적으로 하더라도 배당절차와 무관하므로 집행공탁은 불가, 채권자불확지에 의한 변제공탁은 가능

나. 공탁 금액 : 임의의 금액 선택 불가[대법원 2004. 7. 22. 선고 2002다22700 판결]

(1) 압류된 금액

(2) 압류에 관련된 금전채권 전액

다. 집행공탁의 효력

(1) 공탁금 중 압류의 효력이 미치는 부분

(가) 집행공탁의 성질 : 집행공탁에 의하여 집행채무자와 관계에서 채무변제로서 효과, 압류채권 자에게 대항 가능

(나) 피공탁자란 기재 불요, 기재해도 효력 없음

(다) 공탁자는 공탁 후 집행법원에 공탁사유신고의무 → 신고시가 배당요구 종기, 배당가입 차 단효 발생

(라) 집행법원의 배당절차 진행

① 배당절차에 의하여 배당채권자로 확정된 자가 피공탁자

② 집행법원의 지급위탁에 의해서만 공탁금 출급, 집행채권자가 직접 공탁관에게 출급청구 불 가 ➡ 공탁 후 압류명령의 신청이 취하되거나 압류명령이 취소되더라도 마찬가지∵ 공탁신고 뒤에는 압류채권자가 압류명령신청 취하 불가, 취하하더라도 자신의 배당금수령권을 포기하는 효과만 있을 뿐, 공 탁 후 압류명령이 취소되더라도 이미 발생한 압류명령의 효력이 복멸하는 것은 아니므로 배당절차의 진행에 영향 없으므로

(2) 공탁금 중 압류의 효력이 미치지 않는 부분(일부 압류, 전액 공탁)

(가) 채권액 > 피압류채권액인 경우

① 압류효력이 미치는 부분 → 집행공탁

② 압류금액 초과 부분 → 압류효력 없음, 변제공탁으로 보아야 함[대법원 2008. 5. 15. 선고 2006다 74693 판결]

(나) 공탁서의 피공탁자란에 압류채무자를 기재, 피공탁자인 압류채무자에게 공탁통지

(다) 공탁 및 사유신고로 배당가입차단효 불발생 : 피공탁자(압류채무자)의 다른 채권자는 피공 탁자가 이 부분에 대하여 가지는 공탁금출급청구권에 대하여 압류 등을 함으로써 채권 만 족 가능

(라) 민법상 변제공탁의 예에 따라 피공탁자가 공탁금을 출급하거나 공탁자가 공탁금 회수 가능

라. (집행채권자의 채권자에 의한) 집행채권에 대한 압류

(1) 집행채권자

(가) 집행채무자 채권에 대한 '압류' : 가능 압류만으로는 집행채권자의 압류채권자를 해하지 않음

(나) 현금화 : 불가집행채권자의 압류는 집행장애사유

(2) 제3채무자 : 가압류 원인공탁(민사집행법 제297조)만 인정 → 배당절차 실시 불가, 공탁사유불수리 결정, 배당절차가 개시되어도 배당 불가[대법원 2016. 9. 28. 선고 2016다 205915 판결] 현금화나 만족적 단계로 나아가는 데에는 집행장애사유가 존재하므로

2. 의무공탁(배당요구, 민사집행법 제248조 제2항)

가. 사유 : 배당받을 채권자중복압류채권자, 교부청구채권자 포함의 공탁청구가 있을 때에만 ⇔ 채권자가 경합한다는 것만으로는 공탁의무 부정

나. 공탁금액 : 압류된 부분 해당금액·· 배당요구는 압류의 확장효가 없으므로

다. 공탁 + 공탁사유 신고 : 배당요구 종기(민사집행법 제247조 제1항 제1호)

라. 공탁의무불이행시

(1) 추심명령을 받은 압류채권자 : 공탁을 명하는 취지의 추심소송 제기 가능(민사집행 법 제249조 제1항)

(2) 추심명령을 받지 않은 압류채권자 : 원고 적격 부정[대법원 1979. 7. 24. 선고 79다1023 판결]

3. 의무공탁(압류경합, 민사집행법 제248조 제3항)

가. 사유 : 압류경합 + 압류채권자·가압류채권자의 청구 ⇔ Σ경합한 집행 채권액 < 피압류채권액 : 공탁의무 부정

나. 공탁금액 : 채권전액·· 압류의 효력이 채권전액에 확장, [대법원 2004. 7. 22. 선고 2002다22700 판결]

다. 공탁 + 공탁사유 신고 : 배당요구 종기(민사집행법 제247조 제1항 제1호)

라. 공탁의무불이행시 : 추심명령을 받은 압류채권자는 공탁을 명하는 취지의 추심소 송 제기 가능(민사집행법 제249조 제1항)

Ⅲ. 혼합공탁

1. 의의

가. 공탁원인사실과 공탁근거법령이 다른 실질상 두 개 이상의 공탁을 공탁자의 이 익보호를 위해 하나의 공탁절차에 의하여 하는 공탁

나. 채권양도의 효력 등과 관련하여 변제공탁과 집행공탁을 합한 혼합공탁이 주로 문제

다. 이때의 집행공탁은 집행채무자가 피공탁자일 것을 정지조건으로 하는 조건부 공
   탁으로서의 성질

2. 요건

가. 변제공탁 사유 + 집행공탁 사유 모두 존재

나. 어느 하나라도 무효이면 전체가 무효

3. 공탁절차

가. 근거조항 : 민법 제487조, 민사집행법 제248조 모두 기재

나. 피공탁자 : 양수인 또는 양도인압류채무자으로 기재

다. 공탁통지 : 양수인 및 양도인

라. 공탁사유신고 : 공탁자는 집행법원에 공탁사유신고

마. 배당절차의 사실상 정지 : 혼합해소문서 제출시까지

4. 혼합공탁의 효력

가. 혼합공탁 + 공탁사유신고 후 공탁금출급청구권에 대한 압류·추심명령

(1) 집행공탁부분 : 배당가입차단, 배당이의의 소 원고적격 부정
(2) 변제공탁부분 : 배당가입차단 배제, 배당이의의 소 원고적격 인정[대법원 2008. 5. 15. 선
    고 2006다74693 판결]

나. 혼합해소문서 : 채무자에게 공탁금출급청구권이 있음을 증명하는 확인판결 정본
   과 확정증명원, 그와 동일한 내용의 화해조서정본, 양수인의 인감증명서를 붙인
   동의서 ↔ 채권자의 제3채무자에 대한 전부금채권확인 판결은 포함되지 않음[대법
   원 2008. 1. 17. 선고 2006다56015 판결]

5. 공탁금 출급 방법 · 절차 : 공탁금출급청구권확인의 소

공탁유형에 따른 공탁금출급확인청구

■ 상대적불확지 변제공탁 : 다른 피공탁자들의 승낙서, 공탁물출급청구권확인 승소확정판결 필요 ↔ 피공
탁자가 아닌 제3자국가에 대한 확인청구 → 확인의 이익 부정대법원 2008. 10. 23. 선고 2007다35596 판결,
[대법원 1999. 11. 30.자 99마4239 결정] 공탁원인 사실에 가압류가 기재되어 있더라도

■ 혼합공탁 : 피공탁자양수인는 다른 피공탁자채무자 + 집행채권자국가에 대한 관계에서도 공탁금출급청구권 존재 서면 필요[대법원 2012. 1. 12. 선고 2011다84076 판결] 혼합공탁에 있어서 그 집행공탁의 측면에서 보면 공탁자는 피공탁자들에 대하여는 물론이고 가압류채권자를 포함하여 그 집행채권자에 대하여서도 채무로부터의 해방을 인정받고자 공탁하는 것이다. 이러한 취지에 비추어, 피공탁자가 공탁물의 출급을 청구함에 있어서 다른 피공탁자에 대한 관계에서만 공탁물출급청구권이 있음을 증명하는 서면을 갖추는 것으로는 부족하고, 위와 같은 집행채권자에 대한 관계에서도 공탁물출급청구권이 있음을 증명하는 서면을 구비·제출하여야 할 것이다.

■ 집행공탁 : 공탁사유신고시 배당절차 진행, 배당절차가 완결되어야 피공탁자 확정 → 공탁금출급청구권 승소확정판결 불필요, 배당절차가 완결되지 않아 피공탁자라고 할 수 없는 피고들을 상대로 하는 공탁금출급청구권 확인청구 : 확인의 이익 부정[서울중앙지방법원 2013. 4. 4 선고 2012가합518373 판결]

가. 압류채권자(집행채권자)

(1) 압류채무자(양도인)을 대위하여 양수인을 상대로

(2) 출급청구권이 압류채무자(양도인)에게 있다는 확인의 소 ⇔ 채권자의 제3채무자에 대한 전부금채권확인 : 확인의 이익 부정[대법원 2008. 1. 17. 선고 2006다56015 판결] 집행채권자가 혼합공탁된 공탁금으로부터 전부금채권 상당액을 배당받기 위하여는 공탁금이 채무자에게 귀속하는 것을 증명하는 문서를 집행법원에 제출하여야 하는데, 집행채권자가 압류전부명령에 기한 전부금채권을 가지고 있다는 것의 확인을 구하는 것은 그 확인판결의 제출로 집행법원이 공탁금의 배당절차를 개시할 수 없으므로 분쟁을 근본적으로 해결하는 가장 유효, 적절한 수단이라고 볼 수 없어 확인의 이익이 없다.

(3) 승소확정판결 및 확정증명을 혼합해소문서로 집행법원에 제출 → 집행법원의 배당절차에 따른 지급위탁에 의해 공탁금 출급

나. 양수인

(1) 양도인 및 압류채권자를 상대로[대법원 2012. 1. 12. 선고 2011다84076 판결]

(2) 출급청구권이 양수인에게 있다는 확인의 소

(3) 승소확정판결 및 확정증명을 공탁관에게 제출, 바로 공탁금 출급 → 집행법원은 이러한 사실을 발견하면 공탁사유신고를 불수리하는 결정을 하고 배당절차 종결

제14관 조건, 기한

Ⅰ. 정지조건과 기한의 구별 : 부관 사실의 발생에 따른 의무이행 여부 관계에 따라 판단[대법원 2018. 6. 28. 선고 2018다201702 판결] 법률행위에 붙은 부관이 조건인지 기한인지가 명확하지 않은 경우 법률행위의 해석을 통해서 이를 결정해야 한다. 부관에 표시된 사실이 발생하지 않으면 채무를 이행하지 않아도 된다고 보는 것이 합리적인 경우에는 조건으로 보아야 한다. 그러나 부관에 표시된 사실이 발생한 때에는 물론이고 반대로 발생하지 않는 것이 확정된 때에도 채무를 이행하여야 한다고 보는 것이 합리적인 경

우에는 표시된 사실의 발생 여부가 확정되는 것을 불확정기한으로 정한 것으로 보아야 한다. [2010다89036] 선투입비채권은 소정 기간 내 분양률이 충족되지 않으면 지급받지 못하는 것으로→ 정지조건, [2009다16643] 공동사업관계 탈퇴에 의한 출자금반환과 관련하여 스폰서가 영입되거나 사업권을 넘길 경우→ 불확정기한

Ⅱ. 조건

1. 정지조건 약정사실 : 손해배상예정(채무불이행을 정지조건으로)

가. 원고의 대항방법

(1) 조건이 아닌 계약내용의 일부에 불과[대법원 2020. 7. 9. 선고 2020다202821 판결] 조건은 법률행위 효력의 발생 또는 소멸을 장래 불확실한 사실의 발생 여부에 따라 좌우되게 하는 법률행위의 부관이고, 법률행위에서 효과의사와 일체적인 내용을 이루는 의사표시 그 자체이다. 조건을 붙이고자 하는 의사는 법률행위의 내용으로 외부에 표시되어야 하고, 조건을 붙이고자 하는 의사가 있는지는 의사표시에 관한 법리에 따라 판단하여야 한다. 조건을 붙이고자 하는 의사가 외부에 표시되었다고 인정하려면, 그 법률행위가 이루어진 동기와 경위, 그 법률행위에 의하여 달성하려는 목적, 거래의 관행 등을 종합적으로 고려하여 그 법률행위 효력의 발생 또는 소멸을 장래의 불확실한 사실의 발생 여부에 따라 좌우되게 하려는 의사가 인정되어야 한다. → 이 사건 조항은 '인수하는 조건'이라는 문언을 사용하고 있기는 하나, 이 사건 조항이 일반사항에 우선하여 적용되는 특약사항이라는 것 외에 그 조항 자체만으로 당사자가 조건을 붙여 효력발생이 좌우되게 하려는 계약의 내용이 특정되어 있지 아니하다. 오히려 이 사건 조항에서 사용한 '인수하는 조건'이라는 문언은 미분양 세대의 인수에 따라 계약의 효력발생이 좌우되게 하려는 의사라기보다는 단순히 이를 계약의 내용 중 하나로 정한다는 의미로 사용되었다고 볼 소지가 크다. 나아가 이 사건 조항을 둔 이유도 분양계약기간이 만료되었음에도 미분양 세대가 있는 경우 원고가 이를 인수할 의무를 부담하도록 하기 위함이지 원고가 미분양 세대를 인수하지 아니할 경우 조건이 성취되지 않은 것으로 보아 수수료 전부를 포기하게 할 의사였다고 보기는 어렵다. 이는 원고가 이 사건 빌라 총 8세대의 분양을 전부 완료하지 못한 채 계약이 중단된 경우에도 원고가 이미 분양하거나 인수한 세대만큼 피고 측에 이익이 된다면, 신의칙에 비추어 원고에게 적어도 그에 상응하는 수수료를 지급하도록 하는 것이 옳다는 점에서 더욱 그러하다. 그렇다면 이 사건 조항은 분양계약기간 만료 후 미분양 세대를 원고가 인수할 의무를 부담한다는 계약의 내용을 정한 것에 불과하고, 이 사건 계약의 효력발생이 좌우되게 하려는 법률행위의 부관으로서 조건을 정한 것이라고 보기는 어렵다.

(2) 재항변 : 정지조건 성취사실/신의칙에 반한 조건성취 방해

나. 재재항변 : 신의칙에 반한 조건성취(제150조 제2항)[대법원 2021. 1. 14. 선고 2018다223054 판결] 이 조항은 권리의 행사와 의무의 이행은 신의에 좇아 성실히 하여야 한다는 법질서의 기본원리가 발현된 것으로서, 누구도 신의성실에 반하는 행태를 통해 이익을 얻어서는 안 된다는 사상을 포함하고 있다. 당사자들이 조건을 약정할 당시에 미처 예견하지 못했던 우발적인 상황에서 상대방의 이익에 대해 적절히 배려하지 않거나 상대방이 합리적으로 신뢰한 선행 행위와 모순된 태도를 취함으로써 형평에 어긋나거나 정의관념에 비추어 용인될 수 없는 결과를 초래하는 경우 신의성실에 반한다고 볼 수 있다.

[비교 : 2018다201702] 원고가 정지조건의 불성취를 이유로 피고에 대하여 물품대금청구

▶ 물품대금청구 피고의 채무자로부터 변제받지 못한 전액

◀ 화해계약 원고는 피고의 채무자로부터 변제받고 나머지 청구포기에 반한다는 항변

▸ 기한이 아니라 정지조건 : 피고의 채무자로부터 돈을 지급받는다는 것은 장래 발생 여부가 불확실한 사실 + 정지조건의 불성취 원고가 피고의 채무자로부터 모두 변제받아야 원고의 피고에 대한 청구포기효력 발생 → 변제받지 못한 경우 조건 불성취 : 원고 상고인용

[원심] 합의서 제10항은 원고에게 부과된 이행의무의 기한을 정한 것 → 이 사건 청구는 이 사건 합의의 효력에 반하여 허용될 수 없다.

[대법원] 합의서 제10항의 문언은 '위 모든 합의사항의 이행은 원고가 미광티앤에스와 세움제이에스티로부터 126,904,891원을 모두 지급받은 후에 그 효력이 발생한다.'는 것이다. 따라서 '원고가 미광티앤에스와 세움제이에스티로부터 126,904,891원을 모두 지급받는다'는 사실이 발생해야 이 사건 합의서 제2항부터 제9항까지 정한 이행의무(나머지 청구 포기와 부제소 특약이 포함되어 있다)가 성립한다고 볼 수 있는데, 원고가 위 돈을 지급받는다는 것은 장래 발생 여부가 불확실한 사실로서 조건으로 볼 여지가 있다. 원고가 피고 등으로부터 미지급 물품대금 액수에 해당하는 금액을 변제받을 것이 확실시되었다는 등의 특별한 사정이 없는 상태에서 피고에 대한 물품대금 채권을 포기할 아무런 이유가 없다. 이 점에서도 이 사건 합의는 정지조건부 합의로 볼 여지가 크다. 이 사건 합의가 화해계약의 성격을 가진다고 하여 달리 볼 이유가 없다. 원고는 항소이유서 등을 통해서 피고로부터 채권추심의 권한을 위임받아 미광티앤에스와 세움제이에스티에 채권 지급을 요구하였으나 이들이 채무부존재 또는 상계 등을 주장하면서 그 요구에 응하지 않았다고 하고 있다. 기록상 원고가 미광티앤에스와 세움제이에스티로부터 이 사건 합의에서 정한 금원을 지급받았다고 볼 만한 사정이 없으므로, 이 사건 합의에서 정한 조건은 성취되지 않았다고 볼 여지가 있다.

2. 해제조건 약정 + 해제조건 성취사실

가. 해제조건 사례

(1) 임대차보증금반환청구권 : 임대인의 채권발생이 해제조건[대법원 1989. 10. 27. 선고 89다카 4298 판결] 임대차계약을 체결할 때 임차인이 임대인에게 지급하는 임차보증금은, 계약존속중의 차임뿐만 아니라 임차목적물이 반환될 때까지 발생한 손해배상채권등 임대인이 임대차계약에 따라 임차인에 대하여 갖게 되는 일체의 채권을 담보하는 것이므로, 임차인의 임대인에 대한 이와 같은 임차보증금의 반환청구채권에 대하여 전부명령이 있는 경우에 그 명령의 효력은 제3채무자에게 송달된 때 생긴다고 하더라도, 임차보증금 반환청구채권은 임대인의 채권이 발생하는 것을 해제조건으로 하는 것이어서 임대인의 채권을 공제한 잔액에 관하여만 전부명령이 유효하다.

(2) 도급계약을 해지하면서 수급인이 그동안의 기성고액을 수령한 것으로 하고, 그 대신 도급인이 수급인의 하수급인에 대한 채무를 직접 지급하기로 정산합의 : 정산합의 시점에서 확정적으로 수급인의 기성공사청구채권 포기 효력 발생, 도급인의 채무불이행을 해제조건으로[대법원 2001. 10. 26. 선고 2000다61435 판결] 공사도급계약을 해지하면서 그동안의 기성고액을 수급인이 모두 수령한 것으로 하고, 그 대신 도급인이 수급인의 하수급인들에 대한 채무를 직접 지급하기로 정산합의를 한 경우, 당사자의 의사는 정산합의 시점에서 확정적으로 수급인의 기성금청구채권 포

기의 효력이 생기도록 하고, 다만, 도급인이 하수급인들에 대한 채무의 이행을 하지 아니하는 것을 해제조건으로 하였다고 보는 것이 합당하다 할 것이므로, 일단 정산합의 시점부터 권리포기의 효과는 발생하였다고 봄이 상당하다.

(3) 도시계획변경에 의해 3종 일반주거지역 아파트 용도로의 변경이 부결될 경우 매매계약을 무효 : 해제조건[대법원 2010. 5. 27. 선고 2010다4561 판결]

나. 원고의 대항방법 : 해제조건을 등기하지 않은 사실 → 제3자에 대항 불가 → 제3자에 대해 말소등기청구 불가[대법원 1992. 5. 22. 선고 92다5584 판결] 해제조건부증여로 인한 부동산소유권이전등기를 마쳤다 하더라도 그 해제조건이 성취되면 그 소유권은 증여자에게 복귀한다고 할 것이고, 이 경우 당사자간에 별단의 의사표시가 없는 한 그 조건성취의 효과는 소급하지 아니하나, 조건성취 전에 수증자가 한 처분행위는 조건성취의 효과를 제한하는 한도 내에서는 무효라고 할 것이고, 다만 그 조건이 등기되어 있지 않는 한 그 처분행위로 인하여 권리를 취득한 제3자에게 위 무효를 대항할 수 없다. ➡ 해제조건이 등기되었다는 점을 인정할 아무런 증거가 없으므로 원고로서는 위 해제조건의 성취로써 가등기권자인 위 피고에게 대항할 수 없다.

➡ 원고의 근저당권말소등기청구 기각

Ⅲ. 기한 : 확정 · 불확정 · 기한의 불확실/시기 · 종기

[대법원 2002. 3. 29. 선고 2001다41766 판결] 조건과 불확정기한의 구별

▶채권확정청구

▸ 조건미성취 항변
▸ 조건이 아니라 불확정기한 : 불확정 사실(30억 부담 이행시기 : 협의가 성립한 때) 발생이 불가능(파산)한 경우 당사자가 불확정한 사실이 발생한 때를 이행기한으로 정한 경우에는 그 사실이 발생한 때는 물론 그 사실의 발생이 불가능하게 된 때에도 이행기한은 도래한 것으로 보아야 할 것이므로, 원고는 경기은행에 대하여 파산선고 당시 30억 원의 채권을 가지고 있었던 것으로 인정되고, 따라서 원심이 원고의 이 사건 채권확정청구를 인용한 것은 그 결론에서는 정당하다.

[대법원 1974. 5. 14. 선고 73다631 판결] 임대차 기한의 존부와 해지 가부

▶토지 소유자의 건물철거청구 : 임대차 해지
◀피고 : 토지 전소유자와 임대차계약 → 계약일로부터 20년의 효력 주장

① '토지를 임차인에게 매도할 때까지' : 기한의 정함 없는 임대차 임대차계약을 체결함에 있어서 임대기한을 "본건 토지를 임차인에게 매도할 때까지"로 정하였다면 별다른 사정이 없는 한 그것은 도래할지의 여부가 불확실한 것이므로 기한을 정한 것이라고 볼 수 없으니 위 임대차계약은 기간의 약정이 없는 것이라고 해석함이 상당하다.
② 건물소유를 위한 토지임대차 → 임대인지위 승계, 불확실한 사실 → 기한의 약정 없는 임대차 → 해지 가능 대지에 대한 임차권을 갖고 그 대지상에 건물을 소유하는 자가 그 임차권의 등기는 없으나 그 건물에 대한 소유권등기를 가지고 위 임차권을 주장하는 경우 이의 대항을 받는 대지의 양수인은 그 대지 전소유자가 갖는 임대인의

지위를 승계하는 것이므로 원고는 본건 대지 전소유자가 피고와 체결한 위 임대차계약을 해지할 수 있다고 할 것이고, 원고가 본소에서 피고에게 본건 대지상의 건물철거 등을 구한 이상 본소 소장에 명시적으로 본건 임대차계약을 해지한다는 표시를 하지 아니하였다 하여도 위 소장의 송달로서 그러한 의사표시를 한 것으로 볼 수 있다고 할 것이므로 원심이 원고는 피고에게 본건 소장부본의 송달로서 위 임대차계약해지의 통고를 하였다고 판단하였음은 정당하다.

[대법원 1989. 6. 27. 선고 88다카10579 판결] 기한의 도래 여부에 대한 판단방법

▶**분양대금** 피고들은 1986.10.6. 원고와 사이에 위 임대차계약을 합의 해제하고 원고로부터 지급받은 계약금 및 중도금 합계금 8,000,000원을 이 사건 점포가 타에 분양 또는 임대되는 때 원고에게 반환하기로 약정

▸ 불확정기한 미도래

▸ 불확정 사실의 발생이 불가능 → 기한 도래 당사자가 불확정한 사실이 발생한 때를 이행기한으로 정한 경우에 있어서 그 사실이 발생한 때는 물론 그 사실의 발생이 불가능하게 된 때에도 이행기한은 도래한 것으로 보아야 하는 것이다. 피고들이 원판시 점포를 다른 사람에게 분양 또는 임대하지 아니하고 소외인에게 이를 사용하도록 하여 피고들이 그 판시 금원의 반환을 약정한 1986.10.5.부터 1년 5개월이 지난 원심변론종결 당시까지도 위 소외인이 위 점포를 점유사용하고 있는 것이라면 특별한 사정이 없는 한 위 점포가 다른 사람에게 분양 또는 임대된다는 사실의 발생은 불가능하게 된 것이라 할 것이고 피고들이 원고에게 반환하기로 한 원판시 금원의 지급채무의 이행기한은 도래한 것으로 보아야 할 것이다. ⇔ [원심] 피고들이 위 점포를 타에 임대하였다고 인정할 증거 없고 오히려 피고들은 위 점포가 타에 분양 또는 임대되지 아니하여 그 옆 점포에서 신발류를 판매하는 소외인이 위 점포를 그의 상품인 신발을 진열하는데 사용하고 있는 사실이 인정될 뿐이므로 결국 피고들이 원고에게 반환하기로 한 금 8,000,000원의 지급채무의 이행기는 위 점포가 아직 타에 분양 또는 임대되지 아니함으로써 이 사건 변론 종결시까지 도래하지 아니하였다.

[대법원 2019. 9. 10. 선고 2017다272486, 272493 판결] 조건과 불확정기한의 구별

▶**공사대금청구**

▸ 도급인이 검사하여 합격하면 보수지급하기로 약정 : 조건

▸ 검사 합격은 조건이 아니라 보수지급시기에 관한 불확정기한검사에 합격한 때 또는 합격이 불가능한 것으로 확정된 때(최후 공정 종료+도급인이 검수를 거부하고 도급계약 해제를 통보) 보수지급청구권 기한도래

(1) 이 사건 장비 제작 과정에서 피고와 보조참가인의 검수, 당사자들의 협의 경과, 원고가 이 사건 장비 제작을 마치고 설치 일정 합의에 따라 보조참가인의 공장에 설치를 시작한 이후 피고가 이 사건 도급계약 해제를 통보하기까지의 경과, 이 사건 장비의 성능이나 안전성 하자 유무 등을 종합하면, 이 사건 장비는 주요구조부분이 약정된 대로 시공되어 사회통념상 일반적으로 요구되는 성능을 갖추었고 이 사건 장비를 완성하여 설치를 시작하였으나 피고의 비협조로 설치를 마치지 못한 것으로서 원고로서는 이 사건 도급계약에서 예정한 최후 공정을 마쳤다고 볼 수 있다. 따라서 이 사건 하자는 하자담보책임에 관한 민법 규정에 따라 처리하면 되고, 원고는 이 사건 도급계약이 정한 대로 일을 완성하였으므로 잔금을 청구할 수 있다.

(2) 이 사건 도급계약에서 '최종 검수 완료·승인 후' 잔금을 지급하기로 정하였는데 최종 검수의 완료·승인은 잔금 지급의 조건이 아니라 불확정기한이다. 위와 같이 원고가 이 사건 도급계약에서 예정한 최후 공정을 마쳤는데도 피고가 최종 검수를 거부하고 이 사건 도급계약의 해제를 통보함으로써 '최종 검수 완

료·승인'이 불가능한 것으로 확정되었으므로 잔금청구권의 이행기도 도래하였다. 따라서 피고가 채권자 지체에 빠졌는지 여부나 민법 제538조 제1항의 요건이 충족되었는지 여부와 관계없이 원고는 잔금을 청구할 수 있다고 보아야 한다.

제15관 소멸시효

Ⅰ. 취지와 존재이유

1. 권리불행사라는 사실상태를 권리부존재라는 규범상태로 승화시키는 제도[민법판례연구 40]

2. 법적 안정성 제고, 증명곤란의 구제, 권리 행사 태만에 대한 제재[대법원 1976. 11. 6. 선고 76다148 전원합의체 판결]

Ⅱ. 소멸시효 원용권자 : 권리의 소멸로 직접 이익을 받는 의무자·제3자

1. 원용권자

가. 연대채무자

나. 보증인

다. 물상보증인[대법원 2004. 1. 16. 선고 2003다30890 판결, 대법원 2007. 1. 11. 선고 2006다33364 판결]

라. 제3취득자(담보가등기, 소유권이전청구권 가등기 후의 제3취득자)[대법원 1995. 7. 11. 선고 95다12446 판결] 소멸시효를 원용할 수 있는 자는 권리의 소멸에 의하여 직접 이익을 받는 자에 한정된다고 할 것인데, 채권담보의 목적으로 매매예약의 형식을 빌어 소유권이전청구권 보전을 위한 가등기가 경료된 부동산을 양수하여 소유권이전등기를 마친 제3자는 당해 가등기담보권의 피담보채권의 소멸에 의하여 직접이익을 받는 자라 할 것이므로 위 부동산의 가등기담보권에 의하여 담보된 채권의 채무자가 아니라도 그 피담보채권에 관하여 소멸시효가 완성된 경우 이를 원용할 수 있다고 보아야 할 것이고, 이러한 직접수익자의 소멸시효 원용권은 채무자의 소멸시효 원용권에 기초한 것이 아닌 독자적인 것으로서 채무자를 대위하여서만 시효이익을 원용할 수 있음에 지나지 아니하는 것은 아니다.

마. 사해행위 수익자[대법원 2007. 11. 29. 선고 2007다54849 판결]

바. 유치권이 성립된 부동산의 매수인[대법원 2009. 9. 24. 선고 2009다39530 판결] 유치권이 성립된 부동산의 매수인은 피담보채권의 소멸시효가 완성되면 시효로 인하여 채무가 소멸되는 결과 직접적인 이익을 받는 자에 해당하므로 소멸시효의 완성을 원용할 수 있는 지위에 있다.

2. 독자적 원용이 불가능한 자

가. 채무자에 대한 일반채권자[대법원 1997. 12. 26. 선고 97다22676 판결], 후순위저당권자[대법원 2021. 2. 25. 선고 2016다232597 판결]

(1) 원칙 : 불가[대법원 2021. 2. 25. 선고 2016다232597 판결] 후순위 담보권자는 선순위 담보권의 피담보채권이 소멸하면 담보권의 순위가 상승하고 이에 따라 피담보채권에 대한 배당액이 증가할 수 있지만, 이러한 배당액 증가에 대한 기대는 담보권의 순위 상승에 따른 반사적 이익에 지나지 않는다. 후순위 담보권자는 선순위 담보권의 피담보채권 소멸로 직접 이익을 받는 자에 해당하지 않아 선순위 담보권의 피담보채권에 관한 소멸시효가 완성되었다고 주장할 수 없다고 보아야 한다.

(2) 예외 : 채무자대위 가능 ➡ 채무자를 대위하여 선순위 저당권자를 상대로 말소등기 청구[대법원 2012. 5. 10. 선고 2011다109500 판결]

(3) 제한 : 원용 불가

⑺ **채무자**소외1**가 소멸시효의 이익을 받을 수 있는 권리를 이미 처분**피고(채권자)**에게 부동산에 대하여 처분권한을 위임하고 피고가 소외2에게 임대하여 매년 차임을 지급받은 경우 → 원고**소외1에 대한 후순위 저당권자**가 채권자대위에 의한 소멸시효 완성을 원용하기 전 시효중단 → 시효이익 원용 불가** 대법원 1979. 6. 26. 선고 79다407 판결, [대법원 2014. 5. 16. 선고 2012다20604 판결] 채무의 일부를 변제하는 경우에는 채무 전부에 관하여 시효중단의 효력이 발생한다. 그리고 채무자가 채권자에게 부동산에 관한 근저당권을 설정하고 그 부동산을 인도하여 준 다음 피담보채권에 대한 이자 또는 지연손해금의 지급에 갈음하여 채권자로 하여금 그 부동산을 사용수익할 수 있도록 한 경우라면, 채권자가 그 부동산을 사용수익하는 동안에는 채무자가 계속하여 이자 또는 지연손해금을 채권자에게 변제하고 있는 것으로 볼 수 있으므로, 피담보채권의 소멸시효가 중단된다고 보아야 한다. 한편 소멸시효가 완성된 경우에, 채무자에 대한 일반 채권자는 자기의 채권을 보전하기 위하여 필요한 한도 내에서 채무자를 대위하여 소멸시효 주장을 할 수 있을 뿐, 채권자의 지위에서 독자적으로 소멸시효의 주장을 할 수 없으므로, 채무자가 소멸시효의 이익을 받을 수 있는 권리를 이미 처분하여 대위권행사의 대상이 존재하지 않는 경우에는 채권자는 채권자대위에 의하여 시효이익을 원용할 수 없다. → 이 사건 각 부동산에 관한 사용수익의 권한을 포함한 모든 권한을 위임받은 피고가 적어도 이 사건 각 부동산을 임차한 소외2로부터 그 차임을 마지막으로 지급받은 무렵까지는 이를 통하여 채무자인 소외1에 의한 이자 또는 지연손해금의 변제가 이루어진 것으로 볼 수 있고, 이에 따라 원고가 이 사건에서 채권자대위에 근거하여 소멸시효의 완성을 원용하기 전에 이루어진 위 변제의 효과로 소멸시효가 중단됨으로써, 원고의 소멸시효 주장은 허용될 수 없게 될 것이다.

⑻ **채무자 소유 부동산이 매각되어 그 대금이 이미 소멸시효가 완성된 채무를 피담보채무로 하는 근저당권을 가진 채권자에게 배당되어 채무변제에 충당될 때까지 채무자가 이의를 제기하지 않은 경우 : 시효이익의 포기**2011다109500 채무자에 대한 다른 채권자가 채무자를 대위하여 이의를 제기한 부분을 제외한 나머지 채권에 대하여는 채무자가 시효이익을 포기한 것으로서 부당이득에 해당하지 않음

나. 채권자대위권 제3채무자[대법원 1998. 12. 8. 선고 97다31472 판결, [대법원 1997. 7. 22. 선고 97다5749 판결] 채권자가 채권자대위권을 행사하여 제3자에 대하여 하는 청구에 있어서 제3채무자는 채무자가 채권자에 대

하여 가지는 항변으로는 대항할 수 없으므로

다. 토지수용에 의한 손실보상금 공탁자[대법원 2007. 3. 30. 선고 2005다11312 판결] : **원용 불가**공
탁금출급청구권의 종국적인 귀속자는 국가, **채권자대위도 불가**채무자(국가)에 대한 채권 부존재

Ⅲ. 요건

1. 소멸시효 대상권리 기재례 : 원고가 스포츠의류 총판점을 운영하는 사실(상사채권)

1-1. 소멸시효 대상이 아님

가. 기본적 법률관계의 확인개별적으로 구체화되어 존재하는 고용계약상의 권리의무(임금청구권, 재해보상
청구권, 휴업수당청구권, 퇴직금청구권 등과 이에 대응하는 의무들)의 확인을 구하는 것이 아니라 고용관계 자체
의 존재 확인을 구하는 경우 → **제162조 제1항 채권에 해당하지 않음**[대법원 1990. 8. 28. 선고 90다
카9619 판결]

나. 공유물분할청구권 : 공유관계가 존속하는 한 독립하여 시효에 걸리지 않음[대법원
1981. 3. 24. 선고 80다1888 판결]

다. 3자간 명의신탁 + 신탁자 점유[대법원 2013. 12. 12. 선고 2013다26647 판결] 부동산의 매수인이 목
적물을 인도받아 계속 점유하는 경우에는 매도인에 대한 소유권이전등기청구권은 소멸시효가 진행되지 않는다는
법리는 3자간 등기명의신탁에 의한 등기가 유효기간의 경과로 무효로 된 경우에도 적용된다. 따라서 그 경우 목
적 부동산을 인도받아 점유하고 있는 명의신탁자의 매도인에 대한 소유권이전등기청구권 역시 소멸시효가 진행
되지 않는다.

▸ 점유취득시효 완성자의 점유상실
▸ 선의명의신탁 + 유예기간 경과 후 신탁자의 이전등기청구권 : 점유 · 사용해도 1996.
7. 1.부터 시효진행

2. 기산점 : 특정시점에서 권리행사 가능, 변론주의 적용[대법원 1995. 8. 25. 선고 94다35886 판결]

가. 형성권적 특약

(1) 채권자의 기한이익 상실 의사표시가 있는 경우 : 전액에 대하여
(2) 의사표시가 없는 경우 : 변제기별로

나. 정지조건부 특약 · 채권 : 사유발생시부터 소멸시효진행 및 이행지체 성립

다. 과거의 양육비 : 협의 · 심판에 의한 구체적 청구권 성립 후[대법원 2011. 7. 29.자 2008스67

결정]→ 심판청구시로부터 역산하여 10년 경과 전 양육비라도 시효소멸하지 않음

라. 대상청구권 : 이행불능시, 보상금청구 방법이 마련된 시점[대법원 2002. 2. 8. 선고 99다23901 판결]

마. 계약해제에 의한 원상회복청구권 : 해제시(해제권 발생시가 아님)[대법원 2009. 12. 24. 선고 2009다63267 판결] '해제권 발생시로'라고 본 원심을 파기

바. 확대손해 : 그 사유가 판명된 때[대법원 2021. 7. 29. 선고 2016다11257 판결] 신체감정에서 예측된 여명기간을 초과하여 생존한 경우 추가 손해에 대한 손해배상청구권 : 최초 예측된 여명기간이 지난 때

사. 이행인수채무 불이행매수인으로 인한 손해배상청구권 : 채무자매도인가 이자 등을 지급함으로써 손해가 현실적으로 발생한 때[대법원 2021. 11. 25. 선고 2020다294516 판결]

아. 보험금청구권, 보증보험에 기한 보증금청구권

(1) 원칙 : 보험사고가 발생한 때[대법원 2015. 3. 26. 선고 2012다25432 판결] 보험금청구권의 소멸시효 기산점은 특별한 사정이 없는 한 보험사고가 발생한 때이고, 하자보수보증보험계약의 보험사고는 보험계약자가 하자담보 책임기간 내에 발생한 하자에 대한 보수 또는 보완청구를 받고도 이를 이행하지 아니한 것을 의미하므로, 이 경우 보험금청구권의 소멸시효는 늦어도 보험기간의 종기부터 진행한다.

(2) 보증보험기간을 주계약의 하자담보책임기간과 동일하게 정한 하자보수계약상 보증금청구권 : 하자담보책임기간 내에 발생한 하자에 대하여는 보증기간 종료 후 사고가 발생하였더라도 보증사고가 발생한 때[대법원 2021. 2. 25. 선고 2020다248698 판결] 보증보험증권에 보험기간이 정해져 있는 경우에는 보험사고가 그 기간 내에 발생한 때에 한하여 보험자가 보험계약상의 책임을 지는 것이 원칙이지만, 보증보험계약의 목적이 주계약의 하자담보책임기간 내에 발생한 하자에 대하여 보험계약자의 하자보수의무 불이행으로 인한 손해를 보상하기 위한 것임에도 보험기간을 주계약의 하자담보책임기간과 동일하게 정한 경우 특단의 사정이 없으면 위 보증보험계약은 그 계약의 보험기간, 즉 하자담보책임기간 내에 발생한 하자에 대하여는 비록 보험기간이 종료한 후 보험사고가 발생하였다고 하더라도 보험자로서 책임을 지기로 하는 내용의 계약이라고 해석함이 상당하다.

자. 법률상 장애 존재 : 기한미도래, 정지조건 미성취

(1) 건물 미완공 : 완공시부터 진행[대법원 2007. 8. 23. 선고 2007다28024,28031 판결]

(2) 손해발생 안 날에 대한 판례 변경 : 판례 변경일부터 진행[대법원 1977. 3. 22. 선고 76다256 판결, 대법원 1977. 6. 7. 선고 76다2008 판결] ⇔ 직접 청구권행사에 장애가 되지 않는 판례 변경 : 법률상 장애가 아님[대법원 1993. 4. 13. 선고 93다3622 판결]

(3) 객관적으로 청구권의 발생을 알 수 있게 된 때[대법원 1997. 11. 11. 선고 97다36521 판결] 보험

사고가 발생한 것인지의 여부가 객관적으로 분명하지 아니하여 보험금청구권자가 과실 없이 보험사고의 발생을 알 수 없었던 사정이 있는 경우에는 보험사고의 발생을 알았거나 알 수 있었을 때부터 보험금청구권의 소멸시효가 진행하지만, 그러한 특별한 사정이 없는 한 보험금청구권의 소멸시효는 원칙적으로 보험사고가 발생한 때부터 진행한다.

(4) 중복제소의 위험이 있는 경우[대법원 2011. 10. 13. 선고 2010다80930 판결]

[2010다80930] 상계항변의 효력, 소멸시효 장애사유, 기판력의 범위

▶**원고 → 피고**소외2(신탁자)에 대한 수탁자 : 소외2채무자를 대위하여 소유권이전등기청구실명법 시행 전의 명의신탁 : 부당이득반환청구 대위

◀**본안전 항변 : 피보전채권**원고→소외2 **소멸**

■상계에 의한 소멸 : 소외2의 상계소외3에 대한 채권자인 대해석유로부터 대해석유의 소외3에 대한 채권을 양수받아 소외3의 소외2에 대한 채권과 상계로 피보전채권 소멸

▸가압류 효력 발생2006.6.23. 후의 상계2009.4.28. : 가압류채권자에 대항 불가(제498조)

■조정에 의한 소멸

▸가압류 효력 발생 이후 조정2009.12.4. : 가압류채권자인 원고에게 대항 불가

◀**소멸시효 항변**

■원고에 앞서 소외1이 피고를 상대로 소제기2005.2.25.하여 소각하2008.6.5.

■원고는 소멸시효 경과 후1996.7.1.~10년 소제기2009.12.17.

▸6월 내 다른 채권자인 소외3의 소제기2008.9.19. + 조정성립 : 소외1의 최초 재판상 청구시2005.2.25.에 시효중단

▸소각하된 소외1이 제기하지 않고 다른 채권자가 다시 동일한 소를 제기하였더라도 : 채권자대위소송으로 인한 시효중단의 효과는 채무자에게 미치므로 소외2를 권리 위에 잠자는 자로 볼 수 없음

▸다른 채권자의 대위소송제기는 법률상 장애사유 : 원고(소외1의 상속인)는 소외1의 소가 각하된 후 6월 경과 전에 다시 채권자대위 소송 등 재판상 청구를 함으로써 소멸된 시효중단의 효과를 부활시킬 수 있었으나 소외3의 대위소송으로 인하여 중복하여 재판상 청구를 할 수 없었으므로 이 기간은 객관적으로 채권자가 권리를 행사할 수 없는 장애사유가 있는 기간으로 보아야 함

◀**기판력 항변 : 이 사건 관련 조정**소외3 → 피고 : 부당이득으로 인한 소유권이전등기절차 이행청구사건의 항소심에서 소외3과 피고 사이의 조정**의 기판력이 소외2에게도 미치므로**소외2와 대해석유는 조정참가인으로 조정에 참가 **원고가 소외2를 대위하여 제기한 이 사건 소송은 기판력에 저촉**

▸관련 조정의 기판력 범위 제한 : 동업자금 채권이 존재하지 않는다는 것에 한정

▸부당이득반환을 원인으로 한 소유권이전등기청구권의 존부에 대하여는 판단이 이루어지지 않았으므로 이 사건 소송은 관련 조정의 기판력에 반하지 않음 채권자대위권 행사의 효과는 채무자에게 귀속되므로, 이 사건 관련조정의 기판력은 채무자인 소외2에게 미친다. 기판력이 미치는 범위는 주문에 포함된 권리 또는 법률관계의 존부에 관한 판단사항에 대하여 생긴다. 이 사건 관련조정의 조정조항 및 그 청구원인 등에 비추어 보면, 위 조정에서 이루어진 법률관계의 존부에 관한 판단은 이 사건 동업자금 채권이 소멸하여 존재하지 않는다는 것에 한정되었고, 이 사건 각 부동산에 관한 소외2의 피고에 대한 부당이득반환을 원인으로 한 소유권이전등기청구권의 존부에 대하여는 판단이 이루어지지 않은 것으로 보인다(조정조항 제1항이 소외3의 소외2에 대한 채권이 존재하지 않는다는 것이므로, 소외3이 소외2의 피고에 대한 부당이득반환을 원인으로 한 소유권이전등기청구권을 포기하는 등 처분권한을 보유한다

고 볼 수 없고, 따라서 소외3의 피고에 대한 청구 포기 조항에 소외2의 피고에 대한 부당이득반환을 원인으로 한 소유권이전등기청구권을 포기하는 내용이 포함된 것으로 보이지 않는다.)

차. 임대차기간 종료 후 보증금을 반환받기 위해 목적물을 점유 : 보증금반환채권에 대한 소멸시효 진행부정[대법원 2020. 7. 9. 선고 2016다244224, 244231 판결] ① 소멸시효제도의 존재 이유와 취지 : 채권을 계속 행사하고 있다고 볼 수 있다면 소멸시효가 진행하지 않는다. 나아가 채권을 행사하는 방법에는 채무자에 대한 직접적인 이행청구 외에도 변제의 수령이나 상계, 소송상 청구 및 항변으로 채권을 주장하는 경우 등 채권이 가지는 다른 여러 가지 권능을 행사하는 것도 포함된다. ② 당사자의 이익형량 : 보증금반환채권이 시효로 소멸한다고 보면 보증금반환채무를 이행하지 않은 임대인이 목적물에 대한 자신의 권리는 그대로 유지하면서 보증금반환채무만을 면할 수 있게 하는 결과가 되어 부당하다. ③ 주택임대차보호법 제4조 제2항 : 임대차기간이 끝난 후 보증금을 반환받지 못한 임차인이 목적물을 점유하는 동안 위 규정에 따라 법정임대차관계가 유지되고 있는데도 임차인의 보증금반환채권은 그대로 시효가 진행하여 소멸할 수 있다고 한다면, 이는 위 규정의 입법 취지(임차인의 보증금반환채권을 실질적으로 보장)를 훼손하는 결과를 가져오게 되어 부당하다.

▸ 임차인이 목적물을 점유하지 않거나 동시이행항변권을 상실하여 정당한 점유권원을 갖지 않는 경우 : 소멸시효 진행[2016다244224, 244231] 소멸시효 진행의 예외는 어디까지나 임차인이 임대차 종료 후 목적물을 적법하게 점유하는 기간으로 한정되고, 임차인이 목적물을 점유하지 않거나 동시이행항변권을 상실하여 정당한 점유권원을 갖지 않는 경우에 대해서까지 인정되는 것은 아니다.

3. 소멸시효기간 경과 : 변론주의 대상이 아님, 직권판단[대법원 2013. 2. 15. 선고 2012다68217 판결] 어떤 권리의 소멸시효기간이 얼마나 되는지에 관한 주장은 단순한 법률상의 주장에 불과하므로

가. 단기 소멸시효 완성

(1) 노임채권 → 준소비대차 약정 : 변경된 채무에 의한 소멸시효기간(5년) 적용[대법원 1981. 12. 22. 선고 80다1363 판결] 민법 제164조 제3호 소정의 단기소멸시효의 적용을 받는 노임채권이라도 채권자인 원고와 채무자인 피고 회사사이에 위 노임채권에 관하여 준소비대차의 약정이 있었다면 동 준소비대차계약은 상인인 피고 회사가 영업을 위하여 한 상행위로 추정함이 상당하고, 이에 의하여 새로이 발생한 채권은 상사채권으로서 5년의 상사시효의 적용을 받게 된다.

(2) 정산금채권 → 소비대차 약정 : 준소비대차, 일방 상인 → 상행위 추정(경개, 준소비대차 동일) : 5년[대법원 1989. 6. 27. 선고 89다카2957 판결] 당사자 쌍방에 대하여 모두 상행위가 되는 행위로 인한 채권뿐만 아니라 당사자 일방에 대하여만 상행위에 해당하는 행위로 인한 채권도 상법 제64조에서 정한 5년의 소멸시효기간이 적용되는 상사채권에 해당하는 것이고, 그 상행위에는 상법 제46조 각 호에 해당하는 기본적 상행위뿐만 아니라 상인이 영업을 위하여 하는 보조적 상행위도 포함된다. 피고는 골재채취를 영업으로 하는 자이어서 상인이라 할 것이고, 원·피고 사이에 위 정산금에 관하여 준소비대차의 약정을 한 것으로 보는 이상 이 준소비대차계약은 상인인 피고가 그 영업을 위하여 한 상행위로 추정함이 상당하고(이 점은 위 약정을

경개라고 하더라도 마찬가지라 할 것이다), 이에 의하여 새로이 발생한 채권은 상사채권으로서 5년의 상사시효의 적용을 받게 되는 것이라고 볼 것이다.

(3) 물품대금 채무감액 + 변제기만 새로 약정 : 준소비대차 부정, 3년(제163조 제5호)의 시효 적용[대법원 2004. 4. 27. 선고 2003다69119 판결]

(4) 채무인수 : 본래의 채무 기준, 인수일로부터 새로 진행[대법원 1999. 7. 9. 선고 99다12376 판결] 면책적 채무인수라 함은 채무의 동일성을 유지하면서 이를 종래의 채무자로부터 제3자인 인수인에게 이전하는 것을 목적으로 하는 계약으로서, 인수채무가 원래 5년의 상사시효의 적용을 받던 채무라면 그 후 면책적 채무인수에 따라 그 채무자의 지위가 인수인으로 교체되었다고 하더라도 그 소멸시효의 기간은 여전히 5년의 상사시효의 적용을 받고, 이는 채무인수행위가 상행위나 보조적 상행위에 해당하지 아니한다고 하여 달리 볼 것이 아니다. 다만, 그 소멸시효기간은 채무인수와 동시에 이루어진 소멸시효 중단사유, 즉 채무승인에 따라 채무인수일로부터 새로이 진행되는 것일 뿐이다.

(5) 리조트 사용료 채권 : 제164조 제1호 적용[대법원 2020. 2. 13. 선고 2019다271012 판결] 리조트 사용료를 월 단위로 지급하기로 약정하였더라도 제163조 제1호가 아니라 제164조 제1호 적용

(6) 민사 소멸시효와 상사 소멸시효의 구별

원칙 : 민사 소멸시효	예외 : 상사 소멸시효
■상행위인 계약의 무효로 인한 부당이득반환청구권[대법원 2021. 9. 9. 선고 2020다299122 판결] 상행위인 계약의 무효로 인한 부당이득반환청구권은 민법 제741조의 부당이득 규정에 따라 발생한 것이므로 ■상행위인 계약의 불성립으로 인한 부당이득반환청구권[대법원 2021. 9. 9. 선고 2020다299122] ■근로계약상 보호의무 위반으로 인한 근로자의 손해배상청구권[대법원 2021. 8. 19. 선고 2018다270876 판결] 사용자가 근로계약에 수반되는 신의칙상의 부수적 의무인 보호의무를 위반하여 근로자에게 손해를 입힘으로써 발생한 근로자의 손해배상청구와 관련된 법률관계는 근로자의 생명, 신체, 건강 침해 등으로 인한 손해의 전보에 관한 것으로서 그 성질상 정형적이고 신속하게 해결할 필요가 있다고 보기 어렵기 때문	■상행위인 계약의 해제로 인한 원상회복청구권[대법원 2021. 9. 9. 선고 2020다299122 판결] 상인인 원고가 자신의 사업장으로 사용하기 위하여 피고와 사이에 피고가 운영하는 점포의 일부에 관하여 전대차계약을 체결한 것은 보조적 상행위에 해당하고, 전대차계약의 해제로 인한 원상회복으로서 원고가 피고에게 보증금의 반환을 구하는 채권에는 상사시효가 적용 ■보험계약의 무효로 인한 부당이득반환청구권[대법원 2021. 7. 22. 선고 2019다277812 전원합의체 판결] 보험계약의 정형성이나 법률관계의 신속한 처리 필요성에 비추어 상사 소멸시효기간에 관한 상법 제64조를 유추적용 ■실제로 발생하지 않은 보험사고의 발생을 가장하여 청구·수령된 보험금 상당 부당이득반환청구권[대법원 2021. 8. 19. 선고 2018다258074 판결] ■상행위인 계약의 무효, 불성립으로 인한 부당이득반환청구권이라도 상거래와 같은 정도로 신속하게 해결할 필요성이 있는 경우[대법원 2021. 9. 9. 선고 2020다299122 판결] 상인인 원고가 사업장을 마련하기 위해 전대차계약을 체결하고 권리금

및 임대차보증금을 지급하였으나 전대차계약이 성립되지 못한 경우 권리금 및 임대차보증금에 대한 반환청구권은 상행위에 기초하여 이루어진 급부 자체의 반환을 구하는 것인데다가 채권의 발생 경위나 원인, 당사자의 지위와 관계 등에 비추어 그 법률관계를 상거래 관계와 같은 정도로 신속하게 해결할 필요성 인정

나. 판결확정에 의한 연장

(1) 주채무자에 대한 판결확정에 의한 연장

(2) 연대보증인에게 효력 부정, 종전의 시효기간 적용[대법원 2006. 8. 24. 선고 2004다26287, 26294 판결] 민법 제165조 : 당사자 사이에서만 적용, 제440조 : 채권자보호를 위한 특별규정이므로 시효기간연장의 효력까지 당연히 보증인에게 효력을 미치게 하는 것은 아님

(3) 단기소멸시효 채권이 10년으로 연장된 상태에서 보증계약 → 보증인에 대한 채권의 성질에 따라 10년(민법)/5년(상법)[대법원 2014. 6. 12. 선고 2011다76105 판결] 보증채무는 주채무와는 별개의 독립한 채무이므로

(4) 유치권성립 부동산의 제3취득자, 물상보증인

㈎ 승계인은 아니지만 연장의 효력이 미침

㈏ 종전 단기 소멸시효기간 원용 불가[대법원 2009. 9. 24. 선고 2009다39530 판결] ∵ 독립·별개채무가 아니라 채무자의 채무를 변제할 책임

[2009다39530] 당사자, 승계인이 아니어도 채무자의 채무를 부담하는 경우 시효연장의 효력이 미침

▶원고(경락인) : 유치권 부존재
◀피고(수급인)

▸ 피고의 채무자(도급인)에 대한 채권 소멸시효완성 : 3년
▸ 시효원용권자가 아니라는 주장 : × 원고는 소멸시효가 완성되면 채무가 소멸되는 결과 직접적인 이익을 받는 자에 해당
▸ 지급명령에 의한 시효연장 : 10년
▸ 연장된 기간은 원고에게 적용×(지급명령 확정시부터 3년) : × 매수인은 유치권자에게 채무자의 채무와 별개의 독립된 채무를 부담하는 것이 아니라 채무자의 채무를 변제할 책임

Ⅳ. 소멸시효의 중단(권리행사설 : 판결이유에서 주장한 권리도 중단 인정)

1. 중단의 요건

가. 청구 : 재판상 청구, 파산절차참가, 지급명령, 화해를 위한 소환·임의출석, 최고

(1) 재판상 청구가장 적극적인 형태의 권리행사

(가) 민사소송 : 재심, 행정소송, 형사소송, 변상금 부과·징수권은 제외

(나) 채권자 응소 : 채무자근저당권설정자 소제기피담보채권인 대여금채무의 부존재(변제) + 응소시효중단의 주장 필요(소멸시효기간이 만료된 후라도 사실심 변론종결 전에는 언제든지 가능, 대법원 2010. 8. 26. 선고 2008다42416,42423 판결) + 권리 주장채권자 : 대여금채권이 유효하게 성립 + 승소 → 응소시(답변서 제출시)에 소급[대법원 1993. 12. 21. 선고 92다47861 전원합의체 판결]

▶ 채무자 매매주장 + 채권자 응소 → 시효취득 중단을 위한 응소 부정[대법원 1997. 12. 12. 선고 97다30288 판결]

▶ 물상보증인이 제기한 근저당권말소청구에 응소하여 피담보채권주장 → 시효중단 부정대법원 2004. 1. 16. 선고 2003다30890 판결, [대법원 2007. 1. 11. 선고 2006다33364 판결] 물상보증인은 채무가 없으므로 채무에 대한 권리행사가 될 수 없기 때문

(다) 기본적 법률관계의 주장시효제도의 존재이유는 영속된 사실 상태를 존중하고 권리 위에 잠자는 자를 보호하지 않는다는 데에 있고 특히 소멸시효에서는 후자의 의미가 강하므로 권리가 발생한 기본적 법률관계를 기초로 하여 소의 형식으로 주장하는 경우에도 권리 위에 잠자는 것이 아님을 표명한 것으로 볼 수 있을 때에는 이에 포함된다고 보아야 하고, 시효중단 사유인 재판상 청구를 기판력이 미치는 범위와 일치하여 고찰할 필요는 없다.

① 기본적 법률관계매매계약에 기초한 소건축주 명의변경청구 : 기본적 법률관계에 기초한 다른 청구권이전등기청구권 시효중단을 위한 재판상 청구에 해당[대법원 2011. 7. 14. 선고 2011다19737 판결] 매매계약에 기한 소유권이전등기청구권의 시효중단 사유인 재판상 청구는 권리자가 소송이라는 형식을 통하여 권리를 주장하면 족하고 반드시 그 권리가 소송물이 되어 기판력이 발생할 것을 요하지 않으므로

② 파면처분무효확인 : 보수금채권의 실현수단 → 보수금채권 시효중단[대법원 1978. 4. 11. 선고 77다2509 판결, 대법원 1994. 5. 10. 선고 93다21606 판결]

▶ 동일한 목적을 위한 복수의 채권 중 일부구상금 행사 → 다른 권리사무관리 비용상환청구권 중단 부정[대법원 2001. 3. 23. 선고 2001다6145 판결] 채권자가 동일한 목적을 달성하기 위하여 복수의 채권을 갖고 있는 경우에, 채권자로서는 그 선택에 따라 권리를 행사할 수 있되, 그중 어느 하나의 청구를 한 것만으로는 다른 채권 그 자체를 행사한 것으로 볼 수는 없으므로

(라) 채권자에게 보험금을 지급한 보험사의 불법행위자에 대한 구상금청구소송에 보조참가 : 채권자의 채무자에 대한 손해배상청구권 시효중단[대법원 2014. 4. 24. 선고 2012다105314 판결] 구상금 청구의 소는 실질적으로 원고가 피고에 대하여 가지는 손해배상청구권을 이전받아 대위행사하는 성격을 띠고, 원고가 보조참가하여 사고에 피고의 과실이 개입되었음을 다툰 것은 원고가 재판상 그 권리를 주장하여 권리 위에 잠자는 것이 아님을 표명한 것으로 보기에 충분하므로

(마) 어음채권의 행사[대법원 1961. 11. 9. 선고 4293민상748 판결], 어음채권을 피보전권리로 채무자 재산 가압류

① 원인채권 시효중단대법원 1999. 6. 11. 선고 99다16378 판결, 대법원 2002. 2. 26. 선고 2000다25484 판결, [대법원 2007. 9. 20. 선고 2006다68902 판결] 원인채권의 지급을 확보하기 위하여 어음이 수수된 당사자 사이에서

채권자가 어음채권을 피보전권리로 하여 채무자의 재산을 가압류함으로써 그 권리를 행사한 경우에는 그 원인채권의 소멸시효를 중단시키는 효력을 인정하고 있는데, 원래 위 두 채권이 독립된 것임에도 불구하고 이와 같은 효력을 인정하는 이유는, 이러한 어음은 경제적으로 동일한 급부를 위하여 원인채권의 지급수단으로 수수된 것으로서 그 어음채권의 행사는 원인채권을 실현하기 위한 것이고 어음수수 당사자 사이에서 원인채권의 시효소멸은 어음금 청구에 대하여 어음채무자가 대항할 수 있는 인적항변 사유에 해당하므로, 채권자가 어음채권의 소멸시효를 중단하여 두어도 원인채권의 시효소멸로 인한 인적항변에 따라 그 권리를 실현할 수 없게 되는 불합리한 결과가 발생하게 되기 때문이다.

② 수취인 백지어음 상태에서의 가압류 신청 : 시효중단 인정[대법원 2010. 5. 20. 선고 2009다48312 전원합의체 판결] 만기는 기재되어 있으나 지급지, 지급을 받을 자 등과 같은 어음요건이 백지인 약속어음의 소지인이 그 백지 부분을 보충하지 않은 상태에서 어음금을 청구하는 것은 어음상의 청구권에 관하여 잠자는 자가 아님을 객관적으로 표명한 것이고 그 청구로써 어음상의 청구권에 관한 소멸시효는 중단된다. 이 경우 백지에 대한 보충권은 그 행사에 의하여 어음상의 청구권을 완성시키는 것에 불과하여 그 보충권이 어음상의 청구권과 별개로 독립하여 시효에 의하여 소멸한다고 볼 것은 아니므로 어음상의 청구권이 시효중단에 의하여 소멸하지 않고 존속하고 있는 한 이를 행사할 수 있다.

③ [비교] 원인채권의 행사 : 어음채권 시효중단 부정[대법원 1994. 12. 2. 선고 93다59922 판결, [대법원 1999. 6. 11. 선고 99다16378 판결] 원인채권의 지급을 확보하기 위한 방법으로 어음이 수수된 경우에 원인채권과 어음채권은 별개로서 채권자는 그 선택에 따라 권리를 행사할 수 있고, 원인채권에 기하여 청구를 한 것만으로는 어음채권 그 자체를 행사한 것으로 볼 수 없어 어음채권의 소멸시효를 중단시키지 못한다.

④ 어음채권이 이미 시효완성되었다는 주장 : 가능[대법원 2010. 5. 13. 선고 2010다6345 판결, [대법원 2007. 9. 20. 선고 2006다68902 판결] 이미 소멸시효가 완성된 후에는 그 채권이 소멸하고 시효 중단을 인정할 여지가 없으므로, 이미 시효로 소멸한 어음채권을 피보전권리로 하여 가압류 결정을 받는다고 하더라도 이를 어음채권 내지는 원인채권을 실현하기 위한 적법한 권리행사로 볼 수 없을 뿐 아니라, 더 이상 원인채권에 관한 시효 중단 여부가 어음채권의 권리 실현에 영향을 주지 못하여 어떠한 불합리한 결과가 발생하지 아니한다는 점을 함께 참작하여 보면, 가압류 결정 이전에 이미 피보전권리인 어음채권의 시효가 완성되어 소멸한 경우에는 그 가압류 결정에 의하여 그 원인채권의 소멸시효를 중단시키는 효력을 인정할 수 없다.

[2006다68902] 시효완성된 어음채권을 피보전권리로 하는 가압류에 의한 원인채권 시효중단 효력 부정

▶원고 대여금청구

◀피고 : 소멸시효 항변

‣ 시효중단 : 약속어음을 피보전권리로 하는 가압류
‣ 소구권의 소멸시효 기간 경과 후 가압류 결정 → 원인채권인 대출금채권의 소멸시효 중단효력×

㈐ 근저당권설정등기청구 : 피담보채권 시효중단

① 기산점 : 설정계약일 ⇔ 대여금의 변제기가 아님

② 피담보채권에 대한 시효중단 효력 : 근저당권설정등기청구가 근저당권설정등기청구권의 시효완성으로 기각되더라도 대여금 채권 전부에 대해 시효중단[대법원 2004. 2. 13. 선고 2002다7213

판결] 원고의 근저당권설정등기청구권의 행사는 그 피담보채권이 될 금전채권의 실현을 목적으로 하는 것으로서, 근저당권설정등기청구의 소에는 그 피담보채권이 될 채권의 존재에 관한 주장이 당연히 포함되어 있는 것이고, 피고로서도 원고가 원심에 이르러 금전지급을 구하는 청구를 추가하기 전부터 피담보채권이 될 금전채권의 소멸을 항변으로 주장하여 그 채권의 존부에 관한 실질적 심리가 이루어져 그 존부가 확인된 이상, 그 피담보채권이 될 채권으로 주장되고 심리된 채권에 관하여는 근저당권설정등기청구의 소의 제기에 의하여 피담보채권이 될 채권에 관한 권리의 행사가 있은 것으로 볼 수 있으므로

③ 근저당권설정등기절차 이행청구의 시효완성 주장 : 불가₂₀₀₂다7213 원심이, 원고가 이 사건 근저당권설정등기청구의 소를 제기함으로써 원고가 원심에 이르러 지급을 구한 이 사건 대여금채권 전부에 대한 소멸시효가 중단되었고, 비록 근저당권설정등기청구가 근저당권설정등기청구권의 시효소멸로 인하여 받아들여지지 않았다고 하더라도 달리 볼 것은 아니라고 하여 피고의 소멸시효항변을 배척한 것은 정당하고, 거기에 상고이유에서의 주장과 같은 소멸시효에 관한 법리를 오해한 위법이 있다고 볼 수 없다.

④ 피담보채권의 행사 : 근저당권설정등기채권의 시효중단 부정원인채권의 요건사실에 근저당권설정등기청구권은 포함되지 않으므로

(사) 채권자대위권행사

① 피대위권리 : 시효중단, 최초의 대위청구가 소각하된 후 다른 채권자가 대위소송을 제기 + 조정성립 → 최초의 대위청구시로 시효중단[대법원 2011. 10. 13. 선고 2010다80930 판결] 채권자대위권 행사의 효과는 채무자에게 귀속되는 것이므로 채권자대위소송의 제기로 인한 소멸시효 중단의 효과 역시 채무자에게 생긴다.

② 피보전권리 : 압류, 최고의 효력(제405조 제2항)

⇔ [비교] 채권자취소권행사 : 채권자의 채무자에 대한 채권 시효중단 부정[사법연수원 채권자 취소권 사례연습 4-6] 채무자는 피고적격이 없으므로 채무자에 대한 소를 병합하지 않은 이상 채무자에 대한 채권의 소멸시효는 중단되지 않음

(아) 채권양도

① 채권자대위청구 → 피대위권리 양수로 소변경 : 대위청구에 의한 시효중단 효력 유지[대법원 2010. 6. 24. 선고 2010다17284 판결] 소송물 동일(채무자의 제3채무자에 대한 채권), 시효중단의 효과는 특정승계 인에게도 미침(제169조), 특정승계시 시효중단의 효과는 최초의 소제기시(민사소송법 제81조), 권리 위에 잠자는 자로 볼 수 없음

② 권원 없는 권리를 주장하다가아파트입주자대표회의가 직접 하자보수에 갈음한 손해배상청구의 소를 제기 진정한 권리자로부터 양수하여 청구구분소유자들로부터 손해배상채권을 양도받아 양수금청구를 하는 것 으로 청구원인을 변경 : 양수청구 준비서면 제출시청구원인을 변경하는 취지의 준비서면을 제출한 때 시 효중단(민사소송법 제265조)[대법원 2009. 2. 12. 선고 2008다84229 판결] 원고가 당초에 한 소 제기는 아 무 권리 없는 자가 한 것이어서 그에 의해 시효중단의 효력이 생길 수 없으므로

③ 대항요건 없는 양수인의 청구[대법원 2005. 11. 10. 선고 2005다41818 판결] 대항요건을 갖추지 못하였더라 도 채권은 동일성을 잃지 않고 양수인에게 이전되고, 양수인이 재판상 청구를 한 경우 양수인을 권리 위에 잠자는 자로 볼 수 없으므로

④ 대항요건 구비 전 양도인 청구 + 청구기각판결 + 6월 내 양수인의 청구 → 양도인의 최초 청구에 의해 중단(제169조, 제170조 제2항)[대법원 2009. 2. 12. 선고 2008두20109 판결] 채권양도 후 대항요건이 구비되기 전의 양도인은 채무자에 대한 관계에서는 여전히 채권자의 지위에 있으므로 채무자를 상대로 시효중단의 효력이 있는 재판상의 청구를 할 수 있고, 이 경우 양도인이 제기한 소송 중에 채무자가 채권양도의 효력을 인정하는 등의 사정으로 인하여 양도인의 청구가 기각됨으로써 민법 제170조 제1항에 의하여 시효중단의 효과가 소멸된다고 하더라도, 양도인의 청구가 당초부터 무권리자에 의한 청구로 되는 것은 아니므로

(자) 1인의 재판상 청구와 타인에 대한 효력

① 공유자들이 채무자에게 최고 + 1인 보존행위로서 재판상청구 : 그 공유자에게만 효력[대법원 1979. 6. 26. 선고 79다639 판결] 공유자의 한 사람인 피고1이 공유물의 보존행위로서 제소한 것이라고 하더라도, 동 제소로 인한 시효중단의 효력은 재판상의 청구를 한 위 피고1에 한하여 발생하는 것이고, 다른 공유자인 피고2에게는 미치지 아니한다. [대법원 1999. 8. 20. 선고 99다15146 판결] 공유자의 한 사람이 공유물의 보존행위로서 그 공유물의 일부 지분에 관하여서만 재판상 청구를 하였으면 그로 인한 시효중단의 효력은 그 공유자와 그 청구한 소송물에 한하여 발생한다.

② 원고의 유류분 반환청구 : 다른 유류분권자의 시효중단 부정[대법원 2012. 5. 24. 선고 2010다50809 판결] 특별한 사정이 없는 한 그러한 의사표시에 원고 자신의 유류분과는 별개인 소외2의 유류분에 기한 반환청구의 의사표시까지 포함되어 있다고 보기 어려우므로

③ 부탁에 의한 채무인수 + 원채무자에 대한 재판상청구 : 인수인들에게도 중단 효력(병존적 채무인수 + 연대채무관계)[대법원 2009. 8. 20. 선고 2009다32409 판결] 중첩적 채무인수에서 인수인이 채무자의 부탁 없이 채권자와의 계약으로 채무를 인수하는 것은 매우 드문 일이므로 채무자와 인수인은 원칙적으로 주관적 공동관계가 있는 연대채무관계에 있고, 인수인이 채무자의 부탁을 받지 아니하여 주관적 공동관계가 없는 경우에는 부진정연대관계에 있는 것으로 보아야 한다.

(차) 일부청구[이시윤, 신민사소송법, 258 참조]

관련 문제	기준 : 과실상계에서만 외측설, 나머지는 명시설
적법성	원칙 : 적법 제한 : 소액사건심판법 적용 목적의 일부청구 금지(제5조의2①) → 각하(제5조의2 제2항)
소송물 특정	명시설 : 일부청구임을 명시한 경우에는 명시한 부분, 명시하지 않은 경우에는 전부

---

42) 소장에서 청구의 대상으로 삼은 채권 중 일부만을 청구하면서 소송의 진행경과에 따라 장차 청구금액을 확장할 뜻을 표시하였으나 당해 소송이 종료될 때까지 실제로 청구금액을 확장하지 않은 경우에는 소송의 경과에 비추어 볼 때 채권 전부에 관하여 판결을 구한 것으로 볼 수 없으므로, 나머지 부분에 대하여는 재판상 청구로 인한 시효중단의 효력이 발생하지 아니한다. 그러나 이와 같은 경우에도 소를 제기하면서 장차 청구금액을 확장할 뜻을 표시한 채권자로서는 장래에 나머지 부분을 청구할 의사를 가지고 있는 것이 일반적이라고 할 것이므로, 다른 특별한 사정이 없는 한 당해 소송이 계속 중인 동안에는 나머지 부분에 대하여 권리를 행사하겠다는 의사가 표명되어 최고에 의해 권리를 행사하고 있는 상태가 지속되고 있는 것으로 보

과실상계 · 상계 항변	외측설 : min[전체 손해액에서 (과실)상계한 잔액, 일부청구액] ① 과실상계 : [대법원 1975. 2. 25. 선고 74다1298 판결] 일개의 손해배상청구권중 일부가 소송상 청구되어 있는 경우에 과실상계를 함에 있어서는 손해의 전액에서 과실비율에 의한 감액을 하고 그 잔액이 청구액을 초과하지 않을 경우에는 그 잔액을 인용할 것이고 잔액이 청구액을 초과할 경우에는 청구의 전액을 인용하는 것으로 풀이하는 것이 일부청구를 하는 당사자의 통상적 의사라고 할 것이다. ② 상계항변 : [대법원 1984. 3. 27. 선고 83다323, 83다카1037 판결] 원고가 피고에게 합계금 5,151,900원의 금전채권중 그 일부인 금 3,500,000원을 소송상 청구하는 경우에 이를 피고의 반대채권으로써 상계함에 있어서는 위 금전채권 전액에서 상계를 하고 그 잔액이 청구액을 초과하지 아니할 경우에는 그 잔액을 인용할 것이고 그 잔액이 청구액을 초과할 경우에는 청구의 전액을 인용하는 것으로 해석하는 것이 일부 청구를 하는 당사자의 통상적인 의사이고 원고의 청구액을 기초로 하여 피고의 반대채권으로 상계하여 그 잔액만을 인용한 원심판결은 상계에 관한 법리를 오해한 위법이 있다 할 것이다.
잔부청구와 중복소송	명시설 ■ 전소에서 명시하지 않은 경우 후소는 중복소송 ■ 명시적 일부청구의 소송계속 중 유보된 나머지 청구의 후소 제기는 중복소송 아님[대법원 1985. 4. 9. 선고 84다552 판결] 전 소송에서 불법행위를 원인으로 치료비청구를 하면서 일부만을 특정하여 청구하고 그 이외의 부분은 별도소송으로 청구하겠다는 취지를 명시적으로 유보한 때에는 그 전소송의 소송물은 그 청구한 일부의 치료비에 한정되는 것이고 전 소송에서 한 판결의 기판력은 유보한 나머지 부분의 치료비에까지는 미치지 아니한다 할 것이므로 전 소송의 계속중에 동일한 불법행위를 원인으로 유보한 나머지 치료비청구를 별도소송으로 제기하였다 하더라도 중복제소에 해당하지 아니한다.
일부청구의 시효중단 범위	1. 원칙 : 명시설 ① 명시적 일부청구 : 명시한 부분은 시효중단, 명시하지 않은 부분은 시효중단× ② 묵시적 일부청구 : 전부 시효중단 2. 예외 ① 청구취지 확장을 전제로 일부청구 후 당해 소송종료시까지 나머지를 확장한 경우 : 전부 중단[대법원 2001. 9. 28. 선고 99다72521 판결] ② 명시적 일부청구 후 소송종료시까지 확장하지 않은 경우[대법원 2020. 2. 6. 선고 2019다223723 판결.42) 민법판례연구Ⅱ 65] ■ 일부 : 확정적 시효중단 ■ 잔부 : 잠정적 시효중단종료된 때부터 6월 내에 민법 제174조의 조치를 취한 경우 나머지에 대해 시효중단 3. 예외의 제한 : 청구취지를 확장하면서 채권의 특정 부분을 제외한 경우 → 제외된 부분은 재판상 청구로 인한 시효중단의 효력 불발생[대법원 2021. 6. 10. 선고 2018다44114 판결] 그 부분에 대하여는 애초부터 소의 제기가 없었던 것과 마찬가지이므로 소멸시효 중단의 효과는 소급하여 소멸

일부청구의 기판력	명시설 : 명시적 일부청구이면 잔부에 대하여 기판력 없음
변론종결 후 현저한 사정변경과 증감액 청구	정기금판결 변경의 소(민사소송법 제252조) 명시적 일부청구 의제에 의한 증액추가청구[대법원 2011. 10. 13. 선고 2009다 102452 판결], 집행력배제를 위한 청구이의의 소에 의한 감액청구 가능
전부승소자의 상소 이익	묵시적 일부청구에 한함[대법원 2010. 11. 11. 선고 2010두14534 판결] 명시적 일부청구의 경우에는 청구취지 확장을 위한 항소이익 부정

(2) 최고(제174조) : 재판상 청구 시점에서 소급하여 6월내 최고만 효력

㈎ 소송고지

① 최고의 효력 : 소송고지서 제출시[대법원 2015. 5. 14. 선고 2014다16494 판결] 시효중단제도는 제도의 취지에 비추어 볼 때 기산점이나 만료점을 권리자를 위하여 너그럽게 해석하는 것이 바람직하고, 소송고지에 의한 최고는 보통의 최고와는 달리 법원의 행위를 통하여 이루어지는 것이므로 만일 법원이 소송고지서의 송달사무를 우연한 사정으로 지체하는 바람에 소송고지서의 송달 전에 시효가 완성된다면 고지자가 예상치 못한 불이익을 입게 된다는 점 등을 고려하면, 소송고지에 의한 최고의 경우에는 민사소송법 제265조를 유추 적용하여 당사자가 소송고지서를 법원에 제출한 때에 시효중단의 효력이 발생한다.

② 6개월 기산 : 당해 소송 종료시부터(소송고지일이 아님)[대법원 2009. 7. 9. 선고 2009다14340 판결] 고지자로서는 소송고지를 통하여 당해 소송의 결과에 따라 피고지자에게 권리를 행사하겠다는 취지의 의사를 표명한 것으로 볼 것이므로

㈏ 재판상 청구의 각하, 기각 또는 취하[대법원 2022. 4. 28. 선고 2020다251403 판결]

① 최고로서의 효력 인정 : 그 소송이 계속되고 있는 동안

② 최고의 효력이 유지되는 기간 중에 재판상 청구, 압류 또는 가압류 : 시효중단의 효력은 당초의 소제기시부터 계속 유지

아야 하고, 채권자는 당해 소송이 종료된 때부터 6월 내에 민법 제174조에서 정한 조치를 취함으로써 나머지 부분에 대한 소멸시효를 중단시킬 수 있다. 원고가 소장 등에서 장차 청구금액을 확장할 뜻을 표시하였지만 이 사건 선행소송이 종료될 때까지 청구금액을 확장하지 아니한 이상, 원고는 선행소송에서 2,000,000원 및 이에 대한 지연손해금에 관하여만 판결을 구하였다고 봄이 상당하므로, 이 사건 선행소송의 제기에 의한 소멸시효중단의 효력은 위 2,000,000원 및 이에 대한 지연손해금에 관하여만 발생하고, 나머지 부분에 대하여는 이 사건 선행소송이 계속 중인 동안에는 최고에 의해 권리를 행사하고 있는 상태가 지속되고 있었다고 할 것이나, 원고가 이 사건 선행소송이 종료된 때부터 6월 내에 이 사건 소송을 제기하는 등 민법 제174조에서 정한 조치를 취하지 아니한 이상 시효중단의 효력이 없어 소멸시효가 완성되었다.

2007.7.4.	2007.7.26.	2017.7.17.	2017.8.2.	2017.8.22.	2017.11.7.	2018.1.23.	2018.4.16.
지급명령 신청(피고)	확정 ↳이 사건 채권	시효중단을 위한 지급명령신청	이의신청 (원고)	조정신청(피고) : 불성립 ↳피고 불이행	보정명령	압류(피고)	소장각하명령

▶원고 : 청구이의피고의 이 사건 채권은 2017. 7. 26. 10년의 소멸시효 완성

◀피고 : 압류에 의한 소멸시효 중단 주장

▸ 소멸시효 완성 후의 압류 → 시효중단의 효력 부정[원심] : 2017. 7. 17. 제기된 시효중단을 위하여 한 지급명령 신청은 2018. 4. 16. 각하됨으로써 민법 제170조 제1항에 의하여 시효중단의 효력이 없어졌고, 피고가 2018. 1. 23. 신청한 채권압류 및 추심명령은 소멸시효 기간이 경과한 후에 한 것으로서 시효중단의 효력이 없으므로, 이 사건 채권은 시효가 완성되어 소멸하였다고 판단

▸ 2017. 7. 17. 시효중단을 위한 지급명령 신청 : 그 소송절차가 계속되고 있는 동안에는 최고의 효력 인정 ➡ 2017. 1. 23. 압류 : 최고에 의한 권리행사가 지속되는 기간 중에 이루어짐 → 시효중단의 효력은 2017.7.17. 지급명령을 신청한 때부터 계속 유지[대법원] 피고가 2017. 7. 17. 시효중단을 위한 지급명령 신청을 함으로써 원고에게 권리를 행사한다는 의사를 표시하였으므로, 그 소송절차가 계속되는 동안에는 최고에 의하여 권리를 행사하고 있는 상태가 지속되고 있다고 보아야 하고, 이와 같이 최고에 의한 권리행사가 지속되고 있는 해당 소송절차 기간 중에 피고가 이 사건 압류 조치를 취한 이상, 그 시효중단의 효력은 2017. 7. 17. 지급명령신청을 한 때부터 계속 유지되고 있다고 할 것이므로, 이 사건 채권은 소멸시효가 완성되지 않았다고 봄이 상당하다.

㈐ 다른 연대채무자 1인삼화목재의 부동산에 대한 경매신청에 의한 경매개시결정[대법원 2001. 8. 21. 선고 2001다22840 판결]

① 당해 사건 연대채무자피고에 대한 시효중단 효력 부정압류에 의한 시효중단의 효력은 다른 연대채무자에게 미치지 아니하므로(압류에 의한 시효중단의 상대적 효력), 경매개시결정에 의한 시효중단의 효력을 피고에 대하여 주장할 수 없고,

② 최고의 효력 인정 → 6월 내 재판상 청구 → 당해 사건 연대채무자피고에 대한 재판확정시경 매절차 종료시가 아님 새로 진행원고의 경매신청이 최고로서의 효력을 가지고 있고, 연대채무자에 대한 이행청구는 다른 연대채무자에게도 효력이 있으며, 원고가 경매신청 후 6월 내에 피고를 상대로 서울지방법원 동부지원 88가합28571호로 재판상의 청구를 하였지만, 재판상의 청구로 인하여 중단된 시효는 재판이 확정된 때로부터 새로 진행되고, 이 사건 소는 그 재판이 확정되고 10년이 지나 소멸시효가 완성된 후 제기되었다. 따라서 원심이 원고의 피고에 대한 이 사건 채권이 시효로 소멸하였다고 판단한 것은 결과적으로 옳고, 거기에 상고이유의 주장과 같은 법리오해 등의 잘못이 없으므로, 상고이유는 받아들일 수 없다.

㈑ 재산명시신청 : 최고로서의 효력만 인정[대법원 1992. 2. 11. 선고 91다41118 판결, 대법원 2012. 1. 12. 선고 2011다78606 판결]

→ 송달 후 6월 내에 다시 소를 제기하거나 압류·가압류·가처분을 하지 않는 한 시효

중단의 효력 상실[대법원 2001. 5. 29. 선고 2000다32161 판결] 재산명시절차는 '집행의 보조절차'에 불과하므로

나. 압류, 가압류, 가처분

(1) 방법

㈎ **집행력 있는 정본에 의한 배당요구**[대법원 2002. 2. 26. 선고 2000다25484 판결] 다른 채권자의 신청에 의하여 개시된 경매절차를 이용하여 배당요구를 신청하는 행위도 채무명의에 기하여 능동적으로 그 권리를 실현하려고 하는 점에서는 강제경매의 신청과 동일하다고 할 수 있으므로

㈏ **채권신고 포함**[대법원 2010. 9. 9. 선고 2010다28031 판결] 저당권으로서 첫 경매개시결정등기 전에 등기되었고 매각으로 소멸하는 것을 가진 채권자는 담보권을 실행하기 위한 경매신청을 할 수 있을뿐더러 다른 채권자의 신청에 의하여 개시된 경매절차에서 배당요구를 하지 않아도 당연히 배당에 참가할 수 있는데, 이러한 채권자가 채권의 유무, 그 원인 및 액수를 법원에 신고하여 권리를 행사하였다면 그 채권신고는 민법 제168조 제2호의 압류에 준하는 것으로서 신고된 채권에 관하여 소멸시효를 중단하는 효력이 생긴다.

㈐ **압류 등에 포함되지 않음**

① 가등기가처분 : 시효중단효력 부정[대법원 1993. 9. 14. 선고 93다16758 판결] 가등기가처분은 통상의 민사소송법상의 가처분과는 그 성질을 달리하는 것이므로

② 임차권등기명령에 따른 임차권등기[대법원 2019. 5. 16. 선고 2017다226629 판결] 본래의 담보적 기능을 넘어서 채무자의 일반재산에 대한 강제집행을 보전하기 위한 처분의 성질을 가진다고 볼 수는 없으므로

③ 가압류취소[대법원 2011. 1. 13. 선고 2010다88019 판결], 집행취소[대법원 2010. 10. 14. 선고 2010다53273 판결] 가압류에 의한 소멸시효 중단의 효과는 소급적으로 소멸, 경매신청 취하[대법원 2011. 1. 13. 선고 2010다88019 판결], 유체동산에 대한 가압류 집행절차에 착수하지 않은 경우[대법원 2011. 5. 13. 선고 2011다10044 판결]

▸ 적법한 가압류가 제소기간의 도과로 인하여 취소 : 가압류로 인하여 중단되었다가 취소시점부터 다시 진행[2010다88019] 민법 제175조는 가압류가 '권리자의 청구에 의하여 또는 법률의 규정에 따르지 아니함으로 인하여 취소된 때에는 소멸시효 중단의 효력이 없다'고 규정하고 있고, 이는 그러한 사유가 가압류 채권자에게 권리행사의 의사가 없음을 객관적으로 표명하는 행위이거나 또는 처음부터 적법한 권리행사가 있었다고 볼 수 없는 사유에 해당한다고 보기 때문이므로, 법률의 규정에 따른 적법한 가압류가 있었으나 제소기간의 도과로 인하여 가압류가 취소된 경우에는 위 법조가 정한 소멸시효 중단의 효력이 없는 경우에 해당한다고 볼 수 없다.

▸ 3년간 본안의 소를 제기하지 아니하였음을 이유로 한 보전취소 : 시효중단의 효력이 소급하여 없어지는 민법 제175조의 보전취소에 해당하지 않음[대법원 2009. 5. 28. 선고 2009다20 판결]

▸ 남을 가망이 없어 경매취소된 경우(민사집행법 제102조) : 압류에 의한 시효중단 유지, 채권신고로 인한 중단의 효력 유지[대법원 2015. 2. 26. 선고 2014다228778 판결]

▸ 추심권의 포기 : 압류의 효력에 영향 없음[대법원 2014. 11. 13. 선고 2010다63591 판결]

▸ 압류·가압류는 취득시효의 중단사유가 될 수 없음[대법원 2019. 4. 3. 선고 2018다296878 판결] 점유로 인한 부동산소유권의 시효취득에 있어 취득시효의 중단사유는 종래의 점유상태의 계속을 파괴하는 것으로 인정될 수 있는 사유이어야 하는데, 민법 제168조 제2호에서 정하는 '압류 또는 가압류'는 금전채권의 강제집행을 위한 수단이거나 그 보전수단에 불과하여 취득시효기간의 완성 전에 부동산에 압류 또는 가압류 조치가 이루어졌다고 하더라도 이로써 종래의 점유상태의 계속이 파괴되었다고는 할 수 없으므로 이는 취득시효의 중단사유가 될 수 없다.

㈘ 시효이익을 받을 자가 아님 : 물상보증인의 부동산에 대한 압류

▸ 통지(제176조) : 물상보증인에 대하여 임의경매 신청 → 채무자에게 교부송달 필요[대법원 1990. 1. 12. 선고 89다카4946 판결, 대법원 1997. 8. 29. 선고 97다12990 판결]

⇔ [비교] 주채무자에 대한 압류 등 → 보증인에게 통지 불필요(제440조 : 제169조의 예외 규정)[대법원 2005. 10. 27. 선고 2005다35554, 35561 판결] 민법 제169조는 '시효의 중단은 당사자 및 그 승계인 간에만 효력이 있다.'고 규정하고 있고, 한편 민법 제440조는 '주채무자에 대한 시효의 중단은 보증인에 대하여 그 효력이 있다.'라고 규정하고 있는바, 민법 제440조는 민법 제169조의 예외 규정으로서 이는 채권자 보호 내지 채권담보의 확보를 위하여 주채무자에 대한 시효중단의 사유가 발생하였을 때는 그 보증인에 대한 별도의 중단 조치가 이루어지지 아니하여도 동시에 시효중단의 효력이 생기도록 한 것이고, 그 시효중단사유가 압류, 가압류 및 가처분이라고 하더라도 이를 보증인에게 통지하여야 비로소 시효중단의 효력이 발생하는 것은 아니다.

(2) 채권 압류·가압류 → 압류·추심명령[대법원 2003. 5. 13. 선고 2003다16238 판결]

㈎ 채권자의 채무자에 대한 채권 : 압류·가압류에 의해 시효중단

㈏ 채무자의 제3채무자에 대한 채권

① 압류·가압류로 시효중단되지 않음

② 압류·추심명령 송달시 최고의 효력, 6월내 재판상청구추심의 소 → 압류·추심명령 송달시 시효중단의 효력 민법 제174조가 규정하고 있는 최고에는 특별한 형식이 요구되지 아니할 뿐 아니라 행위 당시 당사자가 시효중단의 효과를 발생시킨다는 점을 알거나 의욕하지 않았다 하더라도 이로써 권리 행사의 주장을 하는 취지임이 명백하다면 최고에 해당하는 것으로 보아야 할 것이므로

㈐ [비교] 채무자의 소제기 → 채권자 압류 및 추심명령 → 추심의 소[대법원 2019. 7. 25. 선고 2019다 212945 판결]

① 채무자의 소제기로 시효중단채무자의 제3채무자에 대한 금전채권에 대하여 압류 및 추심명령이 있더라도, 이는 추심채권자에게 피압류채권을 추심할 권능만을 부여하는 것이고, 이로 인하여 채무자가 제3채무자에게 가지는 채권이 추심채권자에게 이전되거나 귀속되는 것은 아니다. 따라서 채무자가 제3채무자를 상대로 금전채권의 이행을 구하는 소를 제기한 후 채권자가 위 금전채권에 대하여 압류 및 추심명령을 받아 제3채무자를 상대로 추심의 소를 제기한 경우, 채무자가 권리주체의 지위에서 한 시효중단의 효력은 집행법원의 수권에 따라 피압류채권에 대한 추심권능을 부여받아 일종의 추심기관으로서 그 채권을 추심하는 추심채권자에게도 미친다.

② 채권자의 압류 : 채무자는 당사자적격 상실 → 각하

③ 채권자가 각하판결 확정일로부터 6개월 내에 추심의 소제기 : 채무자가 제기한 재판상 청구로 인한 시효중단의 효력 유지

(3) 가압류의 집행보전 효력과 시효중단

(가) **피보전채권 소멸시효 완성**본안승소확정 ~ 10년 경과**을 이유로 가압류취소 불가 : 가압류결정 취소청구 기각**[대법원 2000. 4. 25. 선고 2000다11102 판결] 민법 제168조에서 가압류를 시효중단사유로 정하고 있는 것은 가압류에 의하여 채권자가 권리를 행사하였다고 할 수 있기 때문인데 가압류에 의한 집행보전의 효력이 존속하는 동안은 가압류채권자에 의한 권리행사가 계속되고 있다고 보아야 할 것이므로 가압류에 의한 시효중단의 효력은 가압류의 집행보전의 효력이 존속하는 동안은 계속된다고 하여야 할 것이다. 또한 민법 제168조에서 가압류와 재판상의 청구를 별도의 시효중단사유로 규정하고 있는데 비추어 보면, 가압류의 피보전채권에 관하여 본안의 승소판결이 확정되었다고 하더라도 가압류에 의한 시효중단의 효력이 이에 흡수되어 소멸된다고 할 수도 없다.

(나) 가압류말소 : **중단사유 종료, 다음날부터 시효진행**[대법원 2013. 11. 14. 선고 2013다18622,18639 판결, [대법원 2012. 7. 12. 선고 2010다51192 판결 : 상사대여금채무의 만기 1997. 8. 13.(소멸시효 완성 : 2002. 8. 13.) ⇔ 2001. 8. 7. 가압류 결정(신청시에 소급하여 시효중단), 2004. 11. 11. 매각으로 가압류말소 : 말소시까지 시효중단의 효력 유지] 이 사건 연대보증채무의 소멸시효는 2001. 8. 7.경 위 가압류에 의하여 중단되어 그 효력이 적어도 그 가압류등기가 존속한 2004. 11. 11.까지 계속되었다고 할 것이므로, 원심이 2002. 8. 13.경 이 사건 연대보증채무의 소멸시효가 완성되었다고 판단한 부분은 잘못이다.

(다) **가압류채권자에 대한 배당금 공탁과 시효중단 재항변**[대법원 2013. 11. 14. 선고 2013다18622,18639 판결]

① 원칙 : 불가 가압류는 강제집행을 보전하기 위한 것으로서 경매절차에서 부동산이 매각되면 그 부동산에 대한 집행보전의 목적을 다하여 효력을 잃고 말소되며, 매각대금 납부 후의 배당절차에서 가압류채권자의 채권에 대하여 배당이 이루어지고 배당액이 공탁되었다고 하여 가압류채권자가 그 공탁금에 대하여 채권자로서 권리행사를 계속하고 있다고 볼 수는 없으므로 그로 인하여 가압류에 의한 시효중단의 효력이 계속된다고 할 수 없다.

② 예외 : 경매절차에서 부동산이 매각되어 가압류등기가 말소되기 전에 배당절차가 진행되어 가압류채권자에 대한 배당표가 확정되는 등의 특별한 사정이 있는 경우

(4) 1개의 채권 일부에 대한 압류·가압류 : 압류·가압류의 효력은 시효로 소멸되지 않고 잔존하는 채권 부분에 계속 미침[대법원 2016. 3. 24. 선고 2014다13280,13297 판결] 채권자가 1개의 채권 중 일부에 대하여 가압류·압류를 하는 취지는 1개의 채권 중 어느 특정 부분을 지정하여 가압류·압류하는 등의 특별한 사정이 없는 한 가압류·압류 대상 채권 중 유효한 부분을 가압류·압류함으로써 향후 청구금액만큼 만족을 얻겠다는 것이므로

나 - 1. 재재항변

(1) 소송의 각하, 기각, 취하(제170조 제1항) 청구권의 존재에 대하여 법원의 공적 확인을 받지 못했기 때문

(2) 재판상 청구에 해당하지 않는 경우

㈎ 청구기각 확정 후 재심청구[대법원 1992. 4. 24. 선고 92다6983 판결] 재판상 청구는 소송의 각하, 기각, 취하의 경우에는 시효중단의 효력이 없고 다만 각하 또는 취하되었다가 6월 내에 다시 재판상 청구를 하면 시효는 중단되나 기각판결이 확정된 경우에는 청구권의 부존재가 확정됨으로써 중단의 효력이 생길 수 없으므로

㈏ 소송종료선언[대법원 1969. 9. 30. 선고 69다1161 판결] 소송결과의 판결은 기일지정신청에 대하여 소송이 이미 결과되었음을 확정하는데 지나지 아니하고 그 결과선고로 인하여 비로소 소취하의 효력이 창설되는 것이 아니므로

㈐ 사망자를 상대로 한 청구[대법원 2014. 2. 27. 선고 2013다94312 판결] 이미 사망한 자를 피고로 하여 제기된 소는 부적법하여 이를 간과한 채 본안 판단에 나아간 판결은 당연무효로서 그 효력이 상속인에게 미치지 않고, 채권자의 이러한 제소는 권리자의 의무자에 대한 권리행사에 해당하지 않는다고 할 것이므로

나-2. 재재재항변 : 6개월 이내 재판상 청구 등(제170조 제2항 : 최초 재판상 청구시)

(1) 청구기각(권리의 부존재) : 기판력에 의하여 다시 재판상 청구 불가[민법판례연구 36]

(2) 청구기각(권리 양도 부정, 권리 승계 부존재) : 진정한 권리자가 다시 재판상 청구 가능[민법판례연구 36]

(3) 청구기각(권리 양도 긍정, 소송요건 결여) : 소송승계인이 다시 재판상 청구, 소송 탈퇴자는 불가[민법판례연구 34, 36]

(4) 소취하권리행사를 철회하는 행위 : 소취하 시점으로부터 6개월 이내

(5) 소송탈퇴권리행사의 위탁에 수반하는 행위 : 탈퇴한 소송의 확정인수참가인에 대한 청구기각 또는 소각하 시점으로부터 6개월 이내 2016다35789 소송탈퇴는 소취하와는 그 성질이 다르므로

(6) 응소 + 본소 각하 후 채권자 재판상 청구 : 제170조 제2항 유추[대법원 2019. 3. 14. 선고 2018두56435 판결] 권리자인 피고가 응소하여 권리를 주장하였으나 그 소가 각하되거나 취하되는 등의 사유로 본안에서 그 권리주장에 관한 판단 없이 소송이 종료된 경우에도 민법 제170조 제2항을 유추적용하여 그때부터 6월 이내에 재판상의 청구 등 다른 시효중단조치를 취하면 응소시에 소급하여 시효중단의 효력이 있는 것으로 봄이 상당하다.

(7) 응소한 채권자의 패소 후 재심인용 : 재판상 청구에 준함[대법원 1997. 11. 11. 선고 96다 28196 판결] 응소행위를 한 피고에 대하여 패소판결이 확정되었더라도 그 판결에 재심사유가 있음을 이유로 재심청구를 하여 권리를 주장하고 그것이 받아들여진 경우도 취득시효의 중단사유가 되는 재판상의 청구에 준하는 것으로 보아야 한다.

다. 승인

(1) 의미

㈎ 시효이익을 받는 자가 상대방의 권리 등의 존재를 인정하는 일방적 행위

㈏ 권리의 원인·내용이나 범위 등에 관한 구체적 사항을 확인하여 하는 것은 아니고, 채무자

가 그 권리의 법적 성질까지 알고 있거나 권리 등의 발생원인을 특정하여야 하는 것은 아님[대법원 2012. 10. 25. 선고 2012다45566 판결]

(대) 관념의 통지 : 효과의사 불필요[대법원 2013. 2. 28. 선고 2011다21556 판결] ⇔ 시효이익의 포기 : 효과의사 필요 ∴ 시효완성 후 채무의 승인이 있었다는 것만으로 곧바로 소멸시효 이익의 포기의 의사표시가 있었다고 단정하기 어려움2011다21556

(2) 요건

(가) 승인권한

① 시효이익을 받는 당사자인 채무자가 소멸시효의 완성을 채권을 상실하게 될 자 또는 그 대리인에 대하여[대법원 2014. 1. 23. 선고 2013다64793 판결]

② 처분능력 불필요

③ 관리권한 · 능력, 행위능력 : 필요, 부재자재산관리인

④ 비법인사단의 대표자이전등기를 위해 원고와 함께 법무사 사무실을 방문한 행위 : 총회 결의 불요[대법원 2009. 11. 26. 선고 2009다64383 판결] 비법인 사단의 매매계약 체결은 처분행위, 매매계약에 대해 총회 승인결의가 있었다면 그 결의에는 매매계약의 체결에 따라 발생하는 채무의 부담과 이행을 승인하는 결의까지 포함하므로 채무승인을 위해 총회결의를 거칠 필요는 없음, 승인은 처분행위가 아니므로 총회결의를 거치지 않더라도 무효라 볼 수 없음, 이행에 조건이 붙어 있더라도 채무승인의 존재나 효력이 부정될 수 없음

(가)-1. 승인 당시 채무자에게 관리능력 또는 권한이 없었던 사실(재재항변) : 미성년자, 피한정후견인, 경리과장, 총무과장, 출장소장

(나) 제3자의 승인

① 시효완성의 이익을 받을 자에 대한 관계에서 효력 없음

② 승인을 주장하는 자가 제3자에게 승인할 권한이 있음을 주장 · 증명[대법원 1970. 3. 10. 선고 69다401 판결]

(3) 방법

(가) 시기 : 소멸시효 진행 후 시효완성 전

(나) 유형

① 이자지급[대법원 1980. 5. 13. 선고 78다1790 판결] 동일 당사자간의 계속적인 금전거래로 인하여 수개의 금전채무가 있는 경우에 채무의 일부 변제는 채무의 일부로서 변제한 이상 그 채무전부에 관하여 시효중단의 효력을 발생하는 것으로 보아야하고 동일당사자간에 계속적인 거래관계로 인하여 수개의 금전채무가 있는 경우에 채무자가 전채무액을 변제하기에 부족한 금액을 채무의 일부로 변제한 때에는 특별한 사정이 없는 한 기존의 수개의 채무전부에 대하여 승인을 하고 변제한 것으로 보는 것이 상당하다. ➡ 원고와 「대평산업」간의 각 약정에 따른 본건 채무관계는 동일 당사자간의 동종 급부를 내용으로 하는 수개의 채권관계라고 보아야할 것이고, 「대평산업」이 1971.10.29 원고에게 액면금 20만원의 당좌수표를 교부한 위 지연이자의 일부변제는 본건 잔존지연이자 전부에 대한 승인으로서 본건 잔존 채무에 대하여 시효중단의 효력이 생긴다.

② 일부변제

㉠ 요건 : 수액에 다툼이 없는 경우에 한하여 채무승인으로서 시효중단의 효력 발생[대법원 2009. 2. 12. 선고 2008두20109 판결, 대법원 1996. 1. 23. 선고 95다39854 판결]

㉡ 효과 : 전부에 대해 시효중단 효력78다1790, [대법원 2014. 5. 16. 선고 2012다20604 판결], 동일한 채권자원고에게 다수의 채무를 부담하는 채무자피고가 충당할 채무를 지정하지 않은 채 모든 채무대여금 채무 9억 원, 공사대금 채무 10억 원를 변제하기에 부족한 변제금8억 원을 지급한 경우에도 모든 채무에 대하여 채무 승인의 효력 인정[대법원 2021. 9. 30. 선고 2021다239745 판결] 채무자는 자신이 계약당사자로 있는 다수의 계약에 기초를 둔 채무들이 존재한다는 사실을 인식하고 있는 것이 통상적이므로, 변제 시에 충당할 채무를 지정하지 않고 변제를 하였으면 특별한 사정이 없는 한 다수의 채무 전부에 대하여 그 존재를 알고 있다는 것을 표시했다고 볼 수 있기 때문

③ 기한유예 요청, 채무인수[대법원 1999. 7. 9. 선고 99다12376 판결] 면책적 채무인수 : 원래의 기간 적용

④ 명의신탁받은 부동산에 관한 세금의 납부 등 재산적 지출을 원고에게 요청[대법원 2012. 10. 25. 선고 2012다45566 판결]

⑤ 묵시적 승인 : 승인 당시 채무자가 채권자에게 기왕의 채무의 존부와 액수에 대한 인식을 표시한 사실을 근거지우는 구체적 사실 필요대법원 2007. 11. 29. 선고 2005다64552 판결, [대법원 2005. 2. 17. 선고 2004다59959 판결] 묵시적인 승인의 표시는 적어도 채무자가 그 채무의 존재 및 액수에 대하여 인식하고 있음을 전제로 하여 그 표시를 대하는 상대방으로 하여금 채무자가 그 채무를 인식하고 있음을 그 표시를 통해 추단하게 할 수 있는 방법으로 행해져야 할 것 → 당사자 간에 계속적 거래관계가 있다고 하더라도 물품 등을 주문하고 공급하는 과정에서 기왕의 미변제 채무에 대하여 서로 확인하거나 확인된 채무의 일부를 변제하는 등의 절차가 없었다면 기왕의 채무의 존부 및 액수에 대한 당사자 간의 인식이 다를 수도 있는 점에 비추어 볼 때, 피고가 단순히 기왕에 공급받던 것과 동종의 물품을 추가로 주문하고 공급받았다는 사실만으로는 기왕의 채무의 존부 및 액수에 대한 인식을 묵시적으로 표시하였다고 보기 어렵다.

2. 중단의 효과

가. 중단의 인적 범위

(1) 중단에 관여한 직접 당사자[대법원 1997. 4. 25. 선고 96다46484 판결] 형식상의 등기명의인을 상대로 소제기한 것이 실질적으로는 소유자(피고)를 상대로 한 경우 중단 인정 : 원고 사찰이 이 사건 각 토지의 소유권에 기하여 그 방해배제를 목적으로 위 자비복지원을 상대로 위 말소등기소송을 제기한 것은 실질적으로는 피고를 반대 당사자로 하여 재판상 청구를 한 것에 해당한다고 볼 것이고 이로써 피고 주장의 취득시효는 중단되었다가 위 재판상 청구에 기한 판결이 확정될 때인 1995. 2. 23.부터 다시 진행한다.

▸ 권리의 당사자가 아닌 경우 : 다른 상속인[대법원 1967. 1. 24 선고 66다2279 판결], 공유자[대법원 1999. 8. 20. 선고 99다15146 판결] 부동산 공유자 중의 한 사람은 당해 부동산에 관하여 제3자 명의로 원인무효의 소유권이전등기가 경료되어 있는 경우 공유물에 관한 보존행위로서 그 제3자에 대하여 그 등기 전부의 말소를 구할 수 있으나, 공유자의 한 사람이 공유물의 보존행위로서 그 공유물의 일부 지분에 관하여서만 재판상 청구를 하였으

면 그로 인한 시효중단의 효력은 그 공유자와 그 청구한 소송물에 한하여 발생한다. **부진정연대채무자**[대법원 1997. 9. 12. 선고 95다42027 판결] 부진정연대채무에 있어 채무자 1인에 대한 이행의 청구는 타 채무자에 대하여 그 효력이 미치지 않으므로, 하천구역으로 편입된 토지의 소유자가 서울특별시장에게 보상금지급 청구를 하였다 하더라도 부진정연대채무관계에 있는 국가에 대하여 시효중단의 효과가 발생한다고 할 수 없다.

(2) **승계인** : 시효중단에 관여한 당사자로부터 중단의 효과를 받는 권리·의무를 중단 효과 발생 이후 승계한 자[대법원 2015. 5. 28. 선고 2014다81474 판결]

㈎ **체납관리비 지급의무자로부터의 구분소유권취득자**[2014다81474] 원고가 전 구분소유자를 상대로 관리비 지급청구의 승소확정 판결을 받은 후 피고가 임의경매절차에서 구분소유권을 경락받은 경우 피고는 소외인으로부터 시효중단의 효과를 받는 체납관리비 납부의무를 그 중단 효과 발생 이후에 승계한 자에 해당

㈏ **소제기로 중단의 효과를 받는 권리를 승계한 피고**[96다46484] 피고는 원고 사찰이 자비복지원을 상대로 소유권이전등기말소청구의 소를 제기한 이후에 중단의 효과를 받는 권리를 승계한 것이므로 시효중단의 효력은 승계인인 피고에게도 미친다.

(3) 예외

㈎ **요역지 공유자**

㈏ **물상보증인 재산압류 + 채무자 통지**

㈐ **연대채무자에 대한 이행청구**

▶ **부진정연대채무자 1인**[명의차용자, 소외인에 대한 소멸시효 중단사유, 시효이익 포기]원고에게 제직기를 대물변제하고 물품대금을 정산한 사람은 피고가 아니라 소외1 : **다른 채무자**[명의대여자, 피고]에게 **효력 부정**[대법원 2011. 4. 14. 선고 2010다91886 판결] 부진정연대채무에 있어서는 채무자 1인에 대한 이행청구 또는 채무자 1인이 행한 채무의 승인 등 소멸시효의 중단사유나 시효이익의 포기는 다른 채무자에 대하여 효력이 미치지 아니한다.

㈑ **주채무자에 대한 시효중단**

(4) **제3취득자** : 승계인은 아니지만 연장의 효력 인정[대법원 2009. 9. 24. 선고 2009다39530 판결]

∵ 독립·별개채무가 아니라 채무자의 채무를 변제할 책임

나. 중단의 물적범위

(1) **특정채무에 대한 변제**

㈎ **원칙 : 잔존 채무에 대해서도 승인**[대법원 2014. 1. 23. 선고 2013다64793 판결] 동일 당사자 간에 계속적인 거래로 인하여 같은 종류를 목적으로 하는 수개의 채권관계가 성립되어 있는 경우에 채무자가 특정채무를 지정하지 아니하고 그 일부의 변제를 한 때에도 다른 특별한 사정이 없다면 잔존채무에 대하여도 승인을 한 것으로 보아 시효중단이나 포기의 효력 인정

㈏ **예외**

① 별개로 성립된 독립채무(근저당권 피담보채권 외 별개채무) : 승인·포기 **부정**2013다64793 근

저당권설정등기를 말소하기 위하여 피담보채무를 변제하는 경우 특별한 사정이 없는 한 피담보채무가 아닌 별개의 채무에 대하여까지 채무를 승인하거나 시효이익을 포기한 것이라고는 볼 수 없음

② 가압류의 피보전채권으로 적시되지 아니한 별개의 채무[대법원 1993. 10. 26. 선고 93다14936 판결] 동일당사자간에 계속적인 거래로 인하여 같은 종류를 목적으로 하는 수개의 채권관계가 성립되어 있는 경우에 채무자가 특정채무를 지정하지 아니하고 그 일부의 변제를 한 때에도 다른 특별한 사정이 없다면 잔존채무에 대하여도 승인을 한 것으로 보아 시효중단이나 포기의 효력을 인정할 수 있을 것이나, 그 채무가 별개로 성립되어 독립성을 갖고 있는 경우에는 일률적으로 그렇게만 해석할 수는 없을 것이고, 채무자가 가압류 목적물에 대한 가압류를 해제받을 목적으로 피보전채권을 변제하는 경우에는 특별한 사정이 없는 한 피보전채권으로 적시되지 아니한 별개의 채무에 대하여서까지 소멸시효의 이익을 포기한 것이라고 볼 수는 없을 것이다. → 피고가 위 돈을 변제한 목적이 가압류의 해제에 있었다면 특별한 사정이 없는 한 이는 그 피보전채무에 대한 일부변제로 보는 것이 상당할 것이고, 원고가 두번째로 한 가압류가 1982.11.15. 발행 약속어음금 중 잔액 중 일부를 피보전권리로 한 것이라면 그 중의 일부변제가 1982.11.15.자의 채무에 대한 시효의 이익까지 포기한 것이라고 볼 수도 없을 것이다.

③ 장래의 채권[대법원 2001. 11. 9. 선고 2001다52568 판결] 현존하지 아니하는 장래의 채권을 미리 승인하는 것은 채무자가 그 권리의 존재를 인식하고서 한 것이라고 볼 수 없어 허용되지 않는다. → 피고들이 원고 병원과 진료계약을 체결하면서 "입원료 기타 제요금이 체납될 시는 원고 병원의 법적 조치에 대하여 아무런 이의를 하지 않겠다."고 약정하였다 하더라도, 이로써 그 당시 아직 발생하지도 않은 이 사건 치료비 채무의 존재를 미리 승인하였다고 볼 수는 없다.

(2) 보증채무 이행

(개) 원칙 : 주채무 시효완성 주장 가능[대법원 1979. 2. 13. 선고 78다2157 판결, 대법원 2012. 1. 12. 선고 2011다78606 판결] 보증채무의 부종성

(나) 부종성을 부정할 특별한 사유

① 주채무 시효완성에도 불구하고 보증채무를 이행하겠다는 의사표시가 있는 경우[대법원 2012. 7. 12. 선고 2010다51192 판결 : 시효소멸 후 포기 사안] 주채무에 대한 소멸시효가 완성되어 보증채무가 소멸된 상태에서 보증인이 보증채무를 이행하거나 승인하였다고 하더라도, 주채무자가 아닌 보증인의 행위에 의하여 주채무에 대한 소멸시효 이익의 포기 효과가 발생된다고 할 수 없으며, 주채무의 시효소멸에도 불구하고 보증채무를 이행하겠다는 의사를 표시한 경우 등과 같이 부종성을 부정하여야 할 다른 특별한 사정이 없는 한 보증인은 여전히 주채무의 시효소멸을 이유로 보증채무의 소멸을 주장할 수 있다.

▶ 연대보증인이 아무런 이의를 제기하지 않았다는 점만으로는 주채무의 시효소멸에도 불구하고 보증채무를 이행하겠다는 의사표시라고 볼 수 없음2010다51192

② 채권자와 부종성 배제 약정 : 보증계약에 관한 규정은 임의규정이므로 배제 가능[민법판례연구 170, 171], [대법원 2018. 5. 15. 선고 2016다211620 판결] 보증채무의 부종성을 부정하여야 할 특별한 사정이 있는 경우에는 예외적으로 보증인은 주채무의 시효소멸을 이유로 보증채무의 소멸을 주장할 수 없으나, 특별한 사정을 인정하여 보증채무의 본질적인 속성에 해당하는 부종성을 부정하려면 보증인이 주채무의 시효소멸에도 불구하고 보증채무를 이행하겠다는 의사를 표시하거나 채권자와 그러한 내용의 약정을 하였어야 하고, 단지 보증인이 주채무의 시효소멸에 원인을 제공하였다는 것만으로는 보증채무의 부종성을 부정할 수 없다.

㈐ 부종성의 예외 : 소멸시효 완성 전 소멸상 부종성 배제[대법원 2018. 5. 15. 선고 2016다211620 판결]
시효완성 전 사례

① 주채무의 시효소멸에도 불구하고 보증채무를 이행하겠다는 의사표시

㉠ 주채무 소멸시효 주장 → 선행행위와 모순되는 행위이므로 불허[민법판례연구Ⅰ 172]

㉡ 보증채무 이행시 주채무자에 대한 구상권 : 부정[민법판례연구Ⅰ 174] 보증채무를 이행하지 않아도 되는
상황에서 굳이 이행한 부담은 스스로 부담하여야 하고, 주채무자에게 전가하는 것은 부당, 비채변제

② 주채무의 시효소멸에도 불구하고 보증채무를 이행하겠다는 약정

㉠ 채무변환 : 준소비대차, 경개, 채무인수, 이행인수[민법판례연구Ⅰ 172] 부종성이 배제된 보증채무는 더
이상 민법이 상정하는 보증채무라고 보기 어려움

㉡ 주채무자에 대한 구상권 : 부정[민법판례연구Ⅰ 172] 새로운 약정에 의하여 이행한 이상 주채무자에게 구상할
근거가 없음

(3) 원금채무는 소멸시효가 완성되지 아니하였으나 이자채무의 소멸시효가 완성된 상
   태에서 채무자가 일부 변제

㈎ 원금채무(상사) · 지연손해금(5년) → 승인

㈏ 시효완성된 이자채무 → 시효이익 포기 + 변제충당 적용(먼저 소멸시효가 완성된 이자에 먼
   저 충당)[대법원 2013. 5. 23. 선고 2013다12464 판결] 원금채무에 관하여는 소멸시효가 완성되지 아니하였으나
   이자채무에 관하여는 소멸시효가 완성된 상태에서 채무자가 채무를 일부 변제한 때에는 액수에 관하여 다툼이 없
   는 한 원금채무에 관하여 묵시적으로 승인하는 한편 이자채무에 관하여 시효완성의 사실을 알고 그 이익을 포기한
   것으로 추정되며, 채무자의 변제가 채무 전체를 소멸시키지 못하고 당사자가 변제에 충당할 채무를 지정하지 아니
   한 때에는 민법 제479조, 제477조에 따른 법정변제충당의 순서에 따라 충당되어야 한다.

**[2013다12464] 변제기 경과 전의 이자채권은 3년(시효이익 포기＜재완성), 변제기 경과 후의 지연손해
금은 5년(시효중단)**

95.6.20.	97.3.19.	2002.6.20.	2002.6.21.	2007.3.27.	2010.3.27.	2011.4.28.
준소비대차		변제기	지연손해금 발생(5년)	**일부변제 2,500**	이자채권 재소멸시효	소제기

원금 8,000(소멸시효완성 : 2007.6.20.) 　　　① **원금 : 묵시적 승인**

이자 월1.5%　**변제충당(제479조)**　　　② **이자 : 시효완성 → 포기, 변제충당 → 재진행 →**
　　　　　　 ↳ 95.6.20.~97.3.19.이자　　　　　**시효완**

　　　　　　　　　　　　　　　　　　　　　　③ **지연손해금 : 승인(5년 → 시효완성×)**

---

(4) 담보가등기의 피담보채권이 시효로 소멸 : 대상 토지의 소유권이전등기청구권의 소
   멸시효 중단 여부와 관계없이 담보가등기와 그에 기한 소유권이전등기는 말소[대법
   원 2007. 3. 15. 선고 2006다12701 판결] 담보가등기를 경료한 토지를 인도받아 점유할 경우 담보가등기의 피담
   보채권의 소멸시효가 중단되는 것은 아니고, 담보가등기에 기한 소유권이전등기청구권의 소멸시효가 완성되기 전

에 그 대상 토지를 인도받아 점유함으로써 소유권이전등기청구권의 소멸시효가 중단된다 하더라도 위 담보가등기의 피담보채권이 시효로 소멸한 이상 위 담보가등기 및 그에 기한 소유권이전등기는 결국 말소되어야 할 운명의 것이다.

▸ **채무자가 이자·지연손해금의 지급에 갈음하여 채권자에게 부동산 사용·수익권 부여** [대법원 2009. 11. 12. 선고 2009다51028 판결] 담보가등기를 경료한 부동산을 인도받아 점유하더라도 담보가등기의 피담보채권의 소멸시효가 중단되는 것은 아니지만, 채무의 일부를 변제하는 경우에는 채무 전부에 관하여 시효중단의 효력이 발생하는 것이므로, 채무자가 채권자에게 담보가등기를 경료하고 부동산을 인도하여 준 다음 피담보채권에 대한 이자 또는 지연손해금의 지급에 갈음하여 채권자로 하여금 부동산을 사용수익할 수 있도록 한 경우라면, 채권자가 부동산을 사용수익하는 동안에는 채무자가 계속하여 이자 또는 지연손해금을 채권자에게 변제하고 있는 것으로 볼 수 있으므로 피담보채권의 소멸시효가 중단된다고 보아야 한다.

▸ **채권자가 부동산임대를 통하여 차임 수령**[대법원 2014. 5. 16. 선고 2012다20604 판결]

(5) 가분채권에 대한 채권자의 가압류, 경매신청과 시효중단 범위

(개) **채권자가 가분채권**손해배상금 150만 원의 **일부분**27만 원과 지연손해금**을 피보전채권으로 주장하여 채무자 소유의 재산에 대하여 가압류 : 그 피보전채권 부분**27만 원과 지연손해금**만에 한하여 시효중단의 효력**[대법원 1976. 2. 24. 선고 75다1240 판결]

(내) **경매신청 : 채권계산서에 기재된 채권에 한하여 시효중단의 효력**[대법원 1991. 12. 10. 선고 91다17092 판결] 경매신청서의 청구금액에 기재되지 아니한 채권은 경매신청에 의하여 시효가 중단되지 아니하고, 가분채권의 경우 일부가 청구금액에 포함되지 아니하였다면 그 부분도 시효가 중단되지 아니한다고 보아야 할 것이며, 경매신청서의 청구금액에 포함되어 있었더라도 채권계산서에 기재된 채권에 한하여 소멸시효중단의 효력이 있다.

(대) **[비교] 일부변제 : 전부에 대한 시효중단이나 포기의 효력 인정**[대법원 1993. 10. 26. 선고 93다14936 판결] 단 그 채무가 별개로 성립되어 독립성을 갖고 있는 경우나 가압류를 해제받을 목적으로 피보전채권을 변제하는 경우에는 특별한 사정이 없는 한 피보전채권으로 적시되지 아니한 별개의 채무에 대하여서까지 소멸시효의 이익을 포기한 것이라고 볼 수는 없음

Ⅴ. 시효이익의 포기

1. 요건

가. 시효완성의 이익을 받을 당사자·대리인[대법원 2014. 1. 23. 선고 2013다64793 판결]

▸ 제3자의 포기의사표시 : 당사자에 대한 효력 부정[대법원 1998. 2. 27. 선고 97다53366 판결] 점유를 위임받지 않은 자의 변상금 납부 → 점유취득시효완성자에게 효력 부정, [대법원 2014. 1. 23. 선고 2013다64793 판결] 5~8 대출금 채무자는 원고2 등인데 원고1이 원고2 등의 대출금채무를 승인하거나 소멸시효의 이익을 포기할 만한 지위에 있었다고 볼 아무런 증거가 없는 경우 원고2 등에게 채무승인·시효이익 포기의 효력이 미치지 않음

나. 처분권한, 능력 + 시효완성을 알고 포기[대법원 2013. 2. 28. 선고 2011다21556 판결] 채무승인은 시효이익을 받는 당사자인 채무자가 소멸시효의 완성으로 채권을 상실하게 될 자에 대하여 상대방의 권리 또는 자신의 채무가 있음을 알고 있다는 뜻을 표시함으로써 성립하는 이른바 관념의 통지로 여기에 어떠한 효과의사가 필요하지 않다. 이에 반하여 시효완성 후 시효이익의 포기가 인정되려면 시효이익을 받는 채무자가 시효의 완성으로 인한 법적인 이익을 받지 않겠다는 효과의사가 필요하기 때문에 시효완성 후 소멸시효 중단사유에 해당하는 채무의 승인이 있었다 하더라도 그것만으로는 곧바로 소멸시효 이익의 포기라는 의사표시가 있었다고 단정할 수 없다.

▶ **소멸시효항변에 앞서 상계항변 : 시효이익 포기로 볼 수 없음**2011다21556 소송에서의 상계항변은 예비적 항변의 성격을 갖는다. 따라서 상계항변이 먼저 이루어지고 그 후 대여금채권의 소멸을 주장하는 소멸시효항변이 있었던 경우에, 상계항변 당시 채무자인 피고에게 수동채권인 대여금채권의 시효이익을 포기하려는 효과의사가 있었다고 단정할 수 없다. 그리고 항소심 재판이 속심적 구조인 점을 고려하면 제1심에서 공격방어방법으로 상계항변이 먼저 이루어지고 그 후 항소심에서 소멸시효항변이 이루어진 경우를 달리 볼 것은 아니다.

2. 유형

가. 시효취득 이전등기청구 소송 중 상대방 소유권 인정 + 소취하 : 시효이익 포기[대법원 1973. 9. 29. 선고 73다762 판결] ⇔ [비교] 점유자의 매수제의 : 포기에 해당하지 않음[대법원 1989. 4. 11. 선고 88다카5843, 88다카5850 판결]

나. 채무자 소유 부동산이 매각되어 그 대금이 이미 소멸시효가 완성된 채무를 피담보채무로 하는 근저당권을 가진 채권자에게 배당되어 채무변제에 충당될 때까지 채무자가 이의를 제기하지 않은 경우 : 시효이익의 포기[대법원 2012. 5. 10. 선고 2011다109500 판결] 채무자에 대한 다른 채권자가 채무자를 대위하여 이의를 제기한 부분을 제외한 나머지 채권에 대하여는 채무자가 시효이익을 포기한 것으로서 부당이득에 해당하지 않음

다. 소멸시효 완성 후 일부변제, 기한유예 요청[대법원 1991. 1. 29. 선고 89다카1114 판결] → 전부에 대한 시효이익 포기[대법원 1993. 10. 26. 선고 93다14936 판결]

3. 재재항변

가. 경매절차의 진행을 알지 못한 특별한 사정[대법원 2001. 6. 12. 선고 2001다3580 판결]

나. 피보전채권 · 피담보채권으로 적시되지 않은 별개의 채무 : 승인 · 포기 부정[대법원 1998. 2. 27. 선고 97다53366 판결, 대법원 2014. 1. 23. 선고 2013다64793 판결]

다. 상대효 : 제3자에 대한 효력 부정[대법원 2015. 6. 11. 선고 2015다200227 판결] 포기 당시에 시효이익을 원용할 다수의 이해관계인이 존재하는 경우 그들의 의사와는 무관하게 채무자 등 어느 일방의 포기 의사만으로 시효이익을 원용할 권리를 박탈당하게 되는 부당한 결과의 발생을 방지

(1) 보증인 : 시효원용 가능(제433조)[대법원 1991. 1. 29. 선고 89다카1114 판결] 민법 제433조에 의하면 주채무가 시효로 소멸한 때에는 보증인도 그 시효소멸을 원용할 수 있으며 주채무자가 시효의 이익을 포기하더라도 보증인에게는 그 효력이 없다 할 것이므로 주채무자가 원고에게 부담하고 있던 물품대금채무의 소멸시효가 완성한 때에는 주채무자가 시효완성 후에 그 시효의 이익을 포기하였다 하더라도 연대보증인인 피고들은 위 주채무의 시효소멸을 원용할 수 있다.

▸ 부종성을 부정할 특별한 사유 : 주채무 시효소멸에도 불구하고 보증채무를 이행하겠다는 의사표시[대법원 2012. 7. 12. 선고 2010다51192 판결]

(2) 물상보증인, 제3취득자 : 시효원용 가능[대법원 1995. 7. 11. 선고 95다12446 판결] 채권담보의 목적으로 가등기가 경료된 후 이 사건 부동산을 취득한 제3자에 해당하는 원고들로서는 가등기담보권의 피담보채권에 대한 소멸시효가 완성된 이상 그 피담보채권의 시효소멸을 원용할 수 있고, 비록 시효원용 이전에 이미 피담보채권이 시효소멸된 담보가등기에 기하여 위 부동산에 관하여 채권자들 앞으로 본등기가 경료되었다고 하더라도 달리 볼 것은 아니며, 가사 위 가등기에 기한 본등기 경료를 채무자의 채권자들에 대한 시효이익의 포기로 볼 수 있다고 하더라도 그 시효이익의 포기는 상대적 효과가 있음에 지나지 아니하여 채무자 이외의 이해관계자에 해당하는 원고들로서는 여전히 독자적으로 시효를 원용할 수 있다.

▸ 시효이익을 포기한 자채무자와 법률관계를 형성근저당권설정 부동산의 매수인 : 시효이익 포기 효력 부정 불가[대법원 2015. 6. 11. 선고 2015다200227 판결] 시효이익 포기 당시에 그 권리의 소멸에 의하여 직접 이익을 받을 수 있는 이해관계를 맺은 적이 없다가 나중에 시효이익을 이미 포기한 자와의 법률관계를 통하여 비로소 시효이익을 원용할 이해관계를 형성한 자 ─▸ 시효이익 포기의 효력을 부정할 수 있게 할 경우 시효완성을 둘러싼 법률관계를 사후에 불안정하게 함

[2015다200227] 근저당권설정 부동산 매수인의 채무부존재확인 청구와 시효이익포기 항변 가부

▸ 근저당권말소청구(원고 : 채무자가 근저당권설정한 부동산 인수, 시효완성 주장)
▸ 피고(채권자) : 소외인의 시효이익포기 항변(채무자 2근저당권 설정)
▸ 상대효 주장 : 원고에게 시효이익포기 효력✕ ➡ 시효중단✕
▸ 원고는 채무자의 시효이익 포기 후 매수 : 시효이익 포기로 근저당권의 제한을 받는 부동산 취득 → 채무자의 시효이익 포기 효력 부정 불가 ➡ 시효중단

라. 소멸시효 재완성 : 시효이익을 포기한 때로부터 다시 진행[대법원 2009. 7. 9. 선고 2009다14340 판결, 대법원 2013. 5. 23. 선고 2013다12464 판결]

VI. 소멸시효 주장의 남용

1. 특별한 사정 필요[대법원 2009. 8. 20. 선고 2006다22968 판결]

가. 채무자가 시효완성 전에 채권자의 권리행사나 시효중단을 불가능 또는 현저히

곤란하게 하거나 그러한 조치가 불필요하다고 믿게 하는 행동

나. 객관적으로 채권자가 권리를 행사할 수 없는 장애사유

다. 일단 시효완성 후에 채무자가 시효를 원용하지 아니할 것 같은 태도를 보여 채권자로 하여금 그와 같이 신뢰하게 한 경우

라. 채권자를 보호할 필요성이 크고 같은 조건의 그 채권자들 중 일부가 이미 채무의 변제를 수령하는 등 채무이행의 거절을 인정함이 현저히 부당하거나 불공평하게 되는 등의 특별한 사정

2. 국가의 소멸시효 주장

가. 원칙 : 권리남용 부정(소멸시효 주장 가능)[대법원 2005. 5. 13. 선고 2004다71881 판결]

나. 예외 : 특별한 사정의 존재 → 소멸시효 주장 불가2015다71881 국가의 소멸시효 완성 주장이 신의칙에 반하고 권리남용에 해당한다고 하려면 일반 채무자의 소멸시효 완성 주장에서와 같은 특별한 사정이 인정되어야 할 것이고, 또한 그와 같은 일반적 원칙을 적용하여 법이 두고 있는 구체적인 제도의 운용을 배제하는 것은 법해석에 있어 또 하나의 대원칙인 법적 안정성을 해할 위험이 있으므로 그 적용에는 신중을 기하여야 한다.

다. 국가의 소멸시효 주장이 남용에 해당하여 피해자에게 손해배상 후 가해자에게 구상권 행사[대법원 2016. 6. 10. 선고 2015다217843 판결]

▶ 신의칙 항변 : 가능(원칙적으로 구상권 행사 불가)

▶ 예외 : 피고가 원인행위를 적극적으로 주도한 경우 구상권 행사 가능공무원의 불법행위로 손해를 입은 피해자의 국가배상청구권의 소멸시효 기간이 지났으나 국가가 소멸시효 완성을 주장하는 것이 신의성실의 원칙에 반하는 권리남용으로 허용될 수 없어 배상책임을 이행한 경우에는, 소멸시효 완성 주장이 권리남용에 해당하게 된 원인행위와 관련하여 공무원이 원인이 되는 행위를 적극적으로 주도하였다는 등의 특별한 사정이 없는 한, 국가가 공무원에게 구상권을 행사하는 것은 신의칙상 허용되지 않는다.

3. 소멸시효 남용의 효과

가. 권리행사 : 신의칙에 위배되는 사정이 없어진 때로부터 상당한 기간 내에 권리행사 필요[대법원 2013. 5. 16. 선고 2012다202819 전원합의체 판결, 대법원 2014. 1. 16. 선고 2013다205341 판결]

나. 권리행사기간

(1) 시효정지(6개월)의 경우에 준하여 단기간으로 제한, 기간 연장의 경우에도 제766조 제1항이 규정한 단기소멸시효인 3년

(2) 재심무죄판결 확정일로부터 민법상 시효정지의 경우에 준하는 6개월 내2012다202819,

2013다205341

(3) 형사보상청구를 한 경우에는 형사보상결정 확정일로부터 6개월 내, 재심무죄판결 확정일로부터 3년 내[대법원 2013. 12. 12. 선고 2013다201844 판결]

나-1. 상당한 기간을 경과하여 권리행사 : **소멸시효완성 재주장 가능**[대법원 2013. 12. 26. 선고 2011다90194, 90200 판결]

제16관 상계

Ⅰ. 취지 : 서로 대립하는 두 당사자 사이의 채권 · 채무를 간이한 방법으로 원활하고 공평하게 처리[대법원 2011. 4. 28. 선고 2010다101394 판결]

Ⅱ. 요건 : 자동채권의 발생 + 상계적상(동종, 이행기) + 상계 의사표시 · 도달

1. 수동채권

가. 원칙 : 피상계자(채권자)의 상계자(채무자)에 대한 채권

나. 상대방(피상계자)임차인의 제3자전소유자에 대한 채권은 불가수 : 임차인의 전소유자에 대한 유익비상환청구권, 자 : 신소유자의 임차인에 대한 부당이득반환채권 [대법원 2011. 4. 28. 선고 2010다101394 판결] 상대방과 제3자 사이의 채권채무관계에서 상대방이 제3자로부터 채무의 본지에 따른 현실급부를 받을 이익을 침해하게 될 뿐 아니라, 그 상대방의 채권자들 사이에서 상계자만 독점적인 만족을 얻게 되는 불합리한 결과를 초래

2. 자동채권 발생

가. 자동채권

(1) 원칙 : 상계자채무자의 피상계자채권자에 대한 채권

(2) 예외

㈎ 제3자채무자의 채권으로 상계

① 연대채무자(제418조 제2항) : 다른 연대채무자의 채권으로 상계

② 보증인(제433조) : 주채무자의 채권으로 상계[대법원 2001. 11. 13. 선고 2001다55222, 55239 판결]

㈏ 제3자채권자에 대한 채권으로 상계

① 연대채무자(제426조 제1항) : 채권자에 대한 채권자동채권으로 구상채권수동채권자(다른 연대채무자)에게 상계

② 주채무자(제445조 제1항) : 채권자에 대한 채권자동채권으로 구상채권수동채권자(보증인)에게

상계

③ 채권양도채무자(제451조 제2항) : 양도인에 대한 채권(구상권 등)자동채권으로 양수인수동채권: 양수금에게 상계

가-1. 자동채권의 소멸

(1) 정산합의로 수급인의 원고도급인에 대한 채권 소멸 → 수급인의 보증인은 수급인의 상계항변(제434조) 불가[대법원 2001. 10. 26. 선고 2000다61435 판결]

(2) 자동채권의 소멸시효 완성

가-1-1. 제495조 상계[대법원 1987. 8. 18. 선고 87다카768 판결]

(1) 취지 : 당사자들의 신뢰보호 당사자 쌍방의 채권이 상계적상에 있었던 경우에 당사자들은 그 채권·채무 관계가 이미 정산되어 소멸하였다고 생각하는 것이 일반적이라는 점을 고려하여 당사자들의 신뢰를 보호하기 위한 것이다.

(2) 요건 : 자동채권 소멸시효 완성 전 양 채권이 상계적상

가-1-2. 제495조 유추

(1) 소멸시효 완성된 차임채권으로 보증금반환채권에 대하여 상계 가능[대법원 2016. 11. 25. 선고 2016다211309 판결], 소멸시효 완성 전 상계적상에 있지는 않았지만 제495조의 배후원리와 연체차임을 임대차보증금으로 해결하려는 당사자의 일반적인 의사를 결합하여 제495조의 정신을 확장[민사판례연구Ⅱ 414]

(2) 임대인의 구상금채권임차인이 납부하기로 한 공과금을 임대인이 납부(임대차 존속 중 소멸시효 완성) : 임차인의 유익비상환채권임대차계약 종료시 발생과 상계 불가[대법원 2021. 2. 10. 선고 2017다 258787 판결] 피고의 유익비상환채권은 이 사건 임대차계약의 종료 시점인 2013. 7. 1.경 발생하므로 원고의 위 구상금채권 가운데 이 사건 임대차계약 존속 중에 이미 소멸시효가 완성된 부분은 위 유익비상환채권과 상계할 수 있는 상태에 있었다고 할 수 없다. 따라서 원심으로서는 이 사건 임대차계약의 종료 시점에 이미 소멸시효가 완성된 구상금채권 부분을 심리하여 원고가 그와 같이 이미 소멸시효가 완성된 구상금채권을 자동채권으로 하여 피고의 유익비상환채권과 상계할 수 없다고 보았어야 한다. → (1)사안과 달리 '당사자의 일반적인 의사'를 인정하기 어려우므로 상계 불허

(3) 매도인이나 수급인의 담보책임을 기초로 한 손해배상채권의 제척기간이 지났으나 제척기간이 지나기 전 상대방의 채권과 상계할 수 있었던 경우[대법원 2019. 3. 14. 선고 2018다255648 판결] 당사자의 신뢰호보 : 피고가 도급인으로서 원고에 대하여 갖는 하자 보수를 갈음하는 손해배 상채권은 목적물을 인도받은 날부터 1년 내에 행사하여야 하는데(민법 제670조 제1항), 위 기간 내 권리를 행사 하지 않아 이미 제척기간이 지났다. 피고의 위와 같은 손해배상채권은 목적물을 인도받은 날 발생하여 제척기간 이 지나기 전 원고의 대금채권과 상계적상에 있었으므로, 피고는 민법 제495조를 유추적용해서 위 손해배상채권 을 자동채권으로 해서 원고의 대금채권과 상계할 수 있다.

가. (3) 이행기의 도래

㈎ 의미 : 채권자가 채무자에게 이행의 청구를 할 수 있는 시기가 도래하였음을 의미[대법원 1981. 12. 22. 선고 81다카10 판결] 채무자가 이행지체에 빠지는 시기를 말하는 것은 아님 ➡ 이행기가 기간으로 정하여진 경우 : 그 기간의 초일부터 상계주장 가능, 이행기의 정함이 없는 채권 : 채권의 성립과 동시에 이행기 도래[대법원 1968. 8. 30. 선고 67다1166 판결]

㈏ 주장 요부[요건사실론 69]

① 자동채권의 발생원인이 매매형 → 불요원칙적으로 계약의 체결과 동시에 이행기 도래, 이행기에 관한 약정사실은 상대방의 재항변

② 자동채권의 발생원인이 대차형 → 필요이행기가 계약의 필수불가결한 요소

나. 상계적상의 현존

(1) 의미 : 상계가 필요한 요건을 갖춘 당사자 상호간의 채권·채무상태

(2) 상계적상 시점

㈎ 모두 변제기 도래 후 상계의사표시

① 늦은 채권의 변제기 도래시

② 수동채권 변제기가 선도래하는 경우 : 수동채권에 대한 상계적상일까지의 이자·지연손해금에 대한 선충당 후 잔액을 원본에 충당[대법원 2011. 8. 25. 선고 2011다24814 판결, 대법원 2005. 7. 8. 선고 2005다8125 판결]

③ 자동채권이 여러 개인 경우 : 각 자동채권의 이행기를 심리하여 상계적상일을 기준으로 수동채권의 원금, 이자나 지연손해금을 계산하고 자동채권으로 수동채권의 이자나 지연손해금, 원금의 순서로 소멸[대법원 2021. 5. 7. 선고 2018다25946 판결] 수동채권인 원고의 매매대금 반환채권은 이 사건 매매계약이 해제된 2009. 6. 9. 발생하였고 피고의 자동채권은 매매계약 해제 무렵부터 차례로 발생하였다. 각각의 자동채권이 발생한 때 양 채권은 모두 이행기에 이르러 상계적상에 있으므로, 자동채권으로 상계적상일을 기준으로 발생한 수동채권의 이자나 지연손해금을 소멸시키고, 잔액이 있으면 원금을 소멸시켜야 한다. 수동채권의 원금이 일부 소멸되면 그 부분에 대해서는 상계적상일 다음 날부터 민법 제548조 제2항에서 정한 이자가 발생하지 않고, 남은 원금에 대해서만 이자가 발생한다. 원심은 각 자동채권의 이행기를 심리하여 상계적상일을 기준으로 수동채권의 원금, 이자나 지연손해금을 계산하고 자동채권으로 수동채권의 이자나 지연손해금, 원금의 순서로 소멸시켜야 한다. ⇔ [원심] 상계적상일을 기준으로 수동채권인 매매대금 반환채권의 원금이 소멸되는지 여부를 심리하지 않은 채 매매대금 반환채권 전부에 대해 민법 제548조 제2항에 따라 지급한 날부터 이 사건 지급명령신청서 부본이 피고에게 송달된 2015. 4. 30.까지 연 5%의 비율로 계산한 이자가 계속 발생한다는 전제에서 매매대금 반환채권의 원리금에서 자동채권의 합계액을 빼는 방식으로 상계

④ 자동채권의 변제기가 선도래하는 경우 : 자동채권에 대한 상계적상일까지의 이자·지연손해금에 대한 선충당 후 잔액을 원본에 충당

㈏ 수동채권 변제기 전 상계 : **자동채권 변제기·상계의사표시시**[대법원 1979. 6. 12. 선고 79다662 판

결] 채권압류통지 이전에 자동채권의 이행기가 도래한 이상 수동채권의 이행기가 도래하지 아니하였더라도 수동채 권에 관한 기한의 이익을 포기하고 대등액에서 상계하므로써 압류채권자에 대항할 수 있다.

2-1. 상계금지 채권

가. 성질상 제한

(1) 자동채권에 동시이행항변권 존재

㈎ 주장·증명책임

① 원고가 자동채권에 동시이행의 항변권이 붙어 있는 사실의 주장·증명 책임

② 자동채권의 발생에 관한 피고의 주장매매대금채권 자체에서 자동채권에 항변권목적물 이전·인도 의무가 붙어 있는 것이 드러나는 경우 : 피고가 항변권의 발생장애사실·소멸사실의무이행·이 행제공까지 함께 주장하지 않으면 주장 자체로 이유 없음[대법원 2001. 11. 13. 선고 2001다55222, 55239 판결, 대법원 2004. 2. 13. 선고 2003다14362 판결, 대법원 2004. 6. 24. 선고 2003다65551 판결]

㈏ 상계가 가능한 경우

① 자동채권과 수동채권이 동시이행관계[대법원 1993. 9. 28. 선고 92다55794 판결] 이 경우에 자동채권이 발 생한 기초가 되는 원인은 수동채권이 압류되기 전에 이미 성립하여 존재하고 있었던 것이므로, 그 자동채권은 민 법 제498조 소정의 "지급을 금지하는 명령을 받은 제3채무자가 그 후에 취득한 채권"에 해당하지 않는다. 왜냐하 면 전부명령으로 인하여 피압류채권이 압류채권자에게 이전된다고 하더라도 압류채권자는 원래의 채권자인 압류 채무자보다 더 유리한 지위를 획득할 수는 없는 것이므로, 제3채무자는 압류의 효력이 생긴 후에 발생한 채권으로 써 동시이행의 항변권을 주장할 수 있고, 따라서 금전채권에 대한 압류 및 전부명령을 송달받은 제3채무자는 원래 의 채권자인 압류채무자에 대하여 그 채권이 압류될 당시 대항할 수 있었던 동시이행의 항변권으로써 압류채권자 에게도 대항할 수 있는 것임에도 불구하고, 수동채권이 압류된 후에 자동채권이 발생하였다는 이유로 그 채권으로 피압류채권과 상계할 것을 압류채권자에게 대항할 수 없다고 한다면, 제3채무자는 압류채권자에 대한 관계에서 아 무런 합리적인 이유도 없이 동시이행의 항변권을 상실하는 결과가 되어 부당하기 때문이다.

② 동시이행관계가 변형된 경우에도 상계 가능[대법원 2001. 3. 27. 선고 2000다43819 판결] 부동산 매수인 의 매매잔대금 지급의무와 매도인의 가압류기입등기말소의무가 동시이행관계에 있었는데 위 가압류에 기한 강제 경매절차가 진행되자 매수인이 강제경매의 집행채권액과 집행비용을 변제공탁한 경우 매도인은 매수인에 대해 대 위변제로 인한 구상채무를 부담하게 되고, 그 구상채무는 가압류기입등기말소의무의 변형으로서 매수인의 매매잔 대금 지급의무와 여전히 대가적인 의미가 있어 서로 동시이행관계에 있으므로, 매수인은 매도인의 매매잔대금채권 에 대해 가압류로부터 본압류로 전이하는 압류 및 추심명령을 받은 채권자에게 가압류 이후에 발생한 위 구상금채 권에 의한 상계로 대항할 수 있다.

③ 수동채권자의 선이행의무가압류 말소의무가 이행지체에 있는 동안 자동채권자의 채무이행기 (변제기)잔금채무가 도래한 경우에도 인정

㈐ 자동채권과 수동채권이 동시이행관계가 아닌 경우 : 상계 불가[대법원 2015. 8. 27. 선고 2013다 81224,81231 판결] 지체상금청구를 공사대금청구로 상계하는 경우 양채권은 서로 동시이행관계가 아니므로 상계 불가 : 발주자·원사업자 및 수급사업자 사이에서 발주자가 하도급대금을 직접 수급사업자에게 지급하기로 합의하

여 구 하도급거래 공정화에 관한 법률 제14조 제1항, 제2항에 따라 수급사업자의 발주자에 대한 직접 지급청구권이 발생함과 아울러 발주자의 원사업자에 대한 대금지급채무가 하도급대금의 범위 안에서 소멸하는 경우에, 발주자가 직접지급의무를 부담하게 되는 부분에 해당하는 원사업자의 발주자에 대한 공사대금채권은 동일성을 유지한 채 수급사업자에게 이전되고, 발주자는 수급사업자의 직접 지급청구권이 발생하기 전에 원사업자에 대하여 대항할 수 있는 사유로써 수급사업자에게 대항할 수 있으나, 수급사업자의 직접 지급청구권이 발생한 후에 원사업자에 대하여 생긴 사유로는 수급사업자에게 대항할 수 없음이 원칙이다. 한편 공사도급계약상 도급인의 지체상금채권과 수급인의 공사대금채권은 특별한 사정이 없는 한 동시이행의 관계에 있다고 할 수 없다.[43]

(2) 자동채권에 최고·검색 항변권(보증채무) : 보증채권을 자동채권으로 상계를 주장 → 원고가 가지는 최고·검색의 항변권을 행사할 수 있는 기회를 박탈하는 셈이 되어 허용되지 않음

▸ 연대보증인 : 최고·검색 항변 불가

(3) 사전구상권(제442조)에 대한 면책청구권(제443조) 존재

▸ 주채무자가 사전에 면책청구권 포기 : 상계 가능[대법원 2001. 11. 13. 선고 2001다55222, 55239 판결]

▸ 면책항변권을 포기하지 않은 경우 : 구상채무에 대하여 보증인에게 백지수표(담보)제공 → 포기 아님(∵ 지급위탁 취소 가능) → 상계 불가[대법원 2004. 5. 28. 선고 2001다81245 판결]

(4) 사해행위 가액배상채권을 수동채권으로 상계 불가[대법원 2001. 6. 1. 선고 99다63183 판결, [대법원 2001. 2. 27. 선고 2000다44348 판결] 수익자인 채권자로 하여금 안분액의 반환을 거절하도록 하는 것은 자신의 채권에 대하여 변제를 받은 수익자를 보호하고 다른 채권자의 이익을 무시하는 결과가 되어 제도의 취지에 반하게 되므로

나. 법률상 제한

(1) 고의 불법행위 가해자의 상계 불가

㈎ 손해배상채권(제750조, 제756조[대법원 2006. 10. 26. 선고 2004다63019 판결]), 부당이득반환채권[대법원 2002. 1. 25. 선고 2001다52506 판결] 고의의 불법행위에 의한 손해배상채권은 현실적으로 만족을 얻어야 한다는 상계금지의 취지는 동일 : 수동채권으로 상계 불가, 동시 불법행위 포함[대법원 1994. 2. 25. 선고 93다38444 판결]

---

43) 원고와 피고 및 참가인 사이에서 2011.3.10.경 피고가 하도급대금을 직접 참가인에게 지급하기로 합의하였고, 참가인이 2011.4.26.경 지상 2층의 철근콘크리트 공사 부분까지 시공을 마침으로써, 그때에 참가인의 피고에 대한 하도급대금 직접 지급청구권이 발생하였고, 그 범위 안에서 원고의 피고에 대한 공사대금채권은 참가인에게 이전되어 소멸되었다고 할 것이다. 그런데 피고의 원고에 대한 위 지체상금채권은 그 후인 2011.8.11.부터 발생하였으므로, 위 지체상금채권을 가지고 참가인에게 이전된 위 공사대금채권에 대하여 상계를 주장하여 참가인에게 대항할 수 없음이 원칙이라 할 것이다. 그리고 특별한 사정이 없는 한 피고의 위 지체상금채권은 참가인에게 이전된 위 공사대금채권과 서로 동시이행관계에 있다고 할 수 없으므로, 그 동시이행관계에 있음을 전제로 하여 이와 달리 보아야 한다는 피고의 주장은 받아들일 수 없다.

(내) **고의 불법행위 + 고의 채무불이행 : 제496조 유추적용**[대법원 2017. 2. 15. 선고 2014다19776, 19783 판결], [민법판례연구 22] 어떤 경우에 채무불이행이 동시에 불법행위를 구성하는지는 결과불법(침해되는 이익의 중대성)과 행위불법(침해행위의 성질)을 상관적으로 고려하여 사안별로 판단

▸ 중과실 불법행위 : 상계 가능[대법원 1994. 8. 12. 선고 93다52808 판결]

▸ 고의 불법행위 채권을 자동채권으로(피해자의 상계)[대법원 2002. 1. 25. 선고 2001다52506 판결] 민 제688조 제2항 대변제청구권 보전을 위해 대위행사도 가능, 채무자 무자력 불필요

(대) **불법행위 채무자(가해자)가 피해자의 손해배상채권양도가 사해행위임을 주장하며 양도취소 + 직접 자신 앞으로 가액배상청구 : 가능**[대법원 2011. 6. 10. 선고 2011다8980,8997 판결] 고의의 불법행위로 인한 손해배상채권의 채무자는 그 채권을 수동채권으로 한 상계로 채권자에게 대항하지 못하고 그 결과 그 채권이 양도된 경우에 양수인에게도 상계로 대항할 수 없게 되나, 그 채권양도가 사해행위에 해당하는 경우 그 손해배상채권의 채무자가 채권양도인에 대한 채권자 지위에서 채권자취소권을 행사하여 채권양도의 취소를 구함과 아울러 그 취소에 따른 원상회복의 방법으로 직접 자신 앞으로 가액배상의 지급을 구하는 것 자체는 민법 제496조에 반하지 않으므로 허용된다.

(2) 압류금지채권 : 수동채권으로 하는 상계 불가

(개) **사용자가 임금채권을 수동채권으로 하는 상계 불가**[대법원 1994. 3. 16.자 93마1822, 1823 결정]

(내) **근로자의 동의가 있는 경우**[대법원 2001. 10. 23. 선고 2001다25184 판결], 초과지급된 임금의 반환채권을 자동채권으로 하는 상계[대법원 1998. 6. 26. 선고 97다14200 판결]

(대) **양도된 압류금지채권**유족급여수급자의 보험자에 대한 손해배상청구권 : 양도가능**을 수동채권으로 상계 : 불가**[대법원 2009. 12. 10. 선고 2007다30171 판결 : 자동채권 → 보험사의 수급자에 대한 구상권] 양도 또는 대위되는 채권이 원래 압류가 금지되는 것이었던 경우에는, 처음부터 이를 수동채권으로 한 상계로 채권자에게 대항하지 못하던 것이어서 그 채권의 존재가 채무자의 자동채권에 대한 담보로서 기능할 여지가 없고 따라서 그 담보적 기능에 대한 채무자의 합리적 기대가 있다고도 할 수 없으므로, 그 채권이 양도되거나 대위의 요건이 구비된 이후에 있어서도 여전히 이를 수동채권으로 한 상계로써 채권양수인 또는 대위채권자에게 대항할 수 없다고 봄이 상당하다.

(라) **[비교] 사용자가 근로자의 임금채권 1/2 상당액에 대하여 압류·전부명령 : 가능**[대법원 1994. 3. 16.자 93마1822, 1823 결정], **사해행위 수익자가 취소채권자에 대한 별개의 채권 집행을 위해 취소채권자의 수익자에 대한 가액배상청구권 압류·전부명령 : 가능**[대법원 2017. 8. 21.자 2017마499 결정] 사해행위취소의 소에서 수익자가 원상회복으로서 채권자취소권을 행사하는 채권자에게 가액배상을 할 경우, 수익자 자신이 사해행위취소소송의 채무자에 대한 채권자라는 이유로 채무자에 대하여 가지는 자기의 채권과 상계하거나 채무자에게 가액배상금 명목의 돈을 지급하였다는 점을 들어 채권자취소권을 행사하는 채권자에 대해 이를 가액배상에서 공제할 것을 주장할 수 없다. 그러나 수익자가 채권자취소권을 행사하는 채권자에 대해 가지는 별개의 다른 채권을 집행하기 위하여 그에 대한 집행권원을 가지고 위 채권자의 수익자에 대한 가액배상채권을 압류하고 전부명령을 받는 것은 허용된다. 이는 수익자의 채무자에 대한 채권을 기초로 한 상계나 임의적인 공제와는 그 내용과 성질이 다르다. 또한 채권자가 채무자의 제3채무자에 대한 채권을 압류하는 경우 제3채무자가 채권자 자신인 경우에도 이를 압류하는 것이 금지되지 않으므로 단지 채권자와 제3채무자가 같다고 하여 채권압류

및 전부명령이 위법하다고 볼 수 없다.

(3) 지급금지채권(압류·가압류된 채권, 질권이 설정된 채권)을 수동채권으로 하는 상계

(가) 원칙 : 지급금지 명령 송달 이후 자동채권 취득 → 지급금지채권을 수동채권으로 하는 상계 불가

① 제3채무자는 상계로 압류채권자에게 대항 불가

② 제3채무자는 이중지급의 위험을 감수하고 압류채무자에 대하여 상계하는 것은 가능[사법연수원 상계충당 사례연습 해설]

(나) 예외

① 명령 전 성립의 기초임대차, 도급, 매매, 대여금 + 명령 후 자동채권구상채권, 제390조, 임료채권, 대여금에 대한 이자채권(발생의 기초가 되는 원인이 수동채권의 압류 이전부터 이미 성립하여 존재) 발생 + 변제기[대법원 1993. 9. 28. 선고 92다55794 판결, 대법원 2001. 3. 27. 선고 2000다43819 판결, [대법원 2005. 11. 10. 선고 2004다37676 판결] 부진정 연대채무자인 도급인의 수급인에 대한 구상권 : 하자보수와 함께 청구할 수 있는 손해배상채권이나 하자확대손해 배상청구권의 변형물로서 공사대금채권과 실질에 있어서 대가관계 인정 ➡ 자동채권이 변형되어도 동시이행관계가 인정되면 상계 가능

▶ 매수인피고(제3채무자)이 매도인집행채무자, 체납자과의 매매계약에 따라 부담하기로 한 대납이자 : 매도인에 대한 구상권·부당이득채권 불성립매도인이 부담하지 않으므로 → 추심채권자원고의 추심금 청구원고 → 매수인에 대하여 제3채무자매수인의 상계 불가[대전지방법원 천안지원 2020. 8. 21. 선고 2019가합103532 판결]

▶ 매수인의 채무인수가 늦게 이루어진 경우 : 본래 약정대로의 이행시기 ~ 실제 인수시기까지의 이자도 공제 불가매도인이 부담하지 않으므로 [대전지방법원 천안지원 2020. 8. 21. 선고 2019가합103532 판결]

② 명령 전 자동채권 취득 + 변제기

▶ 압류명령 송달 전의 대납이라도 그 지급이 매매계약의 특약사항매도인의 대출금에 대한 이자 지급이 매매계약금의 일부 ➡ 매수인 부담에 따른 변제인 경우 : 구상권·부당이득채권 불성립 → 상계 불가[대전지방법원 천안지원 2020. 8. 21. 선고 2019가합103532 판결]

③ 명령 전 취득 + 명령 후 동시·선도래[대법원 2012. 2. 16. 선고 2011다45521 전원합의체 판결] 상계권자와 압류채권자의 이익상황을 형량 ↔ 채권양도와 구별

(4) 전세권임대차보증금 담보를 위한 전세권설정계약 + 전세권등기 **근저당권자의 물상대위에 의한 압류·추심금청구**[대법원 2014. 10. 27. 선고 2013다91672 판결] 전세권 존속기간 중 : 용익물권적 성격 → 존속기간 중 전세권에 대한 저당권은 용익물권을 목적으로 하는 저당권 → 피담보채권의 변제기 도래시 전세권 자체를 경매, 존속기간 만료 후 : 전세권의 용익물권적 권능 소멸, 말소등기 없이도 당연 소멸, 전세권을 목적으로 하는 저당권도 당연 소멸, 전세권 자체에 대한 저당권 실행 불가 → 전세금반환채권에 대하여 압류·추심 또는 전부명령을 받거나 제3자가 실시한 강제집행절차에서 배당요구

(개) 전세권근저당권자의 압류·추심 명령 전에 자동채권이 발생되었다는 점만으로는 상계(제498조)로 전세권저당권자에게 대항 불가[2013다91672] 전세권저당권자가 전세금반환채권에 대하여 물상대위권을 행사한 경우, 종전 저당권의 효력은 물상대위의 목적이 된 전세금반환채권에 존속하여 저당권자가 전세금반환채권으로부터 다른 일반채권자보다 우선변제를 받을 권리가 있으므로

(내) 전세권자에 대한 반대채권대여금이 전세권에 대한 근저당권 설정 당시 존재 + 수동채권전세권자 → 전세권설정자보다 변제기 동시·선도래(전세권설정자의 상계) [2013다91672] 전세금반환채권은 전세권이 성립하였을 때부터 이미 발생이 예정되어 있다고 볼 수 있으므로, 전세권저당권이 설정된 때에 이미 전세권설정자가 전세권자에 대하여 반대채권을 가지고 있고 반대채권의 변제기가 장래 발생할 전세금반환채권의 변제기와 동시에 또는 그보다 먼저 도래하는 경우와 같이 전세권설정자에게 합리적 기대 이익을 인정할 수 있는 경우에는 특별한 사정이 없는 한 전세권설정자는 반대채권을 자동채권으로 하여 전세금반환채권과 상계함으로써 전세권저당권자에게 대항할 수 있다.

(대) 통정허위표시에 의한 전세권설정등기에 대해 근저당권이 설정된 경우 근저당권자가 악의인 경우 설정자는 상계항변으로 대항 가능[대법원 2013. 2. 15. 선고 2012다49292 판결]

(래) 근저당권에 대한 선의 압류채권자원고가 추심금 청구 : 설정자는 상계로 대항 불가[2012다49292] 실제로는 전세권설정계약을 체결하지 아니하였으면서도 임대차계약에 기한 임차보증금반환채권을 담보할 목적 또는 금융기관으로부터 자금을 융통할 목적으로 임차인과 임대인 사이의 합의에 따라 임차인 명의로 전세권설정등기를 경료한 경우에, 위 전세권설정계약이 통정허위표시에 해당하여 무효라 하더라도 위 전세권설정계약에 의하여 형성된 법률관계에 기초하여 새로이 법률상 이해관계를 가지게 된 제3자에 대하여는 그 제3자가 그와 같은 사정을 알고 있었던 경우에만 그 무효를 주장할 수 있다. 그리고 여기에서 선의의 제3자가 보호될 수 있는 법률상 이해관계는 위 전세권설정계약의 당사자를 상대로 하여 직접 법률상 이해관계를 가지는 경우 외에도 그 법률상 이해관계를 바탕으로 하여 다시 위 전세권설정계약에 의하여 형성된 법률관계와 새로이 법률상 이해관계를 가지게 되는 경우도 포함된다. 소외2의 위 전세권근저당권부 채권은 통정허위표시에 의하여 외형상 형성된 전세권을 목적물로 하는 위 전세권근저당권의 피담보채권으로서, 소외1은 이러한 소외2의 위 전세권근저당권부 채권을 가압류하고 나아가 압류명령을 얻음으로써 그 채권에 관한 담보권인 전세권저당권의 목적물에 해당하는 전세권에 대하여 새로이 법률상 이해관계를 가지게 되었다 할 것이므로, 만약 그가 통정허위표시에 관하여 선의라면 비록소외2가 악의라 하더라도 허위표시자는 그에 대하여 전세권이 통정허위표시에 의한 것이라는 이유로 대항할 수 없다.

(5) 양도담보설정 후 취득한 자동채권 : 물상대위권을 행사하는 양도담보권자에 대항 불가[대법원 2014. 9. 25. 선고 2012다58609 판결] 구상금채권이 압류 당시 상계적상에 있었더라도 : 동산 양도담보권자는 양도담보 목적물이 소실되어 양도담보 설정자가 보험회사에 대하여 화재보험계약에 따른 보험금청구권을 취득한 경우 담보물 가치의 변형물인 화재보험금청구권에 대하여 양도담보권에 기한 물상대위권을 행사할 수 있는데, 동산 양도담보권자가 물상대위권 행사로 양도담보 설정자의 화재보험금청구권에 대하여 압류 및 추심명령을 얻어 추심권을 행사하는 경우 특별한 사정이 없는 한 제3채무자인 보험회사는 양도담보 설정 후 취득한 양도담보 설정자에 대한 별개의 채권을 가지고 상계로써 양도담보권자에게 대항할 수 없다. 그리고 이는 보험금청구권과 본질이 동일한 공제금청구권에 대하여 물상대위권을 행사하는 경우에도 마찬가지이다.

[2012다58609] 보험금청구권 물상대위에 의한 추심금 청구와 구상금 채권으로의 상계항변 가부

➡️보험금공제금청구권[양도담보설정자(소외인) → 피고(변제기 : 화재발생일 2010.7.2.)]에 대한 압류 · 추심금
청구원고2010.7.16. 압류 · 추심명령

◀️제3채무자보험회사(피고) : 채무자설정자(소외인)에 대한 구상금 채권변제기 : 기한의 정함 없는 채권 → 발생
일인 2010.4.13.으로 상계압류 당시 상계적상

▸ 양도담보 설정2009.9.30. 후 취득한 구상금채권으로는 물상대위권 행사자인 원고에게 대항 불가이 사건
축사의 가금류는 본래 양도담보권자인 원고에게 대외적으로 소유권이 이전되어 원래 피고로서는 소외인에 대한 구상
금채권으로 위 가금류에 관하여 집행조차 할 수 없었음에도, 이 사건 축사에 화재가 발생하였고 또 소외인이 가축공제
계약을 체결한 공제사업자가 피고라는 우연한 사정에 의해 피고가 구상금채권으로써 상계를 할 수 있게 되고, 그로 인
하여 사실상 위 가금류로써 우선변제를 받게 된다면 매우 부당하다고 할 것이므로, 공제사업자인 피고가 양도담보설정
자인 소외인에 대하여 구상금채권을 가지고 있더라도 공제금이 위 구상금채권을 담보하는 것이라는 등의 특별한 사정
이 없는 한 이를 가지고 이 사건 공제금채권에 대하여 물상대위권을 행사한 원고에게 상계로써 대항할 수 없다.

▸ 공제금이 구상금채권을 담보하는 것이라는 특별한 사정 : 상계로 대항 가능

---

(6) 통정허위표시원고 + 소외인 : 전세권설정계약 없이 임차보증금 반환채권 담보목적 전세권설정등기 선의
근저당권자피고 : 전세금반환채권에 대하여 물상대위권 행사에 대하여 전세권설정자원고 : 채무부존
재 확인청구는 전세권자소외인에 대한 손해배상채권(제315조) 외 다른 채권임대차계약에
의한 채권(연체차임)으로 상계 불가능[대법원 2008. 3. 13. 선고 2006다29372,29389 판결] 전세금은 그 성
격에 비추어 민법 제315조에 정한 전세권설정자의 전세권자에 대한 손해배상채권 외 다른 채권까지 담보한다고
볼 수 없으므로

▸ 근저당권자 악의 : 상계 가능[대법원 1998. 9. 4. 선고 98다20981 판결, 대법원 2004. 6. 25. 선고 2003다
46260, 53879 판결, 대법원 2006. 2. 9. 선고 2005다59864 판결]

다. 제451조 제2항에 의한 제한 : 통지 · 승낙 이후의 채권으로 상계 불가

▸ 기초관계가 양도 전에 성립 + 자동채권과 수동채권이 동시이행관계[대법원 2015. 4. 9. 선고
2014다80945 판결]

3. 상계의사표시 및 도달

3-1. 상계 의사표시의 부존재

▸ 별도 의사표시 없이도 상계된 것으로 하는 특약[대법원 2000. 9. 8. 선고 99다6524 판결]

▸ 소송상 상계항변 : 수동채권손해배상채권의 존재에 대한 실질적 판단 필요 : 실질적 판단
이 없었던 경우 상계항변미지급대금 채권 사법적 효력 불발생 → 후소청구미지급대금 채권 가능

3-2. **상계항변의 상대방**당초소송 원고, 후소청구의 피고 **: 조정조서의 효력 주장 불가**[대법원 2013. 3. 28. 선고 2011다3329 판결] 원고가 관련소송에서 피고의 원고에 대한 손해배상청구가 인용될 것에 대비하여 이 사건 미지급대금 채권을 자동채권으로 하는 예비적 상계항변을 하였다고는 하나 그 소송절차 진행 중에 원고와 피고 사이에 조정이 성립됨으로써 수동채권인 피고의 청구채권에 대한 법원의 실질적인 판단이 이루어지지 아니한 이상 원고의 위 상계항변은 그 사법상 효력도 발생하지 않는다고 보아야 한다. 또한 이 사건 미지급대금 채권은 관련소송의 소송물이 아니었을 뿐만 아니라 그 조정조서의 조정조항에 특정되거나 청구의 표시 다음에 부가적으로 기재되지 아니하였으므로 특별한 사정이 없는 한 위 조정조서의 효력이 이 사건 미지급대금 채권에 미친다고 보기 어렵다.

Ⅲ. 재항변

1. 상계의 의사표시에 조건 또는 기한이 붙어 있다는 사실(제493조 제1항)

2. 상계자와 상대방 사이에 상계가 없었던 것으로 하는 특약

3. 상계권 남용 : 주관적 요건 불필요[대법원 2003. 4. 11. 선고 2002다59481 판결]

4. 상계충당

상계충당 사례연습[2015 사법연수원 상계충당 관련 연습문제]				
2014.2.1.	2014.3.1.	2014.7.31.	2014.12.31.	2015.2.6.
Ⓐ채권(수동채권) 원금 3,000 월2% 변제기 2014.8.31.	Ⓑ채권(수동채권) 원금 5,000 월1% 변제기 2014.9.30.	이자지급 2014.7.분까지만	자동채권(피고→원고) 발생+변제기 물품대금 3,000(피고 : 인도의무 이미 이행)	상계의사표시

[상계충당] Ⓐ채권 이자 300[3,000 × 2% × 5개월(8월~12월)] > Ⓑ채권 이자 250(5,000 × 1% × 5개월) > Ⓐ채권 원본 2,450
[주문] 피고는 원고에게 55,500,000원 및 이에 대하여, 2015.1.1.부터 다 갚는 날까지, 그중 5,500,000원에 대하여는 월 2%의, 50,000,000원에 대하여는 월 1%의 각 비율에 의한 금원을 지급하라.

5. 상계항변가수금(대여금)채권에 대한 상계 재항변불법행위 손해배상채권 : 불가[대법원 2014. 6. 12. 선고 2013다95964 판결]

가. 상계 재항변과 무관한 사유로 상계항변 배척시 : 상계 재항변 판단 불필요

나. 상계항변이 이유 있는 경우 : 피고의 자동채권이 상계적상 당시 대등액에서 소멸

하므로 상계재항변에 대하여 판단 불필요

다. 청구채권 외의 다른 채권이 있는 경우 : 소의 추가적 변경에 의하여 그 채권을 당해 소송에서 소구하거나 별소 제기 가능

➡ 원고가 2개의 채권을 청구하고 피고가 그중 1개의 채권사용검사 후 하자보수에 갈음한 손해배상채권을 수동채권으로 삼아 소송상 상계항변공사대금채권으로을 하자, 원고가 다시 나머지 1개 채권사용검사 전 하자보수에 갈음한 손해배상채권을 자동채권으로 소송상 상계 재항변을 하는 경우에도 마찬가지[대법원 2015. 3. 20. 선고 2012다107662 판결] 원고가 상계하고자 하는 수동채권인 피고 한라의 이 사건 공사대금 잔액 채권은 그보다 앞선 피고 한라의 이와 동일한 채권을 자동채권으로 한 상계주장에 의하여 이미 소멸, 이를 수동채권으로 하는 원고의 위 소송상 상계주장을 배척

Ⅳ. 소송법 논점

1. 상계항변에 대한 중복제소금지원칙 부적용대법원 2001. 4. 27. 선고 2000다4050 판결, [대법원 2022. 2. 17. 선고 2021다275741 판결] 상계의 항변을 제출할 당시 이미 자동채권과 동일한 채권에 기한 소송을 별도로 제기하여 계속 중인 경우, 사실심의 담당재판부로서는 전소와 후소를 같은 기회에 심리·판단하기 위하여 이부, 이송 또는 변론병합 등을 시도함으로써 기판력의 저촉·모순을 방지함과 아울러 소송경제를 도모함이 바람직하나, 그렇다고 하여 특별한 사정이 없는 한 별소로 계속 중인 채권을 자동채권으로 하는 소송상 상계의 주장이 허용되지 않는다고 볼 수는 없다. 마찬가지로 먼저 제기된 소송에서 상계 항변을 제출한 다음 그 소송계속 중에 자동채권과 동일한 채권에 기한 소송을 별도의 소나 반소로 제기하는 것도 가능하다.

2. 상계권 행사 후의 소취하 : 상계효력 불발생, 반대채권 소제기 가능

3. 상계항변원고 : 전소(피고 → 원고 : 공사대금)에서 상계항변 후 후소(원고 → 피고 : 하자보수에 갈음한 손해배상)를 제기한 후 전소 항소심에서 상계항변 철회에 대한 재소금지 원칙 부적용 : 예비적 항변, 방어방법의 철회에 불과하여 상대방의 동의 불요[대법원 2022. 2. 17. 선고 2021다275741 판결] 소의 취하와 달리 소송상 방어방법으로서의 상계항변은 그 수동채권의 존재가 확정되는 것을 전제로 하여 행하여지는 일종의 예비적 항변으로서 상대방의 동의 없이 이를 철회할 수 있고, 그 경우 법원은 처분권주의의 원칙상 이에 대하여 심판할 수 없다. 따라서 먼저 제기된 소송의 제1심에서 상계항변을 제출하여 제1심판결로 본안에 관한 판단을 받았다가 항소심에서 상계 항변을 철회하였더라도 이는 소송상 방어방법의 철회에 불과하여 민사소송법 제267조 제2항의 재소금지 원칙이 적용되지 않으므로, 그 자동채권과 동일한 채권에 기한 소송을 별도로 제기할 수 있다.

제17관 동시이행항변

Ⅰ. 요건

1. 쌍무계약 : 동일한 쌍무계약 + 대가적 채무(상환성) + 채무의 동일성

가. 동일한 쌍무계약

▶ 별개의 약정, 발생원인 상이[대법원 1990. 12. 26. 선고 90다카25383 판결] → 이행상 견련관계 부정, 목적물반환임대차계약에 기하여 발생 vs 사용수익하게 할 의무위반 손해배상 약정각서에 의하여 발생

▶ 동시이행 특약[대법원 1989. 2. 14. 선고 88다카10753 판결], 동시이행 인정할 특별한 사정[대법원 2007. 8. 23. 선고 2007다26455,26462 판결]

▶ 하나의 계약으로 둘 이상 전형계약 : 대가관계 인정시 동시이행항변 가능[대법원 2011. 2. 10. 선고 2010다77385 판결]

나. 비쌍무계약에의 확장 : 동일 법률요건으로 발생 + 공평의 관점에서 이행견련

(1) 명문규정

(가) 전세권(제317조)[대법원 2002. 2. 5. 선고 2001다62091 판결] 목적물을 인도하였더라도 말소에 필요한 서류를 제공하지 않은 이상 전세권설정자는 전세금에 대한 이자 상당액을 부당이득하였다고 볼 수 없음

(나) 해제(제549조)

(다) 수급인의 담보책임(제667조)

(라) 가등기담보 등에 관한 법률 제4조

(2) 해석상

(가) 목적물반환 vs 보증금[대법원 1998. 7. 10. 선고 98다15545 판결]

▶ 소유권을 취득하지 못한 매수인이 매도인원고 동의를 얻어 제3자피고에게 임대하였으나 매매계약 해제 : 원소유자원고의 명도청구에 대하여 피고는 동시이행항변 불가[대법원 1990. 12. 7. 선고 90다카24939 판결] 건물매수인이 아직 건물의 소유권을 취득하지 못한 채 매도인의 동의를 얻어 제3자에게 임대하였으나 매수인(임대인)의 채무불이행으로 매도인이 매매계약을 해제하고 임차인에게 건물의 명도를 구하는 경우 임차인은 매도인에 대한 관계에서 건물의 전차인의 지위와 흡사하다 할 것인바, 임대인의 동의 있는 전차인도 임차인의 채무불이행으로 임대차계약이 해지되면 특단의 사정이 없는 한 임대인에 대해서 전차인의 전대인에 대한 권리를 주장할 수가 없고, 또 임차인이 매매계약목적물에 대하여 직접 임차권을 취득했다고 보더라도, 대항력을 갖추지 아니한 상태에서는 그 매매계약이 해제되어 소급적으로 실효되면 그 권리를 보호받을 수가 없다는 점에 비추어 볼 때, 임차인의 건물명도의무와 매수인(임대인)의 보증금반환의무를 동시이행관계에 두는 것은 오히려 공평의 원칙에 반한다.

(나) 무효·취소에 의한 부당이득반환[대법원 1996. 6. 14. 선고 95다54693 판결]

▸ 원고매도인의 변제공탁 통지 후 인도할 때까지의 피고매수인의 점유 : 동시이행항변권 상실 → 불법점유

▸ 동시이행관계 아닌 채권으로 점유 : 원고, 피고 법률관계와 무관한 채권을 양수한 피고 → 원고의 미지급을 이유로 항변 불가, 불법점유

(다) 계약해제의 의한 원상회복의무원고 vs 손해배상채무피고 [대법원 1996. 7. 26. 선고 95다25138, 25145 판결]

(라) 일부타인권리매매 손해배상의무이행불능(패소확정)으로 발생 vs **목적물 및 사용이익반환**해제로 발생 [대법원 1993. 4. 9. 선고 92다25946 판결] 민법 제571조에 의한 계약해제의 경우에도 매도인의 손해배상의무와 매수인의 대지인도의무는 발생원인이 다르다 하더라도 이행의 견련관계는 양 의무에도 그대로 존재하므로 양 의무 사이에는 동시이행관계가 있다고 인정함이 공평의 원칙에 합치한다.

(마) 어음반환 없이 원인채무 이행청구

▸ 어음채무반환 동시이행항변을 행사하지 않은 경우 : 이행지체 성립쌍무계약상의 채권채무·대가관계가 아니라 이중지급 위험방지 ⇔ 행사한 경우 : 이행지체 불성립[대법원 1993. 11. 9. 선고 93다11203, 11210(반소) 판결]

▸ 어음상 권리의 시효소멸 : 동시이행항변 불가(∵ 이중지급 위험이 없으므로)[대법원 2010. 7. 29. 선고 2009다69692 판결]

(바) 매수인 이행인수(매매대금에서 공제) + 이전등기청구

▸ 매도인이 대신 변제 : 매수인 대금채무 ⋯➤ 인수채무 ➤ 구상채무 vs 이전등기의무[대법원 2007. 6. 14. 선고 2007다3285 판결]

(사) 목적물 반환의무임대차종료로 발생 **vs 권리금 회수 방해로 인한 손해배상의무**[대법원 2019. 7. 10. 선고 2018다242727 판결] 상가임대차법이 정한 권리금 회수기회 보호의무 위반으로 발생

다. 상환성 : 주된 급부의무 상호간 주관적 상호의존관계

▸ 부수적 의무위반

▸ 동시이행 특약, 부수의무 이행이 계약의 중요한 전제조건[대법원 1976. 10. 12. 선고 73다584 판결]

(1) 상환성이 인정되는 경우

(가) 이전등기청구(일부)

▸ 잔금 : 전부[대법원 2006. 2. 23. 선고 2005다53187 판결] ∵ 이전등기의무는 불가분

(나) 이전등기청구

▸ 중도금 지급 없이 잔금지급기일 경과 : 중도금 + 중도금 지급일 다음날부터 잔금 지급일까지의 지연손해금 + 잔금[대법원 1991. 3. 27. 선고 90다19930 판결]

(대) 대금지급청구

▸ 감액부분 미확정시 전부에 대해 거절 가능[대법원 1992. 12. 22. 선고 92다30580 판결]

(래) 중도금지급기일 경과 : 동시이행항변

▸ 특별한 사정 + 매수인 악의 : 잔금지급기일이 경과해도 중도금지급이 선이행 → 매도인의 해제 적법[대법원 1997. 4. 11. 선고 96다31109 판결] 피고(매도인)는 원고(매수인)로부터 중도금을 지급받아 박영덕에게 매매잔대금을 지급하지 아니하고서는 이 사건 토지의 소유권이전등기서류를 갖추어 원고에게 제공하기 어려운 특별한 사정이 있었고, 원고도 그러한 사정을 알고 이 사건 매매계약을 체결하였던 것이어서, 피고의 소유권이전등기절차 서류의 제공의무는 원고의 중도금 지급이 선행되었을 때에 원고의 잔대금의 지급과 동시에 이를 이행하기로 약정한 것이라고 할 것이므로, 원고의 중도금 지급의무는 당초 계약상의 잔금지급기일을 도과하였다고 하여도 피고의 소유권이전등기서류의 제공과 동시이행의 관계에 있다고 할 수 없다.

(매) 잔금

▸ 저당권말소/가압류말소 + 소유권이전등기[대법원 1991. 11. 26. 선고 91다23103 판결] 근저당권설정등기가 되어 있는 부동산을 매매하는 경우 매수인이 근저당권의 피담보채무를 인수하여 그 채무금 상당을 매매잔대금에서 공제하기로 하는 특약을 하는 등 특별한 사정이 없는 한 매도인의 근저당권말소 및 소유권이전등기의무와 매수인의 잔대금지급의무는 동시이행의 관계에 있는 것이다.

▸ 이전등기에 의한 담보대출금으로 잔대금충당 + 저당권말소하기로 → 매도인원고의 근저당권말소의무는 동시이행관계 부정[대법원 2000. 11. 28. 선고 2000다8533 판결] 원·피고 사이에 원고가 피고에게 이 사건 다세대주택에 관하여 소유권이전등기를 경료하면서 이를 담보로 제공하여 대출을 받아 그 대출금으로 원고의 잔대금 채권에 충당하고, 원고가 그 자금으로 이 사건 다세대주택의 대지권의 목적인 토지에 설정된 근저당권의 피담보채무를 변제하기로 약정한 것으로 보이므로 원고가 대지권의 목적인 토지에 설정된 근저당권설정등기의 말소등기절차를 이행할 의무는 피고의 잔대금지급의무와 동시이행관계에 있는 것으로 보이지 않는다.

[주문 : 말소등기의 실체법상 의무자매도인와 절차법상 의무자근저당권자가 다른 경우]

3. 가. 피고(반소원고)매수인 오달식은 원고(반소피고)실체법상 의무자(매도인)로부터 별지 목록 기재 각 부동산에 관하여 2014.2.20. 매매를 원인으로 한 소유권이전등기절차의 이행, 위 각 부동산의 인도 및 제2항 기재 각 근저당권설정등기의 말소를 받음과 동시에 원고(반소피고)에게 210,000,000원을 지급하고,

나. 원고(반소피고)는 피고(반소원고) 오달식으로부터 210,000,000원을 지급받음과 동시에 피고(반소원고)에게

1) 별지 목록 기재 각 부동산에 관하여 피고(반소원고) 오달식과 소외 김윤지 사이의 서울중앙지방법원 2014.7.18.자 2014카합28913호 소유권이전등기청구권 가압류결정에 의한 집행이 해제되면 2014.2.20. 매매를 원인으로 하는 소유권이전등기절차를 이행하고,

2) 위 각 부동산을 인도하라.

⒃ 보수지급

▶ 도급 하자 확대손해배상채무[대법원 2007. 8. 23. 선고 2007다26455,26462 판결]

▶ 피고 채무 초과부분 : 동시이행항변 불가, 이행지체 성립2007다26455 도급계약에 기하여 동시이
행관계에 있는 반대채권의 존재로 인하여 상대방에 대한 채무의 이행을 거절할 권능을 가지고 이행지체책임을 지지
않는 것은 서로 자신과 상대방의 채무액 중 대등액의 범위에 한하여 인정될 뿐이므로, 당사자 쌍방의 채무액을 비교
하여 일방의 채무액이 상대방의 채무액을 초과하는 부분이 있다면 그 일방의 나머지 채무액에 대하여는 동시이행관
계 및 이로 인한 이행거절권능이 허용되지 아니한다.

⒄ 임대차보증금반환

▶ 보증금 지급담보를 위한 전세권등기말소[대법원 2011. 3. 24. 선고 2010다95062 판결] 임대인과 임차
인이 임대차계약을 체결하면서 임대차보증금을 전세금으로 하는 전세권설정등기를 경료한 경우 임대차보증금은 전
세금의 성질을 겸하게 되므로, 당사자 사이에 다른 약정이 없는 한 임대차보증금 반환의무는 민법 제317조에 따라
전세권설정등기의 말소의무와도 동시이행관계에 있다.

⒅ 피고 이전등기

▶ 매수인의 대금지급 + 부가가치세 부담(약정)[대법원 2006. 2. 24. 선고 2005다58656,58663 판결]

⒆ 경매무효에 의한 말소등기청구 ➡ 원고 : 배당금지급의무

▶ 피고 : 말소등기의무[대법원 1995. 9. 15. 선고 94다55071 판결] 쌍무계약이 무효로 되어 각 당사자가 서로 취
득한 것을 반환하여야 할 경우, 어느 일방의 당사자에게만 먼저 그 반환의무의 이행이 강제된다면 공평과 신의칙에
위배되는 결과가 되므로 각 당사자의 반환의무는 동시이행관계에 있다고 보아 민법 제536조를 준용함이 옳다고 해
석되고, 이러한 법리는 경매절차가 무효로 된 경우에도 마찬가지라 할 것이다.

⒇ 원고(반소피고) : 이전등기의무(이행불능) ⟶ 손해배상의무

▶ 피고 : 가등기말소의무(원고의 동시이행항변 인정)[대법원 1997. 4. 25. 선고 96다40677,40684 판결
] 채권자의 가등기를 말소할 의무와 채무자의 소유권이전등기절차를 이행할 의무가 동시이행의 관계에 있는 경우,
위 가등기말소의무는 위 소유권이전등기절차이행의무가 이행불능이 됨으로 인하여 발생한 채무자의 채권자에 대한
손해배상의무와도 여전히 동시이행의 관계에 있다.

▶ 피고의 가등기말소의무가 소멸된 경우 : 동시이행항변 불가96다40677

(2) 상환성이 부정되는 경우

㈎ 매도인피고의 해제 : 매매대금반환의무매수인 → 매도인 : 매매대금반환청구

▶ 이전등기 하지 않은 매수인원고(양수금 청구)의 가처분등기전매수인 말소의무[대법원 2009. 7. 9.
선고 2009다18526 판결] 부동산에 관한 매매계약을 체결한 후 매수인 앞으로 소유권이전등기를 마치기 전에 매수인
으로부터 그 부동산을 다시 매수한 제3자의 처분금지가처분신청으로 매매목적부동산에 관하여 가처분등기가 이루
어진 상태에서 매도인과 매수인 사이의 매매계약이 해제된 경우, 매도인만이 가처분이의 등을 신청할 수 있을 뿐
매수인은 가처분의 당사자가 아니어서 가처분이의 등에 의하여 가처분등기를 말소할 수 있는 법률상의 지위에 있지
않고, 제3자가 한 가처분을 매도인의 매수인에 대한 소유권이전등기의무의 일부이행으로 평가할 수 없어 그 가처분

등기를 말소하는 것이 매매계약 해제에 따른 매수인의 원상회복의무에 포함된다고 보기도 어려우므로, 위와 같은 가처분등기의 말소와 매도인의 대금반환의무는 동시이행의 관계에 있다고 할 수 없다.

(나) 저당권설정등기·임차권등기 말소의무

▸ 채무자설정자, 임대인의 채무변제, 보증금반환의무 : 선이행 의무대법원 1969. 9. 30. 선고 69다 1173 판결, 대법원 2005. 6. 9. 선고 2005다4529 판결, [대법원 2019. 10. 31. 선고 2019다247651 판결] 금전채권의 채무자가 채권자에게 담보를 제공한 경우 특별한 사정이 없는 한 채권자는 채무자로부터 채무를 모두 변제받은 다음 담보를 반환하면 될 뿐 채무자의 변제의무와 채권자의 담보 반환의무가 동시이행관계에 있다고 볼 수 없다. 따라서 채권자가 채무자로부터 제공받은 담보를 반환하기 전에도 특별한 사정이 없는 한 채무자는 이행지체 책임을 진다.

➡ [주문] 피고 황정인은 원고(반소피고)로부터 130,000,000원 및 이에 대한 2013. 2. 1. 부터 다 갚는 날까지 월 2%의 비율에 의한 금원을 지급받은 다음 원고(반소피고)에 게 별지 목록 기재 각 부동산에 관하여 서울중앙지방법원 등기국 2012. 2. 2. 접수 제 12313호로 마친 각 근저당권설정등기의 말소등기절차를 이행하라.

(다) 근저당권자(원고)의 말소등기청구(채무자대위)[대법원 2006. 9. 22. 선고 2006다24049 판결]
　↳ 배당금 반환의무(→낙찰자에게)

▸ 낙찰자(피고)의 소유권이전등기 말소의무(→채무자에게) : 이행 상대방 상이

(라) 수급인의 공사대금채권

▸ 도급인의 지체상금채권[대법원 2014. 9. 25. 선고 2014다25160 판결, 대법원 2015. 8. 27. 선고 2013다81224, 81231 판결] 공사도급계약상 도급인의 지체상금채권과 수급인의 공사대금채권은 특별한 사정이 없는 한 동시이행의 관계 에 있다고 할 수 없다.

(마) 매도인의 동의를 얻은 미등기매수인의 임대 후 매매계약 해제시 목적물 반환(매도인 → 임 차인 : 인도청구)

▸ 임차인 : 보증금반환 항변 불가[대법원 1990. 12. 7. 선고 90다카24939 판결]

(바) 중도금 채권 양수인의 중도금반환의무(원상회복의 일부)

▸ 매수인의 매도인에 대한 인도의무

(사) 매도인의 협력의무

▸ 매수인의 매매대금, 양도소득세 상당 금원지급 의무

라. 채무의 동일성 : 동일성 인정시 제3자에 대하여도 행사 가능

(1) 전부채권자(원고) 전부금청구[대법원 1989. 10. 27. 선고 89다카4298 판결, 대법원 2002. 7. 26. 선고 2001다68839 판결] 임차인의 임대인에 대한 임대보증금

▸ 임대인(피고) : 임차인의 불법점유 주장 → 보증금공제 항변

▸ 전부채권자 : 임차인의 동시이행항변불법점유가 아니므로 공제 불가

▸ 임대인이 전부채권자에게 채무이행·이행제공 + 임차인이 인도하지 않았음을 입증임

차인의 임차보증금반환청구채권이 전부된 경우에도 채권의 동일성은 그대로 유지되는 것이어서 동시이행관계도 당연히 그대로 존속한다고 해석할 것이므로 임대차계약이 해지된 후에 임대인이 잔존임차보증금반환청구채권을 전부받은 자에게 그 채무를 현실적으로 이행하였거나 그 채무이행을 제공하였음에도 불구하고 임차인이 목적물을 명도하지 않음으로써 임차목적물반환채무가 이행지체에 빠지는 등의 사유로 동시이행의 항변권을 상실하게 되었다는 점에 관하여 임대인이 주장·입증을 하지 않은 이상 임차인의 목적물에 대한 점유는 동시이행의 항변권에 기한 것이어서 불법점유라고 볼 수 없다.

(2) 임대인 명도청구

▶ 추심채무자임차인 : 추심권능이 집행채권자에게 이전되더라도 동시이행항변 가능[대법원 2001. 3. 9. 선고 2000다73490 판결] 금전채권에 대한 압류 및 추심명령이 있는 경우라도 이는 강제집행절차에서 추심채권자에게 채무자의 제3채무자에 대한 채권을 추심할 권능만을 부여하는 것으로서, 이로 인하여 채무자가 제3채무자에 대하여 가지는 채권이 추심채권자에게 이전되거나 귀속되는 것은 아니므로, 추심채무자로서는 제3채무자에 대하여 피압류채권에 기하여 그 동시이행을 구하는 항변권을 상실하지는 않는다고 할 것이고, 그 항변이 인용되어 동시이행 의무를 부담하게 되는 제3채무자로서는 위 압류추심명령의 효력에 의한 제한을 받는 데 불과하다 할 것인바, 원고가 반환하여야 할 잔존 보증금의 범위를 그 임대차보증금인 1,600만 원에서 연체차임 등 금 1,245만 원 및 공과금 326,380원을 공제한 금 3,223,620원으로 확정하고, 피고에게 원고로부터 위 금원을 지급받음과 상환으로 이 사건 부동산의 명도를 명한 원심의 조치는 위 법리에 따른 것으로 정당하다.

2. 변제기(상대방채무)

가. 선이행의무 : 중도금지급의무, 수임인의 처리의무

▶ 선이행의무 지체 중 상대방채무 이행기도래[대법원 1991. 3. 27. 선고 90다19930 판결]

나. 선이행약정[대법원 2005. 12. 8. 선고 2003다41463 판결] 매매대금을 전액 수납한 경우 매수인에게 이전등기 하기로 약정 → 동시이행관계 부정

다. 불안의 항변권(제536조 제2항) : 선이행의무자 + 상대방의 사정변경

(1) 선이행의무의 이행기 당시를 기준2005다17501

(2) 중도금 일부를 미지급했으나 원고가 준공검사도 마치지 못한 경우 : 피고의 동시이행항변 가능[대법원 1992. 4. 24. 선고 92다3779 판결] 원고의 해제는 불가

Ⅱ. 효과

1. 존재효과

가. 이행지체 불성립[대법원 1998. 3. 13. 선고 97다54604, 54611 판결, 대법원 1997. 7. 25. 선고 97다5541 판결]

나. 자동채권으로 상계금지(제492조 제1항 단서)

▶ 수동채권 상계, 양채권이 서로 동시이행관계(하자보수 vs 공사대금)[대법원 1996. 7. 12. 선고 96다7250,7267 판결] 도급계약에 있어서 완성된 목적물에 하자가 있는 때에는 도급인은 수급인에 대하여 하자의 보수를 청구할 수 있고 그 하자의 보수에 갈음하여 또는 보수와 함께 손해배상을 청구할 수 있는바, 이들 청구권은 특별한 사정이 없는 한 수급인의 공사대금 채권과 동시이행관계에 있는 것이므로, 이와 같이 도급인이 하자보수나 손해배상청구권을 보유하고 이를 행사하는 한에 있어서는 도급인의 공사대금 지급채무는 이행지체에 빠지지 아니하고, 도급인이 하자보수나 손해배상 채권을 자동채권으로 하고 수급인의 공사잔대금 채권을 수동채권으로 하여 상계의 의사표시를 한 다음날 비로소 지체에 빠진다. ⇔ [비교 : 대법원 2001. 9. 18. 선고 2001다9304 판결] 도급인이 하자보수청구권을 행사하여 동시이행의 항변을 할 수 있는 기성공사대금의 범위가 하자 및 손해에 상응하는 액수에 한정 : 피고가 미지급한 기성공사대금은 5,402,595,000원인데 비하여 이 사건 건물의 하자보수비용은 676,401,000원에 불과하고, 피고는 선급금을 지급한 이래 약정에 따른 기성공사대금을 전혀 지급하지 않고 있을 뿐만 아니라 현재 자력이 없고 앞으로 하자보수공사가 완성되어도 공사대금을 지급할지 여부가 불확실한 상태임이 인정되므로, 피고가 하자보수청구권을 행사하여 동시이행의 항변을 할 수 있는 기성공사대금의 범위는 하자 및 손해에 상응하는 금액으로 한정하는 것이 공평과 신의칙에 부합한다.

2. 행사효과

가. 이행거절 : 상환이행 판결

나. 집행개시요건 : 반대급부 이행제공

다. 점유권원 : 부당이득 반환의무는 성립

Ⅲ. 재항변

1. 계속적 이행·이행제공(재항변)

■ 매수인 : 대금지급 이행·이행제공, 매도인 : 이전등기 이행·이행제공 증명[대법원 2013. 4. 11. 선고 2012다65294 판결]

▶ 일시적 제공 : 수령지체자의 동시이행항변권은 소멸하지 않음[대법원 1972. 3. 28. 선고 72다163 판결, 대법원 1972. 11. 14. 선고 72다1513,1514 판결]

▶ 압류통지만 받고 압류금액 상당의 이행을 하지 않은 경우 : 이행제공으로 볼 수 없음 [대법원 1988. 4. 12. 선고 86다카2476 판결]

■ 이행지체 책임 : 계속적 제공[대법원 1995. 3. 14. 선고 94다26646 판결], 이행준비 + 구두제공[대법원 1992. 7. 14. 선고 92다5713 판결, 대법원 2001. 5. 8. 선고 2001다6053, 6060, 6077 판결]

■ 해제권 행사 : 이행지체에 빠지게 한 경우 → 계속적 제공 불필요(자신의 채무를 이행할 준비 필요)[대법원 1982. 6. 22. 선고 81다카1283,1284 판결, 대법원 1996. 11. 26. 선고 96다35590, 35606

판결] ⟺ 정지조건부 해제 + 이행기가 일정기간 → 계속적 제공 필요[대법원 1992. 12. 22. 선고 92다28549 판결] 동시이행관계에 있는 의무자의 일방이 상대방의 이행지체를 이유로 한 해제권을 적법하게 취득하기 위하여는 이행청구에 표시된 이행기가 "일정한 기간 내"로 정하여진 경우라면 이행을 청구한 자가 원칙으로 그 기간 중 이행제공을 계속하여야 할 것이고, "일정한 일시" 등과 같이 기일로 정하여진 경우에는 그 기일에 이행제공이 있어야 한다.

2. 동시이행항변권 남용

가. 자기 채무의 이행만을 회피하기 위한 수단[대법원 1992. 4. 28. 선고 91다29972 판결]

나. 임차인 원상회복의무 30만원 vs 보증금 1.25억[대법원 1999. 11. 12. 선고 99다34697 판결]

3. 채권관계의 동일성이 상실되는 당사자변경(경개)

제18관 권리주장자가 있는 경우의 대금지급거절권(제588조)

[대법원 2009. 5. 28. 선고 2008다98655,98662 판결] 매도인의 잔금청구와 매수인의 제588조 항변

➡️원고매도인 : 채무인수 및 잔금이행 청구

▸피고매수인 : 제588조 항변 → 매도인의 채권자가 매매계약에 대해 사해행위취소청구, 잔금채권 가압류 → 피고는 이행거절 가능. 이행지체책임× 이러한 사정들은 민법 제588조의 '매매의 목적물에 대하여 권리를 주장하는 자가 있는 경우에 매수인이 매수한 권리의 전부나 일부를 잃을 염려가 있는 때'에 해당한다고 봄이 상당하므로, 매수인인 피고로서는 자신이 매수한 권리를 잃을 염려가 없어질 때까지 중도금지급에 갈음한 중소기업은행에 대한 근저당권의 피담보채무인수 및 잔금지급의무의 이행을 거절할 수 있고, 피고가 위와 같은 자기의 의무를 이행하지 아니하였다고 하더라도 그 지체책임을 지지 않는다.

◀계약금 반환(반소)청구(제537조)

■부동산이 경매절차에서 매각(당사자 쌍방의 책임없는 사유)

■피고는 이미 이행한 급부(계약금) 반환청구 가능

▸선이행한 부동산 및 기계기구 등에 대한 임료 상당의 부당이득반환청구

[원심] : 부정 이 사건 매매계약은 피고의 귀책사유로 인한 채무불이행으로 해제되지 아니하였으므로 피고의 귀책사유로 인하여 이 사건 매매계약이 해제되었음을 전제로 한 원고의 부당이득반환청구는 나아가 판단할 필요 없이 이유 없다고 판단

[대법원] : 인정 민법 제537조는 '쌍무계약의 당사자 일방의 채무가 당사자 쌍방의 책임없는 사유로 이행할 수 없게 된 때에는 채무자는 상대방의 이행을 청구하지 못한다'라고 규정하여 채무자위험부담주의를 채택하고 있는바, 쌍무계약에서 당사자 쌍방의 귀책사유 없이 채무가 이행불능된 경우 채무자는 급부의무를 면함과 더불어 반대급부도 청구하지 못한다고 할 것이므로, 쌍방 급부가 없었던 경우에는 계약관계는 소멸하고 이미 이행한 급부는 법률상 원인 없는 급부가 되어 부당이득의 법리에 따라 반환청구할 수 있다고 할 것이다. 이 사건 매매계약이 원고와 피고 쌍방의 책임 없는 사유로 이행불능에 이르게 되었다면, 피고는 원고에게 이 사건 각 부동산을 점유·사용함으로 인하여 취득한 임료 상당의 부당이득을 반환할 의무가 있다고 할 것이다.

제19관 신의성실의 원칙

Ⅰ. 의의

1. 성질

가. 민법의 3대 일반조항(제2조, 제103조, 제750조)일반조항의 위험성 : 유약화, 불안정성, 자의성
   [민법판례연구 8]

나. 강행규정, 당사자 주장 없어도 판단 가능직권조사사항

다. 후견 패러다임, 사법적극주의와 관련[민법학의 기본원리 305, 357]

2. 신의칙의 기능 : 법률관계 수정 → 권리행사의 제한

가. 계약상 급부범위의 조정

(1) 계속적 보증에서의 보증채무 감축[대법원 1990. 2. 27. 선고 89다카1381 판결]

(2) 변호사 보수채무의 감축[대법원 2018. 5. 17. 선고 2016다35833 전원합의체 판결] 계약자유의 원칙에 대한 예외을 인정하는 것이므로 법원이 약정 보수액을 감액할 때에는 합리적인 근거를 명확히 밝혀야 한다.

(3) 결국 피고에게 반환해야 할 것을 청구하는 경우[대법원 2017. 2. 15. 선고 2014다19776, 19783 판결] 계약의 해석에 의하여 일단 발생한 채무의 이행을 구하는 것이 신의칙에 위반 ➡ [채권이 제3자에게 양도된 경우] 양수인은 채무이행청구 가능, 채무자는 양수인에게 신의칙 위반 항변 불가, 채무자는 양도인에게 채무불이행·불법행위 손해배상청구, 양도인의 무자력 위험은 채무자가 부담 ⇔ [비교] 계약의 해석에 의하여 채무 자체가 발생하지 않는 경우 : 양수인은 청구 불가, 이로 인한 문제는 양도인과 양수인의 사이에서 해결

나. 불법행위 손해배상범위의 제한[대법원 2004. 12. 10. 선고 2002다60467, 60474 판결, 대법원 2005. 10. 28. 선고 2003다69638 판결]

3. 요건

가. 신의공여·신의를 가짐이 정당한 상태

나. 권리행사가 정의관념에 비추어 용인될 수 없는 상태

(1) 허위표시에 의한 주채무 당사자가 구상권을 행사하는 보증인의 과실주장
(2) 주채무자에 대한 항변사유가 있음에도 중과실로 주장하지 않고 보증채무를 이행한 경우
(3) 시효이익 포기 후 시효완성 주장[대법원 1999. 7. 9. 선고 99다12376 판결]

3-1. 신의창출 부정(원고의 내부사정), 말소등기청구가 정의관념에 반하지 않는 경우

[대법원 1991. 12. 10. 선고 91다3802 판결]

3-2. 민법의 기초이념에 반하는 경우

가. 의사무능력자, 제한능력자

나. 상속포기

다. 기판력 : 말소등기청구패소 후 확인의 소 : 신의칙위반 부정

3-3. 강행법규의 취지에 반함국토이용관리법, 사립학교법

Ⅱ. 세부 유형

1. 금반언의 원칙

가. 무권대리인의 본인상속

나. 보상협의 제의 후 점유취득시효 완성 주장[대법원 2009. 6. 25. 선고 2009다16186,16193 판결]

다. 중과실로 보증채무를 이행한 보증인의 구상채권[대법원 2006. 3. 10. 선고 2002다1321 판결]

라. 대항요건 불비주민등록상의 주소≠건축물관리대장 및 등기부등본상의 주소를 알면서 임차인을 선순위 권리로 인정하고 근저당권을 설정한 후 사후에 대항력 결여를 주장[대법원 2008. 2. 14. 선고 2007다33224 판결]

1-1. 금반언의 원칙에 위반되지 않는 경우

■ 제한능력자·의사무능력자의 취소·무효주장

■ 강행법규 위반자의 무효 주장

▶ 허가를 받을 수 있었으나 절차 회피 → 무효 주장은 신의칙 위반

■ 상속개시 전 상속포기약정 후 상속권 주장[대법원 1998. 7. 24. 선고 98다9021 판결]

2. 실효의 원칙 : 권리행사를 현실적으로 기대할 수 있었음에도 행사하지 않은 경우

▶ 권리행사하지 않을 것에 대한 신뢰 미형성

▶ 실효의 원칙 주장 : 소멸시효 주장 불포함[대법원 1990. 8. 28. 선고 90다카9619 판결]

3. 권리남용유연한 소유권[민법학의 기본원리 262]

가. 요건[대법원 2021. 10. 14. 선고 2021다242154 판결]

(1) 권리의 행사가 주관적으로 오직 상대방에게 고통을 주고 손해를 입히려는 데 있을 뿐 이를 행사하는 사람에게는 이익이 없고, 객관적으로 사회질서에 위반

(2) 주관적 요건의 추인 및 기준 : 주관적 요건은 권리자의 정당한 이익을 결여한 권리 행사로 보이는 객관적인 사정들을 모아서 추인 가능하고, 권리의 행사에 해당하는 외관을 지닌 어떠한 행위가 권리남용이 되는가는 권리남용 제도의 취지 및 그 근간이 되는 동시대 객관적인 사회질서의 토대하에서 개별적이고 구체적인 상황을 종합하여 판단

나. 효과[대법원 2021. 10. 14. 선고 2021다242154 판결]

(1) 토지소유자의 철거, 점유이전, 통행금지청구, 인도청구 기각[대법원 2021. 11. 11. 선고 2020 다254280 판결] 소유권에 기초를 둔 토지 인도 청구가 권리남용에 해당하는지는 토지 취득 경위와 이용현황(오래 전부터 도로로 이용) 등에 비추어 토지 인도에 따른 소유자의 이익과 상대방의 손해 사이에 얼마나 큰 차이가 있는지, 토지 소유자가 인도 청구를 하는 실제 의도와 목적이 무엇인지, 소유자가 적절한 가격으로 토지를 매도해 달라는 상대방의 요구에 정당한 이유 없이 불응하며 상대방에게 부당한 가격으로 토지를 매수할 것을 요구하고 있는지(높은 금액의 보상금 요구가 거부당하자 인도청구), 토지에 대한 법적 규제나 토지 이용현황 등에 비추어 다른 용도로 사용할 수 있는지(토지가 인도되면 교통에 큰 지장을 초래하는 반면 원고가 다른 용도로 사용하기 어려움), 토지 인도로 말미암아 사회 일반에 중대한 불이익이 발생하는지(고가도로를 연결하는 지점에 위치하여 차량 통행에 필수적이고 통행량도 많음), 인도 청구 이외에 다른 권리구제수단이 있는지 등 여러 사정을 종합적으로 고려해서 판단해야 한다. ➡ 토지인도청구 기각

(2) 토지소유자의 통행방해는 불법행위

다. 소유자의 구제수단 : 부당이득[2021다242154] 인도를 구하는 부분이 원고 소유토지의 9.7%에 불과하고, 해당 토지를 사용하여야 할 긴급한 필요성이나 계획이 없었고, 금전적인 보상의 형태로 전보가 가능함을 알고 있었던 경우 부당이득반환 청구만 가능 : 선행 소송에서 이 사건 도로에 관한 원고의 부당이득금 지급 청구가 일부 인용된 사정만으로는 일반 공중의 통행에 지장을 초래할 정도에 이른다고 볼 수 없는 반면, 토지의 인도 또는 방해배제 등을 구하는 이 사건 청구가 인용되면 일반 공중의 통행 자체를 불가능하게 할 수 있어, 이를 금전적 보상청구권을 행사하는 경우와 동일하게 평가할 수도 없다.

Ⅲ. 신의칙 적용의 한계 : 보충성과 미세성 → 사안의 구체적 사정들을 개별적으로 고려[민법판례연구 62]

제
2
편

물권적 청구권

제 2 편 / 물권적 청구권

제1장 부동산인도/철거/퇴거청구(소송물 : 소유권에 기한 방해배제)

제1절 소유권에 기한 청구_{사유재산권 존중의 원칙 : 강고한 소유권과 유연한 소유권의 원리[민법학의 기본원리 16]}

제1관 원고의 목적물 소유/원고의 토지 소유

Ⅰ. 소유권의 개념과 제한

1. 개념 : 물건을 **사용**물건의 사용가치를 파악(물건의 이용)·**수익**과실의 수취·**처분**물건의 교환가치를 파악(양도, 담보권 설정, 소비, 개조)할 수 있는 권리

2. 소유권의 사회적 구속성

가. 법률의 범위 내에서만 인정(제211조)

나. 정당한 이익(제212조)

(1) 취지 : 토지 소유권의 범위를 제한함으로써 토지 소유권의 공동체 적합성을 소극적으로나마 담보하는 장치 → 법령상 제한이 없어도 제212조에 따라 토지 소유권의 효력이 미치는 범위 제한 가능[민법판례연구 89]

(2) 존부의 판단방법 : 토지 소유자와 그가 속한 공동체의 관계, 해당 토지와 주변 토지의 관계를 고려하여 거래관념에 따라 유연하게 결정[민법판례연구 89]

(3) 토지 소유자의 상공에 대한 이익

㈎ 토지 소유자가 토지의 상공으로 어느 정도까지 정당한 이익을 가지는지는 구체적 사안에서 거래관념에 따라 판단[대법원 2016. 11. 10. 선고 2013다71098 판결]

㈏ 금지청구 : 방해가 '참을 한도'를 넘어서는 경우에 비로소 인정[대법원 1995. 9. 15. 선고 95다23378 판결]

㈐ 손해배상청구 : 방해제거·예방청구의 기준이 되는 '참을 한도'(위법성)와 손해배상청구의

기준이 되는 '참을 한도'가 반드시 같아야 하는 것은 아님2011다91784, 2013다89433, **금지청구가 기각되어도 손해배상청구는 인용 가능**대법원 2016. 11. 10. 선고 2013다71098 판결, [대법원 2021. 6. 3. 선고 2016다33202, 33219 판결] 인접 토지에 외벽이 유리로 된 건물 등이 건축되어 과도한 태양반사광이 발생하고 이러한 태양반사광이 인접 주거지에 유입되어 거주자가 이로 인한 시야방해 등 생활에 고통을 받고 있음을 원인으로 태양반사광의 예방 또는 배제를 구하는 방지청구는 금전배상을 구하는 손해배상청구와는 그 내용과 요건을 서로 달리하는 것이어서 같은 사정이라도 청구의 내용에 따라 고려요소의 중요도에 차이가 생길 수 있고, 태양반사광 침해의 방지청구는 그것이 허용될 경우 소송당사자뿐 아니라 제3자의 이해관계에도 중대한 영향을 미칠 수 있어, 방지청구의 당부를 판단하는 법원으로서는 해당 청구가 허용될 경우에 방지청구를 구하는 당사자가 받게 될 이익과 상대방 및 제3자가 받게 될 불이익 등을 비교·교량하여야 한다.

II. 소유권에 대한 판단 방법

1. 소유자로서 등기된 사실

가. 개개원인, 등기경위 불필요 ➡ 등기의 추정력[대법원 1995. 5. 9. 선고 94다41010 판결] 대리권의 부존재, 등기서류의 위조 등 무효사실은 말소를 청구하는 소유자가 증명

나. 토지대장에 소유자로 등재시 사실상 추정[대법원 1976. 9. 28. 선고 76다1431 판결]

다. 미등기 무허가건물 양수인 : 직접 주장 불가[대법원 1999. 3. 23. 선고 98다59118 판결] 소유권이나 관습법상 물권 부정, 매도인 대위 가능[대법원 2007. 6. 15. 선고 2007다11347 판결]

라. 지상권을 설정한 소유자도 방해배제청구 가능[대법원 1974. 11. 12. 선고 74다1150 판결] 불법 점유자에 대한 손해배상청구는 불가

마. 청산절차를 이행하지 않은 양도담보권자로부터의 매수인 : 소유권 확정적 취득[대법원 1992. 12. 8. 선고 92다35066 판결] 양도담보권자가 담보목적부동산에 대하여 가등기담보등에관한법률 소정의 청산절차를 이행하지 아니한 채 소유권을 이전한 경우 부동산 매수인은 소유권을 확정적으로 취득한다.

2. 자백 가능 : 선결적 법률관계에 대한 진술 → 원고의 소유권 내용을 이루는 구체적 사실에 대한 자백 → 재판상 자백[대법원 1989. 5. 9. 선고 87다카749 판결]

3. 판단기준시 : 사실심 변론종결시[대법원 1969. 5. 27. 선고 68다725 전원합의체 판결]

4. 대항방법

가. 원고의 소유권 부정

(1) 원고의 소유권취득 원인 불성립[부인 : 대법원 1993. 10. 26. 선고 93다2629, 2636(병합) 판결]

(2) 원고의 소유권취득 원인 무효항변 : 원고의 매수행위가 제103조 위반

(3) 멸실된 건물에 대한 경락 : 신건물에 대한 소유권취득 불가[대법원 1976. 10. 26. 선고 75다 2211 판결] 기존건물이 멸실된 후 그곳에 새로이 건축한 건물의 물권변동에 관한 등기를 멸실된 건물의 등기부에 하여도 이는 진실에 부합하지 아니하는 것이고 비록 당사자가 멸실건물의 등기로서 신축된 건물의 등기에 갈음할 의사를 가졌다 하여도 그 등기는 무효이니 이미 멸실된 건물에 대한 근저당권설정등기에 신축된 건물에 대한 근저당권이 설정되었다고는 할 수 없으며 그 등기에 기하여 진행된 경매에서 신축된 건물을 경락받았다 하더라도 그로써 소유권취득을 내세울 수는 없다.

(4) 소유권이전등기청구권 압류·가압류 채권자 : 제3채무자나 채무자로부터 이전등기 받은 제3자에게 말소등기청구 불가[대법원 1992. 11. 10. 선고 92다4680 전원합의체 판결] 본안에서 승소했더라도 마찬가지 ∵ 목적물인 부동산 자체의 처분을 금지하는 대물적 효력이 없으므로

▸ 제3자 명의 등기는 가압류채권자에 대한 관계에서 무효 : 가압류 채권자의 강제경매신청 가능 → 매수인명의 등기 유효[대법원 1998. 8. 21. 선고 96다29564 판결] 이 사건 부동산에 관하여 1993. 4. 29. 위 소외 회사로부터 소외인 명의의 소유권이전등기가 되고 같은 날 소외인으로부터 원고가 소유권이전등기를 넘겨받기 전에 이미 1992. 11. 26. 소외 기술신용보증기금 명의의 적법한 가압류기입등기가 되어 가압결정이 공시되어 있었으므로 기술신용보증기금은 원고에 대하여 위 가압류의 처분금지적 효력을 주장할 수 있다 할 것이어서, 원고 명의의 소유권이전등기는 위 등기된 가압류의 채권자인 기술신용보증기금과의 관계에서는 무효이고, 이미 원고에 의하여 소외인 명의의 소유권이전등기가 마쳐진 이상 기술신용보증기금의 신청에 의한 이 사건 부동산에 대한 강제집행절차는 정당하고, 위 강제경매절차에 의하여 적법하게 위 부동산을 낙찰받은 피고 명의의 소유권이전등기 역시 적법·유효하다.

(5) 공용부분이 전유부분으로 등록된 경우 : 구분소유자의 전속적인 소유권의 객체가 아님[대법원 2016. 5. 27. 선고 2015다77212 판결] 복도가 원고의 전유부분으로 등재된 사례

(6) 점유취득시효완성자[대법원 1999. 7. 9. 선고 97다53632 판결] 소유권에 기한 철거청구 불가

(7) 경매 목적물에 포함되지 않아 소유권을 취득하지 못하였다는 주장 : 불가[대법원 2002. 10. 25. 선고 2000다63110 판결] 부합된 증축 부분에 대하여도 저당권의 효력 인정, 90다11967 경매 목적이 되었는지 여부는 평가목록이 아니라 부합 여부로 판단

(8) 동산의 이중양도담보권자[대법원 1978. 1. 17. 선고 77다1872 판결]

나. 사용·수익 권능 포기[대법원 2009. 3. 26. 선고 2009다228,235 판결]

(1) 대세적 포기 : 부정
(2) 채권적 포기 : 영구적 포기 필요

▸ 영구적 포기가 아님(사용대차) : 사용수익 종료, 충분한 기간 경과(제613조)2003년까지만 세금 면제 → 영구적 포기 부정

▸ 권리불행사만으로 권리 자체의 포기 시인 불가

다. 소유권에 기하지 않은 청구 : 점유이전금지가처분에 기하여 제3자에게 인도청구 불가[대법원 1999. 3. 23. 선고 98다59118 판결] 점유이전금지가처분은 그 목적물의 점유이전을 금지하는 것으로서 그럼에도 불구하고 점유가 이전되었을 때에는 가처분채무자는 가처분채권자에 대한 관계에 있어서 여전히 그 점유자의 지위에 있다는 의미로서의 당사자항정의 효력이 인정될 뿐, 가처분 이후에 매매나 임대차 등에 기하여 가처분채무자로부터 점유를 이전받은 제3자에 대하여 가처분채권자가 가처분 자체의 효력으로 직접 퇴거를 강제할 수는 없고, 가처분채권자로서는 본안판결의 집행단계에서 승계집행문을 부여받아서 그 제3자의 점유를 배제할 수 있다.

(1) 가처분 이전에 점유하고 있는 제3자 : 가처분의 효력이 미치지 않음

(2) 가처분 이후 가처분채무자로부터 점유를 취득한 제3자 : 가처분채무자를 상대로 본안판결 후 승계집행문을 받아서 제3자에게 집행, 제3자를 상대로 직접 퇴거청구 불가 원고1의 소외 회사에 대한 점유이전금지가처분결정의 목적물은 위 건물 중 지하층 및 1, 2층 뿐인데, 피고1은 위 가처분 이전에 이미 위 건물의 103호를 점유하고 있었으며, 피고6, 피고7은 위 건물의 301호와 302호를 점유하고 있고, 피고2와 피고4, 피고5만이 위 원고의 위 가처분 이후에 비로소 위 건물의 201호와 202호를 점유한 사실이 인정되므로, 위 가처분의 효력이 피고1이나 피고6, 피고7에게는 미칠 수 없고, 한편 피고2와 피고4, 피고5에 관하여 위 원고로서는 위 가처분이 있음을 근거로 소외 회사를 피고로 하여 위 201호와 202호의 명도를 구하고, 그 승소판결을 받을 경우 그 판결의 승계집행문을 받아서 위 피고들에 대하여 집행을 하였어야 하며, 곧바로 제3자인 위 피고들을 상대로 하여 위 201호와 202호의 명도를 구할 필요는 없었을 뿐만 아니라, 그럼에도 불구하고 위 원고가 위 피고들을 상대로 명도를 청구한 이 사건에서는 위 원고가 위 피고들에 대하여 어떠한 형태로든 명도를 구할 권원이 있는지 여부만을 판단하면 족할 뿐 소외 회사에 대한 위 가처분의 존재 자체는 그 결론에 아무런 영향을 미치지 않는다.

라. 방해 부정 : 현재 지속되고 있는 침해[대법원 2003. 3. 28. 선고 2003다5917 판결] 인접토지의 중금속 오염가 아니라 손해(법익 침해가 과거에 일어나서 이미 종결)폐기물이 매립된 토지의 매수인에 대하여는 '손해'인 경우

마. 방해물이 원고의 소유(부합) : 철거청구 불가[대법원 2020. 4. 9. 선고 2018다264307 판결] 부동산에 부합된 물건이 사실상 분리복구가 불가능하여 거래상 독립한 권리의 객체성을 상실하고 그 부동산과 일체를 이루는 부동산의 구성부분이 된 경우에는 타인이 권원에 의하여 이를 부합시켰더라도 그 물건의 소유권은 부동산의 소유자에게 귀속되어 부동산의 소유자는 방해배제청구권에 기하여 부합물의 철거를 청구할 수 없다.

Ⅲ. 논점 유형별 검토

1. 재단법인

가. 생전처분에 의한 출연

(1) 출연재산이 물권등기 요부, 지시채권배서 및 교부 요부·무기명채권교부 요부인 경우

㈎ **출연자와 법인 : 설립등기시(등기 불요)**대법원 1979. 12. 11. 선고 78다481, 482 전원합의체 판결, [대법원 1993. 9. 14. 선고 93다8054 판결] 출연자와 법인 사이에서는 법인이 성립(생전처분으로 설립하는 경우)되거나, 출연자가 사망(유언으로 설립하는 경우)하면 그로써 출연재산은 법인의 재산이 되고 출연재산이 부동산인 경우에도 위 요건 외에 등기를 필요로 하는 것은 아니지만, 제3자에 대한 관계에 있어서는 출연재산이 부동산인 경우 이것이 법인재산으로 귀속되기 위하여는 법인성립 외에 법인 앞으로의 등기가 필요하다.

㈎-1. 소멸시효 : 설립등기시부터 기산

㈏ **제3자 대한 관계 : 등기 필요(출연자의 의사 + 거래안전, 공시제도는 주체가 아니라 물건을 중심으로 인정)**78다481

㈏-1. 원고(법인) 소유권 부정미등기

▶ 배임행위 적극가담 : 출연자를 대위하여 말소등기청구 + 출연자에게 이전등기청구

(2) 출연재산이 지명채권 : 제48조만 적용제450조 통지·승낙은 대항요건에 불과하므로 ➡ 관계적 귀속 문제 불발생

나. 유증에 의한 재단법인 설립

(1) 포괄유증 : 유언 효력발생시(출연자 사망시) 재단법인에 귀속(제47조 제2항, 제1078조, 제187조) ➡ 관계적 귀속 문제 불발생

(2) 특정유증

㈎ **출연자와 법인**

① 귀속시기 : 유언 효력발생시(출연자 사망시 → 등기 불요)

② 유언의 효력발생 후 법인 설립 전 처분행위 : 무권리자 처분행위[대법원 1984. 9. 11. 선고 83누578 판결] 유언으로 재단법인을 설립하는 경우, 출연재산은 유언의 효력이 발생한 때, 즉 출연자가 사망한 때로부터 법인에 귀속되므로 출연재산은 상속인의 상속재산에 포함되지 않는 것으로서 재산상속인의 출연재산에 포함되지 않는 것으로서 재산상속인의 출연재산 처분행위는 무권한자의 행위가 될 수밖에 없다.

㈏ **제3자에 대한 관계 : 등기 필요**[대법원 1993. 9. 14. 선고 93다8054 판결] 유언으로 재단법인을 설립하는 경우에도 제3자에 대한 관계에서는 출연재산이 부동산인 경우는 그 법인에의 귀속에는 법인의 설립 외에 등기를 필요로 하는 것이므로, 재단법인이 그와 같은 등기를 마치지 아니하였다면 유언자의 상속인의 한 사람으로부터 부동산의 지분을 취득하여 이전등기를 마친 선의의 제3자에 대하여 대항할 수 없다.

㈏-1. 원고 소유권 부정 미등기를 이유로

㈏-2. 상속인으로부터 이전등기를 마친 선의의 제3자[대법원 1993. 9. 14. 선고 93다8054 판결]

2. 등기부취득시효완성자

가. 취득시기 : 등기부취득시효 요건 충족시 실체적 권리관계에 부합(제245조 제2항)
→ 현재의 등기명의인을 상대로 소유권이전등기청구 불가등기부취득시효가 완성된 경우

등기명의자가 제245조 제2항에 의해 바로 그 부동산의 소유권을 취득하므로 이를 원인으로 한 소유권이전등기청구권이 발생할 여지가 없음

나. 등기부취득시효 완성 후 점유자 명의 등기가 말소되거나 적법한 원인 없이 이전등기

(1) 점유자의 소유권 : 소유권 상실 부정[대법원 2001. 1. 16. 선고 98다20110 판결] 등기는 물권의 효력발생요건이고 효력존속요건이 아니므로 물권에 관한 등기가 원인 없이 말소된 경우에 그 물권의 효력에는 아무런 영향을 미치지 않는 것이므로, 등기부취득시효가 완성된 후에 그 부동산에 관한 점유자 명의의 등기가 말소되거나 적법한 원인 없이 다른 사람 앞으로 소유권이전등기가 경료되었다 하더라도, 그 점유자는 등기부취득시효의 완성에 의하여 취득한 소유권을 상실하는 것은 아니다.

(2) 구제방법 : 소유권에 기한 방해배제청구(말소등기, 진정명의회복을 위한 소유권이전등기)

3. 양도담보권

가. 유동집합물에 대한 양도담보

(1) 요건

㈎ 특정 : 설정자의 다른 물건과 구별될 수 있도록 종류·장소 또는 수량지정 등 방법에 의하여 특정

㈏ 공시 : 점유개정

(2) 효과

㈎ 양도담보의 형식적 측면 : 양도담보권자가 대외적 소유자(신탁적양도설) 권리의 형식적 귀속에 기초한 예측가능성과 법적 안정성이 중요[민법판례연구 139]

① 철거 및 부지인도소송의 상대방은 양도담보권자[시설물 부지 점유자는 그 시설물의 대외적 소유자인 양도담보권자(∵ 건물 소유자가 건물 부지 점유자) [대법원 1962. 5. 31. 선고 62다80 판결, 대법원 1995. 11. 14. 선고 95다23200 판결, 대법원 1998. 5. 8. 선고 98다2389 판결, 대법원 2003. 11. 13. 선고 2002다57935 판결] : 건물 양도담보권자도 가등기담보법의 적용을 받는 경우가 아니라면 대외적으로 건물의 소유자이므로 건물 부지 점유자[민법판례연구 140]

② 소유권에 기한 반환청구(제213조) : 환가절차를 위하여(귀속정산, 처분정산 모두 가능)[대법원 1971. 3. 23. 선고 71다225 판결, 대법원 1994. 8. 26. 선고 93다44739 판결]

③ 제3자이의의 소 가능71다225 판결, 93다44739

㈏ 실질적 측면

① 담보권자 : 소유권을 이전받지만 실질적으로는 피담보채권의 범위 내에서만 교환가치를 지배[민법판례연구 133]

㉠ 양도담보권자는 파산절차나 회생절차에서 담보권자로 취급채무자 회생 및 파산에 관한 법률 제141
조, 제411조, [대법원 2010. 1. 14. 선고 2006다17201 판결]

㉡ 물상대위권 행사 가능[대법원 2009. 11. 26. 선고 2006다37106 판결]

㉢ 담보목적물 환가·변제 충당 후 잉여금을 양도담보설정자에게 반환[대법원 2000. 6. 23. 선고 99
다65066 판결]

㉣ 채권자나 담보권자처럼 집행증서에 기하여 강제집행하거나 타인의 압류절차에 이중압류
방식으로 참가 가능[대법원 1994. 5. 13. 선고 93다21910 판결, 대법원 1999. 9. 7. 선고 98다47283 판결, 대법
원 2005. 2. 18. 선고 2004다37430 판결, 대법원 2004. 12. 24. 선고 2004다45943 판결]

② 설정자 : 담보목적물의 가치 증가분을 종국적으로 향유

㉠ 부당이득반환소송의 상대방은 양도담보설정자[민법판례연구] 134, 135, 139] 부당이득법은 법 형식만으
로 완전히 해결할 수 없는 재산관계에 대한 세세한 조정을 최종적·실질적 관점에서 행하는 법이기 때문, [대법원
2022. 4. 14. 선고 2021다263519 판결] 피고(원심공동피고에 대한 대여금채권자, 건축명의자, 건물보존등기자)와
원심공동피고(한성 에이치건설의 실질적 경영자였던 피고로부터 공사대금을 차용하고, 그 담보로 건물의 건축주명
의를 피고로 변경하며, 준공 후 1년 이내에 차용금 전액을 변제할 경우 이 사건 건물을 반환받기로 합의) 사이의
합의 내용과 그 경위, 피고의 원심공동피고에 대한 대여금과 이 사건 건물에 관한 공사대금의 액수, 피고와 원심공
동피고 사이의 관련 사건 판결 내용 등 여러 사정을 종합하면, 이 사건 건물에 설정된 양도담보는 가등기담보법의
적용 대상이라고 볼 여지가 있다. 위 양도담보에 가등기담보법이 적용된다면, 특별한 사정이 없는 한 양도담보 설
정자인 원심공동피고가 이 사건 건물의 소유자로서 이를 현실적으로 점유하면서 사용·수익하고 있다고 볼 수 있
고, 반대로 피고가 이 사건 건물의 소유자로 등기되어 있다고 하더라도 (가등기담보법 제1조, 제3조 제2항, 제4조
제2항에 의하면 가등기담보법이 적용되는 경우에는 채권자가 담보목적 부동산에 관하여 소유자로 등기되어 있다
고 하더라도 청산절차 등 법에 정한 요건을 충족해야만 비로소 담보목적 부동산의 소유권을 취득할 수 있고) 담보
권자인 피고가 이 사건 토지에 관해 이익을 얻고 토지 소유자인 원고에게 손해를 입혔다고 볼 수 없다.

㉡ 자배법상 운행자는 담보제공자[대법원 1980. 9. 24. 선고 80다1430 판결, [대법원 1980. 4. 8. 선고 79다302
판결] 채권담보의 목적으로 자동차등록원부상 자동차의 소유자로 등록된 자는 자동차의 운전수의 선임, 지휘 감독
이나 기타의 운행에 관한 지배 및 운행이익에 전연 관여한 바 없었다면 특별한 사정이 없는 한 자동차손해배상보
장법 제3조에서 말하는 자기를 위하여 자동차를 운행하는 자라고는 볼 수 없다.

㈐ 효력 범위

① 집합물을 구성하는 개개의 물건이 변동되거나 변형되더라도 한 개의 물건으로서 동일성 유
지 : 항상 현재의 집합물에 효력이 미침

② 설정자가 집합물을 이루는 개개의 물건을 반입하였다 하더라도 그때마다 별도의 양도담보
권설정계약을 맺거나 점유개정의 의사표시를 할 필요 없음[대법원 1990. 12. 26. 선고 88다카20224
판결, 대법원 2007. 2. 22. 선고 2006도8649 판결]

③ 타인의 토지를 건물부지로 무단점유, 사용한 경우 : 그 건물을 실제로 사용, 수익하는 양도담보설정자가 부당이득반환의무[대법원 2018. 5. 30. 선고 2018다201429 판결], [민법판례연구Ⅱ 440] 타인의 토지를 건물부지로 무단점유, 사용하는 경우 그 건물을 실제로 사용, 수익하는 양도담보설정자가 부당이득반환의무 → 이익상황의 실질을 고려

④ 양도담보설정자로부터의 양수인이 별도의 자금을 투입하여 반입한 돼지 : 양도담보의 효력이 미치지 않음[대법원 2004. 11. 12. 선고 2004다22858 판결]

⑤ 양수인이 양도담보물에 대하여 선의취득한 경우 : 양도담보 효력 부정[대법원 2004. 11. 12. 선고 2004다22858 판결] 양수인이 양수 당시 선의취득의 요건을 갖추었다면 양수한 목적물에 대하여 양도담보의 부담이 없는 완전한 소유권을 취득하게 되므로 이때에는 양수한 목적물이나 그 후 새로 구입한 동산에 양도담보권의 효력이 미칠 여지가 없게 된다.

나. 가등기담보와의 비교[박승수 민법정리 877, 878 참조]

	가등기담보	양도담보
성질	담보권, 설정자가 소유자	■ 가담법 적용 → 담보권 ■ 가담법 부적용 → 신탁적 양도
요건	① 소비대차에 한정[대법원 2001. 3. 23. 선고 2000다29356,29363 판결] ② 부동산 : 동산은 제외[대법원 1994. 8. 26. 선고 93다44739 판결] ③ 대물변제 예약 ④ 예약 당시 가액 > 원리금 ⑤ 가등기 · 이전등기이전등기에 의하여 담보물권 공시	① 소비대차 외[대법원 2001. 1. 5. 선고 2000다47682 판결] ② 동산, 부동산 ③ 대물변제 예약 불요 ④ 이전등기
실행절차	■ 선청산, 후인도(통지 → 청산기간 → 청산금 지급) ■ 청산금 지급시까지 동시이행항변 가능 ■ 귀속정산○, 처분정산 불가[대법원 2002. 12. 10. 선고 2002다42001 판결], 경매신청○	■ 선인도, 후청산 ■ 인도청구시 동시이행항변 불가 ■ 귀속정산○, 처분정산○, 경매신청 불가
절차위반 본등기	① 원칙: 무효약한 의미의 양도담보로서의 효력도 부정 ② 예외 : 실체관계 부합시 유효2002다42001, [대법원 2007. 12. 13. 선고 2007다49595 판결] ■ 청산금 평가액 통지 후 채무자에게 정당한 청산금 지급 ■ 지급할 청산금이 없는 경우	■ 특약 존재 : 소유권 귀속, 말소등기청구 불가 ■ 특약 부존재 : 약한 의미의 양도담보 → 청산금지급시까지 피담보채무 변제를 조건으로 말소등기 청구 가능[대법원 2005. 7. 15. 선고 2003다46963 판결]
제3자	선의자만 보호(가담법 제11조)	선악불문 보호

4. 명의신탁

가. 양자간 명의신탁 : 부동산 소유자 기타 물권자가 등기명의를 타인에게 신탁

(1) 실명법 적용 배제 명의신탁 : 종중[대법원 2007. 10. 25. 선고 2006다14165 판결] 종중 유사단체 제외, 부부간[대법원 1999. 5. 14. 선고 99두35 판결] 사실혼 제외, [대법원 2002. 9. 27. 선고 2001다42592 판결] 유예기간 이내에 실명등기를 하지 아니하였다고 하더라도 그 유예기간 경과 이후에도 그 명의신탁약정과 이에 따른 부동산물권변동은 여전히 유효, 상호명의신탁, 양도담보·가등기담보, 신탁법상 신탁

㈎ 소유권

① 원칙 : 수탁자가 대외적 소유자

② 예외 : 공작물책임[대법원 1977. 8. 23. 선고 77다246 판결] 신탁자도 소유자로 취급, 임대차[대법원 1995. 10. 12. 선고 95다22283 판결] 신탁자에게 임대권한

㈏ 이중매매법리 유추 : 명의신탁 후 수탁자의 처분, 명의신탁 해지 후 수탁자의 처분 → 제746조 적용 배제[대법원 1993. 12. 10. 선고 93다12947 판결]

㈐ 신탁자는 물권적청구권 대위행사(직접청구는 불가)[대법원 1979. 9. 25. 선고 77다1079 전원합의체 판결] 재산을 타인에게 신탁한 경우 대외적인 관계에 있어서는 수탁자만이 소유권자로서 그 재산에 대한 제3자의 침해에 대하여 배제를 구할 수 있으며, 신탁자는 수탁자를 대위하여 수탁자의 권리를 행사할 수 있을 뿐 직접 제3자에게 신탁재산에 대한 침해의 배제를 구할 수 없다. [87다424] 목적물 전체에 대한 수탁자명의 등기시 수탁자가 대외적 소유권취득, 수탁자의 처분행위는 유효, 신탁자의 제3자에 대한 소유권 주장 불가, 2000다32147, 85다카2508, **부당이득반환청구 직접행사**∵ 수탁자 사용·수익 불가 → 피대위권리 부존재, 신탁자는 수탁자에 대하여 채권적 이용권 존재, 채권적 이용권의 침해를 이유로 부당이득반환청구

㈑ 수탁자의 임의처분에 대비한 가등기 유효[대법원 1997. 9. 30. 선고 95다39526 판결] 명의신탁 부동산을 명의수탁자가 임의로 처분할 경우에 대비하여 명의신탁자가 명의수탁자와 합의하여 자신의 명의로, 혹은 명의신탁자 이외의 다른 사람 명의로 소유권이전등기청구권 보전을 위한 가등기를 경료한 것이라면 비록 그 가등기의 등기원인을 매매예약으로 하고 있으며 명의신탁자와 명의수탁자 사이에 그와 같은 매매예약이 체결된 바 없다 하더라도 그와 같은 가등기를 하기로 하는 명의신탁자와 명의수탁자의 합의가 통정허위표시로서 무효라고 할 수 없다.

㈒ 총유재산의 명의신탁해지

① 처분행위[대법원 1994. 5. 24. 선고 92다50232 판결] 총유재산에 관한 소유권이전등기청구의 소는 그 원인이 명의신탁해지이고 명의수탁자가 법인이 아닌 사단의 일부 구성원이며, 또한 구성원총회의 결의에 의하여 명의신탁해지를 한 경우라고 하더라도 이는 단순히 총유재산을 보존하는 행위라고 할 수는 없고, 채권(내부적 소유권)의 물권화를 실현시키는 행위라는 점에서 처분행위라 할 것이다.

② 소송형태 : 사단 명의로 하거나 구성원 전원이 고유필수적 공동소송 부락민들의 총유재산인 임야에 관한 소송은 권리능력 없는 사단인 부락 자체의 명의로 하거나 또는 부락민 전원이 당사자가 되어 할 수 있을 뿐이고, 후자의 경우에는 필요적공동소송이 된다.

③ 구성원 → 부락으로 표시정정 불가 권리능력 없는 사단인 부락의 구성원 중 일부가 제기한 소송에서 당사자인 원고의 표시를 부락으로 정정함은 당사자의 동일성을 해하는 것으로서 허용되지 아니한다.

(바) 사례구조

➡️부부간 명의신탁해지 + 이전등기청구

⬅️특유재산 추정 항변(제830조 제1항)

▸ 추정번복(대가부담)

▸ 재번복 : 가사노동은 추정번복사유가 되지 않음[대법원 1986. 9. 9. 선고 85다카1337, 1338 판결, 대법원 2007. 4. 26. 선고 2006다79704 판결]

▸ 재산분할청구는 가능(가사비송 → 별소)[대법원 1993. 5. 11.자 93스6 결정], 2008스111

---

(2) 구분소유적 공유(실명법 적용 배제)

(가) 성립요건

① 부동산의 위치와 면적을 특정하여 매수함으로써 구분소유한다는 기본적 사실관계에 대한 의사합치 : 등기시 묵시적 합의 인정

①-1. 위치와 면적의 불특정 : 구분소유적 공유관계 불성립[대법원 2014. 2. 27. 선고 2011다42430 판결]

② 전체에 대한 공유지분등기

③ 특정부분의 배타적 사용·수익

(나) 대내적 법률관계

① 특정부분 단독소유

㉠ 전유부분 처분·변경에 다른 공유자 전원의 동의 불필요

㉡ 다른 구분소유자의 방해행위에 대하여 특정부분의 소유권에 기한 방해배제 가능[대법원 1994. 2. 8. 선고 93다42986 판결]

② 자기소유 부분의 자기지분 외 지분에 대하여 상호명의신탁관계

③ 일반적인 공유관계와의 구별 : 내부적으로는 구분공유자들이 특정 부분을 구분하여 각각 단독소유하되 외부적으로는 자기 소유부분의 일부 지분에 관하여 다른 공유자의 명의를 빌림

갑(자기소유) : 100㎡	을(자기소유) : 200㎡
① 자기지분 : 1/3	① 자기지분 : 2/3
② 자기지분외 지분 : 2/3 → 을에게 명의신탁	② 자기지분 외 지분 : 1/3 → 갑에게 명의신탁

■공유지분등기 : 내부적으로 공유자 각자의 특정 구분부분을 표상2011도11084

■각 공유자 상호 간에는 각자의 특정 구분부분을 자유롭게 처분함에 서로 동의

➡️ 공유자 각자는 자신의 특정구분 부분을 단독으로 처분하고 이에 해당하는 공유지분을 자유로이 이전 가능2007다83632

구분소유적 공유토지의 분할과 횡령죄[대법원 2014. 12. 24. 선고 2011도11084 판결]

갑(자기소유) : 100㎡(1토지)	을(자기소유) : 200㎡(2토지)
① 자기지분 : 1/3	① 자기지분 : 2/3
② 자기지분외 지분 : 2/3 → 을에게 명의신탁	② 자기지분 외 지분 : 1/3 → 갑에게 명의신탁, 갑은 보관자의 지위

■ 특정 구분부분에 해당하는 필지가 아닌 나머지 필지에 전사된 공유자 명의의 공유지분등기 : 당해 공유자의 특정 구분부분에 해당하는 필지를 표상하는 등기라 할 수 없고, 각 공유자 상호간에 상호명의신탁관계만 존속
➡ 분할 후 2토지의 갑 지분등기 : 분할 후 1토지의 갑 소유 토지를 표상하는 등기가 될 수 없음
➡ 분할 후 2토지 중 갑 지분에 관하여 갑은 보관자의 지위 → 분할 후 2토지 중 갑 지분에 관하여 근저당권 설정시 횡령죄

(다) 대외적 : 토지 전부에 대하여 공유자로서의 지위

① 방해배제 : 전부(보존행위)[대법원 1994. 2. 8. 선고 93다42986 판결]

② 부당이득 : 지분[대법원 1993. 11. 23. 선고 93다22326 판결] 토지 전부를 구분 특정하여 소유하고 있다고 하더라도 지분소유권이전등기가 경료되어 있는 이상 특별한 사정이 없는 한 공유자들 외의 제3자에 대한 관계에 있어서는 그 지분의 범위 내에서만 토지에 대한 권리를 행사할 수 있을 뿐이다.

③ 취득시효완성

㉠ 지분별로 이전등기의무, 구분소유적 공유관계로 대항 불가[대법원 1997. 6. 13. 선고 97다1730 판결] 공유자 사이에 그와 같은 구분소유적 공유관계가 형성되어 있다 하더라도 이로써 제3자인 시효취득자에게 대항할 수는 없는 법리이므로, 그 토지 부분과 무관한 다른 공유자들도 그 토지 부분에 관한 각각의 공유지분에 대하여 취득시효완성을 원인으로 한 소유권이전등기절차를 이행할 의무가 있다.

㉡ [비교] 취득시효완성 후 이전등기 전 명의신탁해지 + 이전등기 : 구분소유자가 상대방에게 명의신탁한 지분자기소유 토지에 대한 자기지분 외의 지분 부분에 대하여는 대항 가능[대법원 1998. 11. 10. 선고 98다32878 판결, 대법원 2009. 12. 10. 선고 2006다55784,55791 판결] ∵ 명의신탁 부분을 환원시킨 것이므로 취득시효 완성 후의 새로운 이해관계인에 해당

④ 특정부분의 처분(등기부상 공유지분을 특정부분에 대한 표상으로서 이전) : 구분소유적 공유 승계[대법원 1991. 5. 10. 선고 90다20039 판결, [대법원 1990. 6. 26. 선고 88다카14366 판결] 전유부분이 전전 양도되고 그에 따라 공유지분등기도 전전 경료되면 상호명의신탁한 지위도 전전 승계되어 최초의 양도인과 전유부분의 최후의 양수인 사이에 명의신탁관계가 성립한다.

⑤ 등기부의 기재대로 1필지 전체에 대한 공유지분으로 처분 : 제3자는 전체에 대한 공유지분 취득, 구분소유적공유 소멸, 특정 부분에 대한 경매실시의 입증이 없는 한 경매목적물은 원칙적으로 1필지 전체에 대한 공유지분[대법원 2008. 2. 15. 선고 2006다68810,68827 판결]

➡ 구분소유적 공유관계를 표상하는 공유지분 위에 근저당권이 설정된 후 구분소유적 공유관계가 해소된 경우에도 동일 : 근저당권은 종전 구분소유적 공유지분의 비율대로 분할된 토지들 전부에 그대로 존속[대법원 2014. 6. 26. 선고 2012다25944 판결] 근저당권자인 피고가 분할 전 화성시 (주소1 생략) 임야 15,285㎡('분할 전 토지') 중 주식회사 세종전광(이하 '세종전광'이라고만 한다)의 지분에 근저당권을 설정할 당시 구분소유적 공유관계의 존재를 알고 있었다거나 장차 공유물분할이 있을 것이라는 점을 알고 있었다는 사정만으로 세종전광이 특정하여 구분소유하고 있던 분할 후의 화성시 (주소2 생략) 공장용지 3,425㎡ 부분에 대하여만 위 근저당권의 효력이 미친다고 볼 수 없다는 이유로 위 근저당권에 기한 원심 별지 제2목록 기재 부동산에 대한 이 사건 임의경매의 불허를 구하는 원고의 주장을 배척한 조치는 정당하다. ➡ 원고의 배당이의 기각

㈒ 구분소유적 공유자 → 제3자

① 방해배제 : 전부에 대해 청구[대법원 1994. 2. 8. 선고 93다42986 판결]

①-1. 구분소유적 공유관계 존속 : 특정부분 양도시 특정부분 이외의 부분에 관한 등기는 상호 명의신탁관계에 의한 등기로서 유효[대법원 1991. 5. 10. 선고 90다20039 판결] 1필지의 토지의 일부를 특정하여 양도받고 양도인의 의사에 기하여 양수인이 그 양수부분을 초과한 전체에 관하여 공유지분이전등기를 필한 경우 그 특정부분 이외의 부분에 관한 등기는 상호 명의신탁관계에 의한 수탁자의 등기로서 유효하고 위 특정부분이 전전 양도되고 그에 따라 공유지분등기도 전전 경료되면 위와 같이 상호 명의신탁한 지위도 전전 승계되어 최초의 양도인과 위 특정부분의 최후의 양수인과 사이에 명의신탁관계가 성립된다. → 153.8평 중 123평을 특정해서 매도하였는데 등기는 239/250으로 이루어진 경우 239/250 - 123/158.3 부분은 원인무효가 아니라 최초의 양도인(원고)과 최후의 양수인(피고) 사이에 명의신탁관계 성립

② 부당이득 : 지분별[대법원 1993. 11. 23. 선고 93다22326 판결] 자기지분 외의 지분(명의신탁한 지분)에 대하여는 부당이득반환청구 불가 : 이 사건 토지 243.4㎡는 원고들이 구분 특정하여 소유하는 것인데, 등기는 원고들 명의로는 이 사건 토지의 2,649,300분의 766,440에 관하여 지분소유권이전등기가 되어 있고 나머지 2,649,300분의 1,882,860 지분에 관하여는 타인들 명의로 지분소유권이전등기가 되어 있는 것이라면, 원고들은 위 2,649,300분의 1,882,860 지분에 관하여는 타인들에게 소유명의를 신탁하고 있는 관계라고 할 것이고, 그러하다면 명의신탁자인 원고로서는 위 명의신탁한 지분에 관하여는 제3자인 피고에 대하여 직접 소유권 및 이에 따른 점유사용권을 주장할 수 없고 따라서 피고가 법률상 원인없이 위 토지를 점유함으로 인한 부당이득반환청구권은 수탁자를 대위하여서도 주장할 수 없는 법리이다.

㈓ 제3자 → 구분소유적 공유자 : 통상 공동소송

① 취득시효완성에 의한 이전등기의무 : 지분별

①-1. 구분소유적 공유관계 항변[점유취득시효 완성 토지 부분이 제3자의 독점적 소유 부분이라는 항변 : 주장 자체로 이유 없음[대법원 1997. 6. 13. 선고 97다1730 판결] 대외적으로는 공유관계 : 이 사건 토지는 피고들을 비롯한 여러 명이 각기 공유지분 비율에 따라 특정 부분을 독점적으로 소유하고 있고 이 사건 토지 부분은 소외3이 독점적으로 소유하고 있는 부분이므로, 이 사건 토지 부분과 무관한 피고들로서는 원고들의 이 사건 소유권이전등기청구에 응할 수 없다는 피고들의 주장에 대하여는 피고들을 비롯한 이 사건 토지의 공유자 사이에 피고들 주장과 같은 소유관계가 형성되어 있다 하더라도, 이로써 제3자인 원고들에게 대항할 수

는 없는 법리이므로, 피고들의 위 주장은 그 주장 자체에서 이유가 없다.

② 경락인의 건물철거 + 토지인도청구

②-1. 구분소유적 공유관계 주장 ➡ 법정지상권 항변의 전제

㈐ 구분소유적 공유자 → 구분소유적 공유자

① 구분소유적 공유관계의 해소 : 명의신탁 해지대법원 1980. 12. 9. 선고 79다634, [대법원 2010. 5. 27. 선고 2006다84171 판결] 공유물분할청구 불가, [대법원 1989. 9. 12. 선고 88다카10517 판결, 대법원 1996. 2. 23. 선고 95다8430 판결]

[대법원 2005. 4. 29. 선고 2004다71409 판결, 대법원 2009. 3. 26. 선고 2008다44313 판결] 구분소유적 공유관계의 불성립으로 대항

➡ 명의신탁 해지 + 이전등기청구
◀ 구분소유적 공유관계 성립× : 특정 부분을 배타적으로 귀속시키려는 의사의 합치 부존재구분소유적 공유관계는 어떤 토지에 관하여 그 위치와 면적을 특정하여 여러 사람이 구분소유하기로 하는 약정이 있어야만 적법하게 성립할 수 있고, 공유자들 사이에 그 공유물을 분할하기로 약정하고 그 때부터 각자의 소유로 분할된 부분을 특정하여 각자 점유·사용하여 온 경우에도 구분소유적 공유관계가 성립할 수 있지만, 공유자들 사이에서 특정 부분을 각각의 공유자들에게 배타적으로 귀속시키려는 의사의 합치가 이루어지지 아니한 경우에는 이러한 관계가 성립할 여지가 없는 것이다.[1]

---

② 말소등기청구 : 단독명의 이전등기·양수인 명의 이전등기로 구분소유적 공유관계가 해소되고 분할되지 않은 나머지 토지에 관한 등기부상 명의자기존 구분소유자에 대하여[대법원 2009. 12. 24. 선고 2008다71858 판결] 내부적으로는 토지의 특정 부분을 소유하나 등기부상으로는 공유지분을 가지는 이른바 구분소유적 공유관계에서 구분공유자 중 1인이 소유하는 부분이 후에 독립한 필지로 분할되고 그 구분공유자가 그 필지에 관하여 단독 명의로 소유권이전등기를 경료받았다면, 그 소유권이전등기는 실체관계에 부합하는 것으로서 유효하고, 그 구분공유자는 당해 토지에 대한 단독소유권을 적법하게 취득하게 되어, 결국 당해 구분공유자에 관한 한 이제 구분소유적 공유관계는 해소된다. 따라서 그 구분공유자이었던 사람이 위와 같이 분할되지 아니한 나머지 토지에 관하여 여전히 등기부상 공유지분을 가진다고 하여도, 그 공유지분등기는 명의인이 아무런 권리를 가지지 아니하는 목적물에 관한 것으로서 효력이 없게 되고, 명의인은 대외적으로도 위의 나머지 토지에 대

---

1) 1992. 6. 30. 분할된 (주소2 생략) 임야에 대하여만 소외 옹진농업협동조합 앞으로 지상권설정등기가 마쳐진 사실을 인정할 수 있지만, 이는 1992. 5. 7. 이미 옹진농협 앞으로 위 분할된 3필지에 관한 소외인의 공유지분에 대하여 설정된 근저당권의 담보가치를 확보하기 위하여 마쳐진 것으로 보이므로, 이러한 지상권설정등기가 마쳐진 사실만으로 당초 공유자 4인, 특히 원고와 피고들 사이에서도 이 사건 토지 등에 관하여 적법한 구분소유적 공유관계가 성립하였다고 보기는 어려울 것이다. 그리고 갑 제3호증은 당초 공유자 4인 사이에서 내부적으로 (주소2 생략) 임야를 소외인의 단독소유로 귀속시키고자 하는 목적에서 작성된 것이 아니라 1992. 6. 30. 옹진농협 앞으로 마쳐진 지상권설정등기를 보완하기 위하여 옹진농협의 요청에 따라 작성된 것으로 보이는데, 이렇듯 공유자들 중 한 사람의 채권자(금융기관)에게 담보 목적의 지상권설정등기를 보완하기 위하여 작성된 것으로 보이는 위 확인서의 기재내용에 터잡아 당초 공유자 4인 사이에서(특히 원고와 피고들 사이에서) 이 사건 토지 등에 관하여 구분소유적 공유관계를 설정하기로 하는 의사의 합치가 있었다고 단정할 수는 없다.

하여 공유지분권을 가진다고 할 수 없으며, 종전의 다른 구분공유자는 자신의 소유권 또는 공유지분권에 기하여 위와 같이 효력 없는 공유지분등기의 말소 기타 정정을 청구할 수 있다. 이상은 구분소유적 공유관계에서 구분공유자 중 1인이 자신이 소유하는 부분을 제3자에게 양도하였는데 후에 그 부분이 독립한 필지로 분할되고 위 양수인이 그 필지에 관하여 단독 명의로 소유권이전등기를 경료받은 경우에도 다를 바 없다. 한편 점유취득시효가 완성된 경우에 그 효력으로 시효완성점유자는 다른 특별한 사정이 없는 한 당해 부동산의 시효완성 당시의 소유자에 대하여 소유권이전등기청구권을 취득하는 것이고, 비록 등기부상 소유자 또는 공유자로 등기되어 있는 사람이라고 하더라도 그가 진정한 소유자가 아닌 이상 그를 상대로 취득시효의 완성을 원인으로 소유권이전등기를 청구할 수 없다.

[대법원 2009. 12. 24. 선고 2008다71858 판결] 진정한 소유자가 아님을 이유로 대항

▶ 원고 → 피고 : 취득시효 완성 이전등기청구
- 분할 전 토지 : 피고가 소외1로부터 특정의 700평을 매수하여 인도받았으나 700/2,160 지분이전등기
- 피고는 위 토지부분을 소외2에게 매도하였고, 소외2는 이전등기를 하지 않고 있다가 분할 전 토지가 각 환지 및 분할된 후 자신이 매수하여 경작하고 있던 토지부분이 지번 2, 3의 두 필지로 분할된 후 자기 앞으로 소유권이전등기경료
- 원고는 소외2 앞으로 소유권이전등기가 경료되지 않은 나머지 토지인 분할 후 지번 4, 5토지(이 사건 토지)를 점유하면서 경작

◀ 피고 : 구분소유적 공유관계의 해소 → 피고는 이 사건 토지의 진정한 소유자가 아님

[원심] 소외1 및 소외3의 상속인들이 위 다섯 사람의 이 사건 토지에 대한 점유취득시효가 완성하였다고 할 것이므로 피고는 그중 1인인 원고에 대하여 이 사건 토지의 2,160분의 700 지분 중 원고의 상속지분인 5분의 1에 관하여 위 취득시효 완성을 원인으로 한 소유권이전등기절차를 이행할 의무가 있다.

[대법원] 피고가 비록 이 사건 토지에 관한 등기부에 여전히 2,160분의 700 지분을 가지는 것으로 등기되어 있다고 하여도, 그 지분등기는 소외2 앞으로의 단독 소유권이전등기로 인하여 구분소유적 공유관계가 해소됨으로써 이제 효력이 없는 것이고, 피고는 이 사건 토지에 대하여 아무런 권리가 없게 되었으므로 그는 이 사건 토지에 대한 취득시효의 완성을 이유로 하는 소유권이전등기청구의 상대방이 될 수 없다.

---

③ 토지 전체의 불법점유시 침해된 전유부분의 인도만 청구 가능[권리의 변동과 구제 400]

(3) 실명법 적용되는 경우

㈎ 명의신탁 무효, 물권변동 무효

① 명의신탁해지 불가[대법원 1997. 5. 1.자 97마384 결정]

② 소유권이전등기청구권 보전을 위한 가등기 : 무효

㈏ 소유권 : 신탁자

① 침해부당이득 반환을 원인으로 하는 소유권이전등기 이행청구 불가[대법원 2014. 2. 13. 선고 2012다97864 판결] 양자간 등기명의신탁의 경우 '부동산 실권리자명의 등기에 관한 법률에 의하여 명의신탁약정과 그에 의한 등기가 무효이므로 목적 부동산에 관한 명의수탁자 명의의 소유권이전등기에도 불구하고 그 소유권은 처음부터 이전되지 아니하는 것이어서 원래 그 부동산의 소유권을 취득하였던 명의신탁자가 그 소유권을 여전히 보유하는 것이 되는 이상, 침해부당이득의 성립 여부와 관련하여 명의수탁자 명의로의 소유권이전등기로 인하여 명의신탁자가 어떠한 '손해'를 입게 되거나 명의수탁자가 어떠한 이익을 얻게 된다고 할 수 없다. 결국 양자간

등기명의신탁에 있어서 그 명의신탁자로서는 명의수탁자를 상대로 소유권에 기하여 원인무효인 소유권이전등기의 말소를 구하거나 진정한 등기명의 회복을 원인으로 한 소유권이전등기절차의 이행을 구할 수 있음은 별론으로 하고 침해부당이득반환을 원인으로 하여 소유권이전등기절차의 이행을 구할 수는 없다고 할 것이다.

② 소유권에 기한 방해배제 : 수탁자명의 등기말소, 진정명의회복을 원인으로 한 소유권이전등기청구[대법원 2019. 6. 20. 선고 2013다218156 전원합의체 판결] 불법원인급여 부정 : ① 부동산실명법 제4조 ~ 6조는 부동산 소유권을 실권리자에게 귀속시키는 것을 전제, ② 부동산실명법을 제정한 입법자의 의사, ③ 명의신탁에 대하여 불법원인급여 규정을 적용한다면 재화 귀속에 관한 정의 관념에 반하는 불합리한 결과, 판례의 태도나 부동산실명법규정에도 배치, ④ 명의신탁자는 자신의 재산을 직접적으로 박탈당하는 결과를 감수하여야 하므로 재산권의 본질적 부분을 침해, ⑤ 농지법에 따른 제한을 회피하고자 명의신탁을 한 사안이라고 해서 불법원인급여 규정의 적용 여부를 달리 판단할 이유는 없다.

(나)-1. 수탁자 처분으로 소유권 상실[대법원 2013. 2. 28. 선고 2010다89814 판결] 그 후 우연한 사정으로 수탁자가 다시 소유권을 회복하였더라도 신탁자는 물권적 청구권 행사 불가

(다) 수탁자 처분과 신탁자의 회복
① 처분 유효(부동산실명법 제4조 제3항)
② 신탁자에 대한 위법행위
③ 사해행위 부정수탁자의 책임재산이 아니므로

(다)-1. 실명법 제4조 제3항의 제3자
① 요건 : 명의수탁자가 물권자임을 기초로 + 새로운 이해관계[대법원 2000. 3. 28. 선고 99다56529 판결, 대법원 2013. 3. 14. 선고 2012다107068 판결] 부동산실명법 제4조 제3항의 '제3자'는 명의신탁약정의 당사자 및 포괄승계인 이외의 자로서 명의수탁자가 물권자임을 기초로 그와 사이에 직접 새로운 이해관계를 맺은 사람으로서 소유권이나 저당권 등 물권을 취득한 자뿐만 아니라 압류 또는 가압류채권자도 포함하고 그의 선의 · 악의를 묻지 않는다.

② 연속된 명의신탁관계에서 최후의 명의수탁자피고1가 물권자임을 기초로 그와 사이에 직접 새로운 이해관계를 맺은 사람피고 농협도 포함[대법원 2021. 11. 11. 선고 2019다272725 판결] 원고 → 피고 농협에 대하여 말소등기청구 : 피고 농협은 제1명의신탁약정(원고는 자신의 명의로 등기된 부동산에 대하여 소외인과 명의신탁약정을 맺고 이전등기완료)의 명의수탁자인 소외인과 제1근저당권설정계약에 이어 대물변제약정을 맺은 피고2가 피고1(피고2의 아들)과 체결한 제2명의신탁약정에 따라 피고1이 소외인으로부터 이어받은 소유권등기를 바탕으로 피고1이 물권자임을 기초로 피고1로부터 직접 근저당권을 설정받은 자로서 부동산실명법 제4조 제3항에서 말하는 '제3자'에 해당하여, 제1명의신탁약정의 명의신탁자인 원고에게 제2근저당권설정등기의 유효를 주장할 수 있다고 보아야 한다. 이는 특별한 사정이 없는 한 제1명의신탁약정이 원고에 대한 관계에서 무효라는 사정 및 제2명의신탁약정이 피고2에 대한 관계에서 무효라는 사정만으로 영향을 받지 않는다.

(다)-1-1. 제3자가 아닌 경우
① 수탁자가 소유자임을 기초로 소유권을 이전받은 것이 아니고, 수탁자와 새로운 법률원인으로 이해관계를 맺은 것도 아닌 경우[대법원 2005. 11. 10. 선고 2005다34667, 34674 판결] 제3자가 명의수탁자의 반사회적 법률행위에 가담하여 소유권이전등기를 이어받은 경우 : 이 사건 토지는 원래 피고가 매입하여 등기한 피고의 소유로서 이를 소외1에게 명의신탁한 것인데, 소외2가 자신이 실제 소유자라고 주장하면서 소외1을

상대로 이전등기 소송을 제기하고는 소외1의 인낙을 받아 그 소유권을 취득하였으므로, 소외2는 명의수탁자 소외1이 이 사건 토지의 소유자임을 기초로 소유권을 이어받은 것도 아니고 소외1과 사이에 새로운 법률원인으로 이해관계를 맺은 것도 아닐 뿐 아니라, 소외2의 소유권취득은 피고로부터 소유명의를 수탁받은 소외1의 배임행위에 적극 가담하여 이루어진 반사회적 법률행위에 해당하여, 소외2는 부동산실명법 제4조 제3항에 정한 제3자에 해당한다고 할 수 없어 소외2 명의의 등기는 무효이고, 나아가 소외2로부터 이 사건 토지를 증여받은 원고도 무효인 소외2 명의의 등기를 승계하였을 뿐 명의수탁자인 소외1과 사이에 새로운 이해관계를 맺은 것이 아니어서 역시 위 규정에 정한 제3자에 해당하지 아니하므로 이 사건 토지에 관한 원고 명의의 등기도 무효

② 명의신탁자와 계약 : 부동산실명법 제4조 제3항 주장 불가능[대법원 2004. 8. 30. 선고 2002다48771 판결] 피고1 스스로 그 명의의 등기가 실제로는 명의수탁자인 소외2와의 매매계약에 기한 것이 아니고 오로지 명의신탁자인 소외1과의 거래에 기한 것이라는 점을 자인하고 있는 이 사건에 있어서, 위 피고는 법 제4조 제3항이 말하는 제3자에는 해당하지 아니하므로 위 피고로서는 위 규정을 들어 그 명의 등기의 유효를 주장할 수는 없다고 할 것이고, 한편 이와 같이 무효인 피고1 명의의 등기에 기초하여 경료된 피고2 명의의 등기 역시 달리 그 등기의 유효를 뒷받침할 사정에 대한 주장·입증이 없는 한 무효임을 면할 수 없는 것이다.

③ 제3자 아닌 자와 새로운 이해관계[대법원 2009. 7. 9. 선고 2009다20581, 20598, 20604 판결]

㉠ 소외2가 자신이 소유자라고 주장하면서 수탁자(배임행위)를 상대로 소를 제기(배임행위에 적극가담)하여 수탁자의 인낙으로 소유권 취득 후 원고에게 증여 : 무효, 원고는 수탁자와 새로운 이해관계를 맺은 것이 아님[2005다34667] 등기부상 명의수탁자로부터 소유권이전등기를 이어받은 자의 등기가 무효인 이상, 부동산등기에 관하여 공신력이 인정되지 아니하는 우리 법제 아래에서는 그 무효인 등기에 기초하여 새로운 법률원인으로 이해관계를 맺은 자가 다시 등기를 이어받았다면 그 명의의 등기 역시 특별한 사정이 없는 한 무효임을 면할 수 없다고 할 것이므로, 이렇게 명의수탁자와 직접 이해관계를 맺은 것이 아니라 부동산실명법 제4조 제3항에 정한 제3자가 아닌 자와 사이에서 무효인 등기를 기초로 다시 이해관계를 맺은 데 불과한 자는 위 조항이 규정하는 제3자에 해당하지 않는다.

㉡ 명의수탁자의 일반채권자는 제3자가 아님[대법원 2007. 12. 27. 선고 2005다54104 판결]

(다)-2. 실체관계 부합[대법원 2004. 8. 30. 선고 2002다48771 판결, 대법원 2008. 12. 11. 선고 2008다45187 판결]

[2008다45187] 부동산실명법 제4조 제3항에 해당하지 않는 경우 실체관계부합 주장 가부

▶가등기에 기한 소유권이전등기청구(부동산실명법 제4조 제3항)

◀제3자 부정 : 원고는 신탁자와 매매계약체결

▶실체관계부합 : 원고는 명의신탁자와 매매계약을 체결하여 신탁자의 채권자로부터 가등기를 이전받아 부기등기

[원심] 소외3이나 원고는 명의신탁자인 소외1 등과 계약을 체결하고 단지 명의수탁자인 피고로부터 그 등기 경료에 관한 것만을 협력받았으므로 부동산실명법 제4조 제3항에서 말하는 제3자에 해당한다고 볼 수 없다는 이유로 원고의 청구를 기각

[대법원] 원고는 이 사건 가등기에 기한 소유권이전등기절차의 이행을 구하면서 "소외1과 소외2가 이 사건 건물을 신축하여 2003.10. 초순경 원시취득한 후 피고 명의로 소유권보존등기를 경료함으로써 피고에게 명의신탁하였고, 소외3은

2004.11.9. 소외1 등으로부터 대여금채권의 변제에 갈음하여 이 사건 건물을 양도받기로 약정하고 같은 날 그 소유권이 전등기청구권을 보전하기 위하여 가등기를 마쳤으며, 원고는 소외3으로부터 위 소유권이전등기청구권을 양도받고 2007.4.4. 위 가등기에 관한 부기등기를 마쳤다"고 주장하고 있으므로, 이러한 원고의 주장에는 소외3의 가등기 및 원고의 가등기 부기등기가 실체관계에 부합한다는 주장도 포함되어 있다고 볼 수 있고, 비록 소외3이 명의신탁자인 소외1 등과 이 사건 건물을 양도받는 계약을 맺고 단지 명의수탁자인 피고로부터 소유권이전청구권 보전을 위한 가등기를 경료받은 것 같은 외관을 갖춘 자에 해당하여 부동산실명법 제4조 제3항의 제3자에 해당하지 않는다고 하더라도 소외3의 가등기가 실체관계에 부합한다면 원고로서는 소외3의 가등기와 이를 기초로 한 원고의 가등기 부기등기가 유효하다는 주장을 할 수 있는 것이므로, 원심으로서는 원고에게 이러한 법률사항에 관하여 의견을 진술할 기회를 주었어야 할 것이다. → 원심 판단에는 석명권을 적절하게 행사하지 아니하고 당사자에게 법률사항에 관한 의견 진술의 기회를 주지 아니한 위법이 있다.

▸ 배임행위 적극가담[대법원 2008. 3. 27. 선고 2007다82875 판결] 제3자가 선의여도 무효, [대법원 2004. 8. 30. 선고 2002다48771 판결, 대법원 1992. 6. 9. 선고 91다29842 판결] ➡ 매수인은 매도인을 대위하여 수증자 또는 양수인 명의 등기의 말소청구 가능[대법원 1980. 5. 27. 선고 80다565 판결, 대법원 1983. 4. 26. 선고 83다카57 판결]

(라) **손해배상청구 가능**[대법원 2013. 2. 28. 선고 2010다89814 판결] 수탁자가 우연히 소유권을 다시 취득하였더라도 신탁자의 소유권 상실은 변함이 없으므로 신탁자의 물권적 청구권은 인정되지 않음, [대법원 2021. 6. 3. 선고 2016다34007 판결] 부동산실명법 제4조 제3항에 따라 명의신탁자는 명의수탁자가 제3자에게 부동산을 임의로 처분한 경우 제3자에게 자신의 소유권을 주장하여 그 소유권이전등기의 말소를 구할 수 없고, 명의수탁자로부터 부동산을 양수한 제3자는 그 소유권을 유효하게 취득하게 된다. 그렇다면 명의신탁받은 부동산을 명의신탁자의 동의 없이 제3자에게 임의로 처분한 명의수탁자는 명의신탁자의 소유권을 침해하는 위법행위를 한 것이고 이로 인하여 명의신탁자에게 손해가 발생하였으므로, 명의수탁자의 행위는 민법 제750조에 따른 불법행위책임의 성립 요건을 충족한다. 대법원 2016도18761 전원합의체 판결은 횡령죄의 본질이 신임관계에 기초하여 위탁된 타인의 물건을 위법하게 영득하는 데 있고 명의신탁자와 명의수탁자의 관계는 형법상 보호할 만한 가치 있는 신임관계가 아니므로 명의수탁자의 임의처분행위에 대하여 횡령죄를 인정할 수 없다는 취지를 밝힌 것이지 명의신탁관계에서 신탁자의 소유권을 보호할 수 없다는 취지로 볼 수는 없다. 따라서 명의수탁자의 임의처분행위로 인하여 명의신탁자의 소유권이 침해된 이상 형법상 횡령죄의 성립 여부와 관계없이 명의수탁자는 명의신탁자에 대하여 민사상 불법행위 책임을 부담한다고 봄이 타당하다.

(마) **횡령죄 불성립**[대법원 2021. 2. 18. 선고 2016도18761 전원합의체 판결], **불법원인급여 부정**[대법원 2019. 6. 20. 선고 2013다218156 전원합의체 판결] ① 부동산실명법 제4조~제7조는 신탁자의 소유권을 전제, ② 입법자의 의사, ③ 수탁자에게 소유권 귀속 인정시 정의관념에 배치, 판례의 태도나 부동산실명법 규정에 배치, ④ 재산권의 본질적 부분 침해

나. 3자간 명의신탁 : 신탁자가 매매계약의 당사자 행위자와 상대방의 이해가 일치하는 경우 : 신탁자, 이해가 일치하지 않는 경우 → 규범적 해석 : 신탁자, 부동산실명법 제2조 제1호 : 사실상 취득하거나 취득하려고 하는 자

(1) 법률관계

㈎ **명의신탁약정 무효, 수탁자 등기 무효**

㈏ **소유권 : 매도인**

㈐ **신탁자의 소유권 취득 방법**

① 대위청구수탁자를 상대로 + 이전등기청구매도인을 상대로 [대법원 2002. 3. 15. 선고 2001다61654 판결]

▶ 수탁자 : 매매대금을 신탁자에게 반환할 때까지 말소·이전등기 이행을 거부하는 동시 이행항변 불가 매매계약 무효로 인한 원상회복청구가 아니므로

② 수탁자의 신탁자에 대한 직접 이전 : 실체관계부합[대법원 2004. 6. 25. 선고 2004다6764 판결]

㈑ **수탁자 처분**

① 선악 불문 유효(부동산실명법 제4조 제3항)

② 매도인에 대한 위법행위

③ 사해행위 불성립

(2) **신탁자 → 매도인 : 매도인의 채무불이행(손해배상책임) 여부**[사법연수원 부동산등기법 197, 198]

①설 : 매도인이 명의신탁 사실에 대한 악의·과실시 손해배상책임

②설 : 신탁자의 요구에 따라 이전하였으므로 매도인의 귀책사유 부존재

③ 판례(부동산실명법 시행 전)[대법원 2002. 3. 15. 선고 2001다61654 판결] : 부정∵ 신탁자의 의사에 따라 수탁자에게 이전, 매도인의 손해 부정∵ 동시이행관계인 매매대금 반환거절 가능

(3) **매도인 → 수탁자**[사법연수원 부동산등기법 197, 198]

①설 [(2) ①] : 신탁자에 대한 손해배상책임에 의한 손해

②설 [(2) ②] : 매도인 손해 부정 → 수탁자에게 손해배상청구 불가

(4) **신탁자 → 수탁자**

㈎ **채무불이행 불성립** ∵ 명의신탁 무효

㈏ **형사책임 : 횡령죄 부정**[대법원 2016. 5. 19. 선고 2014도6992 전원합의체 판결] 명의신탁자는 부동산 소유자가 아니고 명의신탁자와 명의수탁자 사이에 위탁신임관계를 인정할 수도 없어 명의수탁자가 명의신탁자의 재물을 보관하는 자라고 할 수 없으므로

㈐ **부당이득 성립**

① 유예기간 경과 후 임의처분, 강제수용 등 : 신탁부동산의 처분대금·보상금[대법원 2011. 9. 8. 선고 2009다49193,49209 판결] 신탁자는 매도인을 대위하지 않고 직접 청구 가능 : 유예기간이 경과한 후에 명의수탁자가 신탁부동산을 임의로 처분하거나 강제수용이나 공공용지 협의취득 등을 원인으로 제3취득자 명의로 이전등기가 마쳐진 경우, 특별한 사정이 없는 한 그 제3취득자는 유효하게 소유권을 취득하게 되므로, 그로 인하여 매도인의 명의신탁자에 대한 소유권이전등기의무는 이행불능으로 되고 그 결과 명의신탁자는 신탁부동산의 소유권을 이전받을 권리를 상실하는 손해를 입게 되는 반면, 명의수탁자는 신탁부동산의 처분대금이나 보상금을 취득하는 이익을 얻게 되므로, 명의수탁자는 명의신탁자에게 그 이익을 부당이득으로 반환할 의무가 있다. [대법원 2019. 7. 25. 선고 2019다203811, 203828 판결] 소외2 및 피고 명의의 이 사건 건물부지에 관한 소유권이전등기는 무효

인 명의신탁약정에 기초한 것으로 모두 무효이고, 소외1은 이 사건 건물부지에 관한 소유권을 보유하다가 소외3이 제3취득자로서 소유권을 취득함으로써 그 소유권을 상실하였다. 그로 인하여 매도인인 소외1의 원고에 대한 소유권이전등기의무는 이행불능이 되고, 그 결과 명의신탁자인 원고는 이 사건 건물부지의 소유권을 이전받을 권리를 상실하는 손해를 입게 되는 반면, 명의수탁자인 피고는 법률상 원인 없이 피고의 채권자들에게 배당된 금액 상당의 채무를 면책받고, 대한민국에 대하여 배당금 지급청구권을 취득하는 이득을 얻게 되었으므로, 피고는 원고에게 그 이득을 부당이득으로 반환할 의무가 있다. 원심이 이 사건 건물부지가 제3취득자인 소외3에게 낙찰됨으로써 명의신탁자인 원고가 이 사건 건물부지에 관한 '소유권'을 상실하는 손해를 입었다고 판시한 부분은 잘못되었으나, 3자간 등기명의신탁에서 명의수탁자인 피고가 명의신탁자인 원고에 대하여 명의신탁 부동산에 관하여 취득한 이득을 부당이득으로 반환할 의무가 있다고 판단한 원심의 결론은 정당하다.

② 명의수탁자의 근저당권설정 : 피담보채무액 만큼의 교환가치가 제한된 소유권을 취득하는 손해[대법원 2021. 9. 9. 선고 2018다284233 전원합의체 판결] 명의수탁자가 제3자에게 부동산에 관하여 근저당권을 설정하여 준 경우에 제3자는 부동산실명법 제4조 제3항에 따라 유효하게 근저당권을 취득한다. 이 경우 매도인의 부동산에 관한 소유권이전등기의무가 이행불능된 것은 아니므로, 명의신탁자는 여전히 매도인을 대위하여 명의수탁자의 부동산에 관한 진정명의회복을 원인으로 한 소유권이전등기 등을 통하여 매도인으로부터 소유권을 이전받을 수 있지만, 그 소유권은 명의수탁자가 설정한 근저당권이 유효하게 남아 있는 상태의 것이다. 명의수탁자는 제3자에게 근저당권을 설정하여 줌으로써 피담보채무액 상당의 이익을 얻었고, 명의신탁자는 매도인을 매개로 하더라도 피담보채무액만큼의 교환가치가 제한된 소유권만을 취득할 수밖에 없는 손해를 입은 한편, 매도인은 명의신탁자로부터 매매대금을 수령하여 매매계약의 목적을 달성하였으면서도 근저당권이 설정된 상태의 소유권을 이전하는 것에 대하여 손해배상책임을 부담하지 않으므로 실질적인 손실을 입지 않는다. 따라서 3자간 등기명의신탁에서 명의수탁자가 부동산에 관하여 제3자에게 근저당권을 설정한 경우 명의수탁자는 근저당권의 피담보채무액 상당의 이익을 얻었고 그로 인하여 명의신탁자에게 그에 상응하는 손해를 입혔으므로, 명의수탁자는 명의신탁자에게 이를 부당이득으로 반환할 의무를 부담한다.

㈑ **불법행위 성립**[대법원 2022. 6. 9. 선고 2020다208997 판결] 민사책임은 다른 사람의 법익을 침해한 데 대하여 행위자의 개인적 책임을 묻는 것으로서 피해자에게 발생한 손해의 전보를 그 내용으로 하고 손해배상제도는 손해의 공평·타당한 부담을 그 지도원리로 한다. 따라서 형사상 범죄를 구성하지 않는 침해행위라고 하더라도 그것이 민사상 불법행위를 구성하는지는 형사책임과 별개의 관점에서 검토해야 한다. 3자간 등기명의신탁에서 명의수탁자의 임의처분 등을 원인으로 제3자 앞으로 소유권이전등기가 된 경우, 특별한 사정이 없는 한 제3자는 유효하게 소유권을 취득한다(부동산실명법 제4조 제3항). 그 결과 매도인의 명의신탁자에 대한 소유권이전등기의무는 이행불능이 되어 명의신탁자로서는 부동산 소유권을 이전받을 수 없게 된다. 명의수탁자가 명의신탁자의 채권인 소유권이전등기청구권을 침해한다는 사정을 알면서도 명의신탁받은 부동산을 자기 마음대로 처분하였다면 이는 사회통념상 사회질서나 경제질서를 위반하는 위법한 행위로서 특별한 사정이 없는 한 제3자의 채권침해에 따른 불법행위책임이 성립한다. 위 대법원 2014도6992 전원합의체 판결은 횡령죄의 본질이 신임관계에 기초하여 위탁된 타인의 물건을 위법하게 영득하는 데 있고 명의신탁자와 명의수탁자의 관계는 형법상 보호할 만한 가치 있는 신임관계가 아니므로 명의수탁자의 임의처분행위에 대하여 횡령죄를 인정할 수 없다고 한 것이지 명의신탁관계에서 명의신탁자의 소유권이전등기청구권을 보호할 수 없다는 취지는 아니다. 따라서 명의수탁자의 임의처분으로 명의신탁자의 채권이 침해된 이상 형법상 횡령죄의 성립 여부와 관계없이 명의수탁자는 명의신탁자에 대하여 민사상 불법행위책임을 부담한다고 봄이 타당하다.

(5) 신탁자(매수인)로부터의 전매수인이 소유권을 취득하는 방법[2008 제50회 사법시험]

⑺ 수탁자등기 말소 : 수탁자에게 채권자대위권(말소등기청구권) 행사

① 피보전채권 : 신탁자에 대한 이전등기청구권

② 피대위채권 : 신탁자의 채권자대위권(피보전채권 : 신탁자의 소유자에 대한 이전등기청구권,
피대위채권 : 소유자의 수탁자에 대한 말소등기청구권)

⑷ 신탁자 앞으로의 이전등기 : 소유자에게 채권자대위권 행사

① 피보전채권 : 신탁자에 대한 이전등기청구권

② 피대위채권 : 신탁자의 소유자에 대한 이전등기청구권

⑷ 신탁자에 대한 이전등기청구

다. 계약명의신탁

■ 수탁자가 매매계약의 당사자 부동산실명법 제2조 제1호 : 위임, 위탁매매의 형식에 의한 경우 포함

■ 매도인의 선의 여부 구별이 전제

■ 실명법 시행 전의 명의신탁 약정 : 유예기간 경과 후부터(1996. 7. 1.) 부동산실명법 적용

(1) 3자간 등기명의신탁과 계약명의신탁의 구별 : 계약당사자 확정[대법원 2016. 7. 22. 선고
2016다207928 판결, 대법원 2013. 10. 7.자 2013스133 결정]

⑺ 행위자와 상대방의 이해일치 : 수탁자, 이해일치가 없는 경우 → 규범적 해석 : 수탁자 ➡ 계
약명의신탁[대법원 2005. 4. 29. 선고 2005다664 판결, 대법원 2008. 11. 27. 선고 2008다62687 판결, 대법원
2016. 9. 28. 선고 2015다65035 판결], 매도인이 명의신탁관계를 알고 있었다는 점만으로는 3자간
명의신탁으로 보기 어려움2013스133

⑷ 법률효과를 신탁자에게 직접 귀속시킬 의도였던 사정 + 매도인 악의 ➡ 3자간 등기명의신
탁[대법원 2010. 10. 28. 선고 2010다52799 판결] 원고가 전주신협(매도인)으로부터 각 토지 지분을 매수하기로 하
였으나 전주신협은 지능이 낮은 원고 단독명의로 매매계약 체결시 의사능력의 흠결로 인한 법적 문제 등이 발생할
것을 우려하여 공동매수인의 추가를 요청함에 따라 원고 및 피고2를 공동매수인으로 하는 공유등기 경료 → 매도
인 악의 + 법률효과를 신탁자(원고)에게 귀속시킬 의도 인정 → 3자간 명의신탁 : 이 사건 매매계약의 당사자로서
전주신협으로부터 이 사건 각 토지 지분을 매수하면서 그중 1/2 지분에 관한 등기명의만을 피고2로 하기로 한 것
으로, 위 매매계약에 따른 법률효과는 명의신탁자인 원고에게 직접 귀속시킬 의도였던 사정이 인정되므로, 원고와
피고2 사이의 명의신탁약정은 3자간 등기명의신탁에 해당한다고 봄이 상당하다. [대법원 2022. 4. 28. 선고 2019다
300422 판결] 신탁자(망인)가 부동산을 매수하면서 아들인 원고로 매수인 명의를 변경하여 동일한 내용의 매매계
약서를 다시 작성하고 원고 명의로 소유권이전등기를 경료하고, 원고는 매수과정에 관여하지 않았으며 스스로 망
인 부부가 이 사건 부동산을 원고에게 사주었다거나 증여해준 것이라고 주장한 사안 : 이 매매계약 당사자로서 이
사건 부동산을 매수하면서 등기명의만 원고 앞으로 하였고, 매도인도 계약에 따른 법률효과는 망인에게 직접 귀속
시킬 의도로 계약을 체결한 사정이 인정된다고 볼 여지가 크다. 따라서 매매계약의 당사자는 망인으로 보아야 하
고, 망인과 원고 사이의 명의신탁약정은 3자간 등기명의신탁

➡ 사해행위취소 : 소외2의 책임재산에 대한 사해행위

◀ 소외2수탁자의 책임재산이 아니라는 항변

▸ [원심] 소외2 명의 1/2지분 매매계약당사자는 피고신탁자 → 3자간 명의신탁 → 소유권은 매도인소외1 → 소외2의 책임재산× → 사해행위×

▸ [대법원] 매매계약서 매수인 명의 및 소유권이전등기 명의가 소외2 → 계약명의자소외2가 매매당사자

▸ 상대방소외1이 명의신탁관계를 알고 있었더라도 신탁자피고에게 법률효과를 귀속시키려는 특별한 사정 (명의신탁 주장자인 피고가 입증 ➡ 신탁자가 계약당사자, 사안 : 인정×)이 없는 한 마찬가지

▸ 계약명의신탁 + 매도인소외1 선의 → 소외2 명의 1/2지분 소유권은 소외2 → 소외2의 피고에 대한 지분이전은 사해행위〇

2013스133 수탁자가 처분(수용)한 토지에 대한 보상금채권이 재산분할 대상에 해당하는지 여부[피고 상고인용]

➡ 청구인처 : 재산분할청구

■ 상대방과 청구외1수탁자 사이의 명의신탁은 3자간 등기명의신탁(원심)

■ 수탁자의 처분으로 매도인의 신탁자에 대한 이전등기의무 이행불능, 신탁자는 소유권을 이전받을 권리 상실, 수탁자는 처분대금 · 보상금 이익 ➡ 재산분할 대상에 포함〇

◀ 상대방남편, 신탁자 : 계약명의신탁 + 소멸시효완성 항변

■ 상대방과 청구외1 사이의 명의신탁은 계약명의신탁 + 매도인 악의

■ 신탁자는 매수자금 부당이득반환청구권

■ 수탁자의 매매계약체결일 또는 수탁자 이전등기경료일 ~ 10년 경과

➡ 재산분할 대상에 포함× 원심이 그 판단의 근거로 삼은 위 사실들은 이 사건 매매계약의 이행과정에서 매도인인 청구외2가 이 사건 토지 중 1/2지분에 관하여 상대방과 청구외1 사이에 명의신탁약정이 있었음을 알았다는 내용에 불과하므로, 이로써 계약명의자인 청구외1이 아니라 명의신탁자인 상대방에게 계약에 따른 법률효과를 직접 귀속시킬 의도로 이 사건 매매계약을 체결하였다는 등의 특별한 사정을 인정할 근거로 삼기에는 부족하고, 기록상 달리 위와 같은 특별한 사정을 인정할 만한 자료도 찾아보기 어렵다. 따라서 앞서 살펴본 법리에 따라 상대방과 청구외1 사이의 이 사건 토지 중 1/2지분에 관한 명의신탁관계는 계약명의신탁에 해당한다고 볼 여지가 충분하다. 그런데도 원심은 그 인정사실만으로 상대방과 청구외1 사이의 명의신탁관계가 3자간 등기명의신탁에 해당하는 것으로 단정하고 말았으니 이러한 원심결정에는 명의신탁에 관한 법리를 오해하여 재판 결과에 영향을 미친 위법이 있다. 이 점을 지적하는 재항고이유 주장은 이유 있다.

---

(2) 매도인 선의 : 매매계약 체결시 기준[대법원 2018. 4. 10. 선고 2017다257715 판결]

㈎ 법률관계

① 명의신탁약정 무효, 위임계약 무효[대법원 2015. 9. 10. 선고 2013다55300 판결]

② 매매계약전소유자vs수탁자 : 유효 2005다664, 부동산등기법192

③ 물권변동 유효(부동산실명법 제4조 제2항 단서) → 수탁자 소유권, 수탁자로부터의 매수인은 승계취득(부동산실명법 제4조 제3항 부적용)

(나) 신탁자 → 수탁자

① 명의신탁약정 무효 : 명의신탁약정에 의한 이전등기청구 불가, 손해배상청구 불가[대법원 2009. 4. 9. 선고 2009다2576,2583 판결], 명의신탁해지를 원인으로 한 소유권이전등기청구 불가

② 위임계약 무효 : 위임(제684조 제2항)에 의한 소유권이전등기청구 불가

③ 부당이득

㉠ 실명법 전 명의신탁 약정에 의한 물권변동

■ 부당이득의 대상 : 부동산 자체[대법원 2002. 12. 26. 선고 2000다21123 판결, 대법원 2009. 7. 9. 선고 2009다23313 판결, 대법원 2010. 2. 11. 선고 2008다16899 판결] ∵ 수탁자 소유권취득

③-1. 소멸시효 : 신탁자가 점유하고 있어도 1996. 7. 1.부터 소멸시효 진행

■ 실명법 시행 전에 명의신탁약정과 정산약정이 체결되었는데 실명법 시행으로 명의신탁약정이 무효가 된 경우 : 정산약정은 유효[대법원 2021. 7. 21. 선고 2019다266751 판결] ① 실명법 시행 전에는 신탁자가 내부적 소유권을 가지므로 당사자 사이의 반환약정도 유효하였음, ② 실명법 시행 전에는 실명법 제3조, 제4조가 신탁자에게 소유권이 귀속되는 것을 막는 취지의 규정은 아니었으므로 수탁자는 해당 부동산을 부당이득으로 반환할 의무가 있고, 신탁자의 수탁자에 대한 소유권이전등기청구권은 그 성질상 부당이득반환청구권인데 수탁자가 신탁부동산을 처분하였다면 정산약정이 없는 경우라도 수탁자는 민법 제747조 제1항에 의하여 신탁자에게 그 가액을 반환할 의무, ③ 위와 같은 약정은 '애초부터 신탁부동산의 소유권을 취득할 수 없는 신탁자를 위하여 사후에 보완하는 방책'에 해당하지 않고, '무효인 명의신탁이 유효함을 전제로 부동산 자체나 그 처분대금의 반환'을 구하는 범주에 속한다고 볼 수도 없음

㉡ 실명법 후 명의신탁 약정에 의한 물권변동 : 매수자금, 취득세, 등록세[대법원 2005. 1. 28. 선고 2002다66922 판결, 대법원 2009. 9. 10. 선고 2006다73102 판결] 완전한 소유권을 취득하는 수탁자가 제3자에게 매도하여 받은 매수대금은 신탁자에 대한 관계에서 부당이득 불성립

③-2. 불법원인급여 항변 : 불가[대법원 2003. 11. 27. 선고 2003다41722 판결] 법률의 금지에 위반하는 경우라 할지라도 그것이 선량한 풍속 기타 사회질서에 위반하지 않는 경우에는 이에 해당하지 않는 것인바, 부동산실권리자명의등기에관한법률이 규정하는 명의신탁약정은 부동산에 관한 물권의 실권리자가 타인과의 사이에서 대내적으로는 실권리자가 부동산에 관한 물권을 보유하거나 보유하기로 하고 그에 관한 등기는 그 타인의 명의로 하기로 하는 약정을 말하는 것일 뿐이므로, 그 자체로 선량한 풍속 기타 사회질서에 위반하는 경우에 해당한다고 단정할 수 없을 뿐만 아니라, 위 법률은 원칙적으로 명의신탁약정과 그 등기에 기한 물권변동만을 무효로 하고 명의신탁자가 다른 법률관계에 기하여 등기회복 등의 권리행사를 하는 것까지 금지하지는 않는 대신, 명의신탁자에 대하여 행정적 제재나 형벌을 부과함으로써 사적자치 및 재산권보장의 본질을 침해하지 않도록 규정하고 있으므로, 위 법률이 비록 부동산등기제도를 악용한 투기·탈세·탈법행위 등 반사회적 행위를 방지하는 것 등을 목적으로 제정되었다고 하더라도, 무효인 명의신탁약정에 기하여 타인 명의의 등기가 마쳐졌다는 이유만으로 그것이 당연히 불법원인급여에 해당한다고 볼 수는 없는 것이다.

③-3. 수탁자가 매수자금 제공

▶ 신탁자가 자금을 제공하지 않더라도 명의신탁 성립 가능[대법원 2008. 2. 14. 선고 2007다 69148,69155 판결] 명의신탁 관계는 당사자 사이의 내부관계에서는 신탁자가 소유권을 보유하되 외부관계에서는 수탁자가 완전한 소유자로서 행세하기로 약정함으로써 성립하는 것이지 명의신탁 목적물이 반드시 신탁자의 자금으로 취득되어야만 성립하는 것은 아니라고 할 것이다.

▶ 신탁자가 수탁자의 이름으로 대출받아 매수자금 마련 → 수탁자의 매수자금 부당이득 부정2007다69148

④ 약정에 기한 소유권이전등기·처분대금반환청구 불가[대법원 2013. 3. 14. 선고 2011다103472 판결] 부동산 실권리자명의 등기에 관한 법률에 의하여 무효인 명의신탁약정을 전제로 명의신탁 부동산 자체 또는 그 처분 대금의 반환을 구하는 범주에 속하는 것이어서 역시 무효, [대법원 2006. 11. 9. 선고 2006다35117 판결] 부동산경매 절차에서 소외 2가 매수자금을 자신이 부담하면서 피고 명의로 매각허가결정을 받기로 피고와 약정하였고, 그 약정에 따라 매각이 이루어졌다면, 소외 2와 피고 사이에는 이 사건 부동산에 대한 명의신탁관계가 성립되었다 할 것이고, 소외 2와 피고 사이의 위 명의신탁약정은 부동산 실권리자명의 등기에 관한 법률 제4조 제1항에 의하여 무효라 할 것이며, 따라서 소외 2는 피고에게 이 사건 부동산 자체나 그 처분대금의 반환을 청구할 수는 없다(제공한 매수대금을 부당이득으로 청구할 수 있을 뿐이다). 나아가 소외 2와 피고 사이에 소외 2의 지시에 따라 이 사건 부동산의 소유 명의를 이전하거나 그 처분대금을 반환하기로 한 약정이 있다고 하더라도 이는 결국 명의신탁약정이 유효함을 전제로 명의신탁 부동산 자체 또는 그 처분대금의 반환을 구하는 범주에 속하는 것에 해당하여 무효라 할 것이다. [서울고등법원 2015. 10. 28. 선고 2015나2025462 판결] 신탁자(피고1)가 계약당사자로서 매수한 부동산이 명의신탁약정에 따라 신탁자의 매제 명의로 등기된 후 수탁자인 매제가 신탁자의 요구에 따라 신탁자가 지정한 매수인(피고2와 소외인)에게 이전등기되었으나 피고2는 매매대금을 지급하지 않았고, 소외인만 1억 원을 신탁자에게 지급하였는데 수탁자가 위 각 매매에 대한 양도소득세를 납부하지 않아 원고 산하 동청주세무서장이 수탁자의 피고2에 대한 매매대금채권과 수탁자의 신탁자에 대한 매매대금(위 1억 원) 반환청구권을 각 압류하고 피고들에게 추심을 요구(체납자인 수탁자를 대위하여 피고들에게 이행청구)한 사안 : 수탁자가 신탁자의 요구에 응하여 이전등기를 마치기로 약정하고 그 약정에 기하여 신탁자에게 매도업무를 위임하는 방법으로 신탁자가 지정한 매수인들에게 이 사건 부동산을 이전한 것은 신탁자가 무효인 명의신탁을 전제로 명의신탁 부동산인 부동산 또는 그 처분대금을 반환받는 범주에 속하는 것이어서 무효이고, 그 약정에 기한 피고2, 소외인 명의의 매매계약 및 이전등기는 무효인 명의신탁약정을 전제로 한 것이어서 무효라 할 것이다. 따라서 수탁자는 피고2, 소외인과의 매매계약 및 그에 따른 이전등기가 유효임을 전제로 피고들에 대하여 매매대금채권과 매매대금반환채권을 갖는다고 보기 어려우므로 원고의 주장은 이유 없다.

⑤ 소유권이전등기청구권 확보를 위한 가등기 불가, 가등기에 기한 이전등기청구 불가[대법원 2009. 4. 9. 선고 2009다2576,2583 판결] 가등기는 명의신탁약정의 해지로 인한 각 소유권이전등기청구권을 보전하기 위하여 이루어진 것으로서 '부동산 실권리자명의 등기에 관한 법률 제4조 제1항에 의하여 원인무효라 할 것이므로, 제3자 명의 가등기 불가2014다63315 제3자 명의로 가등기를 마친 경우 위 가등기는 명의신탁자와 제3자 사이의 명의신탁약정에 기하여 마쳐진 것으로서 약정의 무효로 말미암아 효력이 없다.

⑥ 수탁자의 완전한 소유권을 전제로 매수자금반환의 이행에 갈음한 이전등기 가능[대법원 2014.

8. 20. 선고 2014다30483 판결] 대물급부의 약정으로서 새로운 소유권이전원인, 무효인 명의신탁약정이 유효함을 전제로 명의신탁부동산 자체의 반환을 약속한 것이 아님

⑦ 신탁자의 부동산 처분 : 사해행위 불성립[대법원 2013. 9. 12. 선고 2011다89903 판결]

(다) **공동매수인인 수탁자**1/2 : 명의수탁자, 1/2 : 소유자(공동매수인, 명의신탁과 무관) → **신탁자 : 신탁자**1/2 명의신탁자 **명의 가등기 말소청구 가능**[대법원 2009. 4. 9. 선고 2009다2576,2583 판결] 원고와 피고가 공동으로 부동산을 매수하면서 지분에 관한 명의신탁약정에 따라 피고 단독 명의로 소유권이전등기를 마친 사안에서, 명의신탁약정의 해지로 인한 소유권이전등기청구권을 보전하기 위하여 이루어진 명의신탁자 원고 명의의 가등기는 원인무효이고, 명의수탁자 을은 위 부동산의 1/2 지분에 대한 소유자로서 그 가등기에 대하여 말소등기청구권을 행사할 수 있다. → 이 사건 각 토지에 관한 피고 명의의 이 사건 각 지분이전등기가 무효(∵ 명의신탁)라 하더라도 피고는 이 사건 각 토지의 나머지 2분의 1 지분에 대하여는 여전히 유효한 소유자(∵ 자신이 공동매수인)라 할 것이다. 따라서 피고는 그 소유권에 기한 물권적 청구권에 기하여 또는 공유자(공동매수인 + 매도인)의 보존행위로서 앞서 본 바와 같이 원인 무효인 이 사건 각 가등기에 대하여 말소등기청구권을 행사할 수 있다.

(라) **수탁자의 처분**

① 유효 : 부동산실명법 제4조 제3항에 의하여가 아니라 승계취득, 신탁자나 매도인에 대한 위법행위 불성립

② 매도인의 신탁자에 대한 이전등기의무는 이행불능[대법원 2009. 4. 9. 선고 2009다2576, 2583 판결]

③ 수탁자의 채권자에 대한 사해행위 가능[대법원 2015. 12. 23. 선고 2012다202932 판결]

④ 처분대금 부당이득 부정 ∵ 수탁자 : 소유권 인정 → 제3자 : 법률상 원인 존재

⑤ 신탁자소외1와 수탁자소외2 제3자피고 사이의 새로운 명의신탁약정에 의해 제3자에게 이전등기 : 무효(부동산실명법 제4조 제2항)

㉠ 소유권 : 명의수탁자

㉡ 제3자 : 소유권취득 불가제3자가 수탁자에 대하여 이전등기청구소송의 확정판결에 기한 등기를 마쳤다고 하더라도 → 제3자는 매수대금 부당이득 불성립[대법원 2009. 9. 10. 선고 2006다73102 판결] [원심 : 수탁자의 제3자에 대한 말소등기청구나 진정명의회복 이전등기청구가 확정판결의 기판력에 반하므로 제3자가 소유권 취득, 피고는 소외1에게 매수대금 상당 부당이득] ⇔ [대법원 : 이전등기청구권의 기판력은 소유권 존부에는 미치지 않음, 위 확정판결이 소유권의 귀속에는 영향을 미치지 않음] 경매절차에서 이 사건 부동산의 매수대금을 누가 부담하였는지 여부와 관계없이 그 명의인인 소외2가 이 사건 부동산의 소유권을 취득하였다 할 것인데, 그 후 확정판결에 의하여 피고 명의로 소유권이전등기가 마쳐졌다 하더라도 이는 소외1과 소외2 사이의 무효인 명의신탁약정에 기초한 것인데다가 피고를 포함한 3자간의 새로운 명의신탁약정에 기한 것이어서 무효일 뿐 아니라, 위 확정판결이 이 사건 부동산 소유권의 귀속에는 아무런 영향을 미치지 못하므로, 피고는 이 사건 부동산의 소유권을 취득하지 못하였고, 따라서 피고가 위 소유권이전등기에 의하여 이 사건 부동산 매수대금 상당의 부당이득을 얻었다고 할 수는 없다.

⑥ 형사책임 : 횡령죄 불성립, 배임죄 불성립[대법원 2012. 12. 13. 선고 2010도10515 판결]

(3) 매도인 악의 : 명의수탁자 명의로 이루어진 등기가 무효임을 주장하는 자가 증명[대
법원 2014. 2. 13. 선고 2011두5056 판결]

(가) **법률관계**

① 명의신탁약정 무효(부동산실명법 제4조 제1항), 위임계약 무효

② 물권변동 무효(부동산실명법 제4조 제2항 단서) ➡ 매도인과 수탁자의 매매계약도 무효원시
적으로 물권변동이라는 목적 달성 불능

(나) **매도인 vs 수탁자**[대법원 2013. 9. 12. 선고 2010다95185 판결]

① 매도인 → 수탁자 : 소유권이전등기말소청구

② 수탁자 → 매도인 : 대금반환청구

(다) **신탁자 → 매도인 : 법률관계 부존재**

① 별도의 양도약정을 원인으로 하는 이전등기청구 가능[대법원 2003. 9. 5. 선고 2001다32120 판결]

② 수탁자를 대위하여 매도인에게 매매대금반환청구피보전채권 : 수탁자에 대한 매수자금 부당이득반환청
구권

③ 매도인을 상대로 직접 부당이득반환청구 불가∵ 이득(매매계약)과 손해(명의신탁 약정의 무효) 사이의
직접 인과관계 부정(사법연수원 부동산등기법 195)

(라) **신탁자 → 수탁자 : 매수자금 상당의 부당이득반환청구권**

① 수탁자가 매수자금을 반환받지 않은 경우 : 수탁자를 대위하여 매도인에게 반환청구[사법연수
원 부동산등기법 195], 매도인에게 직접 청구는 불가

② 수탁자가 매수자금을 반환받은 경우 : 직접 매수자금 상당 금원의 반환을 청구

(마) **수탁자의 처분**

① 유효(부동산실명법 제4조 제3항)

② 매도인 → 수탁자 : 불법행위 손해배상청구 가부

㉠ 매도인이 매매대금수탁자와의 매매계약을 수령하지 않은 경우 가능[대법원 2013. 9. 12. 선고 2010다
95185 판결] 매도인의 소유권 침해행위로서 불법행위

㉡ 매도인이 매매대금을 수령한 경우 : 불가[2010다95185] 매매대금반환 불필요, 신탁자에 대한 이전등기의
무 부정→ 손해 부정, 명의수탁자로부터 매매대금을 수령한 상태의 소유자로서는 그 부동산에 관한 소유명의를 회
복하기 전까지는 신의칙 내지 민법 제536조 제1항 본문의 규정에 의하여 명의수탁자에 대하여 이와 동시이행의 관
계에 있는 매매대금 반환채무의 이행을 거절할 수 있는데, 이른바 계약명의신탁에서 명의수탁자의 제3자에 대한
처분행위가 유효하게 확정되어 소유자에 대한 소유명의 회복이 불가능한 이상, 소유자로서는 그와 동시이행관계에
있는 매매대금 반환채무를 이행할 여지가 없다. 또한 명의신탁자는 소유자와 매매계약관계가 없어 소유자에 대한
소유권이전등기청구도 허용되지 아니하므로, 결국 소유자인 매도인으로서는 특별한 사정이 없는 한 명의수탁자의
처분행위로 인하여 어떠한 손해도 입은 바가 없다.

라. 계약명의신탁 + 3자간 명의신탁 : 공동매수인이 자신의 지분을 수탁자에게 신탁 (1/2 지분 : 계약명의신탁)하였으나 수탁자가 매도인과의 합의로 제3자3자간 명의신탁 수탁자에게 전부에 대하여 이전등기[2012 제1회 변호사시험]

(1) 계약명의신탁 신탁자 → 계약명의신탁 수탁자(3자간 명의신탁 신탁자)

(가) 채무불이행청구 불가(위임약정 무효)

(나) 부당이득청구 : 매수자금[대법원 2005. 1. 28. 선고 2002다66922 판결], 불법원인급여 불성립[대법원 2003. 11. 27. 선고 2003다41722 판결]

(2) 계약명의신탁 신탁자 → 3자간 명의신탁 수탁자

(가) 제214조(말소등기, 진정명의회복 이전등기) : 불가∵ 소유권 부정

(나) 채무불이행청구 : 불가(계약관계 부존재)

(다) 제3자채권침해 가능[대법원 2009. 11. 26. 선고 2008다24494 판결] 제3자가 채무자에 대한 채권자의 존재 및 그 채권의 침해사실을 알면서 채무자와 적극 공모하였다거나 채권행사를 방해할 의도로 사회상규에 반하는 부정한 수단을 사용하는 등 채권침해의 고의·과실 및 위법성이 인정되는 경우 제3자에 의한 채권의 침해가 불법행위를 구성할 수 있다.

(라) 채권자취소권

① 피보전채권 : 수탁자에 대한 부당이득반환채권

② 사해행위 : 3자간 명의신탁 약정

③ 효과 : 등기부상 소유권이 매도인으로 환원 ∴ 채권자취소권 행사 실익↓

(마) 채권자대위권

① 피보전채권(부당이득)

② 피대위채권 : 채권자대위권(피보전채권 : 3자간 신탁자 → 매도인 : 이전등기청구권, 피대위채권 : 매도인 → 수탁자 : 제214조)

5. 공유

가. 공유자 → 제3자 : 제3자 명의 원인무효등기

(1) 등기 전부의 말소청구[대법원 1993. 5. 11. 선고 92다52870 판결] 부동산의 공유자의 1인은 당해 부동산에 관하여 제3자 명의로 원인무효의 소유권이전등기가 경료되어 있는 경우 공유물에 관한 보존행위로서 제3자에 대하여 그 등기 전부의 말소를 구할 수 있다.

(2) 진정명의회복을 원인으로 한 소유권이전등기청구 : 각 공유자의 지분별로 이전등기할 것을 단독으로 청구 가능[대법원 2005. 9. 29. 선고 2003다40651 판결]

가-1. 기판력 : 먼저 말소등기청구 기각 판결을 받은 공유자의 지분에 관하여는 다른 공유자도 말소등기청구 불가[대법원 1994. 11. 18. 선고 92다33701 판결] 공유자의 1인인 소

외인이 제3자가 피고를 상대로 하여 제기한 소송에 독립당사자참가를 하여 그 부동산이 전부 자신의 소유인데 그 부동산에 관하여 경료된 피고 명의의 소유권이전등기는 원인무효의 등기라고 주장하면서 그 등기의 말소를 청구하였으나 그 청구가 기각되어 확정되었다면, 그 소외인은 확정판결의 기판력에 의하여 피고 및 그 소송의 사실심변론종결 후에 피고로부터 부동산지분을 일부 매수한 다른 피고를 상대로 부동산 중 자신의 지분에 관하여 피고들 명의의 지분소유권이전등기의 말소를 구할 수 없는 지위에 놓여 있다고 할 것이므로, 원고들이 소외인과 부동산을 공유하고 있다고 하더라도, 위와 같이 더 이상 말소청구가 받아들여질 수 없게 된 소외인의 지분에 관한 한, 보존행위로서 피고들 명의의 소유권이전등기의 말소를 구할 수 없다.

가 - 2. 실체관계 부합 : 처분공유자의 공유지분 범위 내[대법원 1994. 12. 2. 선고 93다1596 판결, 대법원 2008. 4. 24. 선고 2008다5073 판결] 자신들의 지분처분에 대한 나머지 상속인들의 사전 동의 : 실체관계부합이라는 법률효과에 대한 요건사실

가 - 3. 해제의 불가분성 : 각 지분에 관한 소유권이전의무, 대금지급의무를 불가분으로 하는 특별한 사정 → 매도인공유자 전원의 해제의사표시시 필요[대법원 1995. 3. 28. 선고 94다59745 판결] 부동산 전체에 대해 하나의 매매계약, 매매대금도 매도인별로 특정되지 않고 전체에 관하여 하나의 금액, 매매대금 지급도 각 매도인에게 개별적으로 지급되지 않은 경우 → 실질상으로도 하나의 계약, 원고는 자신의 지분에 관한 매매계약만 해제 불가

(3) 공유자1 인[원고]이 제3자[피고]가 다른 공유자[소외1]의 공유지분을 침해하였다고 주장하면서 보존행위로 말소등기청구 불가[대법원 2010. 1. 14. 선고 2009다67429 판결] 공유자가 다른 공유자의 지분권을 대외적으로 주장하는 것을 공유물의 멸실·훼손을 방지하고 공유물의 현상을 유지하는 사실적·법률적 행위인 공유물의 보존행위에 속한다고 할 수 없으므로, 자신의 소유지분을 침해하는 지분 범위를 초과하는 부분에 대하여 공유물에 관한 보존행위로서 무효라고 주장하면서 그 부분 등기의 말소를 구할 수는 없다.

나. 공유자 → 제3자 : 불법점유

(1) 단독으로 전부의 반환청구, 철거청구(제265조 단서) : 구분소유적 공유관계인 경우에도 인정[대법원 1994. 2. 8. 선고 93다42986 판결, 대법원 1995. 4. 7. 선고 93다54736 판결] 공유물의 보존행위는 공유물의 멸실 훼손을 방지하고 그 현상을 유지하기 위하여 하는 사실적 법률적 행위로서 이러한 공유물의 보존행위를 각 공유자가 단독으로 할 수 있도록 한 취지는 그 보존행위가 긴급을 요하는 경우가 많고 다른 공유자에게도 이익이 되는 것이 보통이기 때문이므로 어느 공유자가 보존권을 행사하는 때에 그 행사의 결과가 다른 공유자의 이해와 충돌될 때에는 그 행사는 보존행위로 될 수 없다.

▶ 다른 공유자[현상유지]를 원하는 경우의 이해관계와 충돌 : 다른 공유자[소외2]의 지분에 대하여는 보존행위 불가[대법원 1995. 4. 7. 선고 93다54736 판결, 대법원 2019. 9. 26. 선고 2015다208252 판결] 구분소유자가 공용부분과 대지에 대해 그 지분권에 기하여 권리를 행사할 때 이것이 다른 구분소유자들의 이익에 어긋날 수 있다면 이는 각 구분소유자가 집합건물법 제16조 제1항 단서에 의하여 개별적으로 할 수 있는 보존행위라고 볼 수 없고 집합건물법 제16조 제1항 본문에 따라 관리단집회의 결의를 거쳐야 하는 관리행위라고 보아야 한다.

▸ 과반수지분권자의 의사에 기한 점유(제265조 본문) : 제3자에게 부당이득반환청구 불가[대법원 2002. 5. 14. 선고 2002다9738 판결] 과반수지분권자에게 지분비율로 청구

▸ 관리행위이용·개량가 아니라 처분·변경행위 : 공유토지에 건물신축, 제3자에게 건물소유 목적 공유토지 임대 → 전원 동의 필요

▸ 관리행위에 대한 다른 약정(공동임대 + 보증금수령) : 불가분채무

(2) 취득시효 중단, 부당이득반환청구, 손해배상청구 : 청구한 지분권자의 지분에 대해서만[대법원 1970. 4. 14. 선고 70다171 판결, 대법원 1979. 1. 30. 선고 78다2088 판결]

(2)-1. 관리권한 부존재 : 해지 부적법[대법원 2010. 9. 9. 선고 2010다37905 판결, 대법원 2019. 5. 30. 선고 2016다245562 판결]

다. 제3자 → 공유자

(1) 임대차보증금반환청구 : 공동임대하고 보증금 수령시 불가분채무[대법원 2017. 5. 30. 선고 2017다205073 판결] 채무자인 공유자 1인이 처분한 지분 중 일반채권자의 공동담보에 제공되는 책임재산은 우선변제권 있는 임대차보증금 '전액'을 공제한 나머지 부분(∵ 공동임대 → 불가분채무 : 전액 공제), [대법원 2001. 12. 11. 선고 2000다13948 판결] 공동으로 타인의 재산을 사용한 경우의 부당이득반환채무는 불가분채무이므로 각 공유자는 채무 전부를 이행할 의무

(2) 공유물 관리비용청구[대법원 1991. 4. 12. 선고 90다20220 판결] 토지 굴착정지 비용

㈎ 제3자와의 관계 : 당해 법률관계에 따라 결정[대법원 2009. 11. 12. 선고 2009다54034,54041 판결] 과반수 지분권자가 계약한 경우 과반수 지분권자만 의무부담 90다20220, 숙박업용 상가건물의 공유자가 건물관리계약 체결 → 상법 제57조 제1항에 따라 연대채무

㈏ 내부적 : 공유자의 지분비율에 따라 부담90다20220, 2009다54034

라. 소수지분권자 → 과반수지분권자(배타적 점유 : 적법)[대법원 1991. 9. 24. 선고 88다카33855 판결, 대법원 2009. 6. 25. 선고 2009다22235 판결]

(1) 인도청구 불가[대법원 2001. 11. 27. 선고 2000다33638, 33645 판결], 손해배상청구 불가(제265조 본문)

▸ 과반수 지분권자의 지위피고 : 122/287 지분(원고의 자기지분 외의 지분)은 취득시효 완성에 따른 이전등기 전 명의신탁 해지로 명의신탁자에게 이전되어 취득시효 주장이 불가능하더라도 원고 지분 165/287에 대해서는 시효취득 ➡ 공유자 사이에 공유물을 사용·수익할 구체적인 방법을 정하는 것은 공유물의 관리에 관한 사항으로서 공유자의 지분의 과반수로써 결정하여야 할 것이고, 과반수의 지분을 가진 공유자는 다른 공유자와 사이에 미리 공유물의 관리방법에 관한 협의가 없었다 하더라도 공유물의 관리에 관한 사항을 단독으로 결정할 수 있으므로, 과반수의 지분을 가진 공유자가 그 공유물의 특정 부분을 배타적으로 사용·수익하기로 정하는 것은 공유물의 관리방법으로서 적법하며, 다만 그 사용·수익의 내용이 공유물의 기존의 모습에 본질적 변화를 일으켜 '관리' 아닌 '처분'이나 '변경'의 정도에 이르는 것이어서는 안 될 것이고, 예컨대 다수지분권자라 하여 나대지에 새로이 건물을 건축한다든

지 하는 것은 '관리'의 범위를 넘는 것이 될 것이다.

(2) 부당이득

(개) **지분비율 상당액**[대법원 1991. 9. 24. 선고 88다카33855 판결, 대법원 2006. 11. 24. 선고 2006다49307, 49314 판결]

(나) **구조상 · 이용상 독립성 없는 건물 점포➡구분소유적 공유 부정를 분할도면에 따라 독점적으로 점유**피고한 경우 : 공유지분은 있으나 사용 · 수익을 하지 못한 공유자원고에 대하여는 부당 이득[대법원 2014. 2. 27. 선고 2011다42430 판결] 공유건물에 관하여 과반수지분권을 가진 자가 공유건물의 특정된 한 부분을 배타적으로 사용 · 수익할 것을 정하는 것은 공유물의 관리방법으로서 적법하지만, 이 경우 비록 그 특정부분이 자기의 지분비율에 상당하는 면적의 범위 내라 할지라도 다른 공유자들 중 지분은 있으나 사용 · 수익은 전혀 하고 있지 아니함으로써 손해를 입고 있는 자에 대하여는 과반수지분권자를 포함한 모든 사용 · 수익을 하고 있는 공유자가 그 자의 지분에 상응하는 부당이득을 하고 있다고 보아야 한다. 왜냐하면, 모든 공유자는 공유물 전부를 지분의 비율로 사용 · 수익할 수 있기 때문이다.

(다) **무단 점유자가 과반수 지분권을 취득하여 관리행위로 점유할 수 있게 되었더라도 부당이득 반환의무의 소멸 사유가 되지 않음** [대법원 2021. 12. 30. 선고 2021다252458 판결] 종전 판결(과반수 지분권자의 소수 지분권자에 대한 부당이득반환을 명한 판결)은 피고(소수지분권자)가 원고(과반수 지분권자)의 행위로 말미암아 공유지분을 가진 계쟁 부분 토지를 전혀 사용 · 수익하지 못한 사실을 인정하여 부당이득의 반환을 명한 것이고, 그 후 원고가 과반수 지분권자가 되었어도 피고의 사용 · 수익권 침해는 변함이 없으므로 종전 판결로 확정된 부당이득반환의무의 소멸 사유에 해당하지 않는다.

(3) **횡령죄 : 불성립**[대법원 2009. 6. 11. 선고 2009도2461 판결]

마. 과반수 지분권자, 특정승계인 → 소수지분권자(배타적 점유 : 부적법[대법원 2003. 11. 13. 선고 2002다57935 판결]), 특정승계인

(1) **인도청구 : 가능**(제265조 본문 관리방법의 일환)[대법원 1968. 11. 26. 선고 68다1675 판결, 대법원 1981. 10. 13. 선고 81다653 판결]

▸ 점유취득시효완성으로 과반수 지분권자가 될 지위

▸ 공유물 관리에 관한 특약원고 + 소외1 후 공유자변경소외1 → 피고 + 특약을 변경할 사정이 있는 경우 : 과반수 지분권자원고는 기존 특약 변경 가능[대법원 2005. 5. 12. 선고 2005다1827 판결]

▸ 특약 전 관리권자의 승낙에 의하여 점유[대법원 1967. 12. 29. 선고 67다2441 판결]

▸ 특약을 변경할 만한 사정 부존재[대법원 2005. 5. 12. 선고 2005다1827 판결] 원고 : 기존특약의 내용 알고 취득

(2) **손해배상, 부당이득 : 인정**(지분비율), 차임상당액에 대한 지분비율[대법원 1991. 9. 24. 선고 91다23639 판결, 대법원 2021. 4. 29. 선고 2018다261889 판결] 부동산의 일부 지분 소유자가 다른 지분 소유자의 동의 없이 부동산을 다른 사람에게 임대하여 임대차보증금을 받았다면, 그로 인한 수익 중 자신의 지분을 초과하는 부분은 법률상 원인 없이 취득한 부당이득이 되어 다른 지분 소유자에게 이를 반환할 의무가 있다. 또

한 이러한 무단 임대행위는 다른 지분 소유자의 공유지분의 사용·수익을 침해한 불법행위가 성립되어 그 손해를 배상할 의무가 있다. 다만 그 반환 또는 배상의 범위는 부동산 임대차로 인한 차임 상당액이고 부동산의 임대차 보증금 자체에 대한 다른 지분 소유자의 지분비율 상당액을 구할 수는 없다.

바. 소수지분권자, 특정승계인 → 소수지분권자(배타적 점유 : 부적법[대법원 1994. 3. 22. 선고 93다9392, 93다9408 전원합의체 판결]), 특정승계인

(1) 인도·철거청구

(개) 기존 판례 : 인정(제265조 단서 보존행위)[대법원 2003. 11. 13. 선고 2002다57935 판결]

(내) 판례 변경 : 부정(보존행위에 기한 인도청구는 불가, 보존행위로서 지분권에 기한 방해배제·방해금지청구는 가능)[대법원 2020. 5. 21. 선고 2018다287522 전원합의체 판결] 반대의견1 : 인도청구 긍정, 방해배제청구 부정적 유보, 반대의견2 : 인도청구 부정, 방해배제청구 부정

2018다287522 다수의견

(개) 소수지분권자의 다른 소수지분권자에 대한 인도청구 불가

① 인도청구는 다른 공유자의 이익을 침해 → 보존행위가 다른 공유자에게도 이익이 되기 때문에 보존행위를 인정하는 취지에 반함

② 다른 공유자도 자신의 지분 범위에서는 공유물 전부를 사용·수익할 권한이 있으므로 피고의 점유는 지분비율을 초과하는 한도에서만 위법

③ 원고는 소수지분권자이므로 청구권원이 없음

④ 인도청구 전의 상태와 다르지 않게 됨

⑤ 지분권에 기한 방해배제청구권을 행사함으로써 위법 상태의 시정이 가능

(내) 공유자들은 공유물의 소유자로서 공유물 전부를 사용·수익할 수 있는 권리가 있고(민법 제263조), 이는 공유자들 사이에 공유물 관리에 관한 결정이 없는 경우에도 마찬가지이다. 공유물을 일부라도 독점적으로 사용할 수 없는 등 사용·수익의 방법에 일정한 제한이 있다고 하여, 공유자들의 사용·수익권이 추상적·관념적인 것에 불과하다거나 공유물 관리에 관한 결정이 없는 상태에서는 구체적으로 실현할 수 없는 권리라고 할 수 없다. 공유자들 사이에 공유물 관리에 관한 결정이 없는 경우 공유자가 다른 공유자를 배제하고 공유물을 독점적으로 점유·사용하는 것은 위법하여 허용되지 않지만, 다른 공유자의 사용·수익권을 침해하지 않는 방법으로, 즉 비독점적인 형태로 공유물 전부를 다른 공유자와 함께 점유·사용하는 것은 자신의 지분권에 기초한 것으로 적법하다. 일부 공유자가 공유물의 전부나 일부를 독점적으로 점유한다면 이는 다른 공유자의 지분권에 기초한 사용·수익권을 침해하는 것이다. 공유자는 자신의 지분권 행사를 방해하는 행위에 대해서 민법 제214조에 따른 방해배제청구권을 행사할 수 있고, 공유물에 대한 지분권은 공유자 개개인에게 귀속되는 것이므로 공유자 각자가 행사할 수 있다. 원고는 공유물의 종류(토지, 건물, 동산 등), 용도, 상태(피고의 독점적 점유를 전후로 한 공유물의 현황)나 당사자의 관계 등을 고려해서 원고의 공동 점유를 방해하거나 방해할 염려 있는 피고의 행위와 방해물을 구체적으로 특정하여 방해의 금지, 제거, 예방(작위·부작위의무의 이행)을 청구하는 형태로

청구취지를 구성할 수 있다. 법원은 이것이 피고의 방해 상태를 제거하기 위하여 필요하고 원고가 달성하려는 상태가 공유자들의 공동 점유 상태에 부합한다면 이를 인용할 수 있다.

(다) 이와 같이 공유물의 소수지분권자가 다른 공유자와 협의 없이 공유물의 전부 또는 일부를 독점적으로 점유·사용하고 있는 경우 다른 소수지분권자는 공유물의 보존행위로서 그 인도를 청구할 수는 없고, 다만 자신의 지분권에 기초하여 공유물에 대한 방해 상태를 제거하거나 공동 점유를 방해하는 행위의 금지 등을 청구할 수 있다고 보아야 한다.

2018다287522 반대의견에 대한 다수의견 보충의견

(가) 공유자의 공유물에 대한 사용·수익권은 일반적·추상적 권리반대의견2이고, 공유물의 관리에 대한 결정이 있은 이후에 비로소 개별적·구체적 권리가 되는지

➡ 공유지분권의 본질은 소유권, 지분비율에 의한 사용·수익권(제263조)제265조(관리방법이 있는 경우) > 제263조, 물권편에 규정된 권리나 권능은 관념적인 권리 또는 일반적·추상적 권리라고 할 수 없음

(나) 위법한 점유를 배제하기 위하여 인도청구를 허용할 필요성

➡ 인도청구는 제213조, 방해배제청구는 제214조로 법적 근거, 요건이나 작용하는 모습이 다름, 방해금지 등을 통해 현재의 위법 상태(단독 점유)를 적법 상태(공동 점유)로 바꿀 수 있음에도 이를 초과한 상태를 창출할 이유가 없음

(다) 소수지분권자가 공유자 아닌 제3자에 대해서도 인도청구를 할 수 있는 근거

➡ 제3자에 대하여는 원고의 지분권이 공유물 전체에 미치므로 인도청구 가능, 다른 공유자에 대하여는 공유물 관리에 관한 결정이 없는 이상, 자신만이 점유하겠다고 청구할 권원이 없으므로 피고도 원고의 인도청구 거부 가능

(라) 방해금지청구의 근거 : 제263조

(마) 소수지분권자가 스스로 점유하는 경우와 소수지분권자가 임대한 경우를 달리 취급하는 것인지

➡ 임차인은 소수지분권자로부터 점유할 권리를 이전받았으므로 다른 공유자가 공유자인 임대인에게 인도청구를 할 수 없다면 임차인을 상대로도 인도를 청구할 수 없음 [87다카1682] 토지의 매수인이 매매계약의 이행으로 토지를 인도받은 때에는 그 토지를 점유·사용할 권리가 있고, 그 토지 위에 매수인이 건축한 건물을 취득한 자는 매수인의 토지에 대한 점유·사용권까지 취득한 것이므로 매도인은 그 건물소유자에 대해 건물 철거와 대지인도를 청구할 수 없다. [2001다45355] 대물변제 약정에 따라 부동산 소유권을 이전받게 되는 자로부터 다시 이를 임차하여 점유·사용하고 있는 자에게도 마찬가지로 인도나 부당이득반환을 청구할 수 없다.

---

(2) 손해배상[대법원 1991. 9. 24. 선고 91다23639 판결], 부당이득 : 성립(지분비율), 상속인 중 1인이 건물 배타적 점유시 건물, 토지 모두에 대해 부당이득[대법원 2006. 11. 24. 선고 2006다49307, 49314 판결]

▶ 사용수익·관리에 대한 특약 : 특정승계인에게 승계[대법원 2009. 12. 10. 선고 2009다54294 판결]

▶ 공유지분권의 본질적 내용을 침해하는 특약(사용·수익 포기[대법원 2009. 12. 10. 선고 2009다54294 판결], 공유지분처분 약정[대법원 2007. 11. 29. 선고 2007다64167 판결]) : 승계 부정

▸ 특정승계인원고이 그와 같은 내용을 알고 지분 취득2009다54294, 2007다64167

6. 합유

가. 수인의 공동매수와 소유권이전

(1) 공유 : 지분이전등기청구
(2) 합유 : 조합체에 대해 이전등기청구(지분에 기한 이전등기청구 불가)

나. 조합체가 조합원들 명의로 공유등기

(1) 조합원의 소유권 부정 : 조합원에게 명의신탁 → 무효
(2) 조합원의 채권자에 대한 사해행위 불성립 조합원 소유가 아니므로 사해행위·사해의사 부정, [대법원 2002. 6. 14. 선고 2000다30622 판결] 동업을 목적으로 한 조합이 조합체로서 또는 조합재산으로서 부동산의 소유권을 취득하였다면, 민법 제271조 제1항의 규정에 의하여 당연히 그 조합체의 합유물(이는 민법 제187조 '법률의 규정에 의한 물권의 취득'과는 무관하므로 조합체가 부동산을 법률행위에 의하여 취득한 경우에는 소유권이전등기를 요한다.), 다만, 그 조합체가 합유등기를 하지 아니하고 그 대신 조합원들 명의로 각 지분에 관하여 공유등기를 하였다면, 이는 그 조합체가 조합원들에게 각 지분에 관하여 명의신탁한 것)

다. 조합 아닌 단체(종중)의 합유등기[대법원 2011. 2. 10. 선고 2010다82639 판결]

(1) 유효
(2) 합유로 소유권이전등기가 된 부동산의 명의신탁해지를 원인으로 한 소유권이전등기절차의 이행을 구하는 소송 : 합유물에 관한 소송으로서 고유필수적 공동소송

라. 합유자 1인의 사망

(1) 당연탈퇴, 지분상속 부정
(2) 사망자의 상속인 상대 합유등기 말소등기청구 : 각하[대법원 1994. 2. 25. 선고 93다39225 판결]

마. 공동매수인의 법률관계

(1) 공유관계로 단순한 공동매수인 : 매도인은 매수인 수인에게 지분에 대한 소유권이전등기의무
(2) 수인을 조합원으로 하는 조합체가 매수[대법원 2006. 4. 13. 선고 2003다25256 판결]
⑺ 매도인은 조합체에 대하여 소유권 전부의 이전의무(합유등기)
⑻ 조합원 1인에 대한 이전등기는 명의신탁으로 무효
(3) 조합원 1인 명의로 등기[대법원 2019. 6. 13. 선고 2017다246180 판결]
⑺ 물권변동이 무효매도인 악의인 계약명의신탁, 중간생략등기인 경우 : 소유권은 매도인, 조합재산은 매도인에 대한 소유권이전등기청구권(신탁 부동산 자체가 아님)

(나) 물권변동이 유효매도인 선의인 경우 : 소유권은 수탁자, 조합재산은 수탁자에 대한 부당이득 반환청구권(신탁 부동산 자체가 아님) 조합원들이 공동사업을 위하여 매수한 부동산에 관하여 합유등기를 하지 않고 조합원 중 1인 명의로 소유권이전등기를 한 경우 조합체가 조합원에게 명의신탁한 것으로 보아야 한다. 조합체가 조합원에게 명의신탁한 부동산의 소유권은 물권변동이 무효인 경우 매도인에게, 유효인 경우 명의수탁자에게 귀속된다. 이 경우 조합재산은 소유권이전등기청구권 또는 부당이득반환채권이고, 신탁부동산 자체는 조합재산이 될 수 없다.

(다) 탈퇴 조합원

① 제719조에 따라 탈퇴 당시의 조합재산 상태를 기준으로 계산

② 제719조에 의한 계산에 의하지 않은 채 조합재산이 임야임을 전제로 하는 지분이전등기청구 불가

7. 총유 : 비법인사단

가. 여성 종중원의 수용보상금청구

(1) 관습법의 존재(종중원 부정) : 효력상실 : 법적 확신 부존재, 정당성·합리성 상실, 소급효 인정[대법원 2005. 7. 21. 선고 2002다1178 전원합의체 판결] 사회의 거듭된 관행으로 생성된 사회생활규범이 관습법으로 승인되었다고 하더라도 사회 구성원들이 그러한 관행의 법적 구속력에 대하여 확신을 갖지 않게 되었다거나, 사회를 지배하는 기본적 이념이나 사회질서의 변화로 인하여 그러한 관습법을 적용하여야 할 시점에 있어서의 전체 법질서에 부합하지 않게 되었다면 그러한 관습법은 법적 규범으로서의 효력이 부정될 수밖에 없다.

(2) 총회결의(여성종중에게 분배하지 않기로 결의) : 불가전체 법질서에 위반 [대법원 2007. 9. 6. 선고 2007다34982 판결] 여성의 종원으로서의 자격 자체를 부정하는 전제하에서 한 처분이어서 원고들이 종원으로서 가지는 고유하고 기본적인 권리의 본질적인 내용을 침해하는 것이므로 무효

(3) 새로운 종중총회 결의 필요 : 직접 청구 불가[대법원 2010. 9. 30. 선고 2007다74775 판결] 총유물인 종중 토지에 대한 수용보상금의 분배는 정관 기타 규약에 달리 정함이 없는 한 종중총회의 결의에 의하여만 처분할 수 있고 이러한 분배결의가 없으면 종원이 종중에 대하여 직접 분배청구를 할 수 없다. 따라서 종중 토지에 대한 수용보상금의 분배에 관한 종중총회의 결의가 무효인 경우, 종원은 그 결의의 무효확인 등을 소구하여 승소판결을 받은 후 새로운 종중총회에서 공정한 내용으로 다시 결의하도록 함으로써 그 권리를 구제받을 수 있을 뿐이고 새로운 종중총회의 결의도 거치지 아니한 채 종전 총회결의가 무효라는 사정만으로 곧바로 종중을 상대로 하여 스스로 공정하다고 주장하는 분배금의 지급을 구할 수는 없다.

나. 교회분열·탈퇴

(1) 교회의 분열 : 부정[대법원 2006. 4. 20. 선고 2004다37775 전원합의체 판결] 1사단이 2개로 분열되고 분열되기 전 사단의 재산이 분열된 각 사단들의 구성원들에게 각각 총유적으로 귀속되는 결과를 초래하는 형태의 법인 아닌 사단의 분열은 허용되지 않는다.

(2) 교인의 탈퇴 : 잔존 교인들의 총유2004다37775

▸ 의결권을 가진 교인 2/3 이상의 찬성에 의한 탈퇴 : 탈퇴 교인 총유2004다37775

다. 종중의 명의신탁해지

(1) 처분행위[대법원 1994. 5. 24. 선고 92다50232 판결] 총유재산에 관한 소유권이전등기청구의 소는 그 원인이 명의신탁해지이고 명의수탁자가 법인이 아닌 사단의 일부 구성원이며, 또한 구성원총회의 결의에 의하여 명의신 탁해지를 한 경우라고 하더라도 이는 단순히 총유재산을 보존하는 행위라고 할 수는 없고, 채권(내부적 소유권) 의 물권화를 실현시키는 행위라는 점에서 처분행위라 할 것이다.

(2) 말소등기청구

(2)-1. 대표권 흠결항변

▸ 적법하게 소집된 총회의 추인[대법원 2009. 2. 26. 선고 2008다8898 판결] 대법원 2002다1178 전원합의체 판결이 선고된 2005. 7. 21. 이후에는 공동 선조의 자손인 성년 여자도 종중원이라고 할 것이므로, 위 판결 선고 이 후에 개최된 종중 총회 당시 남자 종중원들에게만 소집통지를 하고 여자 종중원들에게 소집통지를 하지 않은 경우 그 종중 총회에서의 결의는 무효이다. 나아가 위와 같은 종중 총회에서 대표자로 선출된 자에 의하여 제기된 소는 대표권 없는 자에 의하여 제기된 것으로서, 나중에 적법하게 소집된 종중 총회에서 이를 추인하였다는 등의 특별한 사정이 없는 한 부적법하다.

라. 말소등기청구지역주택조합

(1) 소유관계 : 조합원 전원의 총유물

(2) 조합규약이 정한 절차를 거치지 않은 상가 처분 : 무효[대법원 2019. 6. 27. 선고 2017다 244054 판결]2)

▸ 비법인사단 총회 의결의 존재3)

---

2) [사실관계] 이 사건 총회에서는 조합원의 분담금액을 정하면서(1차 조합원은 389,000,000원, 2차 조합원은 396,000,000원) 시공사와는 도급제 방식으로, 한울과는 사업비의 과부족에 대하여 조합원의 추가 부담이 없는 지분제 방식인 확정분양가로 계약하기로 의결하였다. 그에 따라 원고와 한울은 사업시행대행 용역계 약을 하였고 이때 작성한 '지분제 시행대행 용역계약서'에는 '원고는 한울에 상가 분양(처분 포함)을 포함한 사업시행에 대한 일체의 권한을 위임한다. 사업비 부족이 있을 때와 조합원의 추가 분담금이 발생할 경우 그 일체를 한울이 부담하고, 조합 해산이나 청산 시 잉여금이 있으면 한울의 수익으로 한다.'고 되어 있다. 이 사건 총회 이후 원고 조합원들이 조합에 가입하면서 작성·교부한 조합원가입계약서(원고와 한울도 작 성 당사자로 되어 있다)에는 '한울은 원고 명의로 사업비용을 집행하되 과부족 발생 시 한울이 책임지고, 원고와 조합원은 과부족에 대해 한울에 별도 정산을 하지 않는다. 본 사업으로 건립되는 단지 내 상가는 한 울에 일괄분양(처분권)하고 조합원은 상가에 대해서는 일체의 권리와 이익을 주장할 수 없다.'고 되어 있다.
3) 비법인사단이 총회에서 의결한 안건의 내용이나 범위가 명확하지 않은 경우 그 의결이 가지는 법적 의미와 그에 따른 법률관계의 실체를 밝히는 것은 법적 판단의 영역에 속한다. 그것은 총회를 개최한 목적과 경위, 총회에 상정된 안건의 구체적 내용과 그에 관한 논의 과정, 의결에 따른 후속 조치가 있다면 그 조치의 내 용과 경과 등을 종합적으로 고찰하여 논리와 경험칙에 따라 합리적으로 해석해야 한다. → 이 사건 총회에

마. 종중 유사단체의 등기청구[대법원 2020. 4. 9. 선고 2019다216411 판결, 2021. 11. 11. 선고 2021다238902 판결]

(1) 자격조건 : 구성원의 자격이나 가입조건은 자유롭게 정할 수 있음사적자치의 원칙 내지 결사의 자유

(2) 권리주장 요건 : 권리 귀속의 근거가 되는 법률행위나 사실관계 등이 발생할 당시 종중 유사단체가 성립하여 존재하는 사실, 당해 종중 유사단체에 권리가 귀속되는 근거가 되는 법률행위 등 법률요건이 갖추어져 있다는 사실을 증명하여야 함자연발생적으로 형성된 고유 종중이 아니라 그 구성원 중 일부만으로 범위를 제한한 종중 유사단체의 성립 및 소유권 귀속을 인정하려면, 고유 종중이 소를 제기하는 데 필요한 여러 절차(종중원 확정, 종중 총회 소집, 총회 결의, 대표자 선임 등)를 우회하거나 특정 종중원을 배제하기 위한 목적에서 종중 유사단체를 표방하였다고 볼 여지가 없는지 신중하게 판단하여야 한다. ➡ 원고의 실체가 그 주장과 같이 전랑공의 후손 중 ○○군에 거주하는 성년 남자로 구성된 종중 유사단체로서 1932년경에 이미 조직·성립되었다고 선뜻 단정하기 어렵고, 오히려 원고가 이 사건 소를 제기하는 데 필요한 여러 절차를 우회하거나 특정 종중원을 배제하기 위한 목적에서 종중 유사단체임을 표방하여 이 사건 부동산의 소유명의인과 동일한 단체라고 주장하고 있는 것이 아닌지 의심할 여지가 충분하다. 따라서 원심으로서는 원고가 실체로 내세우는 종중 유사단체가 이 사건 부동산에 관한 소유권이전등기가 이루어질 당시 성립하여 존재하는 사실이 증명되었는지, 단체의 실질이 고유 종중인데도 종중 유사단체임을 표방하였다고 볼 여지가 없는지 등에 대하여 심리하였어야 한다.

8. 농작물

가. 성숙한 농작물(독립한 물건의 존재 구비) : 경작자 소유, 명인방법도 불필요[대법원 1963. 2. 21. 선고 62다913 판결]

나. 권원 없는 입목 : 토지 소유자 소유[대법원 1970. 11. 30. 선고 68다1995 판결]

서는 시공사와 시행대행사를 선정하는 것에 그치지 않고 조합원 분담금의 액수를 정하고 시공사 및 시행대행사와 맺을 계약의 내용까지 정하여 의결하였다. 원고가 이때 정한 분담금 외에는 조합원의 추가 부담 없이 지분제 방식인 확정분양가로 한울과 계약하기로 한 것은 조합원에게 공급할 아파트를 제외한 나머지 아파트와 상가에 관해서는 한울에 실질적인 처분권한을 부여하는 것을 의미한다. 이후 작성된 '지분제 시행대행 용역계약서'와 조합원가입계약서는 총회 의결 사항을 확인하고 구체화한 것이다. 이와 같이 총회 의결에는 상가에 관한 처분권한을 한울에 부여하는 결의도 포함된 것으로 보아야 하고, 원고는 위와 같이 처분권한을 부여받은 한울이 지정한 피고에게 상가를 매도한 것이다. 원심으로서는 총회에서 의결한 안건의 문언에만 한정하지 않고 총회에서 의결이 이루어진 과정과 의결사항의 구체적인 내용, 총회 의결에 따라 원고가 한 법률행위의 내용과 그에 따른 법률관계 등을 종합적으로 고찰하여 총회 의결의 법적 의미를 신중하게 살펴보았어야 한다.

9. 신축건물 소유권

가. 도급관계가 없는 경우

(1) 소유권 : 건축주가 원시취득

(가) 건축허가 명의 불문[대법원 1991. 2. 12. 선고 90다15174 판결] 건축주가 타인명의 건축허가로 건축을 한 경우에도 준공된 건물의 소유권은 건축주가 원시취득한다.

(나) 선매수인의 후매수인신축자로부터 점유이전**에 대한 명의변경이행청구 : 기각**[대법원 1997. 11. 28. 선고 95다43594 판결] 무허가건물의 신축은 법률행위에 의하지 아니한 물권의 취득이므로 신축자가 등기 없이 소유권을 원시취득한다고 할 것이지만, 이를 양도하는 경우에는 등기 없이 물권행위 및 인도에 의하여 소유권을 이전할 수 없다 할 것인바, 점유자가 무허가건물의 신축자로부터 이를 매수하여 인도받아 점유하고 있다고 하더라도 그 소유권을 취득할 수 없고, 신축자가 법률상의 처분권한을 상실하였다고 할 수 없으므로, 무허가건물대장상의 소유명의자가 그 후 무허가건물을 신축자로부터 제3자를 거쳐 이중으로 매수하여 무허가건물대장에 소유자명의를 등재하였다 하여 점유자가 직접 소유명의자에 대하여 방해배제의 방법으로서 무허가건물대장상의 명의변경을 청구할 권한이 있다고 할 수 없다.

(2) 채권담보 목적으로 타인명의 건축허가 : 채무자가 원시취득 후 채권자명의 보존등기 경료시 담보목적 범위 내에서 이전[대법원 1990. 4. 24. 선고 89다카18884 판결] 채권자의 원시취득 부정, [대법원 2002. 4. 26. 선고 2000다16350 판결] 건축허가는 행정관청이 건축행정상 목적을 수행하기 위하여 수허가자에게 일반적으로 행정관청의 허가 없이는 건축행위를 하여서는 안 된다는 상대적 금지를 관계 법규에 적합한 일정한 경우에 해제하여 줌으로써 일정한 건축행위를 하여도 좋다는 자유를 회복시켜 주는 행정처분일 뿐 수허가자에게 어떤 새로운 권리나 능력을 부여하는 것이 아니고, 건축허가서는 허가된 건물에 관한 실체적 권리의 득실변경의 공시방법이 아니며 추정력도 없으므로 건축허가서에 건축주로 기재된 자가 건물의 소유권을 취득하는 것은 아니므로, 자기 비용과 노력으로 건물을 신축한 자는 그 건축허가가 타인의 명의로 된 여부에 관계없이 그 소유권을 원시취득한다 할 것이며, 건축업자가 타인의 대지를 매수하여 그 대금을 지급하지 아니한 채 그 위에 자기의 노력과 재료를 들여 건물을 건축하면서 건축허가 명의를 대지소유자로 한 경우에는, 부동산등기법 제131조의 규정에 의하여 특별한 사정이 없는 한 건축허가명의인 앞으로 소유권보존등기를 할 수밖에 없는 점에 비추어 볼 때, 그 목적이 대지대금 채무를 담보하기 위한 경우가 일반적이라 할 것이고, 이 경우 완성된 건물의 소유권은 일단 이를 건축한 채무자가 원시적으로 취득한 후 채권자 명의로 소유권보존등기를 마침으로써 담보 목적의 범위 내에서 위 채권자에게 그 소유권이 이전된다고 보아야 한다. 따라서 피고1이 도급인이 되어 소외3과 사이에 이 사건 건물 도급계약을 체결하고 그에 따라 모든 공사를 시행하였음이 기록상 명백한 이 사건에 있어서 원심 인정과 같이 피고1이 건축허가명의를 자신과 원고 등의 공동명의로 한 것을 사후에 용인하였다고 하더라도 그것을 가지고 피고1이 원고 등이 이 사건 건물 1층의 소유권을 대내외적으로 원시취득하는 것을 용인하였다고 볼 수는 없다 할 것이고, 건축허가명의를 공동명의로 한 것을 피고1이 사후에 용인한 것은 피고1 단독의 건축주 명의로 해 두면 원고 등의 권익이 침해될 수 있으므로 이를 막기 위한 담보 목적에 불과한 것이라 할 것이며, 원고 등이 이 사건 건물 1층 부분의 소유권을 원시취득하였다고 인정하기 위해서는 결국, 이 사건 건물 1층 부분의 건축을 위하여 원고 등이 비용과 노력을 들인 사실이 인정되어야만 된다 할 것이다. 건축주의 사정으로 건축공사가 중단되었던 미완성의 건물을 인도받아 나머지 공사를 마치고 완공한 경우, 그 건물이 공사가 중단

된 시점에서 이미 사회통념상 독립한 건물이라고 볼 수 있는 형태와 구조를 갖추고 있었다면 원래의 건축주가 그 건물의 소유권을 원시취득하고, 최소한의 기둥과 지붕 그리고 주벽이 이루어지면 독립한 부동산으로서의 건물의 요건을 갖춘 것이라고 보아야 할 것이므로, 비록 원고 등이 이 사건 건물 건축을 위하여 1988. 6.경 이후에 비용과 노력을 들였다 할지라도, 그 이전에 이 사건 건물이 사회통념상 독립한 건물이라고 볼 수 있는 형태와 구조를 갖추고 있었다면 피고1이 단독으로 이 사건 건물에 관한 소유권을 원시취득하고, 원고 등이 그 소유권을 원시취득할 수는 없다 할 것이다. 그렇다면 원심으로서는, 원고 등이 이 사건 건물 건축을 위하여 비용과 노력을 들이기 시작한 1988. 6.경 당시에 이 사건 건물이 사회통념상 독립한 건물이라고 볼 수 있는 형태와 구조를 갖추고 있었는지 여부에 관하여 심리하여 원고 등이 이 사건 건물 1층 부분의 소유권을 일부라도 취득한 것으로 볼 수 있는지 여부를 확정하였어야 할 것임에도, 그러하지 아니한 채 만연히 원고 등이 이 사건 건물 중 1층 부분의 소유권을 원시취득하였다고 판단하고 이를 전제로 하여 공유물에 관한 보존행위로서 이 사건 건물 1층에 관하여 무효인 보존등기의 말소를 구할 수 있다고 판단한 원심판결에는 건물의 원시취득에 관한 법리를 오해한 나머지 심리를 미진하여 판결 결과에 영향을 미친 위법이 있다고 할 것이다.

(3) 독립한 건물의 요건을 갖추지 못한 건물 신축 공사를 제3자가 진행하여 원시취득 : 소유권 상실자애초의 신축 중 건물에 대한 소유권을 상실한 자, 원고는 제261조, 제257조, 제259조를 준용하여 원시취득자공사완공자, 피고에 대하여 보상청구 가능[대법원 2010. 2. 25. 선고 2009다83933 판결]

나. 도급관계가 존재하는 경우

(1) 도급인 재료공급 : 도급인

(2) 수급인 재료공급(제작물 공급계약)

(가) 원칙 → 수급인[대법원 1988. 12. 27. 선고 87다카1138, 1139 판결]

(나) 특약(도급인 명의 건축허가 + 보존등기) → 도급인[대법원 1996. 9. 20. 선고 96다24804 판결, [대법원 2003. 12. 18. 선고 98다43601 전원합의체 판결] 도급인 명의로 준공검사를 받아 보존등기를 필한 후 융자금을 받아 수급인에게 지급하기로 약정 : 도급인이 원시취득

[96다24804] 건축허가 명의를 도급인으로 + 도급인이 전세계약에 의한 전세금으로 나머지 잔금을 지급하기로 한 경우 : 소유권 → 도급인

▶◀도급인원고 인도청구

◀▶전세권자피고 : 전세권 취득 항변

▸ 건축허가 명의를 도급인으로 → 소유권 : 원고
▸ 수급인과 전세계약 체결
▸ 수급인에게 전세권 설정 권한×, 대리권×
▸ 소유자인 원고의 전세계약 추인, 수급인이 원고의 귀책사유로 약정사항준공검사을 이행하지 못함피고 입증필요
▸ 수급인의 계약체결 추인이 아니라 준공검사를 정지조건으로 하여 전세계약을 추인한 것 : 피고 상고 기각

다. 집합건물

(1) 요건

(가) 구조상·이용상 독립성 : 최소한의 기둥과 지붕, 주벽[대법원 2003. 5. 30. 선고 2002다21592,21608 판결] 신축 건물이 경락대금 납부 당시 이미 지하 1층부터 지하 3층까지 기둥, 주벽 및 천장 슬라브 공사가 완료된 상태이었을 뿐만 아니라 지하 1층의 일부 점포가 일반에 분양되기까지 하였다면, 비록 토지가 경락될 당시 신축 건물의 지상층 부분이 골조공사만 이루어진 채 벽이나 지붕 등이 설치된 바가 없다 하더라도, 지하층 부분만으로도 구분소유권의 대상이 될 수 있는 구조라는 점에서 신축 건물은 경락 당시 미완성 상태이기는 하지만 독립된 건물로서의 요건을 갖추었다. → 지상권설정등기이행청구를 기각한 원심파기 [2000다51872] 이 사건 공작물은 위 경락 당시 지하 1, 2층 및 지상 1층까지의 콘크리트 골조 및 기둥, 천장(슬라브)공사가 완료되어 있고, 지상 1층의 전면(남쪽)에서 보아 좌측(서쪽) 벽과 뒷면(북쪽) 벽 그리고 내부 엘리베이터 벽체가 완성된 사실을 인정할 수 있으므로, 이 사건 공작물은 최소한의 지붕과 기둥 그리고 주벽이 이루어졌다고 할 것이어서 미완성 상태의 독립된 건물(원래 지상 7층 건물로 설계되어 있으나, 지상 1층만으로도 구분소유권의 대상이 될 수 있는 구조임이 분명하다)로서의 요건을 갖추었다고 할 것이다. 그럼에도 불구하고 이 사건 공작물에는 주벽이 완성되어 있지 아니하였고 공사진척도가 20−30%에 불과하여 독립된 건물로 보기 어렵다는 이유를 들어 위와 같이 판단한 원심은, 채증법칙을 위배하여 사실을 오인하는 한편, 독립된 건물에 관한 법리를 오해한 위법을 범하였다고 할 것이므로 이 점을 지적하는 상고이유의 주장은 이유 있다.

① 구조상 독립성 : 당해 부분이 구조적으로 다른 건물과 외관상 독립되어 있는 상태 → 다른 부분과 구분하는 경계벽이 있는지 여부를 기준[민법판례연구 93]

② 이용상 독립성 : 당해 부분이 경제적으로 독립된 가치와 기능을 가지고 있는 상태 → 직접 외부로 통하는 출입구가 있는지 여부를 기준[민법판례연구 93]

(나) 구분행위

① 건물의 물리적 형질에 변경을 가함이 없이 법률관념상 건물의 특정 부분을 구분하여 별개의 소유권의 객체로 하려는 일종의 법률행위[대법원 2013. 1. 17. 선고 2010다71578 전원합의체 판결], 구분소유권의 객체로 하려는 의사표시

② 광고 등으로 구분분양의 의사를 외부에 표시했을 때[대법원 2006. 3. 10. 선고 2004다742 판결]

(다) 구분등록·구분등기 : 불필요2010다71578 구분행위는 건물의 물리적 형질에 변경을 가함이 없이 법률관념상 건물의 특정 부분을 구분하여 별개의 소유권의 객체로 하려는 일종의 법률행위로서, 그 시기나 방식에 특별한 제한이 있는 것은 아니고 처분권자의 구분의사가 객관적으로 외부에 표시되면 인정된다. 따라서 구분건물이 물리적으로 완성되기 전에도 건축허가신청이나 분양계약 등을 통하여 장래 신축되는 건물을 구분건물로 하겠다는 구분의사가 객관적으로 표시되면 구분행위의 존재를 인정할 수 있고, 이후 1동의 건물 및 그 구분행위에 상응하는 구분건물이 객관적·물리적으로 완성되면 아직 그 건물이 집합건축물대장에 등록되거나 구분건물로서 등기부에 등기되지 않았더라도 그 시점에서 구분소유가 성립한다.4)

---

4) [다수의견에 대한 보충의견]

　○ 건물에 대한 소유권 취득 및 구분소유권의 성립에 관한 법리에 부합

　가. 구분소유권의 성립요건인 구분행위는 다수의견에서 밝힌 대로 법률행위이기는 하지만, 법률행위는 원칙

적으로 방식의 자유가 인정되므로 법률에서 특정한 방식으로 행위할 것을 규정하고 있지 않는 한 일정한 방식으로 하여야만 법률행위가 성립하거나 그 효력이 인정된다고 할 수는 없다. 집합건물법은, 제1조 및 제2조에서 구분소유권의 성립요건을 규정하고 있지만 건축물대장의 등록에 관하여는 직접적으로 아무런 언급을 하고 있지 않다. 구분건물의 건축물대장 등록에 관하여는 제53조 이하에서 비로소 규정하고 있는데, 등록신청을 게을리 한 경우 신청의무자에게 과태료를 부과할 뿐(제66조), 대장등록으로 인한 창설적 효과에 관해서는 아무런 규정도 두고 있지 않으며, 오히려 건축물대장 등록에 앞서 위 법이 적용되는 집합건물이 성립된 것을 전제로 하고 있다. 이와 같은 집합건물법의 규정 순서와 조문 체계 및 각 조항의 내용 등을 종합해 보면, 구분소유권의 성립요건으로 건축물대장 등록이 필요하다거나 구분행위에 대장등록이 필수적인 방식으로 요구된다고 해석하는 것은 무리이고, 오히려 구분소유권은 각 구분건물의 독립성과 구분행위에 의하여 성립하고, 그와 같이 구분소유권이 성립한 건물에 대해서는 처분의 일체성 등 권리의 내용과 그 행사방식에 일정한 제한이 가해지며, 구분소유권의 대상인 구분건물에 대해서는 사후적·보고적 공시방법으로 건축물대장의 편성 및 등록을 할 의무를 부담한다는 것을 순차 규정한 것으로 이해하는 것이 그 법률의 편제와 조문 순서를 따라 순리적으로 이해하는 방식이라고 할 것이다.

나. 토지와 건물은 그 권리 객체의 성질상 본질적인 차이가 있다. 토지는 그 자체로는 물리적으로 경계가 없는 무정형의 물건으로서 소유자의 의사에 의한 구획이 천차만별일 수 있으므로, 거래의 객체가 되는 단위를 공권적으로 구획하는 것이 필수적이다. 따라서 지적관련법은 토지의 개수를 소유자의 지적 분할·합병신청과 토지대장의 분할·합병등록에 의하여 창설적으로 결정되도록 규정하고 있는 것이다. 이에 비하여 건물은 토지와 달리 물리적인 구분성을 가지고 있는 인공적인 물건으로 그 개수나 단위의 확정에 소유자의 의사가 미치는 영향이 토지에 비하여 훨씬 제한적이고, 이를 공권적으로 구획할 필요도 크지 않다. 따라서 대장등록을 구분행위나 합병행위의 필수적인 방식으로 요구하지 않더라도 여러 사정을 고려하여 구분의사나 합병의사를 규명함으로써 물권거래의 객체가 되는 단위를 확정할 수 있다. 집합건물법은 이러한 측면을 고려하여 지적관련법과는 달리 대장등록을 구분행위나 합병행위의 필수적인 방식으로 요구하고 있지 않은 것이다. 그러므로 토지의 분할·합병에 관한 법리를 구분건물의 분할·합병에 그대로 적용하는 것은 적절하지 않다.

다. 구분행위를 다수의견처럼 파악하더라도 권리관계가 특별히 불안정해지거나 거래의 안전을 해칠 것도 없다. 구분소유권의 성립시기가 불명확할 수 있다는 것은 일반적인 건물의 신축에 의한 원시취득의 시기가 일의적으로 정해질 수 없는 것과 다르지 않다. 즉 사회통념상 독립한 건물로서 완성된 때 일반건물의 소유권이 원시취득되는 것처럼 집합건물의 구분소유권도 건축허가 등에 의한 구분행위가 선행되어 있으면 1동의 건물이 사회통념상 독립한 건물로 완성되고 구분건물이 구조상·이용상의 독립성을 가지게 된 때 원시취득하게 된다고 할 것이다. 어느 경우나 건물의 건축 정도와 구조상의 독립성 등을 기초로 하여 일종의 평가를 해야 하는 것은 동일하다. 현실적으로는 집합건물 중 특히 공동주택의 경우에는 건축법이나 주택법에서 일반건물과 다른 특별한 규정들을 두고 있어서 그에 따라 건축허가 등의 절차가 이루어지고 있고, 상가건물 등 다른 집합건물도 대부분 건축허가 단계에서부터 이미 구분의사가 명확하게 표명되는 것이 보통일 것이므로, 그 건물이 구분소유권의 객체가 될 정도의 물리적 완성도를 갖추게 된 때에 구분소유권도 성립하게 될 것이다. 건물이 신축되면 건축물대장에 등록을 하여야 한다는 것과 그 건물에 대한 구분소유권이 언제 성립하느냐는 별개의 문제인 것이다.

○ 다수 이해관계자의 권리관계의 실질에도 합치

라. 1동의 건물의 원시취득 시기와 구분소유권의 성립시기를 분리하여 이원적으로 파악하는 것이야말로 공연히 법률관계를 복잡하게 하는 것으로 보인다. 뿐만 아니라 이는 집합건물에 관한 거래당사자의 인식이나 일반적인 거래 관념 및 경제적인 실질과도 어긋난다. 집합건물을 분양받은 사람들로서는 각각의 구분건물을 독립된 실체로 보고 이를 양수하여 그 처분권을 취득하였다고 인식할 것인데, 반대의견에

(2) 대지사용권

㈎ 개념

① 전유부분을 소유하기 위해 대지에 가지는 권리 일체집합건물의 소유 및 관리에 관한 법률(이하 '집합건물법') 제2조 제6호

② 소유권 불요, 등기 불요2010다71578

의하면 대장등록을 거치지 않은 이상 구분소유적 공유관계와 유사한 지분권을 취득한 정도의 지위만을 가지게 될 것이어서 이는 거래당사자의 기대에도 반한다. 또한 대지사용권과 관련해서도, 건축법상으로 건물의 대지는 이미 건축허가 단계에서 특정하도록 되어 있는 이상 건축물대장 등록 이전에 구분소유권의 성립을 인정한다고 하여 대지사용권의 대상인 대지와 그 권리 비율을 결정하는 데 있어 거래의 안전을 해칠 정도로 혼란을 초래할 것도 없다. 더구나 집합건물법은 제20조 제2항 단서, 제4항, 제3조 제3항을 통하여 전유부분의 전부를 소유하는 구분소유자가 순차 완공될 건물의 전유부분을 위한 대지사용권을 유보할 수 있도록, 대지사용권과 전유부분을 분리하여 처분할 것을 공정증서로써 정할 수 있는 방안을 마련해 두고 있기도 하다. 그러므로 다수의견에 의하면 전유부분과 일체화되는 대지사용권의 비율이 확정되지 않고 유동적이라는 반대의견의 비판 또한 타당하지 않다.

○ 집합건물의 소유 및 이용관계에 대한 합리적 규율을 도모하고자 하는 집합건물법의 입법 목적

마. 건축허가 내용에 부합하는 건축이 이루어져 대장등록에 아무런 지장이 없는데도 허가관청에 대한 사용승인이나 대장등록 신청을 미룬 채 그 대지에 저당권을 설정하거나 이를 제3자에게 분리 매각하였다면 특별한 사정이 없는 한 그 구분건물을 분양받은 수분양자보다 건축주나 그로부터 대지소유권 등을 취득한 상대방을 우선하여 보호할 합당한 이유는 없다. 그러한 상대방의 우선적 지위를 인정해 주는 것이야말로 구분소유권의 대상이 되는 집합건물의 권리관계가 복잡하게 얽히지 않도록 하려는 집합건물법의 입법 취지를 몰각하게 할 뿐이다. 이는 건물 신축이 이루어지는 도중에 대지에 대한 처분이 일어난 경우에도 마찬가지이다. 건물에 대해 대장등록이나 등기가 되지 않은 상황에서 구분건물의 분양자 등에 대한 채권자가 대지에 대한 강제집행을 하는 등의 사유로 대지의 소유권이 제3자에게 이전되고 그 후 대지소유권에 기하여 구분건물의 수분양자 등을 상대로 건물철거나 지료지급청구 등을 하는 사건이 현실적으로 발생하고 있다. 이때 구분건물 수분양자와 대지소유자 중 어느 쪽이 더 보호되어야 하는지에 대한 선택과 갈등의 문제가 야기된다. 이와 같은 현상이 엄연히 존재하는 현실 상황에서 대장등록이나 등기만이 구분행위의 유일한 기준이라는 견해를 관철하면 그로 인한 혼란과 거래의 안전에 대한 위협은 오히려 커질 수밖에 없다. 그러므로 대장등록이나 등기가 구분행위의 가장 강력한 징표가 된다고는 하겠지만, 이를 유일한 절대적 기준으로 할 때 생길 수 있는 거래상 혼란과 예측하지 못한 피해 발생을 억제하고, 나아가 개별 사안에 상응하여 분쟁의 해결이 구체적 타당성을 가지도록 하기 위해서는 대장등록이나 등기 이외의 객관적 표시행위로써도 구분행위의 존재를 긍정할 수 있다고 보는 것이 타당하다.

바. 한편 집합건물로 건축된 건물에 대하여 건축물대장 등록이 이루어지기 전이라도 집합건물법이 적용되도록 할 필요는 비단 구분건물과 대지사용권이 처분의 일체성을 가지도록 하는 데 그치는 것이 아니다. 단일한 건물에 다수의 구분소유 관계가 형성되어 있을 때 필연적으로 생겨나는 공용부분의 이용 및 처분 관계, 건물관리를 위한 비용의 조달 및 관리행위의 주체를 정하는 문제 등도 집합건물법이 규율대상으로 하는 중요한 내용이다. 1동의 건물이 집합건물로 건축이 되어 있고 각 구분건물을 사실상의 구분소유자들이 각자 점유·사용까지 하고 있더라도 건축물대장 등록이 이루어지지 않은 이상 집합건물법에 의한 규율대상이 아니라고만 해서는 그러한 다수의 이해관계가 걸린 법적 문제의 해결이 원만하게 이루어지기는 어렵다.

(나) 전유부분과의 일체성

① 취지 : 전유부분과 대지사용권의 분리대지사용권과 전유부분에 관한 소유권이 각각 다른 권리자에게 속하는 상황[민법판례연구 101]를 억제하여 대지사용권 없는 구분소유권의 발생을 방지하고 집합건물에 관한 법률관계의 안정과 합리적 규율을 도모[대법원 2006. 3. 10. 선고 2004다742 판결, 대법원 2008. 9. 11. 선고 2007다45777 판결], 2010다71578

② 분리처분 금지 : 전유부분과 대지사용권의 일체성에 반하는 대지의 처분행위 : 무효[대법원 2000. 11. 16. 선고 98다45652,45669 전원합의체 판결, 대법원 2010. 5. 27. 선고 2006다84171 판결, 2010다71578, 대법원 2013. 7. 25. 선고 2012다18038 판결]

③ 구분소유권이 이미 성립한 집합건물이 증축되어 새로운 전유부분이 생긴 경우[대법원 2017. 5. 31. 선고 2014다236809 판결]

㉠ 기존 부분의 대지사용권 : 기존 부분의 구분소유권과 일체성을 이루어 결합 → 규약에서 달리 정하지 않는 한 분리처분금지

㉡ 증축 부분에 대한 대지사용권 : 기존 부분에 대한 대지사용권의 분리·이전을 통해 확보해야 함, 대지사용권 없는 경우 부당이득반환의무 위 501호, 502호, 901호, 1001호, 1002호와 같이 증축된 구분건물에 대하여 대지사용권을 부여하기 위해서는 위 103호 등 기존 구분건물의 대지지분 중 각 일부에 대한 분리처분이 필수적이라 할 것이므로, 반드시 규약 등으로 이를 정해 놓았어야 한다. 그리고 이는 위 증축 당시 다빈치디엔씨가 증축된 부분을 포함한 이 사건 건물의 각 구분건물 전체를 소유하고 있었다고 하더라도 달리 볼 것은 아니다. 그런데도 원심은 그 판시와 같은 이유만으로, 증축으로 인하여 생긴 새로운 전유부분을 위한 대지사용권이 성립하였다고 보아, 원고의 피고들에 대한 이 사건 차임 상당 부당이득 반환청구를 배척하였다. 이러한 원심 판결에는 소액사건심판법 제3조 제2호에서 정한 '대법원의 판례에 상반되는 판단'을 한 잘못이 있다.

㉢ 자기 사용허락에 기한 대지사용권 : 대지소유자가 대지와 건물 전체를 함께 소유하고 있는 동안에만 존재(한시성)[민법판례연구 101] 증축부분만 제3자에게 양도한다면 제3자는 전 소유자가 스스로 누리던 대지사용권을 당연히 이전받는다기보다는 대지소유권자인 전 소유자로부터 일부 대지소유권을 이전받거나 대지사용을 위한 다른 권원을 취득해야 함

(다) 분리처분금지 위반(집합건물법 제20조 제2항) : 말소등기청구

▸ 선의의 제3자(집합건물법 제20조 제3항) : 집합건물의 대지로 되어 있는 사정을 모른 채 대지사용권의 목적이 되는 토지를 취득한 제3자2010다71578 신탁계약 체결시 이미 독립한 건물의 요건을 갖춘 경우 : 선의로 볼 수 없음

10. 부합

10-1. 임의규정, 포기약정

1. 소유권확인청구(증축부분이 부합되지 않았음을 주장)

◀부합에 의해 증축부분까지 경락으로 취득

2. 증축부분 말소등기청구+인도청구(증축부분 부합으로 취득)

3. 대지소유자 철거 청구

■피고가 건물증축부분을 취득하였다고 주장

■피고가 설치한 지상물이 원고의 대지에 부합되지 않았다고 주장

4. 부당이득청구(상실자)

◀취득자 : 법률상 원인의 존재 : 부합에 의한 취득

5. 부당이득청구(취득자)

◀수급인 : 사용 · 수익×

6. 불법행위 손해배상청구(소유권자 : 부합 부정)

◀부합에 의해 소유권취득(임의수거+매도)

가. 독립물 : 완전 독립 물건 ➡ 의자, 식탁

나. 부속물

(1) 권원 : 지상권, 전세권, 임차권 등과 같이 타인의 부동산에 자기의 동산을 부속시켜 그 부동산을 이용할 수 있는 권리[대법원 1989. 7. 11. 선고 88다카9067 판결]

(2) 부속

㈎ 구성부분이 아닐 것

㈏ 분리시 경제적 가치 크게 감손될 것 : 독립 증축 부분, 유리문, 새시, 전기, 수도, 난방, 유류저장조

다. 부합물 : 부합 여부 ➡ ① 권원 여부 + ② 독립성 여부로 판단

권원 여부	독립성 여부	부합 여부
권원○	독립 · 부속○독립물 · 부속물	부합×
권원○	독립 · 부속× 구성부분, 분리시 가치감소	부합○
권원×	독립 · 부속○	부합○
권원×	독립 · 부속×	부합○

(1) 권원의 부존재

(개) 토지임차인의 승낙에 의한 수목 식재 : 권원 부존재(토지소유자의 승낙 필요)[88다카9067] 토지소유자의 벌채는 불법행위 불성립 : 민법 제256조 단서에서 말하는 「권원」이라 함은 지상권, 전세권, 임차권 등과 같이 타인의 부동산에 자기의 동산을 부속시켜서 그 부동산을 이용할 수 있는 권리를 뜻한다 할 것이므로 그와 같은 권원이 없는 자가 토지소유자의 승낙을 받음이 없이 그 임차인의 승낙만을 받아 그 부동산 위에 나무를 심었다면 특별한 사정이 없는 한 토지소유자에 대하여 그 나무의 소유권을 주장할 수 없다고 하여야 할 것이다. 그런데도 원심이 원고가 이 사건 토지의 전소유자로부터 승낙을 받음이 없이 그 토지를 임차한 소외인의 승낙만을 받아 그 위에 이 사건 사철나무 1그루를 심은 사실을 확정하고서도 그 나무가 위 토지에서 분리되어 원고의 소유로 된 특별한 사정에 대하여는 심리판단함이 없이 그 나무가 위 토지의 소유권과는 독립하여 별개의 소유권의 대상이 된다는 이유만으로 그 후 위 부동산을 취득하여 위 나무를 벌채한 피고에게 그로 인한 불법행위 책임이 있다고 판단한 것은 민법 제256조가 정하는 부동산에의 부합에 관한 법리를 오해하여 심리를 다하지 아니함으로써 판결결과에 영향을 미쳤다고 할 것이다.

(나) 지상권설정자 : 사용·수익권 부정[대법원 1974. 11. 12. 선고 74다1150 판결] → **지상권설정자로부터의 토지이용권 취득 → 제256조 단서 권원 부재 → 부합 인정**[대법원 2018. 3. 15. 선고 2015다69907 판결]

⇔ **예외 : 담보지상권설정자 : 사용·수익권 인정 → 담보지상권설정자로부터의 토지이용권사용대차 취득 → 제256조 단서 권원 인정 → 부합 부정**[대법원 2018. 3. 15. 선고 2015다69907 판결]

(2) 독립성 부정, 부속성 부정

(개) 구성부분, 분리시 경제적 가치 감손[대법원 2008. 5. 8. 선고 2007다36933,36940 판결] 부동산에 부합된 물건이 사실상 분리복구가 불가능하여 거래상 독립한 권리의 객체성을 상실하고 그 부동산과 일체를 이루는 부동산의 구성부분이 된 경우에는 타인이 권원에 의하여 이를 부합시켰더라도 그 물건의 소유권은 부동산의 소유자에게 귀속된다. [대법원 2020. 4. 9. 선고 2018다264307 판결] 따라서 이 경우 부동산의 소유자는 방해배제청구권에 기하여 부합물의 철거를 청구할 수 없지만, 부합물이 위와 같은 요건을 충족하지 못해(피고가 사적인 통행을 위해 토지 위에 가볍게 아스콘을 씌운 것이어서 토지와 아스콘의 구분이 명확하고, 토지에서 아스콘을 제거하는 데 과다한 비용이 소요되지 않아 사실적·물리적으로 충분히 복구가 가능)하고 그 물건의 소유권이 부동산의 소유자에게 귀속되었다고 볼 수 없는 경우(아스콘 포장은 도로부지의 구성부분이 되었다고 볼 수 없음)에는 부동산의 소유자(원고)는 방해배제청구권에 기하여 부합물의 철거를 청구할 수 있다.

(나) 도색, 도배, 벽돌, 창틀, 화장실, 목욕탕, 가스공급시설[대법원 2007. 7. 27. 선고 2006다39270,39287 판결]

라. 수목, 미분리 과실

(1) 원칙 : 토지에 부합[대법원 1970. 11. 30. 선고 68다1995 판결] 권한 없이 심은 입목은 임야소유자에게 귀속, [대법원 2021. 8. 19. 선고 2020다266375 판결] 토지소유자인 원고가 토지 양도 전에 식재한 입목은 토지에 부합

(2) 예외 : 입목등기, 명인방법[대법원 1991. 4. 12. 선고 90다20220 판결] 원고가 이 사건 토지의 주위에 울

타리를 치고 그 안에 이 사건 수목을 정원수로 심어 가꾸어 온 사실만으로는 명인방법을 갖추었다고 보기는 어렵다고 하겠으나, 한편 이 사건 대지는 원고와 형인 위 소외 박성규의 공동소유인데 위 소외인이 위 대지상에 있는 그의 소유인 이 사건 가옥을 원고에게 매도하고 원고 명의로 소유권이전등기를 경료하여 줄 때 이 사건 대지 중 그의 지분에 대한 사용권을 원고에게 설정하여 준 것이라면, 원고는 이 사건 정원수를 그 대지사용권에 의하여 식재한 것으로서 그 대지 지분권과 상관없이 그 정원수의 소유권을 취득하였다고 보아야 할 것이다. 원고들이 이미 토지에 부합된 입목 등에 대해서 그 소유권을 유보한 채 그 토지만을 분리·처분하기 위해서는 그 입목 등에 관한 명인방법을 갖추어야 하고, 명인방법을 갖추지 않은 채 토지를 처분한 경우 부합된 입목 등의 소유권은 토지와 함께 이전된다. [대법원 2021. 8. 19. 선고 2020다266375 판결] 원고가 입목과 분리하여 토지만을 피고에게 양도하였다면서 피고를 상대로 입목에 관한 보상금 출급청구권확인을 구하기 위하여는 명인방법을 갖추어야 함 : 원고들이 이 사건 부동산을 양도하면서 이 사건 지장물의 소유권은 유보하기로 피고들과 약정하였다면, 원고들이 이 사건 지장물의 소유에 관한 명인방법을 갖추어 그 소유권을 행사할 수 있지만, 명인방법을 갖추지 못한 경우에는 피고들에 대한 채권적 청구권만을 행사할 수 있다. 원심으로서는 이 사건 부동산이 원고들로부터 피고들에게 언제, 어떤 범위에서 양도되었는지, 이 사건 지장물이 위 부동산 양도 전후의 어떤 시점에 식재된 것인지 여부 등을 확인하고, 이 사건 지장물과 분리하여 위 부동산을 양도하기 위하여 명인방법을 갖추었는지 또는 위 지장물의 소유권 유보에 관한 별도의 약정이 있었는지 여부 등을 심리한 다음, 원고들의 청구에 대해서 판단했어야 한다.

(3) 농작물 : 경작자[대법원 1979. 8. 28. 선고 79다784 판결] 성숙하여 독립물로서의 요건을 갖춘 경우

마. 독립한 건물 : 토지에의 부합 부정

(1) 경락 여부

㈎ 원칙 : 건물을 토지의 종물 내지 부합물로 보고 경매가 진행되어도 경락인은 건물에 대한 소유권취득불가, 건물소유자는 법정지상권으로 대항 가능[대법원 1997. 9. 26. 선고 97다10314 판결, 대법원 1974. 2. 12. 선고 73다298 판결, 대법원 1990. 10. 12. 선고 90다카27969 판결]

㈏ 예외 : 증축부분이 본래의 건물에 부합되어 별개 독립물로서의 효용을 갖지 않는 경우 경락인은 증축부분 소유권 취득[대법원 1981. 11. 10. 선고 80다2757,2758 판결] 이 건 증축건물은 이 건 기존건물과 합하여 기존 공장건물을 구성할 뿐이고 증축건물이 기존건물과 분리하여서는 경제상 독립물로서의 효용을 갖지 못한다 할 것이므로 위 증축건물은 그 증축하였을 때 기존건물에 부합된 것이고 독립하여 소유권의 객체가 될 수 없는 것으로서 위 근저당권의 목적물에 포함된 것이라 할 것이니 이 건 증축건물에 관하여 별도로 보존등기가 경료되었다 하더라도 이 건 증축건물도 위 경매에 의하여 이 건 기존건물과 일체로 참가인에게 소유권이 귀속되었다고 판단하고 있는바, 거시증거를 기록과 대조하여 검토하여 보아도 원심의 위와 같은 사실인정과 판단은 능히 시인되고, 거기에 소론과 같은 채증법칙의 위배나 부합에 관한 법리오해와 이로 인한 입증책임의 전도 또는 일물일권주의 내지는 2중등기에 관한 법리오해가 있다 할 수 없다.

(2) 종물이 되기 위한 요건 : 독립한 건물을 종물로 보기 위해서는 주물 자체의 경제적 효용에 직접 관련 필요[대법원 1994. 6. 10. 선고 94다11606 판결] 저당권의 효력이 미치는 저당부동산의 종물이라 함은 민법 제100조가 규정하는 종물과 같은 의미로서 어느 건물이 주된 건물의 종물이기 위하여는 주

물의 상용에 이바지 되어야 하는 관계가 있어야 하는바, 여기에서 주물의 상용에 이바지한다 함은 주물 그 자체의 경제적 효용을 다하게 하는 것을 말하는 것으로서 주물의 소유자나 이용자의 상용에 공여되고 있더라도 주물 그 자체의 효용과는 직접 관계없는 물건은 종물이 아니며, 또한 경매목적물과 동일지번상에 건립되어 있다는 것만으로 그의 종물이거나 부속건물이라 할 수 없고, 가옥대장 등 공부상에 경매목적건물의 부속건물이라 기재되어 있다 하여 그것을 곧 그 건물에 부합되었다거나 종물로서 저당권의 효력이 미칠 건물이었다고 단정할 수 없다. 위 제3건물 그 자체의 면적이 480평방미터나 되는 독립된 건물로서, 그 안에 일부 탈의실, 샤워실, 화장실이 있기는 하나 공장으로 쓰이는 부분이 1/2을 넘고 있다고 보여지고, 위 제3건물의 감정가격도 금 120,960,000원으로서 위 5동의 전체 건물가액 금 316,962,560원의 1/3을 초과하는 등 그 자체만으로도 독립적인 공장의 구조를 갖추고 있다고 볼 여지가 있어 위 제3건물이 위 제1건물과 보일러배관이 연결되어 있고 위 제1건물의 부속건물로 등기가 되어 있으며 위 제1, 2, 4, 5건물과 하나의 공장으로 사용되고 있다는 사정만으로 위 제3건물을 제1, 2, 4, 5건물의 종물로 단정할 수는 없으므로 원심으로서는 위 제3건물의 내부구조의 변경이 용이한지 여부와 위 제3건물 중 공장으로 사용되는 면적의 크기 등을 심리 확정한 다음 위 제3건물 자체가 독립된 공장으로서의 경제적 효용을 갖추고 있는지 여부를 판단하여야 함에도 이에 이르지 아니한 채 위 제3건물이 위 제1,2,4,5건물의 종물로 보아 위 제1, 2건물에 관한 피고의 근저당권의 효력이 위 제3건물에 미친다고 본 원심의 조치에는 심리를 다하지 아니하였거나 종물에 관한 법리를 오해하여 판결에 영향을 미친 위법이 있다.

제2관 피고점유 / 피고의 지상건물소유(철거청구) / 피고의 제3자소유 건물점유(퇴거청구)

Ⅰ. 피고 적격

1. 판단기준

가. 원고의 소유권을 현실적으로 방해하는 직접점유사실

나. 피고는 소유권이전등기를 갖춘 완전한 소유자가 아니라 미등기건물의 양수인 등 법률상 또는 사실상 처분권을 가진 자이면 족함[대법원 2003. 1. 24. 선고 2002다61521 판결]

다. 건물소유자[대법원 1993. 10. 26. 선고 93다2483 판결] 사회통념상 건물은 그 부지를 떠나서는 존재할 수 없는 것이므로 건물의 부지가 된 토지는 그 건물의 소유자가 점유하는 것으로 볼 것이고, 건물의 소유권이 양도된 경우에는 건물의 종전의 소유자가 건물의 소유권을 상실하였음에도 불구하고 그 부지를 계속 점유할 별도의 독립된 권원이 있는 등의 특별한 사정이 없는 한 그 부지에 대한 점유도 함께 상실하는 것으로 보아야 하며, 이 경우에 건물의 종전의 소유자가 그 건물에 계속 거주하고 있고 건물의 새로운 소유자는 현실적으로 건물이나 그 부지를 점거하고 있지 아니하고 있더라도 결론은 마찬가지이다.

2. 미등기건물

가. 철거의무자 : 원시취득자, 법률상 또는 사실상의 처분권을 보유한 양수인

나. 건물소유자가 아닌 건물점유자

(1) 퇴거청구 필요[대법원 1999. 7. 9. 선고 98다57457, 57464 판결] 건물의 소유자가 그 건물의 소유를 통하여 타인 소유의 토지를 점유하고 있다고 하더라도 그 토지 소유자로서는 그 건물의 철거와 그 대지 부분의 인도를 청구할 수 있을 뿐, 자기 소유의 건물을 점유하고 있는 자에 대하여 그 건물에서 퇴거할 것을 청구할 수는 없다.

(2) 건물점유자라고 볼 수 없음[대법원 2003. 11. 13. 선고 2002다57935 판결] 미등기건물을 양수하여 건물에 관한 사실상의 처분권을 보유하게 됨으로써 그 양수인이 건물부지 역시 아울러 점유하고 있다고 볼 수 있는 등의 다른 특별한 사정이 없는 한 건물의 소유명의자가 아닌 자로서는 실제로 그 건물을 점유하고 있다고 하더라도 그 건물의 부지를 점유하는 자로는 볼 수 없다.

(3) 건물소유자임대인가 토지사용권이 없는 경우 건물에 대한 대항력 있는 임차권자건물 점유자(피고)

㈎ 토지소유자원고{지상권소멸청구 : 지상권자의 지료연체 + 피고에 대한 퇴거청구}**에게 임차권 항변 불가** [대법원 2010. 8. 19. 선고 2010다43801 판결] 건물임차권의 대항력은 기본적으로 건물에 관한 것이고 토지를 목적으로 하는 것이 아니므로 이로써 토지소유권을 제약할 수 없고, 토지에 있는 건물에 대하여 대항력 있는 임차권이 존재한다고 하여도 이를 토지소유자에 대하여 대항할 수 있는 토지사용권이라고 할 수는 없다. 바꾸어 말하면, 건물에 관한 임차권이 대항력을 갖춘 후에 그 대지의 소유권을 취득한 사람은 민법 제622조 제1항이나 주택임대차보호법 제3조 제1항 등에서 그 임차권의 대항을 받는 것으로 정하여진 '제3자'에 해당한다고 할 수 없다.

㈏ 제304조 제2항 위반 주장 : 불가[대법원 2010. 8. 19. 선고 2010다43801 판결] 304조는 전세권을 설정하는 건물소유자가 건물의 존립에 필요한 지상권 또는 임차권과 같은 토지사용권을 가지고 있는 경우를 전제, 304②은 포기, 기간단축 등 전세권자를 해치는 전세권설정자의 임의적 행위를 제한할 뿐 지상권설정자의 소멸청구권을 제한하는 것은 아님

다. 미등기건물의 양도담보권자 : 철거의무자가 아님[대법원 2003. 1. 24. 선고 2002다61521 판결]
피고는 이 사건 건물의 원시취득자인 청수개발과 이 사건 건물에 관하여 양도담보계약을 체결한 한국산업은행으로부터 양도담보계약상의 지위를 승계하여 이 사건 건물을 관리하고 있을 뿐이라는 것이므로(피담보채무의 변제기가 경과하였으나 피고가 아직 담보권의 행사로서 귀속정산에 의하여 이 사건 건물을 자기의 소유로 귀속시킬 의사를 표시한 바도 없다), 피고가 이 사건 건물의 소유자가 아님은 물론 위와 같은 입장에 있는 피고를 이 사건 건물에 대하여 법률상 사실상 처분권을 가지고 있는 자라고 할 수도 없다 할 것이고, 따라서 피고에게는 이 사건 건물에 대한 철거처분권이 있다고 볼 수 없다.

3. 미등기매수인 : 토지인도 + 건물철거, 대지사용 부당이득사실상 · 법률상 처분권. [대법원 2010.
1. 28. 선고 2009다61193 판결] 미등기건물을 양수하여 건물에 관한 사실상의 처분권을 보유하게 된 양수인은 건물 부지 역시 아울러 점유하고 있다고 보아야 함, [92다48963] 피고(대지 소유자)가 소외1에 대한 판시 집행력 있는 판결정본에 기하여 강제집행(철거)을 실시하고 있는 판시 건물은 망 소외2가 약 30년 전에 신축하여 미등기인 채로 소유하여 오다가 그의 사망(1974.11.16.) 전에 장남인 위 소외1에게 증여하였고, 위 소외1은 그때부터 계속하여 위 건물의 일부는 자신이 직접 점유하고 나머지 부분은 다른 사람에게 임대하는 등 그 단독으로 이를 점유,

관리해 온 것이라면, 위 소외1은 위 건물의 양수, 점유자로서 이를 법률상 또는 사실상 처분할 수 있는 지위에 있어 동 건물로 인하여 대지 소유자의 소유권이 침해되는 경우 건물철거의무를 진다 할 것인 바, 이는 위 건물에 관하여 1989.1.9.에 이르러 망 소외2의 상속인들인 원고들 및 위 소외1 공동명의로 재산상속을 원인으로 하는 소유권보존등기가 경료되었다 하여 달리 볼 것은 아니다. → 원고들의 제3자이의의 소 기각

Ⅱ. 불법점유권원 부존재

1. 직접점유자만

2. 간접점유자 : 청구기각[대법원 1999. 7. 9. 선고 98다9045 판결] 불법점유를 이유로 하여 그 명도 또는 인도를 청구하려면 현실적으로 그 목적물을 점유하고 있는 자를 상대로 하여야 하고 불법점유자라 하여도 그 물건을 다른 사람에게 인도하여 현실적으로 점유를 하고 있지 않은 이상, 그 자를 상대로 한 인도 또는 명도청구는 부당하다.

3. 점유보조자에 대한 인도청구 가능[대법원 1980. 7. 8. 선고 79다1928 판결] 피고들은 위 소외인의 동거가족들로서 동 소외인과 위 건물에서 동거하고 있는 동안은 동 소외인만이 점유자이고, 피고들은 점유보조자에 불과하였다고 하지만, 본건의 경우와 같이 피고들이 동 소외인은 이미 위 건물을 매도하고 퇴거하였음에도 불구하고, 동 건물이 동 소외인의 소유가 아니라고 주장하면서 동 소외인의 의사에 반하여 위 건물부분을 점유하고 있는 것이라면 결국 피고들에게 있어서 그 점유에 대한 적법한 권원이 있다 할 수 없고, 따라서 소유자인 동 소외인에 대한 관계에 있어서는 불법점유라고 할 것이니, 원고가 아직 위 건물에 대한 소유권이전등기를 경료받지 못하여 소유자가 아니라 하더라도 불법점유자인 피고들에게 매도인인 위 소외인을 대위하여 명도청구를 할 수 있다 할 것이고, 이때 원고는 피고들에 대하여 직접 자기에게 명도할 것을 청구할 수도 있는 것이다.

4. 처의 점유 : 처는 점유보조자가 아니라 공동점유자[대법원 1998. 6. 26. 선고 98다16456, 16463 판결] 피고 적격 인정

Ⅲ. 인도약정 : 직접점유자, 간접점유자 모두 피고적격 인정[대법원 1983. 5. 10. 선고 81다187 판결] 불법점유를 이유로 한 건물명도청구에 있어서는 현실적으로 불법점유하고 있는 사람을 상대로 하여야 함은 소론과 같으나 원심판결 이유에 의하면 원심은 원·피고 사이에 이 사건 토지임대차계약을 체결함에 있어서 피고는 임차토지 위에 정구장시설 및 그 부대시설인 가건물 등을 피고의 비용으로 설치, 건축하여 정구장을 운영하되 임대차가 종료되었을 때에는 피고가 시설한 주위시설물 및 가건물을 원고에게 증여하기로 약정한 사실을 확정하고 임대차 종료를 이유로 위 계약에 따른 가건물 등의 명도를 구하는 원고의 청구를 인용하고 있는 것이니 이 사건에 있어서는 소론의 경우와는 그 전제사실을 달리하고 있어 원심판결이 피고가 간접점유하고 있는 건물부분의 명도를 명하였다 하여 소론과 같은 위법이 있다고 할 수 없다.

Ⅳ. 타인 토지상의 양도담보 목적물 : 양도담보권자가 점유자(소유권 : 형식)

⇔ 토지차임 부당이득반환청구의 상대방 : 양도담보설정자(부당이득 : 실질)

Ⅴ. 집합건물, 공유건물에 대한 철거청구

1. 집합건물 전체가 아닌 일부 전유부분의 철거청구 : 가능[대법원 2021. 7. 8. 선고 2017다
   204247 판결] 1동의 집합건물의 구분소유자들은 그 전유부분을 구분소유하면서 건물의 대지 전체를 공동으로 점
   유·사용하는 것이므로, 대지 소유자는 대지사용권 없이 전유부분을 소유하면서 대지를 무단 점유하는 구분소유자
   에 대하여 그 전유부분의 철거를 구할 수 있다. 집합건물은 건물 내부를 (구조상·이용상 독립성을 갖춘) 여러 개
   의 부분으로 구분하여 독립된 소유권의 객체로 하는 것일 뿐 1동의 건물 자체는 일체로서 건축되어 전체 건물이
   존립과 유지에 있어 불가분의 일체를 이루는 것이므로, 1동의 집합건물 중 일부 전유부분만을 떼어내거나 철거하
   는 것은 사실상 불가능하다. 그러나 구분소유자 전체를 상대로 각 전유부분과 공용부분의 철거 판결을 받거나 동
   의를 얻는 등으로 집합건물 전체를 철거하는 것은 가능하고 이와 같은 철거 청구가 구분소유자 전원을 공동피고
   로 해야 하는 필수적 공동소송이라고 할 수 없으므로, 일부 전유부분만을 철거하는 것이 사실상 불가능하다는 사
   정은 집행 개시의 장애요건에 불과할 뿐 철거 청구를 기각할 사유에 해당하지 않고, 대지 소유자의 철거청구는 권
   리남용에도 해당하지 않는다.

2. 공유건물에 대한 철거집행 : 공유자 전원에 대한 집행권원 필요일부에 대한 집행권원만으
   로는 철거집행 불가, 나머지 공유자에 대한 별도의 집행권원이 추가되어야 집행 가능[사법연수원 기록 120-4 해설]

제2절 점유권원 존재(제213조 단서)

제1관 미등기매수인

Ⅰ. 대내적 관계 : 매도인에 대한 관계

1. 매매계약의 효력으로 점유·사용할 권리 : 제213조 단서 점유할 권리에 포함[대법원
   1988. 4. 25. 선고 87다카1682 판결, 대법원 1992. 7. 28. 선고 92다10197, 92다10203(반소) 판결]

2. 미등기매수인으로부터의 매수인[대법원 1998. 6. 26. 선고 97다42823 판결] 토지의 매수인이 아직 소유
   권이전등기를 경료받지 아니하였다 하여도 매매계약의 이행으로 그 토지를 인도받은 때에는 매매계약의 효력으로
   서 이를 점유·사용할 권리가 생기게 된 것으로 보아야 하고, 또 매수인으로부터 위 토지를 다시 매수한 자는 위와
   같은 토지의 점유·사용권을 취득한 것으로 봄이 상당하므로 매도인은 매수인으로부터 다시 위 토지를 매수한 자
   에 대하여 토지 소유권에 기한 물권적청구권을 행사할 수 없다.

3. 부당이득 : 매매계약 체결 이후에는 불성립

Ⅱ. 대외적 관계

1. 소유권 주장 불가

가. 소유권에 기한 인도청구 불가[대법원 2007. 6. 15. 선고 2007다11347 판결], **매도인을 대위하여 청구**

나. 소유권에 준하는 관습상의 물권 불인정[대법원 2006. 10. 27. 선고 2006다49000 판결]

2. 점유보호청구권 행사 가능(제204조)

3. 이중매매시 제103조 위반 주장 가능

4. 미등기 '건물' 매수인

가. 중간생략보존등기 : **실체관계에 부합하여 유효**[대법원 1963. 4. 25. 선고 62아19 판결, 대법원 1995. 12. 26. 선고 94다44675 판결]

나. 철거의무 : **인정**[대법원 1987. 11. 24. 선고 87다카257, 258 판결] 타인의 토지위에 건립된 건물로 인하여 그 토지의 소유권이 침해되는 경우 그 건물을 철거할 의무가 있는 사람은 그 건물의 소유권자나 그 건물이 미등기건물일 때에는 이를 매수하여 법률상, 사실상 처분할 수 있는 지위에 있는 사람이다.

다. 양도인에 대한 점유이전금지가처분과 철거의무 : **철거의무자는 양수인**87다카257 점유이전금지가처분은 그 목적물의 점유이전을 금지하는 것이고, 그럼에도 불구하고 점유가 이전되었을 때에는 가처분채무자는 가처분권자에게 대한 관계에 있어서 여전히 그 점유자의 지위에 있는 것일뿐 목적물의 처분을 금지 또는 제한하는 것은 아니다. 이 사건에 있어서 원심인정과 같이 피고1이 위 건물을 위 소외인에게 매도하고 퇴거하였다면 설시 점유이전금지가처분에도 불구하고 그것을 매수하여 점유하고 있는 소외인이 이에 대하여 법률상, 사실상 처분할 수 있는 자라 할 것이고 피고1은 이를 처분할 수 있는 지위에 있지 아니하므로 설시부분에 건립된 건물부분을 철거할 의무가 없다고 할 것인데, 원심은 원고에 대한 관계에 있어서 동 피고는 여전히 위 건물을 처분할 수 있는 지위에 있는 자라고 잘못알고 그 부분의 철거를 명한 것은 법리를 오해한 것이므로 원판결 중 본소청구의 건물철거에 관한 피고1의 패소부분은 파기를 면할 수 없다.

5. 소멸시효

가. 인도받아 점유하는 경우 : **시효진행 부정**[대법원 1976. 11. 6. 선고 76다148 전원합의체 판결, 대법원 2010. 1. 28. 선고 2009다73011 판결]

나. 처분으로 점유상실 : **시효진행 부정**[대법원 1999. 3. 18. 선고 98다32175 전원합의체 판결]

제2관 점유취득시효 : 인도 · 철거청구 불가[대법원 1988. 5. 10. 선고 87다카1979 판결], 부당이득 불성립, 손해배상청구 불가[대법원 1993. 5. 25. 선고 92다51280 판결], 소유권확인 불가[대법원 1995. 6. 9. 선고 94다13480 판결] 확인의 이익 부정

Ⅰ. 대위청구 : 점유승계자

▶ 피보전채권의 소멸시효 완성 : 인도받아 점유하는 경우 소멸시효에 걸리지 않음

▶ 피대위채권의 소멸시효 완성 : 취득시효 완성으로 인한 소유권이전등기청구권은 점유자의 점유 상실시 소멸시효 진행[대법원 1996. 3. 8. 선고 95다34866, 34873 판결]

Ⅱ. 직접청구

1. 점유승계의 효과로 직접청구 불가

2. 기산점 임의선택으로 직접청구 가능 : 소유자변동 없는 경우

▶ 점유취득시효완성 후 소유권취득

▶ 이중매매 유추

▶ 2차 점유취득시효(소유자변동시를 새로운 기산점)

▶ 과반수 지분권자가 될 지위 : 과반수 공유자의 배타적 사용 · 수익 → 공유물의 관리방법으로 적법[대법원 2001. 11. 27. 선고 2000다33638, 33645 판결] 공유토지에 관하여 점유취득시효가 완성된 후 취득시효 완성 당시의 공유자들 일부로부터 과반수에 미치지 못하는 소수 지분을 양수 취득한 제3자는 나머지 과반수 지분에 관하여 취득시효에 의한 소유권이전등기를 경료받아 과반수 지분권자가 될 지위에 있는 시효취득자(점유자)에 대하여 지상 건물의 철거와 토지의 인도 등 점유배제를 청구할 수 없는 것이다. 원심이 인정한 바와 같이, 피고는 이 사건 계쟁 토지를 20년 이상 평온 · 공연하게 자주점유함으로써 그중 165/287 지분에 관한 취득시효가 완성되어 위 지분에 관하여 원고로부터 소유권이전등기를 받을 수 있는 지위에 있으므로, 위 법리에 따라 소수지분권자가 될 원고는 과반수 지분권자가 될 피고에 대하여 이 사건 계쟁 토지의 인도와 지상 건물 부분의 철거를 구할 수 없다.

제3관 선의취득

Ⅰ. 요건

가. 동산

(1) 금전 : 물건으로서의 금전만 선의취득의 대상 금전은 고도의 대체성

(2) 저당권 : 적용 배제[대법원 1985. 12. 24. 선고 84다카2428 판결]

나. 양도인

(1) 무권리자

㈎ 소유권의 부존재 : 수치인, 임차인의 양도, 양도인의 소유권 상실

㈏ 처분권의 부존재

① 가압류된 동산의 소유자[대법원 1966. 11. 22. 선고 66다1545,1546 판결] 집달리가 어느 유체동산을 가압류하였다 하더라도 집달리가 종전의 소유자에게 계속하여 그 보관을 명한 경우에 있어서는 점유자의 사법상의 점유가 소멸되는 것이 아니며 그 물건을 점유하는 소유자가 이를 타인에게 매도하고 그 타인이 선의로 점유인도를 받은 경우에는 그 타인은 그 물건의 소유권을 적법하게 취득한다.

② 점유보조자타인의 지시에 의하여 사실상 지배, 민법상 점유 부정 : 점유이탈물인지 여부는 직접점유자 점유보조자를 기준으로 결정[권리의 변동과 구제 157]

㉠ 점유보조자가 임의로 처분 : 형법상 절도죄

ⓐ 거래 상대방 : 선의취득 가능

ⓑ 원 소유자 : 도품특칙 배제(점유보조자의 의사에 기한 처분)[대법원 1991. 3. 22. 선고 91다70 판결] 점유보조자의 처분 + 양수인 악의 + 전매수인(피고) 과실 존재 : 피고 선의취득 불가, 제251조 청구 불가. 민법 제250조, 제251조 소정의 도품, 유실물이란 원권리자로부터 점유를 수탁한 사람이 적극적으로 제3자에게 부정 처분한 경우와 같은 위탁물 횡령의 경우는 포함되지 아니하고 또한 점유보조자 내지 소지기관의 횡령처럼 형사법상 절도죄가 되는 경우도 형사법과 민사법의 경우를 동일시 해야 하는 것은 아닐 뿐만 아니라 진정한 권리자와 선의의 거래 상대방간의 이익형량의 필요성에 있어서 위탁물 횡령의 경우와 다를 바 없으므로 이 역시 민법 제250조의 도품ㆍ유실물에 해당되지 않는다.

㉡ 위탁관계에 의하여 보관 중 횡령 : 형법상 횡령죄

ⓐ 거래 상대방 : 선의취득 가능

ⓑ 원 소유자 : 도품특칙 배제(점유보조자의 의사에 기한 처분)

(2) 거래행위

㈎ 동산소유권 양도에 관한 법률행위(물권행위)

㈏ 무권한 외에 다른 흠이 없어야 함[대법원 1995. 6. 29. 선고 94다22071 판결], [권리의 변동과 구제 151] 선의취득은 양도인의 무권한이라는 흠을 치유하는 것이지 무능력ㆍ의사의 흠결ㆍ무권대리 등 다른 흠결을 치유하는 것은 아니므로

▶ 거래행위의 하자 : 양수행위의 무효ㆍ취소94다22071 무권대표자와의 거래

▶ 타인소유 물건에 대한 경매[대법원 2008. 5. 8. 선고 2007다36933,36940 판결] 소유자가 다르다고 보는 한 종물이 아니므로 소유권ㆍ저당권의 효력이 미치지 않아 경매대상으로 될 수 없어 경매에 의한 선의취득 불가

(3) 원인행위의 유효(물권행위의 유인성)

다. 양수인

(1) 점유

(개) **간이인도 포함**[대법원 1981. 8. 20. 선고 80다2530 판결] 수치인으로부터 임치받아 보관 중인 명태를 매수한 피고

(내) **목적물반환청구권의 양도 포함**[대법원 1999. 1. 26. 선고 97다48906 판결] 동산소유권유보부 매매의 매수인
(성일철강)이 제3자(유성강재)에게 목적물을 보관시키고 반환청구권을 양수인(원고)에게 양도하고 제3자에게 통지

(대) **점유개정**타인 소유물건 매도 + 임차 : **선의취득 불가**[대법원 1978. 1. 17. 선고 77다1872 판결]

① 소유권유보 매도인이 양도담보권자소유권유보부 매수인에 대한 양도담보권자에 우선정지조건부 소유권
이전 → 매수인은 소유권 부정 → 양도담보 설정행위는 무권리자 처분행위(점유개정 : 선의취득 불가)

② 이중 양도담보의 경우 선행 양도담보권자가 우선[대법원 2000. 6. 23. 선고 99다65066 판결, 대법원
2004. 10. 28. 선고 2003다30463 판결, 대법원 2004. 12. 24. 선고 2004다45943 판결]

③ 설정자의 제2양도담보 설정행위2004다45943

▶ 제2양도담보권자의 처분행위에 의한 양수인 : 선의취득 가능[대법원 2004. 11. 12. 선고 2004다
22858 판결] 양도담보의 부담 없는 완전한 소유권 취득

④ 이중 점유개정

㉠ 먼저 현실의 인도를 받아 점유한 자가 소유권취득

㉡ 양수인 중 한 사람원고이 처분금지가처분집행 + 동산의 인도를 명하는 판결을 받은 경우
: 다른 양수인피고은 선의취득이 아닌 이상 강제집행을 수인하여야 할 지위에 있으므로 가
처분채권자와의 사이에서는 소유권취득 주장 불가[대법원 1989. 10. 24. 선고 88다카26802 판결] 가처
분의 효력은 그 당사자인 원고와 소외인 사이에만 미치고 피고에게는 미치지 않는 것이라고 하여도 피고는 원고에
게 원고의 본안의 승소판결에 따른 집행을 수인하여야 하는 결과 피고는 위 점유이전을 가지고 원고에 대항하여
그 소유권을 주장할 수 없다고 할 것이고 한편 원고는 위 가처분상의 피보존권리에 의하여 이 사건 재단기를 인도
받아 그 소유권을 취득하게 될 터인데 피고가 위 가처분을 무시하고 이 사건 재단기를 인도받은 후 이를 다시 제3
자에게 처분함으로써 원고로 하여금 이 사건 재단기에 대한 소유권을 취득할 수 없게 한 것이라고 할 것이므로 피
고는 원고에게 그 손해배상의무가 있다.

(2) 평온 · 공연 · 선의제197조 제1항 : 추정 · 무과실[대법원 1981. 12. 22. 선고 80다2910 판결] 추정 배제 : 선
의취득 주장자가 입증, [대법원 1999. 1. 26. 선고 97다48906 판결] 특수관계 존재, 양도인의 부도가 임박한 상황
에서 대물변제로 양수, 통상적인 거래가 아닌 경위(목적물반환청구권 양도)로 취득 → 과실 인정

(개) **물권행위 완성시점 기준**[91다70] 민법 제249조가 규정하는 선의 무과실의 기준시점은 물권행위가 완성되는
때인 것이므로 물권적 합의가 문제로 된 동산의 인도보다 먼저 행하여지면 인도된 때를, 인도가 물권적 합의보다
먼저 행하여지면 물권적 합의가 이루어진 때를 기준으로 해야 하는 것

(내) **[비교] : 동산질권의 선의취득 → 질권자가 선의, 무과실 입증**[대법원 1981. 12. 22. 선고 80다2910
판결] 동산질권을 선의취득하기 위하여는 질권자가 평온, 공연하게 선의이며 과실없이 질권의 목적동산을 취득하
여야 하고, 그 취득자의 선의, 무과실은 동산질권자가 입증하여야 한다.

Ⅱ. 선의취득의 효과

1. 양수인에 대한 효과 : 즉시 소유권 취득(제249조)

가. 취득시효와 달리 별도의 청구절차 불요[권리의 변동과 구제 155]

나. 동산 위에 존재하는 담보권 등의 부담을 양수인이 알았거나 알 수 있었던 경우
: 양수인은 부담인수[권리의 변동과 구제 156] 임차인이 수리업자에게 목적물의 수리를 맡긴 후 목적물 반환청구권의 양도를 통하여 선의취득이 이루어진 경우 : 양수인은 반환청구권을 양도받으면서 수리위탁사실, 유치권 발생 가능성을 알았거나 알 수 있었으므로 유치권은 소멸하지 않음

2. 본래의 소유권자에 대한 효과

가. 소유권 상실 : 일물일권주의, 본래의 소유자가 양도인과의 거래를 양수인의 선의취득 후 취소하는 경우에도 마찬가지[권리의 변동과 구제 155] 본인이 제한능력자였다는 사유는 선의취득의 요건이 갖추어져 원시취득한 자의 지위를 뒤늦게 흔들 수 없음

나. 본래의 소유자 → 양도인 : 불법행위, 채무불이행, 부당이득

다. 본래의 소유자 → 양수인 : 부당이득 불성립선의취득이라는 법률상 원인의 존재

라. 채무자 외의 자의 소유 동산 경매

(1) 선의취득 : 경매목적물로 표시된 경우 가능[대법원 1998. 6. 12. 선고 98다6800 판결] 경매목적물로 표시, [2007다36933] 부동산의 낙찰자가 그 물건을 선의취득하였다고 할 수 있으려면 그 물건이 경매의 목적물로 되었고 낙찰자가 선의이며 과실 없이 그 물건을 점유하는 등으로 선의취득의 요건을 구비하여야 한다.

(2) 부당이득의 대상 : 배당금[대법원 1998. 6. 12. 선고 98다6800 판결] 채무자 이외의 자의 소유에 속하는 동산을 경매한 경매절차에서 그 동산을 경락받아 경락대금을 납부하고 이를 인도받은 경락인이 동산의 소유권을 선의취득한 경우 그 동산의 매득금은 채무자의 것이 아니어서 채권자가 이를 배당을 받았다고 하더라도 채권은 소멸하지 않고 계속 존속하므로, 배당을 받은 채권자는 이로 인하여 법률상 원인 없는 이득을 얻고 소유자는 경매에 의하여 소유권을 상실하는 손해를 입게 되었다고 할 것이니 그 동산의 소유자는 배당을 받은 채권자에 대하여 부당이득으로서 배당받은 금원의 반환을 청구할 수 있다. 채무자 이외의 자의 소유에 속하는 동산을 경매하여 그 매득금을 배당받은 채권자가 그 동산을 경락받아 선의취득자의 지위를 겸하고 있는 경우, 배당받은 채권자가 법률상 원인 없이 이득을 한 것은 배당액이지 선의취득한 동산이 아니므로, 동산의 전 소유자가 임의로 그 동산을 반환받아 가지 아니하는 이상 동산 자체를 반환받아 갈 것을 요구할 수는 없고 단지 배당금을 부당이득으로 반환할 수밖에 없다.

Ⅲ. 점유이탈물에 대한 특칙 : 반환청구권(제250조피해자 보호, 제251조)

1. 취지 : 소유자의 귀책이 없는 경우 일정 기간 반환청구권을 인정하고 기간 경과 후 양수인의 소유권 취득을 인정

2. 요건

가. 도품·유실물 : 의사에 의하지 않고 점유를 상실한 물건

2-1. 점유이탈물이 아니라는 주장

- 사기·공갈 : 소유자 의사에 기한 점유이전 → 도품·유실물 부정
- 직접점유자의 횡령 : 위탁관계 존재, 점유매개관계가 설정된 물건에서 점유상실의 비자의성 유무는 직접점유자를 기준[권리의 변동과 구제159], [대법원 1993. 3. 9. 선고 92다5300 판결] 직접점유자가 임의로 점유를 타에 양도한 경우에는 점유이전이 간접점유자의 의사에 반한다 하더라도 간접점유자의 점유가 침탈된 경우에 해당하지 않는다. → 도품·유실물 부정
- 점유보조자 : 직접 점유자를 기준[권리의 변동과 구제159] , 점유보조자의 횡령 + 양수인 악의 + 전매수인(피고) 과실 → 선의취득 불가, 제251조 청구 불가[91다70] 민법 제250조, 제251조 소정의 도품, 유실물이란 원권리자로부터 점유를 수탁한 사람이 적극적으로 제3자에게 부정 처분한 경우와 같은 위탁물 횡령의 경우는 포함되지 아니하고 또한 점유보조자 내지 소지기관의 횡령처럼 형사법상 절도죄가 되는 경우도 형사법과 민사법의 경우를 동일시 해야 하는 것은 아닐 뿐만 아니라 진정한 권리자와 선의의 거래 상대방간의 이익형량의 필요성에 있어서 위탁물 횡령의 경우와 다를 바 없으므로 이 역시 민법 제250조의 도품·유실물에 해당되지 않는다.

나. 선의취득 요건 구비91다70

다. 청구권자 : 점유이탈 당시의 직접점유자[권리의 변동과 구제 161] 소유자의 물권적 반환청구권을 예외적으로 점유이탈 당시의 직접점유자에게도 부여

2-2. 제척기간 : 2년반환청구기간 동안의 소유권 : 원소유자 귀속설 → 중간자의 처분행위 추인 + 부당이득반환 청구가능, [대법원 1992. 9. 8. 선고 92다15550 판결] 부동산 공유지분의 공동상속인이 공유지분 전부가 자기 명의로 등기됨을 기화로 다른 공동상속인의 동의 없이 공유지분 전부를 매도하고 등기를 경료한 경우 다른 공동상속인은 그 공유지분권을 상실하지 않았더라도 추인을 전제로 자기 지분에 상응한 매매대금의 반환 청구 가능

2-3. 대가변상청구(제251조선의취득자 보호)

가. 요건 : ① 경매, 공개시장, ② 매수 : 유상취득, ③ 선의, 무과실

나. 효과

(1) 대가변상청구 : 물건의 매수 당시 지급한 가격, 시가가 아님

(2) 반환청구에 대하여 동시이행항변 가능, 반환 후에도 청구 가능[대법원 1972. 5. 23. 선고 72다115 판결]

제4관 지상권

I. 지상권 설정계약 + 등기

▸ 존속기간만료

▸ 갱신청구권, 지상물매수청구권

▸ 지료연체[대법원 1993. 6. 29. 선고 93다10781 판결] 관습상의 법정지상권에 대하여는 다른 특별한 사정이 없는 한 민법의 지상권에 관한 규정을 준용하여야 할 것이므로 지상권자가 2년분 이상의 지료를 지급하지 아니하였다면 관습상의 법정지상권도 민법 제287조에 따른 지상권소멸청구의 의사표시에 의하여 소멸한다. 민법 제283조 제2항 소정의 지상물매수청구권은 지상권이 존속기간의 만료로 인하여 소멸하는 때에 지상권자에게 갱신청구권이 있어 그 갱신청구를 하였으나 지상권설정자가 계약갱신을 원하지 아니할 경우 행사할 수 있는 권리이므로, 지상권자의 지료 연체를 이유로 토지소유자가 그 지상권소멸청구를 하여 이에 터잡아 지상권이 소멸된 경우에는 매수청구권이 인정되지 않는다.

II. 경매에 의한 건물소유권 취득 : 법정지상권 함께 취득

1. 임의경매 : 제358조 본문 적용(건물에 대한 저당권의 효력은 건물 소유를 목적으로 하는 법정지상권에도 미침)대법원 1985. 2. 26. 선고 84다카1578, 1579 판결, 대법원 1991. 6. 28. 선고 90다16214 판결, [대법원 1992. 7. 14. 선고 92다527 판결] 경락인은 저당권의 효력에 기하여 지상권도 취득(제187조), 건물양수인은 지상권 취득자를 대위하여 지상권이전등기이행청구 가능(제100조 제2항 유추)

2. 강제경매 : 제100조 제2항 유추(법정지상권이 종된 권리로서 건물과 함께 매수된 것)[대법원 1976. 5. 11. 선고 75다2338 판결, 대법원 1993. 12. 10. 선고 93다42399 판결], [민법판례연구] 123] 법 정지상권이나 임차권, 대지권은 건물의 존속에 필수적인 권리 → 상용에 이바지

▸ 법정지상권 있는 건물의 양수인 : 건물의 소유권 취득만으로는 법정지상권 취득 불가
[대법원 1965. 2. 4. 선고 65다1418, 1419 판결] 경매로 법정지상권을 취득한 자로부터 건물을 전득한 사람은 법정지 상권 등기 없이는 지상권 취득 불가

▸ 사용·수익권을 주장하는 토지와 건물이 축조되어 있는 토지가 별개의 토지이고, 건물소유자 및 건물의 대지소유자와 사용·수익권 대상 토지의 소유자가 다른 경우[대법원

2021. 2. 4. 선고 2019다202795, 202801 판결의 원심, 수원지방법원 2018. 11. 29. 선고 2018나70752(본소), 70769(반소) 판결] 이 사건 토지가 이 사건 집합건물이 축조되어 있는 토지((주소2 생략) 토지)와 별개 토지이고 이 사건 구분건물 및 위 (주소2 생략) 토지의 소유자와 이 사건 토지의 소유자가 다른 이상, 이 사건 토지가 이 사건 집합건물의 주차장 진출입로로 이용되고 있는 사정만으로 이 사건 토지가 이 사건 집합건물의 종물이거나 그 사용수익권이 이 사건 구분건물 소유권의 종된 권리라고 볼 수는 없다. 따라서 이와 다른 전제에 선 원고의 위 주장은 이유 없다.

Ⅲ. 법률관계

1. 토지소유자 → 지상권자

가. 부당이득반환청구 : 법정지상권등기 경료 전[대법원 1995. 9. 15. 선고 94다61144 판결]

나. 지료청구 : 법정지상권등기시법률상원인 존재 → 부당이득 불성립

다. [비교] 건물경락인의 임차권 취득 : 임대인의 승낙 필요(제629조), 임대인에게 대항 불가(예외 : 배신행위가 아닌 경우)

2. 토지소유자(지상권설정자) → 불법점유자

가. 물권적 청구권 인정 : 불법점유자는 지상권자의 승인으로 토지소유권자에게 대항 불가[대법원 1974. 11. 12. 선고 74다1150 판결] 토지소유권은 그 토지에 대한 지상권설정이 있어도 이로 인하여 그 권리의 전부 또는 일부가 소멸하는 것도 아니고 단지 지상권의 범위에서 그 권리행사가 제한되는 것에 불과하며, 일단 지상권이 소멸되면 토지소유권은 다시 자동적으로 완전한 제한없는 권리로 회복되는 법리라 할 것이므로 소유자가 그 소유토지에 대하여 지상권을 설정하여도 그 소유자는 그 토지를 불법으로 점유하는 자에게 대하여 방해배제를 구할 수 있는 물권적청구권이 있다.

나. 임료상당 손해배상청구 불가74다1150 지상권을 설정한 토지소유권자는 지상권이 존속하는 한 토지를 사용 수익할 수 없으므로 특별한 사정이 없는 한 불법점유자에게 손해배상을 청구할 수 없다.

3. 지상권자였던 수목 소유권자수목 일부만 지상권자에게 매매 → 지상권자토지 전부에 대한 지상권, 수목 일부만 소유권이전받았으나 전부 벌채 : 불법행위 손해배상청구[대법원 2006. 6. 15. 선고 2006다6126,6133 판결] 지상권 설정시 지상권이 미치는 토지 범위와 설정 당시 매매 지상물의 범위를 다르게 하는 것도 가능

제5관 담보지상권

Ⅰ. 담보지상권자 → 설정자

1. 취지 : 저당권이 실행될 때까지 제3자가 용익권을 취득하거나 목적 토지의 담보가
   치를 하락시키는 침해행위를 하는 것을 배제함으로써 저당 부동산의 담보가치를
   확보[대법원 2004. 3. 29.자 2003마1753 결정]

2. 사용·수익권 : 지상권설정자 → 담보지상권자의 설정자에 대한 철거청구 불가, 담
   보지상권자의 토지사용 불가, 담보지상권 양도 불가

Ⅱ. 담보지상권자 → 제3자

1. 지상권자로서의 권리

가. 신축중지(가처분), 토지 인도청구[대법원 2004. 3. 29.자 2003마1753 결정]

(1) 건물 신축 중인 사실을 알고 지상권취득

▸ 토지소유자의 건축주 명의변경까지는 용인하지 않음 → 담보지상권자의 공사중지 가
  처분 인용

(2) 지상권설정자에 대한 채권적 권리로 지상권자에 대항 불가[대법원 2008. 2. 15. 선고 2005다
   47205 판결]

나. 지상권 자체의 침해를 이유로 하는 손해배상청구 : 불가(근저당목적물의 담보가
   치 확보에 목적, 토지 소유자 또는 제3자의 점유·사용만으로는 손해 부정)[대법원
   2008. 1. 17. 선고 2006다586 판결] 저당권자는 원칙적으로 저당부동산의 소유자가 행하는 저당부동산의 사용 또
   는 수익에 관하여 간섭할 수 없다고 할 것이나, 저당부동산에 대한 소유자 또는 제3자의 점유가 저당부동산의 본
   래의 용법에 따른 사용·수익의 범위를 초과하여 그 교환가치를 감소시키거나, 점유자에게 저당권의 실현을 방해
   하기 위하여 점유를 개시하였다는 점이 인정되는 등, 그 점유로 인하여 정상적인 점유가 있는 경우의 경락가격과
   비교하여 그 가격이 하락하거나 경매절차가 진행되지 않는 등 저당권의 실현이 곤란하게 될 사정이 있는 경우에
   는 저당권의 침해가 인정될 수 있다.

2. 저당권자로서의 권리

가. 물권적 청구권 : 반환청구권은 불가

나. 담보가치 감소로 인한 손해배상 : 교환가치를 감소시킨 경우(지목 변경 후 일반 공중에 이
   용제공) [대법원 2005. 4. 29. 선고 2005다3243 판결] 저당부동산에 대한 점유가 저당부동산의 본래의 용법에 따

른 사용·수익의 범위를 초과하여 그 교환가치를 감소시키거나, 점유자에게 저당권의 실현을 방해하기 위하여 점유를 개시하였다는 점이 인정되는 등, 그 점유로 인하여 정상적인 점유가 있는 경우의 경락가격과 비교하여 그 가격이 하락하거나 경매절차가 진행되지 않는 등 저당권의 실현이 곤란하게 될 사정이 있는 경우에는 저당권의 침해가 인정될 수 있다.

제6관 제366조 법정지상권

I. 요건

1. 저당권 설정 당시 토지상에 건물 존재_{건물이 없는 토지에 저당권을 설정하는 저당권자의 이익을 중시}

가. 선순위 근저당권이 소멸한 경우 후순위 근저당권을 기준으로 판단[대법원 2014. 9. 4. 선고 2011다73038,73045 판결]

▶ 토지 저당권 설정 후 건물 신축[대법원 2003. 9. 5. 선고 2003다26051 판결] 건물 신축에 대한 저당권자의 동의가 있었더라도 공시가 불가능하므로 법정지상권 불성립

▶ 건물 신축에 동의한 저당권자에게 경락 : 저당권자는 지상권 설정의무 부담_{모순행위금지 원칙}

나. 저당권 설정 당시 신축 중인 건물 : 설정 당시 ① 토지소유자에 의해 건물 신축 + ② 외형상 완성된 건물을 예상 가능 + ③ 매각대금 완납시까지 독립된 부동산 요건_{기둥, 지붕, 주벽} 구비[대법원 1992. 6. 12. 선고 92다7221 판결, 대법원 2004. 6. 11. 선고 2004다13533 판결, 대법원 2004. 2. 13. 선고 2003다29043 판결]

다. 저당권 설정 후 매각대금 납부 전 개축·증축, 신축·재축

(1) 원칙

(개) 성립 여부

① 법정지상권 인정[대법원 1991. 4. 26. 선고 90다19985 판결]

② 건물의 동일성, 대지와 건물의 소유자 동일 불필요_{저당권자는 건물 존재를 전제로 토지 평가}

(내) 범위 : 구건물 기준_{저당권자의 토지 담보가치 산정의 기초는 구 건물, 대법원 1997. 1. 21. 선고 96다40080 판결, [대법원 2010. 1. 14. 선고 2009다66150 판결] 저당권은 새로운 건물 중 경매대상 건물이 차지하는 비율에 상응하는 공유지분에 존속, 근저당권자는 공유지분에 대하여 경매신청}

(2) 예외 : 토지와 건물에 공동저당권 설정 후 경매 전 건물철거 + 신축 : 불성립[대법원 2003. 12. 18. 선고 98다43601 전원합의체 판결] 대지와 건물 중 대지에만 저당권 설정시 대지의 담보가치는 나대지로서의 담보가치 − 법정지상권으로 인한 부담 ⇔ 대지와 건물 모두에 공동저당권을 취득하는 경우 대지의 담보가치는 나대지로서의 담보가치와 동일, 법정지상권 인정시 신축건물의 교환가치를 취득할 수 없어 당초 나대지

로서의 토지 교환가치를 기대한 공동근저당권자에게 불측의 손해

(3) 예외의 제한

㈎ 신축건물의 소유자와 토지 소유자가 동일 + 토지 저당권자에게 신축건물에 대하여 토지 저당권과 동순위 공동저당권을 설정98다43601

㈏ 공동저당권 설정 후 건물이 존속함에도 멸실등기 + 토지에 대해서만 경매 진행[대법원 2013. 3. 14. 선고 2012다108634 판결] 저당권자는 폐쇄된 등기기록을 부활하는 절차를 거쳐 건물에 대한 저당권 행사 가능 → 불측의 손해 부정 → 법정지상권 성립

라. 무허가·미등기 건물 : 법정지상권 성립[대법원 1964. 9. 22. 선고 63아62 판결] 저당권자는 토지 위에 건물이 존재하는 현상을 전제로 토지를 평가하여 저당권을 설정하므로

▶ 가설건축물[대법원 2021. 10. 28. 선고 2020다224821 판결] 독립된 부동산으로서 건물은 토지에 정착되어 있어야 하는데(민법 제99조 제1항), 가설건축물은 일시 사용을 위해 건축되는 구조물로서 설치 당시부터 일정한 존치기간이 지난 후 철거가 예정되어 있어 일반적으로 토지에 정착되어 있다고 볼 수 없다. 민법상 건물에 대한 법정지상권의 최단 존속기간은 견고한 건물이 30년, 그 밖의 건물이 15년인 데 비하여, 건축법령상 가설건축물의 존치기간은 통상 3년 이내로 정해져 있다. 따라서 가설건축물은 특별한 사정이 없는 한 독립된 부동산으로서 건물의 요건을 갖추지 못하여 법정지상권이 성립하지 않는다.

2. 저당권 설정 당시 토지와 건물의 동일인 소유

가. 설정 당시 소유자가 다른 경우

(1) 당사자 합의에 의해 건물을 위한 용익권이 이미 설정 : 별도로 법정지상권을 인정할 필요 없음[대법원 1983. 7. 26. 선고 83다카419, 420 판결, 대법원 1998. 4. 24. 선고 98다4798 판결]

(2) 용익권이 설정되어 있지 않은 경우 : 용익권을 설정할 수 있었음에도 하지 않은 것이므로 보호할 필요 없음

나. 저당권 설정 당시 동일인 소유였으나 그 후 저당권 실행 전에 건물소유자 변경 : 건물 매수인건물소유자에게 법정지상권 인정 법정지상권을 인정하더라도 저당권자나 설정자에게 불측의 손해 없음, [대법원 1999. 11. 23. 선고 99다52602 판결] 건물 이전등기시 관습상 법정지상권 취득 → 선순위 근저당권 실행으로 소멸 + 제366조 법정지상권 취득

▶ 대지와 미등기건물 매수자가 대지에 대해서만 이전등기 후 대지에 관해 저당권 설정

[대법원 2002. 6. 20. 선고 2002다9660 전원합의체 판결]

○ 건물매수인 : 제366조 법정지상권 불성립 미등기매수인은 미등기건물을 처분할 수 있는 권리는 있을지언정 소유권은 가지고 있지 않음 → 그 저당권의 설정 당시에 이미 대지와 건물이 각각 다른 사람의 소유에 속하고 있었으므로 법정지상권이 성립될 여지가 없다.

○ 매도인 : 관습상 법정지상권 불성립 토지의 점유·사용에 관하여 당사자 사이에 약정이 있는 것으로 볼 수 있거나 토지 소유자가 건물의 처분권까지 함께 취득한 경우에는 관습상의 법정지상권을 인정할 까닭이 없다 할 것이어서, 미등기건물을 그 대지와 함께 매도하였다면 비록 매수인에게 그 대지에 관하여만 소유권이전등기가 경료되고 건물에 관하여는 등기가 경료되지 아니하여 형식적으로 대지와 건물이 그 소유 명의자를 달리하게 되었다 하더라도 매도인에게 관습상의 법정지상권을 인정할 이유가 없다.

다. 공유관계와 법정지상권

(1) 일반 공유관계

⑺ 건물 공유자 1인 단독소유 토지에 저당권설정[대법원 2011. 1. 13. 선고 2010다67159 판결] 건물공유자의 1인이 그 건물의 부지인 토지를 단독으로 소유하면서 그 토지에 관하여만 저당권을 설정하였다가 위 저당권에 의한 경매로 인하여 토지의 소유자가 달라진 경우에도, 위 토지 소유자는 자기뿐만 아니라 다른 건물공유자들을 위하여도 위 토지의 이용을 인정하고 있었다고 할 것인 점, 저당권자로서도 저당권 설정 당시 법정지상권의 부담을 예상할 수 있었으므로 불측의 손해를 입는 것이 아닌 점, 건물의 철거로 인한 사회경제적 손실을 방지할 공익상의 필요성도 인정되는 점 등에 비추어 위 건물공유자들은 민법 제366조에 의하여 토지 전부에 관하여 건물의 존속을 위한 법정지상권을 취득한다고 보아야 한다. [대법원 2011. 1. 13. 선고 2010다67159 판결] 건물지분에 대한 근저당권 실행으로 건물지분을 매각받은 자도 법정지상권 취득

⑷ 토지를 공유하거나 토지·건물 모두를 공유하고 있는 경우 : 불성립

① 공유자가 토지 공유지분에 저당권 설정 + 공유지분 소유권 이전[대법원 1987. 6. 23. 선고 86다카2188 판결] 토지공유자의 1인으로 하여금 자신의 지분을 제외한 다른 공유자의 지분에 대하여서까지 지상권설정의 처분행위를 허용하는 셈이 되어 부당하다.

② 토지공유자 1인이 건물소유 + 건물매도[대법원 2004. 6. 11. 선고 2004다13533 판결] 공유토지에 대한 지상권설정은 공유물 처분행위

③ 토지 공유자가 다른 공유자의 지분 과반수의 동의를 얻어 건축[대법원 2014. 9. 4. 선고 2011다73038,73045 판결] 토지공유자의 한 사람이 다른 공유자의 지분 과반수의 동의를 얻어 건물을 건축한 후 토지와 건물의 소유자가 달라진 경우 토지에 관하여 관습법상의 법정지상권이 성립되는 것으로 보게 되면 이는 토지공유자의 1인으로 하여금 자신의 지분을 제외한 다른 공유자의 지분에 대하여서까지 지상권설정의 처분행위를 허용하는 셈이 되어 부당하다.

④ 토지, 건물 각각 공유2011다73038 이러한 법리는 민법 제366조의 법정지상권의 경우에도 마찬가지로 적용되고, 나아가 토지와 건물 모두가 각각 공유에 속한 경우에 토지에 관한 공유자 일부의 지분만을 목적으로 하는 근저당권이 설정되었다가 경매로 인하여 그 지분을 제3자가 취득하게 된 경우에도 마찬가지로 적용된다.

⑸ 상속재산분할에 의하여 토지 공유자 1인의 단독소유로 변경[대법원 1996. 3. 26. 선고 95다45545, 45552, 45569 판결] 상속재산을 공동상속인 1인에게 상속시킬 방편으로 나머지 상속인들이 한 상속포기 신고가 민법 제1019조 제1항 소정의 기간을 초과한 후에 신고된 것이어서 상속포기로서의 효력이 없다고 하더라도 공동상속인들 사이에서는 1인이 고유의 상속분을 초과하여 상속재산 전부를 취득하고 나머지 상속인들은 이를 전혀 취득하지 않기로 하는 내용의 상속재산에 관한 협의분할이 이루어진 것 → 소급효(제1015조)

(2) 토지 구분소유적 공유자의 건물 신축[대법원 2004. 6. 11. 선고 2004다13533 판결] 공유로 등기된

토지의 소유관계가 구분소유적 공유관계에 있는 경우에는 공유자 중 1인이 소유하고 있는 건물과 그 대지는 다른 공유자와의 내부관계에 있어서는 그 공유자의 단독소유로 되었다 할 것이므로 건물을 소유하고 있는 공유자가 그 건물 또는 토지지분에 대하여 저당권을 설정하였다가 그 후 저당권의 실행으로 소유자가 달라지게 되면 건물 소유자는 그 건물의 소유를 위한 법정지상권을 취득하게 되며, 이는 구분소유적 공유관계에 있는 토지의 공유자들이 그 토지 위에 각자 독자적으로 별개의 건물을 소유하면서 그 토지 전체에 대하여 저당권을 설정하였다가 그 저당권의 실행으로 토지와 건물의 소유자가 달라지게 된 경우에도 마찬가지로 적용된다.

3. 토지·건물 저당권 실행으로 토지 및 건물의 소유권 분리

가. 소유명의자의 형식적 상이[대지등기 경료 + 건물 매수미등기]

(1) 일반적인 법정지상권 사례와의 구별기준 : '전부 매수 + 일부 등기' 여부로 판단

㈎ 갑[대지, 건물미등기] → 을[대지, 건물미등기] : 형식적 상이 사례에 해당

㈏ 갑[대지, 건물등기] → 을[대지, 건물등기] → 병[건물 강제경매로 취득] : 형식적 상이 사례가 아님 ➡ 을을 기준으로 법정지상권 성립여부 판단

(2) 법정지상권 취득 여부

㈎ **매도인 : 불성립**[대법원 2002. 6. 20. 선고 2002다9660 전원합의체 판결] 토지점유·사용에 관하여 당사자 사이에 약정이 있거나 토지 소유자(토지 매수인)가 건물의 처분권까지 취득 → 매도인에게 관습상 법정지상권을 인정할 필요 없음, 98다4798 계약에 따라 해결, 법정지상권을 인정할 필요 없음

㈏ **매수인**피고 **: 불성립**동일인 소유 아님, 매도인을 대위하여 관습상 법정지상권 행사 불가 → 경매에 의한 대지지분취득자인 원고에게 대항 불가

나. 미등기 건물(건물만 양도)

(1) 매도인 : 법정지상권 취득[대법원 1980. 9. 9. 선고 78다52 판결] 저당권 실행으로 매각되었을 때 양도인이 건물을 위한 법정지상권 취득

(2) 매수인

㈎ **법정지상권 불성립**처분권은 인정되나 소유권 부정, [대법원 1994. 4. 12. 선고 93다56053 판결] 토지의 미등기 매수인이 건물 신축, [대법원 1998. 4. 24. 선고 98다4798 판결] 대지와 건물을 함께 매수하여 토지만 등기

㈏ **매도인을 대위하여 지상권설정등기청구 가능**

㈐ **토지소유자의 철거청구는 신의칙 위반**[대법원 1991. 5. 28. 선고 91다6658 판결] 제366조 법정지상권, [대법원 1996. 3. 26. 선고 95다45545, 45552, 45569 판결] 관습상 법정지상권

Ⅱ. 재항변

1. 법정지상권 배제 합의 : 대항 불가[대법원 2004. 5. 14. 선고 2004다13410 판결] 가치권인 저당권과 건물의 이용권의 조절이라는 공익상의 목적을 위한 강행규정, [대법원 1988. 10. 25. 선고 87다카1564 판결] 이 사건

대지가 경매될 경우에 이 사건 건물의 소유자인 소외인이 법정지상권을 행사하지 아니하기로 약정한 것이라고 하더라도 위 약정은 당사자간에 채권적인 효력이 있을 뿐 경락자인 부산은행으로부터 이 사건 대지를 전득한 원고로서는 이를 주장할 수 없다.

2. 일물일권주의 위반 : 경락 당시 이미 지상권 존재

▶ 저당권 설정과 동시에 설정된 담보지상권 : 저당권 실행 → 지상권도 소멸 → 건물을 위한 법정지상권 발생앞선 지상권설정등기가 말소되지 않고 있더라도

▶ 건물 부분을 철거하기로 약정하였다는 특별한 사유[대법원 2014. 7. 24. 선고 2012다97871, 97888 판결] 이 사건 지상권은 이 사건 토지에 관한 근저당권의 담보가치가 차후 저감되는 것을 방지하기 위한 목적으로 설정되었다고 할 것이어서, 위 임의경매절차에서 소외인이 이 사건 토지의 매각대금을 완납하여 근저당권이 소멸함에 따라 이 사건 지상권도 그 목적을 잃어 이때 함께 소멸하였다고 할 것이다. 따라서 이 사건 토지에 관한 근저당권 설정 당시 이미 건축되어 진일산업이 소유하고 있던 이 사건 건물 부분을 철거하기로 약정하였다는 등의 특별한 사유가 없는 한, 이 사건 건물 부분을 위한 법정지상권이 성립하고, 이 사건 지상권설정등기가 말소되지 아니하고 있었다는 사정은 이에 방해가 되지 아니한다.

3. 관습상 법정지상권 성립 후 선순위 근저당권이 실행된 경우 : 관습상 법정지상권도 소멸 ➡ 제366조 법정지상권 여부 검토

4. 지료청구(제366조 단서)

제7관 관습상 법정지상권등기없이 효력 발생 [대법원 1984. 9. 11. 선고 83다카2245 판결, 대법원 1988. 9. 27. 선고 87다카279 판결]

Ⅰ. 요건

1. 토지와 건물 동일인 소유[대법원 1988. 4. 12. 선고 87다카2404 판결] 미등기·무허가 건물에도 성립

가. 원칙 : 처분 당시대법원 2013. 4. 11. 선고 2009다62059 판결, [대법원 1995. 7. 28. 선고 95다9075,9082(반소) 판결] 관습상 법정지상권 성립 이후 증축된 건물에 대하여도 효력

(1) 소유권이 유효하게 변동될 당시 : 원시적 동일인 불요 → ∴ 대지와 건물 모두의 최종 소유자를 기준으로 판단최초의 소유자를 기준으로 판단할 경우 '형식적 상이 사례'로 오해할 수 있음

(2) 강제경매, 저당권 : (가)압류, 저당권 설정일 중 빠른 날 기준 ⇔ 유치권 : 경매개시 결정의 효력 발생 전에 유치권이 성립하였는지 여부가 기준[대법원 2011. 5. 13.자 2010마1544 결정]

㈎ 강제경매 : 압류·가압류 효력 발생시[대법원 2002. 3. 15.자 2001마6620 결정], [2010다52140] ① 압류 :

부동산강제경매절차에서 목적물을 매수한 사람의 법적 지위는 다른 특별한 사정이 없는 한 그 절차상 압류의 효력이 발생하는 때를 기준으로 하여 결정, 강제경매개시결정의 기입등기가 이루어져 압류의 효력이 발생한 후에 경매목적물의 소유권을 취득한 이른바 제3취득자는 그의 권리를 경매절차상의 매수인에게 대항하지 못하고, 나아가 그 명의로 경료된 소유권이전등기는 매수인이 인수하지 아니하는 부동산의 부담에 관한 기입에 해당하므로(민사집행법 제144조 제1항 제2호) 그 매각대금이 완납되면 직권으로 그 말소가 촉탁되어야 하는 것이어서, 결국 매각대금 완납 당시 소유자가 누구인지는 이 문제맥락에서 별다른 의미를 가질 수 없다는 점, ② 가압류 : 강제경매개시결정 이전에 가압류가 있는 경우에는, 그 가압류가 강제경매개시결정으로 인하여 본압류로 이행되어 가압류집행이 본집행에 포섭됨으로써 당초부터 본집행이 있었던 것과 같은 효력 → 따라서 경매의 목적이 된 부동산에 대하여 가압류가 있고 그것이 본압류로 이행되어 경매절차가 진행된 경우에는 애초 가압류가 효력을 발생하는 때를 기준으로 토지와 그 지상 건물이 동일인에 속하였는지 여부를 판단

(나) 저당권 설정 후의 압류 : **저당권 설정 당시 기준**[대법원 2013. 4. 11. 선고 2009다62059 판결] 저당권 설정 이후의 특정 시점을 기준으로 토지와 그 지상 건물이 동일인의 소유에 속하였는지 여부에 따라 관습상 법정지상권의 성립 여부를 판단하게 되면, 저당권자로서는 저당권 설정 당시를 기준으로 그 토지나 지상 건물의 담보가치를 평가하였음에도 저당권 설정 이후에 토지나 그 지상 건물의 소유자가 변경되었다는 외부의 우연한 사정으로 인하여 자신이 당초에 파악하고 있던 것보다 부당하게 높아지거나 떨어진 가치를 가진 담보를 취득하게 되는 예상하지 못한 이익을 얻거나 손해를 입게 되므로

나. 동일인 소유가 부정되는 경우

(1) 토지소유자가 건물 축조 당시 이미 토지 매도[대법원 1974. 6. 11. 선고 73다1766 판결, [대법원 1994. 12. 22. 선고 94다41072,94다41089(반소) 판결] 토지의 소유자가 건물을 건축할 당시 이미 토지를 타에 매도하여 소유권을 이전하여 줄 의무를 부담하고 있었다면 토지의 매수인이 그 건축행위를 승낙하지 않는 이상 그 건물은 장차 철거되어야 하는 운명에 처하게 될 것이고 토지소유자가 이를 예상하면서도 건물을 건축하였다면 그 건물을 위한 관습상의 법정지상권은 생기지 않는다.

(2) 토지의 소유자로부터 토지사용 승낙을 받아 건물을 신축하고 그에 대한 경작료를 납부[대법원 1990. 10. 30. 선고 90다카26003 판결] 관습상의 법정지상권은 토지와 건물이 같은 소유자의 소유에 속하였다가 그 건물 또는 토지가 매매 또는 그 이외의 원인으로 그 소유자가 다르게 될 때 성립하는 것이므로 피고가 이 사건 토지의 소유자이던 소외 망 김현창으로부터 토지사용승낙을 받고 이 사건 건물을 신축하고 그 토지에 대한 경작료를 납부하여 왔을 뿐이라면 관습에 의한 법정지상권은 성립할 여지가 없고 따라서 그에 기한 건물의 매수청구권도 발생하지 아니한다.

(3) 동일인에게 원인무효로 소유권 귀속

(개) **법의 보호를 받을 수 없는 권리 변동**[대법원 1999. 3. 26. 선고 98다64189 판결] 관습상의 법정지상권은 토지와 건물이 동일인에게 속하였다가 그중 어느 하나가 일정한 원인으로 소유자를 달리하게 되는 경우 그 건물을 철거한다는 특약이 없으면 성립되는 것으로 토지와 건물을 각기 독립한 부동산으로 취급하는 우리 법제에서 그 건물의 가치를 유지시키기 위한 필요에 의하여 관습법상 인정한 제도인바, 토지소유권으로서는 그로 인하여 제한을 당하는 결과로 된다. 이와 같은 제도의 취지와 그 결과의 측면에서 볼 때 그 해당 토지와 건물의 소유권의 동일인에의 귀속과 그 후의 각기 다른 사람에의 귀속은 법의 보호를 받을 수 있는 권리변동으로 인한 것이어야 할 것이

다. 따라서 원래 동일인에게의 그 소유권 귀속이 원인무효로 이루어졌다가 그 뒤 그 원인무효임이 밝혀져 그 등기가 말소됨으로써 그 건물과 토지의 소유자가 달라지게 된 경우에는 관습상의 법정지상권을 허용할 수 없는 것이다.

(나) 진정명의회복을 위한 이전등기에 의하여 복귀된 경우에도 동일[대법원 2007. 9. 6. 선고 2006다54804 판결]

다. 상대적 효력의 법리

(1) 사해행위취소의 상대적 효력 : 채권자취소권에 의하여 수익자 등기말소 → 관습상 법정지상권 성립 여부와 관련하여는 여전히 수익자 소유[대법원 2014. 12. 24. 선고 2012다73158 판결] 사해행위취소판결에 따라 수익자(원고2) 명의 이전등기가 말소되었더라도 압류 효력 당시에는 수익자 소유로 인정(채무자는 사해행위취소로 직접 권리를 취득하는 것이 아니므로) → 건물경락인인 피고는 관습상 법정지상권 취득

(2) 압류의 상대적 효력 : 보전처분·체납처분 압류에 저촉되어 건물 이전등기가 말소되어도 이미 취득한 법정지상권은 소멸되지 않음[대법원 2014. 9. 4. 선고 2011다13463 판결] 소외1 건물 + 대지 소유 → 소외2에게 전부 매도하였으나 소외2의 토지 등기가 선행 가처분에 저촉되어 말소 : 소외2는 관습상 법정지상권 취득 → 건물에 대한 공매절차에서 피고가 건물 취득 + 소외2 건물등기 말소 ➡ 형식적상이 사례가 아님(소외2가 대지, 건물 모두의 소유권 보유 후 대지 소유권 상실)⁵⁾

라. 명의신탁 관계

(1) 토지 명의신탁 + 수탁자 건물 신축 + 명의신탁해지로 토지 소유권이전 : 수탁자, 수탁자로부터의 매수인은 관습상 법정지상권 취득 불가[대법원 1986. 5. 27. 선고 86다카62

---

5) [원심] 건물에 대한 공매절차에서 소외2가 건물 소유권을 상실 → 법정지상권도 소멸
[대법원] 소외2는 소유권을 취득함으로써 관습상의 법정지상권도 취득, 피고는 공매절차에서 소유권을 취득함으로써 건물소유권과 함께 지상권도 취득 : 동일한 소유자에 속하는 대지와 그 지상건물이 매매에 의하여 각기 그 소유자가 달라지게 된 경우에는 특히 그 건물을 철거한다는 조건이 없는 한 건물소유자는 그 대지 위에 그 건물을 위한 관습상의 법정지상권을 취득하는 것이고, 한편 건물 소유를 위하여 법정지상권을 취득한 자로부터 경매에 의하여 그 건물의 소유권을 이전받은 경락인은 경락 후 건물을 철거한다는 등의 매각조건하에서 경매되는 경우 등 특별한 사정이 없는 한 건물의 경락취득과 함께 위 지상권도 당연히 취득한다. 이러한 법리는 압류, 가압류나 체납처분압류 등 처분제한의 등기가 된 건물에 관하여 그에 저촉되는 소유권이전등기를 마친 사람이 건물의 소유자로서 관습상의 법정지상권을 취득한 후 경매 또는 공매절차에서 건물이 매각되는 경우에도 마찬가지로 적용된다. 이 사건에서 소외2는 소외1로부터 위 토지의 소유권과 이 사건 건물의 소유권을 차례로 이전받았다가, 이후 선행 처분금지가처분에 기한 본등기가 경료되어 위 토지에 관한 소외2의 소유권이전등기가 말소됨으로써 소외2는 토지에 관한 소유권취득을 가처분권자에게 대항할 수 없게 되었고, 이와 같은 경우 적어도 관습상 법정지상권 성립 여부와 관련하여서는 위 토지와 이 사건 건물은 모두 소외1 소유였다가 그중 이 사건 건물만 소외2에게 소유권이 이전된 것과 마찬가지로 봄이 상당하므로, 결국 소외2는 이 사건 건물에 관하여 소유권을 취득함으로써 관습상의 법정지상권을 취득하였다고 할 것이고, 그 후 위 건물에 관하여 진행된 공매절차에서 피고가 이 사건 건물에 관한 소유권을 취득함으로써 피고는 위 건물의 소유권과 함께 위 지상권도 취득하였다고 할 것이다.

판결] 토지와 지상건물이 동일인의 소유에 속해 있다가 각각 그 소유자를 달리하게 되는 경우에 성립하는 관습상의 지상권은, 그 경우 당사자 사이에 건물을 철거하기로 하는 등의 특별조건이 없다면 토지소유자는 지상건물 소유자에게 그 건물소유를 위한 지상권을 설정하여 주기로 한 의사가 있었던 것이라고 해석하여 인정되는 권리이므로 소외 4(토지 명의수탁자)가 이 사건 토지위에 원판시 지상건물의 소유를 위한 관습상의 지상권을 취득한 여부는 명의신탁해지에 의하여 토지소유명의를 회복한 신탁자들과의 사이에 있어서 위 소외인이 토지소유명의의 신탁을 받아가지고 있던 동안에는 그 토지가 자기의 소유에 속했던 것이라고 주장할 수 있었느냐의 여부에 따라 판단할 문제이며, 명의신탁자 이외의 제3자에 대하여 대외적으로 토지소유권을 주장할 수 있었다 하여 좌우될 성질의 것이 못 된다. → 토지에 대한 위 소외인(소외 4) 앞으로의 소유권이전등기가 그 토지를 매수한 소외2, 소외3 등의 명의신탁에 인한 것이었고 위 소외 4로부터 명의신탁자인 소외2, 소외3 앞으로 경료된 소유권이전청구권보전의 가등기가 명의수탁자인 위 소외 4의 임의처분행위를 방지하기 위해 마쳐둔 것이었다면, 명의수탁자인 소외 4로서는 명의신탁자였다가 소유권을 회복한 소외2, 소외3과의 대내적 관계에 있어서 그 토지가 자기소유에 속하는 것이었다고 주장할 수는 없을 법리이고, 따라서 원판시 건물은 어디까지나 명의신탁자인 소외2, 소외3 소유의 토지위에 지은 것이라 할 것이므로 그 후 토지소유명의가 신탁자 앞으로 회복될 당시에 위 소외 4가 신탁자들에 대하여 지상건물의 소유를 위한 관습상의 지상권을 취득하였다고 주장할 수는 없다.

(2) 명의신탁자 신축 + 수탁자 건물 등기

⑺ 신탁자 : 수탁자 외의 제3자에게 건물 소유권을 주장하여 법정지상권 취득 불가6)

⑻ 수탁자 : 대지 소유권이 없으므로 법정지상권 취득 불가

마. 미등기 건물

(1) 매도인(건물만 양도) : 법정지상권 취득[대법원 1988. 4. 12. 선고 87다카2404 판결]

---

6) [2003다29043] 토지와 그 지상건물이 각기 소유자를 달리하고 있던 중 토지 또는 그 지상건물만이 경매에 의하여 다른 사람에게 소유권이 이전된 경우에는 위 법조 소정의 법정지상권이 발생할 여지가 없으며, 또 건물의 등기부상 소유명의를 타인에게 신탁한 경우에 신탁자는 제3자에게 그 건물이 자기의 소유임을 주장할 수 없고, 따라서 그 건물과 부지인 토지가 동일인의 소유임을 전제로 한 법정지상권을 취득할 수 없다, 피고 소유의 이 사건 토지에 관한 근저당권설정 당시 그 지상에 소외3(건물 수탁자) 소유의 건물이 존재하였다고 하여도 저당권설정 당시 토지와 그 지상건물이 동일인의 소유에 속하는 경우에 해당한다고 할 수 없고, 피고가 위 건물을 소외3에게 명의신탁하였다고 하여도 다를 바가 없어 이는 그 주장 자체로 이유 없다. [93다47318] 근저당권이 설정된 당시 이 사건 대지들은 소외1(건물 수탁자)이 아니라 피고(건물 신탁자)의 소유로 되어 있었으므로, 이 사건 대지들과 제2건물이 동일인인 위 소외1의 소유에 속하였다고 할 수 없고, 또한 위 건물의 소유명의를 위 소외1에게 신탁한 피고로서는 그 수탁자인 위 소외1 이외의 제3자에게 위 건물이 자기의 소유임을 주장하여 법정지상권을 취득할 수는 없으므로 이 사건 대지들에 관하여 위 건물의 소유를 위한 민법 제366조 소정의 지상권을 취득하였다는 피고의 항변을 배척한 것은 정당하다. [91다7200 : 토지 명의신탁] 소외 주식회사 아세아호텔이나 소외1이 이 사건 대지를 매수하였으나 소유권이전등기를 적법하게 마친 바 없고 위 소외회사 등이 이를 매수하여 소외2 명의로 신탁했다 하더라도 신탁자인 위 회사 등은 수탁자 이외의 제3자에게 자기의 소유임을 주장하여 법정지상권을 취득할 수 없어 이 사건 대지와 그 지상건물이 동일인의 소유였음을 전제로 한 피고의 법정지상권에 관한 항변을 배척한 원심의 판단은 정당하다.

(2) 매수인

(개) **법정지상권 취득 불가**처분권은 인정되나 소유권 부정, [대법원 1994. 4. 12. 선고 93다56053 판결] 토지의 미
등기매수인이 건물 신축, [대법원 1998. 4. 24. 선고 98다4798 판결] 대지와 건물을 함께 매수하여 토지만 등기

(내) **토지소유자의 철거청구는 신의칙 위반**[대법원 1991. 9. 24. 선고 91다21701 판결]

2. 매매 기타 적법한 원인으로 소유자 변경

가. 인정

(1) 강제경매 : 포함[대법원 1970. 9. 29. 선고 70다1454 판결]

(2) 청구권보전 가등기 : 본등기 전 동일인 소유이면 관습상 법정지상권 취득[대법원 1982.
6. 22. 선고 81다1298,1299 판결] 본등기에 의한 물권변동의 효력이 가등기한 때로 소급하여 발생하는 것은 아니
므로 본건 대지에 관한 소외인 명의의 가등기가 경료된 후 그에 기한 본등기가 이루어지기 전까지의 본건 대지의
소유자는 피고1이었던 것이고 따라서 본건 대지와 건물은 모두 피고1의 소유에 속해 있다가 소외인이 1972.4.4.
본건 대지에 관하여 소유권이전등기를 경료함으로써 대지와 건물이 각기 소유자를 달리하게 된 것이니 본건 건물
을 철거한다는 조건 등의 특별한 사정이 없는 한 피고1은 본건 대지상에 건물의 소유를 목적으로 하는 관습상의
법정지상권을 취득하였다.

(3) 공유토지 협의분할[대법원 1974. 2. 12. 선고 73다353 판결] 공유지상에 공유자의 1인 또는 수인 소유의 건
물이 있을 경우 위 공유지의 분할로 그 대지와 지상건물이 소유자를 달리하게 될 때에는 다른 특별사정이 없는
한 건물소유자는 그 건물부지상에 그 건물을 위하여 관습상의 지상권을 취득한다.

(4) 건물 공유자원고+소외1인 대지소유자소외1의대지매도[대법원 1977. 7. 26. 선고 76다388 판결] 소
외1로부터의 대지 매수인인 피고는 건물공유자들의 법정지상권을 수인하여야 함

(5) 구분소유적 공유자가 자기 소유부분에 신축 + 경락[대법원 1990. 6. 26. 선고 89다카24094 판
결], 각자 소유부분에 신축 + 전체에 대하여 저당권 설정[대법원 2004. 6. 11. 선고 2004다
13533 판결]

나. 부정

(1) 담보권 실행을 위한 경매[대법원 1995. 12. 11.자 95마1262 결정] 건물 없는 토지에 대하여 저당권이 설
정된 후 저당권설정자가 그 위에 건물을 건축하였다가 담보권의 실행을 위한 경매절차에서 경매로 인하여 그 토
지와 지상 건물이 소유자를 달리 하였을 경우에는 민법 제366조 소정의 법정지상권이 인정되지 아니할 뿐만 아
니라 관습상의 법정지상권도 인정되지 아니하는 것이다.

(2) 나대지에 설정된 담보가등기[대법원 1994. 11. 22. 선고 94다5458 판결]

(개) 1대지[토지에 대한 담보가등기소외2, 3 → 토지 이전등기소외 4 취득 후 소외5에게 이전 + 건물 신
축소외4 신축 후 소외5에게 이전 → 토지 본등기소외2, 3 → 토지이전등기원고] 원래 채권을 담보하기 위하
여 나대지상에 가등기가 경료되었고, 그 뒤 대지소유자가 그 지상에 건물을 신축하였는데, 그후 그 가등기에 기한

본등기가 경료되어 대지와 건물의 소유자가 달라진 경우에 관습상 법정지상권을 인정하면 애초에 대지에 채권담보를 위하여 가등기를 경료한 사람의 이익을 크게 해하게 되기 때문에 특별한 사정이 없는 한 위 건물을 위한 관습상 법정지상권이 성립한다고 할 수 없다. 따라서 위 가등기에 기한 본등기 당시에 이 사건 대지와 건물의 소유자였던 소외5가 관습상 법정지상권을 취득한다고 볼 수는 없는 것이다.

(나) 2대지[대지 담보가등기 > 건물 강제경매개시 > 대지 본등기 → 토지이전등기] 또한 이 사건 건물에 강제경매가 개시되어 압류등기가 경료되었고, 강제경매절차가 진행 중에 그 이전에 이 사건 각 대지에 관하여 설정된 채권담보를 위한 위 가등기에 기하여 그 본등기가 경료되었으므로 이 사건 건물경락인인 피고는 이 사건 각 대지에 관하여 이 사건 건물을 위한 관습상 법정지상권을 취득한다고 볼 수도 없다.

(3) 공유관계

(가) 토지 공유자가 다른 공유자의 지분 과반수의 동의를 얻어 건축 후 공유토지에 대한 경매분할[대법원 1993. 4. 13. 선고 92다55756 판결] 토지 공유자 1인(피고)이 지분 과반수의 동의를 얻어 건물 건축 후 원고가 일부 공유자들로부터 공유지분을 취득하여 공유물분할방법으로 경매를 통하여 토지 전부의 소유권을 취득한 경우, 피고는 경락취득인인 원고에 대하여는 대항 불가

(나) 토지공유자의 지분 전매[대법원 1987. 6. 23. 선고 86다카2188 판결] 토지 전체에 대하여 법정지상권 인정시 토지 공유자 1인이 다른 공유자의 지분에 대하여까지 지상권설정의 처분행위를 허용하는 결과가 되므로

(4) 구분소유적 공유자가 자기 소유 아닌 부분에 신축[대법원 1994. 1. 28. 선고 93다49871 판결] 구분소유적 공유관계에 있어서는 통상적인 공유관계와는 달리 당사자 내부에 있어서는 각자가 특정매수한 부분은 각자의 단독 소유로 되었다 할 것이므로, 피고는 분할 전 이 사건 대지 중 그가 매수하지 아니한 부분에 관하여는 원고들에게 그 소유권을 주장할 수 없어 분할 전 이 사건 대지 중 피고가 매수하지 아니한 부분지상에 있는 건물부분은 당초부터 건물과 토지의 소유자가 서로 다른 경우에 해당되어 그에 관하여는 관습상의 법정지상권이 성립될 여지가 없다.

(5) 소유명의자의 형식적 상이[대지(등기) + 건물 매수(미등기)][대법원 1998. 4. 24. 선고 98다4798 판결] 계약에 따라 해결, 법정지상권을 인정할 필요 없음

(가) 매도인 : 관습상 법정지상권 부정토지점유·사용에 관하여 당사자 사이에 약정이 있거나 토지 소유자(토지 매수인)가 건물의 처분권까지 취득 → 매도인에게 관습상 법정지상권을 인정할 필요 없음

(나) 매수인피고 : 부정동일인 소유 부정(매도인을 대위하여 관습상 법정지상권 행사 불가 → 경매에 의한 대지 지분 취득자인 원고에게 대항 불가)

⇔ [비교] 매수인이 대지, 건물 모두 등기 경료 : 매수인을 기준으로 동일인 소유 여부 판단[사법연수원 법정지상권 사례연습 10], [대법원 2014. 9. 4. 선고 2011다13463 판결] 압류, 가압류나 체납압류처분 등 처분제한의 등기가 된 건물에 관하여 그에 저촉되는 이전등기를 마친 사람이 건물의 소유자로서 관습상의 법정지상권을 취득한 후 경매 또는 공매절차에서 건물이 매각되는 경우에도 경락인은 건물의 경락취득과 함께 지상권도 당연히 취득

Ⅱ. 재항변

1. 건물철거 합의[대법원 1988. 9. 27. 선고 87다카279 판결] 토지사용을 그만두고자 하는 의사, [대법원 2014. 9. 4. 선고 2011다13463 판결] 경락 후 건물을 철거한다는 등의 매각조건 하에서 경매

▸ 구건물 철거와 함께 신건물 신축 합의 : 법정지상권 배제 부정[대법원 1999. 12. 10. 선고 98다58467 판결]

2. 법정지상권의 포기[대법원 1992. 10. 27. 선고 92다3984 판결] 피고가 건물을 매수하면서 토지임대차계약체결

3. 지료청구 : 제366조 유추[대법원 1996. 2. 13. 선고 95누11023 판결]

4. 법정지상권의 소멸

가. 공동저당

나. 기간 경과 후 갱신청구 : 갱신청구권 소멸[대법원 1995. 4. 11. 선고 94다39925 판결] 양수인의 대위가 가능하더라도 지체없이 행사 필요, 원고들이 이에 응하여 계약을 체결하여야 효력

▸ 묵시적 갱신 항변법정지상권 소멸 후에 지료를 지급 불가[94다39925] 지상권은 묵시적 갱신을 인정하는 규정이 없음

다. 지상권소멸청구 : 소멸청구의 의사표시로 소멸[대법원 1993. 6. 29. 선고 93다10781 판결] 지상물매수청구권도 부정 : 민법 제283조 제2항 소정의 지상물매수청구권은 지상권이 존속기간의 만료로 인하여 소멸하는 때에 지상권자에게 갱신청구권이 있어 그 갱신청구를 하였으나 지상권설정자가 계약갱신을 원하지 아니할 경우 행사할 수 있는 권리이므로, 지상권자의 지료연체를 이유로 토지소유자가 그 지상권소멸청구를 하여 이에 터잡아 지상권이 소멸된 경우에는 매수청구권이 인정되지 않는다.

(1) 2년분의 지료 연체

㈎ 협의나 법원에 의한 지료 결정 부존재[대법원 1996. 4. 26. 선고 95다52864 판결] 지료액 또는 그 지급시기 등 지료에 관한 약정은 이를 등기하여야만 제3자에게 대항할 수 있는 것이므로(부동산등기법 제69조), 지료의 등기를 하지 아니한 이상 토지소유자는 구 지상권자의 지료연체 사실을 들어 지상권을 이전받은 자에게 대항하지 못한다.

㈏ 판결이유에서 정한 지료에 관한 결정 : 제3자에 대한 효력 부정[대법원 2001. 3. 13. 선고 99다17142 판결] 지료에 관한 협의 : 지료약정 등기 필요, 법원에 의한 지료결정 : 형식적 형성소송인 지료결정 판결로 이루어져야 제3자에게 효력, 지료결정판결이 아니라 선결문제로 지료가 결정된 경우 제3자에 대하여 효력 부정

㈐ 토지양수인에 대한 연체기간이 2년 미만[99다17142] 민법 제287조가 토지소유자에게 지상권소멸청구권을 부여하고 있는 이유는 지상권은 성질상 그 존속기간 동안은 당연히 존속하는 것을 원칙으로 하는 것이나, 지상권자가 2년 이상의 지료를 연체하는 때에는 토지소유자로 하여금 지상권의 소멸을 청구할 수 있도록 함으로써 토지소유자의 이익을 보호하려는 취지에서 나온 것이라고 할 것이므로, 지상권자가 그 권리의 목적이 된 토지의 특

정한 소유자에 대하여 2년분 이상의 지료를 지불하지 아니한 경우에 그 특정의 소유자는 선택에 따라 지상권의 소멸을 청구할 수 있으나, 지상권자의 지료 지급 연체가 토지소유권의 양도 전후에 걸쳐 이루어진 경우 토지양수인에 대한 연체기간이 2년이 되지 않는다면 양수인은 지상권소멸청구를 할 수 없다.

㈐ 소멸청구 전 연체지료 일부 지급[대법원 2014. 8. 28. 선고 2012다102384 판결]

(2) 지료 확정판결 후에도 지체하여 확정판결일 전후로 2년분 지체[대법원 1993. 3. 12. 선고 92다44749 판결] 법정지상권이 성립되고 그 지료액수가 판결에 의하여 정해진 경우에, 지상권자가 그 판결확정 후 지료의 청구를 받고도 그 책임 있는 사유로 상당한 기간 동안 지료의 지급을 지체한 때에는 그 지체된 지료가 판결확정의 전후에 걸쳐 2년분 이상일 경우에도 토지소유자는 민법 제287조에 의하여 지상권의 소멸을 청구할 수 있고, 위 판결확정일로부터 2년 이상 지료의 지급을 지체하여야만 지상권의 소멸을 청구할 수 있는 것은 아니다.

라. 채권자취소권 행사에 의한 소멸 여부 : 부정(건물의 전소유자원고2가 법정지상권 취득 후 채권자취소권에 의해 소유권을 상실하여도 건물 경락인피고은 법정지상권을 함께 취득[대법원 2014. 12. 24. 선고 2012다73158 판결, 대법원 2013. 9. 12. 선고 2013다43345 판결]

제8관 채권자대위권 : 법정지상권 있는 건물의 양수인 : 건물과 함께 법정지상권도 양도하기로 하는 채권적 계약 인정, 건물양수인은 양도인들을 순차대위[대법원 1995. 4. 11. 선고 94다39925 판결] 양도인의 갱신청구권 대위행사

제9관 전세권

Ⅰ. 요건

1. 전세권설정계약, 전세권설정등기

2. 전세금 지급(요물계약) : 기존채권으로 전세금지급에 갈음 가능[대법원 1995. 2. 10. 선고 94다18508 판결, 대법원 2009. 1. 30. 선고 2008다67217 판결, 대법원 2021. 12. 30. 선고 2018다268538 판결]

3. 목적물 인도는 성립요건 아님 → 채권담보 목적 전세권 가능 : 전세권자의 목적물에 대한 사용·수익이 배제되지 않을 것[대법원 1995. 2. 10. 선고 94다18508 판결] 전세권이 용익물권적 성격과 담보물권적 성격을 겸비하고 있다는 점 및 목적물의 인도는 전세권의 성립요건이 아닌 점 등에 비추어 볼 때, 당사자가 주로 채권담보의 목적으로 전세권을 설정하였고, 그 설정과 동시에 목적물을 인도하지 아니한 경우라 하더라도, 장차 전세권자가 목적물을 사용·수익하는 것을 완전히 배제하는 것이 아니라면, 그 전세권의 효력을 부인할 수는 없다. ⇔ [대법원 2021. 12. 30. 선고 2018다40235, 40242 판결] 전세권 설정의 동기와 경위, 전세권 설정으로 달성하려는 목적, 채권의 발생 원인과 목적물의 관계, 전세권자의 사용·수익 여부와 그 가능성, 당사자의 진정한 의사 등에 비추어 전세권설정계약의 당사자가 전세권의 핵심인 사용·수익 권능을 배제하고 채권

담보만을 위해 전세권을 설정하였다면, 법률이 정하지 않은 새로운 내용의 전세권을 창설하는 것으로서 물권법정 주의에 반하여 허용되지 않고 이러한 전세권설정등기는 무효 : 피고(채무자, 전세권설정자)가 채권자에게 임대차보 증금반환채권을 담보할 목적으로 전세권을 설정하였으나 채권자(전세권자)나 전세권 양수인(원고)이 목적물인 이 사건 식당을 운영하거나 점유하지 않았고, 피고가 제3자에게 임대하거나 직접 운영하는 등으로 이 사건 식당을 계속 운영하여 왔다면 이 사건 전세권은 전세권자가 목적물인 이 사건 식당을 사용 · 수익하는 것을 배제하고 채권담보만을 목적으로 설정된 것이므로, 이 사건 전세권설정등기는 무효이다.

[대법원 2021. 12. 30. 선고 2018다268538 판결] 임차보증금 담보 목적 전세권설정등기의 무효여부

▶ 원고임대인, 전세권설정자 : 전세권설정계약원고＋소외인이 통정허위표시로 무효임을 이유로 전세권근저당권설정등기피고 말소청구[원심] : 전세권설정계약은 통정허위표시로서 무효이고, 피고는 이에 대하여 악의이므로 승낙의 의사표시를 할 의무 인정
  - 전세권설정계약이 임대차계약과 양립할 수 없을 것전세금은 연체차임으로 공제 불가
  - 제3자가 이에 대하여 악의일 것전세권에 대한 근저당권설정 당시 전세권설정등기가 임대차보증금반환채권을 담보할 목적으로 마쳐진 것임을 알고 있었을 것

◀ 피고전세권자(소외인)에 대한 근저당권자로서 물상대위권을 행사하여 전세금반환채권에 대하여 압류 및 추심명령을 받고 원고에게 추심금 청구 : 전세권설정등기 유효 주장 → 전세권설정등기는 임대차계약에 따른 소외인의 임대차보증금반환채권을 담보할 목적으로 마쳐진 것으로서 유효임대차계약에 따른 임대차보증금 반환채권을 담보할 목적으로 임대인과 임차인 사이의 합의에 따라 임차인 명의로 전세권설정등기를 마친 경우, 그 전세금의 지급은 이미 지급한 임대차보증금으로 대신한 것이고, 장차 전세권자가 목적물을 사용 · 수익하는 것을 완전히 배제하는 것도 아니므로, 그 전세권설정등기는 유효하다.

▶ 악의의 전세권저당권자에게 임대차계약에 따른 연체차임 등의 공제 주장으로 대항 가능[대법원 2021. 12. 30. 선고 2020다257999 판결] 피고가 선의(조세채권자 : 압류로 인하여 전세권에 대하여 새로운 법률상 이해 관계)라면 임대차계약에 따른 연체차임 공제 주장 불가 ➡ 전세금이 임대차계약에 따른 연체차임 공제로 모두 소멸하였음을 이유로 피고를 상대로 전세권설정등기의 말소에 대하여 승낙의 의사표시를 구하는 원고의 청구 기각(원고 상고기각)

◀ 나머지 임대차보증금 상당액을 지급받을 때까지 이 사건 전세권설정등기의 말소를 저지할 이익 인정피고는 이 사건 근저당권 설정 당시 이 사건 전세권설정등기가 이 사건 임대차보증금반환채권을 담보할 목적으로 마쳐진 것임을 알고 있었으므로, 물상대위권을 행사하여 전세금반환채권에 대하여 압류 및 추심명령을 받고 이에 기하여 원고에게 추심금을 청구하는 피고에 대하여 원고는 이 사건 임대차계약에 따른 연체차임 등의 공제 주장으로 대항할 수 있을 뿐이다. 따라서 이 사건 전세권설정등기는 이 사건 임대차보증금 중 소외인의 연체차임 등을 공제한 나머지를 담보하는 범위에서 여전히 유효하므로, 피고는 원고로부터 그 나머지 임대차보증금 상당액을 지급받을 때까지 전세권설정등기의 말소를 저지할 이익이 있다.

II. 재항변

1. 기간만료

▸ 법정갱신(제312조 제4항) : 등기 불필요[대법원 2010. 3. 25. 선고 2009다35743 판결] 가압류 당시 전세

권설정등기가 말소되지 않았고, 전세권명의자가 부동산 일부를 점유·사용한 경우 전세권부채권의 가압류권자는 제108조 제2항의 제3자

2. 법정지상권 포기 : 전세권설정자 지위를 이전받은 건물양수인에 대한 토지소유자의 철거 + 인도 + 부당이득 → 인용

‣ 전세권자에게는 대항 불가 : 제304조 제2항[철거, 토지인도, 부당이득 모두 기각 [대법원 2007. 8. 24. 선고 2006다14684 판결]

[2006다14684] 소외1 소유의 토지, 건물에 대하여 원고는 대지 경락인, 피고회사는 소외1에 대한 건물전세권자, 피고1은 건물양수인 + 원고와 대지 임대차계약

▶원고[대지 경락인] → 피고1[건물 양수인] : 철거 + 인도 + 부당이득

◀법정지상권 : 대지소유자인 소외1이 취득 + 피고1은 대위권자

‣ 법정지상권 포기 : 대지임대차계약체결 → 전세권자의 동의 여부(제304조 제2항)와 상관없이 대지 소유자와 사이에서는 유효

➡원고 청구 전부인용

▶원고 → 피고 회사

■부당이득(피고1 대위)

◀보전의 필요성×[피고회사 무자력×], 피대위채권×[피고회사 : 피고1(전세권설정자 지위 승계)에 대한 관계에서 적법한 전세권자이므로 부당이득×]➡각하

■건물퇴거청구

◀전세권관계 존속 : 피고1과 피고회사 사이

‣ 피고1의 임대차계약으로 법정지상권 소멸

‣ 전세권자인 피고회사에 대하여는 대항 불가(제304조 제2항)

➡ 원고 청구기각

■부당이득(직접 청구)

‣ 건물소유자가 아니라 건물점유자 → 부지점유자로서 부당이득반환의무×, 적법한 전세권자 ➡ 원고 청구기각

제10관 유치권

I. 소의 이익

1. 토지소유권에 기한 방해배제 청구에 대하여 건물 유치권 항변 : 건물유치권은 토지를 점유할 권리가 아니므로 유치권 항변 불가[대법원 2010. 8. 19. 선고 2010다43801 판결] 대지

소유자의 건물임차권자에 대한 퇴거청구에 대하여 건물에 대한 임차권으로 대항 불가

2. 소유권자의 유치권부존재 확인의 소

가. 경매개시절차 전에 점유를 취득한 피고에 대한 유치권부존재확인 : 확인의 이익 부정[대법원 2014. 4. 10. 선고 2010다84932 판결] 원고 소유의 이 사건 점포를 피고가 점유하고 있는 경우에는 이 사건 점포의 인도를 구하는 것이 원고의 소유권에 대한 불안과 위험을 유효하고 적절하게 제거하는 직접적인 수단이 되므로 이와 별도로 피고를 상대로 이 사건 점포에 대한 유치권의 부존재확인을 구하는 것은 확인의 이익이 없어 부적법하다.

나. 경매절차에서 유치권이 주장된 경우 : 확인의 이익 인정[대법원 2020. 1. 16. 선고 2019다247385 판결]

다. 경매절차에서 유치권이 주장되지 않은 경우 : 확인의 이익 부정 :· 소유자는 제575조 담보책임을 부담하지 않으므로

라. 경매절차에서 유치권이 주장되었으나 소유부동산 또는 담보목적물이 매각된 경우 : 확인의 이익 부정2019다247385 근저당권자에게 담보목적물에 관하여 각 유치권의 부존재 확인을 구할 법률상 이익이 있다고 보는 것은 경매절차에서 유치권이 주장됨으로써 낮은 가격에 입찰이 이루어져 근저당권자의 배당액이 줄어들 위험이 있다는 데에 근거가 있고, 이는 소유자가 그 소유의 부동산에 관한 경매절차에서 유치권의 부존재 확인을 구하는 경우에도 마찬가지이다. 위와 같이 경매절차에서 유치권이 주장되었으나 소유부동산 또는 담보목적물이 매각되어 그 소유권이 이전되어 소유권을 상실하거나 근저당권이 소멸하였다면, 소유자와 근저당권자는 유치권의 부존재 확인을 구할 법률상 이익이 없다.

3. 근저당권자의 유치권부존재 확인의 소

가. 확인의 이익[대법원 2004. 9. 23. 선고 2004다32848 판결, 대법원 2020. 1. 16. 선고 2019다247385 판결]

유치권자의 주장 여부	저당권자	소유자
유치권 주장○	배당액이 줄어들 위험○ → 유치권 부존재 확인을 구할 법률상 이익○	배당액이 줄어들 위험○ → 유치권 부존재 확인을 구할 법률상 이익○
유치권 주장되었으나 목적물 매각	저당권 소멸 → 유치권 부존재 확인을 구할 법률상 이익×	소유권 상실 → 유치권 부존재 확인을 구할 법률상 이익×
유치권 주장×	담보책임○(제575조, 제578조 제1항, 제2항) → 유치권 부존재 확인을 구할 법률상 이익○	담보책임× → 유치권 부존재 확인을 구할 법률상 이익×[7]

---

7) 경매절차에서 유치권이 주장되지 아니한 경우에는, 담보목적물이 매각되어 그 소유권이 이전됨으로써 근저

나. 유치권의 피담보채권 일부만 인정시 : 일부인용 판결[대법원 2016. 3. 10. 선고 2013다99409 판결] 유치권자는 경락인에 대하여 그 피담보채권의 변제를 청구할 수는 없지만 자신의 피담보채권이 변제될 때까지 유치목적물인 부동산의 인도를 거절할 수 있어 경매절차의 입찰인들은 낙찰 후 유치권자로부터 경매목적물을 쉽게 인도받을 수 없다는 점을 고려하여 입찰하게 되고 그에 따라 경매목적 부동산이 그만큼 낮은 가격에 낙찰될 우려가 있다. 이와 같이 저가낙찰로 인해 경매를 신청한 근저당권자인 원고의 배당액이 줄어들거나 경매목적물 가액과 비교하여 거액의 유치권 신고로 매각 자체가 불가능하게 될 위험은 경매절차에서 원고의 법률상 지위를 불안정하게 하는 것이므로 위 불안을 제거하는 원고의 이익을 단순한 사실상·경제상의 이익이라고 볼 수는 없다. 따라서 원고는 피고를 상대로 유치권 전부의 부존재뿐만 아니라 이 사건 경매절차에서 유치권을 내세워 대항할 수 있는 범위를 초과하는 유치권의 부존재 확인을 구할 법률상 이익이 있고, 심리 결과 피고가 유치권의 피담보채권으로 주장하는 금액의 일부만이 이 사건 경매절차에서 유치권으로 대항할 수 있는 것으로 인정되는 경우에는 법원은 특별한 사정이 없는 한 그 유치권 부분에 대하여 일부패소의 판결을 하여야 한다.

Ⅱ. 요건

1. 채권과 목적물의 견련관계 ⇔ 상사유치권 : 견련관계 불요, 쌍방 상인, 쌍방적 상행위 필요

가. 채권이 목적물 자체로부터 발생 : 필요비, 유익비, 수급인의 공사대금채권, 채무불이행 손해배상채권[대법원 1976. 9. 28. 선고 76다582 판결] 수급인인 피고의 본건 공사잔금채권이나 그 지연손해금청구권과 도급인인 원고의 건물인도청구권은 모두 원, 피고 사이의 건물신축도급계약이라고 하는 동일한 법률관계로부터 생긴 것임이 인정될 수 있으므로 피고의 본건 손해배상채권 역시 본건 건물에 관하여 생긴 채권이라 할 것이며 채무불이행에 의한 손해배상청구권은 원채권의 연장으로 보아야 할 것이므로 물건과 원채권과 사이에 견련관계가 있는 경우에는 그 손해배상채권과 그 물건과의 사이에도 견련관계가 있는 법리라 할 것

(1) 점유 권원 검토

㈎ **적법한 권원 없는 점유(제203조 제2항) : 회복자로부터 인도청구를 받거나 회복자에게 인도한 경우 발생**

㈏ **적법한 권원 있는 점유 : 계약관계를 규율하는 법조항, 법리 등이 적용**[대법원 2009. 3. 26. 선고 2008다34828 판결] 계약명의신탁의 신탁자가 소유권을 취득한 수탁자와 사이에 임대차계약이 인정되지 않더라도 묵시적 사용대차 관계(제611조 제2항)에 의하여 점유하고 비용을 지출한 경우 유치권 인정

(2) 물건으로 인한 손해배상청구권

당권이 소멸하였더라도 채권자는 유치권의 존재를 알지 못한 매수인으로부터 민법 제575조, 제578조 제1항, 제2항에 의한 담보책임을 추급당할 우려가 있고, 위와 같은 위험은 채권자의 법률상 지위를 불안정하게 하는 것이므로, 채권자인 근저당권자로서는 위 불안을 제거하기 위하여 유치권 부존재 확인을 구할 법률상 이익이 있다. 반면 채무자가 아닌 소유자는 위 각 규정에 의한 담보책임을 부담하지 아니하므로, 유치권의 부존재 확인을 구할 법률상 이익이 없다.

1-1. 견련관계 부정

■ 임대차보증금(채무담보)[대법원 1976. 5. 11. 선고 75다1305 판결], 권리금반환청구권[대법원 1994. 10. 14. 선고 93다62119 판결] 건물에 관하여 생긴 채권이 아니므로

■ 부속물매수청구권·지상물매수청구권에 의한 매매대금채권[대법원 1977. 12. 13. 선고 77다115 판결] 임차물에 관한 채권이 아니라 부속물에 관한 채권

■ 건축자재매도인의 수급인에 대한 건축자재공급[대법원 2012. 1. 26. 선고 2011다96208 판결] 건물 자체에 관한 채권이 아니라 수급인에 대한 매매대금채권에 불과

■ 계약명의신탁 신탁자의 수탁자에 대한 부당이득반환청구권[대법원 2009. 3. 26. 선고 2008다34828 판결] 부동산 자체에서 발생하지 않음, 반환청구권과 동일한 사실관계·법률관계에서 발생하지 않음

나. 목적물반환청구권과 동일한 법률관계무효, 취소, 해제, 사실관계에서 발생

1-2. 견련관계 부정

■ 먼저 소유권을 이전한 매도인의 매매대금채권[대법원 2012. 1. 12.자 2011마2380 결정] 부동산 매도인이 매매대금을 다 지급받지 아니한 상태에서 매수인에게 소유권이전등기를 마쳐주어 목적물의 소유권을 매수인에게 이전한 경우에는, 매도인의 목적물인도의무에 관하여 동시이행의 항변권 외에 물권적 권리인 유치권까지 인정할 것은 아니다. 왜냐하면 법률행위로 인한 부동산물권변동의 요건으로 등기를 요구함으로써 물권관계의 명확화 및 거래의 안전·원활을 꾀하는 우리 민법의 기본정신에 비추어 볼 때, 만일 이를 인정한다면 매도인은 등기에 의하여 매수인에게 소유권을 이전하였음에도 매수인 또는 그의 처분에 기하여 소유권을 취득한 제3자에 대하여 소유권에 속하는 대세적인 점유의 권능을 여전히 보유하게 되는 결과가 되어 부당하기 때문이다. 또한 매도인으로서는 자신이 원래 가지는 동시이행의 항변권을 행사하지 아니하고 자신의 소유권이전의무를 선이행함으로써 매수인에게 소유권을 넘겨 준 것이므로 그에 필연적으로 부수하는 위험은 스스로 감수하여야 한다. 따라서 매도인이 부동산을 점유하고 있고 소유권을 이전받은 매수인에게서 매매대금 일부를 지급받지 못하고 있다고 하여 매매대금채권을 피담보채권으로 매수인이나 그에게서 부동산 소유권을 취득한 제3자를 상대로 유치권을 주장할 수 없다.

■ 유치권의 목적물건물이 아닌 독립된 물건건물 간판에 관한 채권[대법원 2013. 10. 24. 선고 2011다44788 판결] 건물의 옥탑, 외벽 등에 설치된 간판의 경우 일반적으로 건물의 일부가 아니라 독립된 물건으로 남아 있으면서 과다한 비용을 들이지 않고 건물로부터 분리할 수 있는 것이 충분히 있을 수 있고, 그러한 경우에는 특별한 사정이 없는 한 간판 설치공사 대금채권을 그 건물 자체에 관하여 생긴 채권이라고 할 수 없다.

2. 채권의 변제기도래

가. 점유자가 회복자로부터 점유물 반환청구를 받은 경우[대법원 2011. 12. 13. 선고 2009다5162 판결] 원고의 청구가 형식은 개인들(피고)에 대한 청구이나 실질은 독립교회에 대한 청구 → 피고들에 대한 청구로 독립교회의 비용상환 청구권의 이행기 도래

나. 재항변

(1) 상환이행 주장

(개) **원칙 : 인정**[대법원 1969. 11. 25. 선고 69다1592 판결] 물건의 인도를 청구하는 소송에 있어서 피고의 유치권 항변이 인용되는 경우에는 그 물건에 관하여 생긴 채권의 변제와 상환으로 그 물건의 인도를 명하여야 한다.

(내) **예외 : 부정**[대법원 2011. 12. 13. 선고 2009다5162 판결] 물건의 인도를 청구하는 소송에서 피고의 유치권 항변이 인용되는 경우에는 그 물건에 관하여 생긴 채권의 변제와 상환으로 물건의 인도를 명하여야 함은 상고이유로 주장하는 바와 같다. 그러나 이 사건 교회건물 등의 점유자로서 민법 제203조 제1항, 제2항에 의하여 필요비 및 유익비의 상환을 받을 수 있는 권리자는 독립교회이므로, 그 구성원의 일부에 지나지 않는 피고들을 상대로 이 사건 교회건물 등에 대한 출입금지 및 원고의 사용에 대한 방해배제를 구하는 이 사건에서 소송당사자도 아닌 독립교회가 위 비용을 지급받는 것과 상환으로 피고들에 대한 원고의 청구를 인용할 수는 없다.

(2) 채권의 포기 : 원상복구 약정 → 필요비, 유익비 상환청구권포기 → 유치권 주장 불가[대법원 1975. 4. 22. 선고 73다2010 판결]

(3) 압류·경매개시결정등기 후 완공(공사대금채권의 변제기도래)[대법원 2011. 10. 13. 선고 2011다55214 판결] 유치권은 목적물에 관하여 생긴 채권이 변제기에 있는 경우에 비로소 성립하고(민법 제320조), 한편 채무자 소유의 부동산에 경매개시결정의 기입등기가 마쳐져 압류의 효력이 발생한 후에 유치권을 취득한 경우에는 그로써 부동산에 관한 경매절차의 매수인에게 대항할 수 없는데, 채무자 소유의 건물에 관하여 증·개축 등 공사를 도급받은 수급인이 경매개시결정의 기입등기가 마쳐지기 전에 채무자에게서 건물의 점유를 이전받았다 하더라도 경매개시결정의 기입등기가 마쳐져 압류의 효력이 발생한 후에 공사를 완공하여 공사대금채권을 취득함으로써 그때 비로소 유치권이 성립한 경우에는, 수급인은 유치권을 내세워 경매절차의 매수인에게 대항할 수 없다.

(4) 유치권의 피담보채권에 대한 동시이행항변권 존재[대법원 2014. 1. 16. 선고 2013다30653 판결] 수급인의 공사대금채권이 도급인의 하자보수청구권 내지 하자보수에 갈음한 손해배상채권 등과 동시이행의 관계에 있는 점 및 피담보채권의 변제기 도래를 유치권의 성립요건으로 규정한 취지 등에 비추어 보면, 건물신축 도급계약에서 수급인이 공사를 완성하였더라도, 신축된 건물에 하자가 있고 그 하자 및 손해에 상응하는 금액이 공사잔대금액 이상이어서, 도급인이 수급인에 대한 하자보수청구권 내지 하자보수에 갈음한 손해배상채권 등에 기하여 수급인의 공사잔대금 채권 전부에 대하여 동시이행의 항변을 한 때에는, 공사잔대금 채권의 변제기가 도래하지 아니한 경우와 마찬가지로 수급인은 도급인에 대하여 하자보수의무나 하자보수에 갈음한 손해배상의무 등에 관한 이행의 제공을 하지 아니한 이상 공사잔대금 채권에 기한 유치권을 행사할 수 없다.

(5) 점유 상실, 피담보채권 소멸[대법원 1995. 9. 15. 선고 95다16202, 95다16219 판결]

▶ 처분권 수여만으로는 피담보채권 소멸되지 않음[대법원 1995. 9. 15. 선고 95다16202, 95다16219 판결] 도급인이 피고에게 처분권을 위임하여 분양대금에서 공사대금 등 건축 관련 비용을 지급받을 수 있는 권한 부여하였더라도 약정만으로는 공사대금이 변제된 것으로 볼 수 없음

3. 타인소유 물건 상사유치권 : 채무자소유 필요

가. 신축건물이 수급인 귀속[대법원 1993. 3. 26. 선고 91다14116 판결]

▶ 신축건물의 소유권을 도급인에게 귀속시키기로 약정95다16202

나. 사회통념상 독립한 건물이 되지 못한 정착물을 토지에 설치한 상태에서 건물신축 공사중단[대법원 2008. 5. 30.자 2007마98 결정]

(1) 토지에 대한 유치권 : 부정재항고인은 토지소유자와의 사이에 이 사건 토지 위에 공장을 신축하기로 하는 내용의 도급계약을 체결하고 기초공사를 진행하면서 사회통념상 독립한 건물이라고 볼 수 없는 구조물을 설치한 상태에서 이 사건 토지에 대한 경매절차가 진행됨으로 인하여 공사가 중단되었음을 알 수 있는바, 이러한 경우 위 구조물은 토지의 부합물에 불과하여 이에 대하여 유치권을 행사할 수 없다고 할 것이고, 공사중단시까지 토지소유자에 대하여 발생한 공사금 채권은 공장 건물의 신축에 관하여 발생한 것일 뿐, 위 토지에 관하여 생긴 것이 아니므로 위 공사금 채권에 기하여 이 사건 토지에 대하여 유치권을 행사할 수도 없다.

(2) 상사유치권 : 부정상법 제58조는 "상인간의 상행위로 인한 채권이 변제기에 있는 때에는 채권자는 변제를 받을 때까지 그 채무자에 대한 상행위로 인하여 자기가 점유하고 있는 채무자 소유의 물건 또는 유가증권을 유치할 수 있다."고 규정하고 있으므로, 채권자가 채무자와의 상행위가 아닌 다른 원인으로 목적물의 점유를 취득한 경우에는 상사유치권이 성립할 수 없는 것이다. 재항고인은 공장건물의 신축공사가 이 사건 경매로 중단된 후에 공사현장을 점거하면서 타인의 지배를 배제하고 이 사건 토지에 대한 점유를 사실상 개시한 것으로 보일 뿐, 재항고인이 토지소유자와 '이 사건 토지에 관한 상행위'를 원인으로 이 사건 토지에 대한 점유를 취득하였다고 보기 어려우므로, 재항고인이 이 사건 토지에 관하여 상사유치권을 행사할 수 없다.

다. 가등기된 부동산 양수인피고의 필요비·유익비 지출 후 본등기[대법원 1976. 10. 26. 선고 76다2079 판결] 결과적으로 타인의 물건에 대한 비용투입 → 유치권 인정, 본등기 명의자(소외인)나 특별승계인 (원고)에 대항 가능

4. 점유계속 상사유치권 : 목적물의 점유취득은 채권자의 입장에서 일방적 상행위라도 무방

가. 성립요건 + 존속요건 : 경매개시결정등기 기준민사집행법 제91조 제5항(유치권 피담보채권에 대한 매수인의 변제책임) vs 제92조 제1항, 제83조 제4항(압류의 처분금지효)의 이익형량, [대법원 2005. 8. 19. 선고 2005다22688 판결] 채무자 소유의 건물 등 부동산에 강제경매개시결정의 기입등기가 경료되어 압류의 효력이 발생한 이후에 채무자가 위 부동산에 관한 공사대금 채권자에게 그 점유를 이전함으로써 그로 하여금 유치권을 취득하게 한 경우, 그와 같은 점유의 이전은 목적물의 교환가치를 감소시킬 우려가 있는 처분행위에 해당하여 민사집행법 제92조 제1항, 제83조 제4항에 따른 압류의 처분금지효에 저촉되므로 점유자로서는 위 유치권을 내세워 그 부동산에 관한 경매절차의 매수인에게 대항할 수 없다. 민사집행법 제91조 제5항에서는 유치권의 경우 매수인이 그 부담을 인수한다고 하는 인수주의를 채택하고 있으나, 여기서 매수인이 인수하는 유치권이라고 하는 것은 원칙적으로 경매절차의 압류채권자에게 대항할 수 있는 것이라고 보아야 할 것인데, 이 사건의 경우처럼 경

매부동산의 압류 당시에는 이를 점유하지 아니하여 유치권을 취득하지 못한 상태에 있다가 압류 이후에 경매부동산에 관한 기존의 채권을 담보할 목적으로 뒤늦게 채무자로부터 그 점유를 이전받음으로써 유치권을 취득하게 된 경우에는 위 법리에 비추어 이로써 경매절차의 매수인에게 대항할 수 없다. → 변제기에 도달한 이상 점유 취득 전에 유치권이 성립한다는 주장 불가, [대법원 2006. 8. 25. 선고 2006다22050 판결] 경매개시결정등기 경료를 채권자가 알았는지 여부와 무관, [대법원 2013. 6. 27. 선고 2011다50165 판결] 수급인이 경매개시결정의 기입등기가 마쳐지기 전에 채무자로부터 건물의 점유를 이전받았다 하더라도 경매개시결정의 기입등기가 마쳐져 압류의 효력이 발생한 후에 공사를 완공하여 공사대금채권을 취득함으로써 그때 비로소 유치권이 성립한 경우에는, 수급인은 유치권을 내세워 경매절차의 매수인에게 대항할 수 없다.

■ 경매개시결정등기 전 점유개시 + 피담보채권 성립 : 가압류[대법원 2011. 11. 24. 선고 2009다19246 판결], 체납압류[대법원 2014. 3. 20. 선고 2009다60336 전원합의체 판결] 체납처분압류는 경매개시결정에 따른 압류와 마찬가지로 볼 수 없으므로, 저당권설정 후[대법원 2009. 1. 15. 선고 2008다70763 판결] 저당권 설정일이 유치권 취득일보다 빠른 경우 취득이라도 대항 가능부동산 경매절차에서의 매수인은 민사집행법 제91조 제5항에 따라 유치권자에게 그 유치권으로 담보하는 채권을 변제할 책임이 있는 것이 원칙이나, 채무자 소유의 건물 등 부동산에 경매개시결정의 기입등기가 경료되어 압류의 효력이 발생한 후에 채무자가 위 부동산에 관한 공사대금 채권자에게 그 점유를 이전함으로써 그로 하여금 유치권을 취득하게 한 경우, 그와 같은 점유의 이전은 목적물의 교환가치를 감소시킬 우려가 있는 처분행위에 해당하여 민사집행법 제92조 제1항, 제83조 제4항에 따른 압류의 처분금지효에 저촉되므로 점유자로서는 위 유치권을 내세워 그 부동산에 관한 경매절차의 매수인에게 대항할 수 없다. 그러나 이러한 법리는 경매로 인한 압류의 효력이 발생하기 전에 유치권을 취득한 경우에는 적용되지 아니하고, 유치권 취득시기가 근저당권설정 후라거나 유치권 취득 전에 설정된 근저당권에 기하여 경매절차가 개시되었다고 하여 달리 볼 것은 아니다.

▶ 강제경매개시결정 등기 후의 점유이전(유치권 성립) : 매수인에게 대항 불가[대법원 2005. 8. 19. 선고 2005다22688 판결] 채무자 소유의 건물 등 부동산에 강제경매개시결정의 기입등기가 경료되어 압류의 효력이 발생한 이후에 채무자가 위 부동산에 관한 공사대금 채권자에게 그 점유를 이전함으로써 그로 하여금 유치권을 취득하게 한 경우, 그와 같은 점유의 이전은 목적물의 교환가치를 감소시킬 우려가 있는 처분행위에 해당하여 민사집행법 제92조 제1항, 제83조 제4항에 따른 압류의 처분금지효에 저촉되므로

▶ 피담보채권이 압류 후에 발생 : 점유를 압류 전에 취득하였더라도 대항 불가[대법원 2011. 10. 13. 선고 2011다55214 판결]

▶ 선행저당권이 설정된 후 상사유치권 성립점유 + 피담보채권 : 선행저당권자, 경락인에게 대항 불가[대법원 2013. 2. 28. 선고 2010다57350 판결] 상사유치권은 민사유치권과 달리 피담보채권이 '목적물에 관하여' 생긴 것일 필요는 없지만 유치권의 대상이 되는 물건은 '채무자 소유'일 것으로 제한되어 있다. 이와 같이 상사유치권의 대상이 되는 목적물을 '채무자 소유의 물건'에 한정하는 취지는, 상사유치권의 경우에는 목적물과 피담보채권 사이의 견련관계가 완화됨으로써 피담보채권이 목적물에 대한 공익비용적 성질을 가지지 않아도 되므로 피담보채권이 유치권자와 채무자 사이에 발생하는 모든 상사채권으로 무한정 확장될 수 있고, 그로 인하여 이미 제3자가 목적물에 관하여 확보한 권리를 침해할 우려가 있어 상사유치권의 성립범위 또는 상사유치권으로 대항할 수

있는 범위를 제한한 것으로 볼 수 있다. 즉 상사유치권이 채무자 소유의 물건에 대해서만 성립한다는 것은, 상사유치권은 성립 당시 채무자가 목적물에 대하여 보유하고 있는 담보가치만을 대상으로 하는 제한물권이라는 의미를 담고 있다 할 것이고, 따라서 유치권 성립 당시에 이미 목적물에 대하여 제3자가 권리자인 제한물권이 설정되어 있다면, 상사유치권은 그와 같이 제한된 채무자의 소유권에 기초하여 성립할 뿐이고, 기존의 제한물권이 확보하고 있는 담보가치를 사후적으로 침탈하지는 못한다고 보아야 한다. 그러므로 채무자 소유의 부동산에 관하여 이미 선행저당권이 설정되어 있는 상태에서 채권자의 상사유치권이 성립한 경우, 상사유치권자는 채무자 및 그 이후 채무자로부터 부동산을 양수하거나 제한물권을 설정받는 자에 대해서는 대항할 수 있지만, 선행저당권자 또는 선행저당권에 기한 임의경매절차에서 부동산을 취득한 매수인에 대한 관계에서는 상사유치권으로 대항할 수 없다.

나. 간접점유 포함[대법원 2019. 8. 14. 선고 2019다205329 판결] 유치권의 성립요건인 유치권자의 점유는 직접점유이든 간접점유이든 관계없다. 간접점유를 인정하기 위해서는 간접점유자와 직접점유를 하는 자 사이에 일정한 법률관계, 즉 점유매개관계가 필요한데, 간접점유에서 점유매개관계를 이루는 임대차계약 등이 해지 등의 사유로 종료되더라도 직접점유자가 목적물을 반환하기 전까지는 간접점유자의 직접점유자에 대한 반환청구권이 소멸하지 않는다. 따라서 점유매개관계를 이루는 임대차계약 등이 종료된 이후에도 직접점유자가 목적물을 점유한 채 이를 반환하지 않고 있는 경우에는, 간접점유자의 반환청구권이 소멸한 것이 아니므로 간접점유의 점유매개관계가 단절된다고 할 수 없다. 참가인이 피고31과 임대차계약을 체결하고 그로 하여금 이 사건 부동산 104호를 점유하게 하던 중 위 임대차계약이 해지되었더라도, 피고31이 이 사건 부동산 104호를 계속하여 점유한 채 이를 참가인에게 반환하지 않은 이상 참가인의 위 104호에 대한 반환청구권이 소멸하였다고 할 수 없다. 따라서 위 임대차계약의 해지 사실만으로 참가인과 피고31 사이에 점유매개관계가 단절되었다고 할 수는 없다. 그럼에도 원심은 참가인이 임대차계약을 해지함으로써 참가인과 피고31 사이의 점유매개관계가 소멸하였다고 판단하였다. 이러한 원심판결에는 간접점유의 성립요건인 점유매개관계에 관한 법리를 오해한 나머지 판결에 영향을 미친 잘못이 있다.

▸ 점유 승계시 전점유자를 대위하여 유치권 행사 불가[대법원 1972. 5. 30. 선고 72다548 판결] 피대위자는 점유 상실로 유치권 상실

▸ 채무자를 직접점유자로 하는 간접점유 제외[대법원 2008. 4. 11. 선고 2007다27236 판결] 유치권의 성립요건이자 존속요건인 유치권자의 점유는 직접점유이든 간접점유이든 관계가 없으나, 다만 유치권은 목적물을 유치함으로써 채무자의 변제를 간접적으로 강제하는 것을 본체적 효력으로 하는 권리인 점 등에 비추어, 그 직접점유자가 채무자인 경우에는 유치권의 요건으로서의 점유에 해당하지 않는다.

▸ 유치권자로부터 유치물의 점유·보관을 위탁받은 자[대법원 2014. 12. 24. 선고 2011다62618 판결]

▸ 소유자 승낙없이 유치권자로부터 목적물을 임차한 자[대법원 2011. 2. 10. 선고 2010다94700 판결] 유치권자에 대한 채무자의 동의 ≠ 소유자의 동의 : 임차권 대항력 있어도 경락인에게 대항 불가 : 유치권의 성립요건인 유치권자의 점유는 직접점유이든 간접점유이든 관계없지만, 유치권자는 채무자 또는 소유자의 승낙이 없는 이상 그 목적물을 타에 임대할 수 있는 권한이 없으므로, 유치권자의 그러한 임대행위는 소유자의 처분권한을 침해하는 것으로서 소유자에게 그 임대의 효력을 주장할 수 없다. 따라서 소유자의 승낙 없는 유치권자의 임대차에 의하여 유치권의 목적물을 임차한 자의 점유는 소유자에게 대항할 수 있는 적법한 권원에 기한 것이라고 볼 수 없다. 소외1이 소외2로부터 공사대금 680,873,334원을 지급받을 때까지 이 사건 건물에 대한 유치권을 가진다고 하더라도, 피

고가 소외1의 위 유치권을 원용하여 원고의 이 사건 건물에 관한 인도청구를 거절하기 위해서는 피고가 소외1로부터 이 사건 건물을 임차함에 있어 당시 이 사건 건물의 소유자인 정안실업 주식회사 또는 이후 소유자가 된 소외3, 원고로부터 이에 관한 승낙을 받았다는 점에 관한 입증이 있어야 하는데, 피고가 주장하는 소외1에 대한 위 공사대금 채무자인 소외2의 동의만으로는 민법 제324조 제2항에 따른 동의가 있었다고 볼 수 없다.

다. 일부 점유시에도 피담보채권 전부를 담보[대법원 2007. 9. 7. 선고 2005다16942 판결] 민법 제321조는 "유치권자는 채권 전부의 변제를 받을 때까지 유치물 전부에 대하여 그 권리를 행사할 수 있다"고 규정하고 있으므로, 유치물은 그 각 부분으로써 피담보채권의 전부를 담보하며, 이와 같은 유치권의 불가분성은 그 목적물이 분할 가능하거나 수개의 물건인 경우에도 적용된다. 다세대주택의 창호 등의 공사를 완성한 하수급인이 공사대금채권 잔액을 변제받기 위하여 위 다세대주택 중 한 세대를 점유하여 유치권을 행사하는 경우, 그 유치권은 위 한 세대에 대하여 시행한 공사대금만이 아니라 다세대주택 전체에 대하여 시행한 공사대금채권의 잔액 전부를 피담보채권으로 하여 성립한다.

라. 재항변 사유

(1) 점유상실 : 점유침탈 포함[대법원 2012. 2. 9. 선고 2011다72189 판결]

▶ 점유회수의 소제기[점유를 침탈당하였다고 주장하는 당시에 점유하고 있었는지 여부만 검토 ＋ 승소판결 ＋ 점유회수[대법원 1996. 8. 23. 선고 95다8713 판결][8]

▶ 점유회수 소제기 ＋ 점유를 회복할 수 있었다는 사정 : 유치권 회복 부정[대법원 2012. 2. 9. 선고 2011다72189 판결] 피고의 점유침탈로 원고가 이 사건 상가에 대한 점유를 상실한 이상 원고의 유치권은 소멸

---

8) 점유라고 함은 물건이 사회통념상 그 사람의 사실적 지배에 속한다고 보여지는 객관적 관계에 있는 것을 말하고 사실상의 지배가 있다고 하기 위하여는 반드시 물건을 물리적, 현실적으로 지배하는 것만을 의미하는 것이 아니고 물건과 사람과의 시간적, 공간적 관계와 본권관계, 타인지배의 배제가능성 등을 고려하여 사회관념에 따라 합목적적으로 판단하여야 하는 것이고, 점유회수의 소에 있어서는 점유를 침탈당하였다고 주장하는 당시에 점유하고 있었는지의 여부만을 살피면 되는 것인바, 원고가 위 통일전선이 부도가 나고 난 다음에 이 사건 공장에 직원을 보내 그 정문 등에 원고가 이 사건 공장을 유치·점유한다는 안내문을 게시하고 소외 한국보안실업 주식회사와 경비용역계약을 체결하고, 용역경비원으로 하여금 주야 교대로 2인씩 이 사건 공장에 대한 경비·수호를 하도록 하는 한편 이 사건 공장의 건물 등에 자물쇠를 채우고 공장 출입구 정면에 대형 컨테이너로 가로막아 차량은 물론 사람들의 공장 출입을 통제하기 시작하고 피고가 이 사건 공장을 경락한 다음에도 원고의 직원 10여 명을 보내 이 사건 공장 주변을 경비·수호하게 하고 있었다면 원고가 이 사건 공장을 점유하고 있었다고 볼 여지가 충분하다고 할 것이므로 원심으로서는 과연 원고가 위와 같이 이 사건 공장을 수호·경비할 당시에 위 통일전선의 직원이 이 사건 공장에 상주하면서 공장을 관리하고 있었는지의 여부, 원고가 용역경비원으로 하여금 공장을 수호·경비하도록 하였다면 그 경비의 내용이 어느 정도인지의 여부, 이 사건 공장 건물의 시정상태와 그 열쇠를 누가 소지하고 있었는지의 여부 등을 좀더 밝혀 보고, 만약 원고의 점유가 인정된다면 원고의 주장처럼 피고에게 점유를 침탈당한 것인지의 여부까지도 나아가 살핀 다음 원고의 이 사건 공장의 반환청구에 관하여 판단하였어야 함에도 만연히 그 판시와 같은 이유로 원고의 이 사건 공장의 반환청구를 배척하였으니 점유회수의 소에 있어서의 점유에 관한 법리를 오해한 나머지 심리를 다하지 아니함으로써 판결에 영향을 미칠 위법을 저질렀다고 하지 않을 수 없다.

하고, 원고가 점유회수의 소를 제기하여 승소판결을 받아 점유를 회복하면 점유를 상실하지 않았던 것으로 되어 유치권이 되살아나지만, 위와 같은 방법으로 점유를 회복하기 전에는 유치권이 되살아나는 것이 아님에도, 원심은 원고가 이 사건 상가에 대한 점유를 회복하였는지를 심리하지 아니한 채 점유회수의 소를 제기하여 점유를 회복할 수 있다는 사정만으로 원고의 유치권이 소멸하지 않았다고 판단하였으니, 원심의 이와 같은 판단에는 점유상실로 인한 유치권 소멸에 관한 법리를 오해하여 필요한 심리를 다하지 아니한 위법이 있다.

(2) 불법점유

▸ 비용지출 당시 점유권원이 없음에 대한 선의(과실) : 불법점유 부정[2015 제57회 사법시험]

(3) 유익비 지출 당시 점유권원 없음에 대한 악의·중과실 : 유치권 주장자의 상대방이
   주장·입증[대법원 1966. 6. 7. 선고 66다600,601 판결, 대법원 2011. 12. 13. 선고 2009다5162 판결]

(가) 무단점유자의 수리비

▸ 무단점유자로부터 점유이전 + 선의

▸ 비용지출 당시 점유권원 없음에 대한 악의·중과실2009다5162 물건의 점유자는 소유의 의사로 선의, 평온 및 공연하게 점유한 것으로 추정되고 점유자가 점유물에 대하여 행사하는 권리는 적법하게 보유하는 것으로 추정된다(민법 제197조 제1항, 제200조). 따라서 점유물에 대한 필요비 및 유익비 상환청구권을 기초로 하는 유치권의 주장을 배척하려면 적어도 그 점유가 불법행위로 인하여 개시되었거나 점유자가 필요비 및 유익비를 지출할 당시 이를 점유할 권원이 없음을 알았거나 중대한 과실로 알지 못하였다고 인정할만한 사유에 대한 상대방 당사자의 주장·입증이 있어야 한다.

(나) 토지점유권원 없는 건물원시취득자소외인에 대한 유치권피고 → 토지소유자원고에 대항 불가
   [대법원 1989. 2. 14. 선고 87다카3073 판결] 건물철거는 그 소유권의 종국적 처분에 해당하는 사실행위이므로 원칙으로는 그 소유자에게만 그 철거처분권이 있으나 미등기건물을 그 소유권의 원시취득자로부터 양도받아 점유중에 있는 자는 비록 소유권취득등기를 하지 못하였다고 하더라도 그 권리의 범위내에서는 점유중인 건물을 법률상 또는 사실상 처분할 수 있는 지위에 있으므로 그 건물의 존재로 불법점유를 당하고 있는 토지소유자는 위와 같은 건물점유자에게 그 철거를 구할 수 있고, 위 건물점유자가 건물의 원시취득자에게 그 건물에 관한 유치권이 있다고 하더라도 그 건물의 존재와 점유가 토지소유자에게 불법행위가 되고 있다면 그 유치권으로 토지소유자에게 대항할 수 없다.

(4) 점유권원의 사후적 소멸임대차 해지 후 필요비 지출

(4)-1. 전 소유자에 대해 유익비 상환청구권 발생 + 소유자 변동 후에도 유익비 존재
   [대법원 1972. 1. 31. 선고 71다2414 판결] 임차건물 소유자변동 전 유익비 지출(326,100원) → 임차건물 소유자 변동 → 소유자변동 후 유익비 지출(112,000원)

(가) 새로운 유익비에 대하여도 유치권 행사 가능피고가 위 건물의 소유자가 변동 후에 계속하여 점유하는 것은 유치권자인 피고가 유치물에 대한 보존행위로서 점유하는 것이므로 적법행위라 할 것이고, 그 소유자 변동 후 유치물에 관한 필요비, 유익비를 지급하고 그 유익비에 관하여는 가격의 증가가 현존한다면 그 유익비의 상환청구권도 민법 제320조의 소위 그 물건에 관하여 생긴 채권이라 할 수 있고, 따라서 위 유익비금 112,000원도 앞에서 본 유익비(금 326,100원)와 같이 그 변제를 받을 때까지는 본건 건물을 유치하고 명도를 거부할 수 있다. ⇔ [원심] 건물에 관하여 1969.3.3 그 소유자 소외1로부터 소외3 앞으로 소유권이전등기가 되었으니 피고가 동 건물

의 신소유자와의 간에 위 건물 임차권의 존속에 관하여 특단의 합의(임차권 지속에 관한 신소유자의 동의)가 없는 한 그때부터 불법점유가 되므로 그 주장과 같은 공사비를 들여 동 건물을 개수하였다 하더라도 동 공사비의 상환채권(112,000원)에 관하여는 유치권이 성립되지 않는다.

(나) 기존의 유치권에 기한 점유는 소유자 변동이 있더라도 보존행위로서 점유 : **불법행위 부정, 부당이득 가능** 유치권자가 유치물에 대한 보존 행위로써 목적물을 사용하는 것은 적법행위로써 불법점유가 되지 아니한다 함은 앞에서 설시한 바와 같으므로 피고가 본건 건물이 원고 명의로 소유권 이전 등기가 경료된 후의 본건 건물 사용으로 인하여 얻은 실질적 이익은 이로 인하여 원고에게 손해를 끼치는 한에 있어서 부당이득으로서 원고에게 상환할 의무가 있는 것은 별문제로 하더라도 유치권자인 피고는 불법행위에 인한 손해배상 책임이 없다.

Ⅲ. 기타 재항변

1. 유치권 소멸

가. 피담보채권소멸(부종성)

나. 유치권 포기 [대법원 2018. 1. 24. 선고 2016다234043 판결] 유치권 배제 특약은 제3자도 주장 가능

다. 의무위반에 대한 소멸청구(제324조 제3항) + 부당이득반환청구(제202조 제2항)

▶ 보존에 필요한 사용 : 유치권 소멸청구 불가 [대법원 2013. 4. 11. 선고 2011다107009 판결] 공사대금채권에 기하여 유치권을 행사하는 피고가 그의 점유보조자인 소외인으로 하여금 이 사건 건물에 거주하도록 하면서 2005. 9. 15.부터 현재까지 공사대금채권을 변제받지 못하여 계속하여 이를 사용하고 있었다 하더라도, 이는 유치물인 주택의 보존에 도움이 되는 행위로서 유치물의 보존에 필요한 사용행위라고 봄이 상당하므로, 원고로서는 피고에게 유치권의 소멸을 청구할 수 없다.

▶ 보존에 필요한 사용이라도 부당이득성립 : 임료 상당액, 피담보채권에서 공제 가능 [대법원 2009. 9. 24. 선고 2009다40684 판결] 공사대금채권에 기하여 유치권을 행사하는 자가 스스로 유치물인 주택에 거주하며 사용하는 것은 특별한 사정이 없는 한 유치물인 주택의 보존에 도움이 되는 행위로서 유치물의 보존에 필요한 사용에 해당한다고 할 것이다. 그리고 유치권자가 유치물의 보존에 필요한 사용을 한 경우에도 특별한 사정이 없는 한 차임에 상당한 이득을 소유자에게 반환할 의무가 있다. 원심은, 판시와 같은 이유로 피고들이 이 사건 건물 2, 3층을 사용함으로써 얻은 이익이 피고들의 공사대금채권에서 공제되어야 한다고 판단하였는바, 이러한 원심의 판단은 피고들이 유치권자로서 이 사건 건물 2, 3층을 사용하는 것은 유치물의 보존에 필요한 사용이라는 판단을 전제로 차임에 상당한 이득을 반환할 의무가 있다는 취지로 판단한 것으로서 위 법리에 비추어 정당하고, 거기에 상고이유로 주장하는 법리오해 등의 위법이 없다.

라. 담보제공 소멸청구(제327조)

마. 법정매각조건으로 소멸

▶ 유치권자에 의한 경매신청 후 근저당권에 의한 임의경매절차 개시 : 낙찰자에게 유치

권 부담 인수, 유치권 소멸 부정[대법원 2011. 8. 18. 선고 2011다35593 판결] 유치권에 의한 경매절차는 목적물에 대하여 강제경매 또는 담보권 실행을 위한 경매절차가 개시된 경우에는 정지되도록 되어 있으므로(민사집행법 제274조 제2항), 유치권에 의한 경매절차가 정지된 상태에서 그 목적물에 대한 강제경매 또는 담보권 실행을 위한 경매절차가 진행되어 매각이 이루어졌다면, 유치권에 의한 경매절차가 소멸주의를 원칙으로 하여 진행된 경우와는 달리 그 유치권은 소멸하지 않는다.

2. 유치권 주장의 권리남용

가. 선순위 근저당권자의 불이익을 알면서 자기 채권의 우선적 만족을 위해 계약체결 + 점유[대법원 2011. 12. 22. 선고 2011다84298 판결]

나. 채권 발생 후 점유 취득한 사정만으로는 신의칙 위반 부정[대법원 2014. 12. 11. 선고 2014다53462 판결] ∵ 점유와의 견련성 불필요, [대법원 1965. 3. 30. 선고 64다1977 판결] 유치권의 성립에는 채권자의 채권과 유치권의 목적인 물건과에 일정한 관련이 있으면 충분하고 물건점유이전에 그 물건에 관련하여 채권이 발생한 후 그 물건에 대하여 점유를 취득한 경우에도 그 채권자는 유치권으로써 보호되어야 할 것이다.

다. 근저당권 설정 후 경매절차 개시 전 취득 : 신의칙 위반 부정[대법원 2011. 5. 13.자 2010마1544 결정] 피신청인이 이 사건 부동산에 관한 신청외 은행의 근저당권 설정 후이기는 하나 경매절차가 개시되기 전에 적법하게 유치권을 취득한 이상, 경매절차에서 이 사건 부동산을 매수한 신청인은 민사집행법 제91조 제5항에 따라 피신청인에게 그 유치권으로 담보하는 채권을 변제할 책임이 있고, 원심이 인정하는 바와 같이 피신청인이 주장하는 유치권 발생의 원인이 된 제2공사를 통해 실제로 이 사건 부동산의 객관적 가치가 상당한 정도로 상승하였다면 피신청인에게 위와 같은 유치권의 행사를 인정한다고 하여 담보권자의 이익을 부당하게 해하거나 적정한 경매절차의 진행이 위법하게 방해된다고 볼 수는 없다.

제11관 사용대차

Ⅰ. 임대차와의 구별 : 대가관계의 존부[대법원 1994. 12. 2. 선고 93다31672 판결] 원고의 철거청구에 대하여 사용대차로 항변 : 원고의 토지에 피고가 공원시설을 설치하고 15년간 무상 사용수익 후 원고에게 반환하기로 약정 → 토지사용과 대가관계에 있으므로 명칭에 관계없이 임대차 → 피고 배신행위(원고와의 약정에 위반하여 원고가 반대하는 시설물 설치) + 원고해지 → 철거청구 인용

Ⅱ. 사례 유형

1. 사용대차 해지(제613조 제2항) + 부당이득반환청구

▶ 사용수익에 충분한 기간 미경과[대법원 2001. 7. 24. 선고 2001다23669 판결]

▶ 40년 사용, 신뢰관계 단절 → 공평의 관점에서 대주에게 해지권을 인정함이 타당

2. 사용대차 해지 + 건물철거청구[대법원 1993. 11. 26. 선고 93다36806 판결]

가. 차주의 사망 : 건물소유를 위한 기간의 약정 없는 토지사용대차는 제614조 적용

배제건물의 소유를 목적으로 하는 토지 사용대차에 있어서는, 당해 토지의 사용수익의 필요는 당해 지상건물의 사용수익의 필요가 있는 한 그대로 존속하는 것이고, 이는 특별한 사정이 없는 한 차주 본인이 사망하더라도 당연히 상실되는 것이 아니어서 그로 인하여 곧바로 계약의 목적을 달성하게 되는 것은 아니라고 봄이 통상의 의사해석에도 합치되므로, 이러한 경우에는 민법 제614조에도 불구하고 대주가 차주의 사망사실을 사유로 들어 사용대차계약을 해지할 수는 없다.

나. 사용수익에 충분한 기간 경과(제613조 제2항) : 공평의 관점에서 대주에게 해지권을 인정하는 것이 타당한가의 여부에 따라 판단사용수익에 충분한 기간이 경과하였는지의 여부는 사용대차계약 당시의 사정, 차주의 사용기간 및 이용상황, 대주가 반환을 필요로 하는 사정 등을 종합적으로 고려하여 공평의 입장에서 대주에게 해지권을 인정하는 것이 타당한가의 여부에 의하여 판단하여야 할 것이다.[9]

다. 차주의 권리를 양수받았다는 주장 : 대주의 승낙이 있어야 가능[대법원 2021. 2. 4. 선고 2019다202795, 202801 판결] 사용대차와 같은 무상계약은 증여와 같이 개인적 관계에 중점을 두는 것이므로 당사자 사이에 특약이 있다는 등의 특별한 사정이 없으면 사용대차의 차주는 대주의 승낙이 없이 제3자에게 차용물을 사용, 수익하게 하지 못한다(민법 제610조 제2항). 차주가 위 규정에 위반한 때에는 대주는 계약을 해지하거나(같은 조 제3항) 계약을 해지하지 않고서도 제3자에 대하여 그 목적물의 인도를 청구할 수 있으며, 사용대차에서 차주의 권리를 양도받은 자는 그 양도에 관한 대주의 승낙이 없으면 대주에게 대항할 수 없다.

제12관 임차권 대항력

I. 임차권 등기(제621조)

1. 성질 : 등기된 임차권은 용익권적 권능 외에 임차보증금반환채권에 대한 담보권적 권능[대법원 2002. 2. 26. 선고 99다67079 판결] 등기된 임차권에는 용익권적 권능 외에 임차보증금반환채권에 대한 담보권적 권능이 있고, 임대차기간이 종료되면 용익권적 권능은 임차권등기의 말소등기 없이도 곧바로 소멸하

---

9) 원고와 위 소외인 사이에 원래 이 사건 대지부분에 관하여 주택용도의 건물소유를 목적으로 그 부지로서 사용대차관계가 이루어진 것이고, 이에 따라 위 소외인 및 그 상속인인 피고들이 위 대지부분 위에 이 사건 건물을 신축한 이래 그곳에서 현재까지 약 15년 동안 계속 거주, 사용하여 오고 있으며, 위 주택건물이 그 구조 및 현재의 상태에 있어 상당한 내구력을 지니고 용이하게 해체할 수 없는 견고한 건물로 되어 있는 것이라면, 위 인정과 같은 대차 당시의 사정, 차주의 사용기간, 차용토지의 이용상황 내지 그 지상건물의 객관적인 현상 등의 제반 사정과 그 밖에 대주인 원고가 위 대지부분의 반환을 필요로 하는 사정이 기록상 분명치 아니한 점 등을 함께 종합 참작하여 보면, 아직 이 사건 대지부분의 사용수익에 족한 기간이 경과하였다고 단정하기는 어렵다 할 것이다.

나 담보권적 권능은 곧바로 소멸하지 않는다고 할 것이어서, 임차권자는 임대차기간이 종료한 후에도 임차보증금을 반환받기까지는 임대인이나 그 승계인에 대하여 임차권등기의 말소를 거부할 수 있다고 할 것이고, 따라서 임차권등기가 원인 없이 말소된 때에는 그 방해를 배제하기 위한 청구를 할 수 있다. 원고는 이 사건 선박에 대한 임대차계약에 기하여 소외 회사에 대하여 미합중국화 545,608$의 임차보증금반환채권을 가지고 있으므로, 이 사건 선박에 대하여 위와 같이 피고1 명의의 원인무효의 가등기 및 본등기가 경료되어 원고 명의의 이 사건 임차권등기가 말소됨으로써 이 사건 임차권의 담보권적 권능이 위법하게 침해된 이상 원고는 그 방해를 배제하기 위한 청구를 할 수 있다.

2. 배당요구 요부 : **불필요**[대법원 2005. 9. 15. 선고 2005다33039 판결]

3. 우선변제권과의 관계 : **배당요구를 불문하고 배당받으므로 주택임대차보호법 제3조의5에 따라 보증금 전액배당시 임차권 소멸, 일부 배당시 존속**

Ⅱ. 건물소유 목적 토지임대차 + 건물등기(제622조 제1항)

1. 적용범위

가. 대지 양수인의 청구일 경우에만 항변 가능 : 임대인의 건물양수인에 대한 청구에 대하여는 **부적용**[대법원 1996. 2. 27. 선고 95다29345 판결], **경락에 의한 취득에 대하여는 적용**[대법원 1993. 4. 13. 선고 92다24950 판결]

나. 건물 소유자가 건물의 존립을 위하여 토지소유자에게 대항할 수 있는 토지사용권을 가지지 못하는 경우 : 건물 임차인이 대항력 요건을 갖추고 있다고 하더라도 원고의 퇴거청구에 대항 불가[대법원 2010. 8. 19. 선고 2010다43801 판결]

2. 유형

가. 대지 양수인의 대지 임차인에 대한 건물철거청구

▶ 토지임차인 제622조 제1항 항변 가능 : 대지 양수인의 청구일 경우에만 적용, 임차토지의 양수인은 임대인의 지위 승계

나. 대지 양수인의 건물 소유자건물폐쇄로 영업중단에 대한 대지임료 상당 부당이득반환청구

▶ 건물에 대한 실질적 이득 없음 항변 불가 : 건물 소유로 토지를 실질적으로 사용

다. 토지 + 건물 임대차 → 임대인 동의 하에 기존 건물을 철거하고 신건물 건축 → 임대인의 건물 소유자에 대한 토지인도 + 건물철거 청구

(1) 건물소유 목적으로 하는 토지임대차로 전환 + 지상물매수청구(반소)[대법원 2002. 11. 13. 선고

2002다46003, 46027, 46010 판결] 이 사건 건물은 피고들이 자신의 비용과 노력으로 축조한 피고들 소유의 건물이고, 이 사건 임대차계약의 약정 기간이 1년에 불과하고 위 건물이 완공된 2000. 11.경부터 계약만료일까지는 약 4개월의 기간만이 남아 있었을 뿐이었는데도 피고들이 많은 비용을 들여 내구연한이 상당한 철골조의 이 사건 건물을 신축한 점, 원고가 기존 건물의 철거 및 이 사건 건물의 신축을 승낙한 점 등에 비추어 보면, 이 사건 토지와 기존 건물을 임대목적물로 하였던 당초의 임대차계약은 이 사건 건물의 소유를 목적으로 하는 토지 임대차계약으로 변경되었다고 할 것이고, 원고가 2000. 3. 6. 피고들에게 위 임대차계약 갱신거절의 통지를 함으로써 위 임대차계약은 기간의 만료로 종료되었으며, 그 후 피고들이 이 사건 건물에 대한 매수청구권을 행사함으로써 이 사건 건물에 관한 매매계약이 성립되었다. 민법 제643조 소정의 지상물매수청구권이 행사되면 임대인과 임차인 사이에서는 임차지상의 건물에 대하여 매수청구권 행사 당시의 건물시가를 대금으로 하는 매매계약이 체결된 것과 같은 효과가 발생하는 것이지, 임대인이 기존 건물의 철거비용을 포함하여 임차인이 임차지상의 건물을 신축하기 위하여 지출한 모든 비용을 보상할 의무를 부담하게 되는 것은 아니라고 할 것 이므로, 원심이 기존 건물의 철거비용이 건축비의 일부라는 이유를 들어 위와 같이 판단한 것은 잘못이다.

(2) 원상회복 약정이 존재하는 등 건물 소유를 목적으로 하는 토지임차인의 통상적 행위에 반하는 경우 : 건물소유 목적 토지임대차로의 전환 부정[대법원 2009. 5. 14. 선고 2008다90095,90101 판결] 토지 및 그 지상건물에 대한 임대차와 건물의 소유를 목적으로 하는 토지임대차는 그 임대차 종료시에 임차인의 갱신청구권 또는 건물매수청구권이 인정되는지 여부, 원상회복약정의 유효 여부 등 그 법률효과에 있어 현저한 차이가 있으므로, 토지 및 지상건물에 대한 임대차가 건물의 소유를 목적으로 하는 임대차로 변경되었다고 인정함에는 신중을 기하여야 한다. 원고와 피고 사이에서 처음 체결된 2001. 11. 30.자 임대차계약서(을 제1호증)에는 "피고가 원고의 승인 하에 공장을 개축 또는 변경할 수 있으나 공장반환시 원상으로 복구하여 반환한다"는 내용의 원상회복문구가 들어 있었고, 이는 특별한 사정이 없는 한 유효하다고 할 것인데, 위 문구는 이 사건 건물이 신축된 이후인 2004. 8. 31. 원고와 피고 사이에서 체결된 임대차계약서(갑 제1호증)에도 그대로 들어 있었을 뿐 아니라, 원고가 이 사건 임대차계약의 갱신거절의사를 표시하자 이 사건 임대차계약의 기간 만료일인 2005. 8. 31. 피고를 대표한 소외인이 원고에게 건물의 증개축에 소요된 비용 및 소유권 등 일체의 권한을 행사하지 않을 것을 서약한다는 내용의 각서(갑 제3호증의 2)를 작성하여 교부하기까지 한 사실을 알 수 있는바, 위와 같은 임대차계약의 내용이나 임대차종료시점에서 작성된 각서의 내용은 건물의 소유를 목적으로 하는 임대차계약을 체결한 임차인이 통상적으로 할 수 있는 것으로는 보이지 아니한다.

(3) 당초 임대차가 토지와 건물에 대한 임대차로서 건물소유를 위한 대지 임대차계약이 아닌 경우 : 제622조에 의한 대항력 인정 불가[대법원 1994. 11. 22. 선고 94다5458 판결] 피고가 대지와 건물의 소유자였던 소외4로부터 이를 임차하였는데 그 후 피고가 그 건물을 강제경매절차에서 경락받아 그 대지에 관한 위 임차권은 등기하지 아니한 채 그 건물에 관하여 피고 명의의 소유권이전등기를 경료하였다면, 피고와 소외4 사이에 체결된 대지에 관한 임대차계약은 건물의 소유를 목적으로 한 토지임대차계약이 아님이 명백하므로, 그 대지에 관한 갑의 임차권은 민법 제622조에 따른 대항력을 갖추지 못하였다고 할 것이다.

(4) 임차인으로부터 건물 소유권과 함께 건물소유를 목적으로 하는 토지임차권을 취득한 건물양수인 : 토지 임대인에 대항 불가[대법원 1996. 2. 27. 선고 95다29345 판결] 민법 제622조 제1항은 건물의 소유를 목적으로 한 토지 임대차는 이를 등기하지 아니한 경우에도 임차인이 그 지상건물을 등기

한 때에는 토지에 관하여 권리를 취득한 제3자에 대하여 임대차의 효력을 주장할 수 있음을 규정한 것에 불과할 뿐, 임차인으로부터 건물의 소유권과 함께 건물의 소유를 목적으로 한 토지의 임차권을 취득한 사람이 토지의 임대인에 대한 관계에서 임차권의 양도에 관한 그의 동의가 없어도 임차권의 취득을 대항할 수 있다는 것까지 규정한 것은 아니다.

라. 건물 양수인에 대한 철거청구

라-1. 경락으로 임차권까지 취득(제358조 본문, 제622조 제1항)[92다24950] 건물의 소유를 목적으로 하여 토지를 임차한 사람이 그 토지 위에 소유하는 건물에 저당권을 설정한 때에는 민법 제358조 본문에 따라서 저당권의 효력이 건물뿐만 아니라 건물의 소유를 목적으로 한 토지의 임차권에도 미친다고 보아야 할 것이므로, 건물에 대한 저당권이 실행되어 경락인이 건물의 소유권을 취득한 때에는 특별한 다른 사정이 없는 한 건물의 소유를 목적으로 한 토지의 임차권도 건물의 소유권과 함께 경락인에게 이전된다.

(1) 경락에 의한 취득도 제629조 제1항 적용 : 임대인 동의 부존재92다24950

▶ 해지권 제한 : 배신행위라고 볼 수 없는 특별한 사정, 양수인이 주장·증명[대법원 1993. 4. 27. 선고 92다45308 판결] 양수인이 임차인과 부부로 가구점 운영

▶ 건물에 대한 양보담보설정 : 제629조 제1항의 무단양도 부정[대법원 1995. 7. 25. 선고 94다46428 판결] 건물 소유를 목적으로 한 대지 임차권을 가지고 있는 자가 위 대지상의 자기소유 건물에 대하여 제3자에 대한 채권담보의 목적으로 제3자 명의의 소유권이전등기를 경료하여 준 이른바 양도담보의 경우에는, 채권담보를 위하여 신탁적으로 양도담보권자에게 건물의 소유권이 이전될 뿐 확정적, 종국적으로 이전되는 것은 아니고 또한 특별한 사정이 없는 한 양도담보권자가 건물의 사용수익권을 갖게 되는 것도 아니므로, 이러한 경우 위 건물의 부지에 관하여 민법 제629조 소정의 해지의 원인인 임차권의 양도 또는 전대가 이루어지지 않았다고 해석함이 상당하다.

(2) 임차인의 건물등기 전에 제3자가 물권취득의 등기65다1655 제3자에 대하여는 임대차의 효력 부정, 토지처분금지가처분결정[대법원 2003. 2. 28. 선고 2000다65802, 65819 판결] 가처분채권자(원고) 토지가처분 → 임차인(피고) 건물 보존등기 → 원고 본안승소 + 이전등기 : 가처분채권자에 대한 관계에서는 건물 등기에 의한 토지임대차의 효력 불발생 : 민법 제622조 제1항은 '건물의 소유를 목적으로 하는 토지임대차는 이를 등기하지 아니한 경우에도 임차인이 그 지상건물을 등기한 때에는 제3자에 대하여 임대차의 효력이 생긴다.'고 규정하고 있는바, 이는 건물을 소유하는 토지임차인의 보호를 위하여 건물의 등기로써 토지임대차 등기에 갈음하는 효력을 부여하는 것일 뿐이므로 임차인이 그 지상건물을 등기하기 전에 제3자가 그 토지에 관하여 물권취득의 등기를 한 때에는 임차인이 그 지상건물을 등기하더라도 그 제3자에 대하여 임대차의 효력이 생기지 아니한다. 한편, 부동산에 관하여 처분금지가처분의 등기가 마쳐진 후에 가처분권자가 본안소송에서 승소판결을 받아 확정되면 그 피보전권리의 범위 내에서 그 가처분에 저촉되는 처분행위의 효력을 부정할 수 있고, 이때 그 처분행위가 가처분에 저촉되는 것인지의 여부는 그 처분행위에 따른 등기와 가처분등기의 선후에 의하여 정해진다고 할 것이다. 피고가 위 소외인으로부터 이 사건 토지를 임차하고 그 지상에 이 사건 건물을 신축함으로써 이를 원시취득하였다고 하더라도, 그 건물의 보존등기를 하기 이전에 이미 이 사건 토지에 관하여 처분금지가처분등기를

마친 원고에 대하여는 그 토지임대차의 효력이 생기지 아니한다.

(3) 토지 전소유자의 임대인지위 승계 + 기한약정 없는 임대차토지를 임차인에게 매도할 때까지 해지[대법원 1974. 5. 14. 선고 73다631 판결] 피고에게 본건 대지상의 건물철거 등을 구한 이상 본소 소장에 명시적으로 본건 임대차계약을 해지한다는 표시를 하지 아니하였다 하여도 위 소장의 송달로서 그러한 의사표시를 한 것

마. 소유자의 동의 없이(제324조 제2항) 유치권자로부터 목적물 임차 : 경락인에 대항 불가[대법원 2002. 11. 27.자 2002마3516 결정] 유치권자는 채무자의 승낙이 없는 이상 그 목적물을 타에 임대할 수 있는 처분권한이 없으므로, 유치권자의 그러한 임대행위는 소유자의 처분권한을 침해하는 것으로서 소유자에게 그 임대의 효력을 주장할 수 없고, 따라서 소유자의 동의 없이 유치권자로부터 유치권의 목적물을 임차한 자의 점유는 '경락인에게 대항할 수 있는 권원'에 기한 것이라고 볼 수 없다.

Ⅲ. 주택임대차보호법상 대항력

1. 요건

가. 주거용 건물

(1) 실지용도 기준[대법원 1996. 3. 12. 선고 95다51953 판결]

(2) 주거용 건물의 비주거용 사용부분이 더 넓어도 적용[대법원 1995. 3. 10. 선고 94다52522 판결]

(3) 건물의 대지도 포함(주택임대차보호법 제3조의2 제2항, 제8조 제3항) → 대지에 대하여도 우선변제권 인정 ⇔ [비교] 단독주택을 임차하여 주택에만 전세권설정등기 : 대지부분에 대한 경매대금으로부터는 우선변제 불가건물과 대지는 별도의 부동산

(4) 임대차계약 체결 당시 기준[대법원 1987. 3. 24. 선고 86다카823 판결] 계약체결 후 주거용으로 개조 : 부적용, 2009다26879 주거용으로 개조 후 계약 : 적용

나. 임대차계약 : 적법한 임대권한을 가진 임대인과 체결된 경우도 포함[대법원 2012. 7. 26. 선고 2012다45689 판결]

(1) 권한이 인정되는 경우

㈎ 계약해제로 소유권을 상실한 매수인[대법원 2008. 4. 10. 선고 2007다38908,38915 판결] 매매계약의 이행으로 매매목적물을 인도받은 매수인은 그 물건을 사용·수익할 수 있는 지위에서 그 물건을 타인에게 적법하게 임대할 수 있으며, 이러한 지위에 있는 매수인으로부터 매매계약이 해제되기 전에 매매목적물인 주택을 임차받아 주택의 인도와 주민등록을 마침으로써 주택임대차보호법 제3조 제1항에 의한 대항요건을 갖춘 임차인은 민법 제548조 제1항 단서의 규정에 따라 계약해제로 인하여 권리를 침해받지 않는 제3자에 해당하므로 임대인의 임대권원의 바탕이 되는 계약의 해제에도 불구하고 자신의 임차권을 새로운 소유자에게 대항할 수 있다.

(나) 사실상의 소유자[대법원 1987. 3. 24. 선고 86다카164 판결] 주택임대차보호법의 목적과 동법 제3조 제4항의 규정에 비추어 볼 때, 건물이 미등기인 관계로 그 건물에 대하여 아직 소유권이전등기를 경료하지는 못하였지만 그 건물에 대하여 사실상 소유자로서의 권리를 행사하고 있는 자는 전소유자로부터 위 건물의 일부를 임차한 자에 대한 관계에서는 위 사실상 소유자가 동법 제3조 제4항 소정의 주택의 양수인으로서 임대인의 지위를 승계하였다고 볼 수 있다.

(다) 대지소유자(채권자)에게 완성될 주택을 양도담보로 제공하기로 한 원시취득자인 건축업자(채무자)[대법원 1996. 6. 28. 선고 96다9218 판결] 당사자 사이의 합의에 따라 위 대지 매매대금 채무의 담보를 위하여 위 연립주택에 관한 건축허가 및 그 소유권보존등기를 원고들의 명의로 하여 두었다면, 완성된 연립주택은 일단 이를 건축한 위 소외1이 원시적으로 취득한 후 원고들 명의로 소유권보존등기를 마침으로써 담보목적의 범위 내에서 원고들에게 그 소유권이 이전되었다고 보아야 할 것이고, 이러한 경우 원시취득자인 위 소외1로부터 이 사건 각 건물을 적법하게 임차하여 입주하고 있는 피고들에 대하여 원고들이 그 소유자임을 내세워 명도를 구할 수는 없다.

(라) 주택에 관한 부동산담보신탁계약을 체결한 위탁자가 수탁자의 동의 없이 임대차계약 체결 후 소유권을 회복한 경우[대법원 2019. 3. 28. 선고 2018다44879, 44886 판결] 주택에 관한 부동산담보신탁계약을 체결한 경우 임대권한은 특별한 약정이 없는 한 수탁자에게 있는 것이 일반적이지만, 위탁자가 수탁자의 동의 없이 임대차계약을 체결한 후 수탁자로부터 소유권을 회복한 때에는 위 임대차계약에 대하여 위 조항이 적용될 수 있음이 분명하다. 대운산업개발은 이 사건 임대차계약 체결 당시 수탁자인 케이비부동산신탁의 승낙이 없이는 이 사건 주택을 임대할 수 없었지만, 2014. 4. 8. 이 사건 주택에 관하여 신탁재산의 귀속을 원인으로 한 소유권이전등기를 마침으로써 적법한 임대권한을 취득하였다. 원고는 2014. 1. 27. 이 사건 주택을 인도받고 전입신고를 마쳤다. 그때부터 이 사건 주택에 관한 주민등록에는 소유자 아닌 원고가 거주하는 것으로 나타나 있어서 제3자가 보기에 원고의 주민등록이 소유권 아닌 임차권을 매개로 하는 점유임을 인식할 수 있었으므로, 원고의 주민등록은 원고가 전입신고를 마친 2014. 1. 27.부터 임대차를 공시하는 기능을 수행하고 있었다. 따라서 원고는 대운산업개발(위탁자)이 이 사건 주택에 관하여 소유권이전등기를 마친 즉시 임차권의 대항력을 취득하였고, 포항서부신협의 근저당권설정등기는 원고가 대항력을 취득한 다음에 이루어졌으므로, 원고는 임차권으로 이 사건 주택의 매수인인 피고에게 대항할 수 있다.

(마) 명의신탁자[대법원 1995. 10. 12. 선고 95다22283 판결] 임대차계약상의 임대인인 피고가 비록 이 사건 주택의 소유자가 아니라고 하더라도 주택의 명의신탁자로서 사실상 이를 제3자에게 임대할 권한을 가지는 이상, 임차인인 원고는 등기부상 주택의 소유자인 명의수탁자에 대한 관계에서도 적법한 임대차임을 주장할 수 있다. **명의신탁자로부터 처분권한을 종국적으로 이전받은 수탁자**[대법원 1999. 4. 23. 선고 98다49753 판결] 주택임대차보호법이 적용되는 임대차는 반드시 임차인과 주택의 소유자인 임대인 사이에 임대차계약이 체결된 경우에 한정된다고 할 수는 없고, 주택의 소유자는 아니지만 주택에 관하여 적법하게 임대차계약을 체결할 수 있는 권한(적법한 임대권한)을 가진 명의신탁자 사이에 임대차계약이 체결된 경우도 포함된다고 할 것이고, 이 경우 임차인은 등기부상 주택의 소유자인 명의수탁자에 대한 관계에서도 적법한 임대차임을 주장할 수 있는 반면 명의수탁자는 임차인에 대하여 그 소유자임을 내세워 명도를 구할 수 없다고 할 것이며, 그 후 명의수탁자가 명의신탁자로부터 주택을 임대할 권리를 포함하여 주택에 대한 처분권한을 종국적으로 이전받는 경우에 임차인이 주택의 인도와 주민등록을 마친 이상 주택임대차보호법 제3조 제2항의 규정에 의하여 임차인과의 관계에서 그 주택의 양수인으로서 임대인의 지위를 승계하였다고 보아야 한다.

▸ 소유권에 기한 인도청구 : ×(소유권×)
▸ 담보권의 실행으로 인도청구(완성된 건물에 대해 채권자 보존등기+채무자의 이행지체) : ○
▸ 대항력 있는 임차권 : 원고는 임대인 지위 승계
▸ 소유권이전등기〉대항요건 : 원고는 담보권자이므로 피고는 원고에 대항 불가
▸ 담보권의 소멸(담보권 주장의 포기) : 담보권 설정시 채무자가 신축건물을 처분하여 채무변제하기로 약정하고 처분행위
▸ 처분권 수여약정이 신축건물 처분 이전에 실효ㆍ해제 → 처분권 상실 후의 임차인 : 대항력×

(2) 권한이 없는 경우

(가) 일시사용을 위한 임대차(주택임대차보호법 제11조)

(나) 최고가매수신고인[대법원 2014. 2. 27. 선고 2012다93794 판결]

(다) 주택에 관한 부동산담보신탁계약을 체결한 위탁자[대법원 2019. 3. 28. 선고 2018다44879, 44886 판결] 주택에 관한 부동산담보신탁계약을 체결한 경우 임대권한은 특별한 약정이 없는 한 수탁자에게 있는 것이 일반적이지만, 위탁자가 수탁자의 동의 없이 임대차계약을 체결한 후 수탁자로부터 소유권을 회복한 때에는 위 임대차계약에 대하여 위 조항이 적용될 수 있음이 분명하다.

다. 대항력을 갖추어야 하는 시기[사법연수원 주택임대차보호법(2018) 68, 91]

(1) 경매ㆍ공매에 의한 소유권 변동

(가) 저당권[대법원 1987. 2. 24. 선고 86다카1936 판결, [대법원 1990. 1. 23.자 89다카33043 결정] 최선순위 기준ㆍ**가압류**[대법원 1983. 4. 26. 선고 83다카116 판결] 가압류 후 대항력 : 경락인에게 임대차효력 주장 불가, [대법원 1998. 8. 24.자 98마1031 결정] 매각대금 납부 이전에 선순위 근저당권 소멸시 임차권 대항력 존속ㆍ**압류ㆍ담보가등기 중 빠른 등기경료 시점 전**담보가등기 후의 임차인은 청산금 범위 내에서 동시이행항변 가능(가등기담보법 제5조 제5항), [대법원 1983. 4. 26. 선고 83다카116 판결] 임차인이 주민등록전입신고를 마치고 입주사용함으로써 주택임대차보호법 제3조에 의하여 그 임차권이 대항력을 갖는다 하더라도 부동산에 대하여 가압류등기가 마쳐진 후에 그 채무자로부터 그 부동산을 임차한 자는 가압류집행으로 인한 처분금지의 효력에 의하여 가압류사건의 본안판결의 집행으로 그 부동산을 취득한 경락인에게 그 임대차의 효력을 주장할 수 없다.

(나) 위 등기가 없으면 경매개시결정ㆍ체납처분 압류 효력 발생 전

(2) 경매ㆍ공매 외 사유로 변동 : 양수인 이전등기일양도담보 포함, 순위보전 가등기[대법원 1986. 9. 9. 선고 86다카757 판결] 주택임대차보호법의 적용을 받는 임대목적 부동산에 관하여 제3자가 가등기를 하고 그 가등기에 기하여 본등기가 마쳐진 경우에 있어서는 임대인과 임차인 사이에 그 가등기후 그 보증금을 인상하기로 약정하였다 하더라도 그 인상분에 대하여는 그 등기권리자에게 대항하지 못한다 할 것이고 이와 같은 이치는 그 임대차에 관한 등기가 되었거나 안되었거나 간에 다같이 적용된다(가등기권리자에게 뜻하지 않은 손해를 주어 가등기의 목적을 달성할 수 없게 될 우려가 있기 때문), 처분금지가처분등기 전[대법원

1987. 6. 23. 선고 86다카2408 판결]

라. 주택의 인도

(1) 인도의 의미 : 임차목적물인 주택에 대한 점유의 이전[대법원 2017. 8. 29. 선고 2017다212194 판결] 점유는 사회통념상 어떤 사람의 사실적 지배에 있다고 할 수 있는 객관적 관계를 가리키는 것으로서, 사실상의 지배가 있다고 하기 위해서는 반드시 물건을 물리적·현실적으로 지배할 필요는 없고, 물건과 사람의 시간적·공간적 관계, 본권관계, 타인의 간섭가능성 등을 고려해서 사회통념에 따라 합목적적으로 판단하여야 한다. 임대주택을 인도하는 경우에는 임대인이 임차인에게 현관이나 대문의 열쇠를 넘겨주었는지, 자동문 비밀번호를 알려주었는지, 이사를 할 수 있는지 등도 고려하여야 한다. 원심은, 원고2가 2012. 8. 17.까지 이 사건 아파트에서 생활하였고, 2012. 7. 17. 이사할 때 사용했던 2.5t 트럭이 보통의 살림에 비해서 매우 적은 짐을 옮기는 데 사용되는 것이어서 주거 생활을 위한 이사로 볼 수 없다는 등의 이유를 들어 원고들이 2012. 7. 16.경 이 사건 주택 101호의 점유를 이전받은 것으로 볼 수 없다고 보았다. 그러나 이 사건 임대차계약 당시 이 사건 주택 101호가 비어 있었고, 임대인 소외1이 임차인인 원고들에게 현관 자동문의 비밀번호를 알려주었으며, 원고들은 2012. 7. 17. 이 사건 주택 101호에 짐을 옮겨 놓았으므로, 늦어도 2012. 7. 17.에는 이 사건 주택 101호를 인도받았다고 보아야 한다.

(2) 인도의 범위 : 간접점유 포함[대법원 2007. 11. 29. 선고 2005다64255 판결] 임대인의 승낙에 의한 전대

마. (직접 점유자의) 주민등록[대법원 2001. 1. 19. 선고 2000다55645 판결] 간접점유자(임차인)의 주민등록은 포함되지 않음

(1) 취지(➡공시방법) : 제3자가 그 주민등록이 임차권을 매개로 하는 점유라는 것을 인식할 수 있는가에 따라 유효성 결정[대법원 1999. 4. 23. 선고 98다32939 판결] 무단전출시 무단전출한 때에 대항력 상실, 2002다38361

▸ 제3자가 아닌 이해관계인의 주관적인 사정 : 고려 대상이 아님[대법원 2000. 6. 9. 선고 2000다8069 판결] 실제 지번인 '산 53의 6'이나 등기부상 지번인 '산 53'과 일치하지 아니한 '53의 6'에 등재된 주민등록 → 건물 양수인이 건물의 실제 지번과 등기부상 지번이 다름을 알고 있었고, 피고도 실제 지번으로 주민등록 전입신고를 하려고 의도하였다는 사정이 있더라도 유효한 주민등록× [2003다10940] 사정변경으로 등기부 등의 주택의 표시가 달라졌다면 특별한 사정이 없는 한 달라진 주택의 표시를 전제로 등기부상 이해관계를 가지게 된 제3자로서는 당초의 주민등록에 의하여 당해 주택에 임차인이 주소 또는 거소를 가진 자로 등록되어 있다고 인식하기 어렵다고 할 것이므로 그 주민등록은 그 제3자에 대한 관계에서 유효한 임대차의 공시방법이 될 수 없다고 할 것이며, 이는 입찰절차에서의 이해관계인 등이 잘못된 임차인의 주민등록상의 주소가 건축물관리대장 및 등기부상의 주소를 지칭하는 것을 알고 있었다고 하더라도 마찬가지이다.

(2) 주민등록 신고 : 신고 수리시 효력발생[대법원 1991. 8. 13. 선고 91다18118 판결] 올바르게 전입신고 및 수리 후 담당공무원의 착오로 잘못 기재

▸ 담당 공무원이 (착오로) 수정요구 + 잘못된 지번으로 수정하여 제출 + 신고 : 대항력

부정[대법원 2009. 1. 30. 선고 2006다17850 판결]

(3) 취득요건 + 존속요건[대법원 2008. 3. 13. 선고 2007다54023 판결], 익일부터 제3자에 대해 효
력[대법원 1997. 12. 12. 선고 97다22393 판결] 같은 날 : 등기우선, [99다9981] 8.27. 전입신고 : 8.28. 0시부터 대
항력 > 8.28. 주간에 경료된 저당권

▶ 직권말소 후 재등록 전 새로운 이해관계를 맺은 선의의 제3자[대법원 2008. 3. 13. 선고 2007
다54023 판결] 직권말소 이전에 매각허가결정 → 선의의 제3자 부정, 2002다20957

▶ 주민등록으로 제3자가 임차권의 존재를 인식하기 어려운 경우[대법원 1999. 4. 23. 선고 98다
32939 판결] 매매 + 임대차전환(피고) → 근저당권설정 → 매수인 이전등기 → 경락(원고) : 매수인의 이전등기시(다
음 날)에 대항력, [99다59306] 이전등기일과 저당권설정일이 같은 경우 대항력 부정, [대법원 2008. 2. 14. 선고
2007다33224 판결] 주민등록이 건축물관리대장 및 등기부상 표시된 주소와 다른 경우 : 유효한 공시방법이 아님

(4) 대항력 취득시기

(가) 임대인의 승낙에 의한 적법한 양도 · 전대 : 전차인의 인도 + 전입신고 다음 날부터[대법원
1994. 6. 24. 선고 94다3155 판결, 대법원 1995. 6. 5.자 94마2134 결정]

(나) 승낙이 없는 경우에도 임대인에 대한 배신행위가 아닌 경우[대법원 2007. 11. 29. 선고 2005다
64255 판결] 임대인은 해지 불가, 전차인이 인도받아 주민등록을 마침으로써 임차인의 대항요건도 존속

(다) 기존의 주민등록이 제3자에 대한 관계에서 임차권을 매개로 하는 점유(임대차관계)를 공시
하는 기능을 수행하는 경우 : 후속 행위 즉시 대항력 취득

① 전차인의 전입신고 후 임차인이 소유권 취득 : 이전등기 즉시[대법원 2001. 1. 30. 선고 2000다
58026,58033 판결] 이전등기와 근저당권 설정이 동일한 경우 접수순위에 따라 : 이전등기 접수순위 > 근저당권 접
수순위 → 임차권으로 낙찰자에게 대항 가능, 제3자들이 보기에 전차인의 주민등록이 소유권 아닌 임차권을 매개
로 하는 점유라는 것을 인식할 수 있으므로 이전등기 즉시 대항력 취득

② (1차) 경매절차 매수인(낙찰자)이 대항력 없는 종전 임차인(1차 근저당권 > 임차인(원고) 전입신고)과
새로 임대차계약 : 매각대금 납부 즉시(종전 주민등록이 그 전입신고일에 제3자에 대하여 임대차관계 공
시), [대법원 2002. 11. 8. 선고 2002다38361,38378 판결] 임대차 대항력 > 2차 근저당권 → 임차인(원고) : 2차 낙찰
인(피고) 및 승계인에게 대항 가능

(5) 공부상(건축물관리대장, 등기기록) 주소표시와 주민등록의 불일치

(가) 단독주택[일가구용 단독주택, 다가구용 단독주택(다세대 주택) : 대항력 부정[대법원 2001. 4.
24. 선고 2000다44799 판결] 등기기록상 313-3 ≠ 주민등록상 313-2, [89다카3370] 166-16 건물을 166-1로
주민등록

① 건축물관리대장이나 등기기록상 지번 = 주민등록상 지번

② 전입신고시 지번기재로 충분[대법원 1997. 11. 14. 선고 97다29530 판결] ∵ 다가구용 단독주택도 단독주택,
거주자의 편의상 구분한 호수, 전유부분 기재 불필요, [대법원 1998. 1. 23. 선고 97다47828 판결] 같은 번지 내의
다른 호수로 이사하면서 다시 전입신고해도 최초의 전입신고시에 대항력, 단독주택으로 등록한 일반건축

물관리대장을 그대로 둔 채 집합건축물관리대장이 작성되지 않은 경우 : **전유부분 표시 불필요**[대법원 1999. 5. 25. 선고 99다8322 판결]

③ 하나의 대지 위에 단독주택과 다세대 주택이 함께 건립되어 있고, 단독주택에 집합건축물관리대장이 작성된 경우 : 집합건축물관리대장의 동·호수까지 전입신고를 마쳐야 유효한 공시방법[대법원 2002. 3. 15. 선고 2001다80204 판결]

④ 분할 후의 건축물대장, 지적도상 지번에 따라 주민등록 : 당초 등기부상 지번과 달라도 인정 [대법원 2001. 12. 27. 선고 2001다63216 판결] 인도와 주민등록은 등기에 갈음하는 공시방법, [대법원 1999. 12. 7. 선고 99다44762,44779 판결] 전입신고 후 토지분할로 지번이 변경

⑤ 다가구용 단독주택으로 허가받았다가 다세대주택으로 각 층·호를 구분하여 소유권보존등기 : 기존 주민등록으로는 달라진 표시를 전제로 근저당권설정등기를 마친 근저당권자에게 대항 불가[대법원 1999. 9. 3. 선고 99다15597 판결] 이해관계인 등이 잘못된 임차인의 주민등록상 주소가 건축물관리대장 및 등기부상의 주소를 지칭하는 것을 알고 있었더라도, [대법원 2003. 5. 16. 선고 2003다10940 판결] 다세대주택 신축당시 전입신고 : 다동 302호 ≠ 준공 후 건축물대장, 등기부 : 302호 B동 302호

⑥ 다가구용 단독주택으로 건축되어 보존등기 후 다세대주택으로 각 층·호마다 이전등기 : 기존의 전입신고로 대항력 유지[대법원 2007. 2. 8. 선고 2006다70516 판결]

⑦ 주민등록한 지번166-1으로부터 분할되어 실제 지번166-16상에 건물이 건립[대법원 1989. 6. 27. 선고 89다카3370 판결]

⑧ 유효한 전입신고 후의 사후적 등록전환, 분필·합필 : 대항력 유지[대법원 1999. 12. 7. 선고 99다44762,44779 판결]

(나) 공동주택 : 동·호수 누락·불일치 → 대항력 부정[대법원 1995. 4. 28. 선고 94다27427 판결]

① 일치, 동호수 기재

② 엄격성 완화 : 등기기록상 A동을 가동으로 전입신고[대법원 2003. 6. 10. 선고 2002다59351 판결] 2개 동의 크기가 달라서 외관상 혼동의 여지가 없으며, 실제 건물 외벽에는 '가동', '나동'으로 표기되어 사회생활상 그렇게 호칭 경매기록에서 경매목적물의 표시가 '에이동'과 '가동'으로 병기

③ '(주택)임대차계약서'에 동·호수 기재 누락 : 대항력, 우선변제권에 영향 없음[대법원 1999. 6. 11. 선고 99다7992 판결] 주택임대차보호법 제3조의2 제2항에 의하면, 주택임차인은 같은 법 제3조 제1항에 규정된 대항요건과 임대차계약서상에 확정일자를 갖춘 경우에는 경매절차 등에서 보증금을 우선하여 변제받을 수 있고, 여기서 확정일자의 요건을 규정한 것은 임대인과 임차인 사이의 담합으로 임차보증금의 액수를 사후에 변경하는 것을 방지하고자 하는 취지일 뿐, 대항요건으로 규정된 주민등록과 같이 당해 임대차의 존재 사실을 제3자에게 공시하고자 하는 것은 아니므로, 확정일자를 받은 임대차계약서가 당사자 사이에 체결된 당해 임대차계약에 관한 것으로서 진정하게 작성된 이상, 위와 같이 임대차계약서에 임대차 목적물을 표시하면서 아파트의 명칭과 그 전유부분의 동·호수의 기재를 누락하였다는 사유만으로 주택임대차보호법 제3조의2 제2항에 규정된 확정일자의 요건을 갖추지 못하였다고 볼 수는 없다.

④ 상가건물임대차 : 임대차계약서의 목적물 표시가 건축물대장·등기기록과 불일치시 대항력 부정∵ 임대차계약서가 사업자등록의 첨부서류로 공시

⑤ 주민등록 이전[대법원 1987. 2. 24. 선고 86다카1695 판결], 직권말소[대법원 2008. 3. 13. 선고 2007다54023 판결]

⑥ 일시적 이탈 : 이의신청에 의하여 회복, 직권말소 후 재등록 → 소급효[대법원 2008. 3. 13. 선고 2007다54023 판결], 제3자가 임의로 이전 + 임차인 귀책사유 부존재 → 대항력 상실되지 않음 [대법원 2000. 9. 29. 선고 2000다37012 판결]

⑦ 종국적 이탈 : 재전입시 대항력 재취득[대법원 1998. 1. 23. 선고 97다43468 판결] 주택의 임차인이 그 주택의 소재지로 전입신고를 마치고 그 주택에 입주함으로써 일단 임차권의 대항력을 취득한 후 어떤 이유에서든지 그 가족과 함께 일시적이나마 다른 곳으로 주민등록을 이전하였다면 이는 전체적으로나 종국적으로 주민등록의 이탈이라고 볼 수 있으므로 그 대항력은 그 전출 당시 이미 대항요건의 상실로 소멸되는 것이고, 그 후 그 임차인이 얼마 있지 않아 다시 원래의 주소지로 주민등록을 재전입하였다 하더라도 이로써 소멸되었던 대항력이 당초에 소급하여 회복되는 것이 아니라 그 재전입한 때부터 그와는 동일성이 없는 새로운 대항력이 재차 발생하는 것이다.

⑧ 이의절차에 의한 회복이 아니고, 직권말소 후 재등록 전 선의의 제3자[대법원 2002. 10. 11. 선고 2002다20957 판결] [원심] : 직권말소와 관계없이 대항력 당초부터 유지 ⇔ [대법원] : 직권말소로 상실하였으나 이의절차로 회복, 결론에 있어서는 동일

⑨ 직권말소 이전에 매각허가결정 → 선의의 제3자 부정[대법원 2008. 3. 13. 선고 2007다54023 판결]

2. 효력

가. 임차권대항력 > 최선순위 담보물권자

(1) 임차권 주장(대항력) 가능 ⇒ 선의 매수인 → 매도인 : 제575조 제2항 담보책임 청구

(2) 배당요구 가능 : 배당표 확정시 임차권 소멸[대법원 1998. 7. 10. 선고 98다15545 판결] 일부만 배당받았을 경우 잔액에 관하여 경락인에게 임차권 주장 가능, 경락인이 임대인지위 승계

(3) 일부 변제로 배당표 확정시 배당받지 못한 나머지 보증금 부분 → 임차권 존속98다15545 주택임대차보호법상의 대항력과 우선변제권을 겸유하고 있는 임차인이 배당요구를 하였으나 보증금 전액을 배당받지 못하였다면 임차인은 임차보증금 중 배당받지 못한 금액을 반환받을 때까지 그 부분에 관하여는 임대차관계의 존속을 주장할 수 있으나 그 나머지 보증금 부분에 대하여는 이를 주장할 수 없으므로, 임차인이 그의 배당요구로 임대차계약이 해지되어 종료된 다음에도 계쟁 임대 부분 전부를 사용·수익하고 있어 그로 인한 실질적 이익을 얻고 있다면 그 임대 부분의 적정한 임료 상당액 중 임대차관계가 존속되는 것으로 보는 배당받지 못한 금액에 해당하는 부분을 제외한 나머지 보증금에 해당하는 부분에 대하여는 부당이득을 얻고 있다고 할 것이어서 이를 반환하여야 한다.

(4) 임차인 지위를 강화하기 위한 전세권등기 : 저당권실행으로 전세권이 소멸하더라도 변제받지 못한 나머지 보증금에 기한 임차권 대항력은 존속[대법원 2010. 7. 26.자 2010마900 결정] 최선순위 전세권 + 배당요구로 일부 배당받은 경우에도 나머지 보증금 부분은 임차권 존속 : 주택에 관하여 최선순위로 전세권설정등기를 마치고 등기부상 새로운 이해관계인이 없는 상태에서 전세권설정계약과 계약당사자, 계약목적물 및 보증금(전세금액) 등에 있어서 동일성이 인정되는 임대차계약을 체결하여 주택임대차보호

법상 대항요건을 갖추었다면, 전세권자로서의 지위와 주택임대차보호법상 대항력을 갖춘 임차인으로서의 지위를 함께 가지게 된다. 이러한 경우 전세권과 더불어 주택임대차보호법상의 대항력을 갖추는 것은 자신의 지위를 강화하기 위한 것이지 원래 가졌던 권리를 포기하고 다른 권리로 대체하려는 것은 아니라는 점, 자신의 지위를 강화하기 위하여 설정한 전세권으로 인하여 오히려 주택임대차보호법상의 대항력이 소멸된다는 것은 부당하다는 점, 동일인이 같은 주택에 대하여 전세권과 대항력을 함께 가지므로 대항력으로 인하여 전세권 설정 당시 확보한 담보가치가 훼손되는 문제는 발생하지 않는다는 점 등을 고려하면, 최선순위 전세권자로서 배당요구를 하여 전세권이 매각으로 소멸되었다 하더라도 변제받지 못한 나머지 보증금에 기하여 대항력을 행사할 수 있고, 그 범위 내에서 임차주택의 매수인은 임대인의 지위를 승계한 것으로 보아야 한다.

(5) 저당권설정 후 보증금 증액합의 : 저당권자에 대항 불가, 증액한 부분에 대하여는 경락인에게 대항 불가[대법원 2010. 5. 13. 선고 2010다12753 판결] 임차인이 임차건물에 관한 저당권설정등기 이전에 대항력을 갖춘 임차권을 취득한 경우에는 그 임차권으로써 저당권자에게 대항할 수 있음은 물론이나, 저당권설정등기 후에 임대인과 사이에 임차보증금을 증액하기로 합의하고 증액된 부분의 보증금을 지급하였다면 그 합의는 저당권자의 권리를 해하는 것이므로 저당권자에게는 대항할 수 없다고 할 것이다. 따라서 임차인은 위 저당권에 기하여 건물을 경락받은 소유자의 건물명도 청구에 대하여 증액전 임차보증금을 상환받을 때까지 그 건물을 명도할 수 없다고 주장할 수 있을 뿐이고 저당권설정등기 이후에 증액한 임차보증금으로써는 소유자에게 대항할 수 없는 것이다. 이러한 법리는 대항력을 갖춘 임차인이 체납처분에 의한 압류등기 이후에 임대인과 보증금을 증액하기로 합의하고 초과부분을 지급한 경우에도 마찬가지로 적용된다. [대법원 1990. 8. 14. 선고 90다카11377 판결] 종전 보증금에 한하여 우선변제 인정

나. 최선순위 담보권자 > 임차권대항력

(1) 임차권소멸(매각대금완납시) : 매수인에 대항 불가

(2) 반드시 배당요구 필요

(3) 대항력 있는 후순위 임차인의 보증금반환청구 : 선순위 근저당권이 존재하는 상태에서 목적물 매매 후 경매[2014 제3회 변호사시험]

㈎ 목적물 매수인을 상대로 : 가능(대항력 취득 후 매매)[대법원 1996. 2. 27. 선고 95다35616 판결] 임대인의 지위, 보증금반환채무 승계, 양도인의 임대인으로서의 지위나 보증금반환채무 모두 소멸, 양수인의 임대인 지위 승계에 임차인 동의가 필요한 것은 아님

㈏ 양도인(당초 임대인)을 상대로 : 불가(면책적 채무인수)[대법원 1996. 2. 27. 선고 95다35616 판결] 양도인에 대한 보증금반환청구 기각

㈐ 당초 양도인과 양수인 사이에 양도인이 지급한다는 특약 : 임차인에게 불리한 약정으로 무효(주택임대차보호법 제10조)

㈑ 경락인을 상대로 : 불가(매각대금완납시 임차권 소멸, 대항 불가)[대법원 2000. 2. 11. 선고 99다59306 판결] 경매목적 부동산이 경락된 경우에는 소멸된 선순위 저당권보다 뒤에 등기되었거나 대항력을 갖춘 임차권은 함께 소멸하는 것이고, 따라서 그 경락인은 주택임대차보호법 제3조에서 말하는 임차주택의 양수인 중에

포함된다고 할 수 없을 것이므로 경락인에 대하여 그 임차권의 효력을 주장할 수 없다.

다. 임차인 대항력 취득 후 주택소유권 양도 : 양수인이 보증금반환채무를 부담하게
되 이후에 임차인이 주민등록을 이전하여도 이미 발생한 보증금반환채무는 불소
멸(동시이행항변) → 이미 대항력을 취득한 후의 양수인에 대한 권리행사요건은
아님[대법원 1993. 12. 7. 선고 93다36615 판결] 주택의 임차인이 제3자에 대하여 대항력을 구비한 후에 임대주
택의 소유권이 양도된 경우에는 그 양수인이 임대인의 지위를 승계하게 되므로, 임대인의 임차보증금반환채무도
양수인에게 이전되는 것이고, 이와 같이 양수인이 임차보증금반환채무를 부담하게 된 이후에 임차인이 주민등록
을 다른 곳으로 옮겼다 하여 이미 발생한 임차보증금반환채무가 소멸하는 것은 아니다.

3. 대항력과 우선변제권의 관계

가. 겸유, 선택 · 순차 행사 가능[대법원 1993. 12. 24. 선고 93다39676 판결] 전세권자로 일부 배당 → 나머
지 보증금에 대한 대항력 행사에 장애가 되지 않음, [대법원 1997. 8. 22. 선고 96다53628 판결] 보증금 중 경매절
차에서 배당받을 수 있었던 금액을 공제한 잔액에 관하여 경락인에 대항

나. 대항력 주장시에도 임차권은 불소멸(주임법 제3조의5 적용 배제), 우선변제권 행
사로 배당요구 + 전액 배당시 임차권 소멸, 일부 배당시 임차권 존속 ↔ 경매 이외의
사유로 양도 : 주임법 제3조의5 적용 배제, 제4조 제2항 적용

▶ 무상거주확인서를 작성한 임차인이 매수인에게 대항력 주장 : 신의칙 위반[대법원 2017. 4.
7. 선고 2016다248431 판결]

▶ 배당요구 후의 취하 → 대항력 포기가 아님[대법원 1987. 2. 10. 선고 86다카2076 판결]

▶ 배당요구한 임차인이 낙찰허가결정 확정 후 대항력 주장 : 금반언 및 신의칙 위반[대법원
2001. 9. 25. 선고 2000다24078 판결], 민사집행법 제88조 제2항 개정 : 배당요구 종기 이후 철회 불가

다. 배당표에 전액 배당받는 것으로 기재된 임차인이 건물인도청구원고에 대하여 대
항력 주장(동시이행항변)

(1) 배당표가 확정된 경우 : 항변 배척

(2) 배당표가 확정되지 않은 경우 : 임차인피고에 대한 배당표가 확정되는 때에 인도할
것을 명하는 판결배당이의소송이 종료하여 배당표가 확정될 때까지는 인도거절 가능

라. 배당가능금액 > 실제 배당액인 경우[대법원 2001. 3. 23. 선고 2000다30165 판결]

(1) 경락인에 대한 대항범위 : 보증금에서 올바른 배당에 따라 배당받을 수 있는 금액
을 공제한 금액(자신이 잘못하여 배당받지 못한 부분에 대하여 경락인에게 대항력

주장 불가) 주택임대차보호법상의 대항력과 우선변제권의 두 가지 권리를 겸유하고 있는 임차인이 먼저 우선변제권을 선택하여 임차주택에 대하여 진행되고 있는 경매절차에서 보증금 전액에 대하여 배당요구를 하였으나 그 순위에 따른 배당이 실시될 경우 보증금 전액(5,000)을 배당받을 수 없었던 때(➡ 대항력은 최선순위이나 확정일자를 늦게 받아 배당순위가 후순위인 경우)에는 보증금 중 경매절차에서 배당받을 수 있었던 금액을 공제한 잔액에 관하여 경락인에게 대항하여 이를 반환받을 때까지 임대차관계의 존속을 주장할 수 있는바, 여기서 경락인에게 대항할 수 있는 보증금잔액은 보증금(5,000) 중 경매절차에서 올바른 배당순위에 따른 배당이 실시될 경우의 배당액(3,000)을 공제한 나머지 금액(5,000 − 3,000)을 의미하는 것이지 임차인이 배당절차에서 현실로 배당받은 금액(2,000)을 공제한 나머지 금액(5,000 − 2,000)을 의미하는 것은 아니라 할 것이고, 따라서 임차인이 배당받을 수 있었던 금액(3,000)이 현실로 배당받은 금액(2,000)보다 많은 경우에는 임차인이 그 차액에 관하여는 과다 배당받은 후순위 배당채권자를 상대로 부당이득(3,000 − 2,000)의 반환을 구하는 것은 별론으로 하고 경락인을 상대로 그 반환을 구할 수는 없다.

(2) 부당이득반환청구 : 후순위 배당채권자를 상대로배당요구를 하지 아니한 경우와는 달리 배당요구를 한 채권자가 배당을 받지 못하고 배당을 받지 못할 자가 배당을 받은 경우이므로

Ⅳ. 임차권등기명령

1. 요건 : 임대차계약 종료 후 보증금을 반환받지 못한 경우 + 임차권등기명령 신청 + 임차권등기

2. 효력

가. 임차권등기 경료시부터 효력 발생 : (임차권등기 후 이사해도) 대항력 · 우선변제권 유지 · 취득

▶ 임차권등기 전임차권등기명령 신청 후, 임차권등기 명령 후 이사 : 대항력, 우선변제권 상실, 임차권등기일에 다시 취득[대법원 2005. 6. 9. 선고 2005다4529 판결]

▶ 임차권등기 이후의 임차인 : 소액임대차보증금으로 보호되지 않음(주택임대차보호법 제3조의3 제6항)

나. 임대인의 보증금반환의무가 선이행의무2005다4529 판결

다. 민사집행법 제148조 제2호의 채권자에 준하여 배당요구 불필요[대법원 2005. 9. 15. 선고 2005다33039 판결] 임차권등기명령에 의하여 임차권등기를 한 임차인은 우선변제권을 가지며, 위 임차권등기는 임차인으로 하여금 기왕의 대항력이나 우선변제권을 유지하도록 해 주는 담보적 기능을 주목적으로 하고 있으므로, 위 임차권등기가 첫 경매개시결정등기 전에 등기된 경우, 배당받을 채권자의 범위에 관하여 규정하고 있는 민사집행법 제148조 제4호의 "저당권 · 전세권, 그 밖의 우선변제청구권으로서 첫 경매개시결정 등기 전에 등기되었고 매각으로 소멸하는 것을 가진 채권자"에 준하여, 그 임차인은 별도로 배당요구를 하지 않아도 당연히 배당받

을 채권자에 속하는 것으로 보아야 한다.

V. 상가건물 임대차보호법상 대항력

1. 상가건물의 인도

2. 사업자등록 신청

- 사업개시 여부와 관계없이 신청일 다음 날에 대항력 발생
- 대항력·우선변제권의 취득요건 + 존속요건, 배당요구 종기까지 존속 필요[대법원 2006. 1. 13. 선고 2005다64002 판결]
- 공시방법 : 사회통념상 그 사업자등록으로 당해 임대차 건물에 사업장을 임차한 사업자가 존재하고 있다고 인식할 수 있는지 여부에 따라 판단[대법원 2008. 9. 25. 선고 2008다44238 판결]
- ▶ 사업폐지 : 사업자등록이 형식적으로 존속하여도 대항력 부정[대법원 2006. 1. 13. 선고 2005다64002 판결] 사업자등록을 한 임차권 전대인이 사실상 폐업, 전차인이 사업자등록 없이 사업 → 임차인은 대항력, 우선변제권 상실, 다시 사업자등록을 신청한 경우 새로 신청한 때로부터 대항력 발생[대법원 2006. 10. 13. 선고 2006다56299 판결]

제13관 우선변제권 : 법정담보물권[대법원 2007. 6. 21. 선고 2004다26133 전원합의체 판결]

I. 우선변제권 행사의 요건

1. 대항력 : 인도·주민등록, 배당요구 종기까지 존속[대법원 1996. 1. 26. 선고 95다30338 판결]
가족의 주민등록을 그대로 둔 채 임차인만 주민등록을 일시 다른 곳으로 옮긴 경우라면, 전체적으로나 종국적으로 주민등록의 이탈이라고 볼 수 없음

2. 확정일자

가. 취지

(1) 통모에 의한 보증금 액수의 사후변경 방지99다7992
(2) 공시목적이 아님 → 임대차계약서에 아파트 명칭과 전유 부분의 동호수가 누락되어도 확정일자 요건 인정[대법원 1999. 6. 11. 선고 99다7992 판결]

나. 확정일자를 받는 방법

(1) 임대차계약서를 공정증서로 작성

(2) 사문서로 된 임대차계약서에 공증기관·법원·공무원이 부여

(3) 임대차계약서에 대하여 사서증서의 인증[대법원 1998. 10. 2. 선고 98다28879 판결]

다. 기준일자

(1) 유형

(가) **대항력 → 확정일자 : 확정일자 부여일 기준**[대법원 1992. 10. 13. 선고 92다30597 판결]

① 대항력 → 가압류 → 확정일자 : 평등배당[대법원 1992. 10. 13. 선고 92다30597 판결] [원심] : 가압류는 우선변제권 없는 일반채권자, 임차인 우선배당) 주택임대차보호법 제3조의2 제1항은 대항요건(주택인도와 주민등록 전입신고)과 임대차계약증서상의 확정일자를 갖춘 주택임차인은 후순위권리자 기타 일반채권자보다 우선하여 보증금을 변제받을 권리가 있음을 규정하고 있다. 이는 임대차계약증서에 확정일자를 갖춘 경우에는 부동산 담보권에 유사한 권리를 인정한다는 취지이므로, 부동산 담보권자보다 선순위의 가압류채권자가 있는 경우에 그 담보권자가 선순위의 가압류채권자와 채권액에 비례한 평등배당을 받을 수 있는 것과 마찬가지로, 위 주택임대차보호법 제3조의2의 규정에 의하여 대항요건을 갖추고 증서상에 확정일자까지 부여받음으로써 우선변제권을 갖게 되는 임차보증금채권자도 선순위의 가압류채권자와는 평등배당의 관계에 있게 된다고 할 것이며, 이때 가압류채권자가 주택임차인보다 선순위인지 여부는, 위 법문상 임차인이 확정일자 부여에 의하여 비로소 우선변제권을 가지는 것으로 규정하고 있음에 비추어, 임대차계약증서상의 확정일자 부여일을 기준으로 삼는 것으로 해석함이 타당하다 할 것이어서, 가령 대항요건을 미리 갖추었다고 하더라도 확정일자를 부여받은 날짜가 가압류일자보다 늦은 이 사건의 경우에는 가압류채권자가 선순위라고 볼 수밖에 없다 할 것이므로, 원고의 가압류채권과 피고의 임차보증금채권은 각 채권액에 비례하여 평등하게 배당되어야 할 것이다.

② [비교] 가압류등기 > 담보가등기[대법원 1987. 6. 9. 선고 86다카2570 판결] 담보가등기는 가압류에 의한 처분금지의 효력 때문에 그 집행보전의 목적을 달성하는데 필요한 범위 안에서 가압류채권자에 대한 관계에서만 상대적으로 무효, 담보가등기권자는 그보다 선순위의 가압류채권자에 대항하여 우선변제를 받을 권리는 없으나 한편 가압류채권자도 우선변제청구권을 가지는 것은 아니므로 가압류채권자보다 후순위의 담보가등기권자라 하더라도 가등기담보등에관한법률 제16조 제1, 2항에 따라 법원의 최고에 의한 채권신고를 하면 가압류채권자와 채권액에 비례하여 평등하게 배당

(나) **확정일자 → 대항력 : 대항력 요건을 갖춘 다음날 0시부터**[대법원 1999. 3. 23. 선고 98다46938 판결]

(9.19. 확정일자, 9.24. 전입신고 → 우선변제권 : 9.25. < 9.24. 근저당권설정)

(다) **같은 날 → 대항력 : 다음날 0시부터**[대법원 1997. 12. 12. 선고 97다22393 판결]

(2) 우선순위

(가) **대항력 + 확정일자를 갖춘 후 임대차 갱신 : (종전) 대항력과 확정일자를 갖춘 때를 기준으로 종전 임대차 내용에 따른 우선변제권 행사**[대법원 2012. 7. 26. 선고 2012다45689 판결]

(나) **재전입과 우선변제권 : 재전입시 대항력 재취득, 이전 임대차계약서상 확정일자 효력 유지**
[대법원 1998. 12. 11. 선고 98다34584 판결] 임대차계약 동일성 유지시 재전입 이후에 취득한 담보물권자보다 우선변제

㈐ 전세권 설정과 우선변제권

① 임차인에게 불리한 판례	② 임차권자에게 유리한 판례
■ 주택임대차보호법상의 대항요건 상실시 이미 취득한 대항력 및 우선변제권 상실(전세권설정등기가 존속하더라도)[대법원 2007. 6. 28. 선고 2004다69741 판결] ① 전세권은 물권, 임대차는 대항요건을 갖추거나 주택임대차등기를 마치더라도 채권계약, ② 임차권등기를 주택임대차보호법상 우선변제권과 전세권자의 우선변제권은 근거 규정 및 성립요건을 달리하는 별개의 것, ③ 임차권등기명령에 의한 임차권등기는 '주민등록일자', '점유개시일자' 및 '확정일자' 등 대항력 요건을 공시하지만 전세권설정등기에는 이러한 기능이 없음, ④ 주택임대차보호법 제3조의3 제5항의 규정을 전세권설정등기의 효력에 관하여 준용할 법적 근거가 없음 ■ 임차인의 지위에서 배당요구한 경우 배당요구를 하지 않은 최선순위 전세권에 관하여는 배당요구가 있는 것으로 볼 수 없음[대법원 2010. 6. 24. 선고 2009다40790 판결] 선순위 저당권자보다 후에 대항력을 갖춘 경우 경매절차에서 배당받지 못한 보증금 잔액에 대하여 임대차를 가지고 매수인에게 대항 불가, 최선순위인 전세권은 소멸되지 않고 매수인에게 인수 : 민사집행법 제91조 제3항은 "전세권은 저당권·압류채권·가압류채권에 대항할 수 없는 경우에는 매각으로 소멸된다"라고 규정하고, 같은 조 제4항은 "제3항의 경우 외의 전세권은 매수인이 인수한다. 다만, 전세권자가 배당요구를 하면 매각으로 소멸된다"라고 규정하고 있고, 이는 저당권 등에 대항할 수 없는 전세권과 달리 최선순위의 전세권은 오로지 전세권자의 배당요구에 의하여만 소멸되고, 전세권자가 배당요구를 하지 않는 한 매수인에게 인수되며, 반대로 배당요구를 하면 존속기간에 상관없이 소멸한다는 취지라고 할 것인 점, 주택임차인이 그 지위를 강화하고자 별도로 전세권설정등기를 마치더라도 주택임대차보호법상 임차인으로서 우선변제를 받을 수 있는 권리와 전세권자로서 우선변제를 받을 수 있는 권리는 근거규정 및 성립요건을 달리하는 별개의 권리라고 할 것인 점 등에 비추어 보면, 주택임대차보호법상 임차인으로서의 지위와 전세권자로서의 지위를 함께 가지고 있는 자가 그중 임차인으로서의 지위에 기하여 경매법원에 배당요구를 하였다면 배당요구를 하지 아니한 전세권에 관하여는 배당요구가 있는 것으로 볼 수 없다.	■ 전세권설정계약서 = 임대차계약에 관한 증서[대법원 2002. 11. 8. 선고 2001다51725 판결] 주택에 관하여 임대차계약을 체결한 임차인이 자신의 지위를 강화하기 위한 방편으로 따로 전세권설정계약서를 작성하고 전세권설정등기를 한 경우에, 따로 작성된 전세권설정계약서가 원래의 임대차계약과 계약일자가 다르다고 하여도 계약당사자, 계약목적물 및 보증금액(전세금액) 등에 비추어 동일성을 인정할 수 있다면 그 전세권설정계약서 또한 원래의 임대차계약에 관한 증서로 볼 수 있고, 등기필증에 찍힌 등기관의 접수인은 첨부된 등기원인계약서에 대하여 민법 부칙 제3조 제4항 후단에 의한 확정일자에 해당한다고 할 것이므로, 위와 같은 전세권설정계약서가 첨부된 등기필증에 등기관의 접수인이 찍혀 있다면 그 원래의 임대차에 관한 계약증서에 확정일자가 있는 것으로 보아야 할 것이고, 이 경우 원래의 임대차는 대지 및 건물 전부에 관한 것이나 사정에 의하여 전세권설정계약서는 건물에 관하여만 작성되고 전세권등기도 건물에 관하여만 마쳐졌다고 하더라도 전세금액이 임대차보증금액과 동일한 금액으로 기재된 이상 대지 및 건물 전부에 관한 임대차의 계약증서에 확정일자가 있는 것으로 봄이 상당하다. ■ 최선순위 전세권자가 배당요구하여 전세금 일부에 대해 우선변제를 받았더라도 나머지 보증금에 대해 임대차 대항력 행사 가능 ➡ 실익 : 소액임차인이 아니면서 대항력만 갖춘 임차인의 경우[대법원 1993. 12. 24. 선고 93다39676 판결] 주택임차인으로서의 우선변제를 받을 수 있는 권리와 전세권자로서 우선변제를 받을 수 있는 권리는 근거규정 및 성립요건을 달리하는 별개의 것이므로, 주택임대차보호법상 대항력을 갖춘 임차인이 임차주택에 관하여 전세권설정등기를 경료하였다거나 전세권자로서 배당절차에 참가하여 전세금의 일부에 대하여 우선변제를 받은 사유만으로는 변제받지 못한 나머지 보증금에 기한 대항력 행사에 어떤 장애가 있다고 볼 수 없다. [대법원 2010. 7. 26.자 2010마900 결정] 자신의 지위를 강화하기 위하여 설정한 전세권으로 인하여 오히려 주택임대차보호법상의 대항력이 소멸된다는 것은 부당하고, 동일인이 같은 주택에 대하여 전세권과 대항력을 함께 가지므로 대항력으로 인하

여 전세권 설정 당시 확보한 담보가치가 훼손되는 문제는 발생하지 않는다는 점 등을 고려하면, 최선순위 전세권자로서 배당요구를 하여 전세권이 매각으로 소멸되었다 하더라도 변제받지 못한 나머지 보증금에 기하여 대항력을 행사할 수 있고, 그 범위 내에서 임차주택의 매수인은 임대인의 지위를 승계한 것으로 보아야 한다.

3. 임대차종료 불필요(주택임대차보호법 제3조의5), 계약 당시 보증금 전액 지급 불필요[대법원 2017. 8. 29. 선고 2017다212194 판결] 이 사건 임대차계약 당시 이 사건 주택 101호가 비어 있었고, 임대인 소외1이 임차인인 원고들에게 현관 자동문의 비밀번호를 알려주었으며, 원고들은 2012. 7. 17. 이 사건 주택 101호에 짐을 옮겨 놓았으므로, 늦어도 2012. 7. 17.에는 이 사건 주택 101호를 인도받았다고 보아야 한다. 원고들은 이 사건 임대차계약 당일 임차보증금의 일부를 지급하고 이 사건 주택 101호를 인도받아 전입신고와 확정일자를 마친 다음 이 사건 임대차계약이 정한 바에 따라 나머지 임차보증금을 지급하였다. 따라서 우선변제권의 기준시점은 주택의 인도와 전입신고를 마친 다음 날인 2012. 7. 18.이라고 할 것이므로, 특별한 사정이 없는 한 원고들은 이 사건 주택과 대지의 경락에 따른 배당금에 대하여 피고에 우선하여 변제받을 권리가 있다.

4. 임차주택이 경매·체납처분에 의하여 매각

5. 배당요구, 우선권행사 신고

가. 원칙: 배당요구 필요[대법원 1998. 10. 13. 선고 98다12379 판결] 주택임대차보호법에 의하여 우선변제청구권이 인정되는 임대차보증금반환채권은 현행법상 배당요구가 필요한 배당요구채권에 해당한다.

나. 예외: 대항력 + 우선변제권 + '집행권원' + 강제경매신청 → 우선변제권을 선택하여 행사한 것, 배당요구 불필요[대법원 2013. 11. 14. 선고 2013다27831 판결] 원고는 보증금반환청구 소송의 승소확정판결을 집행권원으로 하여 이 사건 주택에 대한 강제경매를 신청함으로써 주택임대차보호법상의 우선변제권을 선택하여 행사하였고, 원고가 대항요건과 확정일자를 갖춘 임차인이라는 내용이 현황조사보고서와 매각물건명세서에 기재된 상태에서 이 사건 경매절차가 진행되어 이 사건 주택이 매각되었으므로, 경매법원으로서는 원고에게 일반채권자인 피고들보다 우선하여 배당을 실시하였어야 할 것이다. 그럼에도 원심은 이와 달리, 원고가 배당요구의 종기까지 우선변제권 있는 임차인임을 소명하는 서류를 경매법원에 제출하지 아니하였다는 등의 이유만으로 배당과 관련하여 원고에게 일반채권자로서의 지위를 넘어 우선변제권이 있는 임차인의 지위를 인정할 수 없다고 잘못 판단하였으니, 이러한 원심의 판단에는 주택임대차보호법상 우선변제권에 관한 법리를 오해하여 판결 결과에 영향을 미친 위법이 있다.

6. 임차인 주택인도: 경매신청시는 불요(주택임대차보호법 제3조의2 제1항), 보증금 수령에는 필요, 동시이행관계(주택임대차보호법 제3조의2 제3항)[대법원 1994. 2. 22. 선

고 93다55241 판결] 선이행관계가 아님

가. 임차권양수인 : 직접, 전차인 : 대위[대법원 2010. 6. 10. 선고 2009다101275 판결] 주택임대차보호법

제3조 제1항에 의한 대항력을 갖춘 주택임차인이 임대인의 동의를 얻어 적법하게 임차권을 양도하거나 전대한 경우에 있어서 양수인이나 전차인에게 점유가 승계되고 주민등록이 단절된 것으로 볼 수 없을 정도의 기간 내에 전입신고가 이루어졌다면 비록 위 임차권의 양도나 전대에 의하여 임차권의 공시방법인 점유와 주민등록이 변경되었다 하더라도 원래의 임차인이 갖는 임차권의 대항력은 소멸되지 아니하고 동일성을 유지한 채로 존속한다고 보아야 한다. 이러한 경우 임차권 양도에 의하여 임차권은 동일성을 유지하면서 양수인에게 이전되고 원래의 임차인은 임대차관계에서 탈퇴하므로 임차권 양수인은 원래의 임차인이 주택임대차보호법 제3조의2 제2항 및 동법 제8조 제1항에 의하여 가지는 우선변제권을 행사할 수 있고, 전차인은 원래의 임차인이 주택임대차보호법 제3조의2 제2항 및 동법 제8조 제1항에 의하여 가지는 우선변제권을 대위 행사할 수 있다. [원심 대전고등법원 2009나2024] 대항력과 확정일자를 갖춘 임차인은 전액에 대해, 확정일자가 늦거나 없는 소액임차인은 주택가액의 1/2 범위 내에서 우선변제권

나. 보증금반환채권 양수인

(1) 원칙 : 우선변제권 부정[대법원 2010. 5. 27. 선고 2010다10276 판결] 우선변제권의 취지는 임차인보호, 제3조의2 제2항 '임차인'으로 한정, 일반금전채권자로 배당요구 가능저당권 이전 없는 채권양수인과 동일한 지위

(2) 예외 : 금융기관에 대한 특례(주택임대차보호법 제3조의2 제7항 ~ 제9항)

Ⅱ. 우선변제의 대상

1. 범위

가. 대항력과 확정일자 있는 임대차 : 임차주택과 대지 환가대금 전부(주택임대차보호법 제3조의2 제2항)

나. 소액보증금 : 환가대금의 1/2(주택임대차보호법 제8조 제3항)

2. 대지만 경매되는 경우

가. 우선변제권 인정(주택임대차보호법 제3조의2 제2항) 건물의 임대차에는 당연히 부지 부분의 이용을 수반

(1) 미등기 주택에도 적용[대법원 2007. 6. 21. 선고 2004다26133 전원합의체 판결] 소액임차인의 우선변제권에 관한 제8조 제1항 후문은 소액보증금을 배당받을 목적으로 배당절차에 임박하여 가장 임차인을 급조하는 등의 폐단을 방지하기 위하여 소액임차인의 대항요건의 구비시기를 제한하는 취지이지, 반드시 임차주택과 대지를 함께 경매하여 임차주택 자체에 경매신청의 등기가 되어야 한다거나 임차주택에 경매신청의 등기가 가능한 경우

로 제한하는 취지는 아니라 할 것이다. 대지에 대한 경매신청의 등기 전에 위 대항요건을 갖추도록 하면 입법 취지를 충분히 달성할 수 있으므로, 위 규정이 미등기 주택의 경우에 소액임차인의 대지에 관한 우선변제권을 배제하는 규정에 해당한다고 볼 수 없다.

(2) 임대차 성립시 주택과 대지의 소유자가 동일하면 대지와 주택의 소유자가 달라져도 인정[2004다26133] 대항요건 및 확정일자를 갖춘 임차인과 소액임차인은 임차주택과 그 대지가 함께 경매될 경우뿐만 아니라 임차주택과 별도로 그 대지만이 경매될 경우에도 그 대지의 환가대금에 대하여 우선변제권을 행사할 수 있고, 이와 같은 우선변제권은 이른바 법정담보물권의 성격을 갖는 것으로서 임대차 성립시의 임차목적물인 임차주택 및 대지의 가액을 기초로 임차인을 보호하고자 인정되는 것이므로

(3) 여러 필지 토지 중 일부 토지만 경매되어도 보증금 전액에 대하여 우선변제권[대법원 2012. 7. 26. 선고 2012다45689 판결] 이러한 법리는 여러 필지의 임차주택 대지 중 일부가 타인에게 양도되어 일부 대지만이 경매되는 경우도 마찬가지라 할 것이다. 한편 임차인이 대항력과 확정일자를 갖춘 후에 임대차계약이 갱신되더라도 대항력과 확정일자를 갖춘 때를 기준으로 종전 임대차 내용에 따른 우선변제권을 행사할 수 있다. → 피고들이 이 사건 주택에 대한 대항력과 확정일자를 갖춘 이후에 원고가 여러 필지의 임차주택 대지 중 한 필지인 이 사건 토지를 취득한 후 그 토지만에 대한 임의경매절차가 진행되었으므로, 피고들은 이 사건 토지의 경매대금 중 임차보증금 전액 상당액에 대하여 우선변제권을 행사할 수 있다.

나. 요건

(1) 저당권 설정 당시 건물이 존재

(가) 저당권 설정 후 건물신축 : 대지의 환가대금에 대하여 우선변제권 부정 ➡ 대지 저당권자에게 전액 배당[대법원 1999. 7. 23. 선고 99다25532 판결] 임차주택의 환가대금 및 주택가액에 건물뿐만 아니라 대지의 환가대금 및 가액도 포함된다고 규정하고 있는 주택임대차보호법 제3조의2 제1항 및 제8조 제3항의 각 규정과 같은 법의 입법 취지 및 통상적으로 건물의 임대차에는 당연히 그 부지 부분의 이용을 수반하는 것인 점 등을 종합하여 보면, 대지에 관한 저당권의 실행으로 경매가 진행된 경우에도 그 지상 건물의 소액임차인은 대지의 환가대금 중에서 소액보증금을 우선변제받을 수 있다고 할 것이나, 이와 같은 법리는 대지에 관한 저당권 설정 당시에 이미 그 지상 건물이 존재하는 경우에만 적용될 수 있는 것이고, 저당권 설정 후에 비로소 건물이 신축된 경우에까지 공시방법이 불완전한 소액임차인에게 우선변제권을 인정한다면 저당권자가 예측할 수 없는 손해를 입게 되는 범위가 지나치게 확대되어 부당하므로, 이러한 경우에는 소액임차인은 대지의 환가대금에 대하여 우선변제를 받을 수 없다.

(나) 저당권 설정 후 건물 신축 + 건물에 대한 저당권 설정 후 일괄경매[대법원 2010. 6. 10. 선고 2009다101275 판결]

① 신축건물의 환가대금에서만 우선변제권확정일자부 임차인, 소액임차인 모두

② 보증금의 범위는 신축건물에 대하여 담보물권을 취득한 때를 기준으로 산정 대지에 관한 저당권 설정 후에 비로소 건물이 신축되고 그 신축건물에 대하여 다시 저당권이 설정된 후 대지와 건물이 일괄 경매된 경우, 주택임대차보호법 제3조의2 제2항의 확정일자를 갖춘 임차인 및 같은 법 제8조 제3항의 소액임차인은 대지의 환가대금에서는 우선하여 변제를 받을 권리가 없다고 하겠지만, 신축건물의 환가대금에서는 확정일자를 갖춘

임차인이 신축건물에 대한 후순위권리자보다 우선하여 변제받을 권리가 있고, 주택임대차보호법 시행령 부칙의 '소액보증금의 범위변경에 따른 경과조치'를 적용함에 있어서 신축건물에 대하여 담보물권을 취득한 때를 기준으로 소액임차인 및 소액보증금의 범위를 정하여야 할 것이다. → 피고가 이 사건 태영아파트에 근저당권설정청구권가등기를 마친 2005. 3. 21. 전에 판시 원고들이 확정일자를 받았으므로 판시 원고들은 확정일자를 갖춘 임차인으로서 피고보다 우선하여 변제받을 권리가 있다고 판단하고, 또 위 2005. 3. 21.을 기준으로 3,000만 원 이하의 임차인 중 1,200만 원을 소액임차인으로서 우선하여 변제받을 수 있다.

▶ **신의성실 원칙 위반**[대법원 1997. 6. 27. 선고 97다12211 판결] 피고는 이 사건 건물을 보증금 22,000,000원에 임차한 후 인도 및 전입신고를 마쳐 대항력 있는 임차인의 지위에 있음에도 이 사건 건물의 소유자가 원고 금고로부터 금원을 대출받기 위하여 이 사건 건물을 물상담보로 제공하려고 하자 "임대차계약을 체결하거나 보증금을 지급한 바가 없을 뿐더러 향후 임차보증금에 대한 권리주장을 하지 않겠다."는 내용의 확인서를 직접 작성하여 피고의 인감증명서와 함께 원고 금고에 제출함으로써 위 확인서의 내용을 믿은 원고 금고로 하여금 이 사건 건물에 대한 담보가치를 높게 평가하여 금 21,000,000원을 대출하도록 하였음에도 불구하고 이 사건 경매절차에서 이를 번복하여 대항력을 갖춘 임대차의 존재를 주장함과 아울러 원고보다 우선적 지위를 가지는 확정일자부 임차인임을 내세워 그 임차보증금반환채권에 대한 배당요구를 하는 것은 특별한 사정이 없는 한 금반언 및 신의칙에 위반되어 허용될 수 없다.

(2) **임대차 성립시 주택과 대지의 소유자가 동일**[2004다26133] 우선변제권은 이른바 법정담보물권의 성격을 갖는 것으로서 임대차 성립시의 임차 목적물인 임차주택 및 대지의 가액을 기초로 임차인을 보호하고자 인정되는 것이므로, 임대차 성립 당시 임대인의 소유였던 대지가 타인에게 양도되어 임차주택과 대지의 소유자가 서로 달라지게 된 경우에도 마찬가지라 할 것이다.

3. **2차 경매에서의 우선변제권 행사 : 불가**[대법원 2001. 3. 27. 선고 98다4552 판결] 주택임대차보호법 상의 대항력과 우선변제권의 두 가지 권리를 겸유하고 있는 임차인이 우선변제권을 선택하여 제1경매절차에서 보증금 전액에 대하여 배당요구를 하였으나 보증금 전액을 배당받을 수 없었던 때에는 경락인에게 대항하여 이를 반환받을 때까지 임대차관계의 존속을 주장할 수 있을 뿐이고, 임차인의 우선변제권은 경락으로 인하여 소멸하는 것이므로 제2경매절차에서 우선변제권에 의한 배당을 받을 수 없다. [대법원 2006. 2. 10. 선고 2005다21166 판결] 소멸하지 않는 임차권의 내용에 우선변제권은 포함되지 않음

제14관 소액보증금의 우선변제권

I. 요건

1. **경매개시결정 등기 전** ↔ 확정일자부 임차인 : 불요 **인도 + 주민등록(주택임대차보호법 제8조 제1항) : 배당요구 종기까지 존속**[대법원 2007. 6. 28. 선고 2004다69741 판결, 대법원 2007. 6. 14. 선고 2007다17475 판결], **확정일자 불필요, 미등기 임차주택에도 적용**2004다26133

2. **임차주택이 경매 · 체납처분에 의하여 매각**

3. 배당요구 : **소액보증금 여부 판단시점은 배당시**[대법원 2008. 5. 15. 선고 2007다23203 판결] 실제 임대차계약의 주된 목적이 주택을 사용·수익하려는 것인 이상, 처음 임대차계약을 체결할 당시에는 보증금액이 많아 주택임대차보호법상 소액임차인에 해당하지 않았지만 그 후 새로운 임대차계약에 의하여 정당하게 보증금을 감액하여 소액임차인에 해당하게 되었다면, 그 임대차계약이 통정허위표시에 의한 계약이어서 무효라는 등의 특별한 사정이 없는 한 그러한 임차인은 같은 법상 소액임차인으로 보호받을 수 있다.

▶ 주택의 사용·수익이 아니라 선순위 담보권에 우선하는 채권회수 목적[대법원 2001. 5. 8. 선고 2001다14733 판결] 대여 + 가압류 전에 소액임대차계약 체결

4. 주택 인도

5. 임대차 종료 불필요

Ⅱ. 우선변제 대상

1. 범위 : **임차주택과 대지 환가대금의 1/2 이내, 건물에 대한 경매신청만을 취하함으로써 대지부분만 매각된 경우에도 대지 낙찰대금 중 소액보증금 우선변제**[대법원 1996. 6. 14. 선고 96다7595 판결] 다가구용 단독주택의 대지 및 건물에 관한 근저당권자가 그 대지 및 건물에 관한 경매를 신청하였다가 그 중 건물에 대한 경매신청만을 취하함으로써 이를 제외한 대지 부분만이 낙찰되었다고 하더라도, 그 주택의 소액임차인은 그 대지에 관한 낙찰대금 중에서 소액보증금을 담보물권자보다 우선하여 변제받을 수 있다.

2. 주택가액 : **매각대금 + 매수보증금에 대한 배당기일까지 이자 + 몰수된 매수보증금 − 집행비용**[대법원 2001. 4. 27. 선고 2001다8974 판결] 배당요구한 소액보증금 중 위 금액의 1/2 한도 내에서만 우선배당

Ⅲ. 대항력과의 관계

1. 매수인에게 대항할 수 없는 경우 : **경매절차에서 배당받지 못한 이상 매수인에게 우선변제 요구 불가**[대법원 1988. 4. 12. 선고 87다카844 판결] 근저당권 > 임대차 : 피고의 임대차보다 먼저 이루어진 근저당권에 터잡아 이 사건 주택을 경락받아 그 소유권을 취득한 원고에 대하여는 피고의 임차권으로써 대항할 수 없고 피고가 주택임대차보호법 소정의 소액임차보증금의 임차인이라 할지라도 이 사건 주택의 경매절차에서 위 보증금의 지급을 받지 못한 이상 이 사건 주택의 경락인인 원고에 대하여 그의 위 보증금의 우선변제를 요구할 수는 없다.

2. 매수인에게 대항할 수 있는 경우 : **선택적 행사 가능**[대법원 1992. 7. 14. 선고 92다12827 판결] 주택임대차보호법 제3조의 규정에 의하면 임대차는 그 등기가 없는 경우에도 임차인이 주택의 인도와 주민등록 또는 전입신고를 마친 때에는 대항력이 발생하고 이 경우에 임차주택의 양수인은 임대인의 지위를 승계한 것으로 보

도록 되어 있는바, 위 임차주택의 양도에는 강제경매에 의한 경락의 경우도 포함되는 것이므로, 임차인이 당해 경매절차에서 권리신고를 하여 소액보증금의 우선변제를 받는 절차를 취하지 아니하였다고 하여 임차주택의 경락인에게 그 임대차로서 대항할 수 없다거나 임차보증금반환채권을 포기한 것으로 볼 수는 없는 것이다.

3. 소액임차인과 확정일자부 임차인의 지위를 겸하는 경우

가. 소액보증금 : 주택임대차보호법 제8조에 의해 최우선순위로 배당

나. 나머지 : 주택임대차보호법 제3조의2 요건을 갖춘 시기에 따라 배당[대법원 2007. 11. 15. 선고 2007다45562 판결] 주택임대차보호법 제3조의2 제2항은 대항요건(주택인도와 주민등록전입신고)과 임대차계약증서상의 확정일자를 갖춘 주택임차인에게 부동산 담보권에 유사한 권리를 인정한다는 취지로서, 이에 따라 대항요건과 확정일자를 갖춘 임차인들 상호간에는 대항요건과 확정일자를 최종적으로 갖춘 순서대로 우선변제받을 순위를 정하게 되므로, 만일 대항요건과 확정일자를 갖춘 임차인들이 주택임대차보호법 제8조 제1항에 의하여 보증금 중 일정액의 보호를 받는 소액임차인의 지위를 겸하는 경우, 먼저 소액임차인으로서 보호받는 일정액을 우선 배당하고 난 후의 나머지 임차보증금채권액에 대하여는 대항요건과 확정일자를 갖춘 임차인으로서의 순위에 따라 배당을 하여야 하는 것이다.

제15관 신의칙, 권리남용

■ 대지사용 승낙 후 건물철거청구

■ 이전등기의무 있는 자가 권리자를 상대로 한 철거청구[대법원 1993. 5. 27. 선고 93다4908, 4915, 4922 판결] 피고가 직접 원고에 대하여 이전등기청구를 하는 것이 기판력에 반한다고 할지라도 피고는 추진위원회를 대위하여 원고에게 이전등기절차를 구할 수 있으므로 이전등기의무 있는 원고가 피고에게 철거를 구하는 것은 신의칙 위반

▶ 배당요구한 임차인이 낙찰허가결정 확정 후 대항력 주장 : 금반언 및 신의칙 위반[대법원 2001. 9. 25. 선고 2000다24078 판결]

▶ 무상거주확인서를 작성한 임차인이 매수인에게 대항력 주장 : 신의칙 위반[대법원 2017. 4. 7. 선고 2016다248431 판결]

제3절 점유자와 회복자의 관계

I. 부당이득

가. 점유권원 존재 ➡ 제741조 ∴ 사용·수익을 정당화하는 것은 아니므로

나. 점유권원 부존재 ➡ 제201조 ~ 제203조 제741조에 대한 특칙 : 과실수취권

(1) 선의 : 과실수취권을 포함하는 권원이 있다고 오신 + 정당한 근거[대법원 1995. 8. 25. 선고 94다27069 판결] 보상 관련 법규가 존재한다는 사실만으로 구체적인 개개의 송전선 설치 당시 적정한 보상이 이루어졌다고 볼 수 없고, 토지 소유자들이 이의를 제기하지 않았다는 사정은 점유자가 그 토지를 사용할 권원이 있다고 오신한 데 정당한 근거가 될 수 없다.

▸ 본권에 관한 소에서 패소한 선의 점유자 : 제748조 제2항, 받은 이익 + 이자 + 이자의 이행지체에 의한 지연손해금[대법원 2003. 11. 14. 선고 2001다61869 판결]

▸ 물건반환청구의 인용을 전제로 소송계속 이후 기간에 대한 사용이익 청구 가능(제197조 제2항 → 제749조 제2항 → 제748조 제2항)[대법원 2016. 7. 29. 선고 2016다220044 판결] 선의의 점유자는 점유물의 과실을 취득하고(민법 제201조 제1항), 점유자는 선의로 점유한 것으로 추정되지만(민법 제197조 제1항), 선의의 점유자라도 본권에 관한 소에서 패소한 때에는 그 소가 제기된 때부터 악의의 점유자로 본다(민법 제197조 제2항). 같은 취지에서 선의의 수익자가 패소한 때에는 그 소를 제기한 때부터 악의의 수익자로 간주되고(민법 제749조 제2항), 악의의 수익자는 그 받은 이익에 이자를 붙여 반환하고 손해가 있으면 이를 배상하여야 한다(민법 제748조 제2항). 여기에서 '패소한 때'라고 함은 점유자 또는 수익자가 종국판결에 의하여 패소 확정되는 것을 뜻하지만, 이는 악의의 점유자 또는 수익자로 보는 효과가 그때 발생한다는 것뿐이고 점유자 등의 패소판결이 확정되기 전에는 이를 전제로 하는 청구를 하지 못한다는 의미가 아니다. 그러므로 소유자가 점유자 등을 상대로 물건의 반환과 아울러 그 권원 없는 사용으로 얻은 이익의 반환을 청구하면서 물건의 반환 청구가 인용될 것을 전제로 하여 그에 관한 소송이 계속된 때 이후의 기간에 대한 사용이익의 반환을 청구하는 것은 허용된다고 할 것이다.

▸ 공유지분에 대한 취득시효완성 : 취득시효가 완성된 지분에 해당하는 금원의 지급청구 불가[대법원 1993. 5. 25. 선고 92다51280 판결]

(2) 선의 점유자 : 과실수취권 인정 → 통상의 필요비는 스스로 부담(제203조 제1항 단서)[대법원 2021. 4. 29. 선고 2018다261889 판결] 민법 제203조 제1항 단서에서 말하는 '점유자가 과실을 취득한 경우'란 점유자가 선의의 점유자로서 민법 제201조 제1항에 따라 과실수취권을 보유하고 있는 경우를 뜻한다고 보아야 한다. 선의의 점유자는 과실을 수취하므로 물건의 용익과 밀접한 관련을 가지는 비용인 통상의 필요비를 스스로 부담하는 것이 타당하기 때문이다. 따라서 과실수취권이 없는 악의의 점유자에 대해서는 위 단서 규정이 적용되지 않는다.

(3) 악의 점유자 : 과실수취권 부정 → 통상의 필요비 상환청구 가능(부당이득에서 공제)[2018다261889] 피고가 이 사건 건물의 전부 또는 일부를 무단으로 점유하던 2010.9.13.부터 2016.4.30.까지 이 사건 건물의 관리를 위하여 합계 36,176,450원을 통상의 필요비로 지출하였으므로 위 금액 중 원고의 지분비율에 해당하는 16,713,519원(= 36,176,450원 × 462/1,000)을 피고가 원고에게 지급하여야 할 부당이득금 등에서 공제한 원심판결은 정당하다고 판시

Ⅱ. 불법행위로 인한 손해배상청구 : 가능

1. 동시이행항변권이 상실된 후 동시이행관계에 있지 않은 채권을 주장하면서 점유[대
법원 1996. 6. 14. 선고 95다54693 판결] 쌍무계약이 무효로 되어 각 당사자가 서로 취득한 것을 반환하여야 할 경우, 어느 일방의 당사자에게만 먼저 그 반환의무의 이행이 강제된다면 공평과 신의칙에 위배되는 결과가 되므로 각 당사자의 반환의무는 동시이행의 관계에 있다고 봄이 상당하고, 이러한 동시이행의 항변권을 행사하여 계약 목적물을 계속 점유한 것이라면 그 점유를 불법점유라고 할 수 없을 것이나, 그러한 동시이행의 항변권을 상실하였음에도 불구하고 동시이행의 관계에 있지 아니한 채권이나 또한 상대방에 대하여 가지고 있지 아니한 채권을 주장하면서 그 목적물의 반환을 계속 거부하면서 점유하고 있다면, 이러한 점유는 적어도 과실에 의한 점유로서 불법행위를 구성한다.[10]

2. 상속인이 될 수 없는 자를 상속인으로 믿고 점유 : 진정한 소유자에 대한 관계에서는 불법행위[대법원 1966. 7. 19. 선고 66다994 판결]

Ⅲ. 멸실 · 훼손에 대한 책임 : 점유자의 책임있는 사유(불법행위)로 멸실 · 훼손 + 반환청구권의 존재

1. 계약책임이 존재하지 않는 경우에만 적용

가. 자주 + 선의 : 현존이익 배상

---

10) 원고는 위 1994. 6. 23. 해제의 의사표시를 통보함으로써, 피고는 1994. 7. 15. 이 사건 반소를 제기함으로써 각 토지거래허가를 신청하지 않겠다는 의사표시를 명백히 하여, 확정적으로 무효가 되었으므로, 원고의 피고에 대한 계약금으로 지급받은 금원 중 반환하지 않고 있던 금 10,000,000원의 반환채무와 피고의 원고에 대한 이 사건 대지 및 건물의 인도의무는 동시이행의 관계에 있다고 할 것이고, 따라서 원고가 위 금 10,000,000원을 변제공탁한 1994. 11. 28.까지는 피고가 동시이행의 항변권을 행사하여 이 사건 대지 및 건물의 인도를 거부할 수 있어, 이 사건 대지 및 건물의 점유를 불법점유라고 할 수는 없을 것이나, 위 변제공탁으로 피고의 동시이행의 항변권을 상실하였으므로 피고가 위 변제공탁의 통지를 받은 이후부터 이 사건 대지 및 건물을 원고에게 인도한 때까지의 점유는 적어도 과실에 의한 불법점유라고 하지 않을 수 없고(피고로서는 변제공탁의 통지를 받을 때까지는 동시이행의 항변권이 소멸한 사실을 알 수 없었다고 할 것이므로, 위 변제공탁으로 동시이행의 항변권이 소멸하였다고 하더라도 위 변제공탁일로부터 변제공탁 통지일까지의 점유에는 과실이 있다고 보기 어려울 것이다.), 피고는 이로 인하여 원고가 입은 손해를 배상할 책임이 있다고 하지 않을 수 없는 것이다. 그리고, 피고가 원고에 대하여 가지고 있는 이 사건 금 80,000,000원의 반환채권은, 원고와 피고 사이의 이 사건 매매계약이 무효로 됨으로 인하여 발생한 것이 아니라, 우성산업이 원고에 대하여 가지고 있던 채권을 피고가 양수함으로써 피고가 원고에 대하여 가지게 된 채권에 불과하므로, 원고의 피고에 대한 위 금 80,000,000원의 양수금 채무는 원고와 피고 사이의 매매계약이 무효로 확정됨으로 인하여 피고가 원고에 대하여 부담하게 된 이 사건 대지 및 건물의 인도의무와는 동시이행의 관계에 있다고 보기 어렵고, 피고로서는 원고가 위 금 80,000,000원의 채무를 이행하지 않음을 이유로 이 사건 대지 및 건물의 인도를 거부할 수는 없는 것이다.

나. 악의, 선의·타주 : 손해 전부 배상

2. 불법행위책임과 경합

Ⅳ. 점유자의 비용상환청구(제203조 제2항)

1. 비용지출 : 필요비, 유익비 ➡ 유치권

▸ 통상의 필요비, 점유자가 물건을 이용한 경우 : 청구 불가[대법원 1964. 7. 14. 선고 63다1119 판결] 민법 제203조 제1항 후단에 의하여 물건의 점유자가 과실을 취득한 경우에는 회복자에게 통상의 필요비는 청구하지 못하는바 점유자가 그 물건을 이용한 경우에도 위 조문의 정신에 비추어 같이 취급되어야 한다고 할 것이므로 피고는 원고에 대하여 위 수리비를 청구할 수 없다고 할 것이고 따라서 본건 선박에 대한 유치권을 행사할 수 없다. [95다41161] 기계의 점유자가 그 기계장치를 계속 사용함에 따라 마모되거나 손상된 부품을 교체하거나 수리하는 데에 소요된 비용은 통상의 필요비에 해당하고, 그러한 통상의 필요비는 점유자가 과실을 취득하면 회복자로부터 그 상환을 구할 수 없다.

2. 청구권자

가. 권원 없는 점유자 : 점유자가 유익비를 지출할 당시 계약관계 등 적법한 점유의 권원을 가진 경우에는 계약관계의 상대방에 대하여 해당 법조항이나 법리에 따른 비용상환청구권을 행사할 수 있을 뿐 계약관계 등의 상대방이 아닌 점유회복 당시의 소유자에 대하여 제203조 제2항에 따른 지출비용의 상환을 구할 수는 없음[대법원 2003. 7. 25. 선고 2001다64752 판결, 대법원 2009. 3. 26. 선고 2008다34828 판결]

나. 비용지출과정 주도 : 도급인이 간접점유자로서 자신의 계산으로 비용지출과정을 관리 → 도급인이 소유자에게 비용상환청구, 수급인은 비용지출자가 아님, 도급인에게 계약상 반대급부청구만 가능[대법원 2002. 8. 23. 선고 99다66564, 66571 판결]

3. 상환의무자 : 반환청구권을 행사하는 현재 소유자

가. 대항력 없는 임차인 : 전소유자에게 청구, 전소유자에게 동시이행항변

나. 대항력 없는 임차인이라도 신소유자에 대하여 유치권 행사 가능

4. 행사 가능시점, 이행기 : 회복자로부터 반환청구를 받거나 회복자에게 반환한 때[대법원 1994. 9. 9. 선고 94다4592 판결]

제4절 저당권 침해에 대한 구제

Ⅰ. 방해배제 : 건축공사중지청구(제370조, 제214조)

1. 저당권의 실현이 곤란하게 될 사정 : 저당부동산에 대한 점유가 저당부동산의 본래의 용법에 따른 사용·수익의 범위를 초과하여 그 교환가치를 감소시키거나, 점유자에게 저당권의 실현을 방해하기 위하여 점유를 개시[대법원 2005. 4. 29. 선고 2005다3243 판결, 대법원 2006. 1. 27. 선고 2003다58454 판결][11]

2. 인도청구 : 원칙 불가, 원래의 설치 장소에 원상회복할 것을 청구 가능[대법원 1996. 3. 22. 선고 95다55184 판결]

Ⅰ-1. 침해 부정 : 본래의 용법에 따른 사용·수익[대법원 2005. 4. 29. 선고 2005다3243 판결] 경매법원이 이 사건 주택의 낙찰불허가결정을 한 것은 이 사건 주택의 소유관계와 그에 기초한 원고의 저당권의 효력에 관한 법률관계를 명확하게 한 이후에 경매를 진행하겠다는 경매법원의 판단에 의한 것이지, 피고의 소유권 주장으로 인한 것이라고는 볼 수 없으므로

Ⅱ. 손해배상청구(제750조) : 담보물 소멸 전제 ⇔ 저당물 가액감소가 있더라도 채권의 만족이 가능한 경우에는 불가

1. 행사시기 : 침해행위가 있는 때, 저당권 실행 전에도 가능

---

11) 저당권자는 저당권 설정 이후 환가에 이르기까지 저당물의 교환가치에 대한 지배권능을 보유하고 있으므로 저당목적물의 소유자 또는 제3자가 저당목적물을 물리적으로 멸실·훼손하는 경우는 물론 그 밖의 행위로 저당부동산의 교환가치가 하락할 우려가 있는 등 저당권자의 우선변제청구권의 행사가 방해되는 결과가 발생한다면 저당권자는 저당권에 기한 방해배제청구권을 행사하여 방해행위의 제거를 청구할 수 있다. 대지의 소유자가 나대지 상태에서 저당권을 설정한 다음 대지상에 건물을 신축하기 시작하였으나 피담보채무를 변제하지 못함으로써 저당권이 실행에 이르렀거나 실행이 예상되는 상황인데도 소유자 또는 제3자가 신축공사를 계속한다면 신축건물을 위한 법정지상권이 성립하지 않는다고 할지라도 경매절차에 의한 매수인으로서는 신축건물의 소유자로 하여금 이를 철거하게 하고 대지를 인도받기까지 별도의 비용과 시간을 들여야 하므로, 저당목적 대지상에 건물신축공사가 진행되고 있다면 이는 경매절차에서 매수희망자를 감소시키거나 매각가격을 저감시켜 결국 저당권자가 지배하는 교환가치의 실현을 방해하거나 방해할 염려가 있는 사정에 해당한다. 원심은 그 판결에서 들고 있는 증거들을 종합하여, 나산종합건설 주식회사가 판시 대지에 관하여 주식회사 한국외환은행에게 근저당권설정등기를 마치고 그 대지상에 20층 규모의 오피스텔을 신축한 지 1년 여 만에 지하층의 공사를 한 상태에서 부도를 내자 피고 조합이 그 무렵 위 회사로부터 건축사업 시행권을 양수하고 공사를 속행하였고, 이후 위 은행으로부터 근저당권부 채권을 양수한 원고의 신청에 의하여 임의경매절차가 개시되었음에도 공사를 강행한 사실을 인정한 다음 피고 조합의 공사는 원고의 저당권을 침해하는 행위라고 판단하여 그 중지를 구하는 이 사건 청구를 인용하였는바, 원심의 위와 같은 판단은 앞에서 본 법리에 비추어 볼 때 정당하고, 거기에 상고이유 주장과 같이 근저당권에 기한 방해배제청구권과 경매에 관한 법리오해의 위법이 없다.

2. 범위

가. 담보목적물 가액의 범위 내에서 채권최고액을 한도로 하는 피담보채권액[대법원 1998. 11. 10. 선고 98다34126 판결]

나. 일부 멸실·훼손·담보가치 감소시

(1) 범위 : min[나머지 저당 목적물의 가액에 의하여 만족을 얻지 못하는 채권액, 멸실·훼손·담보가치 감소된 목적물 가액]

(2) 기준시점 : 변론종결시 기준[대법원 2009. 5. 28. 선고 2006다42818 판결] 근저당권의 공동 담보물 중 일부를 권한 없이 멸실·훼손하거나 담보가치를 감소시키는 행위로 인하여 근저당권자가 나머지 저당 목적물만으로 채권의 완전한 만족을 얻을 수 없게 되었다면 근저당권자는 불법행위에 기한 손해배상청구권을 취득한다. 이때 이와 같은 불법행위 후 근저당권이 확정된 경우 근저당권자가 입게 되는 손해는 채권최고액 범위 내에서 나머지 저당 목적물의 가액에 의하여 만족을 얻지 못하는 채권액과 멸실·훼손되거나 또는 담보가치가 감소된 저당 목적물 부분(이하 '소멸된 저당 목적물 부분'이라 한다)의 가액 중 적은 금액이다. 여기서 나머지 저당 목적물의 가액에 의하여 만족을 얻지 못하는 채권액은 위 근저당권의 실행 또는 제3자의 신청으로 개시된 경매절차에서 근저당권자가 배당받을 금액이 확정되었거나 확정될 수 있는 때에는 그 금액을 기준으로 하여 산정하며, 그렇지 아니한 경우에는 손해배상 청구소송의 사실심 변론종결시를 기준으로 산정하여야 하고, 소멸된 저당 목적물 부분의 가액 역시 같은 시점을 기준으로 산정하여야 한다.

Ⅲ. 담보물보충청구(제362조)

1. 요건

가. 설정자의 책임있는 사유

나. 저당물의 가액이 현저히 감소

2. 효과

가. 원상회복 청구

나. 대담보청구 : 담보물 존속 전제 → 손해배상·즉시변제청구와 선택적

Ⅳ. 즉시변제청구(제388조 제1호)

1. 요건

가. 채무자가 담보를 손상, 감소 또는 멸실하게 할 것

나. 임의규정[대법원 2001. 10. 12. 선고 99다56192 판결]

2. 효과 : 저당권실행 가능(담보물 소멸 전제)

제5절 양도담보권 실행을 위한 인도청구, 본등기청구

Ⅰ. 가등기담보법 항변(청산절차 종료시까지 동시이행) : 불가

Ⅱ. 가담법 부적용 주장

1. 매매대금채권 : 가담법 부적용[대법원 2002. 12. 24. 선고 2002다50484 판결] 매매대금채권을 피담보채권으로 한 양도담보설정계약 후 대여금 채권이 포함된 경우에도

2. 예약 당시 시가 < 피담보채무액 : 가담법 부적용, 가담법에 의한 청산절차 불필요[대법원 1993. 10. 26. 선고 93다27611 판결] 이 사건 매매예약 직전인 1988.9.경 피고가 이 사건 부동산을 소외인으로부터 금 110,000,000원에 매수한 사실에 비추어 이 사건 부동산의 매매예약 당시의 가액이 금 110,000,000원 정도라고 판단하여 그 가액이 피담보채무인 차용금 150,000,000원에 미치지 못함이 명백하므로 위 매매예약상 가등기에 기한 본등기를 경료함에 있어 가등기담보등에관한법률에서 정한 청산통지 및 청산금지급 등의 절차를 밟을 필요가 없다.

제2장 인도청구 관련 금원청구 ➡ 인도청구와 함께 논의

제1절 비용상환청구(제203조)

Ⅰ. 요건

1. 상환청구권자

가. 타인의 소유물을 권원 없이 점유 : 권원 없는 점유자와 소유자 간에는 제201조 ~ 제203조가 우선 적용

나. 비용지출과정을 주도하고 관리 → 도급인이 물건을 간접점유하면서 궁극적으로 자신의 계산으로 비용지출과정을 관리 → 도급인만이 소유자에 대한 관계에서 비용상환청구권(제203조)을 행사할 수 있는 비용지출자[대법원 2002. 8. 23. 선고 99다66564, 66571 판결]

2. 상환의무자 : 소유물반환청구권을 행사하는 현재의 소유자

Ⅲ. 부당이득반환청구와의 관계 : 제201조 ~ 제203조는 소유물반환청구에 따른 점유자와 회복자의 관계를 정하는 것이나 실질적으로 부당이득의 내용 → 부당이득 중 원물반환의 경우에는 제201조 ~ 제203조 우선 적용

제2절 부당이득 반환청구

Ⅰ. 발생 : 침해부당이득 ➡ 피고가 법률상원인 있음을 항변으로 주장·증명(제213조 단서 점유할 권리 항변)[대법원 1970. 11. 30. 선고 70다2171 판결, 대법원 1988. 9. 13. 선고 87다카205 판결, 대법원 2002. 11. 22. 선고 2001다6213 판결]

1. 피고 수익 : 미등기건물 양도시

가. 원시취득자가 부당이득[대법원 2011. 7. 14. 선고 2009다76522,76539 판결] 타인 소유의 토지 위에 권한 없이 건물을 소유하는 자는 그 자체로써 건물 부지가 된 토지를 점유하고 있는 것이므로 특별한 사정이 없는 한 법률상 원인 없이 타인의 재산으로 인하여 토지의 차임에 상당하는 이익을 얻고 이로 인하여 타인에게 동액 상당의 손해를 주고 있다고 할 것이고, 이는 건물 소유자가 미등기건물의 원시취득자로서 그 건물에 관하여 사실상의 처분권을 보유하게 된 양수인이 따로 존재하는 경우에도 다르지 아니하다. 피고2가 2008. 11. 27. 주식회사 금성디자인에게 그가 이 사건 건물에 증축하여 원시취득한 미등기 상태의 4층, 5층 부분을 매도하여 금성디자인이 위 4층, 5층 부분에 관한 사실상 처분권을 취득함으로써 2008. 11. 28. 이후로는 더 이상 원고들의 이 사건 공유지분을 사용·수익하고 있지 않다는 취지의 주장에 대하여, 위 4층, 5층 부분에 관하여 금성디자인 앞으로 소유권이전등기가 마쳐지지 아니한 이상 위 피고가 주장하는 사정만으로는 위 4층, 5층 부분의 소유권이 금성디자인에 이전되었다고 볼 수 없다는 이유로 이를 배척한 원심의 결론은 정당하다.

나. 원시취득자로 본 판례[대법원 2009. 9. 10. 선고 2009다28462 판결] 미등기건물을 양수하여 건물에 관한 사실상의 처분권을 보유하게 됨으로써 건물부지 역시 아울러 점유하고 있다고 볼 수 있는 등의 특별한 사정이 없는 한 건물의 소유명의자가 아닌 자는 실제 건물을 점유하고 있다 하더라도 그 부지를 점유하는 자로 볼 수 없다.

2. 원고 손해 : 상대방(피고)의 점유 여부에 따라 좌우되지 않음[대법원 2012. 1. 27. 선고 2011다74949 판결]

가. 타인의 물건 점유

나. 토지점유 : 토지차임

다. 건물소유

(1) 토지차임 : 건물을 사용·수익하고 있지 않더라도

(2) 토지의 사용·수익 중지시까지 : 건물이전등기시부터 건물부지를 원고에게 인도하거나, 피고가 위 각 건물의 소유권을 상실할 때까지 또는 원고가 위 토지의 소유권을 상실할 때까지[대법원 2016. 1. 14. 선고 2013다219142 판결의 원심(서울고등법원 2013.10.11. 선고 2013나2003321 판결)] : 통상의 경우 부동산의 점유·사용으로 인한 이득액은 그 부동산의 임료 상당액이라고 할 것인바, 제1심 감정인 소외2의 감정결과에 의하면, 2012. 4. 19.부터 제1심 변론종결일에 가까운 2012. 10. 18.까지 이 사건 토지의 월 임료는 79,342,500원인 사실을 인정할 수 있고, 그 이후의 차임도 같은 금액일 것으로 추인된다. 결국, 피고가 원고에게 반환하여야 할 부당이득의 액수는 피고가 이 사건 각 건물의 소유권을 취득한 2012. 4. 19.부터 피고가 이 사건 토지 중 이 사건 각 건물의 직접부지 4,046.74㎡를 원고에게 인도하거나 피고가 이 사건 각 건물의 소유권을 상실할 때까지 또는 원고가 이 사건 토지의 소유권을 상실할 때까지 월 19,727,838원(= 79,342,500원 × 4,046.74㎡/16,275.40㎡)의 비율에 의한 금원이 된다. 따라서 피고는 원고에게 2012. 4. 19.부터 피고가 이 사건 토지 중 이 사건 각 건물의 직접부지 4,046.74㎡를 원고에게 인도하거나, 피고가 이 사건 각 건물의 소유권을 상실할 때까지 또는 원고가 이 사건 토지의 소유권을 상실할 때까지 월 19,727,838원의 비율에 의한 부당이득금을 지급할 의무가 있다.

(3) 명의수탁자

㈎ 부지 점유 인정 : 부당이득 반환의무[대법원 1986. 7. 8. 선고 84누763 판결] 소유권보존등기가 신탁적으로 이루어진 것이라 하더라도 제3자에 대한 관계에 있어서는 수탁자는 그 수탁재산을 유효하게 처분할 수 있는 완전한 권리를 취득함과 동시에 수탁재산의 소유에 따르는 의무까지도 함께 부담한다 할 것이므로 그 수탁자가 그 앞으로 등기되어 있는 건물을 현실적으로 점유하지 않고 있다 하더라도 그 건물의 소유를 위하여 그 부지를 점유한다고 보아야 한다.

㈏ 점유부정(토지취득시효 사례)[대법원 2002. 4. 26. 선고 2001다8097,8103 판결] 명의신탁에 의하여 부동산의 소유자로 등기된 자는 그 사실만으로 당연히 부동산을 점유하는 것으로 볼 수 없음은 물론이고 설사 그의 점유가 인정된다고 하더라도 그 점유권원의 성질상 자주점유라 할 수 없는 것이고, 한편, 명의신탁자가 스스로 점유를 계속하면서 등기명의를 수탁자에게 이전한 경우에 수탁자의 등기명의를 신탁자의 등기명의와 동일한 것으로 볼 수는 없다.

라. 건물점유 : 건물차임 + 토지차임

마. 양도담보 목적물이 타인 토지 위에 설치된 경우 토지차임 부당이득 : 양도담보설정자

3. 인과관계

Ⅰ-1. 대항사유

1-1. 법률상 원인 존재(침해부당이득 중 점유부당이득)[대법원 1970. 11. 30. 선고 70다2171 판결] 수익자인 피고가 법률상 원인 있음을 항변으로 주장·증명

가. 점유할 권리 부존재 : 제201조 ~ 제203조 적용

- ■임대차계약 취소시 취소 전까지 점유기간, 유류분반환의무자
- ■선의만 추정(제197조), 오신에 대한 정당한 근거 : 증명 필요[대법원 2000. 3. 10. 선고 99다63350 판결]
- ▶ 특정시점에서 악의 전환, 본권에 관한 소 패소(제197조 제2항)[대법원 2016. 12. 29. 선고 2016다242273 판결] 선의의 점유자라도 본권에 관한 소에서 패소한 때에는 그 소가 제기된 때부터 악의의 점유자로 보며(민법 제197조 제2항), '소가 제기된 때'란 소송이 계속된 때, 즉 소장 부본이 피고에게 송달된 때를 말한다. 한편 토지를 사용함으로써 얻는 이득은 그 토지로 인한 과실과 마찬가지이므로, 선의의 점유자는 비록 법률상 원인 없이 타인의 토지를 점유·사용하고 이로 말미암아 그에게 손해를 입혔다고 하더라도 그 점유·사용으로 인한 이득을 반환할 의무는 없다

나. 점유할 권리 존재 : 제201조 ~ 제203조 부적용∵ 제213조 단서, 제741조 적용∵ 사용·수익을 정당화하지는 않으므로

- ■법정지상권 : 점유할 권리로 인정, 법정지상권을 취득할 지위 : 부정
- ■배당표가 확정될 때까지의 임차인의 사용·수익 : 부당이득 불성립
- ■건물구분소유자의 대지 공유 : 건물대지 전부에 대한 적법한 권원으로 인정 ➡ 대지공유지분비율의 차이에 따른 부당이득반환청구 불가[대법원 2011. 7. 14. 선고 2009다76522,76539 판결] 1동의 건물의 구분소유자들이 당초 그 건물을 분양받을 당시의 대지 공유지분의 비율대로 그 건물의 대지를 공유하고 있는 경우 그 구분소유자들은 특별한 사정이 없는 한 그 대지에 대하여 가지는 공유지분의 비율에 관계없이 그 건물의 대지 전부를 용도에 따라 사용할 수 있는 적법한 권원을 가진다고 할 것이므로, 그 구분소유자들 상호간에는 특별한 사정이 없는 한 그 대지에 대하여 가지는 공유지분의 비율의 차이를 이유로 부당이득의 반환을 청구할 수 없다.
- ■전유부분에 대한 승계취득으로 대지사용권 취득[대법원 2016. 1. 14. 선고 2013다219142 판결]

1-2. 배타적 사용·수익권 포기·제한채권적 포기 법리

가. 적용 범위

(1) 특정승계인경매, 매매, 대물변제에게도 적용-대법원 2019. 6. 13. 선고 2018다253420 판결, [대법원 2019. 11. 14. 선고 2015다211685 판결] 사용·수익의 제한이라는 부담을 용인하거나 적어도 그러한 사정이 있음을 알면서 취득, 원고의 소유권 포기는 주장 불가[대법원 2012. 6. 28. 선고 2010다81049 판결] 일반적으로

토지소유자에 대하여 배타적 사용수익권이 부존재함을 구하는 것은 확인의 이익 부정

(2) 일반 공중을 위한 용도로 제공된 경우에만 적용[대법원 2019. 11. 14. 선고 2015다211685 판결]

▸ 토지가 지상 건물 소유자들만을 위한 용도로 제공된 경우에는 부적용, 특정승계인의 그 토지에 대한 소유권 행사도 제한 부정[대법원 2019. 11. 14. 선고 2015다211685 판결, [대법원 2021. 6. 10. 선고 2017다280005 판결] 원고는 일반 공중을 위한 용도가 아니라 피고(남양주시)를 위하여 도로 부분에 관한 사용을 승낙한 것으로 볼 여지가 있는데도, 원고가 도로 부분에 관한 독점적·배타적인 사용·수익권을 포기하였다고 단정하고 이후 사정변경이 있었는지에 관한 심리를 하지 않은 원심판결에는 법리오해 등의 잘못이 있다.

나. 판례의 법리 변경

(1) 물권적인 영구 포기가 아니라 채권적인 일시 포기[대법원 2009. 3. 26. 선고 2009다228,235 판결] 물권적 포기는 물권법정주의, 공시의 원칙에 위반

(2) 사정변경에 따라 철회 가능[대법원 2013. 8. 22. 선고 2012다54133 판결], 2017다280005 판결

(3) 특정승계인에게 제한의 효과가 미치지 않을 수도 있음[대법원 2019. 1. 24. 선고 2016다264556 전원합의체 판결]

다. 문제점[민법판례연구II 78 이하]

(1) 부당이득반환청구의 과도한 제한

(2) 채권적 포기로 보면서 특정승계인에 대하여도 적용되는 문제

라. 해결방안[민법판례연구II 78 이하]

(1) 신의칙에 의한 해결 : 부당이득반환청구의 인용 가능성 및 물권적 청구권은 제한 가능성 제고

(2) 사용대차계약, 소유권 포기, 묵시적 통행지역권

1-3. 무상사용 승낙[대법원 2013. 5. 9. 선고 2013다7943 판결] 무상통행권 부여, 사용수익권 포기 인정, 특정 승계인에게도 적용[대법원 1998. 3. 10. 선고 97다47118 판결]

▸ 현저한 사정변경[대법원 2013. 8. 22. 선고 2012다54133 판결] 사정변경 인정, [대법원 2019. 6. 13. 선고 2018다253420 판결] 사정변경 부정

4. 이득액

가. 의미 : 실질적 이득

▸ 실질적 이득 부정 : 계약취소 후 점유기간

▸ 점유만 하고 미사용수급인 : 실질적 이득 부정 → 부당이득 불성립

나. 사례 : 유치권자의 전세권설정[대법원 2009. 12. 24. 선고 2009다32324 판결] 전세금에 대한 법정이자 상당액

▶ 전세금 이자상당액 상계(전세권 기간만료시)

II. 범위

1. 수익자가 받은 이익의 반환만 청구

1-1. 선의 점유자 : 이익의 현존과 관계없이 이득반환 불필요(제201조 제1항 〉 제748조 제1항)[대법원 1979. 11. 27. 선고 79다547 판결, 대법원 1981. 8. 20. 선고 80다2587 판결, 대법원 1992. 12. 24. 선고 92다22114 판결]

가. 과실수취권을 포함하는 권원이 있다고 오신94다27069

나. 오신할 만한 정당한 근거[대법원 2000. 3. 10. 선고 99다63350 판결] 민법 제197조에 의하여 점유자는 선의로 점유한 것으로 추정되고, 권원 없는 점유였음이 밝혀졌다고 하여 곧 그 동안의 점유에 대한 선의의 추정이 깨어졌다고 볼 것은 아니다.

다. 선의 매도인 : 대금 운용이익, 법정이자 반환 불요(제587조 유추), 피담보채무액을 알고 있는 경우 반환범위는 확인된 피담보채무액에 한정[대법원 1996. 5. 10. 선고 96다6554 판결] 확인된 피담보채무액을 넘는 매매대금 부분에 대해서는 인도일 이후의 법정이자 상당 금원 지급의무

[96다6554] 제588조 항변의 범위

➡️**원고** : 미지급잔금 + 인도선이행일 이후의 법정이자 청구(제587조 2문)

⬅️**제588조 항변** : 매매목적물에 대한 근저당권 존재 매도인이 말소할 의무를 부담하고 있는 매매목적물상의 저당권을 말소하지 못하고 있다면 매수인은 그 위험의 한도에서 매매대금의 지급을 거절할 수 있고, 그 결과 민법 제587조 단서에 의하여 매수인이 매매목적물을 인도받았다고 하더라도 미지급 대금에 대한 인도일 이후의 이자를 지급할 의무가 없다.

▶ 지급을 거절할 수 있는 범위 제한 : 확인된 피담보채무에 한정 : '매매대금4.6억 원 – 확인된 피담보채무 1.5억 원'에 대한 인도일 이후의 법정이자 상당 금원을 지급할 의무 지급을 거절할 수 있는 매매대금이 어느 경우에나 근저당권의 채권최고액에 상당하는 금액인 것은 아니고, 매수인이 근저당권의 피담보채무액을 확인하여 이를 알고 있는 경우와 같은 특별한 사정이 있는 경우에는 지급을 거절할 수 있는 매매대금은 위 확인된 피담보채무액에 한정된다고 보아야 할 것이다. 원심판결 이유를 기록에 의하여 살펴보면, 피고가 이 사건 부동산의 매매대금 중 금 460,000,000원의 지급을 보류할 당시 원고의 소외 현대종합목재에 대한 실채무액이 금 150,000,000원이라는 것을 확인하였으므로 피고는 원고에게 미지급 잔대금에서 위 실채무액을 공제한 금 310,000,000원에 대한 이 사건 부동산의 인도일 이후의 법정이자 상당 금원을 지급할 의무가 있다고 한 원심의 인정 판단은 정당하다.

➡원고 : 청산금 지급기한 이후의 지연손해금 청구(제587조 2문)

■ 부동산의 소유자로서 피고의 설립에 동의하고 분양신청을 하였다가 이를 철회하고 현금청산 요청

■ 인도의무는 이행하였으나 이전등기의무는 불이행

◀제536조 항변

■ 이전등기의무에 대하여 동시이행항변권 존재

■ 피고가 이 사건 부동산을 미리 인도받았더라도 민법 587조에 따른 이자를 지급할 의무는 없음

[대법원] 민법 제587조는 "매매계약이 있은 후에도 인도하지 아니한 목적물로부터 생긴 과실은 매도인에게 속한다. 매수인은 목적물의 인도를 받은 날로부터 대금의 이자를 지급하여야 한다."고 규정하고 있다. 그러나 매수인의 대금지급의무와 매도인의 소유권이전등기의무가 동시이행관계에 있는 등으로 매수인이 대금지급을 거절할 정당한 사유가 있는 경우에는 매매목적물을 미리 인도받았다 하더라도 위 민법 규정에 의한 이자를 지급할 의무는 없다고 보아야 한다. 이 사건 부동산에 관하여 원고와 피고 사이에 협의 또는 피고의 매도청구에 의한 매매계약이 성립되었다고 봄이 상당하므로, 피고는 원고에게 청산금을 지급할 의무가 있고, 원고는 피고에게 이 사건 부동산에 관한 소유권이전등기절차를 이행할 의무가 있다 할 것이며, 쌍방의 위 각 의무는 서로 동시이행관계에 있다 할 것인데, 원고가 피고에게 이 사건 부동산에 관하여 소유권이전등기의무를 이행하거나 이행의 제공을 하였다고 볼 만한 사정은 찾아볼 수 없다. 따라서 피고는 원고로부터 이 사건 부동산에 관한 소유권이전등기를 넘겨받기까지는 위 청산금 잔액의 지급을 거절할 정당한 사유가 있다 할 것이므로, 앞서 본 법리에 따라 비록 피고가 이 사건 부동산을 미리 인도받았다 하더라도 민법 587조에 따른 이자를 지급할 의무는 없다고 보아야 할 것이다.

라. 금전상 이익의 현존 추정 : 수익자가 이익 감소사실 증명책임

2. 이자 등 지급청구

가. 피고의 악의에 대한 주장·증명 필요(예외 제749조 제2항)

■ 점용권 매매 : 매매 대상 대지의 실제 면적이 등기부상 면적을 상당히 초과하는 경우
　→ 악의 점유자[대법원 1998. 11. 10. 선고 98다32878 판결]

나. 악의 점유자에 대한 특칙

(1) 소제기시부터 악의(제197조 제2항) → 제201조 제2항 : 과실수취권 부정

(2) 반환범위 : 제748조 제2항 → 받은 이익 + 이자 + 지연손해금[대법원 2003. 11. 14. 선고 2001다61869 판결]

제3절 불법행위 손해배상

Ⅰ. 성질 : 부당이득청구와 병행 가능[대법원 1996. 6. 14. 선고 95다54693 판결]

1. 부당이득의 발생 여부

2. 차임 상당액 청구의 방법 · 범위

	점유권원 부존재(제201조 우선적용)		점유권원 존재(제741조)	
	반환범위 : 선의	악의	선의	악의
부당이득	■ 원칙 : 부당이득 ×제201조 제1항 ■ 예외 : 패소제197조 제2항 ➡ 제201조 제2항(인도시까지의 사용이익) + 제748조 제2항(이자+지연손해금) ■ 제한 : 실질적 이익×	■ 반환범위 : 제201조 제2항(사용이익) + 제748조 제2항(이자 + 손해)2001다61869 ■ 예외 : 실질적 이익×	■ 원칙 : 현존이익(제748조 제1항) ■ 예외 : 안 때(제749조 제1항), 패소(제749조 제2항) ■ 제한 : 실질적 이익×	■ 원칙 : 제748조 제2항(이익 + 이자 + 손해) ■ 예외 : 실질적 이익×
불법행위	■ 점유권원이 없으므로 불법점유 → 실질적 이득 여부와 관계없이 청구 ■ 불법점유가 아닌 경우(동시이행항변권의 존재 등)는 손해배상청구 불가			

가. 불법행위 손해배상청구에 의한 차임상당액 청구의 논점

(1) 불법점유(점유권원 부존재)에 해당 : 이득 여부와 관계없이 청구(차임 상당액)

(2) 불법점유자가 선의자에게 양도하여 선의자에게 제201조 항변이 인정되는 경우 : 양도인에게는 불법행위에 의한 손해배상청구 가능

(3) 동시이행항변권이 상실원고(매도인):매매대금 변제공탁되었음에도 동시이행관계매매대금 vs 대지·건물 인도에 있지 않은 채권피고가 매수인으로부터 양도받은 채권을 주장하면서 점유 : 변제공탁 통지일 ~ 인도시까지 점유는 불법점유95다54693

나. 소유권 행사의 제한

(1) 지상권 설정자토지소유자의 건물 불법점유자에 대한 청구

㈎ 건물철거청구 : 가능

㈏ 임료상당 손해배상청구 불가[대법원 1974. 11. 12. 선고 74다1150 판결]

(2) 양도담보권자의 제3자에 대한 청구

㈎ 인도청구 가능

㈏ 담보권실행 방해 손해배상청구 가능

㈐ 임료상당 손해배상청구 불가[대법원 1979. 10. 30. 선고 79다1545 판결] 담보권자는 사용수익권이 없으므로

(3) 명의신탁자의 제3자에 대한 청구

㈎ 신탁자는 제3자에 대하여 소유권·점유권 주장 불가

㈏ 임료상당 부당이득청구 불가, 대위청구도 불가[대법원 1991. 10. 22. 선고 91다17207 판결] 원고가 원고종중의 종중원들에게 그 소유명의를 신탁하고 있는 동안은, 원고는 명의신탁자로서 제3자인 피고에 대하여 직접 그 소유권 및 이에 따른 점유사용권을 주장할 수 없고, 피고가 법률상 원인없이 위 토지를 점유함으로 인한 임료상당의 부당이득반환청구권은 수탁자를 대위하여서도 주장할 수 없다, [93다22326] 구분소유적 공유 : 자기소유부분에 대한 자기지분 외의 지분(명의신탁한 지분)에 대하여는 대위청구도 불가 : 토지 전부를 구분 특정하여 소유하고 있다고 하더라도 지분소유권이전등기가 경료되어 있는 이상 특별한 사정이 없는 한 공유자들 외의 제3자에 대한 관계에 있어서는 그 지분의 범위 내에서만 토지에 대한 권리를 행사할 수 있을 뿐이다. ➡ 피보전채권과 피대위채권의 밀접관련성 부정, 채무자의 권리를 대위하여 행사하는 것이 자기채권의 현실적이행을 유효·적절하게 확보하기 위하여 필요한 경우에 해당하지 않음

Ⅱ. 범위

1. 불법점유자 : 불법점유시 ~ 인도시까지

▸ 점유상실 항변 불가2011다74949

[대법원 2012. 1. 27. 선고 2011다74949 판결] 점유를 상실했더라도 사용침해로 인한 손해배상청구는 가능

▶건물명도 + 손해배상청구(2008.11.~2010.2.28.)

◀점유상실 항변

■원고의 출입문 설치로 2009.5.부터 점유 상실

▸ 점유 상실✕ : 출입문 설치는 피고의 출입에 커다란 지장✕, 출입문 설치 이후에도 피고가 이 사건 건물에 자신의 집기를 비치 물건에 대한 점유란 사회관념상 어떤 사람의 사실적 지배에 있다고 할 수 있는 객관적 관계를 가리키는 것으로서, 사실상의 지배가 있다고 하기 위하여는 반드시 물건을 물리적·현실적으로 지배할 필요는 없고, 물건과 사람과의 시간적·공간적 관계와 본권관계, 타인의 간섭가능성 등을 고려하여 사회관념에 따라 합목적적으로 판단하여야 하므로, 물건에 대한 사실상의 지배를 상실했는가의 여부도 역시 위와 같은 사회관념에 따라 결정되어야 한다.

■2009.5.부터는 손해✕ : 2009.5.부터 2010.2.말까지 손해✕

▸손해○ : 점유를 상실하지 않았으므로 손해○, 점유를 상실하였더라도 사용권능의 침해로 인한 손해배상청구 가능 물건의 소유자는 다른 특별한 사정이 없는 한 법률의 범위 내에서 그 물건에 관한 모든 이익을 배타적으로 향유할 권리를 가진다. 따라서 소유자가 상대방이 목적물을 권원 없이 점유·사용하여 소유권을 침해함으로 말미

암아 재산상 손해를 입었다고 주장하여 그 손해의 배상을 청구하는 경우에는, 무엇보다도 상대방의 그러한 권리 침해로 인하여 소유자에게 재산상 손해가 발생하였는지를 살펴보아야 할 것인데, 그 경우 그 손해의 유무는 상대방이 당해 물건을 점유하는지에 의하여 좌우되지 아니하며, 점유 여부는 단지 배상되어야 할 손해의 구체적인 액을 산정함에 있어서 고려될 여지가 있을 뿐이다. 나아가 피고가 원고의 소유물을 권원 없이 점유·사용하고 있다고 주장하여 손해배상을 청구하는 경우에, 비록 피고의 목적물 점유가 인정되지 아니한다고 하더라도, 원고가 점유 및 사용으로 인한 손해의 배상만을 청구하고 피고의 사용으로 인한 손해의 배상은 이를 바라지 아니한다는 의사가 표시되지 아니하는 한, 법원은 나아가 원고에게 피고의 사용권능 침해로 인한 손해가 있는지를 심리·판단하여야 할 것이다. 그리고 원고가 그 손해를 목적물의 차임 상당액으로 주장하였다고 하여도, 이는 일반적으로 자신에게 유리한 소송상 결과를 얻기 위한 의도 또는 소송수행상의 편의에서 나온 것에 불과하므로, 그것만으로 원고에게 위와 같이 사용으로 인한 손해도 이를 구하지 아니하는 의사가 표시되었다고 할 수 없다.

2. 신소유자 : 소유권취득시 ~ 인도시까지

제3장 소유권에 기한 이전등기말소청구(소유권에 기한 방해배제청구권)

제1절 요건

제2절 항변 등 대항사유

- ■ 소의 이익 항변 : 등기관의 직권이나 법원의 촉탁에 의하여 기입된 등기부등기, 가처분등기에 관하여 등기명의인을 상대로 말소등기·회복등기를 구하는 소[대법원 1982. 12. 14. 선고 80다1872,1873 판결] 법원의 가처분결정에 기하여 가처분집행의 방법으로 이루어진 처분금지가처분등기는 집행법원의 가처분결정의 취소나 집행취소의 방법에 의해서만 말소, [대법원 1983. 3. 8. 선고 82다카1168 판결] 가등기에 기한 본등기가 원인무효인 경우 등기관이 직권으로 말소등기의 회복등기 : 가등기에 기한 소유권이전의 본등기가 됨으로써 등기공무원이 직권으로 가등기후에 경료된 제3자의 소유권이전등기를 말소한 경우에 그 후에 가등기나 그 가등기에 기한 본등기가 원인무효의 등기라 하여 말소될 때에는 결국 위 제3자의 소유권이전등기는 말소되지 아니할 것을 말소한 결과가 되므로 이때는 등기공무원이 직권으로 그 말소등기의 회복등기를 하여야 할 것이므로 그 회복등기를 소구할 이익이 없다. [대법원 1978. 6. 27. 선고 77다2138 판결] 체납세액을 전액공탁하였다고 하여 압류처분이 당연히 실효되어 압류등기가 무효가 된다고 할 수는 없으므로(압류해제 및 말소촉탁 필요) 민사소송으로 말소를 구할 수 없음

- ▶ 이해관계인을 상대로 승낙의 의사표시를 구하는 소 : 가능[대법원 2002. 4. 12. 선고 2001다84367 판결] 원인무효의 이전등기가 이루어진 부동산에 대한 처분금지가처분등기를 경료한 가처분권자를 상대로 소유권이전등기의 말소등기에 대한 승낙의 의사표시 : 부동산가압류의 기입등기는 채권자나 채무자가 직접 등기공무원에게 이를 신청하여 행할 수는 없고 반드시 법원의 촉탁에 의하여 행하여지는바, 이와 같이 당사자가 신청할 수 없는 가압류의 기입등기가 법원의 촉탁에 의하여 말소된 경우에는 그 회복등기도 법원의 촉탁에 의하여 행하여져야 하므

로, 이 경우 가압류 채권자가 말소된 가압류기입등기의 회복등기절차의 이행을 소구할 이익은 없고, 다만 그 가압류 기입등기가 말소될 당시 그 부동산에 관하여 소유권이전등기를 경료하고 있는 자는 법원이 그 가압류기입등기의 회 복을 촉탁함에 있어서 등기상 이해관계가 있는 제3자에 해당하므로, 가압류 채권자로서는 그 자를 상대로 하여 법 원의 촉탁에 의한 그 가압류기입등기의 회복절차에 대한 승낙청구의 소를 제기할 수는 있다.

Ⅰ. 원고소유 : 제186조, 제187조

Ⅰ-1. 원고적격 항변

■ 유언집행자(법정소송담당) 지정 후 상실·해임 → 상속인 원고적격 부정(제1095조 : 유 언집행자가 지정되지 않은 경우에 적용)[대법원 2010. 10. 28. 선고 2009다20840 판결]

■ 부재자인 원고의 사망 사실

▶ 부재자 재산관리인 선임결정 후 취소되지 않은 경우[대법원 1967. 2. 21. 선고 66다2352 판결] 관 리인의 권한이 당연히 상실되는 것은 아님

1. 법률의 규정에 의한 취득(제187조)

가. 성질 : 공시의 원칙에 대한 예외[민법판례연구 69]

나. 인정근거 : ① 정책적·논리적 이유상속, ② 거래의 안전을 해하지 않는 경우공용징수, ③ 거래의 안전을 해하더라도 이를 압도할 만한 공익적 요청관습상 법정지상권

다. 특정 조항에 기한 물권변동에 대한 제186조와 제187조 적용 여부[민법판례연구 70]

(1) 판단기준 : 정책적 필요성과 거래의 안전 고려, 불분명시 공시의 원칙 우선실체법상 권리관계와 등기부상 권리관계를 일치시키고 거래의 안전을 더 강하게 보호할 수 있으므로

(2) 공유물분할에 의한 임의조정 : 제186조 적용(등기 필요)[대법원 2013. 11. 21. 선고 2011두 1917 전원합의체 판결]

(3) 공유지분의 포기 : 등기 필요[대법원 2016. 10. 27. 선고 2015다52978 판결]

2. 등기의 추정력

가. 소유자로서 등기된 사실 : 개개원인, 등기경위 불필요 ➠ 등기의 추정력[대법원 1995. 5. 9. 선고 94다41010 판결], 토지대장에 소유자로 등재시 사실상 추정[대법원 1976. 9. 28. 선고 76다1431 판결]

나. 추정력이 인정되지 않는 경우 : 실체관계에 부합 증명[대법원 2018. 11. 29. 선고 2018다 200730 판결] 사망자 명의로 신청하여 이루어진 이전등기는 일단 원인무효의 등기라고 볼 것이어서 등기의 추정

력을 인정할 여지가 없으므로, 그 등기의 유효를 주장하는 자가 현재의 실체관계와 부합함을 증명할 책임이 있다.

I-2. 청구권원 부존재 : 원고명의 등기의 원인무효 등

가. 선행 보존등기의 원인무효

나. 선행 보존등기유효로부터 경료된 원고 명의 이전등기가 무효[대법원 2007. 5. 10. 선고 2007다3612 판결] 후행 보존등기가 무효라도 말소등기청구 불가, 92다16522 말소를 구할 실체적 권리가 없는 경우 말소등기청구 불가

다. 무효인 후행보존등기에 기초한 경락으로 취득[대법원 1990. 12. 26. 선고 89다카26113 판결] 말소등기청구 불가

라. 등기 추정력 복멸[대법원 1994. 2. 25. 선고 93다39225 판결] 허위의 보증서, 확인서에 기한 등기 → 확신 불필요

마. 멸실회복등기의 무효[대법원 2001. 2. 15. 선고 99다66915 전원합의체 판결] 보존등기 불명 + 원고 후행 회복등기 : 말소청구 기각

(1) 동일 부동산 중복보존등기 : 보존등기 선후 기준[대법원 1998. 9. 22. 선고 98다23393 판결] 후행 보존등기에 기한 멸실회복등기 : 무효, 실체관계에 부합하는지와 무관, [대법원 2001. 2. 15. 선고 99다66915 전원합의체 판결] 동일 부동산에 관하여 등기명의인을 달리하여 중복된 소유권보존등기가 경료된 경우에는 먼저 된 소유권보존등기가 원인무효가 되지 아니하는 한 나중된 소유권보존등기는 1부동산1용지주의를 채택하고 있는 현행 부동산등기법 아래에서는 무효라고 해석함이 상당하고, 동일 부동산에 관하여 중복된 소유권보존등기에 터잡아 등기명의인을 달리하는 각 소유권이전등기가 경료된 경우에 등기의 효력은 소유권이전등기의 선후에 의하여 판단할 것이 아니고 각 소유권이전등기의 바탕이 된 소유권보존등기의 선후를 기준으로 판단하여야 하며 그 이전등기가 멸실회복으로 인한 이전등기라 하여 달리 볼 것은 아니다.

(2) 동일 부동산에 하나의 보존등기 : 등기용지를 달리하는 이전등기일지라도 회복등기가 아니라 당초 이전등기의 선후로 판단[99다66915] {한편} 동일 부동산에 관하여 하나의 소유권보존등기가 경료된 후 이를 바탕으로 순차로 소유권이전등기가 경료되었다가 그 등기부가 멸실된 후 등기명의인을 달리하는 소유권이전등기의 각 회복등기가 중복하여 이루어진 경우에는 중복등기의 문제는 생겨나지 않고 멸실 전 먼저 된 소유권이전등기가 잘못 회복등재된 것이므로 그 회복등기 때문에 나중 된 소유권이전등기의 회복등기가 무효로 되지 아니하는 것이지만

(3) 바탕이 된 소유권보존등기의 성질·시기 불명 : 회복등기 선후를 기준[99다66915] 동일 부동산에 관하여 등기명의인을 달리하여 멸실회복에 의한 각 소유권이전등기가 중복등재되고 각 그 바탕이 된 소유권보존등기가 동일등기인지 중복등기인지, 중복등기라면 각 소유권보존등기가 언제 이루어졌는지가 불명인

경우에는 위 법리로는 중복등기의 해소가 불가능하므로 이러한 경우에는 적법하게 경료된 것으로 추정되는 각 회복등기 상호간에는 각 회복등기일자의 선후를 기준으로 우열을 가려야 한다.

바. 공유자원고**가 자신의 지분이 아닌 다른 공유자**소외1**의 지분침해를 이유로 하는 말소등기청구**[대법원 2010. 1. 14. 선고 2009다67429 판결] 공유자인 피고가 다른 공유자(소외1)로부터 증여를 원인으로 하는 이전등기를 경료한 것에 대해 원고가 지분권자의 자격으로 보존행위로 말소등기 청구

사. 처분권한 부여에 의한 소유권 상실 · 제한[대법원 2014. 3. 13. 선고 2009다105215 판결]

아. 명의수탁자의 신탁자에 대한 말소등기청구[대법원 1997. 7. 25. 선고 96다47494, 47500 판결] 부동산의 명의신탁에 있어서 신탁자는 수탁자에 대한 관계에 있어서 등기 없이 그 부동산에 대한 실질적 소유권을 내세울 수 있는 것이지만 수탁자는 그 부동산의 소유권이 자기에게 있음을 주장할 수 없다.

I -3. 원고의 후발적 소유권 상실

가. 가등기에 기한 본등기**피고로 소유권 상실**원고 명의 이전등기 직권말소

▶ **가등기 유용이 무효인 경우 : 직권말소 후 회복등기 전이라도 등기명의인으로서의 권리 보유**[대법원 1989. 10. 27. 선고 87다카425 판결] 피고 명의의 소유권이전의 본등기가 위 피고와 소외1 간의 무효등기의 유용에 관한 합의에 따라 위 가등기의 등기원인이 실효된 이후에 마쳐진 것이어서, 무효등기의 유용에 관한 합의가 이루어지기 전에 이미 소유권이전등기를 한 등기상의 이해관계인인 원고들에 대한 관계에서는 실질관계를 결한 무효의 등기로 평가되는 이상, 위 피고 명의의 위 소유권이전등기나 이 등기를 기초로 하여 마쳐진 피고2 명의의 위 소유권이전등기가 원인이 무효인 등기로 말소될 때에는, 직권말소된 원고들 명의의 위 각 소유권이전등기에 관하여 등기공무원이 직권으로 그 말소등기의 회복등기를 하여야 하는 것으로서, 그 말소회복등기가 되기 전이라도 원고들이 등기명의인으로서의 권리를 그대로 보유하고 있기 때문에 위 토지는 원고들의 공유로 추정되는 것이므로, 원고들이 위 토지의 공유자로 추정된다.

나. 최종 등기명의자의 점유 · 등기부 취득시효 인정[대법원 2019. 7. 10. 선고 2015다249352 판결]
원고가 피고에 대하여 피고 명의로 마쳐진 소유권이전등기의 말소를 구하려면 먼저 원고에게 말소를 청구할 수 있는 권원이 있음을 적극적으로 주장·증명하여야 하고, 만일 원고에게 그러한 권원이 있음이 인정되지 않는다면 설령 피고 명의의 소유권이전등기가 말소되어야 할 무효의 등기라고 하더라도 원고의 청구를 인용할 수는 없다. 피고로부터 매매 등의 방법으로 부동산에 대한 권리가 순차적으로 이전되어 최종적으로 소유권이전등기를 마친 제3자가 시효취득을 원인으로 부동산에 대한 소유권을 취득함에 따라 당초 부동산의 소유자인 원고가 소유권을 상실하게 되면, 비록 피고 명의의 소유권이전등기가 원인무효라고 하더라도 원고에게 피고 명의의 소유권이전등기의 말소를 청구할 수 있는 권원이 없으므로, 원고는 피고에 대하여 소유권에 기한 등기말소청구를 할 수 없다.
→ 피고 명의 멸실회복등기가 무효라 할지라도 말소등기청구 기각

다. 중복된 후순위 보존등기에 기한 강제경매의 경락인[대법원 1974. 7. 26. 선고 73다1128 판결]

라. 양자간 명의신탁 후 수탁자 처분[대법원 2013. 2. 28. 선고 2010다89814 판결] 수탁자가 다시 소유권을 취득하더라도 말소등기나 진정명의회복 이전등기청구에 의한 소유권회복 불가, 제750조 손해배상은 가능

마. 담보권실행경매의 공신력집행법 제267조 : **유효한 저당권의 사후소멸**

바. 기존 명의신탁에 대한 유예기간 경과1996.7.1. 이후

(1) 수탁자 · 수탁자 상속인

(가) 소유권 주장 불가[대법원 2006. 8. 24. 선고 2006다18402, 18419 판결] 양자간 명의신탁의 경우에 있어서 신탁자와의 명의신탁약정에 의하여 행하여진 수탁자 명의의 소유권이전등기는 법의 유예기간이 경과한 1996. 7. 1. 이후에는 원인무효로서 말소되어야 하므로, 수탁자로서는 신탁자는 물론 제3자에 대한 관계에서도 수탁된 부동산에 대한 소유권자임을 주장할 수 없고, 소유권에 기한 물권적 청구권을 행사할 수도 없다.

(나) 부동산실명법 시행전 명의수탁자가 이전등기를 경료하지 않은 채 유예기간 경과 : **매수인의 지위 취득**[대법원 2011. 5. 26. 선고 2010다21214 판결] 소유권 취득 불가, 매수자금 부당이득

(2) 신탁자 · 상속인 : 명의신탁해지를 원인으로 하는 이전등기청구 불가[대법원 1999. 1. 26. 선고 98다1027 판결] 부동산실권리자명의등기에관한법률 제11조, 제12조 제1항과 제4조의 규정에 의하면, 같은 법 시행 전에 명의신탁약정에 의하여 부동산에 관한 물권을 명의수탁자의 명의로 등기하도록 한 명의신탁자는 같은 법 제11조에서 정한 유예기간 이내에 실명등기 등을 하여야 하고, 유예기간이 경과한 날 이후부터 명의신탁약정과 그에 따라 행하여진 등기에 의한 부동산에 관한 물권변동이 무효가 되므로 명의신탁자는 더 이상 명의신탁해지를 원인으로 하는 소유권이전등기를 청구할 수 없다. 가처분은 그것이 당해 부동산에 대하여 이루어지고 그 필요성이 인정되는 경우라고 하더라도 등기청구권 등의 피보전권리를 보전하기 위한 것이지 가처분권자인 실권리자의 권리를 공적으로 확인받기 위한 절차라고 볼 수는 없으므로 이러한 가처분은 위에서 말하는 '부동산물권에 관한 쟁송'에 해당한다고 할 수 없다. 따라서 그 본안소송이 법 시행 전 또는 유예기간 중에 제기되지 아니한 이상, 명의신탁약정은 무효로 되므로 이를 원인으로 한 소유권이전등기청구는 허용될 수 없다.

▶ 최초의 소송이 유예기간 중 제기 + 누락된 수탁자의 공동상속인을 상대로 유예기간 후 2차 소송제기 : 명의신탁 실효 부정[대법원 1998. 11. 10. 선고 98다30827 판결] 법 제11조 제4항에서 말하는 '부동산물권에 관한 쟁송'이라 함은 명의신탁자가 당사자로서 해당 부동산에 관하여 자신이 실권리자임을 주장하여 이를 공적으로 확인받기 위한 쟁송이면 족하다고 할 것이고, 따라서 수탁자의 지위를 승계한 공동상속인들 중 일부를 착오로 쟁송의 상대방에서 누락시켰다고 하더라도 그 쟁송의 취지가 당해 명의신탁관계 전체를 대상으로 삼고 있는 것인 한, 그 누락된 공동상속인에 대하여도 '부동산물권에 관한 쟁송'이 제기된 것으로 보아야 하고, 이러한 제1차 소송에서 명의신탁자가 전부 승소하였음에도 불구하고 그 상속지분이 잘못 표시되는 바람에 그 소송 결과에 따른 실명등기를 하지 못한 채 부득이 누락된 상속인을 상대로 다시 실명등기를 위한 제2차 소송을 제기한 경우, 그 제2차 소송이 제1차 소송의 확정 후 상당한 기간 내에 이루어진 것으로서 당해 부동산에 관한 쟁송이 계속되고 있다고 평가되는 경우라면, 위와 같은 일련의 소송들은 그 전체가 일체가 되어 위 법조항에서 말하는 '부동산물권에 대한 쟁송'에 해당된다고 봄이 상당하다고 할 것이므로, 공동상속인의 일부를 누락한 채 제기된 전 소송이 위 법 시행 전 또는 유예기간 중에 이루어진 이상, 위 일련의 소송의 계속중에는 기존의 명의신탁관계가 실효되지

않는다고 할 것이다.

[대법원 1998. 12. 11. 선고 98다43250 판결] 수탁자의 상속인 → 신탁자가 수탁자에 대한 소유권이전등기청구권보전을 위한 가등기의 말소청구(원고 상고기각)

▶ **수탁자**소외2 **상속인**원고 : **가등기**피고 **말소청구**

◀ **새로운 수탁자**피고(신탁자소외1의 처 · 상속인)

▸ 실체관계부합 항변 : ×(∵ 피고 가등기 원인무효)

▸ 유예기간 경과 : 명의신탁소외1+피고약정 무효, 신탁자 · 상속인은 명의신탁해지로 인한 이전등기청구권×

▸ 수탁자소외2에 대한 이전등기청구권 보전을 위한 가등기피고도 원인무효

▸ 수탁자소외2명의 이전등기도 유예기간 경과로 무효 → 수탁자의 상속인인 원고도 유예기간 경과로 소유권 상실

[원심] 소외2와 피고와의 사이에 실질적인 매매예약의 의사는 없었다고 하더라도 매매예약의 형식을 빌어 명의신탁자인 소외1의 지위를 상속한 자의 한 사람이자 상속인들의 실질적인 대표격인 피고에게 장래에 그 소유권을 이전할 의사로써 위 매매예약을 하였다고 할 것이므로 피고는 소외2에 대한 소유권이전등기청구권을 취득하였다고 할 것이고, 따라서 피고의 가등기는 피고의 위 등기청구권이라는 현재의 권리를 표상하는 점에서 실체적 권리관계에 부합하므로 유효

[대법원] 부동산실권리자명의등기에관한법률 제4조, 제11조, 제12조 등에 의하면, 법 시행 전에 명의신탁약정에 의하여 부동산에 관한 물권을 명의수탁자의 명의로 등기하거나 하도록 한 명의신탁자는 법 시행일로부터 1년의 기간 이내에 실명등기를 하여야 하고, 그 기간 이내에 실명등기 또는 매각처분 등을 하지 아니하면 그 이후에는 명의신탁약정은 무효가 되고, 명의신탁약정에 따라 행하여진 등기에 의한 부동산의 물권변동도 무효가 된다고 규정하고 있으므로, 위 유예기간이 경과한 후에는 명의신탁약정의 무효로 말미암아 명의신탁자 또는 그 상속인은 명의수탁자에 대하여 명의신탁약정의 해지로 인한 소유권이전등기청구권을 갖지 아니하고, 명의수탁자에 대한 소유권이전등기청구권을 보전하기 위하여 가등기를 경료하여 두었다고 하더라도 그 가등기 또한 원인무효로서 말소되어야 할 것이다. 따라서 법이 정한 유예기간을 경과한 이후에도 여전히 명의신탁자의 상속인인 피고가 명의수탁자인 소외2의 상속인들에 대하여 이 사건 토지에 대한 소유권이전등기청구권을 보유하고 있다고 본 원심의 판단은 유예기간이 경과한 이후의 명의신탁의 효력에 관한 법리를 오해하였거나 이를 간과한 위법이 있다 할 것이다. 다만 소외1과의 명의신탁약정에 의하여 경료된 소외2 명의의 소유권이전등기 또한 법의 유예기간이 경과한 1996. 7. 1. 이후에는 원인무효로서 말소되어야 할 운명에 있으므로, 소외2의 상속인인 원고들로서는 이 사건 토지에 대한 소유권자임을 주장할 수 없고, 소유권에 기한 물권적 청구권으로서 피고 명의의 가등기에 대한 말소등기청구권을 행사할 수도 없다 할 것이다. 따라서 위 가등기의 말소를 구하는 원고들의 청구는 어차피 인용될 수 없는 것이므로, 원고들의 청구를 배척한 원심의 조치는 그 결과에 있어서 정당하고, 위와 같은 원심의 위법은 판결의 결과에 영향을 미친 바 없는 것이 되어 이 점에 관한 상고이유의 주장은 받아들일 수 없다.

---

(3) 수탁자 처분시 제3자 : 완전한 소유권 취득

사. 귀속청산에 의한 소유권이전 : **귀속청산 주장 + 가등기에 기한 본등기 사실 + 정산절차 완료 사실**[대법원 1996. 7. 30. 선고 95다11900 판결]

아. 혼동

Ⅱ. 피고등기

Ⅱ-1. 피고적격 항변

가. 피고적격 : 등기의무자만등기의무자 아닌 경우 : 각하

■ 근저당권설정등기의 말소등기청구 : 양수인을 상대로 주등기의 말소를 청구[대법원 1995. 5. 26. 선고 95다7550 판결] 근저당권자가 아닌 양도인을 상대로 한 말소청구 : 피고 적격이 없어 부적법

■ 근저당권의 이전원인만이 무효, 취소, 해제되어 부기등기만의 효력을 다투는 경우 : 소의 이익 인정[대법원 2005. 6. 10. 선고 2002다15412, 15429 판결] 저당권부 채권의 양도 : 물권적 합의는 양도인과 양수인 사이에서만 필요, 채무자·물상보증인 사이에까지는 불필요

나. 피고적격 부정 : 등기의무자 아닌 자를 상대로 한 등기말소청구의 소, 말소등기회복등기청구의 소[대법원 1994. 2. 25. 선고 93다39225 판결] 사망한 합유자의 상속인을 상대로 하는 등기말소청구[12], [대법원 2009. 10. 15. 선고 2006다43903 판결] 가등기 회복등기 청구 : 가등기 당시의 소유자가 아니라 가등기가 말소될 당시의 소유자가 피고[13], [대법원 1992. 7. 28. 선고 92다10173, 92다10180(병합) 판결] 타인에게 명의를 신탁한 자, [대법원 2019. 5. 30. 선고 2015다47105 판결] 대표자 변경을 원인으로 한 부기등기를 마친 자

▶ 가등기이전의 부기등기주등기의 말소로 직권말소, 근저당권이전의 부기등기 : 양수인[대법원 1994. 10. 21. 선고 94다17109 판결] 양도인 : 피고적격 부정을 상대로 설정등기부기등기의 말소청구 : 소의 이익 부정의 말소를 청구

▶ 허무인 명의 등기 : 등기행위를 한 자[대법원 2019. 5. 30. 선고 2015다47105 판결] 등기부상 진실한 소유자의 소유권에 방해가 되는 불실등기가 존재하는 경우에 그 등기명의인이 허무인 또는 실체가 없는 단체인 때에는 소유자는 그와 같은 허무인 또는 실체가 없는 단체 명의로 실제 등기행위를 한 자에 대하여 소유권에 기한 방해배제로서 등기행위자를 표상하는 허무인 또는 실체가 없는 단체 명의 등기의 말소를 구할 수 있다. → 원고는 소외인으로부터 이 사건 토지 및 사찰건물을 증여받은 후 세금감면을 목적으로 실체가 없는 단체인 대한불교○○○○

---

12) 이 사건 부동산에 관하여 1978.1.28. 원고 종중 명의로부터 망 소외2(원고 종중의 대표자와는 다른 사람), 제1심 공동피고이던 망 소외1, 피고1 3인 명의로 합유이전등기가 경료된 사실과 위 망 소외2, 소외1이 그 판시 일자에 사망한 사실을 인정한 다음, 위 합유자들간의 다른 특별한 약정이 인정되지 않는 이 사건에 있어 합유물인 이 사건 부동산은 잔존합유자인 피고1의 단독소유로 귀속될 뿐 위 망인들의 상속인들인 피고1을 제외한 나머지 피고들이 이 사건 부동산의 합유자로서의 지위를 승계하였다고 할 수 없어 위 나머지 피고들은 위 망인들 명의의 위 합유등기의 말소에 있어 그 등기의무자로서의 적격이 없다고 하여 원고의 위 나머지 피고들에 대한 이 사건 청구는 부적법한 것이다.

13) 말소된 등기의 회복등기절차의 이행을 구하는 소에서는 회복등기의무자에게만 피고적격이 있는바, 가등기가 이루어진 부동산에 관하여 제3취득자 앞으로 소유권이전등기가 마쳐진 후 그 가등기가 말소된 경우 그와 같이 말소된 가등기의 회복등기절차에서 회복등기의무자는 가등기가 말소될 당시의 소유자인 제3취득자이므로, 그 가등기의 회복등기청구는 회복등기의무자인 제3취득자를 상대로 하여야 한다.

명의로 소유권이전등기를 마쳤으므로 이는 무효이고, 이 경우 소유자인 소외인이 무효인 등기의 말소를 청구할 수 있는 상대방은 위와 같은 실체 없는 단체 명의로 실제 등기행위를 한 원고이지, 대한불교○○○○ 명의의 소유권이전등기를 주등기로 하여 단체의 대표자 변경을 원인으로 한 부기등기를 마친 것에 불과한 피고는 위 소유권이전등기의 말소등기와 관련된 등기의무자가 아니고, 따라서 등기의무자가 아닌 피고를 상대로 무효인 위 소유권이전등기의 말소절차의 이행을 구하는 원고의 이 사건 소는 당사자적격이 없는 사람을 상대로 한 부적법한 소이다.

사법연수원 판결 주문 사례연습 4

Ⅰ. 사실관계

■ 김사철은 2012. 4. 6. 김사석으로부터 이 사건 토지(서울 은평구 진관동 324 대지 200㎡)를 증여받 았으나 인도와 소유권이전등기를 받지 못한 상태에서 뇌출혈로 쓰러짐

■ 김사석의 재산관리를 맡아보던 A와 그의 친구 B는 관계서류를 위조하여 2012. 10. 7. 이 사건 토지에 관하여 서울서부지방법원 은평등기소 접수 제7807호로 B앞으로 소유권이전등기를 경료하고, C에게 이 사건 토지를 매도하여 2012.10.12. 위 등기소 접수 제7917호로 소유권이전등기를 마쳐줌

■ C로부터 이 사건 토지를 매수한 D는 소유권이전등기청구권의 보전을 위하여 처분금지가처분을 신청하였고, 2013.5.27. 이 사건 토지에 관하여 위 등기소 접수 제3346호로 처분금지가처분등기가 마쳐짐

■ D가 중도금을 제 때 지급하지 않자 C는 D와의 매매계약을 해제하고, 2013.5.20. E와 이 사건 토지에 관한 매매예약을 체결하고, 2013.5.21. 위 등기소 접수 제3421호로 위 매매예약에 따른 가등기를 마쳐주었고, 그 후 C, E, F는 매수인 지위를 F가 양수하기로 합의하여 위 등기소 2013. 6. 30.접수 제4401호로 가등기이전등기가 마쳐짐

■ C와 지상권설정계약을 마친 H는 2012.11.11. 위 등기소 접수 제8988호로 지상권등기를 마치고, 2013.2.경 그 지상에 경량철골조 샌드위치패널 단층 음식점 150㎡를 신축한 다음, 2013. 3.경 I에게 임대하였고, I는 그 무렵부터 이 사건 건물에 사업자등록을 하여 점유·사용하며 음식점 영업을 하고 있음

■ 김사철은 2015.9.10. 다음과 같은 내용의 청구를 1개의 소로 병합하여 제기

① 김사석은 김사철에게 이 사건 토지에 관하여 증여를 원인으로 한 소유권이전등기절차를 이행하고, 위 토지를 인도하라.

② 이 사건 토지에 관하여 각 김사석에게 A와 B는 소유권이전등기의 말소등기절차를,

③ C는 위 소유권이전등기의 말소등기절차를,

④ D는 위 가처분등기의 말소등기절차를,

⑤ E, F는 위 가등기의 말소등기절차를

⑥ F는 위 가등기이전등기의 말소등기절차를 각 이행하고,

⑦ H, I는 공동하여 이 사건 토지를 인도하고, H는 이 사건 건물을 철거하고, 이 사건 토지에 관한 지상권등기를 말소하며, I는 이 사건 건물에서 퇴거하라.

Ⅱ. 주문

1. 이 사건 소 중 피고 A, D, E에 대한 각 소, 피고 F에 대한 소 중 가등기이전등기의 말소등기청구 부분을 각 각하한다.

⇒ 법원의 가처분결정에 기하여 그 가처분집행의 방법으로 이루어진 처분금지가처분등기는 집행법원의 가처분결정의 취소나 집행취소의 방법에 의해서만 말소될 수 있는 것이어서 이를 소구할 수는 없다. 일반적으로, 등기관의 직권이나 법원의 촉탁에 의하여 기입된 등기의 말소등기나 말소된 등기의 회복등기는 등기관의 직권이나 법원의 촉탁에 의하여 행하여져야 하므로 그 등기명의인을 상대로 말소등기나 회복등기를 구하는 소는 부적법하다.

2. 서울 은평구 진관동 324 대 200㎡에 관하여

　가. 피고 김사석에게,

　　1) 피고 B는 서울서부지방법원 은평등기소 2012. 10. 7. 접수 제7807호로 마친 소유권이전등기의,

　　2) 피고 C는 같은 등기소 2012. 10. 12. 접수 제7917호로 마친 소유권이전등기의,

　　3) 피고 F는 같은 등기소 2013. 5. 31. 접수 제3421호로 마친 소유권이전등기가등기의,

　　4) 피고 H는 같은 등기소 2012. 11. 11. 접수 제8988호로 마친 지상권등기의

　　각 말소등기절차를 이행하고,

　나. 피고 김사석은 원고에게 2012. 4. 6. 증여를 원인으로 한 소유권이전등기절차를 이행하고, 위 토지를 인도하라.

⇒ 채권자대위권을 행사하여 토지인도나 말소등기를 청구 : 피고의 의무이행 상대방은 피대위자로 함이 원칙이나 대위채권자인 원고에게 토지인도나 말소등기절차를 이행하라고 하는 것도 가능

⇒ 철거청구와 함께 대지의 인도를 명하는 때에는 지목과 토지면적도 함께 기재

3. 피고 김사석에게, 피고 H는 제2항 기재 토지 지상 경량철골조 샌드위치패널지붕 단층 음식점 150㎡를 철거하고, 위 토지를 인도하고, 피고 I는 위 건물에서 퇴거하라.

4. 원고의 피고 I에 대한 나머지 청구토지인도청구를 기각한다.

Ⅲ. 피고등기 원인무효(개개사유 : 공격방어방법)93다11050 변론종결 전 사유 : 기판력 저촉

⇒ 급부청구 항변사유, 계약청산에 기초한 청구사유

1. 채권행위 · 물권행위 하자

■ 매매계약 불성립, 물권적 합의 부재, 해제, 합의해제

■ 대지사용권의 분리처분 : 무효[대법원 2013. 1. 17. 선고 2010다71578 전원합의체 판결] 분양계약 → 각 층기둥, 주벽, 천장 공사완료 → 대지에 대한 담보신탁계약 : 무효, [대법원 2000. 11. 16. 선고 98다45652,45669 전원합의체 판결] 피고2의 피고1에 대한 대지지분의 이전등기가 명의신탁해지에 의한 환원이라도 무효

1-1. 선의 제3자

■ 선의의 제3자 보호규정 : 등기의 공신력을 부여하는 기능

▶ 토지에 대한 매매계약이 취소되는 경우 건물에 대한 이해관계인 : 선의의 제3자 보호규정 적용 배제[대법원 1991. 5. 28. 선고 90다카16761 판결] 계약당사자의 일방이 계약을 해제하여도 제3자의 권리를 침해할 수 없지만, 여기에서 그 제3자는 계약의 목적물에 관하여 권리를 취득하고 또 이를 가지고 계약당사자에게 대항할 수 있는 자를 말하므로, 토지를 매도하였다가 대금지급을 받지 못하여 그 매매계약을 해제한 경우에

있어 그 토지 위에 신축된 건물의 매수인은 위 계약해제로 권리를 침해당하지 않을 제3자에 해당하지 아니한다.

■ 집합건물의 대지로 되어 있는 사정을 모른 채 대지사용권의 목적이 된 토지를 취득한 제3자[대법원 2013. 1. 17. 선고 2010다71578 전원합의체 판결] 집합건물 대지임을 알고 신탁계약 → 선의 제3자 부정

■ 해제 제3자 : 제3자의 선의 입증 불필요[대법원 2005. 6. 9. 선고 2005다6341 판결] 해제를 주장하는 자가 제3자의 악의 입증

1-2. 등기원인의 유효

가. 등기추정력

(1) 권리귀속 추정

(2) 등기원인 추정

⑺ 등기원인, 등기원인행위의 과정·태양을 다르게 주장하더라도 추정 : 과정을 그대로 반영하지 않더라도 현재의 진실한 권리상태를 공시하면 유효[대법원 1994. 9. 13. 선고 94다10160 판결] 등기원인 : 매매, 실제 : 명의신탁, [대법원 2000. 3. 10. 선고 99다65462 판결] 등기원인 : 수탁자로부터 직접 매수, 실제 : 명의신탁자로부터 양도받아 실질적으로 소유하고 있던 소외2로부터 매수 → 피고는 이 사건 토지를 명의수탁자인 소외1로부터 직접 매수한 것이 아니라 원고를 비롯한 3인의 명의신탁자로부터 이를 양도받아 실질적으로 소유하고 있던 소외2로부터 매수하였다면서 이 사건 등기원인행위의 태양이나 과정을 등기부상 기재된 등기원인과 다소 다르게 주장하고 있음을 알 수 있으나, 이러한 주장만으로 이 사건 이전등기의 추정력이 깨어진다고 할 수는 없으므로 명의신탁자가 누구인지에 관한 피고 주장의 일관성 여부나 이 사건 토지의 양수 과정 및 그 대금의 청산 여부에 관한 피고 주장의 입증 여부와 관계없이 이 사건 이전등기가 전 등기명의인인 소외1의 의사에 반하여 이루어진 것으로서 무효라는 점은 이를 다투는 원고 측에서 주장·입증을 하여야 할 것이다.

▸ 피고 등기원인인 증여의 동기·경위가 납득하기 어려운 경우 : 추정복멸[대법원 2005. 9. 29. 선고 2003다40651 판결][14]

---

14) 부동산 등기는 현재의 진실한 권리상태를 공시하면 그에 이른 과정이나 태양을 그대로 반영하지 아니하였어도 유효한 것으로서, 등기명의자가 전 소유자로부터 부동산을 취득함에 있어 등기부상 기재된 등기원인에 의하지 아니하고 다른 원인으로 적법하게 취득하였다고 하면서 등기원인 행위의 태양이나 과정을 다소 다르게 주장한다고 하여 이러한 주장만 가지고 그 등기의 추정력이 깨어진다고 할 수는 없다. 그러므로 소외인 1로부터 피고에게로 경료된 이 사건 소유권이전등기의 등기원인이 명의신탁해지로 되어 있으므로 그 등기의 추정력도 피고와 소외인 1 사이에서 명의신탁관계가 이루어졌다가 해지되었다는 점에만 미친다고 전제하고, 이 사건 임야에 대한 명의신탁관계는 피고와 소외인 1 사이에서 이루어진 것이 아니라 피고의 망 부(父) 소외인 2와 소외인 1의 망 부(夫) 소외인 3 사이에서 이루어졌다가 그들의 사망으로 각 상속인들에게 승계된 사실이 인정되는바, 그 점만으로 바로 피고 명의로 경료된 이 사건 소유권이전등기의 권리추정력은 깨어졌다고 판단한 원심은 등기 추정력에 관한 법리를 오해한 것이다. 그러나 기록에 의하면, 원심이 지적한 바와 같이, 이 사건 임야는 원·피고의 망 부 소외인 2가 사망한 후인 1982. 12. 9. 원고가 경영하던 ○○○○(주)의 채무담보로 제공되었고 그 때부터 현재까지 이 사건 임야에 대한 등기필증을 원고가 소지하고 있는 사실, 원고는 1995.경부터 망 소외인 2가 이 사건 임야를 원고와 피고에게 2분의 1 지분씩 증여하였다면서 그 지분에 대한 처분금지가처분결정을 받는 등 이 사건 임야에 관한 권리를 주장해 온 사실, 피고가 이 사건 임야에 대한 재산세 등을 1994. 10.경 이전부터 납부해 왔다고 볼 자료가 부족한 사실, 피고

(나) 담보물권·피담보채권의 존재 추정[대법원 1969. 2. 4. 선고 68다2329 판결] 근저당권의 설정등기가 되어 있는 이상 그 등기의 공시력에 의하여 이에 상부하는 피담보채권의 존재를 추정하여야 할 것 ↔ [비교 : 대법원 2011. 7. 28. 선고 2011다26254 판결] 대법원 1969. 2. 18. 선고 68다2329 판결이 등기의 추정력에 의하여 피담보채권의 존재를 추정한 것은 아니다.

(다) [비교] 근저당권의 피담보채권을 성립시키는 법률행위가 있었는지 여부 : **존재를 주장하는 측**채권자, 채권자에 대한 압류채권자**에 증명책임**[대법원 2009. 12. 24. 선고 2009다72070 판결] 근저당권은 근저당권설정행위와는 별도로 근저당권의 피담보채권을 성립시키는 법률행위가 있어야 하고, 근저당권의 성립 당시 근저당권의 피담보채권을 성립시키는 법률행위가 있었는지 여부에 대한 입증책임은 그 존재를 주장하는 측에 있다. 한편, 근저당권이 있는 채권이 압류되는 경우, 근저당권설정등기에 부기등기의 방법으로 그 피담보채권의 압류사실을 기입등기하는 목적은 근저당권의 피담보채권이 압류되면 담보물권의 수반성에 의하여 종된 권리인 근저당권에도 압류의 효력이 미치게 되어 피담보채권의 압류를 공시하기 위한 것이므로, 만일 근저당권의 피담보채권이 존재하지 않는다면 그 압류명령은 무효라고 할 것이고, 근저당권을 말소하는 경우에 압류권자는 등기상 이해관계 있는 제3자로서 근저당권의 말소에 대한 승낙의 의사표시를 하여야 할 의무가 있다. 그렇다면, 원고가 이 사건 근저당권등기 당시 피담보채권을 성립시키는 법률행위가 없었다고 다투는 이 사건에 있어서 원고가 근저당권자인 소외인으로부터 금전을 차용하였는지 여부에 대한 입증책임은 위 차용행위의 존재를 주장하는 피고들에게 있다고 할 것이고, 그에 관한 피고들의 입증이 부족하다면 이 사건 근저당권과 압류는 무효로 되어, 압류권자인 피고들은 이 사건 근저당권의 말소에 대한 승낙의 의사표시를 할 의무를 부담하는 것이라 할 것이므로, 그와 달리 원고가 주장하는 차용행위의 부존재를 인정할 만한 입증이 부족하다는 이유로 원고의 청구를 기각한 원심판결에는 근저당권의 피담보채권을 성립시키는 법률행위의 존재에 대한 입증책임의 법리와 근저당권이 있는 채권의 압류에 관한 법리를 오해하여 판결에 영향을 미친 위법이 있다.

는 망 소외인 2로부터 이 사건 임야를 증여받았다고 하면서 그 시기 및 경위에 관하여 망 소외인 2가 유증하였다고 하거나 망 소외인 3에게 명의신탁할 무렵인 1979. 7. 31.경 혹은 1978. 12.경 처음 증여 의사표시를 한 후 1979. 7. 31.경 재차 증여 의사표시를 하였다고 하는 등 그 주장에 일관성이 없는 사실, 피고는 망 소외인 2의 사망 당시까지 △△△△(주)를 물려받기로 되어 있었고 1978.경 및 1979.경 이 사건 임야의 과세표준이 2,099,429원에 불과하여 망 소외인 2가 피고에게 이 사건 임야를 증여하게 된 동기나 증여 당시 바로 소유권이전등기를 경료하지 않은 이유에 대한 피고의 설명이 납득하기 어려운 사실 등을 인정할 수 있고, 이에 의하면 망 소외인 2로부터 이 사건 임야 혹은 임야에 대한 소유권이전등기청구권을 증여받았다는 피고의 주장은 믿기 어렵고, 달리 피고가 이 사건 임야의 소유권을 취득하였다고 볼 만한 다른 사정도 보이지 않으므로, 결국 피고 명의의 이 사건 소유권이전등기의 권리추정력은 위와 같은 사정 등의 입증에 의하여 깨어졌다고 보아야 할 것이다. 등기의 추정력에 관한 원심의 법리 판단은 잘못이기는 하나 이 사건 임야에 관한 피고 명의 소유권이전등기의 권리추정력이 깨어졌다고 본 원심의 판단은 결론에 있어 정당하므로, 위와 같은 잘못은 판결에 영향을 미쳤다고 볼 수 없다. 또, 최종 양수인이 중간생략등기의 합의를 이유로 최초 양도인에게 직접 중간생략등기를 청구하기 위하여는 관계 당사자 전원의 의사합치가 필요하지만, 당사자 사이에 적법한 원인행위가 성립되어 일단 중간생략등기가 이루어진 이상 중간생략등기에 관한 합의가 없었다는 이유만으로는 중간생략등기가 무효라고 할 수는 없는 것이다. 따라서 원심이 피고가 이 사건 임야를 망 소외인 2로부터 생전에 증여받았더라도 중간생략등기에 대하여 그 상속인들의 동의를 받지 않은 이상 그 중간생략등기는 원인무효라고 판시한 부분도 중간생략등기의 효력에 관한 법리를 오해한 것이라 할 것이나, 이 부분은 피고가 이 사건 임야를 증여받은 사실이 인정되는 경우의 가정적 판단에 불과하여 판결에 영향을 미쳤다고 볼 수 없다.

⒝ 원고가 다툴 수 있는 방법

① 다투는 측에서 당해 이전등기가 전 등기명의인의 의사에 반하여 이루어진 것임을 주장 · 입증[대법원 2014. 3. 13. 선고 2009다105215 판결] 위조 사실 입증시 등기명의자인 피고가 자신의 등기가 실체관계에 부합하는 사실에 대한 증명책임 부담

② 소유권보존등기

㉠ 보존등기 명의자에 대한 매도인이 매도사실 부인시 양수인보존등기 명의자이 매수사실 입증 [대법원 1982. 9. 14. 선고 82다카707 판결]

㉡ 보존등기명의인 외의 자가 사정받은 사실[대법원 1980. 8. 26. 선고 79다434 판결]

㉢ 건물보존등기명의인 외의 자가 신축[대법원 1995. 11. 10. 선고 95다13685 판결]

③ 특별조치법상 보존등기 : 보증서, 확인서의 위조[대법원 2001. 11. 22. 선고 2000다71388, 71395 전원합의체 판결]

④ 추정번복

㉠ 허무인으로부터의 이전등기[대법원 1985. 11. 12. 선고 84다카2494 판결, 대법원 1995. 6. 13. 선고 94다36360 판결]

㉡ 전소유자가 아닌 자의 행위에 의한 이전등기[대법원 1957.11.4. 선고 4290민상199 판결]

㉢ 등기부 자체로 부실등기임이 명백대법원 1982. 9. 14. 선고 82다카134 판결, [대법원 1997. 9. 5. 선고 96다33709 판결] 공유지분 분자 > 분모

㉣ 매수인과 등기명의자의 불일치[대법원 1968. 12. 3 선고 68다1962 판결]

㉤ 허위성의 입증 : 의심이 들 정도[대법원 1993. 5. 11. 선고 92다52870 판결] 부동산소유권이전등기등에관한 특별조치법에 의하여 경료된 소유권이전등기는 같은 법 소정의 적법한 절차에 의한 것으로 실체관계에 부합하는 등기로 추정되므로 그 등기의 말소를 소구하는 자에게 추정번복의 주장입증책임이 있지만, 상대방이 등기의 기초가 된 보증서나 확인서의 실체적 기재내용이 허위임을 자인하거나 실체적 기재내용이 진실이 아님을 의심할 만큼 증명이 된 때에는 그 추정력이 번복된 것으로 보아야 하고 보증서 등의 허위성의 입증정도가 법관이 확신할 정도가 되어야만 하는 것은 아니다.

⑤ 가등기

㉠ 본등기를 청구할 법률관계에 대한 추정 부정[대법원 1979. 5. 22. 선고 79다239 판결] 소유권이전청구권의 보전을 위한 가등기가 있다하여 반드시 소유권이전등기할 어떤 계약관계가 있었던 것이라 단정할 수 없으므로 소유권이전등기를 청구할 어떤 법률관계가 있다고 추정이 되는 것도 아니다.

㉡ 사망자 명의로 신청하여 이루어진 등기 : 등기 추정력 부정[대법원 2018. 11. 29. 선고 2018다200730 판결] 의용 민법과 의용 부동산등기법 적용 당시 행하여진 가등기의 구체적인 등기원인이 존재하는 것으로 추정할 수 없다. 가등기의 구체적인 등기원인의 추정력이 부정되는 것은 현행 민법과 부동산등기법에 따라 이루어진 가등기에 관해서도 마찬가지이다.

▸ 위조된 서류에 의한 가등기말소 : 가등기는 적법한 원인에 의하여 이루어진 것으로 추정[대법원 1997. 9. 30. 선고 95다39526 판결] 등기는 물권의 효력 발생 요건이고 존속 요건은 아니어서 등기가 원인 없이 말소된 경우에는 그 물권의 효력에 아무런 영향이 없고, 그 회복등기가 마쳐지기 전이라도 말소된 등기의 등기명의인은 적법한 권리자로 추정되므로 원인 없이 말소된 등기의 효력을 다투는 쪽에서 그 무효 사유를 주장·입증하여야 한다. 수탁자의 임의처분에 대비하는 종중 명의 가등기도 유효[15]

(3) 절차적법 추정

(가) 특별대리인 선임[대법원 2002. 2. 5. 선고 2001다72029 판결] 이해상반행위라도 친권자 명의 등기가 되었다면 필요한 절차를 적법하게 거친 것으로 추정

(나) 토지거래 허가

(4) 대리권 존재 추정

(가) 현등기명의인의 등기 적법 추정[대법원 1995. 5. 9. 선고 94다41010 판결]

▸ 전등기명의인이 제3자의 무권대리, 위조 사실 주장·증명[대법원 1992. 4. 24. 선고 91다26379, 26386(병합) 판결] 피고들 등기에 제3자가 개입 → 원고가 무권대리, 위조 입증 필요

(나) 이해상반행위(제921조) : 무권대리 무효

① 이해상반행위 부정(유권대리)[대법원 1998. 4. 10. 선고 97다4005 판결] 법정대리인인 친권자가 부동산을 미성년자인 자에게 명의신탁하는 행위는 친권자와 사이에 이해상반되는 행위에 속한다고 볼 수 없으므로, 이를 특별대리인에 의하여 하지 아니하였다고 하여 무효라고 볼 수 없다.

② 표현대리(법정대리와 표현대리)

③ 등기추정력 : 적법한 절차를 거친 것(특별대리인 선임)으로 추정

▸ 취소사유(증여계약 : 미성년자의 법률행위)

▸ 제척기간 경과2001다72029

(다) 친권남용

▸ 친권남용 부정[대법원 1991. 11. 26. 선고 91다32466 판결] 원고의 친권자인 모가 소론과 같이 원고에게는 오로지 불이익만을 주는데도 자기 오빠의 사업을 위하여 원고 소유의 부동산을 피고에게 담보로 제공하였고, 피고도 그와 같은 사정을 잘 알고 있었다고 하더라도, 그와 같은 사실만으로 원고의 모의 근저당권 설정행위가 바로 친권을

---

15) 원고 소송피수계인 명의의 가등기가 그 등기명의인의 의사에 기하지 아니하고 위조된 서류에 의하여 부적법하게 말소된 사실이 인정되는 이상 위 가등기는 여전히 적법한 등기원인에 의하여 이루어진 것으로 추정된다. 그러므로 위 가등기의 등기원인이 1988. 2. 9.자 매매예약으로 되어 있고, 원고가 위 등기원인과는 달리, 원고 소송피수계인의 동생인 소외2가 그를 대리하여 경기 용인군 (주소1 생략) 전 340㎡(103평), (주소2 생략) 전 1,445㎡, (주소3 생략) 임야 14,270㎡를 전전매수하여 피고1에게 소유자 명의를 신탁하여 소유권이전등기를 하고, 피고1이 이 사건 부동산들을 임의로 처분하지 못하도록 할 목적으로 위 가등기를 마쳐두었다고 주장하고 있으며, 원고가 그 사실을 입증하지 못한다 하더라도 그로 인하여 위 가등기의 권리추정력이 깨어져 원고가 위 가등기가 실체관계에 부합하는 가등기라고 하는 것을 입증할 책임을 지게 되는 것은 아니고, 여전히 위 가등기의 말소등기가 실체관계에 부합하는 것이라고 주장하는 피고들이 그 주장 사실을 입증할 책임을 지는 것이다.

남용한 경우에 해당한다고는 볼 수 없다.

▸ 선의·무과실

나. 무효범위의 제한 : 도박채무의 이행행위가 아닌 대리권 수여행위[대법원 1995. 7. 14. 선고 94다40147 판결]

다. 양립가능 사유 : 해제 전 이행, 해제권 행사가 신의성실원칙 위반

라. 선의의 제3자/유추 : 친권남용 법률행위의 제3자(친권남용에 의한 매매계약의 매수인으로부터의 전매수인)[대법원 2018. 4. 26. 선고 2016다3201 판결] 피고는 소외2(친권남용자로부터의 매수인)로부터 이 사건 각 부동산을 매수하여 소유권이전등기를 마침으로써 소외3(친권자)의 친권 남용에 따라 외형상 형성된 법률관계를 기초로 하여 새로운 법률상 이해관계를 가지게 되었고, 기록상 피고가 소외2로부터 이 사건 각 부동산을 매수할 당시 이 사건 매매계약이 소외3의 친권 남용에 의해 체결된 사실을 알고 있었다고 인정할 만한 사정이 보이지 아니하므로, 피고에 대하여는 특별한 사정이 없는 한 이 사건 매매계약이 소외3의 친권 남용에 의해 체결된 것이라는 사정을 들어 대항할 수 없다.

마. 표현대리 성립

바. 추인[대법원 2003. 5. 30 선고 2003다14713 판결]

▸ 추인 전에 소유자가 대위권 행사사실을 안 사실[대법원 1975. 12. 23. 선고 73다1086 판결]

▸ 장기간 이의를 제기한 바 없다는 사유 : 추인한 것으로 볼 수 없음[대법원 1991. 3. 27. 선고 90다17552 판결]

▸ 무효행위추인 : 무효인 가등기의 전용 → 소급효 부정[대법원 1992. 5. 12. 선고 91다26546 판결]

사. 일물일권주의 위반 부정 : 등기부상 지적을 넘는 면적에 대하여도 등기부상 면적과 함께 매수인에게 귀속[대법원 2016. 6. 28. 선고 2016다1793 판결] 물권의 객체인 토지 1필지의 공간적 범위를 특정하는 것은 지적도나 임야도의 경계이지 등기부의 표제부나 임야대장·토지대장에 등재된 면적이 아니므로, 부동산등기부의 표제부에 토지의 면적이 실제와 다르게 등재되어 있어도 이러한 등기는 해당 토지를 표상하는 등기로서 유효하다. 또한 부동산등기부의 표시에 따라 지번과 지적을 표시하고 1필지의 토지를 양도하였으나 양도된 토지의 실측상 지적이 등기부에 표시된 것보다 넓은 경우 등기부상 지적을 넘는 토지 부분은 양도된 지번과 일체를 이루는 것으로서 양수인의 소유에 속한다.

아. 구분소유적 공유관계 존속 : 특정부분 이외의 부분에 관한 등기는 상호명의신탁관계에 의한 등기로서 유효[대법원 1991. 5. 10. 선고 90다20039 판결] 153.8평 중 123평을 특정해서 매도하였는데 등기는 239/250으로 이루어진 경우 239/250 - 123/158.3 부분은 원인무효가 아니라 최초의 양도인(원고)과 최후의 양수인(피고) 사이에 명의신탁관계 성립

자. 담보목적 등기 : 실명법에 위반하는 무효의 등기가 아님[대법원 2008. 2. 28. 선고 2007다 37394,37400 판결]

2. 등기하자

가. 형식적 하자 : 부동산 등기법에 따른 등기의 존재

(1) 실질관계와 동일성·유사성이 없는 경우[대법원 2007. 7. 26. 선고 2007다19006,19013 판결] 지번 표시, 면적 상이, [대법원 1995. 9. 29. 선고 95다22849, 22856(참가) 판결] 실제와 표제부 사이 행정구역이 상이

(2) 불법말소

㈎ 등기추정력 인정[대법원 1982. 9. 14. 선고 81다카923 판결] 등기는 물권의 효력발생요건이고 효력존속요건이 아니므로 물권에 관한 등기가 원인없이 말소된 경우에 그 물권의 효력에는 아무런 영향을 미치지 않는다.

㈏ 회복등기 가능 : 말소 당시 명의인이 피고[대법원 1979. 7. 24. 선고 79다345 판결] 갑 명의 소유권보존등 기 → 을 명의 소유권이전등기 → 병이 갑 명의 보존등기가 무효임을 주장하여 갑과 을 명의 등기의 말소를 청구하 여 승소한 후 그 판결의 집행으로 각 등기를 말소하여 등기용지가 폐쇄된 다음 정 명의 소유권보존등기 → 을이 확 정판결에 대한 재심 후 정을 상대로 보존등기의 말소, 병을 상대로 말소회복등기 청구 : 부동산에 관한 등기는 법률 에 다른 규정이 없는 한 등기권리자와 등기의무자의 신청에 의하는 것인 바 여기서 말하는 등기의무자라 함은 등 기부상의 형식상 신청하는 그 등기에 의하여 권리를 상실하거나 기타 불이익을 받을 자(등기명의인이거나 그 포괄 승계인)를 말한다고 할 것임은 동법 제40조 제1항 3호가 등기신청엔 등기의무자의 권리에 관한 등기필증의 제출을 요구하는 한편 동 제55조 제6호에서 신청서에 게재한 등기의무자의 표시가 등기부와 부합하지 아니한 때는 등기신 청을 각하하도록 규정하고 있는 점을 미루어 짐작할 수 있다. 그런데 본건에서 피고8, 피고9가 위와 같이 취소된 확정판결의 집행으로 원고들의 소유권이전등기를 말소하였으니 동 피고들은 동 판결이 취소된 이상 원고들의 위 말소된 소유권이전등기를 복구하여 줄 추상적인 의무가 있다고 할 것이나 그렇다고 위 말소된 등기의 회복등기를 할 의무가 있는가는 등기법의 절차상 등기의무자에 해당하는 여부에 따라서 결정된다고 볼 것이다. 만일에 동 피 고들이 등기법상 등기의무자에 해당되지 아니하면 등기신청을 할 수 없기 때문이다. 일건 기록을 살펴보아도 동 피고들이 등기부상 등기명의인이거나 그 포괄승계인이라고 볼 자료가 없으므로 말소등기의 회복등기를 하여 줄 등 기의무자라 할 수 없다. 따라서 동 피고들은 본건 회복등기 청구에 있어 피고 적격이 없다할 것으로 이들에 대한 회복등기 청구의 소는 부적법하다고 아니할 수 없다. ➡ 을은 정에 대한 승소판결에 기하여 정 명의 보존등기를 말 소함으로써 등기용지를 폐쇄한 다음 폐쇄된 갑 명의 소유권보존등기와 을 명의의 소유권이전등기가 경료되었던 등 기용지의 부활을 신청하여 구제[사법연수원 부동산등기법 107]

㈐ 경락대금 완납 : 근저당권 소멸, 현소유자를 상대로 승낙의사표시청구 불가[대법원 1998. 10. 2. 선고 98다27197 판결] 부동산에 관하여 근저당권설정등기가 경료되었다가 그 등기가 위조된 등기서류에 의하여 아 무런 원인 없이 말소되었다는 사정만으로는 곧바로 근저당권이 소멸하는 것은 아니라고 할 것이지만, 부동산이 경 매절차에서 경락되면 그 부동산에 존재하였던 근저당권은 당연히 소멸하는 것이므로(민사집행법 제91조 제2항, 제 268조), 근저당권설정등기가 원인 없이 말소된 이후에 그 근저당목적물인 부동산에 관하여 다른 근저당권자 등 권 리자의 경매신청에 따라 경매절차가 진행되어 경락허가결정이 확정되고 경락인이 경락대금을 완납하였다면, 원인 없이 말소된 근저당권은 이에 의하여 소멸하였다고 할 것이고, 근저당권설정등기가 위법하게 말소되어 아직 회복등 기를 경료하지 못한 연유로 그 부동산에 대한 경매절차에서 피담보채권액에 해당하는 금액을 전혀 배당받지 못한

근저당권자로서는 위 경매절차에서 실제로 배당받은 자에 대하여 부당이득반환 청구로서 그 배당금의 한도 내에서 그 근저당권설정등기가 말소되지 아니하였더라면 배당받았을 금액의 지급을 구할 수 있을 뿐이라고 할 것이다.[16)]

(3) 1부동산 1등기기록 원칙 위반

㈎ 중복등기 : 후행 보존등기 무효[대법원 2008. 2. 14. 선고 2007다63690 판결] 동일 부동산에 관하여 등기명의인을 달리하여 중복된 소유권보존등기가 경료된 경우에는 먼저 이루어진 소유권보존등기가 원인무효가 아닌 한 뒤에 된 소유권보존등기는 실체관계에 부합한다고 하더라도 1부동산 1등기용지주의의 법리에 비추어 무효이고, 이러한 법리는 뒤에 된 소유권보존등기의 명의인이 당해 부동산의 소유권을 원시취득한 경우에도 그대로 적용된다.

2-1. 선행보존등기의 원인무효[대법원 1990. 11. 27. 선고 87다카2961,87다453 전원합의체 판결]

㈏ 외관상의 중복등기 : 말소대상[대법원 2001. 3. 23. 선고 2000다51285 판결] 어느 등기가 그 표제부에 표시된 부동산에 관한 권리관계를 표시하는 것으로서 유효한 것이 되기 위하여는 우선 그 표시가 실제의 부동산과 동일하거나 사회관념상 그 부동산을 표시하는 것이라고 인정될 정도로 유사하여야 하고, 그 동일성 내지 유사성 여부는 토지의 경우에는 지번과 지목, 지적에 의하여 판단하여야 한다. 이 사건에서 보면, 그 표제부 표시란의 지번, 지목, 지적이 토지대장 및 지적도와 일치하는 (주소2 생략) '구거 324㎡'로 표시된 등기가 유효한 것으로 보아야 할 것임은 당연하나, 반면 같은 지번에 '전 252평'(①)과 '도로 446㎡'(②)로 각 표시된 등기는 실제의 부동산과 지번만 같고 그 지목과 지적이 현저하게 다를 뿐만 아니라, 특히 같은 지번상에 그 표시가 실제와 일치하는 유효한 등기가 존재하는 점을 고려할 때 이는 실제의 부동산을 표상하지 못하는 것으로서 존재하지 아니하는 부동산에 관한 등기(이른바, 외관상의 중복등기)라고 보지 않을 수 없으므로, 이들 피고 명의의 각 소유권보존등기는 무효로서 말소될 처지에 놓여 있다고 하지 않을 수 없다. 그러나 가등기는 부동산등기법 제6조 제2항의 규정에 의하여 그 본등기시에 본등기의 순위를 가등기의 순위에 의하도록 하는 순위보전적 효력만이 있을 뿐이고, 가등기만으로는 아무런 실체법상 효력을 갖지 아니하는 것으로서, 가사 이 사건에서와 같이 그 본등기를 명하는 판결이 확정된 경우라도 본등기를 경료하기까지는 마찬가지이므로, 피고 명의의 각 소유권보존등기가 비록 무효일 망정, 가등기권리자에 불과한 원고로서는 피고에 대하여 그 말소를 청구할 권리가 있다고 할 수 없다(다만, 원고가 먼저 (주소2 생략) 구거 324㎡에 관하여 가등기에 기한 본등기를 경료한 다음에 그 소유권자의 지위에서 피고 명의의 각 등기에 관하여 피고를 상대로 그 말소를 구하거나, 그 등기명의인인 피고를 대위하여 멸실등기에 준하는 등기를 신청하는 등의 절차에 의하여 피고 명의의 각 등기를 말소할 수 있음은 별론으로 한다).

(4) 구분소유권의 객체 범위를 확정할 수 없는 건물의 일부에 대한 구분소유권등기 : 무

효[대법원 2013. 3. 28. 선고 2012다4985 판결][17)], ⇔ [비교 : 대법원 2020. 9. 7. 선고 2017다204810 판결] 구분건

---

16) 원고 명의의 근저당권설정등기가 1990. 12. 6. 소외1이 위조한 원고의 인장 등에 의하여 말소된 다음, 같은 날 소외2 명의의 근저당권설정등기와 1991. 3. 2. 소외3 명의의 근저당권설정등기가 각 경료되었으며, 그 이후 원고는 1991. 3. 27. 이 사건 토지에 대한 처분금지가처분결정을 받아 등기를 마치고 위 소외1을 상대로 말소된 원고 명의의 근저당권설정등기에 대한 회복등기를 구하는 소송을 제기하여 1992. 11. 6. 승소판결을 받았으나, 한편 위 소외3의 신청에 의하여 1992. 4. 23. 이 사건 토지에 관한 강제경매개시결정이 이루어져 위 강제경매절차에 따라 경매가 진행된 결과 소외 4가 1992. 12. 28. 이를 경락받아 1993. 5. 6. 경락을 원인으로 한 소유권이전등기까지 마쳤다면, 원고 명의의 위 근저당권은 등기부에 그 설정등기가 존속하고 있는지에 관계없이 위 경락으로 인하여 소멸하였다고 할 것이므로, 이미 소멸한 근저당권에 관한 말소등기의 회복등기를 위하여 현소유자를 상대로 그 승낙의 의사표시를 구할 수는 없다고 할 것이다.

17) 1동의 건물 중 구조상 구분된 수개의 부분이 독립한 건물로서 구분소유권의 목적이 되었으나 그 구분건물

물로 등기된 1동의 건물 중 일부에 해당하는 구분건물들 사이에서 구조상의 구분이 소멸되는 경우에 그 구분건물에 해당하는 일부 건물 부분은 종전 구분건물 등기명의자의 공유로 된다. 구조상의 독립성이 상실되지 아니한 나머지 구분건물들의 구분소유권은 그대로 유지됨에 따라 그 일부 건물 부분은 나머지 구분건물들과 독립되는 구조를 이룬다고 할 것이고, 또한 집합건물 중 일부 구분건물에 대한 공유도 당연히 허용되므로 그 일부 건물 부분과 나머지 구분건물들로 구성된 1동의 건물 전체는 집합건물의 소유 및 관리에 관한 법률의 적용을 받는다.

나. 실질적 하자

2-2 실체관계부합

가. 이념[민법판례연구 96]

(1) 현상존중 : 등기에 절차적 흠이 있었더라도 현재의 실체관계를 표상하고 있다면 그 현상을 존중등기는 현재의 권리관계를 공시

(2) 효율성 : 기존 등기를 정정한 후 다시 절차적 유효요건을 갖추어 같은 등기를 행하는 번잡함 회피

나. 적용요건[민법판례연구 96]

(1) 원칙 : 실체 구비 + 절차 결여

㈎ 등기 당시 실체관계는 존재하였지만 그 실체관계를 표상하기 위한 등기절차에 하자가 있었던 경우에 적용[민법판례연구 95], [대법원 2021. 10. 14. 선고 2021다243430 판결] 공부상 공시된 등기가 실체

들 사이의 격벽이 제거되는 등의 방법으로 각 구분건물이 건물로서의 독립성을 상실하여 일체화되고 이러한 일체화 후의 구획을 전유부분으로 하는 1개의 건물이 되었다면 기존 구분건물에 대한 등기는 합동으로 인하여 생겨난 새로운 건물 중에서 위 구분건물이 차지하는 비율에 상응하는 공유지분 등기로서의 효력만 인정된다. 또한 인접한 구분건물 사이에 설치된 경계벽이 일정한 사유로 제거됨으로써 각 구분건물이 구분건물로서의 구조상 및 이용상의 독립성을 상실하게 되었다고 하더라도, 각 구분건물의 위치와 면적 등을 특정할 수 있고 사회통념상 그것이 구분건물로서의 복원을 전제로 한 일시적인 것일 뿐만 아니라 그 복원이 용이한 것이라면, 각 구분건물은 구분건물로서의 실체를 상실한다고 쉽게 단정할 수는 없고, 아직도 그 등기는 구분건물을 표상하는 등기로서 유효하지만, 구조상의 구분에 의하여 구분소유권의 객체 범위를 확정할 수 없는 경우에는 구조상의 독립성이 있다고 할 수 없고, 구분소유권의 객체로서 적합한 요건을 갖추지 못한 건물의 일부는 그에 관한 구분소유권이 성립할 수 없으므로, 건축물관리대장상 독립한 별개의 구분건물로 등재되고 등기부상에도 구분소유권의 목적으로 등기되어 있더라도, 그 등기는 그 자체로 무효이다. → ㅁㅁㅁ상가 건물 내 기존 구분소유 부분으로 각 등기된 15개의 구분건물은, 격벽이 처음부터 없었거나 이 사건 리모델링으로 제거되고, 구조, 위치와 면적이 모두 변경됨으로써 구분건물로서의 구조상 및 이용상의 독립성을 상실하여 일체화되었다고 보이는바, 비록 위와 같은 일체화 후에 ㅁㅁㅁ상가 건물이 약 250개의 점포로 나뉘어 이용되고 있더라도, ㅁㅁㅁ상가 건물의 구조상의 구분에 의해서는 기존 구분등기에 따른 구분소유권의 객체 범위를 확정할 수 없고, 위 리모델링이 기존 구분건물로서 복원을 전제로 한 일시적인 것이라거나 복원이 용이해 보이지도 않으므로 기존 구분건물로서의 구조상의 독립성이 있다고 할 수 없다. 따라서 이 사건 건물에 관한 구분등기는 그 자체로 무효이고, 이 사건 리모델링으로 생겨난 새로운 ㅁㅁㅁ상가 건물 중에서 이 사건 건물이 차지하는 비율에 상응하는 공유지분 등기로서의 효력만 인정된다.

적 권리관계에 부합한다 함은 그 등기절차에 문서의 위조 등 어떤 하자가 있다 하더라도 진실한 권리관계와 합치되는 것을 말하는 것이다. 원심이 이 사건 상가에 관한 이 사건 근저당권설정등기 및 부기등기의 각 말소등기가 실체적 권리관계에 부합한 유효한 등기라고 판단한 것은 사후적으로 실체적 권리관계에 부합하는 법률행위 등이 있다는 것이 아니라 그 말소등기 당시 그 등기가 실체적 권리관계에 부합하였다는 것이므로 그 판단이 정당하려면 원고가 애초부터 소외 2로부터 계약양도를 이유로 이전받는 공동담보 대상에 이 사건 상가가 포함되어 있지 않다거나 설령 그렇지 않더라도 위와 같은 말소등기가 원고의 동의를 전제로 이루어졌다는 사실이 인정되어야 할 것이다.

말소등기회복청구와 실체관계부합 항변 관련 법리[대법원 2021. 10. 14. 선고 2021다243430 판결]

➡️ 원고 : 근저당권말소등기회복등기 청구

- 소외3의 요청으로 소외1채무자에 대한 연대보증인에게 금원대여, 소외2채무자 코엠건설에 대한 대여금 채권자이자 근저당권자의 지분에 관하여 계약양도를 원인으로 근저당권이전 부기등기 경료
- 소외3의 위조에 의하여 제1근저당권설정등기 및 부기등기가 말소 : 관련 형사판결 확정원래 민사재판에 있어서는 형사재판의 사실인정에 구속을 받는 것이 아니라고 하더라도 동일한 사실관계에 관하여 이미 확정된 형사판결이 유죄로 인정한 사실은 유력한 증거자료가 된다고 할 것이므로 민사재판에서 제출된 다른 증거들에 비추어 형사재판의 사실판단을 채용하기 어렵다고 인정되는 특별한 사정이 없는 한 이와 반대되는 사실을 인정할 수 없다.

⬅️ 피고코엠건설로부터 이 사건 상가 매수 : 실체관계부합 항변

① 원고의 대여금에 비추어 담보가 과다

▸ 대여금 액수가 적다고 하더라도 그 담보의 규모가 과다하다고 단정불가담보의 내용이나 규모는 당사자 사이의 협의에 의하여 결정되는 것이므로

② 원고는 소외3에게 소외1에 대한 금전 대여 및 근저당권설정에 관한 권한 위임

▸ 소외3이 원고로부터 원고가 제공받게 될 담보 내용을 임의로 변경할 수 있는 권한을 부여받았다거나, 사후에 이 사건 근저당권설정등기 중 일부를 해제하거나 일부를 포기할 권한을 부여받았다고 볼 수 없음통상 대부중개업자가 전주를 위하여 금전소비대차계약과 그 담보를 위한 담보권설정계약을 체결할 대리권을 수여받은 것으로 인정되는 경우라 하더라도 특별한 사정이 없는 한 일단 금전소비대차계약과 그 담보를 위한 담보권설정계약이 체결된 후에 이를 해제할 권한까지 당연히 가지고 있다고 볼 수는 없다.

③ 원고가 소외3에게 근저당권 이전을 위하여 교부한 위임장에는 이 사건 상가가 포함되었으나 그 후 사정변경으로 이를 제외

▸ 위임장 교부 이후에 발생한 사정변경으로 볼 수 없음피고가 2016. 5. 20. 코엠건설과 매수계약을 체결하면서 잔금지급일을 2016. 7. 12.로 정하였는데 이러한 사정은 소외3이 2016. 7. 12. 원고로부터 위임장을 받을 당시 이미 확인된 사항이므로

(내) 등기절차의 하자가 있더라도 진실한 권리관계와 합치[대법원 1994. 6. 28. 선고 93다55777 판결] 대금 전액 지급, 대금지급 전이라도 이전등기하기로 하는 특약 ➡ 현재의 등기가 행하여져야 할 실체적 권리의 존재

(2) 확장 : 실체의 사후적 구비 유형에도 확장

다. 유형

(1) 이미 경료된 중간생략등기

㈎ 3자합의

① 각 매매계약이 유효하게 성립함을 전제[대법원 1997. 11. 11. 선고 97다33218 판결] 토지거래허가구역 내의 토지가 토지거래허가 없이 소유자인 최초 매도인으로부터 중간 매수인에게, 다시 중간 매수인으로부터 최종 매수인에게 순차로 매도되었다면 각 매매계약의 당사자는 각각의 매매계약에 관하여 토지거래허가를 받아야 하며, 위 당사자들 사이에 최초의 매도인이 최종 매수인 앞으로 직접 소유권이전등기를 경료하기로 하는 중간생략등기의 합의가 있었다고 하더라도 이러한 중간생략등기의 합의란 부동산이 전전 매도된 경우 각 매매계약이 유효하게 성립함을 전제로 그 이행의 편의상 최초의 매도인으로부터 최종의 매수인 앞으로 소유권이전등기를 경료하기로 한다는 당사자 사이의 합의에 불과할 뿐, 그러한 합의가 있었다고 하여 최초의 매도인과 최종의 매수인 사이에 매매계약이 체결되었다는 것을 의미하는 것은 아니므로 최초의 매도인과 최종 매수인 사이에 매매계약이 체결되었다고 볼 수 없고, 설사 최종 매수인이 자신과 최초 매도인을 매매 당사자로 하는 토지거래허가를 받아 자신 앞으로 소유권이전등기를 경료하였다고 하더라도 이는 적법한 토지거래허가 없이 경료된 등기로서 무효이다.

② 매도인은 중간 매수인에 대한 항변으로 최종 매수인에게 대항 가능[대법원 2005. 4. 29. 선고 2003다66431 판결] 중간생략등기의 합의란 부동산이 전전 매도된 경우 각 매매계약이 유효하게 성립함을 전제로 그 이행의 편의상 최초의 매도인으로부터 최종의 매수인 앞으로 소유권이전등기를 경료하기로 한다는 당사자 사이의 합의에 불과할 뿐이므로, 이러한 합의가 있다고 하여 최초의 매도인이 자신이 당사자가 된 매매계약상의 매수인인 중간자에 대하여 갖고 있는 매매대금청구권의 행사가 제한되는 것은 아니라고 할 것인바, 이러한 법리에 비추어 보면, 이 사건 토지에 관하여 자신들 소유 명의로 등기가 되어 있는 피고들(최초 매도인)로서는 매수인(최종 매수인)인 소외 회사 명의로 소유권이전등기를 경료해 줄 의무의 이행과 동시에 소외 회사(중간 매수인)에 대하여 위와 같이 인상된 매매대금의 지급을 구하는 내용의 동시이행의 항변권을 보유하고 있다고 보아야 할 것이므로, 피고들은 위와 같이 인상된 매매대금이 지급되지 아니하였음을 이유로 원고 명의로의 소유권이전등기의무의 이행을 거절할 수 있다.

㈏ 합의가 없었더라도 각 매매계약 성립 + 이행[대법원 1979. 7. 10. 선고 79다847 판결] 관계 계약 당사자 사이에 적법한 원인행위가 성립되어 이행된 이상, 중간생략등기에 관한 합의가 없었다는 사유만으로는 그 등기를 무효라고 할 수 없다.

① 최초양도인과 중간자 계약 하자

▶ 제3자 보호규정(제107조 제2항, 제108조 제2항, 제109조 제2항, 제110조 제3항)

② 중간자와 최종매수인 계약 하자 : 중간자는 소유자를 대위하여 말소등기청구 + 이전등기청구

③ 토지거래허가구역 내의 토지, 토지거래허가 잠탈 목적 : 각 매매계약 확정적 무효, 등기 무효, 가등기에 기한 본등기도 무효[대법원 1996. 6. 28. 선고 96다3982 판결] 최초의 매도인과 최종의 매수인 사이에 매매계약이 성립된 것으로 보고, 그들 사이에 토지거래허가만 받으면 유효하게 최후의 매수인 앞으로 소유권이전등기를 경료할 수 있다고 본다면, 허가 없이 체결된 중간 매도인들의 매매행위를 유효한 것으로 취급하게 되고, 결국 중간 매도인들의 투기행위를 용인하는 결과가 되어 위 법이 달성하려는 부동산 투기방지라는 목적은 도저히 달성될 수 없게 된다. → 원고(잠탈 목적 → 확정적 무효)는 위 소외1, 소외2(최초 매도인)에 대하여 직접 이 사건 토지에 관한 토지거래허가 신청절차 협력의무의 이행청구권을 가지고 있다고 할 수 없을 뿐만 아니라, 위

소외4, 소외3(중간 매수인)을 순차 대위하여 위 소외3의 위 소외1, 소외2에 대한 토지거래허가 신청절차 협력의무의 이행청구권을 대위행사할 수도 없으므로, 위 소외1, 소외2에 대한 토지거래허가 신청절차 협력의무의 이행청구권을 피보전권리로 하여 위 소외1, 소외2를 대위하여 피고들의 이 사건 소유권이전등기 및 근저당권설정등기의 말소를 구하는 원고의 이 사건 소는 부적법하다.

(2) 직접 청구 : 관계당사자 전원의 의사합치[대법원 1991. 4. 23. 선고 91다5761 판결] 최초 양도인인 피고가 중간등기생략을 거부하고 있는 이 사건에 있어 다른 특단의 사정이 없는 한, 원심판시와 같이 중간자인 소외 김중옥이 원고에게 이 사건 토지지분을 대물변제로 양도하면서 동 소외인 피고로부터 받은 판시 매도증서 등의 서류를 넘겨 주었다는 것만으로는 원·피고간에 중간등기생략에 관한 합의가 있었다고 할 수는 없다.

(3) 실질적 소유자와 계약 + 등기만 타인으로부터 이전

(가) 실질적 소유자인 명의신탁자와 계약, 등기만 수탁자로부터 이전 : **부동산실명법 제4조 제3항의 제3자에 해당하지는 않으나 실체관계부합으로 대항**[대법원 2008. 12. 11. 선고 2008다45187 판결] 대물변제 목적의 가등기 및 부기등기, [대법원 2017. 3. 9. 선고 2016다258193 판결] 신탁자와 매매계약 + 수탁자로부터 등기이전

(나) 실질적 매수인소외1, 가장 양도인의 담보제공약정에 따라 형식적 매수인소외2 : 이전등기명의자, 가장 양수인으로부터 담보가등기를 이전받은 채권자피고 [대법원 1982. 5. 25. 선고 80다1403 판결] 형식상 (등기부상)은 가장양수인인 소외2와의 매매예약을 원인으로 피고 명의의 가등기가 경료된 것이라 하더라도 이는 소외2와 피고 사이에 실질적인 새로운 법률상의 원인에 의하여 이루어진 것은 아니어서 피고는 위 통정 허위표시에 있어서의 제3자라고 볼 수는 없으며(∵ 민법 제108조의 제3자란 허위표시의 당사자 및 포괄승계인 이외의 자로서 허위표시에 의하여 외형상 형성된 법률관계를 토대로 허위양수인과 새로운 법률원인으로 이해관계를 갖게 된 자), 부동산의 매수자(실질적 소유자)인 위 소외1과의 당초의 판시와 같이 매매대금 차용에 따른 담보제공약정에 따라 그 이행으로서 이루어진 것이므로 피고가 소외2 명의의 소유권이전등기가 진실에 합치되지 않음을 알았건 몰랐건 간에 같은 피고 명의의 본건 가등기는 실체관계에 부합된다 할 것이니, 소외1로서는 그 채무를 이행하지 않고서는 본건 가등기의 말소를 구할 수는 없다 할 것인즉 소외1의 채권자로서 그를 대위하는 원고로서도 피고 명의의 본건 가등기가 소외1과 소외2 간의 통정 허위표시에 터잡아 이루어진 것이라는 이유만으로는 그 말소를 구할 수는 없다.

(4) 미등기부동산의 최종매수인이 보존등기[대법원 1984. 1. 24. 선고 83다카1152 판결, 대법원 1995. 12. 26. 선고 94다44675 판결]

(5) 등기기록매매과 다른 실제 원인증여의 존재[대법원 1980. 7. 22. 선고 80다791 판결] 현재의 권리관계를 공시

(가) 증여 당시 아직 종중이 형성되지 않은 경우 : 증여의사표시 효력 부정[대법원 1992. 2. 25. 선고 91다28344 판결]

(나) 새로운 계약체결상의 하자 존재[대법원 1995. 6. 29. 선고 94다22071 판결] 무권대표에 의한 매수인 지위변경 계약 : 별도의 양도계약이 체결되었다는 특별한 사정이 없는 한 실체관계부합 부정

(다) 토지거래 허가구역 안의 토지에 대하여 매매계약을 체결하였음에도 토지거래허가를 잠탈할 목적으로 증여를 원인으로 이전등기[대법원 2007. 11. 30. 선고 2005도9922 판결] 확정적 무효, 실체

관계 부합 부정

(6) 점유취득시효[대법원 1983. 8. 23. 선고 83다카848 판결]

(가) **점유사실 부정 : 소유권보존등기경료만으로는 점유사실 인정 불가**[대법원 2013. 7. 11. 선고 2012 다201410 판결] 보존등기 : 양도를 전제하지 않음, 보존등기 경료만으로 점유이전 인정 불가

(나) **중복보존등기에 의한 등기부취득시효 : 불가**[대법원 1996. 10. 17. 선고 96다12511 전원합의체 판결] 민법 제245조 제2항의 '등기'는 부동산등기법 제15조가 규정한 1부동산 1용지주의에 위배되지 아니한 등기를 말하므로, 어느 부동산에 관하여 등기명의인을 달리하여 소유권보존등기가 2중으로 경료된 경우 먼저 이루어진 소유권보존등기가 원인무효가 아니어서 뒤에 된 소유권보존등기가 무효로 되는 때에는, 뒤에 된 소유권보존등기나 이에 터잡은 소유권이전등기를 근거로 하여서는 등기부취득시효의 완성을 주장할 수 없다.

(다) **중복보존등기에 의한 점유취득시효완성 : 중복등기자**[대법원 1996. 9. 20. 선고 93다20177, 20184 판결], **중복등기 후 이전등기자**[대법원 2011. 7. 14. 선고 2010다107064 판결] **→ 실체관계 부합 주장 불가**선행 보존등기로부터 소유권이전등기를 한 소유자의 상속인이 후행 보존등기나 그에 기하여 순차로 이루어진 소유권이전등기 등의 후속등기가 모두 무효라는 이유로 등기의 말소를 구하는 소는, 후행 보존등기로부터 이루어진 소유권이전등기가 참칭상속인에 의한 것이어서 무효이고 따라서 후속등기도 무효임을 이유로 하는 것이 아니라 후행 보존등기 자체가 무효임을 이유로 하는 것이므로 상속회복청구의 소에 해당하지 않는다. 2007다63690 동일 부동산에 관하여 이미 소유권이전등기가 경료되어 있음에도 그 후 중복하여 소유권보존등기를 경료한 자가 그 부동산을 20년간 소유의 의사로 평온·공연하게 점유하여 점유취득시효가 완성되었더라도, 선등기인 소유권이전등기의 토대가 된 소유권보존등기가 원인무효라고 볼 아무런 주장·입증이 없는 이상, 뒤에 경료된 소유권보존등기는 실체적 권리관계에 부합하는지의 여부에 관계없이 무효이므로, 뒤에 된 소유권보존등기의 말소를 구하는 것이 신의칙위반이나 권리남용에 해당한다고 할 수 없다.

(라) **[비교] : 중복보존등기자라도 점유취득시효 완성에 의한 이전등기청구(반소)는 가능**[대법원 2009. 6. 25. 선고 2009다16186,16193 판결] 피고측이 이 사건 토지에 대한 점유취득시효가 완성된 사실을 알면서도 그 시효의 이익을 포기하는 의미에서 위와 같은 보상협의를 요청하거나 위와 같은 사업실시계획 승인을 하였다고 보기는 어렵다 하더라도, 피고측과 이 사건 복선화사업의 시행을 담당한 한국철도시설공단이 원고에게 수차례에 걸쳐 보상협의를 제의하고, 한국철도시설공단이 이 사건 토지를 그 실시계획에 따라 분할하는 등 더 이상 취득시효를 원용하지 아니할 것 같은 태도를 보여 원고로 하여금 그와 같이 신뢰하게 하고도 이 사건에서 반소로써 점유취득시효 완성을 원인으로 하여 소유권이전등기청구를 하는 것은 신의칙에 반하여 권리남용으로서 허용되지 않는다.

(7) 등기부취득시효

(가) **10년간 점유 + 등기**시효취득자 명의로 등기

① 적법·유효 불필요예외 : 무효인 중복보존등기

② 등기승계87다카2176

■ **공유등기와 분할등기 기간의 합산 가능**[대법원 1976. 5. 25. 선고 75다1105 판결] 1필지의 부동산에 대하여 1/2씩의 2인공동등기명의자로서 10년간 계속되고 위 등기함과 동시에 양인이 이를 인도받아 점유를 시작하여 10년간 계속되고 그 점유가 소유의 의사로 평온, 공연, 선의이며 과실없을 때에는 각 1/2씩의 지분권을 시효취득하게 되는 바 위 10년 기간 중 위 부동산에 대한 2인 명의로 공동 등기된 것을 분할하여 각자 단독명의로 분할등기를

하였다 하여도 이는 그 소유권을 명확히 한데 불과한 것으로서 동 등기들은 부동산 소유자로 등기한 자가 10년간 계속한 때에 해당하고 또 위 점유도 그 등기된 양인이 하였다면 점유의 특정여부에 불구하고 양인의 점유가 10년간 계속된 때에 해당된다.[18]

■ 상속에 의한 등기승계 가능[대법원 1989. 12. 26. 선고 89다카6140 판결] 상속인은 상속의 개시, 즉 피상속인의 사망이라는 법률요건의 성립에 의하여 피상속인의 재산에 관한 포괄적 권리의무를 승계하고, 권리의 득실변경에 등기를 요건으로 하는 경우에도 상속인은 등기를 하지 아니하고도 상속에 의하여 곧바로 그 권리를 취득하는 것이므로 부동산에 관하여 피상속인 명의로 소유권이전등기가 10년 이상 경료되어 있는 이상 상속인은 부동산등기부시효취득의 요건인 '부동산의 소유자로 등기한 자'에 해당한다고 할 것이어서, 이 경우 피상속인과 상속인의 점유기간을 합산하여 10년을 넘을 때에 등기부취득시효기간이 완성된다 할 것이다.

▶ 무효인 중복보존등기[대법원 1996. 10. 17. 선고 96다12511 전원합의체 판결], 명의신탁자[대법원 2002. 4. 26. 선고 2001다8097,8103 판결] 명의신탁에 의하여 부동산의 소유자로 등기된 자는 그 사실만으로 당연히 부동산을 점유하는 것으로 볼 수 없음은 물론이고 설사 그의 점유가 인정된다고 하더라도 그 점유권원의 성질상 자주점유라 할 수 없는 것이고, 한편 명의신탁자가 스스로 점유를 계속하면서 등기명의를 수탁자에게 이전한 경우에 수탁자의 등기명의를 신탁자의 등기명의와 동일한 것으로 볼 수는 없다.

③ 등기와 점유의 일치 : 공유지분등기자352/443 + 일부점유전체 토지의 443평 중 ㈎부분 → 특정 부분㈎부분에 대한 공유지분352/443 범위 내에서만 시효취득[대법원 1993. 8. 27. 선고 93다4250 판결] 공유자의 1인이 공유부동산 중 특정부분만을 점유하여 왔다면 그 특정부분에 대한 공유지분의 범위 내에서만 민법 제245조 제2항에서 말하는 "부동산의 소유자로 등기한 자"와 "부동산을 점유한 때"라는 등기부취득시효의 요건을 구비한 경우에 해당될 뿐이고 그 나머지 부분은 이에 해당하지 않는다.

㈏ 자주, 평온 · 공연 : 추정(제197조)

▶ 공유지분등기 + 전부점유 : 공유지분 외의 부분은 타주점유[대법원 1993. 2. 23. 선고 92다38904 판결] 공유토지는 공유자 1인이 그 전부를 점유하고 있다고 하여도 다른 특별한 사정이 없다면 그 권원의 성질상 다른 공유자의 지분비율의 범위 내에서는 타주점유라고 볼 수 밖에 없는 것인바, 피고들이 비록 종전토지를 구분소유하고 있었다 하더라도 이 사건 토지로 환지된 이후에 있어서는 종전의 토지에 상응하는 비율에 따라 공유지분만을 취득하는 공유자에 불과하므로, 피고들이 그 토지 위에 건축을 하여 이를 점유하고 있었다고 하더라도 그 토지에 대한 점유는 권원의 성질상 타주점유라고 할 수밖에 없다.

▶ 명의수탁자[대법원 1987. 11. 10. 선고 85다카1644 판결] 명의신탁에 의하여 부동산의 소유자로 등기된 자는 그

---

18) 피고1, 피고2는 1962.8.4 원판결 첨부목록 기재 3,4 부동산을 망 소외1로부터 1962.8.1 같은 5 부동산을 원심피고 소외2로부터 1962.8.4 같은 6,7,8,9,11 부동산을 원심피고 소외3로부터 각 공동으로 매수하여 피고들 공동명의로 소유권이전등기를 경료하고 그때부터 피고1은 같은 6,7,8,9,11 부동산 위에 복숭아나무를 심고, 피고2는 같은 3,4,5,10 부동산 위에 포도나무를 심어서 각 소유의 의사로 평온 공연하게 선의이며 과실 없이 점유하여 온 사실, 다만 등기에 관하여는 위의 공동명의등기를 피고들은 1966.12.8 공유물분할에 의하여 같은 6,7,8,9,11 부동산은 피고1 명의로 같은 3,4,5,10 부동산은 피고2 명의로 각각 분할에 의한 소유권이전등기를 마친 사실을 인정하고 이 사건과 같은 경우에 있어서는 그 등기의 전기간과 점유기간이 때를 같이하여 다같이 10년이 된 때에 해당한다고 하여 피고1, 동 피고2는 앞서 본 부동산을 취득시효 완성으로 시효취득하였다고 판단한 원심조처는 정당하다.

점유권원의 성질상 자주점유라 할 수 없고 수탁자의 상속인은 피상속인의 법률상의 지위를 그대로 승계하는 것이므로 상속인이 따로이 소유의 의사로서 점유를 개시하였다고 인정할 수 있는 별개의 사유가 존재하지 않는 한 수탁자의 상속인으로서는 시효의 효과로 인하여 신탁물인 부동산의 소유권을 취득할 수 없다.

(다) 선의자기소유라고 믿고 하는 점유, 무과실

① 최초 점유개시시전점유자, 피상속인, 시효기간 동안 계속 불필요

② 점유에 대하여[대법원 2005. 6. 23. 선고 2005다12704 판결] 등기부취득시효에 있어서는 점유의 개시에 과실이 없었음을 필요로 하고, 그 입증책임은 주장자에게 있으며, 여기서 무과실이라 함은 점유자가 자기의 소유라고 믿은 데에 과실이 없음을 말한다. 원심으로서는 피고 포천시가 별지1목록 토지를, 피고 대한민국이 별지 2목록 제1 내지 6항 토지를 각 어떤 권원에 의하여 점유하게 되었는지 등을 더 나아가 심리하여 이를 분명히 한 다음 그 각 점유의 개시에 과실이 있었는지 여부를 판단하였어야 할 것임에도, 위 피고들이 어떤 권원에 의하여 점유를 개시하였는지에 관하여는 설시하지도 아니한 채 막연히 그 판시와 같은 사정만으로 점유의 개시에 과실이 없었다고 판단한 데에는, 필요한 심리를 다하지 아니하고 채증법칙에 위배하여 사실을 오인하거나 등기부취득시효에 관한 법리를 오해하여 판결에 영향을 미친 위법이 있다.

③ 선의만 추정(제197조)[대법원 2004. 6. 25. 선고 2004다13052 판결] 무과실은 취득시효 주장자가 입증, 94다22651, 94다7829 피고2가 등기부상의 소유명의자인 소외 4로부터 이 사건 임야를 매수하였다면, 등기부나 다른 사정에 의하여 위 소외 4의 소유권을 의심할 만한 특별한 사정이 없는 한 피고2에게 과실이 없다.

▶ 악의의 무단점유자 승계

▶ 과실 : 처분권한·대리권을 확인하지 않은 자[대법원 1990. 6. 12. 선고 90다카544 판결]

▶ 과실 부존재 : 매도인 = 등기부 소유명의자이전등기명의자 : 대법원 1994. 6. 28. 선고 94다7829 판결, [대법원 2019. 12. 13. 선고 2019다267464 판결] 부동산을 매수하는 사람은 매도인에게 그 부동산을 처분할 권한이 있는지 여부를 알아보아야 하는 것이 원칙이고, 이를 알아보았더라면 무권리자임을 알 수 있었을 때에는 과실이 있다고 보아야 할 것이나, 매도인이 등기부상의 소유명의자와 동일인인 경우에는 그 등기부나 다른 사정에 의하여 매도인의 소유권을 의심할 수 있는 여지가 엿보인다면 몰라도 그렇지 않은 경우에는 등기부의 기재가 유효한 것으로 믿고 매수한 사람에게 과실이 있다고 말할 수는 없는 것이다. 이러한 법리는 매수인이 지적공부 등의 관리주체인 국가나 지방자치단체라고 하여 달리 볼 것은 아니다.

(8) 공시된 외형과 같은 권리취득원인의 실제 존재 : 적법한 대물변제 계약의 존재[대법원 1992. 9. 25. 선고 92다21258 판결] 사망자를 대표자로 하여 허위주소 송달에 의한 의제자백으로 이전등기를 경료하였어도 실체관계에 부합하면 유효

(9) 제3자간 명의신탁에서 수탁자의 신탁자에 대한 이전등기[대법원 2004. 6. 25. 선고 2004다6764 판결]

(10) [비교] 계약명의신탁(매도인 선의) 유예기간 경과 후 신탁자로부터의 새로운 명의수탁자로부터 이전등기를 받은 전득자

(가) 수탁자가 소유권을 취득한 경우이전등기 경료 : 수탁자 소유이므로 당초 명의신탁자의 명의신탁 무효, 전득자 소유권취득 불가

(나) 수탁자가 소유권을 취득하지 못한 경우이전등기 미경료 : 신탁자소외1는 매수자금 부당이득반환청구권∵ 당초 수탁자의 이전등기 부존재만 가질 뿐 소유권은 취득 불가 → 새로운 명의신탁 무효 → 이전등기 무효[대법원 2011. 5. 26. 선고 2010다21214 판결] 부동산실명법의 유예기간이 경과하여 소외2와 소외1 사이의 이 사건 토지에 관한 명의신탁약정이 무효로 될 당시 소외1 명의로 소유권이전등기가 경료된 바 없어 명의수탁인 소외1이 이 사건 토지 자체가 아니라 소외2로부터 제공받은 매수자금 상당을 부당이득하였다고 할 것이므로, 소외2는 소외1에게 매수자금 상당의 부당이득반환채권만을 보유하고 있었던 것에 불과하다. 따라서 소외2가 소외1에 대해 매수자금 상당의 부당이득반환채권만을 보유하고 있었다고 판단한 다음, 이 사건 토지에 관한 피고들 명의의 등기가 실체관계에 부합하는 유효한 등기라는 피고들의 주장을 배척한 원심의 결론 자체는 정당하다.

(11) 무효등기 유용의 합의, 무효등기의 유용 ➡ 실체관계에 부합하는 등기 법리가 특정 영역에서 변형되어 응용된 법리[민법판례연구I 95]

(가) 요건

① 등기의 무효

② 새로운 등기로 유용하기로 하는 합의 : 묵시적 합의나 묵시적 추인 가능

▸ 장기간 이의가 없다는 사유만으로는 묵시적 추인으로 볼 수 없음[대법원 1991. 3. 27. 선고 90다17552 판결]

▸ 피대위자의 보존등기 및 그에 기초하여 이루어진 후속 등기가 무효라고 주장 : 무효등기 유용의 합의가 없었음을 전제 → 무효등기 유용 부정[대법원 2016. 1. 28. 선고 2013다59876 판결], [민법판례연구I 95]

③ 등기상 이해관계 있는 제3자가 존재하지 않을 것[대법원 1989. 10. 27. 선고 87다카425 판결, 대법원 2002. 12. 6. 선고 2001다2846 판결]

(나) 원시적 무효등기의 유용 : 무효인 가장매매에 의한 이전등기 후 유효한 매매계약체결[대법원 1964. 12. 29. 선고 64다1176 판결]

(다) 사후적 무효등기의 유용

① 피담보채권 소멸 후 새로운 채권 성립[대법원 1989. 10. 27. 선고 87다카425 판결]

② 매매예약일로부터 10년의 제척기간 경과 후 가등기 이전의 부기등기[대법원 2009. 5. 28. 선고 2009다4787 판결] 부동산의 매매예약에 기하여 소유권이전등기청구권의 보전을 위한 가등기가 마쳐진 경우에 그 매매예약완결권이 소멸하였다면 그 가등기 또한 효력을 상실하여 말소되어야 할 것이나, 그 부동산의 소유자가 제3자와 사이에 새로운 매매예약을 체결하고 그에 기한 소유권이전등기청구권의 보전을 위하여 이미 효력이 상실된 가등기를 유용하기로 합의하고 실제로 그 가등기 이전의 부기등기를 마쳤다면, 그 가등기 이전의 부기등기를 마친 제3자로서는 언제든지 부동산의 소유자에 대하여 위 가등기 유용의 합의를 주장하여 가등기의 말소청구에 대항할 수 있고, 다만 그 가등기 이전의 부기등기 전에 등기부상 이해관계를 가지게 된 자에 대하여는 위 가등기 유용의 합의 사실을 들어 그 가등기의 유효를 주장할 수는 없다.

[대법원 1998. 3. 24. 선고 97다56242 판결] 저당권설정자의 말소등기청구와 등기유용합의에 의한 대항 가부

저당권 설정자의 말소등기청구

③ 저당권 이전의 부기등기

■ 부기등기를 경료한 새로운 채권자 : 등기 유용의 합의를 주장하여 설정자의 말소등기청구에 대항 가능 97다56242 새로운 제3의 채권자로서는 언제든지 부동산의 소유자에 대하여 위 등기 유용의 합의를 주장하여 저당권설정등기의 말소청구에 대항할 수 있다고 할 것이고, 다만 그 저당권 이전의 부기등기 이전에 등기부상 이해관계를 가지게 된 자에 대하여는 위 등기 유용의 합의 사실을 들어 위 저당권설정등기 및 그 저당권 이전의 부기등기의 유효를 주장할 수는 없다.

■ 부기등기를 경료하기 전 당초 채권자 : 등기유용에 대해 3자간 합의가 있음을 이유로 설정자의 말소등기청구에 대항 가능 : 등기유용의 합의사실만 주장 · 증명 97다56242 부동산 소유자와 종전의 채권자 사이에서는 저당권설정등기는 여전히 등기원인이 소멸한 무효의 등기라고 할 것이므로 부동산 소유자는 종전의 채권자에 대하여 그 저당권설정등기의 말소를 구할 수 있다고 할 것이지만, 부동산 소유자와 종전의 채권자 그리고 새로운 제3의 채권자 등 3자가 합의하여 저당권설정등기를 유용하기로 합의한 경우라면 종전의 채권자는 부동산 소유자의 저당권설정등기말소청구에 대하여 위 3자 사이의 등기 유용의 합의 사실을 들어 대항할 수 있다고 할 것이고 또한 부동산 소유자로부터 그 부동산을 양도받기로 하였으나 아직 소유권이전등기를 경료받지 아니하여 그 소유자를 대위하여 저당권설정등기의 말소를 구할 수밖에 없는 자에 대하여도 마찬가지로 대항할 수 있다.

(라) 제한

① 새로운 채권자의 채무자부동산 소유자에 대한 채권의 부존재[대법원 2008. 4. 11. 선고 2007다20891 판결]

② 가등기 · 저당권설정등기 유용 합의 · 이전의 부기등기 전 등기상 이해관계 있는 제3자의 존재 : 3자간 합의가 있다고 하더라도 제3자에 대한 관계에서 상대적 무효[87다카425] 가등기 유용 합의 전 원고들 이전등기, [2009다4787] 제척기간이 만료된 가등기에 대한 부기등기 전 원고가 가압류, [대법원 1974. 9. 10. 선고 74다482 판결] 근저당권설정등기 유용합의 전 원고 가등기 경료 + 유용 합의 후 본등기 경료, [대법원 1994. 1. 28. 선고 93다31702 판결] 근저당권 이전의 부기등기 전에 원고의 처분금지가처분 → 유용합의는 원고에 대하여는 효력 부정, 실체관계 부합 부정

(마) 제한의 예외

① 이해관계 있는 제3자가 아직 등기를 경료하기 전 : 유용합의로 대항 가능[대법원 1998. 3. 24. 선고 97다56242 판결]

② 대위채권자원고 자신이 제3채무자피고에게 대하여 가지는 사유 : 주장 불가[2009다4787] 원고는 이해관계 있는 제3자는 해당하지만 채무자를 대위하여 말소를 구하는 채권자이므로 자신과 제3채무자인 피고 사이의 독자적인 사유는 주장 불가, [대법원 2019. 5. 16. 선고 2015다253573 판결] 원고(대위채권자, 가등기 유용 전에 강제경매개시결정 기입등기를 마쳐 등기부상 이해관계)는 피고(제3채무자, 소외2에 대하여 가등기유용합의 주장 가능)에 대하여 소외2를 대위하여 말소등기를 청구하므로 자신과 피고 사이의 독자적인 사유는 주장 불가

(12) 위조문서에 의한 등기[대법원 1965. 5. 25. 선고 65다365 판결], 사자명의신청 등기[대법원 1964. 11. 24. 선고 64다685 판결], 대리권 없는 상태의 등기[대법원 1971. 8. 31. 선고 71다1163 판결]

(13) 실체법상 승낙의무 있는 자의 승낙 없이 이루어진 말소등기

(14) 공유자 1인의 단독소유등기 · 전부 처분시 자기 지분 범위내[대법원 1995. 5. 9. 선고 94다 38403 판결] 나머지 지분에 대해서만 말소등기 + 판결의 집행은 경정등기, [대법원 2008. 4. 24. 선고 2008다 5073 판결] 원고 제외 4명의 상속인들의 처분 동의 : 실체관계 부합의 요건사실

(15) 구분소유적 공유관계 토지의 분할 + 단독명의 · 양수인 명의 이전등기[대법원 2009. 12. 24. 선고 2008다71858 판결] 내부적으로는 토지의 특정 부분을 소유하나 등기부상으로는 공유지분을 가지는 이른바 구분소유적 공유관계에서 구분공유자 중 1인이 소유하는 부분이 후에 독립한 필지로 분할되고 그 구분공유자가 그 필지에 관하여 단독 명의로 소유권이전등기를 경료받았다면, 그 소유권이전등기는 실체관계에 부합하는 것으로서 유효하고, 그 구분공유자는 당해 토지에 대한 단독소유권을 적법하게 취득하게 되어, 결국 당해 구분공유자에 관한 한 이제 구분소유적 공유관계는 해소된다고 할 것이다.

(16) 제3자명의 근저당권설정등기를 부기등기로 이전받은 채권자(부기등기시부터 실체관계 부합)[대법원 1992. 2. 28. 선고 91다30149 판결] 등기가 실체적 권리관계에 부합한다고 하는 것은 그 등기절차에 어떤 하자가 있다 하더라도 진실한 권리관계와 합치되는 것을 의미하는바, 채권자가 채무자와 사이에 근저당권설정계약을 체결하였으나 그 계약에 기한 근저당권설정등기가 채권자가 아닌 제3자의 명의로 경료되고 그 후 다시 채권자가 위 근저당권설정등기에 대한 부기등기의 방법으로 위 근저당권을 이전받았다면 특별한 사정이 없는 한 그 때부터 위 근저당권설정등기는 실체관계에 부합하는 유효한 등기로 볼 수 있다.

▶ 근저당권설정등기와 부기등기 사이에 가등기 존재 : 실체관계 부합 부정[대법원 2007. 1. 11. 선고 2006다50055 판결] 이 사건 토지에 대하여 소외인 1 명의의 근저당권설정등기가 2001. 6. 11. 경료되고, 그 후 소외인 2 명의의 소유권이전청구권 가등기가 2003. 12. 27. 경료되었으며, 피고 명의의 위 근저당권이전의 부기등기는 2004. 3. 23. 경료된 사실을 인정할 수 있는바, 위 인정 사실에 의하면 피고는 위 부기등기가 경료된 2004. 3. 23.에 비로소 근저당권을 취득하였다 할 것인데, 이 사건 토지의 등기부상으로는 피고가 소외인 1 명의의 근저당권설정등기에 대한 근저당권이전의 부기등기를 경료받음으로써 부기등기의 순위가 주등기의 순위에 의하도록 되어 있는 부동산등기법 제6조 제1항에 따라 소외인 1 명의의 근저당권설정등기가 경료된 2001. 6. 11. 근저당권을 취득한 것이 되어 위 가등기보다 그 순위가 앞서게 되므로, 결국 위 근저당권설정등기는 실체관계에 부합하는 유효한 등기라고 볼 수 없다.

▶ 가담법 3, 4위반 : 무효(약한 의미의 양도담보 효력도 부정)

(17) 가등기담보법 관련

㈎ 정당한 청산금 지급 · 청산기간 경과

㈏ 청산절차를 거치지 않은 본등기는 무효이나 채권자와 채무자가 제3자에게 이전등기를 하기로 합의하고 그 합의에 따라 본등기 말소절차를 생략한 채 직접 채권자로부터 제3자 앞으로 이전등기[대법원 2021. 2. 25. 선고 2016다232597 판결]

(18) 종중총회 결의 하자의 추인[대법원 1995. 6. 16. 선고 94다53563 판결]

(19) 권리자 사망 전 이전등기 + 무권리자의 본인 상속(단순승인)

▶ 재산분리신청, 한정승인 : 상속인의 채권자 우선 만족(제1050조, 제1031조)

(20) 상속인이 임의의 근저당권설정등기 경료 후 상속재산분할로 소유권취득

▶ 추가 상속재산분할에 의한 정지조건 불성취

▶ 당초의 상속재산분할협의에 대한 해제의 제3자[대법원 2004. 7. 8. 선고 2002다73203 판결] 상속재
산 분할협의는 공동상속인들 사이에 이루어지는 일종의 계약으로서, 공동상속인들은 이미 이루어진 상속재산 분할
협의의 전부 또는 일부를 전원의 합의에 의하여 해제한 다음 다시 새로운 분할협의를 할 수 있고, 상속재산 분할협
의가 합의해제되면 그 협의에 따른 이행으로 변동이 생겼던 물권은 당연히 그 분할협의가 없었던 원상태로 복귀하
지만, 민법 제548조 제1항 단서의 규정상 이러한 합의해제를 가지고서는, 그 해제 전의 분할협의로부터 생긴 법률
효과를 기초로 하여 새로운 이해관계를 가지게 되고 등기·인도 등으로 완전한 권리를 취득한 제3자의 권리를 해하
지 못한다.

(21) 취소채권자 외의 다른 채권자가 마친 말소등기[대법원 2015. 11. 17. 선고 2013다84995 판결]

㈎ 원칙 : 다른 채권자는 말소등기청구 불가취소채권자가 아닌 다른 채권자는 선행 취소판결에 기하여 말소
등기를 청구할 수 없음(상대적 효력), 채무자와 제3채무자 사이의 법률행위는 유효하므로 다른 채권자는 채무자를
대위하여 청구 불가(채무자의 제3채무자에 대한 말소등기청구권 부존재, 피대위권리 부존재)

㈏ 예외 : 다른 채권자의 등기신청으로 이미 말소등기가 이루어진 경우취소의 효력은 모든 채권자에
게, 불필요한 절차 반복 방지

(22) 증여계약의 이행으로 이루어진 사망자 명의 등기신청[대법원 2001. 9. 18. 선고 2001다
29643 판결]

⇔ [비교] 피고에게 악의·과실이 있는 경우 상속인인 무권대리인명의신탁계약 무권대리행위의
말소등기청구 : 실체관계부합 항변 불가, 신의칙 위반 항변 불가[대법원 1992. 4. 28. 선고 91
다30941 판결] 원고1이 피고2에게 이 사건 부동산에 관한 소유권이전등기를 하여 준 행위가, 소론과 같이 명의신탁
계약의 무권대리행위로 법률상 평가될 수 있다고 하더라도, 그와 같은 행위를 하게 된 경위에 관한 원심의 판단내
용에 비추어 볼 때, 피고2가 그 대리권 없음을 알았다고 보여 위 명의신탁계약은 위 망인에 대한 관계에서 뿐만
아니라 원고1에 대한 관계에서도 아무런 효력을 발생할 수 없는 것임이 명백하므로, 원고1이 그 후 위 망인의 권리
의무를 상속받았다고 하여 피고2 명의의 위 소유권이전등기가 원고1의 상속분의 범위 내에서 실체적 권리관계에
부합하는 유효한 등기로 전환되는 것은 아니라고 할 것이다. 물론 원인이 무효인 피고2 명의의 소유권이전등기가
경료된 데 대하여 원고1에게도 책임이 있음은 부정할 수 없다고 하겠지만, 사실관계가 원심이 확정한 바와 같은 이
상, 원고1이 원인이 무효인 그 등기를 기초로 하여 경료된 피고1명의의 소유권이전등기의 말소를 청구하는 것이
곧바로 금반언의 법칙이나 신의성실의 원칙에 어긋나는 것이라고 단정할 수는 없다고 할 것이다(기록에 의하면, 피
고1은 원심의 변론이 종결될 때까지 원고1이 무권대리인으로서 피고2와 사이에 명의신탁계약을 체결한 것이라거
나, 그렇기 때문에 원고1의 이 사건 청구가 금반언의 법칙이나 신의성실의 원칙에 어긋나는 것이라는 취지의 주장
을 한 바 없음이 분명하다). 그렇다면 위 망인의 상속인들인 원고들이 등기원인이 없이 경료된 피고2 명의의 소유
권이전등기와 이 등기를 기초로 하여 경료된 피고1 명의의 소유권이전등기의 각 말소등기절차의 이행을 구하는 이

사건 청구를 인용한 원심판결에 소론과 같이 법리를 오해한 위법이 있다고 볼 수 없으므로, 논지도 받아들일 것이 못된다.

(23) 친권남용행위에 의한 매수인으로부터의 선의의 전매수인[대법원 2018. 4. 26. 선고 2016다 3201 판결]

(24) 건물완성 전의 보존등기, 후속등기(근저당권설정등기, 이전등기)

㈎ 그 후 건물이 완성된 경우[대법원 1970. 4. 14. 선고 70다260 판결], [민법판례연구 94] 표제부 건물과 신축 건물 사이의 동일성 필요

㈏ 그 후 구분소유 요건을 갖춘 경우[대법원 2016. 1. 28. 선고 2013다59876 판결] 각 구분점포가 구조상 독 립성을 갖추게 된 때부터 실체적 권리관계에 부합

2-3. 불법원인급여

▶ 강행법규위반은 제746조 위반에 해당하지 않음[대법원 1983. 11. 22. 선고 83다430 판결, 대법원 1981. 7. 28. 선고 81다145 판결]

2-4. 신의성실원칙 위반

■ 강행법규 위반 주장 : 신의칙에 반하지 않음[대법원 1993. 12. 24. 선고 93다44319, 93다44326 판결] 강행법규인 국토이용관리법 제21조의3 제1항, 제7항을 위반하였을 경우에 있어서 위반한 자 스스로가 무효를 주장 함이 신의성실의 원칙에 위배되는 권리의 행사라는 이유로서 이를 배척한다면 투기거래계약의 효력발생을 금지하려 는 국토이용관리법의 입법취지를 완전히 몰각시키는 결과가 되므로, 거래당사자 사이의 약정내용과 취득목적대로 관할관청에 토지거래허가신청을 하였을 경우에 그 신청이 국토이용관리법 소정의 허가기준에 적합하여 허가를 받을 수 있었으나 다른 급박한 사정으로 이러한 절차를 회피하였다고 볼만한 특단의 사정이 엿보이지 아니하는 한, 그러 한 주장이 신의성실의 원칙에 반한다고는 할 수 없다.

2-5. 일괄경매에 의한 소유권 취득(제365조)

가. 저당권 설정 당시 지상에 건물 부존재

▶ 저당권 설정 당시 토지 상에 건물 축조 진행 : 일괄경매청구 불가(∵ 제366조 법정지 상권 성립 가능)[대법원 1987. 4. 28. 선고 86다카2856 판결] 민법 제365조는 저당권설정자가 저당권을 설정한 후 저당목적물인 토지상에 건물을 축조함으로써 저당권의 실행이 곤란하여지거나 저당목적물의 담보가치의 하락을 방지하고자 함에 그 규정취지가 있다고 할 것이므로, 저당권설정 당시에 건물의 존재가 예측되고 또한 당시 사회경제 적 관점에서 그 가치의 유지를 도모할 정도로 건물의 축조가 진행되어 있는 경우에는 위 규정은 적용되지 아니한다.

▶ 법정지상권이 인정되지 않아 건물이 철거될 경우[대법원 2003. 12. 18. 선고 98다43601 전원합의체 판결]

나. 저당권 설정 후 설정자의 건물신축

(1) 용익권자 신축 후 설정자가 매수한 경우도 포함

(가) 취지[대법원 2003. 4. 11. 선고 2003다3850 판결] 민법 제365조가 토지를 목적으로 한 저당권을 설정한 후 그 저당권설정자가 그 토지에 건물을 축조한 때에는 저당권자가 토지와 건물을 일괄하여 경매를 청구할 수 있도록 규정한 취지는, 저당권은 담보물의 교환가치의 취득을 목적으로 할 뿐 담보물의 이용을 제한하지 아니하여 저당권설정자로서는 저당권설정 후에도 그 지상에 건물을 신축할 수 있는데, 후에 그 저당권의 실행으로 토지가 제3자에게 경락될 경우에 건물을 철거하여야 한다면 사회경제적으로 현저한 불이익이 생기게 되어 이를 방지할 필요가 있으므로 이러한 이해관계를 조절하고, 저당권자에게도 저당토지상의 건물의 존재로 인하여 생기게 되는 경매의 어려움을 해소하여 저당권의 실행을 쉽게 할 수 있도록 한 데에 있다는 점에 비추어 볼 때, 저당지상의 건물에 대한 일괄경매청구권은 저당권설정자가 건물을 축조한 경우뿐만 아니라 저당권설정자로부터 저당토지에 대한 용익권을 설정받은 자가 그 토지에 건물을 축조한 경우라도 그 후 저당권설정자가 그 건물의 소유권을 취득한 경우에는 저당권자는 토지와 함께 그 건물에 대하여 경매를 청구할 수 있다.

(나) 가처분에 저촉된 이전등기[원고 주장 : 이 사건 경매 전에 이미 원고가 이 사건 건물에 관하여 소외인 명의의 소유권이전등기에 대한 말소등기청구권을 피보전권리로 한 처분금지가처분결정을 받아 그 가처분기입등기가 마쳐졌고, 소외인을 상대로 한 소외인 명의의 소유권이전등기 말소등기청구 소송에서 소외인 명의의 소유권이전등기를 말소하는 것으로 임의조정이 성립된 이상 이 사건 경매에 기한 피고 명의의 이 사건 건물소유권이전등기는 위 가처분에 저촉되어 무효이므로 말소되어야 한다.

▶ 가처분에 앞선 압류등기의 존재로 경매와 함께 가처분등기도 말소될 운명 → 경매에 의한 이전등기는 무효 아님[2003다3850] 이 사건 경매개시결정 전에 이미 이 사건 가처분이 있었고 그 가처분기입등기가 마쳐졌다 하더라도, 이 사건 건물에는 이 사건 가처분 전에 이미 압류(군포시) 및 가압류(건설공제조합 등) 기입등기가 마쳐져 있었고, 위 압류 및 가압류기입등기가 이 사건 경매에 의한 낙찰과 함께 소멸하여 말소된 이상 그보다 후순위인 이 사건 가처분기입등기도 그와 함께 말소될 수밖에 없어, 이 사건 경매에 기한 피고 명의의 이 사건 건물소유권이전등기가 이 사건 가처분에 저촉되어 무효라고 할 수 없다.

(2) 토지와 건물에 공동저당권 설정 후 건물을 철거하고 새로 건물을 축조한 경우도 포함[97마2935]

다. 경매신청시 토지와 지상 건물의 동일인 소유[대법원 1999. 4. 20.자 99마146 결정, 대법원 1994. 1. 24.자 93마1736 결정]

Ⅳ. 이해관계 있는 제3자의 승낙

1. 요건[사법연수원 부동산등기법 101 이하]

가. 제3자

(1) 판단기준 : 등기부 기재에 의하여 형식적으로 인정되는 자[대법원 2007. 4. 27. 선고 2005다

43753 판결] 부동산등기법 제171조에서 말하는 등기상 이해관계 있는 제3자란 말소등기를 함으로써 손해를 입을 우려가 있는 등기상의 권리자로서 그 손해를 입을 우려가 있다는 것이 등기부 기재에 의하여 형식적으로 인정되는 자이고, 그 제3자가 승낙의무를 부담하는지 여부는 그 제3자가 말소등기권리자에 대한 관계에서 그 승낙을 하여야 할 실체법상의 의무가 있는지 여부에 의하여 결정된다.

(2) 제3자에 해당하지 않는 경우

⑺ **당사자, 동종권리의 양수인**∵ 당사자

⑻ **미등기권리자**

⑼ **사망한 합유자의 상속인**[대법원 1996. 12. 10. 선고 96다23238 판결] 상속인은 합유자의 지위를 승계하는 것이 아니므로

⑽ **1번 저당권 말소에 관한 2번 저당권자**등기의 기재에 따라 보더라도 당해 말소등기에 의하여 손해를 받을 우려가 없는 자

나. 승낙의무

(1) **판단기준** : 제3자가 말소등기권리자에 대한 관계에서 승낙을 하여야 할 실체법상의 의무가 있는지 여부로 결정[대법원 2007. 4. 27. 선고 2005다43753 판결] 등기의 공신력이 인정되지 않아 소유권을 취득할 수 없으므로 말소에 의하여 손해가 발생하지 않는 경우 승낙의무 인정

승낙의무 인정(손해발생 부정)	승낙의무 부정(손해발생 인정)
■ 원인무효로 경료된 등기소외2가 사기로 경료한 등기(실체법상 무효)의 목적물에 대한 압류권자피고 [2005다43753] 소외2 회사 명의 소유권이전등기가 어떤 원인으로 말소되기에 이른 것인지 및 그것이 피고에게 대항할 수 있는 성질의 것인지 여부를 따져 보지도 아니한 채, 단순히 소외2 회사 명의 소유권이전등기의 말소를 명한 판결이 확정되기 전에 피고의 압류등기가 경료되었다는 사유만으로 피고가 소외2 회사 명의 소유권이전등기의 말소에 관하여 승낙할 의무가 있는 등기부상 이해관계 있는 제3자에 해당하지 아니한다고 판단한 원심판결에는 등기의 말소에 관하여 이해관계 있는 제3자의 승낙의무에 관한 법리를 오해하고 심리를 다하지 아니하여 판결에 영향을 미친 위법이 있다. ■ 원인무효인 가등기소외1 → 강제경매개시결정 기입등기원고(가등기 유용 전 이해관계자) → 가등기 유용합의피고와 소외2 → 본등기피고에 의하여 강제경매개시결정 기입등기 말소 : 피고는 경매개시결정 기입등기의 말소회복등기에 대하여 승낙의 의사표시 의무[대법원 2019. 5. 16.	■ 말소등기확정판결 전에 실시된 가압류, 강제경매채권자[대법원 1979. 7. 10. 선고 79다847 판결] 계쟁 부동산에 관한 소유권이전등기말소의 승소확정판결이 있었다고 하더라도, 그 판결 전에 실시된 가압류나 강제경매채권자를 그 판결에 기한 등기말소절차에 있어서의 승낙의무 있는 이해관계인이라고는 할 수 없다. ■ 물상보증인 소유 부동산에 대한 후순위 권리자가 대위의 부기등기원고를 경료하기 전 저당물에 대한 권리를 취득피고회사 : 근저당권회복등기에 대한 승낙의무부정[대법원 2011. 8. 18. 선고 2011다30666,30673 판결] 물상보증인 소유 부동산의 후순위 근저당권자(원고)가 대위의 부기등기를 하지 않은 동안 채무자소유 부동산의 근저당권이 임의로 말소되고 피고회사 명의 다른 근저당권이 설정된 후 경매로 소외4에게 매각 : 원고 부기등기× → 피고회사는 승낙의무× ■ 말소등기소송소외2 → 피고 패소자피고에 대한 변론종결 후의 가처분권자원고가 본안소송 승소원고 → 피고 : 이전등기청구로 지분소유권 취득 :

선고 2015다253573 판결] 부동산 강제경매개시결정 기입등기는 채권자나 채무자가 직접 등기공무원에게 이를 신청하여 행할 수는 없고 반드시 법원의 촉탁에 의하여 행하여지는바, 이와 같이 당사자가 신청할 수 없는 강제경매개시결정 기입등기가 법원의 촉탁에 의하여 말소된 경우에는 그 회복등기도 법원의 촉탁에 의하여 행하여져야 하므로, 이 경우 강제경매 신청채권자가 말소된 강제경매개시결정 기입등기의 회복등기절차의 이행을 소구할 이익은 없고, 다만 그 강제경매개시결정 기입등기가 말소될 당시 그 부동산에 관하여 소유권이전등기를 경료하고 있는 사람(피고)은 법원이 그 강제경매개시결정 기입등기의 회복을 촉탁함에 있어서 등기상 이해관계가 있는 제3자에 해당하므로, 강제경매 신청채권자로서(원고)는 그 사람을 상대로 하여 법원의 촉탁에 의한 그 강제경매개시결정 기입등기의 회복절차에 대한 승낙청구의 소를 제기할 수 있다. → 원고는 무효인 이 사건 등기 유용합의가 있기 전에 이 사건 지분에 대한 강제경매개시결정을 통해 그 지분을 압류하여 등기부상 이해관계를 가지게 되었으므로, 피고는 원고에게 이 사건 등기 유용합의로써 대항할 수 없고, 그에 따라 이 사건 경매개시결정 기입등기는 이 사건 가등기의 순위보전의 효력에 반하지 아니하여 직권으로 말소될 것이 아님에도 불구하고 원인 없이 말소되었으므로 이 사건 경매개시결정 기입등기의 말소등기는 무효이며, 말소회복될 이 사건 경매개시결정 기입등기와 이 사건 본등기는 양립 가능하여 피고는 이 사건 경매개시결정 기입등기의 말소회복등기에 관하여 등기상 이해관계 있는 제3자로서 승낙의 의사표시를 할 의무가 있다.

전소 판결의 기판력이 미치지 않음 → 말소등기청구소송의 변론종결 후 승계인에 해당하지 않음 → 가처분등기 말소에 대한 승낙의무 부정[대법원 1998. 11. 27. 선고 97다22904 판결] 원고 : (가) 부분에 대한 피고 명의의 공유지분에 관한 소유권이전등기의 말소등기는 그 신청 당시 이해관계인인 원고의 승낙서 또는 이에 대항할 수 있는 재판의 등본이 첨부되지 아니한 채 이루어진 것이므로 무효라고 주장 → 소유권이전등기가 원인무효라는 이유로 그 말소등기청구를 인용한 판결이 확정되었어도 그 확정판결의 기판력은 그 소송물이었던 말소등기청구권의 존부에만 미치는 것이고 그 기본인 부동산의 소유권 자체의 존부에 관하여는 미치지 아니한다 할 것이므로, 원고가 관련 판결의 변론종결일 이후에 그 패소자인 피고를 상대로 한 이 사건 처분금지가처분등기를 경료하였다고 하더라도, 그 본안인 이 사건 소송에서 승소하는 등으로 위 (가) 부분에 대한 피고 명의의 공유지분에 관하여 원고 명의의 소유권이전등기를 마침으로써 그 지분소유권을 승계취득하는 경우 그러한 원고의 지분소유권의 존부에 관하여는 관련 판결의 기판력이 미치지 아니하는 이상, 원고가 당연히 관련 판결의 변론종결 후의 승계인에 해당한다고 할 수는 없다 할 것이고, 따라서 원고가 말소등기에 관한 법률상의 이해관계인이 아니라거나 위 망 소외2의 소송수계인들에 대하여 이 사건 가처분등기의 말소를 승낙할 의무를 부담한다고 할 수는 없다. ➡ 원고청구인용(파기환송)

2. 승낙의무와 실체관계부합 항변 : 제3자에게 말소등기에 관하여 실체법상 승낙의무 존재하는 경우 제3자의 승낙 없어도 유효[대법원 1996. 8. 20. 선고 94다58988 판결] 부동산등기법 제171조에 의하면 등기의 말소를 신청하는 경우에 그 말소에 대하여 등기상 이해관계 있는 제3자가 있는 때에는 신청서에 그 승낙서 또는 이에 대항할 수 있는 재판의 등본을 첨부하도록 규정하고 있으므로, 이해관계 있는 제3자의 승낙서 등을 첨부하지 아니한 채 말소등기가 이루어진 경우 그 말소등기는 제3자에 대한 관계에 있어서는 무효라고 해석할 것이나, 다만 제3자에게 그 말소등기에 관하여 실체법상의 승낙의무가 있는 때에는 승낙서 등이 첨부되지 아니한 채 말소등기가 경료되었다고 하여도 그 말소등기는 실체적 법률관계에 합치되는 것이어서 제3자에 대한 관계에 있어서도 유효하다.

3. 유형

가. 소유자 → 근저당권자 : 말소등기청구(이전등기말소 + 근저당권설정등기말소)

■ 근저당권의 피담보채권이 존재하지 않는 경우 : 피담보채권에 대한 가압류 무효, 가압류권자는 근저당권 말소에 대한 승낙의무 존재[대법원 2004. 5. 28. 선고 2003다70041 판결]

[2003다70041] 통정허위표시인 근저당권설정계약에 대한 선의 제3자 vs 담보물권의 수반성(피담보채권의 부존재)

➡ 원고 : 제3자이의(근저당말소에 대한 승낙의사표시청구)
⬅ 통정허위표시인 근저당설정계약에 대한 선의 제3자

▸ 강제집행면탈 목적 근저당권설정계약의 무효(제103조 위반) : ×
▸ 근저당권의 피담보채권 부존재 → 가압류 무효 : ○

[원심] 통정허위표시 선의의 제3자 항변 인정 피고가 통정허위표시인 근저당권설정계약이 유효하다고 믿고 그 피담보채권에 대하여 가압류결정을 받은 선의의 제3자에 해당하는 한 원고가 피고에 대하여 근저당권설정계약의 무효를 주장하거나, 피담보채권이 부존재한다거나 무효라고 볼 수도 없으므로 피고는 근저당권의 말소에 대한 승낙의 의사표시를 할 의무가 없다.

[대법원] 근저당권의 피담보채권× → 가압류명령 무효 → 근저당권 말소에 대한 승낙의 의사표시 의무 근저당권은 그 담보할 채무의 최고액만을 정하고, 채무의 확정을 장래에 보류하여 설정하는 저당권으로서, 계속적인 거래관계로부터 발생하는 다수의 불특정채권을 장래의 결산기에서 일정한 한도까지 담보하기 위한 목적으로 설정되는 담보권이므로, 근저당권설정행위와는 별도로 근저당권의 피담보채권을 성립시키는 법률행위가 있어야 한다. 한편, 근저당권이 있는 채권이 가압류되는 경우, 근저당권설정등기에 부기등기의 방법으로 그 피담보채권의 가압류사실을 기입등기하는 목적은 근저당권의 피담보채권이 가압류되면 담보물권의 수반성에 의하여 종된 권리인 근저당권에도 가압류의 효력이 미치게 되어 피담보채권의 가압류를 공시하기 위한 것이므로, 만일 근저당권의 피담보채권이 존재하지 않는다면 그 가압류명령은 무효라고 할 것이고, 근저당권을 말소하는 경우에 가압류권자는 등기상 이해관계 있는 제3자로서 근저당권의 말소에 대한 승낙의 의사표시를 하여야 할 의무가 있다. 기록에 의하면, 원고와 소외인은 근저당권설정계약만 체결하였을 뿐, 피담보채권을 성립시키는 의사표시가 있었다고 볼 만한 자료가 없으므로 위 근저당권은 피담보채권이 존재하지 아니하여 무효라고 볼 여지가 있다고 할 것이다. 그렇다면 원심으로서는 원고와 소외인 사이에 근저당권에 의하여 담보되는 채권을 성립시키는 법률행위가 있었는지 여부에 대하여 충분한 심리를 하였어야 할 것임에도 불구하고, 이에 대한 심리를 전혀 하지 아니한 채 원고의 청구를 배척하였으니, 원심판결에는 심리를 다하지 아니하였거나 근저당권이 있는 채권의 가압류에 관한 법리를 오해한 위법이 있다.

나. 소유자 → 가압류·가처분권자 : 승낙의 의사표시 청구 채권자의 신청에 의한 법원의 촉탁에 의하여 이루어지므로 가압류·가처분의 기초가 된 소유권이전등기가 원인무효라고 하여 가압류·가처분 등기가 당연히 무효인 것은 아니므로

■ 존속기간 만료 + 전세금반환채권 양도 후 전세권설정등기 말소 전 전세권 가압류 부기등기 : 승낙의무인정[대법원 1999. 2. 5. 선고 97다33997 판결]

■ 예약완결권 제척기간 경과 → 압류무효

▸ 제척기간 진행 부정 : 매매예약 통정허위표시 → 당사자간 무효 → 예약완결권행사 불가 → 제척기간 진행 부정[창원지방법원 2014. 3. 27 선고 2013나30398 판결]

제4장 저당권설정등기 말소 등

제1절 계약상 청구(채권적청구권 ➡ 종전소유자도 계약상 권리에 근거하여 청구 가능)[대법원 1994. 1. 25. 선고 93다16338 전원합의체 판결]

Ⅰ. 요건사실

1. 원고와 피고간의 근저당권설정계약체결 ➡ 유인성, 목적물이 원고 소유인 사실 불필요

2. 피고의 근저당권설정등기 경료

3. 근저당권 소멸

가. 피담보채무의 원시적 불발생 : 불성립, 무효, 취소 ➡ 부종성

나. 피담보채무의 후발적 소멸 변제, 상계, 공탁, 면제

▸ 변제기 전 변제 : 부종성 완화제357조 제1항

➡ 담보목적 지상권도 피담보채권에 부종하여 소멸[대법원 2011. 4. 14. 선고 2011다6342 판결]

➡ 피담보채무의 확정 전제[대법원 1998. 10. 27. 선고 97다26104, 26111 판결] : 확정을 먼저 검토한 후 소멸 여부 검토, 특정채권은 확정 불요

(1) 확정 요건

㈎ 확정기일의 도래 : 근저당권설정계약에서 정한 존속기간의 만료, 기본계약에서 정한 결산기 도래

㈏ 거래관계의 종료 : 존속기간의 약정 없는 근저당권을 설정 + 거래관계 종료 + 피담보채권이 더 이상 발생할 가능성이 없게 된 때[대법원 1993. 12. 14. 선고 93다17959 판결] 제3취득자도 말소청구 가능 : 계속적 거래계약에 기한 채무를 담보하기 위하여 존속기간의 약정이 없는 근저당권을 설정한 경우에 그 거래관계가 종료됨으로써 피담보채무로 예정된 원본채무가 더 이상 발생할 가능성이 없게 된 때에는 그 때까지 잔존하는 채무가 근저당권에 의하여 담보되는 채무로 확정되는 것이며, 이 경우에 근저당권이 확정될 당시 피담보채무가 존재하지 않는다면 저당목적물의 소유권을 취득한 제3자도 근저당권자에 대하여 그 근저당권의 소멸을 청구할 수 있다.

(다) **기본계약 또는 근저당권설정계약의 해지**

① 기본계약의 결산기 또는 근저당권설정계약의 존속기간을 정하지 않은 경우[대법원 2002. 5. 24. 선고 2002다7176 판결]

② 결산기·존속기간이 있는 경우에도 피담보채권이 전부 소멸하고 거래를 계속할 의사가 없는 경우에는 존속기간·결산기가 경과하기 전이라도 해지 가능2002다7176

③ 물상보증인도 근저당권 확정청구 가능[대법원 1990. 6. 26. 선고 89다카26915 판결] 물상보증으로 담보된 근저당설정계약관계에 있어서 피담보채무의 현존여부와 상관없이 상당기간 거래가 없어 새로운 채무의 발생이 없고, 또한 앞으로도 계속적인 거래관계를 유지할 수 없는 사정이 있다면 근저당설정자도 근저당권을 소멸시키는 확정청구가 가능하다 할 것이나, 이와 같은 특별한 사정이 없이 근저당권설정자가 채권자의 직원에 대하여 위 소외인에게 더 이상 대출하여 주지 말 것을 통지한 것만으로는 피담보채무의 확정청구의 통지가 제대로 이루어졌다고 볼 수 없다.

④ 제3취득자도 해제·해지권 원용 가능 : 피담보채무가 확정된 이후 채권최고액(1,800)에서 대위변제한 금액(800)을 제외한 범위(1,000) 내에서 피담보채무를 변제한 후 근저당권 소멸 청구[대법원 2001. 11. 9. 선고 2001다47528 판결] 원고는 이 사건 근저당부동산을 매수하여 그 앞으로 소유권이전등기를 한 다음, 1999. 11. 2. 위 소외1의 대출금 채무 800만 원을 대위변제하면서, 피고에게 피담보채무의 소멸을 이유로 근저당권의 말소를 요구하였음을 알 수 있는바, 위와 같은 원고의 의사표시에는 근저당부동산의 소유권을 취득한 제3자로서 근저당권설정계약을 해지하고 피담보채무를 확정시키고자 하는 의사표시가 포함되어 있다고 볼 수 있고, 그렇다면 이 사건 근저당권의 피담보채무는 위 설정계약에서 정한 바에 따라 원고가 계약해지의 의사표시를 한 날인 1999. 11. 2.로부터 45일이 경과한 1999. 12. 17. 피담보채무가 확정되었다고 할 것이다(근저당권설정계약에서는 서면에 의하여 계약해지의 의사표시를 할 수 있다고 하였으나, 이는 해지의 의사표시에 관한 서면자료를 남겨 두고자 하는 취지에 불과하고, 구두로 의사표시를 한 경우 해지의 효력이 발생하지 않는다는 취지는 아니라고 해석해야 할 것이다). 그런데 원고가 근저당권설정계약에 대한 해지의 의사표시를 하면서 위 소외1의 대출금 채무 800만 원을 대위변제한 것은 그 피담보채무가 확정되는 것을 전제로 한 것이었으므로, 원고가 대위변제를 한 날로부터 45일이 경과한 이후에 피담보채무가 확정된다고 해서, 이를 피담보채무가 확정되기 전에 이루어진 채무의 일부 소멸로 취급하여 그 근저당권의 피담보채무가 채권최고액인 금 1,800만 원에 이르기까지 다시 늘어난다고 볼 것은 아니라고 할 것이다. 그렇다면 원고로서는 채권최고액 금 1,800만 원에서 이미 대위변제한 금 800만 원을 공제한 나머지 금 1,000만 원의 범위 내에서 피담보채무를 변제한 다음 이 사건 근저당권의 소멸을 청구할 수 있다.

(라) **채무자 또는 물상보증인에 대한 파산선고, 회생절차개시결정**

(마) **근저당권자 경매신청사실**[대법원 1993. 3. 12. 선고 92다48567 판결] 근저당권자가 피담보채무의 불이행을 이유로 경매신청을 한 경우에는 경매신청시에 근저당권이 확정되고 근저당권이 확정되면 그 후에 발생한 원금채권은 그 근저당권에 의하여 담보되지 않는다.

① 경매신청의 취하

㉠ 경매신청의 각하, 경매개시결정 전 취하 : 확정 효력 불발생

㉡ 경매개시 후 취하 : 확정에 영향 없음[대법원 2002. 11. 26. 선고 2001다73022 판결] 근저당권자가 피담보채무의 불이행을 이유로 경매신청을 한 경우에는 경매신청시에 근저당 채무액이 확정되고, 그 이후부터 근저당권은

부종성을 가지게 되어 보통의 저당권과 같은 취급을 받게 되는바, 위와 같이 경매신청을 하여 경매개시결정이 있은 후에 경매신청이 취하되었다고 하더라도 채무확정의 효과가 번복되는 것은 아니다.

② 공동담보물 중 하나주채무자가 제공한 부동산에만 경매를 신청해도 다른 피담보채무물상보증인의 피담보채무도 확정[대법원 1996. 3. 8. 선고 95다36596 판결 : 채권자가 물상보증인 소유 토지와 공동담보로 주채무자 소유 토지에 1번 근저당권을 취득한 후 이와 별도로 주채무자 소유 토지에 2번 근저당권을 취득한 사안] 먼저 주채무자의 토지에 대하여 피담보채무의 불이행을 이유로 근저당권이 실행되어 경매대금에서 1번 근저당권의 피담보채권액을 넘는 금액이 배당된 경우에는, 변제자 대위의 법리에 비추어 볼 때 민법 제368조 제2항은 적용되지 않으므로 후순위(2번) 저당권자인 채권자는 물상보증인 소유 토지에 대하여 자신의 1번 근저당권을 대위행사할 수 없고, 따라서 물상보증인의 근저당권설정등기는 그 피담보채무의 소멸로 인하여 말소되어야 한다.

③ 채무자의 변제 범위 : 채권최고액에 관계없이 전액 변제[대법원 2001. 10. 12. 선고 2000다59081 판결] 채권의 총액이 그 채권최고액을 초과하는 경우, 적어도 근저당권자와 채무자 겸 근저당권설정자와의 관계에 있어서는 위 채권 전액의 변제가 있을 때까지 근저당권의 효력은 채권최고액과는 관계없이 잔존채무에 여전히 미친다.

㈐ 다른 담보권자 등 제3자의 경매신청

① 확정시점 : 매각대금납부시[대법원 1999. 9. 21. 선고 99다26085 판결] 당해 근저당권자는 저당부동산에 대하여 경매신청을 하지 아니하였는데 다른 채권자가 저당부동산에 대하여 경매신청을 한 경우 민사집행법 제91조 제2항, 제268조의 규정에 따라 경매신청을 하지 아니한 근저당권자의 근저당권도 경락으로 인하여 소멸하므로, 다른 채권자가 경매를 신청하여 경매절차가 개시된 때로부터 경락으로 인하여 당해 근저당권이 소멸하게 되기까지의 어느 시점에서인가는 당해 근저당권의 피담보채권도 확정된다고 하지 아니할 수 없는데, 그중 어느 시기에 당해 근저당권의 피담보채권이 확정되는가 하는 점에 관하여 우리 민법은 아무런 규정을 두고 있지 아니한바, 부동산 경매절차에서 경매신청기입등기 이전에 등기되어 있는 근저당권은 경락으로 인하여 소멸되는 대신에 그 근저당권자는 민사소송법 제88조가 정하는 배당요구를 하지 아니하더라도 당연히 그 순위에 따라 배당을 받을 수 있고, 이러한 까닭으로 선순위 근저당권이 설정되어 있는 부동산에 대하여 근저당권을 취득하는 거래를 하려는 사람들은 선순위 근저당권의 채권최고액 만큼의 담보가치는 이미 선순위 근저당권자에 의하여 파악되어 있는 것으로 인정하고 거래를 하는 것이 보통이므로, 담보권 실행을 위한 경매절차가 개시되었음을 선순위 근저당권자가 안 때 이후의 어떤 시점에 선순위 근저당권의 피담보채무액이 증가하더라도 그와 같이 증가한 피담보채무액이 선순위 근저당권의 채권최고액 한도 안에 있다면 경매를 신청한 후순위 근저당권자가 예측하지 못한 손해를 입게 된다고 볼 수 없는 반면, 선순위 근저당권자는 자신이 경매신청을 하지 아니하였으면서도 경락으로 인하여 근저당권을 상실하게 되는 처지에 있으므로 거래의 안전을 해치지 아니하는 한도 안에서 선순위 근저당권자가 파악한 담보가치를 최대한 활용할 수 있도록 함이 타당하다는 관점에서 보면, 후순위 근저당권자가 경매를 신청한 경우 선순위 근저당권의 피담보채권은 그 근저당권이 소멸하는 시기, 즉 경락인이 경락대금을 완납한 때에 확정된다고 보아야 한다.

② 경매신청의 취하 : 매각대금납부시까지 가능, 취하시 확정의 효력 불발생[사법연수원 근저당권 사례연습2 해설]

(2) 확정의 효과

㈎ 부종성

① 피담보채권 소멸시 저당권도 소멸[대법원 1997. 12. 9. 선고 97다25521 판결, 대법원 1998. 10. 27. 선고 97다26104, 26111 판결]

② 피담보채권이 확정되어도 1년 초과의 지연배상도 담보(제360조 단서 부적용)[사법연수원 근저당권 사례연습2 해설]

(나) **확정 이후 발생 원본채권은 근저당권의 피담보채권에 불포함→ 근저당권 말소청구를 위한 변제범위에 포함되지 않음**[대법원 1991. 9. 10. 선고 91다17979 판결] 근저당권자가 피담보채권 중 일부만을 청구금액으로 하여 경매신청을 한 경우 그 나머지 부분에 대하여 배당기일까지 청구금액을 확장할 수 있다 하여도 이는 경매신청시까지 이미 발생한 원금 채권 및 그에 대한 경매신청 후의 지연손해금 채권에 대한 것이고 경매신청 이후에 발생한 원금채권은 그 근저당권에 의하여 담보되지 아니한다.

① 기본계약에서 정한 피담보채권의 범주에 속하더라도 기존 근저당권에 의한 담보 범위에서 제외[대법원 1988. 10. 11. 선고 87다카545 판결, 대법원 1989. 11. 28. 선고 89다카15601 판결]

② 근저당권자가 경매신청 이후 채무자에 대한 제3자의 채권을 양수받은 경우 양수채권은 피담보채권에 불포함87다카545, 89다카15601

(다) **확정 전 원본채권에 관하여 확정 후 발생한 이자·지연손해금 채권은 최고액 범위에서 담보**[대법원 2007. 4. 26. 선고 2005다38300 판결] 근저당권자의 경매신청 등의 사유로 인하여 근저당권의 피담보채권이 확정되었을 경우, 확정 이후에 새로운 거래관계에서 발생한 원본채권은 그 근저당권에 의하여 담보되지 아니하지만, 확정 전에 발생한 원본채권에 관하여 확정 후에 발생하는 이자나 지연손해금 채권은 채권최고액의 범위 내에서 근저당권에 의하여 여전히 담보되는 것이다. 근저당권의 목적이 된 부동산의 제3취득자는 근저당권의 피담보채무에 대하여 채권최고액을 한도로 당해 부동산에 의한 담보적 책임을 부담하므로, 제3취득자로서는 채무자 또는 제3자의 변제 등으로 피담보채권이 일부 소멸하였다고 하더라도 잔존 피담보채권이 채권최고액을 초과하는 한 담보 부동산에 의한 자신의 책임이 그 변제 등으로 인하여 감축되었다고 주장할 수 없다.

(라) **채권최고액을 초과하는 부분에 대한 배당요건 : 배당요구를 하였거나 그 밖에 달리 배당을 받을 수 있는 채권으로서의 필요한 요건을 갖추어야 함**[대법원 1998. 4. 10. 선고 97다28216 판결] 근저당권의 채권최고액을 초과하는 부분으로서 우선변제의 효력이 미치지 않는 채권에 관하여 다른 가압류채권자와의 사이에 같은 순위로 안분비례하여 배당하기 위하여는 근저당권에 기한 경매신청이나 채권계산서의 제출이 있는 것만으로는 안 되고, 그 채권최고액을 초과하는 채권에 관하여 별도로 민사집행법 제268조, 제88조의 규정에 의한 적법한 배당요구를 하였거나 그 밖에 달리 배당을 받을 수 있는 채권으로서의 필요한 요건을 갖추고 있어야 한다.

Ⅱ. 경매 도중 청구금액의 확장(➡ 청구금액 = 배당금액)

1. 경매신청 근저당권자

가. 원칙 : 경매신청서 청구금액란에 기재된 금액min[청구금액, 채권최고액]**으로 확정**[대법원 1999. 3. 23. 선고 98다46938 판결] 경매신청서 표지와 청구금액란이 다른 경우 청구금액란 기준, 경매신청서에 '다 갚는 날까지'로 기재된 경우 → 배당기일까지로 해석[사법연수원 근저당권 사례연습2 해설]

(1) 확장 불가 : 청구금액 확장신청서나 채권계산서를 제출하는 방법으로 확장 불가[대법

원 1998. 7. 10. 선고 96다39479 판결]

(2) 잔액에 대한 배당요구도 불가[대법원 1997. 2. 28. 선고 95다22788 판결] 담보권실행을 위한 경매의 신
청채권자는 피담보채권에 관하여 별도로 채무명의를 가지고 있지 아니하는 한 민사집행법 제88조 제1항에서 규
정하는 배당요구채권자에 해당하지 아니하므로, 신청채권자가 피담보채권 중 일부만을 청구금액으로 하여 경매를
신청하였다가 나머지 피담보채권에 관하여 배당요구를 하는 방법으로는 배당에 참가할 수 없고, 따라서 신청채권
자가 배당요구의 종기인 경락기일 이전에 청구금액을 피담보채권 전액으로 확장한 채권계산서를 제출하였다고
하더라도 채권액 중 경매신청 당시의 청구금액을 초과하는 금액에 관하여는 배당에 참가할 수 없다.

(3) 경매신청시 변제기가 도래하지 않은 채권 : 확장 불가[대법원 1995. 6. 9. 선고 95다15261 판결
] 채권액 중 금 2억 원에 대하여는 변제기를 1993.3.20.로 유예하여 주었다고 하여 나머지 금 1억 원만을 청구금
액으로 기재하였다가 그 경매절차 진행중에 청구금액을 금 3억 원으로 확장하는 내용의 청구금액확장 및 채권계
산서를 제출 → 담보권실행경매에서 경매채권자가 피담보채권의 일부에 대하여만 담보권을 실행하겠다는 취지로
경매신청서에 피담보채권의 원금 중 일부만을 청구금액으로 하여 경매를 신청하였을 경우에는 경매채권자의 청
구금액은 그 기재된 채권액을 한도로 확정되고 경매채권자는 채권계산서에 청구금액을 확장하여 제출하는 방법
에 의하여 청구금액을 확장할 수 없는 것이고, 이는 피담보채권 중 일부 채권의 변제기가 도래하지 아니한 경우
에도 마찬가지이다.

(4) 배당법원은 경매신청 당시의 청구금액만 신청채권자에게 배당, 후순위채권자들에
대한 배당은 부당이득 불성립

나. 예외

(1) 경매신청서에 이자 등 부대채권을 표시한 경우 : 부대채권을 확정적으로 표시하였
더라도 배당요구 종기시까지채권계산서를 제출하여 부대채권 증액 가능[대법원 2022.
8. 11. 선고 2017다225619 판결] 경매신청서에 개괄적으로 기재하였던 청구금액의 산출 근거와 범위를 밝히는 것
이므로 ➡ 원고 : 배당요구 종기 이후 제출 ➡ 부대채권을 증액하여 청구금액 확장 불가(배당이의 기각), [대법원
2001. 3. 23. 선고 99다11526 판결] 민사집행법 제268조, 제84조 제1항, 제2항, 제254조 제2항의 취지를 종합하
여 보면, 담보권 실행을 위한 경매절차에 있어 신청채권자가 이자 등 부대채권을 표시하였다가 나중에 채권계산
서에 의하여 그 부대채권을 증액하는 방법으로 청구금액을 확장하는 경우 그 확장은 늦어도 채권계산서의 제출
시한인 경락기일(민사집행법 : 배당요구의 종기)까지는 이루어져야 하고, 그 이후에는 허용되지 않는다.

(2) 청구채권의 변경(추가 · 교환) : 당해 근저당권의 피담보채권으로서 다른 채권이 있
는 경우 그 다른 채권을 청구채권에 추가하거나 다른 채권으로 교환

㈎ 요건 : 다른 채권이 근저당권의 피담보채권 확정경매신청시 전에 발생[대법원 1997. 1. 21. 선고 96
다457 판결] 다른 채권에 대하여 배당을 구하는 내용의 채권계산서 등을 제출하는 방법으로 그 다른 채권에 대하
여 배당 가능 → 신청채권자인 피고는 이 사건 배당절차에서 원고들을 비롯한 선정자들의 임금채권에 우선하는 이
사건 근저당권의 피담보채권에 대하여 당초의 청구채권액의 범위 내에서는 그 배당을 받을 수 있다고 할 것임에도
불구하고, 원심이 당초의 청구채권 중 미변제된 채권에 대하여만 배당을 받을 수 있다고 판단한 조치는 근저당권

실행경매에 있어서의 청구채권에 관한 법리를 오해한 잘못을 저지른 것이다. [96다495] 원고는 경매신청을 하면서 그 경매신청서에 청구금액으로 위 순번 제1 내지 3번의 연체금 합계 금 21,748,214원 및 그에 대한 지연이자만을 기재하여 경매신청하고, 법원은 경매개시결정을 하고 1993. 10. 29. 소외 공한식에 대하여 낙찰허가결정을 하였으며, 원고는 위 낙찰허가결정 이후인 1994. 7. 29. 위 법원에 위 목록 순번 4, 7, 8, 24, 36−38번의 대출금 잔액 금 920,000,000원과 그 지연이자 등을 합한 금 1,293,595,122원을 청구금액으로 한 채권계산서를 제출 → [원심] 이 사건 각 근저당권설정계약은 그 존속기간이 정하여져 있지 않고, 원고는 위 각 근저당권에 기하여 이 사건 부동산에 대한 경매를 신청할 때 금 21,748,214원 및 그에 대한 지연이자만을 청구금액으로 하였으므로, 위 각 근저당권에 기하여 담보되는 채권은 위 금 21,748,214원 및 그에 대한 지연이자 채권으로 확정되었다 할 것이고, 위 금원을 초과하는 채권은 위 각 근저당권의 피담보채권이 아니라 할 것이므로, 이 사건 부동산에 대한 위 각 근저당권의 실행에 의하여 우선변제를 받을 수 없다는 이유로 원고의 위 주장을 배척 → [대법원] 근저당권자가 스스로 담보권의 실행을 위한 경매를 신청한 때에는 그 때까지 기본계약에 의하여 발생되어 있는 채권으로 그 피담보채권이 확정되는 것이고, 이때 신청채권자가 그 경매신청서에 피담보채권 중 일부만을 청구금액으로 기재하여 경매를 신청하였을 경우에는 다른 특단의 사정이 없는 한 신청채권자가 당해 경매절차에서 배당을 받을 금액이 그 기재된 채권액을 한도로 확정되는 것이며, 그 피담보채권이 경매신청서에 기재된 청구금액으로 확정되는 것이 아니라고 할 것이다. 그럼에도 불구하고 원심이 원고가 이 사건 경매를 신청할 때에 피담보채권의 일부만을 청구금액으로 하였으므로 이 사건 피담보채권이 그 경매신청서에 기재된 청구금액으로 확정되었다고 판단한 조치는 근저당권의 피담보채권의 확정 및 범위에 관한 법리를 오해한 잘못을 저지른 것이다. 그러나 한편, 담보권의 실행을 위한 경매에서 신청채권자가 경매를 신청함에 있어서 그 경매신청서에 피담보채권 중 일부만을 청구금액으로 기재하였을 경우에는 다른 특단의 사정이 없는 한 신청채권자가 당해 경매절차에서 배당을 받을 금액이 그 기재된 채권액을 한도로 확정되고, 신청채권자가 채권계산서를 제출하는 방법에 의하여 그 청구금액을 확장할 수 없다고 할 것이므로, 가사 신청채권자가 경매신청서에 기재하지 아니한 다른 피담보채권을 가지고 있었다고 하더라도 그 청구금액을 확장한 채권계산서를 제출하는 방법으로는 피담보채권액 중 경매신청 당시의 청구금액을 초과하는 금액에 관하여는 배당에 참가할 수 없으며, 배당법원으로서는 경매신청 당시의 청구금액만을 신청채권자에게 배당하면 족하다고 할 것이다. 따라서 원심이 적법히 확정한 바와 같이 근저당권자인 원고가 경매신청서에 피담보채권 중 일부만을 청구금액으로 기재하여 담보권의 실행을 위한 경매를 신청한 후 그 청구금액을 확장한 채권계산서를 제출하였을 뿐 달리 경락기일까지 이중경매를 신청하는 등의 조치를 취하지 아니한 채 그대로 경매절차를 진행시켜 경매신청서에 기재된 청구금액을 기초로 이 사건 배당표가 작성·확정되고 그에 따라 배당이 실시되었다면, 신청채권자가 청구하지 아니한 부분의 해당 금원이 후순위 채권자들인 피고들에게 배당되었다 하여 이를 법률상 원인이 없는 것이라고 볼 수는 없다.

(나) 배당범위의 제한

① 당초 청구채권액을 한도로 배당 : min[① 당초 청구채권에 의한 배당기일까지 계산된 금액, ② 변경한 채권계산서 상의 금액]

② 실익 : 경매신청서에 기재된 특정한 피담보채권이 변제 등으로 소멸한 경우 다른 피담보채권으로 변경하여 배당 가능[대법원 1998. 7. 10. 선고 96다39479 판결] 근저당권의 실행을 위한 경매절차에서 신청채권자는 일단 경매신청서에 특정의 피담보채권을 기재함으로써 이를 청구채권으로 표시하였다고 하더라도 당해 근저당권의 피담보채권으로서 다른 채권이 있는 경우에는 그 다른 채권을 청구채권에 추가하거나 당초의 청구채권을 그 다른 채권으로 교환하는 등 청구채권을 변경할 수 있으며(다만 변경 후의 피담보채권액이 경매신청서에 기재되어 있는 청구채권액을 초과하는 때에는 그 초과하는 금액에 대하여는 배당을 받을 수 없다.), 이때 청

구채권의 변경이 추가적 변경인가 교환적 변경인가는 신청채권자가 경매법원에 표시한 의사를 객관적·합리적으로 해석하여 판단하여야 한다.

(3) 이중경매신청은 가능96다39479 담보권의 실행을 위한 경매에서 신청채권자가 경매를 신청함에 있어서 그 경매신청서에 피담보채권액 중 일부만을 청구금액으로 기재하였을 경우에는 다른 특단의 사정이 없는 한 신청채권자가 당해 경매절차에서 배당을 받을 금액이 그 기재된 청구금액을 한도로 확정되며, 신청채권자가 이중경매신청을 할 수 있는 것은 별론으로 하고, 청구금액확장신청서나 채권계산서를 제출하는 방법 등에 의하여 그 청구금액을 확장할 수는 없다.

2. 경매신청 채권자 외의 근저당권자

가. 확장 가능 : 배당의 범위 → 등기부상 기재된 채권최고액의 범위 내 ⇔ 경매신청 근저당권자 : 청구채권액의 범위 내

나. 요건 : 배당요구 종기까지 채권계산서를 제출(민사집행법 제84조 제4항)

다. 확장 시기 : 배당표가 작성될 때까지 [대법원 1999. 1. 26. 선고 98다21946 판결] 담보권의 실행을 위한 경매절차에서 경매신청채권자에 우선하는 근저당권자는 배당요구를 하지 아니하더라도 당연히 등기부상 기재된 채권최고액의 범위 내에서 그 순위에 따른 배당을 받을 수 있으므로, 그러한 근저당권자가 채권계산서를 제출하지 않았다고 하더라도 배당에서 제외할 수 없고, 또한 위 근저당권자는 경락기일 전에 일응 피담보채권액을 기재한 채권계산서를 제출하였다고 하더라도 그 후 배당표가 작성될 때까지 피담보채권액을 보정하는 채권계산서를 다시 제출할 수 있다고 할 것이며, 이 경우 배당법원으로서는 특단의 사정이 없는 한 배당표 작성 당시까지 제출한 채권계산서와 증빙 등에 의하여 위 근저당권자가 등기부상 기재된 채권최고액의 범위 내에서 배당받을 채권액을 산정하여야 한다. 99다24911, [2001다11055] 부동산에 관한 경매개시결정기입등기 이전에 체납처분에 의한 압류등기가 마쳐진 경우 국가는 국세징수법 제56조에 의한 교부청구를 하지 않더라도 당연히 그 등기로써 민사소송법에 규정된 배당요구와 같은 효력이 발생하고, 이때 국가가 낙찰기일까지 체납세액을 계산할 수 있는 증빙서류를 제출하지 아니한 때에는 경매법원으로서는 당해 압류등기촉탁서에 의한 체납세액을 조사하여 배당하게 될 것이므로, 이와 같은 경우에 비록 낙찰기일 이전에 체납세액의 신고가 있었다고 하더라도 국가는 그 후 배당표가 작성될 때까지는 이를 보정하는 증빙서류 등을 다시 제출할 수 있다고 할 것이며, 경매법원으로서는 특별한 사정이 없는 한 위 낙찰기일 전의 신고금액을 초과하는 금액에 대하여도 위 압류등기상의 청구금액의 범위 내에서는 배당표 작성 당시까지 제출한 서류와 증빙 등에 의하여 국가가 배당받을 체납세액을 산정하여야 한다. ⇔ [2011다44160] 국세징수법 제47조 제2항은 세무서장이 한 부동산 등의 압류 효력은 당해 압류재산의 소유권이 이전되기 전에 국세기본법 제35조 제1항의 규정에 의하여 법정기일이 도래한 국세에 대한 체납액에 대하여도 미친다고 규정하고 있는데, 위 규정의 취지는 한번 압류등기를 하고 나면 그 이후에 발생한 동일인의 체납세액에 대하여도 새로운 압류등기를 거칠 필요 없이 당연히 압류 효력이 미친다는 것일 뿐이고, 압류에 의해 이후 발생하는 국세채권에 대하여 특별한 우선적 효력을 인정하는 것은 아닐 뿐 아니라, 압류 이후 배당기일까지 발생한 체납세액 전부에 대하여 교부청구 효력까지를 인정하는 취지 또한 아니다. 따라서 국세체납처분에 의한 압류 등기 이후 매각기일까지 별도의 교부청구나 세액을 알 수 있는 증빙서류가 제출되지 아니하면 집행법원으로서는 일단 집행기록에 있는 압류등기촉탁서에 의하여 인정되는 조세체납액에 대해서 배당을 할 것이지만, 배당액이 압류

처분의 원인이 된 조세채권의 압류 당시 실제 체납액을 초과하는 경우에는 초과액 부분은 후순위 배당권자의 배당이의 대상이 된다. 이 경우 체납처분에 의한 압류 효력이 미치는 다른 조세채권이 존재한다고 하더라도 배당요구의 종기까지 따로 교부청구를 하지 아니한 이상 그 체납조세채권으로 후순위 배당권자에 우선하여 배당받을 수는 없다.

라. 사례

(1) 경매신청 채권자

신청채권자	2014.10.31.	2015.1.3.	6.15.	6.30.	9.30.
대여+근저당계약(피담보채권 기재 여부)	일부변제 지연손해금+원금 5,000	경매신청	채권신고서 다시 제출 2013.12.1.자 대여금 1억 +2014.1.3.자 대여금 3,500만 원	배당요구 종기	배당 가부 : 1.5억 원 1억+(1억 × 0.02 × 11) 3,500
① 2013.12.1.자 차용금 : 1억 5,000만 원+월1%(○)					
② 2014.3.1.자 차용금 : 3,500만 원(○)					

■ 신청채권자가 피담보채권2013.12.1. 이후 발생하는 일체의 차용금의 일부만을 청구금액으로 기재2013.12.1.자 대여금 채권 1.5억 원하여 경매를 신청한 경우 배당받을 금액은 기재된 채권액1.5억 원을 한도로 확정
■ 그 후 채권계산서를 제출하는 방법에 의하여 그 청구금액 확장 불가
■ 경매신청 당시의 청구금액 범위 내에서 청구채권 변경은 가능 : 당해 근저당권의 피담보채권으로 다른 채권이 있는 경우 그 다른 채권을 청구채권에 추가, 당초의 청구채권만을 그 다른 채권으로 교환하는 등 경매신청 당시의 청구금액 범위 내에서 청구채권을 변경하는 것은 가능91다17979
■ 변경된 청구채권액1.57억 원 〉 원래의 청구채권액1.5억 원 → 원래의 청구채권액 범위 내에서만 배당, 남은 금액은 일반채권자에게 배당

(2) 경매신청 채권자 외의 선순위 근저당권자

신청채권자 외 근저당권자	2015.1.31.	6.30.	7.31.	8.16.	9.30.(배당기일 : 4.5억)
대여+근저당계약(피담보채권 기재 여부)	일부변제	배당요구 종기	매각대금 납부	청구 확장	배당 가부 : 2억7,775만 원
① 1차 차용금 : 2013.4.1.자 1억+월1% (○)	지연 1,300			1억+다 갚는 날까지 1%	○ : 1억+지연 800(2.1.~9.30.)
② 추가 차용금 : 2013.5.1.자 5,000+월1.5% (○)	지연 5,200			+ 5,000+월1.5%	○ : 5,000+지연 375(5.1.~9.30.)
③ 별개 차용금 : 2012.6.1.자 1억+월1% (×)	지연 1,400			+ 1억+월1%	×

④ 2차 차용금(2013.8.1.자   원금 1억   + 1억+월2%   ○ : 1억+지연 1,600
2억+월2%) (○)

- 신청채권자가 아닌 근저당권자의 피담보채권은 매각대금 완납시 확정
- 신청채권자가 아닌 다른 근저당권자는 배당표가 작성될 때까지 채권신고서를 다시 제출하여 청구금액
  확장 가능
- 근저당권의 피담보채권근저당권설정계약서 : 2013.3.31. 이후 채권자로부터 차용하는 차용금 ... 채무를 담보에 포
  함되지 않은 별개 차용금2012.6.1.발생은 채권계산서에 기재하였더라도 배당이 되지 않음

3. 강제경매에서의 청구금액

가. 청구금액 확장 : 강제경매절차 개시 후에는 불가

나. 일부 청구 후 청구금액을 확장하여 잔액의 청구 : 배당요구의 효력 밖에 없음[대법
원 1983. 10. 15.자 83마393 결정] 채권자 강제경매신청 → 개시결정 → 압류의 효력 발생 후 채무자의 처분으로
제3취득자 이전등기 경료 → 채권자 청구금액 확장 → 제3취득자 : 경매신청 당시의 청구금액과 집행비용 변제공탁
후 청구이의의 소제기 → 승소확정 + 경매법원에 판결정본 제출 → 강제경매개시결정취소 + 강제경매신청 기각 :
강제경매에 있어서 채권의 일부청구를 한 경우에 그 경매절차 개시를 한 후에는 청구금액의 확장은 허용되지 않
고 그 후에 청구금액을 확장하여 잔액의 청구를 하였다 하여도 배당요구의 효력밖에는 없는 것이므로 강제경매
개시결정에 의하여 압류의 효력이 발생한 후에 채무자가 경매부동산을 처분하여 그 등기를 경료하였고 그 후에
청구금액 확장신청이 있고 먼저 한 강제경매 사건이 강제경매 절차에 의하지 않고 종료하였다면 청구금액 확장신
청 이전에 소유권이전등기를 경료한 제3취득자는 그 소유권 취득을 확장신청인에게 대항할 수 있다.

다. 이중경매신청은 가능

Ⅲ. 근저당권의 변경

1. 채무인수와 근저당권 변경

사법연수원 근저당권 사례연습 3[채무인수에 의한 채무자 변경]

	채무자변경	확정	면책적 인수	신채무 발생:담보×
변경 전 범위 변경 전 채무자에 대한 채권 └담보×		변경 후 범위 변경 후 채무자에 대한 채권 └담보○ : 기본계 약인수+변경등기	확정채무인수+변경등기:인수채무확정된 기발생채무 만 담보○ 다른 원인의 채무 : 종전 채무자, 새로운 채무자의 채권자에 대한 새로운 채무 ➡ 담보×[대법원 1999. 9. 3. 선고 98다40657 판결, 대법원 2000.12. 26. 선고 2000 다56204 판결, 대법원 2002. 11. 26. 선고 2001다73022 판결]	

- ■채무자 지위인수, 계약인수 : 종전 채무자의 채권자에 대한 채무(기발생채무), 변경 후 새로운 채무자에 대한 채무 담보[사법연수원 근저당권 사례연습3 해설] ↔[대법원 1999. 5. 14. 선고 97다15777, 15784 판결] 피담보채무가 확정되기 이전이라면 채무의 범위나 또는 채무자를 변경할 수 있는 것이고, 채무의 범위나 채무자가 변경된 경우에는 당연히 변경 후의 범위에 속하는 채권이나 채무자에 대한 채권만이 당해 근저당권에 의하여 담보되고, 변경 전의 범위에 속하는 채권이나 채무자에 대한 채권은 그 근저당권에 의하여 담보되는 채무의 범위에서 제외된다.
- ■채무인수 : 종전 채무자가 채권자에게 부담하던 채무(확정된 기발생채무)만 담보, 채무인수 후 신채무자가 다른 원인으로 부담하게 된 새로운 채무나, 종전 채무자가 부담하게 된 새로운 채무는 담보하지 않음
- ■확정 전 변경등기 후 종전 채무자의 변제 : 근저당권은 변경 후의 피담보채무에 대한 담보로 유효하게 존속
- ■확정 후 변제 : 부종성에 의하여 저당권 효력 상실, 부기등기 무효, 인수자에 대한 새로운 채무가 발생하더라도 담보 범위에 포함되지 않음(사법연수원 근저당권 사례연습3 해설)

2. 피담보채무 확정 전 피담보채무의 변경과 이해관계인의 승낙 요부[대법원 2021. 12. 16. 선고 2021다255648 판결] 원고(후순위 근저당권자) → 피고(1순위 근저당권자로부터 채권 및 근저당권 양수) : 배당이의 ➡ 근저당권을 설정한 후에 근저당설정자(주식회사 티피에스)와 근저당권자(중소기업은행)의 합의로 채무의 범위 또는 채무자를 추가(시설자금 외에 중소기업자금 대출채무 추가)하거나 교체하는 등으로 피담보채무를 변경할 수 있다. 이러한 경우 위와 같이 변경된 채무가 근저당권에 의하여 담보된다. 후순위저당권자(원고) 등 이해관계인은 근저당권의 채권최고액에 해당하는 담보가치가 근저당권에 의하여 이미 파악되어 있는 것을 알고 이해관계를 맺었기 때문에 이러한 변경으로 예측하지 못한 손해를 입었다고 볼 수 없으므로, 피담보채무의 범위 또는 채무자를 변경할 때 이해관계인의 승낙을 받을 필요가 없다. 또한 등기사항의 변경이 있다면 변경등기를 해야 하지만, 등기사항에 속하지 않는 사항은 당사자의 합의만으로 변경의 효력이 발생한다. ➡ 변경 합의 당시 시설자금 대출채무가 확정되었다고 볼 자료가 없다. 이와 같이 피담보채무의 범위를 변경할 때 후순위저당권자인 원고의 승낙을 받을 필요가 없고, 피담보채무의 범위는 부동산등기법 제48조, 제75조 제2항에서 정한 근저당권의 등기사항에 해당하지 않으므로 당사자 합의만으로 변경의 효력이 있다. 따라서 이 사건 근저당권의 피담보채무는 온렌딩시설자금과 중소기업자금 대출채무라고 봄이 타당하다.

제2절 소유권에 기한 청구

I. 요건사실

1. 원고가 목적 부동산을 소유하고 있는 사실/원고가 후순위 근저당권자인 사실[대법원 2000. 10. 10. 선고 2000다19526 판결] 후순위 근저당권자가 그 근저당권에 기한 방해배제청구로서 선순위 근저당권설정등기 및 그 근저당권의 채무자를 변경하는 근저당권변경 부기등기의 각 말소등기절차의 이행을 구하는 데 대하여 선순위 근저당권자가 변론기일에 출석하여 근저당권설정등기의 채무자로부터 채무를 변제받고 타인에게

새로이 대출을 하면서 근저당권설정등기의 채무자 명의를 변경한 것이라고 진술을 하고 후순위 근저당권자가 이를 이익으로 원용한 경우, 선순위 근저당권설정등기의 채무자변경의 부기등기가 경료된 경우에 관하여 재판상의 자백이 성립한 이상 선순위 근저당권자가 자신에 불이익한 자백을 하는 진의가 무엇인지 석명하여 밝혀야 할 것은 아니다.

2. 피고의 근저당권설정등기 경료

3. 근저당권의 소멸

가. 기본계약의 하자(부종성)

⇔ [비교] 지상권에는 부종성 부정[대법원 1991. 11. 8 선고 90다15716 판결] 입목에 대한 벌채권의 확보를 위하여 지상권을 설정하였다 할지라도 지상권에는 부종성이 인정되지 아니하므로 벌채권이 소멸하였다 하더라도 지상권마저 소멸하는 것은 아니고, 지상권은 독립된 물권으로서 다른 권리에 부종함이 없이 그 자체로서 양도될 수 있으며 그 양도성은 민법 제282조, 제289조에 의하여 절대적으로 보장되고 있으므로 소유자의 의사에 반하여도 자유롭게 타인에게 양도할 수 있다.

(1) 무효사유 : 복대리인의 무권대리행위[대법원 1979. 11. 27. 선고 79다1193 판결] 표현대리 항변 가능

(2) 근저당권의 부종성[채권자 = 근저당권자, 채무자 = 설정자] 위반

(가) 제3자명의 근저당권설정[채권자 ≠ 근저당권자, 채무자 = 설정자]

① 원칙 : 무효 → 근저당권설정자는 근저당권자사안 : 근저당권부 채무의 추심권자를 상대로 채무부존재확인청구 가능[대법원 2020. 8. 20. 선고 2020다227356 판결] 근저당권자와 근저당권설정자의 행위가 가지는 법적 의미가 분명하지 않은 경우 근저당권자와 근저당권설정자 사이에 형성된 법률관계의 실체를 밝히는 것은 의사표시 해석의 영역에 속한다. 그 행위가 가지는 법적 의미는 근저당권자와 근저당권설정자의 관계, 근저당권설정의 동기와 경위, 당사자의 진정한 의사와 목적 등을 종합적으로 고찰하여 논리와 경험의 법칙에 따라 합리적으로 해석해야 한다. ➡ 원고가 부친(소외4)로부터 증여받은 부동산을 부친의 사망 후 매도하려 하였으나 소외4의 형제인 소외1이 '위 부동산은 소외4가 그 부모인 소외5, 소외6을 모시는 조건으로 증여받은 것'이라는 이유로 그 처분을 반대하자, 원고가 소외5에게 약정금을 지급하기로 하는 합의서를 작성하고 위 부동산에 관하여 소외1 앞으로 근저당설정등기를 마쳐준 경우, 위 합의서의 문언(소외1에 대한 금전지급의무에 관한 기재가 없음) 및 작성 경위(이 사건 합의서는 원고의 소외5, 소외6에 대한 부양의무의 이행를 이행하겠다는 취지인데 소외5가 생전에 소외1에게 약정금 채권을 양도한다는 것은 합의서의 취지에도 부합하지 않고, 채권양도의 합의에 관한 증거도 없음)에 비추어 근저당권설정자인 원고는 소외5에 대하여 약정금 채무를 부담할 뿐이고 소외5의 원고에 대한 약정금 채권이 채권양도나 그 밖의 사정으로 근저당권자인 소외1에게 귀속된다고 볼 수 없다. 이 사건 근저당권의 피담보채무로서 원고의 소외1에 대한 채무는 존재하지 않음을 이유로하는 원고의 피고(근저당권부 채무의 추심권자임을 주장)에 대한 채무부존재 확인청구 인용(피고 상고기각).

② 예외 : 3자간 합의 + 채권이 제3자에게 실질적으로 귀속 → 채권양도, 제3자를 위한 계약, 불가분적 채권관계 형성 등[대법원 1995. 9. 26. 선고 94다33583 판결, 대법원 2000. 1. 14. 선고 99다51265, 51272 판결]

⒁ 설정계약상의 채무자가 아닌 제3자를 채무자로 한 근저당권설정등기 [채권자 = 근저당권자, 채무자계약서 ≠ 설정자등기부상소유자]

① 원칙 : 무효(근저당권의 부종성)[대법원 1981. 9. 8. 선고 80다1468 판결] 피고(근저당권자)의 직원이 채무자를 원고가 아닌 화성산업으로 허위작성하여 근저당권설정등기 → 차용계약서 채무자 : 화성산업 ≠ 설정자(등기부상소유자) → 원고는 등기부에 기재된 채무자(화성산업)에 대해 채권을 가지고 있지 않으므로 근저당권은 부종성에 의하여 무효 : 근저당권의 부종성에 비추어 설정계약상의 채무자와 다른 사람을 채무자로 하여 된 근저당권설정등기는 그 피담보채무를 달리한 것이므로 원인 없이 된 등기임을 면치 못하고 따라서 채무자를 누구로 하였든 이 사건 부동산을 담보로 하여 금원을 차용하기로 하는 약정이 있는 이상 근저당권설정등기는 유효하다는 뜻의 피고의 위 준비서면 3항에서의 주장은 이유없다.

② 예외

㉠ 채무자를 누구로 정하여 계약을 체결하는가에 대한 대리권 수여, 표현대리80다1468

㉡ 실질적으로 명의신탁자의 채무담보[대법원 1980. 4. 22. 선고 79다1822 판결] 채무자(신탁자) ≠ 설정자, 등기부상소유자(수탁자) ➠ 실체관계 부합

㉢ 실제 채무자인 미등기 매수인의 채무담보[대법원 1999. 6. 25. 선고 98다47085 판결] 채무자, 미등기매수인 ≠ 설정자, 등기부상소유자 : 매도인

⒀ 제3자를 저당권자로 + 제3자를 채무자로[채권자매도인(소외1) ≠ 근저당권자피고, 채무자매수인 ≠ 설정자등기부상소유자:매도인][대법원 1995. 9. 26. 선고 94다33583 판결, 대법원 2001. 3. 15. 선고 99다48948 전원합의체 판결]

① 원칙 무효(원고후순위 근저당권자 배당이의)

② 예외 : 채권이 제3자피고(근저당권자)에게 실질적으로 귀속 + 실제 채무자인 매수인적성연와의 제3자에 대한 채무담보 채무자의 승낙 아래 채권이 제3자에게 이전 → 피담보채무 존재, 부종성 위반 아님, [대법원 2020. 7. 9. 선고 2019다212594 판결] 물상보증인(소외3)의 채권자인 원고가 물상보증인을 대위하여 피고들(근저당권명의자 : 채권자 소외1의 자녀들)을 상대로 근저당권설정등기;의 말소를 구한 사안 : 채권자(소외1)와 근저당권자(피고1, 피고2), 채무자(소외2)의 관계(모자관계), 근저당권설정의 동기 및 경위(소외1의 요구로 소외3의 동의 하에 근저당권 설정), 당사자들의 진정한 의사와 목적(소외1은 사실상 나중에 있을 상속 등의 법률관계를 간명하게 하기 위해 자녀들 명의로 근저당권을 설정하였을 가능성, 소외3은 그동안의 금전거래상황이나 내용을 모두 알면서 피고들 명의로 근저당권설정등기를 경료) 등을 고려할 때 이 사건 근저당권등기상 근저당권자인 피고1, 피고2가 소외 1과 함께 유효하게 채권을 변제받을 수 있고 채무자 소외2도 유효하게 변제할 수 있는 관계, 즉 소외1과 피고1, 피고2가 불가분적 채권자의 관계에 있다고 볼 수 있는 경우에 해당한다고 볼 여지가 상당하다. 따라서 원심으로서는 채무자 소외2와 소외1의 약정 등을 통해서 소외1이 소외2에 대하여 갖는 대여금 등 채권을 피고1, 피고2에게 귀속시키기로 하였는지 등에 대하여 충분히 심리하였어야 할 것이다.

(3) 피담보채무의 원시적 불발생(위조)

▸ 임의처분 방지를 위한 근저당권설정등기, 장래 금전채권(손해배상, 대상청구권) 담보를 위한 근저당권[대법원 2014. 11. 27. 선고 2014다32007 판결][19]

───────────────

19) 원고가 피고들에게 이 사건 각 부동산 중 3분의 1 또는 7분의 1 지분을 이전하여 주기로 약정한 사실은 넉

(4) 피담보채무의 소멸

(4)-1. 피담보채무의 존재

■다른 채무에 충당, 원고의 상계에 동시이행항변권 존재

■등기유용 합의[대법원 1963. 10. 10. 선고 63다583 판결] : 이해관계 있는 제3자가 있더라도 원고에는 대항 가능

▸유용합의시 채권의 부존재

(4)-2. 피담보채무의 범위 제한 : 포괄근저당[대법원 1990. 7. 10. 선고 89다카12152 판결] 금융기관의 일반대출관례에 어긋나는 경우(연대보증채무까지 피담보채무에 포함시키면 피담보채무액이 채권최고액을 초과 → 당해 대출금채무만 담보), [대법원 1987. 5. 26. 선고 85다카1046 판결] 부동문자로 인쇄된 계약서에 피담보채무가 기재되어 있으나 근저당권설정계약시 피담보채무의 범위에 대하여 당사자가 간에 언급하지 않음, 당시 문제된 것은 구상금채무뿐인 경우 → 근저당권은 구상금채무만 담보

(4)-3. 물상보증인의 대위취득 : 물상보증인 부동산의 우선경매[대법원 1994. 5. 10. 선고 93다25417 판결]

▸물상보증인의 구상권 부존재 : 형식상 물상보증인이 실질적 채무자인 경우2013다41097

(5) 전세권 기간만료 : 목적물 소멸로 저당권 소멸 → 저당권자는 직접 전세금지급청구 불가, 전세권반환채권 압류·전부, 전세금반환채권 강제집행절차에서 배당요구

(5)-1. 변제자대위에 의한 근저당권 취득 지위[대법원 2014. 12. 18. 선고 2011다50233 전원합의체 판결] 물상보증인인 피고가 채무자인 소외인의 이 사건 대출금 채무를 변제한 이상, 위 소외인으로부터 이 사건 근저당권이 설정되어 있는 이 사건 과수원 지분을 취득한 원고들에 대하여 피고가 출재한 전액의 범위에서 이 사건 근저당권을 대위행사할 수 있다. → 원고들의 이 사건 근저당권설정등기말소 청구 기각

나. 근저당권설정계약 자체의 무효·취소(유인성)

▸불법원인급여 항변 : 불가저당권설정등기는 종국적 급여가 아니므로

넉히 인정되고, 원고가 피고들에게 이 사건 근저당권을 적법하게 설정하여 준 사실은 이 사건 근저당권설정 등기가 마쳐진 사실로부터 추정된다. 여기에 앞에서 본 근저당권설정계약서의 문언, 원고와 피고들의 관계, 원고가 이 사건 각 부동산의 소유권을 취득한 경위 및 이 사건 각 부동산의 지목과 면적 등을 더하여 종합적으로 살펴보면, 피고들은 원고로부터 이 사건 각 부동산에 관하여 지분이전등기를 마치는 대신 이 사건 근저당권설정등기를 경료받았다고 할 것인데, 이는 원고가 이 사건 각 부동산을 임의로 처분하는 것을 방지하는 사실상의 효과를 기대하는 동시에, 만일 원고가 이 사건 각 부동산을 임의로 처분하거나 이 사건 각 부동산이 수용 또는 협의매수될 경우 지분이전의무의 불이행으로 인한 손해배상채권이나 보상금에 대한 대상청구권 등 이 사건 각 부동산과 관련하여 장차 피고들이 원고에 대하여 갖게 될 금전채권을 담보하기 위한 것이었다고 볼 여지가 충분하고, 그와 같이 보는 것이 일련의 과정에 나타난 당사자들의 진정한 의사에 부합하는 해석일 것이다.

다. 근저당권등기의 무효 : 원인무효의 소유권이전등기에 기초한 근저당권등기[요건사실론 108] 근저당권자에 대하여 그 소유권이전등기의 말소등기에 대하여 승낙의 의사표시를 하라는 청구도 가능하나, 방해배제청구권의 행사로 근저당권설정등기의 말소청구를 인정하는 실무례가 확고하게 정착

다-1. 반환범위 : 동시이행항변(말소 vs 부당이득반환)[대법원 2009. 1. 15. 선고 2008다58367 판결] 무효인 기본계약에 의한 대여금 → 대여금을 제3자에 다시 대여시 제3자에 대한 대여금채권을 양도

Ⅱ. 사례 유형

1. 전세권설정등기 · 전세권에 대한 저당권설정등기의 무효(채권담보목적으로 제3자에게 전세권설정)

가. 공사대금채권 담보목적

(1) 전세금 지급사실의 부존재

▶ 기존채권으로 갈음 가능[대법원 2009. 1. 15. 선고 2008다58367 판결, 대법원 2009. 1. 30. 선고 2008다67217 판결]

(2) 제3자피고의 설정자에 대한 채권 부존재

▶ 전세권자의 목적물 사용 · 수익을 완전히 배제하는 것이 아님, 3자 합의(채권자소외2의 설정자소외1에 대한 채권담보를 위해 제3자피고(소외2에게 채권 존재) 명의로 전세권 설정)[대법원 1995. 2. 10. 선고 94다18508 판결, 대법원 2009. 1. 30. 선고 2008다67217 판결]

나. 임대차보증금반환채권 담보목적 → 통정허위표시 : 전세권설정계약 무효 → 전세권설정등기 무효 → 무효인 전세권에 대한 저당권설정등기 무효

(1) 선의 제3자[대법원 1998. 9. 4. 선고 98다20981 판결] 실제로는 전세권설정계약이 없음에도 불구하고 임대차계약에 기한 임차보증금반환채권을 담보할 목적으로 임차인과 임대인, 제3자 사이의 합의에 따라 제3자 명의로 전세권설정등기를 경료한 후 그 전세권에 대하여 근저당권이 설정된 경우, 가사 위 전세권설정계약만 놓고 보아 그것이 통정허위표시에 해당하여 무효라고 한다 하더라도, 이로써 위 전세권설정계약에 의하여 형성된 법률관계를 토대로 별개의 법률원인에 의하여 새로운 법률상 이해관계를 갖게 된 근저당권자에 대해서는 그와 같은 사정을 알고 있었던 경우에만 그 무효를 주장할 수 있다.

(2) 3자 합의

2. 담보목적 지상권설정등기 말소청구원고 : 피고들에게 차용 + 담보목적 지상권 설정 후 별개의 원인으로 다시 차용 + 양도담보설정(이전등기)

가. 소멸청구

(1) 혼동에 의한 지상권 소멸 주장 : 불가혼동한 지상권이 제3자 권리의 목적 → 지상권자가 양도담보권을 취득 : 지상권 소멸 부정

(2) 피담보채무 변제를 이유로 말소청구 : 가능

나. 근저당권의 부활 : 근저당권자의 소유권취득이 원인무효인 경우 소멸한 근저당권 부활, 이해관계 있는 제3자는 근저당권 회복에 관하여 승낙의무 인정[대법원 1971. 8. 31. 선고 71다1386 판결] 근저당권자가 소유권을 취득하면 그 근저당권은 혼동에 의하여 소멸하지만 그 뒤 그 소유권취득이 무효인 것이 밝혀지면 소멸하였던 근저당권은 당연히 부활하고, 혼동에 의하여 소멸한 근저당권이 소유권취득이 무효로 밝혀져 부활하는 경우에 등기부상 이해관계가 있는 자는 위 근저당권 말소등기의 회복등기 절차를 이행함에 있어서 이것을 승낙할 의무가 있다.

3. 전세권의 존속기간 만료 + 전세권 근저당 말소청구

3-1. 전세권근저당권자 : 동시이행항변자신에게 반환하라는 항변 불가

▶ 전세권설정자는 전세금반환채권에 대한 압류 등이 없는 한 전세권자에 대하여만 반환의무 부담[대법원 1999. 9. 17. 선고 98다31301 판결] 물상대위설 : 전세권근저당권자는 존속기간 만료 후 전세권설정자에게 직접 청구 불가, 권리질권으로 파악할 경우 전세권설정자가 이중지급의 위험(제352조)

4. 최선순위 전세권자의 배당요구(전세권 소멸)

■ 최선순위 전세권은 전세권자의 배당요구에 의하여만 소멸[대법원 2015. 11. 17. 선고 2014다10694 판결] 민사집행법 제91조 제3항은 "전세권은 저당권·압류채권·가압류채권에 대항할 수 없는 경우에는 매각으로 소멸된다."라고 규정하고, 같은 조 제4항은 "제3항의 경우 외의 전세권은 매수인이 인수한다. 다만 전세권자가 배당요구를 하면 매각으로 소멸된다."라고 규정하고 있는데, 이는 저당권 등에 대항할 수 없는 전세권과 달리, 최선순위의 전세권은 존속기간에 상관없이 오로지 전세권자의 배당요구에 의하여만 소멸하고, 전세권자가 배당요구를 하지 않는 한 매수인에게 인수된다는 취지이다. 따라서 최선순위의 전세권은 전세권자 스스로 배당요구를 하여야만 매각으로 소멸함이 원칙이다.

■ 채권자대위권·추심권한에 기한 배당요구 가능[2014다10694] 전세권이 존속기간의 만료나 합의해지 등으로 종료하면 전세권의 용익물권적 권능은 소멸하고 단지 전세금반환채권을 담보하는 담보물권적 권능의 범위 내에서 전세금의 반환 시까지 그 전세권설정등기의 효력이 존속하므로, 전세권이 존속기간의 만료 등으로 종료한 경우라면 최선순위 전세권자의 채권자는 그 전세권이 설정된 부동산에 대한 경매절차에서 채권자대위권에 기하거나 전세금반환채권에 대하여 압류 및 추심명령을 받은 다음 그 추심권한에 기하여 자기 이름으로 전세권에 대한 배당요구를 할 수 있다. 다만 위와 같은 경매의 매각절차에서 집행법원은 원래 전세권의 존속기간 만료 여부 등을 직접 조사하지는 아니하는 점, 또 건물에 대한 전세권이 법정갱신된 경우에는 등기된 존속기간의 경과 여부만 보고 실제 존속기간의 만료 여부를 판단할 수는 없는 점 및 민사집행규칙 제48조 제2항은 "배당요구서에는 배당요구의

자격을 소명하는 서면을 붙여야 한다."고 규정하고 있는 점 등에 비추어 보면, 최선순위 전세권자의 채권자가 위와 같이 채권자대위권이나 추심권한에 기하여 전세권에 대한 배당요구를 함에 있어서는 채권자대위권 행사의 요건을 갖추었다거나 전세금반환채권에 대하여 압류 및 추심명령을 받았다는 점과 아울러 그 전세권이 존속기간의 만료 등으로 종료하였다는 점에 관한 소명자료를 배당요구의 종기까지 제출하여야 한다.

제3절 제3취득자의 소멸청구(제364조)

I. 저당권 실행 전의 권리

1. 소멸청구

가. 저당권 설정 후 저당부동산에 대한 권리취득

인정	부정
■ 소유권, 지상권, 전세권 취득자 : 경매신청 전 또는 경매개시결정 전의 취득으로 제한되지 않음[대법원 1974. 10. 26.자 74마440 결정] 민법 364조의 규정에 의하여 저당권의 소멸을 청구할 수 있는 제3취득자는 경매신청 전 또는 경매개시결정전에 소유권, 지상권 또는 전세권을 취득한 자에 한하지 않는다. ■ 이행인수인[2002다7176] 매매대금에서 피담보채무를 공제한 잔액을 수수 → 채무자의 지위로 변경되지 않으므로 제364조 적용 : 저당부동산에 관한 매매계약을 체결하는 당사자 사이에 매매대금에서 피담보채무 또는 채권최고액을 공제한 잔액만을 현실로 수수하였다는 사정만을 가지고 언제나 매수인이 매도인의 저당채권자에 대한 피담보채무를 인수한 것으로 보아 제3취득자는 채권자에 대한 관계에서 제3취득자가 아니라 채무자와 동일한 지위에 놓이게 됨으로써 저당부동산의 제3취득자가 원래 행사할 수 있었던 저당권소멸청구권을 상실한다고 볼 수는 없고, 오히려 이러한 매매대금 지급방법상의 약정은 다른 특별한 사정이 없는 한 매매당사자 사이에서는 매수인이 피담보채무 또는 채권최고액에 해당하는 매매대금 부분을 매도인에게 지급하는 것이 아니라 채권자에게 직접 지급하기로 하여 그 매매목적 부동산에 관한 저당권의 말소를 보다 확실하게 보장하겠다고 하는 취지로 그런 약정을 하게 된 것이라고 볼 것이다.	■ 채무자[대법원 2011. 7. 28. 선고 2010다88507 판결] ■ 저당권 설정자[대법원 1992. 5. 12. 선고 90다8855 판결] ■ 채무인수인[2002다7176] 저당부동산의 제3취득자가 피담보채무를 인수한 경우에는 그 때부터는 제3취득자는 채권자에 대한 관계에서 채무자의 지위로 변경되므로 민법 제364조의 규정은 적용될 여지가 없을 것이다. ■ 대항력 있는 임차인 ■ 후순위 근저당권자[대법원 2006. 1. 26. 선고 2005다17341 판결] 근저당부동산에 대하여 민법 제364조의 규정에 의한 권리를 취득한 제3자는 피담보채무가 확정된 이후에 채권최고액의 범위 내에서 그 확정된 피담보채무를 변제하고 근저당권의 소멸을 청구할 수 있으나, 근저당부동산에 대하여 후순위근저당권을 취득한 자는 민법 제364조에서 정한 권리를 행사할 수 있는 제3취득자에 해당하지 아니하므로 이러한 후순위근저당권자가 선순위근저당권의 피담보채무가 확정된 이후에 그 확정된 피담보채무를 변제한 것은 민법 제469조의 규정에 의한 이해관계 있는 제3자의 변제로서 유효한 것인지 따져볼 수는 있을지언정 민법 제364조의 규정에 따라 선순위근저당권의 소멸을 청구할 수 있는 사유로는 삼을 수 없다.

나. 피담보채권 변제(제364조)

(1) 변제범위

(개) 제3취득자[대법원 1971. 4. 6. 선고 71다26 판결] 채권 최고액과 경매비용 변제공탁시 말소청구 가능, **물상보증인**[대법원 1974. 12. 10. 선고 74다998 판결] 근저당권의 물상보증인은 민법 제357조에서 말하는 채권의 최고액만을 변제하면 근저당권설정등기의 말소청구를 할 수 있고 채권최고액을 초과하는 부분의 채권액까지 변제할 의무가 있는 것이 아니다.

① 최고액만 제한 : min[피담보채권액{원금 + 이자+이행기 후 1년의 지연이자(제360조)}, 채권최고액]

② 변제자대위(제481조) : 채권(일부)취득(→ 채권 준공유) + 저당권취득(→ 혼동)

(내) 채무자겸설정자, 후순위근저당권자 : 모든 채무(제469조 제2항) → 지연이자 제한되지 않음
[대법원 1981. 11. 10. 선고 80다2712 판결] 채무자의 채무액이 근저당 채권최고액을 초과하는 경우에 채무자 겸 근저당권설정자가 그 채무의 일부인 채권최고액과 지연손해금 및 집행비용만을 변제하였다면 채권전액의 변제가 있을 때까지 근저당권의 효력은 잔존채무에 미치는 것이므로 위 채무일부의 변제로써 위 근저당권의 말소를 청구할 수 없다.

(2) 근저당권 : 피담보채권의 확정 필요2002다7176

다. 변제기 이후의 변제 : 변제기 전의 변제 불가[대법원 1979. 8. 21. 선고 79다783 판결] 원고는 피고 공사에 대하여 민법 제364조에 따라 결산기에 이르러 확정되는 그 부동산의 피담보채권을 변제하고 근저당권설정등기의 말소를 구할 수는 있다고 하겠지만, 원고 스스로 또는 근저당권설정자인 위 소외인을 위하여 계속적 거래관계에 기인한 이 사건 근저당권설정계약의 종료전에 이를 일방적으로 폐기하고 그 당시까지의 채무액만을 변제하는 조건으로 근저당권설정등기의 말소를 소구할 수는 없다.

2. 경매인이 될 수 있는 권리(제363조 제2항)

II. 저당권 실행 후의 구제

1. 담보책임 : 해제(제576조 제1항), 손해배상(제576조 제3항 : 신뢰이익)

2. 채무불이행책임(이행이익)

3. 손해배상청구(제750조)

4. 비용상환청구권(제367조) : 저당물에 관한 소유권을 취득한 자도 포함[대법원 2004. 10. 15. 선고 2004다36604 판결] 민법 제367조가 저당물의 제3취득자가 그 부동산에 관한 필요비 또는 유익비를 지출한 때에는 저당물의 경매대가에서 우선상환을 받을 수 있다고 규정한 취지는 저당권설정자가 아닌 제3취득자가 저당물에 관한 필요비 또는 유익비를 지출하여 저당물의 가치가 유지·증가된 경우, 매각대금 중 그로 인한 부분은

일종의 공익비용과 같이 보아 제3취득자가 경매대가에서 우선상환을 받을 수 있도록 한 것이므로 저당물에 관한 지상권, 전세권을 취득한 자만이 아니고 소유권을 취득한 자도 민법 제367조 소정의 제3취득자에 해당한다. 그러나 건물의 증축비용을 투자한 대가로 건물에 대한 지분이전등기를 경료받았으나 저당권의 실행으로 그 권리를 상실한 자는 건물에 관한 제3취득자로서 필요비 또는 유익비를 지출한 것이 아니므로 저당물의 경매대가에서 우선상환을 받을 수 없다.

제4절 가등기담보권의 말소등기청구

Ⅰ. 말소등기청구

1. 무효사유

가. 처분정산 특약 : 무효[대법원 2002. 12. 10. 선고 2002다42001 판결] 가등기담보등에관한법률이 제3조와 제4조에서 가등기담보권의 사적 실행방법으로 귀속정산의 원칙을 규정함과 동시에 제12조와 제13조에서 그 공적 실행방법으로 경매의 청구 및 우선변제청구권 등 처분정산을 별도로 규정하고 있는 점, 위 제4조가 제1항 내지 제3항에서 채권자의 청산금 지급의무, 청산기간 경과와 본등기청구, 청산금의 지급의무와 부동산의 소유권이전등기 및 인도 채무의 동시이행관계 등을 순차로 규정한 다음, 제4항에서 제1항 내지 제3항에 반하는 특약으로서 채무자 등에게 불리한 것은 그 효력이 없다(다만, 청산기간 경과 후에 행하여진 특약으로서 제3자의 권리를 해하지 아니하는 경우는 제외된다.)고 규정하고 있는 점, 나아가 제11조는 채무자 등이 청산금 채권을 변제받을 때까지 그 채무액을 채권자에게 지급하고 그 채권담보의 목적으로 경료된 소유권이전등기의 말소를 청구할 수 있다고 규정하고 있는 점 등을 종합하여 보면, 가등기담보권의 사적 실행에 있어서 채권자가 청산금의 지급 이전에 본등기와 담보목적물의 인도를 받을 수 있다거나 청산기간이나 동시이행관계를 인정하지 아니하는 '처분정산'형의 담보권실행은 가등기담보등에관한법률상 허용되지 아니한다.

나. 가등기담보대상 부동산에 대한 경락 이후 가등기에 기한 본등기 : 무효(가등기담보법 제15조)[대법원 1994. 4. 12. 선고 93다52853 판결] 가등기담보등에관한법률 제15조는 담보가등기가 경료된 부동산에 대하여 경매 등이 행하여진 때에는 담보가등기권리는 그 부동산의 매각에 의하여 소멸한다고 규정하고 있으므로 경락인이 경락허가결정을 받아 그 경락대금을 모두 지급함으로써 소유권을 취득하였다면 담보가등기권리는 소멸되었다고 보아야 할 것이고 그 후에 경료된 위 가등기에 기한 본등기는 원인을 결여한 무효의 등기이며, 위 가등기에 기한 본등기가 종전 소유자와의 대물변제 합의에 기하여 이루어진 것이라 하여도 이는 소유권을 경락인이 취득한 후에 무효인 가등기를 유용하는 것에 해당하므로 역시 무효이다.

2. 변제 범위 : 피담보채무액 + 이자 + 손해금 지급(가등기담보법 제11조)

3. 정당하게 평가된 청산금을 지급받을 때까지(가등기담보법 제11조)[대법원 1996. 7. 30. 선고 96다6974, 6981 판결] 채권자가 나름대로 평가한 청산금의 액수가 객관적인 청산금의 평가액에 미치지 못한다고 하더라도 담보권 실행의 통지로서의 효력이나 청산기간의 진행에는 아무런 영향이 없고, 다만 채무자 등은

정당하게 평가된 청산금을 지급 받을 때까지 목적부동산의 소유권이전등기 및 인도 채무의 이행을 거절하면서 피담보채무 전액을 채권자에게 지급하고 채권담보의 목적으로 마쳐진 가등기의 말소를 구할 수 있을 뿐이다.

4. 채권자 대항사유

가. 청산금이 없다는 통지에 대한 채무자의 묵시적 동의[대법원 2008. 4. 11. 선고 2005다36618 판결]

나. 실체관계부합 : 가담법 절차에 따라 청산금 지급 · 청산기간 경과[대법원 2007. 7. 13. 선고 2006다46421 판결] 담보가등기보다 먼저 경료된 가압류 채권액도 공제 : 가등기담보 등에 관한 법률 제3조, 제4조의 각 규정에 비추어 볼 때 위 각 규정을 위반하여 담보가등기에 기한 본등기가 이루어진 경우에는 그 본등기는 무효라고 할 것이고, 설령 그와 같은 본등기가 가등기권리자와 채무자 사이에 이루어진 특약에 의하여 이루어졌다고 할지라도 만일 그 특약이 채무자에게 불리한 것으로서 무효라고 한다면 그 본등기는 여전히 무효일 뿐, 이른바 약한 의미의 양도담보로서 담보의 목적 내에서는 유효하다고 할 것이 아니고, 다만 가등기권리자가 가등기담보법 제3조, 제4조에 정한 절차에 따라 청산금의 평가액을 채무자 등에게 통지한 후 채무자에게 정당한 청산금을 지급하거나 지급할 청산금이 없는 경우에는 채무자가 그 통지를 받은 날로부터 2월의 청산기간이 경과하면 위 무효인 본등기는 실체적 법률관계에 부합하는 유효한 등기가 될 수 있다. 한편, 가등기담보 채권자가 가등기담보권을 실행하기 이전에 그의 계약상의 권리를 보전하기 위하여 가등기담보 채무자의 제3자에 대한 선순위 근저당채무를 대위변제하여 구상권이 발생하였다면 특별한 사정이 없는 한 이 구상권도 가등기담보계약에 의하여 담보된다고 보는 것이 상당하고, 가등기담보 채권자가 가등기담보법 제4조에 따라 채무자에게 청산금을 지급함에 있어 담보가등기보다 먼저 등기된 가압류의 채권액은 특별한 사정이 없는 한 가등기담보법 제4조 제1항 후문에서 정한 '선순위담보 등에 의하여 담보된 채권액'에 준하여 가등기담보 채권자의 채권액에 포함된다고 봄이 상당하다. → 피고가 이 사건 소유권이전등기를 경료한 후 이 사건 1, 2 토지에 관한 선순위 근저당채무를 변제하고 원고에게 담보권실행의 통지를 한 다음, 원고를 피공탁자로 하여 정당한 청산금 149,852,476원(제1심 감정인의 시가 감정결과에 의한 이 사건 각 토지의 평가액 532,791,860원에서 피고의 가등기담보채권 원리금 134,000,000원, 위 선순위 근저당채무 대위변제원리금 208,939,384원 및 이 사건 1, 2 토지에 관하여 이 사건 가등기 전에 경료된 소외인의 가압류채권액 40,000,000원 합계 382,939,384원을 공제한 나머지 금액)을 공탁함으로써 피고 명의의 이 사건 소유권이전등기는 실체관계에 부합

▶ 적법한 담보권 실행이 아닌 경우 : 청산금이 존재함에도 존재하지 않는다고 통지[대법원 2019. 6. 13. 선고 2018다300661 판결] 담보가등기에 기하여 마쳐진 본등기가 무효인 경우, 담보목적 부동산에 대한 소유권은 담보가등기 설정자인 채무자 등에게 있고 소유권의 권능 중 하나인 사용수익권도 당연히 담보가등기 설정자가 보유한다. 따라서 채무자가 자신이 소유하는 담보목적 부동산에 관하여 채권자와 임대차계약을 체결하고 채권자에게 차임을 지급하거나 채무자가 자신과 임대차계약을 체결하고 있는 임차인으로 하여금 채권자에게 차임을 지급하도록 하여 채권자가 차임을 수령하였다면, 채권자와 채무자 사이에 위 차임을 피담보채무의 변제와는 무관한 별개의 것으로 취급하기로 약정하였거나 달리 차임이 피담보채무의 변제에 충당되었다고 보기 어려운 특별한 사정이 없는 한 위 차임은 피담보채무의 변제에 충당된 것으로 보아야 한다. → 피고가 이 사건 부동산에 관하여 가등기

에 기하여 본등기를 마쳤더라도 가등기담보법 제3조, 제4조에 정한 절차를 거치지 아니한 이상 그 소유권 내지 사용수익권은 채무자인 원고에게 있으므로, 본등기를 마친 이후에 피고가 원고 측 내지 다른 임차인들로부터 지급받은 차임은 그 명목에 상관 없이 원칙적으로 피담보채무의 변제에 충당되었다고 보아야 하고, 이와 달리 피담보채무의 변제에 충당되지 않았다고 보기 위해서는, 차임을 피담보채무의 변제와 무관하게 별개로 취급하기로 약정하였거나 차임이 피담보채무의 변제에 충당되었다고 보기 어려운 특별한 사정이 있었는지 등을 심리·판단하였어야 한다. 그런데도 원심은 그 판시와 같은 이유만으로 피고가 차임으로 지급받은 돈이 피담보채무 원리금의 상환과는 별도로서 피담보채무의 변제에 충당되지 않는다고 보아 피고가 이 사건 소송 계속 중에 한 담보권 실행에 기하여 이 사건 부동산의 소유권을 유효하게 취득하였다고 판단하였다. 이러한 원심판단에는 담보가등기의 목적인 부동산에 대한 사용수익권의 귀속 및 가등기담보법에서 정한 청산절차 또는 청산금의 산정 등에 관한 법리를 오해하고 필요한 심리를 다하지 아니하여 판결에 영향을 미친 잘못이 있다.

다. 변제기로부터 10년 경과

라. 선의의 제3자 소유권취득가등기담보법 제11조 단서 후문

(1) 선의의 제3자의 의미 : 채권자가 적법한 청산절차를 거치지 않고 담보목적부동산에 관하여 본등기를 마쳤다는 사실을 모르고 그 본등기에 터 잡아 소유권이전등기를 마친 자[대법원 2021. 10. 28. 선고 2016다248325 판결] 제3자가 악의라는 사실에 관한 주장·증명책임은 무효를 주장하는 사람에게 있다.

(2) 소유권 귀속 : 채권자가 등기를 마친 시점으로 소급하여 소유권 취득[2016다248325] 가등기담보법 제3조, 제4조의 청산절차를 위반하여 이루어진 담보가등기에 기한 본등기가 무효라고 하더라도 선의의 제3자가 그 본등기에 터 잡아 소유권이전등기를 마치는 등으로 담보목적부동산의 소유권을 취득하면, 채무자 등은 더 이상 가등기담보법 제11조 본문에 따라 채권자를 상대로 그 본등기의 말소를 청구할 수 없게 된다. 이 경우 그 반사적 효과로서 무효인 채권자 명의의 본등기는 그 등기를 마친 시점으로 소급하여 확정적으로 유효하게 되고, 이에 따라 담보목적부동산에 관한 채권자의 가등기담보권은 소멸하며, 청산절차를 거치지 않아 무효였던 채권자의 위 본등기에 터 잡아 이루어진 등기 역시 소급하여 유효하게 된다고 보아야 한다. 다만 이 경우에도 채무자 등과 채권자 사이의 청산금 지급을 둘러싼 채권·채무 관계까지 모두 소멸하는 것은 아니고, 채무자 등은 채권자에게 청산금의 지급을 청구할 수 있다. 이러한 법리는 경매의 법적 성질이 사법상 매매인 점에 비추어 보면 무효인 본등기가 마쳐진 담보목적부동산에 관하여 진행된 경매절차에서 경락인이 본등기가 무효인 사실을 알지 못한 채 담보목적부동산을 매수한 경우에도 마찬가지로 적용된다.

(3) 배당관계 : 채권자의 대여금채권은 담보목적물의 소유권이 채권자에게 귀속됨으로써 전부 또는 일부가 소멸하므로 담보목적물에 대한 경매절차에서 채권자에 대한 배당은 위법[사실관계 요약] ① 채권자(피고, 소외1, 소외2)는 동광주택에 13억 원을 대여, ② 소외1은 이 사건 아파트에 대하여 매매예약을 원인으로 하는 소유권이전등기청구권 가등기 후 본등기 경료(본등기 경료 당시 아파트 가액은 88억 원, 피담보채무는 17억 원), ③ 소외1은 본등기 경료 당시 이 사건 대여금채권 담보를 위하여 근저당권자를 피고로, 채무자를 동광으로 하는 근저당설정등기와 근저당권자를 소외2, 채무자를 동광으로

하는 근저당설정등기를 경료, ③ 원고는 동광이 소외1에 대하여 가지는 청산금채권(소외1의 본등기 경료 당시 소외1의 동광에 대한 담보권 실행 통지가 있었고, 당시 아파트 가액이 피담보채권 원리금 합계를 초과함에도 동광이 청산금을 지급하지 않았으므로 청산금채권 존재) 중 5억 원에 관하여 채권압류 및 추심명령을 받아 그 무렵 확정되었고, 원고는 소외1을 상대로 위 금액에 대한 추심금 청구의 소를 제기하여 그 판결이 확정됨, ④ 원고의 신청에 의한 경매절차에서 매수인 우성디앤씨가 2014.8.26. 매각대금 완납, ⑤ 집행법원은 피고에게 1순위로 배당하고 원고는 배당에서 제외, [원심] : 이 사건 경매절차에서 선의의 제3자인 우성디앤씨가 이 사건 아파트를 매수하여 적법하게 소유권을 취득하였더라도 가등기담보법상의 청산절차를 거치지 않은 이 사건 본등기의 효력은 여전히 무효이고 이에 터 잡아 이루어진 이 사건 근저당권 역시 무효라고 전제한 다음, 이 사건 경매 당시 이 사건 아파트의 소유권은 소외 1이 아닌 동광에 있고, 피고는 동광에 대한 이 사건 대여금의 불가분채권자로서 이 사건 아파트의 담보가등기권자로 볼 수 있다는 이유로 피고의 배당순위가 원고보다 우선한다. [대법원] : 피고 명의의 이 사건 근저당권의 피담보채권은 이 사건 대여금채권이다. 이 사건 대여금채권은 금전 대여의 형식과 경위, 담보권 설정의 형식이나 내용, 피고 등 사이의 인적 관계 등에 비추어 보면 불가분채권으로 볼 수 있고, 이는 소외1 명의의 이 사건 가등기와 본등기에 의해서도 담보되고 있었다. 만약 담보목적물인 이 사건 아파트의 가액이 피담보채권액을 초과한 상태에서 그 소유권이 담보가등기권자이자 불가분채권자 중의 1인인 소외1에게 귀속되었다면 이로써 이 사건 대여금채권은 모두 소멸하므로 이 사건 대여금채권을 피담보채권으로 하는 이 사건 근저당권 역시 소멸하게 된다. 담보목적물인 이 사건 아파트의 가액이 피담보채권액에 미달한 상태에서 그 소유권이 소외1에게 귀속되더라도 그 가액 상당의 이 사건 대여금채권이 소멸하므로 이 사건 근저당권의 피담보채권도 같은 범위에서 소멸하게 되고, 피고에 대한 배당액은 그와 같이 소멸한 금액만큼 줄어들어야 한다.

II. 청산금 지급청구

1. 청구취지의 위법 여부 : 말소등기청구를 청산금 지급청구로 선해 가능[대법원 2016. 6. 23. 선고 2015다13171 판결의 원심(부산지방법원 2015. 1. 21. 선고 2013나13235 판결)]

2. 청산금 산정 관련 피담보채권의 범위 확정시기 : 통지 당시[2015다13171] 채권자가 2010.12.29.자 매매를 원인으로 본등기했더라도 청산금통지를 2012. 2. 24.에 했다면 피담보채권의 범위는 통지 당시를 기준으로 확정, 2010.12.29.자 매매계약은 청산절차를 배제하는 약정으로 채무자에 불리하여 무효이므로 이를 원인으로 하여 가등기의 피담보채권이 소멸하게 되는 것이 아님

[원심] : 부동산등기의 추정력에 의하여 이 사건 본등기의 원인과 같이 원고들과 피고 사이에 2010. 12. 29. 매매계약이 이루어졌다고 봄이 상당하므로, 피고가 원고들에게 지급할 청산금 산정에 있어 이 사건 가등기의 피담보채권액 중 이자는 2010. 5. 19. 기준 대여금 원본 잔액 115,132,634원(원고가 2008. 2. 4.부터 2010. 5. 19.까지 이자제한법상 제한 이율을 초과하여 지급한 부분을 원본에 충당)에 대하여 그 다음 날인 2010. 5. 20.부터 2010. 12. 29.까지의 기간에 대해서만 발생

➡ 청산금 80,853,796원 = 청산금 평가액 통지 당시의 시가 380,000,000 − 변제충당 후 원본 잔액115,132,634원(이자제한법 초과 지급 부분을 원본에 충당) − 원본 잔액에 대한 이자 21,197,021원 − 담보권실행 비용 4,246,900원(감정비용 636,000원 + 제소 전 화해비용 3,610,000원) − 선순위 임대차보증금 130,000,000원 − 피

고의 공탁금 28,569,649원

[대법원] : 가등기담보법 제3조, 제4조에 의하면 가등기담보권자가 담보계약에 의한 담보권을 실행하여 그 담보목적부동산의 소유권을 취득하기 위해서는 그 채권의 변제기 후에 청산금의 평가액을 채무자 등에게 통지하여야 한다. 여기서 말하는 청산금의 평가액은 통지 당시의 담보목적부동산의 가액에서 그 당시의 피담보채권액(원본, 이자, 위약금, 지연배상금, 실행비용)을 뺀 금액을 의미하므로, 가등기담보권자가 담보권 실행을 통해 우선변제받게 되는 이자나 지연배상금 등 피담보채권의 범위는 위 통지 당시를 기준으로 확정된다. 채권자는 주관적으로 평가한 청산금의 평가액을 통지하면 족하고, 채권자가 이와 같이 주관적으로 평가한 청산금의 액수가 정당하게 평가된 청산금의 액수에 미치지 못한다고 하더라도 담보권 실행의 통지로서의 효력에는 아무런 영향이 없다. 위 각 규정을 위반하여 담보가등기에 기한 본등기가 이루어진 경우에는 그 본등기는 무효이고, 설령 그와 같은 본등기가 가등기권리자와 채무자 사이에 이루어진 특약에 의하여 이루어졌다고 하더라도 만일 그 특약이 채무자에게 불리한 것으로 무효라고 한다면 그 본등기는 여전히 무효일 뿐이다. 위 법리를 원심이 인정한 사실관계에 비추어 살펴보면, 피고가 2012. 2. 24. 원고들에게 청산금평가액통지서를 발송하였으므로 피고가 이 사건 가등기담보권 실행을 통해 우선변제받게 되는 이자나 지연배상금을 포함한 피담보채권액은 위 통지 당시를 기준으로 확정되어야 하고, 이는 피고가 이자제한법상의 제한이율을 초과하는 이자를 포함시켜 통지한 잘못이 있다고 하더라도 달리 볼 것이 아니다. 또한 이 사건 본등기는 가등기담보법이 정한 청산절차를 거치지 아니하여 무효이고, 그 원인이 된 2010. 12. 29.자 매매계약은 청산절차를 배제하는 약정으로 채무자에게 불리하여 무효라고 할 것이므로 이 사건 가등기의 피담보채권이 이를 원인으로 소멸하게 되는 것도 아니다.

3. **무효인 청산합의의 효력 : 담보권 실행통지로서의 효력은 인정 ➡ 청산금은 합의 당시를 기준으로 산정**[대법원 2007. 12. 13. 선고 2007다49595 판결의 파기환송 후 항소심(창원지방법원 2009. 1. 23 선고 2008나478 판결)] : 청산합의일 2000. 7. 24. > 합의에 의한 예정 변제기 2000. 8 .25.(2000. 8. 25. 까지 변제하지 못할 때에는 피고에게 소유권이 완전히 귀속된다는 합의) ➡ 무효이지만 담보권 실행통지로서의 효력은 인정

Ⅲ. 불법행위 손해배상[대법원 2010. 8. 26. 선고 2010다27458 판결]

1. 사유 : 청산절차 없이 처분하여 제3자 소유권취득시

2. 손해액 : 말소청구 불능 당시 담보목적부동산 가액 − 그 때까지의 채무액양도소득세는 채무자가 부담해야 하므로 별도의 손해라고 할 수 없음

3. 손해배상책임 제한 : 부정[대법원 2010. 8. 26. 선고 2010다27458 판결] 채권자가 구 가등기담보 등에 관한 법률에 정해진 청산절차를 밟지 아니하여 담보목적부동산의 소유권을 취득하지 못하였음에도 그 담보목적부동산을 처분하여 선의의 제3자가 소유권을 취득하고 그로 인하여 구 가등기담보법 제11조 단서에 의하여 채무자가 더는 채무액을 채권자에게 지급하고 그 채권담보의 목적으로 마친 소유권이전등기의 말소를 청구할 수 없게 되었다면, 채권자는 위법한 담보목적부동산 처분으로 인하여 채무자가 입은 손해를 배상할 책임이 있다. 이때 채무자가 입은 손해는 다른 특별한 사정이 없는 한 채무자가 더는 그 소유권이전등기의 말소를 청구할 수 없게 된 때의

담보목적부동산의 가액에서 그때까지의 채무액을 공제한 금액이라고 봄이 상당하다. 그리고 채무자가 약정 이자 지급을 연체하였다든지 채무자가 그 채무액을 채권자에게 지급하고 그 채권담보의 목적으로 마친 소유권이전등기의 말소를 청구할 수 있었다는 사정이나 채권자가 담보목적부동산을 처분하여 얻은 이익의 크고 작음 등과 같은 사정은 위법한 담보목적부동산 처분으로 인한 손해배상책임을 제한할 수 있는 사유가 될 수 없다.

제5절 양도담보설정자의 말소등기청구

Ⅰ. 요건 : 채권자 정산완료 전 + 채무변제 / 변제를 조건으로

Ⅱ. 채권자 대항사유

1. 특약 존재 : 변제기 불이행시 채권자에게 확정적 귀속

2. 정산절차 완료

3. 묵시적 대물변제, 귀속정산

제5장 말소회복등기청구(부동산등기법 제59조) : 불법말소에 대한 구제책

Ⅰ. 소의 이익

1. 폐쇄등기 : 폐쇄등기 자체를 대상으로 하는 말소회복등기절차의 이행청구 → 소의 이익 부정[대법원 2016. 1. 28. 선고 2011다41239 판결] 등기관이 부동산등기법 제33조에 따라 등기기록에 등기된 사항 중 현재 효력이 있는 등기만을 새로운 등기기록에 옮겨 기록한 후 종전 등기기록을 폐쇄하는 경우, 새로운 등기기록에는 옮겨 기록되지 못한 채 폐쇄된 등기기록에만 남게 되는 등기(폐쇄등기)는 현재의 등기로서의 효력이 없고, 폐쇄된 등기기록에는 새로운 등기사항을 기록할 수도 없으므로, 폐쇄등기 자체를 대상으로 하여 말소회복등기절차의 이행을 구할 소의 이익은 없다.

2. 예외 : 진정한 권리자의 권리실현을 위하여 필요한 때2011다41239, [민법판례연구] 76] 부적법하게 말소되지 아니하였더라면 현재의 등기기록에 옮겨 기록되었을 말소된 권리자의 등기 및 그 등기를 회복하는 데에 필요하여 함께 옮겨 기록되어야 하는 등기를 대상으로 말소회복등기절차 등의 이행을 구하는 소는 소의 이익 인정

가. 말소·회복의 대상 : 장차 (현재의 유효한 등기기록에) 옮겨 기록될 등기

나. 이기의 근거규정 : 부동산등기법 제32조

다. 기존 판례와의 배치 여부폐쇄등기 자체를 대상으로 하여 말소회복등기절차의 이행을 구할 소의 이익은 없으나, 장차 옮겨 기록될 등기를 소의 대상으로 삼는 경우에는 소의 이익 인정

Ⅱ. 회복등기 + 승낙의사표시 청구

1. 원칙 : 위조된 등기서류에 의한 말소 → 근저당권의 효력에 영향 없음[대법원 2002. 10. 22. 선고 2000다59678 판결] 등기는 물권의 효력 발생 요건이고 존속 요건은 아니어서 등기가 원인 없이 말소된 경우에는 그 물권의 효력에 아무런 영향이 없고, 그 회복등기가 마쳐지기 전이라도 말소된 등기의 등기명의인은 적법한 권리자로 추정되므로, 근저당권설정등기가 위법하게 말소되어 아직 회복등기를 경료하지 못한 연유로 그 부동산에 대한 경매절차의 배당기일에서 피담보채권액에 해당하는 금액을 배당받지 못한 근저당권자는 배당기일에 출석하여 이의를 하고 배당이의의 소를 제기하여 구제를 받을 수 있고, 가사 배당기일에 출석하지 않음으로써 배당표가 확정되었다고 하더라도, 확정된 배당표에 의하여 배당을 실시하는 것은 실체법상의 권리를 확정하는 것이 아니기 때문에 위 경매절차에서 실제로 배당받은 자에 대하여 부당이득반환 청구로서 그 배당금의 한도 내에서 그 근저당권설정등기가 말소되지 아니하였더라면 배당받았을 금액의 지급을 구할 수 있다.

2. 예외 : 경매의 공신력(임의경매) → 유효한 저당권에 기한 경매절차의 진행 + 경락인의 경락대금 완납[대법원 2014. 12. 11. 선고 2013다28025 판결] 처음부터 담보권 없이 진행된 경매는 무효이나 유효한 저당권에 기한 경매절차 진행 중 저당권이 소멸한 경우에는 경매의 공신력 인정, [대법원 1998. 10. 2. 선고 98다27197 판결] 소멸한 근저당권에 관한 말소등기의 회복등기를 위하여 현소유자를 상대로 승낙의 의사표시를 구할 수는 없음

3. 제한 : 처음부터 담보권 없이 진행된 경매 → 공신력 부정

Ⅲ. 실제로 배당받은 자에 대하여 배당이의(배당이의 한 경우)[대법원 2002. 10. 22. 선고 2000다59678 판결]

1. 상대방 : 저당권이 존속하였더라면 배당되었을 금액에 대하여 배당받은 채권자를 상대로 청구

2. 순위 : 배당이의 채권자 〉 후순위 근저당권자(말소된 근저당권자가 받고 남은 금액에서 배당) 〉 일반채권자

Ⅳ. 부당이득반환청구(배당이의 하지 않은 경우)

1. 상대방 : 배당받은 채권자[대법원 1998. 10. 2. 선고 98다27197 판결]

2. 청구범위 : 초과배당된 부분[실제 배당액 - 정당한 배당액(배당가능액 - 자기보다 선순위자들의 배당액)]

가. 후순위 저당권자[실제 배당액1억 원 - 자신에 대한 정당한 배당액3,520만 원(배당가능액1.2억 원 - 선순위자에 대한 배당액8.480만 원)]

나. 일반채권자[실제 배당액2,000 - 자신에 대한 정당한 배당액(배당가능액1.2 - 선순위자들에 대한 배당액8,480 + 3,520)]

사법연수원 근저당권 사례연습 5

(1) 배당금액 1억 2,000만 원 : 후순위 근저당권자 1억 원, 일반채권자 2,000만 원 각 배당
① 말소된 선순위 근저당권자의 채권액 : 8,480만 원[8,000 + 8,000 × 0.01 × 6개월(채무자가 일부 변제한 다음 날 ~ 배당기일)]
② 후순위 근저당권자의 정당한 배당액 : 1.2억 - 8,480만 원 = 3,520만 원
③ 후순위 근저당권자의 초과배당액 1억(실제 배당액) - 3,520만 원(정당한 배당액) = 6,480만 원
④ 일반채권자의 초과배당액 : 2,000 - 0(정당한 배당액) = 2,000만 원
(2) 말소된 선순위 근저당권자가 배당이의소송
① 선순위근저당권자 : 8,480만 원
② 후순위 근저당권자 : 3,520만 원
③ 일반채권자 : 0원
(3) 부당이득반환청구
① 후순위 근저당권자 1억 원 - 3,520만 원 = 6,480만 원(초과배당액)
② 일반채권자 2,000만 원(초과배당액)

Ⅴ. 손해배상청구 : min[근저당 목적물 가액, 채권최고액, 피담보채권액][대법원 1997. 11. 25. 선고 97다35771 판결] 타인의 불법행위로 인하여 근저당권이 소멸되는 경우에 있어 근저당권자로서는 근저당권이 소멸하지 아니하였더라면 그 실행으로 피담보채무의 변제를 받았을 것임에도 불구하고 근저당권의 소멸로 말미암아 이러한 변제를 받게 되는 권능을 상실하게 되는 것이므로, 그 근저당권의 소멸로 인한 근저당권자가 입게 되는 손해는 근저당 목적물인 부동산의 가액 범위 내에서 채권최고액을 한도로 하는 피담보채권액이다. 따라서 원고가 피고의 피용자의 불법행위에 기하여 이 사건 제2부동산에 관한 근저당권이 소멸함으로써 입은 손해는 특별한 사정이 없는 한 그 근저당권에 의하여 담보되는 대출금 및 이에 대한 약정이자라고 할 것이므로, 원심이 같은 취지에서 이 사건 대출금에 대한 약정이자 상당액도 손해액에 포함된다고 보아 원고가 수령한 일부 변제금을 대출금에 대한 약정이자에 먼저 충당한 것은 정당하고 거기에 소론과 같은 불법행위책임의 범위에 관한 법리오해 등의 위법이 있다고 할 수 없다.

제6장 점유권 관련 물권적 청구권

제1절 점유물반환청구권

Ⅰ. 청구권자 : 점유자

1. 선의·정당한 권원 불필요[대법원 2012. 3. 29. 선고 2010다2459 판결] 민법 제204조 제1항이 규정하는

점유물반환청구는 원고가 목적물을 점유하였다가 피고에 의하여 이를 침탈당하였다는 사실을 주장·증명하면 족하고, 그 목적물에 대한 점유가 본권에 기한 것이라는 점은 주장·증명할 필요가 없다.

2. 간접점유자(제207조 제1항) : 점유매개관계직접 점유자가 자신의 점유를 간접점유자의 반환청구권

을 승인하면서 행사 필요[대법원 2012. 2. 23. 선고 2011다61424,61431 판결] 이 사건 건물 중 제3자에게 임대가
이루어진 부분에 대한 원고들의 간접점유가 인정되기 위해서는 원고들과 직접점유자인 임차인들 사이에 점유매개
관계가 인정되어야 한다. 그런데 기록에 의하면 이 사건 건물의 임차인들과의 임대차 계약은 당시 소유자이던 주
식회사 인컴유나(원고의 채무자) 사이에 체결된 사실을 알 수 있다. 그러므로 임대차계약에 기하여 임차 부분의
직접점유자인 임차인들에 대하여 반환청구권을 갖는 자는 주식회사 인컴유나뿐이라고 보아야 한다. 따라서 임차인
들과의 임대차 계약은 원고들과 직접점유자인 임차인 사이의 점유매개관계를 인정할 기초가 될 수 없다. 그리고
원심이 간접점유 근거로 든 위 사정들은 원고들이 주식회사 인컴유나와 함께 이 사건 건물의 관리에 관여하였다는
사정에 불과한 것이지 임차인들과의 점유매개관계를 인정할 근거가 될 수 없다.

Ⅱ. 점유의 침탈

Ⅱ-1. 제척기간

가. 성질 : 출소기간[대법원 2002. 4. 26. 선고 2001다8097,8103 판결]

나. 교환적 변경과 제척기간 : 변경 당시를 기준으로 판단[대법원 1972. 2. 22. 선고 71다2641 판

결] 점유를 침탈당한 자가 점유에 관한 소 이외의 소송에서 원래 계속된 본권의 소와 교환적으로 점유회수의 소
로 변경한 경우에도 그 변경할 당시가 침탈시부터 1년이 경과한 때에는 허용될 수 없다.

다. 본권에 대한 손해배상청구에는 부적용[대법원 2021. 8. 19. 선고 2021다213866 판결] 민법 제204

조 제3항은 본권 침해로 발생한 손해배상청구권의 행사에는 적용되지 않으므로 점유를 침탈당한 자가 본권인 유
치권 소멸에 따른 손해배상청구권을 행사하는 때에는 민법 제204조 제3항이 적용되지 아니하고, 점유를 침탈당한
날부터 1년 내에 행사할 것을 요하지 않는다. 원고가 이 사건 소를 제기하면서 유치권 소멸을 이유로 한 손해배
상청구권을 행사하고 있는 사실을 알 수 있으므로 위 법리에 따라 이 사건에는 민법 제204조 제3항이 적용되지
않는다.

1. 의사에 기하지 않은 점유상실

가. 위법한 강제집행 포함[대법원 2012. 3. 29. 선고 2010다2459 판결] '점유자가 점유의 침탈을 당한 때'라

함은 점유자가 그 의사에 의하지 아니하고 사실적 지배를 빼앗긴 경우를 말하고, 점유자에 대한 집행권원 없이 이루어진 위법한 강제집행에 의하여 점유자의 점유를 빼앗은 경우도 점유의 침탈에 해당한다. 원심은 그 채용 증거를 종합하여 피고들이 이 사건 아파트 점유자인 원고에 대하여 인도명령을 신청한 것이 아니라, 이 사건 아파트 소유자인 소외1,2에 대하여 인도명령을 신청하여 법원으로부터 인도명령을 받은 후 그 집행을 통하여 이 사건 아파트의 점유를 취득한 사실을 인정한 다음, 소외1,2를 피신청인으로 한 이 사건 아파트에 대한 인도명령은 원고에 대하여 효력이 없으므로, 위 인도명령 집행에 따라 원고는 피고들에 의하여 이 사건 아파트 점유를 위법하게 침탈당하였다고 판단하였다. 앞에서 본 법리와 기록에 비추어 살펴보면, 위와 같은 원심의 판단은 정당하다.

나. 사기 : 침탈 부정[대법원 1992. 2. 28. 선고 91다17443 판결] 사기의 의사표시에 의해 건물을 명도해 준 것이라면 건물의 점유를 침탈당한 것이 아니므로 피해자는 점유회수의 소권을 가진다고 할 수 없다.

다. 직접점유자의 임의 점유이전 : 침탈 부정[대법원 1993. 3. 9. 선고 92다5300 판결]

[원심] : 직접점유자(소외3 : 원고로부터 대지 임차 후 건물 신축)가 임의로 그 점유를 타에 양도한 경우에는 그 점유이전이 간접점유자(원고 : 대지 소유권 없는 임대인)의 의사에 반한다 하더라도 민법 제204조 소정의 점유침탈에 해당하지 않으므로, 피고들(직접점유자로부터의 건물 임차인)이 이 사건 대지의 직접점유자인 위 소외3의 승낙이나 동인과의 임대차계약에 기하여 위 각 건물을 점유함으로써 그 건물부지인 이 사건 대지를 점유하고 있다고 보이는 이 사건에서는 위 소외3의 승낙을 받거나 그로부터 임차하여 위 각 건물을 점유하고 있는 피고들에게 퇴거를 구할 수는 없고, 또한 원고의 위 소외3에 대한 이 사건 대지상의 건물철거 및 대지인도청구권은 동인과의 임대차계약에 기한 채권적 청구권에 불과한 것으로서 계약당사자 이외의 자인 피고들에게 그 효과를 주장할 수 없다.

[대법원 : 원심판단 타당] 직접점유자가 임의로 점유를 타에 양도한 경우에는 점유이전이 간접점유자의 의사에 반한다 하더라도 간접점유자의 점유가 침탈된 경우에 해당하지 않는다. 소외3이 피고들로 하여금 위 각 건물을 점유하게 함으로써 자신의 이 사건 대지에 대한 점유도 피고들에게 이전하여 주었으므로 이 사건 대지의 간접점유자인 원고의 점유는 침탈되지 아니한 것

2. 상호침탈

가. 당초 침탈자 : 점유물반환청구 가능

나. 본래의 소유자

(1) 본권에 기한 항변 불가[대법원 1967. 6. 20. 선고 67다479 판결]

(2) 반소 : 본권에 기한 반환청구[대법원 1957. 11. 14. 선고 4290민상454, 455 판결]

(3) 별소 : 장래이행의 소[대법원 2021. 3. 25. 선고 2019다208441 판결] 점유권을 기초로 한 본소에 대하여 본권자가 본소청구의 인용에 대비하여 본권에 기초한 장래이행의 소로서 예비적 반소를 제기하고 양 청구가 모두 이유 있는 경우, 법원은 점유권에 기초한 본소와 본권에 기초한 예비적 반소를 모두 인용해야 하고 점유권에 기초한 본소를 본권에 관한 이유로 배척할 수 없다. 이러한 법리는 점유를 침탈당한 자가 점유권에 기한 점유회수의 소를 제기하고, 본권자가 그 점유회수의 소가 인용될 것에 대비하여 본권에 기초한 장래이행의 소로서 별소를

제기한 경우에도 마찬가지로 적용된다. 원고는 서울중앙지방법원 2016가단5258554호로 이 사건 소를 제기한 후 2017. 4. 6. 이 사건과 위 2016가합34538호 사건의 병합을 위해 이부해 줄 것을 신청하였으나 제1심법원은 이를 불허하였다. 이에 원고는 2018. 2. 9. 위 2016가합34538호 사건의 판결 혹은 그 상소심판결에 의한 피고의 점유가 회복될 것을 조건으로 한 장래이행의 소로 이 사건의 청구취지를 변경·확장하였고, 위 청구취지 변경서는 2018. 4. 19. 이 사건 제1심 제4차 변론기일에서 진술되었다. 다. 위 사실관계를 앞서 본 법리에 따라 살펴보면, 점유를 침탈당한 피고가 점유권에 기초한 점유회수의 소를 제기한 상태였고 이 사건은 원고(점유를 침탈하여 회수)가 그(피고의) 점유회수의 소가 인용될 것에 대비하여 본권에 기초한 장래이행의 소로서 별소를 제기한 경우로서, 그 소송요건이 갖추어졌다고 보아야 하므로 원심으로서는 본안에 관하여 심리·판단을 했어야 한다.

Ⅲ. 상대방 : 침탈자, 포괄승계인, 악의 특별승계인(제204조 제2항)

제2절 점유권에 기한 방해제거청구권

Ⅰ. 미등기건물 양수인

1. 소유권에 기한 방해배제 불가[대법원 2016. 7. 29. 선고 2016다214483, 214490 판결] 이전등기를 마치지 않는 한 건물소유권취득 불가, 소유권에 준하는 물권 부정

2. 점유권에 기한 방해배제

2-1. 방해종료시로부터 1년 경과

가. 기산점 : 방해행위가 종료한 날(행위방해)[대법원 2002. 4. 26. 선고 2001다8097, 8103 판결] 이중매매가 확정판결에 의한 것이라도 무효

나. 1년의 제척기간 : 출소기간2001다8097, 8103

3. 주거권에 기한 방해배제 : 소유권·점유권과 같은 방해제거청구의 권원이 될 수 없음

Ⅱ. 취득시효가 완성된 점유자 : 시효완성 후 소유자가 설치한 담장 철거 청구 가능[대법원 2005. 3. 25. 선고 2004다23899, 23905 판결] 취득시효가 완성된 점유자는 점유권에 기하여 등기부상의 명의인을 상대로 점유방해의 배제를 청구할 수 있다 할 것인데, 시효취득자가 점유취득시효의 완성을 원인으로 하여 소유권이전등기를 청구하면서, 그와 동시에 시효 완성 후에 토지소유자가 멋대로 설치한 담장 등의 철거를 구하고 있을 뿐, 소유권에 기한 방해배제청구권에 기하여 위 담장 등의 철거를 구한 바 없고, 오히려 "토지소유자가 기존의 담장을 허물고 새로운 담장을 쌓은 것은 시효취득자의 점유를 침탈한 행위에 해당한다."고 주장하였으며, 원심의 변론종결 직전에는 소유권에 기한 주장은 하지 아니하고 담장 등 철거 청구도 시효취득에 의하여서만 구하는 것이라고 진술하였는바, 그렇다면 시효취득자는 점유권에 기한 방해배제청구권의 행사로서 토지소유자를 상대로 담장 등의 철거를 청구하고 있는 것으로 보아야 한다.

제3편

민사집행법

제3편 / 민사집행법

제1장 보전처분

I. 가압류의 효력과 집행

1. 부동산소유권에 대한 가압류집행의 효력 : 처분금지의 효력

가. 상대적 효력

(1) 인정근거 : 채무자의 이익 및 일반 거래상의 안전

(2) 의미

(가) 가압류에 위반하는 채무자의 처분행위는 가압류채권자에 대한 관계에서만 무효 : 본안에서 승소판결을 받고, 강제경매신청을 하여 집행절차가 개시되면 집행절차가 실효되지 않는 한 채무자가 한 가압류에 위반한 처분행위는 무효[대법원 2002. 9. 6. 선고 2000다71715 판결]

(나) 제3취득자의 등기신청에 대하여 등기관은 부동산가압류를 이유로 거부할 수 없고, 취득자가 그 등기를 마치면 가압류채권자 외의 자에 대해서는 그 취득의 효과를 주장할 수 있음

(다) 가압류가 취소, 해제되거나 제3취득자의 대위변제 등으로 피보전권리가 소멸[대법원 1982. 9. 14. 선고 81다527 판결, 대법원 1992. 8. 29.자 92그19 결정]하거나 가압류명령 또는 가압류집행이 무효인 경우 채무자와 제3취득자 사이의 거래행위는 유효[대법원 1982. 10. 26. 선고 82다카884 판결] 가압류결정시까지 이 사건 부동산에 관하여 원고 명의의 소유권이전등기가 경료되지 않았으나, 피고의 가압류신청이 사망자를 상대로 한 것이라면 사망자 명의의 그 가압류결정은 무효라고 할 것이고 따라서 무효의 가압류결정에 기한 가압류집행에 대해서는 그 집행이후 소유권을 취득한 원고도 그 집행채권자인 피고에 대하여 그 소유권취득을 주장하여 대항할 수 있다고 할 것이므로 원고는 제3자이의 소에 의하여 위 집행의 배제를 구할 수 있다. [96다14470] 가압류집행이 형식적으로는 채권 확보를 위한 집행절차라고 하더라도 그 자체가 법이 보호할 수 없는 반사회적 행위에 의하여 이루어진 것임이 분명한 이상 그 집행의 효력을 그대로 인정할 수 없다고 할 것이므로, 위 가압류집행 후 본집행으로 이행하기 전에 이 사건 아파트의 소유권을 취득한 원고들은 그 가압류집행에 터잡은 강제집행절차에서 그 집행의 배제를 구할 수 있다.

(라) 토지에 대한 가압류집행 후 토지가 수용된 경우 : 원시취득토지수용법 제67조 제1항 → 가압류의 효력 소멸, 수용보상금 청구권에 이전되지 않음[대법원 2000. 7. 4. 선고 98다62961 판결]

나. 인적 범위(개별상대효) : 채무자의 처분행위가 있기 전에 집행행위(가압류·압류, 담보권 설정)를 한 채권자들에 대해서만 무효, 담보물권자는 후순위 채권자에 대하여 우선

(1) 가압류 후 소유권변동 + 가압류채권자원고의 강제경매 신청[대법원 1998. 11. 13. 선고 97다57337 판결 : 원고 가압류 → 채무자(유성콘크리트) 양도(유성콘크리트 → 신한레미콘) → 가압류채권자(원고) 강제경매신청 → 피고 : 구소유자에 대한 일반채권자로서 배당요구]

(가) 구소유자유성콘크리트**에 대한 다른 채권자**피고들**: 압류·배당요구 불가**[97다57337] 중기관리법에 의하여 등록된 중기에 대하여 가압류등록이 먼저 되고 나서 제3자 앞으로 소유권이전등록이 된 경우에 그 제3자의 소유권 취득은 가압류에 의한 처분금지의 효력 때문에 그 집행 보전의 목적을 달성하는데 필요한 범위 안에서 가압류채권자에 대한 관계에서만 상대적으로 무효일 뿐이고 가압류채무자의 다른 채권자 등에 대한 관계에서는 유효하다 할 것이므로, 위와 같은 경우 채무명의를 얻은 가압류채권자의 신청에 의하여 제3자의 소유권 취득 후 당해 중기에 대하여 개시된 강제경매절차에서 가압류채무자에 대한 다른 채권자는 당해 중기의 경락대금의 배당에 참가할 수 없다. → 원고들이 이 사건 중기에 대하여 가압류등록을 한 후 주식회사 신한레미콘이 이 중기의 소유권을 취득한 이상, 그 뒤 가압류채권자인 원고들의 신청에 의하여 개시된 위 강제경매절차에서 피고들이 가압류채무자인 주식회사 유성콘크리트의 일반채권자로서 배당요구를 하였다고 하더라도 피고들은 위 중기의 경락대금의 배당에 참가할 수 없다.

(나) 배당사례 : 가압류채권자의 경매신청 후 소유권이 이전된 경우[2010 사법연수원 민사집행법 배당사례연습]

채권자	권리	배당액 6,000만 원
A	① 2009.7.3. 가압류등기 [A → 갑 : 3,000만 원]	가압류결정 당시의 청구금액 한도인 3,000만 원 배당(확장 불가)
	② 2010.2.1. 압류채권자로 기입등기 : 4,000만 원으로 확장	
소유권 변동	③ 을 : 갑으로부터 부동산 소유권이전등기 경료	
B	④ 2010.3.1. 집행정본에 기하여 배당요구 [B → 갑 : 2,000만 원]	가압류의 개별상대효에 의하여 배당 불가 ∵ B의 배당요구시 이미 을 소유 부동산
C	⑤ 2010.3.5. 가압류등기 [C → 을 : 3,000만 원]	1,500만 원 : A의 가압류 청구금액을 제외한 나머지 3,000만 원을 평등배당
D	⑥ 2010.3.5. 가압류등기 [D → 을 : 3,000만 원]	1,500만 원

(2) 가압류 후 제3취득자의 채권자근저당권자가 경매신청을 한 경우

㈎ 가압류채권자는 매각대금에서 가압류결정 당시의 청구금액을 한도로 하여 배당

㈏ 제3취득자의 채권자는 가압류의 처분금지효력이 미치는 범위를 제외한 나머지 금액에 대해서만 배당(안분배당 아님)[대법원 2006. 7. 28. 선고 2006다19986 판결]

제3취득자에 대한 근저당권자가 실행한 경매절차에서 종전 소유자에 대한 가압류채권자의 배당범위
2006다19986

[기초사실]

① 원고 → 화정건설 : 가압류

② 화정건설 → 소외인 : 이전등기

③ 서울리스 → 소외인 : 근저당권설정등기

④ 서울리스 → 피고 : 근저당권 이전의 부기등기

⑤ 피고 경매신청 : 집행법원은 원고, 피고 및 기술신용보증기금의 각 채권금액에 따라 안분하여 배당하는 배당표 작성

⑥ 원고 → 피고 : 배당이의(1심 : 원고청구 기각, 2심 : 원고항소 인용, 3심 : 피고상고 기각)

[원심(의정부지방법원 2005나3602)] 가압류 명령의 집행은 가압류 목적물에 대한 채무자의 일체의 처분을 금지하는 효력이 있고, 채무자가 이를 어기고 일정한 처분행위를 하더라도 채무자와 제3취득자는 가압류 채권자에 대하여 그 처분행위의 효력을 주장할 수 없다. 따라서 가압류 집행 후 가압류 목적물의 소유권이 제3자에게 이전된 경우 가압류 채권자는 집행권원을 얻어 제3취득자가 아닌 가압류 채무자를 집행채무자로 하여 그 가압류를 본압류로 이전하는 강제집행을 실행할 수 있고, 이 경우 그 강제집행은 가압류의 처분금지적 효력이 미치는 객관적 범위인 가압류 결정 당시의 청구금액의 한도 안에서는 집행채무자인 가압류 채무자의 책임재산에 대한 강제집행절차이므로 제3취득자에 대한 채권자는 당해 가압류 목적물의 매각대금 중 가압류의 처분금지적 효력이 미치는 범위의 금액에 대하여는 배당에 참가할 수 없다. 위와 같은 법리에 비추어 보면 가압류 목적물의 제3취득자에 대한 근저당권자가 실행한 집행절차에서도 가압류 채권자는 가압류의 처분금지적 효력이 미치는 객관적 범위인 가압류 결정 당시의 청구금액의 한도 안에서는 배당에 참가하여 제3취득자에 대한 근저당권자보다 우선하여 배당받을 수 있다고 보아야 할 것이다. 돌이켜 이 사건에 관하여 보면 이 사건 부동산 지분의 소유자인 소외인 및 그로부터 근저당권을 취득한 피고는 가압류 채권자인 원고에 대하여 위 지분에 관하여 취득한 권리의 효력을 주장할 수 없다. 따라서 피고로서는 가압류채권자인 원고가 가압류 결정 당시의 청구금액 한도 안에서 우선 배당을 받고도 잔액이 있는 경우에 한하여 배당 받을 수 있다고 할 것이다. 기초사실에서 본 바와 같이 피고에 대한 배당액 45,033,809원과 원고에 대한 27,020,286원의 합계 72,054,095원은 가압류 결정 당시 원고의 청구금액인 240,000,000원의 범위 내에 있으므로 피고에 대한 배당액 45,033,809원은 모두 원고에게 배당되어야 한다. 따라서 이 사건 배당절차에서 작성된 배당표를 변경하여 피고에 대한 배당액 45,033,809원을 0원으로, 원고에 대한 배당액 27,020,286원을 72,054,095원으로 각 경정하여야 할 것이다.

[대법원] 부동산에 대한 가압류집행 후 가압류목적물의 소유권이 제3자에게 이전된 경우 가압류의 처분금지적 효력이 미치는 것은 가압류결정 당시의 청구금액의 한도 안에서 가압류목적물의 교환가치이고, 위와 같은 처분금지적 효력은 가압류채권자와 제3취득자 사이에서만 있는 것이므로 제3취득자의 채권자가 신청한 경매절차에서 매각 및 경락인이 취득하게 되는 대상은 가압류목적물 전체라고 할 것이지만, 가압류의 처분금지적 효력이 미치는 매각대금 부분은 가압류채권자가 우선적인 권리를 행사할 수 있고, 제3취득자의 채권자들은 이를 수인하여야 할 것이므로 가압류채권자는 그 매각절차에서 당해 가압류목적물의 매각대금에서 가압류결정 당시의 청구금액을 한도로 하여 배당을 받을 수 있고, 제3취득자의 채권자는 위 매각대금 중 가압류의 처분금지적 효력이 미치는 범위의 금액에 대하여는 배당을 받을 수 없다. 원심이 같은

취지에서 이 사건 부동산 지분의 제3취득자인 소외인 및 그로부터 근저당권을 취득한 피고로서는 전 소유자에 대한 가압류채권자인 원고가 가압류결정 당시의 청구금액 한도 안에서 우선 배당을 받고도 잔액이 있는 경우에 한하여 배당을 받을 수 있다고 한 것은 정당하고, 원심판결에 상고이유의 주장과 같은 가압류의 집행 후 소유권이 이전된 경우의 배당에 관한 법리를 오해하는 등의 위법이 없다.

(다) 배당사례 : 가압류 후 제3취득자의 채권자가 경매신청을 한 경우

채권자	권리	배당액 350만 원
갑	갑 → A : 가압류 채권 100	갑, 을은 채권액에 비례하여 배당(안분 배당) : 갑 100
을	을 → A : 근저당권부 채권 200	갑, 을은 채권액에 비례하여 배당(안분 배당) : 을 200
소유권 변동	B : A로부터 소유권이전(가압류 후의 제3취득자)	
병	병 → B : 근저당권부채권 100, 임의경매 신청	제3취득자의 채권자(병)는 가압류의 처분금지효력이 미치는 범위를 제외한 나머지 금액에 대하여 배당 ⇔ 안분 후 을이 병으로부터 흡수하는 사례가 아님!

채권자	권리	배당액 5,000만 원
갑	갑 → A : 가압류 채권 3,000	갑, 을에 우선적으로 안분 2,500
을	을 → A : 근저당권부 채권 3,000	갑, 을에 우선적으로 안분 2,500
소유권 변동	B : A로부터 소유권이전(가압류 후의 제3취득자)	
병	병 → B : 근저당권부채권 1,500, 임의경매신청	남은 금액이 없으므로 나머지 채권자들은 배당받지 못함
정	정 → B : 가압류채권 1,000 (배당요구)	남은 금액이 없으므로 나머지 채권자들은 배당받지 못함

(3) 가압류 후 저당권자

(가) 가압류권자와 동순위 배당[대법원 2008. 2. 28. 선고 2007다77446 판결] 부동산에 대하여 가압류등기가 먼저 되고 나서 근저당권설정등기가 마쳐진 경우에 경매절차의 배당관계에서 근저당권자는 선순위 가압류채권자에 대

하여는 우선변제권을 주장할 수 없으므로 그 가압류채권자는 근저당권자와 일반 채권자의 자격에서 평등배당을 받을 수 있고, 따라서 가압류채권자는 채무자의 근저당권설정행위로 인하여 아무런 불이익을 입지 않으므로 채권자취소권을 행사할 수 없다.

(나) 저당권자는 후순위 일반채권자의 배당을 흡수[대법원 1994. 11. 29.자 94마417 결정] 가압류등기 후의 저당권은 가압류채권자에 대한 관계에서만 상대적으로 무효, 근저당권자는 선순위 가압류채권자에 대하여는 우선변제권을 주장할 수 없으므로 1차로 채권액에 따른 안분비례에 의하여 평등배당을 받은 다음, 후순위 경매신청압류채권자에 대하여는 우선변제권이 인정되므로 경매신청압류채권자가 받을 배당액으로부터 자기의 채권액을 만족시킬 때까지 이를 흡수하여 배당받을 수 있다.

(2) – 1. 처분행위에 해당하지 않음 : 가압류등기 후 경매개시결정 전 점유이전으로 제3자가 유치권취득2009다19246 ⟺ [비교] 압류 후 점유이전 : 제92조 제1항[1], 제83조 제4항에 따른 압류의 처분금지효에 저촉2005다22688

[2009다19246] 처분행위에 해당하는지 여부[사실관계] 토지에 대한 임의경매개시 → 건물가압류 → 건물 점유이전 → 건물 강제경매개시 → 원고 : 토지, 건물 소유권 취득

▶ **원고 → 피고 : 건물인도 등 청구**

■ 토지에 대한 압류의 처분금지효에 위반
▸ 토지 경매개시결정 후 건물 공사대금채권을 피보전채권으로 건물 유치권 행사를 위해 건물을 점유하는 것은 토지에 대한 압류의 처분금지효에 저촉×(압류의 효력은 토지에 대해 발생), 토지 인도청구에 대해 건물 유치권을 행사하는 범위 내에서는 토지인도 거부 가능 부산고등법원 2008나12385

■ 건물에 대한 가압류의 처분금지효에 위반
▸ 경매개시결정등기 전 건물의 점유이전은 처분행위에 해당×

[대법원 : 원고 상고기각] 부동산에 가압류등기가 경료되면 채무자가 당해 부동산에 관한 처분행위를 하더라도 이로써 가압류채권자에게 대항할 수 없게 되는데, 여기서 처분행위란 당해 부동산을 양도하거나 이에 대해 용익물권, 담보물권 등을 설정하는 행위를 말하고 특별한 사정이 없는 한 점유의 이전과 같은 사실행위는 이에 해당하지 않는다. 다만 부동산에 경매개시결정의 기입등기가 경료되어 압류의 효력이 발생한 후에 채무자가 제3자에게 당해 부동산의 점유를 이전함으로써 그로 하여금 유치권을 취득하게 하는 경우 그와 같은 점유의 이전은 처분행위에 해당한다는 것이 당원의 판례이나, 이는 어디까지나 경매개시결정의 기입등기가 경료되어 압류의 효력이 발생한 후에 채무자가 당해 부동산의 점유를 이전함으로써 제3자가 취득한 유치권으로 압류채권자에게 대항할 수 있다고 한다면 경매절차에서의 매수인이 매수가격 결정의 기초로 삼은 현황조사보고서나 매각물건명세서 등에서 드러나지 않는 유치권의 부담을 그대로 인수하게 되어 경매절차의 공정성과 신뢰를 현저히 훼손하게 될 뿐만 아니라, 유치권신고 등을 통해 매수신청인이 위와 같은 유치권의 존재를 알게 되는 경우에는 매수가격의 즉각적인 하락이 초래되어 책임재산을 신속하고 적정하게 환가하여 채권자의 만족을 얻게 하려는 민사집행제도의 운영에 심각한 지장을 줄 수 있으므로, 위와 같은 상황 하에서는 채무자의 제3자에 대한 점유이전을 압류의 처분금지효에 저촉되는 처분행위로 봄이 타당하다는 취지이다. 따라서 이와 달리 부동산에 가압류등기가 경료되어 있을 뿐 현실적인 매각절차가 이루어지지 않고 있는 상황하에서는 채무자의 점유이전으로 인하여 제3자가 유치권을 취득하게 된다고 하더라도 이를 처분행위로 볼 수는 없다.

---

1) 이 편에서 명칭이 생략된 법률은 '민사집행법'을 의미합니다.

다. 물적 범위

(1) **무효의 범위**: 가압류의 피보전권리액 부분에 한하여 무효[대법원 1998. 11. 10. 선고 98다 43441 판결] 가압류 집행 후 가압류목적물의 소유권이 제3자에게 이전된 경우 가압류채권자는 채무명의를 얻어 제3취득자가 아닌 가압류채무자를 집행채무자로 하여 그 가압류를 본압류로 전이하는 강제집행을 실행할 수 있으나, 이 경우 그 강제집행은 가압류의 처분금지적 효력이 미치는 객관적 범위인 가압류결정 당시의 청구금액의 한도 안에서만 집행채무자인 가압류채무자의 책임재산에 대한 강제집행절차라 할 것이고, 가압류결정 당시의 청구금액이 채권의 원금만을 기재한 것으로서 가압류채권자가 가압류채무자에 대하여 원금 채권 이외에 이자와 소송비용채권을 가지고 있다 하더라도 가압류결정 당시의 청구금액을 넘어서는 이자와 소송비용채권에 관하여는 가압류의 처분금지적 효력이 미치는 것이 아니므로, 가압류채권자는 가압류목적물의 매각대금에서 가압류결정 당시의 청구금액을 넘어서는 이자와 소송비용채권을 배당받을 수 없다.

(2) **제3취득자의 변제 범위**

(가) **본압류 이행 전**: 처분행위 전까지 집행이 완료된 가압류의 피보전권리액만 변제하면 완전한 권리취득

(나) **본압류 이행 후**: 가압류 청구금액, 가압류의 집행비용 및 본집행의 비용 중 가압류의 본압류로의 이행에 대응하는 부분까지 변제[대법원 2006. 11. 24. 선고 2006다35223 판결] 민사집행법 제53조 제1항의 '강제집행에 필요한 비용'에는 가압류의 집행비용이 당연히 포함된다. 그리고 가압류가 집행된 후 그 가압류가 본압류로 이행된 때에는 가압류집행이 본집행에 포섭됨으로써 당초부터 본집행이 있었던 것과 같은 효력이 있다. 그러므로 가압류만 되어 있을 뿐 아직 본압류로 이행되지 아니한 단계에서는 가압류채권자가 그 가압류의 집행비용을 변상받을 수 없고, 따라서 제3취득자가 가압류의 집행비용을 고려함이 없이 그 처분금지의 효력이 미치는 객관적 범위에 속하는 청구금액만을 변제함으로써 가압류의 집행의 배제를 소구할 수 있지만, 가압류에서 본압류로 이행된 후에는 민사집행법 제53조 제1항의 적용을 받게 되므로 가압류 후 본압류로의 이행 전에 가압류의 목적물의 소유권을 취득한 제3취득자로서는 가압류의 청구금액 외에, 그 가압류의 집행비용 및 본집행의 비용 중 가압류의 본압류로의 이행에 대응하는 부분까지를 아울러 변제하여야만 가압류에서 이행된 본압류의 집행배제를 구할 수 있다.

2. 경합

가. 부동산가압류 간의 경합

(1) 같은 부동산에 대한 가압류의 집행 경합 허용: 중복압류절차에 의하여 집행, 일부 본압류 이행시 다른 가압류채권자는 배당받을 채권자의 지위(제148조 제3호)

(2) 가압류권자 상호간에는 우열 부정[대법원 1999. 2. 9. 선고 98다42615 판결]

나. 가처분과의 경합

(1) 내용이 모순·저촉되지 않는 경우: 경합 허용

(2) 내용이 모순, 저촉되는 경우: 집행의 선후에 의하여 결정[대법원 2005. 1. 14. 선고 2003다

Ⅱ. 금전채권에 대한 가압류

1. 효력

가. 가압류명령 : 제3채무자에 대하여 지급금지만 명함, 채무자의 처분·영수 금지제227조 제1항는 명하지 않음(제296조 제3항)

나. 효력발생 시기 : 제3채무자에게 정본이 송달된 때(제291조, 제227조 제3항)

다. 채무자의 변제수령 : 채권가압류가 해제되지 않는 한 허용되지 않음

라. 집행채권이 가압류·압류·처분금지가처분된 경우[대법원 2000. 10. 2.자 2000마5221 결정]

(1) 집행채권자의 압류명령신청 : 가능(집행장애사유 부정)압류는 보전처분에 불과하므로

(2) 전부명령 : 불가(집행장애사유)보전처분에서 나아가 환가나 만족적 단계에 이르는 것이므로

(3) 추심명령 : 불가(집행장애사유)[민사집행실무Ⅳ 286] 추심명령이 내려지면 추심채권자는 압류한 채권을 추심할 수 있고, 추심신고를 할 때까지 다른 압류·가압류 또는 배당요구가 없으면 집행채권이 소멸하는 결과가 발생하여 집행채권에 대하여 압류·가압류 또는 처분금지가처분을 한 채권자를 해할 위험이 있기 때문

(4) 채무자에 대하여 처분금지는 명하지 않으므로 가압류된 채권의 양도는 가능[대법원 2000. 4. 11. 선고 99다23888 판결] 일반적으로 채권에 대한 가압류가 있더라도 이는 가압류채무자가 제3채무자로부터 현실로 급부를 추심하는 것만을 금지하는 것이므로 가압류채무자는 제3채무자를 상대로 그 이행을 구하는 소송을 제기할 수 있고, 법원은 가압류가 되어 있음을 이유로 이를 배척할 수 없는 것이며, 채권양도는 구 채권자인 양도인과 신 채권자인 양수인 사이에 채권을 그 동일성을 유지하면서 전자로부터 후자에게로 이전시킬 것을 목적으로 하는 계약을 말한다 할 것이고, 채권양도에 의하여 채권은 그 동일성을 잃지 않고 양도인으로부터 양수인에게 이전된다 할 것이며, 가압류된 채권도 이를 양도하는 데 아무런 제한이 없으나, 다만 가압류된 채권을 양수받은 양수인은 그러한 가압류에 의하여 권리가 제한된 상태의 채권을 양수받는다고 보아야 할 것이다.

마. 변제 이외의 방법으로 가압류된 채권을 소멸시키는 행위

(1) 불가 : 기존채무에 대하여 준소비대차계약체결 → 가압류채권자에게 주장 불가[대법원 2007. 1. 11. 선고 2005다47175 판결]

(2) 예외 : 채권자가 처분행위의 효력을 긍정하는 것은 가능2005다47175

바. 가압류된 채권의 발생원인인 법률관계에 대한 합의해제·해지[대법원 1991. 11. 12. 선고 91다29736 판결]

(1) 원칙 : 가능(채권가압류에 채권의 발생원인인 법률관계에 대한 채무자의 처분까지

도 구속하는 효력은 없으므로)

(2) 예외 : 합리적 이유 없이 가압류된 채권의 소멸만을 목적으로 하는 경우

사. 채무자의 이행청구와 제3채무자의 권리공탁(제248조 제1항)

(1) 채무자는 강제집행만 불가능할 뿐 이행의 소를 제기하여 집행권원을 얻는 것은 가능[대법원 1989. 11. 24. 선고 88다카25038 판결, 대법원 2000. 4. 11. 선고 99다23888 판결]

(2) 가압류를 원인으로 한 공탁 : 배당가입차단효 부정, 배당절차 개시효력 없음[대법원 2006. 3. 10. 선고 2005다15765 판결] 채권가압류를 이유로 한 제3채무자의 공탁은 압류를 이유로 한 제3채무자의 공탁과 달리 그 공탁금으로부터 배당을 받을 수 있는 채권자의 범위를 확정하는 효력이 없고, 가압류의 제3채무자가 공탁을 하고 공탁사유를 법원에 신고하더라도 배당절차를 실시할 수 없으며, 공탁금에 대한 채무자의 출급청구권에 대하여 압류 및 공탁사유신고가 있을 때 비로소 배당절차를 실시할 수 있다고 할 것이다. 이 사건에서는 피고와 주식회사 신한은행을 각 채권자로 하는 각 채권가압류결정이 있었을 뿐, 채무자 한우리산업의 공탁금에 대한 출급청구권에 대하여 압류조차 없었던 사실을 인정할 수 있으므로, 앞서 본 법리에 의하면 배당절차를 실시할 수 없다고 할 것이어서 대전지방법원 천안지원이 2003타기620호로 배당절차를 실시한 것은 위법하다고 할 것이고, 따라서 원고로서도 배당실시의 위법을 이유로 집행에 관한 이의를 제기하여 배당표를 취소시키거나 그 밖의 방법으로 위법한 배당절차의 시정을 구하는 것은 별론으로 하고, 배당이의의 소의 절차로 배당표를 다툴 수는 없다. 그럼에도 불구하고, 원심은 이 사건 배당절차가 그 실시요건을 갖추었음을 전제로 위와 같이 배당표를 경정하여야 한다고 판단하였으니, 원심판결에는 배당절차의 실시요건에 관한 법리를 오해함으로써 판결 결과에 영향을 미친 위법이 있다.

(3) 가압류 집행절차에서는 현금화 불가(제296조 제5항) → 가압류상태에서는 전부명령·추심명령 불가

2. 경합

가. 가압류의 경합

(1) 각 가압류의 효력은 전부에 미침(제235조), 채권가압류 채권자들 상호 간의 우열이 없음

(2) 경합된 가압류 중 하나가 본압류로 이전된 경우 다른 가압류채권자는 배당요구를 한 채권자의 지위

나. 채권처분금지가처분과의 경합

(1) 집행의 선후에 따라 효력의 우열 결정 : 가처분채권자피고의 본안판결소외1이 자신을 피공탁자로 한 공탁금출급청구권을 소외2에게 양도 : 사해행위 확정 > 가처분결정 송달 이후 가압류·그에 기한 강제집행고 : 소외2가 양수받은 채권압류 → 가처분의 처분금지 효력에 반하

는 범위 내에서는 가처분채권자에 대항 불가[대법원 2014. 6. 26. 선고 2012다116260 판결] 피고가 이 사건 채권에 대하여 처분금지가처분을 신청하여 이를 인용하는 이 사건 가처분결정이 제3채무자에게 송달되고 본안소송에서도 승소하여 그 판결이 확정된 이상, 이 사건 가처분결정 송달 이후에 실시된 이 사건 압류는 가처분의 처분금지 효력에 반하므로 그 압류권자인 원고는 가처분권자인 피고에게 대항할 수 없다. 그런데도 원심은 이 사건 가처분이 그 후에 이루어진 이 사건 압류에 우선하는 효력이 없다는 이유로 이 사건 압류권자인 원고가 가처분권자인 피고에게 대항할 수 있다고 판단하였으니, 이러한 원심판결에는 금전채권에 관한 가처분과 가압류가 경합하는 경우의 우열관계에 관한 법리를 오해하여 판결에 영향을 미친 잘못이 있다.

(2) [비교] 소유권이전등기청구권에 대한 처분금지가처분 집행 후 압류·가압류 : 선행 가처분이 후행 가압류에 우선하는 효력 부정[대법원 2001. 10. 9. 선고 2000다51216 판결]

⒜ **가처분 후 압류채권자의 제3채무자에 대한 이전등기청구 : 제3채무자는 가처분의 해제를 조건으로 이행한다는 항변 불가**[2000다51216] 소유권이전등기청구권에 대한 가압류가 있기 전에 소유권이전등기청구권을 보전하기 위하여 "채무자는 소유권이전등기청구권을 양도하거나 기타 일체의 처분행위를 하여서는 아니 된다. 제3채무자는 채무자에게 소유권이전등기절차를 이행하여서는 아니 된다."는 소유권이전등기청구권 처분금지가처분이 있었다고 하더라도 그 가처분이 뒤에 이루어진 가압류에 우선하는 효력은 없으므로, 그 가압류는 가처분채권자와 사이의 관계에서도 유효하고, 이는 소유권이전등기청구권에 대한 압류의 경우에도 마찬가지라고 할 것이다. 원심은, 이 사건 소유권이전등기청구권에 대한 원고의 압류가 있기 이전에 주식회사 에드케이의 신청에 따른 처분금지가처분결정이 피고에게 송달되었으므로 그 가처분의 해제를 조건으로 하지 않는 한 원고의 청구에 응할 수 없다는 피고의 주장에 대하여 위 소유권이전등기청구권 처분금지가처분은 유영종합건설이 이 사건 소유권이전등기청구권을 임의로 처분하는 것을 금지하는 효력만 있고, 원고의 소유권이전등기청구권에 대한 압류에 우선하는 효력이 있다고 볼 수 없다는 이유로 이를 배척하였는바, 원심의 위와 같은 판단은 앞서 본 법리에 비추어 수긍할 수 있고, 거기에 소유권이전등기청구권에 대한 압류와 그 처분금지가처분의 효력에 관한 법리오해의 위법은 없다.

⒝ **가압류·가처분 후 '채무자'의 제3채무자에 대한 이전등기청구 : 가압류·가처분의 해제를 조건으로 이행청구**[대법원 1992. 11. 10. 선고 92다4680 전원합의체 판결] 일반적으로 채권에 대한 가압류가 있더라도 이는 채무자가 제3채무자로부터 현실로 급부를 추심하는 것만을 금지하는 것이므로, 채무자는 제3채무자를 상대로 그 이행을 구하는 소송을 제기할 수 있고, 법원은 가압류가 되어 있음을 이유로 이를 배척할 수 없는 것이 원칙이다. 왜냐하면 채무자로서는 제3채무자에 대한 그의 채권이 가압류되어 있다 하더라도 채무명의를 취득할 필요가 있고, 또는 시효를 중단할 필요가 있는 경우도 있을 것이며, 특히 소송계속 중에 그의 채권에 대한 가압류가 행하여진 경우에는 이를 이유로 청구가 배척된다면 장차 가압류가 취소된 후 다시 소를 제기하여야 하는 불편함이 있는 데 반하여, 제3채무자로서는 이행을 명하는 판결이 있더라도 집행단계에서 이를 저지하면 될 것이기 때문이다. 그러나 소유권이전등기를 명하는 판결은 의사의 진술을 명하는 판결로서 이것이 확정되면 채무자는 일방적으로 이전등기를 신청할 수 있고 제3채무자는 이를 저지할 방법이 없으므로 위와 같이 볼 수 없고, 이와 같은 경우에는 가압류의 해제를 조건으로 하지 아니하는 한 법원은 이를 인용하여서는 안되고, 제3채무자가 임의로 이전등기의무를 이행하고자 한다면 민사소송법 제577조에 의하여 정하여진 보관인에게 권리이전을 하여야 할 것이고, 이 경우 보관인은 채무자의 법정대리인의 지위에서 이를 수령하여 채무자 명의로 소유권이전등기를 마치면 될 것이다.

다. 채권양도와의 경합

(1) 제3채무자에 대한 도달시 기준 : 채권양도 통지의 도달시 vs 채권가압류명령 정본의 도달시[대법원 1994. 4. 26. 선고 93다24223 전원합의체 판결]

(2) 동시도달, 선후관계 불명 : 혼합공탁

(가) 피공탁자 : 양도인 또는 양수인(가압류채권자는 기재하지 않음)

(나) 효과 : 양도인, 양수인, 가압류채권자 등 모두에 대하여 면책

(3) 가압류채권자에 대항할 수 없더라도 후행 압류권자 등에는 대항 가능[대법원 2013. 4. 26. 선고 2009다89436 판결] 채권양도통지 후의 압류 및 가압류채권자인 원고들은 채권양수인인 피고에게 대항할 수 없고, 따라서 이 사건 공탁에 기초한 배당절차에 참가하여 배당을 받을 수 없으므로, 그 배당절차에서 채권양도통지 전에 또는 그와 동시에 가압류의 효력이 발생한 압류 및 가압류채권자와 채권양수인만이 배당을 받는 것으로 배당표가 작성되었다고 하여 피고가 원고들의 배당받을 권리를 침해하고 부당이득을 하였다고 할 수 없다.

Ⅲ. 부동산 등 인도 · 권리이전청구권에 대한 가압류 : 채무자가 현실 인도를 받을 경우 은닉 · 처분할 우려 방지

1. 주문례

가. 부동산인도청구권 가압류

1. 채무자의 제3채무자에 대한 (××××.×.×.자 임대차계약의 기간만료로 인한) 별지 기재 부동산의 인도청구권을 가압류한다.
2. 제3채무자는 채무자에게 위 부동산을 인도하여서는 아니 된다.
3. 채무자는 다음 청구금액을 공탁하고 집행정지 또는 그 취소를 신청할 수 있다.

나. 부동산소유권이전등기청구권 가압류(가등기되지 않은 경우)

1. 채무자의 제3채무자에 대한 별지 기재 부동산의 소유권이전등기청구권을 가압류한다.
2. 제3채무자는 채무자에게 위 부동산에 관한 소유권이전등기절차를 이행하여서는 아니 된다.
3. 채무자는 다음 청구금액을 공탁하고 집행정지 또는 그 취소를 신청할 수 있다.

다. 부동산소유권이전등기청구권 가압류(가등기된 경우)

1. 채무자의 제3채무자에 대한 별지 기재 부동산에 관한 ××지방법원 등기과 ××××.×.×.접수 제××호로 마친 소유권이전등기청구권가등기에 기한 매매예약완결을 원인으로 하는 소유권이전등기청구권을 가압류한다.

2. 집행과 효력

	가등기되지 않은 경우	가등기된 경우
공시	불가	부기등기의 방법으로 가압류를 공시
제3자에 대한 효력	채무자, 제3채무자 외의 제3자에 대한 처분금지 효력 주장 불가	가압류채권자는 제3자전매수인 : 가압류 채무자(매수인)를 대위하여 가등기에 기한 본등기 후 소유권이전등기 경료에 대하여 가압류의 처분금지 효력 주장 가능[대법원 1998. 8. 21. 선고 96다29564 판결]
가압류 채권자의 말소등기 청구, 강제집행	가압류채권자는 제3채무자나 채무자로부터 이전등기를 마친 제3자에 대하여 말소등기청구 불가92다4680 소유권이전등기청구권에 대한 압류나 가압류는 채권에 대한 것이지 등기청구권의 목적물인 부동산에 대한 것이 아니고, 채무자와 제3채무자에게 그 결정을 송달하는 외에 현행법상 등기부에 이를 공시하는 방법이 없는 것으로서 당해 채권자와 채무자 및 제3채무자 사이에만 효력을 갖는 것이고, 압류나 가압류와 관계가 없는 제3자에 대하여는 압류나 가압류의 처분금지적 효력을 주장할 수 없는 것이다. 따라서 소유권이전등기청구권의 압류나 가압류는 청구권의 목적물인 부동산 자체의 처분을 금지하는 대물적 효력은 없다고 할 것이고, 제3채무자나 채무자로부터 소유권이전등기를 넘겨받은 제3자에 대하여는 그 취득한 등기가 원인무효라고 주장하여 그 말소를 청구할 수 없다.	제3자 명의 소유권이전등기는 가압류채권자에 대한 관계에서 무효 → 가압류채권자의 신청에 의한 강제집행절차에서 부동산을 매수한 매수인 명의 소유권이전등기는 적법·유효[대법원 1998. 8. 21. 선고 96다29564 판결 : 가압류채무자로부터 이전등기받은 매수인 → 가압류채권자의 신청에 의한 강제집행절차에서의 경락인 : 말소등기청구 기각] 원고가 소유권이전등기를 넘겨받기 전에 이미 기술신용보증기금 명의의 적법한 가압류기입등기가 되어 가압류결정이 공시되어 있었으므로 기술신용보증기금은 원고에 대하여 가압류의 처분금지적 효력을 주장할 수 있으므로, 원고 명의의 소유권이전등기는 등기된 가압류의 채권자인 기술신용보증기금과의 관계에서는 무효이고, 이미 원고에 의하여 소외인 명의의 소유권이전등기가 마쳐진 이상 기술신용보증기금의 신청에 의한 이 사건 부동산에 대한 강제집행절차는 정당하고, 위 강제경매절차에 의하여 적법하게 위 부동산을 낙찰받은 피고 명의의 소유권이전등기 역시 적법·유효하다.
채무자 명의로의 등기	■유효 ■채권자는 부동산 자체를 가압류하거나 압류하면 될 뿐 소유권이전등기를 말소할 필요는 없음92다4680 ■채무자가 당해 부동산을 처분한 경우 : 제3채무자는 채권자에 대하여 손해배상책임 [대법원 2000. 2. 11. 선고 98다35327 판결] 소유권이전등기를 명하는 판결은 의사의 진술을 명하는 판결로서 이것이 확정되면 채무자는 일방적으로 이전등기를 신청할 수 있고 제3채무자는 이를 저지할 방	

법이 없으므로, 소유권이전등기청구권이 압류된 경우에는 변제금지의 효력이 미치고 있는 제3채무자로서는 일반채권이 압류된 경우와는 달리 채무자 또는 그 채무자를 대위한 자로부터 소유권이전등기청구소송이 제기되었다면 이에 응소하여 그 소유권이전등기청구권이 압류된 사실을 주장하고 자신이 송달받은 압류결정을 제출하는 방법으로 입증하여야 할 의무가 있다고 할 것이고, 만일 제3채무자가 고의 또는 과실로 위 소유권이전등기청구소송에 응소하지 아니한 결과 의제자백에 의한 판결이 선고·확정됨에 따라 채무자에게 소유권이전등기가 경료되고 다시 제3자에게 이전등기가 경료됨으로써 채권자가 손해를 입었다면, 이러한 경우는 제3채무자가 채무자에게 임의로 소유권이전등기를 경료하여 준 것과 마찬가지로 불법행위를 구성한다.

- ■ 손해배상의 범위 : 압류채권액의 범위 내에서 압류채권자가 배당받을 금액소유권이전등기청구권을 압류한 경우 채권자가 채권을 추심하기 위하여는 우선 민사소송법 제577조에서 정한 절차에 따라 부동산에 관하여 채무자 명의로 소유권이전등기를 경료한 다음 다시 그 부동산에 대한 강제경매를 실시하여 그 경매절차에서 배당받아야 할 것이므로, 제3채무자의 고의 또는 과실로 소유권이전등기청구권이 압류된 부동산에 관하여 채무자, 제3자 명의의 소유권이전등기가 순차 경료됨으로써 채권자에 대한 불법행위책임이 성립하는 경우, 그로 인한 압류채권자의 손해액은 압류채권액 범위 내에서 압류채권자가 배당받을 금액이라고 보아야 한다.

3. 경합관계

가. 소유권이전등기청구권에 대한 처분금지가처분 집행 후 압류·가압류

(1) 채무자 → 제3채무자에 대한 이전등기청구, 채무자에 대한 이전등기청구권자원고(가처분채권자) → 채무자를 대위하여 제3채무자를 상대로 이전등기청구 : 가처분해제를 조건으로 인용[대법원 1999. 2. 9. 선고 98다42615 판결] 소유권이전등기청구권에 대한 압류나 가압류는 채권에 대한 것이지 등기청구권의 목적물인 부동산에 대한 것이 아니고, 채무자와 제3채무자에게 그 결정을 송달하는 외에 현행법상 등기부에 이를 공시하는 방법이 없는 것으로서, 당해 채권자와 채무자 및 제3채무자 사이에만 효력이 있을 뿐 압류나 가압류와 관계가 없는 제3자에 대하여는 압류나 가압류의 처분금지적 효력을 주장할 수 없게 되므로, 소유권이전등기청구권의 압류나 가압류는 청구권의 목적물인 부동산 자체의 처분을 금지하는 대물적 효력은 없고, 또한 채권에 대한 가압류가 있더라도 이는 채무자가 제3채무자로부터 현실로 급부를 추심하는 것만을 금지하는 것이므로 채무자는 제3채무자를 상대로 그 이행을 구하는 소송을 제기할 수 있고 법원은 가압류가 되어 있음을 이유로 이를 배척할 수는 없는 것이지만, 소유권이전등기를 명하는 판결은 의사의 진술을 명하는 판결로서 이것이 확정되면 채무자는 일방적으로 이전등기를 신청할 수 있고 제3채무자는 이를 저지할 방법이 없게 되므로 위와 같이 볼 수는 없고 이와 같은 경우에는 가압류의 해제를 조건으로 하지 않는 한 법원은 이를 인용하여서는 안 되는 것이며, 가처분이 있는 경우도 이와 마찬가지로 그 가처분의 해제를 조건으로 하여야만 소유권이전등기절차의 이행을 명할 수 있다고 할 것이고, 소유권이전등기청구권에 대한 가압류가 있기 전에 가처분이 있었다고 하여도 가처분이 뒤에 이루어진 가압류에 우선하는 효력이 없으므로 가압류는 가처분채권자의 관계에서도 유효할 뿐만 아니라, 가압류 상호간에도 그 결정이 이루어진 선후에 따라 뒤에 이루어진 가압류에 대하여 처분금지적 효력을 주장할 수는 없다, → 피고는 위 목록 기재 각 소유권이전등기청구권 가압류 및 가처분의 해제를 조건으로 소외인에게 이 사건 아파트에 관한 소유권이전등기절차를 이행할 의무가 있다.

(2) 선행가처분과 가압류·압류와의 관계

⑺ **선행가처분이 후행 가압류에 우선하는 효력 부정**[대법원 1998. 4. 14. 선고 96다47104 판결] 소유권이 전등기청구권에 대한 가압류가 있기 전에 "채무자는 소유권이전등기청구권을 양도하거나 기타 일체의 처분행위를 하여서는 아니 된다. 제3채무자는 채무자에게 소유권이전등기절차를 이행하여서는 아니 된다."는 가처분이 있었다 하여도 그 가처분이 뒤에 이루어진 가압류에 우선하는 효력은 없으므로, 그 가압류는 가처분 채권자와의 관계에서 도 유효하다.

⑷ **채무자에 대한 압류채권자 → 제3채무자를 상대로 이전등기청구 : 인용, 제3채무자는 가처 분 해제조건부 인용 주장 불가**[대법원 2001. 10. 9. 선고 2000다51216 판결]

➡ **[비교]** 일반적인 채권에 대한 처분금지가처분과 가압류의 효력 : 집행의 선후에 따라 우열 결정[대법원 2014. 6. 26. 선고 2012다116260 판결]

나. 가압류 상호간의 관계 : 선행 가압류와 후행 가압류의 우열 부정[대법원 1999. 2. 9. 선고 98다42615 판결] 가압류 상호간에 그 결정이 이루어진 선후에 따라 뒤에 이루어진 가압류에 대하여 처분금지적 효력을 주장할 수는 없다.

제2장 민사집행법상의 불복절차 민법학습과 관련하여 대표적인 불복절차인 청구이의의 소와 제3자이의의 소를 정리합니다.

I. 청구이의의 소

1. 의의

가. 개념 : 채무자가 집행권원의 내용인 사법상의 청구권이 현재의 실체상태와 일치 하지 않는 것을 주장하여 그 집행권원이 가지는 집행력의 배제를 구하는 소

나. 성질

(1) **소송법상 형성의 소** : 실체적 권리를 반영하지 않는 집행권원의 집행력을 배제하여 집행을 막는 구제방법

(2) **소송물** : 소송법상 이의권, 개개의 집행행위 배제 불가[대법원 1971. 12. 28. 선고 71다1008 판 결], 집행권원 자체의 취소 불가 ➡ 상소, 재심

다. 다른 절차와의 비교

(1) 배당이의의 소 vs 청구이의의 소[대법원 2011. 7. 28. 선고 2010다70018 판결]

⑺ 집행력 있는 정본을 가진 채권자에 대한 배당에 관하여 배당이의를 한 채무자 : 청구이의

의 소

(나) 집행력 있는 정본을 가진 채권자가 우선변제권을 주장하며 담보권에 기하여 배당요구를 한 경우 : 배당이의의 소∵ 배당의 기초가 된 것은 집행력 있는 정본이 아니라 담보권

(다) 채무자가 배당이의의 소에서 상계를 주장하는 경우 : 청구이의의 소제기 불필요∵ 상계로 소멸하는 채권은 피담보채권, 피담보채권에 대하여 채무자에게 이행을 명하는 확정판결이 있더라도 상계적상의 시기에 소급하여 피담보채권이 대등액에서 소멸

(2) 청구이의 vs 부당이득·불법행위 손해배상 : 전체로서의 강제집행이 이미 완료된 경우 청구이의의 소를 구할 이익 부정[대법원 1997. 4. 25. 선고 96다52489 판결] 무효인 집행증서에 터 잡아 채권압류 및 전부명령이 확정된 경우 ➡ 부당이득 등으로 소변경 필요

2. 소제기

가. 당사자

(1) 원고 : 집행권원에 채무자로 표시된 사람 또는 승계 그 밖의 원인으로 집행력을 받은 사람(제25조), 채권자대위 가능91다41620 집행채무자로부터 매수하여 이전등기를 하지 않은 자 ⇔ 즉시항고 : 채권자대위 불가

(2) 피고 : 집행권원에 채권자로 표시된 사람 또는 승계 그 밖의 원인으로 채권자를 대신하여 강제집행을 신청할 수 있는 사람, 집행문이나 승계집행문 불요 → 장차 승계집행문을 받으면 집행을 할 수 있는 자도 피고 ⇔ 제3자이의 : 집행문 부여 필요

나. 소의 대상

(1) 원칙 : 모든 종류의 집행권원, 미확정 판결은 확정 필요

(2) 부정

(가) 가집행선고 있는 판결(제56조 제2호) : 상소로 다툴 수 있으므로 확정되어야 청구이의의 소제기 가능

(나) 가압류·가처분명령 : 이의(제283조, 제301조)나 사정변경에 의한 취소신청(제288조, 제301조)

(다) 의사의 진술을 명하는 재판 : 조건이 붙어있지 아니하는 한 확정되면 집행종료[대법원 1995. 11. 10. 선고 95다37568 판결]

다. 시기 : 집행권원이 성립하여 유효하게 존속하는 동안

(1) 가능한 경우 : 집행문 부여 전, 집행권원에 기한 구체적 강제집행의 개시 전, 개개의 강제집행이 종료한 경우

(2) 경락허가결정의 확정 : 경락인이 대금을 납부하고 소유권을 취득하는 데에는 영향

없음[대법원 1992. 2. 14. 선고 91다40160 판결] 구 민사소송법(1990.1.13. 법률 제4201호로 개정되기 전의 것) 하에 있어서는 강제경매의 경우 경락허가결정이 확정되면 경락인은 대금지급기일에 경락대금을 지급하지 아니할 것을 해제조건으로 하여 경락부동산의 소유권을 취득하는 것이므로, 경락허가결정이 확정된 후 채무자가 채무를 변제하고 청구이의의 소를 제기하여 경매절차를 정지하는 결정을 받아 대금납부기일의 지정 등 그 후의 경매절 차를 정지하여 놓고 위 청구이의의 소에서 강제집행을 불허한다는 내용의 채무자 승소판결이 선고 확정되었다고 하더라도 이러한 사유는 경락인이 대금을 납부하고 경락부동산의 소유권을 취득하는 데에는 아무런 영향이 없고 또한 경매법원이 대금지급기일을 지정하여 경락인으로부터 대금을 납부받는 것을 방해하는 것도 아니며 다만 청 구이의소송의 결과에 따라 채권자인 경매신청인이 배당에서 제외되는 경우가 있을 뿐이다.

(3) 청구이의의 소의 종기

(개) 원칙 : 전체로서의 강제집행이 완료되어 채권자가 권리의 만족을 얻은 때

① 배당절차의 종료 필요(권리의 만족)[대법원 1965. 1. 26. 선고 64다886 판결] 강제집행절차에 있어서 경매 매득금으로 변제 또는 배당을 받을 때까지는 아직 그 집행절차가 계속 중에 있다고 할 것이고 설사 그 강제집행이 배당절차의 단계에 들어간 경우라도 채무자는 기본채권의 소멸을 이유로 하여 청구에 관한 이의의 소를 제기할 수 있는 것이다.

⇔ [비교] 집행에 관한 이의, 즉시항고 : 경락대금 완납시 ∵ 구 민사소송법 제646조의2(집행법 제 135조), 구 민사소송규칙 제146조의3 제1항, 제3항

② 강제집행이 종료된 경우 채무자의 구제수단

㉠ 제3채무자에 대하여 : 피전부채권 이행청구무권대리인의 촉탁에 의하여 작성된 집행증서에 기하여 발하 여지진 채권압류 및 전부명령 : 채무자에 대한 관계에서 효력이 없으므로

㉡ 채권자에 대하여 : 부당이득, 불법행위 손해배상청구로 소변경제3채무자의 집행채권자에 대한 변제 가 채권의 준점유자에 대한 변제로서 유효한 경우

(내) 예외 : 강제집행이 전체적으로 종료하였으나 강제집행(전부명령)이 압류 경합상태에서 발하 여지거나 피전부채권의 부존재로 전부명령이 무효인 경우 → 채권자가 집행문을 재도부여 받아 다시 강제집행 가능 → 청구이의의 소의 이익 인정

라. 관할

(1) 원칙 : 판결을 하거나 집행권원이 성립된 제1심 법원 → 확정판결(제44조 제1항), 항고 로만 불복을 신청할 수 있는 재판(제57조, 제56조 제1호, 제44조 제1항), 청구의 인낙조서 · 화해조서(제57조, 제56조 제5호, 제44조 제1항), 제소전 화해조서, 조정조서항소심(고등법원)에서 성립한 경우에도, 지급명령(제58조 제4항, 제5항)

(2) 집행증서 : 채무자(원고)의 보통재판적이 있는 곳의 법원 또는 그 법원이 없는 때 에는 민사소송법 제11조에 따라 채무자에 대하여 소를 제기할 수 있는 법원(제59조 제4항)

3. 이의사유 : 집행권원에 표시된 청구권의 전부 또는 일부를 소멸시키거나 영구적 또는 일시적으로 그 효력을 소멸시키는 사유

가. 유형 : 이행소송의 항변사유

(1) 집행권원의 성질에 따라

(가) 판결 : 변론종결 후의 사유에 대하여만 가능

① 항소심 판결 확정 전 가집행선고 있는 1심 판결에 터 잡아 지급 : 변제효력은 판결이 확정된 때에 발생 → 변론종결 후의 변제 → 청구이의 가능[대법원 1995. 6. 30. 선고 95다15827 판결] 가집행이 붙은 제1심 판결을 선고받은 채무자가 선고일 약 1달 후에 그 판결에 의한 그때까지의 원리금을 추심 채권자에게 스스로 지급하기는 하였으나 그 제1심 판결에 대하여 항소를 제기하여 제1심에서 인용된 금액에 대하여 다투었다면, 그 채무자는 제1심 판결이 인용한 금액에 상당하는 채무가 있음을 스스로 인정하고 이에 대한 확정적 변제행위로 추심 채권자에게 그 금원을 지급한 것이 아니라, 제1심 판결이 인용한 지연손해금의 확대를 방지하고 그 판결에 붙은 가집행 선고에 기한 강제집행을 면하기 위하여 그 금원을 지급한 것으로 봄이 상당하고, 이와 같이 제1심 판결에 붙은 가집행선고에 의하여 지급된 금원은 확정적으로 변제의 효과가 발생하는 것이 아니어서 채무자가 그 금원의 지급 사실을 항소심에서 주장하더라도 항소심은 그러한 사유를 참작하지 않으므로, 그 금원 지급에 의한 채권 소멸의 효과는 그 판결이 확정된 때에 비로소 발생한다고 할 것이며, 따라서 채무자가 그와 같이 금원을 지급하였다는 사유는 본래의 소송의 확정판결의 집행력을 배제하는 적법한 청구이의사유가 된다.

② 표준시 후의 형성권행사 : 변론종결 전에 원인이 있었으나 변론종결 후에 의사표시를 한 경우

㉠ 취소, 해제 : 청구이의 불가[대법원 1981. 7. 7. 선고 80다2751 판결] 이의 원인이 변론종결 전에 발생

㉡ 상계, 건물매수청구권 : 청구이의 가능[대법원 1998. 11. 24. 선고 98다25344 판결] 상계의 의사표시 시기는 채무자의 자유, 상계적상은 청구권 존재의 확정으로 배제될 성질이 아님 → 상계의 의사표시를 한 때에 이의 원인이 발생한 것

(나) 항고로만 불복할 수 있는 재판, 청구인낙조서, 화해조서 : 재판, 조서 성립 후의 이의사유만 주장 가능

(다) 기판력이 없는 집행권원(집행증서, 확정된 지급명령, 확정된 이행권고결정)

① 성립 전의 사유(청구권의 불발생)도 주장 가능[대법원 2004. 5. 14. 선고 2004다11346 판결, 대법원 2006. 1. 26. 선고 2005다54999 판결, 대법원 2009. 7. 9. 선고 2006다73966 판결]

② 집행증서상[피고가 2011. 3. 28. 원고에게 1억 원을 변제기 2011. 4. 30.로 정하여 대여한 것으로 하되, 원고가 위 기한까지 위 소유권이전등기의무를 이행하지 않을 때에는 강제집행을 인낙한다.] 단순 이행의무로 되어 있는 청구권[피고→원고에 대한 대물변제 부동산에 대한 이전등기청구권]이 반대의무[소외인(매도인)의 원고(매수인)에 대한 매매대상 부동산 인도의무] 이행과 동시이행관계에 있는 경우 : 집행청구권[피고의 이전등기청구권] 강제집행이 반대의무[소외인의 인도의무와 동시이행관계[원고의 피고에 대한 1억 원 지급의무]에 있음을 초과하는 범위에서 집행력의 일부 배제[대법원 2013. 1. 10. 선고 2012다75123,75130 판결] 집행증서상 청구권은 의무의 단순 이행을 내용으로 하는 것인데 그 청구권이 반대의무의 이행과 상환으로 이루어

져야 하는 동시이행관계에 있으므로 집행증서에 기한 집행이 불허되어야 한다는 주장은, 집행증서상으로는 단순 이행의무로 되어 있는 청구권이 반대의무와 동시이행관계의 범위 내에서만 집행력이 있고 그것을 초과하는 범위에서의 집행력은 배제되어야 한다는 것을 의미한다. 따라서 이러한 사유는 본래 집행권원에 표시된 청구권의 변동을 가져오는 청구이의의 소의 이유가 된다. 그리고 이러한 사유를 이유로 하는 청구이의의 소에 관한 재판에서 집행권원상의 청구권과 동시이행관계에 있는 반대의무의 존재가 인정되는 경우, 법원으로서는 본래의 집행권원에 기한 집행력의 전부를 배제하는 판결을 할 것이 아니라 집행청구권이 반대의무와 동시이행관계에 있음을 초과하는 범위에서 집행력의 일부 배제를 선언하는 판결을 하여야 한다. 집행증서인 이 사건 공정증서상의 (원고의 피고에 대한) 금전지급채무는 단순 이행의무로 되어 있으나, 소외인의 (원고에 대한) 이 사건 매매부동산의 인도의무와 동시이행관계에 있음이 인정되므로, 집행권원인 이 사건 공정증서에 기한 집행력은 이러한 동시이행관계에 기한 금전지급의무를 초과하는 범위에서는 배제되어야 하고, 원고의 이 사건 청구이의의 소는 위 범위 내에서만 이유 있다. 그런데도 원심은 이 사건 공정증서에 기한 집행력의 전부를 배제하는 판결을 선고하였다. 이러한 원심의 판단에는 청구이의의 소에서 집행력이 배제되는 범위에 관한 법리를 오해하여 판결에 영향을 미친 위법이 있다. → 피고의 원고에 대한 공증인가 대전종합법무법인 2011. 3. 28. 작성 2011년 증서 제609호 금전소비대차계약 공정증서에 기초한 강제집행은 원고가 소외인으로부터 대전 유성구 (주소1 생략) 대 1,278㎡ 지상 2층 건물을 인도받음과 동시에 피고에게 1억 원을 지급하는 한도를 초과하여서는 이를 불허한다.

(2) 집행권원에 표시된 청구권의 전부 또는 일부의 소멸

(가) 사유 : 변제, 대물변제, 경개, 소멸시효 완성, 면제, 포기, 상계, 공탁[대법원 1992. 4. 10. 선고 91다41620 판결] 강제집행에 필요한 비용은 채무자의 부담으로 하고 그 집행에 의하여 우선적으로 변상을 받게 되어 있으므로, 이러한 집행비용은 별도의 채무명의 없이 그 집행의 기본인 당해 채무명의에 터잡아 당해 강제집행절차에서 그 채무명의에 표시된 채권과 함께 추심할 수 있고, 따라서 채무명의에 표시된 본래의 채무가 변제공탁으로 소멸되었다 하여도 그 집행비용을 변상하지 아니한 이상 당해 채무명의의 집행력 전부의 배제를 구할 수는 없다., **화해, 채무자의 책임 없는 사유로 인한 이행불능, 부작위청구권에 대한 작위를 할 수 있는 권리의 취득**

(나) 일부변제 : 그로 인한 청구권의 소멸부분에 대하여 가능[대법원 1967. 12. 26. 선고 67다2249 판결]

(3) 청구권의 귀속 변동 : 청구권의 양도, 전부명령의 확정, 면책적 채무인수

(4) 청구권의 효력정지 또는 제한 : 기한유예, 합의에 의한 연기, 이행조건의 변경 등

(5) 면책결정의 확정 : 채무자회생법 제565조, 제566조, 면책된 채무에 관한 집행권원을 가지고 강제집행을 시도하는 경우[대법원 2013. 9. 16.자 2013마1438 결정, 대법원 2017. 10. 12. 선고 2017다17771 판결]

(6) 부집행의 합의[대법원 1996. 7. 26. 선고 95다19072 판결] 부집행의 합의는 실체상의 청구의 실현에 관련하여 이루어지는 사법상의 채권계약이라고 봄이 상당하고, 이것에 위반하는 집행은 실체상 부당한 집행이라고 할 수 있으므로 민사소송법 제505조가 유추적용 내지 준용되어 청구이의의 사유가 된다.

(7) 한정승인과 상속포기 : 상속인의 고유재산에 대한 강제집행시 구제방법

	한정승인	상속포기
변론종결 전에 한정승인하거나 상속포기	■ 판결에 반영○ : 제3자이의의 소[대법원 2005. 12. 19.자 2005그128 결정] 상속채무의 이행을 구하는 소송에서 피고의 한정승인 항변이 받아들여져서, 원고 승소판결인 집행권원 자체에, '상속재산의 범위 내에서만' 금전채무를 이행할 것을 명하는 이른바 유한책임의 취지가 명시(➡상속인의 고유재산에 대하여는 기판력 및 집행력이 미치지 않음)되어 있음에도 불구하고, 상속인의 고유재산임이 명백한 임금채권 등에 대하여 위 집행권원에 기한 압류 및 전부명령이 발령되었을 경우에, 상속인인 피고로서는 책임재산이 될 수 없는 재산에 대하여 강제집행이 행하여졌음을 이유로 제3자이의의 소(민사집행법 제48조)를 제기하거나, 그 채권압류 및 전부명령 자체에 대한 즉시항고(민사집행법 제227조 제4항, 제229조 제6항)를 제기하여 불복하는 것은 별론으로 하고, 청구에 관한 이의의 소(민사집행법 제44조)에 의하여 불복할 수는 없다고 보아야 하고, 나아가 만약 그 채권압류 및 전부명령이 이미 확정되어 강제집행절차가 종료된 후에는 집행채권자를 상대로 부당이득의 반환을 구하되, 피전부채권 중 실제로 추심한 금전 부분에 관하여는 그 상당액을 반환을 구하고, 아직 추심하지 아니한 부분에 관하여는 그 채권 자체의 양도를 구하는 방법에 의할 수밖에 없는 것이다. ■ 판결에 반영× : 청구이의의 소[대법원 2006. 10. 13. 선고 2006다23138 판결] 한정승인을 주장하지 않으면 책임의 범위는 심판대상이 되지 않아 기판력이 미치지 않으므로 (한정승인 : 변론종결 전의 사유○, 책임의 범위 : 심판대상× → 기판력× → 청구이의의 소 가능)	■ 판결에 반영○ : 제3자이의의 소 ■ 판결에 반영× : 청구이의의 소 불가[대법원 2009. 5. 28. 선고 2008다79876 판결] 기판력에 의한 실권효 제한의 법리는 채무의 상속에 따른 책임의 제한 여부만이 문제되는 한정승인과 달리 상속에 의한 채무의 존재 자체가 문제되어 그에 관한 확정판결의 주문에 당연히 기판력이 미치게 되는 상속포기의 경우에는 적용될 수 없다. (상속포기 : 변론종결 전의 사유○, 심판대상○ → 기판력○ → 청구이의의 소 불가)
변론종결 후에 한정승인하거나 상속포기	○ 변론종결 후 한정승인·상속포기하였으나 승계집행문에 따라 상속인의 고유재산에 대하여 강제집행이 개시된 경우 ■ 집행에 관한 이의신청·이의의 소 + 잠정처분→ 집행기관에 제출하여 집행취소 ■ 제3자이의의 소 : 불가∵ 상속인에 대한 승계집행문 부여에 따라 '승계인으로 표시' ○ 선순위 상속인들소외3, 4의 상속포기에 의하여 공동상속인이 된 피고들망 소외1의 원고에 대한 대여금채무의 공동상속인 : 자신이 상속인임을 알게 된 판결대법원판결의 선고 후 상속포기(민법 제1019조 제1항)하면 청구이의 가능[대법원 2015. 5. 14. 선고 2013다48852 판결] 피고들의 친권자인 소외3, 소외4(망 소외1의 자녀, 상속포기)는 적	

어도 이 판결이 선고되기 전에는 피고들이 상속인이 된다는 사실을 알지 못하였다고 인정할 여지가 충분하고, 그 경우 피고들에 대하여는 아직 민법 제1019조 제1항에서 정한 기간이 도과되지 아니하였다고 할 수 있다. 그러나 피고들이 이를 이유로 상속포기를 한 다음 청구이의의 소를 제기함은 별론으로 하고, 위와 같은 사정만으로는 원고의 피고들에 대한 청구를 배척할 사유가 되지 아니한다.

(8) 권리남용

(개) 청구이의 : 가능(편취된 집행권원으로 강제집행에 나서는 경우와 같이 사회생활상 용인되지 아니하는 경우, 변론종결 전의 사유임에도 청구이의 사유로 인정) [대법원 1984. 7. 24. 선고 84다카572 판결] 확정판결의 변론종결(1982.12.8) 이전에 판시 금원을 수령(1982.5.4)함으로써 그 한도에서 원고의 손해배상채무도 소멸한 사실을 스스로 알고 있으면서도 이를 모르는 상대방에 이를 감추고 이미 소멸한 채권의 존재를 주장·유지하여 위와 같은 확정판결을 받았다는 것이니 이와 같은 채무명의에 기한 강제집행을 용인함은 이미 변제되어 소멸하여 부존재하는 채권을 2중으로 받고자 하는 불법행위를 허용하는 결과가 된다 할 것이므로 위와 같은 피고의 집행행위는 자기의 불법한 이득을 꾀하여 상대방에게 손해를 줄 목적이 내재한 사회생활상 용인되지 아니하는 행위라 할 것이어서 그것이 신의에 좇은 성실한 권리의 행사라 할 수 없고 그 확정판결에 의한 권리를 남용한 경우에 해당한다 할 것이다. 민사소송법 제505조에서 청구에 관한 이의의 소를 규정한 것은 부당한 강제집행이 행하여지지 않도록 하려는데 있다할 것으로 판결에 의하여 확정된 청구가 그 판결의 변론종결 후에 변경소멸된 경우뿐만 아니라 판결을 집행하는 자체가 불법한 경우에도 이를 허용함이 상당하다 할 것이다. 이러한 경우의 불법은 당해판결에 의하여 강제집행에 착수함으로써 외부에 나타나 비로소 이의의 원인이 된다고 보아야 하기 때문이다.

(나) 부당이득 : 부정(재심 필요) [대법원 2001. 11. 13. 선고 99다32905 판결] 위 확정판결에 대한 재심의 소가 각하되어 확정되는 등으로 위 확정판결이 취소되지 아니한 이상 위 확정판결에 기한 강제집행으로 취득한 채권을 법률상 원인 없는 이득이라고 하여 반환을 구하는 것은 위 확정판결의 기판력에 저촉되어 허용될 수 없다.

⇔ [비교] 허위주소 송달 자백간주 : 기판력 배제, 별소제기 가능 [대법원 1995. 5. 9. 선고 94다41010 판결] 제소자가 상대방의 주소를 허위로 기재함으로써 그 허위주소로 소송서류가 송달되어 그로 인하여 상대방 아닌 다른 사람이 그 서류를 받아 의제자백의 형식으로 제소자 승소의 판결이 선고되고 그 판결정본 역시 허위의 주소로 보내어져 송달된 것으로 처리된 경우에는 상대방에 대한 판결의 송달은 부적법하여 무효이므로 상대방은 아직도 판결정본의 송달을 받지 않은 상태에 있어 이에 대하여 상소를 제기할 수 있을 뿐만 아니라, 위 사위판결에 기하여 부동산에 관한 소유권이전등기나 말소등기가 경료된 경우에는 별소로서 그 등기의 말소를 구할 수도 있다.

(다) 불법행위 : 성립(절차적 기본권이 근본적으로 침해되거나 소송당사자가 상대방의 권리를 해할 의사로 상대방의 소송 관여를 방해하거나 허위의 주장으로 법원을 기망 **재심사유가 존재)** [대법원 1995. 12. 5. 선고 95다21808 판결] 판결이 확정되면 기판력에 의하여 대상이 된 청구권의 존재가 확정되고 그 내용에 따라 집행력이 발생하는 것이므로, 그에 따른 집행이 불법행위를 구성하기 위하여는 소송당사자가 상대방의 권리를 해할 의사로 상대방의 소송 관여를 방해하거나 허위의 주장으로 법원을 기망하는 등 부정한 방법으로 실체의 권리관계와 다른 내용의 확정판결을 취득하여 집행을 하는 것과 같은 특별한 사정이 있어야 하고, 그와 같은 사정이 없이 확정판결의 내용이 단순히 실체적 권리관계에 배치되어 부당하고 또한 확정판결에 기한 집행 채권자가 이를 알고 있

었다는 것만으로는 그 집행행위가 불법행위를 구성한다고 할 수 없다. 편취된 판결에 기한 강제집행이 불법행위로 되는 경우가 있다고 하더라도 당사자의 법적 안정성을 위해 확정판결에 기판력을 인정한 취지나 확정판결의 효력을 배제하기 위하여는 그 확정판결에 재심사유가 존재하는 경우에 재심의 소에 의하여 그 취소를 구하는 것이 원칙적인 방법인 점에 비추어 볼 때 불법행위의 성립을 쉽게 인정하여서는 아니 되고, 확정판결에 기한 강제집행이 불법행위로 되는 것은 당사자의 절차적 기본권이 근본적으로 침해된 상태에서 판결이 선고되었거나 확정판결에 재심사유가 존재하는 등 확정판결의 효력을 존중하는 것이 정의에 반함이 명백하여 이를 묵과할 수 없는 경우로 한정하여야 한다.

나. 이의사유의 동시주장(제44조 제3항) : 같은 소송의 사실심변론종결시까지 추가, 변경 가능

4. 재판

가. 심리 : 원고는 청구원인사실(권리소멸 등)에 관하여 증명책임[대법원 2010. 6. 24. 선고 2010다12852 판결]

나. 인용

(1) 주문 : 판결에 기초한 강제집행은 (~까지, ~원을 넘는 부분에 한하여) 불허한다.

(2) 효력 : 판결확정시 집행권원의 집행력 소멸 ➡ 집행문 부여 저지, 확정판결 정본을 집행기관에 제출하여 집행의 개시·속행 저지, 이미 행해진 집행처분 취소(제49조 제1호, 제50조)

5. 잠정처분

가. 관할법원 : 청구이의의 소가 계속 중인 심급의 법원

나. 요건 : 청구이의의 소 계속 중 + 잠정처분 '신청'(제46조 제2항, 제47조, 제48조 제3항) ⇔ 즉시항고(제15조 제6항 단서), 집행이의신청(제16조 제2항), 집행문부여에 대한 이의신청(제34조 제2항) : '직권'으로, 제47조 규정 불요

(1) 청구이의의 소제기 없이 잠정처분 신청 : 각하[대법원 2004. 8. 17.자 2004카기93 결정] 확정판결 또는 이와 동일한 효력이 있는 집행권원에 기한 강제집행의 정지는 오직 강제집행에 관한 법규 중에 그에 관한 규정이 있는 경우에 한하여 가능하고, 이와 같은 규정에 의함이 없이 일반적인 가처분의 방법으로 강제집행을 정지시킨다는 것은 허용되지 아니하며, 민사집행법 제46조 제2항 소정의 강제집행에 관한 잠정처분은 청구에 관한 이의의 소가 계속 중임을 요하고, 이러한 집행정지요건이 결여되었음에도 불구하고 제기된 집행정지신청은 부적법하다.

(2) 채무부존재 확인의 소 제기 + 잠정처분 신청 : 각하[대법원 2015. 1. 30.자 2014그553 결정] 민사집행법 제46조 제2항의 잠정처분은 확정판결 또는 이와 동일한 효력이 있는 집행권원의 실효를 구하거나 집행

력 있는 정본의 효력을 다투거나 목적물의 소유권을 다투는 구제절차 등에서 수소법원이 종국판결을 선고할 때까지 잠정적인 처분을 하도록 하는 것으로서, 청구이의 판결 등의 종국재판이 해당 물건에 대한 강제집행을 최종적으로 불허할 수 있음을 전제로 강제집행을 일시정지시키는 것이다. 따라서 승소하더라도 그와 같은 효력이 인정되지 않는 채무부존재확인의 소를 제기한 것만으로는 위 조항에 의한 잠정처분을 할 요건이 갖추어졌다고 할 수 없다.

(3) 배당절차가 개시된 경우 : 배당이의 + 배당이의의 소나 청구이의의 소_{집행권원이 있는}
경우

(4) 청구이의를 하지 않은 경우 : 집행채권자에 대하여 부당이득반환청구

(5) [비교] 담보권 실행을 위한 경매절차의 정지

(개) 본안소송(채무부존재확인의 소·저당권말소청구의 소) + 수소법원의 잠정처분(경매절차의 일시정지를 명하는 잠정처분 : 수소법원) ➡ 제275조, 제46조, 제266조 제1항 제5호_{[대법원}
1977. 12. 21.자 77그6 결정, 대법원 1993. 10. 8.자 93그40 결정, 대법원 2012. 8. 14.자 2012그173 결정]

(내) 경매개시결정에 대한 이의신청 + 경매절차의 일시정지를 명하는 잠정처분(경매법원) ➡ 제265조, 제268조, 제86조, 제16조 제2항, 제266조 제1항 제5호_{[대법원 1987. 3. 10. 선고 86다152}
판결, 대법원 2002. 9. 24. 선고 2002다43684 판결, 대법원 2004. 8. 17.자 2004카기93 결정]

(다) 청구이의의 소 : 불가(집행권원에 의한 집행이 아니므로)_{[대법원 2002. 9. 24. 선고 2002다43684 판}
_{결]} 임의경매에 있어서도 청구이의의 소를 제기할 수 있는지 여부(소극) : 부동산을 목적으로 하는 담보권을 실행하기 위한 경매절차를 정지하려면 구 민사소송법 제603조의3 제1항에 따라 경매개시결정에 대한 이의신청을 하고 제603조의3 제2항에 따라 제484조 제2항에 준하는 집행정지명령을 받거나 그 담보권의 효력을 다투는 소를 제기하고 같은 법 제507조에 준하는 집행정지명령을 받아 그 절차의 진행을 정지시킬 수 있을 뿐이고, 직접 경매의 불허를 구하는 소를 제기할 수는 없다.

(라) 직접 담보권 실행을 위한 경매의 불허를 구하는 소 불가_{[대법원 2018. 11. 15. 선고 2018다38591}
_{판결]} 근저당권의 피담보채무가 부존재하는 경우, 채무자는 그 사유를 들어 민사집행법 제265조, 제268조, 제86조 제1항에 따라 경매개시결정에 대한 이의신청을 하고 같은 법 제86조 제2항에 따라 같은 법 제16조 제2항에 준하는 잠정처분을 받거나, 채무부존재확인의 소 등 채무에 관한 이의의 소를 제기하고 같은 법 제46조 제2항에 따라 잠정처분을 받아 그 근저당권에 기한 임의경매절차를 정지시킬 수 있으나, 직접 근저당권에 기한 임의경매의 불허를 구하는 소를 제기할 수는 없다. 그런데도 원심이 이 사건 각 부동산에 관한 근저당권에 기초한 강제집행의 불허를 구하는 원고들의 청구를 일부 받아들이고 나머지 청구를 기각한 데에는 담보권의 실행을 위한 경매에 관한 법리를 오해한 잘못이 있다.

(마) 일반 가처분에 의한 정지 불가_[대법원 2003. 9. 8.자 2003그74 결정, 대법원 2004. 8. 17.자 2004카기93 결정]

다. 주문

(1) 담보제공을 조건으로 한 잠정처분 인가 주문 : 신청인이 담보로 ×원을 공탁할 것을 조건으로 ... 판결의 집행력 있는 정본에 기초한 강제집행은 이를 정지한다.

(2) 청구이의의 소 인용시 : 이 법원이 ... 강제집행정지결정을 인가한다(또는 취소한다).

라. 위법한 잠정처분에 의하여 경매절차가 지연됨에 따른 채권자의 손해 범위 : 특별한 사정이 없는 한 경매절차가 정지되지 않았더라면 일찍 받았을 배당금의 수령이 지연됨에 따른 손해

(1) 원본 : 실제로 배당받은 금액
(2) 기간 : 경매절차가 정지된 날 ~ 채무자의 본안 패소판결이 확정되어 다시 경매절차가 진행되기 전날
(3) 이율 : 법정이자[대법원 2001. 2. 23. 선고 98다26484 판결] 부당한 경매절차의 정지로 인하여 경매 채권자가 입게 된 손해는, 그 정지된 기간 동안 경매 목적물의 가격에 현저한 등락이 있었다는 등의 특별한 사정이 없는 한, 경매절차가 정지되지 않았더라면 일찍 받았을 배당금의 수령이 지연됨에 따른 손해라 할 것인데, 경매 채권자에 대한 배당은 경매절차가 정지된 날부터 본안소송의 (채무자) 패소 판결이 확정되어 다시 경매절차가 진행되기 전날까지의 기간에 해당하는 일수만큼 지연된 것으로 봄이 상당하며, 한편 금원의 수령이 지체되어 이를 이용하지 못함으로 인하여 생기는 통상손해는 이용하지 못한 기간 동안의 법정이자 상당액이라 할 것이다. 그리고 위 경매절차가 정지된 기간 동안 원래의 채권의 원본에 대하여 법정이자보다 높은 비율의 약정 지연이자가 추가로 발생하고 그 지연이자도 배당받을 금액에 포함시킬 수 있었다고 하더라도, 경매 채권자가 위 추가로 발생한 지연이자까지를 포함하여 현실로 배당받았다거나 경매절차에서의 배당 이외의 방법으로 채무자 등으로부터 추가 발생한 이자를 지급받을 개연성이 있다는 등의 사정이 없는 이상, 채권자로서는 실제로 배당받은 금원을 경매절차가 정지된 기간 동안만큼 늦게 수령함으로 인한 손해를 현실적으로 입었다고 보아야 할 것이고, 이는 경매절차에서 배당금이 원칙적으로 법정충당의 방법으로 충당된다는 법리에 따라 채권자가 받은 배당금이 위 추가로 발생한 지연이자에 먼저 충당되었다고 하여 달리 볼 것은 아니라고 할 것이다.

Ⅲ. 제3자이의의 소

1. 의의

가. 집행의 목적물에 대하여 집행채권자에게 대항할 수 있는 권리를 가진 제3자가 강제집행에 대하여 이의를 주장하여 집행의 배제를 구하는 소(제48조 제1항)

나. 성질 : 집행의 목적물에 관하여 집행불허를 선언함으로써 집행을 위법으로 하는 집행법상 효과를 발생시키는 형성소송

다. 실체적으로 부당한 집행에 의하여 권리를 침해받는 제3자를 구제

라. 제3자이의의 소의 판결 : 제3자의 집행이의권의 존부를 확정할 뿐 제3자의 소유권의 존부는 확정하지 않음[대법원 1977. 10. 11 선고 77다1041 판결] 소유권의 귀속에 대하여는 기판력이 인정되지 않음

마. 집행권원의 집행력 배제는 불가 ➡ 청구이의의 소

2. 소제기

가. 당사자

(1) 원고

⑺ 요건

① 집행의 목적물에 대하여 소유권이나 목적물의 양도 또는 인도를 막을 수 있는 권리가 있다고 주장

② 제3자 : 집행권원 또는 집행문에 채권자, 채무자 또는 그 승계인으로 표시된 사람 이외의 사람 [97다4401] 집행채무자 아닌 제3자가 자신이 진정한 채권자라고 주장하는 경우, [98다52995] 집행채무자 아닌 제3자가 등기청구권 행사에 장애를 받는 경우

⑷ 범위

인정	부정
① 제3자이의의 소를 제기할 수 있는 제3자의 채권자 : 채권자대위 가능	① 채무자 : 목적물이 제3자의 재산임을 이유로 제3자이의의 소 불가
② 유치권자도 가능[대법원 2017. 2. 3. 선고 2016도 3674 판결] 공소외1(소유자)이 부동산의 인도를 명하는 판결에 기초하여 승계집행문을 부여받아 현재의 점유자를 상대로 인도집행을 실시하더라도, 피해자들은 유치권에 기한 제3자이의의 소를 제기하여 그 집행의 배제를 구할 수 있을 것	② 승계집행문에 따라 피고 승계인으로 표시된 자건물 철거를 명하는 확정판결의 변론종결 전에 건물에 관하여 경료된 가등기에 기하여 변론종결 후 본등기를 경료한 자 : 불가[대법원 1992. 10. 27. 선고 92다10883 판결]2)
	■ 강제집행의 방법 : 변론종결 후의 승계인 → 승계집행문을 부여받아 집행 가능
③ 한정승인한 상속인 : 집행권원 자체에 유한 책임의 취지가 명시되어 있는 경우 가능[대법원 2005. 12. 19.자 2005그128 결정]	■ 제3자의 구제방법 : 제3자이의의 소가 아니라 집행문부여에 대한 이의의 소
④ 파산관재인이 파산재단의 재산이 아닌 자신의 고유재산에 대하여 집행처분을 받은 경우	③ 집행의 채무자적격을 가지지 아니한 사람이라도 그에 대한 집행문이 부여되었다면 집행문부여에 대한 이의신청 등에 의하여 취소될 때까지는 제3자이의의 소를 제기할 원고적격 부정[대법원 2016. 8. 18. 선고 2014다225038 판결]
⑤ 집행채무자 아닌 제3자가 자신이 진정한 채권자라고 주장하며 집행채권자압류·추심명령을 받은 채권자에 대하여 제3자이의 가능[대법원 1997. 8. 26. 선고 97다4401 판결]	

---

2) 대지 소유권에 기한 방해배제청구로서 그 지상건물의 철거를 구하여 승소확정판결을 얻은 경우, 동 지상건물에 관하여 위 확정판결의 변론종결 전에 경료된 소유권이전청구권가등기에 기하여 위 확정판결의 변론종결 후에 소유권이전등기를 경료한 자가 있다면 그는 민사소송법 제204조 제1항의 변론종결 후의 승계인이라 할 것이어서 위 확정판결의 기판력이 미친다고 할 것이다. 원심은 피고(대지 소유자)의 소외1(건물 소유

(2) 피고

(가) 목적물에 대하여 집행을 하는 채권자

(나) 채권자의 승계인이 피고가 되기 위해서는 집행문 부여 필요 : 양수인이 집행문을 부여받지 않은 경우에는 양도인이 피고

(다) 채무자가 집행목적물의 귀속 또는 목적물에 대한 제3자의 권리의 존부를 다투는 경우 : 채권자와 채무자를 공동피고로 할 수 있음(제48조 제1항 단서), 통상공동소송[민사집행실무제요 295]

나. 관할 : 전속관할(제21조)[대법원 1967. 3. 29.자 67그3 결정]

(1) 원칙 : 집행법원(제48조 제2항) ⟺ 청구이의의 소 : 다툼의 대상이 된 판결의 제1심 법원(제44조 제1항)

(2) 예외 : 소송물이 단독판사의 관할에 속하지 않을 때에는 집행법원이 있는 곳을 관할하는 지방법원의 합의부

다. 소의 대상 : 제3자의 재산에 대한 침해의 가능성이 있는 한 집행의 종류에 관계없이 인정(가집행, 보전처분에 대하여도 인정)[대법원 1997. 8. 29. 선고 96다14470 판결] 가압류집행이 형식적으로는 채권 확보를 위한 집행절차라고 하더라도 그 자체가 법이 보호할 수 없는 반사회적 행위에 의하여 이루어진 것(피고의 이 사건 아파트에 대한 가압류집행은 원고들로부터 이 사건 아파트에 대한 소유권이전등기 사무를 위임받고 있던 소외인이 그 사무를 제대로 처리하지 않고 있다가 그와 내연관계에 있던 피고와 통모하여 부도가 난 이 사건 아파트 건축업자에 대한 피고의 채권을 확보하여 주기 위하여 그 임무에 위배하여 한 반

자)에 대한 서울고등법원 88나6865호 건물철거등 사건은 1990.2.23. 확정되고, 위 사건의 계쟁건물에 대하여 소외2는 위 소외1로부터 1987.1.28.자로 소유권이전등기청구권 보전의 가등기를 경료받았다가 1990.3.9.자로 소유권이전의 본등기를 경료하고, 같은 날 원고는 위 소외2로부터 다시 그 소유권이전등기를 경료받은 사실, 피고는 1990.7.28. 위 확정판결에 기하여 원고를 위 소외1의 승계인으로 한 승계집행문을 부여받고 같은해 8.8. 동원 90타기4851호로 승계인에 대한 대체집행결정을 받은 사실을 인정한 후, 가등기의 순위보전적 효력이란 본등기가 마쳐진 때에는 본등기의 순위가 가등기한 때로 소급함으로써 가등기 후 본등기 전에 이루어진 중간처분이 본등기보다 후순위로 되어 실효된다는 뜻일 뿐 본등기에 의한 물권취득의 효력이 가등기 때에 소급하여 발생하는 것은 아니고, 위와 같은 건물철거소송에서 확정판결이 미치는 철거의무자의 범위는 건물의 소유권 기타 사실상의 처분권의 취득시점을 기준으로 판단하여야 할 것인데, 위 소외2 명의의 본등기가 위 판결의 변론종결 후에 마쳐진 이상 위 소외2나 원고는 변론종결 후의 승계인에 해당한다고 판단하였는바, 원심이 확정한 위와 같은 사실관계에서 위 확정판결의 기판력이 피고에게 미치고, 피고가 그 변론종결 후의 승계인이라고 한 원심의 판단은 정당하고 거기에 확정판결의 기판력이나 가등기의 효력에 관한 법리를 오해한 위법이 없다. [비교] 당원 1970. 7. 28. 선고 69다2227 판결은 소유권이전등기말소등기 청구사건의 원고승소 확정판결에 있어 그 기판력은 동 확정판결의 변론종결 전에 경료된 가등기에 기하여 변론종결 후에 소유권이전본등기를 경료한 자에게 미치지 아니한다는 법리를 밝힌 것으로서 이 사건에 적절한 것이 아니다. ➡ 원고가 말소등기소송의 승소확정 판결의 집행으로 등기를 마치기 전에 가등기권리자가 가등기에 기한 본등기를 마쳤다면 순위보전의 효력에 의하여 그를 변론종결 후의 승계인이었다고 할 수 없다는 취지

사회적 행위에 의하여 이루어진 것)임이 분명한 이상 그 집행의 효력을 그대로 인정할 수 없다고 할 것이므로, 위 가압류집행 후 본집행으로 이행하기 전에 이 사건 아파트의 소유권을 취득한 원고들은 그 가압류집행에 터 잡은 강제집행절차에서 그 집행의 배제를 구할 수 있다.

라. 이의 원인 : 집행채권자에게 대항할 수 있는 권리 + 압류가 행하여질 당시 및 제3자 이의의 소의 사실심 변론종결시까지 존재[96다14470] 제3자이의의 소는 이미 개시된 집행의 목적물에 대하여 소유권 기타 목적물의 양도나 인도를 저지하는 권리를 주장함으로써 그에 대한 배제를 구하는 것이니 만큼 그 소의 원인이 되는 권리는 집행채권자에게 대항할 수 있는 것이어야 하고, 그 대항 여부는 그 권리의 취득과 집행의 선후에 의하여 결정되는 것이 보통이므로 그 권리가 집행 당시에 이미 존재하여야 하는 것이 일반적이라고 할 것이지만 집행 후에 취득한 권리라고 하더라도 특별히 권리자가 이로써 집행채권자에게 대항할 수 있는 경우라면 그 권리자는 그 집행의 배제를 구하기 위하여 제3자이의 소를 제기할 수 있다.

(1) 소유권

㈎ 원칙 : 이의 가능

■ 저당권 설정 후 종물에 대한 강제집행자피고 : 주물인 부동산의 경락인과 승계인원고에게 대항 불가[대법원 1993. 8. 13. 선고 92다43142 판결] 부동산의 종물은 주물의 처분에 따르고, 저당권은 그 목적 부동산의 종물에 대하여도 그 효력이 미치기 때문에, 저당권의 실행으로 개시된 경매절차에서 부동산을 경락받은 자와 그 승계인은 종물의 소유권을 취득하고, 그 저당권이 설정된 이후에 종물에 대하여 강제집행을 한 자는 위와 같은 경락인과 그 승계인에게 강제집행의 효력을 주장할 수 없다.

㈏ 예외

① (대외적) 소유권이 없는 경우

㉠ 소유권이전등기청구권자[대법원 1980. 1. 29. 선고 79다1223 판결] 성립요건주의에 반함

㉡ 명의신탁[대법원 1974. 6. 25. 선고 74다423 판결, 대법원 2007. 5. 10. 선고 2007다7409 판결, 대법원 2013. 3. 14. 선고 2012다107068 판결] 대외적 소유권 주장 불가

ⓐ 명의신탁약정 유효 : 수탁자에 대한 명의신탁해지를 원인으로 하는 소유권이전등기청구권은 집행채권자에게 대항 불가2007다7409

ⓑ 명의신탁약정 무효 : 명의신탁자원고는 수탁자가 소유자명의로 보존등기된 건물에 대하여 경매개시결정을 받은 압류채권자피고(부동산실명법 제4조 제3항 제3자에 해당)에게 대항 불가[대법원 2009. 3. 12. 선고 2008다36022 판결]

[2008다36022] 건물신탁자의 제3자 이의의 소와 부당이득반환청구권자인 대지 소유자의 항변 관계

[사실관계]

① [명의신탁해지] 원고 등(건물 신탁자) → 소외1(건물 수탁자, 1992.5.29. 건물보존등기) : 명의신탁해지를 원인으로 하는 이전등기청구 승소(1996.8.4.확정)하였으나 실명등기✕ ➡ 명의신탁약정 및 등기는 부동산실명법에 따라 무효

② [1전소] 피고(대지 소유자, 1997.3.31. 경락) → 소외1(건물 소유자) : 부당이득반환청구(1997.4.1.부터 점유종료일까지 지료상당액, 2001.4.20. 확정)

③ [2전소] 피고 → 원고 등(소외1, 원고, 선정자들) : 부당이득반환청구(이 사건 건물이 소외1과 원고 및 선정자들에게 각 상속지분의 비율로 상속되었음을 이유로 1997.4.1.부터 2001.2.7.까지 지료 상당의 부당이득청구, 2003.7.10.확정) ➡ 소송물 : 부당이득반환청구권, 건물소유권 : 전제가 되는 법률관계

④ [원고 등의 변제] 제2전소 판결에 따른 금액을 모두 변제

⑤ [피고 강제경매신청] 소외1에 대한 제1전소판결을 집행권원으로 하여 이 사건 건물에 관하여 강제경매신청2001.9.11. 강제경매개시결정

⑤ [이 사건 소] 원고 → 피고 : 제3자이의

[원고 상고이유]

① 제1전소 판결 중 제2전소 판결에 따라 원고 등이 변제한 부분은 그 효력을 상실하였으므로 제1전소 판결에 기한 이 사건 강제집행은 이 사건 건물 중 원고 등의 상속지분에 대하여는 불허되어야 함 : ✕(제1전소 판결에 따라 확정된 채무액의 일부가 변제되었다는 사정은 그 판결의 채무자인 소외1이 청구에 관한 이의의 소로 주장할 사유이지 원고 등이 제3자이의의 소로 주장할 사유가 아님)

② 부동산실명법 제4조 제3항 위반 : ✕(피고는 부동산실명법 제4조 제3항 제3자에 해당, 원고건물신탁자는 피고건물에 대한 압류채권자에 대항 불가)부동산 실권리자명의 등기에 관한 법률 시행 전에 부동산에 관한 물권을 명의신탁한 자가 위 법 시행일로부터 1년의 기간 이내에 실명등기를 하지 아니하거나 또는 위 법 시행전 또는 유예기간 중에 부동산물권에 관한 쟁송이 법원에 제기된 경우에는 당해 쟁송에 관한 확정판결(이와 동일한 효력이 있는 경우를 포함한다)이 있은 날부터 1년 이내에 실명등기를 하지 아니하는 경우, 위 법이 정하고 있는 예외 규정에 해당하는 경우를 제외하고는 유예기간이나 확정판결이 있은 날부터 1년의 기간이 경과한 날 이후부터 그 명의신탁약정 및 이에 따라 행하여진 등기에 의한 부동산의 물권변동은 무효로 되나(제4조 제1항, 제2항 본문, 제11조 제1항 본문, 제4항, 제12조 제1항), 그 무효는 제3자에게 대항하지 못하는바(제4조 제3항), 여기서의 '제3자'라 함은, 수탁자가 물권자임을 기초로 그와의 사이에 새로운 이해관계를 맺는 자를 말하고, 여기에는 소유권이나 저당권 등 물권을 취득한 자뿐만 아니라 압류 또는 가압류채권자도 포함되며, 제3자의 선의·악의를 묻지 않는다. 피고는 위와 같은 명의신탁사실을 알았다고 하더라도(즉 악의의 제3자라고 하더라도) 명의수탁자인 소외1이 소유자임을 기초로 그의 명의로 소유권보존등기되어 있는 이 사건 건물에 대하여 강제경매개시결정을 받은 압류채권자로서 부동산실명법 제4조 제3항 소정의 제3자에 해당하므로, 피고에 대하여는 이 사건 명의신탁약정 및 등기가 무효임을 대항할 수 없다.

③ 피고의 집행이 사건 건물이 소외1의 단독소유임을 주장하며 강제집행은 전소판결들의 기판력에 반한다는 주장 : ✕(이 사건 건물 소유권의 존부는 전소의 기판력이 미치는 법률관계인 부당이득반환청구권 존부의 '전제가 되는 법률관계'이므로 선결문제·모순관계✕) 전에 제기된 소와 후에 제기된 소의 소송물이 동일하지 않다고 하더라도, 전소의 소송물에 관한 판단이 후소의 선결문제가 되거나 후소의 소송물이 전소에서 확정된 법률관계와 모순관계에 있다면 전소 판결의 기판력이 후소에 미치게 되어 후소에서 전소 판결의 판단과 다른 주장을 하는 것을 허용하지 않는 작용을 하는 것이지만, 확정판결의 기판력은 소송물로 주장된 법률관계의 존부에 관한 판단의 결론에만 미치고 그 전제가 되는 법률관계의 존부에까지 미치는 것이 아니므로, 전소에서 확정된 법률관계란 확정판결의 기판력이 미치는 법률관계를 의미하는 것이지 그 전제가 되는 법률관계까지 의미하는 것은 아니다. 제1전소 및 제2전소의 소송물인 부당이득반환청구권의 존부는 이 사건 제3자이의의 소의 소송물인 집행이의권의 존부와 다를 뿐 아니라, 위 전소 판결들의 기판력이 미치는 법률관계, 즉 소송물로 주장된 법률관계는 피고의 소외1 또는 원고 등에 대한 부당이득반환청구권의 존부이고 이 사건 건물의 소유권의 존부는 그 전제가 되는 법률관계에 불과하여 위 전소 판결들의 기판력이 미치지 아니하므로, 위 전소들의 소송물인 부당이득반환청구권의 존부에 대한 판단이 이 사

건 제3자이의의 소의 선결문제가 되거나 이 사건 제3자 이의의 소의 소송물인 집행이의권의 존부가 위 전소들의 소송물인 부당이득반환청구권의 존부와 모순관계에 있다고 볼 수 없어서 위 전소 판결들의 기판력이 이 사건 제3자 이의의 소에 미친다고 할 수 없고, 따라서 피고가 이 사건 건물이 소외1 단독소유임을 주장하며 강제집행을 계속하는 것이 위 전소 판결들의 기판력에 저촉된다고 볼 수도 없다.

② 소유권자라도 이의 불가

㉠ 지상권에 기초한 토지인도청구토지소유권이 침해받지 않으므로 소유권을 근거로 제3자이의 불가(민사집행법 제110조)

㉡ 압류의 효력이 생긴 뒤의 소유권이전등기(제92조)[대법원 1982. 9. 14. 선고 81다527 판결] 강제집행에 대한 제3자 이의의 소는 이미 개시된 집행의 목적물에 대하여 채무자 이외의 제3자로서 소유권 기타 목적물의 양도나 인도를 저지하는 권리를 주장하여 강제집행의 배제를 구하는 것이기 때문에 그 소의 원인이 되는 권리는 집행채권자에게 대항할 수 있어야만 할 것이다. 따라서 강제경매 개시결정이 있은 후에 소유권을 취득한 제3자는 집행채권이 변제 기타 사유로 소멸된 경우에도 청구에 관한 이의의 소에 의하여 채무명의의 집행력이 배제(→ 이전등기 전이면 채권자대위에 의하여 청구이의의 소 제기)되지 아니한 이상 그 경매개시 결정은 취소될 수 없고 그 결정이 취소되지 않고 있는 동안에는 그 소유권을 집행채권자에게 대항할 수 없으므로 제3자 이의의 소에 의하여 그 강제집행의 배제를 구할 수는 없다.

⑷ **제한**

① 먼저 한 집행이 무효인 경우

㉠ 반사회적 법률행위[대법원 1988. 9. 27. 선고 84다카2267 판결] 소외인이 원고에 대한 소유권이전등기의무를 면탈하기 위하여 원고에 대한 양도절차의 이행을 거부하고, 원고가 은행을 상대로 처분금지의 가처분까지 하였는데도 스스로 은행을 상대로 소유권이전등기청구소송을 제기하고 그 승소의 확정판결을 받자 가장채권에 의한 피고의 채무명의를 이용하여 대위에 의한 소유권이전등기를 마치게 하고 동시에 이 사건 강제경매를 하게 하기에 이른 것이며 피고가 이에 적극 가담한 것이라면 이는 형식적으로는 강제집행의 절차에 따르는 것이라고 하여도 법이 보호할 수 없는 반사회적인 행위라 할 것이고 이는 이중매매의 매수인이 매도인의 배임행위에 적극 가담하는 경우나 이중매매의 매도인과 매수인이 직접 매매계약을 체결하는 대신 가장채권에 기한 채무명의를 만들고 그에 따른 강제경매절차에서 매수인이 경락취득하는 방법을 취한 경우와 마찬가지의 법리가 적용되어 무효라고 보아야 할 것이고, 원고는 강제집행절차에서 그 무효를 주장하고 제3자(소유권자)로서 그 집행의 배제를 구할 수 있다.

㉡ 사망자를 상대로 한 강제집행[대법원 1982. 10. 26. 선고 82다카884 판결] 가압류결정시까지 이 사건 부동산에 관하여 원고 명의의 소유권이전등기가 경료되지 않았으나, 피고의 가압류신청이 사망자를 상대로 한 것이라면 사망자 명의의 그 가압류결정은 무효라고 할 것이고 따라서 무효의 가압류결정에 기한 가압류집행에 대해서는 그 집행이후 소유권을 취득한 원고도 그 집행채권자인 피고에 대하여 그 소유권취득을 주장하여 대항할 수 있다고 할 것이므로 원고는 제3자이의 소에 의하여 위 집행의 배제를 구할 수 있다.

② 가압류 후 목적물을 취득한 제3취득자가 변제한 경우[대법원 1982. 9. 14. 선고 81다527 판결] 가압류 (→집행권원이 존재하지 않음)된 부동산을 양수한 제3취득자의 변제로 인하여 피보전권리가 소멸되면 그 제3취득 자는 가압류 채권자에 대한 관계에 있어서도 소유권 취득을 대항할 수 있게 되고, 가압류 채권자의 강제집행은 결국 채무자 이외의 제3자의 소유물에 대하여 하여진 것이 되어 허용될 수 없다. ⇔ 강제집행 개시결정 후의 소유권 취득 : 집행권원이 존재 → 강제집행의 청구채권은 채무명의이고 이 채무명의는 변제되었다는 사유만으로 집행력이 배제되는 것이 아니고, 청구 이의의 소 등에 의하여 그 집행력이 배제되어야만 할 것이므로, 집행채권의 변제만을 이유로 강제집행의 배제를 구할 수는 없을 것이다. [대법원 2014. 10. 27. 선고 2012다76744 판결] 원고가 가액배상 금을 변제공탁함으로써 이 사건 부동산 중 일반채권자들의 공동담보로 제공된 책임재산이 회복되었고 피고가 위 책임재산의 가치 전부를 취득하여 자기 채권의 만족에 사용함으로써 위 책임재산에 관한 집행이 종결된 것과 같은 결과에 이르게 되어 이 사건 부동산에 대한 강제집행의 보전을 목적으로 하는 이 사건 가압류는 당초의 목적을 달 성하여 더 이상 유지될 필요성이 없고, 따라서 이 사건 가압류 집행 후 본집행으로 이행하기 전에 이 사건 부동산 의 소유권을 취득한 원고는 집행채권자인 피고에 대하여 그 소유권 취득을 주장하여 대항할 수 있다고 할 것이므 로 원고는 제3자이의의 소에 의하여 이 사건 강제집행의 배제를 구할 수 있다.

㈑ 변제금액 범위로 대항[대법원 2006. 11. 24. 선고 2006다35223 판결]

① 가압류가 본압류로 이행된 경우 : 가압류 청구금액가압류의 청구금액에 지연손해금이 포함되지 않은 경우 가압류 후에 소유권을 취득한 원고가 변제하여야 할 가압류의 피보전채권에 포함되지 않음 + 가압류 집행 비용 및 본집행 비용 중 가압류의 본압류로의 이행에 대응하는 부분까지 변제가압류에서 본압 류로 이행된 이후에는 제53조 제1항 적용 → 가압류 후 본압류로의 이행 전에 가압류의 목적물의 소유권을 취득한 제3취득자는 가압류의 청구금액 외에, 그 가압류의 집행비용 및 본집행의 비용 중 가압류의 본압류로의 이행에 대 응하는 부분까지를 아울러 변제

② 본압류 이행 전 : 청구금액만 변제

(2) 점유권

㈎ 원칙

① 점유권자는 채권자에 대하여 집행을 수인할 이유가 없으므로 직접점유, 간접점유소유권유보 부매매의 매수인이 간접점유를 불문하고 점유가 방해되는 한 제3자이의의 소 가능[대법원 2009. 4. 9. 선고 2009다1894 판결] 이 사건 기계가 원고의 지시에 의하여 매도인에 의하여 채무자 회사에 납품됨으로써 원 고가 소유권유보부 매매의 목적물인 이 사건 기계에 대하여 채무자 회사의 직접점유를 통하여 간접점유를 가지는 경우에 제3자가 채무자 회사에 대한 채권의 실행으로 그 물건을 압류한 때에는 원고가 그 강제집행을 용인하여야 할 별도의 사유가 있지 아니한 한 원고는 소유권유보매수인 또는 정당한 권원 있는 간접점유자의 지위에서 민사집 행법 제48조 제1항에서 정하는 "목적물의 인도를 막을 수 있는 권리"를 가진다고 할 것이다.

② [비교] 간접점유자인 소유권자원고 : 직접점유자가처분채무자를 상대로 한 점유이전금지가처분 피고에 대하여 제3자이의 불가[대법원 2002. 3. 29. 선고 2000다33010 판결] 점유이전금지가처분은 목적물의 점유이전과 현상변경을 금지하는 것일 뿐 간접점유자인 소유자의 목적물 처분을 금지 또는 제한하지 않음 → 소유 권침해 부정, 간접점유권침해 부정, 원고가 제3자이의를 하기 위해서는 가처분 집행 당시 원고의 목적물 소유 + 원 고의 직접 점유 필요

③ 제3자가 점유하는 유체동산에 대해 그의 승낙 없이 압류가 이루어진 경우 : 집행에 관한 이

의신청(제16조)도 가능

(나) 예외 : 부동산 강제경매는 점유를 방해하지 않으므로 제3자이의 불가(제83조 제2항)

(3) 채무자에 대한 채권적 청구권

(가) 원칙

① 집행목적물이 집행채무자의 재산에 속하는 경우 → 불가[대법원 1980. 1. 29. 선고 79다1223 판결] 피고 : 집행채무자 소유 부동산에 대하여 강제집행 vs 원고 : 집행채무자에 대한 매수인 → 제3자이의 불가(∵ 소유권이전등기청구권자는 집행채권자에게 대항 불가) 피고가 1977.3.1 소외 김희봉 소유명의로 등기되어 있는 이 사건 토지에 대하여 강제집행을 하였고, 이에 관하여 1977.8.3자로 강제경매 기입등기까지 되어 있는데 원고는 이에 앞서 이 사건 토지에 대하여 소유권이전등기를 경료하는 등으로 소유권을 취득하였다고 주장한 바는 없으므로 소유권을 주장하여 제3자 이의의 소를 제기할 수는 없다 할 것임에도 불구하고 원심이 집행채무자인 위 김희봉이 위 손종희에 대하여 집행목적물인 이 사건 토지에 관하여 매매로 인한 소유권이전등기절차를 이행할 의무가 있고 위 손종희는 다시 원고에 대하여 매매로 인한 소유권이전등기절차를 이행할 의무가 있으므로 원고는 위 손종희를 대위하여 위 김희봉에 대하여 소유권이전등기청구권이 있다는 이유만으로 원고의 이 사건 강제집행에 대한 제3자 이의의 소에 의한 청구를 인용하였으니 이는 필경 민사소송법 제509조의 법리를 오해한 위법이 있다.

② 채권으로 집행채권자에게 대항할 수 없는 경우[대법원 1964. 12. 9. 선고 64마912 판결] 임대차계약에 따라 입주 후 소유자와 채권자 사이의 가옥명도청구사건에서 화해조서 성립 → 화해조서에 따라 인도집행 → 임차권에 기하여 제3자이의 불가

(나) 예외

① 강제집행의 대상이 집행채무자에게 귀속되지 않는 경우 → 가능

㉠ 집행목적물이 집행채무자의 재산에 속하지 아니한 경우[대법원 2003. 6. 13. 선고 2002다16576 판결] 제3자이의의 소의 이의원인은 소유권에 한정되는 것이 아니고 집행목적물의 양도나 인도를 막을 수 있는 권리이면 족하며, 집행목적물이 집행채무자의 소유에 속하지 아니한 경우에는 집행채무자와 사이의 계약관계에 의거하여 집행채무자에 대하여 목적물의 반환을 구할 채권적 청구권을 가지고 있는 제3자는 집행에 의한 양도나 인도를 막을 이익이 있으므로 그 채권적 청구권도 제3자이의의 소의 이의원인이 될 수 있다고 할 것이다. 이 사건에서 원고는, 이 사건 물품은 중국 정부의 소유로서 원고가 중국 정부로부터 비준받은 무역경영권에 기하여 이를 한국사달에게 전시용으로 대여한 것이라고 주장하고 있고, 원고가 주장하는 이와 같은 권리는 비록 우리 민법이 정하는 소유권은 아니라 하더라도 적어도 한국사달과의 약정에 기한 반환채권에는 해당하는 것으로 볼 여지가 있는바, 원심으로서는 마땅히 원고와 한국사달 사이의 거래에 따라 한국사달이 이 사건 물품에 대한 소유권을 취득한 것인지와 원고가 한국사달에 대하여 이 사건 물품의 반환을 구할 수 있는 채권자의 지위에 있는지를 따져보고 그 결과에 따라 원고의 청구에 대한 당부를 판단하였어야 함에도, 원심이 이에 이르지 아니하고 원고가 소유권을 행사할 수 있는 지위에 있지 아니하다는 이유만으로 원고의 청구를 배척한 것은, 제3자이의의 소의 이의원인에 관한 법리를 오해하고 심리를 다하지 아니하여 판결의 결과에 영향을 미친 위법이 있다.

㉡ 피압류채권이 집행채무자가 아니라 자신에게 귀속됨을 주장하는 경우[대법원 1997. 8. 26. 선고 97다4401 판결] 제3자이의의 소는 모든 재산권을 대상으로 하는 집행에 대하여 적용되는 것이므로, 금전채권에 대

하여 압류 및 추심명령이 있은 경우에 집행채무자 아닌 제3자가 자신이 진정한 채권자로서 자신의 채권의 행사에 있어 압류 등으로 인하여 사실상 장애를 받았다면 그 채권이 자기에게 귀속한다고 주장하여 집행채권자에 대하여 제3자이의의 소를 제기할 수 있다.

ⓒ 압류된 등기청구권이 '채권양도 + 확정일자 있는 증서에 의한 승낙'에 따라 자신에게 귀속됨을 주장하는 경우[대법원 1999. 6. 11. 선고 98다52995 판결] 원심은 그 채택 증거에 의하여, 피고의 신청에 의한 이 사건 등기청구권에 대한 압류 이전에 이미 원고가 소외인으로부터 소외 한국토지공사에 대한 이 사건 등기청구권을 양도받고 또한 채무자인 위 한국토지공사가 위 양도를 승낙한 사실을 인정하고, 한국토지공사가 작성한 권리의무승계계약서에 기입한 일자는 한국토지공사법 제4조 등에 비추어 민법 부칙 제3조 제4항 소정의 확정일자로 볼 수 있으므로, 위 등기청구권(채권)의 양도는 확정일자 있는 증서에 의한 승낙이 있어서 원고는 위 등기청구권의 양수로써 위 등기청구권이 자기에게 귀속됨을 피고에게 대항할 수 있다고 판단하였는바, 기록에 비추어 살펴보면 원심의 위와 같은 사실인정과 판단은 정당한 것으로 수긍할 수 있고, 거기에 상고이유로 주장하는 바와 같이 처분문서의 기재에 반하여 사실을 인정하였거나 증거 없이 사실을 인정한 위법, 이유불비 내지 이유모순의 위법이 있다고 할 수 없다. 제3자이의의 소는 등기청구권을 포함하여 모든 재산권을 대상으로 하는 집행에 대하여 적용되는 것이므로, 등기청구권에 대하여 압류명령이 있은 경우에 집행채무자 아닌 제3자가 자신이 진정한 등기청구권의 귀속자로서 자신의 등기청구권의 행사에 있어 위 압류로 인하여 장애를 받는 경우에는 그 등기청구권이 자기에게 귀속함을 주장하여 집행채권자에 대하여 제3자이의의 소를 제기할 수 있다.

② 점유권에 기한 제3자이의 가능[대법원 1964. 12. 9. 선고 64마912 판결]

(4) 양도담보권

(가) 원칙

① 제3자에 대하여 소유권을 주장할 수 있으므로 가능[대법원 1990. 12. 26. 선고 88다카20224 판결] 목적물을 약 100만 마리라고 기재했더라도 이는 수를 개략적으로 표시한 것에 불과하고 당사자는 양만장 내 뱀장어 전부를 목적으로 한 것, [대법원 1999. 9. 7. 선고 98다47283 판결] 양도담보권자가 집행증서에 기하여 담보목적물을 압류하고 강제경매를 실시하는 방법에 의하여 환가하는 경우에도 그 실질은 동산양도담보권 실행을 위한 환가절차이므로 다른 채권자는 압류경합권자나 배당요구권자로 인정될 수 없고 환가로 인한 매득금에서 환가비용을 공제한 잔액은 양도담보권자의 채권변제에 전액 충당, 양도담보권자와 압류경합자인 다른 채권자 사이에 채권액에 따라 안분비례×

② 집행증서를 소지한 동산양도담보권자는 제3자이의의 소가 아니라 담보목적물에 대한 이중압류의 방법으로 배당절차에 참가하여 일반채권자에 우선배당 가능[대법원 2004. 12. 24. 선고 2004다45943 판결]

(나) 양도담보 관련 대항방법

① 양도담보권을 취득하지 못한 경우 : 일반채권자 → 안분배당[대법원 2004. 12. 24. 선고 2004다45943 판결] 씨제이가 소외인에 대하여 양도담보권을 설정한 후에 원고와 피고가 소외인과 사이에 위 집합물에 관하여 양도담보계약을 체결하고 점유개정의 방법으로 인도를 받았다면 원고와 피고는 모두 양도담보권을 취득할 수 없으므

로 원고와 피고는 모두 양도담보설정자인 소외인에 대한 일반채권자에 불과하며, 원고와 피고의 강제경매신청에 의한 동산경매절차는 동산양도담보권의 실행을 위한 현금화절차에 해당하지 아니하고, 따라서 현금화로 인한 매각대금에서 현금화비용을 공제한 배당할 금액에서 양도담보권자로서 제1순위 채권자인 씨제이에 대한 배당액을 뺀 잔액은 원고와 피고 각자의 채권액에 따라 안분하여 배당하여야 하는 것이다. 따라서 양도담보의 목적물인 집합물의 매각대금에서 집행비용을 공제한 실제 배당할 금액 76,239,620원에서 제1순위로 양도담보권자인 씨제이에게 560만 원을 배당한 나머지 잔액 70,639,620원은 제2순위로 원고와 피고의 채권액에 따라 안분하여 원고에게 43,598,883원, 피고에게 27,040,737원을, 각각 배당하여야 할 것이다.

② 양도담보권의 효력이 미치지 않는 경우 : 집합물에 대한 양도담보가 아닌 경우 특정된 양도담보 목적물 외의 동산에 대하여는 제3자이의 불가[대법원 2016. 4. 28. 선고 2015다221286 판결] 계약서에 집합물 양도담보라 기재하였어도 집합물 양도담보의 요건을 갖추지 못하였다면 특정 동산에 대한 양도담보, [96다25463] 집합물 양도담보가 아닌 경우 : 사용수익권은 설정자에게 → 새끼돼지는 천연과실 → 과실 수취권은 원물 사용수익권자인 설정자에게 귀속

(다) 양도담보설정자 : 불가[대법원 1984. 9. 11. 선고 83다카1623 판결] 양도담보권자로부터 목적물을 취득한 자에게 소유권 주장 불가, 정산여부, 명의신탁 여부 무관

(5) 가등기담보권

(가) 요건 : 강제경매 등 신청 전 청산금을 지급(청산금이 없는 경우 청산기간 경과) 후에만 가능청산금을 지급하거나 청산기간이 경과하면 가등기담보권자는 가등기에 기한 본등기를 청구할 수 있으므로

(나) 제한

① 가등기담보권자보다 선순위 저당권자의 담보권 실행

② 강제집행 신청 후 청산금 지급 : 가등기담보권자는 채권신고에 따라 배당 또는 변제금의 교부를 받을 수 있고(가담법 제16조), 가등기담보권은 소멸

(6) 처분금지 가처분 : 불가본안소송에서 피보전권리가 확정되지 아니한 단계에서 피보전권리가 인정된 것과 동일한 효과를 부여하는 결과, 다만 가처분권리자는 본안승소시 강제집행결과를 부인할 수 있으므로 가처분이 최종적으로 결정될 때까지 절차진행 정지

마. 소제기 시기

(1) 원칙 : 강제집행 개시 후 종료 전[대법원 1996. 11. 22. 선고 96다37176 판결]

(2) 제한 : 강제집행 개시 전, 종료 후 제기, 제3자이의의 소 계속 중 강제집행 종료96다37176 피전부채권이 존재하지 아니하는 경우라 하더라도 같은 법 제564조 단서의 규정에 따라 집행채권 소멸의 효과는 발생하지 아니하나, 강제집행절차는 피전부채권이 존재하는 경우와 마찬가지로 전부명령의 확정으로 종료하는 것이고, 단지 전부채권자는 집행채권이 소멸하지 아니한 이상 피전부채권이 존재하지 아니함을 입증하여 다시 집행력 있는 정본을 부여받아 새로운 강제집행을 할 수 있을 뿐이라 할 것이다. 따라서 피전부채권이 채무자가 아니라 자신에게 귀속되는 것임을 주장하는 자가 그 채무자의 제3채무자에 대한 채권의 압류 및 전부명령에 대하여 제기한 제3자이의의 소는 그 소가 채권압류 및 전부명령이 확정된 뒤에 제기되었거나 그 소의 제기 이후 채권압류 및 전부명령이 확정된 경우에는 그 피전부채권의 존재 여부나 그 귀속 주체에 관한 다툼이 있는지의 여부에 관계없이 소의 이익이 없어 부적법하다.

⑺ 집행채권자의 구제방안 : 소변경, 집행문 재도부여 ➡ 집행채무자의 청구이의의 소에 대한 소의 이익 인정전부채권자의 새로운 강제집행이 가능하므로 집행권원 자체의 집행력을 배제할 필요가 있기 때문

⑻ 제3자(집행채무자)의 구제방안 : 제3채무자에게 이행청구변제의 효과가 발생하지 않으므로

⑼ 채무자 이외의 자의 소유에 속하는 동산의 경매절차 종료시경락인 : 선의취득 소유자의 구제방법[대법원 2003. 7. 25. 선고 2002다39616 판결]

① 채권자에게 : 부당이득 반환청구

② 집행관에게 : 불법행위 손해배상청구

(3) 예외

⑺ 매각절차는 종료되었으나 배당절차가 종료되지 않은 경우 : ○(=청구이의의 소)[대법원 1997. 10. 10. 선고 96다49049 판결] 제3자이의의 소 승소자가 경매목적물의 대상물인 매각대금에 대하여 권리를 주장할 수 있으므로 제3자이의의 소는 소의 이익 인정

⑻ 특정물의 인도, 부동산인도청구의 집행 : 집행권원의 성립과 동시에 제기 가능이에 대한 집행은 개시 후 즉시 끝나므로

⑼ 가압류·가처분의 집행이 종료되었어도 효력이 존속하는 한 소의 이익○보전집행에 불과할 뿐 본집행이 아니므로

3. 재판

가. 심리

(1) 심리의 범위 : 제3자가 주장하는 이의 원인의 존부(사실심 변론종결시 기준), 집행의 적부에는 미치지 아니함

(2) 증명책임 : 원고가 부담, 피고는 제3자의 권리취득의 불성립, 무효, 소멸 등을 항변으로 제출 가능

나. 판결

(1) 주문 : 판결의 집행력 있는 정본에 기초하여 한 강제집행을 불허 + 강제집행정지결정 인가(→ 가집행 가능)

(2) 강제집행의 취소 : 확정판결의 정본을 집행기관에 제출

4. 잠정처분 : 청구이의의 소와의 차이점

(1) 정지·취소의 대상 : 원고가 주장하는 피압류재산에 대한 집행에 한정주문 : ....판결의 집행력 있는 정본에 기하여 .. 에 대하여 한 강제집행을 불허한다. ⇔ 집행권원에 기한 일반적 정지·취소 불가(➡청구이의의 소 주문 :: ...판결에 기한 강제집행을 불허한다.)

(2) 담보제공 여부 : 담보제공 없이도 가능(제48조 제3항)

제3장 강제집행

Ⅰ. 부동산경매절차의 이해관계인(제90조)

1. 의의 : 경매절차에 대하여 법률상 보호할 필요가 있어 법이 이해관계인으로 규정한 사람

2. 이해관계인의 권리

가. 매각허가 여부의 결정에 대하여 즉시항고를 할 수 있는 권리(제129조)

나. 진술권

(1) 매각결정기일에 매각허가에 관한 의견을 진술할 수 있는 권리(제120조)
(2) 배당기일에 출석하여 배당표에 관한 의견을 진술할 수 있는 권리(제149조 제2항)

다. 집행에 관한 이의신청권(제16조)

라. 압류의 경합 또는 배당요구가 있으면 법원으로부터 그 통지를 받을 권리(제89조)

마. 합의로 매각조건을 바꿀 수 있는 권리(제110조)

바. 매각기일에 출석할 수 있는 권리(제116조 제2항)

3. 이해관계인의 범위 : 제한적 열거규정[대법원 1999. 4. 9. 선고 98다53240 판결], 이중경매신청의 경우 이해관계인의 범위는 선행 경매사건을 기준으로 판단[대법원 2005. 5. 19.자 2005 마59 결정] 이해관계인의 범위는 민사집행법 제87조 제1항에 따라 선행의 경매사건을 기준으로 정하여야 하는바, 선행사건의 배당요구의 종기 이후에 설정된 후순위 근저당권자로서 위 배당요구의 종기까지 아무런 권리신고를 하지 아니한 위 배당요구의 종기 이후의 이중경매신청인은 선행사건에서 이루어진 낙찰허가결정에 대하여 즉시항고를 제기할 수 있는 이해관계인이 아니다.

가. 압류채권자(제1호)

(1) 경매신청을 한 채권자
(2) 국세체납에 의하여 압류등기를 한 압류권자

나. 집행력 있는 정본에 의한 배당요구채권자(제1호)

인정	부정
■ 압류 경합 후 배당요구 종기까지 경매신청을 한 뒤의 압류채권자(후행사건 진행시에는 압류채권자) ■ 경매개시결정 후 그 경매사건의 배당요구 종기까지 이중경매를 신청한 신청채권자 : 제148조 제1호에 의하여 배당 ■ 주택임차인 : 권리를 증명한 경우 제4호에도 해당 가능	■ 집행력 있는 정본 없이 배당을 요구한 채권자 ■ 배당요구 종기 이후의 이중경매신청인으로서 배당요구 종기까지 권리신고를 하지 않은 자 ■ 배당을 요구하지 않은 집행력 있는 정본을 가진 채권자[대법원 1999. 4. 9. 선고 98다53240 판결]

다. 채무자 : 집행채무자(제2호)

⇔ 임의경매에서 경매신청이 되지 아니한 저당권의 피담보채권의 채무자 제외[대법원 1968. 7. 31.자 68마716 결정], 신탁법에 의해 부동산을 신탁한 위탁자 제외[대법원 2009. 1. 13.자 2009마1142 결정] 신탁법에 따라 부동산을 신탁한 위탁자가 그 신탁계약에 의해 수탁자 앞으로 소유권이전등기를 하였다면 다시 그 부동산의 소유명의를 회복하지 않은 이상 같은 조 제2호의 '소유자'에 해당한다고 할 수 없다. 또한 부동산신탁은 이를 등기할 수 있고, 위탁자 또는 수익자에게 신탁법과 신탁계약에 따른 일정한 권리가 부여되어 있다 하여도 그 등기 및 권리의 성질에 비추어 위탁자 또는 수익자가 같은 조 제3호의 '등기부에 기입된 부동산 위의 권리자' 또는 제4호의 '부동산 위의 권리자'에 해당한다고 보기는 어렵다 할 것이며, 달리 위탁자 및 수익자가 위 민사집행법 제90조가 규정하는 이해관계인의 어디에도 해당된다고 볼 아무 근거가 없다. 그렇다면 신탁계약의 위탁자 및 수익자에 불과한 제이티건설이 신탁부동산에 대한 경매절차의 이해관계인에 해당한다 하여 신탁부동산에 대한 경매개시결정에 대한 이의신청을 할 적격이 있다고 판단한 원심결정에는 신탁 및 경매절차의 이해관계인에 관한 법리를 오해하여 결정 결과에 영향을 미친 위법이 있다 할 것이므로 이를 지적하는 재항고 논지는 이유 있다.

라. 소유자(제2호) : 경매개시결정기입등기 당시 소유자로 등기된 사람[대법원 2015. 4. 23. 선고 2014다53790 판결] 진정한 소유자가 아니더라도 이해관계인에 해당하므로 배당이의의 소 원고 적격도 인정

⇔ 경매개시결정기입등기 당시 등기되지 않은 진정한 소유자 제외[대법원 2015. 4. 23. 선고 2014다53790 판결, 대법원 1991. 4. 18.자 91마141 결정], [대법원 1994. 9. 12.자 94마1465, 1466 결정] 소유권 회복의 등기를 할 수 있는 확정판결이 있더라도 등기를 갖추고 집행법원에 권리신고 필요, [대법원 2002. 9. 4. 선고 2001다63155 판결] 배당이의도 불가, 경매개시결정기입등기 후 이전등기를 마친 자 → 제4호의 이해관계인[대법원 1964. 9. 30.자 64마525 전원합의체 결정]

마. 등기부에 기입된 부동산 위의 권리자(제3호) : 경매개시결정 '기입등기' 당시 기준

[대법원 1999. 11. 10.자 99마5901 결정]

인정	부정
■ '경매신청기입등기 전'에 이미 등기부에 나타난 용익권자 : 지상권자, 전세권자, 임대차등기를 한 임차권자 ➡ 매각허가결정선고시까지 집행법원에 권리를 증명할 필요(제4호)가 없다는 점에 실익 ■ 담보권자 : 저당채권자에 대한 질권자, 저당권자, 2순위 저당권자도 포함[사법연수원 민사집행실무 연습문제] ■ 가등기권리자 : 담보목적(가등기담보법 제16조 제3항), 순위보전목적 모두 포함 ■ 공유자[대법원 1998. 3. 4.자 97마962 결정]	■ 가압류권자[경매개시결정기입등기 전의 가압류권자는 배당요구한 것과 동일하게 취급되지만 이해관계인은 아님 [대법원 1999. 4. 9. 선고 98다53240 판결] 경매절차에 관하여 사실상의 이해관계를 가진 자라 하더라도, 동 조항에서 열거한 자에 해당하지 아니한 경우에는 경매절차에 있어서의 이해관계인이라고 할 수 없으므로, 가압류를 한 자는 위 조항에서 말하는 이해관계인이라고 할 수 없고, 배당을 요구하지 않은 집행력 있는 정본을 가진 채권자도 역시 위 조항에서 말하는 이해관계인이 아님은 문언상 명백하다. ➡ 집행력 있는 정본에 의하여 배당요구 필요 ■ 가처분권자[대법원 1994. 9. 30.자 94마1534 결정] 경매부동산에 대한 가처분권자는 매각허가 여부의 결정에 대하여 즉시항고를 제기할 수 있는 이해관계인에 해당하지 아니하고, 이해관계인, 매수인, 매수신고인에 해당하지 않는 자가 한 즉시항고는 부적법하다. ■ 미등기임차인[대법원 1996. 6. 7.자 96마548 결정] ■ 확정일자 있는 증서에 의하여 저당권부 채권양도 통지를 하였으나 근저당권의 이전등기가 경료되지 않은 경우 근저당권 양도인(명의인)[대법원 2003. 10. 10. 선고 2001다77888 판결] 피담보채권과 근저당권을 함께 양도하는 경우에 채권양도는 당사자 사이의 의사표시만으로 양도의 효력이 발생하지만 근저당권이전은 이전등기를 하여야 하므로 채권양도와 근저당권이전등기 사이에 어느 정도 시차가 불가피한 이상 피담보채권이 먼저 양도되어 일시적으로 피담보채권과 근저당권의 귀속이 달라진다고 하여 근저당권이 무효로 된다고 볼 수는 없으나, 위 근저당권은 그 피담보채권의 양수인에게 이전되어야 할 것에 불과하고, 근저당권의 명의인은 피담보채권을 양도하여 결국 피담보채권을 상실한 셈이므로 집행채무자로부터 변제를 받기 위하여 배당표에 자신에게 배당하는 것으로 배당표의 경정을 구할 수 있는 지위에 있다고 볼 수 없다. ■ 위탁자·수익자

바. 부동산 위의 권리자로서 그 권리를 증명(권리신고)한 자(제4호) : 매각허가결정선
고시까지 집행법원에 권리를 증명하여야 함[대법원 2004. 2. 13.자 2003마44 결정]

(1) 등기부에 그 권리가 공시되지 않는 이해관계인

인정	부정
■ 점유권자 ■ 유치권자 ■ 건물등기 있는 토지임차인(민법 제622조) ■ 대항력 있는 주택·상가임차인[대법원 1995. 6. 5.자 94마2134 결정] 인도 및 주민등록을 마치면 충분, 확정일자 불요 ➡ 매각하거결정선고시까지 권리신고까지 마쳐야 함, 대항력이 있더라도 권리신고를 하지 않으면 이해관계인에 해당하지 않음	■ 배당요구를 한 임금채권자[대법원 2003. 2. 19.자 2001마785 결정] 경매절차에 관하여 사실상의 이해관계를 가진 자라 하더라도, 동 조항에서 열거한 자에 해당하지 아니한 경우에는 경매절차에 있어서의 이해관계인이라 할 수 없으므로, 배당요구를 한 임금채권자는 위 조항에서 말하는 이해관계인이라 할 수 없다. ■ 경락허가결정이나 낙찰허가결정 이후 권리신고를 한 임차인[대법원 2008. 11. 13. 선고 2008다43976 판결] 경매절차에서 부동산 현황조사는 매각대상 부동산의 현황을 정확히 파악하여 일반인에게 그 부동산의 현황과 권리관계를 공시함으로써 매수 희망자가 필요한 정보를 쉽게 얻을 수 있게 하여 예상 밖의 손해를 입는 것을 방지하고자 함에 있는 것이고, 매각절차의 법령상 이해관계인에게는 매각기일에 출석하여 의견진술을 할 수 있는 권리의 행사를 위해 매각기일 등 절차의 진행을 통지하여 주도록 되어 있는 반면, 주택임대차보호법상의 대항요건을 갖춘 임차인이라고 하더라도 매각허가결정 이전에 경매법원에 스스로 그 권리를 증명하여 신고하지 않는 한 집행관의 현황조사결과 임차인으로 조사·보고되어 있는지 여부와 관계없이 이해관계인이 될 수 없으며, 대법원예규에 따른 경매절차 진행사실의 주택임차인에 대한 통지는 법률상 규정된 의무가 아니라 당사자의 편의를 위하여 경매절차와 배당제도에 관한 내용을 안내하여 주는 것에 불과하므로, 이해관계인 아닌 임차인은 위와 같은 통지를 받지 못하였다고 하여 경매절차가 위법하다고 다툴 수 없다. ■ 권리신고하지 않은 소액임차인 : 대항력이 있더라도 권리신고를 하지 않으면 이해관계인에 해당하지 않음

(2) 경매개시결정 기입등기 후 물권을 취득한 이해관계인

인정	부정
■ 경매개시결정기입등기 후 소유권을 취득한 제3취득자 ■ 용익권 ■ 담보권 설정등기를 한 사람	■ 매각허가결정 후 항고를 제기하면서 권리를 주장한 자[대법원 1988. 3. 24.자 87마1198 결정] 경매신청등기 후 그 목적부동산에 대한 권리취득자(제3취득자)는 등기를 하고 그 사실을 집행법원에 증명하여야 이해관계인으로서 경락허가결정에 대한 항고인이 될 수 있으나 경락허가결정이 있은 후 항고법원에 항고장을 제출하면서 그 사실을 증명한 경우에는 이해관계인이라 할 수 없어 적법한 항고인이 될 수 없다. ■ 경매부동산에 관하여 소유권회복의 등기를 할 수 있는 확정판결을 받은 자[대법원 1991. 4. 18.자 91마141 결정] 경매부동산에 관하여 소유권회복의 등기를 할 수 있는 확정판결이 있다 하더라도 이에 기한 등기를 갖추고 이를 집행법원에 권리신고를 하여야 이해관계인이 될 수 있다.

Ⅱ. 배당요구

1. 의의

가. 다른 채권자의 신청에 의하여 개시된 집행절차에 참가하여 동일한 재산의 매각대금에서 변제를 받으려는 집행법상의 행위

나. 권리신고와의 구별 : 부동산 위의 권리자로서 그 권리를 증명한 사람의 집행법원에 대한 신고, 이해관계인(제90조 제4호)이 될 뿐 당연히 배당을 받게 되는 것은 아님

2. 배당요구가 필요 없는 채권자

가. 배당요구 종기까지의 이중경매신청인(제148조 제1호)

나. 첫 경매개시결정 전에 등기된 가압류채권자(제148조 제3호)[대법원 1995. 7. 28. 선고 94다57718 판결] 채권계산서를 제출하지 않았더라도 배당에서 제외할 수 없다.

다. 첫 경매개시결정 전에 등기되어 매각으로 소멸하는 우선변제청구권을 가진 채권자(제148조 제4호)

(1) 원칙

(가) 법률상 당연히 배당요구한 것과 동일한 효력이 있으므로 별도의 배당요구 불요[대법원 1996.
5. 28. 선고 95다34415 판결, 대법원 1999. 1. 26. 선고 98다21946 판결]

(나) 첫 경매개시결정등기 전에 등기된 임차권등기명령에 의한 임차권등기 포함[대법원 2005. 9. 15.
선고 2005다33039 판결]

(2) 예외

(가) 근저당권의 채권최고액을 초과하는 부분으로서 우선변제의 효력이 미치지 않는 채권 : 다른 가압류채권자와 같은 순위로 안분비례하여 배당하기 위해서는 채권최고액을 초과하는 채권에 관하여 별도의 배당요구 필요

(나) 최선순위 용익권(배당요구한 전세권은 제외) : 인수의 대상이므로 배당참가 불가

(다) 가등기담보권 : 압류등기 전의 담보가등기 + 채권신고를 한 경우에만 배당 가능(가등기담보법 제16조 제2항)[대법원 2008. 9. 11. 선고 2007다25278 판결] 제16조 제2항에 해당하는 담보가등기권리자가 집행법원이 정한 기간 안에 채권신고를 하지 아니하면 매각대금의 배당을 받을 권리를 상실한다.

(라) 최선순위 전세권 : 첫 경매개시결정등기 전에 등기되어 있더라도 배당요구 필요(제91조 제4항)[대법원 2015. 11. 17. 선고 2014다10694 판결] 제91조 제4항은 저당권 등에 대항할 수 없는 전세권과 달리, 최선순위의 전세권은 존속기간에 상관없이 오로지 전세권자의 배당요구에 의하여만 소멸하고, 전세권자가 배당요구를 하지 않는 한 매수인에게 인수된다는 취지이다. 따라서 최선순위의 전세권은 전세권자 스스로 배당요구를 하여야만 매각으로 소멸함이 원칙이다. 그러나 전세권이 존속기간의 만료나 합의해지 등으로 종료하면 전세권의 용익물권적 권능은 소멸하고 단지 전세금반환채권을 담보하는 담보물권적 권능의 범위 내에서 전세금의 반환 시까지 전세권설정등기의 효력이 존속하므로, 전세권이 존속기간의 만료 등으로 종료한 경우라면 최선순위 전세권자의 채권자는 전세권이 설정된 부동산에 대한 경매절차에서 채권자대위권에 기하거나 전세금반환채권에 대하여 압류 및 추심명령을 받은 다음 추심권한에 기하여 자기 이름으로 전세권에 대한 배당요구를 할 수 있다. 다만 경매의 매각절차에서 집행법원은 원래 전세권의 존속기간 만료 여부 등을 직접 조사하지는 아니하는 점, 또 건물에 대한 전세권이 법정갱신된 경우에는 등기된 존속기간의 경과 여부만 보고 실제 존속기간의 만료 여부를 판단할 수는 없는 점 및 민사집행규칙 제48조 제2항은 "배당요구서에는 배당요구의 자격을 소명하는 서면을 붙여야 한다."라고 규정하고 있는 점 등에 비추어 보면, 최선순위 전세권자의 채권자가 채권자대위권이나 추심권한에 기하여 전세권에 대한 배당요구를 할 때에는 채권자대위권 행사의 요건을 갖추었다거나 전세금반환채권에 대하여 압류 및 추심명령을 받았다는 점과 아울러 전세권이 존속기간의 만료 등으로 종료하였다는 점에 관한 소명자료를 배당요구의 종기까지 제출하여야 한다.

라. 첫 경매개시결정등기 전에 체납처분 압류등기가 된 조세채권자[대법원 2001. 11. 27. 선고 99다22311 판결]

3. 배당요구가 필요한 채권자(제88조 제1항, 제148조 제2호)

가. 집행력 있는 정본을 가진 채권자(제88조 제1항)

(1) 범위 : 판결(제28조 제1항)뿐만 아니라 제56조 각 호의 집행권원 포함, 집행문이 필요 없는 집행권원지급명령, 이행권고결정을 받은 채권자도 포함

(2) 집행력 있는 정본을 가진 채권자의 다른 집행절차에서의 지위

㈎ 유체동산 집행 : 배당요구 불가(제217조) → 직접 강제집행 신청 필요

㈏ 채권집행 : 배당요구 가능(제247조)

나. 첫 경매개시결정등기 후의 가압류채권자(제88조 제1항)

(1) 가압류채권의 배당순위

㈎ 기준 : 가압류의 피보전권리에 대하여 민법·상법 그 밖의 법률에 의한 우선변제권이 있는지 여부

① 피보전권리에 우선변제권이 있는 경우 : 가압류채권으로서도 우선변제

② 피보전권리에 우선변제권이 없는 경우 : 일반채권자로서만 배당, 저당권보다 후순위더라도 배당요구 종기 전에 배당요구를 하면 안분대상 채권자의 범위에 포함

㈏ 소명 : 피보전권리가 우선변제권 있는 채권임을 소명, 우선변제권 있는 채권임금이라도 소명하지 않으면 일반채권으로 배당사법연수원 배당사례연습

① 배당이의가 있는 경우 : 배당이의소송의 사실심 변론종결시까지

② 배당이의가 없는 경우 : 배당기일의 실시가 끝날 때까지

(2) 이중경매와 배당요구 요부

■ 이중경매의 선행절차가 정지 : 가압류채권자는 배당요구 필요

■ 이중경매의 선행절차가 취소·취하 : 배당요구 불요후행 개시결정이 148.3의 첫 경매개시결정등기가 되므로

다. 민법, 상법, 그 밖의 법률에 의하여 우선변제청구권이 있는 채권자(제88조 제1항)

(1) 등기되지 않은 우선변제청구권

㈎ 우선변제권 있는 임차권(대항력 + 확정일자, 주택임대차보호법 제3조의2)[대법원 2013. 11. 14. 선고 2013다27831 판결] 대항력 + 우선변제권 + '집행권원' + 강제경매신청 → 배당요구 불필요, 소액임차권(확정일자 불요, 주택임대차보호법 제8조), 상가임차권(상가임대차보호법 제5조, 제14조) ⇔ 대항력만 있는 임차권 : 배당은 불가, 최선순위인 경우에는 매수인에게 대항력 행사 가능

㈏ 임금채권(근로기준법 제38조)[대법원 2004. 7. 22. 선고 2002다52312 판결] 근로기준법에 의하여 우선변제청구권을 갖는 임금채권자라고 하더라도 임의경매절차에서 배당요구의 종기까지 배당요구를 하여야만 우선배당을 받을 수 있는 것이 원칙이나, 경매절차개시 전의 부동산 가압류권자는 배당요구를 하지 않았더라도 당연히 배당요구를 한 것과 동일하게 취급하여 설사 그가 별도로 채권계산서를 제출하지 아니하였다 하여도 배당에서 제외하여서는 아니되므로, 민사집행절차의 안정성을 보장하여야 하는 절차법적 요청과 근로자의 임금채권을 보호하여야 하는 실체법적 요청을 형량하여 보면 근로기준법상 우선변제권이 있는 임금채권자가 경매절차개시 전에 경매 목적

부동산을 가압류한 경우에는 배당요구의 종기까지 우선권 있는 임금채권임을 소명하지 않았다고 하더라도 배당표가 확정되기 전까지 그 가압류의 청구채권이 우선변제권 있는 임금채권임을 소명하면 우선배당을 받을 수 있다. ↔ 경매개시결정 후의 가압류권자인 임금채권자 : 배당요구한 경우 경매개시결정 후의 조세채권에 대하여만 우선권 주장 가능, 경매개시결정 전 법정기일이 도래한 조세채권에는 우선권 주장 불가[사법연수원 배당사례 연습]

(대) **사용인의 우선변제권(상법 제468조)**

(2) 첫 경매개시결정등기 후에 등기된 저당권, 전세권, 등기된 임차권

(3) 경매개시결정등기 전에 체납처분절차에 의한 압류등기를 하지 못한 조세 기타 공과금채권[대법원 2001. 5. 8. 선고 2000다21154 판결]부동산에 관한 경매개시결정 기입등기 이전에 체납처분에 의한 압류등기 또는 국세징수법 제24조 제2항에 의한 보전압류의 등기가 마쳐져 있는 경우에는 경매법원으로서도 조세채권의 존재와 그의 내용을 알 수 있으나, 경매개시결정 기입등기 이후에야 체납처분에 의한 압류등기가 마쳐진 경우에는 조세채권자인 국가가 경매법원에 대하여 배당요구를 하여 오지 않는 이상 경매법원으로서는 위와 같은 조세채권이 존재하는지의 여부조차 알지 못하므로, 경매개시결정 기입등기 이전에 체납처분에 의한 압류등기가 마쳐져 있는 경우와는 달리 그 개시결정 기입등기 후에 체납처분에 의한 압류등기가 마쳐지게 된 경우에는 조세채권자인 국가로서는 경매법원에 경락기일까지 배당요구로서 교부청구를 하여야만 배당을 받을 수 있다. [대법원 2001. 11. 27. 선고 99다22311 판결] 국세징수법 제56조에 규정된 교부청구는 과세관청이 이미 진행 중인 강제환가절차에 가입하여 체납된 국세의 배당을 구하는 것으로서 민사소송법에 규정된 부동산경매절차에서의 배당요구와 같은 성질의 것이므로 당해 국세는 교부청구 당시 체납되어 있음을 요하고 또한 과세관청이 경락기일까지 교부청구를 한 경우에 한하여 비로소 배당을 받을 수 있으며, 적법한 교부청구를 하지 아니한 세액은 그 국세채권이 실체법상 다른 채권에 우선하는 것인지의 여부와 관계없이 배당할 수 없다. [93다19276] 국세체납처분의 절차로서 압류등기가 되어 있는 경우에는 교부청구를 한 효력이 있는 것으로 보아야 할 것이나, 이 경우에도 경락기일까지 체납된 국세의 세액을 계산할 수 있는 증빙서류를 제출(→ 압류등기 후 배당요구종기 사이에 부과되어 체납된 조세 → 교부청구 당시 체납○)하지 아니한 때에는 경매법원으로서는 당해 압류등기촉탁서에 의한 체납세액을 조사하여 배당할 수 있을 뿐이고, 경락기일(배당요구 종기) 이후 배당할 때까지의 사이에 비로소 교부청구된 세액은 그 국세가 실체법상 다른 채권에 우선하는 것인지의 여부와 관계없이(→ 배당요구 하여도) 배당할 수 없다(∵ 교부청구 당시 체납상태가 아니었으므로).

라. 최선순위 전세권자

4. 배당에 참가할 수 없는 자

가. 최선순위 용익권 : 매수인에게 인수(제91조), 최선순위 전세권은 배당요구하면 배당에 참가하고 매각으로 소멸(제91조 제4항 단서)

나. 가처분 : 최선순위이면 매수인에게 인수, 매각으로 인하여 말소되는 권리보다 후순위이면 매각으로 소멸

5. 배당요구의 기한

가. 배당요구 종기 : 첫 매각기일 이전으로 집행법원이 정한 기한(제84조 제1항, 제88조 제2항)

(1) 배당요구 종기까지 배당요구한 채권자라 할지라도 채권의 일부 금액만을 배당요구한 경우 : 배당요구 종기 이후에는 배당요구하지 않은 채권을 추가하거나 확장 불가[대법원 2008. 12. 24. 선고 2008다65242 판결], 조세채권도 동일[대법원 2012. 5. 10. 선고 2011다44160 판결] 조세채권이 근저당권에 우선하는 당해세에 관한 것이라고 하더라도, 배당요구종기까지 교부청구한 금액만을 배당받을 수 있을 뿐이다. 그리고 당해세에 대한 부대세의 일종인 가산금 및 중가산금의 경우에도, 교부청구 이후 배당기일까지의 가산금 또는 중가산금을 포함하여 지급을 구하는 취지를 배당요구종기 이전에 명확히 밝히지 않았다면, 배당요구종기까지 교부청구를 한 금액에 한하여 배당

(2) 추가로 배당요구를 하지 아니한 채권이 이자 등 부대채권이라 하더라도 마찬가지
2011다44160

(3) 예외 : 경매신청서 또는 배당요구종기 이전에 제출된 배당요구서에 배당기일까지의 이자 등 지급을 구하는 취지가 기재되어 있다면 배당대상에 포함

나. 기한 부준수의 효과

(1) 배당 불가[대법원 2014. 4. 30. 선고 2013다58057 판결] 상가건물에 근저당권설정등기가 마쳐지기 전 최초로 임대차계약을 체결하여 사업자등록을 마치고 확정일자를 받아 계속 갱신해 온 임차인 갑 등이 위 건물에 관한 임의경매절차에서 '근저당권설정등기 후 다시 체결하여 확정일자를 받은 최후 임대차계약서'에 기한 배당요구를 하였다가 배당요구 종기 후에 최초 임대차계약서에 기한 확정일자를 주장 → 최후 임대차계약서가 최초 임대차계약서와 비교하여 임대차기간뿐만 아니라 임대차계약의 당사자인 임대인 및 임대차보증금의 액수 등을 모두 달리하는 점 등에 비추어 갑 등의 배당요구는 최초 임대차계약에 의한 임대차보증금에 관하여 우선변제를 주장한 것으로 보기 어렵고, 배당요구의 종기 후 갑 등이 최초 임대차계약서에 기한 확정일자를 주장한 것을 이미 배당요구한 채권에 관한 주장을 단순히 보완한 것으로 볼 수도 없으며, 갑 등의 주장은 배당요구 종기 후 배당순위의 변동을 초래하여 매수인이 인수할 부담에 변동을 가져오는 것으로서 특별한 사정이 없는 한 허용될 수 없다.

(2) 부당이득 반환청구

(가) 배당요구를 하여야 배당받을 수 있는 채권자 : 불가[대법원 1998. 10. 13. 선고 98다12379 판결]

(나) 체납처분의 청산절차에서의 임금채권자 : 가능[대법원 2003. 1. 24. 선고 2002다64254 판결] 국세기본법 제35조 제1항 제5호에 따라 국세 또는 가산금에 우선하는 임금채권이 국세징수법상 압류재산 매각대금의 분배대상에 포함되면, 체납처분절차를 주관하는 기관은 임금채권자에게 배분할 금액을 직권으로 확정하여 배분계산서를 작성하여야 하고, 임금채권자가 체납처분의 청산절차에서 압류재산의 매각대금을 배분할 때까지 배분요구를 하지 아니하여 그에게 배분되어야 할 돈이 후순위 채권자에게 배분되었다면, 임금채권자는 후순위 권리자를 상대로 부당이득의 반환을 청구할 수 있다.

6. 배당요구의 방식 : 서면을 집행법원에 제출(규칙 제48조 제2항)

(1) 서면주의

(가) 채권의 원인과 액수를 적은 서면 : 사본도 가능 ⇔ 강제집행개시 : 사본 불가, 제목이 권리신고여도 무방[대법원 1999. 2. 9. 선고 98다53547 판결]

(나) 배당요구의 자격을 소명하는 서면 : 임금대장사본, 주택임대차계약서사본 등[대법원 2002. 5. 14. 선고 2002다4870 판결, 대법원 2004. 7. 22. 선고 2002다52312 판결]

(2) 집행법원에 제출 : 집행법원에 접수된 이상 우편물의 수신자 명칭은 무관[대법원 2001. 6. 12. 선고 99다45604 판결]

7. 배당요구의 통지(제89조) : 통지를 결여하여도 배당요구의 효력은 유지 → 당해 배당요구채권자에 대하여는 불법행위라고 할 수 없음[대법원 2001. 9. 25. 선고 2001다1942 판결]

8. 배당요구의 효력

가. 일반적 효력 : 배당을 받을 권리, 배당기일의 통지를 받을 권리(제146조), 배당표를 열람할 수 있는 권리(제149조), 배당표에 대한 이의신청권(제151조)

나. 집행정본으로 한 배당요구의 특별한 효력

(1) 경매절차 이해관계인으로서의 권리 : 즉시항고권(제129조), 진술권(제120조), 매각조건 변경권(제110조), 조서서명권(제116조 제2항)

(2) 시효중단의 효력 : 압류에 준하는 효력(민법 제168조 제2호)[대법원 2002. 2. 26. 선고 2000다25484 판결]

Ⅲ. 배당사례

1. 배당받을 채권자의 범위(제148조)

가. 배당요구 종기까지 경매신청을 한 압류채권자(제1호)

나. 배당요구 종기까지 배당요구를 한 채권자(제2호) : 배당요구가 필요한 제88조 제1항 채권자[대법원 2005. 9. 29. 선고 2005다34391 판결 : 민법 제368조 제2항 후문의 유추적용으로 임금채권자를 대위하는 저당권자 : 원칙 → 배당요구 필요, 예외 → 임금채권자가 사용자 소유의 부동산을 가압류한 경우 배당요구 불요] 임금채권 우선특권은 사용자의 총재산에 대하여 저당권 등에 의하여 담보된 채권, 조세 등에 우선하여 변제받을 수 있는 이른바 법정담보물권으로서, 사용자 소유의 수개의 부동산 중 일부가 먼저 경매되어 그 경매대가에서 임금채권자가 우선특권에 따라 우선변제받은 결과 그 경매부동산의 저당권자가 민법 제368조 제1항에 의

하여 수개의 부동산으로부터 임금채권이 동시배당되는 경우보다 불이익을 받은 경우에는, 같은 조 제2항 후문을 유추적용하여 위와 같이 불이익을 받은 저당권자로서는 임금채권자가 수개의 부동산으로부터 동시에 배당받았다면 다른 부동산의 경매대가에서 변제를 받을 수 있었던 금액의 한도 안에서 선순위자인 임금채권자를 대위하여 다른 부동산의 경매절차에서 우선하여 배당받을 수 있는데, 이때 임금채권자를 대위하는 저당권자는 민사집행법 제268조에 의하여 담보권의 실행을 위한 경매절차에 준용되는 민사집행법 제88조 제1항, 제84조 제1항에 의하여 배당요구의 종기까지 적법하게 배당요구를 한 경우에 한하여 배당을 받을 수 있다. 다만, 경매절차가 개시되기 전에 그 경매목적물인 부동산을 가압류한 채권자는 배당요구를 하지 아니하더라도 배당요구를 한 것과 동일하게 취급되므로, 사용자 소유의 부동산을 가압류한 임금채권자가 다른 부동산의 경매절차에서 우선특권에 따라 우선변제를 받고 이로 인하여 불이익을 받은 저당권자가 임금채권자가 가압류한 부동산의 경매절차에서 임금채권자를 대위하여 배당받는 경우에는 배당표가 확정되기 전까지 그 가압류의 피보전채권이 우선특권 있는 임금채권으로서 그 임금채권자를 대위할 권리가 있음을 소명하면 배당요구의 종기까지 배당요구를 하지 아니하였다고 하더라도 임금채권자를 대위하여 배당에 참가할 수 있다.

다. 첫 경매개시결정등기 전에 등기된 가압류채권자(제3호) [대법원 1995. 7. 28. 선고 94다57718 판결] 경매절차 개시 전의 부동산 가압류권자는 배당요구를 하지 않았더라도 당연히 배당요구를 한 것과 동일하게 취급되므로, 그러한 가압류권자가 채권계산서를 제출하지 않았다 하여도 배당에서 제외하여서는 아니된다. [대법원 2022. 8. 25. 선고 2018다205209 전원합의체 판결] 제2차 경매절차에서 원고는 첫 경매개시결정 전에 등기된 가압류채권자 해동신용금고의 승계인으로서 배당받을 자격이 있는 반면 피고는 이 사건 근저당권이 소멸하였으므로 배당받을 자격이 없다. ⇔ **첫 경매개시결정등기 후의 가압류채권자 : 교부청구 필요**

라. 저당권·전세권, 그 밖의 우선변제청구권으로서 첫 경매개시결정등기 전에 등기되었고 매각으로 소멸하는 것을 가진 채권자(제4호) : 배당요구 없이 배당가능한 채권자

2. 순환배당·흡수배당

가. 원칙

(1) 전제 [2010 사법연수원 민사집행법 사례연습해설]

㈎ 순환관계가 아닌 우선순위자는 먼저 배당 : 최우선 소액보증금, 당해세, 법정기일보다 빠른 저당권 등

㈏ 남은 금액에 대하여 순환관계에 있는 자들 사이에서 순환·흡수 : 조세채권, 가압류, 일반임금, 후순위저당권, 소액보증금을 제외한 대항력 있는 임차보증금

(2) 안분후흡수설(특수흡수배당, 순환흡수배당도 동일한 방법으로 배당)

㈎ **배당받을 자격을 갖춘 채권자** 배당요구 종기 후에 배당요구한 경매개시결정기입등기 후의 가압류 채권자는 제외, 배당요구 종기 내에 배당요구하였으면 최후순위라도 안분 채권자에 포함 **의 채권액에 비례하여 안분**

한 후 각각 자신의 채권액 중 안분받지 못한 금액(부족액)에 달할 때까지 자신의 후순위 채권자의 안분액으로부터 흡수 : min[㉠ 흡수하는 채권자의 1단계 부족액(채권액 - 안분액), ㉡ 흡수당하는 후순위자의 1단계 안분액]흡수하는 채권자가 자신의 흡수순서에 앞서 흡수당하고 난 후의 부족한 금액 전부가 아님

(내) 흡수는 각 흡수할 채권자마다 한 번으로 종결하여 그 결과를 배당[대법원 1992. 3. 27. 선고 91다 44407 판결, 대법원 1994. 11. 29.자 94마417 결정]

(3) 주의

(개) 순환관계에 있더라도 배당요구액에 대한 부족액이 발생하지 않으면 안분·흡수 불필요

(내) 일반채권

① 원칙 : 집행력 있는 정본에 기한 일반채권자는 안분대상에 포함

② 예외 : 가압류채권자가 경매신청한 경우 가압류의 상대적 효력에 의하여 목적물 처분 후의 전 소유자에 대한 일반채권자는 배당요구 종기 전에 배당요구했더라도 배당 불가 → 안분 대상에 포함되지 않고 배당액은 0원

나. 사법연수원 제46기 민사집행법 사례연습 6

채권자 (배당액 4,000)	원채권	1단계(안분)		2단계(흡수)			최종
		안분비율	안분액	부족액	순위	흡수액	
2014.5.21. 가압류 A	3,600	3,600/8,000	1,800	1,800	A = B	C - 400 D - 200	1,200
2015.2.17. 근저당권 B (담보권실행 경매)	2,000	2,000/8,000	1,000	1,000	B > C > D > E	E 600 D 200 C 200	2,000
임금채권 C	800	800/8,000	400	400	C > D > A = E	B - 200 A 400	600
2015.3.31. 후일자 조세채권 D	400	400/8,000	200	200	D > A = E	B - 200 A 200	200
경매신청권자(압류) E	1,200	1,200/8,000	600	600		B - 600	0
합계	8,000		4,000	4,000			4,000

채권자 (배당액 5,000)	원채권	1단계(안분)		2단계(흡수)			최종
		안분비율	안분액	부족액	순위	흡수액	
가압류채권자 A	2,000		1,000	1,000	A＝B		
저당권자 B	3,000		1,500	1,500	B＞C＞D＞E＝F	E 500 F 500 D 500	3,000
당해세 아닌 조세채권자 C	2,000		1,000	1,000	C＞A C＞D＞E＝F	A 1,000	2,000
저당권자 D	1,000		500	500	D＞E＝F		
압류채권자 (중복압류) E	1,000		500	500	E＝F		
가압류채권자 F	1,000		500	500	E＝F		
합계	1억		5,000	5,000			5,000

채권자 (배당액 2,500)	원채권	1단계(안분)		2단계(흡수)			최종
		안분비율	안분액	부족액	순위	흡수액	
가압류채권자 A	500	5/34	250	250	A＝B		250
저당권자 B	1,000	10/34	500	500	B＞D＞E	E 200(①) D 300(②)	1,000
조세채권자 (당해세) C	800 ⇒최우선배당			0	최우선 순위		800
저당권자 D	1,500	15/34	750	750	D＞E		450
가압류채권자 E	400	4/34	200	200			0
합계			1,700				2,500

3. 제한적 평등배당 : 소액보증금 한도의 변동과 선순위 담보물권이 있는 경우[3]

---

[3] 주택임대차보호법 시행령[2021. 5. 11. 대통령령 제31673호로 일부 개정된 것]
 [부칙]
 제1조(시행일) 이 영은 공포한 날부터 시행한다.

가. 요건 : 개정 시행령 적용 전에 임차주택에 대하여 선순위 저당권자가 존재

나. 순위 : ① 개정 전 시행령에 의한 최우선보증금 > ② 시행령 개정 전에 설정된 최선순위 저당권 > ③ 나머지 최우선보증금(개정 시행령 최우선보증금 − 개정 전 시행령 최우선보증금) > ④ 시행령 개정일 이후에 설정된 저당권

다. 사법연수원 사례[2010 민사집행실무 사례연습]

채권자	권리	배당액	
		9,400만 원인 경우	8,900만 원인 경우
A	2009.1.7. 저당권설정등기 5,000만 원 ■ 개정 전 선순위 저당권자(시행령 부칙2) : 종전 규정 적용 ■ 개정 전 시행령6,000 이하 → 2,000까지 : D만 소액임차인 ➡ D(2,000) > A(5,000)	② 5,000	② 5,000
B	2010.7.26. 저당권설정등기 1,000만 원 ■ 개정일에 설정 : 개정 규정 적용 ■ 개정 시행령7,500 이하 → 2,500까지 : C, D 모두 최우선권리자 ➡ C(2,500) = D(500) > B		
C	2010.7.30. 입주·전입 임차인(1층) 7,000만 원 ■ 개정 전 선순위 저당권자 존재(시행령 부칙2) : A와의 관계에서는 종전 규정 적용, 최우선권리자가 아니므로 A보다 후순위∵ 개정전 : 6,000만 원 이하인 경우에만 소액임차인 ■ B에 대한 관계에서는 개정시행령 적용 ➡ C(2,500) > B	③ 2,200(제한적 평등배당) : 나머지 2,400만 원을 C의 소액보증금채권과 D의 나머지 소액보증금채권 500에 제한적으로 평등배당(안분이 아니라 액수의 평등)	③ 1,900(제한적 평등배당) : 나머지 1,900만 원을 C의 소액보증금채권과 D의 나머지 소액보증금채권 500에 제한적으로 평등배당 ➡ C가 2,000만 원을 받을 때까지는 D에 우선(∵ 액수의 평등)

제2조(소액보증금 보호에 관한 적용례 등) 제10조제1항 및 제11조의 개정규정은 이 영 시행 당시 존속 중인 임대차계약에 대해서도 적용하되, 이 영 시행 전에 임차주택에 대하여 담보물권을 취득한 자에 대해서는 종전의 규정에 따른다.

| D | 2010.8.30. 입주·전입 임차인(2층) 5,000만 원
■ 개정 전 선순위 저당권자 존재(시행령 부칙2) : 종전 규정 적용
■ 개정 전 시행령이 적용되더라도 6,000만 원 이하이므로 A보다 우선
➡ D(2,000) > A(5,000) >
↳개정 전 시행령
C(2,500) = D(500) > B(1,000)
↳개정 후 시행령 | ① 2,000최우선 소액임차인
③ 200(제한적 평등배당) : 나머지 2,400만 원을 C의 소액보증금채권과 D의 나머지 소액보증금채권 500에 제한적으로 평등배당 (안분이 아니라 액수의 평등) | ① 2,000최우선 소액임차인 |

4. 종합사례연습[2010 사법연수원 민사집행법 종합연습문제]

채권자	권리	배당(1억 5,000만 원)	
		담보가등기권자(A) : 신고한 경우	담보가등기권자(A) : 신고하지 않은 경우
A	담보가등기(2008. 2. 11.) : 청구채권 5,000만 원	③ 5,000만 원	×
B	■ 근저당권등기(2008. 3. 10.) : 채권최고액 8,000만 원 ■ 이중경매신청(2010. 8. 3. 경매개시결정 기입등기) : 청구금액 1억 원	④ 8,000만 원	③ 8,000만 원
C	가처분등기(2008. 6. 17.) 처분금지가처분	×	×
D	가압류(2008. 11. 10.) : 청구채권 5,000만 원		⑤ 안분 : 2,500 ⑦ I에게 피흡수 500 ⑧ E에게 피흡수 400
E	법정기일 2008. 12. 31.인 조세 200만 원 (ⓐ)	⑤ 200만 원F를 기준으로 하므로 남은 200만 원은 I가 아니라 E에게 배당	④ 200만 원
E	법정기일 2009. 12. 31.인 조세 800만 원 (ⓑ)		⑤ 안분 : 400 ⑥ F에게 피흡수 200 ⑧ 흡수 : D로부터 400

F	■ 근저당권등기(2009. 5. 4.) : 채권최고액 1,800만 원) ■ 경매신청(2010. 4. 26. 경매개시결정기입등기) : 청구금액 2,000만 원 ↔ 배당금액 : min [채권최고액, 청구금액] ➡ F의 근저당권등기가 우선순위 판단의 기준 ➡ A가 신고한 경우 : G > H > A > B > E ➡ A가 신고하지 않은 경우 : G > H > B > E@ 순으로 1억 원 배당, 남은 5,000만 원에 대하여 D, Eⓑ, F, I, J가 안분 후 흡수		⑤ 안분 : 900 ⑥ 흡수 : J 700, E ⓑ 200
G	소액보증금 1,600만 원 (2009. 2. 10. 전입 신고 및 입주)	① 1,600만 원	① 1,600만 원
H	당해세 200만 원(법정기일 2009. 7. 31.)	② 200만 원	② 200만 원
I	임금채권 1,000만 원 ➡ F를 기준 : E@ > F > I이므로 E@에 200만 원 배당		⑤ 안분 : 500 ⑦ 흡수 : D로부터 500 (∵ I > E > D)
J	확정판결에 기한 대여금 1,400만 원		⑤ 안분 : 700 ⑥ F에게 피흡수 700

Ⅳ. 배당이의소송

1. 제소기간

가. 이의를 한 배당기일부터 1주일 이내

나. 위반시 부당이득반환청구의 소로 변경 → 청구기초 동일(배당수령권의 존부)[대법원 2000. 1. 21. 선고 99다3501 판결]

2. 소의 이익 : 이의가 인용되면 자기의 배당액이 증가되는 경우에만 인정[대법원 1994. 1. 25. 선고 92다50270 판결, 대법원 2010. 10. 14. 선고 2010다39215 판결]

가. 배당기일에 다른 채권자가 이의를 정당하다고 하거나 채권자들 사이에 배당에 관하여 다른 방법으로 합의가 성립 : 소의 이익 부정

나. 배당절차의 종결 : 이의 대상이 된 부분까지 배당하였어도 소의 이익 부정[대법원

1965. 5. 31. 선고 65다647 판결] 배당이 실시되어 배당절차가 종결된 이상 배당법원의 잘못으로 배당을 실시하였다 하더라도 배당이의의 소를 제기할 이익이 없다.

3. 원고적격

가. 채권자 : 배당요구 + 배당기일 출석 + 이의

(1) 이의신청서를 제출하였더라도 출석하지 않거나 출석하더라도 이의신청서를 진술하지 않았다면 이의신청을 하지 않은 것[대법원 1981. 1. 27. 선고 79다1846 판결]

(2) 적법하게 배당요구를 하지 못한 채권자[대법원 2003. 8. 22. 선고 2003다27696 판결] 이의하더라도 부적법한 이의신청이므로 원고적격 부정, 채권신고를 하지 않은 담보가등기권리자 : 원고적격 부정[대법원 2008. 9. 11. 선고 2007다25278 판결]

나. 채무자

(1) 배당기일이 끝날 때까지 서면으로 이의한 경우에도 인정(제151조 제1항, 제2항)

(2) 의사무능력자가 차용금채무 담보를 위한 근저당권설정 후 근저당권에 기하여 임의경매절차가 개시된 경우 : 의사무능력자의 법정대리인 등은 배당절차에서 배당이의 가능[대법원 2006. 9. 22. 선고 2004다51627 판결] 의사무능력자가 채권자와 금전소비대차계약을 체결하고 그 차용금채무를 담보하기 위하여 자신 소유의 부동산에 근저당권을 설정하여 준 후 위 근저당권에 기한 임의경매절차가 진행되어 배당이 실시된 경우에, 의사무능력자의 법정대리인 등은 위 배당절차에서 위 근저당권 및 피담보채권의 부존재를 주장하여 채권자의 배당액에 대하여 이의하고 나아가 채권자를 상대로 배당이의 소송을 제기하는 것이 가능하다. 한편, 의사무능력자나 소유자가 근저당권설정계약의 무효를 주장하면서도 그 근저당권에 기한 임의경매절차의 배당절차를 통하여 그에게 배당된 돈을 수령하는 등의 행위가 객관적으로 보아 경락인으로 하여금 위 임의경매절차가 유효하다는 신뢰를 갖게 하는 정도에 이르러서, 그 후 그 경매절차의 무효를 주장하는 것이 금반언의 원칙 또는 신의칙 위반에 해당한다고 볼 만한 사정이 있는 경우에는 의사무능력자나 소유자가 경락인을 상대로 다시 근저당권의 무효를 주장하면서 소유권이전등기의 말소를 구하는 소를 제기할 수는 없지만, 아직 배당금을 수령하지 아니한 의사무능력자나 소유자가 배당절차에서 근저당권설정계약의 무효를 주장하여 배당이의를 하는 것이 부당하다고 할 수는 없다.

다. 제3자 : 부정

(1) 제3자 소유 물건이 채무자 소유로 오인되어 강제집행목적물로 매각된 경우 경매물건의 소유자[대법원 2002. 9. 4. 선고 2001다63155 판결] 배당이의 소의 원고적격이 있는 자는 배당기일에 출석하여 배당표에 대한 실체상의 이의를 신청한 채권자 또는 채무자에 한하고, 제3자 소유의 물건이 채무자의 소유로 오인되어 강제집행목적물로서 경락된 경우에도 그 제3자는 경매절차의 이해관계인에 해당하지 아니하므로 배당기일에 출석하여 배당표에 대한 실체상의 이의를 신청할 권한이 없으며, 따라서 제3자가 배당기일에 출석하여 배당표에 대한 이의를 신청하였다고 하더라도 이는 부적법한 이의신청에 불과하고, 그 제3자에게 배당이의 소

를 제기할 원고적격이 없다. 원고는 강제경매목적물인 제1심판결 별지 제1목록 1토지에 관한 근저당권자로서 배당기일에 출석하여 같은 목록 3건물에 설치된 제1심판결 별지 제2목록 물건('이 사건 물건')은 채무자 소유가 아닌 원고의 소유이었으므로 경락대금 중 이 사건 물건에 대한 매득금 상당의 금원은 원고가 우선 배당받아야 한다는 실체상의 이유로 배당표에 대한 이의신청을 하고 이 사건 배당이의 소를 제기한 사실을 알 수 있으나, 이러한 실체상의 이유는 위 1토지에 관한 근저당권자의 지위와는 아무 관계가 없고 이 사건 물건에 대한 원소유자의 지위에서 나온 것이므로, 원고의 이의신청은 이 사건 경매절차에 있어 이해관계인이 아닌 자가 한 것이어서 적법한 이의신청이라고 할 수 없고, 이 사건 배당이의 소는 원고적격이 없는 자가 제기한 것으로서 부적법하다.

(2) 근저당권부 채권의 양도인[대법원 2003. 10. 10. 선고 2001다77888 판결] 이전등기가 경료되지 않았더라도, 피담보채권을 양도하여 결국 피담보채권을 상실한 셈이므로

4. 방어방법

가. 소취하 간주(제158조) : 첫 변론준비기일은 포함되지 않음[대법원 2007. 10. 25. 선고 2007다34876 판결]

나. 기판력 : 원고의 피고에 대한 공탁금출급청구권확인 패소확정 후 배당이의 → 선결문제[대법원 2012. 7. 12. 선고 2010다42259 판결] 배당이의의 소의 당사자인 원고와 피고 사이의 전소에서 원고 채권의 존부에 대한 판결이 확정되었다면, 그 판결의 기판력은 원고 채권의 존부를 선결문제로 하는 배당이의의 소에 미친다고 할 것이므로, 배당이의의 소에서 전소의 확정판결과 모순·저촉되는 판단을 할 수 없다. → 원고가 피고 등을 상대로 하여 제기한 이 사건 공탁금에 대한 출급청구권의 확인을 구하는 1차 소송에서 이 사건 공탁금 중 43,554,195원 부분(계쟁부분)에 대하여는 원고의 청구를 기각하는 판결이 선고·확정되었으므로 원고는 이 사건 공탁금 중 계쟁 부분에 대한 출급청구권을 가진다고 할 수 없고, 이는 피고가 원고를 상대로 하여 이 사건 공탁금 중 계쟁 부분에 대한 공탁금 출급청구권이 자신에게 있다는 확인을 구한다는 취지로 제기한 2차 소송에서 패소하였다고 하여 달라지는 것은 아니라는 이유로, 피고에게 이 사건 공탁금 중 계쟁부분을 배당하는 것으로 작성된 배당표의 경정을 구하는 원고의 청구를 배척한 것은 정당하다.

▸ 기판력이 미치지 않는 제3자(민사소송법 제218조 제1항) : 피고와 채무자 사이의 확정판결은 원고에게 미치지 않음

다. 주장범위 : 원고의 채권에 대한 실체상의 모든 흠을 주장 가능[대법원 2004. 6. 25. 선고 2004다9398 판결] 배당이의의 소에 있어서 피고는 원고의 청구를 배척할 수 있는 모든 주장을 방어방법으로 내세울 수 있다 할 것인바, 배당기일에 피고가 원고에 대하여 이의를 하지 아니하였다 하더라도 피고는 원고의 청구를 배척할 수 있는 사유로서 원고의 채권 자체의 존재를 부인할 수 있다.

▸ 공격방법 : 원고의 청구를 뒷받침할 수 있는 모든 법률상, 사실상 사유, 배당기일에 주장한 이의사유에 한정되지 않음[대법원 1997. 1. 21. 선고 96다457 판결]

라. 증명책임 : 채권의 존재(배당표의 성립사실)는 피고에게 증명책임

▶ 피고 채권의 장애·소멸 : 원고에게 증명책임[대법원 2007. 7. 12. 선고 2005다39617 판결]

■ 원고보다 선순위 채권의 존재 항변 : 불가[대법원 2001. 2. 9. 선고 2000다41844 판결] 채권자가 제기하는 배당이의의 소는 대립하는 당사자인 채권자들 사이의 배당액을 둘러싼 분쟁을 해결하는 것이므로, 그 소송의 판결은 원·피고로 되어 있는 채권자들 사이에서 상대적으로 계쟁 배당부분의 귀속을 변경하는 것이어야 하고, 따라서 피고의 채권이 존재하지 않는 것으로 인정되는 경우 계쟁 배당부분 가운데 원고에게 귀속시키는 배당액을 계산함에 있어서 이의신청을 하지 아니한 다른 채권자의 채권을 참작할 필요가 없으며, 이의신청을 하지 아니한 다른 채권자 가운데 원고보다 선순위의 채권자가 있다 하더라도 마찬가지이다.

[대법원 1998. 5. 22. 선고 98다3818 판결] 피고의 채권이 존재하지 않는 것으로 인정되는 경우에도 이의신청을 하지 아니한 다른 채권자의 채권을 참작함이 없이 그 계쟁 배당 부분을 원고가 가지는 채권액의 한도 내에서 구하는 바에 따라 원고의 배당액으로 하고, 그 나머지는 피고의 배당액으로 유지

[대법원 2004. 1. 27. 선고 2003다6200 판결] 근저당권설정계약을 사해행위로서 취소하는 경우 경매절차가 진행되어 타인이 소유권을 취득하고 근저당권설정등기가 말소되었다면 원물반환이 불가능하므로 가액배상의 방법으로 원상회복을 명할 것인바, 이미 배당이 종료되어 수익자가 배당금을 수령하였다면 수익자로 하여금 배당금을 반환하도록 명하여야 하고, 배당표가 확정되었으나 채권자의 배당금지급금지가처분으로 인하여 수익자가 배당금을 현실적으로 지급받지 못한 경우에는 배당금지급채권의 양도와 그 채권양도의 통지를 명할 것이나, 채권자가 배당기일에 출석하여 수익자의 배당 부분에 대하여 이의를 하였다면 그 채권자는 사해행위취소의 소와 병합하여 원상회복으로서 배당이의의 소를 제기할 수 있다고 할 것이고, 다만 법원으로서는 배당이의의 소를 제기한 당해 채권자 이외의 다른 채권자의 존재를 고려할 필요 없이 그 채권자의 채권이 만족을 받지 못한 한도에서만 근저당권설정계약을 취소하고 그 한도에서만 수익자의 배당액을 삭제하여 당해 채권자의 배당액으로 경정하여야 한다.

■ 피고의 채권이 다른 채권자의 채권보다 선순위·동순위 항변 : 가능

■ 배당에서 제외된 피고의 다른 채권에 배당되어야 한다는 항변 : 가능[대법원 2008. 9. 11. 선고 2008다29697 판결] 배당이의의 소에 있어서 피고는 원고의 청구를 배척할 수 있는 모든 주장을 방어방법으로 내세울 수 있으므로, 피고는 원고의 청구를 배척할 수 있는 사유로서 원고가 배당이 의한 금원이 피고가 배당요구하였지만 배당에서 제외된 다른 채권에 배당되어야 할 것이라고 주장할 수 있고, 이는 피고가 배당에서 제외된 채권에 기하여 배당이의를 하지 않았더라도 마찬가지이다.

■ 원고가 배당받을 채권자의 범위에 포함되지 않는다는 항변 : 가능

▶ 회복등기 전의 말소된 등기·종전 등기 명의인[대법원 2019. 8. 30. 선고 2019다206742 판결] 등기는 물권의 효력 발생 요건이고 존속 요건은 아니어서 등기가 원인 없이 말소되거나 그 이전등기가 무효인 경우 그 물권의 효력에 아무런 영향이 없고, 그 회복등기가 마쳐지기 전이라도 말소된 등기 또는 종전 등기의 등기명의인은 적법한 권리자로 추정된다. 따라서 근저당권설정등기가 위법하게 말소되어 아직 회복등기를 경료하지 못하였거나 또는 근저당권 이전 부기등기가 무효임에도 그 부기등기가 말소되지 않은 연유로 그 부동산에 대한 경매절차의 배당기일에서 피담보채권액에 해당하는 금액을 배당받지 못한 근저당권자는 배당기일에 출석하여 이의를 하고 배당이의의 소를 제기하여 구제를 받을 수 있다. 그럼에도 불구하고, 원심은 이와 다른 견해에서 소외2에 대한 이 사건 근저당권 양도가 무효임을 인정하면서도 원고가 근저당권자로서의 지위 회복을 위한 절차를 취하지 않았기 때문에 배

당받을 채권자가 아니어서 이 사건 배당표에 관하여 이의할 수 없다고 판단하였다. 이러한 원심판단에는 배당받을 채권자의 범위에 관한 법리를 오해하여 판단을 그르친 잘못이 있다. 이를 지적하는 상고이유 주장은 이유 있다.

Ⅴ. 임의경매와 강제경매의 비교

	강제경매	임의경매
적용규정	■임의경매에도 강제경매에 관한 규정의 준용 : 매수인은 매각대금 납부시 매각의 목적인 권리를 취득 ■명의신탁자는 수탁자에 대하여 매수대금에 상당하는 금액의 부당이득반환청구권 [대법원 2005. 4. 29. 선고 2005다664 판결, 대법원 2009. 9. 10. 선고 2006다73102 판결] ■매수인은 종물이나 종된 권리도 함께 취득 [대법원 2004. 7. 8. 선고 2002다40210 판결] 분양자가 지적정리 등의 지연으로 대지권에 대한 지분이 전등기는 지적정리 후 해 주기로 하는 약정하에 우선 전유부분에 관하여 소유권보존등기를 한 후 수분양자에게 소유권이전등기를 경료하였는데, 그 후 대지에 대한 소유권이전등기가 되지 아니한 상태에서 전유부분에 관한 경매절차가 진행되어 제3자가 전유부분을 경락받은 경우, 그 경락인은 본권으로서 집합건물의소유및관리에관한법률 제2조 제6호 소정의 대지사용권을 취득한다. [대법원 2001. 9. 4. 선고 2001다22604 판결] 집합건물의소유및관리에관한법률 제20조 제1항, 제2항과 민법 제358조 본문의 각 규정에 비추어 볼 때, 집합건물의 대지의 분·합필 및 환지절차의 지연, 각 세대당 지분비율 결정의 지연 등으로 인하여 구분건물의 전유부분에 대한 소유권이전등기만 경료되고 대지지분에 대한 소유권이전등기가 경료되기 전에 전유부분만에 관하여 설정된 저당권의 효력은, 대지사용권의 분리처분이 가능하도록 규약으로 정하였다는 등의 특별한 사정이 없는 한, 그 전유부분의 소유자가 나중에 대지지분에 관한 등기를 마침으로써 전유부분과 대지권이 동일 소유자에게 귀속하게 되었다면 당연히 종물 내지 종된 권리인 그 대지사용권에까지 미친다. ■저당권설정계약이 사해행위로 취소되더라도 대금완납시 매수인은 소유권취득→ 원상회복 : 입찰인의 소유권이전등기 말소 불가, 수익자가 받은 배당금을 반환[대법원 2001. 2. 27. 선고 2000다44348 판결, 대법원 2011. 2. 10. 선고 2010다90708 판결, 대법원 2018. 6. 19. 선고 2017다270107 판결]4)	
집행권원	■필요(제80조 제3호) ■신청에는 집행력 있는 정본 첨부(제81조 제1항)	■불요담보권에 내재하는 현금화 권능에 터 잡아 경매신청권이 인정되므로 ■담보권의 존재를 증명하는 서류만 필요(제264조 제1항)[대법원 2000. 10. 25.자

---

4) 채무자가 사해행위로 인한 근저당권 실행으로 경매절차가 진행 중인 부동산을 매각하고, 그 대금으로 근저당권자인 수익자에게 피담보채무를 변제함으로써 그 근저당권설정등기가 말소된 경우에 위와 같은 변제는 특별한 사정이 없는 한 근저당권의 우선변제권에 기하여 일반 채권자에 우선하여 된 것이라고 봄이 타당하므로 수익자로 하여금 근저당권 말소를 위한 변제 이익을 보유하게 하는 것은 부당하다. 따라서 이 경우 근저당권설정등기로 말미암아 해를 입게 되는 채권자는 원상회복을 위하여 사해행위인 근저당권설정계약의 취소를 구할 이익이 있고, 근저당권설정계약을 사해행위로서 취소하는 경우 타인이 소유권을 취득하고 근저당권설정등기가 말소되었다면 원물반환이 불가능하므로 가액배상의 방법으로 원상회복을 명하여야 한다.

		2000마5110 결정] 피담보채권의 존재 등에 관해서는 신청서에 기재하도록 하는 데 그치고, 담보권실행을 위한 경매절차의 개시요건으로서 피담보채권의 존재를 증명하도록 요구하고 있는 것은 아니므로 경매개시결정을 함에 있어서 채권자에게 피담보채권의 존부를 입증하게 할 것은 아니다.
정지사유	■ 제49조 제1, 3, 5, 6호 : 취소(제50조 제1항) ■ 제49조 제2, 4호 : 정지(제50조 제1항) ■ 채권자로부터 피담보채권의 변제에 대한 서류를 받아 제출(제49조 제4호) → 공정증서나 화해조서라도 취소가 아니라 정지사유(제50조 제1항)	■ 제266조 제1항 제1~3호 : 취소 ■ 제266조 제1항 제4호 중 화해조서·공정증서 : 취소 ■ 제266조 제1항 제4호 중 그 외의 서류, 제266조 제1항 제5호 : 정지
공신적 효과와 매수인의 구제	■ 인정 요건 : 유효한 집행력 있는 정본에 터 잡아 경매절차가 완결 ■ 공신적 효과 인정 사유 : 후에 집행권원에 표시된 실체상의 청구권이 당초부터 부존재·무효인 경우, 경매절차 완결시까지 변제 등의 사유로 소멸한 경우, 재심으로 집행권원이 폐기된 경우, 가집행선고 있는 판결에 기하여 강제집행이 완료된 후 상소심 판결에 의하여 가집행선고의 효력이 소멸된 경우 ➡ 경매절차가 유효한 이상 경락인은 소유권 취득 [대법원 1990. 12. 11. 선고 90다카19098(본소),19104(참가),19111(반소) 판결] 가집행선고 있는 판결에 기한 강제집행은 확정판결에 기한 경우와 같이 본집행이므로 상소심의 판결에 의하여 가집행선고의 효력이 소멸되거나 집행채권의 존재가 부정된다고 할지라도 그에 앞서 이미 완료된 집행절차나 이에 기한 경락인의 소유권취득의 효력에는 아무런 영향을 미치지 아니한다. [대법원 1991. 2. 8. 선고 90다16177 판결] 이중 매매의 매수인이 매도인과 직접 매매계약을 체결하는 대신에 매도인이 채무를 부담하고 있는 것처럼 거짓으로 꾸며 가장채권에 기한 채무명	■ 원칙 : 부정(경매개시결정 전 담보권의 부존재·무효, 피담보채권의 불발생·소멸) → 매각불허가 사유, 매각허가시에도 매수인은 소유권취득 불가[대법원 1976. 2. 10. 선고 75다994 판결] '채무자'는 소유권을 상실하지 않으므로 '채무자'의 피담보채권자에 대한 손해배상청구는 기각 ➡ 채무자의 구제수단 : 경락인에 대한 소유권이전등기 말소등기청구 ➡ 매수인의 구제수단 : 경매절차가 유효한 경우 담보책임[대법원 1997. 11. 11.자 96그64 결정] 최선순위 가등기에 기한 본등기가 경료됨에 따라 매수인의 소유권취득이 불가능한 경우, 경매절차가 무효인 경우 부당이득[대법원 1993. 5. 25. 선고 92다15574 판결] 배당 전이면 집행법원, 배당 이후이면 배당받은 채권자를 상대로 ■ 예외(공신적 효과 인정요건) : 실체상 존재하는 저당권에 터 잡아 경매개시결정이 이루어진 경우 공신력 인정(제267조) → ① 경매개시결정 후 담보권이 소멸된 경우[대법원 1999. 2. 9. 선고 98다51855 판결, 대법원 2022. 8. 25. 선고 2018다205209 전원합의체 판결], ② 이행기 도래 전의 실행[대법원 2015. 12. 24. 선고 2015다200531

<table>
<tr>
<td></td>
<td>의를 만들고 그에 따른 강제경매절차에서 매수인이 경락취득하는 방법을 취하는 경우와 같이 강제경매가 반사회적 법률행위의 수단으로 이용된 경우에는 그러한 강제경매의 결과는 용인할 수 없는 것이어서 경락인의 소유권취득의 효력은 부정된다.</td>
<td>판결] 이행기 도래 전의 담보권 실행으로 경매절차가 개시된 경우 경매개시결정에 대한 이의신청 없이 절차가 진행되어 매각대금을 납입하였다면 매수인은 유효하게 매각부동산의 소유권을 취득하고, 신청채권자의 담보권은 소멸된다.
➡ 채무자 : 경락인에 대한 말소등기청구 불가
➡ 경락인은 소유권 취득[대법원 2001. 2. 27. 선고 2000다44348 판결]</td>
</tr>
<tr>
<td>실체상의 흠이 경매절차에 미치는 영향</td>
<td>실체상의 흠(집행채권의 부존재·소멸·변제기의 연기)은 경매절차에 영향×(공신적 효과)
■ 실체상의 흠은 청구이의의 소로써만 주장 가능
■ 경매개시결정에 대한 이의 불가
■ 매각허가에 대한 이의 불가
■ 매각허가결정에 대한 항고 불가</td>
<td>실체상의 흠은 경매절차에 영향 : 강제집행절차 무효
■ 경매개시결정에 대한 이의(제265조)[대법원 1992. 11. 11.자 92마719 결정] 채무자가 경락인의 대금완납 이전에 채무를 변제하여 담보권을 소멸시켰다하더라도 이를 근거로 하는 이의신청을 하고 나아가 경매절차를 정지시키지 아니하여 경락인이 경락대금을 납부하기에 이르렀다면 이로써 경락인은 경매목적물의 소유권을 유효히 취득하는 것이다.
■ 매각허가에 대한 이의(제121조)·매각허가결정에 대한 항고(제129조 제1항)[대법원 1991. 1. 21.자 90마946 결정] 부동산의 임의경매에 있어서는 강제경매의 경우와는 달리 경매의 기본이 되는 저당권이 존재하는 여부는 경매개시결정에 대한 이의사유가 됨은 물론 경락허가결정에 대한 항고사유도 될 수 있는 것이므로, 그 부동산의 소유자가 경락허가 결정에 대하여 저당권의 부존재를 주장하여 즉시항고를 한 경우에는 항고법원은 그 권리의 부존재 여부를 심리하여 항고이유의 유무를 판단하여야 한다.
■ 채무부존재확인·저당권설정등기말소 청구 + 잠정처분→확정판결 정본·말소된 등기부등본 제출
■ 채권자로부터 피담보채권의 변제에 대한 서류를 받아 제출 : 공정증서·화해조서이면 경매절차 취소, 그 밖의 서류이면 경매절차 정지</td>
</tr>
</table>

찾아보기 / 사 항 색 인

편저자 소개

금 동 희

약력
- 서울청원고등학교 문과 수석졸업(3회)
- 연세대학교 법학과 졸업
- 제50회 사법시험 합격 / 제41기 사법연수원 수료
- 2021년 법관임용시험 법률서면작성 평가 합격

경력
- 대전지방국세청 송무과(2015. 4~2021. 2)
- 대전광역시청 감사위원회(2021. 3~2022. 12)
- 현 법률사무소 예성 변호사(2023. 1~)

수상
- 법무부 송무유공포상(2017)
- 국세청장 표창(2021)

민법의 체계

초판발행   2023년 2월 25일

엮은이   금동희
펴낸이   안종만 · 안상준

편 집   장유나
기획/마케팅   정연환
표지디자인   BEN STORY
제 작   고철민 · 조영환

펴낸곳   (주) 박영사
              서울특별시 금천구 가산디지털2로 53, 210호(가산동, 한라시그마밸리)
              등록 1959. 3. 11. 제300-1959-1호(倫)
전 화   02)733-6771
f a x   02)736-4818
e-mail   pys@pybook.co.kr
homepage   www.pybook.co.kr
ISBN   979-11-303-4353-2 93360

정 가   58,000원